中国渔船检验发展60年

农业部渔业船舶检验局　编著

人民交通出版社股份有限公司
北　京

内 容 提 要

1957年5月，我国渔业船舶检验工作由交通系统逐步移交全国水产部门承接。2018年4月20日，根据国家机构改革方案，农业部的渔船检验和监督管理职责划入交通运输部，至此，我国渔业船舶检验工作在农业水产行业里走过了60年。回首六十载的发展历程，中国现代渔船检验工作跟随国家快速发展的步伐，经历了从无到有、从小到大、从弱到强的不平凡历程，为保障渔民生命财产安全和促进渔船健康有序发展作出了贡献，同时在不懈探索和实践中，也积累了宝贵经验。本书以历史的视角、发展的眼光，对渔船检验60年进行系统的梳理、总结和审视，既是留存史料，以便后人更好地了解我国渔船检验发展的历史脉络，也是提炼总结，以史为鉴，助推我国船舶检验事业更好发展。

图书在版编目(CIP)数据

中国渔船检验发展60年 / 农业部渔业船舶检验局编著. —北京：人民交通出版社股份有限公司，2020. 7

ISBN 978-7-114-16613-6

Ⅰ. ①中…　Ⅱ. ①农…　Ⅲ. ①渔船—船舶检验—概况—中国　Ⅳ. ①U692. 7

中国版本图书馆CIP数据核字(2020)第095957号

书　　名：**中国渔船检验发展60年**
著 作 者：农业部渔业船舶检验局
责任编辑：崔　建
责任校对：孙国靖　魏佳宁
责任印制：刘高彤
出版发行：人民交通出版社股份有限公司
地　　址：(100011)北京市朝阳区安定门外外馆斜街3号
网　　址：http://www. ccpcl. com. cn
销售电话：(010)59757973
总 经 销：人民交通出版社股份有限公司发行部
经　　销：各地新华书店
印　　刷：北京印匠彩色印刷有限公司
开　　本：787×1092　1/16
印　　张：43. 25
插　　页：32
字　　数：994千
版　　次：2020年7月　第1版
印　　次：2020年7月　第1次印刷
印　　数：0001—1800册
书　　号：ISBN 978-7-114-16613-6
定　　价：168. 00元

谨以此书

献给所有致力于中国渔船检验事业的人们

中国渔船检验发展60年历程

1957年

1957年,水产部和交通部协商，将渔业船舶检验工作移交水产部和各省水产部门管理，检验业务受交通部指导，执行的法规由交通部制定。

1957年至1965年

1957—1965年，在全国各主要沿海港口先后设立了渔业船舶管理站，隶属各省水产行政部门，负责渔业船舶检验和登记工作。

1979年

1979年6月6日，交通部、国家水产总局联合发出通知，要求对从事渔业生产和为渔业生产服务的各种船舶由国家水产总局及其下属各级渔业船舶检验机构负责监督检验，国家水产总局的船检机构对外使用“中华人民共和国船舶检验局渔业船舶检验分局”（简称渔船分局）名称。渔船分局成立初期，在农牧渔业部渔政渔港监督管理局内设船舶检验处，负责全国渔业船舶检验的监督管理工作。

1985年至1989年

由于捕捞业的迅猛发展，要求渔业船舶检验、安全监督管理工作随之加强。1985年，农牧渔业部向中央机构编制委员会办公室提出报告，要求组建农牧渔业部渔业船舶检验局。1988年12月，中央编办批准组建渔业船舶检验局，对外称中华人民共和国船舶检验局渔业船舶检验分局。1989年2月25日，农业部发出《关于部内机构设置的通知》，新增设事业单位渔船检验局，除承担渔船分局的职能外，还承担一定的行政职能。

1990年

1990年6月11日，农业部渔业船舶检验局正式成立，对外仍用“中华人民共和国船舶检验局渔业船舶分局”名称。

1995年

1995年11月21日，农业部发出《关于渔船检验机构使用对外名称的通知》，规定农业部渔业船舶检验局对外名称使用“中华人民共和国农业部渔船检验局”，各省市自治区渔船检验机构的对外名称也相应为“中华人民共和国xx（省市区名）渔船检验局”。

1999年

1999年4月14日，中央机构编制委员会办公室批准农业部渔业船舶检验局的对外名称更改为“中华人民共和国渔业船舶检验局”。5月12日，国务院批准中华人民共和国渔业船舶检验局启用中央刊有国徽的“中华人民共和国渔业船舶检验局”印章，中华人民共和国渔业船舶检验局诞生。

1999年9月1日，中华人民共和国渔业船舶检验局发出《关于启用局徽及英文名称的通知》，局徽由五角星、锚、锤子、麦穗、ZY 五部分组成，英文名称为Registerof Fishing Vessel of the People's Republic of China，英文缩写为CFR。

2000年

2000年1月20日，中华人民共和国渔业船舶检验局发布《中华人民共和国渔业船舶检验机构认可与管理规定》，决定对全国渔业船舶检验机构实行认可管理制度，加强规范化建设。1月26日，中华人民共和国渔业船舶检验局印发《中华人民共和国渔业船舶验船师资格考评管理规定实施办法（暂行）》，对申报验船师资格人员考核评审的领导机构、评审机构、组织领导与分工、考核与培训、证书管理等作了规定。

2002年

2002年1月7—11日，根据农业部《农业部渔业船舶检验局农业部渔政指挥中心推行国家公务员制度实施意见》和《渔业船舶检验局和渔政指挥中心推行公务员制度工作安排》，农业部渔业船舶检验局全体人员参加了部人事劳动司组织的推行国家公务员管理制度的转制培训和考试。

2003年

2003年8月1日，《中华人民共和国渔业船舶检验条例》施行，第一次以行政法规的形式确立了我国渔业船舶法定检验制度，是我国渔业船舶检验工作步入法制化轨道的重要标志，渔业船舶检验事业由此进入快速大发展阶段。

2006年

2006年5月9日，农业部办公厅印发《关于农业部渔业船舶检验局主要职责内设机构和人员编制的批复》，对农业部渔业船舶检验局主要职责、内设机构和人员编制进行调整，增加了“承担全国渔船渔机渔具行业的指导工作”职能。

2008年

2008年，国务院办公厅印发农业部“三定”方案的文件中明确规定：“农业部履行的渔业船舶检验和监督管理职责，由农业部渔业船舶检验局（中华人民共和国渔业船舶检验局）承担”。

2018年

2018年4月20日，根据国家机构改革方案，农业部渔业船舶检验局职能划分给交通运输部海事局和中国船级社。

2018 年 4 月，农业部的渔船检验和监督管理职责划入交通运输部，农业部渔业船舶检验局领导班子
（摄于农业部门口）

2018 年 4 月，农业部的渔船检验和监督管理职责划入交通运输部，农业部渔业船舶检验局全体人员
（摄于农业部门口）

亲切关怀

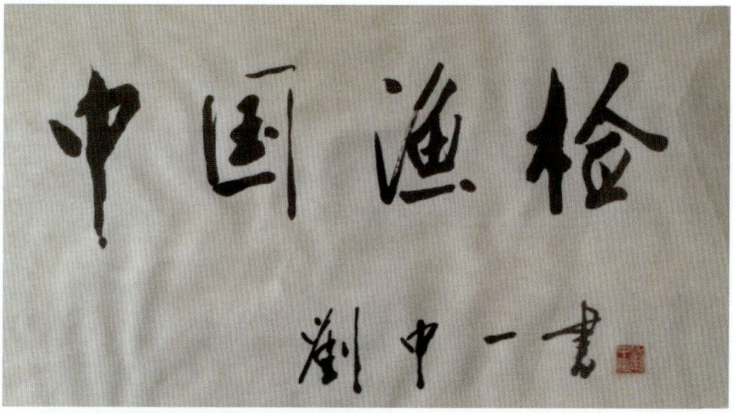

20 世纪 90 年代初，时任农业部部长刘中一为农业部渔业船舶检验局题字

希望全体渔业船舶验船师和渔船检验系统的干部职工在新的形势下，认真贯彻执行我国法律法规和有关国际公约，严格检验、文明服务、不断开拓进取，切实履行渔船检验和监督管理职责，为保障渔业船舶及其船上人命财产安全、防止渔业船舶污染水域环境，为促进渔业经济的持续健康发展，继续做出新的贡献。

中华人民共和国农业部部长

陈耀邦

一九九九年六月三十日

2010 年 6 月，农业部部长韩长赋考察乐亭县船检、港监、渔政工作

2011 年，农业部副部长牛盾检查船用产品

2015 年，农业部副部长于康震视察渔船检验工作

体系建设

1990

1990年11月24日，农业部党组决定：时任渔政渔港监督管理局局长的卓友瞻兼任渔业船舶检验局局长。

1997

1997年4月23日，农业部党组决定：包盛清任农业部渔业船舶检验局局长。

2004

2004年6月23日，农业部党组决定：张合成任农业部渔业船舶检验局局长。

2005

2005年11月3日，农业部党组决定：周彤任农业部渔业船舶检验局局长。

2010

2010年5月14日，农业部党组决定：柳正任农业部渔业船舶检验局局长。

2012

2012年7月16日，农业部党组决定：李杰人任农业部渔业船舶检验局局长。

2015

2015年2月12日，农业部党组决定：李昌健任农业部渔业船舶检验局局长。

1999年农业部渔业船舶检验局干部职工合影

2012 年 10 月 9 日，在农业部门口统一换装

2017 年农业部渔业船舶检验局干部职工合影

辽宁渔业船舶检验局工作人员（摄于 20 世纪 90 年代）

辽宁丹东渔船检验处工作人员(摄于20世纪90年代)

天津渔业船舶检验局工作人员(摄于20世纪90年代)

福建渔业船舶检验局工作人员(摄于20世纪90年代)

广东汕头渔业船舶检验工作人员(摄于2013年)

广东全体渔业船舶检验人员合影(摄于 2000 年)

西合浦渔业船舶检验处工作人员(摄于 20 世纪 90 年代)

江苏渔船检验局

上海渔船检验局(摄于 20 世纪 90 年代)

1996 年,广东渔船检验局阳江分局挂牌

河北渔业船舶检验局

山东省渔业船舶检验局石岛分局新阳办公楼大门

（大图摄于2014年，左下角小图摄于2017年8月）

2015 年，为全国高级验船师颁发资格证书

2017 年 11 月，“平安护航”杯全国渔业船舶检验知识竞赛总决赛在北京举行

2017 年 12 月，通报表扬渔业船舶检验 60 年突出贡献验船师并颁发证书

2009 年 AIS 标准讲座

全国渔船大县（市）船检领导干部培训（2011 年 3 月）

全国内陆渔业船舶检验局长培训

全国渔业船舶检验局局长培训

全国内陆渔船检验人员上岗资格培训

全国渔船检验行政审批暨政务信息宣传业务培训班

全国船用产品检验能力提升培训班

全国渔业船舶检验人员上岗资格培训班

全国渔业船舶检验实操技能比武培训班

验船师上岗资格培训班学员在厦门海洋学院
进行计算机在线结业考试

远洋验船师船舶建造工艺培训

2000 年，内蒙古渔船检验机构建立后在呼和浩特
举办第一期全区渔船检验培训班

河北省全省渔业船舶检验骨干培训班

海南培训活动

山东学员考试

2015 年安徽全省渔业船舶检验人员实地培训

法规建设

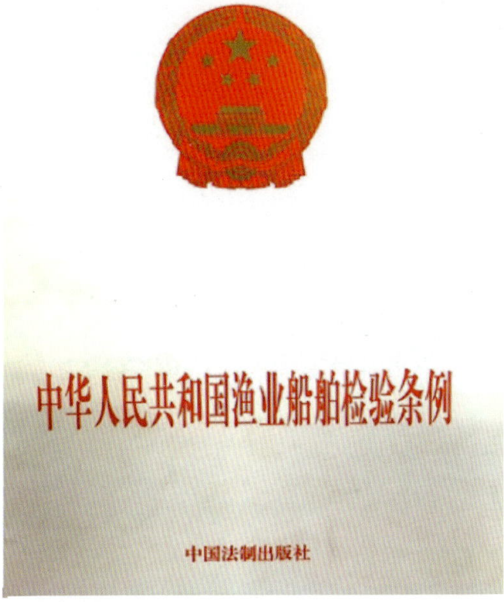

第一部钢制海洋渔船检验规程和建造规范

1993 年《海洋渔船安全规则》

1998 年《钢质海洋渔船建造规范》

2003 年,农业部召开《中华人民共和国渔业船舶检验条例》新闻发布会

2005 年，举办《1993 年托雷莫利诺斯议定书》专题研讨会

2009 年，举办全国沿海小型渔业船舶法定检验规则宣贯会

国际渔船法定检验规则修订座谈会

国际渔业船舶检验规则统稿会(2013 年 9 月)

渔船检验

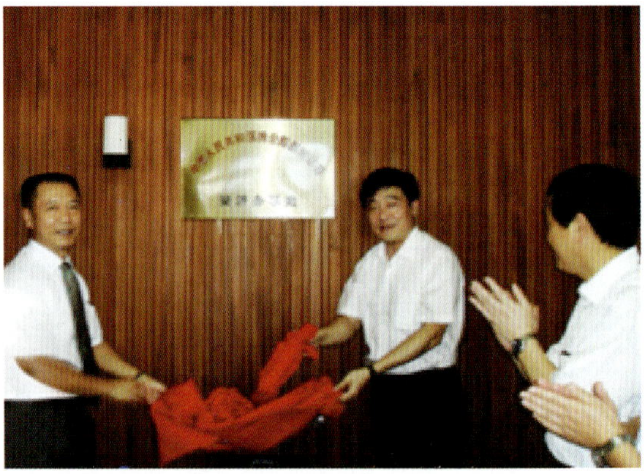

2007 年，斐济远洋渔业船舶境外检验点揭牌

2016 年 8 月，赴西部非洲进行远洋渔业船舶检验及管理情况调研

2016 年 10 月，赴马来西亚、泰国进行远洋渔业船舶检验及管理情况调研

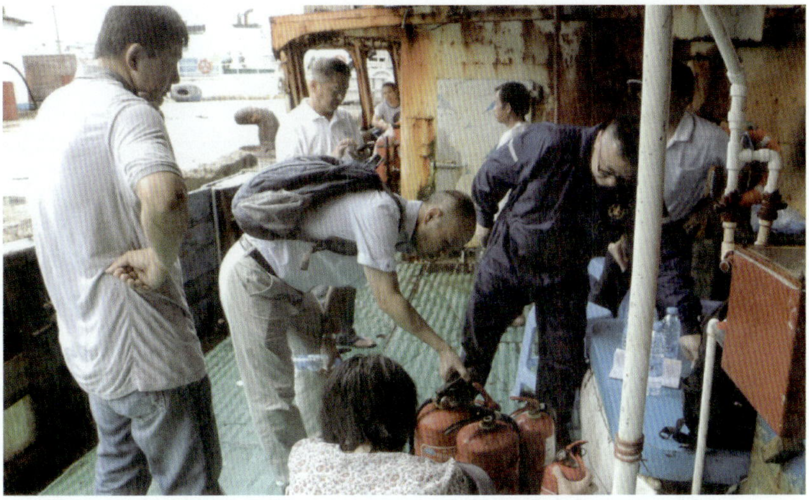

2016 年 10 月，赴密克罗尼西亚、马绍尔群岛开展境外渔业船舶检验调研

2016 年 7 月，赴斯里兰卡、毛里求斯进行渔业船舶检验及工作调研

江苏渔业船舶检验人员为钢板测厚

测宽测厚(摄于20世纪90年代)

测宽测厚(摄于2012年)

广西渔业船舶检验人员在为渔船测宽

机舱检验(一)

机舱检验(二)

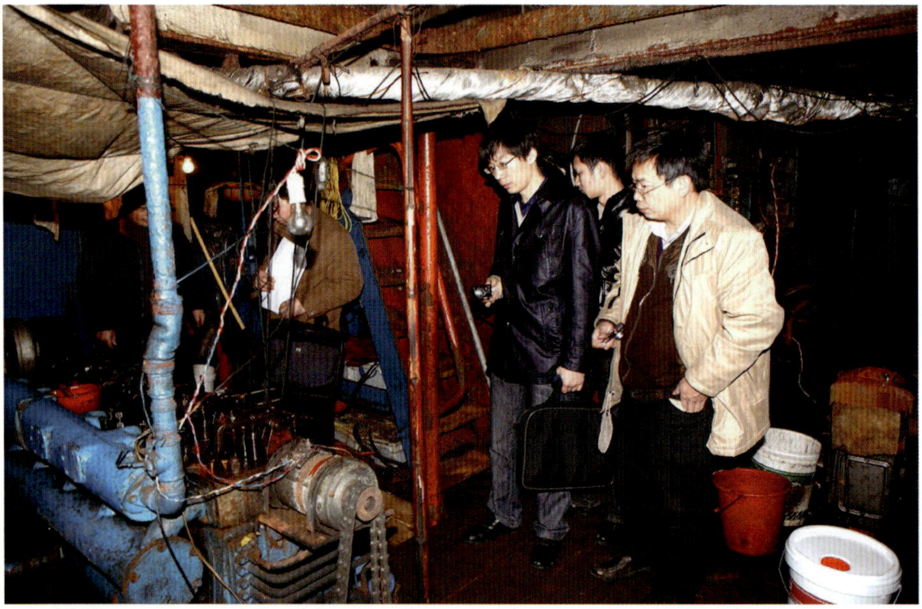

机舱检验(三)

机舱检验(四)

现场检验(一)

现场检验(二)

现场检验（摄于20世纪90年代）

渔船建造现场检验（摄于20世纪90年代）

现场检验
（摄于20世纪90年代）

尾轴检验
（摄于20世纪90年代）

验船师在检验号灯
（摄于20世纪90年代）

玻璃钢渔船现场检验——玻璃钢渔船建造
制冷管系安装检验

营运检验——渔船救生筏静水压力释放器检验

河北渔业船舶检验人员检验渔船

上海渔业船舶检验人员进行渔业船舶营运检验

福建渔业船舶检验人员检验正在建造中的远洋渔船

山东渔业船舶检验人员进行渔船尺度监察

内蒙古渔业船舶检验人员核查渔船基本信息

重庆渔业船舶检验人员检验内河渔船(摄于 2013 年)

山西渔业船舶检验人员检验渔船

四川渔业船舶检验人员检验内河渔船(摄于20世纪90年代)

检验渔政船 44603

检验在建的 1304 海警船

审图(一)

审图(二)

2014 年“当一天基层验船师”志愿服务活动

产品监督

2011 年全国渔船船用产品质量整治

船用产品质量监督

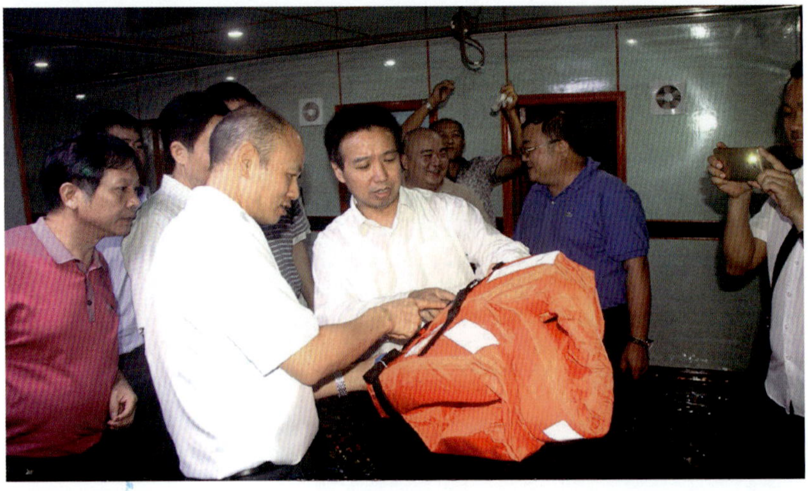

查看船用救生衣救生圈

船厂发动机检验

渔船柴油机检验

2014 年 5 月,《渔船用柴油机型谱和标识管理办法》宣贯会议在上海召开

2017 年全国渔业气胀式救生筏检修技能比武

2017 年船用产品质量监督抽查和救生筏检修技能比武工作总结研讨会

2017 年救生筏检修站调研

销毁假冒伪劣产品

检查督查

全国渔船检验执法监督三大行动座谈会

农业部渔业船舶检验局督查检查

2016 年 8 月，农业部渔业船舶检验局督导检查组与东港渔民座谈

农业部渔业船舶检验局督查检查

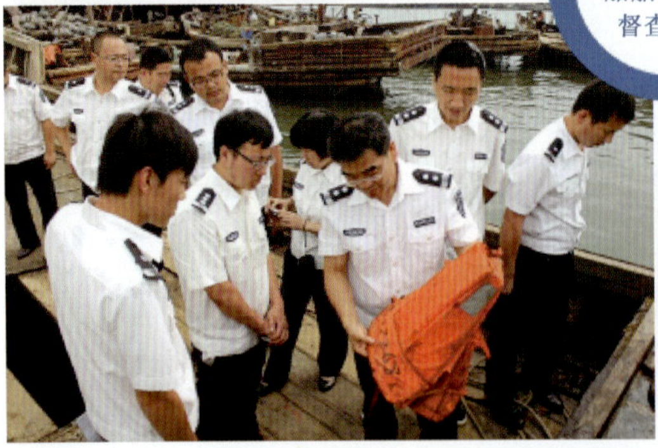

农业部办公厅和渔业船舶检验局督查检验

农业部渔业船舶检验局督查检查

吉林渔业船舶检验人员排查隐患

农业部渔业船舶检验局检查柴油机

江苏渔业船舶检验人员进行安全检查

山东渔业船舶检验人员进行渔船安全设备检查

内蒙古渔业船舶检验局在呼和浩特哈素海进行检查

贵州渔业船舶检验人员核查渔船数据

行业推动

LNG 柴油混燃技术交流会(摄于 2011 年)

第三届海峡两岸渔业装备技术交流会

渔船装备现代化技术座谈会(2012 年 1 月)

2012 年 4 月，江苏省万艘渔船更新改造工程标准化渔船建造开工仪式在南通市举行

第四届中国渔船技术委员会常务委员会第一次会议

全国渔船标准化技术委员会工作会议

国家渔业装备科技创新联盟
Tech - Innovation Group Of Fishery Equipment Founding Convention
备科技创

全国玻璃钢渔船产业技术发展联盟理事扩大会

钢渔船产业技术发展联盟
梅山玻璃钢船舶设计研究
2015年及“十三五”发展
宁波梅山玻璃钢船舶
设计研究院

中华人民共和国渔业船舶检验局
全国骨干县（市）验船师基础专业长训班开
渔船安全研究中心成立暨揭牌
中华人民共和国渔业船舶检验局
渔船安全研究中心

2013 年 5 月，上海海洋大学渔业船舶验船师培训基地授牌仪式

2014 年 4 月，农业部渔业船舶检验局审图中心（上海）挂牌

交流活动

农业部渔业船舶检验局代表参加国际海事组织会议

2004 年,中国首次举办国际海事组织促进国际渔船安全公约生效研讨班

2010 年中韩交流

2011 年中韩第五次交流

2012 年中韩第六次交流

农业部渔业船舶检验局与日本国土交通省海事局开展工作交流

广东渔船检验局、香港海事处渔业船舶检验商讨会(摄于2000年)

内地、香港、澳门渔船检验管理合作会议(摄于2013年)

内地与香港、澳门交流

2013 年，农业部渔业船舶检验局与中国船级社签署战略合作框架协议

文化建设

农业部渔业船舶检验局党总支
“两学一做”学习教育常态化制度化
暨“主题警示教育月活动”
动员部署会

农业部船检局“三严三实”
专题党课报告会
2015年6月

民共和国渔业船舶检验局
2017年第5期港湾讲堂

渔船检验局
纪念"五四"运动
座谈会

农业部渔业船舶检验局　河北渔业船舶检验局
基层服务型党组织共建活动座谈会

参观北京市反腐倡廉警示教育基地

制服变迁

1980—1982 年渔政船检制服

1982—1986 年渔政船检制服

1986—1987 年渔政船检制服

1987—1995 年渔政船检制服

1995—2002 年渔政船检制服

2002—2008 年渔政船检制服

2009—2012 年渔政船检制服

2012—2017 年渔政船检制服

全国渔业船舶检验工作会议

1985 年全国渔船及产品检验工作座谈会

1991 年全国渔业船舶检验工作会议

1993 年长沙工作会议

1996 年全国渔业船舶检验工作会议

农业部副部长齐景发参加 1998 年全国渔业船舶检验工作会议

1999 年全国渔业船舶检验工作会议

农业部副部长万宝瑞参加 2000 年全国渔业船舶检验工作会

2000 年全国渔船船用产品检验工作会议

农业部副部长于康震参加 2015 年全国渔业船舶检验工作会议

农业部副部长于康震参加 2017 年全国渔业船舶检验工作会议

《中国渔船检验发展60年》
编纂委员会

主　　任： 李昌健

副 主 任： 钟小金　刘　晴　唐金龙　孙有恒　万　荣

执行主任： 唐金龙

编　　委： 黄新胜　陶　新　郑松传　彭小华　刘立新

何新勇　贾春勇　张雅林　曹守启

《中国渔船检验发展60年》
编　纂　组

总　　编： 黄新胜

主　　编： 崔秀芳　陈　光　沈　伟

主要成员：（人员依姓氏笔画排名）

王南山　史本建　刘　勇　吕　超　李志伟

李　珂　吴姗姗　张祝利　杨凤兰　杨　丽

杨鹤松　沙　锋　易　倩　郑建丽　金华标

倪　军　郭　音　常　勇　隋江华　黄　清

魏　琨

《中国渔船检验发展 60 年》
编 纂 单 位

主　　办：农业部渔业船舶检验局

支　　持：辽宁渔业船舶检验局
河北渔业船舶检验局
天津渔业船舶检验局
山东渔业船舶检验局
江苏渔业船舶检验局
上海渔业船舶检验局
浙江渔业船舶检验局
福建渔业船舶检验局
广东渔业船舶检验局
广西渔业船舶检验局
海南渔业船舶检验局
黑龙江渔业船舶检验局
吉林渔业船舶检验局
内蒙古渔业船舶检验局
湖北渔业船舶检验局
湖南渔业船舶检验局
江西渔业船舶检验局
安徽渔业船舶检验局
四川渔业船舶检验局
重庆渔业船舶检验局
云南渔业船舶检验局

贵州渔业船舶检验局
陕西渔业船舶检验局
甘肃渔业船舶检验局
青海渔业船舶检验局
新疆渔业船舶检验局
河南渔业船舶检验局
山西渔业船舶检验局
北京渔业船舶检验局
中国水产科学研究院渔业机械仪器研究所
大连海洋大学

承　　办：上海海洋大学

序

1957年11月1日，“山东151”号渔船检验证书上盖上了“青岛市水产管理局船舶检验专章”，标志着我国渔业船舶检验工作由全国水产部门承接。2018年4月20日，根据国务院机构改革方案，农业部的渔船检验和监督管理职责划入交通运输部。至此，我国渔业船舶检验工作在农业水产行业里已经走过了六十载。回首往昔岁月，“其作始也简，其将毕也必巨”，六十载风雨兼程，我国渔船检验事业筚路蓝缕，砥砺前行，紧紧围绕农业、渔业工作，不断创新检验工作机制和工作方法，主动适应改革要求，服务渔业经济发展大局，积极推进职能转变，夯实监管基础，检验法律法规体系逐步建立，检验监管制度不断完善，工作机制和工作体系逐步健全，切实发挥了渔船检验工作保障渔民生命财产安全、防止环境污染、渔船捕捞强度管控和支撑现代渔业建设、平安渔业建设的基础性作用。从2018年4月20日开始，我国渔船检验工作正式融入船舶检验大格局，在中华人民共和国交通运输部的领导下，在中华人民共和国海事局的主管下，将再次焕发新的生机与活力。“以铜为镜，可以正衣冠；以史为镜，可以知兴替；以人为镜，可以明得失。”为回顾渔船检验60年的历史，原农业部渔业船舶检验局（中华人民共和国渔业船舶检验局）委托上海海洋大学组织有关渔船检验机构、高校及研究院所的专家学者，以历史的视角、发展的眼光，对渔船检验60年的发展历程进行了系统的梳理、总结和审视。编撰渔船检验60年历史，是在历史中回顾过去，在历史中展望未来；就是要聚集正能量，继续增强渔船检验工作者的自豪感、责任感、使命感，去开拓渔船检验工作更加美好的明天。编撰组历时两年半，完成了《中国渔船检验发展60年》。由于编撰本书时正值全国各渔业船舶检验机构改革进行中，有关资料的收集整理不尽完善，在此我谨代表编撰组表示歉意，也代表全国渔业船舶检验人对全体编写人员表示感谢。

回首昨天，激情满怀；展望未来，任重道远。改革没有完成时，只有进行时，渔船检验事业正逢其时，渔船检验工作永远在路上。我们要不忘初心，凭借执着的追求、不懈的努力，以更加抖擞的精神，以更加坚实的步伐，迎接新形势的新挑战，创造新时代的新辉煌！

这是一部记录花甲历史的载体，也是一个开启新征程的标志！

原农业部渔业船舶检验局（中华人民共和国渔业船舶检验局）局长

中国船级社党委书记

李昌建

2020 年 4 月 21 日

凡　例

一、指导思想：本书以辩证唯物主义和历史唯物主义为指导思想，坚持实事求是的原则，力求全面、客观地记述我国渔业船舶检验从1957年至2018年3月的发展历程。

二、体例体裁：本书为专业史，采用叙、论、图、表、录等题材，以叙为主；为篇章体，设篇、章、节、目4个层级。

三、时限范围：本书收集资料时限为1957—2018年，分为探索发展阶段、全面稳步发展阶段和快速大发展阶段。收集史料为全国范围，但不包含港、澳、台地区。

四、引文方式：引文采取脚注式，所收史料注明出处。

五、行文标准：采用规范化语体文，文字、标点符号、数字用法按照国家统一标准。

目　录

第一篇　中国渔船检验的历史和由来

第二篇　中国渔船检验的探索发展（1957—1979 年）

第三篇　中国渔船检验的全面稳步发展（1979—2003 年）

第四篇　中国渔船检验的快速大发展（2003—2017 年）

第五篇　渔船检验60年成就

第六篇　重 要 文 件

第七篇　1998—2017 年全国渔船检验工作会议工作报告

农业部渔业船舶检验局大事记（1957—2018）

附　录

第一篇
中国渔船检验的历史和由来

渔业船舶检验是渔业船舶检验机构依照国家法律法规的规定，保证渔业船舶具备安全航行作业条件，保障渔船作业和渔民生命财产安全，防止渔业船舶污染环境的行政行为。目的是通过对船体结构、安全性能、动力装置、安全设备及其所用材料和部件的检验和试验，确保船舶及其所采用的材料和设备的性能、技术条件，符合国际公约、国家法规、船舶检验规范的各项要求和规定，使其具备安全航行和安全作业以及防止造成水域污染的技术条件，从而保障水上人命财产安全和保护水域环境。

渔业船舶检验是渔业生产人命财产安全和防止渔船造成污染的重要基础保障。国家法律法规要求渔业船舶必须进行法定检验，而渔业船舶法定检验及其监督管理是管理社会公共事务的政府行政职责。渔业船舶检验理念随着渔业船舶的出现和航行捕捞行为的发生而形成，但是古代渔业捕捞在社会生产生活中并不占有突出的地位，难以成为国家管理制度的组成部分。近代随着工业革命的发生，蒸汽动力被应用于航船，世界船舶包括渔船发生了划时代的变革，渔业捕捞在人们日常生活中占据越来越重要的地位，渔业船舶检验制度应运而生。

中国是世界的渔业大国，有着非常悠久的渔业及渔船发展历史，但以自然经济为主和以农业为本的社会形态使渔业及渔船安全管理没有得到应有的重视。只有进入近代，中国追随世界步伐，才逐渐建立起渔业船舶检验的理念和制度。

第一章　中国渔业船舶检验机构形成的历史背景

第一节　中国古代渔船管理

渔业船舶检验的形成与发展，受到渔船捕捞业与渔船建造业的影响和制约。世界造船事业历史悠久，源远流长。大约一万年以前，人类最早的船——筏、独木舟和木板船出现了。古代船舶的发展，大体上经历了从公元前12世纪到公元17世纪初这一漫长的历史时期，这期间造船技术发展较慢，而中国一直到15世纪中叶造船技术都始终领先于世界各国。这也反映在我国的渔业船舶发展进程中。

我国有着非常悠久的渔船建造和使用渔船进行捕捞、航行的历史。1977年，杭州湾南部的河姆渡遗址出土小型木桨，据推断是属于母系氏族社会的遗物，距今7000年左右。在河姆渡遗址中也发现有鲸鱼、鲨鱼和在滨海河口生活的鲻鱼和裸顶鲷等海洋鱼类的化石。这些或可说明，在新石器时代人们不但能驾驶独木舟在附近海岸进行捕捞活动，而且有可能利用独木舟到海洋上捕捞较大的海洋鱼类。太湖周围草鞋山出土的陶土网垂和吴兴钱山漾出土2公尺长的木桨等表明，在距今六七千年前的太湖前身水域，人们已不局限于用独木舟在浅水捕鱼，而是利用所建造的较大船只，航行到较广阔的水域进行捕捞了。到春秋时期，海洋捕捞已经广泛使用船只。渔船的出现与发展，促成了政府对渔船的管理。

西周时期，周武王设立了专门主管舟船的官吏，称为“舟政”或“苍兕”，这是中国最早的验船职官。为了保证天子乘船安全，建立了“五覆五反”的检验制度。由于历史条件的限制，自周有船舶检验的萌芽后，在相当长的历史时期内，并无专职的衙门和官职，都是一官多职。

汉代对造船业设有专门负责检验的典船校尉，汉武帝建立了船舶丈量征税制度，这是我国最早的船舶丈量征税制度。

唐代是我国历史上第一个比较全面地实行水运管理的王朝。据《唐律·疏议》，唐代法令要求船家行船前或航行中必须随时对船只进行安全检查，保证船缝密不渗水。如有渗水，应立即排除，以确保舟船航行安全。违者，会受到处罚，甚至依法治罪。

宋代设立市舶司，对船舶和货物进行检查，建立了船舶进出检查制度。

明代制定了一套严格的漕运管理制度。明英宗天顺二年（1458年），因材质及航区不同而有不同规定：“卫河、通州、淮安船厂修造船只，松木二年小修，三年大修，五年改造；杉木三年小修，六年大修，十年改造。”“里河运船十年一造，江南船五年一造。”据《中国渔业历史》载：“自唐以来，订丁输粮，明洪武初编户立里长，属河泊所，岁收鱼课。”在明代，山东沿海地方官府已将僻岛渔乡捕捉鱼虾的海岸民船编立字号，籍名在官，旦夕查点。

清代对有关漕船的修造船制度有较为详细的规定。验收船舶定有“九验之法”，并有具体检验标准和技术要求，“吃水尺寸刊明栈板之上，俾益查验。”清代渔船各刻“渔”字样，“渔”字旁刻某省府州县、编号及船主姓名；并颁发腰牌，刻明姓名、年貌、籍贯等。渔船出洋不许装载米酒，进口时不许装载货物，违者严加治罪。

但是，封建社会的重农抑商政策及明清两代禁海政策决定了政府对渔业的管理是基于户籍管理的需要，而非专业管理的目的，更不可能实行立法以保障渔民渔船的安全。

第二节　近代机动渔船的发展

机动渔船的出现与发展，使我国渔业进入新的历史发展阶段，也促使专业渔船检验机构的形成与发展。17 世纪中叶以后，世界形势发生变化，新的资本主义生产方式的出现和 18 世纪下半叶在英国首先发生的工业革命，为造船技术水平的突破提供了条件。19 世纪上半叶，蒸汽动力被应用于航船，世界船舶发生划时代的变革，发达资本主义国家的海洋渔业进入了机轮捕鱼时代，而机轮的安全性也越来越引起人们的重视，渔船检验制度应运而生。

而进入近代的中国仍然使用木帆船，不仅落后于世界潮流，而且被近邻日本所超越。为了改变这种面貌，近代仁人志士积极倡导改良渔船，振兴渔业。1904 年，实业家张謇条陈商部奏准设立江浙渔业公司，购入一艘德国轮驳从事拖网作业，更名“福海”，由国人经营，开发国家渔业，制止外人侵渔。这是我国第一次引进新式海洋渔轮。

1914 年浙海渔业公司成立，购置“府浙”渔轮。1919 年，浙海渔业公司在国内订造“富浙”“裕浙”渔轮，1921 年又向美国购入浅水兵船一艘，改为“富海”渔轮。江苏省立水产学校于 1916 年 8 月在上海恒昌祥机器厂建造柚木壳单叶子实习船“淞航”号。1918 年春，农商部创办定海渔业技术传习所，建造柚木壳单叶子重油引擎实习船，取名“表海”。1922 年，江苏海州渔业试验场又新造一艘钢壳渔轮，取名“海鹰”。

1933 年上海市市立渔业指导所编写的《上海市渔轮业之回顾》载：“十二年（1923 年）甬商翁某组织海利渔业公司，向英国购入一轮，定名海利，出渔于舟山群岛附近洋面。十四年（1925 年）改名海平。同年福建厦门集美学校，亦向法国购一渔轮，定名集美二号（长 38. 65 米，宽 6. 71 米，323. 62kW，总吨 189. 92，9. 15kN），十五年（1926 年）复有振新渔业公司之继起，新造振新一号渔轮一艘。十六年（1927 年）中华轮船渔业公司造中华渔轮一艘（上海汇昌机器厂承造，长 38. 41 米，宽 7. 01 米，吃水 2. 74 米，220. 65kW，总吨 129. 9，9kN），三兴渔业公司改建海兴渔轮一艘（长 47. 55 米，总吨 147. 63，9kN），宁波源源公司新造镇宁渔轮一艘。十七年（1928 年）永胜渔轮局改建渔轮一艘，定名永茂（造价 8 万元，长 33. 71 米，宽 6. 1 米，深 3. 35 米，总吨 161. 24，279 . 49kW，9kN）。十九年（1930 年）联兴渔业公司新造联丰渔轮一艘（造价 7. 5 万元，长 39. 01 米，宽 6. 71 米，吃水 4. 27 米，411. 88kW，总吨 173. 21，9kN），而永顺渔轮局复改建海顺渔轮一艘（长 32 米，宽6.56米，吃水3.66米，367.75kW，总吨164.36，9kN），风起云中，极一时之盛，且渐趋于振兴之途；惟终因管理不善，无特殊成绩，以表露于社会。”

1935年《中国经济年鉴》记载：“上海市为国内主要之渔轮根据地，年来更有突飞猛进之趋势，当二十一年（1932年）度中，有拖网渔轮八艘，为中华、海兴、永茂、集美、海顺、永丰、茂丰、联丰等。手操网（双船拖网）渔轮五对，为达富达贵、福生一二号、民生一二号、泰兴一二号、复利复源等。本年度江苏省立渔业试验场添购拖网渔轮一艘，定名连云，亦以上海港为根据地。”

1936年李士豪编撰的《中国海洋渔业现状及其建设》称：“所谓渔轮业者，就是以新式渔轮拖引大形囊网于海底，以捕获多量渔获之渔业。上海此项渔轮，到二十三年（1934年）六月底止，共二十五艘，拖网渔轮九艘，手操网渔轮八对，其中如永茂、永丰、集美、茂丰等的渔获数量，都很丰富。”

1905—1936年间，以上海为根据地的单拖渔轮前后新建、改建以及自国外购入共15艘以上，其间以1930年为发展顶点。以上各渔轮除停业、转业及遭海损的以外，在1934—1935年间，经南京政府实业部登记的共有10艘。

双船拖网自1921年开始逐步得到发展。1921年，烟台政记公司“永利”轮买办辛作亭赴日本下关购进2艘渔轮，引进日本的双船拖网，以烟台为基地经营拖网作业，开创我国机动渔船双拖渔业的先河。《中国海洋渔业简史》称：“以柴油内燃机为动力的双船拖网渔业在1918年至1919年间创始于日本。1921年烟台有人集资自日本购入单汽缸30马力（22kW）的双拖渔轮2艘，命名‘富海’、‘贵海’。并雇用日人为船长及轮机长，以烟台为根据地进行生产。这是历史上首次由我国自己经营双拖渔业。以后自1922年至1934年间，各年增添船数为：1922年4艘；1923年3艘；1924年3艘；1925年15艘；1926年11艘；1927年14艘；1928年19艘；1929年15艘；1930年2艘；1931年1艘；1932年30艘；1933年15艘；1934年3艘。自1935年后又稍有增添，至1936年进出烟台港的双拖渔轮已达190艘左右，其中120余艘属烟台港，其余为威海、石岛、青岛、大连等地所有。”张宝树1934年撰写的《烟台渔轮业》记载：“查全国现有手操网渔轮（双船拖网），二百余艘，而山东一省，约占十分之七八，实为我国沿海各省，新式渔业最发达者。”

《中国海洋渔业现状及其建设》刊载：“我国沿海渔轮业以山东沿海为最发达，其渔船大半从大连购入，有的为日本人所使用，因马力机件已落伍而售出的，每艘的价目约四五千至一万余元不等。船的构造与普通的商船不同，船龙骨部为锐尖形，重心在下，可以受得起风浪。马力在以前三四十匹（22～29.4kW），以后因于鱼群渐稀，马力逐渐加多，现在非七、八十匹马力（51.5～58.8kW）不能适用。最新式的渔船船上有无线电等设置，马力增至一百二十匹（88.3kW），但在吾国则绝少。”

“抗日战争开始后，渔轮损失很重，沿海各省失陷以后，我国海洋渔业即完全被控制在日本势力之下。当时我国一部分业主还保留着少数渔轮，在北方约有百余艘；在南方单拖渔轮全部消失，仅存双拖渔轮两三艘（战前曾达21艘），所有渔轮都要受日本设立在各港的‘水产组合’的‘统制’。抗日战争胜利后，北方以青岛为渔轮集中港。因烟台于1945年日本投降时曾被我军一度解放，渔轮逃往青、津、沪的79艘，留烟尚能进行生产的57艘，及至国民党军队进攻胶东占领烟台时，港内渔轮仅剩一艘。当时青岛的双拖渔轮共达94艘，这些渔轮分别为民营的瑞丰、振海、东海及青岛等公司和一些渔轮代理店所有。除了这些民营公司外，南京国民政府还成立了国营黄海水产公司和机关经营的海军福利会、伪警局等单位，一般有船三、五艘或十余艘。这时，青岛取代烟台成为北方机船渔业中心。南方数量不多的渔轮仍集中于上海。”抗日战争和解放战争期间，渔轮大部分被破坏，全国解放时只剩几十艘破旧渔轮。

第二章　中国近代渔船检验管理机构的初创

机动渔船数量的增多使晚清、民国政府对渔船进行检验管理具有客观基础。同时，西方殖民入侵和中国近代化展开，也迫使当时中国政府亦步亦趋地进行渔船的专业管理和立法规范。

第一节　晚清政府对渔船的管理

鸦片战争后，清政府被迫开放口岸，海关被西方列强所把持。清同治元年（1862 年），烟台设立东海关，这是我国最早兼管渔业的省级行政机构。东海关辖龙口、威海卫 2 个分关，在寿光羊角沟、掖县虎头崖、蓬莱天桥口、牟平金口、文登张家埠等地设有分卡。各关、卡除征收船税外，还负责渔船保护、进出港登记、灯标设置等渔业管理事项。清光绪二十五年（1899 年），胶海关在青岛设立，并在沙子口、海州、石臼所、乳山口、石岛等地设分卡，其职能与东海关同。清光绪三十四年（1908 年），烟台东海关在芝罘岛东口村设民船到港挂号卡，对进出烟台港的渔、商船只进行登记挂号。在上海，“查光绪二十四五年渔船进沪吴淞厘局收大船捐每次钱七十四千文，小船捐每次五十六千文，关税大船二十七千八百五十文，小船十五千七百五十文”。

同时，清政府也调整政策，开始对渔船进行保护和管理。清光绪三十二年（1906 年）4 月，原礼部左侍郎王锡蕃在烟台创办官商合办山东渔业公司，主要负责渔船保护、减免渔税、创办水产学堂、成立渔会等，实属政商合一的渔业机构。清宣统元年（1909 年），由咨议局提议经抚部院批准，山东省设立沿海水上警察（亦称渔业警察）厅，分驻省城济南和烟台两地，设警正、警佐、技正、技士等职务及总务科、司法科、行政科、督察处、烟台水警局，并在青岛、金口、石岛、烟台、龙口、利津设分署，水上警察主要负责保护渔航、设立航标等。

第二节　南京国民政府设立航政局前的渔船管理与立法规范（1912—1931 年）

中华民国建立以后，政府进一步加强对渔船的检验和立法规范，主要表现在以下方面。

一、对申请奖励渔船的检丈

中华民国时期，政府为防外人侵渔，积极鼓励渔民进入公海捕鱼。1914 年 4 月 28 日，当时北京政府公布《公海渔业奖励条例》。该条例规定：“凡本国人民，以分司或个人名义，购置渔船，依公海渔船检查规则检查合格，注册有案者，得依本条例给予奖励金。”为了配合《公海渔业奖励条例》的施行，1915 年 4 月 24 日，政府制定《公海渔船检查规则》，提出渔船的船体、轮机、渔具、防热装置及业务设备，均须按照规则进行检查，并且规定了详细的检查内容。

1927 年 7 月 21 日，广东省实业厅拟定奖励实业章程 24 条，第十七条规定：“凡购置渔船，从事于公海捕鱼、运鱼业务，依公海渔船检查规则，检查合格，得依其业务之种类、区城、时期，并船舶之构造，给予该渔业者第三条乙种或丙种、丁种之奖励。”

1931 年，南京政府实业部拟订《远洋渔业奖励条例》共 16 条，规定渔轮呈请给奖时须依照规定检查，以定准驳，为此相应制定《远洋渔轮检查规程》。

二、对渔船的注册给照与检查

1915 年 5 月 12 日，北京政府颁行《修正轮船注册给照暂行章程》规定：“凡营业之大小轮船，无论官厅，或公司，或个人所有，均须遵照本章程，呈请交通部核准注册给照。”营运渔船也必须核准注册给照，如浙海渔业公司富浙、裕浙号渔船，其船照号为 2276 号、2277 号，给照日期为 1919 年 1 月 14 日。1922 年，江苏海州渔业技术传习所建造一艘渔轮，完工后，按《官用轮船检查条例》向交通部申请特别船照。农商部委任郭凤鸣赴沪验收海州渔业技术传习所订造“海鹰”渔轮，并颁发特别船照，准在江海、浙海、胶海关及理船厅所辖海港各口岸自由出入。

浙江省渔船开始由水上警厅进行检查管理，警厅为稽查便利计，颁发牌照，以船之大小定牌照费之高下。1927 年，浙江建设厅出于整理航运、稽考船舶起见，设立 8 区船舶管理事务所，每所又设分所，先后成立分所 27 处，以办理各区管辖事务。

河北省财政厅厅长姚宏委任朱大信筹办沿海船捐，取消河务船捐和渔船捐局，设立河北沿海船捐征收处，不分商渔，各船一律征收船捐，渔船按三季捐纳，专备海防经费，以缉捕海盗，保护商渔各船。

1931 年 10 月 1 日，上海市渔业指导所渔船检查办事处成立，由社会局公布渔船检查规则十六条，设办事处于吴淞外马路蓬莱公所，检查进口各渔船。规则规定，凡进出上海港之渔船均须依照本规程施行检查，未经施行检查之渔船除已领有渔业执照或渔业证之捕鱼船外，均须开具详细渔船信息赴渔船检查员办公处登记听候检查。同时对渔船检查员的检查内容作出规定，渔船检查员对于渔船认为有危险时得令其修缮或停止使用。

第三节　南京国民政府设立航政局后的渔船检验（1931—1949 年）

1930 年 2 月，南京国民政府公布《交通部航政局组织法》，规定航政局掌管船舶的登记检验丈量和载线标志等事项。交通部依照航政局组织法，筹议在上海、汉口、天津、广州、哈尔滨 5 处设立航政局。1931 年 5 月 2 日，交通部公布《轮船注册给照章程》，规定轮船及渔轮初次呈请注册给照时，应检同所有权证明文件及丈量检验执照，一并呈验；渔轮呈请注册给照时应呈验实业部发给之渔业执照。

1932 年 1 月 20 日，交通部公布《小轮船丈量检查及注册给照章程》，指出未满 20 吨之小轮船应依本章程之规定办理，并明确小轮船系包括未满 20 吨之渔轮，小轮船丈量检查事项交通部得委托当地航政官署或地方官署或专员办理。

1932 年 6 月 11 日，南京国民政府公布《海洋渔业管理局组织条例》，将全国海洋渔业划分为浙江、闽粤、冀鲁和东北 4 区。各区各设一海洋渔业管理局。《海洋渔业管理局渔船管理规程》规定，为求管理便利，保护周密安良肃氛，整顿渔业起见，依照本局组织条例第五条第六项之规定，编订渔船牌号。

1932 年 7 月，航政局烟台办事处改组为烟台船舶登记所，负责荣成至羊角沟沿海一带船舶登记、检丈、船员考核等项事务。随后，冀鲁区海洋渔业管理局分别于龙口、烟台两地设办事处，按管理局新颁《渔船管理规则》，对当地沿海渔船编订登记，按甲、乙、丙 3 个等级征收船牌费。1933 年 7 月，烟台、龙口办事处撤销，渔船管理便一直由航政局经办。航政局以渔轮吨数之大小，而计其应交纳费之多少，凡 10 吨以上至 50 吨者，交检查费 40 余元，50 吨以上至百吨者，交检查费 100 元，每年照章检查一次，除付检查费外，尚有证书费等。1933 年春，渔业管理局曾编订船牌一次，渔船以担数大小，分甲乙丙三种，计甲种 3 元，乙种 2 元，丙种 1 元，此外尚有印花费 4 角。

1932 年，广东省建设厅增设水产股，专办渔业行政事项，将全省划分为 13 个渔业区，并先后成立台山广海区渔业管理所和潮汕渔业区管理所，逐日派员赴沿海一带检验船舶，如有日久失修或缺乏航行要具与滥载过量及其他违章情事者，则分别动令修理补置或严行取缔以免危险。

1930 年浙江省航政局成立后，从管理方面入手，对注册给照、检查丈量、举行登记、取缔一切违章之事，先后规划进行。船舶须呈准航政局，经其许可，发给牌照，以营业性质不同，有内河航船、内河营业船、沿海航船、沿海营业船、汽轮拖船、乐户船、游艇、渔船、舢舨类及特别船类之分。其中以汽轮拖船、乐户船、沿海船的牌照费较高，渔船、舢舨类、内河船等费用较低。检查船舶分 3 种：特别检查，于新造或初次航行时检查之；定期检查，于船舶行驶后，每隔若干时施行一次；临时检查，在认为有检查必要时行之。

随着航政局的设立，渔船检验管理有了相应的政府机构。当时，渔船进出上海港口要缴纳实业部渔业管理局牌照费和交通部航政局定期检查登记费，每年一次缴 11 元外加刷号费 1 元。据曾任上海中华水产公司总船长的冯顺楼回忆：“我在上海中华水产公司任总船长期间，我们的渔船是有检验的，属上海航政局检验。那时的总船长相当于现在的渔轮经理，下设七个科，渔船检验的具体工作由管理科负责。在中华水产公司任总船长之前，我先后在泰兴、复兴、德泰渔轮公司任过船长，在集美二号上任过二副，当时渔轮公司成立需到南京申请执照。”

辽宁省大连地区所有的渔船 1945 年 8 月 22 日前均在日本海务局的管理下从事生产。1946 年 4 月 1 日，大连市政府成立旅大船舶管理处，负责旅大地区的船舶管理工作，其中对渔轮管理工作便是一部分，检验标准基本按照日本规范进行。当钢质渔轮逐渐增多的情况下，注册登记、丈量吨位、技术检验等工作，则参照苏联规范。随着形势发展，结合旅大地区的特殊情况，组织机构多次变迁。1947 年根据组织决定，合并入关东海口管理处，设立船政科，统管该项工作。1947 年 10 月，根据关东公署决定，将大连地方船舶统归市公安总局统一管理，并入关东公安总局，设立船政股，后为工作便利，并入治安行政科。这一时期的工作任务，除加强旅大各地沿海船舶的治安管理外，当时渔轮管理对象主要是中苏渔业和本地区公私渔轮，对修造船厂及修船铁工厂均进行修船修机的技术监督。1948 年 2 月，根据组织决定，并入水上公安局治安行政科，工作任务仍不变。

从 1929 年开始，南京国民政府相继发布实施《海商法》《海商法施行法》《船舶法》《船舶登记法》等一系列法规。《船舶法》中规定，凡总吨位在 20 吨以上的船舶和容量 200 担以上的出海木帆船，均须由航政机构检验。在船舶检验方面，交通部还颁布了《船舶检查技术规程》《船舶丈量技术规程》等规章。尽管如此，当时主要是对国内沿海及内河航行的船舶签发吨位证书和航行签证簿，国际航行船舶仍依赖外国船级社检验发证。当时国民政府分别于 1933 年、1935 年加入了《1929 年国际海上人命安全公约》及《1930 年国际载重线公约》。

抗日战争结束后，我国船舶吨位曾一度猛增，到 1948 年底已达 115 万吨。然而，由于验船制度不健全，验船规范未系统建立，国际航行船舶尚须仰仗外国船级社进行检验。为了改变这种状况，1948 年中国验船协会成立，协会的宗旨是“增强船舶安全及效率”。验船协会原定于 1949 年 1 月开始工作，但由于当时形势，协会工作已很难开展。

第二篇
中国渔船检验的探索发展
（1957—1979 年）

1957年11月1日，山东省青岛市水产管理局对“山东151”号渔船实施检验，这标志着交通部将山东、河北两省渔船技术监督和检丈工作移交给水产部门，渔船检验事业这艘大船开始“下水试航”，我国渔船检验工作开启了新篇章。

第一章　新中国渔船检验机构的建立

第一节　新中国成立初期的渔船检验工作

1949 年 10 月 1 日，中华人民共和国宣告成立。从此，开始了建设社会主义中国的历史新纪元，渔船检验工作也进入历史发展的新阶段。

一、新中国成立初期渔业船舶的发展

中华人民共和国成立后，辽宁省政府在大连接收日本南满洲水产株式会社，成立了中苏合营的中苏渔业公司；上海市政府接收国民党渔业物资管理处和中华水产公司，合并组成上海水产公司；山东省政府在青岛接收国民党黄海水产公司和青岛渔业物资管理处，并以此为基础合并当地机关生产单位渤海渔业公司，成立了山东水产公司及其所属的烟台分公司。当时，这三个国营公司仅有破烂不堪的渔船 60 余艘以及附设的小型修造船、制冰冷藏等简陋设备。国家在此基础上投资扩建，增添设备，并先后建立辽宁、天津、河北、浙江、江苏、福建等海洋捕捞公司。

1952 年，随着国民经济的恢复和发展，我国海洋渔业获得较快发展，机动渔船大幅度增长。为了适应海洋渔业的发展，全国各造船厂造出了种类繁多的渔船。其中，上海各厂所造的 250 马力（约 184 千瓦）和 350 马力（约 258 千瓦）混合式渔船都具有稳性好、用途广（可兼作单拖、双拖、围网等渔捞操作）、船员生活条件优良等特点。此外，还建造了渔业指导船、冷藏运输船、捕鲸船等。1952 年，旅大水产公司新造机轮 21 艘，同时原东北联合水产公司也新造机轮 4 艘。1954 年，中华造船厂首先试制成功钢壳结构、以单拖为主兼作双拖和围网的 250 马力（约 184 千瓦）混合式渔船 4 艘，1955 年 11 月，401、402 建成投产。1956 年，708 所修改建造钢质焊接结构的“3133”型混合式渔船 36 艘。1955 年，上海渔轮厂研制成功 160 马力（约 118 千瓦）木壳双拖网渔船。1956 年，上海渔轮厂自行设计建成 250 马力（约 184 千瓦）木壳双拖网渔船。1957 年，各省市渔轮总计 456 艘，32556 总吨，65350 马力（约 48065 千瓦）。

机帆渔船的发展是海洋群众渔业合作化后一个重大的技术改革。机帆船是在原有或新建的帆船上安装机器动力，船体结构和船型还保持原来帆船的特点，一般配备小功率的机器，行驶仍然以风动力为主，而在无风或风力微弱时，又能补以机器动力。1950 年 4 月，东北人民政府农林部水产处开始建造机帆船，盖平县渔民刘正堂在旧风网船安装 40 马力（约 29. 4 千瓦）汽车柴油发动机进行风网作业。

浙江省自1952年开始渔业机械化的摸索，1954年建造机帆船2艘；1955年发展为8艘；1956年为84艘，载重量2520吨，3360马力（约2471千瓦）；1957年达到241艘，载重量7313吨，10730马力（约7892千瓦）。

1953年，山东省掖县刁龙嘴联大渔业社试制出全省第一艘机帆渔船。1954年以后，黄海造船厂和省海洋水产研究所先后改装、试制了40马力（约29.4千瓦）和60马力（约44.1千瓦）机帆渔船。

广东省自1954年起开始建造机帆渔船，1955年发展为154艘，载重量1626吨；1956年有555艘，载重量9219吨；1957年达到658艘，载重量9333吨。

1957年，各省机帆渔船总计1029艘，载重量19185吨，38173马力（约28076千瓦）。其中，广东省658艘、浙江省241艘、山东省72艘、河北省33艘、辽宁省14艘、江苏省7艘、福建省4艘。

二、新中国成立初期的渔船管理

随着机动渔船的大量增长，为了保障船舶和生产安全，加强渔业船舶的安全监督检验开始摆上议事日程。

新中国成立初期，全国没有统一的海上渔船安全技术监督检验机构。当时国家交通部门设立船检管理部门，有专业人员进行船舶检查、丈量、登记等工作，渔船亦兼管。1952年，交通部改组机构，在各港口设立港监，成立船舶检验科，对各港的货船、航政船、渔船全部统管，并制定了船舶检验的规定和船舶证书文件、检验种类和期限。

沿海各省市1949—1956年期间没有独立的渔船检验机构，水产系统也不受理渔船检验业务。山东省当时渔船特别是机动渔船的数量较少，船舶的总吨和功率也较小，除青岛、烟台几个港口附近的部分渔船由交通部门驻港验船机构受理监督检验外，其余绝大部分渔船的检验业务无人问津。青岛解放后，青岛港务局设港务监督处，内设船舶登记科，负责船舶（包括渔船）检验、丈量工作，船舶登记工作由港务监督处办理。为了加强沿海各地渔帆船的管理，山东省人民政府于1954年颁布《山东省渔业权登记暂行办法》，由各县（市）水产行政部门对沿海渔帆船和各地水产养殖业进行登记发证。

1950年4月10日，东北人民政府根据《中国人民政治协商会议共同纲领》第三十四条中“保护沿海渔场，发展水产业”和《东北人民政府施政纲领》的原则精神，结合各省的实际情况，制定了《东北渔业暂行条例》及《渔业登记细则》，经中央人民政府政务院审核批准，以东北人民政府令公布施行。《东北渔业暂行条例》第六条规定“政府根据登记情形发给渔业登记证和船旗”，《渔业登记细则》第五条规定的“渔业申请书应附具的意见”中有“渔船、种类、名称、长、宽、深、吨数、马力、只数”等内容，对渔船的管理已有了明确的规定。

1949年，辽宁省大连地区的机动船与非机动船的登记、检验发证等工作由当时公安系统的旅大水上公安局（大连边防检查站前身）船舶检查股进行检验管理。1950年4月并入大连海关稽查科成立船政股。1950年9月并入大连航务局成立船舶检查科。1951年7月转入东北航务总局与大连航务局合并组成北洋区航运管理总局（后改称北洋区海运管理局）

船舶检查科，设在港务监督处机构内。这个时间的船舶检验管理重点是机动与非机动的小型船舶，多数是沿海渔船和部分海运局、航运公司的客货轮船。

1954 年，河北省沿海约有渔船 3000 艘，由天津区港务管理局负责管理。据河北省海港航运管理处 1957 年 8 月 8 日材料称：“本处对渔船的管理工作系自 1954 年 3 月由天津区港务管理局接管来处。接管时，经港务局简单介绍了对渔船管理的重点要求与方针，明确以安全管理为主，以着检查丈量的基础求得其安全航行，从而颁发给产权证照，借以了解本省沿海的船只数，总纳为登、检、丈三大工作。……管理三大重点工作（登、检、丈），船舶办理航行证件时，首先办理检、丈，在检查、丈量的基础上办理所有权登记，根据以上登、检、丈审核合格发给登、检、丈证书。”

1950 年至 1956 年，桂西僮族自治区（广西省）渔船检验工作主要由交通航运部门负责管理，渔业安全管理部门协助。

新中国成立初期，福建省沿海渔船安全管理工作隶属于交通港航监督部门，所有渔船都必须履行交通港航监督机关规定的各项规章制度、航行章程、检验规则；向港航监督机关申报进出港签证；办理船员技术考试、发证；接受海事调查处理；送审船舶设计图纸和文件；申办船舶技术监督、检验、发证；交纳船舶、港口、码头及检验等费收。但港航监督机关主要是担负交通系统运输船舶的监督、管理工作，由于自身力量不足，对水产系统的渔船仅限于福州、厦门等为数极少的几个主要港口渔业运输船和部分渔轮的管理与收费。至于全省广大渔区数以万计的群众渔船则长期无人管理，且港航机关在管理方法上偏重于交通角度，缺少掌握渔船特点与规律，以致长期以来存在着管理不全、不严、不实的现象。

新中国成立初期，广东省国营水产公司先后建造 100 吨级先进的机动拖网和延绳钓渔轮共 32 艘，其中南海水产公司 24 艘、湛江渔业公司 3 艘、北海捕捞公司 5 艘，这些船由广州港港务监督签发船舶证书。广东省第一艘钢质渔船是南海水产公司的单拖网渔轮“穗渔 102”号，152.8 吨，250 马力（约 184 千瓦），于 1955 年 10 月由武汉造船厂制造，在广州造船厂铆接建造，由广州港港务监督检验，签发船舶检验证书。此期间，广东省的群众渔船（99.5% 为风帆渔船），监督检验部门对它们还没有开展监督检验。

随着船舶检验工作的开展和客观形势的要求，渔业船舶的特性和生产的方式，使港务航运的船检部门在管理上顾此失彼，加之人手不足、应付不及，对渔业生产也产生影响。渔船具有数量多、绝大多数渔船吨位小、分布广、生产季节性强、航行作业工况恶劣、坞修时间短且集中等特点。为了适应上述情况，保障渔船航行和作业安全，成立专门的渔船检验机构已势在必行。

第二节　渔船检验工作的移交

1956 年 5 月 30 日，中华人民共和国水产部正式成立。水产部成立后，组织人员草拟《渔船渔具登记暂行办法》及《渔船检查丈量简则》。1956 年 10 月 27 日，水产部将第四次修正稿送交通部征求意见。关于渔船渔具登记事项，交通部提出的意见如下：“一、渔船渔具所有权的登记，同意由水产部统一办理。二、渔船的检查丈量工作，拟作如下的明确规定：1. 木帆渔船的检丈工作由水产部门统一办理。如果木帆渔船担任运输工作，除捕鱼的工具和设备以外，一般检丈的标准和手续应与运输木帆船取得一致。2. 机动渔船的检查丈量规范和标准，应由水产、交通两部共同制订。机动渔船在建造中和使用期间修理中的检验，由水产部门办理；如果机动渔船担任运输工作，应与一般机动运输船相同，向当地港务检验机构办理手续；如果大型渔轮和捕鲸机轮等需要船级或在业务上需要交通部船舶登记局执行检验时，应向船舶登记局申请技术监督或办理入级。3. 属于水产部门担任海河运输的运输船、冷藏船等（不包括担任渔场运输的运输船和装有冷藏设备的渔船），均需按照一般运输船舶性质，由交通部船舶登记局执行技术监督。”

1957 年，交通部和水产部商定渔航分管，水产部门成立渔船管理机构，船检建立船舶检验局，各港设立办事处机构，地方设港航船检机构。交通部将渔船的检丈、登记、管理工作移交水产部门办理，并先在山东、河北进行试点。

1957 年 5 月 27 日，中华人民共和国交通部向山东省交通厅、河北省交通厅、天津港务局、青岛港务局、秦皇岛港务局发出《关于山东、河北两省渔船技术监督和检查丈量等工作暂移交各该省水产部门接管的通知》。通知指出：“关于对渔船的所有权登记，执行技术监督和检查丈量等工作，为适应目前实际情况，经我部与水产部研究，确定暂在山东、河北两省试行，即将渔船的检查丈量和技术监督等工作，由交通部门移交水产部门办理。关于这一问题，水产部渔政司前已分别通知山东、河北两省水产部门遵照执行，故希河北、山东两省交通厅及青岛、天津、秦皇岛三港务局即联系各该省水产部门协商，拟定今后的执行办法，并即办理移交，在移交过程中，并应注意避免在工作中产生脱节现象。”

1957 年 7 月 10 日，水产部发出《关于接办渔船登记检丈工作的函》，致河北省水产局、山东省水产局，指出：“兹接交通部送来抄文一件，系该部给河北、山东两省交通厅关于两省渔船技术监督和检查丈量等工作暂交各该省水产部门管理。”“关于渔船登记及检查丈量工作，前者已由我部渔政司通知你局施行试办，现在交通部既已分别通知，希你局即与你省交通厅联系，接管这一业务，着手办理为荷。”

1957 年 8 月 13 日，山东省水产局下发《关于接办沿海渔帆船登记检丈工作的函》，指出：“我省交通厅航运管理局，从 1953 年对本省沿海一部分渔帆船进行了登记、检查、丈量和发放证件等工作，现经中央交通部和水产部共同研究，确定将这一工作由交通部门移交给水产部门办理，希各地有关水产部门根据以下意见向当地交通航运部门办理接管工作。”

1957 年 9 月 5 日，山东省水产局下发《关于接管沿海渔轮登记检丈工作的函》，指出：“关于本省沿海渔轮登记检丈工作的接管问题，前因水产行政部门缺少技术条件难以办理，本局曾请示水产部暂不接办。现接水产部 1957 年 8 月 27 日水渔字第 43 号函称‘你省此次接办渔船（包括机轮）、渔具登记检丈事项，系试办性质。我们认为青岛、烟台两地的渔轮检丈工作，仍应接管过来，由地方水产行政部门，即青岛市水产局和烟台市水产局组织人员，进行试办。如各该局需要一、二名技术人员时，应与当地港务部门协商调用，或请港务部门协助培养，其工资如在你省事业费内无法开支时，可商请省财政部门同意在所收检丈费内开支，希即进行研究，从速接管试办’等语。请你局立即进行研究办理接管工作，并根据实际需要，向当地港务局或水产公司等有关单位调用一、二名技术人员，调用人员所需经费及检丈费收入等，均列入当地预算之内，办理情况亦请随时报局。”

1957 年 10 月 30 日，青岛区港务管理局、青岛市水产管理局下发《关于渔船技术监督和登记检丈工作交接的联合通知》，指出：“接中华人民共和国交通部交船〔57〕于字第 121 号通知‘关于对渔船的所有权登记，执行技术监督和检查丈量等工作，为适应目前实际情况，经我部与水产部研究，确定暂在山东、河北两省试行，即将渔船的检查丈量和技术监督等工作，由交通部门移交水产部门办理。’……又接山东省水产局〔57〕水渔办字第 198 号函转水产部 1957 年 8 月 27 日水渔字第 43 号函称‘你省此次接办渔船（包括机轮）、渔具登记检丈事项，系试办性质。我们认为青岛、烟台两地的渔轮检丈工作，仍应接管过来，由地方水产行政部门，即青岛市水产局和烟台市水产局组织人员，进行试办。’……根据以上指示精神，业经青岛港务管理局与青岛市水产管理局双方研究决定，对水产系统的船舶（如渔船、辅助工作船、运渔船等）的技术监督和登记检丈工作，自 1957 年 11 月 1 日起由青岛市水产管理局正式接办，青岛港务管理局不再受理，希有关单位知照。”

1957 年 12 月 13 日，河北省水产局、河北省交通厅、天津市水产局下发《关于交接渔船登记、检查、丈量等工作的联合通知》，指出：“遵照交通部交船〔57〕于字第 121 号、水产部水渔字第 18 号文通知，河北省渔船之技术监督和检查、丈量等工作，由交通部门暂移交水产部门接管。经协商拟定《河北省渔船登记检查、丈量工作移交协议书》一份，随文发去。希即遵照办理。”

《河北省渔船登记检查、丈量工作移交协议书》主要内容有：“移交船只范围：凡属本省沿海小港及内河之机帆及木帆渔船（包括专在渔场内之运输船、农业社以渔业生产为主之船只以及水产部门指导工作的专业船）分别就所在地区移交给河北省与天津市水产部门接管。但从事运输业务之船舶（包括水产供销公司之运销船只）仍由河北省交通厅管理。”“移交工作说明：内河之木帆渔船，因交通厅未曾管理，故不作移交，水产局可重新办理登记等手续。”“移交时间：限于 1957 年底全部移交完毕。”“在移交过程中（57 年底以前），渔船之登记、检查、丈量、收费等工作仍由移交单位照章办理。”

1958 年 5 月 17 日，烟台水产局《关于接管烟台市港务分局渔轮检丈登记工作的函》指出：“关于烟台港渔轮之检丈登记工作，已于 5 月 15 日与烟台港务局正式办理交接手续，今后有关烟台港渔轮之检验、丈量、登记事宜，由我局接办。”

1958 年 9 月 7 日，广州港港务监督、广东省水产厅《关于生产渔轮的检验、登记、海事处理及船员考试管理工作移交广东省水产厅接管的报告》中称：“依照上级的指示精神并经双方协商取得一致意见，广州港港务监督将广东省水产厅所属生产渔轮（包括南海水产公司及西南沙水产资源调查队）的检验、登记、海事处理、船员考试及管理工作移交水产厅接管负责。本年 8 月 22 日已将该四项工作的档案资料全部移交完毕，合行报请核备。今后省水产厅所属生产渔轮原则上自行负责做好监督检验工作。但遇必要时，港务监督仍可予以协助。”

1958 年 10 月 21 日，《第一次全国验船工作会议总结》中明确：“水产部门的海河渔船，可由其自行监督检验，但有些港口，水产部门有困难时，验船部门仍应进行检验。”

第三节　各地渔船检验机构的建立

一、山东省

山东省水产部门在渔船检验工作试点期间，自 1957 年起先后在青岛市、烟台市、荣成县水产局内配备专职人员，至 1962 年从事渔船检验的专职人员 7 人（青岛 3 人、烟台 3 人、石岛 1 人）均从属于当地水产行政部门。

青岛市水产管理局于 1957 年 11 月 1 日正式接办渔船检查、丈量和登记工作。青岛市水产管理局在渔政科设（船舶检验）建制，并启用青岛市水产管理局船舶检验专章，办理船舶检验业务。因当时船检人员不足，各新设部门无专业人员，在此情况下船检人员一分为三，地方船检 3 人、船检 3 人、水产部门船检 3 人。当时由港务局调来助理验船师李启明、技术员薛雨林、办事员李子弘共 3 人，组成渔船检验队伍。

青岛市水产管理局于 1957 年 11 月 1 日、烟台市水产局于 1958 年 5 月 15 日相继接办了所在港渔轮的技术监督和检丈工作。1962 年 7 月 1 日，荣成县水产局也接办了此项工作。以上市（县）水产局接办渔轮技术监督和检丈工作后，都先后启用 × × 市（县）水产局船舶检验专章，以办理各项船舶检验业务。

经过 5 年多时间的试点，证明水产系统设立专门渔船检验机构从交通系统接管渔船监督检验和航政管理业务是可行的。这样做既能提高渔船修造质量，保障海上航行与作业安全，又能充分照顾渔船和渔业生产的特点，有利于渔船修造业和海洋渔业的发展。

山东省水产厅在报经省人委批准后，于 1963 年 7 月 1 日正式成立山东省渔船管理站，由渔政处处长刘炳文兼站长。省站设在济南，在省水产厅内与渔政处合署办公，下设青岛、烟台、羊口、石岛 4 个港口站，名称为 × × 港机动渔船管理站。按当时建站编制，省站及其下属 4 个港口站共计 35 人，属省水产厅二级事业单位，负责办理机动渔船检验、登记、船员考试及海事处理等渔船管理工作。根据省水产厅〔64〕水船字第 1 号文，非机动渔船登记发证工作，由各县（市）水产行政部门负责办理。省站及其下属 4 个港口站，由省水产厅、省站实行行政与业务的垂直领导。行政与业务均属省站领导，是省站在重点渔港的派出机构，并从交通系统的船检、港监部门全面接管了渔业船舶的监督检验和航政管理工作，受理的主要业务有船舶检验、船舶登记、职务船员考试发证、海损事故调查处理、航海保证五大项。1965 年 10 月 6 日，省渔船管理站由济南迁至烟台，与烟台港机动渔船管理站合署办公。专职人数到 1966 年已达 42 人，其中省站 9 人（在编 5 人，不在编 4 人），青岛站 11 人，烟台站 9 人，石岛站 7 人，羊口站 6 人。

二、广东省

1958 年 8 月 22 日，广州港港务监督将过去检验监督管理的广东省国营渔轮移交广东省水产厅，广东省水产厅开始筹建广东省水产厅渔船监督，开展执行对广东国营渔轮的建造和营运检验、签发船舶检验证书以及渔轮监督管理工作。

1959 年 6 月 26 日，广东省水产厅《关于做好渔船管理工作的通知》指出：“沿海县市和公社水产部（局、科），应指定一个领导干部兼抓渔船管理，并安排一定的时间和人力来保证工作开展。省厅渔船管理训练班 6 月 23 日结束，沿海县、市要保持经过训练的干部专职搞渔船管理，不要调动；对外则以渔船管理站名义办理这个工作。为了很好地贯彻地、群、普路线（依据地方基层力量，发动群众普及业务），渔业生产的管理区、生产队都要指定一两个可靠人员为渔船管理员，兼办有关管理监督工作。这个渔船管理的队伍，今后不得轻易变动。这次来厅训练的公社干部，可留在县、市里工作一个时期，待有人接手后回公社负责管理工作，来训练的安全站干部，今后应以渔船管理为主，个别县（市）没有派人来训练的应就地向有关部门聘请或由专（行）水产局（处）派人去传授最基本的技术和业务。”

1959 年 8 月 8 日，广东省水产厅《有关渔船管理工作的几点通知》指出：“各渔船管理站的公章已由省厅统一发下，各地应根据粤渔渔字第 34 号通知迅速把站建立起来，以便利工作的正常开展。个别县市已有自行雕刻的公章一概作废，使用省厅统一规格公章。”

1959 年底，广东省水产厅渔船监督建立，由海洋处长郭仁杰、副厅长李云兼任监督长，海洋处副处长张正兼任副监督长。下设广州、湛江、白马井渔轮监督站，设专职行政编制 12 人，开始启用渔船监督和各渔轮监督站公章。各渔轮监督站逐步建立，执行对广东国营渔轮的检验、船员管理、船舶进出口签证的管理业务，开始了广东渔船的监督检验。

1961 年初，广东省水产厅批准在白马井（南海水产公司内）成立广东省水产厅白马井渔轮监督站。该站党政由南海水产公司代管，业务由广东省水产厅渔船监督站管理，人员编制 3 人。主要职责为负责南海水产公司渔轮及辅助船舶的监督检验及渔轮进出港签证、船员管理工作。

三、广西僮族自治区

1958 年北海捕捞公司成立后，渔轮由广东省水产厅广州渔轮监督站检验丈量、登记发证。1962 年，广东省水产厅在北海市、合浦、钦州、东兴县建立渔船监督管理站（当时广西僮族自治区沿海属于广东省管辖），主要检验国营渔业公司、水产公司船舶。

四、河北省

1962 年，南排河渔船检验站建立，当时隶属黄骅县水产局下设的生产科领导。为了对外便于开展业务和工作，机构名称为黄骅县渔船检查站，批准机关是黄骅县水产局。

1965 年 2 月 26 日，秦皇岛市水产局、河北省海洋水产公司《关于成立秦皇岛市水产局渔船检验站的请示》指出：“机构名称：定为‘秦皇岛渔船检验站’，设在水产局内，作为水产局领导下的一个单位。”

五、福建省

为了保障广大渔民生命财产的安全和有利于渔业生产的发展与港航秩序等需要，1963年5月20日福建省省长办公会议决议，全省水产系统所有渔业船舶统一划归水产行政部门管理，成立渔船安全监督管理机构。1963年10月28日，省编梁字第8142号文批准《关于成立福建省水产局渔业船舶管理总站的批复》，经过近半年的筹建，福建省水产局渔业船舶管理总站于1964年4月1日成立。

福建省渔业船舶管理总站是省水产局下属事业单位，对外独立行使职权，对内属省局机关内职能处室，其人事任免、行政管理、财务经费开支与规费收入均由省局在事业费项下统筹支配。根据省编委1964年6月28日省编字第607号公文《关于同意渔业船舶管理机构编制问题的报告》，在沿海三沙、黄岐、福州、平潭、崇武、厦门、东山和驻浙江办事处8个渔港设立渔业船舶管理站。各站管辖区分：三沙船管站，自沙埕起至西洋岛止；黄岐船管站，自西洋岛以南至浦口止；福州船管站，自浦口以南至梅花止；平潭船管站，自梅花以南至南日岛止；崇武船管站，自南日岛以南至安海止；厦门船管站，自安海以南至梧屿止；东山船管站，自梧屿以南至诏安止；驻浙船管站，负责本省供销公司、渔捞公司及沿海各地、市、县转浙渔船的安全管理。

定员编制为60人：省总站编制12人，福州、厦门、三沙船管站各7人，崇武、东山船管站各6人，平潭、黄岐和驻浙船管站各5人。总站设正副总站长（相当正副处级），沿海各站福州、厦门、三沙3站配正副站长（相当科级），其他各站配站长1人。

沿海各船管站系省渔业船舶管理总站派出机构，其有关行政、业务、人事配备、经费收支均隶属于省总站领导，各船管站所在地的专（市）县人委、水产行政部门主要负责协助检查、督促和指导以及支持其业务工作的顺利开展。

到1965年上半年，全省已先后建立福州、厦门、三沙、平潭、崇武、琯头6个船管站，原黄岐船管站编制改建在琯头，东山和驻浙两船管站则因建站初期现有人员尚未配齐而缓建。

六、天津市

1964年8月21日，天津市汉沽区水产局经天津市水产局批准建立汉沽区渔船检丈站。1965年2月23日，天津市水产局下达渔船检丈人员编制，明确领导关系，决定建立塘沽区渔船检查站，配备检丈人员2名；汉沽区渔船检丈站，配备检丈人员1名；北大港区渔船检丈站，配备检丈人员1名。

七、辽宁省

大连渔船检验处的前身是中华人民共和国船舶检验局大连办事处渔轮厂驻厂组，从1956年一直延续到1965年。当时使用的建造检验规范是1953年苏联的《普通运输船舶建造检验规范》译制本，还没有渔船的建造检验规范，因而与当时正在迅速发展的渔业生产很不适应。在各渔业公司及广大渔民的要求下，为加强渔业船舶管理，便于渔业生产，经交通部与水产部协商，同意将中华人民共和国船舶检验局大连办事处渔船检验组分出，成立辽宁省渔业船舶管理站。1965 年 8 月 25 日，辽宁省渔业船舶管理站在大连市上海路57 号正式对外办公。辽宁省水产局派谢在云同志来大连组建，人员组建当时主要以中华人民共和国船舶检验局大连办事处渔船检验组 9 人、辽宁省海洋水产研究所 5 人为基础组建，编制 25 人。站长赵建民，设 3 个科，隶属辽宁省水产局直接领导，主要任务是负责全省渔业船舶的检验、船员的考试发证。

1965 年 11 月 9—15 日，水产部召开海洋渔业安全工作座谈会。会上对渔船检验工作进行了讨论，会议认为："自 1957 年交通、水产两部协商，将渔船的检丈、登记、管理工作移交水产部门办理，并先在山东、河北进行试点工作以来，目前除江苏、浙江两省尚未接管外，各地先后基本上把这项工作接管起来了，同时还接管了渔轮船员的考试、发证工作。""现在的情况是：1. 有的省管，有的省不管，管的省各搞各的，不仅名称不一，业务范围也不一，有的管渔轮、机帆船的检验，有的只管木帆船的丈量登记，有的兼管生产中的一般安全工作。2. 渔轮检验的有关规章制度和船员考试办法，没有统一的依据，自行制定，标准要求的不一，没有统一的综合机构，问题很多，船在河北检验合格到山东就不一定合格。……本着要管就应该认真负责地管好的精神，部将进一步研究会议所提出的意见。"

第四节　"文化大革命"时期的渔船检验

1966 年"文化大革命"发生，渔船检验工作受到冲击，基本处于停滞涣散状态。初步形成的渔船检验工作名存实亡，流于形式。20 世纪 70 年代初，随着"文化大革命"影响的显现以及当时造船形势的发展，交通、水产部门对渔船检验工作逐步作出调整，通过改革、充实和完善，使沿海各省（自治区、直辖市）都初步建立起渔船检验管理机构。

一、"文化大革命"对渔船检验工作的干扰和影响

1968 年 10 月—1972 年 1 月，受"文化大革命"干扰，广东省水产厅连同水产厅渔船监督和下属 4 个站被撤销，沿海各地区市、县水产局所设的渔船管理站也相继被撤销，其中包括设在广西北海的渔船监督管理机构。这时，广东省的渔船进入了无船检监督管理部门监督管理的混乱状态。

1969 年 11 月，福建省渔业船舶管理总站和福州站大批人员下放（仅留下革命领导小组成员及个别人员留守，处理福州地区船舶）。沿海各船管站机构解散，职权、人员下放到所在地（市）待命处理，整个船管机构上下均处瘫痪和半瘫痪状态。

三沙船管站下放到福安地区，但地区又转交给闽东渔场指挥部管理；琯头和平潭两船管站下放到闽侯地区后，也分别下放给连江县和平潭县，而平潭县又再度把平潭站下放给平潭县水产组；崇武站原下放给晋江地区，地区又下放给惠安县，惠安县又再度将其下放到崇武

公社；厦门站下放给厦门市。

1969 年 11 月，在“文化大革命”斗、批、改中，根据精简机构的精神，经辽宁省农业局决定，辽宁省革命委员会批准将辽宁省渔业船舶管理站与辽宁省海洋渔业指挥部合并，对外称辽宁省海洋渔业指挥部生产组、船管小组。编制 6 人，组长为陈书孟，办公地点迁往大连市中山区虎滩街 6 号。原渔业船舶管理站的大部分人员并到大连渔轮厂。

山东省由于“文化大革命”的干扰，渔船检验工作因被认为是资产阶级对无产阶级的管、卡、压而受到批判。1970 年 12 月 1 日，山东省农业局发出鲁农字第 189 号文，撤销青岛、烟台、羊口、石岛 4 个港口的机动渔船管理站，只保留当时设在烟台的山东省渔船管理站，编制名额 7 人。业务工作全部分散交给各县（市）水产行政部门和省属企业自己管理，人员则下放给当地水产行政部门。按当时撤销机构的文件规定，山东省渔船管理站的主要任务是：调查研究，掌握政策，制定规章制度，颁发统一的证书证件，对各地机动渔船的管理工作进行业务指导。各县（市）及国营捕捞企业所属机动渔船的监督检验、船员考试发证及海损事故的调查处理，分别由各县（市）水产行政部门和国营渔业公司负责办理。

二、20 世纪 70 年代渔船检验机构的重建与发展

“文化大革命”使渔船安全监督管理工作遭到严重干扰和破坏，生产没有保障，渔船检验无人负责。规章管理制度被废除，有章难守，无章可循。船舶进出口不签证、不编号、不通报，航行不瞭望、夜航不点灯、停港不值班；不执行国际避碰规则，不遵守航行规则和操作规程，无证驾驶、无证开机；涂改证簿、冒名顶替，随意搭客、违章超载；不按照规定设置号灯、号笛、号型；不配备必要的救生、消防设备；新造、大修船舶不申报；不送图纸、不执行产品检验制度；船舶买卖、转让、报废不经过船管部门办理手续；随意在主航道打桩捕鱼，破坏外轮正常航行；甚至出现闯了祸又见死不救、肇事后畏罪潜逃、趁火打劫等犯罪行为。

1971 年 11 月，因南海水产公司把木质双拖南渔 F12 船改装为围网渔船时，大量增加上层建筑和设施，使其初稳心值近于零，没有经过改装设计核算和稳性试验便出海生产，导致在沿岸边航行遇 4 级横风时，渔船即发生翻船沉没、淹死 5 人的重大事故。这引起了广东省政府领导的高度重视，立即责令由副局长白云鹏抓恢复渔船监督的组建工作。

1970 年夏，鉴于我国海洋捕捞生产发展缓慢，周恩来总理亲自召集农林部和沿海省（自治区、直辖市）水产主管部门的负责人座谈，对发展我国海洋渔业生产做了指示，并部署建造灯光围网渔轮 70 组 280 艘（包括网船、灯船和运输船）的任务。从 1971 年起，这项任务被列入国家建设重点计划。

国家拨款给广东省建造了大批渔轮，有 370 吨级和 400 吨级 600 马力（约 441 千瓦）8003 型、8103 型和 8104 型渔轮 40 多艘，渔船辅助船近 10 艘。广东省的国营渔轮和群众机动渔船进入大发展的新阶段。

江苏省由国家投资 1861 万元建造围网船组 10 组，其中新建 30 艘（600 马力围网渔轮 12 艘、450 马力灯光渔轮 12 艘、380 马力灯光渔轮 6 艘）和改装 10 艘配套运输的渔轮。由

于当时江苏水产系统造船能力和技术条件有限，江苏省革命委员会决定由省海洋渔业公司船厂、连云港船厂、新华船厂、镇江船厂4家船厂和冶金、机械等系统的32家企业参加渔轮建造大会战，并于1971年2月成立造船领导小组，在省农业局内设渔轮办公室，统一领导协调完成会战任务。当年9月，第一组灯光围网船组建成试投产。鉴于当时我国的围网生产技术、船型及配套设备的研制工作跟不上，围网生产很不稳定，因此对会战计划做了调整，改为在发展围网渔轮的同时，积极建造拖网渔轮，原定10组围网船组调整为4组。这次会战使江苏海洋捕捞面貌大为改观，江苏的渔业公司船厂、渔船柴油机厂等水产系统工厂与企业的设备和技术水平也得到充实与加强。1970—1980年的11年间，是江苏省渔轮大发展时期。这期间用于渔轮和配套辅助船的购置总投资为10144万元，占同期水产投资总额的49.4%。随着江苏机动渔船的发展，客观上要求江苏水产系统建立渔船检验机构，承担日益繁重的建造检验和日常监督管理任务。

20世纪70年代，山东省群众渔业的机帆船开始向小型渔轮更新。1975年，黄海造船厂采用回转式液压舵机等新技术，试制HC818型200马力（约147千瓦）钢壳渔轮，经试用，渔民反映很好，先后建造了54艘。1976年，烟台地区水产局组织有关单位设计了876型185马力（约136千瓦）钢壳渔轮。1977年，省水产局委托黄海造船厂设计了HC814A型180马力（约132.4千瓦）钢质渔轮。这两种船型均定为山东群众渔业主要更新船型，一般每年更新50艘左右。

由此，渔船检验事业得到恢复和发展，原有各省渔船检验机构得以恢复和重建，并且包括江苏、浙江和上海的渔船检验部门也开始组织起来，沿海地区基本上都建立了省一级的渔船检验部门。

（一）广东省水产厅渔船监督

1972年2月，广东省水产局恢复渔船监督及下属3个站。由副局长白云鹏兼任监督长，海洋处副处长张正兼任副监督长，下设广州、湛江、白马井渔轮监督站，共12人。广州渔轮厂厂长张更爱兼任广州站站长，副站长为邢学思；湛江远洋渔业公司经理吕志秋兼任湛江站站长，副站长为杜汉明；南海水产公司副经理张秉林兼任白马井站站长，副站长为高辉坚，1978年1月副站长改为何余臣。

1973年7月，随着海洋渔业大量新船的建造，渔船建造和营运检验监督管理工作亟待加强。广东省编制领导小组《关于恢复地、县（市）渔船监督（站）的通知》中指出："一九六五年一月原省编委垂直下达的渔船监督（站）体制，由于机构不断变动已不健全，有的撤销，有的合并，不利于海洋渔业安全工作的正常开展。为了保证海洋渔业安全生产，促进渔业生产的发展，经研究，地、县（市）渔船监督（站）机构的布局和人员（事业）编制的分配，根据当前实际需要，参照过去的情况，现重新调整下达。"广东省水产局渔船监督船检人员增加了50%，从12人增为18人，但也只能执行对国营渔轮的监督检验工作，没有力量担负群众渔船的检验工作。

（二）山东省渔船管理站

山东省自 1970 年 12 月实行体制下放，只保留了山东省渔船管理站，由省革命委员会农办水产组领导。业务工作全部分散交给各县（市）水产行政部门和省属企业自己管理，除沿海各县（市）水产局外，还有青岛海洋渔业公司安全船检科、烟台海洋渔业公司安全科和黄海造船厂检查科，人员则下放给当地水产行政部门。这一局面一直持续到 1979 年。

（三）福建省渔业船舶管理站

1972 年 9 月 29 日，福建省水产局渔业船舶管理总站改为福建省渔业船舶管理站，福州渔业船舶管理站机构未予恢复。福州地区渔船归省站兼管，沿海各渔业船舶管理站下放给所在地（市）水产行政部门管辖（琯头船管站仍由省站领导）。同年，龙溪地区根据省通知精神，将原省编委 1964 年下达的东山船管站编制指标改在地区所在地漳州市，机构名称也改为福建省龙溪地区渔业船舶管理站。

船管系统机构恢复与体制调整后，省站负责对全省性业务领导和兼管福州地区渔船，办公地点从省局机关大院内迁到原福州船管站与福州市水产局 1969 年合盖的台江区江滨路 9 号西楼，党政关系不变。沿海各船管站改为省站和各地（市）水产局双重领导，业务归省站，党政关系归所在地（市）水产局领导。1976 年，三沙渔业船舶管理站隶属关系又改由闽东渔场指挥部领导。

（四）辽宁省渔业船舶管理站

为了加强渔船检验和船员管理，方便渔民，便于生产，更好地对外开展工作，1972 年 12 月，辽宁省海洋渔业指挥部革命委员会船舶管理组成立，对外称辽宁省渔业船舶管理站，编制 6 人。

1978 年 8 月，辽宁省水产局将辽宁省渔业船舶管理站与辽宁省海洋渔业指挥部正式脱离，成为独立单位。1978 年 10 月 4 日，辽革发〔1978〕249 号文件正式批准恢复辽宁省渔船管理站，定为县、团级单位，编制 25 人，主任为段永顺，副主任为张有仁；下设 3 个科：行政科、船舶检验科、海务管理科。

（五）江苏省机动渔船管理站

1965 年 9 月，江苏省交通厅、水产局联合通知规定：渔轮检验发证工作移交各地水产、多种经营管理局办理。1971 年 8 月 6 日，交通部交水运航 403 号函《关于船舶检验工作几个具体问题的意见》规定：“关于渔船检验问题，除出国和援外的渔船仍由各办事处管理检验外，其他渔船的检验不受理，请渔船主管部门自行检验。目前兼管渔船检验的办事处，可将此项业务逐步交给水产部门。根据这项精神，水产渔业船舶的制造、大修船只一概不受理。”根据上述精神及实际需要，江苏省农业局于 1972 年 6 月 25 日在南京建立江苏省机动渔船管理站。

在筹建省机动渔船管理站的初期，从省渔业公司调林琛负责筹建工作，人员从南通、连云港及省交通厅共商借技术人员5人（随后又陆续调走）。1973年，从连云港海洋渔业公司、省海洋渔业公司借调一些技术人员，请船舶检验局上海办事处组织船舶检验业务培训。1974年4月，省编制委员会核定渔船管理站事业编制12人，由林琛任站长，管理站机构从组织上得到落实。管理站主要负责省海洋渔业公司和连云港海洋渔业公司渔轮及全省新建机动渔船的检验发证工作。机帆渔船的技术检验，由各地、市渔船管理部门负责。

（六）浙江省渔船管理处

1971年12月15日，交通部下达交水运字1623号通知，重申渔船由水产部门统一管理。1972年7月，浙江省革命委员会生产指挥组党委决定，渔业船舶由水产部门自行管理，责成省水产局筹建浙江省渔船管理机构。

1973年3月，省水产局成立浙江省渔船管理处（筹备小组），负责筹建船检、渔监机构，筹建组成员有周贤钗、吴崇济、朱锦林、吴小批、胡献、汤乐华6人。筹建组成立后，派出人员赴省内外进行调查研究，着手起草有关规章制度。

1973年6月14日，省水产局向省革命委员会提交关于建立浙江省渔船管理机构的报告，提出省建立浙江省渔船管理处，宁波、舟山、台州、温州地区设渔船管理站，嵊山、沈家门、石浦、洞头设渔船管理分站；沿海23个县（市）各设一名专职渔船管理干部，人员编制共87名；业务范围包括渔业船舶检验工作。1973年12月26日，省革命委员会批复省水产局的报告，同意建立浙江省渔船管理机构。1974年8月6日，省革命委员会补充通知，设立上虞县、平湖县渔船管理分站。

1976年3月19日，交通部船检港监局致函浙江省交通厅《关于水产船安全监督管理问题的复函》，提出："凡水产部门所属船舶，包括：捕捞船、渔业指导船、科研船、冷藏船、油船、航标船、交通船、运销船、拖轮、驳船等为水产事业服务的船舶均称水产船。""水产船的检验丈量发证、船员定员、配额、船员考核发证工作均由水产部门负责办理。"

1976年4月30日，浙江省交通厅、水产局联合发文，原由交通部门管理的渔船移交给水产系统的渔船管理机构管理，包括船舶检验发证工作。

（七）天津市渔船检查站

1973年6月17日，天津市革命委员会主任办公会议第二十六次会议同意成立天津市渔船检查站，人员编制10人，为事业编制。经过半年的筹备工作，1974年1月1日，天津市渔船检查站正式办公，地址暂设在塘沽区东沽渔船闸院内。1977年8月，天津市渔船检查站办公地址迁至天津市河西区温州道增一号，同天津市水产局机关一起办公。

1978年1月1日，天津市革命委员会农委批准，天津市渔船检查站改为天津市渔船管理站，对天津市渔船进行分级管理。市站负责国营船舶的检验，下分设塘沽区渔船管理站、汉沽区渔船管理站。市站负责对分设站的业务指导，全市的职务船员的考试、发证等工作由市站负责。塘沽区渔船管理站分管本区、东郊区、北大港区的渔船检验与管理；汉沽区渔船管理站分管汉沽区、宁河县的渔船检验与管理。人员编制为：市站4人、塘沽站4人、汉沽站2人。

（八）河北省渔船检验管理站

随着河北省水产局的成立，根据水产事业发展的需要，1974年组建河北省渔船检验管理站，为省水产局内的一个处级单位。各沿海地、县设分支机构，地区站有唐山、沧州、廊坊，县站有海兴、黄骅、丰南、滦南、乐亭、昌黎、抚宁、秦皇岛市，共11个站。地区站设在地区水产局内，县站设在县水产局内，主要负责群众渔业船舶的检验、管理及职务船员培训班的组织工作。河北省渔船检验管理站成立时有干部3人，负责人为张家杰。1975年进河北省水产学校毕业生2人，1979年又分配1人，6人开展工作至1981年。

建站初期，河北省共有机动渔船1500余艘，实行分级管理。省站检验全省国营船只，计60余艘；负责全省职务船员的考试发证；指导地、市、县站做好群众渔业船舶的监督检验；全省的渔业机械化和标准化工作；省、地、县船厂修造船的管理工作。1978年成立渔政处，负责海、淡水渔政、船检港监、通信等工作，几处并为一处，内部分工不变，张广柱为船检负责人。

（九）广西壮族自治区渔船管理站

1965年，北部湾地区划归广西壮族自治区管辖后，渔船检验工作由广西港航监督所负责，检验范围仅局限于国营渔业公司的新建渔船系泊、航行试验和年度检验时派员参加检验，群众渔船的检验工作未进行。

1976年7月13日，广西壮族自治区编委发文成立广西壮族自治区渔船管理站，下设北海、合浦、钦州、东兴渔船管理站，共事业编制20人。1977年2月7日，广西壮族自治区渔船管理站印章开始启用。1977年10月11日，钟悦广任自治区渔船管理站副站长，筹备渔船管理站的组建工作。1978年7月7日，李平任自治区渔船管理站第一副站长。广西壮族自治区渔船管理站成立后，广西的渔船检验工作有了专管机构，基本上对渔船进行建造、营运的各种检验。

（十）上海市渔船管理站

新中国成立后，上海渔业船舶监督检验工作由交通部船舶检验局上海办事处受理，郊区集体和个体渔船的管理除一部分内河渔船由各县航运管理所兼管外，沿海及长江作业的渔船先由上海市水产局主管部门派员兼管，后在郊区渔业指挥部由数名熟悉渔业船舶的人员负责该项管理工作。“文化大革命”时期，上海船舶检验机构受到冲击，上海办事处驻上海渔轮修造厂验船师办公室人员下放，渔检工作停顿。为了加强上海郊区渔业船舶的安全管理，经上海市财贸办公室1977年11月12日沪财第字（77）第126号批准，成立上海市渔船管理站。1975年10月到上海办事处实习工作的毛锁扣、李庆禄、宋长旺、胡国良4人回船管站，这是上海办事处为上海渔船检验部门培养的第一批渔船人员。1978年1月至1980年3月，副站长（第一任副站长）为宋云龙。

第二章　渔船检验人员的培训

第一节　山　东　省

1963 年 7 月 1 日，山东省渔船管理站从交通部门接管山东省的渔船检验和渔业船舶的航政管理业务后，出现任务重、人员少、熟悉船舶检验业务的人员更少的情况。为保证检验工作质量，也为今后的事业发展，经山东省水产厅厅务会议研究决定，从系统内选派人员外出培训，逐步形成自己的业务骨干队伍。据此，山东省水产厅渔政处刘炳文处长（兼任山东省渔船管理站第一任站长）指示当时在渔政处内具体分管船管站工作的张一中负责安排执行厅务会议的上述决定。张一中先发了一个便函给船舶检验局上海办事处，请求以师傅带徒弟的方式培训验船师。船舶检验局上海办事处的邵丹卿副主任给予大力支持，双方议定每年培训一批，每期培训时间约 10 个月，每批不超过 10 人，选送人员要求具有大专、本科学历，最低中专毕业，培训方式是白天随上海办事处验船师下厂工作，晚上由上海办事处验船师讲课或自修，要求通过培训能独立完成对新造渔船和营运渔船的各项监督检验。

第一批选送 8 名学员（省站 1 人、青岛站 3 人、烟台站 2 人、石岛站 1 人、羊口站 1 人）成立一个学员组，荣索芝任组长，宋立增任副组长，组员 6 人是李明新、李宗杰、李春荣、张福云、张瑞华、祝宝周。在沪实际学习时间为 8 个月，自 1963 年 11 月 19 日至 1964 年 6 月 10 日。培训工作具体由当时船舶检验局上海办事处国轮科科长马家骥具体负责，白天分在沪东、中华、求新和上海渔轮厂 4 处随验船师工作，晚上由国轮科的马家骥等验船师分别讲课及辅导。这一批学员除“文化大革命”期间调出者外，均成为渔船管理站的业务骨干。

据青岛市水产局渔政处祝宝周回忆：“1963 年 11 月至 1964 年 6 月，山东省水产厅派员到中华人民共和国船舶检验局上海办事处学习船舶检验……山东省学员分船体、轮机、罗经等，船体分钢质和木质，实际上海办事处（负责）木质船很少，每个学员根据各个人的学习重点，跟一个验船师到现场（驻厂）实际参加学习船舶检验。验船师在实际检验中，方便的时候给学员大体讲解一下此次检验的情况，实为师傅带徒弟。理论学习每周都有业务学习一、二次，主要是每天晚上，有时听辅导课，有时是自学。各项辅导主要是由有经验或研究的验船师主讲，听课人员不光是学员，还有其他验船师。”

这样的培训在开展业务初期是非常适用的，效果也非常明显。可惜因受当时频繁的政治运动的影响和主持工作的人事变动，只开展了第一期，后面就夭折了。

1971 年 11 月，山东省渔船管理站举办各县（市）渔船管理人员培训班，学习 1 个月。

第二节　福　建　省

福建省渔业船舶管理站于1964年5月指派张仲棋、张炜、郭小亿、翁又光、李建强、林珀珠、王华怡7人到福建省航管局港监室（船检局福州检验处前身）验船培训班参加培训。培训时间为1964年5—11月，采取理论与实践相结合的形式。前3个月着重于业务理论知识的讲解和有关验船规范、规程等规章制度的学习，后3个月着重于结合所学理论知识开展业务实践，通过参加图纸审核、实船检验，以加深对所学知识和规范、规程等规章制度的理解和临场操作运用。验船培训班的主要内容有：①有关验船规范、规程等规章制度；②有关验船具体业务（含验船、审图程序、内容、注意事项等）；③参加实船检验。

第三节　上　海　市

1972年1月，上海市水产局与船检局上海办事处双方领导共同商定由上海市水产局选派4名技术人员到上海办事处学习与工作。其中2人来自上海渔轮修造厂，2人来自上海海洋渔业公司。2人负责船体检验，2人负责轮机检验，电气检验仍由上海办事处人员负责；人员属水产部门，工作则代表交通部船检部门。

第四节　江　苏　省

1972年5月，江苏省农业局向上海派出人员接受船舶检验的业务培训。培训人员由林琛任组长，张会涛任副组长，学员有任金厚、钱渊、潘宝生、余宝均。实习方法采用业务知识讲解及现场指导等形式，主要的现场实习指导有船舶检验局上海办事处的张公安、束菊昌、张守礼、尹钟培等人。3～4个月后，培训人员变动，由柯有棠、冯志权替换原组中2人。总培训时间约在一年左右。同时参加培训的有上海渔检处的有关人员。

第五节　天　津　市

1973年3月5日，天津市水产局组织有关专业人员去中华人民共和国船舶检验局天津办事处学习船舶检验业务。

第六节　浙　江　省

1973年4月，船舶检验局上海办事处为浙江省举办船检业务培训班。浙江省派出14人前往上海参加培训，其中水产系统派出吴崇济、吴小批2人参加。培训班于1974年1月结束。

第三章　渔业船舶检验业务承接及开展

第一节　山东、河北两省渔船检验工作试点

山东省沿海各县（市）水产局接办渔帆船登记检丈工作后，都先后启用××市（县）水产局船舶检验专章，以办理各项船舶检验业务。

1957年11月1日，青岛市水产管理局接办渔船检验工作后，由水产部门受理检验的第一艘渔船是“山东151”号，检验时间为1957年11月，检验种类为制造检验。为了做好渔船检验工作，在水产部门还没有制定有关渔船检验的规范和规定以前，经报请上级批准，1958年1月27日，青岛市水产管理局发布《关于渔轮检验工作仍执行交通部的规范和标准的函》。之后，结合渔船的具体情况和工作需要，青岛市水产局先后制定和公布有关渔船检验的暂行规定十余项。1957年底，青岛市水产局印制新的《渔业船舶检验证书簿》，这是水产部门接办渔船检验工作后印制的第一本证书簿。当时对渔业船舶检验种类的规定是分为制造检验、初次检验、定期检验、年度检验、临时检验5种。检验渔船的范围，除所在港籍渔船，还有外地到达本港修理和航期届满渔船，包括机动渔船和非机动渔船以及属水产系统的部分辅助渔船在内，检验工作比较繁忙。青岛市水产管理局《关于1957年11、12两月份渔船检验工作情况报告》指出：“渔业船舶的检验工作自11月1日起到年底，共检验机动船舶12艘（其中制造检验3艘），丈量3艘；检验渔帆船115艘，丈量5艘；机动船舶办理产权登记5艘，共收检验费约750元。”1961年全年共检验各种机动渔业船舶304艘次，为1959年的1.5倍，检验非机动渔船744艘。

1958年6月17日，河北省农林厅发出《关于检丈工作下放地方办理的通知》，指出：“为了合理安排生产，保障生产安全，我省渔船检丈工作与省财政厅研究决定：检丈工作，确定在禁渔期间进行，为了便利工作，本着权限下放的原则，今后船舶检丈登记工作一律下放到专县办理，省里仅负责督促检查和业务指导。”

第二节　渔船检验工作的初步开展

这一时期，国务院渔业主管部门还未设立渔船监督检验机构，渔船检验由各省（自治区、直辖市）先后建立的渔船管理站根据各自的规定办理，有的省（自治区、直辖市）仍由船舶检验局办事处检验。

一、广东省

广东省水产厅渔船检验部门首次执行建造检验钢质渔船，是1960年5月广州渔轮厂建造的南海水产公司单拖网渔轮“南渔108”号，142.4吨，400马力（约294.2千瓦）。由广东省水产厅渔船监督检验，签发船舶检验证书。

广东省进口最早最大的钢质延绳钓渔轮，是南海水产研究所调查船“南锋702”号，320吨，700马力（约514.85千瓦）。于1965年8月在日本建造进口，由船舶检验局广州办事处检验，签发船舶检验证书。

广东省进口最大的渔业辅助船，是英国旧钢质果菜冷藏运输船“红旗127”号，16800吨，9000马力（约6619.5千瓦）。于1975年改装为南海水产公司水产加工运输船，由广东省水产局渔船监督执行改装初次检验。

广东省进口最大的新建造钢质渔业辅助船，是南海水产公司远洋水产加工运输船“海丰2022”号，1906吨，3600马力（约2647.8千瓦）。于1975年9月在日本建造，由广东省水产局渔船监督检验。

广东省水产厅（局）白马井渔轮监督站1961年建站后检验的渔业船舶种类如下：

渔船类：①103吨级240马力（约176.5千瓦）木质单拖渔轮；②100吨级180马力（约132.4千瓦）木质双拖渔轮；③88吨级130马力（约95.6千瓦）木质钓绳钓船；④120吨级300马力（约220.6千瓦）、400马力（约294.2千瓦）木质单拖渔轮；⑤138吨级250马力（约183.9千瓦）钢质单双拖渔轮；⑥96型、大96型、8003A型、8003C型、8103型、8104F型单拖渔轮（钢质）。

辅助船类：①100吨级木质杂货运输船；②550吨级钢质冷藏运输船（日本制造）；③406吨级钢质冷藏运输船（黄海船厂）；④400吨级钢质油料运输船（广州渔轮厂）；⑤439吨级钢质油料运输船；⑥200吨级冷藏加工运输船（日本制造）；⑦300吨级建港挖泥工程船；⑧沿海港湾工程船。

据统计，白马井渔轮监督站自成立开展业务第一年中，共检验国营渔轮42艘，其中400马力（约294.2千瓦）钢质渔轮1艘、木质2艘，300马力（约220.6千瓦）木质渔轮7艘，250马力（约183.9千瓦）钢质渔轮2艘、木质12艘，200马力（约147.1千瓦）木质渔轮18艘，300总吨杂货运输船1艘，码头工程船2艘。

广东省水产厅渔船监督于1960年底开始签发广东省水产厅船舶检验证书簿，检验国营渔轮53艘，其中木质51艘、钢质2艘。

1965年1月，白马井渔轮监督站检验国营南海公司派往越南负责援越培训捕捞技术渔轮2艘，首次担负出国渔船检验任务。

1972年2月，广东省水产局恢复渔船监督，设广州、湛江、白马井渔轮监督站，检验国营渔轮80艘、渔业辅助船13艘，其中木质67艘、钢质26艘。并于1973年换发广东省水产局渔船监督船舶检验证书簿。

二、山东省

1963—1979 年，渔船检验由山东省渔船管理站和沿海县（市）水产行政部门办理。1963 年 7 月，省渔船管理站及青岛、烟台、羊口、石岛 4 个派出站同时建立，专门负责办理机动渔船的检验；沿海各县（市）水产行政部门负责办理非机动渔船的检验。同年 9 月，省水产厅制定《山东省海洋机动渔船管理暂行办法（草案)》和《山东省机动渔船检验规则(草案)》。1964 年 1 月，省水产厅制定《山东省非机动渔船管理暂行办法（草案)》，4 月，颁发《关于新造机动渔船必须办理审核批准手续的通知》。同年，全省共检验机动渔船 1514 艘次。

1965 年 12 月，山东省水产厅制定《山东省渔船管理暂行办法（草案)》和《山东省渔船检验规则（草案)》及渔船检验费规定、渔船报废规定等文件；年内，全省共检验机动渔船 1800 艘次。1971 年，省革命委员会农业局同时颁发《山东省渔船管理规则》《山东省渔船检验规则》《山东省渔船报废办法》《山东省渔船海损事故调查处理办法》和《山东省机动渔船主要船员考核办法》5 个试行草案，省渔船管理站也制定《山东省渔船检验项目的规定》。

山东省渔船监督检验包括：对设计文件和图纸的审查；对新造渔业船舶（包括大修基本返新的渔业船舶）进行建造检验；对未经我国渔船检验部门监督建造的国外进口渔业船舶，以及非渔业船舶改作渔业船舶时，在生产营运前进行初次检验；对渔业船舶每隔 4 年进行一次特别检验，每年进行一次年度检验；根据船舶使用部门或代理人的要求进行的临时检验。

三、福建省

福建省渔业船舶管理总站成立后，与省交通厅航运管理局签发《关于渔业船舶划归水产部门管理有关事项的联合通知》，签署有关渔业船舶归口后的签证、航行通报、渔船自运货自运、参加社会运输、海事处理、船员管理等有关事项的联合通知。同时接管全省沿海原属港航管理部门管理的渔船技术档案、文书、资料。在检验管理方法上认真贯彻“四先四后”的管理方法，即是先国营后集体，先机动后木帆，先大船后小船，先试点后铺开。先从接管原港航管理部门管理的渔船入手，积累经验后再逐步推广到其他船舶上去。

据 1965 年统计，全省共办理航证和检验的渔船 948 艘，其中机动渔船 102 艘、机帆渔船 449 艘、木帆渔船 397 艘。

1974 年 12 月 22 日福建省革命委员会正式批准，省公安局〔1974〕闽革公字第 113 号、省水产局〔1974〕闽革水生字第 457 号《关于换发沿海渔业船舶航行签证簿的联合通知》，下达全省沿海贯彻执行。到 1976 年底，全省 4696 艘渔船（其中机帆 2640 艘、木帆 2056 艘）办妥换证手续，结合换证工作进行船舶检验、丈量、船员考核发证等工作。

四、江苏省

1973 年 8 月 2 日，江苏省革命委员会农业局颁布《江苏省机动渔船检验规则（试行草案）》，江苏省机动渔船管理站对江苏省机动渔船的检验，按照该规则第四条规定各项执行。即："机动渔船必须经渔管部门进行下列技术检验，检验合格签发证书后，方可投入生产。渔轮：制造检验、初次检验、年度检验和临时检验（包括报废检验）。机帆渔船：制造检验、年度检验和临时检验。"

1973年，江苏省机动渔船管理站在南通、连云港、扬州、浏河等地检验13艘新建造的渔轮、4艘大修渔船，签发11艘渔船的检验证书，8艘展期检验，审查JSY872灯船设计图纸。

1974年6月16—19日，80马力（约58.8千瓦）钢丝网水泥渔船改型设计审查座谈会在苏州市召开。省机动渔船管理站参加会议，听取水泥渔船设计小组关于国内外水泥渔船发展概况的介绍和设计工作情况的汇报。由于20世纪60年代造船木材日趋紧张，江苏省曾于1968年在扬州水泥制品厂设计并试制了江苏省第一艘80马力（约58.8千瓦）水泥机动渔船。1974年，吕四渔船修造厂也设计制造钢丝网水泥机动渔船179艘，缓解了渔船发展与木材紧缺的矛盾。此后至1976年，吕四渔船修造厂又分别设计80～120马力和120～150马力的水泥木质结构的海洋渔船；到1981年底，该厂共建造渔船39艘。

1975年，根据国家计委关于渔业船舶的船型及机型要进行简型、选型与标准化的要求，江苏省机动渔船管理站从2月份开始，对全省机动渔船做了调查登记，从1244条机帆船中选出有代表性的27种船型，对其技术性能和使用情况进行比较、分析，从中又选出7种。同年5月20—24日，由省机动渔船管理站主持，在吕四渔港召开全省机帆渔船的简型、选型和配件生产会议，与会代表又从7种船型中优选出4种船型。1976年10月，又为选型问题，省机动渔船管理站在东台琼港召集11个单位56名代表开了审图会。

1975年9月，江苏省机动渔船管理站针对江苏渔船修造中重数量、轻质量的现象，在生产中存在的擅自修改图纸、焊缝不做密性试验等质量问题，向省革命委员会农办、计委提出报告，建议建立三级检验制度，坚持确保材料合格、按图施工、严格工艺，做到不合格的部件不装配，不合格的产品不出厂，重大产品事故要追究责任。10月6—9日，管理站又召开渔轮修造会议，进一步提出为提高造船质量，要健全质量检验机构，配备相对稳定的专职检验人员，做到专职检验与群众检验相结合的意见。

五、天津市

1964年8月26日，天津市汉沽区水产局发布《关于建立渔船检丈站并同时启用印章的通知》，通知各渔业公社、大队："经省、市水产局批准，我区渔船检丈工作自行办理，故建立渔船检丈站负责全区的出海捕鱼生产的风帆船和机帆船的检丈、安全检查工作，该检丈站从即日起办公。"

六、广西壮族自治区

1977年2月，广西壮族自治区渔船管理站开始对渔船进行建造、营运的各种检验。开展第一批检验的渔船是被越南排华回国的渔民建造的10艘135马力（约99.29千瓦），长

27 米、宽 5.4 米、深 2.7 米；营运、修理渔船检验最大马力是 600 马力（约 441.3 千瓦）钢质渔轮和 960 马力（约 706.1 千瓦）拖轮。此时期的检验技术状况处于摸索阶段，边干边学，但检验认真负责，能基本适应当时渔船发展对检验技术的要求。

七、辽宁省

1977 年，辽宁省旅大渔轮厂建造完成 8101 型 600 马力（约 441.3 千瓦）拖网渔轮，由辽宁省渔业船舶管理站执行建造检验。

第四章　检验技术法规初步建设

1957 年，交通、水产两部协商，将渔船的检丈、登记、管理工作移交水产部门办理后，沿海各省（市）为了尽快将该项工作开展起来，都先后制定一些渔船检验法规。各渔船检验处成立后，为了更好地开展渔船检验，亦制定一些本省的渔船检验法规。

第一节　山　东　省

一、水产部门试办时期

青岛市水产局自 1957 年 11 月 1 日接办渔船检验工作后，除经报请上级批准于 1958 年 1 月 27 日印发《关于渔轮检验工作仍执行交通部的规范和标准的函》外，同时根据渔船的具体情况和检验工作的需要，1958—1962 年又先后制定了一系列有关渔船检验的暂行规定，即《木质船体制造检验暂行规定》《木质船体制造检验暂行规定补充办法》《内燃机制造检验暂行规定》《新建机帆渔船出厂鉴定的主要范围和内容（初稿）》《机动渔船安全设备定额》《渔业船舶热球柴油机备件定额》《关于救生浮的几项规定》《木质船舶许可损耗范围》《渔轮坞修后由船方自行试航暂行办法》《关于检验坞修渔轮联系工作的几点意见》《渔帆船参加运输检查丈量暂行办法》《渔帆船吨位丈量规则（草案）》《新建渔船应经审核的设计图纸及文件范围的规定（适用于 300 马力以下的渔船）》《关于制造渔船用主机厂内检验的试行规定》《非机动渔船检验丈量及所有权登记暂行办法（草案）》等。

二、渔船管理站时期

1963 年 9 月，山东省水产厅制定《山东省海洋机动渔船管理暂行办法（草案）》和《山东省机动渔船检验规则（草案）》。

1964 年 1 月，山东省水产厅颁布《山东省非机动渔船管理暂行办法（草案）》。

1965 年 12 月，山东省水产厅颁发《山东省渔船管理暂行办法（草案）》《山东省渔船检验规则（草案）》和《山东省渔船检验费规定（草案）》。

1971 年 7 月，山东省革命委员会农业局颁发《山东省渔船管理规则（试行草案）》《山东省渔船检验规则（试行草案）》。

山东省渔船管理站制定颁发《山东省渔船检验项目的规定》，即《新设计渔船及主机、锅炉等应送省站审查的图纸目录》《渔船制造及修理应经验船部门检验的项目》《机动渔船初次、定期、年度检验的主要内容》《机帆渔船安全设备属具定额》和《非机动渔船初次、年度检验项目》等。

第二节　广　东　省

1959 年，广东省水产厅制定《广东省渔船管理暂行办法及说明》，于 1959 年 8 月 20 日起公布施行。

1959 年，广东省水产厅制定《广东省木帆渔船检验丈量简则（草案)》，于 1959 年 6 月 26 日公布施行。

1960 年，广东省水产厅渔船监督制定《广东省木质渔船检验标准》。

1963 年 5 月 2 日，广东省水产厅渔船监督公布《船舶检验规则暂行办法（草案)》。

第三节　福　建　省

福建省水产局于 1964 年 4 月 1 日成立后，参照交通部船舶检验局规范、规则，结合渔船实际，着手制定适应渔船所需的修造船检验规范、规则，草拟出《福建省渔业船舶管理规则》《福建省渔业船舶管理条例》《福建省渔业船舶登记规则》和《福建省渔业船舶检验细则》。

1972 年 9 月 29 日，机构恢复和调整后，渔业船舶管理总站针对建站初期规章制度存在的缺点和薄弱环节，重新修订了《福建省渔业机帆船检验规则（试行草案)》。

第四节　江　苏　省

1973 年 8 月 2 日，江苏省革命委员会农业局下发《江苏省机动渔船管理规则（试行草案)》和《江苏省机动渔船检验规则（试行草案)》。

江苏省机动渔船管理、检验规则，就省内渔船检验工作明确了分工与体制。规定渔轮技术检验由省机动渔船管理站负责，机帆渔船的技术检验则由各地、市渔船管理部门负责。并规定检验类别及期限，并列出检验项目表，以及船名号的编制、书写规定。这使江苏的渔船检验工作开始有了统一的规定。

第五节　天　津　市

1974 年 4 月 5 日，天津市革命委员会农委颁发《天津市渔船管理等三个规则一个规定的通知》。三个规则为《天津市渔船管理规则（试行草案)》《天津市渔船检验规则（试行草案)》和《天津市主要船员考试规则（试行草案)》，一个规定为《天津市渔船检验项目规定（试行草案)》。

第六节　浙　江　省

1976 年 10 月 4 日，浙江省水产局颁布《浙江省渔业船舶检验规则（试行)》，共十条，内容包括船舶制造检验、营运中船舶检验和船用产品检验。

第七节　广西壮族自治区

广西壮族自治区渔船管理站根据广西造船历史经验，并参照日本、法国有关标准，于 1978 年组织有关科技人员，参考有关规范，结合广西习惯，制定广西壮族自治区的《木质渔船检验标准》。

第五章　渔船检验证件的制定

自1957年交通、水产两部协商，将渔船的检丈、登记、管理工作移交水产部门办理后，渔船检验证件的制定工作由沿海各地检验部门基本上接管起来。由于全国尚未有统一的综合专业渔船检验机构，为了开展工作的需要，各地有关部门都先后制定渔业船舶证书和技术文件。

第一节　山　东　省

1957年底，青岛市水产局印制新的《渔业船舶检验证书簿》，这是水产部门接办渔船检验工作后印制的第一本证书簿。1958年1月9日，青岛市水产管理局《关于1957年11、12两月份渔船检验工作情况报告》中称："本局在11月份即开始拟订《渔业船舶检验证书簿》，12月份印刷完毕，今后对渔轮旧有的《船舶检验簿》将逐步予以换发。《渔业船舶检验证书簿》的主要特点是，将船舶吨位证书和检验证书均合订在该簿内，不再另发单页的吨位证书和检验证书，可以简化办理证书的手续和时间。"

1958年5月15日、1962年7月1日，烟台市与荣成县在试办渔船检验工作时，也各自印制渔船检验证书。据《荣成县试办渔船检情况》中陈志国口述："荣成县的渔船检验工作始于1962年7月1日，船舶证件系参照当时烟台渔船站的形式由县水产局统一印发的。"

1963年7月1日，山东省青岛港机动渔船管理站建立后，由于全省有了统一的检验机构，专业技术人员得到充实，省渔船管理站还相应制定有关的渔船检验规章，印制全省统一使用的《渔业船舶检验证书簿》，较好地开展各项渔船检验业务。

山东省渔船管理站《渔船检验证书簿》（证Y-1）格式共有15页，第1页为封面，第2、第3页为船体资料、轮机资料，第4、第5页为安全设备记录，第6页为吨位证书，第7页为吨位改丈记录，第8至第15页为检验证书。

第二节　天　津　市

1957年12月20日，天津市水产局《关于进行天津市渔船渔具登记工作的请示》向天津市人民委员会报告。在请示报告附件中，有证件、申请书等表格样本17种，其中有《天津市水产局机帆渔船检验证》《天津市水产局内河木帆渔船丈量表》《天津市水产局内河木帆渔船历次检验表》《天津市水产局内河木帆渔船检验表》《木帆渔船检查证书》《机帆渔船检丈申请书》和《木帆渔船检丈申请书》等。

1973 年 7 月 20 日，天津市水产局组织去船舶检验局天津办事处学习的人员到辽宁省渔船管理站（在大连）、山东省渔船管理站（在烟台）等单位，了解与学习他们的渔船检验工作和渔船证书的格式。8 月，由去辽宁省、山东省渔船管理站等地的人员制定天津市渔船检查站有关文件、证书簿，即非机动渔业船舶检验证书簿封皮、非机动渔业船舶检验证书簿芯、渔业船舶检验证书簿封皮（机动渔船用）、渔业船舶检验证书簿芯、渔船技术检验文件资料夹、渔船技术检验文件资料芯。

1974 年 1 月 19 日，天津市渔船检查站《关于渔业船只换发和签发船舶证书的通知》指出："目前我市渔船证书较混乱……换发、签发新证如确定办法：1. 国营（船）原证书用完一本换一本……逐步换新。2. 集体渔业（船）……新建、改建无证书一律发新证书……其他本着先远海后近海……逐步换新证书。3. 非机动船证书……以公社为单位将旧证书收齐，来船检站领取……"

第三节　广　东　省

1959 年 10 月，广东省水产厅渔船监督成立。初期，船舶证书仍用中央人民政府交通部广州区港务局印制的《检验证书簿》。1959 年，广东省水产厅制定《广东省水产厅船舶检验证书》。该证书内容有：吨位证书、船舶检验资料（一）、船舶检验资料（二）、船舶适航证书。"文化大革命"时广东的渔船检验工作中途夭折。1972 年 2 月，广东省水产局渔船监督恢复建制，并重新开始对国营渔轮的监督检验业务。1973 年换发《广东省水产局渔船监督船舶检验证书簿》，证书内容有：吨位证书，载重线证书，起重设备检验证书，船体资料及结构，船体设备，主机、轴系、受压容器，辅机及电气设备，冷藏设备，船舶适航证书，记事。后来在原证书的基础上做了简化修改，修改后的证书内容有：船舶资料、吨位证书、载重线证书、起重设备检验证书、冷藏设备、乘员定额证书、检验合格证书。修改后的证书比原证书更为简便适用。

第四节　福　建　省

1964 年 4 月 1 日，福建省水产局渔业船舶管理总站成立后，草拟出船舶、船员证书、表格等资料。

第五节　辽　宁　省

1965 年 8 月 25 日，辽宁省渔业船舶管理站成立，随后制定《船舶检验证书簿》。该证书簿主要内容包括：主要项目、起重设备检验证书、重核起重设备安全工作负荷、检验合格证书。

第六节　浙　江　省

1976 年 4 月 30 日，浙江省交通局、浙江省水产局联合发文，原由交通部门管理的水产船移交给水产系统的渔船管理机构管理，包括船舶检验发证工作。在浙江省渔业船舶的检验工作开始后，印制《船舶检验证书》《浙江省渔船船舶证书》和《浙江省小型渔船证书》，分别用于钢质渔船、木质机动渔船及小型木质机动渔船。

浙江省渔船管理处《船舶检验证书》内容包括：主要项目、吨位证书、改文记录、起重设备检验证书、重核起重设备安全工作负荷、检验合格证书。

《浙江省渔船船舶证书》共 80 页，内容包括：船舶概况、船上主要人员、检验合格证书、重大事件记录、航行签证。

《浙江省小型渔船证书》内容包括：船舶主要技术数据、主要设备及属具、船舶年度检验记录、职务船员记录、渔业许可审批、航行签证、违规及重大事故记录。

第三篇
中国渔船检验的全面稳步发展
（1979—2003 年）

1978年被称为中国改革开放元年，同时也是中国渔业从传统渔业向现代渔业转变的伊始，渔业规模急剧扩大，水产品产量年均增长率达到10.5%。特别是1985年中共中央、国务院发布《关于放宽政策、加速发展水产业的指示》（中发〔1985〕5号）后，渔业发展产生了历史性的深刻变化，可谓取得了举世瞩目的成就。渔业战略性地调整了资源开发模式，主要体现在两个方面：一方面是养殖业发展取得重大突破。传统渔业生产结构是以捕捞为主，直至1978年，捕捞产量占水产总产量的71%，养殖产量只占29%。1997年，养殖产量占比上升到56%，达到2027.7万吨，成为渔业增产的主要领域。另一方面，海洋渔业结构向外海拓展。特别是1985年我国第一支远洋渔业船队前往西非海域作业，从零起步开启了我国远洋渔业事业的大门。到1997年，远洋渔获总量达到100余万吨。

20世纪50年代起，我国木质风帆渔船开始机动化，发展了一批小功率的沿海、近海渔船。但渔船数量及技术水平发展相对缓慢。至1978年，全国有机动渔船4.7万艘，总功率214万千瓦，其中大部分为木质机帆渔船，非机动渔船有35万艘。由于更新改造不及时，这一时期渔船老化问题突出。随着我国改革开放，渔船进入大发展时期。1998年，全国机动渔船数量增长到47万艘，年均增长约2万艘，总功率1332万千瓦，87%的机动渔船为44.1千瓦以下小功率船，非机动渔船则有53万艘。20世纪90年代后期，由于沿海地区的捕捞渔船数量过多，以及违法使用渔具、渔法等问题，造成了渔业资源破坏和环境污染，国家逐步对新建捕捞渔船实施管控，渔船数量增长过快现象得到控制。2002年，全国共有渔船93.18万艘，其中机动渔船47.84万艘，非机动渔船45.34万艘；机动渔船中，海洋机动渔船27.90万艘，总吨位为607.28万吨，总功率1340.24万千瓦；渔业劳动力1312.87万。

国营渔业企业的渔船队伍建设成就明显，在大型化、规模化、钢质化等方面都走在前列，并先行向外海、远洋开发渔业资源，引领海洋渔船的发展。1985年国家改革群众渔业经营体制，群众渔船得以迅速发展。一方面提高了技术装备水平，部分群众渔船的装备水平甚至超过一般国营渔船；另一方面增加了船数，整个20世纪90年代，我国机动渔船数量增长了约10万艘，其中国营渔船仅增长1000余艘，其余增长的都是群众渔船数，群众渔船占总比在20世纪90年代末达到95%以上。但群众渔船一般较小，作业分散，老旧船较多，外海作业的起步时间晚，成为渔船监管工作的难点。

渔船材质方面的演变则主要是木质向钢丝网水泥、钢、玻璃钢等材质的发展。钢丝网水泥渔船自1958年起在我国试制，得到一定程度的推广，1986年底全国已有5670艘。但水泥船体有自重大、局部强度低的缺点，在20世纪80年代后逐渐停止推广。20世纪70年代，沿海地区开始批量建造钢质渔船，但很长一段时间里木质渔船仍是我国捕捞渔业生产的主体。20世纪80年代，国家提倡“以钢代木”，大连、上海渔轮厂少数几个企业建造钢质渔船，1988年全国海洋钢质渔船有3000余艘。到20世纪90年代，钢质渔船的优越性突显，市场需求增加，在浙江、山东等沿海地区出现大量的民营钢质渔船建造企业，带动了我国钢质渔船的发展。我国玻璃钢渔船在世界范围起步较早，天津塘沽于1974年设计建造第一艘25.6米玻璃钢渔船。但玻璃钢渔船推广缓慢，至20世纪90年代仍未能大范围投入生产，到1994年，全国仅建造了38艘玻璃钢渔船。1995年，国家开始大力推广玻璃钢渔船，“大型FRP渔船的研制及产业化”成为国家“九五”科技攻关项目之一。

20世纪80—90年代发展的钢质渔船船型大部分是拖网渔

船，其中最具有代表意义的船型有8101、8154等型。8101型拖网渔船于1977年12月定型，是国内第一种定型渔船，由大连渔轮厂设计，在20世纪70年代得以大批建造；8154型双拖艉滑道冷冻拖网渔船由大连渔轮厂设计，首船竣工于1979年底，此后，8154型及其派生型船在全国各大船厂批量建造，成为我国20世纪80年代渔船代表船型。其平板冻结机技术具有重要创新意义，受该技术的引领，我国渔船普遍安装冻结、冷藏装置。我国最初发展的远洋渔船，也是由一批8154型船改造而成。20世纪90年代后期，由于远洋渔业的快速发展，我国又研发、引进大型拖网加工渔船、超低温金枪鱼钓船、鱿鱼钓船等专业远洋渔船。

渔船数量的激增和质量的提高极大地提升了渔船检验工作的重要性。1978年，国家水产总局成立，正式从交通船检部门接管渔船检验，逐年提高渔船受检率，逐步规范渔船检验管理，建立了一个各省检验处、主要港口检验站和县渔船管理站组成的三级渔船检验网，分别对不同尺度、大小的渔船进行检验。1982年，全国共检验各类海洋渔业船舶不足2万艘次，1998年，全年共检验海洋渔业船舶14.27万艘次、内陆渔业船舶10.26万艘次。到2002年，全国20个省（自治区、直辖市）检验机构共检验各类渔业船舶283344艘次，重要船用产品约20万台（件），经农业部认可的渔业船舶设计单位有119家，修造船厂1100多家（其中建造企业667家），为保障广大渔民生命财产安全、防止渔业船舶污染水域环境做出积极的贡献，渔业船舶安全事故得到有效遏制。1990年，全国海洋渔业船舶共沉船1440艘，死亡、失踪渔民936人，每生产一万吨鱼死亡失踪渔民1.73人；1995年，全国海洋渔业船舶共沉船2261艘，死亡渔民728人，失踪渔民243人，死亡失踪计971人，每生产一万吨鱼死亡失踪渔民0.95人；2000年，全国海洋渔业船舶共沉船757艘，死亡渔民651人，失踪渔民237人，死亡失踪计888人，每生产一万吨鱼死亡失踪渔民0.60人；2002年，全国渔业船舶沉船536艘，死亡失踪616人。

第一章　渔船检验机构的变革发展

第一节　国家渔船检验机构的设置与变革

1977 年 4 月 19—24 日，农林部设计院在杭州召开渔船修理质量标准编写工作会议。会议期间，广东省渔船监督吴身昌、黄庆福，山东省渔船管理站吴家昌，浙江省渔船管理处韩伯寅，福建省渔船管理站黄怀勋等自发地集中商讨，要求向农林部反映设置全国统一的渔业船舶管理机构。大家认为，随着渔业生产形势的发展，全国沿海各省（自治区、直辖市）陆续成立了渔业船舶管理机构，但由于设置机构名称、管理范围、检验证件均不一致，各省（自治区、直辖市）自行制定的规章制度亦没有统一的依据，矛盾众多，验船业务中所采用的规范、规程、标准多是适用交通系统船舶，对渔船遵循有困难。特别是当时“文化大革命”刚刚结束，渔业船舶管理机构隶属地方，行政干预太多，工作难以开展，希望农林部能参照交通部在北京成立全国统一的渔业船舶管理机构。小会上大家一致表示回单位后即向领导汇报并向上反映。

一、国家船舶检验局渔业船舶分局成立

1978 年 5 月，国家水产总局成立，下设渔政管理局，内设安全处，负责渔港监督、渔船检验工作。此后，国家水产总局开始着手从交通船检部门接管渔船检验工作。这样，渔船检验工作有了全国统一的管理机构。

1979 年 6 月 6 日，交通部、国家水产总局联合下达《关于水产部门船检机构名称和印章等问题的联合通知》，指出：为加强对渔业船舶的安全管理，确保渔业船舶的生产和航行安全，决定对在本国从事渔业生产和为渔业生产服务的各种船舶由国家水产总局及其下属各级检验机构负责执行监督检验。国家水产总局的船检机构对外用中华人民共和国船舶检验局渔业船舶分局（简称渔船分局）的名称，下属各省（自治区、直辖市）水产部门的船检机构对外用中华人民共和国船舶检验局渔船分局××检验处的名称，各检验处是渔船分局在各省（自治区、直辖市）的执行机构，在渔船集中的主要港口设置检验站，作为检验处的派出机构，对渔业船舶实行监督检验和发证，各检验处受渔船分局和各省（自治区、直辖市）水产局的双重领导，业务上归渔船分局领导。渔船分局的主要职权包括：①制定有关渔业船舶规范、检验制度、证书格式和检验收费标准等规章制度；②对建造、修理和营运中的渔业船舶执行监督检验，技术条件符合规范要求的，发给船舶航行、作业所需的各种证件和有关机械设备的证件；③对水产系统生产的渔业船舶用的主要船用产品和材料执行监督检验，技

术条件符合规定的发给检验合格证件；④接受申请办理有关渔业船舶的鉴定、公证等检验业务。

渔船分局成立后，陆续配备6名人员，在国家水产总局渔政局与安全处合署办公。

1979年10月7—13日，中华人民共和国船舶检验局渔船分局第一次工作会议在浙江省金华市召开。参加会议的有沿海省（自治区、直辖市）船管站（渔监）负责人、船检和渔港监督的有关人员、部分渔轮修造厂和船用产品厂的技术负责人，共42人。交通部船舶检验局派员到会指导。会议根据大连、烟台、上海、福州、广州5个检验处的筹建进度，认为已能承担检验任务，决定向这5个检验处颁发业务印章。会议讨论了1980年船检工作的主要任务，讨论修改《渔业船舶监督检验规则执行细则》和《渔业船舶检验计费办法》，研究渔船检验试行“收支挂钩、全额分成、比例包干、三年不变”的财政管理办法等问题。

1980年2月27日，中华人民共和国船舶检验局、国家水产总局渔政局颁发《关于渔业船舶等检验工作由水产部门的船检机构受理的通知》，指出：“凡在我国从事渔业生产的船舶（包括港、澳、台地区来大陆修造和生产营运的船舶）和属水产系统为渔业生产服务的船舶，如渔业指导船、渔政船、科研调查船、实习船、冷藏加工船、运销船、油船、供应船、救护打捞船、工程船、航标船、拖轮、交通船、驳船等，以及水产系统生产的为渔业船舶用的主要船用产品和材料的监督检验工作应由水产部门的船检机构受理。目前这一工作仍由交通部船检局办事处（验船组）受理的，应交由水产部门的船检机构负责，水产部门的船检机构应尽快接收。移交时，应将有关的资料、文件、档案等交接清楚，并办理必要的交接手续。”“即日起，凡渔业船舶及水产系统生产的为渔业船舶用的主要船用产品和材料监督检验发证，应向水产部门的船检机构申请，交通部门的船检机构不予受理。”

1982年5月4日，全国人大常委会决定，农业部、农垦部、国家水产总局合署办公，改称农牧渔业部，下设渔政渔港监督管理局，内设船舶检验处，编制9人，对外执行渔船分局的检验职权，由渔政渔港监督管理局分管船检工作的局长签发文件。1982年7月26日，中华人民共和国公安部、交通部、农牧渔业部《关于颁发〈关于加强沿海船舶、港口治安管理若干问题的规定〉的通知》，规定：“从事渔业生产、水产运输和为渔业生产服务的各种船舶隶属渔政渔港监督管理部门管辖与监督。”表3-1为渔政渔港监督管理局船舶检验处历任领导名录。

渔政渔港监督管理局船舶检验处历任领导名录 表3-1

时　间	机构名称	职　务	备　注
1982. 5—1986. 8. 14	船舶检验处	处　长：王兆年 副处长：贺寿仑	
1986. 8. 14—1990. 11. 24	船舶检验处	处　长：贺寿仑 副处长：杨鹤松	

二、中华人民共和国渔业船舶检验局设立

1988年4月9日，第七届全国人民代表大会第一次会议决定农牧渔业部改名为农业部。

12 月 30 日，国家机构编制委员会批准农业部组建部渔船检验局（对外称中华人民共和国船舶检验局渔业船舶分局），为新的事业单位，承担一定行政职能。

1989 年 8 月 7 日，农业部、交通部联合发出《关于水上安全管理分工问题的通知》，理顺两部之间的业务交叉，明确各部门的职责分工。规定凡在国内（包括内陆水域和海洋）航行、作业的渔业船舶，其船舶登记、检验、船员考试等安全监督管理工作由渔港监督、渔船检验部门负责。远洋渔业船舶的监督检验，属于渔业捕捞船舶、渔政船、渔业指导船、科研调查船、实习船的由农业部渔船检验局负责。

1990 年 6 月 11 日，经国家人事部批准，农业部设立渔业船舶检验局，对外仍用中华人民共和国船舶检验局渔业船舶分局名称。渔业船舶检验局为农业部部属局级事业单位，经费实行全额拨款，由渔政渔港监督管理局归口领导。原渔业信息中心划归渔业船舶检验局领导，渔业船舶检验局设规范科研处、船舶检验处、产品检验处、综合财务处、渔业信息中心 5 个处级机构，核定编制 43 人。

1995 年 11 月 21 日，农业部渔业船舶检验局对外名称改为“中华人民共和国农业部渔业船舶检验局”。

1998 年 6 月 25 日，国务院办公厅印发《农业部职能配置、内设机构和人员编制规定》。其中规定：农业部渔业局（中华人民共和国渔政渔港监督管理局）“代表国家行使渔船检验和渔政、渔港监督管理权”，农业部渔业船舶检验局“代表国家行使渔船检验和监督管理职能”。

渔船监督检验管理体制按照“统一领导，分级管理”的原则，采取“条”“块”结合的管理格局。农业部渔业船舶检验局是渔业船舶监督检验的主管机关，统一领导全国的渔船检验业务。各省、市、县的渔船检验机构作为主管机关的执行机构，依据分级管理的范围和权限，负责实施本辖区内的渔业船舶具体检验工作。

农业部渔业船舶检验局内设机构有办公室、财务处、法规技术监督处、船舶检验处、质量监督处、产品检验处，是依照国家公务员制度管理的农业部直属事业单位，规格为正局级，人员编制 30 人。

1999 年 3 月 18 日，经农业部人事劳动司批复同意，农业部渔业船舶检验局撤销服务中心，设立质量监督处，意在加强渔船建造质量监督和管理，负责实施渔船修造企业工厂认可及相关的监督工作。

1999 年 3 月 22 日，中央机构编制委员会办公室在《关于农业部部分事业单位更名的批复》中明确：“农业部渔业船舶检验局的对外名称由中华人民共和国船舶检验局渔业船舶检验分局更名为中华人民共和国渔业船舶检验局。”

1999 年 5 月 12 日，国务院批准中华人民共和国渔业船舶检验局启用中央刊有国徽的“中华人民共和国渔业船舶检验局”印章。中华人民共和国渔业船舶检验局诞生。

1999 年 9 月 1 日，中华人民共和国渔业船舶检验局发布《关于启用中华人民共和国渔业船舶检验局局徽及英文名称的通知》。局徽由“五角星、锚、锤子、麦穗、ZY”五部分组成，英文名称为 Register of Fishing Vessel of the People’s Republic of China，英文缩写为 CFR。

自此，农业部渔业船舶检验局完全独立，同时拥有“农业部渔业船舶检验局”和“中华人民共和国渔业船舶检验局”两块牌子，履行对渔检系统的管理。

第二节　地方渔船检验机构的发展

1978 年，随着国家水产主管部门设立渔船检验机构，全国各地的渔船检验工作开始有了归口管理，各地相继将建立健全渔船检验机构提上了议事日程，使渔船检验工作逐步走上正轨，从而满足渔业生产和渔民生命财产安全的需求。

一、沿海渔船检验处建设发展

1979 年，在渔业比较发达、并已开展渔船检验工作的沿海地区，按照《关于水产部门船检机构对外名称和印章等问题的联合通知》精神，逐步建立起检验机构，开始执行检验任务。到 1992 年末，沿海各省（自治区、直辖市）已建立了 11 个检验处，并在重点港口设立了 49 个检验站。

（一）福州检验处

1979 年 11 月，中华人民共和国船舶检验局渔船分局福州检验处成立，并在沿海相应成立琯头、平潭、三沙、崇武、厦门、漳州检验站。原福建省渔业船舶管理站所属渔船检验业务，统一归福州检验处及所辖各检验站管理。福建省渔监、船检系统机构设置、人员编制为：琯头渔港监督、渔船检验站 8 人，三沙渔港监督、渔船检验站 8 人，平潭渔港监督、渔船检验站 10 人，崇武渔港监督、渔船检验站 10 人，厦门渔港监督、渔船检验站 18 人，漳州渔港监督、渔船检验站 10 人。1985 年，渔监、船检系统增设 14 个分站，扩大人员编制 70 个名额。在统一机构名称、增加网点、扩大编制的基础上，检验处进一步建立健全领导班子，处机关开始设立科室。“文化大革命”后长期只有 1 个处长增加到正副处长 3 人；1985 年以前处机关尚无科室设置，此后处机关相应加强，设立渔港监督科、渔船检验科和办公室 3 个科室，处本部人员编制也从建站初期 16 人（按 1964 年当时机关编制 12 人）增加到 34 人，1988 年增至 45 人。1991 年 12 月，崇武检验站改名为泉州检验站。1992 年 3 月，厦门检验站改名为厦门检验处，业务上仍属渔船分局福州检验处领导；10 月，经渔船分局批准，设立三江口检验站。

（二）烟台检验处

1979 年 11 月，在原山东渔船管理站的基础上，建立渔船检验处，名称为中华人民共和国船舶检验局渔船分局山东检验处，下设青岛、烟台、石岛、羊口 4 个渔船检验站，编制名额 59 人。1980 年 8 月，中华人民共和国船舶检验局渔船分局山东检验处更名为中华人民共和国船舶检验局渔船分局烟台检验处。烟台检验处（渔港监督处）设秘书科、船检科、港监科 3 个科室，连同下属 4 个站，编制名额为 84 人（不包括石岛渔港管理处原编制的 35 人）。

1984 年 8 月，烟台检验处内部机构和领导班子均做了调整，设办公室、政工科、船检科、港监科。此外，沿海各县（市）自 1981 年 8 月开始，先后建立渔船渔港监督管理站 28 处（至 1985 年 12 月），共有渔船渔港监督人员 137 人。以上所有的船检、港监人员分别列省、县（市）水产事业编制。

烟台检验处自 1980 年 1 月 1 日起，根据各检验站组建情况，分期分批对新建和生产营运中的水产系统各种 60 马力（约 44.1 千瓦）以上（包括 60 马力）钢质船和 135 马力（约 99.3 千瓦）以上的非钢质船和船用产品执行技术监督检验，签发国家证件证书。自 1981 年 8 月开始，山东省沿海各县（市）的渔船渔港监督管理站，负责 60 马力（约 44.1 千瓦）以下渔船的检验工作。1996 年 8 月，山东省编制委员会批复，同意省烟台渔船检验处对外名称改为中华人民共和国山东渔船检验局，仍与中华人民共和国山东渔港监督局合署办公，负责全省渔业船舶和山东、河南、山西 3 省渔船船用产品生产企业产品的法定监督检验工作，下设石岛、青岛、龙口、羊口 4 个直属分局，在全省沿海各县（市、区）和内陆湖区设立 38 个渔船检验站。省局船检处、产品处和 4 个直属分局负责全省 44.1 千瓦及以上渔业船舶和山东、河南、山西 3 省渔船船用产品生产企业产品的法定检验及渔业船舶设计图纸的审查；负责对全省渔船修造厂和渔业船舶设计单位资格的初审；负责对全省渔船检验人员和船厂的有关技术、检查人员进行业务培训；负责对全省各县（市、区）渔船检验机构实行业务领导，指导各县（市、区）渔船检验站对 44.1 千瓦以下渔业船舶实施法定检验。截至 2005 年，全省共有 251 名验船人员取得中华人民共和国渔业船舶检验局的资格证书，其中高级验船师 24 人、验船师 92 人、助理验船师 83 人、验船员 62 人。

（三）大连检验处

1978 年 10 月，辽宁省渔业船舶管理站重新成立，设船舶检验科、海务管理科、行政科；在旅大、丹东、营口、锦州等市设渔业船舶管理分站。1979 年 8 月，辽宁省渔业船舶管理站改称中华人民共和国船舶检验局渔船分局大连检验处，编制 25 人，下设大连、丹东、营口、锦州检验站。1980 年 5 月，大连渔港监督处成立，并与渔船分局大连检验处合署办公，人员编制 40 人（其中由省船舶管理站划入编制 25 人，从省渔业生产指挥部编制调剂 15 人）。其职责包括：对建造、修理和营运中的渔业船舶执行监督检验；对水产系统生产的渔业船船用的主要船用产品和材料执行监督检验，接受申请办理有关渔业船舶之间的鉴定、公证等检验业务。1985 年 1 月，大连市水产局成立渔政渔港监督处（包括渔政、船检、渔监），5 月，渔船分局盘锦检验站成立。1989 年 9 月，渔船分局大连检验处从渔政渔港监督处分离出来。1990 年 1 月，渔船分局锦西检验站成立。1991 年，渔船分局大连检验处与大连渔港监督处分开办公。

（四）广州检验处

1980 年 1 月，广东省水产局建立中华人民共和国船舶检验局渔船分局广州检验处，下设湛江和白马井检验站，共 19 人（其中广州检验处 14 人，湛江站 3 人，白马井站 2 人）。

1981 年底，汕头、珠海检验站成立。1983 年以后，广州检验处陆续建立阳江、江门、惠州、汕尾检验站，全处共 35 人。1981 年底，开始办理船用产品检验和签发船用产品证书。1983 年 5 月，开展 60 马力（约 44.1 千瓦）以上群众渔船检验签发证书工作。1983 年开始筹建产品检验科，由 2 人负责兼产品检验工作，1985 年 12 月正式成立产品检验科，共 6 人。1989 年 12 月，将白马井检验站划归海南省；1991 年初，增设电白检验站。1992 年 12 月底，全处共 57 人，其中处 27 人、站 30 人，有高级验船师 5 人、验船师 30 人、助理验船师 16 人，共 51 人。

（五）上海检验处

1980 年 1 月，在原有上海市渔船管理站的基础上，成立中华人民共和国船舶检验局渔船分局上海检验处。1980 年 8 月，成立国家水产总局渔港监督局上海监督处，与船舶检验处合署办公，实行两块牌子、一套班子。船检设规范科、船检一科、船检二科、电子计算机房。上海渔船检验处对渔业船舶实行监督检验和发证，受中华人民共和国船舶检验局渔船分局和上海市水产局领导，业务上归渔船分局，其机构属事业编制。上海渔船检验处的主要职权包括：①对建造修理和营运中的渔业船舶执行监督检验，技术条件符合规范要求的，发给船舶航行、作业所需的各种证件和有关机械设备的证件；②对水产系统生产的渔业船舶用的主要船用产品和材料执行监督检验，技术条件符合规定的发给检验合格证书；③接受申请办理有关渔业船舶的鉴定、公证等检验业务；④参与制定渔业船舶规范，制定上海渔业船舶检验规章制度。

1985 年 1 月，上海渔船检验处在上海市南汇县和崇明县分别成立芦潮港检验站和堡镇检验站，全处（包括各站）人员编制 69 人。

1987 年，经上海市科学技术委员会批准，成立上海渔船检验处科技咨询部，沪科咨证 C 丙 0336FSM 号证书，为渔业船舶及其安全设备的设计、计算及规范要求等提供技术服务。1992 年 12 月，上海市水产局撤销，在上海市财贸办内成立水产办公室，上海检验处由上海市财贸办管理。

1992 年，船检技术人员（不含行政管理人员）已从建立之初的 6 名增加到 38 名，其中高级工程师 6 名、工程师 19 名、助理工程师 12 名、技术员 1 名。

（六）杭州检验处

1980 年，在浙江省渔船管理处的基础上成立中华人民共和国船舶检验局渔船分局杭州检验处及其所属舟山、宁波、台州、温州等检验站，并在沈家门、嵊泗、高亭、石浦、大陈、洞头等渔港设立检验组，在业务上实行检验处、站、组三级管理。

1981 年浙江省将渔监、船检、渔政、通信合并成立渔政局，船检对外用中华人民共和国船舶检验局渔船分局杭州检验处，对内为船检科。1982 年 2 月，定海、宁海、奉化、鄞县、镇海、温岭、玉环、临海、三门、平阳、苍南、瑞安、乐清、上虞、平湖 15 个县增设渔船渔港管理站，负责当地小型渔船检验工作。1984 年 11 月，渔船分局下文将沈家门、嵊泗、高亭、石浦、洞头等检验组改为检验站。1986 年 2 月，浙江省编制委员会、劳动人事厅、财政厅、水产局联合发文，决定全省船检、渔监人员编制在原核定的 115 人基础上，再增加编制 150 人。

1986 年，浙江省渔政局撤销，分设浙江省渔船管理处和浙江省渔政处，杭州检验处对外为处，对内为科。1989 年，浙江省渔船管理处更名为浙江省渔船渔港监督管理局。1989 年 10 月，浙江省编制委员会、水产局印发《浙江省渔港监督、渔船检验机构设置和人员编制配备的实施办法》，规定沿海和内陆水域的渔船检验机构设置和人员编制配备标准。根据规定，各市、县除已设中华人民共和国船舶检验局渔船分局各检验站外，应逐步建立渔船检验站。浙江省陆续建立的县级渔船检验站有 19 个，内陆市、县级渔船检验站 10 个，这些检验站在业务上受渔船分局杭州检验处领导。

（七）南通检验处

1979 年 12 月，江苏省机动渔船管理站改称中华人民共和国船舶检验局渔船分局南通检验处，人员编制 27 人，机构设在南通市，下设办公室及业务科。检验处下设浏河检验站，人员编制 12 人；连云港检验站，人员编制 12 人；大洋港检验站（后改名为吕四检验站），人员编制 7 人。1980 年 8 月又增设盐城渔船检验站，编制 12 人。1982 年为使全省渔船纳入监督管理，南通检验处在沿江、沿海各县（市）设立检验站。至 1983 年底，先后建站的市（县）有赣榆、东台、海安、如东、南通（县）、海门、如皋、常熟、沙洲（后改为张家港）、太仓、盐城市郊区、淮阴、江阴、射阳、扬州、大丰、镇江共 17 个站，统一名称为“江苏省××县（市）渔船渔港监督站”。1985 年在灌云、响水、滨海、苏州市、苏州市郊区、徐州市建站，使县（市）站总数增至 23 个。1989—1992 年，又在省内各内陆水域增设渔船渔港监督站 30 个。1992 年，南通渔检处增设产品检验科。至此，全省形成了 1 个由省渔船检验处（内含 2 科：渔船检验科、产品检验科）、4 个直属检验站、53 个县（市）渔船检验站的渔船检验体系。

在省内部管理体制上，南通渔检处对浏河等 4 个直属站实行行政、业务的直接领导；各市（县）渔船渔港监督站在行政上由所在市（县）水产（多管）部门领导，业务上由省渔检处领导。处的直属站及省辖市渔检站在省处委托或指定的业务范围内，对县（市）渔检站进行业务指导。业务管辖的分工是按渔船主机总功率以 60 马力（约 44.1 千瓦）为界限划分的。凡 60 马力（约 44.1 千瓦）及以上的渔船的检验发证及渔用产品的检验均由省渔检处及其直属站受理；60 马力（约 44.1 千瓦）以下的渔船检验、发证由县（市）站负责（个别县市站因历史原因，代管部分 60 马力以上渔船的检验任务除外）。

（八）天津检验处

1979 年 6 月，天津市渔船管理站改名为中华人民共和国船舶检验局渔船分局天津检验处，天津市塘沽区渔船管理站改为渔船分局塘沽检验站，天津市汉沽区渔船管理站改为渔船分局汉沽检验站。1980 年 7 月，为加强渔船检验和渔港监督管理，天津市水产局成立船舶检验处、渔港监督管理处，对内为一套机构，对外使用两个名称。另外，天津市塘沽区水产局、汉沽区水产局分别在各自局内成立塘沽渔船检验站、汉沽渔船检验站（均为区科级事业编制）。天津渔船检验处负责天津市渔船检验工作的规划、计划、管理，具体负责天津地区渔船设计图纸审批、天津市海洋渔业公司所属渔船例行检验、天津渔轮厂（天津市船厂）渔船修造检验、天津地区渔船船用产品检验及渔船海事处理过程中所需进行的公证检验。塘沽、汉沽渔船检验站分别负责各自区属群众渔业公司木质渔船的检验工作。

1983 年 6 月，天津市水产局改为天津市渔工商联合公司（对外仍称天津市水产局），该公司将原来的渔政处、船舶检验处、渔港监督处合并为天津市水产局渔政渔港监督处。船舶检验处对内为该处的船检科，对外使用中华人民共和国船舶检验局渔船分局天津检验处名称，下辖塘沽渔检站和汉沽渔检站。

1984 年 4 月 21 日，天津市水产局党委扩大会议决定，将渔政船队和渔船闸管理所合并到渔政渔港监督管理处，成立天津市水产局渔政渔港监督管理处，并将该处由市内迁到塘沽区东沽渔船闸管理所院内办公。原船舶检验处为天津市水产局渔政渔港监督管理处的内设部门（船检科），对外名称不变。

1990 年，天津渔船检验处对外名称为天津渔业船舶检验局，塘沽渔船检验站对外名称为塘沽渔船检验处，汉沽渔船检验站对外名称为汉沽渔船检验处。1996 年 3 月 28 日，经天津市编委津编一字〔1996〕8 号文批复，同意将中华人民共和国船舶检验局渔船分局天津船检处的对外名称改为中华人民共和国天津渔业船舶检验局。

（九）秦皇岛检验处

1981 年 12 月，河北省渔船检验管理站由石家庄迁往秦皇岛市，对外改称中华人民共和国船舶检验局渔船分局秦皇岛检验处，张广柱为负责人，共有工作人员 8 名。1982 年 2 月，建立中华人民共和国船舶检验局渔船分局秦皇岛检验处及中华人民共和国船舶检验局渔船分局北港、南排河检验站。秦皇岛船舶检验、渔港监督处编制 16 人，北港、南排河两处船舶检验和渔港监督站编制各 10 人，共定编 36 人。黄骅县渔船检查站正式改名为中华人民共和国船舶检验局渔船分局南排河检验站；北港检验站因地处偏僻，人员调配困难，直到 1986 年才正式成立，地点改设在唐山市，并于 1992 年 8 月正式改名为中华人民共和国船舶检验局渔船分局唐山检验站。

1986 年 6 月 20 日，河北省渔政渔港监督管理处颁布《关于明确我省渔船检验、渔港监督机构的职权范围和分工及管理办法的通知》，明确秦皇岛检验处负责全省各渔船检验站的业务指导和技术培训工作，负责全省国营渔业船舶的检验工作；北港检验站负责滦南、丰南、乐亭、唐海 4 县的渔船检验工作；南排河检验站负责黄骅县、海兴县渔船检验工作。各渔船检验站、渔港监督站受省处和当地地、市、县水产局双重领导，业务上归省处统一领导，属事业编制，企业管理、自收自养、以收抵支。

1987 年 2 月，河北省在抚宁、昌黎、东亭、滦南、丰南成立渔船渔港管理站。1992 年 1 月，秦皇岛市设河北省秦皇岛市渔船检验站，该站行政隶属秦皇岛市水产事业管理局领导，船检业务由秦皇岛检验处领导。

（十）北海检验处

1979 年 7 月，广西壮族自治区渔船管理站改称为中华人民共和国船舶检验局渔船分局北海检验处。1985 年 11 月成立合浦、钦州、企沙 3 个渔船检验站。1986 年，北海渔监船检处作为广西壮族自治区水产局内部机构的一个直属事业处级单位（经费独立核算），下设办公室、监督科、船检科，共有船检人员 27 人，负责广西辖区内的渔业船舶和船用产品检验工作。60 马力（约 44.1 千瓦）以上新建渔船、北海市区 60 马力（约 44.1 千瓦）以上营运渔船和广西壮族自治区内船用产品由北海检验处负责监督检验、发证工作；各检验站负责本县市所有营运渔船和 60 马力（约 44.1 千瓦）以下新建渔船的监督检验、发证工作。1989 年 7 月设立北海渔港监督处梧州办事处，进行内河渔业船舶的监督管理。

（十一）海南检验处

1988 年 6 月，中华人民共和国船舶检验局渔船分局海南检验处成立，属事业单位，财政全额拨款，党政属海南省农牧渔业厅、海南省水产局、海南省渔政渔港监督管理局三重领导，业务属农牧渔业部渔船检验局管理。海南检验处负责海南省从事渔业生产、水产运输和为水产渔业生产服务的各种船舶、船用产品的技术监督检验、工厂认可等工作，并负责下属各站的技术业务领导工作。1990 年 1 月正式对外开展渔业船舶检验。海南检验处下设白马井、三亚检验站。白马井检验站为 1989 年 12 月由广州检验处移交海南检验处；三亚检验站于 1992 年 5 月成立，均属海南检验处派出机构。

截至 1996 年底，沿海各省（自治区、直辖市）和计划单列市建立省级渔船检验机构 14 个，重点渔港建立市级渔船检验机构 49 个，各县建立站级渔船检验机构 263 个，形成了覆盖全部沿海省（自治区、直辖市）及其重点海港的沿海渔船检验体系。

二、内陆水域渔检机构逐步建立

内陆水域渔船检验机构的建设起步较晚，在渔船分局的推动下逐渐形成体系。1987 年，农牧渔业部渔政渔港监督管理局在湖南岳阳召开全国内河渔业船舶管理工作会议，要求各省抓紧建立健全内陆水域渔船港的监督管理机构，促进了内陆渔船检验工作的开展，标志着内河渔船检验工作开始起步。同年，江西省渔业主管部门第一个从交通部门接管渔船检验工作。

1992 年 10 月，在四川省成都市召开内陆渔船检验工作会议。12 月 3 日，根据会议精神，农业部渔业船舶检验局发出《关于加强内陆水域渔业船舶监督检验的通知》，强调进一步建立健全渔船检验机构，充实和培训检验人员，实行持证上岗制度。

1995 年 9 月，第三次内陆水域渔船检验工作会议在新疆维吾尔自治区乌鲁木齐市召开。会后，农业部发出《关于进一步加强内陆水域渔船检验工作的通知》，针对各地渔业船舶监督检验工作发展还很不平衡，有些地方渔船检验工作还尚未开展的情况，要求各地充分认识渔船检验工作的重要地位和作用，提出合理设置检验机构、编制，每 200 ~ 300 条机动船或每 400 ~ 500 条非机动船设置一名专职检验人员，船检队伍要配备专业技术力量等意见。

此时，内陆水域已成立 8 个省级渔船检验机构，地（市）级船检站 59 个，县级船检站 152 个，配备船检人员 548 人。内陆各省（自治区、直辖市）的渔船检验职能多数与渔政、渔港监督职能并入同一个机构。此外，沿海各省（自治区、直辖市）也陆续在其重点内陆市县建立渔船检验机构。

（一）江西省渔船检验机构

1987 年 12 月，江西省渔政管理局将原渔政科改设为渔政渔监船检科，负责全省渔业水域、港口、船舶的安全监督管理工作。1988 年 1 月，江西省渔监、船检机构对外工作名称为江西省渔船渔港监督管理处。1988 年 5—8 月，江西省渔监船检处在鄱阳湖区、长江江西一侧江段及赣、抚、信、饶、修水等河系沿岸的一些重点渔业水域，先后设立余江、湖口、星子、永修、都昌、南昌、新建、余干、波阳、进贤、武宁、于都、庐山 13 个县（区）的渔船渔港监督管理站，负责本辖区渔监船检工作。与地、市、县（区）的渔政、水产站合署办公，实行两块或三块牌子、一套人马。余江县渔船渔港监督管理站是江西省设立的第一个渔监船检机构。

1991 年 10 月—1992 年 8 月，江西省渔监船检处又相继在万安县、吉安市、吉安地区、峡江县、九江市、赣州地区、新余市、宜春地区、宜春市、高安县、鹰潭市 11 个地、市、县（区）设置渔船渔港监督管理站。至此，江西省地、市、县（区）渔船渔港监督管理站已增至 24 个，共有渔监、船检人员 119 名。1993 年 3 月 25 日，江西省农牧渔业厅批准在省渔政管理局增设渔船检验科，负责全省渔业船舶的检验监督工作，并开始使用“江西省渔船检验处”的名称对外开展工作。

（二）湖北省渔船检验机构

1988 年 2 月，湖北省渔船港监机构对外使用湖北省渔船渔港监督管理处名称。农业部渔船检验局于 1989 年 9 月 9 日批复湖北省渔业船舶检验机构的对外名称为湖北省渔船检验处，以加强渔业船舶的检验和渔港的监督管理，共备有渔船检验人员 5 人，其中船体 2 人、轮机 2 人、电气 1 人。1988 年 7 月—1991 年 3 月，湖北省水产局在武汉市、荆州地区、黄冈地区设渔船检验站。1992 年 1 月 29 日，省机构编制委员会和省水产局制定并印发《湖北省渔政、渔船检验、渔港监督机构编制（试行）标准》，规定省统一名称为湖北省渔政船检港监管理局。1992 年 3 月，湖北省渔政船检港监管理局使用中华人民共和国船舶检验局渔船分局武汉检验处的工作名称。同年 7 月，成立湖北省渔船检验渔港监督管理处，隶属省渔政局领导，定编 10 人。同月，湖北省渔政局批复湖北省梁子湖管理局和大冶湖、斧头湖管理站，同意成立 3 个湖区的省直属渔船检验、渔港监督机构，其名称为“湖北省 × × 湖渔船渔港监督管理站”，行政领导隶属各湖区管理机构，业务受湖北省渔船检验渔港监督管理处领导。此后，湖北省水产系统船检港监工作，由湖北省渔政部门内设船检港监科负责，并以渔船分局武汉检验处名义对全省渔船检验工作进行管理。1995 年，全省设检验机构55 个，省级 1 个、地级 12 个、县级 34 个、跨界水域 8 个，配备船检港监人员 166 人，基本形成覆盖全省的检验网络。全省渔船检验机构全部为差额拨款事业单位。

（三）安徽省渔船检验机构

1988 年 10 月，农牧渔业部渔政渔港监督管理局《关于对安徽省成立渔船渔港监督管理处的复函》，同意设置渔监与船检机构，对外名称为安徽省渔船渔港监督管理处。1991 年 6 月，安徽省渔船检验处正式成立，由农业部渔船检验局和安徽省人民政府水产局实行双重领导，负责安徽省的渔船检验工作。下属阜阳、滁县、六安、宣城、巢湖、淮南、蚌埠、芜湖、安庆、黄山 10 个检验站和安徽省渔船检验处巢湖忠庙检验站 1 个直属站。

（四）吉林省渔船检验机构

1990 年 2 月，吉林省渔政渔港监督管理站成立并行使渔船检验职能，隶属吉林省水产局，为县（处）级事业单位，编制 12 人。当时根据省局的实际情况，考虑机构刚刚组建，将渔政渔港监督管理站同原水产局渔政处合署办公。1992 年 4 月，吉林省水产局撤销，将其业务职能并入吉林省水利厅。渔政处列行政编制 4 人，渔政渔港监督管理站列事业编制 12 人，合署办公。

（五）黑龙江省渔船检验机构

为了使渔船检验工作能够顺利地开展，1990 年 2 月，黑龙江省水产总公司从企业处抽调王怀玮、张奎民 2 人充实到渔政处，从渔政处内抽出王兴华，由这 3 人组建专职的渔船检验机构，隶属渔政处，对外称黑龙江省渔船检验处，由王怀玮负责。

1990 年，齐齐哈尔市成立渔政渔船管理站，编制 7 人。1991 年 7 月，哈尔滨市成立渔船渔港监督管理站，为科级事业单位，编制 5 人。1992 年 9 月，嘉荫县成立渔船渔港检验管理站，为股级事业单位，编制 5 人。

（六）湖南省渔船检验机构

1991 年 2 月，湖南省机构编制委员会以湘编办〔1991〕4 号文批复，同意设立湖南省渔船检验处，由省水产局直接管理，下设岳阳、益阳、常德、衡阳、长沙、怀化、邵阳 7 个检验站，全称为湖南省渔船检验处 × × 检验（检查）站，事业编制共50 人。1991 年8 月11 日，省农业厅、省机构编制委员会办公室《关于渔业船舶与安全监督管理机构有关问题的通知》，确定渔船检验和安全监督管理由省统一管理体制，管理机构布点及各管理机构技术所辖范围，渔船检验与安全监督管理任务和职责。文件规定渔船检验与安全监督全省实行统一管理，实行跨行政区域管理，纳入全国统一管理网络。各检验（检查）站实行省和所在地（市）水产行政主管部门双重领导，人员编制、经费安排、业务管理归口省处统一管理。

1992 年，省处和 7 个直属站共配备人员 34 人，其中岳阳站 6 人、益阳站 6 人、常德站

6 人、长沙站 4 人、衡阳站 3 人、邵阳站 5 人、怀化站 4 人；全省共有渔船检验人员 40 人。

（七）四川省渔船检验机构

1992 年 9 月，四川省渔政船检港监管理处成立，行使对全省的渔政管理、渔船检验和渔港监督职能，定员 15 人。1993 年 1 月，四川省渔政船检港监管理处以四川省渔船检验处名称开展渔船检验业务。1995 年，全省已经设地（市）检验站 11 个。

（八）内蒙古自治区渔船检验机构

1997 年 1 月，内蒙古自治区机构编制委员会批复成立内蒙古自治区渔船检验站，为自治区农业厅所属相当处级事业单位，核定事业编制 13 人，内设办公室、检验科 2 个科级机构。

第三节　渔船检验机构体系管理

一、全国渔船检验机构体系的建立

自 1978 年起，全国统一的渔船检验体系逐渐形成，国家渔业主管部门建立专门的渔船检验机构，为地方机构的建设提供政策支持与业务指导。沿海省（自治区、直辖市）陆续新建或完善渔船检验处（站），内陆部分省（自治区、直辖市）也成立了专门机构。至 1998 年，全国有 19 个省（自治区、直辖市）成立了 60 个渔船检验局（处）和近 300 个渔船检验县站，有各类专业渔船监督检验人员 1000 多人，各类兼职和群众渔船监督检验人员约 800 人。2003 年，全国已有 24 个省（自治区、直辖市）的县以上人民政府批准设立 480 多个渔业船舶检验机构（经认可的机构为 302 个），全国共拥有渔业船舶检验人员约 3000 人。

此外，我国还成立了第一个全国性渔船检验专门技术咨询组织——农业部渔船检验局技术委员会。

二、统一渔船检验机构的对外名称

1979 年，国家渔船检验机构成立之初使用中华人民共和国船舶检验局渔业船舶分局（简称渔船分局）的名称，下属各省（自治区、直辖市）水产部门的船检机构对外用中华人民共和国船舶检验局渔船分局 × × 检验处的名称。1995 年 11 月，农业部发出《关于渔船检验机构使用对外名称的通知》，农业部渔船检验局对外名称使用中华人民共和国农业部渔船检验局，各省（自治区、直辖市）渔船检验机构的对外名称也相应为中华人民共和国 × ×（省、自治区、直辖市名）渔船检验局，其原有机构性质、任务及隶属关系不变。1997 年 5 月 20 日，农业部渔船检验局发出《关于小型渔业船舶检验机构对外工作名称问题的通知》。该通知规范了从事小型渔业船舶检验的市、县机构的对外工作名称：地（市）一级为 × ×

（省、市名称）渔船检验局××（地、市名称）渔船检验处，县（市、区）一级为××（省、市名称）渔船检验局××（县、市、区名称）渔船检验站。同时规定，这些机构的对外工作名称由省渔船检验局审批，印章由省渔船检验局统一制作，报农业部渔船检验局备案。

1999年4月14日，农业部根据中央机构编制委员会办公室《关于农业部部分事业单位更名的批复》（中编办字〔1999〕20号）通知："农业部渔船检验局的对外名称更名为中华人民共和国渔业船舶检验局。"同年5月12日，国务院办公厅同意给农业部颁发"中华人民共和国渔业船舶检验局"印章一枚，其规格为直径4.2厘米，中央刊国徽，国徽外刊机关名称，自左而右环形。新印章颁发后即启用。

三、机构认可管理

根据国际海事组织（IMO）A.789（19）决议，代表主管机关执行法定检验的机构须经主管机关认可和授权。2000年，农业部下发《关于加强渔业船舶监督检验的紧急通知》，要求启动对各级渔船检验机构的认可管理制度。加强对渔船检验机构和验船人员的管理，执行法定检验的渔船检验机构必须经主管机关认可和授权，非渔船检验机构不得从事渔业船舶法定检验业务。据此，2000年1月20日，农业部渔业船舶检验局发布《中华人民共和国渔业船舶检验机构认可与管理规定》，决定对全国渔业船舶检验机构实行认可（业务核定）制度，并逐步构建起由国家到省、市、县四级渔业船舶检验机构组成的渔船检验体系。同年，农业部渔业船舶检验局发布了《关于实施渔业船舶检验机构认可有关问题的通知》（中渔检（船）〔2000〕10号），对贯彻实施机构认可与管理规定进行了部署，制定了《中华人民共和国渔业船舶检验机构认可申请表》及机构认可需要提供的有关材料。

截至2000年底，农业部渔业船舶检验局审核认可了51个渔业船舶检验机构，但仍有20个渔业船舶检验机构尚未认可。于是发布《关于加快渔业船舶检验机构认可工作的通知》（国渔检（船）〔2001〕30号），要求所有机构在2001年12月底之前完成认可工作。

2000年至2001年，农业部渔业船舶检验局按照机构认可与管理规定，集中对已有的船检机构开展了认可工作，随后根据申请机构申请，在全国范围内开展渔船检验机构业务核定工作。

2001年8月1日，为了保证验船质量，保证检验人员都能按规定做到登船检验，参照国际海事组织的有关规定和全国渔业船舶检验的实际情况，农业部渔业船舶检验局发布了《中华人民共和国渔业船舶检验局关于渔业船舶检验机构人员配备标准的意见》，对没有达到配备标准，保证不了验船人员登船检验的，不予认可。

第二章　渔船检验队伍的规范管理

有了渔船检验机构，还需要有专业的渔船验船人员才能开展工作。人员需要培训，各级行政部门通过各种渠道展开培训工作，逐渐形成一支专兼职结合的工作队伍。为了适应渔船检验部门开展工作的需要，根据验船人员现有的技术职称和实际验船工作水平，授予其验船员、助理验船师、验船师、高级验船师的职称，进行分类管理。

第一节　渔船检验人员培训

随着渔船检验业务的发展，对渔船检验人员的培训显得尤为迫切。初期，渔船检验部门有一部分检验人员，具有一定实际工作经验，但未受过专门训练，文化水平又较低，通过培训提高他们的专业素质和理论水平十分必要。从1980年开始，渔船检验部门对渔船检验人员进行多种渠道的培训。

一、渔船分局组织培训

1980年5月19日—6月28日，渔船分局在山东省水产学校举办国家水产总局第一期渔船检验干部训练班，全国各渔船检验处（站）共25人参加培训。

1982年10月18日，农牧渔业部渔政渔港监督局为使各渔业公司救生筏检修人员、管理人员具有一定的专业知识、操作技术和管理能力，达到认可条件，委托渔用筏专用定点制造厂西北橡胶厂开办气胀式救生筏检修管理人员培训班。每期2～3月，部分渔船检验人员参加学习。

《营运钢质海洋渔船检验规程》自1983年1月1日起开始试行，为使各检验处（站）人员都能正确理解和贯彻规程的条文，渔船分局3月在南宁召开宣贯会，由编写组成员分别讲课，组织验船人员学习。

1983年6月2—6日，渔船分局在青岛举办渔船防腐及船体电位测定学习班，47人参加，请七院二十五所青岛试验站人员讲课。授课内容包括：腐蚀与保护的基础知识及其原理，船舶结构中常见的腐蚀破损形态，船舶外加电流阴极保护，链合金牺牲阳极阴极保护，三元锌牺牲阳极阴极保护，船舶常见的腐蚀事故分析。

1983年9月，渔船分局在广州举办一期气胀式救生筏检验培训班，主要是培训各地渔船检验处（站）的验船师。培训班学习内容除了气胀式救生筏的一般结构、原理外，着重学习归筏修理及检验，并进行现场实习。参加该培训班学习的有沿海10个省（自治区、直辖市）检验处的29位验船人员和上海、秦皇岛、福建、舟山、宁波、广州、湛江海洋渔业公司的7人。

1984年8月12日，经与西北橡胶厂协商，渔船分局在该厂举办了全国各检验处（站）的有关验船师、沿海渔业公司和黄海造船厂的气胀救生筏检修人员的培训班。学习内容为：气胀式救生筏的结构与构造，救生筏的检查与修理，检修救生筏的常用设备，橡胶材料的基本知识等。

1984年12月，渔船分局在宁波召开《钢质海洋渔船建造规范》宣传宣贯会，由编写组成员对验船人员进行培训。

1985年9月，渔船分局为提高轮机检验人员的技术和业务水平，委托大连渔船检验处举办了渔船轴系扭振学习班。学习内容为：轴系扭振的基本概念，扭振的测定，扭振的计算程序等。共有19名验船人员参加学习。

1987年10月，渔船分局在大连渔船检验处举办一期焊接检验学习班。学习期间请大连工学院的教师和大连渔轮厂的检验人员讲课，各检验处派出的30名验船人员参加听课学习。这次学习班既提高了大家的焊接理论知识，又增加了检验的实践经验。学习班对焊接缺陷的种类、特征及产生的原因做了详细的讲解，对焊缝X射线拍片的具体要求及透度计的使用方法等都做了详细介绍，并结合实物采取实际操作的办法使大家获得知识，提高了检验技术水平。

1987年12月7—13日，渔船分局在广州举办有验船师参加的第二次气胀救生筏检修学习班，参加人数为20人。

1988年11月15日—12月15日，渔船分局委托南通检验处在江苏省南通市举办内河渔船检验、渔港监督人员培训班，共有专职渔船检验人员或准备担任此职的人员39人参加。学习内容包括船检概论、船体检验、轮机检验、电气检验等渔船检验知识。在船检知识考试中，平均分在90分以上的达25人之多。

1989年5月，渔船分局在北京举办远洋渔船检验业务培训，各检验处有关验船师参加。

1989年6月26日，渔船分局在上海举办《渔船电气设备及其检验》讲座，为期7天。各渔船检验处（站）选派一名现职从事此项工作的人员参加。此次讲座聘请上海渔业机械仪器研究所、广州检验处同志讲解渔探仪、定位仪等有关内容。

1994年，渔船分局提出在本系统实行计算机联网的决定。1994年、1995年分别在北京、江苏举办计算机联网培训班，50多位渔船检验人员参加培训。

为使验船人员培训工作逐步走上正规化，渔船分局制定了《渔船检验人员培训规定》，组织有经验的专业人员编写海洋和内陆水域渔船检验基础培训教材，1996年6月5—11日在广州举办关于渔船电气装置检验基础培训班，主要培训渔船检验概论及渔船电气装置检验两方面的内容。1996年10月又在武汉举办一期培训班，目的是使本专业的人员能基本掌握对口专业检验的程序和方法，非本专业的验船师能向一专多能方向发展，参加培训人员共160人。1993—1996年共举办这类培训班11期，培训人员400多人次，有力地推动渔船检验工作的开展。

二、各省渔船检验机构组织培训

随着国家渔业生产的不断发展，渔船检验任务日益繁重，为适应工作需要，部分渔船检验机构也开始自行组织各种培训。

1982 年 11 月，烟台检验处在山东省水产学校举办 2 期船检、渔监业务训练班，由烟台检验处组织主讲。共培训 100 余人，每期半个月。

南通检验处为提高船检人员和船厂质检人员的业务技术水平，从 1983 年开始，组织多次业务培训。1983 年 5 月 25 日—6 月 2 日，首次组织处、直属站和市站船检（验）人员及船厂、渔业公司等专业技术人员共 50 人在南通市举办为期 6 天的《营运钢质海洋渔船检验规程》及 10 个业务专题的培训班。

1985 年，根据渔船分局《钢质海洋渔船建造规范》宣讲会的要求，南通处（站）船检人员共 45 人于 1985 年 3 月 21—30 日参加《钢质海洋渔船建造规范》宣讲会。同年 7 月 17 日，在浏河召开处、直属站共 19 名船检人员参加的《营运钢质海洋渔船检验规程》经验交流会。这两次以会议形式举办的培训班，通过学习与交流，检查规范、规程贯彻执行情况及存在问题。

1986 年 3 月，南通检验处在海安县举办有市、县站船检人员 40 人参加的验船师须知学习班，对市、县站的渔船检验与管理规范化起到良好作用。同年 6 月，南通检验处完成渔船分局布置的、由全国 10 个省（自治区、直辖市）水产系统 16 个气胀救生筏检修站检修人员参加的气胀式救生筏静水压力释放器培训班。学习结束，对学员进行理论考试和实操考核，并对及格者颁发单科结业证书。

1986 年 12 月，盐城市举办全省 64 名渔船检验人员参加的《木质渔船检验规程》培训班。主要内容为宣讲《木质渔船检验规程》，船舶证书、检验记录填写规定，内河挂桨机船检验规定，船舶吨位丈量方法，并进行实船丈量。培训中，对成绩合格者颁发单科结业证书。

1988 年 7 月 27 日—8 月 1 日，南通检验处在苏州市举办处、4 个直属站及 26 个市、县站船检人员、40 家船厂的技术人员共 105 人参加的《木质海洋渔船建造及检验规定》宣贯会培训班。1990 年 3 月，印发出版《木质渔船建造及检验基本知识讲义》，主要介绍检验部门的性质、任务和有关船体、船机、船电等方面的基本知识。

1989 年 11 月，南通检验处在南通市举办《木质渔船许可证实施细则》宣贯会，江苏木质渔船修造厂技术人员 60 人参加，培训时间为 2 天。

1990 年，南通检验处在江苏太仓浏河举办远洋渔船检验业务培训，处及直属站船检人员 12 人参加，培训时间为 2 天。

1991 年，南通检验处在南通市举办 2 期有处、直属渔检站船检人员及船厂技术、质检人员 90 人参加的液压网机、液压舵机、鱼探仪技术讲座，培训时间均为 2 天。2000 年，在南通市举办 1 期市、县船检人员业务培训班，96 人参加培训。2003 年，组织质检员、电焊工、特殊工种人员培训，共计 510 人参加。

1987 年 11 月，秦皇岛渔船检验处委托大连水产学院举办 1 期渔检业务基本知识培训班，为期 4 周，组织唐山市所属县站的 25 名渔检人员参加学习。2000 年，河北省共举办 2 期渔船修造企业技术人员培训班，共培训质检人员 24 人次、焊工 27 人次、带班木工 28 人次、带班捻工 40 人次，并为考试合格者颁发全国统一的造船技工证书。

1988 年 4 月 11—20 日，江西检验处举办渔监船检业务培训班，参加人员 25 人。

1988 年 9 月 9—19 日，安徽省在蚌埠市举办全省渔船检验培训班，地、市渔政站（科）负责人、专职渔政干部或渔船较多的重点县专职渔政干部 33 人参加。

广州检验处于 1990 年 12 月在市桥和 1991 年 6 月在西樵山，为广东省渔船渔港监督下属各市、县、区监督站培训检验 60 马力（约 44.1 千瓦）以下小型渔业船舶的验船员，分别为 110 人和 80 人。2001 年，广州检验处举办不同类型和内容的培训班：一是在广东省水产学校的海洋与渔业执法队伍培训基地举办 1 期有全省验船人员参加的业务培训，培训内容涵盖新渔船检验 2000 规则的辅导、渔船检验系统管理软件使用的培训、船检与法律知识讲座等，为期 1 周；二是举办全球海上遇险与安全系统（GMDSS）知识讲座，获得培训证书 68 人；三是受国家船检局的委托，在广东举办船舶修造厂工厂认可核查员培训班，全国8 个省（自治区、直辖市）53 人参加，广东局 15 人获核查员资格。

黑龙江省渔船检验处从 1990 年开始，组织全省渔船检验人员分批参加培训，到 1992 年已全面培训一次。培训的内容分两个层次，省处的人员主要学习 1991 年 12 月 1 日实施的《内河钢船建造规范》（省处检验的船全部为钢质）；市、县的渔船检验人员主要学习 1991 年试行的《内陆水域渔业船舶检验规定》《黑龙江省小型渔业船的登记管理暂行办法》和《渔业船舶检验收费办法》等。

1991 年 4 月 3—10 日，吉林省渔政渔港监督管理站举办首届全省渔船检验人员培训班，参加学习的有 85 人，重点讲解渔船检验、渔港监督的工作职责、工作程序、船舶的基础知识及工作要点。1992 年 3 月 25 日，举办第二期船检工作人员培训班，全省培训 45 人，并进行了专业知识考试。

1992 年 1 月，湖南省渔船检验处举办首届全省渔船检验与安全监督管理人员培训班，省处及其下属各站全体人员参加培训。培训学习以聘请专家授课为主，船厂实习、讨论研究相结合，系统地学习了船体、轮机、电器、驾驶、渔监等 10 门课程，结业考试学员平均成绩为 89 分。

1992 年 2 月，湖北省渔船检验处举办全省首期渔船检验、渔港监督业务培训班，学员 52 人，经考试全部合格发给结业证及工作证上岗。

为配合修造船厂的认可工作，辽宁省渔船检验局于 1998 年对船厂重要技术人员进行培训。6 月在丹东培训木工、捻工等四大员 87 人。10 月在葫芦岛市培训 26 人，在四八一〇厂、庄河造船厂、丹东东港共计培训电焊工 28 人。

1998 年 11 月，海南省在海口举办渔船检验人员业务培训班，为期 10 天，培训人员 120 人次。并于 1999 年 6 月在临高县城举办木质渔船船、机、电质检人员业务培训班，为期 7 天，培训 60 人次。

2002 年 11 月 4 日—12 月 8 日，浙江渔船检验局举办第一期、人数为 33 人的渔船检验人员培训班，12 月下旬举办 30 余人参加的远洋渔船检验人员培训班。2003 年 11 月，在浙江海洋学院举办沿海第二期、内陆第一期培训班，来自全省各渔船检验机构的 56 名学员分别经过 25 天和 10 天的系统培训，对渔业船舶法定检验的知识和认识有了明显提高，并初步掌握渔船检验的基本常识和技能。

2002 年，交通部北海船级社和广西船舶检验处共同组织广西沿海地区第四期焊工培训考试，共培训人员 71 人，其中合格 64 人，使全区主要船厂焊工做到持证上岗。

这类培训班时间短，约 1 ~ 2 周左右，参加人数多，使渔检人员的技术业务水平得以普遍提高。

三、交通船检机构代培渔船检验人员

船舶检验局渔船分局成立后，交通部船检局直属机构进一步帮助渔检系统培训渔检人员。20 世纪 80 年代初，上海、南通 2 个渔船检验处曾委托船舶检验局上海办事处以现场见习的方式代培学员，学习时间均在 3 个月以上，学习内容比较系统。1981 年，船舶检验局上海办事处为山东等省举办船检人员培训班，南通渔船检验处派 4 人参加。1985 年船舶检验局 2 个培训中心成立后所举办的各类培训班，有的也吸收渔检人员参加。如 1986 年在武汉举办的大学毕业生船检业务进修班，1987 年河船培训中心举办的船检业务培训班，以及 1988 年举办的船检情报档案人员培训班等，均分配一定的名额通知渔船分局选派学员。又如 1986 年船舶检验局海船培训中心在上海连续举办 2 期材料焊接无损检测人员培训班，渔检部门先后有 34 名学员接受培训，为渔检系统培养了一批能初步掌握无损检测技术的检验人员。

四、委托院校代培渔船检验人员

1980 年 5 月，船舶检验局渔船分局责成烟台渔船检验处委托山东省水产学校举办 1 期渔船检验干部训练班，为期 6 周，有山东、辽宁、浙江、广东、广西、福建、上海等省（自治区、直辖市）的渔船检验处（站）的负责人共 25 人接受培训。1984 年，船舶检验局渔船分局委托大连水产学院举办 1 期学制 2 年达到大专水平的渔船船体检验人员专业培训班，学习内容以船体为主，兼学机、电，目的是培养一批“一专多能”的渔检人员，烟台、天津、秦皇岛、杭州、北海、福州渔船检验处共选派 29 名船检人员参加学习。1986 年 10 月 8 日、10 月 14 日，渔船分局 2 次致函上海船舶检验局海船培训中心，通知渔船检验部门参加第二期材料焊接无损检测学习班的 34 名人员名单。1987 年 11 月，秦皇岛渔船检验处委托大连水产学院举办 1 期渔检业务基本知识培训班，为期 4 周，组织唐山市所属县站的渔检人员 25 人参加。1987 年，渔船分局报经农牧渔业部同意，委托大连水产学院开办 2 期学制为 2 年的渔检专业大专班，采取定向招生的办法，从某一地区招收的学员，毕业后仍分回原地渔船检验部门工作，以解决一些偏僻地、县渔船检验部门分配不到大学毕业生的实际困难问题。1987 年度招生 30 人，1988 年度招生 32 人，全部做到定向分配。

在这一段时间内，少数渔检人员也被单位派出参加交通部船舶检验局直属系统委托有关院校举办的培训班学习。如1982—1986年间武汉水运工程学院先后举办的3期船检培训班；1987年5月上海海运学院举办的全球海上遇险与安全系统（GMDSS）学习班，渔检系统也都派出1~2名学员参加培训。

1998年，农业部渔船检验局委托大连水产学院举办1期渔船检验系统大专专业证书班，学制改为全脱产学习1年，开设14门课程，共计860学时。

2000年8月，农业部渔船检验局分别委托烟台大学水产学院、大连水产学院各举办1期全国渔业船舶检验专业大专专业证书班，招收全国渔业船舶检验机构中从事渔业船舶检验工作的在职人员，开设14门课程，共计960学时，学制为全脱产10个月。

2001年，农业部渔船检验局委托大连海事大学举办全球海上遇险与安全系统（GMDSS）培训班，在渔业船舶检验监督管理系统各部分功能投入使用时举办相应培训班。

2001年，农业部渔业船舶检验局组织开发渔业船舶检验监督管理系统，随着持证验船师队伍规模的不断扩大，检验监督管理系统的推广应用也势在必行。在该系统开发完成后，国家船检局委托上海水产大学组织该系统软件的培训学习和应用。来自沿海及内陆14个省（自治区、直辖市）的93名学员参加为时6天的系统软件的培训学习和应用，并通过培训考核。

2002年3月，第四期全国渔业船舶检验大专专业证书班在上海水产大学开班，来自17个省（自治区、直辖市）的47名学员入学。

2003年9月，第五期全国渔业船舶检验大专专业证书班在上海水产大学开班，招收具备高中（含中专、职高）文化程度，从事船检工作一年以上的在编人员，本次证书班有39人入学。

五、农业部渔业船舶检验局开展培训工作

1997年，农业部渔业船舶检验局与交通部船舶检验局在武汉联合举办1期船舶检验大专班，学制1年，全国渔船检验系统7人参加学习。

1999年10月20—30日，为贯彻农业部《关于做好〈中华人民共和国农业部行政执法证〉申领和发放工作的通知》精神，做好渔业船舶检验人员执法培训和持证上岗工作，农业部渔业船舶检验局在北京中国政法大学举办全国渔业船舶检验执法人员培训班，学习法律基础知识、农业行政执法基本知识、水上安全监督行政执法基本知识、渔船检验法律法规等法律知识。参加人员为未取得行政执法证件的各渔业船舶检验局（处）科以上干部、各渔业船舶检验分局局（处、站）长，有87人取得农业部渔政渔港监督执法证。随后，辽宁、山东、江苏、浙江等省依托当地省法制办又相继开展了渔业船舶检验人员依法行政执法培训班，分别取得了相关省法制办颁发的渔业船舶检验监督执法证。

2000年11月15—28日，农业部渔业船舶检验局与国家质量技术监督局锅炉压力容器安全监察局在北京联合举办渔船用锅炉压力容器验船师培训班，来自全国12个省（自治区、直辖市）的26名验船师参加学习，并全部通过全国锅炉压力容器考试委员会的考试，

取得国家质量技术监督局锅炉压力容器安全监察局的结业证书。

2001 年 3 月 20—21 日，农业部渔业船舶检验局在山东烟台举办第一期渔船修造厂工厂认可审核员培训班。培训内容包括宣贯工厂认可现场考核审查要求、ISO 9000 审核知识在工厂认可现场考核中的运用等。来自黑龙江、吉林、辽宁、河北、天津、山东、江苏渔船检验机构的 53 名验船师参加培训。

2001 年，农业部渔业船舶检验局在山东烟台举办第一期领导干部业务培训班，抽调全国渔业船舶检验系统的部分领导干部参加培训。培训内容包括渔业船舶检验条例、渔业船舶法定检验规则、渔业船舶检验发证程序以及船舶检验基础知识等。培训结束经考试合格，取得相应的验船师资格证书。

2002 年 11 月 5—8 日，农业部渔业船舶检验局在云南昆明举办全国远洋渔业船舶检验管理培训班，宣讲远洋渔船检验的基本要求、安全设备配备和技术要求、检验发证与办证程序等。沿海省（自治区、直辖市）渔业船舶检验局和有关远洋渔业公司主管领导 130 人参加培训。

2002 年 1 月 7—11 日，根据《农业部渔业船舶检验局　农业部渔政指挥中心推行国家公务员制度实施意见》和《渔业船舶检验局和渔政指挥中心推行公务员制度工作安排》，农业部渔业船舶检验局和渔政指挥中心全体职工参加部人事劳动司组织的推行国家公务员管理制度的转制培训、考试。

2003 年 2 月 26—3 月 2 日，农业部渔业船舶检验局在山东烟台举办全国渔业船舶检验机构主管或分管检验工作领导培训班，进行渔业船舶检验知识的学习。

2003 年 8 月 7—11 日，农业部渔业船舶检验局在重庆市举办一期渔业船舶检验培训班，由农业部渔业船舶检验局派人授课。参加培训的 101 名学员经考试全部合格，取得了验船师资格，为渔业船舶检验提供了技术人员。

六、培训教材编写和相关培训研究

为了配合验船师培训工作，农业部渔业船舶检验局、地方检验机构以及船舶院校合作编写众多教材，其中影响较广的有以下几部。

1993 年 10 月，农业部渔业船舶检验局编印《内陆水域渔业船舶检验资料汇编》，包括渔业船舶检验局和交通部船舶检验局有关内陆水域船舶检验的有关规定共计 20 篇，供从事内陆水域渔业船舶检验人员参考。

1995 年 3 月，农业部渔业局、渔业船舶检验局编审的《内陆水域渔船检验与渔港监督基础培训教材》出版。湖北省渔船检验渔港监督管理处按照农业部渔业船舶检验局的安排，组织具有一定理论知识和实践经验的专业技术人员，根据国家有关法规、规范，针对内陆地区渔船检验渔港监督工作特点，从强化专业的基础培训出发，编写这本针对性、适用性、实践性都较强的教材，农业部渔业船舶检验局组织有关专家教授进行编审。该教材填补了我国内陆地区没有渔船检验渔港监督专用培训教材的空白。

1995 年 12 月，渔业船舶检验系统第一部基础培训教材编印完成。该教材是为在我国渔船检验部门的专业人员进行基础职业培训而编写的，以提高渔船检验人员的业务素质、规范检验业务活动。该教材由《渔船检验概论》《渔船船体及船体设备检验》《渔船轮机检验》和《渔船电气设备检验》4 个分册组成。

2003 年 10 月 14 日，渔业行政执法人员岗位培训系列教材《渔业船舶检验（初级验船人员船体、轮机、电气部分）》编写完成，正式出版。该教材包括：船舶原理与渔船结构、渔船动力装置、渔船电气设备、渔业船舶的检验及发证。与该教材配套的《验船人员资格考试题库》同时出版。

第二节　渔船检验人员管理

一、验船师分类管理

1980 年 11 月，中华人民共和国船舶检验局渔船分局印发中华人民共和国船舶检验局制定的《船舶检验技术干部技术职称实施细则》。1983 年 5 月，农牧渔业部发布《渔船验船人员工作职称暂行办法》，规定渔船检验高级验船师、验船师、助理验船师、验船员的任职条件和签证权限。其中：验船员可签发未满 200 马力（约 147.1 千瓦）的渔业船舶的证书及技术文件；助理验船师可对 600 马力（约 441.3 千瓦）及以下的渔业船舶和一般的船用产品签发相应的证书及技术文件；验船师可对所有渔业船舶和船用产品签发相应的证书及技术文件；高级验船师应能组织并指导处理复杂的综合性的检验、鉴定及规范科研等工作，解决本专业的重大技术问题。

1984 年 4 月 10 日，中华人民共和国船舶检验局渔船分局授予王传典等 56 人验船师工作职称。这是渔船检验部门评出的第一批验船师。

1990 年，为了专门管理远洋渔船证书及技术文件的签字权限，农业部渔业船舶检验局设置主任验船师职称，其职责是审查有关检验记录和报告，具有船舶安全证书签字权。主任验船师由地方渔船检验处向农业部渔业船舶检验局推荐，由部渔业船舶检验局任命。1991 年 5 月 15 日，张振生等 12 人被任命为首批主任验船师。

1998 年 12 月，农业部印发《中华人民共和国渔业船舶验船师资格考评管理规定》，对验船师实行职业资格制度，即经培训、考试、考核合格，经评审取得相应等级的验船师资格证书后，方可从事渔船检验工作。验船师职业资格等级从高到低分为 6 个级别：一级高级验船师、二级高级验船师、一级验船师、二级验船师、助理验船师、验船员。

二、验船人员资格管理

（一）验船师任职资格考评

为了全面贯彻落实 2000 年 1 月农业部《关于加强渔业船舶监督检验工作的紧急通知》

要求，2000 年 1 月 26 日，农业部渔业船舶检验局印发《中华人民共和国渔业船舶验船师资格考评管理规定实施办法（暂行）》，对申报验船师资格人员考核评审的领导机构、评审机构、组织领导与分工、考核与培训、证书管理，以及对已具有专业技术职称人员的套改办法等做了规定。1 月 31 日，成立农业部渔业船舶检验局验船师资格考评委员会，领导全国的考评工作。2 月 1 日，经农业部渔业船舶检验局验船师资格考评委员会批准，成立华北、华中、华南、东北、山东、福建、上海、浙江、江苏 9 个地区和省（市）验船师资格考评委员会，负责本地的验船师资格考评。

2002 年 1 月 30 日，农业部渔业船舶检验局印发《渔业船舶验船师管理规定》，规定验船师的职责与权利、录用与考核程序、验船师资格的监督与管理、奖励、违规扣分规定、培训等内容。该文附有《验船师违规扣分记录卡》《验船师年度考核表》与《验船师资格审验章印模》。

2002 年 1 月，农业部渔业船舶检验局发出《关于在沿海省、自治区、直辖市渔业船舶检验机构试行〈验船师工作日志〉的通知》，同时发布《验船师工作日志》式样和《验船师工作日志填写规定》，对验船师的日常检验工作提出要求。

除了实施基本的验船师资格考评制度之外，对于远洋渔船检验，早在 1990 年就实行主任验船师负责制度。2001 年 1 月 10 日，农业部渔业船舶检验局颁布《远洋渔业船舶验船师任职管理规定》，将主任验船师负责制细化，明确了验船师、副主任验船师、主任验船师的任职条件、职责范围等项内容。其中，主任验船师具有签发远洋渔船检验完工报告及相关技术文件的权力，副主任验船师可受主任验船师委托，行使主任验船师职权并承担相应责任。4 月 29 日，农业部渔业船舶检验局公布全国远洋渔业船舶主任、副主任验船师和远洋渔业船舶验船师任职资格人员名单，其中主任验船师 25 名、副主任验船师 20 名、验船师 151 名。

（二）规范验船人员的配备标准

2001 年 8 月 1 日，农业部渔业船舶检验局印发《关于渔业船舶检验机构人员配备标准的意见》。该配备标准是机构资格认可的依据，主要内容有：船长大于 24 米的渔业船舶，每 10000 ~ 15000 总吨配 1 名船体检验人员，每 11000 ~ 16000 千瓦配 1 名机电检验人员；船长大于或等于 15 米并小于 24 米的渔业船舶，每 100 ~ 150 艘船配 1 名船检人员；船长小于 15 米的渔业船舶，每 200 ~ 250 艘船配 1 名船检人员。按照农业部渔业船舶检验机构认可的要求，一个船检机构至少要配备 3 ~ 4 名船检人员。

（三）统一验船人员的执法服装和标志

1979 年，国家水产总局、商业部、全国供销合作总社联合下发《关于统一渔业船舶监督人员服装、帽徽和臂章的式样通知》，全国渔船检验人员统一着装。

1987 年，农牧渔业部、财政部发出《关于对外开放港口渔船检验和渔港监督人员服装供应办法的通知》，规定着装范围、制服式样、面料及颜色、标志、供应标准等。

1996年，农业部、财政部下发《关于下发〈沿海和内陆边境水域渔业执法人员制服供应办法〉、〈内陆水域渔业执法人员制服供应办法〉的通知》，将现行的渔政检查、渔港监督和渔船检验人员执法制服统一为一种制式，并分别佩戴不同标志加以区别，原1987年的相应规定废止。渔政、渔港监督和渔船检验人员的帽徽为国徽图案，肩章为藏青色底，肩章两侧各有两条黄色边带。渔政肩徽为五角星加ZYZ（中国渔政拼音字母缩写）；渔港监督的肩徽为舵轮加锚；渔船检验肩徽为五角星加锚链和锤。钮扣为铝质银灰色，扣中图案为五角星加ZYZ。

2002年1月30日，农业部、财政部以农渔发〔2002〕2号文联合印发《关于统一渔业执法制服标志的通知》。通知指出：为规范执法行为，推进渔业统一综合执法，经国务院批准，决定统一渔政、渔港监督和渔船检验人员的渔业执法制服标志。统一执法制服标志包括统一帽徽、肩章、肩徽、领花。帽徽仍为国徽图案，肩章仍为蓝底色，上浮三条银色波浪；肩徽由舵轮和橄榄叶组成，舵轮代表中国渔政对渔业的行政执法管理，橄榄叶象征文明执法；领花为橄榄叶托着“中国渔政”的英文字母缩写“CFLE”；钮扣的主图案为舵轮和由鱼变形而来的海浪组成；大沿帽由原来的三顶改为一蓝一白两顶，着春秋装、冬装时配戴蓝色帽，着夏装时配戴白色帽。帽墙均用月蓝色，佩银灰色帽丝带。新标志统一从2002年5月1日起使用。

（四）全国验船师队伍表彰制度

为了提高验船师队伍思想建设水平，2000年全国开展了渔业船舶检验机构文明单位和十佳验船师评选，4月12日，农业部渔业船舶检验局公布20个全国渔业船舶检验机构文明单位、23名1999年优秀工作者、10名十佳验船师。2003年3月7日，农业部渔业船舶检验局印发《全国渔业船舶检验机构文明单位十佳验船师评选办法（暂行）》，明确每4年进行全系统表彰。

第三章 渔船检验法规制度体系建设

自1978年国家水产主管部门设立渔船检验机构以来，渔船检验部门投入大量人力、物力进行渔船检验专门法规制度的建设，逐渐建立起较为系统的法规制度体系。

第一节 渔船检验工作的法律依据

1986年1月20日，新中国成立以来制定的第一部渔业基本法出台，第六届全国人民代表大会常务委员会第十四次会议通过了《中华人民共和国渔业法》。渔业法第十八条规定："制造、更新改造、购置、进口的从事捕捞业的船舶经渔业船舶检验部门检验合格，方可下水作业，具体管理办法由国务院渔业行政主管部门制定。"《中华人民共和国渔业法》为渔船检验工作提供法律依据，明确渔业船舶检验是法定检验，具有强制性法律效力。

渔业法颁布实施后，国务院在其后的有关文件中进一步明确国家渔船检验部门是"代表国家行使渔船检验和监督管理职能"的职能部门。如1993年2月14日，国务院发布实施《中华人民共和国船舶和海上设施检验条例》（国务院令第109号），其中第三十条规定："除从事国际航行的渔业辅助船舶依照本条例进行检验外，其他渔业船舶的检验，由国务院渔业主管部门另行规定。"1998年6月25日，国务院办公厅印发《农业部职能配置、内设机构和人员编制规定》，其中规定，农业部渔业船舶检验局"代表国家行使渔船检验和监督管理职能"。

第二节 渔船检验监督管理规章的制定与完善

1979年10月7日，中华人民共和国船舶检验局渔船分局第一次工作会议修订了《中华人民共和国船舶检验局渔船分局监督检验规则》。1980年11月10日，经国家水产总局批准，渔船分局颁布《渔业船舶监督检验细则》。该细则规定了渔业船舶建造检验、初次检验、特别检验、年度检验、临时检验、船用产品检验的要求，自1980年12月1日起试行，各省水产主管部门以前公布试行的渔业船舶检验规定同日起废止。《渔业船舶监督检验细则》有3个附件，《渔船检验部门应审查的渔业船舶设计图纸及文件目录》《渔业船舶建造检验项目表》和《营运渔业船舶检验项目表》，因时间关系并没有一同公布。之后在渔船分局第一次工作会议上讨论通过的《渔业船舶检验项目表（修改本）》的基础上稍加修改而制定了3个附件。为了慎重起见，之后又进行了再次审核，渔船分局于1982年10月23日正式补发了《渔业船舶监督检验细则》的附件。《渔业船舶监督检验细则》是渔船分局成立后制定下发的第一部有关渔船检验的规定，对统一渔船检验标准起到促进作用。

1981 年 6 月 21 日，国家水产总局公布《沿海小型渔业船舶登记管理暂行办法》，自 1982 年 7 月 1 日起施行。该办法适用于未满 60 马力（约 44.1 千瓦）的机动渔船和非机动渔船等小型渔业船舶，对小型渔业船舶实行登记管理为主、适当做些监督检验的管理办法。根据该办法，国家渔船检验部门还制定《小型渔业船舶登记表》《小型渔业船舶签证申请表》《小型渔业船舶技术要求》《小型渔业船舶安全设备最低配置定额》等配套规定。

1983 年 10 月 31 日，农牧渔业部发布《海洋捕捞渔船管理暂行办法》。其中第九条规定："所有渔业船舶，必须备有渔政、渔港监督、渔船检验及公安部门核发的渔业许可证，渔船检验证，职务船员考试合格证，以及船舶户口簿和出海船民证、临时出海船民证，方可出海作业。"第十条规定："对未经批准、私自建造、购买、引进及更新的捕捞渔船，渔政部门不发给渔业许可证，船检部门不予检验……"该办法从部门规范性文件角度明确了渔船检验的强制性。

1984 年 9 月 4 日，中华人民共和国船舶检验局、中华人民共和国渔政渔港监督管理局发出《关于渔业船舶参加商业性运输的检验问题的通知》，规定渔业船舶参加商业性运输的检验管理办法。

1984 年 11 月 20 日，中华人民共和国船舶检验局渔船分局发出《关于重申渔政船等船舶变更用途应按规定检验发证的通知》，规定："凡船舶更改船名、变更用途等（如渔政船改为生产指挥船、渔船改为运输船）必须及时向验船部门申请临时检验。验船部门应在该船办完所需的渔港监督部门的完备手续后（如船舶登记等）方能受理检验。"

1985 年 5 月 22 日，农牧渔业部发出《关于加强对进口旧渔业船舶的技术监督管理的通知》。鉴于"各地为发展海洋渔业生产，从国外进口的旧渔业船舶愈来愈多。但从进口的旧船情况看，问题不少"，"为了保证进口船舶的质量，使之既能满足海上生产的要求，又能获得较好的经济效益"，规定"获准进口旧船的单位，应及时向所在省、自治区、直辖市的渔船检验处报告。旧船到达我国港口后，应向渔船检验处申请初次检验"。

1986 年 2 月 1 日，农牧渔业部发出《关于加强小型渔业船舶监督检验的通知》。为了"改善小型渔业船舶安全航行、作业的技术状况，减少海损事故的发生，保障海上渔民生命财产安全"，针对船长 12 米以下的小型机动渔业船舶、非机动营运渔船的监督检验作出相应规定。

1996 年 1 月，农业部颁布《中华人民共和国渔业船舶监督检验管理规定》（农业部令第 2 号）。该管理规定包括总则、渔业船舶检验、检验管理、罚则、附则 5 章。该规定对保证渔船安全航行、作业的技术条件，保障渔船和渔民生命财产的安全，防止水域污染有着重要的作用。这是我国首部渔船检验的部门规章。

2000 年 2 月 15 日，中华人民共和国渔业船舶检验局、对外贸易经济合作部机电产品进出口司联合发出《关于旧渔船进口检验有关规定的通知》。该通知规定：凡申请旧渔业船舶进口的使用单位，需按规定向中华人民共和国渔业船舶检验局申请旧渔业船舶进口检验；拟进口旧渔业船舶的使用单位，持渔船检验局签发的《旧渔业船舶进口技术评定书》及其他相关文件向外经贸部申领《机电产品进口证明》或《机电产品进口登记表》，海关凭上述文件验放。

2000 年 3 月 24 日，中华人民共和国渔业船舶检验局发出《关于旧渔业船舶进口检验有关问题的通知》，要求“凡申请旧渔业船舶进口的使用单位，必须按规定向我局申请旧渔业船舶进口检验”。同时，规定了检验方式，公布《旧渔业船舶进口检验申请表》和《进口渔业船舶状况检验报告》样本。

2001 年 3 月 2 日，农业部发出《关于对渔业船舶实施〈国际渔船安全管理规则〉的通知》。通知指出：“我部决定按 SOLAS 74/94 公约要求对 500 总吨以上渔业船舶公司实施《国际渔船安全管理规则》。”“农业部渔业船舶检验局（中华人民共和国渔业船舶检验局）作为主管机关认可的机构负责渔业船舶《安全管理证书》的发证。”“……渔业船舶检验局制定……《渔业船舶安全管理体系认证规范》……”

2002 年 5 月 20 日，农业部、国家安全生产监督管理局联合印发《渔业船舶报废暂行规定》，包括渔业船舶报废标准、报废程序和监督管理等 4 章 17 条。

2003 年 6 月 11 日，农业部发出《关于实施〈渔业船舶报废暂行规定〉有关问题的通知》，规定渔业船舶报废的执行程序、延期报废的审批程序、过渡期的设定和条件、报废渔业船舶的买卖、更新和处理等具体要求；并公布《渔业船舶报废通知书》《渔业船舶提前报废通知书》《渔业船舶延期报废审批表》和《渔业船舶报废拆解、销毁或处理意见书》格式。

2003 年 6 月 20 日，农业部渔业船舶检验局根据农业部《关于实施〈渔业船舶报废暂行规定〉有关问题的通知》，印发《渔业船舶延期报废检验管理办法》。规定渔业船舶延期报废的申请、检验、专家评审、证书换发的程序，并公布《渔业船舶延期报废检验通知书》和《渔业船舶延期报废综合评价意见书》格式，以及远洋渔业船舶延期报废评审专家组名单。

2003 年 12 月 5 日，农业部渔业船舶检验局印发《渔业船舶重点跟踪检验监督管理规定》，决定对未经检验、证书失效、发生重大事故未及时修复仍继续航行作业，以及其他严重违规的船舶，将予以对外公布，并实施重点跟踪。该管理规定包括重点跟踪船舶、检验通报、证书注销、监督管理等 6 章 25 条。

第三节　渔船检验技术法规不断完善

国家渔船检验机构成立后，我国渔业船舶检验技术法规的制定工作，走过一条从模仿到逐步独立开展的道路。初期基本使用交通船检部门发布的有关规则、规范、规程、规定等技术法规。但由于渔船在技术、生产环境、作业习惯等方面与运输船舶有很大的差别，为此国家渔船检验部门开始制定一系列渔船检验技术法规，先后制定了《钢质海洋渔船建造规范》（1985 年）、《木质海洋渔船建造及检验规定》（1987 年）、《海洋渔船安全规则》（1993 年）

和《玻璃纤维增强塑料渔船建造规范》（1995 年）等。

随着我国渔船在 20 世纪 80 年代与 90 年代的大发展，原有渔船检验规则、规范已不适应新形势的要求，90 年代末开始，新的渔船检验技术法规体系迅速替代旧的体系。渔船分局委托上海渔船检验处修订《钢质海洋渔船建造规范》，1998 年完成修订工作，并颁布《钢质海洋渔船建造规范（1998）》。2000 年，农业部渔业船舶检验局又组织制定了《中华人民共和国渔业船舶法定检验规则（2000）》，替代 1993 年的《海洋渔船安全规则》。

《钢质海洋渔船建造规范（1998）》和《渔业船舶法定检验规则（2000）》发布后，渔业船舶检验系统开始探索一条符合渔船特色的法规体系。渔业船舶检验系统有些人认为，交通船检系统的规则、规范分开编写，主要是考虑法定检验与入级检验的区别，规则由船检局（海事局）制定，主要内容为安全设备配备，属于法定检验方面的强制要求；而规范则由船级社制定，主要内容为构造要求，有些方面弹性较大，属于入级检验。因此，这些人认为，既然渔业船舶只进行法定检验，规则、规范就应该合并到一起，没有必要分开。基于这种指导思想，2002 年产生了《渔业船舶法定检验规则（内河、玻璃钢、海洋木质及小型钢质渔业船舶法定检验技术规则）》。这部规则包含原 1987 年《木质海洋渔船建造及检验规定》、1995 年《玻璃纤维增强塑料渔船建造规范》的内容，并对 2000 年《渔业船舶法定检验规则》未详细阐述的内河渔业船舶、12 米以下沿海钢质小型渔业船舶作出补充规定。

但在此后的几年里，有许多人根据应用的经验，对规则、规范合并编写的写法有不同意见，认为还是分开编写好。原因主要有 3 条：一是从内容与法律效力上看，规则主要讲的是安全设备配备方面的要求，是强制性的规定，是最低要求；而规范主要讲的是建造方面的内容，是示范性的指导、标准。如果合并编写，将指导性的意见上升为强制性要求，不便于实际工作中的灵活处理。二是从国际惯例上看，国际海事组织制定的国际公约、议定书等是强制性规定，也是规则编写的依据；而国际船级社协会制定、协调船舶的入级建造规范，是船舶自愿入级时应遵守的技术要求。三是国内行业惯例，包括海事局的规则、规范，都是分开编写的，已形成比较固定的做法。此后规则和规范的修订又分开编写。

一、渔业船舶法定检验规则

1993 年 6 月 19 日，农业部颁布《海洋渔船安全规则》，自 1993 年 10 月 1 日起施行。该规则由渔船分局委托上海渔船检验处编写，主要依据有关国际公约、国内规则与规范并结合渔船实际编写而成。该规则在 1992 年 7 月召开的农业部渔业船舶检验局技术委员会全体会议上，经过最终审议并获得通过。该规则的出台推动我国渔船开始逐步贯彻有关国际公约的相关要求。

为了贯彻中华人民共和国政府的有关法律、法规及其批准、接受、承认或加入的有关国际公约、议定书及规则，保证渔业船舶具备安全航行、作业、防止污染环境的技术条件，保障人身财产安全，农业部渔业船舶检验局组织人员对《海洋渔船安全规则》进行修订，将《国际渔船安全公约 1993 年议定书》、1993 年《海洋渔船安全规则》、1997 年《渔船船用产品检验规则》等多部法规的内容合并、修改，增加必要的新内容后编写成一部新的《渔业船舶法定检验规则》。该规则涵盖了检验与发证、国际渔船安全、非国际渔船和渔业辅助船安全、吨位丈量、载重线、防污染结构与设备等方面的要求，是渔业船舶检验自成体系20年来最为全面的强制性技术法规。1999年12月，农业部渔业船舶检验局技术委员会对送审的《渔业船舶法定检验规则（2000）》报批稿进行了认真审查，并最终通过了该规则。

2000年4月5日，农业部渔业船舶检验局颁布《中华人民共和国渔业船舶法定检验规则（2000）》，自2000年6月1日起生效，原《海洋渔船安全规则》同时废止。

2002年9月2日，农业部渔业船舶检验局颁布《渔业船舶法定检验规则（内河、玻璃钢、海洋木质及小型钢质渔业船舶法定检验技术规则）》，自2002年12月1日起生效。该规则适用于船长小于30米的内河渔业船舶、船长小于35米的玻璃钢船、船长小于30米的木质船、船长小于12米的钢质海洋船。

二、渔业船舶检验规范

（一）《钢质海洋渔船建造规范》

1982年，渔船分局与船舶检验局商定由渔船分局制定《钢质海洋渔船建造规范》单行本。1984年12月12日，渔船分局颁布《钢质海洋渔船建造规范》，自1985年1月1日起实施，是我国首部专门为渔船研究编制的建造规范，业内称“85渔规”。该规范规定：根据已经验船部门审查批准的图纸重新建造新渔船的，凡1985年6月30日24时前安放龙骨（或分段建造）的新船，可按原依据的规范进行建造；在1985年7月1日零时后安放龙骨（或分段建造）的应按该规范重新审图和进行建造检验。该规范获得1985年农牧渔业部科技进步二等奖。

但在《钢质海洋渔船建造规范》实施过程中，也发现了一些亟须修改的问题。为此，渔船分局组织专人进行了修改，并于1989年12月20日发布《钢质海洋渔船建造规范》修改通报，1990年起施行。

为保障船长12～30米的小型钢质海洋渔船具备安全航行和安全作业的技术条件，渔船分局于1988年5月19日颁布《小型钢质海洋渔船建造规范》，自同年9月起施行。规范包括总则、船体结构和舾装、轮机装置、电气、冷冻、材料和焊接，以及消防、救生、无线电和航行等设备共4篇共22章。该规范是在当时国家提倡“以钢代木”，节约木材资源的环境下出台的，对于推动渔船的钢质化起到了重要作用。该规范获1992年农业部科技进步三等奖。

为配合《小型钢质海洋渔船建造规范》的实施，农业部渔业船舶检验局于1991年出版了《小型钢质海洋渔船建造检验指南》。

随着船舶建造技术的不断发展，农业部渔业船舶检验局对“85渔规”及修改通报进行了修订。1998年4月14日，农业部渔业船舶检验局颁布《钢质海洋渔船建造规范（1998）》，自1999年1月1日起施行。原《钢质海洋渔船建造规范（1985）》和《小型钢质海洋渔船建造规范（1988）》即行废止。

（二）《木质渔船监督检验暂行规定》

据1980年统计，全国大约有90%的渔船为木质渔船，木质渔船当时无专门技术规范可遵循，在烟台召开的修改规范座谈会决定制定一部木质渔船建造规范，后改名为《木质渔船监督检验暂行规定》，于1981年7月4日由渔船分局公布，自1982年7月1日起施行。其内容包括：总则、检验种类与检验项目、船体及设备的检验、机械装置的检验、电气设备的检验、安全设备的检验6章。

1987年10月31日，渔船分局公布《木质海洋渔船建造及检验规定》，自1988年7月1日起施行。本规定主要内容包括建造方面要求与检验方面要求，建造方面要求共有稳性及载重线、船体建造、轮机及冷藏设备、电器设备、安全设备5章；检验方面要求共有一般规定，检验与证书，船体、舾装及渔捞起重设备检验，轮机设备检验，电气设备检验，安全设备检验，系泊、航行及捕捞试验7章。该规定是以《木质渔船监督检验暂行规定》为基础，增加木质渔船的构件尺寸、稳性、载重线等内容并做了修改。新的规定解决了无图纸资料木质海洋渔船的稳性简易衡准、载重线简易衡准问题，解决了船体结构分类方法和构件剖面尺寸确定方法。该规定获1993年农业部科技进步三等奖。

（三）《玻璃纤维增强塑料海洋渔船建造规范》

随着玻璃钢材料使用的发展，选用玻璃钢建造小型船的优越性越来越显著。1989年9月，《玻璃纤维增强塑料海洋渔船建造规范》由农业部批准公布，自1990年3月起施行。

在总结此前玻璃钢渔船建造经验后，1995年3月22日，农业部渔业船舶检验局颁布新制定的《玻璃纤维增强塑料渔船建造规范》，自同年5月1日起施行。该规范包括：一般规定、材料、成型工艺、连接、船体结构、轮机、冷藏设备、消防、电气9章。1989年施行的《玻璃纤维增强塑料海洋渔船建造规范》即行废止。

（四）《内陆水域渔业船舶检验规定》

1991年12月，农业部渔业船舶检验局发布《内陆水域渔业船舶检验规定（试行）》。该试行规定包括总则、检验与证书、船体及船舶设备的检验、轮机和电气设备的检验、航行试验5章内容，以及《送审图纸目录》《安全设备、信号设备配备定额》和《稳性和载重线》3个附件。

三、渔业船舶检验规程

（一）《营运钢质海洋渔船检验规程》

渔船分局成立后，一段时间内仍使用船检局颁布的检验规程。后来，国家水产总局颁布新的渔船修理标准，原检验规程已不再适用。1980年开始，渔船分局着手编写新的渔船营运检验规程。经农牧渔业部批准，1982年12月，渔船分局颁布《营运钢质海洋渔船检验规程》，自1983年起施行。该规程包括总则，检验方式、检验项目及证书、技术文件，船体检验，舣装设备检验，安全设备检验，渔捞和起重设备检验，机械装置和轴系检验，冷藏设备检验，电气设备检验，助航、助渔、无线电通信设备检验10章内容。规程施行后，根据各方面提出的意见进行了修订。1987年11月，渔船分局颁布《营运钢质海洋渔船检验规程（1987）》，自1988年5月起施行。

（二）《钢质海洋渔船建造检验规程》

为规范钢质海洋渔船建造检验相关技术要求和程序，1993年，农业部渔业船舶检验局以〔1993〕农渔检（船）字第5号文件颁布首部《钢质海洋渔船建造检验规程（1992）》，自1993年7月1日起施行。

（三）《渔业船舶检验与发证程序和证书填写规定》

2002年8月16日，农业部渔业船舶检验局发布《渔业船舶检验与发证程序和证书填写规定》，自2002年12月1日起实施。该规定包括：初次检验，换证检验，年度、定期和期间检验，临时检验，公证检验，展期和管理的程序；国内渔业船舶的甲种、乙种、丙种证书及技术文件的填写规定；国际渔业船舶证书及技术文件的填写规定。该规定是我国船舶行业第一部检验发证程序方面的规定。

（四）《海洋渔业船舶法定检验规程》

2003年4月8日，农业部渔业船舶检验局发布《海洋渔业船舶法定检验规程》，自2003年6月1日起施行。原《钢质海洋渔船建造检验规程（1992）》和《营运钢质海洋渔船检验规程（1987）》同时废止。该规程是将1992年建造规程和1987年营运规程合二为一，根据2000年以后新的法定检验规则体系编写而成的，内容涵盖了新造船检验和营运船检验，适用于钢质、木质、玻璃钢、钢丝网水泥船材质的渔船。

四、渔业船舶审图规定

1996年9月2日，农业部渔业船舶检验局颁布《渔业船舶设计图纸审查规定（暂行）》，自发布之日起施行。该暂行规定包括总则、审图分工、审图申请、图纸审批、图纸失效、审图周期、审图费用7项内容；同时公布钢质渔船、玻璃钢渔船、木质渔船送审图纸目录。

2003年3月10日，农业部渔业船舶检验局颁布《渔业船舶设计图样及技术文件审查规定》，自2003年6月1日起实施。该规定包括总则、审图分工、审图申请、审图与退审、图纸失效、审图周期及计费等内容；同时公布《渔业船舶设计图样及技术文件审查申请表》《送审图纸目录》《图纸审查意见书》与《渔业船舶设计图纸批准函》式样。

五、渔船船用产品检验规定

自1984年开始，渔船分局为了开展渔用产品检验工作，陆续制定了一些规定。

1984 年 4 月 28 日，渔船分局发出《关于开展渔船船用产品检验若干问题的通知》，规定渔船检验部门的产品检验范围及渔船专用设备检验收费标准等事项。

1987 年 9 月，中华人民共和国船舶检验局渔船分局发布《关于船用产品检验的若干规定》。该规定包括通则、受理检验的条件、工厂认可、型式认可、日常检验、证书的签发和存档、标志、产品检验表格填写说明，以及《船用产品检验申请书》《产品检验报告》式样等项内容。

1994 年 12 月 7 日，农业部渔业船舶检验局发出《关于加强渔船船用产品上船前查验产品证书工作的通知》，提出了必须查验船用产品渔检证书的项目表，并分别规定了适用 44.1 千瓦及以上渔业船舶和 44.1 千瓦以下渔业船舶必须查验渔检证书的产品项目。

1997 年 4 月 8 日，农业部渔业船舶检验局公布《渔船船用产品检验规则》，自发布之日起实施。该规则包括总则、检验范围、监督检验、证书的保持与撤销、附则 5 章 24 条内容。

1999 年 9 月 6 日，农业部渔业船舶检验局发布《渔业气胀救生筏检修站管理办法》。该管理办法共 25 条，对渔业气胀救生筏检修站的筹建、认可、日常检验等工作作出了规定。

1999 年 10 月 14 日，农业部市场与经济信息司就渔船用锅炉的安全检查权属问题，以《关于渔船用锅炉压力容器实施安全检查管理的批复》答复农业部渔业船舶检验局："根据国家质量技术监督局锅炉发〔1999〕207 号文复函，同意将渔船用锅炉压力容器类设备纳入国家安全监察管理范围，在国家质量技术监督局的归口管理下，由你局代表国家对渔船用锅炉压力容器行使安全监察管理职能。"

2000 年 4 月 13 日，农业部渔业船舶检验局发出《关于对渔船使用进口旧机电产品加强检验管理的通知》。为遏制渔船使用进口旧机电产品的混乱状况，贯彻对外贸易经济合作部、海关总署、国家进出口检验检疫局《关于加强旧机电产品进口管理的补充通知》精神，要求各地渔船检验局严格把关，凡列入目录的旧机电产品，一律不准装船使用；凡未持有合法手续的旧船用产品，不得受理检验；所有旧船用产品不准用于建造新船。

2001 年 5 月 11 日，农业部渔业船舶检验局发布《全球海上遇险和安全系统（GMDSS）岸上维修单位认可规定》，规定了为渔业船舶安装、维修 GMDSS 系统及相关设备的单位取得认可的条件。

2001 年 6 月 4 日，农业部渔业船舶检验局发布《关于渔业船舶用进口产品检验的暂行规定》，对渔船用进口设备检验的组织、检验方式等作出规定。

2001 年 12 月 30 日，农业部渔业船舶检验局发布《渔业气胀救生筏检修站认可条件》，规定了渔业气胀救生筏检修站在机构和人员、检修场地、辅助用房、检修设备和工具、筏站管理等方面必须具备的条件；同时规定了《气胀救生筏检修证明》格式。

2002 年 12 月 30 日，农业部渔业船舶检验局颁布《渔业船舶船用产品检验规程（试行）》，并于 2003 年 2 月 1 日起试行。规程依据中华人民共和国渔业船舶检验局《渔业船舶法定检验规则（2000）》编制，适用于对涉及渔业船舶及船上人命安全和防止污染水域环境的设备和材料（以下简称"船用产品"）进行的检验，所有生产、使用和检验船用产品的单位和个人应遵守该规程的规定，涉及到的船用产品检验包括产品图纸和技术文件审查、工厂认可、产品型式认可、产品的日常监督检验和个别检验。

2003 年 7 月 17 日，农业部渔业船舶检验局发出《关于船用柴油机氮氧化物排放及柴油机燃油管路产品检验问题的通知》。要求：“额定功率大于等于 130 千瓦将用于国际渔业船舶的柴油机，应符合《73/78 防污公约》的废气排放标准，我局将对此类柴油机进行前期发证检验工作。”同时明确“将用于国际渔业船舶输出功率大于等于 130 千瓦的柴油机应符合加装燃油管套管的规定”。

六、渔船检验验船师须知及指导性技术文件

渔船检验验船师须知和相关指导性技术文件主要有：

《关于国内航行机动渔业船舶证书及技术文件填写的暂行规定》（1985）CJ001；

《小型渔业船舶检验证书簿填写规定》（1986）CJ002；

《关于渔船船用产品检验的若干规定》（1987）YC001；

《关于签发产品证书和检验报告的有关规定》（1990）YC003；

《内陆水域渔业船舶证书簿填写规定》（1990）CJ005；

《关于远洋渔船证书及技术文件填写的规定》（1990）CJ006；

《渔业船舶使用液化气灶具检验规定》（1991）CJ007；

《气胀救生筏检验须知》（1994）YC001；

《关于 1995 年版远洋渔船证书及技术文件填写的规定》（1996）CJ008；

《关于国内航行渔业船舶证书及技术文件填写的规定》（1997）CJ001；

《关于签发 1996 年版产品证书和检验报告的有关规定》（1997）YC003；

《船用产品检验工作程序》（1997）YC005；

《船用产品检验项目》（1998）YC006；

《船用产品送审资料》（1998）YC007；

《船用产品检验标志的使用》（1998）YC008；

《渔船用柴油机检验须知》（1998）YC009；

《渔业船舶螺旋桨检验须知》（1998）YC010；

《挤压铝合金平板冻结装置检验须知》（1998）YC011；

《绞纲机、起网机检验须知》（1998）YC012；

《船用液压马达检验须知》（1998）YC013；

《手提式灭火器检验须知》（1998）YC014；

《船用救生圈检验须知》（1998）YC015；

《电动液压舵机检验须知》（1998）YC016；

《船舶起动用铅酸蓄电池检验须知》（1998）YC017；

《渔船船用配电板检验须知》（1998）YC018。

其他指导性技术文件包括：

《渔船电子号笛检验要求》（1990）；

《渔船气胀救生筏检修站管理规章制度》(1990);

《渔船振动预报》，指导性技术文件(1990)ZJ001;

《小型钢质海洋渔船建造检验指南》，指导性技术文件(1991)ZJ002;

《渔业气胀救生筏检修站认可计分办法》(1992)。

第四节　保障渔船修造质量相关制度的建立

为了遏制“沙滩船厂”粗制滥造渔船，防止修造船厂特有工种岗位随意安插人员施工，提高渔船修造质量，农业部逐步出台渔船设计单位、渔船修造施工单位及渔船修造特殊工种资质管理制度。

一、渔船设计单位资质认可

1993 年 8 月，农业部发出《关于渔船设计单位实行渔船设计资格认可证书制度的通知》。规定：“自 1993 年 9 月 1 日起，凡从事渔船设计的单位，必须按照《农业部渔业船舶设计单位资格认可管理暂行办法》申请资格审查，经审查合格并取得《渔船设计资格认可证书》后方可承担相应的渔船设计任务。”对通过认可的设计单位可颁发甲、乙、丙、丁种等级的证书。《农业部渔业船舶设计单位资格认可管理暂行办法》包括总则、证书等级、审批权限、监督与管理、附则，共 5 章 21 条。

2003 年《中华人民共和国行政许可法》颁布后，《农业部渔业船舶设计单位资格认可管理暂行办法》由于缺乏上位法依据被废止，《农业部渔船修造厂认可办法》需要进行修订。考虑到渔船安全生产管理的重要性，根据 2003 年《中华人民共和国渔业船舶检验条例》第八条关于“设计、制造、改造渔业船舶的单位应该符合国家规定的条件”的规定，农业部依照《行政许可法》和行政审批制度改革的有关规定，经报请国务院批准，在 2003 年国务院颁布《国务院对确需保留的行政审批项目设定行政许可的决定》(国务院令第 412 号)中，将“渔业船舶设计、修造单位资格认定”作为保留的行政审批项目，由农业部组织实施。

2003 年 7 月 23 日，根据《中华人民共和国渔业船舶检验条例》的有关规定，农业部渔业船舶检验局印发《中华人民共和国渔业船舶设计制造维修管理规定(试行)》。该规定包括总则，渔业船舶设计，渔业船舶船型管理，渔业船舶制造、维修，申请、审核与发证，监督管理，附则，共 7 章 45 条，其中渔业船舶船型管理暂不实施。

二、渔船修造施工单位资质认可

1990 年 6 月 4 日，农业部颁布《小型木质渔船工厂认可办法》。该办法规定，凡未取得《小型木质渔船工厂认可证书》的企业或单位不得修造木质渔船。同时公布《修造木质渔船企业或单位的生产条件考核要求》《修造小型木质渔船技术工人合格证书的发证规定》和

《小型木质渔船工厂认可申请书》格式。

1994年11月28日，农业部颁发《中华人民共和国农业部渔船修造厂认可办法》，决定对修造渔船的工厂实行资格审查、认可、发证，即“工厂认可”制度。

1995年2月28日，农业部渔业船舶检验局公布《中华人民共和国农业部渔船修造厂认可办法实施细则》。该实施细则包括申请认可企业必须具备的条件，认可证书的申请、审查和审批程序，认可证书的使用和管理等内容。

1996年2月23日，根据《中华人民共和国农业部渔船修造厂认可办法实施细则》的规定，农业部渔业船舶检验局制定的该细则附件四《玻璃钢渔船厂认可证现场考核审查要求》、附件五《钢丝网水泥渔船厂认可证现场考核审查要求》公布实施。

2001年6月22日，农业部颁布《渔业船舶建造修理工厂认可证书》式样。

2001年8月1日，农业部渔业船舶检验局颁布《渔业船舶修造工厂认可工作程序规定》，并公布钢质渔业船舶建造（含大修）工厂、钢质渔业船舶中小修理工厂、木质渔业船舶建造（含大修）工厂、木质渔业船舶修理工厂、玻璃钢渔业船舶修造工厂现场考核审查要求，以及《渔业船舶建造修理工厂认可申请书》式样。对不同类型工厂提出不同的考核审查要求，改变过去“小而全”的管理思路，顺应市场经济多样化发展形势。同时，加强对工厂认可审核人员的管理，规定今后参加工厂认可的人员必须具备审核员资格。农业部渔业船舶检验局分3期对渔业船舶检验系统132名工厂认可审核员进行了培训考核和发证，并于2001年7月17日公布第一批具有工厂认可审核员资格人员名单。

2003年1月10日，农业部发布《中华人民共和国农业部公告》第243号，根据《关于颁布〈中华人民共和国农业部渔船修造厂认可办法〉的通知》的规定，公布已经取得认可的渔船修造厂的单位名称、认可证书号和准予修造范围。同时规定：“自本公告发布之日起，对未经认可和未取得《渔业船舶建造修理工厂认可证书》的修造船企业或个人，修造的渔业船舶，渔业船舶检验机构不得受理检验……”至公告发布之日，全国已有1464家渔船修造厂取得认可。

2001年5月3日，停泊在中国水产（集团）总公司大连渔轮公司西码头，正在进行建造的“辽渔一”号发生重大事故，造成10人死亡，直接经济损失达100多万元。事故的原因是：在后冻结机舱内进行聚氨酯泡沫塑料喷涂作业的同时，在制冷机舱内对连通后冻结机舱的排水管进行气割作业，致使火焰通过排水管点燃聚氨酯泡沫塑料，造成舱内可燃气体轰燃。事故引起国务院及各界的重视，农业部也为此专门发布《关于进一步加强渔业安全生产工作的紧急通知》。为了保证船舶泡沫塑料绝热层施工安全，中华人民共和国渔业船舶检验局于2001年8月7日发布《渔业船舶泡沫塑料绝热层施工单位认可管理办法》，指出：鉴于“泡沫塑料不经处理极易燃烧，造成火灾并产生有毒气体，威胁船舶及人身安全”，“我局决定对从事泡沫塑料现场喷涂（灌注）的单位实行认可制度”，并提出施工单位应具备的基本条件、认可程序、技术标准等项要求。

三、船舶特殊工种考试发证

1988年8月10日，农业部渔政渔港监督管理局公布《焊工考试实施细则》，自公布之日起实施。该细则包括总则、焊工考试委员会、焊工考试资格、考试科目、基本知识考试、试件的制备、操作技能考试、焊工考试的评定程序、外观检查、弯曲试验、试样评定、科目评定、考试评定、证书的签发、加强试后监督管理、免试及其它等16项内容。

第五节　船舶及船用产品证书的制定与修订

一、渔业船舶证书及技术文件的制定与修订

根据1979年6月6日交通部、国家水产总局《关于水产部门船检机构对外名称和印章等问题的联合通知》中“制定有关渔业船舶规范、检验制度、证书格式和检验收费标准等规章制度”的规定，渔船分局在搜集、调查国内渔业船舶现有证书及技术文件的基础上，又参考交通船舶使用的证书和少数国外渔船使用的证书格式，于1979年底完成我国渔业船舶及技术文件的制定，使全国渔业船舶从1980年用上统一的船舶证书。1980年版证书及技术文件主要有：

（1）甲种证书簿（大证书），用于200马力（约147.1千瓦）及以上的渔业船舶。为一蓝色硬塑料面，内有透明可插活页纸的多页内芯制成的证书及技术文件夹。证书及技术文件用A4大小铜版纸印刷成单页插装在塑料夹的内芯袋中，构成渔业船舶检验证书簿。内有证书：

①检验合格证书：用于建造、初次、特别、年度、临时等检验用，每年更换一张。

②船舶吨位证书：长期使用（没变化时）。

③船舶载重线证书：长期使用（没改变时）。

④临时乘客定期证书：根据需要签发。

技术文件包括：

①空气瓶检验报告。

②锅炉检验报告。

③二氧化碳、卤化物固定灭火系统检验报告。

④检验鉴定书：主要用于记录每次检验完毕各检验项目的技术状况、遗留问题、航行限制和船舶总的技术状况的评语（合格、基本合格、欠佳或不合格）。

⑤检验申请书。

⑥审图意见书。

（2）乙种证书（小证书），用于60～200马力（约44.1～147.1千瓦）的渔业船舶。其大小为甲种证书的一半，也是用塑料制成的证书夹，证书及技术文件插装在内芯袋内。

①证书种类和甲种相同，主要是在证书内容上稍有删减。

②检验报告、检验鉴定书、检验申请书、审图意见书，就使用甲种的，没有某项设备就不发相应文件。

1980 年 5 月 7 日，渔船分局公布《渔业船舶证书及技术文件的暂行规定》，规定了证书使用范围、证书签发、证书及技术文件的填写规定。决定自 1980 年起对符合要求的渔业船舶签发统一的证书证件。

1980 年版证书及技术文件经过各地实用，发现存在不少问题：一是证书种类不够，有些内容也不全，如船舶的主要项目、设备情况有的没法填写，船舶试航试捕时没有任何证书发给，有的港监不放行。二是技术文件中没有记录检验情况、反映存在问题的检验报告，只有一个检验鉴定书，检验完后，书写工作量太大，而往往不同船的大部分检验内容相同，重复工作量大，应增加制造和营运检验的检验记录。三是证书分档（200 马力和 60 马力）不太科学，也和国际渔船公约船舶分档不协调。四是证书上的一些名词术语与规程（公约）不一致，如特别检验应改为定期检验等。五是检验合格证书不适用，首先证书名称叫法不确切，对一条船而言，证明它合格不合格是看它的技术状况是否适航适捕，或是看它是否安全，所以此证书改称为适航证书为好。另外，合格证书每年要换一次，每年要拿掉旧的换新的，这样反映不出年检和定期检验（特别）的关系。六是验船师在工厂执行检验任务时，对有些重要问题需要书面通知工厂以引起工厂足够重视，但验船师没有合适的检验文件填写送交，因此需要增加检验通知单这类文件。

为此，从 1983 年初开始，渔船分局着手研究渔业船舶证书及技术文件的统一修改。于 1985 年 1 月在广州召开证书及技术文件修改定稿会。85 版全套证书及技术文件仍为甲乙两种证书，并且仍采用原来的塑料书夹，为插装式的。

（1）甲种证书薄（大证书），适用于船长 24 米及以上的钢质渔业船舶。内有：

①船舶主要项目及设备的要目。

②适航证书。

③吨位证书。

④载重线证书。

⑤临时乘客定额证书。

⑥临时航行证书。

⑦渔捞和起重设备检验报告。

⑧空气瓶检验报告。

⑨锅炉检验报告。

⑩冷藏装置检验报告。

⑪二氧化碳、卤化物固定灭火系统检验报告。

⑫无线电报（话）设备检验报告。

技术文件包括：

①检验通知单。

②检验申请书。

③船舶展期申请书。

④图纸审核意见书。

⑤检验鉴定书。

⑥吨位计算表（一）、（二）。

⑦建造检验记录（船体）（轮机）（电气）。

⑧营运检验记录（船体）（轮机）（电气）。

⑨检验记录（此记录主要用于海损、机损等各种公证检验和涉及船舶安全的处理、改装等临时检验时使用，也可作为建造、营运检验各种检验记录的补充使用）。

（2）乙种证书（小证书），适用于船长 12 ~ 24 米的钢质机动渔业船舶、12 米以上的非钢质机动渔业船舶和 24 米以上的非机动钢质渔业船舶。乙种证书和甲种证书内容基本相同，增加了木质渔船专用的载重线证书。各种检验报告也使用甲种的，有就签发，不合要求的就不发。

1985 年 11 月 1 日，渔船分局发布《关于启用新的渔业船舶证书及技术文件的通知》，经渔船分局组织修改的新的船舶证书及技术文件正式启用。

随着国家对环境保护的重视，防止船舶污染水域提上议事日程。1987 年，根据《国际防止船舶造成污染公约》及我国防污染规范的有关规定，对甲、乙两种证书簿又增加了《机动渔业船舶防止油污证书》及其附件（油船、非油船）、防止油污设备检验记录和报告。

1986 年 2 月 1 日，农牧渔业部下发《关于加强小型渔业船舶监督检验的通知》。为配合文件的贯彻执行，加强小型渔业船舶的监督检验，渔船分局统一制定《小型渔业船舶检验证书簿》和《小型渔业船舶检验证书簿填写规定》。

1986 年 11 月 6 日，渔船分局公布《小型渔业船舶检验证书簿》（简称“丙种证书簿”），适用于船长 12 米及以下的机动渔业船舶，或船长大于 12 米小于 15 米且在Ⅲ类航区航行、作业的机动渔业船舶，以及非机动渔业船舶。

1998 年 1 月 1 日，1997 年版国内海洋和内陆渔业船舶检验证书及技术文件正式启用。

2000 年 4 月 1 日，2000 年版国际渔业船舶检验证书和技术文件开始启用，1995 年版证书及技术文件自 2001 年 12 月 31 日起自行废止。

2001 年 5 月 1 日，2001 年版国内渔业船舶检验证书和技术文件开始启用，1996 年版证书和技术文件自 2003 年 1 月 1 日起自行废止。

2002 年 8 月 16 日，农业部渔业船舶检验局发布《渔业船舶检验与发证程序和证书填写规定》，自 2002 年 12 月 1 日起实施。该规定包括：初次检验，换证检验，年度、定期和期间检验，临时检验，公证检验，展期和管理的程序；国内渔业船舶的甲种、乙种、丙种证书及技术文件的填写规定；国际渔业船舶证书及技术文件的填写规定。

2002 年 9 月 25 日，农业部发出《关于开展海洋小型渔业船舶证书换发工作的通知》。该通知指出：“为简化办事程序，减轻渔民负担，推进渔业统一综合执法，我部决定对海洋小型渔业船舶的《渔业船舶检验证书》、《渔业船舶登记证书》和《渔业捕捞许可证》进行简化合并，并换发新版证书。”海洋小型渔业船舶定义为“主机功率不满 44. 1 千瓦（60 马力）且船长不满 12 米的所有海洋渔业船舶”，并决定于 2002 年 10 月 1 日起，在浙江、广东两省进行换发试点。

2003 年 4 月 25 日，农业部办公厅发出《关于全面开展海洋小型渔业船舶证书换发工作的通知》。通知要求“将海洋小型渔业船舶的《渔业船舶检验证书》、《渔业船舶登记证书》和《渔业捕捞许可证》进行简化合并……”同时指出：“换发新版小型渔业船舶证书工作是我部 2003 年为广大农民办理的 11 件实事之一。”决定在浙江、广东、海南三省已经试点的基础上，自 2003 年 5 月 8 日起，在沿海 11 个省（自治区、直辖市）全面铺开。该通知中明确了证书换发办法和程序。

二、远洋渔船证书

1989 年 8 月 7 日，农业部、交通部下发《关于水上交通安全管理分工问题的通知》，确定远洋渔业船舶的监督检验由农业部渔船检验局负责。农业部渔船检验局为了及时开展远洋渔业船舶的监督检验工作，着手制定远洋渔船证书及技术文件。两部文件下达后，农业部渔船检验局在广州检验处起草的《渔业船舶安全证书》《渔业船舶免除证书》《国际防止油污证书》《吨位证书》的基础上，起草制定了远洋渔业船舶证书及技术文件。初稿完成后，分别寄送广州、上海、大连检验处征求意见，随后在上海召开专题讨论会，由烟台检验处王宝棻、大连检验处金维成、广州检验处薛锦源按船、机、电分工进行修改，最后形成远洋渔船证书及技术文件。为了统一填写，还制定印发验船师须知：《关于远洋渔船证书及技术文件填写的规定》，并于 1990 年 5 月在北京召开宣讲会。

农业部渔船检验局组织起草制定的远洋渔船证书及技术文件，是吸收了交通船舶远洋证书成功的经验，结合国际渔船安全公约及本国远洋渔船的实际情况而起草制定的，具有实用性，符合现有渔船情况。

1990 年 12 月，农业部渔船检验局印发验船师须知：《关于远洋渔船证书及技术文件填写的规定》，适用范围包括：①所有前往国外渔场从事远洋渔业生产的船舶。②应船主申请（包括外国籍船舶），签发所需的渔业船舶证书及技术文件。③对建造检验和初次检验的船舶发给渔业船舶检验记录和报告，对接受年度、期间、定期、临时等营运检验的船舶发给渔业船舶检验报告。

三、内陆水域渔船检验证书

1987 年 11 月 29 日，农牧渔业部渔政渔港监督管理局在湖南省岳阳市召开第一次内河渔船安全管理工作座谈会，开始着手抓内陆水域渔船管理与检验工作。根据工作的实际需要，农牧渔业部渔船检验部门开始着手制定内陆水域渔业船舶证书和有关渔业船舶检验规定。

（一）《内陆水域渔业船舶证书簿》

渔船分局于 1988 年制定印发《内陆水域渔业船舶证书簿》。证书内容包括封面、持证须知、船舶基本情况、检验签证、职务船员记录、职务船员变更记录。

1990 年 4 月，渔船分局公布验船师须知：《内陆水域渔业船舶证书簿填写规定》，编号

（90）CJ005。

证书簿适用范围包括：①木质、钢丝网水泥船舶，船长不超过24米。②钢质船舶，船长不超过15米。③船舶主机（单机或多机）总功率不超过44.1千瓦（60马力）。④所有在内陆水域航行作业的非机动渔业船舶。

（二）《内陆水域渔业船舶检验证书簿》

由于《内陆水域渔业船舶证书簿》没有吨位证书和船舶吨位计算表、载重线证书、适航证书，对吨位比较大的内陆水域渔业船舶不太适用。为此，渔船分局于1990年又制定印发《内陆水域渔业船舶检验证书簿》（即大证书），用于《内陆水域渔业船舶证书簿》（小证书）适用范围以外的内陆水域渔业船舶。

《内陆水域渔业船舶检验证书簿》内有：封面HYZ-1-0、船舶基本情况、设备HYZ-1-0-1、吨位证书HYZ-1-1、改丈记录、渔业船舶吨位计算表（一）HYJ-1-1-1、渔业船舶吨位计算表（二）HYJ-1-1-2、载重线证书HYZ-1-2、适航证书HYZ-1-3、检验签证。

四、船用产品证书及技术文件的制定与修订

船用产品证书包括工厂认可证书、产品型式认可证书两类，工厂认可证书证明的是制造厂具备生产船用产品的能力和条件；产品型式认可证书证明的是该产品的设计图纸、技术标准、型式试验结果符合有关规定。对于柴油机、齿轮箱、锅炉、空气瓶等主要产品，制定了专用证书格式。对于未指定专用证书的产品，则可使用4种通用的产品证书格式。

渔船分局组建后，对船用产品检验的主要对象是渔业系统生产的柴油机，如淄博渔船（轮）柴油机厂、大连渔轮厂生产的300系列柴油机，南通渔船柴油机厂生产的150系列柴油机，各渔轮厂为建造（渔船）配套生产的网机等。因仅为本厂配套使用，仅作为对新造渔船建造检验的一部分进行检验，产品检验的品种不多，当时只有一种YZ-2-1通用产品证书。随着产品检验工作的开展和配套产品品种的增多，单一的产品证书给验船师的填写工作带来了麻烦，并且对同一产品进行证书填写的不是同一人，会产生差异。为减少验船师填写证书的工作量，并使之规范化，根据被检产品的种类，制定了针对某一产品的专用产品证书和通用产品证书，以及工厂认可证书、产品型式认可证书、气胀筏检修站认可证书等共20种。

为使证书填写和签发规范化，1990年12月，农业部渔业船舶检验局制定验船师须知：《关于签发产品证书和检验报告的有关规定》。

1997年7月11日，农业部渔业船舶检验局发布《关于签发1996年版产品证书和检验报告的有关规定》，同时决定自1997年8月1日起启用1996年版产品证书和技术文件。

2002年12月25日，农业部渔业船舶检验局发出《关于启用2001年版产品证书的通知》，决定于2003年1月1日起启用2001年版产品检验证书。同时印发2001年版产品检验证书及技术文件样本和《关于签发2001年版产品证书及技术文件的有关规定》。全套2001版产品证书包括：技术文件7种、认可证书6种、产品证书40种（其中包括3种防污设备

证书，系根据国际海事组织规定的格式编制）。

第六节　船舶档案管理制度的完善

渔业船舶检验档案分为文书档案和船舶检验业务档案。船舶检验业务档案包括机构队伍建设、检验业务统计与信息管理、船舶检验、产品检验、船舶设计图纸审查和资质管理档案。对于渔业船舶设计图纸审查档案，规定为永久保存。

1985 年 8 月 5 日，中华人民共和国船舶检验局渔船分局发布《关于渔业船舶及船用产品检验发证与技术档案管理的规定》。该规定明确船舶检验、产品检验应存档的主要资料，技术档案保管期限，检验证书审批、签发的权限，船检印章的使用规定等项内容。

1991 年 11 月 18 日，农业部渔业船舶检验局发出《关于加强渔业船舶技术档案管理的通知》。该通知对 1985 年渔船分局《关于渔业船舶及船用产品检验发证与技术档案管理的规定》进行了修改、补充。

1992 年 5 月 17 日，农业部渔业船舶检验局公布《渔船检验科技档案分类细则》，自 1992 年 8 月 1 日起施行。

2002 年 11 月 6 日，农业部渔业船舶检验局印发《渔业船舶检验档案管理暂行规定》。该暂行规定包括适用范围、管理、管理人员职责、渔业船舶检验档案的构成、渔业船舶检验档案归档范围、保管期限、档案管理、档案的利用和销毁、渔业船舶检验档案排序等内容。同时发布《渔业船舶检验档案目录》和《渔业船舶检验档案管理制度》。

第七节　地方性渔船检验法规的制定

各省（自治区、直辖市）渔船检验部门成立后，为了更好地开展渔船检验，亦制定了一些地方性渔船检验法规。

一、广东省

1984 年，广州检验处制定《广东省木质群众渔船检验暂行规定》。

1990 年，广州检验处制定《60 马力（44 千瓦）以下小型渔业船舶监督检验暂行规定》及《广东省小型渔业船舶检验计费规定》，于 1991 年 1 月 1 日施行。

1988 年，阳江渔船检验站制定《木质渔船主尺度和构件规格标准》。

二、江苏省

1986 年，南通检验处制定《关于渔业船舶及产品检验发证的补充规定》和《渔业船舶及船体结构焊缝内部质量检验有关问题的通知》。

1988 年，南通检验处制定《江苏省小型渔业船舶检验细则》及《木质渔船建造或大修实施出厂技术证明制度》等。

三、浙江省

1981 年 11 月 4 日，杭州渔船检验处发布《钢质渔业船舶图纸审查暂行规定》，规定新建、改建、购置的钢质渔业船舶送审图纸的程序。

1982 年 12 月 29 日，杭州渔船检验处发布《浙江省集体渔船年度验证暂行办法》。

1990 年 10 月 23 日，浙江省水产局颁布《内河渔船检验暂行规定》，开始对内河渔船开展检验发证工作。

四、广西壮族自治区

2001 年，在自治区水产畜牧局的高度重视和自治区政府、人大、法委办的大力支持下，经过几年的努力，《广西渔港渔业船舶管理条例》颁布实施，对加强渔港、渔船的管理，确保渔港渔船的安全，起着十分重要的作用。

五、上海市

1979 年，上海市渔船管理站以沪渔监字〔1979〕第 3 号文发布《关于集体所有制渔业船舶检验手续及收费暂行规定的通知》。

1980 年，上海市渔船管理站以沪渔监字〔1980〕第 77 号文发布《关于严格检查机动船号笛的通知》。

1983 年，上海渔船检验处以渔检沪字〔1983〕第 17 号文发布《关于签发渔业船舶各种法定证书和检验报告的暂行实施细则》。

1983 年，上海渔船检验处以渔检沪字〔1983〕第 18 号文发布《关于审图的暂行规定》。

1983 年，上海渔船检验处以渔检沪字〔1983〕第 28 号文发布《关于发送渔业船舶及部分船用机械产品应审查的设计图纸和技术文件目录的函》。

1983 年，上海渔船检验处以渔检沪字〔1983〕第 33 号文发布《关于健全检验制度的通知》。

1984 年，上海渔船检验处以渔检沪字〔1984〕第 34 号文发布《对〈新建渔轮航行试验规则〉的意见》。

1986 年，上海市水产局颁布《重柴油加热控制箱标准》，该标准由上海渔船检验处制定。

六、黑龙江省

1990 年 4 月 3 日，黑龙江省水产总公司下发《黑龙江省小型渔业船舶登记管理暂行办法》。该办法规定：本办法适用于本省和外省（市）驶入我省的所有 22 马力（16.2 千瓦）以下机动渔业船舶和船长小于 15 米、未满 10 吨的非机动渔业船舶。

七、吉林省

1991 年 4 月 1 日，吉林省水产局以吉渔政字〔1991〕39 号文发布《关于印发〈吉林省渔业船舶登记管理暂行规定〉和〈吉林省渔业船舶检验暂行规定〉的通知》。

1991 年 4 月 13 日，吉林省水产局同黑龙江省协商，对两省共管水域船检收费达成一致意见后，会同吉林省物价局、吉林省财政厅以吉渔政联字〔1991〕43 号文下发《关于颁发〈吉林省渔业船舶检验登记管理费征收使用暂行规定〉的通知》。

八、湖南省

1992 年 11 月，湖南省物价局、省财政厅、省农业厅联合印发《湖南省农业系统收费项目和标准》，明确规定渔船检验和安全监督管理收费项目和标准。

第四章　渔船图纸审核

第一节　渔船图纸审核制度的建立与发展

1996 年 8 月，山东省编制委员会批复，同意省烟台渔船检验处对外名称改为中华人民共和国山东渔船检验局，仍与中华人民共和国山东渔港监督局合署办公，负责全省渔业船舶和山东、河南、山西三省渔船船用产品生产企业产品的法定监督检验工作，下设石岛、青岛、龙口、羊口 4 个直属分局，在全省沿海各县（市、区）和内陆湖区设立了 38 个渔船检验站。省局船检处、产品处和 4 个直属分局负责全省 44.1 千瓦及以上渔业船舶和山东、河南、山西三省渔船船用产品生产企业产品的法定检验及渔业船舶设计图纸的审查；负责对全省渔船修造厂和渔业船舶设计单位资格的初审；负责对全省渔船检验人员和船厂的有关技术、检查人员进行业务培训；负责对全省各县（市、区）渔船检验机构实行业务领导，指导各县（市、区）渔船检验站对 44.1 千瓦以下渔业船舶实施法定检验。

第二节　渔船图纸审核情况

一、内河渔船图纸审核情况

1990 年，江西省渔船渔港监督管理处组织专业人员首次独立承担该省自用的 2 艘钢质 88.26 千瓦（120 马力）的渔政船的全套设计图纸审查、建造检验工作。

二、海洋渔船图纸审核情况

1994 年下半年到 1996 年上半年，渔检机构开始着手加强渔船安全质量管理。山东渔船检验局采取 4 项措施保证渔船建造质量：一是抓新型渔船设计图纸的审查；二是抓好渔船厂的质量管理；三是抓好上船配套产品的船检产品证书的检查把关；四是抓好船舶证书及技术文件的各项工作。

三、远洋渔船图纸审核情况

1999—2001 年，辽宁渔业船舶检验局审查 8356 型远洋鱿鱼钓轮图纸，并承担其建造检验任务。该船是大连渔轮公司设计建造的具有当时国际先进水平的大型鱿鱼钓船。主尺度为

72. 78/10. 8/（6. 7/4. 15）；航速 12 节，满载排水量 1830 吨，续航力 10000 海里；为钢质双甲板、长甲板室，前倾首柱带球首，巡洋舰式圆尾，尾机舱，配 MAU-5 型固定螺距螺旋桨，设双层底和流线型舵，冻结装置采用风吹搁架式冻结机，设中央空调和固定式 CO_2 灭火系统；全船设 2 千瓦诱渔灯 180 盏、水下灯 4 盏，设全自动鱿鱼钓机 56 台，左右两舷侧设网托架 82 只和玻璃钢流鱼槽，鱿鱼流经鱼槽靠水动力进入加工间，进行加工处理，实现自动钓鱼及处理鱼。

第五章　渔船现场检验工作

第一节　渔船检验工作全面开展

国家水产总局接管渔船检验后，逐年提高渔船受检率，规范渔船检验管理。提高渔船受检率是渔船检验系统长期致力的目标。当时渔船受检率低的客观原因，一方面在于历史因素，全国统一的渔船检验体系到1978年才开始建设，起步太晚；另一方面也有小型群众渔船管理难度大的因素，群众渔船作业分散，船小而多，渔民主动申报检验的积极性不强。

为了提高渔船受检率，消除部分水域的检验空白点，规范渔船检验管理，渔船分局推动了一系列措施的出台。

20世纪80年代，从国外进口的旧渔业船舶越来越多。但其中的问题不少：一是船舶的图纸资料严重不全，给船舶的初次检验和以后修船带来极大困难；二是船舶在国外修理时，对监修不重视，船舶质量达不到要求。为了保证进口船舶的质量，使之既能满足海上生产的要求，又能获得较好的经济效益，1985年5月22日农牧渔业部发出《关于加强对进口旧渔业船舶的技术监督管理的通知》，主要的规定有：一是进口渔船应申请初次检验；二是进口渔船应符合国内要求；三是进口单位出国考察渔船，应尽可能有渔船验船师参加。

小型渔船的检验模式经过长期探索，但因各种因素造成的受检率低问题始终难以解决。1981年发布的《沿海小型渔业船舶登记管理暂行办法》中，将44.1千瓦以下的机动渔船和非机动渔船检验原则确定为登记管理为主，适当做一些监督检验。但随着渔船检验工作渐渐步入正轨，1984年起，河北、山东等地开始尝试加强44.1千瓦以下小型渔船的检验。出于改善小型渔业船舶安全航行、作业的技术状况，减少海损事故的发生，保障海上渔民生命财产安全的目的，1986年2月1日农牧渔业部发出《关于加强小型渔业船舶监督检验的通知》，对船长12米以下的小型机动渔业船舶、非机动营运渔船提高了检验要求。但小型渔船检验管理难度极大，到20世纪90年代末绝大部分44.1千瓦以下小型渔船仍然未受检。

1987年，第一次全国内河渔船安全管理工作座谈会召开，研究加强内陆渔船检验的措施，标志着内河渔船检验工作的起步。内陆水域渔船小、种类多、活动分散、个体渔民没有检验习惯，最初渔船检验机构面临着几乎一片空白的局面，开展检验工作多是针对14.7千瓦以上内陆渔船和渔政船。另外，还为船籍港在沿海但建造在内陆的渔船开展“联合检验”，即内陆船检机构配合沿海船籍港船检机构检验渔船。此前，内陆检验力量尚未壮大，这类检验工作由沿海船籍港检验机构单方面派出验船师执行。在内陆水域渔船检验系统的共同努力下，内陆渔船受检率不断提高。

1999 年 1 月 29 日，农业部发出《关于切实加强海洋渔船管理》的紧急通知，要求各地渔政、渔港监督、渔船检验机构密切配合，会同工商、公安等有关部门对“三无”渔船、“三证不齐”渔船和“沙滩船厂”进行集中清理，并强调各地要严格执行渔船审批制度，严格按程序审批海洋捕捞渔船；造船企业或用船单位须持渔船批准文件等依次向渔船检验、渔港监督、渔政机关申请办理交易、登记和捕捞许可证；有关渔政、渔港监督、渔船检验机构必须各司其职，严格把关。

为了摸清海洋渔船基本情况，并研究“三无”渔船整治工作，从 2000 年 6 月开始，农业部对全国 11 个沿海省（自治区、直辖市）进行了新中国成立以来第一次大规模的海洋渔船普查。结果显示，全国共有海洋捕捞渔船 24. 43 万艘、主机功率 1222 万千瓦。在这些渔船中，“三无”渔船有 6. 72 万艘，占总数的 27. 5%；“三证不齐”渔船有 5. 09 万艘，占总数的 20. 8%。

进入 21 世纪后，受 1999 年“11 · 24”特大海难事故的影响，各方对船检工作高度重视，渔业船舶检验监督体制机制得到进一步完善，渔船检验工作获得快速发展。2002 年全国 20 个省（自治区、直辖市）检验机构共检验各类渔业船舶总数为 283344 艘，受检率为 82. 3%（以应检船数计）。其中检验内陆省（自治区、直辖市）渔业船舶 98990 艘，受检率为 68. 9%；检验沿海省（自治区、直辖市）渔业船舶 182777 艘，受检率为 73%；检验远洋渔业船舶 1577 艘，受检率为 91. 9%。

第二节　沿海渔船检验业务全面覆盖

1979 年渔船分局组建后，自 1980 年起，设在各省（自治区、直辖市）的检验处及各检验站，按照渔船分局制定的各项规章制度，执行对渔业船舶的技术监督检验。随着沿海各省（自治区、直辖市）渔船检验机构布点的不断完善、船检人员的不断加强、检验分工的进一步明确和各种检验规章制度的建立，各省（自治区、直辖市）渔船受检的数量、质量、受检率都有大幅度的提高。

一、山东省

山东省确立以港口为中心，渔船检验、渔港监督、渔港管理三位一体、统一领导、条块结合、分级管理的渔船监督管理体系。机构设置分省、县两级，省级即省局与 4 个分局为省水产局直属二级事业单位；4 个分局即青岛分局、石岛分局、龙口分局、羊口分局，为省局派出机构，主要负责全省 44. 1 千瓦及以上渔业船舶检验与登记、职务船员的考试发证、海事调查处理等业务工作。沿海县市水产行政部门分别成立“山东省 × × 县渔船渔港监督管理站”，属当地水产行政部门的一个独立事业单位，业务受省局直接领导，具体负责未满 44. 1 千瓦的渔业船舶检验与登记、职务船员考试、本港口的海事处理、港务管理等工作，形成了以省船检、渔监局为中心，县级船检、渔监机构为主体，覆盖全省船厂、渔港码头、养殖捕捞单位和船用产品生产单位的船检、渔监管理体系。

1980—1985 年，全省国营渔业船舶和群众渔业船舶 44.1 千瓦及以上的渔船检验由省检验处及其所属站办理；其余渔船检验由市、县渔船渔港监督站办理。至 1985 年，共检验渔船 97089 艘（次）。

青岛检验站从 1980 年 3 月起至 1981 年底，完成 44.1 千瓦及以上所有国营和群众渔业船舶的检验换证工作。1982 年开始，加强国营渔船修造的监督检验，渔轮修造完工后的一次试航成功率得到了很大提高。青岛渔业公司渔轮修造厂试制的 09 锰铌钢 600 马力（约 441 千瓦）渔轮，由于加强监督检验，建造质量较好。1984 年，检验站加强对群众渔船航行、信号、救生、消防等安全设备的监督检验，特别是雷达反射器和手压号笛在检验人员的配合下试制成功，得到推广使用，大大减少小型渔船被撞沉没事故的发生。

2000 年，山东省渔船检验局共完成各类渔业船舶检验 4075 艘，审批各类新型渔船设计图纸 45 套；检验各类船用产品 58928 台（件），原材料 16730.7 吨；实现业务总收入 700 万元。2001 年，共完成各类渔业船舶检验 4184 艘，审批各类新型渔船设计图纸 36 套；检验各类船用产品 31166 台（件），原材料 20491 吨；实现业务总收入 750 万元；全省 44.1 千瓦及以上渔船受检率达 98% 以上，44.1 千瓦以下渔船受检率达 90% 以上。2002 年，共完成各类渔业船舶检验 5319 艘，审批各类新型渔船设计图纸 41 套；检验各类船用产品 79966 台（件），原材料 24894 吨。2003 年截至 11 月底，共完成各类渔业船舶检验 5861 艘，审批各类新型渔船设计图纸 33 套；检验各类船用产品 43057 台（件），原材料 21345 吨；实现检验总收入 943 万元。

二、广东省

1980 年，广州检验处检验国营渔轮 91 艘、渔业辅助船 35 艘，其中木质 61 艘、钢质 65 艘。1982 年底，省检验处对全省 44.1 千瓦以上群众渔船进行检验发证试点，1983 年 5 月全面铺开，当年检验渔船 3154 艘。1989 年，检验处检验渔船 4263 艘，比 1983 年增加 35%，逐步改变了全省群众渔船无人管理、安全设备不全、无证出海作业的混乱状况。同时，检验处要求建造群众渔船时应向渔船检验部门申请检验。为了帮助建造厂解决设计力量不足的问题，1985 年，检验处在阳江建立广东省渔船渔机技术咨询服务部阳江设计室，为业主建造渔船提供必要的设计图纸，使群众渔船的建造检验逐步开展起来。

1987 年 3 月，省检验处应国营南海水产公司的申请，派验船师到香港检验正在修理的从日本引进的冷藏加工渔轮“华光一”号，首次开展境外船检业务。

1988 年 12 月，香港商人在广州新中国船厂建造一对钢质对拖渔轮“新合壹 5221”号和“新合贰 5230”号，经检验处检验后，签发渔业船舶证书。

1990 年，南海近海渔场出现资源减退、捕捞量下降的情况。广东近海渔船开始改装或新建，向远洋和国外渔场发展，省检验处随即开展远洋渔船检验工作。几年中，共检验新建和改建渔船 111 艘，大多是往贝宁、菲律宾、新加坡、越南、密克罗尼西亚等国家和地区作业的拖网和延绳钓两类渔船。

1991 年，检验处检验渔业船舶 4841 艘，其中渔船 4791 艘、辅助船 50 艘。1992 年，检验渔业船舶 5118 艘，检验签发小型渔船证书共 4810 艘。

1992 年 2 月，广州检验处首次按照与香港海事处的协议，联合执行建造监督检验，对香港在广东省珠海市香洲渔轮厂建造的钢质双拖网渔轮“顺利 1”号和“顺利 2”号进行检验。

经过全省渔检人员的共同努力，广东省渔船验船率从 1990 年的不足 40% 提高到 1995 年的 69. 80%。1997 年，全省检验 44. 1 千瓦及以上的渔业船舶 8595 艘，其中新造渔船 245 艘，受检率已达到 90% 以上；收取检验费 745 万元，比 1996 年提高了约 12%，比 1995 年约翻一番，全省 65 名工作人员人均收费约 11 万元。同时，渔船质量有了较大的提高，一年来未发现较大的检验责任事故。

三、上海市

1980 年 1 月，上海市检验处对上海远洋渔业公司等市属渔业生产部门和上海市及其郊县的营运或修理渔船进行监督检验，尤其是对申请跨航区作业的老旧渔船，对其进行检验、发证时，采取限制风力等措施，确保渔船的安全。

1984 年，上海海洋渔业公司从日本进口一艘冷藏运输船，检验处对其按规定进行初次检验，并换发我国《渔业船舶检验证书簿》，这是上海检验处首次检验国外进口的渔业船舶。1985 年 5 月，检验处又对上海水产大学接受日本熊本水产高等学校赠送的实习渔轮“熊本丸”号进行初次检验。1987 年，王传典、朱钦骧赴日本执行对中日合资瑞福远洋渔业公司 3 艘延绳钓兼深水流网渔船的初次检验。1988 年，龚维孝、王传典赴联邦德国和法国协助上海远洋渔业公司购船并接船。1992 年，又对上海远洋渔业公司从国外购进的大型远洋渔船“开创”号进行定期检验，对“开丰”“开发”和“开拓”号进行年度检验，以及对“开丰”号机损事故进行公证检验。

自 1980 年 1 月起，上海检验处在上海远洋渔业公司、上海海洋渔业发展公司、中国水产科学研究院东海水产研究所、东海区渔政局检查大队、上海市渔政管理处、上海市郊区渔业指挥部，上海川沙县、崇明县、南汇县、金山县、奉贤县、青浦县、松江县、上海县、宝山县的渔业队等船方及上海渔轮厂、上海求新造船厂、航道局东沟船厂和草镇船厂、西渡船舶修造厂、东海船厂、安徽巢湖船厂的监督检验中贯彻“质量第一、保障安全”的原则。尤其是上海海洋渔业发展公司一批老旧渔船申请跨航区赴对马渔场作业检验，在船方自检合格后，验船师严格把好质量安全关，坚持每艘渔船必登轮检验。同时采取限制风力等有效措施，确保对马渔场作业的渔船万无一失。

上海检验处 1980—1992 年检验的渔业船舶合计 13806 艘。

2000 年，上海渔船检验局共完成渔船检验 620 艘，比 1999 年增加 10. 8%，其中一科检验 72 艘、二科检验 159 艘、堡镇分局检验 232 艘、芦潮港分局检验 157 艘；检验船舶总吨位 71697 吨，总功率 117383 千瓦；同时，较好完成 28 套图纸的审核工作。

2001 年，全局共完成渔船检验 716 艘，检验船舶总吨位 61393 吨，总功率 96746. 8 千瓦；检验30余家产品厂渔船用产品4142台（件），产品型式认可审图21套，产品型式认可工厂8家，完成渔船修造工厂换证认可初审工作16家。

2002年，全局共完成渔船检验1214艘，其中出国检验29艘，勘验2艘，建造检验3艘，远洋渔业船舶检验10艘，国营及郊区渔业船舶检验724艘，内河渔业船舶检验353艘，青浦非机动渔业船舶检验93艘。此外，渔船修造工厂资质换证认可18家，新申请工厂资质认可4家，共计22家获得农业部渔业船舶检验局颁发的相应等级资质认可证书，并对渔船强制报废做了调查研究，向有关部门提出了修改意见和建议。

2003年，全局共完成各类渔船检验1228艘，其中堡镇分局检验473艘、吴淞分局检验26艘、芦潮港分局检验218艘、船检科检验276艘、青浦渔检站检验235艘；全年新建造渔船的初次检验有4艘金枪鱼船、4艘渔监艇和1艘74米鱿鱼钓船。内河渔船检验方面，青浦渔检站结合渔业捕捞许可证年度签发工作进行渔船核发登记和检验，共核发325本。

四、广西壮族自治区

北海检验处建立后，各种检验规范从无到有，并逐步修订完善，检验工作有法可依。专业人员由渔管站的6人增加到1985年的18人，1992年达28人。1980年初，检验处检验日本进口的捕虾钢船2艘，美国进口的玻璃钢船4艘，中国香港购进的各种类型、尺度的玻璃钢、木船10多艘，此外还为福建建造检验250HP木质渔船4艘。广西渔船主要为木质，船检机构成立时，我国还没有木质渔船建造规范，当时主要参考日本木质渔船建造规范。结合广西的实际情况，根据群众的实践经验进行检验，检验处组织广西船厂及水产系统的科技人员，根据广西的船型及传统经验，参考日本木质渔船的建造标准制定《广西木质渔船建造规定》，作为广西木质渔船修造的标准。全国组织编写《木质渔船修造规定》出版发行后，即按《木质海洋渔船建造及检验规定》进行建造和营运检验。

20世纪80年代中期，检验处开始对钢质渔船进行图纸审查、建造检验及营运期间的各种检验。受检船舶有441千瓦、300吨的捕捞船、渔业运输船，661.95千瓦的拖轮，以及吹沙船、疏浚船、驳船等渔业专用船。1991年，检验处开始远洋渔船的检验，其中有钢质、木质、钢丝网水泥船及玻璃纤维船等各种渔船30多艘。

2000年，渔船检验局共检验功率44.1千瓦及以上的渔船1646艘，受检率95%；44.1千瓦以下的渔船共检验换证4812艘，受检率90%。2002年，完成渔船检验6295艘，其中初次检验渔船228艘、营运渔船6067艘；检验船用产品螺旋桨100个、贵州柴油机200台、冷凝器70台。2003年，共完成渔业船舶检验1703艘，初次检验受检率达100%，营运检验受检率达93.6%；全年共检验船用产品349台（件），其中柴油机168台、螺旋桨95个、冷凝器20台、吊机4台、配电箱5台、起锚机2台、减速机18台、液压舵机37台，产品受检面逐步得到提高。

五、江苏省

1980年，南通检验处建立，共有业务技术人员9人（包括渔港监督人员在内），仅受理江苏省海洋渔业公司和连云港海洋渔业公司的渔船检验并换发船舶证书工作。1981 年，设立渔船检验科，除继续完成钢质海洋机动渔船的各种检验任务外，开始受理 60 马力（约 44.1 千瓦）以上木质机动渔船的检验，其业务范围由国营海洋渔业公司逐步扩展至沿海市、县的群众海洋渔业生产单位，完成大量的检验任务。1981 年，处及所属盐城、吕四、连云港 3 个直属站拥有船检人员 21 人，全年共检验渔船 717 艘，其中制造检验 42 艘（群众渔业船舶 34 艘），换发证书 500 本。1982—1990 年，检验处每年检验渔船均为 1500 ~ 2000 艘，在此期间渔检人员增至 33 人（含产品检验人员在内）。根据历年船检工作统计，1981—1990 年的 10 年内，共检验渔船 18311 艘，平均每年检验渔船达 1831 艘，人均年检渔船 55.48 艘。

1985 年，江苏省海洋渔业公司从日本引进一组技术设备较为先进、机械化程度也较高的围网船组，其中包括网船 1 艘、灯光船 2 艘和冷海水运输船 1 艘。该组渔轮设备比较先进，机械化程度相当高，但船舶的技术资料不全，要求完成检验的时间又比较紧迫，验船师克服重重困难，圆满完成初次检验任务。

同年，还完成启东渔轮修造厂 JS803 型渔船批量生产创优检验，1985 年该型渔船被评为江苏省优质产品，JS804 型钢质机动渔船同时荣获农牧渔业部和江苏省优质产品称号。省海洋渔业公司渔轮修造厂建造第一对 8154 型渔轮，连云港墟沟船厂建造第一对钢质渔船等项试制、评优工作，船检人员均参加技术研讨、检验工作。

1990—1992 年是江苏省群众渔业建造钢质机动渔船进行更新改造达到高潮的 3 年。1990 年，全处检验 60 马力（约 44.1 千瓦）以上渔船 2211 艘，其中制造检验 124 艘；1991 年检验渔船 1967 艘，其中制造检验 231 艘；1992 年检验渔船 2343 艘，制造检验达 309 艘。

1990 年，远洋渔船检验工作由渔船检验部门受理，南通检验处克服首次检验发证工作难度大的困难，同时受理 4 个厂家建造 3 对远洋捕捞渔船的检验与发证任务。为保证检验工作的顺利进行及检验质量，派员参加农业部渔业船舶检验局组织的远洋渔船检验业务培训。在培训人员回处后，处又专门举办培训班，让参加远洋渔船检验的人员全部接受训练。并对此签发证书反复审核，从而基本保证检验与发证工作的质量。

1991 年，在完成 3 对远洋渔轮的检验发证工作的基础上，检验处受理启东渔轮厂建造 8158 型远洋渔轮的检验，因该型渔轮建造周期短、技术要求高，南通检验处及时配合有关建造厂，出现问题即及时研究，较圆满地完成各阶段的检验工作。

1992 年，检验处完成启东渔轮厂新建的一对 JS8158 型远洋渔轮的检验发证任务，以保证该船能在 1992 年 4 月远航西非，同时完成 18 艘新建和改装的远洋钓渔船检验任务。1993 年又继续完成 8 艘远洋钓渔船的检验。

江苏省渔船检验处在 1981—1992 年间，共完成各类渔船检验 22621 艘，其中建造检验 664 艘，远洋渔船 40 余艘。

1997 年，江苏渔船检验局共检验各类船舶 2329 艘（其中制造检验 261 艘），计 152877 总吨、303030.8 千瓦，4 个分局检验修理的气胀式救生筏 462 只，审图（含修改图纸审核）11 套。2000 年，共检验渔船 3262 艘，计 174136 总吨、382085 千瓦，分别比 1999 年增加

25.41%、0.6%、11.9%。2001年，共检验各类渔船3484艘，计184449总吨、399517千瓦，图纸审查2套，完成并通过69家船厂的85个船舶修造企业资格认可。2002年，共检验各类渔船33809艘，计345170总吨、652920千瓦，其中44.1千瓦以上渔船检验3450艘，计183419总吨、414036千瓦；审查渔船设计图纸12套。2003年，全局共检验各类渔船3453艘，计173725总吨、399146千瓦。

六、天津市

1983年，天津检验处检验维修国营渔轮4艘，检验新造的500吨冷藏运输渔轮1艘。1986年，共检验渔船112艘。1990年，全市船检部门检验渔船206艘。1997年，共检验渔船816艘，合计总吨位21474吨，总功率38328千瓦，渔船受检率达到94.6%；同时还完成对天津船厂、隆昌船厂、渔业公司的修造船厂的认可工作并颁发认可证书。1998年，共检验渔船851艘，合计总吨位17481吨，总功率34317.2千瓦，受检率为92.4%。“九五”期间，检验处共检验各种渔业船舶1920艘，其中建造检验46艘，营运检验1874艘，合计总吨位46981吨，总功率87642.5千瓦，受检率95.92%，收取渔船检验费62.7万元。

2000年，共检验渔船951艘，合计总吨位30704.9吨，总功率5986.9千瓦，辅助渔业船舶22艘，合计总吨位866.0吨，总功率38842.7千瓦，受检率为92%。2001年，共检验渔船919艘，合计总吨位28334吨，总功率66093.2千瓦，受检率达90%。2002年，共检验国内作业的渔船718艘，合计总吨位18454吨，总功率38784.5千瓦。2003年，共检验船舶827艘，合计总吨位28898吨，总功率53860.7千瓦，船舶受检率为94.6%；受农业部渔业船舶检验局委托执行境外检验3人次，境外检验远洋渔船48艘；完成各类型船用产品检验计300台（件），焊接材料计127吨，电缆41千米，对天津一航局船厂等4家船舶修造厂进行初审。

七、浙江省

1984年10月31日，鉴于群众渔船安全设备比较简陋，海损事故多，浙江省水产局下发《关于限期配备群众渔船安全设备的紧急通知》，要求所有渔船在规定时间内都要配齐号灯和救生设备，杭州检验处切实整顿渔船的号灯、号型，使渔船安全情况有所好转。

1984年12月，浙江省渔政局向日本购买渔政船“海王丸”号，检验处派验船师赴日对该船执行初次检验。后来又相继派验船师赴日本、德国及中国香港等地，协助船东购船、接船及监造、监修等工作，为所购渔船回国后进行初次检验打下基础。

1987年8月，为贯彻农牧渔业部《关于立即坚决制止买卖报废渔轮的紧急通知》，浙江省水产局规定购买旧渔轮的单位必须提交原船舶证书等有关证件，向杭州检验处报批，经检验合格才能签发船舶证书。

1988年4月，浙江省群众渔业在湖北省武汉地区批量建造钢质渔船，当时湖北省尚无渔船检验机构，经渔船分局同意由杭州检验处抽调验船师，组织驻武汉渔船检验工作组，负责对该批渔船的建造检验。1989年9月，湖北省渔船检验处成立，检验工作交湖北省受理，该处驻武汉工作组撤销。1989 年 4 月，浙江普陀渔业公司在重庆船厂建造 8156 型尾滑道渔轮，检验处再次组织验船师，成立驻重庆工作组，对该船执行建造检验，1991 年 6 月渔轮建造完毕，检验工作圆满完成。

1990 年 6 月，杭州检验处对舟山海洋渔业公司派赴苏联海域作业的“舟渔 651”号、“舟渔 652”号改装鱿鱼钓船进行初次检验，开始远洋渔船的检验。此后，遍及西非、白令海、西南太平洋海域，远洋渔船检验任务随之逐年增多。1992 年共检验远洋渔船 39 艘。

1994 年，国务院以国函〔1994〕111 号文批复由农业部、公安部、交通部、国家工商行政管理局、海关总署发布施行《关于清理取缔“三无”船舶的通告》，农业部据此发出《关于实施〈清理取缔“三无”船舶通告〉有关事项的通知》。浙江省水产局在省政府领导下，从 1994 年 11 月 8 日起多次召开沿海市、县（市、区）水产、渔政、渔监、船检会议，组织开展清理、取缔“三无”渔船工作。到 1998 年，清理出“三无”渔船和“三证不全”渔船 11010 艘（其中补发渔船检验证书 4284 艘），并依法进行处理，纳入管理轨道。2001 年 1 月 21 日，农业部印发《关于清理整顿“三无”和“三证不齐”渔船的通知》，加强海洋渔业管理，完善海洋捕捞许可制度，浙江省渔船检验部门进行贯彻和部署。到 2002 年 9 月底，全省共清理“三无”渔船 9247 艘，其中 60 马力（约 44.1 千瓦）及以上 1308 艘，60 马力（约 44.1 千瓦）以下 7939 艘，清理“三证不齐”渔船 4587 艘，其中 60 马力（约 44.1 千瓦）及以上 3754 艘，60 马力（约 44.1 千瓦）以下 833 艘。据统计数据，浙江省海洋渔船数为 40670 艘，总吨位 2150454 吨，总功率 4303097 千瓦。

1998 年，全省渔船检验部门检验各类渔船 24735 艘（渔政部门核发捕捞许可证 22000 余艘），计总吨位 1625616 吨，总功率 3151409 千瓦，船用产品 12149 台（件），原材料 6009 吨，检修渔用救生筏 2647 只。1999 年，全省共检验渔船 29479 艘，其中海洋渔船 22551 艘、内陆渔船 6928 艘。2000 年，全省海洋渔船实检 23649 艘，受检率 91.2%。2002 年，全省共检验各类渔船 39716 艘，受检率达 89.71%。

八、辽宁省

1991 年 8 月，大连渔船检验处对辽宁省营口渔轮厂为朝鲜民主主义人民共和国建造的 3 对 198.6 千瓦钢质渔轮进行建造检验。1992 年，又对辽宁省大连市水产公司等单位 10 艘去摩洛哥作业的 8154 型渔船进行检验并办理有关证件。

1997 年，辽宁省（包含县区站）共检验各种渔业船舶 20097 艘，计总吨位 295818 吨，总功率 556388.65 千瓦，受检率为 85%；其中由渔船检验局直接承担检验的渔船 326 艘，其中建造检验 49 艘，营运检验 269 船，临时、公证检验 8 艘。1998 年，全省各级船检部门共检验渔船 20494 艘，其中省局负责检验共 374 艘，包括建造检验 28 艘，营运检验 337 艘，公证检验 9 艘。

多年来，辽宁省每年申报检验的渔船在 2 万艘左右，尚有 1 万多艘渔船没有接受检验，一些渔船修造厂不按规定办理工厂认可，沙滩造船、无证造船现象屡禁不止，致使“三无”渔船和“三证不齐”渔船数量有增无减。一些船用产品生产厂法律意识淡薄，因船主不要产品证件就不主动申报或逃避产品检验，为降低成本而采用一些质量差的原材料和零部件，致使一些质量不过关的产品在渔船上使用。一些渔船检验机构因检验渔船比较困难，渔船受检率比较低，为了提高渔船受检率，就把渔船船用产品上船把关验证工作放在一边，致使一些无证产品上船使用，给渔船安全造成极大隐患。

为治理和防范渔船无序生产的混乱状况，健全渔船检验法律法规，强化渔船检验职能，做到依法检验、依法监督管理，规范执法行为，制定切实可行的地方性法规，辽宁省海洋与渔业厅高度重视辽宁渔业船舶检验地方性法规的制定，省政府法制办在立项计划排满的情况下，增加立法项目。经省政府法制办和省人大对省渔业船舶检验机构和船舶使用单位的几次调查研究，并经省政府常务会议和省人大常委会两次开会审议和修改，在 2000 年 11 月 28 日由辽宁省第九届人大常委会第十九次会议通过《辽宁省渔业船舶监督检验条例》，于 2001 年 1 月1 日起实施。该条例填补了地方制定渔船检验条例的空白。为配合条例的公布和实施，提高验船人员的法律意识，增加法律知识，全省验船人员在 10 月份参加由省法制办组织的培训班，集中培训国家《行政诉讼法》《行政处罚法》《行政复议法》和《国家赔偿法》等有关法律知识和法学基础知识，并通过考试，由省政府统一颁发执法证，为持证执法做好充分的准备。

2000 年，全省共检验渔船 21402 艘（上年同期为 19000 艘），其中营运检验 20610 艘，建造检验 792 艘，总吨位 380133 吨，总功率 882983 千瓦，收取检验费 800 万元（上年同期为 630 万元），验船率为 93%（上年同期为 83%）。省局受农业部渔业船舶检验局委托先后派验船师赴南非、韩国、新加坡、乌拉圭等国，为全省 5 个单位所要购买的 13 艘远洋渔业船舶进行境外勘验和检验。

2001 年，检验渔船 23268 艘（其中境外检验 231 艘），产品检验 39 大类共 13148 台（件），增长 27.7%，船用材料 1030 吨；检验收费 1100 万元，增长 37.5%，首次突破 1000 万元大关。2002 年，全省共检验各类渔船 26094 艘（报停渔船 1800 艘除外），检验数量提高 12%。

《辽宁省渔业船舶监督检验条例》作为全国第一部渔船检验方面的地方性法规，对渔船检验工作起到了极大的促进作用，渔船检验在数量上，由立法前的 21000 多艘在短短 2 年里增加到 26000 多艘，增加幅度达 24%。全省渔船从大到小，从机动到非机动，从捕捞船到养殖船，基本纳入管理。2003 年，全省共检验各类渔船 26457 艘，总吨位 447030 吨，总功率 1014705 千瓦。

九、河北省

1997 年，全省共检验渔船 7240 艘，总吨位 130893 吨，总功率 235646 千瓦；渔船检验总数较上年增加 230 艘，受检率上升 2%，达到 90%。1998 年，全省共检验渔船 7711 艘，总吨位 131345 吨，总功率 323108 千瓦，渔船受检率达 92%。2000 年，全省共检验渔船 8770 艘，总吨位 134933 吨，总功率 295349 千瓦，渔船受检率为 87%。2002 年，全省共检验渔船 7076 艘，总吨位 149352 吨，总功率 347429.3 千瓦，渔船受检率达到 88.86%。2003 年，全省共检验渔船 7012 艘，渔船受检率为 91.8%，其中省局船检科验船 831 艘，较上一年增加 71 艘。

十、福建省

1992 年以前，由于受福建省情及客观条件的制约，渔船检验工作的重点仍放在大功率、大吨位渔船上，年均渔船受检数在 7000 艘左右，大量小型渔船处于放任自流状态。不仅大功率渔船抓不好，小型渔船更难纳入监督检验轨道，人手缺、站点少、渔船受检率徘徊不前成为当时束缚船检事业发展的枷锁。1992 年以后，渔船检验机关提出《关于进一步解放思想，深化渔监、船检事业改革，促进福建海洋渔业发展的意见》，共列 20 条改革措施，中心为结合省情，走出一条原则性与灵活性相结合的路子，目的是简化办事手续，减少办事环节，方便群众，支持和服务生产。20 条改革措施充分利用船检和渔监合署办公的有利条件，派验船师常驻各渔港监督，将监督检验工作的触角直探渔区，由全省各处（局）派驻本辖区各渔港监督的验船人员承担小型渔船和未满 200 马力（约 147.1 千瓦）木质渔船的检验任务。这样，既方便了群众，又同渔港监督形成监管合力，大大提高小型渔船的受检率。同时，20 条措施还针对渔民反映的渔船证书证件多，随船携带不便的热点问题，对未满 80 马力（约 58.8 千瓦）的小型渔船证书实施改革，发给三证（检验证书、登记证书、航行签证簿）合一的证书。此举不仅深受渔区群众欢迎，而且还得到农业部渔业局、渔政渔港监督管理局和渔业船舶检验局领导的赞赏和肯定。20 条改革措施收到积极效果，渔船受检数量从 1992 年的 7875 艘上升到 2000 年的 14999 艘，年均增长率在 10% 以上。

1999 年，全省共检验各类渔船 14836 艘，总吨位 432667 吨，总功率 1111932.7 千瓦，比上年增加 15.2%；其中小船检验 9171 艘，比上年增加 21.37%，远洋渔船检验 49 艘。2000 年，全省渔船新登记 3577 艘，总吨位 88085 吨，总功率 201439 千瓦；检验各类渔船 14999 艘，总吨位 436650 吨，总功率 1478450.1 千瓦，其中小船检验 8498 艘，远洋渔船检验 70 艘。2001 年，共检验各类渔船 18329 艘，总吨位 337909.5 吨，总功率 842110.05 千瓦。2002 年，共检验各类渔船 20888 艘，其中国内生产渔船 20756 艘，总吨位 498841 吨，总功率 1272702.8 千瓦；远洋生产渔船 132 艘，总吨位 36700 吨，总功率 57469.3 千瓦。2003 年，全省共检验各类渔船 18454 艘，总吨位 573108 吨，总功率 1203231.1 千瓦，其中远洋渔船 337 艘，总吨位 85921 吨，总功率 133596.5 千瓦。

十一、海南省

1990 年 1 月，海南省渔船检验处对外开展船舶检验业务，当年共检验各类渔业船舶 305 艘，总吨位 19305 吨，主机总功率 64495 马力（约 47436 千瓦），电机功率 2573 千瓦，收取检验费 95636 元。为了方便渔民，保障渔船安全生产，检验处筹备一批救生、消防、号灯、号笛等设备，先后配备到 150 多艘渔船。还通过多种渠道，购进一批有关规程、规范、规定、标准、工具书及检测仪器等，满足学习工作需要，逐步提高检测手段，保证检验质量。

1991 年，检验处应海南罗星远洋渔业有限公司的申请，首次受理远洋渔船的检验，并签发相应的中、英文船舶证书和技术文件。随后又对该公司所属的 5 艘远洋渔船进行检验，基本掌握对远洋渔船的检验和签发证书的程序、要求，为开展远洋渔船的检验积累经验。同年，又受理武汉水运工程学院为海南省海洋渔业总公司设计的钢质拖轮的建造检验。应保险公司、海事法院的申请和委托，检验处先后对“穗渔 123”号轮被“CREEV LAER”商船撞损事故进行公证检验，对“陵水 04082”号渔船被台风击沉进行海损公证检验，对“临高 10030”号渔船被三亚市渔船撞沉进行估价公证检验等，为保险公司和海事法院的理赔和判决提供法律依据。当年共检验各类渔业船舶 331 艘，总吨位 20303 吨，主机总功率 69853 马力（约 51376.8 千瓦），电机功率 4270 千瓦，收取检验费 100550 元。

1992 年，检验处首次受理完成钢质渔业船舶（飞鱼号）的建造检验工作，填补钢质船舶建造检验的空白。当年共检验 44.1 千瓦以上各类渔业船舶 528 艘，总吨位 31898 吨，主机总功率 71768 千瓦（主机功率），检验收费 130367 元。

1990—1992 年间，省检验处共检验各类渔业船舶 1664 艘。

1997 年，全省共检验 44.1 千瓦及以上的各类渔业船舶 1021 艘，总吨位 84763 吨，主机总功率 188638 千瓦，检验收费 520020 元。2000 年，全省检验 44.1 千瓦及以上各类渔业船舶共 1215 艘，总吨位 75415 吨，主机总功率 132916 千瓦，电机总功率 20769.6 千瓦，并完成从加拿大引进的琼加华渔 4 艘远洋和外海作业渔船的检验任务；检验 44.1 千瓦及以下各类渔业船舶 1910 艘，总吨位 28129.8 吨，主机总功率 65523.6 千瓦；编制《海洋捕捞小型渔船淘汰技术标准》《海南省木质渔船修造厂认可有关规定》和《木质渔船修造厂认可证考核内容及标准》，并上报农业部渔业船舶检验局。2001 年，全省检验各类渔船 6935 艘，比上年增长 143.3%，其中，检验 44.1 千瓦及以上渔船 1654 艘，44.1 千瓦以下渔船 5281 艘。2002 年，全省共检验各类渔业船舶 5221 艘，总吨位 142428 吨，主机总功率 316403 千瓦。2003 年，共检验各类渔业船舶 6974 艘，总吨位 145482 吨，主机总功率 329233 千瓦。

第三节　内陆渔船检验业务逐步展开

内陆水域渔船小、设备简单，除了几条大江、几个大湖外，航行范围很小，长期处于无人管理状态。由于内陆渔船检验机构成立较晚，人员较少，规章制度也不健全，内陆渔船检验工作进展缓慢。

1992 年 10 月 23—26 日，1992 年内陆渔船检验工作会议在四川省成都市召开，出席会议的有内陆地区部分省（自治区、直辖市）和沿海省（自治区、直辖市）及计划单列市渔船检验部门的负责人，会议研究了内陆水域渔业船舶监督检验工作。12 月 3 日，根据会议精神，农业部渔业船舶检验局发布《关于加强内陆水域渔业船舶监督检验的通知》，强调进一步建立健全渔船检验机构，完善管理体制；提出逐步完善渔船检验法规、充实检验手段、充实和培训检验人员、实行持证上岗制度、建立渔业船舶档案；加强检验工作管理、加强跨省区作业渔业船舶管理。

1995 年 11 月 21 日，农业部发布《关于进一步加强内陆水域渔船检验工作的通知》。针对“各地渔业船舶监督检验工作发展还很不平衡，有些地方渔船检验工作还尚未开展”的情况，要求各地充分认识渔船检验工作的重要地位和作用；合理设置船检机构，进一步落实编制、经费；进一步完善地方法规建设；抓好船检队伍建设，建立正常的船检人员培训、考核、晋升制度；明确检验范围，努力提高船舶受检率；适当投入，促进内陆水域船检事业发展。

随着国家和各级政府对内陆水域渔船安全的重视，内陆渔船检验机构得到快速发展，检验业务基本覆盖应检渔船。

一、江西省

1988 年 1—6 月，江西省渔船渔港监督管理处先后选择毗邻长江和鄱阳湖的湖口县和波阳县，进行渔船检验试点工作，推动占全省渔业船舶数量 60% 的鄱阳湖地区渔船检验工作的开展。

1988 年 9—10 月，江西省渔船渔港监督管理处与江苏省渔船检验处合作，对江西造船厂承造的江苏启东县 110. 3 千瓦钢质海洋渔轮进行建造检验。1988 年末至 1989 年 4 月，渔船渔港监督管理处为保障外省在江西省批量建造的木质海洋渔船的安全质量，组织船检人员对在江西各地建造的 44 艘木质海洋渔船实施建造检验。

1990 年，渔船渔港监督管理处组织专业人员首次独立承担江西省自用的 2 艘钢质 88. 26 千瓦渔政船的全套设计图纸审查、建造检验工作。

1991 年 11 月—1992 年底，渔船渔港监督管理处分别与上海、福州渔船检验处合作，对在江西省建造的 10 艘钢质海洋渔船进行建造检验。其中，湖口县造船厂承造的 198. 6 千瓦尾滑道拖网渔船为全省首次建造；江西造船厂为福建建造的 294 千瓦尾滑道拖网渔船被评为江西省优秀新产品。

1992 年 3 月，渔船渔港监督管理处组织船检人员到新余市分宜县江口水库，协助开展渔船检验试点工作，共检验渔船 45 艘。同年 8 月，吉安地区渔监船检站对所辖赣江沿岸 7 县 1 市的渔业船舶全面进行登记、检验，共完成 610 艘。同时，赣州地区和九江市渔业船舶的登记、检验工作也相继开展。至此，江西省的渔船检验工作已经在全省各重点渔业水域逐步铺开。1994 年，全省已登记、检验发证的渔业船舶共 18500 艘，总吨位 29900 吨，总功率 28400 马力（约 20888. 2 千瓦），已登记、检验发证的渔船占全省渔业船舶总数的 2/3，渔业船舶的年度受检率在 80% 左右。

二、湖北省

湖北省渔船检验处于 1989 年成立后，最初阶段是与沿海福州、杭州、烟台等检验处合作，对在湖北省建造的钢质渔船执行建造检验。1990 年下半年开始，除继续执行联合检验外，对部分沿海钢质渔船开始进行独立检验。

1991 年开始，湖北省渔船检验处先对省内 14. 7 千瓦以上渔业船舶进行检验，随后再逐渐扩大。全省应检渔船 3. 1 万条，1994 年已检渔船 2. 15 万条，受检率达到 69. 4%。渔船检验工作的开展，对保护渔民生命财产安全，促进渔业生产发展，维护社会安定起到很好的作用。1990—1992年船检工作开展前，全省渔业船舶和水域共发生各类事故1358起，死亡39人，年均事故400多起。此后2年，随着船检工作的开展，事故逐年减少，以应城为例，1992年以前发生沉船、翻船事故15起，1993、1994年没有发生类似事故。到1995年底，全省渔船受检率达到78%，丹江口、应城等县市的受检率达到95%以上。据不完全统计，到2000年底，全省共清理取缔“三无”渔船8000多艘，拆解37艘，罚款3万余元，为新增捕捞渔船（包括兼业渔船）发放证书近5000套；全省渔船受检率达85%以上，丹江口、武汉和梁子湖等地的渔船受检率达95%以上。2003年，全省渔船受检率和登记率达87%，梁子湖、武汉、丹江口等地渔船受检率达96%以上。

三、湖南省

1992年3月，湖南省渔业船舶检验处岳阳检查站首先在华容县开展渔船检验。接着益阳、常德、长沙、衡阳、邵阳、怀化等检验站也相继开展，全省渔业船舶检验业务全面展开。1992—1994年，累计检验渔船4250艘，其中渔民自觉送检1100多艘，积极配合检验的渔民占80%以上。在每年的检验中，责令整改船只600余艘，消除事故隐患300多起，为渔民挽回各种经济损失60万元。

1997年，全省共对6295艘渔船进行年度检验，对10艘新建的运销渔船、渔政公务船进行建造检验，还对1艘新购置的渔政趸船进行初次检验，受检率达到85%。在执行渔政船建造检验过程中，坚持严把“三关”，一是把好审图关，即对设计的图纸进行认真审查，确保符合规范要求；二是把好施工监督关，即在建造施工过程中，除要求造船单位选派有实际经验的船员驻厂外，检验人员应经常深入生产第一线，对生产工艺、技术状况、材料质量等进行认真监督；三是把好试验测试关，即对新建造的船按规定认真进行各种技术测试试验，发现问题及时整改，直到达到技术规范要求方可出厂。由于严把技术监督检验关，通过检验的船舶都能保证质量技术要求，从未发生过任何技术责任事故，既保障渔船的安全生产，也树立内陆渔检在船厂的威信。1999年，全省渔船受检率达到85%以上。2002年，各渔船检验机构克服人员少、任务重、线长面广的种种困难，使机动渔船的受检率在湖区达到90%以上，在丘陵山区达到50%，非机动渔船受检率在湖区达到65%以上，在丘陵山区达到35%；全年在专项治理行动中，共查处“三无”渔船165艘，促进渔船监督管理工作。

四、黑龙江省

船检局黑龙江分局和黑龙江省渔船检验处于1990年进行渔船检验业务的交接手续。当时，全省有渔船19318艘，其中16.18千瓦以上的机动渔船有68艘，其余都是小型渔船。交接后，渔船检验处首先对68艘机动渔船换发证书，肇源县水产局的渔政船“龙渔政116”号，是第一艘进行特别检验的船。每年的4—6月，渔船检验处都要对渔船进行一次年度检验，工作量较大。

1991年，黑河边境渔政管理站在哈尔滨市轮船公司造船厂建造“中国渔政601”号渔船，这是黑龙江省渔船检验处开展建造检验的第一艘船。1992年，富锦市水产局新建造的“龙渔政409”号与哈尔滨市渔政处新建造的渔政码头船，都由渔船检验处进行建造检验。

到1992年，渔船检验业务做到全省覆盖，受检率达到87%。2002年，全省共检验渔业船舶9213艘，总吨位18705吨，总功率44237千瓦，受检率达76%；渔船检验部门对哈尔滨北方船舶有限公司实施建造渔船企业的认可工作。2003年，全省渔船受检验率达到76%，省管渔船受检率达90%，全省共检验渔船9786艘，渔船检验费90多万元；全省各地查处“三无”船只32艘，处理违规船只14艘，收缴罚款5万多元。

五、吉林省

吉林省渔政渔港监督管理站于1990年2月成立，1991年4月，首先对吉林市松花湖渔场的16艘渔船进行检验，从此开始全省的渔船检验工作。同年10月，吉林省水产局下发《关于对新建渔业船舶审批的通知》，基本解决省内渔业船舶滥造、混乱的现象。1992年，对云峰水库边境渔政管理站建造的工作艇进行建造检验，这是全省开展渔船检验工作以来进行的第一次建造检验。

1991年、1992年、1994年（因1993年停止涉农收费未检），全省分别检验渔船2697艘、3114艘和3431艘，检验种类涉及建造检验、初次检验、年度检验、临时检验等。船舶受检率也逐年提高，机动渔船、非机动渔船受检率分别由68%和61%提高到80%和76%，国营渔场、水库渔船受检率每年都达到100%。

1997年3月，根据农业部渔业船舶检验局《关于开展渔船检验处、站达标标准》和开展达标活动的通知要求精神，检验处制定《吉林省渔船检验、渔港监督管理工作规范化暂行规定》。据统计，2000年全省各级渔船检验机构共检验机动渔船893艘，占投入生产渔船总数的89.2%；检验非机动渔船1856艘，占投入生产渔船总数的76.1%。2002年，在持续干旱、渔业生产不景气的情况下，共检验渔船1499艘，其中机动渔船749艘、1620总吨、5851千瓦，辅助渔船受检率86%，生产渔船受检率63%；非机动渔船750艘、670总吨，辅助渔船受检率100%，生产渔船受检率45%；全年全省收缴渔业船舶检验费总计86742元。2003年，共检验渔船1694艘，其中机动渔船655艘、1576总吨、5913千瓦，非机动渔船1039艘、928总吨；机动渔船和非机动渔船的受检率分别占投入生产渔船总数的90%和88%以上；全年全省收缴渔业船舶检验费总计10万元。

六、四川省

1992年6月，四川省渔船管理站成立后，先后在达州、泸州、内江、万县等市（县、区）开展渔船检验试点工作。1992年10月进行船检试点，1993年全面开展工作，当年检验渔船1233艘，占应检渔船的80%，收费24660元。1994年，检验渔船1475艘，占应检渔船的96.6%，收费29500元。到1997年底，全省已有10多个市地开展渔船检验工作，渔船受检率占全省渔船的40%。1996年，按照农业部渔业船舶检验局要求，在达川地区、内江市进行渔船检验试点工作。1997年，扩展到泸州市、遂宁市、广元市、宜宾市等6个市地，

1998 年，又增加绵阳市、眉山地区、资阳地区、巴中地区、广安市、凉山州，共 12 个市（地、州）开展船检工作，全省渔船受检率达 40%。据统计，1999 年完成渔业船舶检验 12650 艘，其中机动渔船 1624 艘，受检率 80.67%；非机动渔船 7890 艘，受检率 71.56%。据 2002 年年报统计，全省拥有渔业船舶 12380 艘，其中捕捞渔船 9419 艘，养殖生产用船 2933 艘，渔业行政执法船 28 艘，共检验渔业船舶 9839 艘，收取渔业船舶检验费 23.43 万元，渔船受检率 79.4%，较上年度增加 9%。2003 年，检验渔船 11040 艘，受检率达到 82.8%，比 2002 年受检率提高 3.4%。

七、安徽省

1991 年 2 月，安徽省渔船检验处正式成立。到 1995 年，全省 16 个地、市中已有 12 个地、市相继成立渔船检验站，70 多个县（市、区）中已有 41 个县（市、区）成立渔船渔港监督管理站，配备专职渔船检验工作人员。1992 年 11 月 9 日，渔船检验处在巢湖设立直属站，即巢湖中庙渔船检验站，直接参与渔船的检验发证工作。1992 年 6 月，省财政厅、物价局、水产局联合下发渔船登记、检验等收费文件。省水产局制定下发渔船检验暂行规定和分工权限，全省渔船检验工作陆续展开。寿县渔监站自 1992 年 7 月开始，半年检验机动渔船 400 多艘，收入 9 万多元（包括登记等费用）。霍邱县渔监站与寿县渔监站同时开展工作，半年检验机动渔船 300 多艘，收入 7 万多元。到 1997 年，全省共检验渔船 3.1 万艘，其中只有 1 艘海洋钢质渔船和 2 艘内陆钢质渔政船属于建造检验，其余均属于年度检验或定期检验，且大部分为钢丝网水泥船和木船，主机功率在几马力至几十马力不等，受检率达 75% 以上。2003 年，全省共检验渔船 19018 艘，其中机动渔船 9057 艘，受检率为 89%，非机动渔船 9054 艘，受检率为 66%，平均受检率为 80%。

八、内蒙古自治区

内蒙古渔业船舶检验局于 1997 年筹备创建，各项业务工作从 1998 年初正式启动。1999 年，检验局拟定《内蒙古自治区渔船检验工作管理办法（征求意见稿）》，明确各级检验机构的职责范围、检验程序、收费办法等，使全区各级检验机构开展工作有了明确的依据。2000 年，自治区处领导带领业务人员分别下到兴安盟、乌兰察布盟、呼伦贝尔盟、包头等地具体指导协助工作，呼伦贝尔盟的渔船检验工作通过几年的指导和自己的不断实践已初见成效，2000 年被评为全国文明单位。乌兰察布盟岱海实施全程跟踪检验，规范检验程序，严把检验质量关，检验效果良好。伊克昭盟红碱淖的渔船检验工作经多次协调没有结果，自治区遂打报告请示国家局予以陕西方面协调，解决伊克昭盟船检的一大难题。

九、重庆市

2001 年 8 月 8 日，为了落实渔业船舶安全监督管理工作机构，重庆市机构编制委员会批复市农业局，同意撤销重庆市渔政监督管理处，设立重庆市渔政渔港监督管理处，并挂重庆市渔业船舶检验处牌子，事业编制 27 人，为财政全额拨款事业单位。10 月 9 日，重庆市人事局批复同意渔政渔港监督管理处（重庆市渔业船舶检验处）依照国家公务员制度管理。12月25日，国家渔业船舶检验局批准重庆市渔业船舶检验处启用重庆渔业船舶检验局工作名称。全市有巴南、奉节、江津等14个区（市、县）设置渔业船舶检验机构。当年全市检验渔业船舶5210艘，受检率达80%，检验合格4565艘，合格率为88%。2002年，全年检验渔业船舶6380艘，约占应检船数的90%。2003年，共检验渔业船舶6450艘，受检率超过90%。

第四节　远洋渔船境外检验工作

远洋渔船检验的开始，伴随着我国第一支远洋渔船队伍的诞生。1985年，我国首支由12艘渔船和1艘冷藏船组成的远洋渔船队伍在福建马尾港启航，赴西非海域作业。这一船队的船都是由国内海洋捕捞船改造而成的。此后，我国远洋渔业发展迅猛，到1990年发展出100多艘远洋渔船，木、钢丝网水泥、钢和玻璃钢各种材质渔船纷纷开往外海。1989年9月25日，农业部发布《关于做好远洋渔船检验发展工作的通知》，规定农业部渔船检验局从1989年10月1日起正式受理远洋渔船的检验任务，所有远洋作业的捕捞渔船及渔业辅助船都必须向农业部渔船检验局申请检验。随后，又逐步细化检验要求，明确远洋渔船检验发证由农业部渔船检验局统一组织，各渔船检验处受理申请并派出验船师实施检验。

一、统一境外检验工作

1998年，农业部出台《远洋渔船检验管理办法》，改革远洋渔船检验管理模式，由原各省（自治区、直辖市）分别管理调整为由农业部渔业船舶检验局统一管理。各省（自治区、直辖市）受理远洋渔船初次、换证检验的申请后，须上报农业部渔业船舶检验局，经审核通过，取得《远洋渔船检验委托通知书》后，方可实施检验。检验完工后，各省（自治区、直辖市）将检验数据通过计算机网络传输给农业部渔业船舶检验局，由农业部渔业船舶检验局审核及发证。实行统一管理，为远洋渔船纳入管理及规范管理打下了基础，保障各项管理措施、制度的落实，直接促使远洋渔船的初次检验与境内的营运检验工作迅速地步入正轨。

此外，农业部还建立远洋渔业船舶检验工作与远洋渔业项目管理紧密挂钩机制。1998年，农业部为此专门下发文件，要求所有远洋渔业船舶必须接受部渔业船舶检验局的检验，否则将不予确认远洋项目，从而使一些长期在境外作业、但证书已失效多年的远洋渔业船舶重新纳入正常的检验和管理轨道。

二、地方开展境外检验工作

我国远洋渔船中有相当部分长期在外作业不回国，针对这部分渔船的检验，一直以来是通过派遣临时境外检验团组的形式来执行的。但随着境外作业远洋渔船的增多，这种短期团组的形式难以满足全部远洋渔船的检验需求，每年都有部分渔船得不到及时的检验。因此，农业部渔业船舶检验局开始研究设置固定的境外检验点，在每年的捕捞淡季派出验船师进行检验。通过相对延长验船师在境外执行任务的时间，解决了境外渔船检验不及时的问题，也减少每次派出团组的人数。

2002 年 6 月 10 日，中华人民共和国渔业船舶检验局致函我国驻加蓬大使馆商务参赞处，商请在加蓬设立远洋渔船检验办事处，负责我国西非远洋渔船检验工作。8 月，受中华人民共和国渔业船舶检验局委托，辽宁渔业船舶检验局与加蓬工业渔业公司合作，开始筹建中华人民共和国渔业船舶检验局加蓬检验办事处。9 月 21 日，孙继光、李顺宝 2 位验船师启程前往加蓬工作。10 月 3 日，加蓬检验办事处在加蓬利伯维尔市正式成立，辽宁渔业船舶检验局李顺宝验船师担任加蓬检验办事处主任，对非洲西部近 10 个国家中在大西洋作业的我国 100 余艘渔船进行检验发证工作。同年，加蓬工业渔业公司与辽宁渔业船舶检验局合作建立中加船舶救生筏检修有限公司，承担境外渔船救生筏检修业务。

第五节　检验先进大型船舶

1999 年，国家投资建造了 14 艘大中型渔政船，属于国家基础设施项目，其中，4 艘 1000 吨级渔政船属各海区渔政局，10 艘 500 吨级渔政船属沿海省（自治区、直辖市）。海区 4 艘 1000 吨级渔政船由农业部渔业船舶检验局组织检验，为此成立驻武昌造船厂检验组，由来自辽宁、天津、山东、江苏、浙江、福建、湖北渔业船舶检验局及农业部渔业船舶检验局的验船师组成，农业部渔业船舶检验局总工程师亲任总验船师。省级 10 艘 500 吨级渔政船的图纸审查工作由农业部渔业船舶检验局统一组织，法定检验工作由船舶建造厂所在省（自治区、直辖市）渔业船舶检验局负责。为进行审图工作，抽调了辽宁、山东、浙江、福建、广东、广西渔业船舶检验局的 6 位验船师参加。

第六章　渔船船用产品检验业务开展

渔业船舶船用产品的检验，随着渔业船舶的检验而起步。20 世纪 70 年代末，沿海各渔港渔船管理站的检验人员，经过多年工作，在渔船船用产品检验方面积累了一定的经验，但感到没有正规的船用产品检验基础，很难提高船舶检验工作质量，于是着手准备开展渔船船用产品的检验工作。

第一节　产品检验步入正轨

1979 年，渔船分局成立时，交通部、国家水产总局在《关于水产部门船检机构对外名称和印章等问题的联合通知》中规定："渔船分局对水产系统生产的渔业船舶用的主要船用产品和材料执行监督检验，技术条件符合规定的发给检验合格证件。"于是，在渔船检验系统内，渔船专用产品检验开始向正规化发展。

山东省的渔业船用产品监督检验业务自水产系统试办渔船检验之日起即已存在。当时主要结合渔船的建造检验和修理中检验，对船厂生产的柴油机、启动空气瓶、尾轴、螺旋桨、舱底泵、操舵装置、绞钢机、两爪锚等船用产品进行制造检验，合格后再进行安装检验，但不签发船用产品证书，也不另行收取产品检验费。正规的产品检验业务始于 1978 年，受理的首家产品制造厂是淄博渔轮柴油机厂，首台产品是 3300C 型 441 千瓦船用柴油机。驻厂验船师李明新对首台机从审图开始，经制造检验直至完成台架试验（性能测试和耐久试验），1980 年 4 月 4 日签发第一张产品证书，编号为 0-0001 号，工厂编号为 800114。由此，船用产品检验业务逐步开展。1980 年，受理产品厂 3 家，当年共检验各种产品 314 台（件），收检验费 0.9 万元。

1980 年 4 月底，渔船分局大连检验处对 DY8300C 型渔船柴油机进行检验发证。1981 年，渔船分局上海检验处对南通渔船柴油机厂生产的 6E150C 型 147 千瓦船用柴油机执行检验。1982 年，对上海渔轮厂 6260ZCZ 型 600 马力（约 441 千瓦）船用柴油机执行检验。1981 年 10 月，广州检验处对陕西省咸阳市、西北橡胶厂生产的渔船用 Y-QJF-10 型和Y-QJF-15 型气胀救生筏执行检验。

杭州检验处从 1981 年 11 月起，首先开展对钢质渔船用的舵机、锚机、主机遥控装置、起网机液压油泵和救生艇等产品的监督检验。渔船分局南通检验处于 1982 年 8 月开始配备专职人员从事船用产品检验，当年检验柴油机 38 台、空气瓶 70 只。1983 年，检验柴油机 147 台、空气瓶 12 只，并审验图纸 4 套。1984 年，渔船分局福州检验处对 2 吨起货吊杆执行检验，秦皇岛检验处对长沙交通安全器件厂生产的船用号灯和湖南省友仁微电机厂生产的船用微型永磁发电机执行检验。1980—1984 年间，全国沿海 10 个检验处（天津检验处除外）中已有 9 个检验处相继开展船用产品检验业务。

第二节　产品检验快速发展

一、产品检验工作的加强

1984 年，渔船分局针对当时为渔船配套的船用产品质量问题，在烟台召开的全国渔船检验工作会议上提出积极开展渔船船用产品检验的要求，并在会上把水产系统生产和开发的船用产品、原属水产系统工厂生产和其他专门为渔船配套的船用产品确定为渔船专用产品检验范围，同时明确船用产品的检验分工和检验程序。

1986 年，渔船分局在唐山召开渔船检验系统的船用产品检验工作会议，推动渔船专用产品检验业务的发展。到 1992 年，已相继有 6 个检验处设立船用产品检验机构，其中广州检验处最早，于 1984 年设立产品检验科。1986 年至 1992 年间，上海、烟台、福州、大连、南通检验处也相继设立产品检验科。渔船分局亦于 1990 年 6 月 11 日设置产品检验处。至此，在全国水产系统内已形成了一支拥有 50 余名验船师的专职或兼职渔船专用产品检验的技术力量。

随着渔船技术的发展，渔船专用产品检验的品种也不断增加。到 20 世纪 80 年代末，产品检验的种类已由 20 世纪 70 年代的柴油机、螺旋桨等几个品种，发展到电信设备、助渔助航设备、救生设备、渔捞机械、柴油机、小型电机等 110 余种，检验认可的制造厂已达 100 余家。与此同时，渔船船用产品检验工作紧紧围绕改进渔船薄弱环节、提高产品技术性能、保障渔船渔民安全为中心，逐步深入开展，取得较好的效果，开发了一些新产品，例如适合渔船使用的气胀式救生筏、闭孔泡沫塑料工作救生衣，防止木质渔船海上碰撞事故的无源雷达反射器，以及高效、低耗、安全的新式比例调节式柴油炉灶等。这些产品受到用户欢迎，有一些甚至进入国际市场。

为了使渔船船用产品检验工作逐步走向正规化，渔船分局制定了一些技术规定。

(1) 1984 年 4 月 28 日，渔船分局下发《关于开展渔船船用产品检验若干问题的通知》及其附件《关于渔业船舶船用产品检验的补充规定》，明确渔船检验部门的产品检验范围、工厂认可及型式认可检验程序、船用产品检验收费标准、港口缩写和检验处代号规定等。渔船分局于 1985 年 12 月、1988 年 2 次出版《船用产品录》。

(2) 1987 年 9 月，渔船分局制定下发《关于船用产品检验的若干规定》，规定受理检验的条件、工厂认可、型式认可、日常检验、证书的签发和存档、标志等。

(3) 1990 年 2 月，渔船分局制定《渔船电子号笛检验要求》，规定技术要求、型式试验、出厂检验等。

(4) 1990 年 10 月，农业部渔船检验局制定《渔业气胀救生筏检修站管理规章制度》，规定渔业气胀救生筏检修站工作条例（试行）、渔业气胀救生筏检修站工作场地管理制度（试行）、渔业气胀救生筏检修站岗位责任制、危险品管理办法、充气钢瓶管理办法、物资采购与仓库管理办法、气胀救生筏检修程序等。

(5) 1992 年 7 月，农业部渔业船舶检验局制定《渔业气胀救生筏检修站认可计分办法》。

(6) 1992 年 10 月，农业部渔业船舶检验局发布《关于发布渔业船舶及船用产品检验收费办法及计费规定的通知》，在《船用产品检验计费规定》目录里，将渔船专用产品划分为 25 大类，即：柴油机，柴油机零部件，锅炉，受压容器，铸锻件，螺旋桨，锚，电动、液压锚机，舵机，起网、起重设备，液压泵、液压马达，液压缸，泵，锚链、连接环、卸扣，钢丝绳及其他绳缆，舷窗、水密门，发电机（含励磁装置）、电动机，主配电板和应急配电板，小型配电电器、控制电器、蓄电池，无线电通信设备，航行设备，防污设备（油污水分离器），救生设备，信号设备，消防设备。

1994 年 4 月，农业部渔业船舶检验局与渔政渔港监督管理局下发《关于加强渔船主机功率规定管理等问题的通知》（〔1994〕渔（政）字第 5 号），1995 年又下发《关于加强渔船用产品上船前查验产品证书工作的通知》（农渔检（产）字〔1995〕第 49 号），扩大检验领域，推动产品检验工作全面开展。

1996 年 12 月，中华人民共和国农业部第 2 号令颁布实施《中华人民共和国渔业船舶监督检验管理规定》，明确"涉及渔业船舶及人命安全和防止船舶污染水域环境的重要设备须经渔船检验主管机构认可后方可装船"。为使船用产品的质量更有效地满足保障船舶安全的要求，农业部渔业船舶检验局于 1997 年制定《渔船船用产品检验规则》，后又经修改被纳入 2000 年版《渔业船舶法定检验规则》中，使渔船船用产品检验作为渔业船舶法定检验的组成部分。农业部渔业船舶检验局还相继对渔船用柴油机等十余种产品编制验船师须知并统一编制 1996 年版《产品检验证书》规范全国从事产品检验工作验船师的工作行为。2000 年，农业部渔业船舶检验局出版发行《渔业船舶产品手册》，方便全国渔业船舶设计部门、修造船厂、渔业公司和渔民选用经渔船检验部门检验。各地船检机构积极贯彻文件精神，在建立健全规章制度、规范工作行为等方面都做了大量工作。1999 年，全国共有 12 个省（自治区、直辖市）的渔船检验机构承担着产品检验任务，140 家企业的产品取得了渔业船舶检验局的工厂认可或产品型式认可，全国产品检验的台（件）总数和产品检验收费总额从 1998 年的 111203 台（件）和 2854217 元增加到 1999 年的 177809 台（件）和 3377120 元，分别增加了 59.8% 和 18.3%。

二、各省（自治区、直辖市）产品检验工作的发展

（一）山东省

烟台检验处 1985 年底受理检验的产品厂共 12 家，当年检验各种产品 3619 台（件），收

检验费2.8万元。在对蓬莱蓄电池厂生产的“仙阁牌”36-9C-195型船用铅酸蓄电池检验中，检验处于1986年签发第一份渔船船用产品型式认可证书。1987年正式设置船用产品检验科。到1990年底，受理检验的产品厂达36家，当年检验各种产品15976台（件），收检验费9.6万元。1993年，检验处已对山东省的13家工厂生产的18种船用产品进行型式认可和发证，受理检验的船用产品已达75家工厂生产的147种系列规格产品。1994年开展对潍坊柴油机厂生产的柴油机的检验，产品检验工作逐步走上规范化的道路。1998年，全面受理检验的产品厂家超过100家，产品规格型号达200余种，检验数量从1980年的314台（件）发展到1998年的26812台（件）；其中柴油机由1990年的48台发展到1998年的1665台，受理的柴油机厂由淄柴扩大到潍柴、济柴、河柴及胜利动力机械厂等多个厂家。在山东境内生产的主要船用产品已全部开展检验，并对进入山东境内的主要渔船船用产品查验证书，山东省局的船用产品检验工作已重点转向加强内部管理、完善制度、研究改进检验方法和提高检验工作质量方面。

（二）上海市

上海检验处对船用产品的监督检验方式根据产品的结构、用途和生产方式的不同分为：制造厂生产条件和质量保证设施认可，产品的型式认可，制造检验、出厂检验或不定期抽查。

上海渔业船舶用品检验品种主要有柴油机、液压绞钢机、液压钢索锚机、液压绞网机、液压舵机、空气瓶、垂直渔探仪、定位仪、气胀救生筏、燃油炉灶、蓄电池、自闭式液位指示器等。受检厂家主要有上海渔轮厂、水科院渔业机械仪器研究所、上海海洋渔业公司筏站、上海黄楼橡胶制品厂、708所402厂、通达技术工程公司、上海橡胶制品四厂等。自1981年起，检验处共检验产品15336台（件）。1998—1999年对上柴厂135型柴油机系列、747-3型渔用无线电电话、开林油漆、空气压缩器、空气瓶等船用产品进行检验，并对上述产品厂的工厂认可工作做了充分准备，使产品检验工作迈出新的一步。1999年共完成船用产品检验3417台（件）。2000年，检验处受理产品检验的工厂发展到30多家，又积极会同农业部渔业船舶检验局完成对8家产品厂家的认可，完成船用产品检验2226台（件）。2002年，检验处受理检验36家产品厂各类渔用产品224次，共6430台（件），产品工厂年度签证完成13家。2003年，检验38家产品厂27种共7326台（件），对产品型式认可发放产品证书2739份，对4家产品厂、2家渔船修造厂、7家渔船设计单位进行认可的现场审查；此外，全年审查批准13套船舶和产品的图纸。

（三）江苏省

1984年，南通检验处对南通渔船柴油机厂生产的E150系列柴油机开展检验，并着手检验江苏东台等地生产的救生衣，全年共检验柴油机145台、空气瓶178只、泵117台、救生衣991件，审验图纸4套，船用产品检验项目由1983年的2项扩大为5项。1985年，第一次受理玻璃钢渔船的图纸审验及建造检验，全年共检验7个品种24724台（件）。1986年，开展新产品船员救生衣、电喇叭、水位警报器、渔用滑车的图纸审验及初步检验工作，完成对 8E150C 型船用柴油机的耐久试验工作，全年产品检验达 103969 台（件）。

1987 年，检验处配合渔船分局完成对常熟市起重机械厂生产的各种渔用钢索滑车和吕四塑料厂生产的 JSY-8S-1 型工作救生衣和 553 型救生圈的型式认可工作，全年共检验 11 个品种产品 101636 台（件）。1988 年，检验处受理东台船用器材厂、侨资厂等厂的救生衣检验工作，并开展泰县船用辅机厂生产的液压马达型式认可工作，全年共检验 20 个品种产品 67534 台（件）。

1989 年，检验处参与南通渔船柴油机厂的 8EIS0C-A 型柴油机的研制工作，进行 8E150C-1 型柴油机用户调查，并根据调查进行分析，向厂方提出产品改进措施和提高产品质量的建议；全年共检验 29 个品种产品 80046 台（件）。1990 年，检验处对江苏省救生衣、救生圈的 5 家生产厂实行质量抽查和进行气胀救生筏修筏站、常熟蓄电池厂的型式认可准备工作；全年共检验 32 个品种产品 68006 台（件）。1991 年，全年共检验 62 个品种产品 54872 台（件）。

1992 年，为适应江苏渔船产品检验工作发展的需要，南通检验处报请江苏省水产局批准成立渔船专用产品检验科，人员也由 1 人增至 3 人。1992 年，全年共检验 64 个品种产品 58407 台（件）。1993 年，全年共检验 65 个品种产品 58906 台（件）。

1997 年，产品检验 41 大类计 23139 台（件）、检验电缆 262 千米。船用产品检验工作在兄弟省市配合支持下，严把产品上船关，使船用产品的检验范围继续扩大。渔业船舶检验局抓住这个机遇，及时调整检验人员，从船检科调配 3 名验船师到产品检验科，加强船用产品检验力度，此时产品科有 6 名验船师。

1998 年，渔业船舶检验局共受理检验船用产品生产企业计 148 家，1999 年又新增 28 家。这些新增加厂家所生产的产品大多都是从未向渔检报检过的产品，如反渗透海水淡化装置、蒸发式海水淡化装置、吊艇机、艇架、火灾报警控制器、防火阀、消防工具（套）、防火板、开泰管、领港梯、气压速闭阀、液位控制报警仪、玻璃平板双色、管式液位指示计、膨胀节、压力水柜等，已受检产品的品种、规格、型号达 200 余种，产品检验为 4 万台（件）。

2000 年，渔业船舶检验局产品检验 39660 台（件），检验气胀式救生筏 876 只，分别比 1999 年下降 4.6% 和 39%。2001 年，新受理产品企业 18 家，新受理产品 16 种，完成产品检验 64387 台（件），产品审图 15 套。2002 年，检验渔船船用产品 57792 台（件），完成渔船修造企业工厂认可 45 家，完成产品型式认可 2 家，筏厂（站）再次换证 4 家。2003 年，检验各类船用产品 65778 台（件）。

（四）广西壮族自治区

1987 年 12 月 3 日，北海检验处对北海市水泵厂生产的水泵进行检验。1990 年 4 月，对广西梧州市第一塑料厂生产的救生圈、梧州市无线电总厂生产的对讲机、梧州炉具厂生产的船用炉具进行检验。1990 年 5 月，对广西军区政治部泡沫塑料厂生产的自熄型泡速板进行检验。1991 年 3 月，对南宁减速机厂生产的减速机进行检验。1991 年 5 月，对广西藤县船用制品厂生产的救生衣和救生圈、华南船舶机械厂生产的齿轮箱进行检验。1991 年 10 月，对南宁标准件厂生产的船用螺栓和船用圈头钉进行检验。1992 年 8 月，对南宁摩力特种合金铸造厂生产的不锈钢螺旋桨和广西消防科学研究所实验厂生产的手投式灭火器进行检验。1992 年 12 月，对北海市造漆厂生产的船用油漆进行检验。

2000 年，渔业船舶检验局完成对贵柴厂工厂认可和产品型式认可初审工作，共检柴油机 45 台；加强对螺旋桨铸造厂管理，共检螺旋桨 82 个，同时完成对 11 家船厂工厂认可换证工作。2002 年，共检验船用产品 345 台（件），对贵州天力柴油机有限责任公司、英山柴油机厂和玉林柴油机厂生产的 138 系列、135 系列、105 系列、108 系列和 112 系列的柴油机、华南船舶机械厂生产的吊机、桂林新艺制冷公司生产的冷凝器、浦北减速机厂生产的减速机、梧州市开关厂生产的主配电板和控制电箱、北海市庆诚铸造厂等数个厂家生产的船用螺旋桨进行检验，其中对华南船舶机械厂和玉林柴油机厂的吊机、柴油机的检验工作属新开展的检验工作。全区共收入船舶检验费 248 万。

（五）广东省

广东省在 20 世纪 80 年代初就成立产品检验科，是渔检系统中较早开展产品检验的单位之一。从 1981 年对 2 家制造厂生产的 4 种 35 台（件）的产品进行检验，发展到 1992 年对 50 家制造厂生产的 25 类、38 种、24974 台（件）产品的检验，对 10 家工厂生产的 13 种产品进行型式认可和对 5 家工厂进行工厂认可。期间，检验处还协助有关单位积极参加船用气胀救生筏的研制，协助有关厂家开发出适合渔船使用的航行信号灯、小型船用电号笛、船用柴油炉灶、灯泡、救生圈、工作救生衣、配电板、水位报警器、油压水温报警器、单边带电台、渔捞起重钢索、防蛆药剂等近 20 种类型的安全设备产品，并于 1986 年起开展对渔民从英国购入的二手柴油机的检验，有力地保护了渔民利益和渔船安全。1990 年，又派验船师赴荷兰，对为我国渔船制造的 DKX116M 型 359 千瓦柴油机进行检验发证，在水产系统内首次开展国外船用产品检验。

1991 年 9 月，广州检验处联合开发 JYSF 型简易油污水处理装置，专供小型渔业船舶使用。1995 年，跨省开展对江西泰豪科技股份有限公司生产的渔船用三波发电机的产品检验，为小型渔船提供适用的船用电源，推动江西船检开辟船用产品检验工作。1997 年，与广州市丰帆船舶设备有限公司联合开发 QF-B 系列气胀式救生浮（体积小、易维修、费用低，颇受欢迎）。同年，与珠海中通建电子有限公司开发 CTC-035 冷光源自亮浮灯，解决渔船用救生圈的应急光源问题。另外，还跨省对重庆齿轮箱责任有限公司生产的 CW 系列、CH 系列渔船用齿轮箱进行产品检验，协助农业部渔业船舶检验局对未设立渔船检验部门的省（自治区、直辖市）进行渔船用产品的质量监控。1998 年，对重庆康明斯发动机有限公司生产的 N 系列、K 系列渔船用柴油机进行产品检验，产品备受船东欢迎。2000 年，与广州迪声科技实业有限公司共同开发 130 分贝的船用电子号笛，填补国内空白。

1997 年，全省检验船用产品 9126 台（件），其中重庆康明斯柴油机 216 台，翻新修理柴油机 435 台，收取产品检验费约 67 万元。经过各方面的努力，过去向交通船检部门申请检验的产品厂家，基本上都向渔业船舶检验局提出检验申请，如重庆康明斯柴油机厂、兰州电机厂、四川齿轮箱厂、广宁电机厂等，检验的产品基本上满足渔船设备的配套使用。2000 年，经广东局监管的产品厂商近 130 多家，检验的品种达 35 大类、350 多种规格；部局认可厂商 60 多家，另外监管 2 个经部局认可的救生筏检修站（广州、湛江），2 个经部局认可的环境及移动通信测试机构（广州测试站、电子部七所检测中心），已办理部局认可（待批）的 2 个 GMDSS 维修站（一帆公司、番禺通信设备厂），以及 2 个以船用救生消防设备和 GMDSS 设备为主的教学培训基地（广州救生设备厂、一帆公司）。经过多年的努力与开拓，产品检验工作已从省内辐射到省外，形成从兰州、西安、重庆、南昌、梧州及广东各地的横跨六省（直辖市）大范围内开展产品检验业务的良好局面。

2001 年，受农业部渔业船舶检验局的委托，广东渔业船舶检验局派出验船师到韩国对三荣电子公司进行产品工厂认可及产品检验工作，共做了 16 种渔船电子产品的型式试验，率先开拓境外产品的检验工作。对油水过滤设备和救生浮的两种法定检验产品进行型式试验，填补了我国海船同类产品配套的空白，为远洋渔船提供了安全合格的产品，受到用户的好评。

在多家航海救生设备科研单位和生产单位的协助下，广东渔业船舶检验局经过多次技术论证和试验，成功地研制出便携式气胀救生浮，并于 2002 年 3 月成功获得渔业船舶检验局的型式认可，向国家知识产权局申请 3 项专利，填补了救生设备的多项空白。2002 年，完成对全省 7294 艘渔业船舶 9700 多台（件）船用产品的检验工作，进行渔业船舶泡沫塑料绝热层施工单位等 7 家产品厂的认可，完成船用桐油等 5 种船用产品的型式认可工作。

（六）辽宁省

辽宁省船用产品检验由 1986 年 30 多种产品，发展到 1992 年的 50 余种产品、1 万余台（件），经检验处检验的渔船船用产品出口到苏联、印度、马来西亚和我国的台湾省。1997 年共检验船用产品 54 种，共 15000 台（件），收船用产品检验费 19 万元。1998 年，共受理 69 家产品生产厂和经销单位共 30 大项 14469 台（件）的产品检验，并配合部局对 4 家产品生产厂 6 种产品进行型式认可工作。

辽宁省船用产品检验工作起步较晚，但发展很快。为加强产品检验工作，农业部渔业船舶检验局在 1995 年下发农渔检（产）字第 49 号文件《关于加强渔船用产品上船前查验产品证书工作的通知》，对 44.1 千瓦及以上的渔船和 44.1 千瓦以下的渔船分别提出 33 项和 21 项涉及渔船安全比较重要的产品，对这些产品加强上船把关和监督检验，认真填写《查验船用产品渔检证书项目表》，并将核对后的项目表存档备查。辽宁省各级渔检机构根据不同情况制定相应的措施，产品检验工作得以全面开展。

2000 年，受理产品生产厂家 75 家，共检验产品种类 50 多种，产品规格型号数百个，产品数量 56823 台（件），检验船用材料 1800 吨，收取检验费 135.30 万元，产品工厂认可厂家 5 家，产品型式认可厂家 10 家，救生筏检修站认可 2 个。

2002 年，辽宁渔业船舶检验局检验产品 39 大类共 13148 台（件），增长 27.6%，船用材料 1030 吨，检验收费 1100 万元，增长 37.5%，首次突破 1000 万元大关。并制定《40 马力以下渔船用产品检验管理办法》，提高小型渔船产品企业监管率。按照管理办法要求，对该类产品主要采取委托基层机构进行检验，由渔业船舶检验局统一管理的方式。为保证基层机构产品检验质量，省局还专门组织各机构具体负责人员进行培训。此外，还制定出《辽宁省渔船用产品分级管理办法》，将产品分为 3 个级别管理。2003 年，全省共检验各类产品 40 大项 16937 台（件），船用材料 4568 吨，产品工厂认可 18 家。

（七）河北省

河北省船用产品检验业务逐步开展，到 1992 年已受理 9 家制造厂生产的 6 类 14 个品种的检验，为 90462 台（件）产品签发证书。2002 年，共检验各类船用产品 5950 台（件）。2003 年，共检验各类船用产品 5510 台（件）。

（八）福建省

1992 年，福建省船用产品检验扩大到 40 多种，年检产品 5000 多台（件）。1999 年，渔业船舶检验局制定《福建省渔船无线电通讯设备航行设备检验实施方案》，开展通导设备产品检验，日本皇家牌船用三合一卫星导航仪、柴油机多功能测数报警仪等通导设备受检认可；编制《福建省常用柴油机持续功率一览表》，规范全省船舶证书、技术文件中柴油机功率填写问题；开展压力容器产品制造、检验、安装、使用等全面检验，组织举办压力容器焊工培训考试。全年检验各类重要渔船船用产品 11456 台（件）。

2000 年，共检验各类重要渔船船用产品 2505 台（件）。2001 年，共检验各类重要渔船船用产品 1707 台（件），完成 26 家船厂认可，并对全省 46 家船厂进行换证认可，全省认可船厂达 122 家。2002 年，对 13 家渔船修造厂进行认可初审，对 31 家认可船厂进行换证认可，对 4 家船用产品生产单位和 2 家筏站进行资质认可，原有 5 家筏站均通过农业部渔业船舶检验局检查，其中 2 家受到表彰。2003 年，共检验各类渔船船用产品 10486 台（件），对 15 家渔船修造厂进行认可初审和换证认可，对 14 家船舶设计单位进行换证认可，对 3 家船用产品生产单位和 3 家救生筏站进行资质认可，检验各类渔船船用产品 9113 台（件）。

（九）浙江省

1992 年，浙江省船用产品检验达到 64 个品种。浙江省先后多次召开船用产品检验的业务会议，如 1998 年和 2000 年的筏站工作会议，1999 年的全省船用产品工作会议，1996 年的船厂认可和船用产品结合的渔船修造质量工作会议等。浙江渔业船舶检验局结合本省实际，相继出台《浙江省渔船船用产品检验实施办法》《浙江省渔船船用产品检验细则》《关于进一步加强渔船船用产品上船前查验产品证书工作的通知》《关于加强对气胀救生筏检修的通知》和《关于实施渔船船用产品检验防伪标志的通知》，在政策上为渔船船用产品检验工作提供保障。

根据船用产品检验工作的开展情况，浙江渔业船舶检验局从1997年开始几乎每年颁布上船前重点查验船用产品证书的项目，各市根据本地区的实际情况，经省局批准，相应作出调整。浙江省将产品检验项目分成3种：第一，对于一些涉及渔船生产和航行安全的重大产品，作为各地必查项目，以〔1995〕农渔检（产）字第49号文件颁布的为主；第二，根据当地渔船船用产品的生产与销售情况，本地渔船普遍使用的产品列为本地区的必查项目；第三，对于一些不影响渔船航行安全的小件产品，在没有渔船船用产品证书的情况，依照《浙江省渔船船用产品检验细则》进行效用试验，合格者也允许装船使用。调整后，上船前查验船用产品证书的工作有层次、有轻重，操作性大大增强。

1999年，全省共检验船用产品6000多台（件）。2000年，全省共检验船用产品2.7万台（件），收取检验费43万元，船用产品企业新增认可单位2家，再次认可2家，审查船用产品及技术资料11套，报送工厂认可、产品型式认可或筏站认可资料7家。2002年，全省共检验船用产品19126台（件），其中省局完成个别检验7500台（件）；完成工厂认可7家，施工单位认可2家，筏站认可6家，年度审核13家，产品图纸审核21套，产品受检率和受检面逐步提高。同时协助部局完成渔船船用产品系统管理软件的完善和调试工作；协助工商部门积极开展渔船船用产品打假整治专项活动，没收一批假冒伪劣产品；结合船检工作，对不合格产品严禁上船，并对已在使用的伪劣产品进行清理更换，对3家企业勒令停业整顿。2003年，全省共检验船用产品25000台（件），完成工厂认可11家，筏站认可5家，年度审核15家，产品图纸审核12套，产品受检率和受检面逐步提高；救生筏检修站从最初的3家发展到17家，为全国之最。

（十）海南省

1996年以来，海南省加强船用产品登船查验合格证的工作，对船上的主要设备如柴油机、齿轮箱、发电机、救生设备、消防设备、船行灯号等进行查验。全省在查证工作中，对40多台无合格证装船的国外翻新柴油机，在船上经效用试验合格后补发《产品质量合格证明书》，并补收检验费，从而增强了渔民对产品上船必有产品合格证的意识。

（十一）江西省

自1993年6月起，江西省陆续单独或参与受理并完成对南昌长河船用器材厂YSCZ-W100型船用油水分离器，江西前卫化工厂醇、酚醛类船舶漆，南昌三波电机厂渔用电机以及新余钢厂渔用钢板等产品的检验。2002年完成湖口阀门厂4套灭火系统、九江仪表厂1套操舵仪的产品检验，配合农业部渔业船舶检验局完成南昌华源凯马柴油机有限公司渔船柴油机组的型式认可，并取得农业部渔业船舶检验局授权，进行渔船柴油机及发电机组的日常检验及发证工作；还多次派员参加南昌洪益机械厂渔船电动气压号笛的试验并进行该产品的型式认可。2003年，共检验137台柴油机、30多台柴油发电机组和500台电动气号笛，并且还开展九江阀门厂灭火装置、汽笛等船用产品的个别检验工作。

（十二）湖北省

从1994年起，湖北省开展渔船船用产品检验业务，并不断扩大检验范围，先后受理检验螺旋桨（包括主推可调螺旋桨装置）、轴、压力水柜、发电机等渔船船用产品近20类。自2000年国家投资数亿元资金建造大型渔政船以来，很多与之配套的船用产品在湖北等地生产，这些产品技术要求高，制造周期紧。湖北渔业船舶检验局及时向有关厂家宣传农业部《关于加强渔业船舶监督检验工作的紧急通知》和《关于新造500吨级渔政船建造检验工作有关事项的通知》等文件精神，并以湖北渔业船舶检验局湖渔检（船）〔2000〕8号文向武昌造船厂发了《关于进一步加强500吨级渔政船产品检验等问题的函》，使船厂在与有关厂家签订合同时就注明产品要以渔检检验合格为验收依据，并经常与厂家以座谈会、会议纪要等形式宣传有关渔检方面的有关规定和工作程序等，使部局的有关文件和产品检验得以顺利实施，同时也提高了渔检的知名度。2000年，全省共检验船用产品1000多台（件），协助部局完成3个厂家的工厂认可工作。2002年，共查处2000多件无证产品，全年共检验船用材料1600吨，船用产品414台（件）。2003年，共受理包括武钢、重庆康明斯等企业在内的涉及湖北、重庆、湖南等省（自治区、直辖市）26家单位的检验，检验产品1083台（件），船板2571吨。

（十三）安徽省

2000年，安徽省渔船检验机构共对5家船用产品生产厂家生产的产品进行检验，其中，空气冷却器574台、淡水冷却器370台、滑油冷却器30台、船用灯具244盏、船舶舾装件40套。2001年，有4家船用产品生产厂家申请产品检验，全年共检验空气冷却器402台、淡水冷却器75台、滑油冷却器387台、船舶舾装件75套。

（十四）四川省

2002年10月下旬，农业部渔业船舶检验局和四川渔业船舶检验局对泸州九狮救生设备厂生产的救生衣产品再次进行检验和试验，各项指标符合要求。2002年12月，农业部渔业船舶检验局正式对该厂颁发《船用产品型式认可证书》，并委托四川渔业船舶检验局进行日常检验。自2001年以来，四川渔业船舶检验局已对近20家国外企业进行认可及产品检验，经全系统验船人员的密切配合，对进口船用产品基本实现有效管理。

据不完全统计，2002年全国检验渔业船舶船用产品近20万台（件），比1998年增长62.6%；检验并纳入管理的救生筏检修站达到40多家，检修救生筏数量达8400多只。

第三节　气胀式救生筏检修站认可管理

20世纪80年代初，渔船分局与西北橡胶厂合作，研制生产出适合我国国情、可靠性好、造价较低的渔船用气胀式救生筏，并在我国24米的渔船上普及使用，但在救生筏的检修上却遇到了一些困难。广州海洋渔业公司提出：“由于广州地区水产系统没有成立救生筏检修站，故公司的气胀式救生筏的检修，只能是求助于黄埔海运局修理站在任务外协助修理。因此，对救生筏的检修不及时，修理时间长，修理费用大。再者，渔轮的海上作业时间长，吨位小，甲板建筑位置低，救生筏存在位置的环境条件也比其他类型船只差，救生筏易损坏。”“同时由于渔轮停港时间较短，检修任务重，工作量大，另外兄弟单位筏站修筏任务重，送修不便。”烟台海洋渔业公司也提出：“由于渔轮停港时间短，因此检修时间紧，工作量大，外出检修诸多不便。”北海海洋渔业公司提出：“目前北海市都没有气胀式救生筏维修站，各有船单位每年都把救生筏送外地进行维修检验，因运输比较困难，所以对救生筏的检修不能及时进行，对安全生产有一定影响。”于是，一些国营渔业公司提出自己建筏站的要求。

水产系统最早建立的气胀筏检修站之一是上海海洋渔业公司筏站。该筏站于 1983 年取得船舶检验局认可，认可的检验工作是由船舶检验局上海办事处组织的。1983 年底，船舶检验局上海办事处组织对舟山海洋渔业公司气胀筏检修站和宁波海洋渔业公司气胀筏检修站的认可检验。1986 年底，船舶检验局广州办事处对广州海洋渔业公司气胀筏检修站进行认可检验。

其他一些国营渔业公司的渔船根据要求大量配置气胀救生筏后，普遍感到将筏送到已取得船舶检验局认可的筏站检修周期长，影响渔船出海生产，费用高，增加生产成本，纷纷要求成立自己的筏站。为加强这一工作的管理，农牧渔业部渔政局以中华人民共和国船舶检验局渔船分局名义，于 1984 年 4 月 27 日下发《关于水产系统设置气胀式救生筏检修站有关问题的通知》：

“各海洋渔业公司、水产供销公司、各渔船检验处、站：为了保障渔业船舶所配置的气胀救生筏按期检修，保持良好的技术状态，同时又不影响渔业生产，根据水产系统的实际情况，现将水产系统设置气胀式救生筏检修站（以下简称筏站）的有关问题通知如下：

（1）为了避免重复建设造成浪费，水产系统拟建筏站的单位，应将欲建筏站的规模可行性向所在省、自治区、直辖市的渔船检验处申报，由渔船检验处根据修筏数量、筏站布局等统一考虑，审查同意后方可建站。

（2）经批准建成的筏站，具备认可条件后，应向渔船分局提出筏站认可的书面申请，并提交有关的文件资料。经认可后，由渔船分局发给许可证书。

（3）对已经认可的筏站的日常检验工作，由筏站所在地的渔船检验处、站承担。

（4）筏站的技术要求，检验收费按船检局的有关规定执行。

（5）筏站认可期满两年后，应由渔船分局重新检查认可，经检查合格后，更新认可证书。”

同年又下发《关于印发〈对未认可气胀救生筏检修站的监督检验暂行规定〉的通知》（渔检字〔1984〕19 号）。通知指出：“为保障海上渔业船舶安全的需要，水产系统先后建立了一批气胀救生筏检修站（简称筏站），按船检局规定筏站应经船检部门认可后，方可从事检验工作。鉴于水产系统的实际情况，尚有一部分筏站未经认可，这些筏站应创造条件，早日达到船检局规定的‘认可条件’要求，向船检部门申请认可，自 1986 年 1 月 1 日起，尚未认可的筏站不得再从事修筏工作。为了提高未认可筏站的技术管理水平和检修质量，特制定了《对未认可气胀救生筏检修站的监督检验暂行规定》，现发给你们，望遵照执行。”

这一暂行规定的主要内容为：

（1）根据1974年《国际海上人命安全公约》和我国船舶检验局1981年3月10日颁布的《气胀救生筏检修站的认可条件》的要求，以及我国现行《海船救生设备规范》和《营运钢质海洋渔船检验规程》的规定，为提高水产系统未经船检部门认可的新建气胀救生筏检修站的技术管理水平，保证气胀救生筏的维修质量，有效地发挥其救生作用，加强技术监督，特制定暂行规定。

（2）本暂行规定适用于水产系统新建立而未经船舶检验部门认可的气胀救生筏检修站。

（3）凡新建而未经认可的检修站，必须按船舶检验局颁发的《认可条件》的要求，不断提高检修质量，尽快创造条件。具备条件后，应向渔船分局申请办理认可手续。

（4）凡需新建气胀救生筏检修站的单位应向当地渔船检验处办理申请建站手续。筏站建成，还应经当地渔船检验处检查。

同时，文件还规定了这些筏站必须具备的条件。

1984年10月，渔船分局为湛江海洋渔业公司气胀筏检修站进行认可检验，签发水产系统第一份渔船气胀救生筏检修站认可证书。从此，渔检系统开始对渔船气胀救生筏检修站的认可业务。湛江检验站行政上隶属于渔业公司渔轮修造厂，于1982年10月筹建，1983年7月建成试修，并接受广州检验处检验，到1984年8月已检修各种救生筏140多只，遂正式向渔船分局申请认可。渔船分局于当年10月21—24日组织和邀请有关人员对该筏站进行了认可检验，孟广达主持此项认可，参加这一活动的还有广州检验处黄树钺、西北橡胶厂王森延、上海橡胶制品四厂钱翔娟、湛江检验站杜汉明以及烟台检验处、北海检验处、宁波渔业公司筏站、广州渔业公司筏站的同志，并且邀请了船检局湛江办事处派员指导（刘同樟参加）。11月，渔船分局发渔检字〔1984〕第24号文《关于对湛江渔业公司气胀救生筏检修站认可的函》予以认可，筏站首任站长林生（主管技术和质量的副厂长兼），副站长林秀明，检验员张文忠。

1985年，渔船分局陆续对烟台、大连、天津、秦皇岛、福建的海洋渔业公司气胀救生筏检修站进行首批认可。8月10—13日在烟台，15—18日在大连，20—23日在秦皇岛，25—28日在天津。认可工作由孟广达主持，其他成员有烟台检验处张健（在烟台时为陈均立）、大连检验处李先阁、秦皇岛检验处赵佩杰、天津检验处王宗善、西北橡胶厂王森延。为了互相学习，这几个筏站都派员参加其他筏站认可的全过程。

经过检查，烟台、大连、天津渔业公司筏站顺利地通过了认可检验，渔船分局于9月5日发渔检字〔1985〕第18号文《关于对烟台、大连、天津海洋渔业公司气胀救生筏检修站认可的通知》，同意给予上述三筏站认可。

对秦皇岛海洋渔业公司筏站的检验则不太顺利，进行抛投试验时，2个筏中有一个上浮胎和蓬柱没有充胀成型，检查的结果是有一个二氧化碳钢瓶是空的。认可小组对此提出："我们认为该站基本具备修理抛投式气胀救生筏的能力，鉴于抛投出现的不足，责成秦皇岛渔检处重新组织一次抛投和修补，试验合格后将结果报分局，请分局给予认可。"事后，该筏站在秦皇岛检验处的帮助下进行整顿，并于8月31日再次进行抛投试验，试验完成后的报告中说："这次在港内，仍然在冷 1 号，一个甲型筏一个乙型筏，充胀成型很理想，一个正浮，一个非正浮，进行了扶正。在港全体船长及船员都参加了试验参观，现将结果报上……" 9 月 6 日，渔船分局发渔检字〔1985〕第 22 号文《关于对秦皇岛海洋渔业公司气胀救生筏站认可的通知》，同意对筏站予以认可。

上述各筏站，烟台首任站长郑宫琪；大连首任站长王玉滨（兼）、副站长李茂阶；天津首任站长刘钟满；秦皇岛首任站长杨润忠、检验员高仕华。

1986 年，在宁波海洋渔业公司救生筏站原由船舶检验局上海办事处认可证书期满时，渔船分局对其进行再次认可检验，换发渔船分局认可证书。渔船分局于 3 月 24 日发渔检字〔1986〕第 6 号文给予该站再次认可，该站站长刘兴国、检验员方绍俊。

1986—1988 年间，渔船分局先后对 5 家海洋渔业公司的救生筏检修站和 2 家渔船修造船厂的救生筏检修站进行认可发证。1986 年 9 月，渔船分局安排对连云港、青岛海洋渔业公司和黄海造船厂筏站进行认可，9 月 10—12 日在连云港，14—16 日在青岛，18—20 日在石岛。

连云港海洋渔业公司筏站于 1984 年筹建，1985 年试修，首任站长徐永宽、检验员高兵。青岛海洋渔业公司筏站于 1984 年 10 月筹建，1986 年 1 月试修，首任站长王志忠、检验员范伟。黄海造船厂筏站于 1985 年筹建，首任站长孙福志、检验员于芳。

渔船分局于 1986 年 9 月 29 日发渔检字〔1986〕第 16 号文《关于对连云港、青岛海洋渔业公司，黄海造船厂气胀救生筏检修站认可的通知》，给予上述三筏站首次认可。

1987 年 6 月 22—24 日，渔船分局对广西北海海洋渔业公司筏站组织认可。该筏站于 1985 年筹建，1986 年 9 月试修，首任站长唐荣任。渔船分局于 1987 年 7 月 2 日发渔检字〔1987〕第 9 号文，给予该筏站首次认可。

1987 年 10 月 9—11 日，渔船分局组织对温州海洋渔业公司筏站进行认可检验。该筏站于 1982 年着手筹建，1984 年开始试修。在这次检验中，其他诸条件均满足认可条件的要求，但在修补后做超压试验不合格。渔船分局责成该筏站日后进行整顿，并重新做修补和超压试验。筏站经整顿及检查后于 11 月 17—19 日，在杭州检验处、温州检验站监督下重新做了上述试验，结果合格。渔船分局于 12 月 12 日发渔检字〔1987〕第 24 号文，给予温州海洋渔业公司气胀筏检修站认可。筏站首任站长徐昭明（兼）、副站长陈木松、检验员王大伟。

1988 年 6 月 28—30 日，渔船分局对江苏启东渔轮修造厂气胀筏检修站进行认可。该厂筏站于 1985 年底筹建，1986 年 6 月试修，首任站长邱卫东、检验员葛永昌。渔船分局于 7 月 9 日发渔检字〔1988〕第 8 号文，给予该筏站首次认可。

1988 年 10 月 28—30 日，渔船分局对江苏省海洋渔业公司气胀筏检修站进行认可。该公司筏站于 1987 年 7 月筹建，首任站长陈玄德（兼）、副站长时庆高、检验员王臻。渔船分局于 11 月 15 日发渔检字〔1988〕第 18 号文，给予该筏站首次认可。

1991 年 10 月 26—28 日，渔船分局对浙江省舟山市普陀区渔用救生筏检修站进行认可检验。该筏站行政主管是舟山市普陀区民政局，于 1990 年 11 月筹建，首任站长郑佳军、检验员周卫国。渔船分局于12月30日发农渔检（产）字〔1991〕第32号文，给予该筏站首次认可。

辽宁省长海县獐子岛镇气胀救生筏检修站由獐子岛镇人民政府向渔船分局申请成立，该镇地处海岛，交通不便，这一地区的渔船装备的气胀救生筏数量并不多（当时只有100余只），但若每只筏都送检修，困难很大，且不及时。渔船分局在该筏站检修人员已经培训合格的基础上，于1992年6月11—13日对其进行认可检验。6月22日，渔船分局发农渔检（产）字〔1992〕第23号文，给予该筏站认可。獐子岛筏站站长徐明山（兼）、副站长王有泰、检验员邹立功。

到1992年，渔船分局认可的气胀救生筏检修站已有16个，保障了检修的气胀救生筏满足渔业船舶的安全需要。

为加强对筏站的管理，提高检修水平，渔船分局分别于1986年4月10—15日在天津由宋之问副局长、贺寿仓处长分别主持筏站站长会议，于1989年10月13—16日在福建马尾，由孟广达、何平主持筏站站长会议。这两次会议制定和完善筏站的基本条件和筏站的各项规章制度，并交流各筏站的经验，对筏站的建设起到推进作用。

第四节　检验检测机构认可管理

渔船分局产品检验工作开展后，感到必须要有若干有权威的检验测试单位承担渔船及船用产品的性能和质量测试，才能保证产品的性能、质量符合规范或标准的要求，而这一工作单靠渔检单位自己是没有能力完成的。从1988年起，渔船分局先后选择条件较好的检测试验单位作为渔船设备测试中心进行认可检验，检验合格后授予认可证书，同时授权作为渔船船用产品验证试验机构开展工作。

1988年2月，广州无线电厂以厂质字〔1988〕第141号文《关于〈船用电工电子产品环境试验广州测试站〉申请给予认可的报告》给渔船分局，提出工厂环境试验中心在试验能力方面已基本具备按ZC试验规范及IMO、IEC等国际标准开展船用电工电子产品的环境试验和检测，在组织机构、技术人员配备、技术和行政管理规章制度等方面比较完善，有较良好的测量、试验场地和仪器设备。为充分发挥试验中心对社会的贡献和作用，有利于增强船用电工电子产品的质量监督，试验中心拟建立船用电工电子产品环境试验广州测试站，申请国家船舶检验局渔船分局对船用电工电子产品环境试验广州测试站给予认可并发给证书。渔船分局于7月18—20日，对该测试站进行检验，参加这一工作的除渔船分局王兆年、何平外，还有广州检验处、福州检验处、北海检验处、农业部渔政局、广东省水产局人员，并特邀国家环境试验设备质量检验测试中心派代表参加。

1988年11月15日，渔船分局以渔检字〔1988〕第19号文《关于对广州无线电厂船用电工电子产品环境试验广州测试站作为渔船用电工电子设备环境试验单位的认可通知》，给予该测试站首次认可，认可证书编号ZCY88065，有效期4年。在上述认可期内，该测试站对渔船船用电工电子设备进行环境测验后签发的测试报告，渔船分局承认其有效。

1989 年 9 月，国家渔业机械仪器质量监督检测中心以渔机仪（检测）字第 17 号文致函渔船分局："为了提高渔业机械仪器产品的质量，加强对渔业机械仪器产品的检测，密切配合渔船检验局对渔业机械仪器、产品的认可，本中心特向农业部渔船检验局申请认可，以使用统一的标准、统一的设备和统一的方法，对产品进行检测，以保证检测数据的可比性，从而进一步提高对渔业机械仪器认可的公正性和科学性。"渔船分局于 12 月 18 日派员对该中心进行检查和考核。

1990 年 2 月 2 日，渔船分局以渔检字〔1990〕第 1 号文《关于授权渔业机械仪器质量监督检验测试中心作为渔船船用产品检测单位的通知》给该测试中心："同意你单位作为渔船船用产品下述试验、测试项目的检测单位，并对所出具的报告予以认可：一、环境条件试验……二、探鱼仪性能测试以及换能器水声性能测试；三、定位仪性能测试；四、船吊水泵性能测试。"对上述单位的授权证书编号为 2CY90001，有效期 4 年。

1992 年 1 月 4 日，辽宁省计量测试技术研究所以辽计测〔1992〕第 2 号文件《关于申请成为农业部渔船检验局渔船产品质量沈阳检验站的报告》提出："考虑到渔船产品迅速发展，我国北方目前尚无专门从事渔船产品的质检机构，为对渔船产品服务，我所特申请成为农业部渔船检验局渔船产品沈阳检验站。"4 月 8—11 日，渔船分局派何新勇、李志平、大连检验处杨焕波、王秉善 4 人对该所进行考察。5 月 30 日，渔船分局发农渔检（产）字〔1992〕第 16 号《关于授权辽宁省计量测试技术研究所成为渔船用产品验证试验机构的通知》，同意授权其为渔船船用产品验证试验机构，出具的船用产品测试报告使用沈阳渔船船用产品测试中心的名称，并颁发编号为 ZCY92001 授权证书。

至 1992 年底，农业部渔业船舶检验局已在华南、华东、东北 3 处各认可 1 个测试单位，承担部分种类的船用产品的检测工作。

第七章　渔船检验安全监督管理

第一节　渔船检验信息化建设

为了推动渔船检验业务的发展，加快渔船检验技术进步，加强渔船检验部门的有关基础建设，渔船分局为各检验处（站）进口一批检测仪器及测试设备，各检验处（站）也购置有关的科技图书资料和必要的交通工具及现代化办公设备，改善工作条件，提高工作效率。

1982 年，大连检验处购进美国 TRS-80 微型电子计算机 1 台，并进行程序开发。1985 年，上海检验处在船检局海船规范研究所指导下，装备了世界各主要船级社所采用的同一类型的 HP-9836T 型电子计算机。1987 年 5 月，经上海市科学技术委员会批准，成立上海检验处科技咨询部，为渔业船舶及其安全设备的设计、计算及规范要求等提供技术服务。

1985 年，锦州检验站购进 APPLE Ⅱ型电子计算机 1 台。1988 年，北海检验处、宁波检验站也分别购进微型电子计算机 1 台，开始用微型计算机进行审图、计算和船舶资料管理。

1990 年 9 月 27 日，渔船分局发出《关于统一购置计算机、打印机等办公设备的通知》。通知提出："凡从事远洋渔船检验工作的检验处或受委托的检验站要购置统一型号的计算机、打印机等办公设备。"

截至 1992 年底，多数渔船检验处购置了 AST 286 型或 AST 486 型计算机，渔船分局配备了 AST 486 型计算机，初步形成以渔船分局为中心的电子计算机网络。

此外，渔船检验的计算机联网工作在购置设备、操作人员上机培训等前期准备工作就绪的情况下，包括船舶档案、数据管理、远洋渔船资料交换、查询和证书打印等软件的开发均先后完成。1996 年底，山东、江苏、福建、辽宁渔业船舶检验局将各项远洋渔船资料通过计算机联网传至渔船分局。

农业部渔业船舶检验局从 1995 年开始研究全国性渔业船舶检验计算机管理系统，委托江苏渔业船舶检验局组织有关科技人员开发渔船检验信息系统（简称"FVRIS 系统"）。1998 年，渔船综合信息系统（FVRIS DL3.0 版）正式启用，全国的远洋渔船检验数据通过渔船综合信息系统传输至农业部渔业船舶检验局，国内航行渔业船舶检验数据通过渔船检验动态信息系统传输至农业部渔业船舶检验局。

"近海渔业安全救助通信网"是我国建设的专门用于渔业的海上救助系统，拥有渔业专用的无线电通信频段，在船上设有渔业无线电话，在渔港设有岸站，渔船可发送求救信号和位置信息，岸站和附近渔船可及时得知遇险船位，岸站还可发送天气及海况预报。1995 年起，农业部渔业船舶检验局参与了项目建设。1996 年 9 月 11 日，农业部渔业局、渔业船舶检验局发出《关于加强27.5—39.5MHz渔船用无线电话机管理的通知》。通知规定了“近海渔业安全救助通信网”渔船用无线电话机的功能及技术指标，从1997年1月1日起，新增和更新的该频段设备必须符合要求，渔船用无线电话机纳入了渔船法定检验规则，予以强制要求配备。

第二节　渔船焊工等特殊工种管理

1982年，为了提高焊工的技术水平和渔船修造中的焊接质量，渔船分局与船检局研究，在水产系统渔船修造厂开展焊工考试与发证，并明确分工。开展焊工考试所用的《焊工合格证书》及焊工标志，由船检局统一制作。水产、交通系统所发的证书与标志都具有同等效力，双方相互承认。

1983年，根据船检局颁布的《手工电弧焊工考试暂行办法》，渔船分局对水产系统的渔船修造厂正式开展焊工考试。考试合格的，由各检验处发给《焊工合格证书》；经渔船分局备案的，还发给焊工标志。1985年，船检局公布《焊工考试规则（1985）》，水产系统的焊工考试发证工作随即改为按此规则执行。以后，此项规则又经多次修改，水产系统的焊工考试与发证也及时做了调整。至1986年，在水产系统中，已开展焊工考试发证的有福州、南通、广州、烟台、上海、大连及杭州等检验处，已签发合格焊工证书744本。

1986年5月7—12日，渔船分局在丹东市召开水产系统焊工考试经验交流会，总结3年来焊工考试发证工作。会上已开展焊工考试工作的检验处和工厂焊工考试委员会介绍组织考试发证的经验，共同学习《焊工考试规则（1985）》，同时也对以后焊工考试的实施及持证焊工的监督管理等问题进行充分的讨论。与会代表还针对验船人员普遍缺乏焊接检验知识的情况，提出由渔船分局举办相应学习班的要求。

从1986年起，渔船分局在组织考试发证的基础上，为了解决工作中出现的一些具体技术问题，统一水产系统焊工考试发证工作中的具体做法，着手组织编写《焊工考试实施细则》，经广泛征求意见于1988年8月10日公布施行。《焊工考试实施细则》的公布，统一了水产系统焊工考试的具体做法，推动了水产系统焊工考试工作的健康发展。到1991年底，10个检验处均已开展工作，取得了很大成绩，全系统已进行焊工考试发证的达1371人次。

南通检验处根据渔船分局渔（检）字〔1983〕第7号文《关于电焊工考试几个问题的说明》，结合全省渔船修造厂的实际情况，于1984年由南通检验处、南通船舶工业公司、省海洋渔业公司船厂、启东渔轮厂、南通渔轮厂、连云港市海洋渔业公司船厂联合组成江苏水产系统焊工考试委员会。1985年举行首批电焊工考试，有105人参加基本知识考试（81人及格），97人进行操作考试（46人及格），对合格者颁发证书。此后考试发证的人数为1986年73人，1987年20人，1988年66人，1989年45人。1990年由于钢质渔船建造数量的增加，出现省内外交通部门船厂建造钢质渔船的现象，为保证造船质量，在一年内对13家交通部门船厂先进行考察，并对电焊工全部重新进行操作考试，参加考试人数为62人。1991年，新增8家建造钢质渔船的船厂，同时持证焊工到期需复审考试，因此，全年参加焊工考试人数达205人。为加强对船舶焊接质量的监督，需对各厂持证评片工作质量进行考核，为此，检验处对新老渔船厂进行焊接X光片的抽查和复审。1992年继续开展焊工考试工作，共接受焊工考试116人，考试合格87人，其中Ⅰ类21人，Ⅱ类19人，Ⅲ类47人，从而使江苏水产系统船厂持证上岗率又有了较大幅度的提升。焊工考试自1985年开始至1992年，累计达692人次。这项工作的持续开展，使江苏水产系统船厂自1986年起即实行建造渔船"凭证施焊"制度。由于狠抓了电焊工考试发证工作，提高了渔船船厂电焊工的技术水平，使焊缝一次拍片合格率达到85%以上，满足了国标要求。

到1992年，已报渔船分局备案的合格焊工发证数为1536人次，而各检验处实际考试发证的数量还要更多，但有不少检验处此项工作已经停止，以致到1992年底实际仍有效的证书仅为309本。出现这种情况除了渔船检验部门的原因之外，主要和国家改革开放以来的形势变化有密切关系。开展焊工考试发证工作是一项复杂细致的技术管理工作，要花费大量人力、物力，也要占用不少的生产时间，每个焊工的考试成本也较高，加上各修造船厂生产任务繁忙，也就无人抓焊工培训考试的工作了。鉴于渔船修造市场的状况及不正当竞争因素的影响，此项工作的推动确实存在不少困难。为此，农业部渔业船舶检验局在1992年10月于烟台召开一次焊工考试发证工作总结研讨会。会议对几年来的焊工考试及其监督管理与发证情况进行回顾、总结和交流，研究了存在的问题及对今后工作的意见。会上讨论了关于整顿渔船修造企业《焊工考试与发证的意见（讨论稿）》，会后公布《关于进一步搞好焊工考试、发证及管理工作的意见》，着手解决整顿焊工考试工作和推行工厂全员持证、建立完善的焊接工作管理制度的问题。

另外，为了使焊工考试中的基本知识考试顺利进行，适应焊工文化水平不高，通过考试比较困难的实际情况，为广大焊工提供一本便于学习掌握的参考材料，也为了今后的考试试题有一个范例可循，自1986年起，渔船分局就考虑组织编写《船舶焊工基本知识考试题集》。此题集由厦门技工总校教师林胜利和福州检验处黄怀勋编写，于1988年完成初稿后曾广泛征求意见，修改后于1992年烟台会议上审议，再次修改后于1993年出版发行。

第三节　渔业船舶设计修造资质监督管理

1988年，国家质量技术监督局、全国工业产品办公室将总长20米以上的木质机动渔船、钢质海洋渔船纳入生产许可证目录。总长小于20米的小型木质渔船按照农业部颁布的《小型木质渔船工厂认可办法》管理。1989年，农业部工业产品生产许可证办公室明确国家渔船检验机构是渔船生产许可证办事机构，负责渔船的工厂认可与组织实施工作。

经全国工业产品生产许可证办公室批准，渔船分局于1990年开始配合在农业部生产许可证办公室实施木质渔船生产许可证办法。该项工作于1993年基本完成，为160家船厂核发生产许可证，发放许可证最多的是广东省（63家），其次是广西壮族自治区（29家）和福建省（25家）。

1993年和1994年，农业部分别颁布《农业部渔业船舶设计单位资格认可管理暂行办法》和《农业部渔船修造厂认可办法》。经过几年的执行，设计、修造单位的资质认可工作步入正常轨道。在传统木质渔船生产地区，通过政策引导和提高技术准入门槛，减少了木质渔船建造企业的数量，扶持和促进了钢质、玻璃钢渔船建造企业的发展。

1993年，国家为规范许可证产品管理，撤销103种产品的生产许可管理。当时，考虑到渔船已经有了监督检验机构，并已纳入正常的监督检验渠道，也撤销了渔船生产许可管理。1994年8月4日，农业部公布全国首批获认可的71家渔船设计单位，其中，辽宁9家、山东10家、江苏3家、上海13家、浙江4家、福建16家、广东7家、广西2家、吉林4家，北京、黑龙江、湖北各1家。从获得的证书级别上来看，甲级证书单位13家、乙级11家、丙级34家、丁级13家。

1995年，农业部渔业船舶检验局根据农业部颁布的《中华人民共和国农业部渔船修造厂认可办法》对各渔船修造厂进行第一批审查，有309家达到工厂认可标准，并颁发《工厂认可证书》，其中，河北16家、江苏90家、辽宁10家、广西18家、湖北12家、上海20家、广东57家、山东84家、天津1家、海南1家。1995—1998年间，农业部渔业船舶检验局共审查认可渔船修造企业1023家，基本上完成全国渔船修造企业的审核工作。

农业部渔业船舶检验局实行渔业船舶修造厂认可制度以来，加强对船厂的质量监督管理，不仅保证渔业船舶的修造质量和生产安全，也为查处无证造船、取缔“三无”渔船、制止“沙滩”渔船创造有利条件。

1994年下半年到1996年上半年，浙江省出现前所未有的建造钢质渔船的高潮，“沙滩船厂”因势而生。各渔检部门发现这一情况后，首先帮助并督促各渔船修造厂改善生产设施、配备技术人员、健全内部质量管理制度；其次加强对各地渔船修造厂的监督管理，掌握渔船修造的动态，防止粗制滥造和偷工减料行为的发生。发现一起，查取一起，及时向有关企业和部门发出整改通知。对多次整改仍不达标的企业，坚决取缔、不留后患，严格把好船舶修造质量关。

浙江渔船检验局针对1995年下半年沿海一些地方的企业和个人擅自购买进口废旧渔船从事渔业生产的情况，责成当地渔船检验部门密切配合，先后完成对各地进口废旧渔船情况的全面调查工作。在摸清情况的基础上，对有关船只迅速采取“停止出海生产、听候处理”的措施，从而使一度兴起的购买进口废旧渔船之风得到有效制止。据统计，在渔船检验部门的督促下，这些渔船先后投入4230万元的修理和改造资金，船只的质量有了根本性的提高，存在的重大事故隐患得到及时整改。

山东渔船检验局采取4项措施保证渔船建造质量。一是抓新型渔船设计图纸的审查，二是抓好渔船厂的质量管理，三是抓好上船配套产品的船检产品证书的检查把关，四是抓好船舶证书及技术文件的各项工作。

1993年，国家撤销渔业船舶的生产许可管理后，虽然1994年农业部实施了渔船修造厂认可制度，但这一种制度缺少相应的法律处罚措施。1999年，农业部渔业船舶检验局向农业部上报《关于要求恢复渔船生产许可证制度的请示》。2001年，国防科学技术工业委员会、农业部、交通部联合向国家质量监督检验检疫总局行文《关于将民用船舶列入工业产品生产许可证目录的函》（科工函〔2001〕171 号），国家质量监督检验检疫总局以《关于同意将民用船舶产品列入工业产品生产许可证管理目录的函》（国质检监函〔2002〕244 号）批复同意。作为民用船舶的重要组成部门，渔业船舶实施工业产品生产许可证管理后由农业部负责，农业部为此成立民用船舶生产许可证审查二分部，农业部渔业船舶检验局包盛清局长任组长，办公室设在农业部渔业船舶检验局质量监督处。渔业船舶建造企业生产许可证管理工作由农业部渔业船舶检验局组织实施。

制度实施至 2007 年，国务院发布《关于第四批取消和调整行政审批项目的决定》（国发〔2007〕33 号），取消民用船舶生产许可行政审批项目。

2001 年，渔业船舶修造工厂认可工作规范化程度得到一轮提升。一方面是统一了工厂认可工作程序及审查要求，2001 年 8 月 1 日，农业部渔业船舶检验局颁布《渔业船舶修造工厂认可工作程序规定》，并公布钢质渔业船舶建造（含大修）工厂、钢质渔业船舶中小修理工厂、木质渔业船舶建造（含大修）工厂、木质渔业船舶修理工厂、玻璃钢渔业船舶修造工厂现场考核审查要求。对不同类型工厂提出不同的考核审查要求，改变了过去“小而全”的管理思路，顺应市场经济多样化发展形势。另一方面是加强了对工厂认可审核人员的管理，规定今后参加工厂认可的人员必须具备审核员资格。为此，农业部渔业船舶检验局分 3 期对渔业船舶检验系统 132 名工厂认可审核员进行培训考核和发证，2001 年 7 月 17 日，公布第一批具有工厂认可审核员资格人员名单。

第四节　加强渔船安全质量管理

一、加强渔船检验质量的监督管理

1986 年 6 月 23 日—7 月 30 日，渔船分局会同沿海 10 个渔船检验处，分南北两个组对沿海各省（自治区、直辖市）的渔船检验质量进行检查。7 月 30 日，两组在杭州对这次检查情况进行汇总和讨论。检查除肯定各地渔船检验工作取得显著成绩外，着重指出当前存在的问题：大部分群众渔船技术状况仍较差，保养管理不善；个体、联户渔船修造厂亟待整顿；渔业公司淘汰渔船流入群众渔业，给海上安全生产带来新的隐患；渔船多、检验人员少、检验任务繁重。并提出今后要搞好的几项工作：各级水产行政领导部门要十分重视渔业生产的安全，渔船建造必须符合审批和质量要求；在经济管理体制改革中，进一步完善承包责任制，加强对个体、联户船厂的监督管理；建好渔船检验队伍，严格按照各项规章要求把好检验关等。

一段时间来，因部分海洋渔业公司把一些报废的或已无修理价值的淘汰渔轮卖给个体或联户渔民，给海上安全生产带来极大的隐患（这类船事故率极高）。国务院于国发〔1981〕73 号文中即提出“凡更新淘汰的渔船不得转让其他单位继续搞捕捞生产”。渔业部门也多次提出禁止报废渔船买卖、转让等行为。农牧渔业部于 1987 年 7 月 30 日发出紧急通知，要求

“船龄在二十年以上的渔轮，禁止买卖和转让，尚具备适航条件的只准由本单位维护和使用”，“报废渔轮须经渔船检验部门做出技术鉴定”。后又因出现私自涂改船舶证书，买卖船龄超过20年渔船的情况，农业部渔业船舶检验局、渔政渔港监督管理局于1992年5月26日发布《关于加强旧渔轮买卖监督管理的通知》，其中要求船龄20年以内的渔轮的买卖程序是：首先要经过渔业行政主管部门的审查，得到批准后再到渔船检验部门检索各地旧船情况，查看旧船档案，了解要买卖的船舶是否符合国家有关老、旧船舶买卖的规定；符合买卖规定的船舶在交船前，由买方申请当地渔船检验部门对该船进行公证检验；买卖成交后，注销原渔船的船舶证书，换发新的船舶证书。

1985年，农牧渔业部发文要求进口旧渔业船舶应向渔船检验机构申请初级检验。但多年来进口旧渔业船舶存在重复检验问题，交通船检部门同时也进行检验。1997年，国家经济贸易委员会、对外贸易经济合作部、海关总署、国家进出口商品检验局联合发布《关于加强旧机电产品进口管理的通知》后，农业部渔业船舶检验局多次与交通部海事局、对外贸易经济合作部机电产品进出口司协商，对进口渔业船舶检验问题达成一致意见，并与对外贸易经济合作部机电产品进出口司于2000年2月15日联合下发《关于旧渔业船舶进口检验有关规定的通知》，明确规定凡是进口旧渔业船舶的船舶所有人，须向农业部渔业船舶检验局申请旧渔业船舶进口检验。同时，还将20年以上的渔船、捕捞加工船，18年以上的水产运销船、冷藏加工船、科研调查船、渔业指导船、教学实习船，15年以上的油船列入限制进口的旧渔业船舶，不予批准进口及检验。

据此，农业部渔业船舶检验局陆续派出验船师赴境外执行具体检验任务。2000年共受理40多艘渔业船舶的进口检验业务。

2000年4月13日，农业部渔业船舶检验局发出《关于对渔船使用进口旧机电产品加强检验管理的通知》。要求各地渔业船舶检验局严格把关，凡列入“目录”的旧机电产品，一律不准装船使用；凡未持有合法手续的旧船用产品，不得受理检验；所有旧船用产品不准用于建造新船。

为加强渔业船舶安全管理，保障渔业船舶航行作业安全，控制捕捞强度，促进渔业可持续发展，农业部和国家安全生产监督管理局于2002年4月20日联合颁布《渔业船舶报废暂行规定》，于2002年5月20日开始施行。对我国渔业船舶实行强制报废制度，要求各级渔业行政主管部门及其所属的渔政渔港监督管理机构和渔业船舶检验机构负责渔业船舶报废制度的实施和监督管理。对于不同材质、用途、大小的渔船，规定了从13年到30年不等的报废年限。达到强制报废船龄但安全技术状况良好的渔业船舶，渔业船舶所有人可以申请延期报废，但延长期限最多不得超过5年。对于虽未达到报废船龄，但安全技术状况较差，经维修改装仍达不到安全标准的，经渔业船舶检验机构根据有关规定检验，认定应予提前报废的渔业船舶，应强制提前报废。

为进一步贯彻落实报废暂行规定，确保渔业生产安全和渔区社会稳定，农业部于2003年6月13日下发《关于实施〈渔业船舶报废暂行规定〉有关问题的通知》，就渔业船舶报废的执行程序、延期报废的审批程序、过渡期的设定和条件、报废渔业船舶的买卖、更新和处理等问题进行了规定。2003 年 6 月 20 日，农业部渔业船舶检验局印发《渔业船舶延期报废检验管理办法》，规定渔业船舶延期报废的申请、检验、专家评审、证书换发的程序，加强对报废延长期和过渡期渔业船舶的检验。

同时，国家还实施沿海捕捞渔民转产转业政策，给予报废渔船一定补助，使得渔业船舶的报废制度实施得比较顺利，全国每年都有几千艘渔船报废。

二、加强安全设备的监督检查

1990 年 10 月 7 日—11 月 2 日，农业部渔船检验局组织两个小组分别对沿海 11 个省（自治区、直辖市）海洋渔业船舶的安全设备配备情况进行检查，最终形成《全国渔船安全设备检查情况汇报》材料。材料指出各类渔业船舶安全设备现状和主要问题，提出改善渔船安全技术状况的建议等内容。

1994 年底，农业部渔业船舶检验局对各地渔船检验部门发出《关于加强渔船船用产品上船前查验产品证书工作的通知》，强调为提高渔业船舶建造质量，切实把好检验关，必须做好船用产品上船前查验船用产品证书和检验项目表的工作。

由于渔船主机功率大小的确定，涉及渔业行政管理部门出台的渔业捕捞许可制度的实施和国家对渔船燃油补贴政策的落实，因此渔船检验部门对船用主机检验并签发船用产品证书就显得尤为重要。为了保证政策的有效执行，渔船检验部门在主机功率核定问题上做了大量工作。1994 年 2 月 23 日，中华人民共和国渔政渔港监督管理局、农业部渔船检验局联合下发《关于加强渔船主机功率核定管理等有关问题的通知》。针对“擅自更改渔船主机额定功率，致使许多同型号、同规格渔船主机的标牌额定功率大大低于实际额定功率”的问题，要求渔船检验部门对渔船主机必须进行严格核查后，方可装船使用。

2002 年 2 月 28 日，农业部渔业船舶检验局在北京召开“500 总吨渔政船 DL-26 柴油机曲轴曲臂差问题”专家组审查会。2002 年 3 月 11 日，根据专家组审查意见作出裁定。该型柴油机曲轴曲臂差超差的原因，主要是该机与轴系传动装置的配置不当，即该机曲轴的结构刚度不能适应现有轴系传动装置的型式。

2002 年 10 月 16 日，农业部渔业船舶检验局就浙江省象山地区渔民反映 6200Z 型柴油机曲轴断裂问题，在宁波市组织专家分析会。来自中国船级社、中船总公司七一一研究所、中国水产淄博柴油机厂、舟山盈海远洋渔业公司、农业部渔业船舶检验局、山东渔业船舶检验局、浙江渔业船舶检验局的 7 位专家，对曲轴断裂事故的发生提出专家组意见。11 月 13 日，农业部渔业船舶检验局对该柴油机曲轴断裂问题作出裁定：潍坊柴油机厂生产的 6200Z 型柴油机曲轴断裂事故与柴油机本身质量无关；造成该机曲轴断裂主要是由于该机安装使用不当而导致曲轴长期承受过大的交变弯曲应力造成疲劳破坏所致；造成该机曲轴断裂的主要责任在于安装使用方。

三、清查、整顿“三无”和“三证不齐”渔船

20 世纪末，由于个体渔船的盲目发展，“三无”和“三证不齐”渔船大量出现。“三

无”渔船特指用于渔业捕捞作业，但没有有效的渔业船舶检验证书、渔业船舶登记证书和渔业捕捞许可证书的船、艇、筏、排等专用捕捞工具。“三证不齐”渔船是指从事渔业捕捞作业，但只持有有效的渔业捕捞许可证书、渔业船舶登记证书和渔业船舶检验证书三种证书中的一种或两种证书的船、艇、筏、排等专用捕捞工具。这些船舶对我国海洋渔业资源的保护和合理利用造成极大威胁，严重影响我国海洋渔业的可持续发展。

1994 年 10 月 16 日，国务院以国函〔1994〕111 号文批复农业部、公安部、交通部、国家工商行政管理局、海关总署《关于清理、取缔“三无”船舶的通告》。通告指出：“近年来，在沿海一些地区，不法分子利用无船名船号、无船舶证书、无船籍港的‘三无’船舶进行走私等违法犯罪活动，严重地危害了海上治安，妨碍生产、运输的正常进行。为打击违法犯罪活动，维护海上正常秩序，保护人民群众生命财产安全，必须坚决清理、取缔‘三无’船舶。”1999 年 1 月 29 日，农业部发出《关于切实加强海洋渔船管理的紧急通知》，要求各地渔政、渔港监督、渔船检验机构密切配合，会同工商、公安等有关部门对“三无”渔船、“三证不齐”渔船和“沙滩船厂”进行集中清理，并强调各地要严格执行渔船审批制度，严格按程序审批海洋捕捞渔船；造船企业或用船单位须持渔船批准文件等依次向渔船检验、渔港监督、渔政机关申请办理交易、登记和捕捞许可证；有关渔政、渔港监督、渔船检验机构必须各司其职，严格把关。

为了摸清海洋渔船基本情况，并研究“三无”渔船整治工作，从 2000 年 6 月开始，农业部对全国 11 个沿海省（自治区、直辖市）进行了新中国成立以来第一次大规模的海洋渔船普查。结果显示，目前全国共有海洋捕捞渔船 244336 艘、主机功率 1221.8 万千瓦。在这些渔船中，“三无”渔船有 6.72 万艘，占总数的 27.5%；“三证不齐”渔船有 5.09 万艘，占总数的 20.8%。

2001 年 1 月 21 日，农业部发布《关于清理整顿“三无”和“三证不齐”渔船的通知》。在这次清理整顿中，凡 2000 年全国海洋渔船普查登记在册的从事海洋捕捞作业“三无”和“三证不齐”渔船，经检验合格并登记后一律纳入管理。凡 2000 年未登记在册，以及虽登记在册，但经检验不合格的一律不得再从事海洋捕捞作业，各级主管机关不得发给渔业船舶检验、登记证书和渔业捕捞许可证。

在整治行动中，渔业船舶检验机构发现一些沿海和内陆水域个体渔民，自行利用竹木扎制竹排和利用泡沫塑料制造塑料浮筏从事渔业捕捞作业。由于上述两种类型竹排和塑料浮筏目前尚没有相配套的检验标准，为此决定暂不纳入此次清理“三无”渔船的渔业船舶检验范畴。

各级渔业船舶检验机构结合对“三无”和“三证不齐”渔业船舶的清理工作，认真清理死角，实行出海跟踪检查，努力提高渔业船舶的检验率。2002 年，全国 20 个省（自治区、直辖市）检验机构共检验各类渔业船舶总数为 283344 艘，受检率为 82.3%（以应检船数计）。其中检验内陆省（自治区、直辖市）渔业船舶 98990 艘，受检率为 68.9%；检验沿海省（自治区、直辖市）渔业船舶 182777 艘，受检率为 73%；检验远洋渔业船舶 1577 艘，受检率为 91.9%。2002 年，全国渔业船舶检验费总收入为 8552 万元，创历史最高水平。

第五节　渔船检验相关专门技术咨询组织

一、农业部渔业船舶检验局技术委员会

1992 年 7 月 4 日—7 日，农业部渔业船舶检验局在上海市川沙县召开农业部渔业船舶检验局技术委员会成立大会，会议宣布农业部渔业船舶检验局技术委员会成立并讨论了委员会章程，技术委员会受农业部渔业船舶检验局管理和领导，是新中国首次成立的渔船检验专门技术咨询组织。成立大会选举贺寿仑为主任委员，钱洪昌为副主任委员。委员会设船体、轮机、电气 3 个分委会。

2000 年 6 月 28 日，第二届中华人民共和国渔业船舶检验局技术委员会成立。包盛清任技术委员会主任委员，杨鹤松、王宝棻、黄钢全、薛锦源任副主任委员。经技术委员会讨论，通过《中华人民共和国渔业船舶检验局技术委员会章程》。技术委员会是由农业部渔业船舶检验局成立的，定位于渔业船舶检验的专家技术咨询、技术论证的学术组织，长期为农业部渔业船舶检验局审查法定检验规则、渔船建造规范及渔业船舶检验规程等技术法规；为重大海损事故开展鉴定；为船舶的技术法规等效免除提供论证；参与渔船检验专题管理、技术研究，逐渐发展成为渔业船舶检验系统最为权威的学术组织。

二、渔船标准化技术委员会

渔船标准化工作是渔船制造、管理和检验工作的重要基础。1973 年由六机部、交通部、农业部、海军和第七研究院联合召开了全国船舶标准化工作会议，渔船作为船舶工业的一个分支，渔船、渔机标准化工作也就提上了日程，并建立了渔船、渔机和仪器两个标准技术归口单位。

1973 年制定完成第一项渔船专用技术标准，渔船标准体系表于 1985 年编制形成，为行业实施标准制定、修订计划发挥了积极的作用。到 1986 年底，经原农林部、国家水产总局和农牧渔业部批准发布和实施的水产专业（SC）有 175 项，国家标准局批准发布和实施国家标准（GB）有 34 项，由船舶标准化技术委员会发布实施的渔船标准（CB）有 7 项，总计 216 项水产业方面的标准。

20 世纪 90 年代，渔船标准化技术委员会正式成立，1990 年召开了第一届渔船标准化技术委员会成立大会，沿用了 1985 年编制的渔船标准体系表，使渔船标准化工作在全国船舶标准化工作中占有一席之地。第二届全国渔船标准化技术委员会换届大会在 1997 年初召开，对标准体系框架结构进行了局部调整。为了解决计划钢材紧缺对渔船建造的影响和推广先进的替代材料，渔船标准化技术委员会承担了国家“九五”科技攻关研究课题《玻璃钢渔船总体性能研究》中“玻璃钢渔船标准研究”专题，推出了 16 项玻璃钢渔船工艺技术标准，获得国家科委、农业部的奖励。2000 年由农业部发布实施后，玻璃钢材料和工艺技术很快

在渔船生产企业中得到推广，有效促进了化工材料在渔业的应用和发展，改变了我国多年来一直依靠钢材和木材建造渔船的历史。

2000 年以后，秘书处受外部环境和依托机构调整的影响，办事机构解体、队伍严重减员、工作处于严重困难的状态。在此情况下，农业部渔业船舶检验局主动申请恢复承建，全国渔船标准化技术委员会的工作职能明确以后，在部渔业局、市场司和国家标准化技术管理委员会的支持下，积极推进并实现了渔船标准化技术委员会的恢复和新一届标准化技术委员会的组建工作，为下一步工作的开展取得了合法地位，也标志渔船标准化工作经过调整重新迈入新的发展时期。

第八章　港澳流动渔船检验交流

1988 年 12 月，广州检验处首次为香港渔业商人在广州新中国船厂建造的渔船签发证书。但内地与香港在渔船检验业务上的正式接触始于 1990 年，3 月 5—8 日，应农业部渔船检验局广州检验处邀请，首席验船主任黄铭淇先生等 4 人访问广州检验处，渔船分局孟广达高级验船师列席。双方就渔船检验技术以及内地为香港船东建造渔船的检验问题进行了友好商谈。6 月 20 日，双方正式签署《中国农业部渔船检验局广州检验处与香港海事处商谈渔船检验技术纪要》，明确香港船东在广东建造渔船，由广州检验处执行监督检验的项目。

1990 年 4 月 11 日，农业部批复广东省水产局《关于与香港海事处商谈渔船检验问题的情况报告》。指出："请你们按照双方商定的'纪要'组织落实，为香港在广东省建造钢质渔船搞好检验工作。""这个'纪要'原则上也适用于内地其它省、自治区、直辖市为香港建造钢质渔船的检验工作。"

1992 年 2 月，按照双方"纪要"对香港在珠海市香洲渔轮厂建造的钢质对拖渔轮"顺利 1"号和"顺利 2"号，联合执行建造检验，并签发证书。

1992 年 8 月 31 日—9 月 4 日，应农业部渔业船舶检验局技术委员会主任委员贺寿仑邀请，由徐杰先生率领的香港海事处和渔农处技术专家一行 3 人访问渔船分局。双方各自介绍渔船安全监督的组织机构、职责范围和工作程序；对国际渔船安全公约及议定书尚未明确的问题交换意见；介绍了各自对小型渔船的技术要求、设备配备情况，并认为制定地区性标准必须考虑这些渔船的实际情况、作业特点，甚至是传统习惯。

香港回归祖国以后，香港渔民纷纷到广东来建造渔船，1997—1998 年建造了 700 千瓦以上的钢质双拖网渔船共 14 对。为了做好香港渔船的检验工作，广东省渔业船舶检验局加强了与香港海事处及渔农处的联系，两次派出验船师到香港海事处协商有关联合检验的各项事宜，在 1990 年会议纪要的基础上再进一步的合作，明确香港渔民在广东省建造的渔船由广东省渔业船舶检验局根据国家的有关规定进行法定检验工作，香港海事处参加重要项目检验的做法，较好地完成了香港渔船的检验工作，双方合作愉快。

2000 年 9 月 25—26 日，广东省渔业船舶检验局与香港海事处进行第一次渔船检验商讨会，通过会晤，双方加深了相互之间环境、机构、法律法规等方面的了解，就检验的项目、程序、标准、证书以及委托检验中存在的问题等具体细节进行了磋商，形成商谈纪要。双方认为这次会谈十分成功，对两地优势互补、密切交往很有必要，广东省海洋与渔业局副局长李建设到会讲话。

2001 年 6 月 7—8 日，应香港海事处本地船舶安全部童汉明总经理的邀请，广东省渔业船舶检验局局长陈升辉和农业部渔业船舶检验局处长唐金龙等5位高级验船师，赴香港参加粤港第二次渔船检验商讨会。双方依据2000年的商讨内容进行进一步探讨，并对如何加强两地船舶检验部门的合作提出了可操作性的意见及看法，受到香港海事处及当地渔民组织的好评，为香港海事处委托香港渔民在内地造船的检验打下良好的基础。香港特区海事处处长会见了到会的全体代表。

第九章　国际交流

第一节　参与国家海事组织的活动

1980年12月8—12日，中华人民共和国船舶检验局渔船分局派代表参加政府间海事协商组织稳性、载重线和渔船安全分委会（SLF）第23次会议，我国开始参与有关渔船安全的国际交流活动。在《〈1977年国际渔船安全公约〉1993年议定书》的制定过程中，我国提出多项建议，包括：

1987年，向SLF第32次会议提出，对第五章"防火、探火和救火"A部分，将长度为55米或55米以上的渔船防火安全措施改为长度为60米或60米以上。对B部分长度55米以下的渔船防火安全措施改为超过45米，但小于60米的渔船防火安全措施，以及将机器处所发动机的功率由375千瓦改为750千瓦。

1988年，向SLF第33次会议提出，议定书的正式文本应包括中文；渔船机舱油柜的液位表不能设管状的液位表，改为用坚实玻璃制成（不管是平板玻璃还是管状玻璃），带有金属外壳保护的，而且装有自动关闭阀门的液位表；配电系统的绝缘连续监测问题；以"A-0"级防火分隔替代"B-15"级防火分隔；救生设备和无线电话由适用于船长24米以上渔船，改为适用于船长45米以上渔船。

1987年、1988年提供我国渔船统计数据，船长24米及以上的生产渔船，1985年为3220艘、462583总吨；船长为24米及以上的生产渔船，1987年底为4384艘。

1989年，向SLF第34次会议提出，第89条某些条款中"B-15"级防火分隔用"B-15"级或"A-0"级防火分隔代替。

因SLF第33次会议上，关于渔船安全公约第七章救生设备和第九章通信设备的分歧较大，中国、日本、韩国提出船长下限由24米提高到45米，其他国家赞成保持24米，故起草小组建议转由COM分委会讨论。1991年，我国向COM第37次会议提出，对雷达应答器的配备建议船长超过45米渔船，但小于500吨，可配1台雷达应答器；30米以下中国渔船采用27.5～39.5MHz的无线电话设备，并以33MHz作为遇险和安全通信。

1991年SLF第35次会议上，针对议定书草案第3条第5款关于制定地区性小型渔船安全标准，在议定书中引进地区标准不能简单地等同1966年载重线公约，我国认为凡是不受渔船安全公约议定书约束的渔船，其安全要求可由各国主管机关制定。SLF第36次会议上，我国再次提出了意见。

1993年3月22日—4月2日，国际海事组织在西班牙托雷莫利诺斯召开渔船安全大会，我国交通部、农业部和外交部组成以胡景禄为代表、贺寿仑为副代表的 7 人代表团与会。大会通过《1977 年托雷莫利诺斯国际渔船安全公约　1993 年托雷莫利诺斯议定书》。

此外，我国在 SLF 第 29 次会议上《关于渔船在起网时渔具所引起外力对船舶稳性影响的研究报告》、在 SLF 第 31 次会议上《用 IMO 气象衡准对若干渔船稳性的计算的报告》等提案都在国际海事组织会议上引起各国重视。

2003 年 9 月 8—16 日，SLF 第 46 次大会召开。农业部渔业船舶检验局 2 人参加会议。我国作为“《渔船和渔民安全规则》和《小型渔船设计、建造和设备的自愿性指南》的修订”特别工作小组成员，承担渔船安全的机电部分的修订工作，并对渔船安全的船体等其他技术方面的要求做了大量审核工作。

第二节　加强国际间的检验交流

1992 年 10 月 11—16 日，为协调东亚国家对《1977 年国际渔船安全公约》的意见以及制定小型渔船亚洲地区导则，日本国运输省组织在东京、气仙沼、仙台召开会议。日本、中国、韩国、泰国、菲律宾、印度尼西亚以及中国香港和国际海事组织的代表与会。各国和中国香港代表分别介绍各自渔船和作业情况以及对渔船安全的要求，交换对渔船安全公约的看法，讨论制定东亚地区性导则问题，确定日本为制定地区性导则的牵头国，对今后工作做了安排。农业部渔业船舶检验局会同交通部有关人员参加会议。

1997 年 2 月 3—6 日，东亚和东南亚地区渔船作业安全会议在日本东京召开，中国、印度尼西亚、日本、马来西亚、菲律宾、韩国、泰国 7 个国家和香港地区的代表参加会议，会议通过《作业于东亚和东南亚地区渔船安全会议声明》及其附录《作业于东亚和东南亚地区船长等于或大于 24 米但小于 45 米渔船安全指南》。农业部渔业船舶检验局副局长贺寿仑出席会议。

2002 年 7 月 22 日—8 月 1 日，应农业部邀请，斐济国家海洋安全局副局长 Simione Seci Waqa 先生、官员 Viliame Kauwale 先生以及斐济汉通渔业公司经理 Ningxin Hu 先生来我国进行访问，访问期间代表团到天津、辽宁、山东参观，了解我国渔业船舶检验工作情况。

2002 年 9 月，由农业部渔业船舶检验局包盛清局长为团长，山东海洋与渔业厅、辽宁渔业船舶检验局、浙江渔业船舶检验局、福建渔业船舶检验局及农业部渔业船舶检验局人员组成的考察团，一行 6 人对南非等地的远洋渔船检验、船舶维修及管理等进行实地考察。考察团先后考察南非船舶修理企业，了解远洋渔船实船的技术状况，并与南非海事局局长、船务代理公司等进行业务交流。

第十章 检验收费

1979 年 10 月 7—13 日，中华人民共和国船舶检验局渔船分局第一次工作会议在浙江省金华市召开。会议讨论了 1980 年船检工作的主要任务，讨论修改《渔业船舶监督检验规则执行细则》和《渔业船舶检验计费办法》，研究了渔船检验试行“收支挂钩、全额分成、比例包干、三年不变”的财政管理办法等问题。

1980 年 1 月 1 日，《渔业船舶检验计费办法》经国家水产总局批准施行。

1984 年 8 月 20 日，农牧渔业部、财政部发出《关于实施〈渔业船舶检验收费办法〉的通知》。该通知指出：过去，各地执行的渔业船舶的检验收费标准不尽一致，而且收取的费用在使用管理上也不够明确。为了统一渔业船舶及其船用产品检验的收费规定，加强对检验收费的使用管理，保证“专款专用”，促进水产系统渔船检验事业的发展，发布《渔业船舶检验收费办法》，要求各地遵照执行。

1989 年 5 月 27 日，农业部发出《关于渔业船舶防污染检验收费规定的通知》。该通知指出：根据防止船舶污染海洋的有关规定，渔业船舶检验机构应开展渔业船舶防止污染检验业务。由于原《渔业船舶检验计费规定》中没有此项收费标准，经国家物价局同意，上述收费规定自 1989 年 10 月 1 日起执行。

1992 年 10 月 15 日，国家物价局、财政部联合发文公布《渔业船舶检验及船用产品检验收费办法》《渔业船舶检验计费规定》和《船用产品检验计费规定》，自 1992 年 11 月 1 日起执行。

1998 年 6 月 11 日，财政部发出《关于统一全国渔船检验收费收据的通知》，规定农业部渔业船舶检验局和地方渔业船舶检验局对渔船检验、产品检验收取检验费时所用收据的式样。7 月 27 日，农业部渔业船舶检验局转发上述文件，并加强检验收费管理。一是完成了渔业船舶检验计费标准的修改。鉴于 1992 年版计费标准中许多检验项目缺少计费标准，并且计算和列项不够科学合理的问题，农业部向国家计委价格司提出《关于调整渔业船舶及船用产品检验计费标准的函》，通过大量调研工作，在广泛征求意见的基础上，研究制定新的《渔业船舶检验计费标准》，并经财政部和国家计委批准于 2000 年颁布实施。二是为规范渔业船舶检验收费行为，组织开发渔业船舶检验收费计算机管理软件，实现渔业船舶检验收费计算机管理的要求。三是全国实行统一的检验收费票据，严格收支两条线管理，克服个别检验机构乱收检验费和检验费使用不当的现象。

2000 年 6 月 2 日，农业部渔业船舶检验局转发国家计委、财政部《关于调整渔业船舶及船用产品检验费标准的通知》（计价格〔2000〕559 号），该检验计费标准自 2000 年 7 月 1 日起执行。

第四篇
中国渔船检验的快速大发展

（2003—2017 年）

2003年6月11日，国务院第11次常务会议审议并原则通过《中华人民共和国渔业船舶检验条例（草案)》。6月27日，温家宝总理签署国务院令第383号，公布《中华人民共和国渔业船舶检验条例》，于2003年8月1日起施行。它第一次以行政法规的形式确立了我国渔业船舶法定检验制度，是我国渔业船舶检验工作步入法制化轨道的重要标志，我国渔业船舶检验事业由此进入快速大发展阶段。

第一章　渔船发展与渔船检验体制改革

第一节　渔业发展进入结构调整期

我国渔业经过快速发展，在20世纪90年代解决了大中城市的“吃鱼难”问题，全国城乡市场水产品供应充足，大批渔民、农民通过发展渔业走上了致富之路。但在20世纪末，海洋渔业的发展条件和环境发生了较大变化。尤其对于捕捞渔业来说，近海渔业资源衰退，环境恶化严重；《联合国海洋法公约》对我国生效后，我国渔船赴他国专属经济区海域作业受到种种制约。

以1997年国务院批转农业部《关于进一步加快渔业发展意见的通知》为标志，渔业发展进入了结构调整时期。

一是仍然坚持“以养为主”的发展方针，加大发展养殖渔业的力度，养殖水产品产量继续快速增长，养捕比在2010年达到71∶29。

二是渔业资源和环境保护工作得到重视，海洋捕捞产量在“十五”初期连续3年实现“负增长”。四大海域伏季休渔和内陆重点水域的渔业资源保护制度全面实施；捕捞渔船“双控”制度进一步完善，对捕捞渔船实行控制渔船数量以及控制主机功率，遏制了捕捞渔船盲目增长势头；2002年起实施渔业船舶报废制度和沿海捕捞渔民转产转业政策，拆解报废大量近海渔船，培训转产大批转业渔民。2011年3月，农业部印发《关于“十二五”期间进一步加强渔船管理控制海洋捕捞强度的通知》，进一步推进老旧渔船报废和更新改造。

三是远洋渔业产量继续增长，并实现结构优化，利用公海渔业资源能力显著增强，改变了过洋性渔业为主的生产模式，呈现出大洋、过洋性渔业齐发展的局面。成功启动实施了南极海洋生物资源开发项目，2010年首次探捕南极磷虾主要渔场。

四是2006年起我国实行了渔业成品油价格补贴政策。随着近海渔业资源逐渐匮乏，柴油价格不断攀升，渔业生产成本大幅提高，国家对从事近海、内陆捕捞和水产养殖并使用机动渔船的渔民和渔业企业进行补助。

五是休闲渔业蓬勃发展，成为渔业结构调整过程中产生的新兴产业。

我国现代渔业的结构性变化对渔船检验工作提出了新的要求。为适应渔业政策、渔业发展的新形势，2003年国务院颁布《中华人民共和国渔业船舶检验条例》，并于同年8月1日起施行。《渔业船舶检验条例》出台之后，地方性渔船检验法规制度建设步伐加快，各省（自治区、直辖市）相继制定了各自的渔业船舶检验或管理相关条例。伴随着渔业结构性调整，在农业部渔业船舶检验局的主持下，渔船检验特色技术法规体系相继建立。小型渔船、休闲渔船、远洋渔船、新能源渔船、船用产品以及渔船修造检验和认可制度得到进一步完善和拓展。面对我国渔业从旧模式向新形势过渡和发展中出现的诸多问题，渔业检验业务不断深入。一方面不断加强老旧渔船的检验和管理，开展渔船相关专项治理行动，另一方面积极参与与港、澳和国际渔船检验业务的交流合作，改革、探索和完善先进、大型船舶、远洋渔船和特色渔船的检验和管理，积极推动渔船的标准化和新能源化建设。

第二节　发展中的中国渔船

2000 年，农业部开展了海洋捕捞渔船普查工作。数据显示，我国海洋捕捞渔船为 244336 艘，1221. 8 万千瓦。木质渔船仍为我国海洋捕捞渔船主体，有 210142 艘、757. 43 万千瓦，分别占海洋捕捞渔船总量的 86. 01% 和 62%；其次为钢质渔船，有 21821 艘、442 万千瓦，分别占总量的 8. 93% 与 36. 18%；玻璃钢渔船有一定的发展，已有 6219 艘、13. 56 万千瓦，分别占总量的 2. 55% 与 1. 1%。此外，2000 年农业部还禁止了新建钢丝网水泥渔船，该材质渔船逐步退出历史舞台。

在自然资源环境、社会经济发展以及国家政策的综合作用下，渔船及渔船检验的发展也发生了深刻转变。我国渔船从 2002 年的 93. 18 万艘，发展到 2010 年的 106. 6 万艘；远洋渔船队到 2010 年获批准作业的渔船有 1989 艘，作业海域分布于 35 个国家的专属经济区和太平洋、大西洋、印度洋公海及南极海域。

渔船是渔业生产的主要工具，是渔业经济社会发展的重要组成部分。我国是一个渔船大国，据统计，截至 2012 年末，我国渔船总数为 106. 96 万艘，其中，海洋渔船 30. 26 万艘，24 米以上海洋渔船 3. 38 万艘，约占全世界此类渔船总数的 50%，已成为世界渔船第一大国，在国际上具有举足轻重的地位。海洋渔船占全国各类海洋船舶总数的 95. 82%，是海洋运输船舶的 23 倍（据《2011 年公路水路交通运输行业发展统计公报》，2011 年底，全国拥有水上运输船舶 17. 92 万艘，其中沿海船舶 10902 艘，远洋船 2494 艘）。

2017 年，全国登记在册远洋渔业船舶 2491 艘，全国登记在册国内海洋渔业船舶 208440 艘、总吨位 8257595 吨、总功率 14818929. 57 千瓦；内河渔业船舶 288902 艘、总吨位 878096 吨、总功率 3388496. 36 千瓦。登记在册国内海洋和内河渔业船舶中，钢质渔业船舶 216646 艘，木质渔业船舶 214177 艘，玻璃钢质渔业船舶 39982 艘，其他材质渔业船舶 26537 艘。

渔船建造技术在我国船舶工业整体进步的带动下，也有了较大发展，实现了手工绘图、放样到计算机绘图、放样的跨越，实现了大型远洋渔船的自主建造。渔船整体装备水平也有所提升，主要体现在远洋渔船上，总体规模增长较快，实现了作业方式从单一的拖网作业模式到拖、钓、围多种作业方式相结合的转变，实现了以过洋性渔船为主到大洋、过洋性渔船船队共同发展壮大的转变。随着渔业经济建设深入发展，渔业船舶及装备制造能力和水平不断提升，我国初步形成了自主发展、门类齐全、装备配套、自成体系的渔业船舶生产格局。

一、渔船设计制造能力增强

我国是世界船舶生产大国，也是渔船生产大国。全国现有各类船舶建造修理企业约3000家，渔业船舶建造企业超过600家，渔船专业修理企业接近600家，从事渔业船舶设计的单位110家，不仅支撑着渔船制造大国的地位，而且已经超过了渔船设计制造的市场需求。

二、渔船更新换代全面推进

为适应国际渔船技术发展及保护资源和防止水域污染的要求，在渔业经济宏观调控和市场经济作用下，我国渔船更新改造速度进入快车道。不同材质渔船数量结构发生明显变化，"以钢代木"不仅提升了渔船的安全性和经济性，而且突破了木质渔船无法超越的尺度限制，使渔船朝着大型化、专业化方向发展。小型渔船的纤维增强塑料（玻璃钢）化越来越被广大渔民认可，木质渔船数量逐步减少。这些都促使我国渔船数量结构更加合理。大型渔业公务船、资源调查船、渔船补给船，以及各种过洋和大洋型专业化远洋渔船的建造，已基本国产化，并已形成产品系列。

三、渔船装备技术越发先进

我国船舶装备制造业的发展为渔船制造提供了广阔的应用空间，国产的渔船用柴油机、增压器、船用齿轮箱、船用发电机、船舶电站、液压控制系统等重要船用产品品种多，选择余地大，供给充足，在渔船上广泛应用。适用于渔业船舶的节能技术、系统控制装备、电力推进装置及液化天然气（LNG）双燃料发动机也开始在渔船上试用。有的渔业船舶的机舱配套设备已经达到或超过国内外先进船舶的技术能力和水平。

四、通信导航及助渔设备广泛应用

跟踪国际渔船信息化发展，渔用全球卫星导航仪（GPS、北斗）、渔用无线电话、探鱼测深仪、雷达、船舶自动识别系统（AIS），以及高频、中/高频无线电装置等一系列先进的通信、导航仪器在渔船得到快速发展应用，以渔船自动报警及定位系统为代表的仪器已成为渔船法定检验规则所要求的基本配置，渔船航行、作业安全监控开始迈入信息化时代。

五、先进渔捞、制冷设备不断配备

远洋渔船及捕捞装备的引进、消化、吸收，对促进我国远洋渔业的发展和保持国际渔业竞争中的有利地位发挥了重要作用。大型金枪鱼围网起网成套装备、大型拖网渔船拖网绞纲机、金枪鱼船用钓机、起网动力滑车、起重机及各式钓具等专业设备或产品初步实现国产化。超低温渔船冷冻成套装置、冷海水保鲜系统在金枪鱼钓船上已经广泛应用。各类甲板机械配备齐全，工作稳定性都达到较高水平。

六、渔船制造启动标准化模式

随着渔业产业政策调整和渔船“双控”制度的严格监管，渔船减船转产和更新改造政策的落地，我国渔船标准化建设已经启动，并将成为加快现代渔业建设的重点方向。远洋渔船标准化船型参数系列的研究和标准船型的优化设计逐步开展，国内渔船标准化船型选型工作均已经在各地展开，渔船标准化、专业化、现代化建设迈出了新步伐。

进入21世纪后，船检机构支持培育渔船及装备技术研发，推动新技术、新能源、新材料、新装备在渔船中的推广应用，推进渔船标准化，促进渔船转型升级。尤其是引导设计建造先进远洋渔船方面取得突破，大型金枪鱼围网船、大型鱿鱼钓船、大型秋刀鱼船、双甲板拖网船和超低温金枪鱼钓船等世界先进远洋渔船的自行建造和长期安全航行作业，标志着我国先进远洋渔船严重依赖进口历史的结束。

第三节　“11·24”特大海难事故影响渔船检验

1999年11月24日发生的“大舜”号滚装船遇难事故，造成280人遇难或失踪，直接经济损失达9000万元。党中央、国务院对这起严重的事故十分重视，国务院下发了《关于加强安全生产有关问题的紧急通知》(国发明电〔1999〕3号)，党和国家领导人多次指示加强安全生产工作。为此，农业部渔业船舶检验局于1999年12月17日在北京紧急组织召开了全国渔船检验安全工作会议，来自全国渔船检验局（处)、渔业公司和渔船修造企业的52位领导和专家参加了会议，就如何加强全国渔业船舶检验工作，保证渔业船舶具备安全作业的技术条件，防止渔业船舶污染水域环境，保障渔民生命财产安全，遏制渔船重大特大事故发生等问题进行了交流研究。

2000年1月4日，农业部渔业船舶检验局就1999年12月17日紧急召开的全国渔船检验安全工作会议及其议题一事，向农业部副部长齐景发并部党组呈上《关于加强渔船检验工作有关问题的报告》，引起了部领导对渔船检验工作的高度重视。2000年1月12日，农业部下发《关于加强渔业船舶监督检验工作的紧急通知》(农渔发〔2000〕1号)。2012年，农业部渔业船舶检验局开展全国海洋渔船安全技术评价试点工作，研究制定了《渔船安全技术评价体系》(第一版)。该体系对24米及以上钢质渔船的安全评价标准、方法等进行了规定，并可参照适用于其他渔业船舶。为贯彻落实全国渔业安全生产会议精神和国务院《关于促进海洋渔业持续健康发展的若干意见》(国发〔2013〕11号）有关要求，2014年4月，农业部下发《农业部办公厅关于开展全国渔船检验执法监督三大行动的通知》(农办渔〔2014〕25号)，组织全国渔船检验系统开展渔船基本数据普查行动、渔船重要安全隐患整治行动以及船用产品质量监督执法整治行动。

“11·24”特大海难事故对渔船检验工作的影响是巨大的，在各方重视下，渔船检验工作总体上得到了加强，各项规范化管理措施得到迅速推行和落实。渔船检验的行政执法地位得到明确；北太平洋鱿鱼钓船检验和境外渔船检验工作走上了规范化道路；老旧渔船检验得以加强；渔船船用产品实行检验监管制度；渔船检验信息化程度提高，中国渔业船舶监督检验管理系统得到升级；各级检验机构统一认可管理制度和验船师资格考核制度得以实施。

进入21世纪后，受1999年“11·24”特大海难事故的影响，各方对船检工作继续高度重视，渔船检验监督体制机制获得了进一步完善，渔业管理制度也得以不断健全，促进了渔船检验工作。特别是在2006年国家实施渔业成品油价格补贴政策的促进下，渔民的守法意识得到大大提高，长期存在的渔船受检率低问题得到极大改善，渔船管理由过去强制检验转变为渔民主动申报检验。在各方面因素的综合推动下，渔船检验工作量大大增加，检验渔船数由1999年的26.26万艘增长到2010年的58万艘，应检船的受检率达到80%。渔船船用产品监管力度不断加大，截至2010年，已经初步建立了产品检验质量抽查制度，全国年检产品50万台（件），认可率由2006年的不足30%大幅提高到55%。严格渔船设计、修造企业资质许可制度，“十一五”期间取得渔船设计、修造企业资质的企业分别为113家和1061家，有效规范了渔船修造市场，提高了渔船设计、修造质量。

第四节　农业部渔业船舶检验局的职能调整

2002年2月9日，农业部印发《农业部渔业船舶检验局职能配置、内设机构和人员编制规定》，正式明确农业部渔业船舶检验局具有以下7项职能：

（1）贯彻执行国家有关渔业船舶检验的法律法规和我国政府加入的有关国际公约。

（2）受农业部委托，起草渔业船舶检验的法律法规、渔业船舶及船用产品检验计费标准；拟定渔业船舶法定检验规则，由农业部发布制定渔业船舶检验规范、规程、证书格式及指导性文件，并监督实施。

（3）负责渔业船舶和船用产品法定检验及监督管理；负责渔业船舶安全认证的实施工作；处理渔业船舶检验工作中的重大技术问题及业务纠纷；受理外籍和港、澳、台地区渔业船舶检验业务；受理公正检验业务。

（4）负责渔业船舶检验机构的认可及检验业务授权；负责验船人员任职资格培训、考核、发证及管理工作；监督检查渔业船舶检验机构贯彻执行有关法律法规；监督验船人员依法检验与文明执法。

（5）负责渔业船舶的设计单位、修造企业及重要船用产品制造、维修企业、检测机构的认可和监督；负责渔业船舶船用锅炉压力容器的安全监察管理；负责渔业船舶修造企业特殊工种人员的培训、考核与发证。

（6）监督渔业船舶和船用产品生产企业修造质量；编辑《渔业船舶录》和《船用产品录》；受农业部委托，承办渔业船舶船型编号管理工作，参与起草渔业船舶制造、修理标准，承办新型渔业船舶和船用产品的成果鉴定和定型审查工作。

（7）承办农业部交办的其他事项。

农业部渔业船舶检验局内设机构有办公室、财务处、法规技术处、船舶检验处、质量监督处、产品检验处，是依照国家公务员制度管理的农业部直属事业单位，规格为正局级，人员编制 30 人。2002 年 12 月，中编办又在《关于农业部所属事业单位机构编制调整的批复》中，调整农业部渔业船舶检验局编制为 35 人。

2004 年，农业部与交通部就国际鲜销水产品冷藏运输船管理职能进行移交。长期以来，农业部将鲜销船作为渔业辅助船舶实施船舶检验、船舶登记管理，并配备渔船船员。由于港口国监督的不断深入，日本、韩国等国家启动了对挂靠其港口的鲜销船按国际惯例作为运输船舶实施港口国监督检查，使这类船舶存在着被滞留的风险。一旦发生被滞留的情况，不仅给渔民、企业带来巨大经济损失，也将给国家形象带来不良影响，因此有必要将鲜销船移交交通部门进行管理。2004 年 12 月 21 日，交通部海事局、农业部渔业局、农业部渔业船舶检验局签署《关于理顺从事国际鲜销水产品冷藏运输船管理关系的意见》，同意“自 2005 年 7 月 1 日起，农业部渔业局、渔业船舶检验局停止签发鲜销船的渔业船舶登记证书、检验证书，各级渔政渔港监督、渔业船舶检验机构停止受理鲜销船的登记检验申请。”“自 2005 年 2 月 1 日起，中国船级社、海事局、海事系统各相关船舶登记机关开始受理鲜销船的船舶检验、船舶登记申请，并按规定实施检验并核发相应证书。”“渔政渔港监督、渔业船舶检验机构对鲜销船的日常监督管理至 2005 年 6 月 30 日止。”按照文件要求，2005 年 1 月 26 日，农业部渔业船舶检验局向交通部海事局移交第一批 149 艘鲜销船名单，3 月 9 日移交第二批 8 艘鲜销船名单。

2006 年 5 月 9 日，为加强渔业船舶检验工作的需要，农业部办公厅印发《关于农业部渔业船舶检验局主要职责内设机构和人员编制的批复》（农办人〔2006〕48 号），对农业部渔业船舶检验局主要职责、内设机构和人员编制进行调整。职责主要增加了“承担全国渔船渔机渔具行业的指导工作”。为加强体系建设职能，内设机构调整为办公室、财务处、法规处、体系建设处、资质管理处、船舶检验处、产品检验处。核定人员编制为 35 人，其中局级领导职数 4 人，局级非领导职数 1 人，处级领导职数 13 人（其中正处级 7 人），处级非领导职数 6 人（其中调研员不超过 3 人）。主要职能为以下 8 项：

（1）贯彻执行国家有关渔业船舶检验的法律法规，履行有关国际公约的有关义务。

（2）研究起草渔业船舶检验的法律法规、渔业船舶及船用产品检验计费标准；研究起草渔业船舶法定检验规则，经农业部批准后组织实施；研究制定渔业船舶检验规范、规程、证书格式及指导性文件并监督实施。

（3）负责渔业船舶和船用产品法定检验及监督管理；组织处理渔业船舶检验中的重大技术问题、业务纠纷；组织协调有关国家和地区委托的渔业船舶检验业务；组织、协调、指导渔船公证检验业务。

（4）负责渔业船舶检验机构检验业务核定；组织渔业船舶注册验船师制度实施的相关工作；负责监督渔业船舶检验机构业务执行情况；负责监督验船人员依法检验与文明执法。

（5）负责渔业船舶的设计单位、修造企业及重要船用产品制造、维修企业、检测机构的认定和监督管理；负责渔业船舶船用锅炉压力容器的安全监察管理；指导渔业船舶修造企业特殊工种人员的培训、考核工作。

（6）拟定渔业船舶必须检验的重要设备、部件和材料目录，经农业部批准后组织实施；负责全国渔船标准的制定、修订工作。

（7）指导全国渔船渔机渔具行业的业务工作。

（8）承办农业部交办的其他事项。

2008 年，国务院办公厅印发农业部“三定”方案的文件（国办发〔2008〕76 号）中明确规定：“农业部履行的渔业船舶检验和监督管理职责，由农业部渔业船舶检验局（中华人民共和国渔业船舶检验局）承担。”根据《渔业法》《渔业船舶检验条例》等法律法规以及 1998 年、2008 年国务院办公厅印发农业部“三定”方案的文件（国办发〔1998〕88 号、国办发〔2008〕76 号）规定，农业部渔业船舶检验局代表国家行使渔业船舶检验和监督管理职能。农业部渔业船舶检验局的主要职责和任务是：保障渔船航行安全、渔船作业和渔民生命财产安全，保障水域环境和海洋生态安全，促进渔业船舶节能减排的公共事务管理职责，具体承担着起草渔业船舶检验的法律法规、政策、规划以及渔业船舶、船用产品检验计费标准；拟定重要渔船用安全设备、部件和材料检验目录；渔业船舶安全技术法规制定；履行有关国际海事安全及防污染公约的义务；渔业船舶及重要渔船用安全设备检验及监督管理；渔业船舶设计图纸审查；检验机构体系建设；检验人员任职资格培训、考核管理及监督执法等重要职能。

2014 年 7 月 14 日，农业部人事劳动司下发《关于农业部渔业船舶检验局（中华人民共和国渔业船舶检验局）内设机构调整的批复》（农办人〔2014〕77 号），对农业部渔业船舶检验局内设机构名称进行了调整。局内机构 7 个，处室职能、编制及处级领导干部职数调整如下：办公室（职数 6 人，正、副处长各 1 人）、财务处（职数 3 人，正处长 1 人）、体系建设与信息处（职数 5 人，正、副处长各 1 人）、法规监督处（职数 4 人，正、副处长各 1 人）、检验管理处（职数 4 人，正、副处长各 1 人）、产品质量监督处（职数 4 人，正、副处长各 1 人）、技术发展处（职数 4 人，正、副处长各 1 人）。

2018 年，中华人民共和国国务院及其下属机构实行机构改革，农业部渔业船舶检验局职能划分给交通运输部海事局和中国船级社。

2018 年 4 月 20 日，中华人民共和国海事局授权中国船级社依照有关法律法规和规则、规范、规程等要求，对中国籍远洋渔业船舶和中国籍渔业船舶船用产品实施法定检验和发证工作。2018 年 4 月 20 日及以后的相关检验和发证工作，将由中国船级社办理。

2018 年 5 月 3 日，农业部渔业船舶检验局印发《关于移交远洋渔业船舶及船用产品检验档案的通知》，要求 5 月 31 日前向中国船级社完成所有已归档的远洋渔业船舶检验、设计图纸审查和船用产品认可档案的移交。

2018 年 5 月 4 日，农业部渔业船舶检验局发布《关于移交远洋渔船检验证书签证专用章及北太平洋鱿鱼钓渔船检验证书签发人用章的通知》，要求 7 月 31 日前把上述签证专用章移交给中国船级社渔业船舶检验中心。

第五节 “检管分离”改革的试点与探索

一、“检管分离”改革

截至 2015 年 12 月 31 日，全国有渔船 107 万艘。全国渔业船舶检验机构工作人员总人数约 1.2 万人，其中，具有验船师资格的有 6646 人，而持证在岗执行检验任务的验船师约 2000 人。全国每年实际检验渔船达到 70 余万艘，“船多人少”的矛盾十分突出。“船多人少”导致验船师在检验过程中无法完全按照法规进行检验，县级检验力量则更为薄弱。为了完成每年的船检工作任务，存在检验流于形式甚至有不检验就签字的现象，渔船质量安全技术状况存在较大隐患。渔船检验体制机制改革已势在必行。

为积极响应政府转变职能和行政审批事项逐步向基层下放的改革大势，按照党的十八届三中全会提出的推进政府向社会力量购买服务的要求，本着船检工作既要充分体现行政管理职能，又要提高工作效率和服务水平的思路，农业部渔业船舶检验局在广泛调研和深入研究的基础上，自 2016 年起开始积极推进渔船检验体制机制改革试点工作。2016 年改革试点工作主要包含以下内容：一是探索建立“检管分离”工作体制；二是探索培育社会第三方技术支撑力量并明确职责；三是强化检验机构检验质量监管和行政管理职能；四是探索创新渔船检验工作机制。

2016 年 6 月 14 日，农业部渔业船舶检验局分别在对山东、浙江渔业船舶检验局《关于组织开展渔船检验管理改革试点工作请示》的批复（国渔检（体）〔2016〕29、30 号）中，同意山东、浙江 2 个县级地区营运渔船的年度和期间检验开展试点改革工作，期限暂定为 24 个月。一是开展渔船设计图纸的技术评审与行政审批相分离的改革试点，将原由验船师从事的图纸技术审查委托第三方专业审图机构完成，由其出具图纸审查技术评审报告，检验机构审核确认评审报告后签发图纸审查批准文件。二是通过政府购买服务的方式，委托专业检测机构承担营运渔船现场检验（年度检验和期间检验），进行船舶技术状况检测评价并出具评价报告，检验机构再对船舶的安全设备进行现场核查，结合评价报告，对渔船安全状况进行综合符合性确认后，作为其签发（签署）检验证书的依据。

农业部渔业船舶检验局结合 2016 年全国督导调研工作取得的一手资料，立足四大体系建设布局尤其是配合渔船检验工作体系建设，起草完成了《关于加强和改进渔业船舶检验监督管理工作的意见》《渔业船舶检验组织体系建设规划（讨论稿）》，并于 2016 年 12 月 8 日—9 日在福州举行的全国渔业船舶检验监督管理工作座谈会上进行讨论研究。作为船检体制机制改革风向标的指导性文件，上述意见及规划（讨论稿）的提出为培育完善社会化的渔业船舶检验检测技术支撑机构，切实配合推进“检管分离”改革工作，全面构建适应现代渔业发展的渔业船舶检验工作新格局提供了较为明确的建设方向。

2017 年 10 月 27 日，农业部渔业船舶检验局发布《关于开展渔业船舶检验监督“检管分离”改革试点工作督导检查的通知》，要求11月上中旬组织开展对各改革试点地区推进改革试点工作情况进行督导检查，并于同年11月15日在北京组织召开了渔业船舶检验监管“检管分离”改革试点工作集中研究，总结交流了试点地区渔业船舶检验监管“检管分离”改革试点工作情况。

二、山东、浙江两个试点地区改革试点探索

2016年8月31日，为解决渔船检验“船多人少”、检验监管不到位等问题，根据农业部渔业船舶检验局有关批复精神，山东省海洋与渔业厅印发《山东省渔业船舶检验管理改革试点工作实施方案》，全面启动渔业船舶检验监督管理体制机制改革试点工作，主要是通过政府购买服务的方式引入第三方机构，探索建立新的渔业船舶检验监督管理模式。一是审图改革试点。以山东省渔业船舶审图中心为依托，开展渔船设计图纸技术评审与行政审批相分离试点。二是建造检验试点。从黄海造船有限公司、荣成造船工业有限公司选取4艘且船长大于等于45米的新建海洋渔业船舶，开展建造渔船技术状况检测评价试点。三是营运检验试点。在石岛分局负责检验的渔船中，选取100艘期间检验和200艘船龄大于10年年度检验的国内海洋渔业船舶，开展营运渔船技术状况检测评价试点。试点过程中对试点单位的资质、机构和人员职责、工作流程、监督管理措施等方面进行了明确，并从组织、经费、制度等方面制定相应的保障措施，确保试点工作顺利推进，并取得预期成果。

2016年初，为提高渔船检验效率，浙江渔业船舶检验局在舟山启动“集中检验”改革试点，在温岭开展“委托第三方检验”改革试点，探索将原来分散在各船厂的检验改为定点渔港检验，将技术性强、工作量大的部分现场检验项目通过政府购买服务方式委托给第三方机构承担。

三、广东省的渔船检验职能下放改革

2012年6月，随着行政审批制度的改革，广东省以政府令的形式将船用产品检验职能下放到地级以上市级机构。2012年12月以来，广东省各地市级政府纷纷以政府令或发文的形式，进一步将产品检验职能下放到县级机构。2013年11月，广东渔业船舶检验局向农业部渔业船舶检验局提出申请，将汕头、潮州分局渔业船舶及船用产品检验证书核发事权下放至区县检验站，不具备产品检验能力或未设立县区船检机构的暂由分局承担。在实际检验工作中，广东省地市级检验机构虽已具有产品检验的权限，但并不具备检验能力，仍需依靠省局检验力量开展工作。面对新一轮行政审批下放，区县检验机构更加没有足够的承担产品检验工作的能力。机构业务核定工作出现了新情况，需要面对解决新问题。

根据《中华人民共和国渔业船舶检验机构认可和管理规定》，以及农业部渔业船舶检验局机构认可实际情况，船用产品检验权限一般设置在省级渔船检验机构。面对行政审批制度改革中出现的产品检验职能下放问题，经过大量调研与沟通，农业部渔业船舶检验局首先加强区县检验机构的能力建设，尽快提高履职水平；其次，根据政府令适当下放产品检验职能，不具备产品检验能力的区县，待能力建设达到要求后下放。

2016 年 9 月，广东渔业船舶检验局通过深入研究，针对广东本省渔船检验工作面临的问题，根据本省检验工作实际，通过简化检验工作程序、优化检验中间环节、聚焦检验工作重点等，对汕尾市、东莞市、江门市新会区、阳江市阳东区申请营运检验的国内海洋渔业船舶（达到限制使用船龄的老旧渔业船舶除外）制定了一系列改革措施，探索破解渔船检验“船多人少”难题，提升检验工作质量和效率。

第六节　渔业船舶检验注册验船师制度的建设与实施

2004 年初，交通部向人事部行文，申请在全国建立注册验船师制度。人事部根据国务院部门职责分工，要求交通部与农业部共同出台这项制度。为此，交通部海事局与农业部渔业船舶检验局进行了沟通，达成了共同草拟注册验船师制度规定的一致意见。

为加强船舶检验专业技术人员管理，提高渔业船舶检验专业技术人员素质，保证渔业船舶检验质量，2006 年 1 月 26 日，人事部会同交通部、农业部联合颁布了《注册验船师制度暂行规定》（国人部发〔2006〕8 号），启动实施注册验船师制度，决定“国家对从事船舶检验工作的专业技术人员，实行职业准入制度，纳入全国专业技术人员执业资格证书制度统一规划”，自 2006 年 3 月 1 日起实施。

注册验船师资格分为船舶与海上设施检验、渔业船舶检验两个类别，渔业船舶检验的注册验船师制度是农业行业的第一个职业资格制度，它的建立和顺利实施，为农业行业实行职业资格制度打下了基础，具有里程碑式的意义，得到了农业部门的高度重视。2006 年 1 月 6 日，农业部副部长范小建在对此项工作的批示中指出：“建立渔船注册验船师制度对于加强检验人员管理、提高队伍的业务素质、规范船检行为十分重要，是关系到我船检事业长远发展的基础性工作。”2006 年 6 月 14 日，《中国渔业报》刊登农业部副部长尹成杰《实施注册验船师制度　加快农业专业技术人才队伍建设》的署名文章。

2007 年 7 月 6 日，人事部、交通部、农业部联合印发《注册验船师资格考试实施办法》（国人部发〔2007〕93 号），针对注册验船师资格考试问题，规定了成立注册验船师资格考试办公室、考试专家委员会和报考 A、B、C、D 级注册验船师的条件、考试科目等项要求。11 月，为建立注册验船师资格考试认定相关制度，规范考试题型，由农业部渔业船舶检验局牵头、农业部人力资源中心、人社部专技司、山东海洋渔业厅人事处、山东渔业船舶检验局参与组成工作组，赴山东乳山船厂、石岛黄海船厂及山东渔业船舶检验局、石岛分局、荣城检验站进行实地考察，了解渔船与商船在设计、建造和检验方面的区别，为下一步制定注册验船师资格认定题库和注册验船资格（渔业船舶类）分门类考试编写奠定了认知基础。

2009 年 11 月 30 日，人力资源和社会保障部、农业部印发《注册验船师（渔业船舶类）资格考试认定办法》，拟对原在经批准设立的渔业船舶检验机构工作的在编在岗人员，从事船舶检验工作经历满足一定条件后，通过考试和认定等程序发给《中华人民共和国注册验船师（渔业船舶类）资格证书》。

2006—2010 年，在人事劳动司的统一部署和指导下，农业部渔业船舶检验局牵头成立人力资源和社会保障部、农业部注册验船师（渔业船舶类）资格考试办公室，组建全国注册验船师（渔业船舶类）资格考试专家委员会，编写《注册验船师（渔业船舶类）资格考试大纲》和认定考试题库，并对渔业船舶检验机构内部参考人员进行了摸底调查。2010 年，《注册验船师（渔业船舶类）资格考试大纲》由人民交通出版社正式出版。

2010 年 2 月 9—10 日，注册验船师资格考试认定题库征题工作会议在北京江西大厦召开，全国注册验船师（渔业船舶类）资格考试认定题库征集工作正式启动。4 月 9 日，农业部渔业船舶检验局周彤局长主持召开局务会议，研究审定注册验船师资格考试大纲。会议原则通过注册验船师资格考试大纲及考试复习指南，并要求有关人员认真审定、把关注册验船师资格考试样题。4 月 28—29 日，注册验船师资格考试题库编写工作研讨会在杭州召开，承担注册验船师资格考试题库编写任务的全国 17 个省（自治区、直辖市）注册验船师资格考试专家委员会委员及有关负责人参加了会议。在农业部人事司的直接指导下，实施渔业注册验船师制度所需的制度建设和组织保障工作基本形成。

2011 年以后，由于资金缺口等实际因素影响，注册验船师制度推进工作放缓。2016 年经农业部主管领导批准，原则上同意农业部渔业船舶检验局加快推进注册验船师制度实施工作，并根据职责分工积极配合推进工作。

根据农业部与人力资源和社会保障部联合发布的《注册验船师资格考试大纲（渔业船舶类)》(2010 版)，2016 年农业部渔业船舶检验局完成系统内部人员注册验船师认定考试题库建设工作。在此基础上，再根据新修订的远洋渔业船舶和国内海洋渔业船舶检验规则，修改完善《注册验船师考试大纲（渔业船舶类)》，组织渔业船舶检验人员、大专院校及渔业船舶设计修造专家，进一步完善注册验船师（渔业船舶类）考试题库建设工作。

2016 年 4 月 14 日，农业部渔业船舶检验局邀请交通运输部注册验船师考试专家委员会秘书处秘书长陈小华副处长围绕注册验船师（船舶和海上设施类）实施情况进行了交流，并就加强渔业船舶注册验船师考试、考务、题库等合作事项交换了意见。在充分调研的基础上，提出了进一步推进实施渔业注册验船师制度的工作方案，在刘晴副局长的带领下向部人事和人力资源开发中心进行了汇报。

之后，农业部渔业船舶检验局按照人力资源和社会保障部相关要求，积极借鉴交通运输部海事局推进注册验船师制度实施工作相关成果和经验，研究提出分两个阶段推进实施渔业注册验船师制度。试点阶段（2016—2017 年)：拟在山东、浙江等试点地区先行推进实施，重点围绕国家简政放权、加强监管的要求，解决船检体制机制改革试点和监管机制创新对第三方检验检测机构及人员的需求。全面实施阶段（2018—2020 年)：在总结试点阶段经验的基础上，根据国家对验船师职业资格规范管理要求，在全国范围内全面启动实施。

通过开展调研，在了解目前社会第三方检验检测机构在渔业船舶检验工作中的作用情况，研究船检机构体系建设相关的法律、法规文件等基础上，按照“检管分离”改革方向和渔业船舶检验组织体系建设整体方向，2016 年农业部渔业船舶检验局牵头组织成立注册验船师事务所评价标准体系研究项目小组，研究制定注册验船师事务所评价标准体系框架，起草评价标准体系为规范注册验船师事务所管理和充分发挥社会第三方（注册验船师事务所）在渔业船舶检验工作中的作用奠定基础。同时，开展注册验船师（渔业船舶类）考试题库开发工作，建立了题库开发专家资源库，落实题库开发知识点明细表，同时修订注册验船师考试大纲，最终建立1个题库管理系统（平台），包括试题管理、细目表管理、组卷管理和试卷管理4个模块，实现管理系统根据考试需要自动完成提取试题并组成考试试卷。

为加强验船师队伍专业素质和检验能力建设，农业部渔业船舶检验局狠抓验船师培训工作基础建设，组织编制验船师上岗资格培训教材、远洋渔船检验教材、船舶图纸审查教材、船用产品检验教材和验船师资格考试题库等专项业务培训教材和讲义；建立验船师师资库，认定5个相关大专院校和2个渔船修造企业作为验船师培训基地，并相继开展针对各类检验业务的培训工作。培训基础建设和培训工作的开展，积累了对培训基地建设、考试过程控制、考试题库建设、培训效果评价、培训质量提升等相关经验，同时也为注册验船师岗前培训和继续教育提供了师资和技术上的保障。

2016年11月8日，为进一步调研和完善推进实施注册验船师（渔业船舶类）制度工作，农业部渔业船舶检验局完善并细化了实施工作方案，完成了《关于加快实施注册验船师（渔业船舶类）制度的请示》（农渔检（体）函〔2016〕157号），上报农业部人事劳动司。

2017年6月12日，部人事劳动司发布《关于调整注册验船师（渔业船舶类）资格考试（认定）办公室组成人员的通知》，确定资格考试办公室组成人员。按照部人事劳动司批复要求，2017年，农业部渔业船舶检验局调整了注册验船师制度实施的组织机构，建立修订了注册验船师资格考试大纲和考试题库，起草了《注册验船师（渔业船舶类）注册管理办法》等5个注册验船师管理办法和《注册验船师（渔业船舶类）事务所业务核定与管理办法》，进一步完善了该项制度实施的管理制度。

2017年11月16日，农业部渔业船舶检验局委托农业部人力资源开发中心开展注册验船师（渔业船舶类）资格考试考务管理制度建设工作，加快推进注册验船师制度实施。

2017年12月18日，农业部渔业船舶检验局发布《关于调整全国注册验船师（渔业船舶类）资格考试专家委员会委员的通知》，李昌健任资格考试专家委员会主任委员，刘晴、唐金龙任副主任委员，孙继光等27位专家学者任委员。

2017年12月21日，农业部渔业船舶检验局在大连审议了《注册验船师（渔业船舶类）注册管理办法》《注册验船师（渔业船舶类）执业管理办法》《注册验船师（渔业船舶类）监督管理办法》《注册验船师（渔业船舶类）工作过错责任追究办法》和《注册验船师（渔业船舶类）继续教育管理办法》5个注册验船师管理办法和《注册验船师（渔业船舶类）事务所业务核定与管理办法》。

第七节　渔船检验“四大体系”建设规划

2015年12月3—4日，全国渔业船舶检验工作会议在上海召开。农业部于康震副部长出席会议并讲话，指出“船检要适应渔业绿色发展、安全发展、可持续发展和规范发展的要求，担当尽责、科学公正、改革创新，为现代渔业建设保驾护航”，提出“十三五”渔船检验工作要围绕支撑现代渔业建设和平安渔业建设，通过检验监督管理机制创新，强化渔船检验监督管理法规体系、组织体系、工作体系和渔船修造监管体系（简称“四大体系”）等建设要求。

2016 年，农业部渔业船舶检验局以于康震副部长提出的“四大体系”建设为工作目标，明确了 19 项重点工作，通过创新工作机制和工作方法，主动适应全面深化改革要求，开展了渔船安全监管、渔业发展等方面的调查研究，试点了适应市场体系要求的检验体制机制改革，出台了远洋渔船等各型渔船检验规则、规范、指南等各类检验技术法规，发布了一系列加强检验管理的文件和工作方案，开展了检验督导检查和船用产品质量专项抽查，加强了渔船检验执法监督，努力提高检验质量，切实发挥在现代渔业建设中的基础作用。

2016 年 12 月 8—9 日，全国渔业船舶检验监督管理工作座谈会在福建省福州市召开。会议就渔船检验行政审批改革、加强和改进渔业船舶检验监督管理工作意见以及“十三五”时期“四大体系”建设规划等进行了专题座谈和分组讨论。农业部办公厅副主任蒋建平、长江流域渔政监督管理办公室副巡视员董金和等人出席座谈会，李昌健作工作报告，张锋副局长主持会议，钟小金副局长作“十三五”四大体系建设规划编制情况通报，刘晴副局长作《加强和改进渔船检验管理工作的意见》起草情况通报。

2017 上半年，农业部渔业船舶检验局在前期渔船检验“四大体系”建设研究的基础上，结合有关省（自治区、直辖市）试点改革成果和有关体制机制改革研究最新成果，开展了全国渔船检验“四大体系”建设规划（2018—2022 年）的研究与起草工作，明确未来一段时期渔船检验工作的目标与发展思路，细化重点任务与措施。2017 年 5 月 17 日，农业部渔业船舶检验局组织编制下发《渔业船舶检验法律法规体系建设规划》《渔业船舶检验监管工作体系建设规划》《渔业船舶检验组织体系建设规划》《渔业船舶修造监管体系建设规划》“四大体系”建设规划征求意见稿（简称“四大体系建设规划”）。各省、自治区、直辖市渔业船舶检验局组织有关人员认真研究，提出了修改完善意见。

2017 年 12 月 27 日，经农业部于康震副部长批准，正式发布《全国渔船检验“四大体系”建设规划》，包括《渔业船舶检验监管工作体系建设规划》《渔业船舶检验组织体系建设规划》《渔业船舶检验法律法规体系建设规划》和《渔业船舶修造监管体系建设规划》四个部分。

到“十三五”末，渔船检验监督管理工作要努力实现以下目标：

一是建设更加完善、覆盖检验监督管理全领域的法规体系。《渔业船舶检验条例》修订取得明显进展，法定检验职能进一步明确，规章配套更加健全，技术法规全覆盖，确保检验监督管理有法可依、有章可循，法律保障更加有力。

二是建设综合素质强、专业水平高的工作体系。法定检验监督管理机构能力基本适应检验监管工作需要，检验监督人员业务能力素质大幅度提升，信息化监督管理能力显著增强，检验工作质量明显提升，重点检验环节可追溯，重要船用产品质量稳步提高，远洋渔船检验监管满足远洋渔业发展需要。

三是建设健全更加符合市场要求、布局合理、配置科学的检验监管组织体系。大力培育社会化检验技术力量，积极扶持成立注册验船师检验事务所，探索试行检验监督管理与技术检验、检测分离的工作机制，重点渔区渔船集中检验点建设试点得以实施，社会化检验、注册验船师制度得以试点推进。

四是建设勇于技术创新、严于质量监管的渔船建造体系。检验法规标准研究、图纸技术评审、检验技术研究等技术支撑机构逐步建立并发挥作用，一批技术水平高、建造能力强、符合修造标准的渔船修造企业得以壮大，渔船建造事中事后监管及检验技术保障能力显著增强。

“四大体系”是相辅相成、互相联系的整体，是打造船检工作新格局的四个支柱。

法规体系是做好渔船检验及其监督管理工作的制度基础，为工作体系、组织体系和建造体系提供制度保障。法规体系建设是“十三五”渔船检验监管的首要任务。

工作体系是渔船检验现行体制内各项监管工作的运行机制，是“体制内的体系”，是“四大体系”的核心。法规、组织和建造体系均服务和支撑工作体系。工作体系主要承担检验的监督管理责任。建设工作体系是“十三五”渔船检验监管的核心内容。

组织体系是现有工作体系外的协助开展渔船检验相关研究、检测、培训、检验等技术服务的运行机制，是“体制外的体系”，也就是第三方技术支撑，是渔船检验及其监督管理工作的有力支撑。作为工作体系的有机补充，接受工作体系的组织和管理，为工作体系提供检验及技术支撑。建设组织体系是“十三五”渔船检验监管的重要保障。

建造体系是渔船建造的标准、设计、审图、产品、制造等全过程的运行体系，是渔船装备技术创新升级和确保渔船建造质量的重要基础。建造体系为工作体系和组织体系打造工作基础。建设建造体系是“十三五”渔船检验监管的物质基础。

通过“四大体系”建设规划的实施，构建执法公正、把关有力、管理科学、服务有效、勤政廉洁的渔船检验监督管理的新格局。面临“十三五”渔船检验工作的新形势，“四大体系”的建设为支撑现代渔业建设和平安渔业建设，保障渔民生命财产安全和防止环境污染，强化渔船检验监督管理奠定坚实的基础。

第二章　渔船检验机构的调整

第一节　渔业船舶检验自成体系

一、渔业船舶检验机构建设

2003 年 8 月 1 日正式实施的《中华人民共和国渔业船舶检验条例》中，第三条“中华人民共和国渔业船舶检验局（以下简称国家渔业船舶检验机构）行使渔业船舶检验及其监督管理职能”和第二十四条“地方渔业船舶检验机构应当在国家渔业船舶检验机构核定的范围内开展检验业务”明确了农业部渔业船舶检验局负责对地方渔业船舶检验机构进行检验业务范围核定的法律地位。

2011 年，为贯彻中共中央、国务院《关于分类推进事业单位改革的指导意见》的有关精神，农业部进一步强化渔业船舶检验局的行政管理职能。根据 2000 年发布的《中华人民共和国渔业船舶检验机构认可与管理规定》，以及 2001 年发布的中华人民共和国渔业船舶检验局《关于渔业船舶检验机构人员配备标准的意见》，农业部渔业船舶检验局按照“统一领导、分级管理”的原则，对各省（自治区、直辖市）的渔业船舶检验机构按照区域或省域功能划分了县级以上渔业船舶检验机构的检验业务职能与事权。地方渔业船舶检验机构根据农业部渔业船舶检验局的业务核定对辖区内制造、改造、营运的渔业船舶及用于渔业船舶上的船用产品与材料实行强制检验，签发渔业船舶及船用产品证书、受理渔业船舶设计单位和修造企业、救生筏检修站、船用产品生产企业认可工作的现场考核和日常监督检验管理。

2012 年，根据《“十二五”渔业立法工作计划》要求，农业部渔业船舶检验局加强对渔业船舶检验机构业务核定管理工作的研究，完成了《中华人民共和国渔业船舶检验机构业务核定与管理规定》的修订工作，拟定了机构管理调研方案。

2013 年，针对全国各省（自治区、直辖市）之间渔船检验发展不同步，部分地区特别是内陆地区检验能力不足的问题，农业部渔业船舶检验局搭建了全国渔业船舶检验机构“结对发展”活动平台，促进了地区机构间的协调发展。在全国省级船检机构之间，组织开展了“结对发展”活动，依托检验力量优势省（自治区、直辖市），通过传、帮、带形式，实现沿海、内陆省（自治区、直辖市）机构之间工作优势互补、双向互动、彼此促进、资源共享，有 27 个省级机构开展了“结对发展”活动（沿海 10 个机构与内陆 17 个机构）。结对发展的省级机构之间通过开展工作经验交流、现场考察取经、代行培训验船人员、帮助开展检验工作等形式多样的活动，有效地带动了内陆地区船检机构检验能力的提升，促进了各省（自治区、直辖市）检验机构监督管理工作和检验业务工作均衡协调发展，获得了各省（自治区、直辖市）的高度认同。

2013年，农业部渔业船舶检验局探索以检验能力核定检验业务的机构建设管理方向。为科学设置渔业船舶检验机构，优化检验业务核定管理，在对全国渔船情况、机构业务开展情况进行充分调研的基础上，开展了以能力核定检验业务工作的研究，探索以能力核定业务范围的工作方式，探讨机构能力分类建设标准，提出了《以检验能力核定船检机构检验业务范围的意见》草案，为寻求业务量与能力平衡发展的体系建设机制打下基础。

2017年结合“检管分离”改革总体方向，农业部渔业船舶检验局加强对机构业务核定管理，修订完善了《渔业船舶检验机构认可与管理规定》。

二、渔业船舶检验自成体系

《中华人民共和国渔业船舶检验条例》规定地方渔业船舶检验机构应在国家渔业船舶检验机构核定的业务范围内开展检验工作。

2003年，以贯彻条例为契机，规范检验机构的管理，农业部渔业船舶检验局重点加强了对内陆省（自治区、直辖市）渔业船舶检验机构建设的指导力度，有贵州、云南、河南3个省级船检机构得到省政府批准成立；有3个省级船检机构（云南、安徽、重庆）通过了农业部渔业船舶检验局机构业务核定，并启用“中华人民共和国云南（安徽、重庆）渔业船舶检验局”对外名称，并已开展工作。截至2003年底，全国已有431家机构通过业务核定，逐步走上了规范化管理的轨道。

到2004年底，全国检验机构达到685个。其中，公务员机构14个，依照公务员制度管理的机构175个，全额拨款事业单位274个，差额拨款事业单位116个，自收自支事业单位106个。

2006—2010年的“十一五”期间，农业部渔业船舶检验局进一步推进省、市、县渔船检验机构的建设，做好新成立检验机构业务核定和已有机构业务调整和日常换证工作。新增了甘肃、青海和新疆3个省级行政区机构，使省级机构的建立达到29个，同时继续推进有渔业船舶的地市县成立渔业船舶检验机构，分局达到39家，单列市局3家，市处163家，县站658家。公务员管理和参照公务员管理的机构424家，占机构总数的47%，事业单位管理的469家，占总数的53%。船检机构独立设置的111家，占比12%，船检机构“二合一”“三合一”设置782家，占比88%。船检机构数量从2005年的656家增加到2010年的893家，数量增长了36%。在业务核定工作中，注重地方检验机构能力建设与引导，科学合理地按照渔船安全管理事权核定业务权限，将渔船船长纳入了机构业务核定的参照标准当中，既保证了工作的延续性，又为进一步改革奠定了基础。开展第二届全国检验标兵单位和优秀验船师评选活动，在全国评选出31个检验标兵单位和39名优秀验船师，并给予了宣传表彰，树立了渔船检验工作典型，鼓舞了广大渔船检验人的工作士气。

2011—2015年的“十二五”期间，机构建设持续加强，检验机构数量由2010年的893个增加到2015年的1094个，增长了22.5%，公务员和参照公务员管理机构比例占50%；

通过组织全国省级船检机构之间开展“结对帮扶”活动，推动沿海、内陆省级机构之间工作资源共享，实现了优势互补、相互促进、协同发展。

2016年，机构建设稳步推进，全国渔业船舶检验机构上升为1105个（宁夏回族自治区、西藏自治区、香港特别行政区、澳门特别行政区和台湾省暂无机构）。

截至2017年底，全国经业务核定的渔业船舶检验机构达到1123个（宁夏回族自治区、西藏自治区、香港特别行政区、澳门特别行政区和台湾省暂无机构）。其中，国家局1个，省局29个，省级直属分局14个，地市级检验机构287个，县级检验机构79个，逐步构建成由国家到省、市、县四级检验机构组成的渔业船舶检验监管体系。

第二节　推动渔业船舶检验系统人员身份转变

自《渔业法》颁布以来，渔业船舶检验部门的公共事务管理职能有了法律授权，成为具有执法权的监管部门。但长期以来全国渔船检验系统都是事业单位性质，这种机构性质影响了渔船检验机构的执法权威性，并且国际通行的惯例都是政府机构主管强制性法定检验。因此在20世纪90年代末期，河北等个别省级渔船检验机构开始实施公务员管理制度。农业部渔业船舶检验局于1999年向农业部上报关于将渔船检验纳入行政序列的请示，自此，渔船检验系统开始长期努力于纳入公务员制度管理。

2001年6月8日，中华人民共和国人事部复函农业部，同意农业部渔业船舶检验局列入依照国家公务员制度管理范围。国家渔船检验机构成功实现公务员转制，给各地渔船检验机构争取实施公务员制度创造了良好的示范和依据。2006年，由于《中华人民共和国公务员法》实施，国家对原依照公务员制度管理的事业单位进行重新审核，8月29日人事部批准农业部渔业船舶检验局实施参照《公务员法》管理。

在地方各级机构不断努力下，到2009年末，全国806个已核定认可的渔船检验机构中：公务员管理的机构共97个，占总数的12.03%；参照公务员管理的机构共286个，占总数的35.48%；事业单位管理的共423个，占总数的52.48%。针对个别省级机构还未解决纳入或参照《公务员法》管理的问题，农业部渔业船舶检验局进一步下发了《关于加快推进全国渔业船舶检验机构纳入或参照公务员法管理的通知》，不断推动体系中公务员制度管理的比例。

“十一五”期间，机构建设持续加强，检验机构数量由2010年的893个增加到2015年的1094个，增长了22.5%，公务员和参照公务员管理机构比例达50%。

到2015年末，全国共有渔业船舶检验机构1094个（宁夏回族自治区、西藏自治区、香港特别行政区、澳门特别行政区和台湾省暂无机构）。公务员管理的机构120个，占比10.97%；参照公务员管理的机构423个，占比38.67%；事业单位管理的机构551个，占比50.36%。全额拨款单位990个，占比90.49%；差额拨款单位58个，占比5.30%；自收自支单位46个，占比4.21%。

截至2017年，全国经业务核定的渔业船舶检验机构1123个（宁夏回族自治区、西藏自治区、香港特别行政区、澳门特别行政区和台湾省暂无机构)。公务员机构 126 个，占比 12.22%；参照公务员管理的机构 416 个，占比 37.04%；事业单位管理的机构 581 个，占比 51.74%。

第三节　各级渔业船舶检验机构的建设与发展

农业部渔业船舶检验局是渔业船舶监督检验的主管机关，统一领导全国的渔船检验业务。各省、市、县的渔船检验机构作为主管机关的执行机构，依据分级管理的范围和权限，负责实施本辖区内的渔船具体检验工作。

根据 2000 年发布的《中华人民共和国渔业船舶检验机构认可与管理规定》，以及 2001 年发布的中华人民共和国渔业船舶检验局《关于渔业船舶检验机构人员配备标准的意见》，农业部渔业船舶检验局对全国渔业船舶检验机构实行认可（业务核定）制度，逐步构建起由国家到省、市、县四级渔业船舶检验机构组成的渔船检验体系，渔业船舶检验机构建设蓬勃发展。

机构认可工作开展后，原有的全部 11 个沿海省（自治区、直辖市）及江西、湖北、安徽、吉林、黑龙江、湖南、四川、内蒙古 8 个内陆省（自治区）陆续统一了名称，获得了代表机构的资质认可。此外，又核定了新增 10 个省（自治区、直辖市）的内河代表机构。

一、重庆市

2001 年 8 月，重庆市机构编制委员会同意撤销重庆市渔政监督管理处，设立重庆市渔政渔港监督管理处，并挂重庆市渔业船舶检验处牌子。重庆市渔政渔港监督管理处（挂重庆市渔业船舶检验处牌子）为处级事业单位，核定事业编制 27 人，经费渠道为财政全额拨款，依照《公务员法》管理。宗旨是：为渔业可持续发展提供渔政监管保障，为渔业生产安全提供渔港监督保障，为渔船安全提供检验保障。主要职责任务是：渔业资源、水生野生动植物资源保护与管理，渔业环境保护；渔事纠纷处理，渔业行政案件查处；渔船、渔港监督管理，渔业海事处理，渔港行政处理处罚；渔业船舶及其船用产品法定检验；渔民专业技能培训。

2003 年 8 月 20 日，农业部渔业船舶检验局批准重庆市渔业船舶检验代表机构，同月 28 日，中华人民共和国重庆渔业船舶检验局正式挂牌成立。随后，重庆渔业船舶检验局设立在各区县（自治县）的 36 个渔业船舶检验执行机构分别于 2004 年、2006 年和 2010 年通过资质认可和业务授权。

二、云南省

2004 年 2 月 26 日，农业部渔业船舶检验局给予云南省渔船检验机构资质认可，批准使用中华人民共和国云南渔业船舶检验局对外名称。

三、贵州省

2004 年 12 月 15 日，农业部渔业船舶检验局给予贵州省渔船检验机构资质认可，批准使用中华人民共和国贵州渔业船舶检验局对外名称。

四、北京市

2005 年 5 月，北京市机构编制委员会印发《关于进一步明确本市水上交通安全监管（管理）职责分工有关问题的通知》，指出："市农业局负责本市渔业船舶的检验、登记管理，并承担相应的监管责任。""市农业局要加强对渔业船舶的安全监管，并配合市运输局（市海事局）坚决打击未经批准擅自使用渔船从事客货运输的行为。"

2005 年 10 月，北京市农业局印发《关于由北京市渔政监督管理站承担渔业船舶检验及管理工作的通知》，指出："决定将上述有关渔业船舶检验及有关管理的具体工作职责明确由你站负责承担。"

2005 年 12 月 29 日，农业部渔业船舶检验局给予北京市渔船检验机构资质认可，批准使用中华人民共和国北京渔业船舶检验局对外名称。

五、陕西省

2001 年，根据中编办关于水上船舶管理职能的划分，陕西渔业船舶正式由交通海事划归渔业行政主管部门（陕西省水利厅）管理，内设陕西省渔业船舶管理处，其主要职能是：负责全省渔业船舶检验机构设置的规划与审定；行使省内主管机关授权或委托的渔业船舶检验及机构的管理工作和全省渔业船舶检验机构检验工作业务范围的划分、协调、指导与监督管理。

2004 年 12 月 29 日，根据陕西省机构编制委员会《关于省农业发展项目办公室水利水产处更名为省渔船检验管理局的批复》（陕编办发〔2004〕166 号）规定，同意陕西省农业发展项目办公室水利水产处更名为陕西省渔船检验管理局，为省水利厅下属处级事业单位，原定 13 名编制及全额拨款经费维持不变。其主要职责是：继续承担水利水产项目立项、审核、报批、实施、监督、验收工作；承担渔业船舶登记、检验、鉴定及船员培训考试工作；提供渔业船舶方面的技术咨询服务。

2005 年 12 月 30 日，陕西渔船检验管理局经农业部渔业船舶检验局机构认可和业务核定，并加挂中华人民共和国陕西渔业船舶检验局牌子，正式开展渔业船舶及渔船船用产品检验工作。

2007 年 8 月 31 日，经陕西省人民政府批准，陕西省渔船检验管理局为参照《公务员法》管理单位。

陕西省只有省级渔业船舶检验代表机构一家，无下设执行机构。

六、山西省

2006 年，山西省机构编制委员会办公室批准成立山西省渔船渔港监督检验局，与省水利厅渔业局、山西省渔政监督管理局三块牌子，一套人马，合署办公，行政编制 3 人（为渔业局编制）。同年12月，农业部渔业船舶检验局派人对山西省渔船渔港监督检验局进行了资质认可及业务核定。

七、河南省

2005年9月28日，河南省机构编制委员会批准成立河南省渔政渔船检验监督管理局，与河南省农业厅水产局合署办公，增加5名行政编制。其职能包括管理渔港和渔港航标设置；处理渔业船舶安全生产事故；依法检验渔业船舶及船用产品，实施渔船登记、发证和船员培训；代表省政府行使渔政、渔港和渔船检验监督管理权。

2006年12月14日，农业部渔业船舶检验局给予了机构认可，并授权河南渔业船舶检验局开展包括渔船及船用产品检验在内的各项渔业船舶检验业务。截至2011年，河南省郑州市、洛阳市、商丘市、信阳市、三门峡市、安阳市、南阳市、济源市、驻马店市9市渔船检验处和固始、嵩县、淅川、罗山、商城、新县、孟津、汝南8个渔船检验站已通过农业部渔业船舶检验局机构认可。

八、新疆维吾尔自治区

2007年12月3日，农业部渔业船舶检验局给予新疆维吾尔自治区渔船检验机构资质认可，批准使用中华人民共和国新疆渔业船舶检验局对外名称。

九、青海省

2007年12月3日，农业部渔业船舶检验局给予青海省渔船检验机构资质认可，批准使用中华人民共和国青海渔业船舶检验局对外名称。

十、甘肃省

2007年，甘肃省农牧厅以甘肃省渔政管理总站申报成立甘肃省渔业船舶检验机构。2008年1月17日，农业部渔业船舶检验局给予甘肃省渔船检验机构资质认可，批准使用中华人民共和国甘肃渔业船舶检验局对外名称。但尚未能在省编办备案。

2012年，农业部渔业船舶检验局完成了湖北、安徽和贵州等省（自治区、直辖市）共31个市、县级新成立机构的业务核定工作，完成了广西、上海和吉林等省（自治区、直辖市）120个机构业务核定的复核换证工作，开展了对宁夏省级机构认可的前期调研工作，推动和健全省级检验机构建设。

2015年，根据海南省政府职能下放安排进行职能下放，海南渔业船舶检验局请示进行业务调整，农业部渔业船舶检验局组织派出机构认可业务考核工作小组，考核海南省局职能下放的条件，根据渔船检验条例和机构认可管理规定，决定暂缓对海南14个渔船检验机构业务调整。同时对其解决本省渔船检验人员业务能力与渔船检验工作要求不符的问题，以及分步实现检验业务权限下放工作提出相关建议，并在2016年培训计划中着重考虑其培训需求，切实做好地方船检机构建设指导工作。

第三章 船检队伍建设和人员培训

第一节 验船师队伍管理

一、验船师资格考试管理

1998 年 12 月，农业部印发《中华人民共和国渔业船舶验船师资格考评管理规定》，我国从此开启了渔船验船师持证上岗的新管理模式。2000 年 1 月，农业部发布《关于加强渔业船舶监督检验的紧急通知》，规定渔业船舶检验机构必须经认可取得资质，验船师须持证上岗。从此，这项制度得到了重视并全面落实。

2006 年 8 月 10 日，农业部渔业船舶检验局印发《验船师资格考试管理办法》，主要是对以考试形式取得验船师资格的程序进行规范，包括考试职责分工、参加验船师资格考试的条件、考试内容、考试教材、考试发证程序等内容。同时又制定《验船人员上岗资格考试发证管理办法》，规范验船人员上岗资格考试发证程序。

2000 年启动验船师资格证考核制度时，全国共有高级验船师 258 人，中级验船师 400 多人，初级验船师 1491 人。在历年大力度的培训后，以考评、考试等各种形式扩大了持证验船师队伍规模，到 2006 年底，全国验船师持证人数共有 5628 人，其中高级验船师 270 人，中级验船师 873 人，助理验船师和验船员共 4485 人。此后，验船师持证人数规模基本稳定，“十一五”末验船师持证人数为 5358 人。

除了实施基本的验船师资格考评制度之外，农业部渔业船舶检验局针对具有一定特殊性的船检岗位，如远洋渔船检验、船用产品检验、图纸审查等工作还实行了相应的资格制度。2007 年 9 月 17 日，农业部渔业船舶检验局发布《“十一五”期间渔业船舶验船师队伍建设规划》，针对船用产品检验和图纸审查，提出了开展船舶图纸审查、船用产品检验以及各类型、各层次验船师的业务培训和上岗考试工作。

2011 年，农业部渔业船舶检验局制定了初级验船师上岗资格培训考试题库，并研究通过考试软件编制工作要求，提出考试题库编写目的、编写要求、考试范围和内容、考试题型及各专业比例、考题数量等要求。同年 6 月 13—15 日，在山东组织了上岗考试题库验收工作，11 月 10 日，在山东组织了考试软件验收工作。考试题库和考试软件的使用使上岗验船师考试实现了无纸化，提高了培训考核工作的效率，提升了培训工作的规范性与科学性。2012 年，梳理初级验船师上岗资格培训考试题库，对考试软件进一步完善和测试后开始全面使用。

2013 年，农业部渔业船舶检验局改革验船人员上岗考核制度，突出考核指导管理职责。改变以往验船人员上岗培训全部由部局统一组织的做法，实行统一考核发证、分级组织实施指导，加强师资协调、考核试题库和在线考试软件的完善，支持和协调结对省（自治区、直辖市）之间代为培训，既调动了各省（自治区、直辖市）在培训工作中的主动性和资金条件投入的积极性，解决了验船人员上岗培训的需求，又保证了培训的标准和质量的统一。自 2013 年以来，农业部渔业船舶检验局在各省（自治区、直辖市）开展验船师上岗资格培训和考试，扩充系统内人才基数。2013 年全年共有 14 个省（自治区、直辖市）举办了 15 期涉及 26 个省（自治区、直辖市）人员参加的验船人员上岗资格培训，培训人员达 1549 人，取得了较好效果，也为全系统验船人员上岗培训工作的良性发展打下了制度基础。

为加强和规范渔业船舶验船师资格考评管理，2014 年 12 月，农业部渔业船舶检验局印发了《渔业船舶验船师资格考评管理办法》（农渔检（体）〔2014〕161 号），进一步明确了验船师资格晋升采用考核与评审相结合的方式。根据这一规定，验船员资格采用考试方式取得，助理验船师、中级验船师和高级验船师资格采用评审方式取得。对于申请图纸审查、产品检验和远洋验船师资格的渔船检验人员要求为中、高级验船师，在参加相关培训后，经考试（核）合格后通过发文公布确定其相应资格（不发放相关资格证书）。

为进一步加强渔业船舶验船师队伍建设，提高验船师队伍专业素质及依法行政能力，完善验船师管理体系，农业部渔业船舶检验局于 2016 年 5 月 31 日—6 月 2 日在上海海洋大学召开会议，对现行的《渔业船舶验船师资格考评管理规定》（农渔发〔1998〕11 号）等 6 个系列文件进行梳理，结合当前的渔业船舶检验工作实际和要求，召集课题组成员及部分省分管局领导研究《渔业船舶验船师资格考评管理办法》及《远洋渔业船舶验船师任职管理规定》，修订工作思路，并研究《全国渔业船舶检验队伍建设“十三五”培训规划（讨论稿）》。经过集中研讨，初步明确了下一步修改工作思路和调研工作方案。通过在 9 月的督导检查工作中对渔业船舶验船师管理工作和资格考评工作中的现状和问题的深入调研，进一步修改完善最终形成《渔业船舶检验监督管理督察办法》征求意见稿。

2016 年，农业部渔业船舶检验局完成《关于渔业船舶验船师职称评定有关工作的情况报告》，并于 11 月 11 日向部人事司上报《关于将渔业船舶检验专业技术人员纳入农业专业技术职务任职资格评审统一管理的请示》（农渔检（体）函〔2016〕187 号）。同时，积极争取人力资源和社会保障部的支持，将全国渔业船舶检验人员任职资格考评管理纳入到农业部专业技术职务任职资格评审工作体系整体考虑，探索提高验船师待遇，提升验船师自我和社会认知度，逐步破解验船师队伍“难进、难留”困境的方法。

2016 年，通过调研和对现有题库中题目内容的研究梳理，农业部渔业船舶检验局制定了题库题目更新补充工作方案，根据新修订的验船师考评管理规定和确定的培训教材体系、教材编写大纲等，开展了题库题目的增订、修订工作，同时对考试题库系统进行维护升级，完善在线考试控制机制，建立考核信息反馈机制。此次题库修订工作进一步提升考试题目内容严谨性，科学考核并真实地反映出考生对渔船检验知识的掌握水平。

2017 年 7 月 5 日，农业部渔业船舶检验局正式印发《渔业船舶验船员入职上岗考试大纲》。

二、验船师资格评定

《中华人民共和国渔业船舶检验条例》第二十五条规定："从事渔业船舶检验的人员应当经国家渔业船舶检验机构考核合格后，方可从事相应的渔业船舶检验工作。"国家对从事渔业船舶检验监督管理工作的人员实行验船师制度，是为保障验船人员具备依法从事渔业船舶检验监督管理工作的必备素质和条件，是渔业船舶检验监督管理工作贯彻依法行政的具体要求。

1998—2014 年，农业部、渔业船舶检验局相继出台了《关于印发〈中华人民共和国渔业船舶验船师资格考评管理规定〉的通知》(农渔发〔1998〕11 号)、《关于印发〈中华人民共和国渔业船舶验船师资格考评管理规定实施办法（暂行)〉的通知》(中渔检（船）〔2000〕4 号)、《关于颁布〈远洋渔业船舶验船师任职管理规定〉的通知》(国渔检（船）〔2001〕8 号)、《关于印发〈渔业船舶验船师管理规定〉的通知》(国渔检（船）〔2002〕7 号)、《关于印发〈渔业船舶验船师资格考评管理办法〉的通知》(农渔检（体）〔2014〕161 号)，对验船师职业资格等级、任职资格条件、套改办法、考评条件、考评程序、录用与考核、监督与管理、资格证书管理、培训等方面进行了规定。

按照《关于印发〈渔业船舶验船师资格考评管理办法〉的通知》规定，渔业船舶验船师资格分为验船员、初级验船师、中级验船师和高级验船师 4 级。验船师资格培训由农业部渔业船舶检验局组织或指导各省渔业船舶检验机构举办，经培训后，参加农业部渔业船舶检验局组织的统一考试合格，再颁发相应的验船员或助理验船师资格证书。除上岗资格培训外，对于中级验船师资格、远洋渔船检验、船用产品检验、图纸审查船检业务还设有专门的资格培训，培训后同样组织相应业务考试，合格后颁发中级验船师的资格证书或任职通知，但远洋渔船检验、船用产品检验、图纸审查船检业务资格不发放对应的资格证书。

根据农业部规章《中华人民共和国渔业船舶验船师资格考评管理规定》，从 2000 年开始，农业部渔业船舶检验局在全国各级渔业船舶检验机构中开展了验船师资格考评管理工作，大体可分为三个阶段。

（1）套改评审阶段。根据《中华人民共和国渔业船舶验船师资格考评管理规定》和《中华人民共和国渔业船舶验船师资格考评管理规定实施办法（暂行)》，2000 年，农业部渔业船舶检验局对已具有验船师工作职称或已取得技术员、助理工程师、工程师、高级工程师资格人员，对应套改为验船员、助理验船师、中级验船师、高级验船师。当年，全国共有 2233 名验船人员经套改取得相应验船师资格证书，其中：高级验船师 256 名、中级验船师 430 名、助理验船师 793 名、验船员 754 名。

（2）考试考核评定阶段。验船师资格证书套改工作结束后，在 2001 年至 2014 年期间，验船员、助理验船师和中级验船师资格考评管理工作进入考试、考核阶段，即验船人员具备一定的工作年限和相关检验工作经历，经考试合格后，按规定通过考核评定后可取得相应验船员、助理验船师和中级验船师资格。在这一时间段中，农业部渔业船舶检验局一直未开展高级验船师资格的考试考核评定工作。

2005 年 3 月 15 日，农业部渔业船舶检验局公布晋升中级渔业船舶验船师资格考试合格人员名单。2004 年 12 月 9 日，全国 18 个省（自治区、直辖市）具备条件的验船人员，在上海参加了晋升中级验船师资格考试，其中 243 人考试合格，获得相应的《中华人民共和国渔业船舶验船师资格证书》。

2006 年 1 月 23 日，农业部渔业船舶检验局公布通过全国第二次晋升中级验船师资格考试合格人员名单。2005 年 12 月 12 日，来自全国 18 个省（自治区、直辖市）的 146 人在上海水产大学（今上海海洋大学）参加考试，87 人考试合格。

2012 年，农业部渔业船舶检验局分别在上海和大连 2 个考区举办全国第三次晋升中级验船师资格考试。全国各级检验机构踊跃报名，共有 2000 多名验船人员报名参加考试，经研究审核，全国 20 个省（自治区、直辖市）渔业船舶检验机构共 304 名验船人员参加了考试。

（3）考核评定阶段。为加强和规范渔业船舶验船师资格考评管理，2014 年 12 月，农业部渔业船舶检验局印发《渔业船舶验船师资格考评管理办法》，进一步明确了验船师资格晋升采用考核与评审相结合的方式。根据这一规定，验船员资格采用考试方式取得，助理验船师、中级验船师和高级验船师资格采用评审方式取得。具体考评流程如下：验船员需参加由省级以上渔业船舶检验机构组织的培训，并经农业部渔业船舶检验局组织的统一考试合格后方可取得验船员资格；助理、中级、高级验船师考评，需经本人申报、单位推荐、评委会评审、审议公布四个环节；申请助理验船师资格的渔船检验人员，向所在地省级渔业船舶检验机构组织成立的中级验船师资格评审委员会（中评委）提出申请，经中评委审定后取得助理验船师资格；申请中级验船师资格的渔船检验人员，向本省中评委提交申请，经中评委初审后向农业部渔业船舶检验局推荐，全国渔业船舶验船师资格评审委员会（高评委）复审通过后取得中级验船师资格；申请高级验船师资格的渔船检验人员，向本省中评委提交申请，经中评委初审后向高评委推荐，高评委审定通过后取得高级验船师资格。

农业部渔业船舶检验局体系建设与信息处组织开展了 2014 年度全国渔业船舶验船师资格高评委会议，通过初评、推荐、评审、公示等环节，发文公布 69 名高级验船师、207 名中级验船师。借鉴 2014 年度高评委会组织经验，经认真组织、积极协调，农业部渔业船舶检验局分别于 2015 年 3 月与 12 月分 2 次共评定了 1299 名验船人员，其中高级验船师 153 名、中级验船师 470 名、初级验船师 676 名。2017 年 8 月 22 日，完成 2016 年度全国中、高级验船师资格评审工作和局内验船师资格评审工作，经全国渔船技术委员会会议评审，公布 36 人通过高级验船师资格评审，69 人通过中级验船师资格审定。

三、远洋验船师管理

对于远洋渔船检验，早在 1990 年就实行了主任验船师负责制度。2001 年 1 月 10 日，农业部渔业船舶检验局颁布《远洋渔业船舶验船师任职管理规定》（国渔检（船）〔2001〕8 号），将主任验船师负责制细化，明确了验船师、副主任验船师、主任验船师的任职条件、职责范围等项内容。其中，主任验船师具有签发远洋渔船检验完工报告及相关技术文件的权力，副主任验船师可受主任验船师委托行使主任验船师职权并承担相应责任。同年4月29日，农业部渔业船舶检验局公布全国远洋渔业船舶主任、副主任验船师和远洋渔业船舶验船师任职资格人员名单，其中主任验船师25人、副主任验船师20人、验船师151人。

为加大对远洋渔业船舶检验及其监督管理的工作力度，农业部渔业船舶检验局与农业部渔业局积极配合，密切协作，使远洋渔业船舶检验工作与项目管理紧密挂钩。农业部下发文件要求所有远洋渔业船舶必须接受部渔业船舶检验局的检验，否则将不予确认远洋项目，从而使一些长期在境外作业、但证书已失效多年的远洋渔业船舶重新纳入正常的检验和管理轨道。2007年2月7日，农业部渔业船舶检验局印发《2007年远洋渔业船舶检验工作计划》，包括境内检验计划、境外检验及人员派遣计划、未报计划但检验有效的船舶、重点跟踪船舶四部分内容，首次实施远洋渔船的计划检验。

农业部渔业船舶检验局建立验船师统一派出制度和远洋渔业船舶检验通报制度，不仅整合了全国远洋验船师力量，同时也降低了检验成本，减轻了企业负担，保证了远洋渔业船舶的检验质量和受检率。

远洋渔船在境外作业，大多是几个省（自治区、直辖市）、几个远洋渔业企业的船舶在同一个区域内同时生产，修船时间也基本比较接近。针对这种特点，农业部渔业船舶检验局建立境外作业渔船检验验船师统一派出制度，统一协调安排各远洋渔业企业的检验时间，统一调配境外检验验船师。据统计，2002年，农业部渔业船舶检验局共派出25个境外验船组，检验境外远洋渔船275艘；2003年，派出40个境外验船组，检验境外远洋渔船423艘；2004年截至11月底，派出30个境外验船组，检验境外远洋渔船462艘。

同时，农业部渔业船舶检验局建立和完善境外验船师基本信息库，严格对拟派验船师进行政审，逐步完善和明确境外验船师选派要求。按照“重点选工作在检验一线的验船师，重点培养中青年骨干力量”的原则，由各省（自治区、直辖市）推荐，精心选派、合理搭配、以老带新，确保境外检验工作顺利开展。

另外，农业部渔业船舶检验局完善境外检验工作情况跟踪和监督机制。一是在办理验船师出国手续时，将境外检验的具体工作任务、工作要求、行为规范以及有关廉政建设等方面的要求以派遣单的形式发送给验船师。二是开辟了境外检验工作情况反馈渠道，由船东将验船师在境外检验工作中有关情况直接反馈到农业部渔业船舶检验局，作为境外验船师年度工作考评的参考依据。三是对每一个境外检验团组的工作情况进行公布。农业部渔业船舶检验局进一步明确境外检验管理工作流程，建立境外检验工作进度表，做好出境前的准备和回国后的落实工作，及时跟踪和掌握检验动态；建立与验船师、与检验申请人以及验船师与检验申请人之间的沟通渠道，并定期公布有关情况。这样既充分发挥验船师的积极性、主动性，又建立起对验船师行为的约束机制。

2007年3月13日，根据《远洋渔业船舶验船师任职管理规定》，农业部渔业船舶检验局决定聘任聂开利等128人为境外渔业船舶检验验船师、聂开利等24人为境外船用产品检验验船师。

为加快远洋验船师队伍培养，确保远洋渔船检验工作开展，2010年，农业部渔业船舶检验局根据各省（自治区、直辖市）远洋渔船检验工作情况和人员流动情况，及时调整了福建省和上海市远洋渔业船舶主任验船师、副主任验船师人选，重新聘任共169名远洋验船师为境外验船师，聘期为3年。

2012年，农业部渔业船舶检验局完成了境外验船师的增补和部分省（自治区、直辖市）远洋渔业船舶主任、副主任验船师的任免工作。根据工作需要，经核定批复，增补了河北等3省12名境外验船师。调整下发了对福建等3省的主任、副主任验船师的任免通知，保障了渔业船舶检验工作的顺利开展。

2014年12月，农业部渔业船舶检验局印发《渔业船舶验船师资格考评管理办法》，进一步明确了对于远洋验船师资格的渔船检验人员要求为中、高级验船师，在参加相关培训后，经考试（核）合格后通过发文公布确定其相应资格（不发放相关资格证书）。

2015年，农业部渔业船舶检验局认真完成境外验船师审批工作，保障境外验船工作顺利开展。审核批准了上海、浙江、福建报送的增补16名境外验船师资格；完成了对山东、江苏、广东、福建、浙江5省主任、副主任验船师任免工作。

2017年7月4日，农业部渔业船舶检验局公布经审核通过的157名验船师取得境外远洋验船师资格，开展了境外远洋验船师申报工作。

2018年2月2日，农业部办公厅印发《2018年度远洋渔船境外检验和远洋渔业船员境外考试考核工作计划》。

四、特许验船师管理

2017年，农业部渔业船舶检验局在总结山东、浙江、广东等省“检管分离”改革试点经验的基础上，研究批复了海南改革试点工作方案，并认真研讨辽宁、江苏和福建等省改革试点工作方案。重点针对远洋渔船检验团组派出受限等困境，开展远洋渔船境外检验改革试点，选取秘鲁、厄瓜多尔2个境外点作为政府购买远洋渔船境外现场检验技术服务试点，试行特许远洋验船师“检管分离”改革探索创新，4位特许验船师于7月底出境开展技术检验工作。

2017年6月2日，农业部渔业船舶检验局公布12名退休验船师获得特许远洋验船师资格，高效配合了在远洋渔业船舶检验工作的改革试点。

第二节　验船师队伍建设

为了更好地规范渔业船舶检验工作，保证检验质量，《渔业船舶检验条例》规定了地方渔业船舶检验机构应当在国家渔业船舶检验机构核定的业务范围内开展检验工作，渔业船舶检验人员应当经考核合格后方可从事检验工作。2003年《渔业船舶检验条例》发布以后，以贯彻条例为契机，规范检验机构的管理，加强验船师队伍的建设，千方百计提高渔业船舶检验执法队伍的整体素质，打牢渔业船舶检验事业发展的组织基础。通过强化检验机构的规范化管理和验船师队伍建设，为我国渔业船舶检验及其监督管理工作提供了坚实的组织保障。

2003 年，在河北、广西、广东、浙江、山东、云南、上海等省（自治区、直辖市）举办了 8 期培训班，其中岗位培训班 7 期，共 593 人；大专学历培训班 1 期 44 人。在烟台举办了 1 期以渔业船舶检验条例、安全生产法、国际公约、检验规则、检验与发证程序和证书填写规定为主要内容的渔业船舶检验机构业务主管领导培训班，有 16 个省（自治区、直辖市）渔业船舶检验机构的 87 位主管领导参加了培训，经过考试，有 77 人取得了相应的验船师资格证书。

2004 年，全国共发放各级验船师证书 4121 人，其中：高级验船师 270 人，中级验船师 782 人，初级验船师 3069 人。

2006—2010 年的"十一五"期间，全国验船师持证人数由 2005 年的 3222 人增加到 2010 年的 5358 人，增长了 66%。2008 年，开展了第二届全国检验标兵单位和优秀验船师评选活动，在全国评选出 31 个检验标兵单位和 39 名优秀验船师，并给予了宣传表彰，树立了渔船检验工作典型，鼓舞了广大渔船检验人的工作士气。

2011—2015 年的"十二五"期间，中央财政累计投资 3600 多万元，用于全面开展验船师培训工作。农业部渔业船舶检验局制定实施了"全国骨干县（市）验船人员基础专业长训班千人培训计划"，在全国范围内建立了 6 个验船师培训基地，举办各类培训班 51 期，培训人员 4331 人。改革完善了培训上岗考核制度和验船师评选机制，全国验船师持证人数由 2010 年的 5358 人增加到 2015 年的 6646 人，增长了 24%，验船师履职能力明显增强，为船检工作发展增添了后劲。截至 2015 年底，全国渔业船舶检验机构总人数为 12218 人，持证人数 6646 人，持证在岗人数为 6070 人。持证在岗人员中，高级验船师 232 人，占比 3.82%；中级验船师 838 人，占比 13.81%；助理验船师 2750 人，占比 45.30%；验船员 2250 人，占比 37.07%，持证在岗验船人员中，具有大学本科及以上学历：大专学历：中专及以下学历人数比约为 5：5：1。

2016 年，全国持证一线验船师 5598 人，平均每个渔业船舶检验机构 5 人。其中，省级机构平均 16 人，市级机构平均 6 人，县级机构平均 4 人；从各省（自治区、直辖市）来看，沿海省（自治区、直辖市）的各级机构人员数量配备普遍优于内陆省（自治区、直辖市）。

截至 2017 年底，全国持有渔业船舶检验各级资格证书的人数为 7653 人。持证一线验船师 5280 人，其中，高级验船师 201 人，占比 3.81%；中级验船师 805 人，占比 15.25%；初级验船师 2219 人，占比 42.03%；验船员 2055 人，占比 38.92%。具有研究生及以上学历 150 人，占比 2.84%；大学本科学历 2286 人，占比 43.30%；大专学历 2311 人，占比 43.77%；中专及以下学历 533 人，占比 10.09%。持证一线验船师持有证书共 5328 本（48 人持有 2 个专业的证书），其中：船体专业 356 本，占比 6.68%；轮机专业 281 本，占比 5.27%；电气专业 110 本，占比 2.06%，小型渔业船舶检验专业 3279 本，占比 61.54%；渔业船舶检验管理专业 1302 本，占比 24.44%。

第三节　检验人员培训

一、培训规划制定与实施

2007 年 9 月 17 日，农业部渔业船舶检验局印发《“十一五”期间渔业船舶验船师队伍建设规划》，分析渔业船舶验船师队伍建设取得的成绩和存在的主要问题，提出队伍建设工作指导思想和基本原则，制定了科学合理的培训措施和培训计划，切实把建立注册验船师制度作为提升渔业船舶验船师队伍整体水平的重要措施抓紧抓实，为渔业船舶检验事业发展奠定坚实的人才基础。

2011 年，按照农业部《农村实用人才和农业科技人才队伍建设中长期规划（2010—2020 年）》和“十二五”渔船检验队伍建设的目标，农业部渔业船舶检验局制定了 2011 千名验船师培训计划。全年共组织渔船大市（县）领导、远洋验船师、船用产品检验技术、上岗资格培训等各类培训班 16 期，共培训验船师 1711 人，覆盖了全国 29 个建立检验机构的省（自治区、直辖市）。

对基层船检机构普遍存在工作任务重、缺乏具备专业基础骨干验船人员的实际情况，2013 年 8 月 2 日，李杰人局长主持召开局常务会议，原则通过、制定并启动了全国骨干县（市）验船人员基础专业长训班千人培训计划，计划用 3 年左右时间，为全国各骨干渔业县（市）培训一批具有较好专业基础知识和船检业务能力的技术骨干。

2013—2015 年，大连海洋大学承担全国骨干县（市）验船师基础专业长训班（海洋）培训工作 5 期，共培训学员 191 人。其中第一期 40 人，第二期 33 人，第三期 38 人，第四期 48 人，第五期 32 人。培训内容包括渔业船舶检验基础专业知识、渔业船舶检验相关法律、法规、规则及渔船检验管理、渔船检验基本技能等内容。2016 年，大连海洋大学开展了 2 期海洋验船师专业基础培训班，来自全国 11 个省（自治区、直辖市）的共 69 名验船师参加了培训。

2013 年 3 月，上海海洋大学取得了验船师培训基地的资质，并于 2013 年 10 月开始承办全国内陆验船师专业基础长训班，共举办 12 期，每期培训班一个半月，历时 3 年。培训对象为全国骨干县（市）级渔业船舶检验机构中具有中专以上学历，无船舶检验相关专业背景或虽有相关专业学历，仍需要进一步培训提高的在职中青年验船师（原则上年龄在 45 岁以下）。共计培训验船师 427 人，学员来自全国 27 个省（自治区、直辖市）。

为进一步提高内陆骨干县（市）渔业船舶检验机构在职中青年人员的履职能力，农业部渔业船舶检验局委托上海海洋大学验船师培训基地组织开展了 2016 年度全国内陆验船师专业基础培训班 2 期。培训对象主要是内陆骨干县（市）级渔业船舶检验机构中无船舶检验相关专业背景的在职一线中青年验船人员。每期培训班 30 天，共计培训 83 名验船员，学员来自全国 23 个省（自治区、直辖市）。

2016 年，农业部渔业船舶检验局开展了机构业务管理规定以及验船师资格考评管理规定的制定与修订工作，加强对验船人员管理和培训规划研究，对验船人员持证相关规定进行梳理和修订完善，完成检验队伍建设“十三五”培训规划，制定验船人员培训教学大纲体系和培训定额标准。按照年度培训计划，重点实施全国验船人员的入职培训、能力培训和专业基础培训 3 类培训工作，提升了检验人员的执法水平。

2016 年，在完成《全国渔业船舶检验队伍建设“十三五”培训规划》送审稿的基础上，农业部渔业船舶检验局于 6 月初在上海海洋大学组织有关专家对规划进行初步验收。经过 2016 年全国渔业船舶检验工作座谈会工作体系建设规划的集中讨论，对《规划》进一步修改完善后正式发布。结合《规划》提出的“分类、分级、分层次、分模块”总体思路，以提高技能实操培训和加强法律法规轮训为重要抓手，体系建设与信息处统筹渔业船舶检验局内各处室制订了 2017 年全局培训计划。

作为创新项目的重要内容，2017 年农业部渔业船舶检验局开展《全国渔业船舶检验队伍建设“十三五”培训规划》和《农业部渔业船舶验船师管理办法（讨论稿）》的研究制定，完成渔船检验法规、检验实践、产品检验、审图管理、渔船建造开工检查等内容的培训班 18 期，880 人次参加培训；开展全国渔业船舶验船师培训师资库建设工作，建立 91 人的师资库；3 月 27 日以农渔检（体）〔2017〕38 号文颁布《2017 年农业部渔业船舶检验局培训班计划》。

2017 年，为贯彻韩长赋部长对船检队伍要抓政治素质建设和业务能力建设的要求，农业部渔业船舶检验局创新开展检验队伍能力素质提升专项行动，开展了以“锻造平安护航卫士，争做渔民安全‘妈祖’”为主题的素质提升专项创新项目；联合全国总工会农林水利气象委员会开展“平安护航”杯渔船检验知识竞赛，利用现代信息技术创新学习方式，丰富学习载体，开发渔船检验仿真模拟教学平台和“渔检通”App（应用软件）学习平台，编制了 3000 道试题，27 个省（自治区、直辖市）3000 余人参加了答题竞赛，在全国掀起了一股“比、学、赶、超”的学习之风。在各省（自治区、直辖市）初赛选拔基础上，在农影影视中心举办了总决赛，于康震副部长和全国总工会书记处书记、党组成员赵世洪莅临现场并发表讲话。

二、农业部渔业船舶检验局培训开展情况

自 2000 年验船师资格考评制度实施以来，对于检验人员的培训力度有所加大，常见的培训形式有验船师上岗资格培训和法规宣贯培训。验船师上岗资格培训一般由农业部渔业船舶检验局指导各省（自治区、直辖市）渔船检验机构举办，一般经过数日的培训后对学员进行考核，合格后颁发相应验船师资格证书。除一般的上岗资格培训外，对于远洋渔船检验、船用产品检验、图纸审查船检业务还设有专门的上岗资格培训，培训后同样组织相应业务的上岗资格考试。

（一）资格培训

2005 年 12 月 13—23 日，农业部渔业船舶检验局在上海水产大学举办第一期远洋渔船

验船师上岗资格培训班，来自全国14个省（自治区、直辖市）的85名验船师参加培训，其中72人考试通过，获得远洋验船师上岗资格。

2006年，全国7个省（自治区、直辖市）的培训班共有677名验船人员参加培训考试，664人考试合格，取得相应的验船师资格证书。其中只有新成立机构的河南省由农业部渔业船舶检验局体系建设处具体组织培训和考试，209名验船人员参加，这是历年来参加培训人数最多的一次。其他培训班均由体系建设处提供教学提纲、编制考试卷、组织监督考试。

2007年9月17日，农业部渔业船舶检验局发布的《"十一五"期间渔业船舶验船师队伍建设规划》中提出了开展船舶图纸审查、船用产品检验以及各类型、各层次验船师的业务培训和上岗考试工作。2007年11月6—12日，农业部渔业船舶检验局在上海水产大学举办第一次验船师船舶图纸审查资格培训。培训对象主要为从事或将要从事船长大于24米海洋渔船图纸及技术文件审查的验船师。

2008年8月14日，农业部渔业船舶检验局按照实施验船师审图上岗资格制度的要求，公布经考试审核具备海洋渔业船舶图纸审查资格的219人名单，其中船体专业95人、轮机专业77人、电气专业47人。

2008年12月16—20日，农业部渔业船舶检验局在河南郑州举办第一期内河渔业船舶检验验船师船舶图纸审查资格培训班，并进行考试，5个沿海省（自治区、直辖市）和14个内陆省（自治区、直辖市）的94人参加。

2008年，农业部渔业船舶检验局对新成立机构或拟成立机构的验船人员开展上岗资格培训考试工作，分别在江苏、山东、甘肃和贵州4省举办了4期验船人员上岗资格培训，有449人参加培训，441人通过考试。

为提高验船师船舶图纸审查能力，规范验船师图纸审查行为，农业部渔业船舶检验局继续举办验船师图纸审查资格的培训考试。2008年，又分别在上海海洋大学和浙江各组织举办了1期针对从事船长大于24米海洋渔船图样及技术文件审查培训考试，有180名验船师参加。

2009年11月10—13日，全国第一期验船师渔业船舶船用产品检验资格培训班在重庆举办，全国共54名验船师参加了培训，其中44人通过考试取得资格证书。根据2009年开展的验船师船用产品检验培训考试情况，2010年，农业部渔业船舶检验局体系建设处报局领导批准公布了182名渔业船用产品验船师资格名单。

2009年，农业部渔业船舶检验局举办了6期验船人员上岗资格培训班，培训811人，通过考试取得资格证书的有791人。

2010年9月下旬，体系建设与信息处与办公室、法规处、财务处联合在烟台举办渔业船舶检验人员上岗资格培训班，在参加培训考试的100人中，对89名考试合格人员颁发初级验船师资格证书。

2011年，农业部渔业船舶检验局开展千名验船师培训考核，稳步推进渔船检验监督体系建设。作为验船师千人培训计划的工作内容之一，2011年，农业部渔业船舶检验局体系建设处分别在福建、江西、河北、山东、广西等地组织了9期上岗资格培训班，共有来自江苏、浙江、广东、福建、江西、辽宁、山东、广西、黑龙江、吉林、内蒙古、河北12个省

（自治区）的 1049 名验船师参加了培训。经考试合格共有 1011 名验船师取得了相应的验船师资格证书。

2011 年 3 月，农业部渔业船舶检验局体系建设与信息处参与组织了在江苏南通举办的全国渔船救生设备检验技术培训班，21 个省（自治区、直辖市）74 名验船师参加了培训考试。同年 5 月 11—15 日，农业部渔业船舶检验局体系建设与信息处在海南海口组织了全国渔业船舶船用产品检验培训班，按照柳正局长“强化防灾减灾意识，加大培训宣传力度，推进产品质量治理，切实提高服务水平”的要求，培训班着重在渔船船用产品检验理论和实践、渔船救生设备检验技术等方面进行了专题培训，来自海南、广东、广西 3 个省（自治区）的 68 名渔船检验人员参加培训。对这两期 142 名参加培训的人员在资格证书上加盖了培训科目印章。

2011 年，体系建设与信息处配合船检处参与组织了分别在浙江宁波和辽宁大连举办的 2 期远洋验船师培训班，共 228 名验船师参加了培训，经对考试合格符合远洋验船师条件的人员进行资格审核，发文公布远洋验船师 43 人，给参加大连远洋验船师培训班的 138 人在资格证书上加盖培训科目印章，弥补了远洋验船师不足的现状。

2012 年，农业部渔业船舶检验局积极开展验船师审图能力和资质培训，举办 2 期验船师图纸及技术文件审查资质培训班（内陆 1 期、海洋 1 期），培训 1600 余人；并针对新进人员和升级人员，在河南、安徽、贵州、云南、海南和山东共举办 6 期验船人员上岗资格培训班，共培训 1005 人。培训班严格区分海洋和内河培训内容，逐步实现计算机随机选题考试，保证培训的科学性和严肃性。

2013 年，针对基层船检机构普遍存在工作任务重、缺乏具备专业基础骨干验船人员的实际情况，农业部渔业船舶检验局制定并启动了全国骨干县（市）验船人员基础专业长训班千人培训计划，利用专业院校的培训条件，开展充分的需求调研和课程的科学设计，完善培训单位的条件建设，为全国各骨干渔业县（市）培训 1 ~ 2 名具有较好专业基础知识和船检业务能力的技术骨干。同时实施完成 1 期海洋验船人员及 2 期内陆验船人员长训班的培训工作，全国 25 个省（自治区、直辖市）123 名验船人员参加为期 3 个多月的长训学习。各地也组织辖区验船人员开展多项检验技能培训，浙江组织 200 余人（次）参加焊接质量检验、船用配电电气检验、救生设备检验和渔船检验档案管理工作培训；辽宁抓住省内木质渔船数量众多的特点，举办全省木质渔船检验交流培训班，讲解木质渔船的图纸审核、规范应用、检验方法、检验要点，提高检验人员执法能力。

2014 年，农业部渔业船舶检验局组织开展了 7 期全国骨干县（市）验船师基础专业长训班、1 期大型渔政船建造检验培训班、1 期青年验船师建造检验实践培训，并指导有关省（自治区、直辖市）组织多期上岗资格培训。

2015 年，农业部渔业船舶检验局体系建设与信息处指导海南、浙江、新疆、四川、广东及山东 6 省（自治区）举办 6 期验船师上岗资格培训考试，培训人数 450 人，实际 447 人参加考试，其中 394 人通过考试取得验船员资格；分别在河南、安徽、福建组织举办了 3 期验船师上岗资格培训班，培训人数 248 人，实际 242 人参加考试，其中 158 人通过考试取得验船员资格；继续开展全国骨干县（市）验船师基础专业长训班工作，提升在职人员能力水平，加深系统内人才技术深度，完成了第四、第五期海洋骨干县（市）验船师基础专业培训班，培训人数 79 人，实际 45 人参加考试，其中 40 人通过考试取得验船员资格。此外还举办了第八至第十二期共 5 期内陆骨干县（市）验船师基础专业培训班，培训人数 154 人，实际共 59 人参加考试，其中 58 人通过考试取得验船员资格。

2015 年，农业部渔业船舶检验局还在福州和上海举办远洋验船师检验业务（防污染）培训班和远洋验船师检验业务（船体）培训班；在郑州、合肥和厦门组织举办 3 期验船师上岗资格培训班。

2016 年 4 月 21—25 日，农业部渔业船舶检验局在海南海口组织举办了第一期全国渔业船舶检验入职培训班，来自 25 个省（自治区、直辖市）的 85 名验船人员参加培训，78 人参加考试，其中 69 人通过验船员资格考试。2016 年 7 月 4—10 日，在内蒙古举办了第二期全国渔业船舶检验入职培训班，69 人参加培训并考试，其中 67 人通过考试。

2016 年 4 月 15 日—6 月 13 日，农业部渔业船舶检验局举办了第一期海洋验船师专业基础培训班，来自 9 个省（自治区、直辖市）的 36 名验船人员参加培训，21 人参加考试，其中 20 人取得验船员资格。2016 年 10 月 11 日—12 月 9 日，举办了第二期海洋验船师专业基础培训班，33 名验船人员参加培训，18 人参加考试，全部取得验船员资格。

2016 年 6 月 19—25 日，农业部渔业船舶检验局在浙江舟山组织举办了 1 期远洋验船师上岗资格培训班，35 名验船人员参加培训。

2016 年 5 月 17 日—6 月 16 日，农业部渔业船舶检验局举办了第一期内陆验船师专业基础培训班，来自 23 个省（自治区、直辖市）的 43 名验船人员参加培训，31 人参加考试，其中 30 人取得验船员资格。2016 年 10 月 18 日—11 月 17 日，举办了第二期内陆验船师专业基础培训班，40 名验船人员参加培训，31 人参加考试，全部取得验船员资格。

2017 年 4 月 10—13 日，农业部渔业船舶检验局协助支持宁夏农牧厅渔业渔政管理局在宁夏银川举办了宁夏回族自治区渔业船舶检验人员上岗资格培训班，55 人参加培训，其中 49 人参加验船员上岗资格考试。

2017 年 5 月 10—26 日，海洋验船师专业基础与检验实践培训班在大连举行，42 人参加培训，32 人参加考试，其中 24 人考试合格。

2017 年 6 月 2—10 日，2017 年度内陆专业基础班在上海海洋大学举办，46 人参加培训，30 人参加考试，其中 13 人考试合格。

2017 年 12 月 4—9 日，2017 年度新任远洋验船师上岗资格培训班在山东烟台举办，41 人参加培训，39 人参加考试，其中 33 人考试合格。

2018 年 2 月 6 日，农业部渔业船舶检验局下发 2018 年度验船师审图实践培训班通知，决定在 3 月 12 日—5 月 10 日在上海水产科学研究院举办。

（二）法规宣贯培训

在重要行政法规如《中华人民共和国渔业船舶检验条例》《中华人民共和国农业部渔船

修造厂认可办法》等和技术法规如《渔业船舶法定检验规则》《玻璃纤维增强塑料渔业船舶建造规范》等颁布后，国家、部分地方渔船检验机构都组织了宣贯培训。

2011 年 4 月 26—27 日和 6 月 21—24 日，为了使内河验船师更好地执行《渔业船舶法定检验规则》(船长大于或等于 5 米但小于 12 米内河渔业船舶法定检验技术规则)，提高内陆地区验船师检验水平，农业部渔业船舶检验局分别在成都和烟台举办内河小船法定检验规则培训班。

2015 年 9 月 23—26 日，在广西南宁举办《渔业船舶法定检验规则（远洋渔船 2015)》暨《钢质海洋渔船建造规范（2015)》宣贯培训，农业部渔业渔政管理局崔利锋副局长出席并讲话，李昌健局长做动员讲话，钟小金副局长主持宣贯培训。参加培训人员达 120 余人。

2015 年 10 月 22—24 日和 10 月 27—29 日，农业部渔业船舶检验局分别在烟台和杭州举办《渔业船舶法定检验规则（远洋渔船 2015)》暨《钢质海洋渔船建造规范（2015)》宣贯培训。

2015 年 12 月 14—16 日，《渔业船舶检验指南（内河渔业船舶)》宣贯培训在南京举办。

2016 年 12 月 12—14 日，农业部渔业船舶检验局检验管理处在烟台举办了《渔业船舶检验指南（第 3 册)》宣贯培训，对全国 10 个省（自治区、直辖市）及部分内陆省（自治区、直辖市）渔业船舶检验局的 75 名基层验船师进行了培训。

2017 年 5 月 8—15 日，2017 年度第一期渔船检验规则规范指南培训班在上海海洋大学举办，35 人参加培训。2017 年 5 月 21—27 日，2017 年度第二期渔船检验规则规范指南培训班在上海海洋大学举办，48 人参加培训。2017 年 10 月 16—19 日，2017 年度第三期渔船检验规则规范指南培训班在上海海洋大学举办，48 人参加培训。2017 年 11 月 6 日—10 日，2017 年度第四期渔船检验规则规范指南培训班在上海海洋大学举办，50 人参加培训。2017 年 11 月 15—22 日，2017 年度第五期渔船检验规则规范指南培训班在上海海洋大学举办，35 人参加培训。

2017 年 11 月 7—9 日，农业部渔业船舶检验局组织在山西太原开展国内海洋渔船、内河渔船两部规则的宣贯培训。

(三）单项检验业务培训

2006 年，农业部渔业船舶检验局与山东渔业船舶检验局联合举办首期玻璃钢渔船建造检验业务培训班，来自 13 个省（自治区、直辖市）的 67 名验船师参加了培训。培训结合现场实际对玻璃钢渔船建造、糊制工艺和检验进行系统的讲解和操作，结束时还进行了考试。

2011 年 12 月 11 日，为落实农业部渔业船舶检验局与中海油气电集团签署的战略合作框架协议，加深在渔船上应用 LNG 的认识，在深圳举办 LNG 培训班。

农业部渔业船舶检验局检验管理处为应对《渔业船舶法定检验规则（远洋渔船 2015)》

和《关于做好远洋渔船无线电通信设备装船后的检验及其监督管理工作的通知》等新要求，举办了1期无线电通信设备装船后检验要求培训班。受到全国各地60余名验船师的欢迎。

2016年5月24—28日，农业部渔业船舶检验局在舟山举办远洋验船师能力提升培训班，来自全国13个省（自治区、直辖市）渔业船舶检验机构的验船人员和柴油机厂家代表共110余人参加了此次培训。本次培训分为柴油机氮氧化物排放检验与无线电通信设备装船后检验2个专题。

2016年6月8日，农业部渔业船舶检验局在山东济南举办船用产品检验能力提升培训班，对境外产品检验工作程序和要求、外事纪律及礼仪进行了培训。2016年6月22—25日，农业部渔业船舶检验局在山东济南举办全国船用产品检验能力提升培训班，农业部渔业船舶检验局副局长刘晴和山东渔业船舶检验局局长张建东出席培训开班仪式并讲话。

2016年10月20—22日，农业部渔业船舶检验局在北京举办船用产品检验监督管理系统操作培训班，来自21个省（自治区、直辖市）渔业船舶检验机构的35名验船师参加培训。

2017年6月19日，农业部渔业船舶检验局举办船用产品质量监督能力提升暨产品验船师资格培训班，对相关人员进行船用产品监督抽查内容、境外船用产品认可检验工作程序等内容的培训。

2017年10月30日—11月3日，2017年度渔船检验基础知识宣讲培训班在北京举办，45人参加培训。

（四）管理能力培训

2011年，农业部渔业船舶检验局体系建设与信息处参与组织举办大市（县）船检主管部门领导及船检机构负责人培训班3期。体系建设与信息处负责授课老师课件录音整理、录像和考务工作的组织及培训证书、验船师资格证书的制作颁发。3期共参加培训人数为292人，颁发管理类初、中、高级验船师资格证书190本。

2012年，为深入贯彻中央关于领导干部教育培训工作精神，落实农业部农业教育培训工作要求，推进渔船检验干部队伍素质提升。体系建设与信息处按照农业部渔业船舶检验局重点工作安排，在湖南长沙举办1期全国沿海省（自治区、直辖市）渔业船舶检验局局长培训班。部局和18个省局相关领导，以及大连海洋大学和上海海洋大学相关专家共45人参会。2012年还组织举办1期验船师管理高级研讨班。

2015年3月24日，由农业部渔业船舶检验局支持，上海海洋大学组织实施的第一期全国渔业船舶修造企业技术管理人员专业证书班正式开班，来自全国5个省（自治区、直辖市）的42名学员参加学习。

2015年10月8—11日，全国渔船检验综合业务培训班在郑州举办，农业部渔业船舶检验局副局长张锋、河南省农业厅副厅长张惠民出席培训班。

2015年11月1日，全国沿海省（自治区、直辖市）渔业船舶检验局局长培训班在湖南长沙举办。部局和18个省局相关领导，以及大连海洋大学和上海海洋大学相关专家参会。

2016年1月10日，为期1年的首期全国渔业船舶修造企业技术管理人员专业证书班（船舶工程技术专业）在上海海洋大学圆满结束，来自全国5个省（自治区、直辖市）的42名学员考核合格，取得结业证书。2016年4月12日，为期1年的全国渔业船舶修造企业技术管理人员专业证书班（船舶工程技术专业）在上海海洋大学正式开班。

2017年8月22—25日，在内蒙古呼和浩特举办全国渔业船舶验船师师资能力培训班，验船师培训师资库的部分骨干人员、验船师培训基地和审图中心有关负责人等40余人参加培训。

2017年9月20—23日，在山东荣成举办全国渔业船舶检验人才队伍与体系建设培训班，各省（自治区、直辖市）渔业船舶检验局主要负责人、渔业船舶检验"检管分离"改革试点地区渔业船舶检验机构相关负责人、渔业船舶验船师培训基地相关负责人等45人参加培训。

（五）专业院校代培

委托院校开展渔船检验学历教育，这种培训形式自1987年开始。《中华人民共和国渔业船舶验船师资格考评管理规定》对申请验船师资格人员的学历作出规定，但全国渔船检验队伍中有部分人员没有学历、学历不够或学历非本专业。为此，农业部渔业船舶检验局在《验船师资格考评管理规定实施办法（暂行）》中提出不具备规定学历的人员，需参加大专《专业证书》班的学习并取得毕业证书，有非本专业学历但无专业技术职称的人员，需参加认可的专业培训。

1998年6月，经农业部科教司同意，农业部渔业船舶检验局委托大连水产学院举办了第一期大专《专业证书》班。2000年8月22日，分别委托烟台大学水产学院、大连水产学院举办第二期全国渔业船舶检验专业大专《专业证书》班，招收全国渔业船舶检验机构中从事渔业船舶检验工作的在职人员，开设14门课程，共960学时，学制为全脱产10个月，13个省（自治区、直辖市）的77名验船人员参加培训。此后，《专业证书》班的培训形式一直延续到2006年，在大连水产学院、烟台大学水产学院及上海水产大学共举办7期，培训320人。

除了大专班外，为培养一批具有渔业船舶检验理论基础和专业知识以及管理水平的综合性高级管理、技术人才，2004年4月23日，首届渔业船舶检验研究生课程进修班正式开班，来自全国6个省（自治区、直辖市）及部局的24名中、高级验船师参加学习。该班由上海水产大学举办，上海市教委批准，开设13门课程、22学分，修满22学分后可参加全国硕士学位课程学习。2006年3月2日，该班顺利结业。

2006年，农业部渔业船舶检验局体系建设处在积累第一期研究生课程班经验的基础上，根据渔业船舶检验事业发展的需要以及注册验船师管理规定，适当对第二期研究生培养方向和课程安排做了调整，培养对象面不再是单一的专业，而是根据今后发展的需要本着"缺什么、补什么"的原则，全面综合提升验船师专业素质，以达到培养"一专多能"的要求。

根据《"十一五"期间渔业船舶验船师队伍建设规划》，为培养渔业船舶检验专业复合型人才，2008 年，农业部渔业船舶检验局委托上海海洋大学举办第二期渔业船舶检验研究生课程班。全国来自江苏、上海、海南、辽宁、广西渔业船舶检验局等 6 个省（自治区、直辖市）的 24 名验船师参加学习。

两期研究生班共有 8 名验船师获得农业推广硕士入学资格。

（六）出国（境）培训、考察

从 2005 年开始，农业部渔业船舶检验局在全国渔船检验系统选派管理、技术人员出境培训、考察，截至 2010 年，共派出 6 个培训团、1 个考察团。

2005 年 11 月 26 日—12 月 16 日，由农业部渔业船舶检验局副局长王朝华带队的农业部渔船检验安全技术管理培训团一行 15 人，赴澳大利亚进行培训。本次培训以了解澳大利亚渔船检验与安全管理为主要内容，着重了解渔船安全与渔业发展政策的相互关系。在澳大利亚期间，培训团先后与澳大利亚国家海事安全委员会、联邦交通安全管理局、联邦海事安全管理局等政府管理机构进行交流，听取有关院校、船舶设计公司的专家对有关船舶安全及渔业资源政策研究的讲座。

2006 年 3 月 4—15 日，以农业部渔业船舶检验局巡视员李小芬为团长的赴英国、挪威渔业船舶检验及其监督管理考察团一行 7 人，对英国、挪威以及联合国国际海事组织进行考察。考察团拜访国际海事组织，访问英国海事与海岸防卫总署，考察有关船用产品企业 McMurdo 公司，听取英国皇家全国救生艇协会的情况介绍；访问挪威船级社，听取挪威工业联合会的情况介绍等。考察团此行了解了英国和挪威关于渔船检验方面的先进经验和成果做法，以及国际海事组织的基本情况。同年 10 月 27 日—11 月 16 日，以农业部渔业船舶检验局副局长沈建荣为团长的赴美国渔业船舶检验管理和立法培训团一行 19 人，在美国进行培训学习。培训团先后听取关于美国港口和船舶安全管理体系及新技术讲座，美国国家海洋保护和管理系统讲解及立法情况介绍，美国对渔船的安全检查与监督管理方法及法规适用的说明等。通过培训，赴美人员对美国的渔业船舶检验制度和渔船管理等有了比较系统的了解。

2007 年 9 月 23 日—10 月 13 日，由农业部渔业船舶检验局副局长沈建荣带队的农业部渔船质量安全监督管理培训团一行 18 人，赴挪威进行培训。培训团在挪威期间，听取挪威海事局、挪威船级社关于挪威渔业船舶质量安全监督管理情况的介绍，并与挪威行政管理和技术人员进行座谈、交流。

2007 年 11 月 26—30 日，应韩国船舶安全技术公团邀请，以农业部渔业船舶检验局局长周彤为团长的中国渔船检验代表团一行 4 人赴韩国进行交流访问。访问期间双方签署《渔船技术交流合作协定书》，约定双方对渔船检验制度及检验技术相互交流与合作，对共同关心领域可以开展相互技术合作和人员交流，共同为关心领域的研究事业而努力，并就与此相关的具体内容相互协商决定。

2009 年 3 月 3—23 日，为更好地促进我国渔业船舶节能减排等渔业管理工作的开展，应法国中欧促进会的邀请，经农业部和国家外专局批准，以农业部渔业船舶检验局局长周彤为团长率领的农业部赴法国渔业船舶节能减排技术管理培训团一行 15 人，到法国进行为期

21 天的学习培训。学习培训的内容主要包括法国渔业船舶的节能减排政策、措施、方法及其渔业船舶修造的新工艺、新技术和渔港防污染排放管理，还顺便了解了法国渔业船舶安全检验管理体系、运作机制与海上执法管理，法国的渔业捕捞配额管理制度，海洋渔业资源的开发、海洋环境监测保护、海洋污染防治等。

2009 年 10 月 28 日—11 月 16 日，农业部渔业船舶检验局组织的渔业船舶检验验船师职业资格培训团，由沈建荣副局长带队，一行 14 人，赴德国进行为期 21 天的培训和学习。在德国期间，德国船舶管理部门莱法州美因茨内河水运局、汉堡海洋事务管理协会、罗斯托克船舶安全与技术管理学院、德国劳埃德船级社、吉森大学、不莱梅大学、柏林工业大学的官员、验船师、专家和教授就德国有关职业资格制度建立、验船师执业、继续教育及上岗培训管理模式等方面做了专题讲座和培训，并与培训团就相关问题进行广泛交流和深入探讨。

2010 年 10 月 30 日—11 月 19 日，农业部渔业船舶检验局组织渔业船舶防污染技术管理培训团一行 11 人，赴瑞典培训。本次培训的主要内容是了解瑞典公共管理部门运作机制，瑞典农业、渔业基本情况和政策，船舶检验工作情况，有关防污染方面的法律法规等。在瑞典期间，培训团全体成员依次参加瑞典农业部、财政管理署、公务员协会、卡尔斯塔德大学、渔业局、阿格斯科研船、船东协会、歌德堡大学、查尔斯工学院、海洋技术论坛、农业大学、渔业局淡水实验室、淡水研究中心、欧盟委员会驻瑞典代表、斯德哥尔摩港口、海事局、渔业协会、渔业协会杂志社、DNV 船级社、国家环境保护局等单位的 20 个培训。

除了由农业部渔业船舶检验局组织的出境培训考察外，地方机构也组织一些出境团。例如，1997 年辽宁渔业船舶检验局带队全省 6 市渔船检验站主要负责人赴美国考察学习。2002 年，该局又派出 2 名验船师赴日本东和电机制作所和北海道工业研究中心进行研修。

（七）现场实操培训

根据农业部青年干部“接地气、察民情”实践锻炼活动要求及农业部渔业船舶检验局 2012 年验船师培训计划的总体安排，结合山东蓬莱中柏京鲁船业有限公司大型远洋秋刀鱼船建造及检验工作，2012 年 6 月 5 日—9 月 14 日，农业部渔业船舶检验局在山东蓬莱举办了第一期青年验船师百天实践培训班。本次培训班采用驻厂 100 天集中培训的形式，学员与工人师傅同吃、同住，严格服从船厂工作时间和要求。在课程安排上，为学员提供理论、实践、研讨、交流等丰富的学习内容，并分别配备检验组及船厂技术组 2 组指导老师负责指导、授课。培训班以蓬莱中柏京鲁船业有限公司大型远洋鱿鱼钓兼作秋刀鱼船的建造为平台，组织沿海 8 个省（自治区、直辖市）10 名青年验船师在船舶建造的关键阶段进行 100 天现场实践培训。本次培训举行 38 次讲座及讲课，学员们积极撰写信息与心得近 60 篇，编发渔船检验信息 10 期，每人还各自完成专业论文 1 篇。培训后，农业部渔业船舶检验局船检处对实践培训活动进行总结，并对学员的论文和信息进行汇编。本次培训由于前期做了充分准备，又在培训过程中实行“一对一”辅导、模块化教学和跟踪式管理，提高了学员们渔船检验实践操作能力，培养和强化学员的安全责任意识，拓展了专业视野，同时也促进学员们的理解和思考，完成了预定教学目标，取得较好的效果，为今后举办类似培训积累经验。

为提高验船师对气胀式救生筏检修站认可和监督管理水平，2012 年，农业部渔业船舶检验局产品检验处组织对全国沿海各省（自治区、直辖市）50 多名船用产品检验验船师进行培训。培训班采取理论结合现场演示的模式，以深入浅出的方式满足验船师对知识的渴望，受到来自全国各省（自治区、直辖市）验船师的热烈欢迎。

2015 年 4 月 10 日，渔业船舶建造检验实践培训班在山东蓬莱中柏京鲁船业有限公司举办，6 月 7 日结业，来自全国 9 个省（自治区、直辖市）的 15 名学员参加学习。

2015 年 12 月 22 日，首期验船师审图实际操作能力建设班在农业部渔业船舶检验局审图中心（上海）举办，来自辽宁绥中、丹东和部局共 5 名学员参加首期学习。

2016 年 5 月 11 日，2016 年渔业船舶建造检验实践培训班在山东省开班。来自沿海 9 个省（自治区、直辖市）渔业船舶检验机构的 15 名验船师参加此次为期 2 个月的驻厂实践培训。钟小金副局长出席开班座谈会并做动员讲话。

2016 年 7 月 13 日，由农业部渔业船舶检验局组织、审图中心（上海）承办的渔业船舶审图能力建设实践班在上海渔业机械仪器研究所启动。来自 5 个省（自治区、直辖市）渔业船舶检验机构的 10 名学员参加此次为期 3 个月的审图能力建设实践操作学习。钟小金副局长参加开班活动并做动员讲话。

2016 年 11 月 16—18 日，全国渔业船舶检验实操技能比武培训班在浙江舟山举办。培训首次以渔船检验实操技能比武的形式开展，沿海地区参训人员由各省局按船体、轮机、电气专业负责选送，参训人员为中级验船师，参加实操比武；内陆地区参训人员为助理验船师及以上资格，参加观摩学习。2016 年，实操技能比武培训班探索了“比武大练兵，观摩长技能”新式“比、学、赶、超”培训模式。

农业部渔业船舶检验局检验管理处组织举办为期 2 个月的 2016 年渔船建造检验实践培训班，培训班特点是实践、驻厂，培训工作切合验船师特别是高级验船师培养的特殊需求。培训班加强对参训学员的考核，要求每名学员都认真撰写一篇论文，每名学员均对渔船检验工作中的一个专题进行研究。

2017 年 5 月 8 日，在浙江台州举行了全国首次渔业气胀式救生筏检修技能现场比武活动，由全国推选出的荣成平安救生筏检修站等 8 家渔业气胀式救生筏检修站进行现场比武。

三、各地验船师培训情况

为提高验船师现场检验工作能力，根据各地渔船管理特点，2006 年，全国有 4 个省（自治区、直辖市）举办渔业船舶检验业务培训班，近 300 人参加培训。另外，内蒙古、广东分别对本省（自治区）验船师举办渔业船舶检验业务提高班，参加培训的验船师共 137 人。江苏分别在泰州、扬州举办验船人员业务培训和现场检验实操培训，有近百人参加培训。

2009 年，农业部渔业船舶检验局指导各省（自治区、直辖市）组织实际操作业务培训班 20 期。

2012 年，农业部渔业船舶检验局产品检验处委托上海渔业船舶检验局在上海成功举办一期全国 80 多家渔业气胀式救生筏检修负责人培训班。

2013 年，农业部渔业船舶检验局改革验船人员上岗考核制度，突出考核指导管理职责。改变以往验船人员上岗培训全部由部局统一组织的做法，实行统一考核发证、分级组织实施指导，加强师资协调、考核试题库和在线考试软件的完善，支持和协调结对省（自治区、直辖市）之间代为培训，既调动了各省（自治区、直辖市）在培训工作中的主动性和资金条件投入的积极性，解决了验船人员上岗培训的需求，又保证了培训的标准和质量的统一。浙江组织 200 余人（次）参加焊接质量检验、船用配电电气检验、救生设备检验和渔船检验档案管理工作培训；辽宁抓住省内木质渔船数量众多的特点，举办全省木质渔船检验交流培训班，讲解木质渔船的图纸审核、规范应用、检验方法、检验要点，提高检验人员执法能力。全年共有 14 个省（自治区、直辖市）举办了 15 期涉及 26 个省（自治区、直辖市）人员参加的验船人员上岗资格培训，培训人员达 1549 人，取得了良好效果，也为全系统验船人员上岗培训工作的良性发展打下了制度基础。

2014 年，全国各地共召开各类部署会议 25 场次，举办验船人员三大行动培训班 42 期，1590 人参加培训。

2015—2018 年，为了加强渔业船舶审图能力基础建设，提升渔业船舶检验系统审图实际操作能力和水平，规范图纸审查行为，统一图纸审查标准，农业部渔业船舶检验局委托审图中心（上海）承担了 6 期共计 62 名学员的渔业船舶审图实际操作能力实践工作。参训的学员几乎全部为大学本科学历，来自辽宁、河北、山东等沿海省（自治区、直辖市）渔业船舶检验局，所学与从事专业基本一致，平均年龄为 33.6 岁，平均工作年限为 7.4 年。审图中心（上海）派出渔船行业老专家队伍精心编写审图教材授课，并邀请中国船级社、上海海洋大学、地方渔业船舶检验机构等行业专家，分别为学员们开展船舶审图技术要点、渔具渔法、检验实操等专题讲座，通过专题授课的形式，深入浅出、生动有趣地为学员们传授理论知识。实践班主要采取理论基础知识讲解、模拟实践操作及专业协作强化相结合的教学模式。通过理论基础知识讲解来强化学员专业知识理论基础，通过模拟实践操作来提高学员对法规要领的熟练度，通过专业协作强化实践学习来提升学员们的综合素质和团队协作能力。通过审图实践培训，学员们树立了“一专多能”的观念，不仅练好自己熟悉的专业，对本专业以外的也进行基本了解，对船体、轮机、电气各专业知识有全面了解，做好渔船的“全科医生”，具备审查中小型渔业船舶图纸的能力和技巧。

四、培训基地的建设与管理

为保证培训班教学质量，利用高等院校、科研院所和渔船修造企业、船舶设计单位的科研、教育、办学场所等资源，农业部渔业船舶检验局于 2011 年起草完成《中华人民共和国渔业船舶验船师培训基地资质认定管理办法》。该办法将为进一步规范验船师培训工作，优化培训资源、减少培训工作行政成本起到积极作用，同时又能为全国验船师队伍建设提供基地保障。

为积极开展验船师培训工作基地建设，通过基地认定，全面提升培训工作效率和管理水平。2012 年，农业部渔业船舶检验局制定颁发《全国渔业验船师培训基地资质认定管理办法》，鼓励相关单位和企业建立验船师培训基地，积极开展好验船师培训基地认定工作。2013 年，农业部渔业船舶检验局依托高校及社会机构资源，结合多部门优势，认定上海海洋大学、大连海洋大学、浙江海洋学院（今浙江海洋大学）和厦门海洋职业技术学院为渔业船舶验船师理论培训基地，山东省黄海造船有限公司和山东蓬莱中柏京鲁船厂有限公司为实践培训基地，初步构建渔业船舶验船师培训体系。

（一）上海海洋大学渔业船舶验船师理论培训基地

上海海洋大学（原上海水产大学）验船师培训基地在 2013 年 3 月正式授牌成立，在培训基地成立前后，上海海洋大学承担了大量的船检队伍人员培训工作。

1. 基地成立前的培训情况

（1）全国渔业船舶检验大专《专业证书》班（3 期）

2002—2006 年期间，农业部渔业船舶检验局委托上海水产大学举办 3 期全国渔业船舶检验大专《专业证书》班。报名培训对象主要为全国渔业船舶检验机构（或即将成立渔业船舶检验机构的渔业主管部门）中从事（或即将从事）渔业船舶检验工作的在编人员，且具备高中毕业（含中专、职高）文化程度，从事渔业船舶检验工作 1 年以上。3 期培训班共计招收培训验船师 130 人，覆盖全国 26 个省（自治区、直辖市），每期培训班开设 14 门课程，课时为 960 学时，进行为期 10 个月的脱产学习。113 名学员完成规定全部课程并考试合格，颁发成人高等教育大专《专业证书》毕业证书。

此次培训为船检力量薄弱的贵州、陕西等地和船舶数量较大的沿海地区福建、广东等地，以及船舶水量较大的内河地区重庆、江苏、安徽、湖南等地补充了一批船检理论水平和实践检验过硬的验船师，同时也为全国各地区补充了专业验船师力量。验船师通过培训后，回到各自岗位中，做好“传帮带”工作，为渔业船舶检验队伍整体检验能力的提升作出了贡献。

大专《专业证书》班在上海海洋大学举办期间，得到了学校的高度重视。在培训班开展期间，为培训班安排了专门的师资队伍负责培训班的教学管理和学生管理等工作。根据农业部渔业船舶检验局的要求，制订详尽的教学计划，安排专职班主任负责培训学员的学习、生活、实习和相关后勤保障工作。同时为党员学员办理党组织关系转接工作，组织参加上海海洋大学基层党团组织生活等。

农业部渔业船舶检验局、上海渔业船舶检验局以及上海海洋大学、部分领导分别出席培训班的开班和结业典礼，对培训班作出高度评价，对培训班取得的效果给予肯定。同时，3 期船检大专《专业证书》班的实施，得到了江苏渔业船舶检验局、上海渔业船舶检验局、山东渔业船舶检验局等的大力支持，为培训班提供实践实习场所和实习指导等。

（2）渔业船舶检验研究生课程进修班（2 期）

随着我国渔业船舶的不断发展和进步，为适应渔业的可持续发展，在渔业工程领域中亟须一批具有渔业船舶检验理论基础和专业知识以及管理水平的综合型高级管理、技术人才。农业部渔业船舶检验局结合企、事业单位对船舶检验和检测方面人才培养的要求，以提高素质、加强技能为目的，计划培养一批具有坚实的理论基础和宽广的专业知识，能独立地分析和解决有关渔船安全性能和检验、检测技术手段，较为熟练地应用一门外语的应用型、复合型高级工程技术和工程管理人才。

2004 年 4 月—2008 年 4 月期间，农业部渔业船舶检验局委托上海水产大学举办 2 期全国渔业船舶检验研究生课程进修班。为适应当前国内外造船工业和渔业船舶检验快速发展的需要，培养有坚实理论基础和广博专业知识的渔业船舶检验综合型高级验船人员。

上海水产大学对研究生课程进修班高度重视，在办班前组织专家开展调研，结合当时高校相近专业的课程设置和船舶检验领域发展状况，对相关课程的设计和研究生方向的设定进行调研，并多次与主管部门交换意见，在此基础上确定了研究生课程进修班的研究方向及课程设置。

研究生课程班主要研究方向为渔船安全性能技术的研究，渔船和动力装置可靠性与检验、检测技术研究和应用，渔业船舶法律、法规研究。每期进修班学习年限一般为 1 ~ 1.5 年，最长不超过 2 年。课程学习实行学分制，总学分需修满 22 学分。采取“进校不离岗”，实行不脱产和部分时间集中学习的方式。

两期研究生课程进修班共招生 48 人，均全部修完相关课程，取得相关证书。其中 8 名学员在上海水产大学学习期间，通过自己的努力，获得了农业推广硕士入学资格。

（3）渔业船舶检验验船师培训考试班（3 期中级，1 期远洋）

为进一步适应渔业的可持续发展和渔业船舶不断发展的现状，充实和提高渔业船舶验船师队伍，农业部渔业船舶检验局在渔业船舶验船师资格考评制度实施后，对船检人员的培训考证力度有所加大。根据《中华人民共和国渔业船舶验船师资格考评管理规定》对人才培养的要求，以提高素质、加强技能为目的，举办渔业船舶中级验船师资格考试和远洋验船师培训班及考试。

农业部渔业船舶检验局分别在 2004 年、2005 年和 2012 年委托上海海洋大学（原上海水产大学）举办 3 期中级验船师资格考试，共计培训 583 名验船师，以及 2005 年举办 1 期远洋渔业验船师培训考试，共计培训 86 名验船师。

中级验船师和远洋验船师考试是由农业部渔业船舶检验局主办，委托上海海洋大学组织考前辅导及考试。考试类型包括公共模块和专业模块。公共模块包括渔业船舶检验法律法规、船体、轮机、电气基础部分，为必考模块。专业模块中分船体、轮机和电气 3 个模块，考生可选专业模块中的一个模块进行答题。公共模块占考试成绩的 70%，专业模块占考试成绩的 30%。

根据农业部渔业船舶检验局给定的培训教材和考试提纲，上海海洋大学组织安排相关教授和专家，进行为期 3 天的考前培训辅导和答疑。培训与考试为我国沿海地区和船舶数量较大的福建、广东、海南、江苏、山东、上海、浙江等地区培训通过了大批的中级验船师和远洋验船师，为缓解这些地区持证验船人员短缺压力起到了积极的作用，为地区验船师船舶检验能力的提升作出了一定贡献。

（4）审图培训班（2期）

农业部渔业船舶检验局除了实施基本的验船师资格考评制度外，还针对一些具有特殊性的船检岗位，如远洋渔船检验、产品检验、图纸审查等工作还实施了相应的资格制度。

农业部渔业船舶检验局委托上海水产大学在2007年和2008年各承办了1期渔业船舶图样及技术文件审查培训班。在培训前，学校组织相关专家教授进行研讨，研究培训课程安排以及教材选用等，并最终自编了培训教材《船舶图样及技术文件审查》。每期培训班培训时间为8天，共计培训175名验船师。

（5）渔业船舶检验监督管理系统培训班

农业部渔业船舶检验局在2001年组织开发渔业船舶检验监督管理系统。随着验船师队伍的不断壮大，管理系统的数据也不断增加，2005年，农业部渔业船舶检验局将该系统软件进行了完善和升级，升级版本更新后，又委托上海水产大学组织了升级版系统软件的培训学习和应用。培训学员覆盖全国23个省（自治区、直辖市）的115名验船师。

经过多年大力度的培训，通过考评、考试等各种形式扩大了持证验船师队伍规模，截至2006年底，全国验船师持证人数增加到了5631人，其中高级验船师270人、中级验船师873人、助理验船师和验船员4488人。较2000年统计数据，持证验船师人数增加了1.5倍。在此期间，上海水产大学承担的验船师资格培训总人数达1230人，覆盖了全国20多个省（自治区、直辖市），超过了全国船检系统验船师资格培训总人数的三分之一。上海水产大学为国家验船师考试培训等方面作出了巨大的贡献，为提升验船师队伍的规模和素质，特别是在培养中高级验船师方面取得了显著的成效，同时也受到了国家相关部门的认可和高度评价。

2. 培训基地资质认可后培训情况

（1）内陆验船师专业基础长训班（12期）

2013年3月，上海海洋大学取得了验船师培训基地的资质，并于2013年10月开始承办全国内陆验船师专业基础长训班，共举办12期，每期培训班一个半月，历时3年，共计培训验船师427人，来自全国27个省（自治区、直辖市）。

（2）内陆验船师专业基础培训班（2期）

为进一步提高内陆骨干县（市）渔业船舶检验机构在职中青年人员的履职能力，农业部渔业船舶检验局委托上海海洋大学验船师培训基地组织开展2016年度全国内陆验船师专业基础培训班2期。培训对象主要是内陆骨干县（市）渔业船舶检验机构中无船舶检验相关专业背景的在职一线中青年验船人员。每期培训班30天，共计培训83名验船员。培训班学员来自全国23个省（自治区、直辖市），年龄跨度较大，最大年龄57岁，最小年龄22岁，平均年龄38岁。

（3）渔船检验规则规范指南培训班（5期）

为更好地适应新时期渔业船舶检验工作的发展需求，进一步提高渔业船检各级验船师的理论水平和业务能力，规范验船师实际操作能力，提升船检质量，2017 年，农业部渔业船舶检验局委托上海海洋大学验船师培训基地完成 5 期渔船检验规则规范指南培训班。分别是 2 期全国远洋验船师规则规范指南培训班、2 期全国海洋验船师规则规范指南培训班和 1 期全国内河验船师规则规范指南培训班。渔船检验规则规范指南的培训主要是船检公共基础知识，远洋、海洋和内陆渔船法定检验规则、规范，以及语言能力的培训等。并且规范培训按照船体、轮机、电气分专业进行，使得培训更具针对性，效果良好。培训时间累计 32 天，培训验船师累计 222 人。

（4）验船师专业基础与检验实践培训班（2 期）

为进一步提高全国骨干县（市）渔业船舶检验机构在职中青年验船人员的履职能力，农业部渔业船舶检验局委托上海海洋大学验船师培训基地分别在 2017 年和 2018 年各举办 1 期内陆验船师专业基础与检验实践培训班。

每期培训班培训时间为 9 天。来自全国 20 多个省（自治区、直辖市）的 86 名验船人员参加了培训班的课程培训学习，最终有 84 名学员通过课程考核，顺利结业（由于本期培训班培训时间处在机构改革的非常时期，个别学员因必须提前返回工作岗位，未能完成培训任务）。

（二）大连海洋大学渔业船舶验船师理论培训基地

大连海洋大学（原大连水产学院）验船师培训工作可追溯到 1984 年。2012 年 11 月 25—11 月 28 日，农业部渔业船舶检验局协议委托大连海洋大学举办 2012 年度全国渔业船舶中级验船师资格培训考试工作，来自全国 20 个省（自治区、直辖市）的 175 名验船人员参加培训考试。为了加强验船师队伍建设，规范验船师船舶图纸审查行为，提高船舶检验质量，根据《关于举办海洋渔业船舶检验验船师船舶图纸审查资格培训考试的通知》的要求，2012 年 11 月 29 日—12 月 5 日，承担全国海洋渔业船舶图纸审查资格培训考试工作，来自全国 11 个省（自治区、直辖市）的 124 名验船人员参加培训考试。

2013—2015 年，大连海洋大学承担全国骨干县（市）验船师基础专业长训班（海洋）培训工作 5 期，共培训学员 191 人。其中第一期 40 人，第二期 33 人，第三期 38 人，第四期 48 人，第五期 32 人。培训内容包括渔业船舶检验基础专业知识、渔业船舶检验相关法律、法规、规则及渔船检验管理、渔船检验基本技能等内容。第一期时间为 2013 年 9 月 10 日—12 月 29 日，来自全国 11 个沿海省（自治区、直辖市）的 40 名验船师参加培训。第二期时间为 2014 年 3 月 10 日—6 月 22 日，来自全国 11 个沿海省（自治区、直辖市）的 33 名验船师参加培训。第三期时间为 2014 年 9 月 18 日—12 月 28 日，来自全国 10 个省（自治区、直辖市）的 38 名验船师参加培训。第四期时间为 2015 年 3 月 15 日—6 月 28 日，来自全国 11 个沿海省（自治区、直辖市）的 48 名验船师参加培训。第五期时间为 2015 年 9 月 15 日—12 月 28 日，来自全国 10 个沿海省（自治区、直辖市）的 32 名验船师参加培训。

2016 年 4 月 15 日—6 月 13 日，大连海洋大学验船师培训基地开展了第一期海洋验船师专业基础培训班，来自全国 11 个省（自治区、直辖市）的 36 名验船师参加了培训。2016

年10月11日—12月9日，根据《关于举办2016年度第二期海洋验船师专业基础培训的通知》要求，大连海洋大学验船师培训基地开展第二期海洋验船师专业基础培训班，来自全国11个省（自治区、直辖市）的33名验船师参加了培训。

2017年5月10日—5月26日，为了提高全国骨干县（市）渔业船舶检验机构在职中青年验船人员的履职能力，加强海洋渔船检验相关法律法规、规则规范及检验工作程序，以及渔船检验专业基础知识及检验实践等，根据《关于举办2017年度验船师专业基础与检验实践培训班的通知》要求，大连海洋大学验船师培训基地开展了第一期海洋验船师专业基础与检验实践培训班，来自全国11个省（自治区、直辖市）的42名验船师参加了培训。

五、培训教材编写和相关培训研究

为了配合验船师培训工作，农业部渔业船舶检验局、地方检验机构以及船舶院校合作编写了许多教材。

为搞好远洋验船师培训，2005年，农业部渔业船舶检验局和上海水产大学海洋学院共同编写《远洋验船师船检业务知识培训讲义》，讲义包括行政法规、检验与发证、船机电及产品的基础知识、实用英语和船体、轮机、电气专业技术部分。

2006年，农业部渔业船舶检验局组织修订渔业行政执法人员岗位培训系列教材《初级验船人员培训教材（渔业船舶检验）》一书。针对教材个别章节编写不科学和错误之处进行修改，并重新印刷2000册，及时解决了各省（自治区、直辖市）验船人员上岗资格的培训教材，确保培训工作的正常开展。

2007年8月，渔业船舶检验人员岗位培训教材《船舶图样及技术文件审查》编写完成。该教材包涵海洋渔业船舶图样和技术文件审查时必须掌握的基本知识，对审查目的、审查意义、审查程序、审图要领、技巧和注意事项做了较为详细的介绍。全书包括审图概要、图的有关规定、船舶设计简介、船体图样及技术文件审查、轮机图样及技术文件审查、电气图样及技术文件审查6章24节内容。

2008年11月，渔业船舶检验人员岗位培训教材《船舶图样及技术文件审查（内河渔业船舶）》出版。该教材是在海洋渔业船舶审图教材的基础上编写的，包括6章内容，其中前3章基本引用了海船教材的第一、第二、第三章，未做大的变动，后3章则结合内河渔船图纸审查要求和实践，按船体、轮机、电气专业分别编写，供从事内河渔业船舶图纸审查工作的验船师上岗培训和考试使用。该教材附有案例部分内容：某型渔政船主要图纸和技术文件、渔船检验部门的审图意见及设计单位的答辩函等，可供验船师学习及日后工作时参考。

2012年，农业部渔业船舶检验局重点开展验船师培训教材编写工作，提出验船师分类培训教材编写要求。针对船舶分类管理要求，研究制定海洋、内河验船师培训教材编写框架，正式启动中级和初级验船师培训教材的编写工作。并签订相关合作协议委托书，委托江西和浙江渔业船舶检验局具体承办内河、海洋验船师培训教材编写工作。2015年在江苏南通，农业部渔业船舶检验局就验船师培训框架规划编制、验船师培训教材体系和注册验船师制度实施进行深入研讨。大连和上海2个长训班培训基地根据大会意见对培训大纲和课程设置进行调整。大会同时明确培训教材的编写任务，为下一步培训工作和验船师队伍建设提供指导。按照南通验船师培训工作集中研究会议确定的工作原则，梳理完善验船师培训教材体系，农业部渔业船舶检验局分别与上海海洋大学和大连海洋大学签署协议，组织制定海洋、内陆验船师培训教材编制目录框架，落实编写任务，并于 2015 年 12 月 25 日完成海洋、内陆验船师培训教材编制项目初步审查工作。

2012 年，为加强产品检验验船师培训，提高验船师对气胀式救生筏检修站认可与监督管理能力，在举办气胀式救生筏检修站认可和监督管理现场教学式的培训班之后，农业部渔业船舶检验局编辑出版《气胀式救生筏检修站认可与监督管理培训班讲义汇编》。为加强气胀式救生筏检修站检修人员培训工作，组织编制和印刷《渔船气胀式救生筏检修站检修人员培训教材》，此教材将作为渔船气胀式救生筏检修站检修人员培训班教材。

2012 年，农业部渔业船舶检验局组织编写验船师培训教材《渔业船舶检验档案管理指南》，通过对验船人员档案管理业务知识培训，达到科学管理档案的目的，从而提高渔业船舶检验机构档案管理水平。

2012 年，农业部渔业船舶检验局整理编辑近 2 年来初级验船师上岗资格培训班领导讲话、依法行政能力建设和相关船政文化等知识方面授课内容，汇编成验船师培训及学习参考书籍，约 3 万字。

2015 年，上海海洋大学验船师培训基地完成 3 本基础理论教材《船舶原理与结构》《船舶动力装置》《船舶电气》的编写，主要用于内陆验船师专业基础的培训，完成《摇摆试验》《救生设备检验》《船体检测》《轴系安装检验》《〈渔业船舶法定检验规则（远洋渔船 2015）〉暨〈钢制海洋渔船建造规范（2015）〉宣贯》等视频教材的制作，主要用于内陆验船师的检验实践培训辅助教材以及规则规范培训的辅助教材。

2015 年，上海海洋大学验船师培训基地完成验船师培训基地实践教学钢制实船（10.5 米带可拆卸上层建筑的内河典型小型渔船）的建造工作和验船师培训班教学模具模型的制作等。为适应我国内陆不同地区渔业船舶检验的教学需求，内河教学实践船舶具有以下特点：①可拆卸式甲板室；②大敞口鱼舱配有可拆卸的舱口盖；③分别设置座舱机和挂机 2 种推进方式；④结构形式多样。根据其特点，可作为适用 2008 规则规定有上层建筑或甲板室结构的渔业船舶，又可在拆卸式甲板室结构后为 2008 规则适用范围以外的小型渔业船舶；即可作为连续甲板船，在拆除舱口盖后又可作为敞口船。该船的动力设置，即可作为座舱机教学又可作为挂桨机教学。该船舶可作为结构、焊接、吨位丈量、载重线勘划、摇摆试验、救生、消防、信号、防污染等检验项目的实践教学。

2016 年，按照培训规划的方向，农业部渔业船舶检验局制定渔船检验验船师培训教学大纲体系，并进一步制定验船师培训教材体系。按照培训规划、教学大纲体系和教材体系建设要求，委托有关单位研究制作《船舶焊接》《结构完整稳性》和《救生消防设施设备检验》3 个视频教材，编制《渔业船舶装备及检验》《船舶材料焊接与工艺及检验》和《玻璃钢渔船设计建造检验培训教材》3 本教材，进一步充实船检工作基础教材内容，为优化教学模式，建立网络学习平台做好准备。

2017 年，上海海洋大学验船师培训基地承担并完成渔船《船舶焊接》《结构完整性》和《救生消防设备检验》视频教材的制作与验船师法规培训班课程开发项目等。

除了以上教材外，地方机构也主导编写了一些教材，如广西 2003 年完成的《小型渔业船舶检验培训教材》，浙江 2004 年出版的渔业船舶检验系列教材，包括《渔船检验法规与执法基础》《渔船船体及船舶设备》《渔船轮机及电气设备》《渔船检验项目》和《渔船检验程序》5 册。

第四章　现代渔业船舶检验法规体系的建立

2003 年 8 月 1 日，《渔业船舶检验条例》的颁布实施，使我国渔船检验工作纳入规范化、法制化的轨道，是我国渔船检验法制建设的一座里程碑。十几年来，我国渔业船舶检验法制建设不断加强，形成了以《渔业法》《渔业船舶检验条例》和部门规章及各省（自治区、直辖市）地方性法规为法律依据，以《渔业船舶法定检验规则》为执法准则，以规范、规程、指南等为操作标准，接轨国际公约的渔业船舶检验法律法规体系，为加强渔业船舶检验及其监督管理工作、规范渔业船舶检验行为、保障渔业安全生产、维护广大渔民生命财产安全和防止污染水域环境、促进渔业经济可持续发展提供了有力保障。

第一节　《渔业法》对渔船检验方面的修订

2000 年 10 月 31 日，第九届全国人民代表大会常务委员会第十八次会议通过《关于修改〈中华人民共和国渔业法〉的决定》。在渔业船舶检验系统的积极努力下，《渔业法》关于渔业船舶检验有两方面修订：一是修订后的第二十四条规定："具备下列条件的，方可发给捕捞许可证：(一) 有渔业船舶检验证书；……"将渔业船舶检验证书作为发放捕捞许可证的前置条件，有利于加强与渔政部门的协作，提高渔船受检率。二是修订后的第二十六条规定："制造、更新改造、购置、进口的从事捕捞作业的船舶必须经渔业船舶检验部门检验合格后，方可下水作业。具体管理办法由国务院规定。"《渔业法》的修订为将原农业部颁布的《中华人民共和国渔业船舶监督检验管理规定》修改后上升为国务院行政法规提供了良好的法律环境。

第二节　《渔业船舶检验条例》的颁布

《中华人民共和国渔业船舶检验条例》是 1978 年中国渔业船舶检验事业步入正轨之后的一座里程碑，是渔业船舶检验走向法制的标志。

根据 2000 年新修订《渔业法》第二十六条的规定，农业部于 2000 年 12 月 6 日成立《中华人民共和国渔业船舶检验条例》起草工作组。起草工作组在 1996 年农业部规章《中华人民共和国渔业船舶监督检验管理规定》的基础上，历经 2 年多的时间，组织起草《中华人民共和国渔业船舶检验条例（征求意见稿)》。起草过程中，在农业部渔业船舶检验局多次采用各种方式征求全国渔业系统内部意见后，农业部又先后 2 次把征求意见稿下发各省

（自治区、直辖市）及计划单列市渔业主管部门、各海区渔政局和有关渔业企业、船舶企业、科研单位征求意见，并于2001年9月和2002年6月、7月3次发送国务院有关部（委、局），包括中央机构编制委员会办公室、国家质量监督检验检疫总局、国家认证认可监督管理委员会、交通部、公安部、国家经济贸易委员会、国家工商行政管理总局等征求意见，在此基础上形成了《中华人民共和国渔业船舶检验条例（送审稿）》。2002年9月16日，农业部向国务院报送了《关于提请审议〈中华人民共和国渔业船舶检验条例（送审稿）〉的请示》。条例送审稿报国务院后，国务院法制办公室2次征求了国务院有关部委和各省法制部门的意见，期间农业部配合国务院法制办公室到浙江、山东等地进行调研，并组织到欧洲和非洲的有关国家对我国的远洋渔业船队进行考察。之后又多次与有关部门协调，反复研究修改后报国务院常务会议审议。2003年6月11日，国务院第11次常务会议审议并原则通过《中华人民共和国渔业船舶检验条例（草案）》。6月27日，温家宝总理签署国务院令第383号，公布《中华人民共和国渔业船舶检验条例》，于2003年8月1日起施行。

《渔业船舶检验条例》包括总则、初次检验、营运检验、临时检验、监督管理、法律责任、附则共7章40条内容。其重要内容有："为了规范渔业船舶的检验，保证渔业船舶具备安全航行和作业的条件，保障渔业船舶和渔民生命财产的安全，防止污染环境，依据《中华人民共和国渔业法》，制定本条例。""在中华人民共和国登记和将要登记的渔业船舶的检验，适合本条例。从事国际航运的远洋辅助船舶除外。""国务院渔业行政主管部门主管全国渔业船舶检验及其监督管理工作。中华人民共和国渔业船舶检验局行使渔业船舶检验及其监督管理职能。地方渔业船舶检验机构依照本条例规定，负责有关的渔业船舶检验工作。"

2003年7月9日，农业部发出《关于宣传贯彻〈中华人民共和国渔业船舶检验条例〉的通知》，要求各地提高认识，深入开展条例学习、宣传活动；加强领导，全面推进渔业船舶检验和监督管理工作；强化管理，加强渔业船舶检验队伍建设。7月30日，农业部、国务院法制办公室在北京会议中心联合召开《中华人民共和国渔业船舶检验条例》新闻发布会。全国人大农业与农村委员会、国家发展和改革委员会、国家安全生产监督管理局、国家海洋局、国家质量监督检验检疫总局、商务部机电产品进出口司、国家无线电办公室、交通部海事局、国家工商行政管理总局、交通部国际合作司、公安部边防管理局、中国船级社等单位领导出席了发布会。会议由农业部新闻发言人马有祥主任主持，农业部范小建副部长、国务院法制办张穹副主任做讲话。农业部渔业船舶检验局包盛清局长在新闻发布会上对出台《中华人民共和国渔业船舶检验条例》的立法依据、立法过程以及条例对渔业船舶安全管理的重大意义进行简要介绍，并回答了记者提问。人民日报、中央电视台、新华社等18家媒体记者出席发布会。

《中华人民共和国渔业船舶检验条例》的颁布实施，标志着我国渔业船舶检验工作在法制化的轨道上迈进了新的历史时期。至此，就立法层面上说，从法律、行政法规、规章与地方性法规，到规范性文件和渔业船舶检验技术法规，渔业船舶检验的法律法规体系基本构架起来，初步解决了有法可依的问题，并形成了以《渔业法》《海上交通安全法》《渔业船舶检验条例》等法律法规和各省（自治区、直辖市）地方性法规为法律依据，以《渔业船舶法定检验规则》等技术法规和我国签署、批准、接受、认可或加入的国际公约为主干和标准，以规范性文件为支撑的法律法规体系框架，渔业船舶检验工作实现了有法可依。

第三节 《渔业船舶检验程序规定》的探索

渔业船舶检验是渔业安全生产管理的重要组成部分，关系到渔民生命财产和渔业生产的安全，也关系到渔业的健康发展。通过渔船检验可提高船舶所有人维护保养渔船的自觉性，提高渔船安全性能和抵御风险的能力。渔业船舶检验机构是具有法定检验权限的执法机构，在保护渔民生命财产安全、渔业资源可持续利用和保护水域环境等方面担负重要的职责。渔业船舶检验机构负有确保渔业船舶安全航行、安全作业和防止水域环境污染的职权，同时承担着船用产品生产企业的检验及日常监督管理的重要职能。因此，为了实现渔业船舶检验工作的合法性、程序性和效率性，促使渔业船舶检验机构依法行政，按照法定程序正当行使法定检验权，有必要制定渔船检验的程序规定，规范渔船检验的执法权，保障船舶所有人的合法权益。同时，将渔业船舶的强制检验制度纳入行政许可法律制度的框架中来，使渔业船舶检验程序具有严格的程序性和可操作性，实现渔船检验程序的规范化和法制化。

渔船进行检验需要具有很高的专业性，同时还要具有较强的技术性、政策性、国际性，集技术监督与行政执法于一体，因此渔船检验的程序性就显得尤为重要。随着我国渔业生产力、渔业经济体制及经营机制发生很大的变化，船检工作也面临许多新的问题和挑战。尤其是各地船检机构发生的验船师滥用职权的案例，类似的渎职犯罪数量也急剧上升，已经成为各地检察机关打击贪污贿赂犯罪和渎职侵权犯罪的重点领域之一，因此制定《渔业船舶检验程序规定》势在必行。

渔业船舶检验程序涉及渔业航行、渔业生产作业以及渔民切身利益，制定《渔业船舶检验程序规定》有利于规范渔业船舶的检验程序，将渔业船舶检验纳入行政许可的制度框架中来，促进渔业船舶法定检验工作符合我国法律法规的规定和要求。渔业船舶检验程序的完善可以使渔业船舶检验机构依法行政、依法定程序检验，有利于确保渔业船舶具备安全航行和安全作业的技术性能，保障渔民的人身和财产安全，防止渔业船舶和设备污染水域，保护渔业生态环境，实现渔业经济的可持续发展。

2017 年 6 月，《渔业船舶检验程序规定》起草小组成立，开始立法活动。起草小组在深入调研的基础上，召开座谈会进行研讨论证，广泛听取各方意见，形成初稿。在对初稿进行数次修改之后，多次征求法学专家和船检实务部门的意见。之后对征集到的意见进行汇总整理和深入探讨，并在此基础上对草案进行了反复修改，形成送审稿。《渔业船舶检验程序规定》共 6 章 68 条，第一章为总则，第二章为渔船检验申报的受理与审查，第三章为渔船检验与决定，第四章为船用产品检验，第五章为法律责任，第六章为附则。

第四节 地方渔船检验立法

《渔业船舶检验条例》的颁布，大力推动我国渔船检验法制建设，夯实渔船检验及其监督管理工作的法律基础。条例出台之后，地方性渔船检验法规制度建设步伐加快，各省（自治区、直辖市）都相继制定各自的渔业船舶检验或管理相关条例，地方性法规的相继出台为推动《渔业船舶检验条例》的实施起到积极的作用。

辽宁省人大常委会颁布《辽宁省渔业船舶监督检验条例》，河北省人大常委会颁布《河北省渔业船舶管理条例》，山东省人大常委会颁布《山东省渔业港口和渔业船舶管理条例》，浙江省人大常委会颁布《浙江省渔港渔业船舶管理条例》，福建省人大常委会颁布《福建省渔港和渔业船舶管理条例》，湖北省人大常委会颁布《湖北省渔港渔船管理条例》。据不完全统计，《渔业船舶检验条例》颁布前后期间，全国有 9 个沿海省（自治区、直辖市）和 11 个内陆省（自治区、直辖市）相继通过省人大或者省政府颁布出台渔船检验或有关渔船管理的地方性法规、政府规章及规范性文件，大力推进渔船检验及其监督管理工作法制化的进程。

主要法规有：《天津市渔业管理条例》《河北省渔业船舶管理条例》《辽宁省渔业船舶监督检验条例》《吉林省渔业管理条例》《江苏省渔业管理条例》《浙江省渔港渔业船舶管理条例》《安徽省实施〈中华人民共和国渔业法〉办法》《福建省渔港和渔业船舶管理条例》《江西省实施〈中华人民共和国渔业法〉办法》《山东省渔业港口和渔业船舶管理条例》《湖北省渔港渔船管理条例》《湖南省渔业条例》《广东省渔业管理条例》《广西壮族自治区渔港渔业船舶管理条例》《四川省〈中华人民共和国渔业法〉实施办法》《重庆市水上交通安全管理条例》《陕西省实施〈中华人民共和国渔业法〉办法》。

第五节 渔船检验技术法规体系建立

根据《渔业船舶检验条例》的授权，农业部渔业船舶检验局先后制定渔业船舶法定检验规则、渔业船舶建造规范、渔业船舶法定检验规程等一系列技术法规，初步满足了不同材质、不同船型和不同作业方式渔业船舶的检验监管需求。此外，以《渔业船舶法定检验规则（远洋渔船 2015）》为对象，农业部渔业船舶检验局探索实行了技术法规执行情况的评估工作，通过评估，发现问题，研究对策，为技术法规的修订奠定基础。总体来看，技术法规的制定与修订步伐明显加快。

一、渔船检验特色技术法规体系

2007 年 6 月，农业部渔业船舶检验局印发《渔业船舶检验立法规划》，渔业船舶检验的技术法规发展基本有了明确的思路。立法规划将技术法规体系划分为法定检验规则、建造规范、法定检验规程、指导性文件 4 个类别，再根据作业区域（海洋、内河）、船长、材质等因素对每类技术法规分册。

（一）法定检验规则与建造规范

2003 年 4 月 14 日，农业部渔业船舶检验局颁布《中华人民共和国渔业船舶法定检验规则（柴油机燃油管路防火、防止船舶生活污水污染及柴油机氮氧化物排放试验法定检验技术规则）》，自 2003 年 7 月 1 日起生效。该规则是根据《国际海上人命安全公约（SOLAS）》2000 年修正案中关于船用柴油机燃油管路的防火要求、《73/78 国际防止船舶造成污染公约》附则四《防止船舶生活污水污染规则》及附则六《防止船舶造成空气污染规则》的第 13 条及其附件《船用柴油机氮氧化物排放控制技术规则》的要求制定的。

2005 年 10 月 25 日，因原《渔业船舶法定检验规则（2000）》第四篇 4. 2. 1 条、《渔业船舶法定检验规则（2002）》《〈渔业船舶法定检验规则（2002）〉修改通报第 2 号》第七篇 5. 4. 2 条关于最小初重稳矩的计算公式有误，农业部渔业船舶检验局发布《〈渔业船舶法定检验规则（2000）〉修改通报第 3 号》，对公式进行修改。

2008 年 7 月 29 日，农业部渔业船舶检验局颁布《玻璃纤维增强塑料渔业船舶建造规范（2008）》，自 2008 年 10 月 1 日起生效。该规范完善和修订 2002 年《渔业船舶法定检验规则（内河、玻璃钢、海洋木质及小型钢质渔业船舶法定检验技术规则）》中关于玻璃钢渔船的一些要求。主要包括：一是中碱玻璃丝布的限制使用，仅允许 15 米以下的小船上的甲板和上层建筑上可以使用中碱玻璃纤维。当时生产的经增强型浸润剂处理的中碱玻璃纤维的价格与无碱玻璃纤维的价格相差无几，无碱玻璃纤维市场占有率也很高，产品质量相差很大，国内建造的渔船已基本上采用无碱玻璃纤维，很少使用中碱坡璃纤维。二是规定成型工艺应当采用毯、布交替工艺。玻璃纤维短切毡和玻璃纤维布交替铺设的施工工艺问题，涉及玻璃钢船的质量。三是增加原材料的规定。增加了“原材料”一节，同时对渔业船舶使用的树脂、纤维等非金属材料或其制品（包括热固性树脂、纤维增强材料及与之相关的材料）的制造、试验和检验等进行了规定和要求。四是规定不允许外板对接，节点应当采用肘板等。

2008 年，农业部渔业船舶检验局颁发《渔业船舶法定检验规则 2008 年修改通报》，对《渔业船舶法定检验规则（2000）》的部分内容进行修改和补充。2008 年 12 月 2 日，农业部渔业船舶检验局颁布《渔业船舶法定检验规则（船长大于或等于 5m 但小于 12m 内河渔业船舶法定检验技术规则）》，自 2009 年 3 月 1 日起施行。

2009 年 2 月 6 日，农业部渔业船舶检验局颁布《渔业船舶法定检验规则（船长大于或等于 7m 但小于 12m 沿海渔业船舶法定检验技术规则）》，自 2009 年 4 月 1 日起施行。

2012 年，农业部渔业船舶检验局组织召开《国际渔船安全公约》生效应对研究项目大纲审定会，深入探讨我国远洋渔船在公约生效后所面临的紧迫形势，起草《关于积极应对〈国际渔船安全公约〉生效有关情况的报告》，并专题向部领导汇报公约及会议的有关情况和下一步的应对措施，及时完成课题研究报告和 MSC90 会议预案、提案和南非外交大会会议预案，为 10 月份参加南非外交大会打下坚实的基础。农业部渔业船舶检验局委托中国船舶重工第 701 研究所开展《钢质海洋渔船建造规范》修订工作。

随着远洋渔业的迅猛发展，新船型、新技术、新装备在新建远洋渔船中得到更广泛的应用，以及渔业安全管理工作的不断强化，《国际渔船安全公约2012年开普敦协定》生效进程的加快等，确保远洋渔船的技术安全是当前渔业船舶检验管理工作所面临的新挑战。2013年，农业部渔业船舶检验局启动制定《远洋渔船法定检验规则》，创新监管方式，在2000年发布的《渔业船舶法定检验规则》基础上，结合远洋渔船技术发展现状和相关国际公约的要求，立足当前，着眼长远，专门制定一部远洋渔船的法定检验技术法规。该法规涵盖最新国际海事公约中对渔船安全及环保要求，将重点解决渔船建造企业、远洋企业关注的渔船质量安全及境外检验无缝衔接问题。法规建立船舶制修造企业、技术检测单位等围绕船舶质量应出具检查、检测、试验报告的制度，以及远洋企业对船舶进行安全自我检查并进行安全状况声明的制度。切实落实远洋企业对渔船安全全面负责的责任，建造企业、检测机构技术把关责任，渔船检验监督部门依法监管责任，形成“权责对应、多元共治”的监管新模式。

2014年，农业部渔业船舶检验局着手制定适用于船长12米以上国内海洋渔船、船长12米以上内河渔船的2部渔业船舶法定检验规则，完成《图纸审查管理规定》与《渔业船舶船用产品法定检验规则》征求意见稿，以及《12米以下国内海洋渔船验船师指南》送审稿，开展《钢质海洋渔船建造规范》修订工作。同时进一步明确突出渔船法定监管重点项目，完善质量安全各环节主体责任，形成以检验条例为核心，以法定检验规则为主干，以规范、规程、标准等为支撑，以指南、验船师须知为补充，既接轨国际海事公约，又符合中国渔船经济技术发展现状，体现渔船法定检验特点的技术法规框架体系。

2015年12月1日，农业部渔业船舶检验局组织编制的《渔业船舶法定检验规则（远洋渔船2015）》（以下简称“2015规则”）生效实施。2015规则是农业部渔业船舶检验局为适应新时期远洋渔业安全生产管理的要求所修订颁布的适用于远洋渔船检验的技术规则，替代2000年颁布实施的《渔业船舶法定检验规则（2000）》中有关远洋渔船检验的规定，这也是我国首部为远洋渔船专门制定的《渔业船舶法定检验规则》。2015规则统筹考虑有关法律法规以及《国际海上人命安全公约（SOLAS）》《1969年国际船舶吨位丈量公约》《73/78国际防止船舶造成污染公约》《1972年国际海上避碰规则》《1966年国际船舶载重线公约》和正在生效进程中的《国际渔船安全公约2012年开普敦协定》等要求，坚持“分类指导、分级管理”的原则，针对远洋渔船生产作业海域分为大洋性与过洋性的特点，规定不同的检验要求，增加规则的操作性；针对现行规则检验项目“多、繁、杂”的问题，进行重新梳理分类，强调船舶所有人、设计修造企业和监理检测机构在船舶“建、修、用、管”中的安全管理责任，突出渔船检验机构监管职责，是我国远洋渔业“走出去”30年来第一部专门适用于远洋渔船的技术法规，既是远洋渔船设计、建造、营运及管理的安全准则，又是渔船检验机构实施远洋渔船检验工作的执法依据。

2015年7月1日，为与2015规则配套，农业部渔业船舶检验局组织编制的《钢质海洋渔船建造规范（2015）》生效实施。《钢质海洋渔船建造规范（2015）》主要突出渔船建造标准等技术特性的内容，厘清法定检验规则与建造规范的相互关系，解决两者的衔接问题。对于规则已有明确要求的内容，从规范中予以删除；对与规则不一致的内容进行调整，把涉及安全要求的全部内容转入规则中，仅保留技术要求。同时规范鼓励新技术、新能源、新材料、新装备的应用，进一步凸显渔船特性，适应渔船作业特点。

2016 年，以《渔业法》修订为契机，农业部渔业船舶检验局组织开展渔船检验法律法规体系研究，完善法规制度顶层设计，启动《渔业船舶检验条例》修订工作，开展渔业船舶检验工作程序规定（拟以部令发布）制定工作；研究制定《远洋渔船检验管理办法》，稳步推进检验管理工作，全力推进缺陷船用产品召回规定的制定，完成远洋渔船等各型渔船检验规则、规范、指南等技术法规及船用产品监管制度的编制工作，全面开展法规清理和检验规则评估工作；贯彻落实国务院有关简政放权和加强取消许可审批项目后的事中事后监管要求，组织制定并以办公厅文件印发《关于加强渔船建造开工管理的通知》，强化渔船的建造要求。全年共完成各类检验技术法规制修订 8 部，出台 5 部，完成检验管理性文件 13 件，有力保证渔船检验的有序开展。

2017 年，农业部渔业船舶检验局组织编制《渔业船舶法定检验规则（船长大于或等于 12m 国内海洋渔业船舶 2017）》和《渔业船舶法定检验规则（船长大于或等于 12m 内河渔业船舶 2017）》，并于 2018 年 1 月 1 日起施行。两部规则是渔业船舶检验法律法规体系建设的重要组成部分，既是渔船设计、建造、营运及管理的安全准则，又是渔船检验机构实施渔船检验监督管理工作的执法依据。这两部规则突出四大特点：一是突出渔船检验的质量技术监督特性，两部规则对法定检验项目进行重新审视，进一步明确渔船法定检验应通过“确认”方式开展，突出渔船法定检验、法定监管方式，凸显船舶技术监督特征。二是明确有关各方职责，厘清船东、设计修造企业、监理检测机构以及渔船检验监督部门、验船人员各方的责任。三是调整检验方式，明确需要出具检查、检测、试验报告的项目。四是调整检验证书分类及有效期限。国内海洋渔船规则将原有的安全证书、载重线证书、吨位证书、防污染证书等合并为渔船检验证书；内河渔船规则要求按农业部“三证合一”的要求办理，证书签发的有效期限均调整为不超过 60 个月。

2017 年，农业部渔业船舶检验局启动《渔业船舶检验条例》修订起草工作，完成条例修订建议草案（送审稿）。为规范检验和法规制修订，完成《渔业船舶检验工作程序规定》送审稿，颁布《渔业船舶检验技术法规管理办法》。按照“检管分离”改革思路，突出渔船特点、简化检验项目、重点解决技术法规的可操作性问题，农业部渔业船舶检验局开展“两规则、两规范、四通报、一指南”等技术法规的制修订和宣贯工作。“两规则”指船长 12m 以上海洋和内河渔船检验规则，“两规范”指船长 12 ~ 24m 的钢质海洋渔船建造规范和钢质内河渔船建造规范，“四通报”指《玻璃纤维增强塑料渔船建造规范》修改通报、《渔业船舶法定检验规则（远洋渔船 2015）》2017 年 1 号、2 号修改通报和《钢质海洋渔船建造规范（2015）》2017 年修改通报，“一指南”指极地渔业船舶建造检验指南。

2018 年 1 月 2 日，农业部渔业船舶检验局发布《钢质海洋渔船建造规范（2015）》2017 年修改通报，自 2018 年 3 月 1 日起施行。2018 年 1 月 8 日，发布《渔业船舶法定检验规则（远洋渔船 2015）》2017 年 2 号修改通报。

（二）法定检验规程和指导性文件

2012 年，农业部渔业船舶检验局完成《全国液化天然气（LNG）动力渔船发展战略规划（2012—2020年）》，委托天津渔业船舶检验局和有关柴油机企业着手搜集LNG渔船检验指南相关资料。2013年，为积极应对《国际渔船安全公约2012年开普敦协定》生效并逐步提高我国远洋渔船安全作业水平，在2000年发布的《渔业船舶法定检验规则》基础上，农业部渔业船舶检验局专门制定了一部远洋渔船的法定检验技术法规《远洋渔船法定检验规则》。该法规涵盖最新国际海事公约中对渔船安全及环保要求，将重点解决渔船建造企业、远洋企业关注的渔船质量安全及境外检验无缝衔接问题。法规建立船舶制修造企业、技术检测单位等围绕船舶质量应出具检查、检测、试验报告的制度，以及远洋企业对船舶进行安全自我检查并进行安全状况声明的制度。法规切实落实远洋企业对渔船安全全面负责的责任，建造企业、检测机构技术把关责任，渔船检验监督部门依法监管责任，形成“权责对应、多元共治”的监管新模式。

2013年，农业部渔业船舶检验局开展渔船分级检验验船师指南制定工作。针对不同航区要求的渔船技术安全特点及检验监督目标相匹配的问题，结合加强对一线渔船检验工作实际规范性、操作性的具体指导，开展组织编写渔船验船师工作指南。对渔船法定检验项目进行梳理，按照与渔船技术安全的相关性和不同安全管理要求，实行“科学分类、差异化监管”。在有关省（自治区、直辖市）渔业船舶检验机构的大力支持下，农业部渔业船舶检验局有重点、分步骤地组织编制相关检验工作指南。

2013年，针对新技术装备在渔船上的试用及境外检验工作的特殊性，农业部渔业船舶检验局还制定了《渔业船舶试用新技术新装备检验管理办法（暂行）》《远洋渔船境外检验点管理办法》等一批规范性管理制度，并组织对近30年来发布的各类船检工作规范性文件进行全面梳理，对已不适应船检工作当前和今后管理需要的规定研究提出了处理意见，为下一步的工作打下基础。

2016年农业部渔业船舶检验局完成法定检验规程和指导性文件如下：

（1）制定《远洋渔船检验管理办法》。为加强远洋渔船检验的监督管理，明确远洋渔船检验法定职责，落实《渔业船舶检验条例》有关规定，制定《远洋渔船检验管理办法》，报渔业渔政局准备以农业部文件形式发布。

（2）制定《远洋渔业船舶检验报告》格式和《远洋渔业船舶检验证书填写指南》。应对《渔业船舶法定检验规则（远洋渔船2015）》发布后，检验项目、检验证书的调整和变化，远洋渔业船舶检验报告格式、远洋渔业船舶检验证书填写必须要进行相应的调整和修改。为此，完成了《远洋渔业船舶检验报告》格式和《远洋渔业船舶检验证书填写指南》的制定工作。

（3）健全完善一系列渔船检验行政审批制度顶层设计。一是按照行政审批标准化工作要求，完成重新编制行政许可事项服务指南工作。二是按照信息公开要求，研究建立远洋渔业船舶检验行政审批申请人信用信息公示、诚信档案、行业黑名单制度和市场退出机制等制度。三是按照“双随机、一公开”工作要求，建立渔船质量安全技术状况监督检查执法的“两库”（检查对象名录库和执法检查人员名录库），并制定随机抽查工作细则两项工作。

2017年，农业部渔业船舶检验局组织修订了《渔业船舶检验指南》《远洋渔业船舶检验证书及技术文件填写指南》《国内海洋渔船检验证书填写指南》《远洋渔船境外检验监督管理实施办法》和《远洋渔船安全技术状况船东自查指南》等管理性文件，促进检验工作规范化管理。2018 年 3 月 26 日，农业部渔业船舶检验局印发《渔业船舶检验指南（远洋渔业船舶)》及《渔业船舶检验指南（船长大于或等于 24m 海洋渔业船舶)》，指南对检验项目进行科学分类和差异化分级管理，为验船人员开展实际检验工作提供重要依据。

2013—2018 年间，在我国渔业船舶检验的技术法规体系（规则、规程、规范）已基本完备的情况下，针对法规对验船师实际操作的指导尚显薄弱等问题，为进一步明确检验程序、细化检验项目、统一检验标准、规范验船人员行为、指导实际检验工作，农业部渔业船舶检验局组织编写《渔业船舶检验指南》以进一步提高法定检验的质量，保障渔业船舶和渔民生命财产的安全和防止环境污染。指南依据《渔业船舶法定检验规则》，充分考虑检验实际情况，对检验项目进行了科学分类和差异化监管，共分为 5 册。分别为：第 1 册远洋渔业船舶、第 2 册国内海洋渔业船舶（船长≥24 米)、第 3 册国内海洋渔业船舶（12 米≤船长 <24 米)、第 4 册国内海洋渔业船舶（船长 <12 米）及第 5 册内河渔业船舶。

二、改革小型渔船检验制度

2006 年，农业部渔业船舶检验局启动小型渔船管理制度研究。5 月 25 日，发出《关于开展小型渔船检验管理制度专题调研的通知》，部署专题研究实施方案和调研提纲，成立以王朝华副局长为组长的 9 人小型渔船检验制度研究课题组。各地渔业船舶检验局按照调研提纲的要求，分别对本地小型渔船情况进行调查，并形成各地的《小型渔船检验管理情况报告》。同时，课题组又分期分批赴黑龙江、山东等 11 个省（自治区、直辖市）进行调研。2007 年 3 月，第三届中国渔业船舶检验技术委员会在武汉市召开专题工作会，对课题组提交的《小型渔业船舶检验管理专题研究报告（修改稿)》提出修改建议，将海洋小型渔业船舶界定为船长小于 12 米，内河小型渔业船舶界定为总长小于 12 米。

2007 年 7 月，《小型渔业船舶检验管理专题研究报告》编写完成。研究报告指出：我国小型渔业船舶总数为 854787 艘，占全国渔业船舶总数的 89. 19%。小型渔业船舶检验管理突出的问题是小型渔业船舶受检率偏低，存在严重的安全隐患，受检率仅为 26. 41%，全国大多数小型渔业船舶处于失控状态。同时，小型渔业船舶检验管理还存在着检验管理体制和运行机制不顺、基础设施和执法装备落后、检验人员和专业人才匮乏、检验制度可操作性不强、技术法规与实际情况不相适应、检验技术支撑薄弱等诸多困难和问题。11 月 20 日，农业部渔业船舶检验局根据研究报告印发《关于加强小型渔业船舶检验管理的意见》，确定小型渔业船舶管理按照统一领导、分类管理、分级负责的原则。主要提出两方面改革意见：

一是改革小型渔船登船检验制度，确立检验声明制度。明确在营运检验中，验船机构可以根据管理的具体情况确定是否需要登船，调整了过去必须登船的规定。船舶所有人在申报检验时，应当提交船舶安全技术状况声明书，声明船舶的安全技术状况。检验声明制度在此后几年发布的《渔业船舶法定检验规则（船长大于或等于 5m 但小于 12m 内河渔业船舶法定检验技术规则)》《渔业船舶法定检验规则（船长大于或等于 7m 但小于 12m 沿海渔业船舶法定检验技术规则)》及各地方小型渔船检验规定里都有体现。

二是调整小型渔船检验立法权限。海洋船长 7～12 米、内陆船长 5～12 米有上层建筑或甲板室结构的小型机动渔业船舶检验技术法规，由农业部渔业船舶检验局统一制定，各省（自治区、直辖市）渔业船舶检验机构制定配套的具体检验管理办法，报农业部渔业船舶检验局批准后发布施行。小型非机动渔业船舶、无上层建筑或甲板室结构的小型机动渔业船舶、船长 7 米以下的海洋小型机动渔业船舶、船长 5 米以下的内陆小型机动渔业船舶的检验技术法规，由各省（自治区、直辖市）渔业船舶检验机构制定，报农业部渔业船舶检验局备案。

针对船长小于 12 米的小型渔业船舶，农业部渔业船舶检验局于 2008 年和 2009 年颁布两部规则，分别适用于船长大于或等于 5 米但小于 12 米的内河机动渔业船舶、船长大于或等于 7 米但小于 12 米的沿海机动渔业船舶。对 2008、2009 规则覆盖范围外的船长小于 12 米的小型渔业船舶，并授权各省（自治区、直辖市）制定地方小型渔业船舶检验管理办法。

各地渔业船舶检验机构按照《关于加强小型渔业船舶检验管理的意见》的改革要求，各自开展辖区内小型渔业船舶检验办法的制定工作。

2007 年 12 月 1 日，《江苏省内河小型渔船检验办法》率先经农业部渔业船舶检验局批准后发布，定于 2008 年 1 月 1 日起开始实施。2008 年 2 月 18 日，浙江渔业船舶检验局发布《浙江省内河渔业船舶检验管理暂行规定》，自 2008 年 3 月 15 日起试行。2008 年 6 月 21 日，《福建省小型渔业船舶管理办法》发布，自 2008 年 8 月 1 日起施行；2008 年 10 月，广西渔业船舶检验局出台《广西壮族自治区内河小型渔业船舶检验办法（试行)》，自 2009 年 1 月 1 日起施行；2009 年，还修订《广西壮族自治区小型海洋渔业船舶监督检验暂行规定》，改名为《广西壮族自治区沿海小型渔业船舶检验办法》，2009 年 12 月 3 日通过审定，自 2010 年 5 月 1 日起实施。2008 年，天津市水产局出台《天津市内陆小型机动渔船登记、检验工作实施细则》，2009 年又出台《天津市内河渔业船舶管理规定》。2009 年 9 月 10 日，经农业部渔业船舶检验局批准，由山东省、辽宁省、河北省、天津市黄渤海区三省一市渔业船舶检验机构共同起草制定的《黄渤海区小型渔业船舶检验办法》出台，自 2009 年 12 月 1 日起施行。该办法是我国首个区域性渔业船舶检验办法。

除以上完成发布的地方小型渔业船舶技术法规外，2010 年间还有其他许多省（自治区、直辖市）在积极研究编写本地的小型渔业船舶检验办法。主要有：《辽宁省内河小型渔船检验管理办法（试行)》《河北小型渔船检验管理规定》《上海市内陆小型渔业船舶检验办法》《广东省小型渔业船舶检验监督管理制度》《黑龙江省小型渔业船舶检验办法》《吉林省小型渔业船舶检验管理办法》《内蒙古自治区小型渔业船舶法定检验管理办法》《江西省小型渔业船舶检验办法》《重庆小型渔业船舶管理办法》《云南省非机动渔业船舶检验管理暂行办法》《贵州省内河小型渔业船舶检验管理暂行办法》《甘肃小型渔业船舶监督管理办法（试行)》《北京市非机动渔业船舶检验管理暂行办法》。

为加强渔船检验法制建设，完善渔船检验技术法规体系，全面构建渔船检验工作新格局，2017 年 6 月 12 日，农业部渔业船舶检验局发出《推进完善小型渔船检验管理制度的通知》，就加快制定有关小型渔船检验管理办法、推进完善小型渔船检验管理制度要求如下：

①加快制定小型渔船检验管理办法。请尚未制定与2008、2009规则相配套小型渔船检验管理办法的省（自治区、直辖市）渔业船舶检验局，结合本省（自治区、直辖市）的实际情况，抓紧出台相应小型渔船检验管理办法，并及时向部局报备。②认真总结小型渔船检验管理情况。请已经出台相关小型渔船检验管理办法的省（自治区、直辖市）渔业船舶检验局，对小型渔船检验管理办法的实施情况进行认真总结形成书面材料，连同本省（自治区、直辖市）小型渔船检验管理办法的文本（电子版）于7月8日前报部局法规监督处。③开展小型渔船检验管理调研。部局将根据各省（自治区、直辖市）小型渔船检验管理办法的制定和实施情况，适时组织开展调研，重点督促小型渔船较多的内陆省（自治区、直辖市），推进完善小型渔船检验管理制度。

为充分了解各省（自治区、直辖市）小型渔船检验管理办法的制定和实施情况，从而推动各省（自治区、直辖市）制定船长12米以下小型渔船检验管理办法，农业部渔业船舶检验局根据2017年度工作计划，委托大连海洋大学开展小型渔业船舶检验管理办法制定及实施情况研究工作。通过调研小型渔业船舶基本情况和小型渔业船舶检验管理办法制定及实施情况，于2017年12月形成《小型渔业船舶检验管理办法制定及实施情况研究报告》。

三、休闲渔业船舶检验规定

我国休闲渔业兴起于20世纪80年代末90年代初。进入21世纪后，随着经济社会的快速发展、人们消费水平的逐步提高和渔业资源保护力度的加大，休闲渔业越来越受到社会的关注和各级渔业主管部门的重视。2000年，农业部渔业局在我国渔业发展目标中明确提出“要适应市场的变化，在有条件的地方积极发展休闲渔业”。在2004年全国渔业工作会议上又提出，各地休闲渔业呈现良好的发展态势，各地要因势利导，积极引导群众从事渔区观光旅游、垂钓、餐饮业的开发和经营，发展以“渔”文化为特色的综合型经济。

2012年12月，农业部印发《农业部关于促进休闲渔业持续健康发展的指导意见》。该意见指出，休闲渔业是以渔业生产为载体，通过资源优化配置，将休闲娱乐、观赏旅游、生态建设、文化传承、科学普及以及餐饮美食等与渔业有机结合，实现一二三次产业融合的一种新型渔业产业形态，主要包括休闲垂钓、渔家乐、观赏鱼、渔事体验和渔文化节庆等类型。并从重要意义、指导思想和基本原则、加强规划引导、开展示范引领、加强监督管理、加大政策扶持、加强组织领导七个方面对休闲渔业的发展提出了指导意见。中共十八届五中全会提出“五大发展理念”，渔业推进转方式调结构，进一步加快了休闲渔业的发展。自2005年以来，经过十余年的不断发展壮大，全国休闲渔业年产值由2005年的81.92亿元增加到2014年的431.85亿元，10年间增长了527.16%。休闲渔业产值在渔业经济总产值中的比例也不断提高，成为渔业经济增长的新亮点。

休闲渔业是进入21世纪以来渔业中发展最快的二级行业，但对休闲渔船的检验管理仍在不断探索中。在技术法规中，《渔业船舶法定检验规则（2000）》及其2008年修改通报对休闲渔船技术条件有所要求，安排了专门章节对休闲渔船的法定检验作出特别规定，要求休闲渔船除应持有渔业船舶相应各种证书外，还应持有《休闲渔船安全证书》。

围绕休闲渔船的管理，部分省（自治区、直辖市）也出台了一些休闲渔船管理法规。天津市人大2003年颁布的《天津市渔业管理条例》中提出“休闲渔业船舶”概念。2004年，天津市水产局制定《天津市休闲渔业船舶管理规定》，并于2005年出台，是最早把从事休闲活动的渔船纳入管理的地区。山东省海洋与渔业厅于2007年出台《山东省休闲渔业船舶管理办法》，另外还制定《山东省休闲渔业船舶检验规定》《山东省休闲海钓管理暂行办法》《山东省休闲海钓钓场管理暂行办法》等一系列规范性文件，所属烟台市、威海市、日照市也制定了相应的管理法规。

广东省在《广东省渔业管理条例》和《广东省渔港和渔业船舶管理条例》中对休闲渔船管理作出相关规定。2007年3月14日，广东省人民政府办公厅出台《广东省休闲渔业管理试行办法》（粤府办〔2007〕22号）；2008年4月17日，广东省海洋与渔业局印发《广东省休闲渔业管理试行办法实施细则》（粤海渔〔2008〕59号）；2011年9月2日，广东省人民政府办公厅印发《广东省休闲渔业管理办法》（粤府办〔2011〕55号）。

浙江省海洋与渔业局于2003年7月9日发布实施《浙江省休闲渔业船舶检验管理规定（试行）》，7月15日又会同省旅游局、省公安厅、省交通厅、浙江海事局联合出台《浙江省休闲渔业船舶管理办法》。2007年9月17日，修订《浙江省休闲渔业船舶检验管理规定（试行）》为《浙江省休闲渔业船舶检验管理规定》。

辽宁省人民政府于2016年6月颁布《辽宁省休闲渔业船舶管理规定》。为了更好地执行该规定，贯彻落实好其各项内容，使之更加具有可操作性，辽宁省海洋与渔业厅制定了《辽宁省休闲渔业船舶管理规定实施细则（试行）》。此外，河北省渔业船舶检验机构也制定了休闲渔业船舶检验的技术要求。

2017年，为适应休闲渔船快速发展需要，加强和规范休闲渔船检验和监督管理，农业部渔业船舶检验局组织开展休闲渔船检验规则研究编制工作。按照国家渔业转方式调结构、大力推进休闲渔业的要求，经前期搜集资料、实地调研、专题研究、集中研讨，形成《渔业船舶法定检验规则（休闲渔船2017）》征求意见稿，于2017年9月13日印发有关单位征求意见后，形成报批稿。

随着渔业转方式调结构的不断推进，新型渔业产业形态快速发展，各类渔业基础设施及水上设施不断涌现。继在山东省开展休闲渔业平台检验监管试点工作后，广西、山东等地渔业趸船及有关渔业水上设施的检验监管问题又逐步凸显。渔业趸船是采用缆绳或者锚链等非刚性固定方式系固并漂浮于水中，专门为渔业生产和管理服务的无动力船形水上建筑或装置，主要用于渔船维护和修理、渔政船停靠、渔船检验办证、渔船现场检验、渔政办公以及渔业休闲等用途。2017年8月，经与部渔业渔政局沟通并报农业部批准，农业部渔业船舶检验局将渔业趸船等渔业水上设施纳入渔业船舶检验监管范畴。

2003年《渔业船舶检验条例》颁布实施后，渔船检验技术法规建设取得了长足进展，十几年间出台法定检验规则6部，出台建造规范和检验规程各3部，检验指南若干，基本形成从规则到对设计建造和检验具有较强指导性的规范规程，再到操作性指南的技术法规框架。基本涵盖了内河、海洋、远洋作业海域的渔船和船用产品质量监管的范畴，对这些渔船的设计、建造、监理、检验监督和安全监管具有指导性和引领性的作用；基本兼顾大中型渔船和数量巨大的小型渔船以及钢质、木质和玻璃钢材质渔船的检验监督范畴；操作性指南的编制使技术法规框架向实践工作更深入的延伸，使法规要求与基层实际检验工作更加密切结合起来，为打通技术法规伸向检验各环节各领域的“神经末梢”迈出了坚实的一步，使法规建设更加接地气了。已经颁布实施的规则、规范、规程、指南如表4-1所示。

已颁布实施的规则、规范、规程、指南统计表 表4-1

序号	名称	发文时间	备注
规则			
1	《渔业船舶法定检验规则（2000）》	2000. 4	
2	《渔业船舶法定检验规则（内河、玻璃钢、海洋木质及小型钢质渔业船舶法定检验技术规则）》	2002. 9	
3	《渔业船舶法定检验规则（柴油机燃油管路防火、防止船舶生活污水污染及柴油机氮氧化物排放试验法定检验技术规则）》	2003. 4	
4	《渔业船舶法定检验规则（船长大于或等于5m但小于12m内河渔业船舶法定检验技术规则）》	2008. 12	
5	《渔业船舶法定检验规则（船长大于或等于7m但小于12m沿海渔业船舶法定检验技术规则）》	2009. 1	
6	《渔业船舶法定检验规则（远洋渔船2015）》	2015. 12	
7	《渔业船舶法定检验规则（船长大于或等于12m国内海洋渔业船舶2017）》	2017. 7	
8	《渔业船舶法定检验规则（船长大于或等于12m内河渔业船舶2017）》	2017. 7	
规范			
1	《钢质海洋渔船建造规范（1998）》	1998. 4	
2	《玻璃纤维增强塑料渔业船舶建造规范（2008）》	2008. 7	
3	《钢质海洋渔船建造规范（2015）》	2015. 7	
规程			
1	《渔业船舶船用产品检验规程》	2002. 12	
2	《海洋渔业船舶法定检验规程》	2003. 4	
3	《内河渔业船舶法定检验规程》	2011. 5	
指南			
1	《渔船用柴油机型谱审核专家委员会审核指南》	2014. 8	
2	《渔业船舶检验指南（船长小于12m国内海洋渔业船舶）》（第4册）	2015. 3	
3	《渔业船舶船用产品（型式/工厂）认可初审工作指南》	2015. 5	
4	《渔业船舶检验指南（12m≤船长＜24m国内海洋渔业船舶）》（第3册）	2015. 12	
5	《渔业船舶检验指南（内河渔业船舶）》（第5册）	2015. 12	
6	《渔业船舶检验指南（远洋渔业船舶）》（第1册）	2018. 3	
7	《渔业船舶检验指南（船长大于或等于24m海洋渔业船舶）》（第2册）	2018. 3	

第六节　检验管理制度建设

检验管理制度的建设有利于加强国内海洋渔业船舶检验证书及技术文件的管理工作，规范运用国内海洋渔船检验证书及技术文件，能真实地将船舶检验状况与有关参数反映在相关的检验证书及检验记录中，达到合法性、实用性和便捷性的要求。

一、检验证书及技术文件管理

2013 年 9 月 4 日，农业部渔业船舶检验局对国际渔船检验证书格式进行修改，包括国际渔船所有检验证书、检验记录和报告在第一页的右上角增加条形码（二维码）；在《国际渔船安全证书》首页的参数表中增加“渔船编码”和“主机总功率”项；考虑到国际渔船安全公约尚未生效，建议删除“依据国际渔船安全公约”及其相关条款等内容；在《船舶临时航行安全证书》首页的参数表中增加“渔船编码”项，其他证书内容保持不变。12 月 26 日，农业部渔业船舶检验局研究确定远洋渔船检验证书签字形式。

2015 年 3 月 31 日，农业部公告第 2245 号发布，修订国内海洋和远洋渔业船舶检验有关证书及其检验记录样式。规定将原国内海洋甲、乙、丙三类船舶检验证书样式合并为一种，实现国内海洋大、中、小型渔业船舶检验证书样式统一；同时，将每一类船舶应签发的《渔业船舶安全证书》《渔业船舶吨位证书》《渔业船舶防止油污证书》《渔业船舶载重线证书》《渔业船舶渔捞和起重设备证书》有关内容合并。2015 年 6 月 1 日，农业部渔业船舶检验局下发《关于订制国内海洋渔业船舶检验证书专用纸有关事项的通知》，对国内海洋渔业船舶检验证书专用纸进行了重新设计，并自 2015 年 8 月 1 日起执行。

2016 年 8 月，农业部渔业船舶检验局委托河北渔业船舶检验局开展《国内海洋渔业船舶检验证书填写指南》的编写工作，根据农业部 2245 号公告对现有证书的填写、发放等内容进行全面的梳理和明确。河北渔业船舶检验局安排 7 名验船师组成编写组开展指南编写工作。12 月，编写组完成指南初稿，在河北渔业船舶检验局内进行征求意见，形成指南讨论稿。

2017 年 3 月，河北渔业船舶检验局邀请山东、福建、广东等渔业船舶检验机构代表及水科院渔工所、水科院渔工所系统运维组等代表在秦皇岛对指南进行集中研讨，编写组根据研讨意见对指南讨论稿进行修改。《渔业船舶法定检验规则（船长大于或等于 12m 国内海洋渔业船舶 2017）》发布后，2017 年 10 月，农业部渔业船舶检验局要求编写组根据该规则再次修改，形成指南征求意见稿。

二、渔船及其船用产品检验档案管理规定

2002 年 11 月 6 日，农业部渔业船舶检验局印发《渔业船舶检验档案管理暂行规定》。渔业船舶检验档案分为文书档案和船舶检验业务档案。船舶检验业务档案包括：机构队

伍建设、检验业务统计与信息管理、船舶检验、产品检验、船舶设计图纸审查和资质管理档案。

渔业船舶检验档案的保管期限定为永久、定期 2 种，定期分为 40 年、30 年、20 年、10 年。

1. 文书

文书档案的保管期限应符合国家相关规定。

2. 机构队伍建设

（1）渔业船舶检验机构业务核定档案（30 年）。

（2）渔业船舶检验人员管理档案（30 年）。

3. 渔业船舶检验业务统计与信息管理

（1）渔业船舶检验业务统计档案（永久）。

（2）渔业船舶检验信息管理档案（20 年）。

4. 船舶检验

（1）远洋渔业船舶检验档案（40 年）。

（2）国内海上渔业船舶检验档案（40 年）。

（3）内河渔业船舶检验档案（船长 12 米以上，30 年）。

（4）内河渔业船舶检验档案（船长 12 米以下，20 年）。

渔业船舶未灭失、拆解时，其档案须继续保存。

5. 产品检验

（1）产品认可类档案（10 年）。

（2）产品检验类档案（30 年）。

6. 船舶设计图纸审查

渔业船舶设计图纸审查档案（永久）。

7. 资质管理

（1）渔业船舶修造企业资格认定档案（10 年）。

（2）渔业船舶设计单位资格认定档案（10 年）。

三、渔业船舶检验技术法规管理办法

为加强渔业船舶检验技术法规管理，规范技术法规制定工作程序，提升技术法规质量，根据《中华人民共和国渔业船舶检验条例》，结合渔船检验监督管理及技术法规工作现状，农业部渔业船舶检验局制定《渔业船舶检验技术法规管理办法》。2017 年 11 月 16 日，农业部渔业船舶检验局发布《关于印发〈渔业船舶检验技术法规管理办法〉的通知》。

第七节 各省渔船检验地方法规、管理办法

《中华人民共和国渔业法》修订和《中华人民共和国渔业船舶检验条例》出台以后，地方性渔船检验法规制度建设步伐加快，各省（自治区、直辖市）相继制定各自的渔船检验法规和管理办法。

2013 年，浙江渔业船舶检验局制定《提高国内渔业船舶建造质量的指导意见》《沿海小型乡镇涉渔船舶安全适航基本条件》《聚乙烯渔业船舶检验技术要求（试行）》等办法规定，对具有地域特点的渔船技术要求、设计图纸质量、检验重点环节把关和完善申报程序进行明确要求。辽宁渔业船舶检验局针对辖区渔船检验改革，专题对《辽宁省渔业船舶监督检验条例》进行修改，聘请律师对修改内容予以推敲，形成比较完善的修改意见报上级部门。山东渔业船舶检验局在渔业船舶设计、修造企业行政审批取消后，根据部局下发的《关于加强渔船修造开工前检查工作的通知》，制定颁布《山东省渔船设计与修造管理暂行规定》，防止产生新的“三无”船，最大限度减少行政审批取消后出现的监管空白；还探索并创新性地实现了以省渔业船舶协会发起成立的山东省渔船设计图纸审查中心负责设计图纸的技术审查，提供行政许可支撑，检验机构对审查的设计图纸进行复核，合格后予以批准的管理模式。

2017 年 12 月 21 日，农业部渔业船舶检验局批准江苏渔业船舶检验局 11 月 30 日报批的《江苏省休闲渔船检验管理规定》，并请江苏渔业船舶检验局注意总结休闲渔船检验监督管理中发现的问题，并及时反馈给农业部渔业船舶检验局。

2018 年 2 月 12 日，为规范浙江省内河小型渔业船舶检验工作，提高渔业船舶检验监督管理水平，确保内河小型渔业船舶具备安全航行、作业和防止污染环境的技术条件，依据《渔业船舶法定检验规则（船长大于或等于 5m 但小于 12m 内河渔业船舶法定检验技术规则 2008)》的规定，结合浙江省内河小型渔业船舶特点，浙江渔业船舶检验局制定完成《浙江省内河小型渔业船舶检验办法（报批稿)》，上报农业部渔业船舶检验局。

2003—2018 年期间，我国渔船检验技术法规、规则、规范的制修订工作步伐大大加快，覆盖更为全面，研究更加深入，专业性和权威性也得到了明显提升，逐步出台覆盖远洋渔船、钢质海船、内河渔船、玻璃钢渔船等各种类型渔业船舶的法定检验规则和建造规范 30 多部，形成了以《中华人民共和国渔业法》为母法，以《中华人民共和国渔业船舶检验条例》为主干，以各省（自治区、直辖市）地方性法规和规章及技术法规为支撑的具有中国特色的渔船检验法规建设体系，为我国渔船检验及其监督管理工作的顺利开展奠定了坚实的法律基础。

第五章　渔船图纸审核

渔船图纸审核制度的建立与发展有利于保障船舶建造质量，使其符合船舶检验规范规定的安全技术条件，促进船舶检验部门自身建设和渔业事业的发展。

第一节　渔船图纸审核制度创新发展

2003 年，中华人民共和国国务院令第 383 号发布《中华人民共和国渔业船舶检验条例》，条例第八条规定："制造、改造的渔业船舶，其设计图纸、技术文件应当经渔业船舶检验机构审查批准，并在开工制造、改造前申报初次检验。"经国务院清理后保留的行政审批项目"渔业船舶法定检验"中也包括"渔船图纸审查"的审批子项目，《渔业船舶法定检验规则》规定了审图的各项要求。

2003 年 3 月 10 日，农业部渔业船舶检验局颁布《渔业船舶设计图样及技术文件审查规定》，自 2003 年 6 月 1 日起实施。规定包括总则、审图分工、审图申请、审图与退审、图纸失效、审图周期及计费等内容；同时公布《渔业船舶设计图样及技术文件审查申请表》《送审图纸目录》《图纸审查意见书》和《渔业船舶设计图纸批准函》式样。

2007 年起，农业部渔业船舶检验局委托中船重工船舶设计研究中心有限公司开发渔船计算机辅助检验系统，开发渔船检验专业计算软件。2010 年，渔船计算机辅助检验系统（FVCAR ver1.0）开发完成，该软件是专门针对渔业船舶开发的一套计算软件，主要用于辅助各级渔业船舶检验机构对渔业船舶设计图纸进行审核。软件系统计算程序包含船体、轮机、电气 3 个专业的内容。

2015 年 6 月 13 日，农业部渔业船舶检验局发布的《渔业船舶图纸审查管理工作指南》开始施行。该指南旨在适应国家行政体制改革的需要，根据国家取消设计单位资质人认可后，加强事中事后监管的新形势，以及切实强化渔船检验监督管理机构的法定职责履行能力的新需要，对 2003 年发布的《渔业船舶设计图样及技术文件审查规定》进行修订。指南以"突出渔船检验监督管理机构技术监督的定位、充分发挥第三方技术支撑结构的作用"为原则，明确渔船检验监督管理机构与第三方支撑机构的权利与义务关系，明确了设计单位的责任与要求，建立设计单位声明制度，对送审图纸质量、技术评审标准提出具体的量化标准，同时鼓励使用网上审批等手段，提高工作效率，缓解船多人少的矛盾。

多年来，渔船图纸审查工作面临的形势和任务主要有以下三个方面。

一是机构调整和简政放权带来的审图监管压力。一些船检机构在事业单位分类改革和政府简政放权的大背景下，在有条件的地区适当下放审图审批权限。放权后，下级承接单位审图的压力和对下级监督指导服务的压力无疑都会随之增加。

二是海洋渔船标准化更新改造带来的审图任务的增加。在调整油价补贴政策的驱动下，大量的海洋渔船进行标准化更新改造，渔船审图工作任务大量增加。与此同时，在渔船设计资格认定行政审批取消后，图纸设计的门槛基本不存在，送审图纸质量参差不齐，对审图验船师的专业能力提出挑战。

三是渔船装备升级对审图工作带来新的挑战。渔船标准化、渔船节能减排、渔业转型升级、渔船装备提升是发展现代渔船的重要内容。随着技术进步和生态文明建设的深入发展，“四新”技术将大大应用于渔船建造中，新技术、新装备、新能源和新工艺在渔船设计图纸中的应用对审图工作提出了严峻的挑战。

因此，检验部门都在探索渔船检验管理制度改革，把工作重心从渔船设计单位资质管理上转到渔船设计质量监督上来，重点加强渔船设计单位设计图纸的审查，促进设计质量的提高。各地渔船检验机构探索渔船设计图纸技术审查与行政审批相分离的机制创新，积极扶持培育渔船检验社会化技术支撑力量，通过政府购买服务等多种形式，着重提升渔业船舶检验机构自身检验监管能力，建立起以法定检验机构、渔船设计单位、船舶修造厂、科研院所、第三方社会化技术支撑机构为主的五方协同管理架构，创新服务手段和方式，提高渔船检验质量和效率，确保渔船技术状况安全。

第二节 各地渔船图纸审核情况

2003 年以来，全国渔业船舶图纸审核情况大致经历以下几个阶段：2003—2006 年，每年图纸审核数量不多。2005 年，全国共完成渔业船舶图纸审查 382 套，其中捕捞渔船 204 套（包括远洋渔船 46 套），渔业辅助船 178 套（包括远洋渔船 3 套）；2006 年，全国渔业船舶检验机构共完成渔业船舶图纸审查 562 套，其中，国家局完成 51 套 500 总吨以上的渔业船舶图纸审查，各省级渔业船舶检验机构共完成 511 套渔业船舶图纸审查。2007—2012 年，审核数量上了一个台阶。2007 年，共完成渔业船舶图纸审查 3596 套，比 2006 年增加 3034 套。2011 年，共完成渔业船舶图纸审查 3605 套，其中远洋渔船 33 套、海洋渔船 2026 套、内河渔船 1546 套，主要是大量小型渔船的图纸审核，与 2010 年比增加 851 套；2011 年获得渔业船舶图纸审查资格验船师 360 人，其中海洋渔业船舶图纸审查资格 285 人，内河渔业船舶图纸审查资格 75 人。2013 年至今，图纸审核数量又上了一个台阶，达到万套以上。2013 年，共完成渔业船舶图纸审查 13772 套，其中远洋渔船 118 套、海洋渔船 2307 套、内河渔船 11378 套，与 2012 年比增加 10810 套；获得渔业船舶图纸审查资格验船师 440 人，其中海洋渔业船舶图纸审查资格 338 人，内河渔业船舶图纸审查资格 102 人。2014 年，共完成渔业船舶图纸审查 18007 套，其中远洋渔船 108 套、海洋渔船 3669 套、内河渔船 14230 套，与 2013 年比增加 4235 套。2016 年，渔业船舶图纸审图数量大幅下降，约 11699 套，内河渔业船舶占 77.53%，较 2015 年减少 4065 套。2017 年，共完成渔业船舶图纸审查 10323 套，其中远洋渔船 96 套、海洋渔船 2785 套、内河渔船 7442 套，较上年减少 1376 套。

在调整油价补贴政策的驱动下，“十三五”期间，我国仍有大量的海洋渔船进行标准化更新改造，渔船大省的审图工作任务量依旧繁重：2014—2017 年，浙江全省审图超过 1500 套，江苏 580 余套，福建审查近千套，其中仅宁德检验处审图任务量就超过 350 套；全国渔船审图业务不平衡：在渔船设计建造不发达的地区，审图业务和能力出现萎缩情况，如海南将全部图纸采用委托审查的方式处理。人员少，任务量大，审图人员水平参差不齐是普遍存在的现象。

河北省各级检验机构检验权限按照渔业船舶船长来划分，图纸审查工作权限与检验权限一致。按照权限划分，河北渔业船舶图纸审查工作实现了全覆盖，但是鉴于省内渔船修造企业、设计单位数量少、技术能力不高的情况，渔船绝大部分为买入或者其他省（自治区、直辖市）建造。2015 年以来，随着渔船更新改造需求增加，沿海部分检验机构开始承担建造检验工作，但是图纸审查工作均由设计单位所在省（自治区、直辖市）完成。

山东省为解决长期以来船舶检验工作中检验力量严重不足的突出问题，响应政府转变职能和行政审批事项逐步向基层下放的改革大势，本着船检工作充分体现行政管理职能、提高工作效率和服务水平的思路，按照设计图纸审查业务审批分离的原则，于 2013 年 5 月在山东省渔业船舶协会成立山东省北海船舶技术咨询有限责任公司开展审图试点工作，并于 2016 年在北海船舶技术咨询有限责任公司设立山东省渔业船舶审图中心，负责受省局委托的渔业船舶设计图纸技术评审等工作。山东渔业船舶检验局及直属分局将受理的设计图纸委托给审图中心进行技术性审查，并根据审图中心出具的设计图纸技术评审报告，批复设计图纸。审图中心负责按照省局及直属分局的委托，承担国内渔船设计图纸技术评审任务，提出技术评审意见，出具技术评审报告，并对技术评审质量、评审意见、评审报告负责，年均审查国内渔船设计图纸近 100 套。

江苏省实施万艘海洋捕捞渔船更新改造工程，至 2016 年底，累计建造钢质海洋渔船 3000 多艘，图纸审查工作十分繁重。江苏渔业船舶检验局通过实践培训、审图练习、收集现场检验反馈意见等多种有效措施，保证审图质量，提高审图效率，及时完成审图任务。同时，省局多次召开渔业船舶设计工作会议，指出设计中存在的问题，统一认识，要求提高出图质量，保证渔业船舶建造质量的第一道关口，保证图纸审批符合规定的程序。

浙江省各级渔船检验机构严格按照农业部渔业船舶检验局的检验业务核定分为省、市、县三级开展图纸审查工作：省局负责部局委托的远洋渔船、辖区内（不含舟山市）250 总吨以上新建国内钢质渔业船舶和 500 总吨以上改建国内钢质渔船、辖区内（不含舟山、宁波、温州、台州市）船长 24 米以上钢质渔船、辖区内（不含舟山市）船长 24 米以上的渔业公务船、玻璃钢渔船和内河渔业公务船的图纸审查；宁波、台州、温州检验处主要负责辖区内 250 总吨以下且船长 24 米以上新建国内钢质渔船、500 总吨以下改建国内钢质渔船、船长 24 米以下的渔业公务船和玻璃钢渔船的图纸审查；各县区检验站主要负责船长 24 米以下国内钢质及其他材质渔船的图纸审查；舟山检验处主要负责辖区内船长 45 米以上国内海洋钢质渔船和船长 12 米以上玻璃钢渔船的图纸审查，各县区检验站主要负责船长 45 米及以下国内海洋钢质渔船和船长12米及以下玻璃钢渔船的图纸审查。

同时为着力破解渔船检验工作船多人少的矛盾，提高审图工作质量，渔船检验机构积极探索审图工作体制机制改革，从社会上公开招聘船体、轮机、电气等相关专业中高级职称人员组建审图中心，专职开展图纸的技术审查工作。其中省局审图中心于2012年成立，宁波审图中心于2015年成立。由于受到法规政策的制约，审图中心还不是完全意义上的第三方技术支撑机构，不是独立法人，其地位相当于单位内设科室，行政上受单位统一管理，业务上受检验科室及审图验船师的指导。审图中心成立以来，承担了本单位大部分的图纸技术审查任务，将验船师从繁重的审图工作中脱离出来，专门从事检验及监督管理工作，为保障单位正常工作的开展发挥了重要作用。同时，审图工作形成一套完整的流程体系以后，审图工作效率和工作质量也得以大幅提升。

福建省每年新建国内渔船数量都在600艘左右（主要集中在宁德、福州、泉州和漳州地区），渔业船舶设计图纸的受理与审查工作由设计单位所在地的市级检验机构负责，为便于船舶现场检验工作的顺利开展，对已确定船舶建造单位的，由船舶建造单位所在地的检验机构负责设计图纸的受理与审查，各设区市检验机构负责辖区内县级检验机构的图纸审查工作的管理与指导。省局每年开展一次检验工作质量检查，主要是检查各设区市船检机构（包括个别县级机构）渔船检验工作和图纸审查工作质量。检查图纸审查工作主要是对审图质量、图纸审查批准的行政审批程序及档案管理等方面进行检查，发现问题要求及时整改。

广东省积极开展审图建设，将图纸审查作为渔业船舶建造开工前审查的第一关，坚持“先审批审查、后开工建造”的原则，加强渔业船舶图纸审查和建造检验管理工作。一是强化船检机构和队伍建设。狠抓审图工作质量，在审查申请、申请受理、技术审查和审查办结等工作程序上实行规范化管理，提高图纸审查质量，保障渔船质量安全。制定船检队伍建设规划，明确要求各级渔业主管部门及船检机构根据工作需要强化船检验船师队伍建设，配足配齐船检工作人员，推行以船检专业为主招录新进的检验人员，为船检队伍补充新鲜的血液。二是着力提升验船师审图能力培训。开展形式多样的培训班，致力补足验船师的能力短板，每年有针对性地举办全省审图能力培训班、渔船和船用产品检验实操班和船检人员上岗资格培训班等，2014年以来全省共培训船检人员1000多人。此外，还选派基层船检人员100多人参加部局组织的短训、长训和专项业务培训班与审图能力培训班。三是大力发挥全省区域骨干检验组作用。把握好图纸审查的基本要求，严格按照国家“双控”政策要求受理图纸审查申请，把好技术审查关，实行好初审和复核制度，防止在涉及结构、稳性、机电设备、五大类安全设备、防污染设备等的设计上出现重大失误，对审查的项目，要有强烈的责任意识，不放松审查的尺度，出具的审图意见要科学、合理、有据可依。巩固及强化全省8个船体、轮机、电气专业齐全区域骨干检验组的优势，统筹使用全省渔船检验骨干力量，并以老带新，通过“传、帮、带”跟帮学习培训基层船检人员。四是积极探索培育建设第三方专业技术支撑机构。积极探索借助社会专业技术力量作为开展渔船图纸审查第三方专业技术支撑机构，从而解决船检专业技术人才短缺、基层审图能力不足等问题。

广西渔业船舶检验局设有图纸受理人和档案管理员各1名。图纸受理人主要负责图纸的受理和印章的保管工作，核查送审图纸的齐全性并登记，待图纸审查完毕盖章移交档案管理员。档案管理员负责接收档案，登记造册，以及档案室日常管理等工作。参与审图的验船师共8人，其中船体3人、轮机3人、电气2人，2014—2017年已完成图纸审查约50套。

海南渔业船舶检验局鉴于在岗的具备图纸审查资质的验船师仅为3人，审图能力建设不足，与国家渔业船舶检验局上海审图中心建立起委托审图服务工作机制。渔船建造的图纸审查工作由海南省各市县检验机构受理后，在海南渔业船舶检验局的统筹下，统一委托或由市县单独委托审图中心（上海）进行图纸审查，经审图中心（上海）审查合格及出具合格报告后的图纸，再由海南渔业船舶检验局加盖审图章。海南省加大对市县审图验船师的培养及能力建设，加快推进“检管分离”改革试点工作，构建以法定检验机构、渔船设计单位、船舶修造厂、科研院所、第三方社会化技术支撑机构为主的五方协同管理架构，依托第三方技术支撑机构推进渔业船舶图纸审查工作。

第三节　远洋渔船图纸审核情况

随着海洋渔业船舶建造将迎来“大船”时代，审查的远洋渔业船舶和国内海洋渔业船舶图纸中，渔业船舶向大型化发展趋势明显。

2008年6月，国家科技部启动列入“863计划”的“远洋渔业捕捞装备”项目，大连渔轮有限公司承担其子课题“节能型大型远洋金枪鱼围网渔船船型开发”的主要研发任务，并负责实船建造。2009年3月30日，大连渔轮有限公司与上海水产（集团）总公司上海开创远洋渔业有限公司签订了2艘75米远洋围网渔船船舶设计与建造合同，合同金额共计2.2亿元人民币。这次大型远洋金枪鱼围网渔船项目填补了我国在该类型渔船设计、建造领域的空白。2009年9月2—6日，农业部渔业船舶检验局抽调部分审图专家与辽宁渔业船舶检验局有关验船师组成审图工作组，在大连对大连渔轮有限公司设计的大型远洋金枪鱼围网渔船设计图纸进行审查。

2013年，按照部办公厅的要求，渔业船舶检验局“远洋渔船与船用产品检验”作为一项行政许可（大项）纳入部行政审批大厅统一办理，但该大项下实有远洋渔船检验、产品检验、远洋渔船图纸审查等10个小项。国务院决定取消渔船设计单位认可、渔船修造船厂认可后，农业部渔业船舶检验局按照国家精减行政审批的要求，将远洋渔船图纸审查作为远洋渔船检验的一个环节处理，故“远洋渔船与船用产品检验”大项下实际共有7小项通过大厅统一办理。2013年12月初，按照部行政审批综合办公室编写行政许可服务标准的要求，渔业船舶检验局将远洋渔船图纸审查作为一个小项办理服务标准规范流程报送办公厅。2014年1月9日，渔业船舶检验局递送《关于2013年远洋渔船图纸审查办理情况的报告》，经统计，2013年共受理远洋渔船图纸审查申请87件。

2016年，全年完成远洋图纸审批67套，其中山东审图中心完成16套，超出计划任务1套，上海审图中心完成审图任务23套，委托重点沿海省（自治区、直辖市）审图27套，全年审图按时办结率100%。2017年，远洋渔船图纸审查批准89套。

第四节　审图中心图纸审核情况

为进一步加强渔业船舶检验监督管理，完善渔业船舶检验体系建设，加强第三方技术支撑机构建设，保证渔业船舶设计图纸审查质量，农业部渔业船舶检验局与中国水产科学研究院于2014年在渔业机械仪器研究所共同成立全国第一个审图中心，以共同推进我国渔业船舶设计与图纸评审水平的提升，推动我国现代渔船装备技术快速发展，提升渔船安全管理水平，服务现代渔业建设。审图中心于2014年4月底完成筹建工作，挂牌农业部渔业船舶检验局审图中心（上海）。自2014年5月起，正式接受渔船检验监督管理机构的委托，开展渔船设计图纸技术评审工作，同时还承担我国渔业船舶技术法规的研究工作和审图验船师培训工作。

为确保机构规范运行和审图质量，审图中心（上海）建立审图中心质量管理体系，制定《管理手册》，包含了公正性、独立性措施制度、人员及部门职责制度、审图业务受理制度、评审工作流程制度、审图意见与结果报告制度、图纸的技术确认制度、质量信息反馈与申诉处理制度、图纸资料的管理制度、评审用计算机及网络控制制度9项制度，并且建立完善的审图程序，规范图纸评审流程。审图中心（上海）始终坚持“公正科学、规范高效、严格把关、热情服务”的工作宗旨，采取以老带新的工作方式，定期邀请行业专业人员交流审图经验，以保证图纸审查质量。

自成立至2018年4月，共计完成农业部渔业船舶检验局以及地方渔业船舶检验机构委托的渔业船舶及船用产品设计图纸审查180余套，其中不乏国内第一条南极磷虾船、最大吨级渔业资源调查船、国产化大型金枪鱼围网船、电力推进渔船等技术先进、评审难度高的国内顶级船舶。审图中心（上海）及时跟踪法规规范的更新，积极掌握和理解技术条款，在专业领域起到审图骨干作用，解决了长期以来船检工作中检验力量严重不足的突出问题，出具的图纸评审意见书得到了各有关部门与设计单位认可。

审图中心（上海）还承担着渔船标准化技术委员会玻璃钢渔船标准化工作组组长和玻璃钢渔船产业发展联盟秘书处工作，为以标准化小组为抓手，制定急需的技术标准和对标、提标、定标、研标工作，针对玻璃钢渔船发展的各种问题，构建标准体系，形成大家共同遵守的信条，发挥出工作组整体的作用。搭建企业、社团、科研机构、高校、政府之间沟通和交流的平台，推广“安全、节能、经济、环保、适居”标准化船型，提高玻璃钢渔船标准化、科学化、模块化和现代化水平，解决制约行业发展的技术瓶颈。

2016年1月，山东省渔业船舶协会向农业部渔业船舶检验局提交成立农业部渔业船舶检验局审图中心（山东）的申请，并于2016年5月分别得到农业部渔业船舶检验局和山东渔业船舶检验局同意，设立农业部渔业船舶检验局审图中心（山东）和山东省渔业船舶审图中心，负责受部局和省局委托的渔业船舶设计图纸技术评审等工作。审图中心编制《渔业船舶设计图纸技术评审质量管理手册》，内部还建立完整的图纸流传程序，从接收图纸到出具图纸审查报告，每一个环节都做了详细的记录，审图工作日益完善，图纸评审综合实力逐步增强，图纸评审工作发展态势良好。2014—2016 年，审图中心（山东）共评审国内渔船设计图纸 248 套，年均审查国内渔船设计图纸近 100 套，2016 年全年共评审远洋渔船图纸 20 套。

通过不断摸索和优化改进，至 2017 年，我国远洋渔船图纸技术评审工作全部由 2 个审图中心承担。这种以政府购买服务方式委托第三方技术支撑机构开展图纸评审的工作方式，是深化国家“放管服”改革工作的一次有益探索和引领创新。在不增加船东和渔民经济负担的前提下，开辟渔船管理新路径，引领推动渔船技术进步，不仅把好渔船“优生”关，而且提高工作质量和效率，受到业界的一致欢迎。

第六章　渔船检验工作深入发展

随着2003年《中华人民共和国渔业船舶检验条例》的颁布与实施，渔业管理制度不断健全，对渔船检验工作起到极大的促进作用。尤其是在2006年国家实施渔业成品油价格补贴政策的促进下，渔民的守法意识得到进一步提高，长期存在的渔船受检率低问题得到极大改善。渔船管理由过去强制检验转变为渔民主动申报检验。在各方面因素的综合推动下，渔船检验工作量大大增加。

第一节　渔船检验现场检验工作

一、现场检验工作概述

2003年以前，渔船受检率较低，究其原因，一是渔业船舶法定检验制度起步较晚，有些地方还没有设立船舶检验机构和人员。不仅小型渔船的检验工作相对滞后，还有相当数量的渔业船舶尚未纳入检验管理。加上宣传贯彻法律法规的力度不足，部分渔民和船东对该项制度还不够熟悉，不能及时申请检验。二是实际检验力量与检验工作量的矛盾突出。6000余名检验人员（其中50%是兼职）与几十万艘新旧大小不齐的渔业船舶，在比例上明显失调，检验力量严重不足。三是渔船停泊分散，加上经费和人力不足，装备落后，严重制约了工作的开展。农业部渔业船舶检验局认真贯彻落实《中华人民共和国渔业法》和《中华人民共和国渔业船舶检验条例》，不断完善渔业船舶检验法规，逐步规范渔业船舶检验机构管理，不断提高渔业船舶检验人员素质，增强执法责任意识和服务意识，逐年提高渔业船舶检验质量和水平。

2003年以来，渔船检验现场工作大致可以分为三个阶段。第一阶段为2004—2008年，无论是检验数量还是受检率都呈现快速增长趋势。表4-2为2004—2008年渔业船舶检验统计表。

2004—2008年渔业船舶检验统计表　　表4-2

年份（年）	实检渔业船舶总数（艘）	其中		实检渔业船舶总吨位（吨）	实检渔业船舶总功率（千瓦）	受检率
		远洋和海洋渔业船舶（艘）	内河渔业船舶（艘）			
2004	316047					
2005	301226			4878642.81	12202058.88	
2006	455283	232457	222826	7090886		
2007	524907	241039	283868	7423956	16741736.69	79.48%
2008	599368	257610	341758	8074632	18261949.29	88.75%

2003 年，全国渔业船舶总数为 97.65 万艘，实际受检的只有 31 万艘，占渔船总数的 31.75%；其中有机动渔船 51.47 万艘，实际受检的只有 26.5 万艘，占机动渔船总数的 51.49%。据上表，2004 年和 2005 年实检船数与 2003 年差不多，但在 2006—2008 年之间出现快速增长，由 30 万增加到将近 60 万艘，受检率也由 50% 出头上升到近 90%，实现了跨越式增长，原因主要有以下几方面。

一是渔业船舶检验机构建设的大力推进，进一步填补了渔船管理的空白点。2005 年，全国共有渔业船舶检验机构 656 个，职工人数 6934 人，其中专职人数 3886 人，兼职人数 3048 人，共有验船师持证人数为 3222 人。2006 年，全国新认可渔业船舶检验机构 76 个，其中省级机构 3 个，直属分局机构 3 个，地市处、县级站机构 70 个。全国渔业船舶检验机构人员总数为 6498 人，验船师持证人数为 5628 人。2007 年，全国已取得渔业船舶检验机构资质认可比 2006 年增加 108 个，其中省级检验机构增加 3 个、县站增加 113 个；已成立机构尚未取得渔业船舶检验资质认可的检验机构共 215 个。全国渔船检验机构总人数为 9458 人，持有验船师资格证书的在岗人数为 4683 人。2008 年，全国已经业务核定认可渔业船舶检验机构较 2007 年增加 61 个，其中直属分局增加 1 个，检验处增加 14 个，检验站增加 46 个；已成立机构尚未取得渔业船舶检验资质认可的检验机构 184 个。全国渔业船舶检验机构总人数为 10577 人，持有验船师资格证书人数为 4929 人。

二是全国各级渔业船舶检验机构积极开展验船人员上岗资格培训和业务培训。2006 年，农业部渔业船舶检验局共对 11 期验船师上岗资格培训班进行考试，共有来自 19 个省（自治区、直辖市）的 944 人接受上岗资格考试。2007 年，全国各级渔业船舶检验机构组织验船师业务培训共 4044 人次。2008 年，全国各级渔业船舶检验机构共组织验船师业务培训 5682 人次，新增取得验船师资格证书 930 人，有效扩大检验队伍，为渔业船舶检验工作开展打下良好基础。

三是由于各级政府部门对渔业生产安全工作的高度重视，为加大渔业船舶检验工作力度创造了良好环境。中央对“三农”工作的高度重视，增加了对农业的投入力度，以及水域资源环境的改善为渔业安全生产创造了良好环境，一些近年来不作业的渔船重新纳入管理。

四是由于渔船柴油补贴政策的实施，促进了渔民申报检验的积极性。

第二阶段为 2008—2013 年，无论是检验数量还是受检率基本保持平稳。表 4-3 为 2008—2013 年渔业船舶检验统计表。

2008—2013 年渔业船舶检验统计表 表 4-3

年份（年）	实检渔业船舶总数（艘）	其中		实检渔业船舶总吨位（吨）	实检渔业船舶总功率（千瓦）	受检率
		远洋和海洋渔业船舶（艘）	内河渔业船舶（艘）			
2008	599368	257610	341758	8074632	18261949.29	88.75%
2009	587976	253573	334403	7944620	18472110.64	88.81%
2010	587909	230126	357783	8103782	17962192.60	90.05%
2011	589473	225175	364298	8258280	18554355.45	91.06%
2012	563602	201124	362478	8393853	18405371.25	91.66%
2013	573134	204988	368146	8914236	19130666.03	92.48%

其中，2012 年全国实检海洋渔业船舶 199679 艘（除远洋渔船 1445 艘），较上一年度下降 11%。其原因：一是排除异地检验渔船数重复计算，即沿海各地原使用单机版渔船检验监督管理系统发证，在统计时异地检验渔船数据无法判别，造成船籍港和异地检验地区统计重复计算，而目前使用的全国渔船动态管理系统为全国统一数据库，各级渔船检验机构提取数据均为本机构所属渔船检验数据，不存在重复计算；二是原统计数据中已注销登记的渔船未在检验系统中注销，造成数据重复统计，2012 年全国统一数据库后，这部分数据已注销。

第三阶段为 2014—2017 年，整体的检验数量和受检率出现明显下降。表 4-4 为 2014—2017 年渔业船舶检验统计表。

2014—2017 年渔业船舶检验统计表

表 4-4

年份（年）	实检渔业船舶总数（艘）	其中		实检渔业船舶总吨位（吨）	实检渔业船舶总功率（千瓦）	受检率
		远洋和海洋渔业船舶（艘）	内河渔业船舶（艘）			
2014	526295	183904	342391	7793194	1661287.83	89.04%
2015	497264	171395	325869	8952579	18242559.98	84.61%
2016	454707	152589	302118	8571650	17025177.77	
2017	417013	142877	274136	9036594	17142452.34	

注：2014 年度数据不包含纳入管理检验的渔船 101633 艘。

2014 年增加了纳入管理渔船，即未在渔业行政主管部门登记，但为保证渔船安全生产，地方政府临时纳入管理的渔业船舶。而在统计中这部分数据没有纳入，因此造成数量下降。

从 2014 年开始，渔业船舶实检数量连年下降，除了受海洋渔业船舶“双控”制度和渔业船舶达到报废年限的影响外，主要还受渔业船舶燃油补贴政策调整以及部分省（自治区、直辖市）加大对渔业船舶管理力度的影响：①受渔业船舶燃油补贴政策调整和更新改造补贴政策实施的影响。例如，广西壮族自治区部分渔民由于柴油补贴降低而申请减船转产，同时自实施更新改造补贴政策以来，钢质船建造量显著提升，因此有更多木质船因等待拆解而未申报检验，实检数量减少 485 艘。②受渔业捕捞政策影响，部分省（自治区、直辖市）开始“全流域禁渔”。例如，甘肃积极落实“全流域禁渔”政策，渔业船舶实检量由 134 艘减为 24 艘，且全部为渔业执法船。③部分省（自治区、直辖市）加大对渔业船舶检验的监管力度。例如，安徽对在检验过程中发现的“有证无船”“一船多证”“一证多船”等现象进行严厉打击；吉林、陕西充分利用内河渔业船舶“三证合一”改革工作，对不合格或者老旧渔业船舶采取注销证书或强制报废措施。

除了实检渔业船舶数量减少，还有以下因素：①部分类型渔业船舶申报检验不主动不及时；内河渔业船舶包括沿海省（自治区、直辖市）的内河渔业船舶既不申报检验也不注销的情况普遍存在；渔业辅助船受检率极低，部分养殖船因没有养殖海域无法持有养殖证等原因未申请检验，如广西海洋渔业辅助船受检率仅为 1.9%，以上因素都拖累总体的受检率。②渔业船舶检验监管力度加大，尺度收紧，部分老旧渔业船舶已申报检验，但因未达到技术法规要求，检验不合格，故暂未签发证书。例如，辽宁各级渔业船舶检验机构按照《辽宁省海洋与渔业厅关于集中开展海洋捕捞渔船“船证不符”专项整治进一步加强渔船规范管理的意见》（辽海渔发〔2016〕24号）要求，对“船证不符”的海洋捕捞渔船进行集中整治，一部分“船证不符”的渔船因为未缴纳罚款不能签发证书，一部分“船证不符”渔船私自更换、改造、重要设备等，导致渔船主尺度、主机功率等超出整治范围而不予勘验和发证，总计有4067艘渔业船舶已经检验完成但未发证，占应检渔业船舶的24.65%，大幅拉低了全省渔业船舶受检率。③部分已达到限制使用年限或申请减船转产的船舶未及时注销。

全国渔船检验受检率下降中，还有一个现象是内陆省（自治区、直辖市）渔业船舶受检率普遍优于沿海省（自治区、直辖市）渔业船舶受检率。2016年，登记在册国内海洋渔业船舶受检率仅为67.40%，远低于内河渔业船舶94.35%的受检率。登记在册渔业船舶受检率高于90%的省（自治区、直辖市）达到18个，相比上年增加3个，受检率低于70%的省（自治区、直辖市）有3个，相比上年减少2个。在这种情况下，全国渔业船舶受检率仍然出现下降的趋势，主要是由于辽宁、河北、福建等渔船数量较多的省（自治区、直辖市），在加强了对渔业船舶检验监管后受检率大幅下降造成的。沿海省（自治区、直辖市）相对于内陆省（自治区、直辖市）受检率较低，在受检率低于全国平均水平（83.10%）的8个省（自治区、直辖市）中，6个来自沿海省（自治区、直辖市）。

另外一个现象就是标准化渔船更新改造推进和船龄年轻化。2016年，上海渔业船舶检验局加大推进标准化渔业船舶更新改造工作力度，老旧、木质渔船进一步减少，船龄在10年以下的国内海洋渔业船舶占上海市国内海洋渔业船舶总数的42.49%，相比2012年提升了22%，全市国内海洋渔业船舶的安全能级得到极大提升。安徽省船龄10年以下的国内海洋渔业船舶比例接近60%，而船龄26年以上的渔业船舶仅占3%，得益于全省各级船检机构积极贯彻落实农业部《关于加强老旧渔业船舶检验管理的通知》要求，通过检验技术手段，督促引导渔民尽快淘汰木船、钢丝网水泥船和船况较差的老旧渔船。随着渔业船舶更新改造工作的不断推进，全国渔业船舶船龄结构趋于年轻化。

2017年，全国实检登记在册渔业船舶417013艘、总吨位9036594吨、总功率17142452.34千瓦。其中，渔船369808艘，渔业辅助船舶47205艘。实检远洋渔业船舶1939艘，较上年增加232艘；国内海洋渔业船舶140938艘，较上年减少9944艘；内河渔业船舶274136艘，较上年减少27982艘。实检钢质渔业船舶206555艘，木质渔业船舶156660艘，玻璃钢质渔业船舶30773艘，其他材质渔业船舶23025艘。实检机动渔业船舶402764艘，非机动渔业船舶14249艘。其中，实检远洋渔业船舶全部为机动渔业船舶；国内海洋渔业船舶中，机动和非机动渔业船舶分别为140700艘和238艘；内河渔业船舶中，机动和非机动渔业船舶分别为260125艘、14011艘。

从以上分析来看，2014—2017年渔业船舶实检数量和受检率连年下降，主要是两个原因，一是国家渔业捕捞政策的影响，即休渔禁渔政策的严格实施；另一个很重要的原因就在于渔船检验由原来的重数量向重质量转变，通过开展专项治理行动、加强老旧及“船证不符”渔船的严格管理，使不合格、有隐患的渔船无法通过检验，保证了渔船安全，促进渔船的健康发展。这也可以从一个数据上得到反映：2014—2017年实检渔船数量由526295艘减至417013艘，而实检渔船总吨位由7793194吨增长到9036594吨。

二、开展专项治理行动

（一）渔船安全专项检查

2009年，各级渔业船舶检验机构有针对性地开展了3次全面的专项检查活动，分别以“海洋渔船检验工作专项检查”“渔船安全技术状况隐患排查治理和督促检查”“进一步开展渔船安全技术状况大检查、巩固渔船安全隐患排查治理工作成效”为主题，在伏季休渔前、休渔渔船集中检验时、休渔结束渔船开航前3个时间节点上开展集中专项检查，专项检查结合渔船检验工作实际情况。

专项检查促进了渔船安全技术状况的改善。河北、山东渔业船舶检验机构重点排查并消除安全隐患500余起；辽宁、山东、上海渔业船舶检验机构对信号灯损坏、救生筏捆扎不符合规定的渔船，下达整改通知书300份；山东渔业船舶检验机构现场配备救生、消防、信号设备680余台（件）；江西、安徽、云南渔业船舶检验机构共排查出渔船安全技术一般隐患400余处，重大隐患56处，发出禁航通知66份；贵州渔业船舶检验机构会同渔政机构共现场拆除或烧毁存在严重安全隐患的小木船10艘，没收“三无”渔船2艘。各地还开展了形式多样、丰富多彩的宣传活动，如针对渔船救生、消防等安全设备存放与使用问题，广东渔业船舶检验机构组织编印并发放了7000多份简明图示画册及安全手册，并邀请多家新闻媒体对该省几起渔船生产作业遇险时渔民利用船上配备的救生设备成功脱险的案例进行宣传。

部分渔业船舶检验机构开展“安全设备送上船”活动，包括设备选型、检验和技术指导等工作，如广东渔业船舶检验局承担为渔船配备56000件救生衣、13000个救生圈、29000个灭火器及30000盏信号灯等工作；浙江渔业船舶检验局为舟山地区更换各类信号灯8500余盏、救生圈8300个、救生衣21200件、灭火器9120个，安装AIS防碰撞终端2358件、安全救助系统终端888件，新配中/高频无线电装置185台等。

专项检查还发现，现有渔船老龄化趋势较为严峻，海洋渔船中船龄超过10年的占到50%以上，内陆渔船船龄超过10年的也占有相当比例。这些老旧渔船以木质渔船为主，整体安全技术状况较差，安全隐患较大；船舶所有人普遍存在对安全生产第一责任人的职责履行不到位的问题，具体体现在船舶修理不到位、船舶日常维护保养和管理不到位、对船舶技术状况不重视、不了解等；渔船安全设备配备及安装存在较多问题；重要船用产品质量亟待提高；此外还存在诸如小型渔船及渔用竹木排筏管理上的难点等。

（二）重点渔业船舶检验监督

重点渔业船舶是指在技术条件上存在隐患、安全风险较大的渔业船舶。对这样的渔业船舶，各级渔业船舶检验机构给予了重点关注。2003年12月5日，农业部渔业船舶检验局出台《渔业船舶重点跟踪检验监督管理规定》，决定对未经检验、证书失效、发生重大事故未及时修复仍继续航行作业，以及其他严重违规的船舶，将予以对外公布，并实施重点跟踪。

各级渔业船舶检验机构按照业务权限实施重点跟踪制度。2004 年 8 月 18 日，农业部渔业船舶检验局通报第一批 38 艘远洋渔船作为重点跟踪渔业船舶。

各级渔业船舶检验机构陆续又将老旧船舶、休闲渔船、笼捕渔船、超量装载汽油出海生产渔船、养殖船及连家船等几类高风险性渔船列为“重点跟踪船舶”，重点加强渔船安全隐患治理工作。

一是重点加强老旧渔船维修、改造及检验管理。针对北太鱿钓渔船船龄普遍较大且原有电气设备陈旧，给船舶安全生产带来一定隐患的问题，浙江渔业船舶检验机构开展 25 年以上老旧北太鱿钓渔船电气设备专项整治活动，重点改造更换陆用主配电板、陆用鱿钓灯配电板、鱿钓灯控制箱等；山东、江苏等地渔业船舶检验机构对老旧渔业船舶、水产运销船、油船和养殖渔船船员人数在 30 人以上的渔业船舶，制定相应的检验管理规定，并将上述船舶作为“重点跟踪船舶”，实施严格的检验监督管理，在每年年底有针对性的进行专项检查。

二是开展笼捕渔船和鱿钓渔船整顿工作。因笼捕渔船的网笼在甲板装载过高，影响船舶稳性，鱿钓渔船作业区域具有特殊性，浙江、广东等地渔业船舶检验机构开展笼捕渔船和鱿钓渔船整顿工作，杜绝私自改装、改变作业方式的现象，并鼓励鱿钓渔船船主安装带有避碰预警功能的雷达，避免鱿钓渔船航经繁忙航道水域时遭受碰撞危险。

三是加强连家船安全设备的有效配备工作。针对南海区及内陆地区普遍存在的连家船，广西、湖南、安徽、重庆等地各级渔业船舶检验机构突出加强渔船救生、消防、信号设备有效配备，重点检查、排查在建、在修渔船的安全技术隐患，对未按规定配备救生消防、信号等安全设备的渔船予以限期整改。

（三）“安全生产年”活动

2011 年 7—9 月，为了认真贯彻《国务院办公厅关于继续深化“安全生产年”活动的通知》（国办发〔2011〕11 号）和农业部总体部署和要求，扎实做好渔船安全技术监督工作，农业部渔业船舶检验局组织开展渔船检验工作质量大检查活动，并于 7 月上旬在青海就渔船检验工作质量大检查活动进行动员培训，同时研究、部署下半年重点工作。

2011 年 7 月 13 日，柳正局长在全国渔船检验工作质量大检查活动动员会上提出 3 点意见：提高认识，加强领导，认真组织大检查活动；突出检查重点，找准工作抓手，确保大检查工作取得实效；及时总结经验，不断改进工作方法，完善渔船安全技术保障的长效机制。

2011 年 8 月 3 日，危朝安副部长到农丰大厦检查安全工作。农业部渔业船舶检验局紧急动员、组织力量深入基层开展渔船安全检查，全面排查渔船安全技术隐患。按照部党组紧急动员和部署要求，深入基层、深入渔船修造厂、深入港口码头第一线全面排查和整治渔船安全技术隐患，加强现场督查，全面落实渔船检验各项技术要求和措施，努力构筑渔船安全技术保障。用 3 个月时间派出的 10 个工作组分赴 13 个省（自治区、直辖市）的 25 个渔船相对集中的重点地区，开展实地检查和调研工作。信德利副局长带队的辽宁检查组赶赴大连、丹东两市，重点对大连旅顺第一渔船修造厂等 3 家船厂、大连高新园区龙王塘渔港等 2 个渔港和大连国际合作远洋渔业有限公司进行安全检查。李小芬巡视员带队的福建检查组前往三明、泉州和福州等市，检查5个基层检验机构和2个修造船厂。检查组不畏高温，进渔港、上渔船、下机舱，检查渔船安全隐患整改情况；检查组不走过场，访渔民、访基层验船师，调研渔船检验管理问题；检查组不忘重点，查船厂、查企业，落实企业的安全生产主体责任。每地检查工作结束后，检查组都及时与当地渔业主管部门座谈，将检查中的问题不遮不掩、原原本本地向当地渔业主管部门反馈，提出相应的整改意见；并希望渔业行政主管部门向当地政府及安全监管部门进行反映，加强对船厂安全生产的监管，真正消除渔船在修理施工中的各种安全隐患，坚决遏制重特大事故的发生。检查组同时还要求当地的船检机构要以高度的责任感和使命感尽职尽责，以踏踏实实的作风做好伏季休渔期间渔船检验工作，以开拓创新精神努力克服人员少、工作量大的困难，把各项工作要求落实到位，为切实消除渔船安全隐患把好技术关。

辽宁、浙江、山东、黑龙江等10个渔业船舶检验局迅速制定工作方案，对辖区内渔业船舶检验工作质量安全大检查作出周密部署。辽宁、浙江、福建、重庆等渔业船舶检验局还成立以局领导为组长的交叉检查组，对辖区内渔船检验机构、渔船修造厂和船用产品生产企业进行交叉检查，进一步提升渔船检验工作质量。广东渔业船舶检验局通过“封港查船”行动，扎扎实实开展了检验工作质量大检查，期间，共出动渔政执法人员17395人次、执法船艇3799艘次，检查渔船43648艘次，查获并整改存在安全隐患渔船9617艘次，避免了渔船“带病”出海生产。重庆渔业船舶检验局在抓检验工作质量大检查的同时，启动“重庆渔民生命之光”工程，免费为全市6300余艘在通航水域航行作业的渔业船舶安装了一套防碰撞灯光信号设备，积极应对三峡库区蓄水后渔业船舶安全生产面临的严峻形势，有效保障渔业船舶夜间航行作业的安全，解决渔业船舶夜间作业和航行极易发生碰撞出现船毁人亡的安全隐患。其他省（自治区、直辖市）渔业船舶检验局也按照渔船检验工作质量大检查要求，在本辖区内开展自查和交叉检查。按照“安全第一，预防为主，综合治理”要求，以加强渔船检验和监督管理为基础，重点检查渔船检验机构和验船师队伍建设、渔船检验质量及渔船安全状况评价、重要渔船船用产品质量专项治理行动及渔船修造企业管理等方面情况，加强依法监督，重在落实渔船安全技术监督责任制，建立健全渔船安全技术保障的长效机制，从源头上抓好渔船安全工作，有效防范渔船安全事故发生。在渔船安全生产方面，针对鄱阳湖出现的历史罕见旱情，渔业生产船及辅助船不同程度受到损伤、主机受损严重这一情况，江西渔业船舶检验局迅速行动，摸清受灾情况，加强汇报协调，落实渔船修复救灾资金1000万元，并结合渔船年度检验工作，严把修复质量关。

（四）安全技术状况评价以及万船调查试点活动

全国渔船安全技术状况评价工作是一项长期的工作，2011年是这项工作的启动年，也是试点探索年。为贯彻落实农业部部长韩长赋在农业部“百乡万户调查”活动动员培训会议上的指示精神，全面客观并更加准确地了解我国目前渔船安全技术状况和发展趋势，提出完善、改革渔船安全管理和推动渔船技术进步的政策建议，为政府主管部门制定相关政策和安全技术法规提供参考，农业部渔业船舶检验局决定在沿海地区开展“十省百县万船”安全技术状况评价调查工作。

2011 年 3 月 2 日，农业部渔业船舶检验局“十省百县万船”调查活动正式启动。调查活动包括两方面内容。一个方面是开展全国渔船安全技术状况评价研究工作，重点对国际社会高度关注、国际公约要求的沿海 24 米以上钢质渔船进行抽样评价，全面掌握我国渔船安全技术状况，找出渔船技术法规与渔船安全状况的现实差距，提出发展渔船安全产业建议，推动渔船安全产业的发展，推动现代渔业建设，提升渔船装备现代化水平。一是会同有关船舶海洋院校、科研机构和船检专家制定工作方案，启动渔船安全评价研究工作，并制定 24 米以上海洋渔船的安全技术评价体系和实施方案，编制渔船安全技术状况采集评价软件。二是开展调查试点工作。2011 年 2—3 月，农业部渔业船舶检验局先后派出 6 个调查组到 11 个沿海省（自治区、直辖市）进渔村、访船东、上渔船、下机舱，开展试点调查工作，抽样采集百条渔船安全技术数据，编写了详细的调查报告，进一步完善了全国渔船安全技术评价体系。三是采集 5000 多艘海洋渔船安全技术数据。结合休渔期渔船营运检验，组织全国沿海 11 个省（自治区、直辖市）渔业船舶检验局，用半年时间对 24 米以上海洋渔船进行抽样数据采集，全力保障评价工作。

另一个方面是建立 60 多个渔船安全评价检验检测采集点。近千名验船师及科研院所的专家顶烈日、战高温，深入渔港码头和修造企业进行渔船数据采集。本次试点抽样共采集 24 米以上钢质海洋渔船 5768 艘，占 2010 年全国登记 24 米以上海洋渔船统计总数的 18%，在此基础上完成《全国渔船安全技术状况报告（讨论稿）》，同时根据评价进展情况，及时向部领导上报《关于全国渔船安全技术评价工作有关情况的报告》。在数据采集过程中，各地区充分扩展思路，精心领导，出现许多好的经验和做法。如上海渔业船舶检验局主要以听取汇报、审查表格数据、实地复核和交流反馈检查意见 4 个环节进行，突出加强阶段性抽查，确保采集数据质量。辽宁渔业船舶检验局翔实掌握渔船数据，对所采集的船舶进行照片收集，其中 50% 以上的渔船留有详细的照片记录，以便更直观、方便、详细地了解渔船安全状况。山东渔业船舶检验局通过“海上山东”和“山东渔业海事网”网站，各分局则以渔船修造厂为平台，广泛宣传数据采集工作的重要性和必要性，取得船东的理解和支持，保证数据采集工作的有效开展。福建渔业船舶检验局大力向渔民宣传渔船安全技术状况评价对渔船安全生产的促进作用，面对验船师人员不足的情况，采集工作不仅仅是验船师和渔民参加，还多方动员船厂及渔船设计单位的人员参加，不但排除了渔民的顾虑，而且还齐心协力完成数据采集。广西渔业船舶检验局只有 6 名验船师，为确保数据采集工作落到实处，充分利用休渔期间渔船集中停泊的有利时机，召集各渔业公司负责人进行宣传发动，由渔业公司组织船东有序集中地进行申报检验，大大提高了数据采集的效率。黑龙江渔业船舶检验局专门开会研究部署，分成几个小组对 507 艘 12 马力（约 8.8 千瓦）以上的渔船进行技术数据采集，为把内陆省（自治区、直辖市）小型渔船技术状况摸清搞准打下了基础。

2012 年，为全面客观地对我国海洋渔船目前的安全技术状况作出评价，进一步提高渔船安全管理的科学性、针对性和可操作性，农业部渔业船舶检验局组织全国各地渔船检验机构以及船舶海洋科研院所大专院校，近 500 名验船师及科研院所的专家组成 60 多个渔船安全评价数据采集小分队，对768艘国内钢质海洋渔船和213艘远洋钢质渔船进行了安全技术状况抽样评价及分析研究，制定了《全国海洋渔船安全技术评价体系》；组织全国渔船专家，按照国际渔船安全公约要求对抽样的海洋渔船安全状况进行全面分析、评价和评审，形成并发布《海洋渔船安全技术状况报告》。这项工作是渔船安全管理的重要基础工作，为准确把握渔船安全技术状况、强化管理措施、改进渔船管理制度、制定渔船发展战略政策提供了科学的参考依据，为推进渔船标准化改造进程提供了有力的技术支撑。江苏采取具体措施，启动万艘海洋捕捞渔船更新改造工程；山东积极研究本省渔船安全评价工作，为山东开展渔船装备更新改造提供支撑。

（五）渔船检验“三大行动”

2014年3月28—29日，为切实发挥渔船检验工作在保障渔业安全生产和渔民生命财产安全方面的骨干作用，促进渔业船舶法定检验工作有效、有序开展，针对当前渔船安全监管突出问题，农业部渔业船舶检验局在江苏南通集中研讨渔船基本数据普查行动、渔船重要安全隐患整治行动和船用产品质量监督执法整治行动“三大行动”。

2014年4月，农业部办公厅下发在全国开展“渔船基本数据普查、渔船安全风险隐患排查与整治、渔船船用产品质量监督整治”渔船检验执法监督三大行动的通知，要用2年左右的时间，在全国范围内，针对我国渔业船舶的基本数据、渔船安全技术状况以及船用产品质量状况等方面存在的突出问题进行核查与整治。这是切实发挥渔业船舶检验工作在保障渔业安全生产和渔民生命财产安全的骨干作用、促进渔船法定检验工作有效、有序开展的重要举措。农业部渔业船舶检验局制定下发“三大行动”具体工作方案，明确具体工作要求，并加大对“三大行动”督办管理；召开全国渔船检验执法监督“三大行动”工作推进会议，对“三大行动”工作进行再动员、再部署、再落实。各地渔业船舶检验机构在渔业主管部门的领导下，结合辖区渔业船舶特点，抓紧贯彻落实全国统一行动工作部署和工作要求，因地制宜，制定详细的行动工作方案，明确工作要求，强化任务责任，全面推进“三大行动”，并取得阶段性成果。2014年12月底，共完成渔船基本数据核查436249艘，查出“船证不符”38153艘，“套牌船”4462艘，“克隆船”272艘，“有证无船”659艘；渔船安全风险隐患排查与整治行动，共排查渔船309054艘，发出整改通知书35261份，排查出存在A类隐患渔船23317艘，整改后签发证书20519艘；渔船船用产品质量监督整治行动中，开展专项检查2584次，查处假伪产品11895件，检查生产、经销企业1635家，检查救生设备414552台（件）、消防设备178448台（件）、通信设备92381台（件）。

在渔业主管部门领导高度重视和大力支持下，按照《全国渔船检验执法监督三大行动工作方案》和工作要求，各地迅速以渔业主管厅局委文件印发本省“三大行动”工作方案，并成立以渔业行政主管部门领导为组长的“三大行动”领导小组，召开专题会议，加强对“三大行动”的领导和协调。山东省将“三大行动”列入省厅2014年度主要工作，并作为2014年“渔业安全生产百日安全攻坚行动”的主要内容来抓。浙江抓住省委省政府“修复振兴浙江渔场”暨“一打三整治”活动开展的有利时机，结合本省实际，在“三大行动”

基础上，增加渔船检验队伍素质提升行动和新建渔船质量保障行动，形成“五大行动”。上海、江苏、内蒙古多方联动，会同当地农委、渔政等部门，有力推动行动深入开展，保证排查与整治行动取得实效。

各地渔业船舶检验机构也充分利用伏季休渔、渔船停港维修等有利时机，在渔村、渔港码头和进港路等地，通过广播、电视、报纸、手机短信、互联网、电子显示屏等媒体，向渔民普及渔船安全操作技能及渔业安全生产法律法规知识，提高船东和渔民的安全意识，促使渔民主动配合普查工作，为活动的开展营造良好氛围。同时，各地加强对“三大行动”具体操作方法、数据核准、表格制作和时间节点等要求的贯彻培训和解读。据统计，全国各地渔业船舶检验机构共召开各类部署会议 25 场次，举办验船人员“三大行动”培训班 42 期，共 1590 人参加培训。为加强对各地渔业船舶检验部门的典型做法、工作亮点宣传报道力度，农业部渔业船舶检验局在政务网站和《中国渔业报》上专门设立“全国渔船检验执法监督三大行动专栏”。

三、强化老旧渔业船舶的检验管理

（一）强化对报废渔业船舶的检验规定

2003 年 6 月 13 日，为进一步贯彻落实报废暂行规定，确保渔业生产安全和渔区社会稳定，农业部下发《关于实施〈渔业船舶报废暂行规定〉有关问题的通知》，就渔业船舶报废的执行程序、延期报废的审批程序、过渡期的设定和条件、报废渔业船舶的买卖、更新和处理等问题进行了规定。2003 年 6 月 20 日，农业部渔业船舶检验局印发《渔业船舶延期报废检验管理办法》，规定了渔业船舶延期报废的申请、检验、专家评审、证书换发的程序，加强了对报废延长期和过渡期渔业船舶的检验。

同时，国家还实施了沿海捕捞渔民转产转业政策，给予报废渔船一定补助，使得渔业船舶的报废制度实施得比较顺利，全国每年都有几千艘渔船报废。

（二）对老旧渔业船舶实行分类管理

随着 2007 年《中华人民共和国物权法》出台，渔业船舶报废制度的合法性遇到挑战。2007 年 4 月 30 日，农业部印发《关于加强老旧渔业船舶管理的通知》，实施了近 5 年的《渔业船舶报废暂行规定》不再执行。老旧渔业船舶的管理方式从“强制报废”向“引导船东加快更新、淘汰落后、增大投入和限制使用”转变。对老旧渔业船舶实行分类管理，按其老旧程度，分为一般船龄老旧渔业船舶和限制使用船龄老旧渔业船舶，老旧渔业船舶检验合格后，签发的船舶检验证书的有效期不得超过 12 个月；达到限制使用船龄且未按时检验或经换证检验认定不能满足安全技术要求、未取得渔业船舶检验证书的老旧渔业船舶，禁止其继续从事渔业生产活动。

9 月 29 日，农业部渔业船舶检验局发出《关于加强老旧渔业船舶检验管理的通知》。对在渔业船舶检验工作中如何贯彻执行农业部《关于加强老旧渔业船舶管理的通知》提出具体要求和措施，强调各省（自治区、直辖市）要制定符合本地区实际的国内老旧渔业船舶检验管理办法。重点突出船东作为老旧渔业船舶安全生产的第一责任人，有义务、有责任增加对老旧渔业船舶安全隐患防治的投入；突出船舶修造单位作为老旧渔业船舶质量安全的基本保障作用，从源头上保障老旧渔业船舶的质量和生产安全；突出船检机构作为老旧渔业船舶安全第一关的技术监督职能。这项工作的开展，不仅船东、船厂和验船师对老旧渔业船舶管理的认识有了一定程度的转变，而且各级渔业行政主管部门对船检机构在老旧渔业船舶管理工作中的作用也有了更深的认识，收到了良好的效果。同时，公布老旧渔业船舶检验所需的《渔业船舶技术状况检查项目书（钢质渔业船舶）》《渔业船舶技术状况检查项目书（玻璃钢渔业船舶）》《渔业船舶检验不合格通知单》《渔业船舶检验不再受理通知书》等技术文件格式。

2008 年 1 月 11 日，“烟远一号”向农业部渔业船舶检验局申请检验，这是国内首艘按“限制使用老旧渔业船舶”执行检验的渔船。

2011 年 1 月 30 日，浙江渔业船舶检验局召开“老旧渔业船舶安全技术状况评估体系”项目验收会。农业部渔业船舶检验局、中国渔业互保协会、上海渔业船舶检验局、中国船级社、浙江渔业船舶检验局、浙江省海洋渔业船舶交易服务中心等单位的相关领导和专家，以及浙江海洋学院、舟山渔业船舶检验处等课题项目组成员出席会议。

2011 年 4 月 8 日，为解决渔船老化、装备水平低、安全性能差、耗能高的状况，与渔业发达国家相比存在明显差距，与我国经济快速发展和建设现代渔业的总体目标不相适应问题，农业部渔业船舶检验局建议：成立渔船标准化改造领导小组，编制海洋生产渔船标准化改造工作规划，启动相关配套政策措施研究，加强相关技术研究，开展木质渔船玻璃钢化改造试点工作。

2011 年 7 月 4 日，农业部渔业船舶检验局受理山东省中鲁远洋渔业股份有限公司关于“第一长久丸”和上海远洋渔业有限公司关于“第十一福绩丸”和“第二十一福绩丸”共 3 艘旧渔船进口检验的申请。由于农业部对境外团组数量严格控制，部局委托山东和上海渔业船舶检验局共同赴日本执行该次检验任务。

“中国渔政 311”号船于 2009 年 3 月 10 日正式入列，承担着专属经济区渔业执法、南沙巡航护渔等任务，为维护南海主权和渔业权益作出了巨大贡献。考虑该船为海军“退役”船舶转为渔政执法船，船龄已达 35 年，存在着与拟改“中国渔政 312”号的 621 舰在老旧船舶管理和检验两方面类似的问题和难点，按照渔业船舶检验业务核定要求，广东渔业船舶检验局与广州分局在该船前期检验过程中严格把关、文明服务，努力克服困难，先后对该船多次签发临时航行证书，同时也提出检验遗留问题及整改通知书，在承担巨大责任压力和发证风险的同时，保障了船舶安全航行，较好地完成执法任务。

（三）提出老旧渔业船舶报废标准及其实施方案

2012 年，为进一步加强老旧渔业船舶的管理，根据《农业部关于“十二五”期间进一步加强渔船管理控制海洋捕捞强度的通知》及《农业部办公厅关于印发〈落实“十二五”

期间加强渔船管理控制海洋捕捞强度重点工作分工安排〉的通知》的要求，在多年实施《渔业船舶报废暂行规定》及《老旧渔船管理办法》的基础上，农业部渔业船舶检验局通过对部分重点渔区调研，广泛听取渔民、船东和渔船管理部门的意见，研究提出了老旧渔业船舶报废标准及其具体实施方案讨论稿，并组织召开专题研讨会讨论修改，对讨论稿进行修改完善后报渔业局审定。

（四）“三大行动”中的老旧渔业船舶隐患排查行动

2014 年，在“三大行动”中，农业部渔业船舶检验局要求重点对船长 12 米以上老旧渔业船舶的稳性、构造、防火防爆、遇险设施等存在的重要安全隐患进行全面排查。各地渔船检验机构结合渔船营运检验，针对老旧渔业船舶特点进行排查，并指导渔民自查自纠，排除安全隐患。广东渔业船舶检验局对海洋老旧渔业船舶加大检验的频次。广西渔业船舶检验局把“三大行动”作为解决历史遗留问题的有利契机，突出解决木质渔业船舶隐患问题。山西渔业船舶检验局在渔业船舶安全风险排查中，重点对稳性、水密舱、救生设施等进行严查。福建渔业船舶检验局通过批量、流水线方式和“三查三看”工作方法集中开展行动。山东渔业船舶检验局把“三大行动”和渔船安全评价工作相结合，并计划实施“百千万海洋渔船”更新改造工程。浙江渔业船舶检验局结合省政府加强渔业船舶安全管理的有关要求，增加图纸和稳性资料核查、氨制冷设施、无线电通信、救生设备、防止污染等设备的隐患排查。

四、检验先进大型船舶

2007 年，经国家发改委批准，农业部立项 2500 吨载机渔政船建造项目。该船由中国船舶重工第 701 研究所设计，在湛江海滨船厂建造，后定名为“中国渔政 310”号，隶属农业部南海区渔政局，是当时我国自行设计的吨位最大、航速最快、总体性能最先进的渔政船。农业部渔业船舶检验局多次组织来自全国渔业船舶检验系统的骨干验船师对该船的设计图纸进行审查，8 月 22 日，2500 吨级载机渔政船图纸获得批准。该渔政船的建造检验由广东渔业船舶检验局承担，共接受了该船 133 次检验申请，派出验船师 306 人次进行检验。2010 年 11 月，该船历时 3 年建造完工。2008 年 10 月 28—30 日，农业部渔业船舶检验局利用这次检验先进船舶的机会，在造船现场举办检验交流会，沿海 8 个省（自治区、直辖市）渔业船舶检验机构的 24 名验船师参加交流学习。

2008 年，发改委批准，农业部立项“南锋”号渔业资源与环境科学调查船建造项目，这是我国第一艘自行设计、建造，拥有自主知识产权的综合性海洋渔业资源与环境科学调查船，也是当时亚洲吨位最大具备国际先进水平的渔业资源调查船。该船船长 66. 66 米，船宽 12. 4 米，总吨位 1478 吨，主机功率 1920 千瓦，续航力 8000 海里，具有渔业资源声学评估、海洋生化理化、卫星遥感等高科技研究能力，具备底拖网和变水层拖网、金枪鱼延绳钓、灯光鱿鱼钓等多种渔具渔法科研功能。该船对船舶性能要求较高，采取了多种优化措施和手段，还使用了在渔船上难得一见的对称式可控被动式减摇水舱、可调螺距导管螺旋桨、首侧推装置等优化性能的设备和方法。该船在科研功能和船舶技术方面的特性，对渔业船舶检验工作提出了较高的要求。因此，农业部渔业船舶检验局安排局领导亲自担任现场检验组组长，组织专家先后3次对该船图纸集中审查。2008年6月23日，图纸获得批准。山东渔业船舶检验局承担了建造检验任务，7名验船师驻厂实施检验。该船历时16个月建造完工，交付中国水产科学研究院南海水产研究所。

2008年6月，国家科技部启动列入“863计划”的“远洋渔业捕捞装备”项目，大连渔轮有限公司承担了其子课题“节能型大型远洋金枪鱼围网渔船船型开发”的主要研发任务，并负责实船建造。2009年3月30日，大连渔轮有限公司与上海水产（集团）总公司上海开创远洋渔业有限公司签订了2艘75米远洋围网渔船船舶设计与建造合同，合同金额共计2.2亿元人民币。这次大型远洋金枪鱼围网渔船项目填补了我国在该类型渔船设计、建造领域的空白。2009年9月2—6日，农业部渔业船舶检验局抽调部分审图专家与辽宁渔业船舶检验局有关验船师组成审图工作组，在大连对大连渔轮有限公司设计的大型远洋金枪鱼围网渔船设计图纸进行了审查。

2013年，12艘3000吨级和13艘1000吨级大型渔政船集中开工建造。为做好建造检验工作，农业部渔业船舶检验局针对渔船检验队伍存在的检验力量不平衡、对大型船舶检验力量和经验不足、检验工作经费严重缺乏等问题，以高度的大局意识和服务意识，认真研究应对，采取统一协调组织全国力量、统一检验工作标准、实行集中审图等工作措施，制定《大型渔政船建造检验工作方案》和《关于大型渔政船建造检验有关事项的通知》等系列办法，协调确定各驻厂检验工作组，研究制定出大型渔政船检验大纲，做到检验管理工作程序和要求统一规范，保质量、保进度，确保这一国家重点工作任务的正常开展。按照统一组织、统一安排、统一实施的原则，协调全国渔船检验力量，在渔政船最重要的建造环节里，充分发挥渔船检验的质量技术监督和技术安全管理作用，全力保证渔政船检验质量，保障建造进度，确保大型渔政船建设项目安全顺利完工，培养历练一批渔船检验中坚力量。为做好25艘大型渔政船建造检验工作，农业部渔业船舶检验局组织辽宁、山东、河北、天津、上海、福建、广东、重庆等承担检验任务的省（直辖市），抽调精干力量，针对大型渔政船检验特点，统一制定检验工作方案和检验大纲，集中开展图纸审查，有效组织和开展渔政船建造检验工作。

2013年5月2—6日，首次大型渔政船图纸专家评审会议在上海召开，来自船东、设计单位、检验机构的三方代表参加了会议。会议对图纸审查原则及其他注意事项要求进行了议定，认为要以高度负责的态度把好图纸审查关，为高质量地完成好渔政船建造任务打下良好的基础。农业部东海区渔政局负责承办本次会议工作。来自全国船舶检验行业的资深验船师、资深船舶设计专家对1000吨级渔政船、3000吨级渔政船首批图纸进行认真评审，认为首批图纸的审查完成，为后续图纸的设计、船厂开工前准备打下了良好基础，设计单位将对审查意见进行认真研究，对图纸作相应修改后，随后续图纸一并报审。5月2—6日在上海对1000吨级渔政船首批图纸进行了初步审查，形成了审图意见。6月20—25日，农业部渔业船舶检验局在上海组织召开1000吨级、3000吨级渔政船图纸第二次评审工作，对第二批图纸进行了审查，对首批图纸进行了复审。根据审图专家组对设计单位送审的首批图纸进行复审的意见，批准了复审通过的1000吨级渔政船首批图纸，对3000吨级渔政船首批图纸复核后再次提出了审查意见。

2015年，海南省所属的南海作业批量渔船在辽宁、浙江、广东、广西、重庆等地共6家船厂建造，该批渔船的建造是我国海洋渔船装备建设的重要工程。在国家有关部门组织的督查工作中，发现该批量渔船中存在部分渔船未审先造、未检下水等突出问题。为进一步提高渔业船舶建造及检验工作质量，规范检验工作程序，农业部渔业船舶检验局组织开展渔船检验质量检查活动，并配合国动办参加对承建80多艘渔船任务的6家船厂的督查工作，对督查时发现的有关问题梳理并及时协调处理。还推动召开建造检验协调会，部署做好海南批量渔船建造检验协调工作；协调浙江渔业船舶检验局按照2015新规范及时重新审批船舶图纸，明确上海渔业船舶检验局与重庆渔业船舶检验局组成联合检验工作组，批复同意该批渔船主机选型事宜，协调专家完成“未检下水”的4艘渔船建造质量评定。其中，应国动办商请，协调专家对“未检下水”的4艘渔船建造质量技术评定工作得到局领导的书面表扬。按照“重要工程，重点保障”的原则，农业部渔业船舶检验局组织开展对上述渔船的检验质量检查活动。对上述渔船建造检验情况以《关于海南批量渔船建造及检验监督管理情况的报告》向于康震副部长报告，于副部长批示：“该渔船建造意义重大，特事特办。要尽职履职，确保质量。对违规船厂要促其整改，不改者下艘船不得开工。”

2015年10月—2017年10月，农业部渔业船舶检验局完成上海海洋大学远洋渔业资源调查和综合科考船“淞航”号的建造检验。“淞航”号总长87米，垂线间长78米，船宽14米，型深7.6米，设计吃水4.8米，满载排水量2800吨，是我国第一艘远洋渔业资源调查和综合科考船。“淞航”号选用先进的集定位功能和舵桨功能于一体的直叶桨推进系统，装备SU93声呐、EK80等先进的探鱼设备，单波束、多波束浅剖底层地质勘探设备，以及海洋大气遥感探测、水下机器人等先进的海洋科考设备，具有中层和底层拖网、金枪鱼延绳钓和灯光鱿鱼钓3种作业方式，配备有海洋生物、水文生化、调查监控、恒温和通用5个实验室。主要承担金枪鱼、鱿鱼、竹筴鱼和南极磷虾等重要远洋渔业资源的调查、新渔场开发、作业方式创新、大洋环境观测和数据分析等调查研究工作。“淞航”号船型阻力性能优良，具有较好的燃油经济性，每天消耗燃油仅8吨，该船选用比一般船用钢强度高50%的强度高、耐低温的高强度钢，有助于赴南极附近海域进行调查。作为一艘集远洋渔业资源调查和海洋科考于一身的综合调查船，建造、试航过程中面临很多难题。在这艘船之前，国内没有应用直叶桨的先例，性能、安装、操控等几乎没有经验可以借鉴。

2017年7月10日，中国船舶及海洋工程设计研究院向上海渔业船舶检验局提交108.5米南极磷虾船设计图样及技术文件审查申请材料，经对申请材料进行形式审查后出具“申请材料齐全、符合受理条件，建议受理”的初审意见，并建议委托农业部渔业船舶检验局审图中心（上海）进行图纸审查。

该艘南极磷虾船为中国船舶及海洋工程设计研究院与瓦锡兰挪威船舶设计有限公司合作设计的中国第一艘南极磷虾捕捞加工渔船。为保持引进国外优秀船型及设计的技术特点，避免规范之间的差异对渔船性能和经济性能产生重大影响，该船设计图纸由上述两家设计单位分别向挪威—德国劳氏船级社（以下简称“DNV GL”船级社）和农业部渔业船舶检验局申请图纸审查，其建造规范采用“DNV GL”船级社发布的最新《DNV 钢制海船入级规范》及其修改通报。

根据国渔检（法）〔2016〕12 号文件《关于明确各类渔业船舶适用现行检验规则规范的通知》中“船长 >90m 的，适用于中国船级社（CCS）发布的最新版（下同）《钢质海船入级规范》或其他船级社规范的要求”的规定，农业部渔业船舶检验局同意中国船舶及海洋工程设计研究院设计的南极磷虾船在满足《渔业船舶法定检验规则（远洋渔船 2015）》及其修改通报的前提下，建造规范可选用《DNV 船舶入级规范》及其修改通报。另外，遵守国际海事组织制定的《国际极地水域操作船舶规则》的适用要求。

五、渔业船舶技术鉴定和事故责任裁定

2004 年 9 月 3 日，农业部渔业船舶检验局在北京召开“沪渔 917”号渔船事故成因专家论证会。农业部渔业船舶检验局、中国船级社上海规范所、同济大学新材料研究所、珠海深龙船厂、广东渔业船舶检验局、上海玻璃钢研究所等单位派出 7 位正式代表参会。此前，“沪渔 917”号玻璃钢金枪鱼钓船在斐济渔场发生船艏部折断事故，7 月 29 日—8 月 9 日，专家组曾赴斐济对“沪渔 917”号玻璃钢金枪鱼延绳钓渔船事故成因及“沪渔 916”号渔船存在的问题进行了调查和勘验。这次事故影响力巨大，使得政府主管部门及船东对发展玻璃钢渔船的科学性产生怀疑，玻璃钢渔船的推广因此受到阻碍。

2005 年 3 月 10—16 日，受中华人民共和国渔政渔港监督管理局委托，农业部渔业船舶检验局组织事故渔船技术鉴定工作组分别赴浙江温岭和辽宁大连，对“2・23”渔事纠纷事故渔船进行技术勘验。工作组专家分别勘验了“浙岭渔 22502”号、“辽大甘渔 8337”号、“辽大甘渔 8338”号 3 艘船舶的受损情况，形成技术报告，为有关主管机关处理该海上事故提供技术支持。

2008 年，农业部渔业船舶检验局成立专家组，对“荣远渔 806”号渔船稳性进行鉴定。“荣远渔 806”号于 2005 年 11 月 28 日在韩国济州岛正面进行拖网作业时，突遇大浪，被风浪打翻沉没，渔船上 20 名渔民全部落水，其中 5 人获救，1 人死亡，14 人失踪。青岛海事法院受理该案后，委托青岛荣达保险公估有限公司鉴定稳性及沉没原因，后判该船稳性不满足有关要求。该船建造方黄海造船有限公司向山东省高级人民法院上诉，并申请渔业船舶检验机构对该船稳性进行复核。农业部渔业船舶检验局组织专家组鉴定后，认为“荣远渔 806”号船翻船事故的 3 点原因均不成立，结论错误。荣达公司之所以得出错误的结论，是因为其不具备渔业船舶设计、建造、修理、检验方面的相关资质，对各类型倾覆机理以及渔船拖网作业方式不了解。

2010 年 11 月 18 日，为确保渔船生产和渔民生命财产安全，并使“601”专案尽快得到妥善处理，防止造成更大的不良影响，针对“601”专案涉案渔船处理问题，农业部渔业船舶检验局、渔政指挥中心与专案组成员单位有关同志进行专题研究。会议认为，这批涉案渔

船存在较大安全隐患，必须逐船进行整改，经检验合格后，方能办理相关手续。

2013 年 8 月 6 日，深圳市水湾远洋渔业有限公司所属渔船“中洋 26”号（船上 14 人，其中中国籍 10 名、印度尼西亚籍 3 名、越南籍 1 名）在南太平洋海域遇险。12 月 19 日，农业部渔业船舶检验局派员参加“中洋 26”号渔船技术鉴定；20 日，提交“中洋 26”号船稳性复核工作报告。

第二节　渔船检验质量监管工作

一、渔船设计、修造单位资质认可工作

渔业船舶设计单位和修造企业资质认定是渔业船舶安全管理工作的一项基础性工作，对规范渔业船舶设计修造市场，提升我国渔业船舶安全质量和技术水平，贯彻国家对捕捞渔船实施船网工具指标控制政策的落实具有重要意义。农业部对渔业船舶设计和修造单位实施资质认可管理制度，对上述单位的生产设施、工艺装备、技术条件、内部质量管理体系和人员素质等方面进行考核，以确定其是否具备安全生产条件，是否具备相应等级的设计和修造渔业船舶的能力，从而保障渔业船舶质量。

（一）渔业船舶重新纳入工业产品生产许可证目录

2003 年 7 月 23 日，农业部渔业船舶检验局印发《中华人民共和国渔业船舶设计制造维修管理规定（试行）》。该规定包括总则，渔业船舶设计，渔业船舶船型管理，渔业船舶制造、维修，申请、审核与发证，监督管理，附则共 7 章 45 条，其中渔业船舶船型管理暂不实施。制度实施至 2007 年，国务院发布《关于第四批取消和调整行政审批项目的决定》（国发〔2007〕33 号），取消了民用船舶生产许可行政审批项目。

自 1994 年实行渔业船舶修造企业许可制度后，农业部分别于 2007 年和 2010 年 2 次修订农业部令，强化对渔船修造企业的管理，要求取得资质的企业不得降低取证时已达到的各项要求，不得违反相关法律、法规、规章和农业部有关渔船管理的规定修造渔船。各省（自治区、直辖市）围绕部令要求，对渔业船舶修造企业实施“月巡”“季巡”等监管制度，对违规建造渔船的企业责令限期整改，情节严重的，由发证机关收回并注销认可证，对违规建造的渔船进行拆解。对渔业船舶修造企业的管理工作从初期的“纳入管理、逐步提高”过渡到“严格准入、优胜劣汰”的管理轨道，这对于适应我国社会主义市场经济体制，促进我国经济增长方式从粗放型向集约型转变，提升我国渔业船舶修造总体水平起到了有效的作用，并收到了良好的效果。

2012 年，取得渔业船舶设计、修造资质认可的企业分别为 114 家和 1265 家，通过加强资质认可管理，加强规范渔业船舶修造市场和质量，以从源头上强化保障渔船质量。结合劳动技能培训考核工作，江苏、福建、广东渔业船舶检验局组织开展渔船修造厂焊工培训及考试，有效促进修造厂工人技能的提高；山东和重庆渔业船舶检验局分别出台小型渔船修造企

业认可标准和认可管理办法，以强化遏制沙滩、窝点、码头等违规修造渔船行为的措施；江苏渔业船舶检验局通过举办渔船修造企业质检员培训班，提高质检员的质量意识和业务水平；浙江渔业船舶检验局建立省、市、县三级渔船检验人员参加的联合考核机制，通过考核促进渔船修造企业软硬件条件和修造能力的提升；广东、广西渔业船舶检验局建立巡查报告制度，强化渔船修造企业的日常监管；海南、江西渔业船舶检验局则从宣传入手，明确申报检验程序和工作要求。

2012 年 11 月 27—29 日，农业部渔业船舶检验局召开渔业船舶设计修造单位资质认可现场考核标准修订会，推进《渔业船舶设计修造单位资质许可管理办法》的制定，进一步明确《渔业船舶设计修造单位资质认可现场考核标准》的主要内容，探讨资质管理工作创新机制。

通过渔船修造企业许可制度的实施，强化修造渔船的源头监管，有效减少“三无”渔船生产，提高渔船建造质量，消除渔船航行隐患，使渔船修造企业在工艺、设备、技术人员和质量管理制度建设等方面有了较大提高。不仅为保障渔船修造质量和航行作业安全提供了良好的生产维修条件，同时也为国家渔船“双控”制度的落实和渔船检验工作的有效实施发挥了重要作用。渔业船舶修造资质已成为渔民衡量企业造船水平的重要参考依据。渔船修造企业为了增加市场竞争力、提高融资信誉和项目投标的中标率、扩大企业在行业内的知名度及市场份额等，也认真按照资质认可的相关标准，加大生产设施设备方面和专业技术人员的投入、提高自身生产能力和质量管理水平，已经形成了良好的市场秩序和行业内的良性竞争氛围。

以钢质渔业船舶建造企业为例，2009 年，一级钢质渔业船舶建造企业数量为 27 家，2012 年达到 63 家，可以看出整个渔业船舶修造行业在不断提升、不断进步。

（二）修造工厂认可管理规范化

为加强渔业船舶修造企业质量安全体系建设，保障渔业船舶的建造质量和安全施工，农业部渔业船舶检验局颁布一系列文件，规范修造企业资质认定审批程序，制定审批标准，开展并组织多期审核员和企业质检员、玻璃钢船糊制工、木质渔船捻工、电焊工等特殊工种的培训，打造一支业务过硬的审核员和渔业船舶修造技术人员队伍，加强组织协调与监督管理。

2001 年，渔业船舶修造工厂认可工作规范化程度得到一轮提升。一方面是统一了工厂认可工作程序及审查要求，2001 年 8 月 1 日，农业部渔业船舶检验局颁布《渔业船舶修造工厂认可工作程序规定》，并公布钢质渔业船舶建造（含大修）工厂、钢质渔业船舶中小修理工厂、木质渔业船舶建造（含大修）工厂、木质渔业船舶修理工厂、玻璃钢渔业船舶修造工厂现场考核审查要求。对不同类型工厂提出不同的考核审查要求，改变过去“小而全”的管理思路，顺应市场经济多样化发展形势。另一方面是加强对工厂认可审核人员的管理，规定今后参加工厂认可的人员必须具备审核员资格，并分 3 期对渔业船舶检验系统 132 名工厂认可审核员进行培训考核和发证。2001 年 7 月 17 日，公布了第一批具有工厂认可审核员资格人员名单。

据2004年6月的统计，农业部认可的渔业船舶设计单位有98家，修造船厂1178家，其中建造企业686家（钢质类269家、木质类384家、玻璃钢类33家），修理企业492家（钢质类309家、木质类183家）。2004年，农业部渔业船舶检验局共审查批准新申请修造企业74家，审查批准换证企业98家，因企业关停并转及不符合认定要求等原因，撤销企业认定资格37家。在实施认定审查过程中，农业部渔业船舶检验局坚持按考核标准认真审查，保证企业生产经营的连续性和认定工作的严肃性。2004年底，全国从事渔船修造的企业已基本纳入认可制度管理，共认可渔船修造企业1214家，其中建造企业717家、修理企业497家。2004年审批12家渔业船舶设计单位的资质。截至2007年12月底，经农业部认可的渔业船舶设计单位有120家，修造企业1303家，其中建造企业780家、修理企业527家，4家单位拥有双重资质。

2008年，按渔业船舶质量安全监管工作前移的要求，加大对渔业船舶设计、修造企业认可监督管理，农业部渔业船舶检验局制定和完善《渔业船舶设计单位资质认定管理规定》和《渔业船舶设计单位现场考核条件》，严格现场检查和技术人员能力的考核；对申请渔船修造和提高修造档次的企业，严格参照《船舶生产企业生产条件基本要求及评价方法》标准进行审核，依靠贯彻标准和提高考核门槛，促进企业上水平、上档次。截至2008年底，全国渔业船舶生产企业已达1305家，有些企业已进入中等船舶生产企业的行列。2010年，取得认可的渔船设计单位有114家，渔船建造企业735家，渔船修理企业417家。

各地渔业船舶检验机构依照严格审批、逐步提高准入标准和条件的原则，创新工作方式，健全工作机制，全力推进修造企业专项整治，加强对渔船修造企业的监督管理，严把渔船修造企业资质审批关。如辽宁渔业船舶检验局开展3次违规造船专项检查活动，对没有审批手续的船厂责令其停工。江苏渔业船舶检验局召开船厂工作会，进一步明确了船厂是渔船修造质量的责任主体。浙江渔业船舶检验局开展为期45天的自查和抽查相结合的修造专项整治活动，对其中5家违规船厂提出整改要求，对2家船厂作出暂停资质处理。广东渔业船舶检验局着力构建严打机制，建立健全了质检员协检制度和省、市、县三级巡查机制，对29家非法修造厂进行了清理，对违规建造的21艘渔业船舶进行了查处，并将有关处理情况及时向当地政府进行报告。

（三）渔业船舶泡沫塑料绝热层喷涂施工点单位纳入认可管理范围

2001年5月3日，停泊在中国水产（集团）总公司大连渔轮公司西码头，正在进行建造的“辽渔一”号发生重大事故，造成10人死亡，直接经济损失达100多万元。事故的原因是：在后冻结机舱内进行聚氨酯泡沫塑料喷涂作业的同时，在制冷机舱内气割连通后冻结机舱的排水管作业，致使火焰通过排水管点燃聚氨酯泡沫塑料，造成舱内可燃气体轰燃。事故引起了国务院及各界的重视，农业部也为此专门发布《关于进一步加强渔业安全生产工作的紧急通知》，提出“对渔船建造审批、检验发证、登记、进出港签证等与渔船安全紧密相关的环节严格把关……加强对渔船安全救生、消防和通讯等设施的检查”等项要求。

8 月 7 日，农业部渔业船舶检验局发布《渔业船舶泡沫塑料绝热层施工单位认可管理办法》，决定对从事泡沫塑料现场喷涂（灌注）的单位实行认可制度。2004 年 10 月 26 日，此项认可工作正式纳入“渔业船舶设计、修造单位资格认定”管理范围。

（四）完善渔船修造资质认可制度

2010 年，农业部发布《关于修订部分规章的决定》（农业部令 2010 年第 11 号），对《渔船修造厂认可办法》进行修订。为进一步贯彻落实《渔船修造厂认可办法》，切实做好渔船修造企业认可与监管工作，农业部渔业船舶检验局对现有渔船修造厂资质认可行政审批制度进行改革，按照“重心下移、属地监管、事后督导、奖惩结合”的原则，自 2011 年 7 月 1 日起，各省（自治区、直辖市）渔业船舶检验机构负责渔船修造企业资质认可的实质审查工作，部局仅是形式审查，并对渔船修造资质认可审批工作进行督察。

改革后的资质认可制度突出属地管理、事前监管和事后督导，强化各省（自治区、直辖市）渔业船舶检验机构审核职能。河北、广东、福建、广西等地积极落实改革方案，加强领导，成立评审组按照《船舶生产企业生产条件基本要求及评价方法》《船舶修理企业生产条件基本要求及评价方法》等标准对企业进行现场考核，并建立资质认可合议制度，及时对考核审查报告进行集体审议。改革要求各省（自治区、直辖市）渔业船舶检验机构要建立健全配套机制，强化对渔船修造厂的日常监管，督促企业增强质量意识，严格防止行政审批事项滥用职权与监管不到位的事项发生。浙江渔业船舶检验局组织开展渔业船舶修造企业规范化管理课题调研和修造企业基本情况调查，细化、量化修造企业认可考核的条件与要求，使认可考核评价工作更加公开透明、公正有序，同时强化县级机构的监管职能，落实监督管理责任与重点环节。山东渔业船舶检验局则严格落实新建船开工批准制度、日常巡回检查制度，并建立坞修登记制度，检验组结合营运检验，对渔业船舶修造厂进行巡回检查。广东渔业船舶检验局制定渔业船舶修造企业“一月一巡”巡查制度，督促渔业船舶修造厂建立健全船舶修造台账，要求基层执法队伍对辖区内的渔业船舶修造企业修造渔船实施全覆盖、全方位、全过程的巡查监控。辽宁、江苏等渔业船舶检验局为配合船厂资质认可工作，强化质检员业务和电焊工培训。安徽渔业船舶检验局积极推进渔船建造资质认可的探索，制定《安徽省 15 米及以下内河钢质渔业船舶生产企业生产条件基本要求》作为安徽省 15 米及以下内河钢质渔业船舶生产企业认可评定的依据。

各省（自治区、直辖市）渔业船舶检验局在审核中按照公开、公平、公正的原则，规范审批行为，公布认可依据和认可结果。农业部渔业船舶检验局对各省（自治区、直辖市）渔业船舶检验机构认可工作的申请审核材料完整性、审核程序合法性、合议结果真实性、材料归档规范性等进行督导，并把督导情况作为全国检验机构评先的重要参考依据，对许可中的违规行为追究检验机构及人员的责任。改革后的认可制度对各级检验机构在工作效率上提出更高的要求，使整个资质许可周期比以前明显缩短，从而使企业大大受益，有效地促进我国渔船修造业的健康有序发展。

截至 2011 年底，全国取得资质的渔业船舶修造企业共 1107 家，其中建造企业 734 家、修理企业423家。2011年审批发证企业300家，其中新申请企业75家。

二、推动渔船建造“两个评价”工作

在一定历史时期，修造企业许可管理制度推动了渔业船舶修造行业的发展和渔业政策的实施，但随着政府职能转变，渔船修造管理工作面临新的挑战。

2013年5月15日，国务院发布《国务院关于取消和下放一批行政审批项目等事项的决定》(国发〔2013〕19号)，实行了近20年的《渔业船舶设计、修造单位资格认定》行政项目被取消。按照农业部行政审批办的要求，部渔业船舶检验局立即下发文件停止渔业船舶设计、修造企业资质审批工作，并及时通过报纸和网络向社会进行公布，切实防止了变相审批、委托审批等情况的发生。

为贯彻落实该决定，摸清我国渔业船舶修造企业管理工作现状，研究推进修造企业许可取消后监管工作对策，受农业部渔业局委托，渔业船舶检验局信德利副局长带队，渔业局船港处、船检局法规处、资质处派员组成联合调研组，赴浙江、福建、广东和海南进行专题调研。调研组先后在福州、福鼎、温岭、台州、广州、珠海、海口等地召开7个座谈会，集中听取了渔业行政主管部门、渔业船舶检验机构、渔业船舶修造企业、设计单位和渔民代表的意见建议，深入福建省立新船舶工程有限公司、浙江振兴船舶修造有限公司、浙江合兴船业有限公司、珠海市琛龙船厂有限公司、儋州泓通船舶制造有限公司等企业，听取渔业船舶修造行业发展现状及资质认可取消后对行业管理带来的影响等意见建议。

取消渔业船舶修造企业资格认定行政许可后，渔业船舶修造行业将对所有船厂开放，渔船修造失去准入门槛，监管难度加大，渔业船舶修造管理工作面临巨大挑战。一是渔业船舶修造管理环节断裂，监管难度大。对渔业船舶修造企业资质管理的核心内容就是对企业从事渔船生产的合法性、生产设施设备、技术能力、质量控制体系等要素按标准进行评价和监督，使船厂能够按自己的实际生产技术能力承接相应级别的渔业船舶修造任务，为修造合格的渔业船舶打下良好根基；修造企业发生质量问题，可以通过暂停资质对其进行监督，促进整改。取消许可后，船厂造船的“大小”将由“市场”或船主来决定，“小微”船厂造大船及因建造质量出现问题进而引发的纠纷也难以避免，验船师根据现行的检验法规也难以对船舶的实际质量实行有效的监管。二是渔船建造源头失控，“三无”渔船清理难有止境。渔业船舶修造企业资质认定行政许可取消后，管理部门无“法”对修造企业进行日常监管，失去建造源头监管的企业将可随意建造渔船，船厂或船东不主动申报检验，管理部门很难判定企业是否存在私自修造渔船行为，“三无”船舶在建造过程甚至完工后只要不下水，都难以定性是否属于渔船。以海南省为例，管理部门掌握的修造船企业有42家，取得过认可资质的有24家，在没有取得过资质的18家企业中，有多家年造船量达60多艘的小型生产企业建造的玻璃钢渔船均无任何手续，这些船流入渔业生产中，就是新的“三无”渔船。三是企业逐利恶性竞争，渔业船舶修造业“逆向淘汰”。没有了市场准入“门槛”，处于监管视线之外，低水平修造船厂甚至是“沙滩船厂”都可进入渔业船舶修造业。这些船厂为了在市场上分得一席之地，靠价格竞争挤入，取得船东青睐；而正规渔业船舶修造企业因在技术储备、设备投入、质量管理等方面都有着巨大的成本，根本无法在价格上胜出。在这种畸形的“市场”调节下，一方面是部分质好价也好的大船厂会被挤出渔业船舶修造市场；另一方面是在市场有限的情况下，渔业船舶修造企业因自我生存的需要而跟着船东的需求跑，以低质量的“优惠的价格”争取“蛋糕”。调查发现，部分渔业船舶修造企业得知在价格上无优势后已决定停止技术投入。四是渔船修造外包普遍，渔船修造质量监管难。随着社会专业化分工，渔业船舶修造企业外包工程情况越来越多，部分中小型渔业船舶修造企业也常常因自身条件和能力不足，委托给别的企业进行某个项目的生产或加工。调查发现，很多船厂往往不对外包工程质量进行控制，甚至直接出租船台和设施给船东自己造船。监管部门也不能对外包工作进行监管，一旦外包工程项目质量严重失控，将难以保证渔业船舶建造整体质量。

按照中央关于简政放权、加快转变政府职能要求和部里统一部署，农业部渔业船舶检验局坚持放管并举，把取消事项衔接监管列入重点工作，进一步细化强化配套机制和措施，确保事中事后监管落实到位。一是按照《渔业船舶法定检验规则》加强船舶检验工作，并对《渔业船舶图纸审查管理规定》进行修订完善，进一步对审查依据、程序和内容进行规范和加强，提高渔业船舶设计修造质量。二是探索渔业船舶设计修造企业质量技术能力提升引导及监管机制，协调渔船标准化委员会组织制定《渔船建造企业技术条件及生产能力评价标准》，以引导企业通过对标准的实施提高技术能力和生产条件。三是加强检验机构和队伍建设，建立验船师资格分类考评管理制度，制定渔船检验工作督察督导管理办法，开展海洋渔船建造检验质量检查督导活动，进一步提高渔船建造现场检验工作质量。四是充分发挥行业组织的作用，推进企业技术人员及特殊工种人员的岗位培训，帮助企业培养人才。

在渔业船舶修造企业资质认定行政许可尚未取消时，执行的是《船舶生产企业生产条件基本要求及评价方法》（CB/T 3000—2007）。由于在标准编制过程中考虑了以提高准入条件作为能力提升的因素，标准要求高，特别是高于渔业船舶建造企业实际能力。因此，在该项行政许可取消后的 2014 年，农业部渔业船舶检验局提出制定适应于渔业船舶建造的开工条件和要求的标准，并列入农业部 2015 年标准制定计划。

2015 年，农业部渔业船舶检验局标准编制组在总结行政许可存在时的监管经验基础上，坚持以满足渔业船舶建造生产实际需求的原则，借鉴《船舶生产企业生产条件基本要求及评价方法》的基本内容和形式，按标准制定工作程序完成并上报了《渔业船舶建造开工技术条件及要求》标准报批稿。

由于标准审批发布时间较长，为尽快推动开工技术条件的实施，2016 年，农业部渔业船舶检验局决定先以管理文件的形式发布技术条件，并由农业部办公厅印发。农业部渔业船舶检验局对技术条件进行反复研究和修改，并征求渔业渔政管理局和 12 个省级渔业船舶检验机构的意见，明确渔船建造企业技术条件检查和渔船建造开工前检查是加强渔船建造开工管理的两项措施，于 10 月形成加强渔业船舶建造开工管理的初稿。

2016 年，农业部渔业船舶检验局研究修订《渔业船舶建造开工条件检查管理办法（试行）》，用于加强渔业船舶建造企业的能力建设，规范建造市场行为，保障渔业船舶建造质量，提高渔业船舶安全质量水平，维护广大渔民的合法权益，防止因《渔业船舶设计、修造单位资格认定》行政审批取消造成渔业船舶建造企业能力监管的空白。

2017 年 1 月 5 日，农业部办公厅发布了《关于加强渔业船舶建造开工管理的通知》（农办渔〔2017〕1 号），切实加强渔业船舶建造监管，强化渔业船舶建造单位的质量安全主体责任，从源头上确保渔业船舶建造质量，防止涉渔“三无”船舶滋生。通知中规定，技术条件评价工作每两年进行一次，由省级渔业行政主管部门制定实施办法，省级渔业船舶检验机构组织实施，并出具评价结果。

农业部渔业船舶检验局组织沿海各省（自治区、直辖市）对“两个评价”工作进行专题交流和宣传培训，有 13 个省（自治区、直辖市）出台开工建造管理实施办法，7 个省（自治区、直辖市）出台渔船标准船型评价实施办法；组织编制《渔船建造、维修质量内控制度建设指南》，探索建立渔船设计、建造企业质量信誉评价体系，引导企业加强质量管控。各级渔业船舶检验机构依据评价结果加强对渔业船舶建造单位的检验监督管理，将技术条件评价作为对渔业船舶建造单位的日常监管措施，切实履行好渔业船舶检验监督管理职责。

2017 年，农业部渔业船舶检验局指导科研机构开展渔船使用甲醇柴油混合动力试验和渔船安全预警报警系统开发，推进新技术、新能源、新材料、新产品的研发和应用，并积极参与国家《船舶水污染排放标准》修订及其技术政策制定工作，开展渔船污油水排放回收管理研究。

三、渔船修造企业网上报检服务平台试点启动

2016 年 5 月，农业部渔业船舶检验局完成渔船修造企业网上报检服务平台的前期开发任务，进行系统测试和研究讨论。由于渔船检验规程正在重新编制，检验项目进行了部分调整，对软件的内容也带来影响，进行部分修改。8 月，对调试修改后的软件进行推广应用培训，来自全国沿海和内陆部分渔业船舶检验机构近 70 位验船师参加培训，学员对软件反映较好。12 月，选取 3 个省（自治区、直辖市）7 家渔船建造企业进行试点运行和应用效果评估。

四、开展低质量渔业船舶专项治理行动

2005 年 4 月 21 日，交通部、国防科学技术工业委员会、农业部和国家安全生产监督管理总局联合开展全国低质量船舶专项治理活动，各省（自治区、直辖市）渔业船舶检验部门认真贯彻四部委的工作部署，根据省（自治区、直辖市）专项治理领导小组的统一安排，抓住机遇，以促进渔船安全、提高检验率为重点，密切配合相关部门，积极推进各项工作的开展，在对渔业船舶修造企业和不符合安全航行作业条件的渔业船舶进行认真排查的基础上，全面深化治理工作。到 2005 年底，全国渔业船舶修造厂点进行了第一阶段的清理整治工作，治理渔业船舶修造厂（点）120 多个，清理并实行附加检验的渔船近万艘，治理工作取得了较好的阶段性成果。2006 年 3 月 1 日，四部委召开全国水上交通安全专项整治工作交流电视电话会议，范小建副部长在会上作出指示。根据部领导的讲话精神，农业部渔业船

舶检验局代表农业部参加了由国家安全生产监督管理总局、国防科学技术工业委员会和交通部组成的四部委联合督查组，对全国低质量船舶开展专项治理活动。农业部渔业船舶检验局制订宣传动员、调查摸底、全面治理和总结深化的工作计划，细化船厂、船舶整治的标准，基本摸清各自管辖区域内的船厂和船舶情况，确定了整治重点，开展了低质量船舶的附加检验工作。据统计，浙江、福建、江苏和安徽需进行专项治理检查的船厂 245 家，船长大于 50 米的内河船、大于 60 米的海船以及大开口船舶等需进行专项治理检查的船舶 2489 艘。根据四部委对大部分省（自治区、直辖市）督查和验收所掌握的情况，到 2006 年底，全国渔船检验系统在专项治理工作中，排查渔业船舶修造厂（点）500 多家，重点检查渔业船舶近 15 万艘，提出重点治理企业 120 多家，列入治理范围的渔船超过 3 万艘，已完成治理 1.3 万多艘，清理并实行临时检验的渔船近万艘，有 1000 多艘渔业船舶实施了报废处理或收回证书处理。通过专项治理活动的开展，渔业船舶检验率和安全技术状况有了明显提高，违规造船和非法造船情况得到有效遏制，对规范渔业船舶管理起到良好的促进作用。

在四部委联合开展的近一年半的全国低质量船舶专项治理活动中，各省（自治区、直辖市）渔业船舶检验机构认真贯彻部局的工作部署，密切配合有关部门，积极开展治理工作，取得了显著的治理效果。据 2007 年上半年对各省（自治区、直辖市）专项治理工作情况验收结果显示，各地渔业船舶检验部门在专项治理活动期间，重点排查了 670 家企业，有 120 家企业列入整改治理范围，有 30 个造船厂（点）被取缔；共检查各类渔业船舶 127253 艘，对安全设备不符合安全航行技术要求的船舶进行强制配备，对检查出的 14965 艘存在质量安全隐患的渔业船舶，按低质量渔业船舶治理的要求全部进行临时检验并落实检验整改项目，其中对 2942 艘经再次检验仍达不到要求的渔业船舶实行销毁和报废处理。为时 2 年多的专项治理活动取得了较好的治理效果。一是违规造船行为得到有效遏制，新造渔业船舶质量明显提高，渔业船舶修造市场秩序更加规范；二是渔业船舶检验和安全设备配备明显提高，安全状况有了进一步好转；三是渔业船舶生产者及渔民的安全意识和可持续发展的理念进一步增强；四是渔业船舶安全管理联动机制初步建立。

第三节　远洋渔船检验工作深入开展

一、远洋渔船检验管理的变革

1999 年以后，全国远洋渔船检验管理大致经历了纳入管理和规范管理两个阶段。纳入管理始于 20 世纪 90 年代末，针对大量远洋渔船不依法依规申报检验的问题，采取了一系列措施，不断提高受检率。到 2010 年，经远洋项目批准的远洋渔船基本全部纳入了检验管理。规范管理则是在远洋渔船基本纳入管理之后，为了使检验管理更加科学，维护远洋渔业企业的利益，农业部渔业船舶检验局陆续出台了一些检验管理制度，解决了境外检验不及时等方面存在的难题。

（一）北太平洋鱿鱼钓船整顿

2000年以前，我国有近500艘赴北太平洋作业的大洋性鱿鱼钓船，其中有300多艘为浙江省检验的渔船。这些船舶长期由有关市渔业船舶检验处管理，作为国内船进行检验，大约有半数没有按远洋渔船的标准进行检验发证。并且这些船舶中有相当部分的老旧渔船，安全技术状况堪忧。1999年"11·24"（"大舜"号）特大海难事件发生后，农业部发出了《关于加强渔业船舶监督检验工作的紧急通知》，要求加强远洋渔船检验。农业部渔业船舶检验局紧接着于2000年1月20日印发《关于进一步加强赴北太平洋作业的鱿鱼钓船检验的紧急通知》，从此开始对北太平洋鱿鱼钓船检验工作进行专项整治。由于大部分北太平洋鱿鱼钓船属于浙江省检验范围，浙江渔业船舶检验局成为专项整治工作的主力军。

整治的重点是对购买老旧船舶改造成大洋作业的渔业船舶进行严格控制，同时对部分存在安全设备方面问题的渔业船舶，要求其逐项整改并严格按标准配备。但考虑到部分渔船在通信导航等安全设备配备方面与远洋渔船的标准存在差距，一次性要求配齐难度很大；且这些渔船又具有编队航行、作业的特点，具有一定安全保障能力，则允许实行编队航行的渔船暂缓配备部分安全设备。

经过一年多的整治，全国从事北太平洋鱿鱼钓作业的500多艘渔业船舶的监督检验工作全部纳入了规范化管理轨道。2003年10月28日，农业部印发《关于将北太平洋鱿鱼钓船纳入远洋渔业管理有关问题的通知》，决定自2004年1月1日起将北太平洋鱿鱼钓船纳入远洋渔业管理。从此，北太平洋鱿鱼钓船的检验按照远洋渔船的要求管理，但对于编队作业的北太平洋鱿钓船及过洋性渔船，仍可免除部分安全设备配备要求。

"十一五"期间，开展了北太鱿钓试点工作。这项工作的全称是"当年往返北太平洋作业鱿钓渔船及渔业辅助船的检验与发证试点工作。"2007年初，为方便企业、服务渔民，简化工作流程，提高工作效率，委托浙江渔业船舶检验局负责浙江籍赴北太平洋作业鱿钓渔船及渔业辅助船的检验与发证工作。后来，以浙江试点情况为基础，在部办公厅同意与支持下，2008年和2009年又将辽宁、山东纳入试点范围。三年检验渔船合计679艘。通过三年的检验发证试点工作，继而把每年签发试点时间为一年改为不设时限委托检验方式，同时要求各试点省对所签发证书的渔业船舶检验质量负全责。

（二）建立境外检验点

2013年12月30日，为加强远洋渔船境外检验点规范化、制度化建设，加快远洋渔船检验管理工作的创新和完善，促进远洋渔船境外检验工作有序、健康和可持续发展，农业部渔业船舶检验局下发《关于印发〈远洋渔船境外检验工作点管理办法〉的通知》，进一步明确远洋渔船境外检验点管理职责分工，规范检验点的设置规划、建设、日常管理、监督管理以及远洋渔船检验工作的实施。

截至2018年，农业部渔业船舶检验局分别在加蓬、斐济、秘鲁、印度尼西亚、缅甸、乌拉圭、阿曼和拉斯帕尔马斯建立了8个境外检验点，检验地点遍及世界三大洋、五大洲的

30多个国家和地区，远洋渔船检验形成了境外检验点与临时检验团组相结合的境外检验模式，每年在境外完成的检验任务均超过检验总量的50%以上。

（三）计划管理制度

2007年初，农业部渔业船舶检验局开始在远洋渔船检验工作中实行计划管理。在充分考虑远洋渔业企业的检验需求和各渔船检验机构检验能力后，制定《2007年度远洋渔业船舶检验工作计划》，内容涵盖境内检验计划、境外检验及人员派遣计划、未报计划但检验有效的船舶和重点跟踪船舶四个部分。计划管理改变了因无法及时办理出境手续而检验不及时的状况，改变了省级渔业船舶检验机构临时派遣人员，打乱正常国内检验工作秩序的状况。越来越多的企业选择在境外接受检验，越来越多的远洋渔船享受到及时高效的境外检验服务。2007年，企业计划申报境外检验船数556艘，到2010年，计划数达到721艘，增长了近30%。尚未实行计划管理的2006年完成境外检验245艘，实施计划管理后的2007年完成境外检验428艘。2009年后，境外检验船数都在600艘以上；2016年，远洋渔船境外检验工作计划包括23个境外检验团组，共计1612艘渔船检验计划；2017年是远洋渔船检验数量最多的一年，共检验（签发或签署国际渔船安全证书）远洋渔船2102艘。

（四）分类管理制度

2007年，农业部渔业船舶检验局开始试点将舟山籍当年往返北太平洋鱿钓渔船的检验发证工作委托给浙江省，至2010年已将此类渔船的检验发证工作正式核定给辽宁、河北和浙江等渔船所在省级渔业船舶检验机构。

同是2007年，针对辽宁和山东每年都有大批国内渔船在伏季休渔期间赴朝鲜东海岸作业的情况，农业部渔业船舶检验局将以往把该批渔船完全作为远洋渔船进行检验的做法进行调整，确定了其国内作业渔船性质，为其签发赴朝鲜以东海域为期3个月生产作业的临时航行证书。当年，辽宁和山东渔业船舶检验局分别对137艘和159艘渔船签发了赴朝鲜以东海域为期3个月生产作业的临时航行证书。

分类管理有效缓解了上述两类船舶每年集中修理、检验、出航给检验发证工作带来的巨大压力，而且简化了程序，方便了渔民，提高了工作效率，为过洋性与大洋性远洋渔船检验的分类管理提供了新思路。

（五）预检及自查制度

为进一步完善远洋渔船检验管理，切实提高远洋渔船境外检验质量，促进远洋渔业企业建立健全船舶安全生产管理长效机制，2009年6月24日，农业部渔业船舶检验局下发《关于在申请远洋渔船境外检验的企业中开展船舶技术状况预检及自查工作的通知》,从四个方面全面开展船舶技术状况预检与自查工作，督促远洋渔业企业建立船舶质量管理体系。一是进一步落实企业法人安全生产第一责任人的责任。引导企业引入先进、标准的质量控制管理方法和管理理念，实现由经验型管理向科学型管理的逐步转变。二是强化渔船安全生产

"全员、全过程、全方位"的管理要求，科学、系统地将企业法人的责任落实到具体的检查项目中去，落实到具体的专业人员去做。三是完善渔船质量管理的基础性建设，逐步建立远洋渔船技术状况和质量控制的长效机制，督促远洋渔业企业建立健全船舶质量管理体系。四是督促远洋渔业企业加强对老旧渔船日常维护保养和管理工作，加大对其安全技术状况自查力度，不断强化远洋渔业企业自我管理。

（六）开展远洋渔船无线电通信设备第三方检测

2015 年 10 月 30 日，为贯彻落实国际海事组织第 A·702（17）决议案《全球海上遇险和安全系统（遇险和安全系统）A3 和 A4 海区无线电维修指南》和《渔业船舶法定检验规则（远洋渔船 2015)》，加强远洋渔船无线电通信设备装船后的检验及其监督管理工作，提高远洋渔船海上通信报警能力，农业部渔业船舶检验局下发《关于做好远洋渔船无线电通信设备装船后的检验及其监督管理工作的通知》（国渔检（船）〔2015〕90 号），要求远洋渔船无线电通信设备应由经认可的 GMDSS 设备岸上维修单位检测，并由其提交《渔业船舶无线电通信设备检测证明》等材料，再由验船师进行审核确认。同时要求各级渔业船舶检验机构及远洋渔船境外检验工作点尽快推动建立满足认可条件的 GMDSS 设备岸上维修单位，并开展检测工作。

（七）国际鲜销水产品冷藏运输船的管理

长期以来，农业部将鲜销船作为渔业辅助船舶实施船舶检验、船舶登记管理，并配备渔船船员。由于港口国监督的不断深入，日本、韩国等国家分别启动了对挂靠其港口的鲜销船按国际惯例作为运输船舶实施港口国监督检查，使这类船舶存在着被滞留的风险。一旦发生被滞留的情况，不仅给渔民、企业带来巨大经济损失，也将给国家形象带来不良影响。因此有必要将鲜销船移交交通部门进行管理。2004 年 12 月 21 日，交通部海事局、农业部渔业局、农业部渔业船舶检验局签署《关于理顺从事国际鲜销水产品冷藏运输船管理关系的意见》（国渔检（船）〔2004〕77 号），同意"自 2005 年 7 月 1 日起，农业部渔业局、渔业船舶检验局停止签发鲜销船的渔业船舶登记证书、检验证书，各级渔政渔港监督、渔业船舶检验机构停止受理鲜销船的登记检验申请。""自 2005 年 2 月 1 日起，中国船级社、海事局、海事系统各相关船舶登记机关开始受理鲜销船的船舶检验、船舶登记申请，并按规定实施检验并核发相应证书。""渔政渔港监督、渔业船舶检验机构对鲜销船的日常监督管理至 2005 年 6 月 30 日止。"按照文件要求，2005 年 1 月 26 日，农业部渔业船舶检验局向交通部海事局移交第一批 149 艘鲜销船名单，3 月 9 日移交第二批 8 艘鲜销船名单。

（八）制定《远洋渔船检验管理办法》

随着我国远洋渔业的快速发展，远洋渔船规模迅猛发展，船队总体规模居世界前列。远洋渔船检验随着远洋渔业的发展而诞生、发展，至 2017 年已有近 20 年历史。但在远洋渔船的检验管理中也逐渐暴露出一些问题：一是缺乏规范性文件的统领。1998 年农业部颁布的《远洋渔船检验管理办法》已不再适用于现阶段远洋渔船检验管理工作需要。二是远洋渔船检验管理的措施零散、不系统。多年来，针对远洋渔船检验管理中出现的问题，农业部渔业船舶检验局先后出台多份文件，如开展远洋渔船检验的计划管理，北太平洋公海作业鱿鱼钓船检验的分类管理，设置境外检验点，境外检验财务管理等，虽具有针对性和时效性强的优点，但文件发布分散、零碎，没有形成系统性。此外，近年来行政审批工作要求日趋规范严格，远洋渔船检验管理方式也在逐渐变化，远洋渔船检验和管理需要不断规范和提升。为此，农业部于2017年9月27日颁布了《远洋渔船检验管理办法》（第2587号公告），进一步规范远洋渔船检验，加强监督管理，保障远洋渔业船舶检验质量。

（九）约谈机制——渔船检验监督执法方式的创新和尝试

2017年初，农业部渔业船舶检验局对历年所有登记在册的远洋渔船检验证书的有效性情况进行全面集中清查，清理出了一批“僵尸”渔船、“休眠”渔船、“脱检”渔船等，并发布了《关于远洋渔船逾期未申报检验〈国际渔船安全证书〉失效情况的通告》（农渔检（船）〔2017〕83号），要求逾期未申报检验导致《国际渔船安全证书》失效的800艘远洋渔船报送渔船营运状态并停止航行作业。

远洋渔船逾期未申报营运检验（即“脱检”）的行为，违反了《渔业船舶检验条例》第十四条“营运中的渔业船舶的所有者或者经营者应当按照国务院渔业行政主管部门规定的时间申报营运检验。”和第三十三条“违反本条例规定，渔业船舶应当申报营运检验或者临时检验而不申报的，责令立即停止作业，限期申报检验。”的规定。《渔业船舶法定检验规则》进一步细化“脱检”行为认定标准，规定营运检验分为证书有效期内应进行的年度（期间）检验和证书有效期届满应进行的换证检验两类。年度（期间）检验应在每年到期检验之日的前后3个月内（境内检验时）或前6个月内申报（境外检验时）；换证检验应在证书有效期届满的前3个月内（境内检验时）或前6至3个月之间申报（境外检验时）。由于检验组出国、实施现场检验和审核发证需要一定时间，如不按规定的时间提前申报检验，客观上必将导致无法在证书失效之日前完成检验，因此在要求的申报时间内应申报检验而未申报的，即认为“脱检”。

2017年10月20日，农业部渔业船舶检验局在北京召开责令“脱检”远洋渔船停止作业暨约谈所属企业负责人遵守渔船法定检验制度会议。根据有关规定，由李昌健局长首次集中约谈10家企业负责人，责令“脱检”远洋渔船按规定停止作业，并要求10家企业遵守渔船法定检验制度。约谈会上，10家远洋渔业企业负责人对本企业未能依法按时完成申报检验作出了检查，并表示接受本次约谈要求，将采取严格措施杜绝再次出现“脱检”现象，同时，现场签署《依法申报检验承诺书》。清理出的其他“僵尸”渔船、“休眠”渔船也按规定进行了相应处理。

本次约谈是农业部渔业船舶检验局首次组织开展此类执法行动。约谈是渔船检验监督执法方式的创新和尝试，是履行远洋渔船检验监督管理法定职责、保障远洋渔船航行作业安全的重要举措，也是维护我国负责任渔业大国形象的需要。此次约谈达到了对违规远洋渔业企业进行法制宣传、警示教育、监督执法的目的，同时还起到了加强远洋渔船检验事中事后监管的作用。

（十）部分境外现场检验政府购买服务试点

为推进渔业船舶检验监督管理机制改革，提升远洋渔船境外现场检验的质量和效率，根据国务院关于简政放权、转变政府职能、购买服务以及停征渔业船舶检验费的有关要求，2017 年 5 月 24 日，农业部渔业船舶检验局下发《关于部分远洋渔船境外现场检验工作采用政府购买服务方式实施有关事项的通知》（农渔检（船）〔2017〕63 号），选取秘鲁、厄瓜多尔 2 个团组工作为试点，通过政府采购竞争性磋商方式确定中国远洋渔业协会为开展本次远洋渔船境外现场检验的承担单位，由其聘请具有特许远洋验船师资质的检验人员具体执行境外现场检验任务，农业部渔业船舶检验局进行检验质量的监督管理。

2017 年 7 月 27 日，由李芳、周亚新、王安平、王彦桥 4 位特许远洋验船师组成的现场检验工作组由上海出境，并于北京时间 9 月 12 日返程回国，对 74 艘远洋渔船实施登船检验。现场检验补充机制的试行，为解决基层渔检工作人少船多任务重的矛盾提供新的思路，同时从实践层面探索了“检管分离”改革的新路径。

根据农业部渔业船舶检验局《关于第二批远洋渔船境外现场检验工作采用政府购买服务方式实施有关事项的通知》（农渔检（船）函〔2017〕189 号）的相关工作要求，中国远洋渔业协会承担了农业部渔业船舶检验局第二批远洋渔船境外现场检验服务项目的实施试点工作。组建由船体、轮机、电气 3 个专业组成的境外渔业船舶现场技术检验小组，聘请农业部渔业船舶检验局特许远洋验船师周亚新任组长，组员分别为王彦桥和王安平。检验小组于 2018 年 1 月 22 日从北京出发，前往伊朗、毛里塔尼亚和马达加斯加执行远洋渔船境外现场检验工作，2 月 6 日返抵北京，境外停留 16 天。对伊朗、毛里塔尼亚、马达加斯加三地共 9 艘远洋渔船执行了现场检验。

按照渔船检验“四大体系”建设规划和“检管分离”改革举措，农业部渔业船舶检验局首次试点了以政府购买服务方式由“特许远洋验船师”实施远洋渔船境外现场检验。本次试点迈出“检管分离”改革的可喜一步，实现“检管分离”改革在远洋渔船检验的第一次机制创新，为推动“检管分离”改革找到了突破口，为解决一些“老大难”问题探索了路子，为提升检验质量积累经验。此后，农业部渔业船舶检验局向于康震副部长报告了《关于以政府购买服务方式开展远洋渔船境外现场检验情况的报告》签报，得到部领导的肯定。

二、境外检验点建设

随着远洋渔业船舶检验管理的不断发展，远洋渔船检验实现检验船数显著增长、检验范围显著扩大与检验质量显著提升、监管工作显著加强的同步发展。规范管理后，远洋渔船受检船数保持基本稳定，2006 年后，远洋渔船受检率基本保持在 90% 以上。境外远洋渔船现场检验地点遍及世界三大洋、五大洲的 30 多个国家和地区，逐步完善境外检验点建设，延伸检验服务，为远洋渔船安全生产保驾护航。

检验点建设布局于 2002 年启动，历经 10 余年，先后在非洲、大洋洲、南美洲、亚洲等区域建立了加蓬、斐济、秘鲁、印度尼西亚等 8 个检验点，如表 4-5 所示。

境外检验工作点建设单位及工作职责 表 4-5

序号	境外检验工作点名称	建设单位	所负责远洋渔船作业范围	工作职责	备注
1	加蓬	辽宁渔业船舶检验局	安哥拉、加蓬、喀麦隆、加纳、塞拉利昂、几内亚等西非中部海域	1. 所负责的中国籍远洋渔船的法定检验； 2. 进口渔业船舶检验工作的组织实施； 3. 相应地区我局认可的气胀式救生筏检修站和 GMDSS 设备船用产品岸上维修单位的日常监督	2002 年建立
2	斐济	上海渔业船舶检验局	斐济、马绍尔群岛、密克罗尼西亚等南太平洋海域		2007 年建立
3	拉斯帕尔马斯（西班牙）	山东渔业船舶检验局	拉斯帕尔马斯、毛里塔尼亚、塞内加尔、佛得角、几内亚比绍等西非北部海域		2007 年建立，原塞内加尔检验点
4	秘鲁	浙江渔业船舶检验局	秘鲁、智利等海域		2012 年建立
5	印度尼西亚	福建渔业船舶检验局	印度尼西亚海域		
6	缅甸	江苏渔业船舶检验局	缅甸、马来西亚、泰国等海域		
7	乌拉圭	山东渔业船舶检验局	乌拉圭、苏里南等海域		
8	阿曼	河北渔业船舶检验局	阿曼、阿联酋、也门、孟加拉国等海域		

（一）加蓬远洋渔船境外检验点

2003 年 9 月 25 日，农业部渔业船舶检验局印发《中华人民共和国渔业船舶检验局驻加蓬办事处管理办法》，公布验船师调配、工作管理、财务管理等 27 条规定。境外检验点制度初步建立，主要负责在加蓬、安哥拉、加纳、喀麦隆、塞拉利昂、几内亚、毛里塔尼亚等非洲国家及周边海域作业的中国籍远洋渔船的法定检验工作。作为我国第一个渔船检验驻外机构，办事处的成功设立和顺利运作，强化远洋渔船的监管，提升中国渔检的国际形象，为更好地开展远洋渔业船舶检验工作奠定良好的基础。

（二）斐济远洋渔船境外检验点

为全面推进远洋渔船检验工作，重点解决境外检验工作存在的突出问题，更好地服务于远洋渔业的发展，方便企业和渔民，保障远洋渔船航行作业安全，在加蓬检验点积累了经验后，2006 年 7 月 31 日，农业部渔业船舶检验局以国渔检（船）〔2006〕63 号文下发《关于委托上海渔业船舶检验局承办中华人民共和国渔业船舶检验局驻斐济短期检验工作点工作的通知》，委托上海渔业船舶检验局代表国家局在该地区行使法定检验职能，具体承担在斐济及南太平洋海域作业的中国籍远洋渔船的法定检验、进口渔业船舶检验以及该地区气胀式救生筏检修站的管理工作。

2007 年 1 月 30 日，经过紧张而周密的筹备，上海渔业船舶检验局基本完成斐济检验点软硬件及相关制度建设，斐济检验点正式启动。检验点设在斐济首都苏瓦，受农业部渔业船舶检验局委派，上海渔业船舶检验局童信国、何立军两位验船师作为首批工作人员进驻斐济，斐济检验点远洋渔船检验工作正式启动。

2007 年 4 月 4—11 日，由周彤局长率领的农业部渔业船舶检验局代表团一行 5 人访问斐济，拜访了中国驻斐济大使蔡金彪、经商参赞处陈道运参赞和斐济新任临时政府交通、工程和能源部部长 Manu Korovulavula。并就中斐渔业船舶检验合作问题，与斐济海事局局长 Capt. John Rounds 等有关官员进行深入探讨并签署合作备忘录。期间，代表团为中华人民共和国渔业船舶检验局斐济检验点揭牌并召开在斐中资渔业企业座谈会，中国驻斐济使馆经商参处陈道运参赞以及相关工作人员出席。

斐济检验点自建点以来，检验船舶数量逐年递增，年检验远洋渔船总量从最初的 51 艘逐步增加到 200 艘左右。为更好地服务于远洋渔业的发展，方便企业和渔民，保障远洋渔船航行作业安全，经农业部渔业船舶检验局批准，2014 年斐济检验点检验团组由一年一期调整为上下半年各一期。

经过 10 余年的发展，斐济检验点不断创新安全监管模式：建立“企业和船东、驻斐基地人员、船长、船检机构”四级责任制，强化企业、船东在渔船安全管理中的责任和义务；建立复检制度，对存在安全隐患的远洋渔船实施多次复检，杜绝远洋渔船“带病”生产现象；引导第三方检修检测机构设点，强化检验点配套服务能力，为远洋渔船及其从业人员生命财产安全提供了有力保障。

（三）塞内加尔远洋渔船境外检验点

2006 年 12 月，驻塞内加尔短期驻外检验工作点正式启动，主要服务于中国水产总公司在西非海域作业的船只，该检验点试行远洋渔船“协检员”制度。2003 年，西非海域长期分布有中水远洋渔业有限责任公司的渔船，这些渔船生产周期长，靠港时间不确定，检验时间难以与国内验船师出境的日程衔接。时任农业部副部长的齐景发了解到该情况后，专门批示要求在检验中考虑远洋渔船作业的实际因素。2004 年 6 月 2 日，农业部渔业船舶检验局同意试行中水公司提出的“协检员”制度，即由中水公司选派船舶专业技术人员，受农业部渔业船舶检验局的委托，长期驻外协助农业部渔业船舶检验局开展检验工作，协检员要对检验结果及检验质量负责。2007 年驻塞内加尔短期驻外检验工作点建立，先期有 8 名中水公司的技术人员在该点担任协检员。

（四）秘鲁远洋渔船境外检验点

2006 年 7 月 31 日，受农业部渔业船舶检验局委托，浙江渔业船舶检验局开始筹建秘鲁检验点，并于当年底完成秘鲁检验点的工作、生活设施建设，制定各种规章制度和工作程序，代表农业部渔业船舶检验局在秘鲁、乌拉圭、厄瓜多尔等国家行使法定检验职能。

（五）印度尼西亚、缅甸、乌拉圭、阿曼远洋渔船境外检验点

为适应远洋渔船检验管理工作发展的需要，进一步加强远洋渔船在境外的检验工作，根

据各省（自治区、直辖市）远洋渔船作业分布及全国“一盘棋”统筹协作的原则，农业部渔业船舶检验局在与相关省级渔业船舶检验机构充分协调的基础上，制定远洋渔船境外检验工作点建设布局及分工管理方案，并下发《关于加强远洋渔船境外检验工作点建设和管理的通知》，在已有加蓬、斐济、塞内加尔、秘鲁4个检验工作点的基础上进行调整，并增设印度尼西亚、缅甸、乌拉圭、阿曼4个检验工作点。这些检验工作点建成后，基本覆盖了我国远洋渔船维修、停靠的主要港口国和地区，能够覆盖到近80%的境外远洋渔船的检验工作。

（六）境外检验点的全球布局和建设方案

2016年，李昌健局长等4位局领导分别率团赴我国远洋渔船作业集中地区开展境外检验点建设调研并执行检验任务，对远洋渔船检验管理情况和区域性远洋渔业发展情况作了充分调研，针对近年来远洋渔船快速增长给渔业资源、渔船管理及渔业安全生产带来的诸多问题，进行认真分析和研究，提出相关远洋渔业管理工作及发展等方面的建议，形成6份调研报告。农业部渔业船舶检验局派出的境外检验组也结合具体检验工作，对加强远洋检验管理和提高渔船安全管理水平进行调研，形成22份调研报告。

2018年4月，农业部渔业船舶检验局以国渔检（船）〔2018〕23号文颁布《关于印发〈远洋渔船境外检验点全球布局和建设方案〉的通知》，对远洋渔船境外检验点的全球布局和建设工作进行科学部署。按照检验点的发展定位和基本条件，常设的检验点划分为A、B两类，以满足不同检验类型、不同工作量的需要，最终建立起以A类检验点为重点，B类检验点为补充，其他临时性检验工作地点为备用的境外检验点总体构架。根据远洋渔船作业和停靠聚集情况，具体划分为亚洲东南部、亚洲西部、非洲西部、非洲南部、大洋洲和南美洲6个区域，建立起覆盖全球四大洲的13个A类和6个B类检验点。方案通过调整和优化远洋渔船境外检验点布局，完善检验点保障条件，构建起“布局科学、覆盖全面、检验高效、保障有力”的远洋渔船境外检验总体工作格局。

根据中共中央《深化党和国家机构改革方案》精神，按照交通运输部《关于履行渔业船舶检验和监督管理职责的公告》（2018年第41号）、农业部渔业船舶检验局《关于移交远洋渔业船舶及船用产品检验档案的通知》（国渔检（船）〔2018〕29号）要求，远洋渔船及船用产品检验职能移交交通运输部中国船级社，远洋渔业船舶的境外检验工作平稳、有序移交。

三、远洋渔船检验大调研

（一）非洲西部远洋渔业发展情况的调研

根据2016年远洋渔船境外检验工作计划，经农业部批准，2016年8月9—17日，农业部渔业船舶检验局局长李昌健率团赴喀麦隆、西班牙开展远洋渔船境外检验点建设调研并执行检验任务。期间，检验调研组先后在喀麦隆和西班牙召开2次座谈会，在喀麦隆杜阿拉港口和西班牙拉斯帕尔马斯港口登临大连国际合作远洋渔业有限公司及中国水产有限公司的5艘远洋渔船进行现场检验，考察港口码头、渔船修造厂和冷库等设施，拜会中国驻喀麦隆杜阿拉领事馆经商室。通过检验调研，初步了解了我国远洋渔船在西非国家海域生产作业基本情况。

（二）马来西亚、泰国作业远洋渔船检验管理情况的调研

农业部渔业船舶检验局副局长张锋率检验调研团组于2016年10月11—17日（其中验船师工作至10月21日）赴马来西亚、泰国开展远洋渔船境外检验管理情况调研并执行境外渔船检验任务。检验团组先后在马来西亚孟努卜港、泰国生律鳍港及泰国临时停泊锚地对湛江市粤水渔业有限公司和福建省安达远洋渔业有限公司所属的10艘远洋渔船进行了现场检验，并分别在马来西亚和泰国与我国远洋渔业公司相关管理人员和渔船船员等20余人进行座谈，到船舶停靠地及附近的渔港码头、渔船修造厂等地进行实地考察。通过此次调研和现场检验，对在两国及周边海域生产作业的我国远洋渔船的基本情况有了初步了解，并进行了认真分析。

（三）赴密克罗尼西亚、马绍尔群岛开展境外渔船检验调研

2016年10月21—28日，由农业部渔业船舶检验局副局长钟小金带队一行5人，赴密克罗尼西亚、马绍尔群岛开展远洋渔船境外检验调研。10月23—24日，调研组在密克罗尼西亚联邦科斯雷州对在当地有较大影响力的中资企业深圳联泰集团（Luen Thai Fishing Venture）所属的渔业转运和修船基地进行现场考察，与有关渔船经营管理人员座谈，了解我国远洋渔船在密克罗尼西亚海域开展远洋渔业作业、渔获物转运、渔船管理维修、渔船检验等情况。10月25—26日，调研组在马绍尔群岛首都马朱罗的2个港口先后登临“金汇18”号、“华南渔711”号、华南渔“712”号船进行现场检验，实地走访上海开创（马绍尔泛太渔业）有限公司、深圳联泰渔业（马绍尔渔业）有限公司，了解其在马绍尔群岛海域从事远洋渔业捕捞、渔船维修、渔船检验等情况。在马绍尔群岛期间，还拜会中国外交部驻马绍尔群岛留守组陈泳组长，向其汇报此次境外检验工作情况，并就如何开展远洋渔船境外检验工作进行深入的沟通交流。

从调研的情况看，我远洋渔业企业在密克罗尼西亚和马绍尔群岛两地的作业情况总体稳定，渔业基地建设初具规模，但取得捕捞配额越来越难，来自区域性组织监管的压力越来越大，加快远洋渔业从数量向质量转变，推进海外基地建设，延长远洋渔业的产业链是当务之急。同时，我国在中西太平洋的远洋渔船境外检验工作不断加强，为我国在该区域的远洋渔业安全发展发挥了独特作用。但当前检验点布局不能适应远洋渔船作业范围日益扩大和航行成本增加的新形势，同样面临因人少船多、团组行程安排“死板”而造成检验质量难以保障等问题，应当适当增加太平洋的境外检验点，努力探索第三方检验制度，并相应完善境外检验管理制度，为国家“走出去”和“一带一路”倡议发挥更大的作用。

（四）赴斯里兰卡、毛里求斯渔船检验工作调研

为执行远洋渔船境外检验任务，了解境外检验工作情况，研究境外检验点建设与布局问

题，根据《关于赴毛里求斯、斯里兰卡执行境外检验任务的通知》（国渔检办（船）〔2016〕62号），2016年7月14—22日，农业部渔业船舶检验局刘晴副局长率团赴斯里兰卡、毛里求斯执行远洋渔船境外检验及调研任务。在斯里兰卡科伦坡市，调研检验组对“新世纪七十二”号、“新世纪七十六”号2艘远洋渔船进行检验和检查，并对科伦坡港、科伦坡船厂进行考察，与船东代表、船员、船务代理、船厂经理等进行座谈交流。在毛里求斯，调研检验组对“鲁青远渔102”号、“鲁青远渔106”号2艘远洋渔船进行检验和检查，并对路易港、泰勒·史密斯船厂、救生筏检修站、无线电通信设备检修站进行考察，与船东代表、船员、船务代理、船厂经理等进行座谈交流。期间，还拜会中国驻毛里求斯大使馆经济商务参赞处，了解该国对外投资政策和渔船管理等相关事宜，并就在毛里求斯设立境外检验点与谢亚静参赞交换了意见。

通过本次检验工作调研，对我国在上述两国执行印度洋公海项目的渔船在境外生产、补给、维修、检验等情况有了较全面的了解，对在上述两国增设印度洋渔船境外检验工作点进行综合考察和评估；围绕检验和调研过程中发现的问题，与企业、船东、船长等进行充分的交流，形成了改进远洋渔船检验监管工作和设立印度洋公海渔船集中检验点的建议。

（五）赴科特迪瓦、加纳远洋渔船检验调研

根据农业部渔业船舶检验局2017年远洋渔船检验工作计划安排，由张锋副局长带队，农业部渔业船舶检验局刘立新和江苏渔业船舶检验局王玉权、王国祥、倪曙4人参加的2017年西非科特迪瓦、加纳远洋渔船境外检验组于2017年8月1日出发，执行该海域远洋渔船检验任务。张锋副局长与刘立新完成考察任务于8月9日回国，王玉权等3人组成的检验组，顺利完成检验任务后于8月28日回国。为提高工作效率，按计划完成检验任务，检验组在出境前分别与在科特迪瓦、加纳作业的各远洋渔业企业进行了联系与沟通，了解渔船技术状况和对检验工作的意见，认真做好出国检验的各项准备工作，同时要求船东提前做好上次检验遗留项目的整改确认及本次检验的预检自查等工作。江苏渔业船舶检验局按渔船检验行政审批程序要求，认真审核有关企业的申报材料（如《检验申报书》《企业自查声明书》等），及时通过农业部行政审批中心办理检验申报工作。在境外期间，检验组除在渔港、锚地实施实船检验，对1家救生筏检修站和2家GMDSS检修站进行实地检查外，还深入主要远洋企业驻地进行座谈，查看企业维修物品准备情况，也通过参观当地的水产品和农贸市场，了解当地主要水产品销售情况、当地居民生活条件和民俗民风。由于本次检验工作时间紧、任务重，全组成员均为首次到西非执行检验工作，大家团结一致，克服困难，圆满完成检验任务。

（六）赴秘鲁远洋渔船检验调研

2017年8月7—21日，以农业部渔船检验局副局长刘晴为组长，浙江渔业船舶检验局副局长平弘为成员的考察组赴秘鲁对特许验船师在境外开展现场检验等相关工作进行实地考察。

考察组成员分别于当地时间 8 月 7 日和 8 日抵达秘鲁首都利马。9 日，赴卡亚俄港锚地，登船（“辽渔贰”号）复查该船检验情况；下午在秘鲁国有 SIMA 集团卡亚俄船厂和特许远洋验船师共同检验在船坞中进行大修的中水烟渔公司的 4 艘渔船，并在船上分别与特许远洋验船师（周亚新、王全安）和烟渔公司领导进行座谈。10 日，拜会中国驻秘鲁大使馆经济商务参赞郝沁梅，向其通报我国远洋渔船境外检验工作开展情况，并就如何加强秘鲁海域周围渔船安全管理，做好对外沟通交流和渔船渔民救助服务等问题交换了意见。下午分别召开有 3 家 GMDSS 检测单位参加的和 5 个省（自治区、直辖市）6 家远洋渔业企业、2 家渔船代理公司及舟山市南美远洋渔业基地办事处参加的座谈会。会上听取企业代表对远洋渔船境外检验工作的意见，对特许远洋检验师工作情况的评价和建议；听取 GMDSS 检测单位开展检测工作情况的介绍及存在的问题，会上针对检测收费问题做了协调。期间还考察 2 家 GMDSS 检测单位、特许远洋验船师生活居住条件和舟山市南美远洋渔业基地办事处等。11 日，刘晴副局长启程回国。12 日，平弘赴秘鲁北部城市钦博特，13 日，开始和特许远洋验船师共同检验在秘鲁国有 SIMA 集团钦博特船厂检修的渔业船舶，期间与特许远洋验船师（李芳、王彦桥）进行座谈，了解其抵达秘鲁后开展渔船检验工作情况。19 日，平弘启程回国，21 日到达北京。

（七）赴南非远洋渔船境外检验调研

根据年度境外检验工作计划并经部领导批准，由唐金龙总工程师带队的检验调研组于 2017 年 8 月 29 日—9 月 1 日赴南非开普敦，围绕远洋渔船境外检验法规执行情况进行调研，通过现场登船检验、走访企业座谈、实地察看船台及船舶修理企业等形式，了解《渔业船舶法定检验规则（远洋渔船 2015)》实施以后远洋渔船检验执行情况和远洋渔船境外维修安全管理等有关情况，听取远洋企业对检验工作及渔船安全管理的意见和建议，对我国远洋渔船安全管理与现场检验规范执行的一些情况和问题有了进一步的认识和思考。

（八）赴马来西亚远洋渔船检验及检验点筹备调研

根据工作安排，2017 年 9 月 17—21 日，杜广东参加赴马来西亚、东帝汶执行远洋渔船境外检验任务检验组，参加对“福远渔 9280”号等 6 艘远洋渔船的检验，并对在马来西亚检验点筹备进行调研。

（九）境外渔船安全设备状况调研及专项整治

2016 年，为摸清境外渔船安全设备状况，农业部渔业船舶检验局制定实船调查摸底工作方案，指派高级验船师历时近 3 个月，先后赴斐济（延绳钓渔船为主）、加纳（拖网渔船为主）、秘鲁（鱿鱼钓渔船为主）三国多个地方的渔港码头、船舶锚地、修船厂登船调查远洋渔船 126 艘，并实地察看我国在当地设立的 GMDSS 岸上维修单位及救生筏检修站，走访我国有关渔业公司的办事处。为摸清我国境外渔船消防、救生及无线电通信设备现状，对我国境外渔船目前的安全设备状况作出全面、客观的分析，对国家制定有针对性的远洋渔船检验管理措施和做好国际渔船安全公约生效后的应对准备，打下了坚实的基础。

2017 年，针对 2016 年境外渔船安全设备状况调研情况，农业部渔业船舶检验局下发了《关于进一步严格远洋渔船无线电通信设备检验监督管理工作的通知》，要求派出的远洋渔船检验团组，要高度重视远洋渔船 GMDSS 设备检验监督管理工作，制定具体的检验监管实施方案，精心组织实施，把严格远洋渔船 GMDSS 设备检验监督管理工作作为保障远洋渔船安全的基础工作来抓。各渔船检验机构及其检验人员在开展 2017 年度境内外远洋渔船营运检验时，要按照远洋渔船 GMDSS 设备配备、安装、检测和有效性要求逐项进行核查。对不符合要求的远洋渔船，要求其立即整改；暂时不能立即整改的，要书面通知船东限期整改并跟踪落实。

2016 年，对 126 艘远洋渔船无线电通信设备实船摸底，合格率仅为 43.81%。2017 年，20 个远洋渔船检验团组一次检验和整改后提交的无线电通信设备监督检验报告表明，168 艘远洋渔船无线电通信设备合格率大幅跃升至 99.3%。农业部渔业船舶检验局的专项整治措施得到了广大渔船船东的理解和支持，有力地保障了广大渔船民的生命财产安全。

第七章　渔船船用产品检验工作的拓展

2003年以来，渔船船用产品从船厂现场生产的单件产品监管向专业化、国际化的产业企业监管转变，监管范围和力度不断加大。《渔业船舶船用产品检验管理规定》将船用产品按照不同特性和涉及渔船航行作业安全与防止水域污染环境重要程度，创造性分为A类、B类、C类，并采取不同监管方式进行监督管理，船用产品监管种类和数量不断增加。农业部渔业船舶检验局深入开展渔船船用产品“打假”整治专项活动和产品质量监督抽查活动，渔船船用产品的质量和安全水平得到了有效提升。并开展渔船用柴油机型谱与标识管理，加强和规范渔船用柴油机监管，有力保障了国家涉及渔船主机功率有关政策有效实施。

第一节　船用产品质量监督工作

一、船用产品质量监督概述

2000年后，渔船船用产品检验业务呈现不断拓展的趋势，一是检验范围在单纯的设备检验基础上增加了原材料检验，并形成包括船用材料、轮机设备、舾装设备、电气设备、通信导航设备、救生设备、消防设备、信号设备、防污染设备和其他设备在内的十大类船用产品检验系列；二是检验业务量不断加大，2003年检验产品20多万台（件），全国取得工厂认可或型式认可资格的船用产品生产企业280家，其中产品生产厂家217家，救生筏站45家，测试机构5家，泡沫喷涂施工单位8家，GMDSS岸上维修单位5家；检修救生筏11600多台（件），认可并检验20多家国外企业及其产品。2007年，全国共检验各类船用产品25万台（件）、1.9万只救生筏、22.5万米电缆、4766.93吨钢材、440立方米发泡材料，共检验980种型号产品。2006年到2010年间，全国共完成177家船用产品企业工厂认可，284家船用产品企业产品型式认可。另外，还对85家气胀式救生筏检修站（包括2家境外检修站）、12家船用产品检测机构和11家GMDSS岸上维修机构实施认可。全国产品检验认可率是指申请检验的产品中已取得工厂认可或型式认可资格的比例，这一数值从2006年的不足30%，至2010年提高到了55%。

2010年以后，农业部渔业船舶检验局加大对涉及渔船和渔民生命财产安全以及防止水域污染方面产品生产企业的质量监管工作力度，在各级渔业行政主管部门的领导下，相关企业已全部列入各级渔业船舶检验部门产品质量监管工作的重点。同时，大多数产品生产企业实力相对雄厚，有较强的研发、试验能力，在渔民中产品拥有较好的口碑，在生产中对产品质量也能够给予足够重视，能够积极配合渔业船舶检验部门开展各项产品质量监督管理活动。

据2011年各地渔业船舶检验机构上报，全国已取得船用产品生产企业认可279家，船用设备类产品检验数量为551236台（件）、材料类产品535.20立方米、445582米、1674.71吨。

据2014年各地渔业船舶检验机构上报，全国已取得船用产品生产企业认可1204家，船用设备类产品检验数量为857352台（件）、材料类产品5941.12立方米、5669652米、33019.77吨。2014年在对广东、山东、江苏、上海和浙江的10家企业的26个型号78只气胀式救生筏产品（包括A型筏27只、Y型筏27只、YJ型筏21只和救生浮具3只）的突击检查中，常温环境下抛投试验的检测结果均为合格，产品抽样合格率达到100%。

截至2017年，船用产品认可企业共942家，船用产品型式认可共1381个。其中，境内船用产品认可企业915家，境外船用产品认可企业27家，境内船用产品A类认可786个、B类认可523个，境外船用产品A类认可67个、B类认可5个。2017年，船用产品新认可企业共320家，新增船用产品认可共380个。其中，新增境内船用产品型式认可264个，境外船用产品型式认可6个，境内船用产品工厂认可110个。2017年，完成船用设备类产品检验共834196台（件、个、套）、490立方米、105平方米、3100米、68.34吨。全国已认可的船用产品检修、检测机构206家。其中，境内气胀式救生筏检修站91家，境外气胀式救生筏检修站5家；境内船用产品检测机构24家；境内GMDSS设备维修机构73家，境外GMDSS设备维修机构13家。新认可的船用产品检修、检测机构49家。其中，气胀式救生筏检修站17家，船用产品检测机构4家，GMDSS设备维修机构28家。

二、船用产品检验分类管理

针对渔船用产品种类多、数量大的问题，农业部渔业船舶检验局于2014年颁布实施《渔业船舶船用产品检验管理规定》，对渔船用产品法定检验种类进行科学分类，将137项法定检验的船用产品，进一步细分为A类51项、B类48项、C类38项，分别实行不同的监督检验方式，明确细化检验执法部门监管责任和企业强化质量管理责任，强化行政责任追究和监管责任落实。

全国各级渔业船舶检验机构对船用产品分类检验制度改革给予高度肯定和重视，及时对辖区内产品企业生产的产品进行分类监管。截至2016年，全国共认可船用产品生产企业742家。其中，境内705家，占比95.01%，分布于全国22个省份（黑龙江、吉林、内蒙古、云南、贵州、青海、新疆7省份除外）。江苏216家，占境内船用产品认可企业近三成，浙江183家，占比25.96%，沿海省份总共654家，占比92.77%。船用产品型式认可1290个，其中，A类产品型式认可745个、B类545个。境内船用产品型式认可A类602个、B类542个，数量最多的两个省份依然是江苏和浙江，沿海省份船用产品型式认可两类共1144个，占全部产品型式认可数量的88.68%。由于产品生产企业分布相对不均衡，总体而言，沿海省（市、区）产品检验分类管理的工作质量和规范化优于内陆省（市、区）。

三、检修、检测单位建设发展

由于我国机动捕捞渔船主要分布在沿海地区，因此为之服务的救生筏检修站、GMDSS设备岸上维修单位和船用产品检测机构也基本建在沿海地区。截至2016年9月30日，取得农业部渔业船舶检验局认可资格的救生筏检修站有92家，GMDSS设备岸上维修单位有57家和船用检测机构有25家，主要分布在福建、浙江、广东、山东、辽宁、江苏和上海等沿海地区（表4-6～表4-8）。由于各地渔业经济在当地经济所占比例不同，地方政府对渔业安全重视程度也有所差别，以及渔业船舶检验机构对检修、检测单位监管力度不同，造成检修、检测单位在场地建设、检测检修设备购置、人员培训与配备和检测检修质量上存在较大发展差异。

渔业船舶船用产品认可企业分布表（截至2015年12月31日） 表4-6

序 号	省份名称	企业数量	产品数量
1	辽宁	28	50
2	河北	5	7
3	天津	6	8
4	山东	85	125
5	江苏	209	314
6	上海	39	68
7	浙江	144	245
8	福建	26	44
9	广东	25	38
10	广西	7	16
11	海南	1	1
12	湖北	4	5
13	湖南	4	5
14	江西	2	2
15	安徽	6	6
16	四川	6	8
17	重庆	5	11
18	陕西	1	2
19	甘肃	1	3
20	河南	1	1
21	山西	2	2
22	北京	4	7
23	台湾	2	4
合计		613	972

船用产品分类情况统计表 表 4-7

产品类别	名称	按检验分类分	
		A类	B类
一、材料（74）	金属材料	0	32
	焊接材料	0	7
	防护涂料	0	23
	非金属材料	0	12
二、舾装部件（36）	舾装部件	0	36
三、轮机设备（379）	主推进装置	88	44
	锅炉和受压容器、冷冻冷藏装置	48	27
	船舶辅助设备	0	31
	舵及锚泊、系泊设备	50	35
	渔捞设备	33	23
四、电气设备（134）	船舶电站	49	6
	电控设备	45	34
五、无线电通信及航行设备（90）	无线电通信及航行设备	88	2
六、救生设备（136）	救生设备	103	33
七、信号设备（22）	信号设备	8	14
八、消防设备（42）	消防设备	29	13
九、防污设备（34）	防污设备	29	5
十、其他（21）	其他	1	20
合计		571	397

检修、检测单位分布表（截至 2016 年 9 月 30 日） 表 4-8

省份	救生筏检修站	GMDSS 设备岸上维修单位	检测单位
辽宁	8	6	2
天津	1	1	0
河北	3	0	0
山东	9	6	1
江苏	5	6	2
上海	2	3	4
浙江	19	13	2
福建	19	6	11
广东	17	14	3
广西	4	1	0
海南	5	1	0
合计	92	57	25

第二节　境外产品检验

根据《中华人民共和国渔业船舶检验条例》的规定，涉及安全和防止水域污染的重要船用产品，不管是国内产品，还是境外产品，都应当经渔业船舶检验机构检验合格后，方可在我国渔船上安装使用。2001 年 6 月 4 日，农业部渔业船舶检验局发布《关于渔业船舶用进口产品检验的暂行规定》，对渔船用进口设备检验的组织、检验方式等做出规定，陆续组织全国渔业船舶检验机构的验船师赴境外船用产品生产企业进行工厂认可和产品型式认可。从 2000 年 10 月开始到 2005 年，农业部渔业船舶检验局共对 35 家境外生产企业数百个型号的船用产品进行认可检验工作，对境外两家救生筏检修站进行认可，对近 70 艘远洋渔业船舶上使用的进口设备签发船用产品检验证书，执行 7 次境外产品现场检验任务，基本上对进口船用产品实施了有效管理。经认可检验的船用产品，包括船用柴油机、柴油发电机组、轴系及螺旋浆、液压舵机及舵设备、制冷装置、专业渔捞设备、航行设备、通信设备、助渔设备、渔船监控设备，累计 50 多个企业的产品。由于国家对出境执行检验的人员有时间及次数限制，按照《关于渔业船舶船用进口产品检验的暂行规定》，对已取得认可的进口产品持有原厂检验合格证（或质量证明书）的，可以在国内实施检验发证，这样每年在境内受理进口检验的产品 3000 余件。

2002 年，农业部渔业船舶检验局组织对境外 13 家产品生产企业的认可工作，其中对世界上两大渔船监控系统（ArgoNet 监控系统和 Inmarsat-C 站监控系统）的船用产品进行型式认可，为我国顺利实施渔船安全监控计划做好前期准备工作；完成 30 余艘远洋渔船装船使用的进口产品的检验工作，累计签发各类进口船用产品检验证书共 2000 余份。另外，农业部渔业船舶检验局还协助有关部门完成了 2004 年国家“十五”期间远洋渔船进口设备减免税通知单、办理相关证件的管理工作。

2010 年，在农业部渔业船舶检验局认可有效期内的境外企业共有 25 家，分布于日本、韩国、英国、法国、新加坡、美国和德国 7 个国家；2011 年，按照年度境外检验计划，组团完成对德国 ZF 齿轮箱型式认可、日本 3 家企业的 34 种船用产品型式认可以及对佛得角中水公司气胀式救生筏检修站的认可工作。

2013 年 6 月 6 日—7 月 2 日，农业部渔业船舶检验局开展对日本东和电机制作所等 14 家企业船用产品认可及检验工作。结合此次认可及检验工作，为加强中日两国船舶检验机构交流与合作，探索与日本船检机构建立检验合作工作机制，提高境外产品检验工作实效性和可操作性，5 位同志组成的检验团组完成了认可检验工作及与日方的沟通交流任务。

2013 年 6 月 4 日，为适应当前进口船用产品检验监管工作实际，规范进口船用产品检验监管工作，进一步提高进口产品检验工作质量和效率，农业部渔业船舶检验局决定对 2001 年颁布实施的《关于渔业船舶船用进口产品检验的暂行规定》进行修订，钟小金副局长签发关于征求渔业船舶进口船用产品检验监管意见的函。

2013 年 8 月 18—23 日，应 Changwon Environment Industry Co.,LTD 的申请，农业部渔业

船舶检验局受理其生活污水处理装置的产品型式认可和产品出厂检验，检验地点在韩国。按照渔业船舶检验的有关规定，检验工作小组赴韩国进行产品型式认可。

2014 年，农业部渔业船舶检验局应德国 ZF 公司的申请，受理其船用齿轮箱产品型式认可申请，检验小组赴德国执行产品检验任务并调研境外产品检验收费情况；应英国 Ocean Signal Ltd 的申请，受理其船用通信导航设备产品型式认可申请，认可地点在英国。实玖科技（斐济）有限公司提出在斐济建立渔业船舶 GMDSS 岸上维修单位认可申请，斐济检验点工作组，按照有关规则、规范和规定要求对该公司进行认可检验。应日本 Furuno Electric Co.,LTDLtd 等 7 家企业和韩国 SAMYUNGENC CO.,LTDLTD 等 2 家企业的申请，农业部渔业船舶检验局受理其船用产品认可申请，并实施境外产品认可，因拟在日本大阪筹建境外产品检验点，对筹建点情况进行了现场考察。

2016 年 5 月 16 日—6 月 22 日，农业部渔业船舶检验局应韩国 Haiyang OLIX Co.,LTDLtd、日本 Furuno Electric Co.,LTDLtd 等 13 家船用产品企业提出的船用产品认可申请，进行现场认可检验工作。本次韩、日两国的 13 家企业提交的产品认可申请，是 2015 年、2016 年两个年度的，产品属于初次认可的占大部分，产品类别多、认可型号多。这些企业有些是百年企业，历史悠久，多数产品也提供给商船使用，分别取得 CCS、NK、KR、BV、ABS 等多个船级社的资质。

截至 2016 年，共认可境外船用产品生产企业 35 家，占全部认可船用产品企业的 4.99%。其中，日本 27 家，占境外船用产品认可企业的 77.14%；韩国 4 家，占比 11.42%；其余的分布在意大利、德国和瑞典 3 国。境外检修、检测单位 5 家。

2017 年 7 月 18 日，农业部渔业船舶检验局签发《关于增补境外船用产品验船师任职的通知》（农渔检（产）〔2017〕97 号），增补 14 名境外船用产品检验验船师。为加强境外渔船船用产品检验验船师队伍建设，提升境外船用产品验船师监管水平，全国有 50 名验船师参加了 2017 年 6 月下旬在南通举办的船用产品质量监督能力提升暨产品验船师资格培训班的培训，其中 28 名验船师参加了境外船用产品检验业务考试。经审核，14 名验船师符合境外船用产品检验验船师资质要求，具备境外船用产品检验验船师资格。

2017 年，农业部渔业船舶检验局组织赴英国、美国、日本、韩国、德国、意大利、丹麦、瑞典和挪威执行境外船用产品认可工作。2017 年 9 月 30 日，农业部渔业船舶检验局签发《关于报送 2018 年境外船用产品企业认可申请计划的通知》。

第三节　船用产品质量监督检查及假冒伪劣产品专项整治

2001 年，农业部渔业船舶检验局对已取得渔业船舶检验部门认可的 39 家渔业气胀救生筏检修站进行一次全面检查，发现山东省日照市船用安全设备厂救生筏检修站、浙江省岱山县仙洲气胀救生筏检修站、浙江省舟山兴业有限公司船厂气胀救生筏检修站 3 家不符合认可条件，责令其停业整顿。

2001—2002 年，农业部渔业船舶检验局开展渔业船舶船用产品、渔机“打假”专项整治活动。针对渔船船用产品长期存在的废旧和假冒伪劣现象，农业部渔业船舶检验局以贯彻《国务院关于开展严厉打击制售假冒伪劣商品违法犯罪活动联合行动的通知》（国发〔2000〕32 号）和国家工商行政管理局、农业部《农资市场“打假”整治联合执法行动工作方案》（工商消字〔2001〕第52 号）为重点，开展渔业船舶船用产品“打假”整治专项活动，江苏、山东、福建等渔船检验机构相继开展专项检查，结合船检工作，对不合格产品严格禁止上船，并对已在使用的伪劣产品进行清理更换。江苏渔业船舶检验局会同地方工商、质检部门在东台销毁了一批低劣的救生设备材料，辽宁渔业船舶检验局与所在地工商局联合开展“打假”活动，此项工作在全国渔船船用产品生产企业引起很大反响，有力地打击了制售假冒伪劣商品违法犯罪活动，对维护渔船产品市场经济秩序，保障船舶及船员安全起到了重要作用。

同时，农业部渔业船舶检验局制定《渔业船舶船用进口产品检验暂行规定》，加强进口产品及其生产商、经销商的检验和管理，按照我国渔业船舶法规要求，依法执行检验。自2001 年以来，对近 20 家国外企业进行认可及产品检验，对进口船用产品基本实现有效管理；继续开展船用产品“打假”，检查渔业船舶配备的救生衣、救生圈、救生筏、灭火器等重要安全设备，拆除假冒伪劣和没有检验证书的产品；检查渔业船舶修造企业的库存产品；进一步开展渔机“打假”，检查范围是渔机生产企业、船用产品和渔机设备，坚持对船用柴油机严格实行工厂认可和型式认可制度，坚决查处因利益驱动不顾国家规定伪造柴油机检验证书的违法行为；全面贯彻国家“关于加强进口旧机电产品管理，打击走私国外工业垃圾”的政策和农业部渔业船舶检验局《关于对渔业船舶使用进口旧机电产品加强检验管理的通知》精神，严厉打击船用产品走私上船的违法行为。为了确保渔业船舶建造质量和人身安全，保护国家民族工业的发展，农业部渔业船舶检验局严格执行“所有国产或进口的旧船用产品一律不准用于建造新船舶”的规定，有效地制止用旧设备、旧材料造新船的混乱势头，消除了可能由此给渔业船舶和从业人员生命财产安全带来的隐患。

2007—2009 年，农业部渔业船舶检验局连续 3 年开展对渔用气胀式救生筏的质量专项检查，救生筏产品抽查平均合格率为 50%。按照农业部关于 2007 年为农（渔）民办理 16 件实事的要求，贯彻实施“平安渔业”项目，对取得农业部渔业船舶检验局认可的 8 家渔用气胀式救生筏制造企业生产的渔用气胀式救生筏进行一次集中质量专项检查，促进了渔用气胀式救生筏质量的提高，强化了气胀式救生筏质量的安全监管和筏站管理。农业部渔业船舶检验局还积极推进在境外设立气胀式救生筏检修站，并陆续对加蓬、斐济、拉斯帕尔玛斯气胀式救生筏检修站进行认可，为远洋企业提供便捷高质的服务。在 2007 年、2008 年连续两年对 Y 型、YJ 型气胀式救生筏监督抽查后，2009 年农业部渔业船舶检验局对全国 6 家 A 型气胀式救生筏、4 家静水压力释放生产企业进行集中质量抽查，召开质量分析会，印发《关于加强渔船用气胀式救生筏检验管理有关问题的通知》，进一步规范全国渔船用气胀式救生筏检验管理工作。

渔船用调频无线电话机是《渔业船舶法定检验规则（2000）》中要求配备的最基本的通信救助安全设备。2010 年，农业部渔业船舶检验局对渔船用调频无线电话机开展质量专项检查，抽查合格率为75%。活动分为产品现场抽样封样、抽样产品性能检测、产品质量分析会和制修订规范性管理办法四个阶段。4—9 月对全国取得型式认可资格的渔船用调频无线电话机开展质量抽检活动，农业部渔业船舶检验局与国家渔业机械仪器质量监督检验中心组成抽样小组，对取得认可资格的石狮市飞通通讯设备有限公司、广州市讯海电子有限公司、丹东电子有限公司和丹东康乃达电子设备有限公司 4 家企业生产的渔船用调频无线电话机按照要求进行抽样和封样，并对企业现场生产和技术质量管理情况进行检查。此次检查工作不仅进一步推动渔船用调频无线电话机产品质量水平的提高，加大日常渔船用产品监督管理力度，同时为下一步制修订规范性管理办法提供第一手资料。

2011 年 3 月 15 日，为贯彻落实农业部、最高人民法院、最高人民检察院、工业和信息化部、国务院纠风办、公安部、工商总局、质检总局、供销总社等九部委全国农资打假电视电话会议精神，认真落实《2011 年全国农资打假专项治理行动实施方案》，农业部在江苏南通吕四港举行了全国渔船船用产品质量整治行动启动仪式，在全国正式开展“3 · 15 上渔船”活动。

自活动启动以来，各地渔业行政主管部门和渔业船舶检验机构对渔船船用产品专项治理工作高度重视，精心组织，围绕当地渔民关心的渔船船用产品，突出重点，积极开展专项整治工作。辽宁省重点抽查船用钢板、桐油、船用电缆、灭火器、救生设备、渔用对讲机和防油污设备。山东省重点监管船用产品生产重点区域，把好船用产品准入关、检验关和上船持证关。江苏省对辖区内经认可的救生衣、救生圈、液压马达生产企业及渔船集中地的渔船船用产品销售点进行突击抽查、随机抽样、封样并集中送检。上海市对辖区内 57 家渔船用产品生产企业进行质量抽查，其中重点抽查了 6 家救生筏生产企业。浙江省对辖区内救生设备生产厂进行突击抽查，加强对渔业救生筏检修站的监督管理，并对实船配备的救生设备进行随机抽查。福建省重点对渔船的救生安全、航行信号、消防等设备进行检查。广东省重点检查救生设备、消防设备、航行设备、信号设备、船用材料。海南省、安徽省、河北省、陕西省、内蒙古自治区重点对渔船船用救生设备进行检查，查处劣质产品，依法维护渔民权益。

同时为扎实推进全国渔船船用产品质量整治行动，2011 年 9 月 15 日，农业部渔业船舶检验局在浙江省象山县组织“放心农资下乡，安全产品上船”活动，向渔民免费发放安全手册，并公开销毁一批查出的劣质船用产品；组织 30 多家企业现场展示优质、放心的船用产品。另外，通过委托国家渔业机械仪器质量监督检验中心着重对渔船船用救生产品（救生衣、救生圈）进行抽检，为摸清我国救生设备质量与技术现状，掌握第一手资料，对下一步质量整治措施的制订提供科学可靠的依据。

2012 年，全国渔船检验队伍继续深化开展渔船船用产品质量专项治理行动，总结分析近两年全国渔船船用产品质量专项治理行动的成效和存在的问题。农业部渔业船舶检验局及时向沿海各省（区、市）人民政府办公厅通报了全国渔船救生设备抽查情况，共有 8 个省的副省长做了批示，一个省政府办公厅下发督办函，要求有关单位认真研究“情况通报”，切实整治此等不能容忍的乱象。各地按照统一部署，在做好救生衣、救生圈、救生筏等重点产品抽查的基础上，还结合当地实际情况，开展了不同形式的船用产品质量治理行动。辽宁省重点抽查渔船用调频无线电话机等6种船用设备，山东省建立船用产品企业、船厂管理档案，江苏省重点抽查液压马达和船用阀门，浙江省联合质量技术监督部门对全省船用防污漆生产企业和流通领域的防污漆进行突击检查，福建省对救生消防和航行信号设备进行重点检查，上海和广东分别采取“堵源头、抓尽头、重疏导”和“五个坚决”的有效做法。据不完全统计，各地渔船检验机构共检查船用产品生产企业227家，经销商121家，渔船修造企业240家，渔船22264艘；检查救生筏检修站63家，各类船用产品33120台（件、套）；查处假冒伪劣船用产品6985台（件、套），配合公安等部门依法查处3起伪造证书案件；对2起共2454只存在质量隐患的救生筏进行召回，依法注销2家救生设备企业和2家救生筏检修站的认可证书，暂停受理1家救生设备企业的检验申请，责令3家救生筏检修站限期进行整改。经过两年来渔船船用产品质量的专项治理行动，渔船船用产品假冒伪劣泛滥的势头得到了初步遏制，渔船船用产品的质量和安全水平得到了有效提升。

2013年，按照《农业部办公厅关于开展2013年全国渔船船用产品质量专项治理行动的通知》（农办渔〔2013〕34号）以及有关文件的要求，为贯彻农业部办公厅对船用产品质量治理的统一集中部署，各地渔船检验机构积极行动，辽宁渔业船舶检验局会同辽宁省公安、工商、质监、工信等部门在全省范围内开展渔船船用产品质量专项治理工作，辽宁省各渔业船舶检验机构扎实有序地开展船用产品质量专项治理和为渔民办实事工作，并取得初步的成效，从而推进了辽宁省优质安全船用产品的装船使用，保障了广大渔民的生命财产安全。全国共开展产品质量专项治理行动执法检查1864次，参加执法检查人员5347人，检查渔船56672艘，检查船用产品生产（经销）企业783家，检查船用产品289839台（件），查处（销毁、没收、召回）假冒伪劣船用产品109804台（件）。针对渔船救生产品质量问题严重情况，各地还重点组织开展对救生衣、救生圈和救生筏检修站的监督抽查工作，并针对抽查结果进行溯源和处理。浙江省针对省内相关企业救生筏存在的安全质量问题，开展由生产企业召回质量隐患产品工作，责令该企业对其销往全国8省区的1235只救生筏实施召回处理，取得良好效果。

2014年2月17日，按照农业部办公厅《关于做好为农民和部系统干部职工办实事有关工作的通知》（农业部督查通知〔2014〕第7号）要求，农业部渔业船舶检验局开展为渔民办实事相关工作，在2013年的基础上继续开展“安全产品上渔船”工作。组织重要船用产品抽查和质量专项治理，打击假冒伪劣行为，重点开展“三救”设备（救生筏、救生圈、救生衣）生产企业检查及产品抽查；组织各级渔船检验机构对渔船重要安全设备进行检验，保证船用产品质量安全；开展渔船安全产品安全知识宣传普及活动，编印《渔船船用产品现场质量判别手册》，开展相关培训，公布认可企业及产品名录。

2014年9月22日，农业部渔业船舶检验局根据《农业部关于在全国农业系统第二批教育实践活动中进一步深化专项整治改进政风行风的通知》（农办发〔2014〕9号）的部署和安排，以“三救”设备（救生筏、救生圈、救生衣）生产、经销企业为重点，开展重要船用产品监督抽查和质量专项治理行动，严厉打击假冒伪劣行为。

2015年4月17日，为贯彻落实2015年全国农资打假专项治理行动电视电话会议精神，按照国务院六部门《2015 年全国农资打假和监管工作要点》和农业部《2015 年全国农资打假专项治理行动实施方案》要求，农业部渔业船舶检验局结合渔船检验工作的实际，就开展 2015 年全国渔船船用产品质量专项治理行动下发《关于开展 2015 年全国渔船船用产品质量专项治理行动的通知》(农渔检（产）〔2015〕40 号)。通过开展全国渔船船用产品质量专项治理行动，提高渔船船用产品质量和安全性能，提高渔船装备水平；严厉打击渔船船用产品假冒伪劣行为，禁止“三无”产品、旧设备、旧材料和翻新设备及翻新材料上渔船；提高船用产品生产者、经销者和渔民的质量和安全意识，确保渔民用上满意放心船用产品，维护渔民合法权益，保障渔民生命安全。

2016 年，农业部渔业船舶检验局开展全国产品质量监督专项检查，强化产品安全质量意识。全国专项检查活动共检查 2.6 万艘渔船，抽查救生、消防以及通导设备等船用产品 20.7 万台（件），查处假冒伪劣产品 1.93 万台（件），要求更换设备 1.9 万台（件）。并重点组织开展气胀式救生筏、手提式灭火器和无线电应急示位标等产品质量安全专项排查整治，对沿海 11 个省、30 个渔港、100 艘海洋渔船、100 只救生筏、582 具手提式灭火器、52 只应急无线电示位标的监督抽查和 4 个应急无线电示位标生产企业的样品进行封样检测。对存在产品质量安全问题的涉事企业进行约谈（这是我国渔船检验工作开展多年以来第一次对船用产品生产企业进行整改约谈)，提出整改要求和处理意见，并进行通报。对问题较为突出企业进行暂停其认可证书 6 个月的处罚。开展了标准救生筏检修站示范创建活动，严格救生设备检测检修管理，强化救生筏检修站的产品检修质量安全责任，以确保救生筏能够在紧急情况下发挥作用。

2016 年，农业部渔业船舶检验局组织指导各省开展产品质量专项整治，全国共有 21 个省（市）部署开展船用产品专项整治活动，做到有计划、有方案、有落实。如广东渔业船舶检验局在茂名组织开展船用产品专项整治活动；上海渔业船舶检验局对防污漆和船用电缆等船用产品实施专项质量监督抽查；浙江渔业船舶检验局还拨付专项资金委托第三方检测机构对辖区内企业生产的救生、通导设备进行重点监督抽查。

2017 年 3 月 28 日，农业部渔业船舶检验局发布关于开展 2017 年全国渔船船用产品质量专项整治活动的通知，7 月 20 日公布全国渔船船舶产品专项整治工作开展情况。2017 年，农业部渔业船舶检验局建立产品质量监督专家库，组成 4 个抽查工作组，分别对救生筏、渔船用号灯、应急无线电示位标、渔船油污水处理装置等 36 家生产企业和 12 家柴油机生产企业进行监督抽查，检查救生筏检修站 75 家，GMDSS 设备岸上维修单位 45 家，渔船修造企业 448 家。根据国家专业检测机构提交的检测报告，分别对判定不合格产品的生产企业进行集体谈话、个别约谈和通报批评，对相关产品停止受理检验。

第四节　渔船用柴油机型谱管理

渔船用柴油机是渔船航行作业的重要设备，对捕捞强度控制和渔业安全生产具有重要作用，我国渔船控制制度和相关管理政策都将渔船主机功率作为一个重要指标。

为控制捕捞强度，养护和合理利用海洋生物资源，我国自 1987 年开始实施海洋捕捞渔船数量和功率总量控制制度（简称双控）。2000 年，全国人大常委会修订颁布的《中华人民共和国渔业法》规定，国家对渔业资源实行捕捞限额制度和捕捞许可证制度，并且规定批准发放海洋作业的捕捞许可证不得超过国家下达的船网工具控制指标。2002 年，农业部颁布的《渔业捕捞许可管理规定》对捕捞许可证制度及渔业船网工具指标管理做出具体明确规定，制造、更新改造、购置、进口海洋捕捞渔船由主管机关在国家下达的船网工具控制指标内核定船网工具指标。

2003 年，国务院颁布的《中华人民共和国渔业船舶检验条例》规定，用于制造、改造渔业船舶的有关航行、作业和人身财产安全以及防止污染环境的重要设备、部件和材料，在使用前应当经渔业船舶检验机构检验，检验合格的方可以使用。柴油机是渔船航行、作业安全的重要设备，主机功率值变化对船机桨匹配，对渔船设备的配备都产生影响。例如，渔船主机功率大于 441 千瓦应该配置备用滑油泵，由于柴油机功率小标没有按照规则配备备用滑油泵，发生齿轮箱滑油泵轴断裂事故，可能造成渔船无法航行作业、渔船海难事故发生。《中华人民共和国渔业船舶检验条例》规定，对擅自改变渔业船舶的主机功率等行为将责令立刻整改并处罚款。因此，加强对渔船用柴油机及其标定功率管理是保证船舶航行作业安全的需要。

经国务院同意，农业部分别于 2003 年和 2011 年印发 2003—2010 及“十二五”渔船控制制度实施意见，要求严格实施渔业船网工具指标管理，并且将“双控”制度作为控制海洋捕捞强度的重要管理手段。该制度实施二十多年来，对调整产业结构，引导渔民转产转业，海洋捕捞渔船控制工作取得了明显成效。但是，由于经济社会发展和体制机制等方面的原因，渔船控制制度具体实施中还存在一些问题，比较突出的是，渔船实际功率与铭牌标注功率或证书载明功率不符的情况比较普遍，实际功率大而铭牌标定功率或证书载明功率小（即“大机小标”）现象在一些地方还比较严重。这种现象导致国家统计的渔船主机功率与实际不符，影响了渔船控制制度的实施效果，扰乱了渔船管理秩序。

2005 年 3 月，农业部渔业船舶检验局在江苏省苏州市召开海洋捕捞渔船柴油机主机功率检验管理研讨会，与会专家讨论《渔船柴油机产品型号核定技术方案》。会议还认为：按照《渔业船舶法定检验规则》的规定，主机单机功率大于 441 千瓦时，还应设置独立动力驱动的滑油泵。而 441 千瓦恰恰是划分捕捞许可证发放管理权限的一个控制点，也是最有可能发生“大机小标”问题的敏感点。

随着燃油价格不断上涨，燃油价格成本占渔船捕捞成本比例越来越大，为了减轻渔民捕捞生产成本，国家于 2006 年对捕捞渔船生产所需燃油价格实施补贴政策。该政策主要与渔船主机功率、与当年柴油价格挂钩。渔船用柴油机功率是渔船燃油补贴政策重要指标。自实施捕捞渔船燃油补贴政策以来，海洋捕捞渔船的主机功率还出现了实际功率小而铭牌标定功率或证书载明功率大（即“小机大标”）现象。“小机大标”现象严重影响了海洋捕捞渔船燃油补贴政策的有效实施。

2006 年 9 月 7 日，农业部渔业船舶检验局颁布《渔船用柴油机型谱检验管理规定》，开始规范渔船用柴油机型谱的核定工作。2007 年，在山东省淄博市召开渔船用柴油机型谱审核试点会议，会议对有关柴油机生产企业申报的 170 系列柴油机型谱进行审核。2009 年，在试点成功的基础上，为规范渔船用柴油机检验管理工作，统一全国柴油机型谱审核工作，更好地指导验船师实施渔船用柴油机型谱审核，农业部渔业船舶检验局颁布《渔船用柴油机型谱审核须知》，并进行集中宣贯，印发《关于加强渔船用柴油机型谱审核检验管理工作的通知》，对各省柴油机型谱审核验证工作进行安排，部署各省按对柴油机制造企业申报的柴油机型谱进行初审。2010 年，专家组首批完成了对江苏省 3 家柴油机企业和上海市 2 家柴油机企业的渔船用柴油机型谱复核。

涉及渔船管理的几乎所有收费项目直接或间接都与主机功率挂钩。例如，渔业资源管理、渔港建设管理及船员持证管理、渔业行政处罚，以及渔船检验、渔船报废补贴、渔船燃油费补贴等都以主机功率为依据征收或补贴。各级渔业行政管理部门及其所属渔政、渔港监督、渔船检验机构对渔船管理权限也是以渔船主机功率大小划分。再如，渔船职务船员配备标准及其管理要求也与主机功率大小有关。总而言之，渔船用柴油机功率标定混乱现象，也严重扰乱了渔船管理秩序。

为了加强渔船主机功率的管理，在“十二五”渔船控制制度实施意见中明确要求进一步加强对渔船用柴油机企业的监督管理，推进柴油机型谱和机号管理，禁止企业和个人随意更改渔船主机功率、随意标定柴油机型号和铭牌功率等行为。2013 年，国务院出台的《关于促进海洋渔业持续健康发展的若干意见》（国发〔2013〕11 号），要求切实加强渔业执法队伍建设，严厉打击渔船“大机小标”行为，确保国家渔船控制制度和有关政策的顺利实施。

2014 年 1 月，为规范渔船用柴油机功率标定，加强渔船用柴油机型谱和标识管理，保障涉及渔船主机功率有关政策的有效实施，农业部印发《渔船用柴油机型谱与标识管理办法》。该办法对渔船用柴油机的功率标定及标识管理要求进行了明确，建立了渔船用柴油机型谱和标识管理制度。渔船用柴油机型谱和标识管理制度规定渔船主机用柴油机型谱如何制定、柴油机功率如何标定、柴油机编号（机号）如何标识，规定渔船管理各部门强化对渔船用柴油机型谱和标识管理的要求，实现保障渔船航行作业安全，实现保障涉及渔船主机功率的有关渔业政策有效实施的目的。

2014 年 1 月 20 日，农业部印发《渔船用柴油机型谱与标识管理办法》以后，各级渔业行政管理部门对型谱与标识监管工作给予高度重视，对柴油机制造企业、船舶修造船厂、设计单位和船东进行宣贯和监管。经农业部渔业船舶检验局审核公布的渔船用柴油机型谱型号共有 942 个，申报型谱的 37 家柴油机制造企业全部纳入产品检验质量监管，对其按规定开展认可检验和日常检验，核查悬挂的含有柴油机型号、功率、转速、编号（机号）等重要信息的电子标签。渔船用型谱与标识监管工作在各省逐步深入开展，取得了一定的成效，先后共有 13919 台柴油机纳入型谱监管后装船使用。

2015 年，农业部渔业船舶检验局组织开展的对辽宁、河北、江苏、浙江、上海等 10 家柴油机制造企业申报的 52 个型号柴油机型谱核查工作中，发现企业均能够按照《渔船用柴油机型谱与标识管理办法》要求标定功率、标识柴油机型号和悬挂电子标签，随机抽取的8台柴油机试验结果均符合要求。

2016年，农业部渔业船舶检验局持续开展对渔船用柴油机型谱审核与核查，积极配合国家渔业管理部门，继续加大对渔船用柴油机的监管力度，保障涉及渔船主机功率有关国家政策得到有效实施，以确保国家渔捞双控政策落实到位。2016年度，农业部渔业船舶检验局完成了283个渔船用柴油机型谱的日常审核，211个柴油机型号获得通过；组织实施了渔船用柴油机型谱与标识专项核查工作，对河南等11个省（区、市）12家渔船用柴油机生产企业、已投入营运的21艘大中型海洋捕捞渔船柴油机进行型谱核查，对核查中存在问题的企业进行了约谈和通报，要求做好整改措施落实。通过加大对柴油机主机功率违规的查处力度，整治了存在管理问题和质量问题的企业及其产品，坚决遏制"大机小标"以及"小机大标"等行为。

2017年，农业部渔业船舶检验局完善了型谱专家审查组长负责制，严格渔船用柴油机型谱审核，公布两批126个型号型谱，及时将核查发现的型谱功率标定较低的2家柴油机企业的2个系列柴油机从公布型谱中剔除。根据《渔船用柴油机型谱与标识管理办法》，经渔船用柴油机型谱审核专家委员会审核，并经农业部渔业船舶检验局局长办公会审定，农业部渔业船舶检验局于2017年2月7日公布潍柴重机股份有限公司等9家企业共63个型号的柴油机审定通过，5月17日公布陕西柴油机重工有限公司等10家企业共63个型号的柴油机审定通过，8月3日公布潍柴动力股份有限公司等5家企业提交的48个型号的柴油机审定通过，10月26日公布广西玉柴机器股份有限公司等5家企业提交的56个型号的柴油机审定通过。

第五节　船用产品检验管理改革探索

一、制定《船用产品监督管理目录表》

《渔业船舶船用产品检验管理规定》实施后，为了方便渔船检验机构、渔船船东、渔船设计单位和渔船修造企业查询、选用经认可的船用产品，农业部渔业船舶检验局将2014年全年认可审批的158项A类产品、114项B类产品等共计793份证书汇编成册《渔业船舶船用产品认可名录（2015）》。但在实施过程中发现，《渔业船舶船用产品检验管理规定》的A类、B类和C类产品划分得并不是很明晰，部分产品分类与渔船法规有冲突等问题。

2017年，根据渔业安全管理和渔船检验监督管理需要，农业部渔业船舶检验局按照农业部办公厅审批办关于船用产品行政审批改革工作的新思路，重新对《船用产品检验管理目录表》中产品种类进行梳理。通过调研，对《船用产品检验管理目录表》中涉及渔船和渔民生命财产安全以及环境保护的船用产品进行重新分类，筛选出渔业船舶建修造所必须加强监管的重要船用产品，形成《船用产品监督管理目录表》。同时考虑建立定期、动态修订机制，确保涉及航行作业安全和环境保护的设备、部件、材料及不断涌现的新产品纳入监管范围。

二、研究制定船用产品企业产品清单制管理新模式

2017 年，为配合农业部行政审批监督管理工作改革，做好船用产品行政审批制度改革后的应对工作，农业部渔业船舶检验局结合《缺陷船用产品召回管理办法》《船用产品监督管理目录表》的制定工作，重点研究制定船用产品生产企业资质的认定、船用产品型号的确认、公布的程序和要求，定期对通过认可（认定）的企业及其产品名录予以公布。

简政放权、放管结合、优化服务、便民高效、安全发展、绿色发展是十八大、十九大对渔业船舶船用产品监督管理提出的新要求。2017 年，为了贯彻落实十八大、十九大精神，准确把握新时代乡村振兴战略的要求，根据国务院《关于建立完善守信联合激励和失信联合惩戒制度加快推进社会诚信建设的指导意见》（国发〔2016〕33 号）、《国务院办公厅关于加快重要产品追溯体系建设的意见》（国办发〔2015〕95 号）、农业部关于印发《深化简政放权放管结合优化服务改革的实施方案》的通知以及农业部行政审批制度改革工作领导小组（扩大）会议精神，农业部渔业船舶检验局着手研究新形势下的渔业船舶船用产品管理改革思路、对策及路径。

农业部渔业船舶检验局成立局领导亲自挂帅的渔业船舶船用产品清单制度研究课题组，研究讨论清单制的概念与内涵，统一思想、布置任务。2017 年 6 月 20 日，课题组在南通召开的产品会议上，第一次抛出了清单制问题，召集全国船检专家研究、讨论。7 月 24 日，在北京召集相关专家讨论《渔业船舶船用产品备案制管理办法及技术条件（初稿）》。7 月 31 日至 8 月 3 日，课题组顶高温战酷暑，进行密集的调研与研讨：到上海渔业船舶检验局调研，听取上海渔业船舶检验局对产品管理的意见与建议；调研中国水产科学研究院渔业机械仪器研究所松江基地产品测试情况，并召开企业负责人座谈会；连夜召开各省渔业船舶检验局资深验船师讨论会，商讨渔业船舶船用产品管理思路与路径。9 月 16 日，课题组在大连召开渔业船舶船用产品清单制管理课题研讨会议。10 月 20 日，赴农业部行政审批办，就船用产品检验制度改革情况进行了专题汇报，农业部审批办给予高度肯定，并提出修改意见。10 月 24 日，课题组调研交通运输部海事局在船用产品管理上的好思路好方法，请海事局专家给渔业船舶船用产品清单制管理提出建议与意见。12 月 14 日，农业部渔业船舶检验局在宁波组织有关专家对《渔船船用产品企业产品认可清单》进行研讨，根据专家意见再次修改，形成《渔业船舶船用产品清单管理规定》报批稿。

《渔业船舶船用产品清单管理规定》报批稿主要内容包括：

1. 实行清单制管理新模式

为落实“简政放权、放管结合、优化服务”要求，对船用产品实行分类管理。对涉及安全环保的重要产品，加强监管，该管的管好；其他产品充分发挥市场作用，进行必要监管。把用于制造、改造、维修渔业船舶的有关航行、作业和人身财产安全以及防止污染环境

的重要设备、部件和材料纳入渔业船舶船用产品清单管理，实行生产企业公开声明承诺，经渔业船舶检验机构确认后，进行事中事后监管。

2. 事中事后监管方式

把对清单制渔业船舶船用产品的监管从事前移到事中事后，通过日常检验、监督抽查“双随机、一公开”等方式，加强对船用产品的事中事后监管。

3. 信用体系建设

渔业船舶船用产品清单管理通过信用评价、联合惩戒、重要产品追溯等手段建立诚信制度，实现多部门联动的船用产品多方位监管新模式。

三、制定船用产品质量监督抽查工作制度

2007 年 1 月，农业部发布公告，为进一步激发广大农民投身现代农业建设的积极性，切实解决农民的实际问题，决定年内为农民办理 16 件实事。其中一项重要实事，即是为浙江、福建、广东三省 6000 艘 20 米以上、“三证”齐全的海洋捕捞渔船补贴配备气胀式救生筏，补贴经费从农业部渔业海难救助补助经费专项资金中列支，补贴标准为实际设备价格的三分之一。渔船“三救”产品（救生筏、救生衣和救生圈）是渔船海难事故中渔民最重要、最直接、最迅速的救生设备。其中渔用气胀式救生筏具有施放使用方便、成型迅速、救助人员较多，以及保温性能好等优点，成为海洋捕捞渔船最关键的群体性救生设备。因此，国家通过对救生筏的补贴配备，可有效提升救生筏在渔船上的配置率，切实增强渔民的自救能力，保障广大渔民的生命财产安全，促进“平安渔业”构建。

但由于行业门槛不高，20 世纪 90 年代以后，船用救生产品生产企业不断增多，且大多规模较小，无序竞争现象严重，一些企业为降低生产成本而忽视产品质量现象时有发生，当时大量假冒伪劣产品充斥市场和渔船上，对渔船作业安全和渔民的生命财产安全构成了隐患。为严厉打击制售以假劣救生设备为代表的不法船用产品生产企业，净化船用产品市场，确保合格、优质的放心船用产品上船，保护渔民生命财产安全，2007 年，农业部渔业船舶检验局对经其认可的渔用气胀式救生筏进行一次集中质量抽检活动，并委托国家渔业机械仪器质量监督检验中心（以下简称质检中心）承担现场抽样和具体检验工作。

为深入贯彻党的十七届五中全会、中央农村工作会议和全国农业工作会议精神，继续做好农资打假和监管工作，按照国务院总体部署和国务院六部门《2011 年全国农资打假和监管工作要点》要求，2011 年 3 月，农业部印发《2011 年全国农资打假专项治理行动实施方案》（农质发〔2011〕2 号），在该方案中，首次将渔船船用产品纳入全国农资打假专项治理范围，并要求各部门结合实际，制定具体的农资打假专项治理行动实施方案。

2011 年 7 月 5—14 日，质检中心根据农业部渔业船舶检验局《关于开展 2011 年全国渔船船用产品质量专项治理行动的通知》（国渔检〔2011〕20 号）文件精神和“2011 年度船用救生产品质量行业监督抽查方案”规定要求，分别前往广西、海南、广东、福建、辽宁、山东等地区，实施并完成了对这些地区的渔船救生衣、救生圈产品生产企业、渔船用户和经

销商的抽样工作。农业部渔船检验局沈建荣副局长亲赴抽样现场指导抽查工作。抽样过程中，质检中心会同当地渔船检验局，对生产企业采取到成品库和生产车间内分别抽取救生衣成品和制作材料的方式，对渔船则采取以旧换新的方式抽取已配置在渔船上的救生衣和救生圈，同时，抽样组对港口附近的船用产品销售点也进行突击暗访，购买救生衣或救生圈样品。整个过程严格遵守了突击、随机的抽样原则，各地区渔船检验管理部门对抽样工作均给予了大力的支持和协助。本次抽查覆盖了辽宁、山东、江苏、浙江、福建、广东、广西和海南等8个省市、自治区主要渔港渔船和经销点，以及14家经农业部渔业船舶检验局认可的救生衣和救生圈生产企业，共抽取救生衣样品167件，救生圈样品92个，以及大量救生衣浮力材料、布料和缝制用线等材料样品。

2007年至2017年的11年间，农业部渔业船舶检验局先后组织质检中心和各地方渔船检验机构对渔船救生设备（包括救生筏、救生衣、救生圈和救生筏静水压力释放器）、通信设备（应急无线电示位标、渔用无线电话机）、信号设备（号灯）、消防设备（手提式灭火器）和防污染设备（油污处理装置）等五大类共9种产品实施了质量监督抽查，抽查产品类别涵盖了对渔船航行作业安全和水域污染等可能产生重大影响的重要产品，抽查范围覆盖了全国沿海11个省（区、直辖市）和3个内陆省的生产企业、经销商、渔船和检修单位，共对1328个（次）单位实施了抽样，其中产品生产企业152家（次），实船904艘（次），经销商163家（次），产品检修单位89家（次），抽查样品总数逾三千件。

通过质量监督抽查工作，对存在问题的企业进行了约谈问责和责令整改，并对抽查结果进行公布，有效地促进船用产品质量的提升。随着国家行政审批改革的深化，检管分离、加强事中事后监管要求的深入，农业部渔业船舶检验局开展的船用产品质量监督抽查工作得以进一步加强制度化、科学化、规范化的建设。为此，农业部渔业船舶检验局研究制定《船用产品质量监督抽查管理办法》，对船用产品质量监督抽查的工作程序、范围和要求进行规范，明确船检机构、第三方技术支撑机构和生产企业的工作职责、义务，确保船用产品质量监督抽查工作有序开展。

四、完善中介机构监管制度

2017年，为配合农业部行政审批改革要求，对社会中介机构资质认定、监管程序以及监管措施进行研究，探索规范建立社会中介机构监管模式，逐步提高监管水平，规范渔船及船用产品检验检测单位的检测行为，真正发挥第三方机构对渔业船用产品检验的技术支撑作用，农业部渔业船舶检验局制定并完善《渔船船用产品检测单位管理办法》。

五、研究制定缺陷船用产品召回管理办法

2015年10月13日，国务院颁布《关于“先照后证”改革后加强事中事后监管的意见》，该意见要求，“各行政部门应当防范化解风险”。具体来讲，要求“工商部门、审批部门、行业主管部门要通过信息公示、抽查、抽检等方式，综合运用提醒、约谈、告诫等手段，强化对市场主体及有关人员的事中监管，及时化解市场风险。要针对存在违法违规行为

的市场主体强化事后监管，依法及时认定违法违规行为的种类和性质，组织有关部门依据各自职能共同参与处置。普遍推广随机抽取检查对象、随机选派执法检查人员的‘双随机’抽查机制，建立健全市场主体名录库和执法检查人员名录库，通过摇号等方式，从市场主体名录库中随机抽取检查对象，从执法检查人员名录库中随机选派执法检查人员”。

2015 年 11 月，为了贯彻《意见》精神，农业部渔业船舶检验局委托组织开展渔业船舶缺陷船用产品召回的相关问题调研，旨在了解渔业船舶船用产品行业的特殊性、召回的必要性以及召回工作的实际运行情况，总结经验、找出问题，为进一步完善相关制度和机制奠定实证基础。

调研主要选取福建漳州和上海两地作为调研目的地，通过与一线执法人员、造船、筏厂主以及渔民代表座谈，实地参观和调查造船、筏厂以及筏检站，了解渔业船舶船用产品生产、销售、维护和监管的真实情况。

通过调研了解到，福建省农业厅和漳州市渔业船舶检验局在执法实践中共进行了两次针对救生筏的召回实践。第一次是 2013 年，渔业船舶检验局在救生筏的检验过程中发现，浙江省某筏厂生产的救生筏，其充气阀的气门在压力大的情况下会脱落，后来鉴定发现是筏厂改变工艺导致了产品的缺陷。为了防止发生危险，渔业船舶检验局在农业部渔船检验局的支持下，要求筏厂对救生筏进行了召回。此次共召回救生筏 1300 余件，进行了更换或者修理。第二次是 2014 年，渔业船舶检验局在对救生筏进行抽查时发现，10 个中救生筏中 3 个存在缺陷，渔业船舶检验局工作人员认为，此批次的救生筏存在安全隐患，认为需要启动召回程序。经调查发现，此批次共销售 236 只，其中漳州 232 只。漳州市渔业船舶检验局立即向农业部渔业船舶检验局报告，在农业部渔业船舶检验局的支持下，渔业船舶检验局要求造筏厂进行救生筏的召回工作，并积极监督和推动召回工作的开展。执法人员反映，由于渔船的流动性非常大，因而召回工作难度相当大，有的是渔船回港后进行更换或维修，有的是雇船载着新筏到渔船停靠处去为其进行更换或维修。历时数月，本次召回工作顺利完成。

上海地区召回缺陷产品仅涉及气胀式救生筏，据了解，上海市共开展了两次救生筏的召回工作。第一次是 2012 年，上海游龙橡胶有限公司生产的气胀式救生筏 1359 只，全部销往江苏赣榆地区。上海渔业船舶检验局发现简易筏存在问题后，立即与江苏渔业船舶检验局合作，对简易筏进行召回，共召回了 1300 多个简易筏，其中 80 多个换新，其他进行了修复。第二次是 2014 年，上海渔业船舶检验局在救生筏检验中发现，上海存宏救生设备有限公司 2012 年 6 月生产的两批次 303 只气胀式救生筏存在缺陷，于是启动了召回程序。根据存宏公司的销售记录，涉及召回的 303 只救生筏共销往 4 个省市，其中福建 236 只、江苏 51 只、浙江 10 只、广东 6 只。召回过程中，救生筏生产企业提供新救生筏进行更换，救生筏检修企业由于地域优势一般负责召回工作。两次召回均为气胀式救生筏，属于船舶救生设备，由于船舶救生设备的特殊性，每年均要到救生筏站进行检修。两次召回均是在救生筏检修站的检查中发现救生筏存在安全隐患而要求气胀式救生筏生产厂家进行召回。福建省和上海市在 2014 年召回的救生筏是同一批次的救生筏产品。

2016 年初，农业部渔业船舶检验局在调研研究的基础上，形成《渔业船舶缺陷船用产品召回管理规定（第 1 稿)》。3 月，委托上海海洋大学对渔业船舶召回管理规定进行深入研究，12 月，形成了《渔业船舶缺陷船用产品召回管理规定（第 2 稿)》。

2017 年，农业部渔业船舶检验局进一步推进《缺陷船用产品召回管理办法》的制修订，组织全国产品检验骨干验船师，对缺陷船用产品定义、召回范围、程序和相关要求进行研讨，并结合日常监督管理工作，抓好缺陷船用产品召回的督导和组织工作。

六、渔船救生筏站检修技术大比武

气胀式救生筏作为渔船发生海难后渔民实施自救和他救的重要工具，在海上人命救助过程中发挥着重要的作用。根据国际海事组织公约和《渔业船舶法定检验规则》要求，应确保渔业船舶上的渔业气胀式救生筏质量安全和遇险即时可用状态，需要筏站每年对渔船上气胀式救生筏进行检修，验船师对检修合格的救生筏进行核查。开展渔业气胀式救生筏检修技能比武竞赛，就是要在行业内掀起学业务、比技能的热潮，通过以比促学、学用结合，树立一批行业标杆，切实提升筏站检修人员专业素质和检修技能，增强筏站服务渔业安全生产和服务渔民的意识，推动渔业气胀式救生筏检修质量和管理水平上新台阶。

2017 年，农业部渔业船舶检验局第一次开展渔船救生筏站检修技术大比武活动。比武竞赛内容分为理论知识考核（包括闭卷考试、检修业务知识问题抢答)、现场检修技能实操比武、救生筏检修程序示范教学和筏站建设与质量监管工作交流等四项内容。其中，理论考试主要考核筏站对国家强制性监管要求、检修工作程序和救生筏结构原理等知识掌握和熟悉程度；现场技能比武主要考核筏站检修技能以及在检修过程中处理问题和解决临时突发问题的能力；示范教学主要是为筏站检修人员演示正确的检测维修救生筏程序和工作要求；工作交流主要是研讨近年来农业部渔业船舶检验局开展船用产品监督抽查和专项整治工作中发现的问题，以及进一步明确企业的质量安全主体责任，理清生产企业与筏站职责与分工。通过现场技能比武，有针对性地解决了长期以来筏站检修人员技术不规范，理解执行企业标准、程序不到位，筏站检修人员业务更新不及时以及生产企业与筏站之间关系不畅、职责不清等问题，有效推动了筏站建设，提升了筏站管理水平。

按照“设施配套、管理规范、质量可靠、服务优良”的标准，全国各沿海省（区、市）渔业船舶检验局共推选出了 12 家示范筏站，经初步确定通过了山东平安、浙江平阳瓯南等 9 家筏站为示范筏站。为推动筏站检修人员学业务、比技能、提素质，考核筏站检修能力，5 月 8 日至 12 日，农业部渔业船舶检验局在浙江省台州市举办了 2017 年度渔业气胀式救生筏检修技能比武竞赛活动，全国推选出的 8 家示范筏站参加了现场实操比武、1 家筏站进行了标准气胀救生筏检修程序示范表演。国家渔业机械仪器质量监督检验中心、沿海各省（区、市）渔业船舶检验局代表、全国 11 家渔业气胀式救生筏生产企业、2016 年监督抽查中 4 家涉事筏站代表以及部分省渔业气胀式救生筏站的代表共 80 余人参加比武活动。

本次比武竞赛创新推出了理论知识考试、现场问题抢答和检修技能实操等三种考核方式相结合的模式。比武内容着重考核筏站检修人员理论基础知识的扎实程度、救生筏检修过程中发现问题和处理问题的能力以及检修实操的动手能力。在每个比武竞赛环节结束后，都有专家进行现场评判和讲解，进一步加深了筏站检修人员对检修标准和检修程序的认识和理解。特别是理论考试和检修技能实操比武结束后，浙江台州云华救生筏检修有限公司所进行的气胀式救生筏检修标准化工作程序演示和新型速放阀检查与维修技能展示，将整个比武竞赛活动推向了一个现场学习交流、研究分析、答疑解惑的培训和研讨互动高潮，有效强化了本次比武培训效果。

通过开展现场实操比武活动，掀起行业检修人员学业务、比技能热潮，以比促学、学用结合，切实提高检修人员专业素质和业务技能，提升检修水平。同时，通过比武推选出一批标准筏站，培养出一支具有较强业务能力的技师级骨干人才队伍，树立行业标杆，服务渔业安全生产。根据《关于开展示范渔业气胀式救生筏检修站创建活动的通知》（国渔检（产）〔2017〕148 号）和《关于举办 2017 年度渔业气胀式救生筏检修技能比武活动的通知》（农渔检（产）〔2017〕58 号）要求，经各沿海省初审推荐、农业部渔业船舶检验局复核以及经过 2017 年度渔业气胀式救生筏检修技能比武竞赛现场考核，共推选出山东荣成市平安救生筏检修站等 9 家筏站为 2017 年度全国示范渔业气胀式救生筏检修站候选对象。

第六节　尝试推动船用产品纳入农机具购置补贴

2004 年国家实施了农机具购置补贴政策，2006 年国家实施渔业成品油价格补贴政策，2008 年国家发布的农机具购置补贴目录中首次列入了增氧机、投饵机、清淤机等三种渔业机械产品，农业部渔业船舶检验局充分发挥中国渔船渔机渔具行业协会的作用，积极落实农机具购置补贴政策，2009 年将水产养殖机械纳入农机补贴后，又将养殖网箱、织网机等产品纳入 2010 年农机推广目录，船用机械的农机补贴工作也在积极地规划研究。

2010 年 10 月 22—23 日，为争取农机补贴政策对渔业行业的支持，扩大渔业机械补贴范围，受农业部渔业局委托，农业部渔业船舶检验局在浙江省舟山市召开了全国渔业机械补贴工作研讨会。会议认真学习农机补贴政策和程序规定，研究讨论开展渔机补贴工作的基本原则，分析论证开展渔机补贴工作的操作程序。同时，会议还就纳入农机补贴的渔机产品的定型、标准和范围等进行研究讨论。2010 年，农业部渔业船舶检验局向农业部渔业局建议，争取将渔船用柴油机、渔船安全、通信导航、防污染和捕捞设备纳入农机局补贴范围。

2011 年，农业部渔业船舶检验局配合农业部渔业局、协调部财务司和农机司，就农机补贴目录内容增加渔业机械产品达成共识，在农业部办公厅《关于做好 2011 年农机购置补贴产品补贴额确定等工作的通知》（农办机〔2010〕53 号）中得到确认。根据工作部署，农业部渔业船舶检验局牵头负责的 2011 年新增渔机产品纳入农机补贴推广目录工作取得较大进展。新增“渔船捕捞机械”“水产品初加工机械”及“渔船防污设备”共计 9 个品目纳入了《农业部 2011 年农机购置补贴机具种类初定范围》。

第七节　各省的渔船船用产品检验

一、浙江省

2003 年，浙江省颁布《浙江省渔业船舶船用产品检验实施办法》，明确了省、市渔船检验部门的分工和职责权限。

2007—2013 年，浙江渔业船舶检验局先后与本省有实力的企业，共同组建渔船船用产品检测中心 7 家，分别是浙江省渔船船用产品理化检测中心、浙江省渔船船用齿轮箱检测中心、浙江省渔船船用通导设备检测中心、浙江省渔船船用甲板机械检测中心、浙江省渔船船用防护涂料检测中心、浙江省渔船船用渔捞设备检测中心和浙江省渔船船用配电电气检测中心。

为了方便渔民，浙江渔业船舶检验局从救生筏检修站的布点、控制方面做了大量的工作，在全国率先制定筏站设置规划，2006 年，率先成立“救生筏检修行业协会”，省各级渔船检验部门协调本地区各筏站进行筏源的合理分配。每年全省进行筏站的突击检查和各级渔船检验部门的监督检查，每年进行每筏站不少于 10 只救生筏的集中抛投，各渔民船东、渔业公司和渔业村负责人、新闻媒体参加，既检查了检修质量，又教育了渔民，先后举办了 3 期全省救生筏检修人员培训班，确保从业人员持有有效的上岗证书。2008 年，制作《气胀救生筏的正确安装和使用》DVD 光盘，免费赠送给每艘配备救生筏的渔船，受到渔民船东的广泛欢迎和好评；舟山普陀和台州市渔船检验部门为了确保救生筏的安装，消除渔民担忧，先后设计了新型筏架，并在当地财政的支持下，补贴或免费对每一条船进行筏架的更新换代。

从 2009 年开始，浙江渔业船舶检验局积极争取省财政的支持，每年设立专项对渔船船用产品进行监督抽查，采取多种形式的抽样方式取得样品，对抽样的产品送第三方检测机构进行检测，严肃处理产品存在瑕疵的生产企业，全省沿海渔船检验机构也争取专项资金，对本地区的重点产品和反映较大的产品进行监督抽查。

2011 年，浙江渔业船舶检验局设计制作“渔业救生筏检修管理与发证系统（单机版）”，2015 年与舟山渔船检验处合作，将此单机版升级为网络版，舟山地区筏站试行后，在全省筏站推广使用，实现了各级渔船检验部门的实时监督管理。同时 GMDSS 岸上维修单位的发证与管理也纳入了该系统。

浙江渔业船舶检验局认真完成农业部渔业船舶检验局部署的渔船船用产品检验规程、产品验船师培训教材、渔船船用产品检验规则等起草、编写工作，组织全省产品验船师参加农业部渔业船舶局举办的产品验船师资质培训和各种专业技能培训班，参与了农业部渔业船舶检验局组织的有关产品的监督管理工作，每年带队一组，对全国的船用产品相关的质量监督抽查，积极配合农业部渔业船舶检验局检查组对浙江省有关产品企业的监督抽查，按农业部渔业船舶检验局的统一部署，完成对浙江省内柴油机生产企业的型谱审核和产品型式认可。

二、上海市

上海市云集了大量国内外先进的船用产品设计、生产企业，是重要的生产基地，其中不乏中国船舶重工集团公司711研究所、上海瓦锡兰齐耀柴油机有限公司等国内外知名科研院所、企业。从2013年起，为保证产品质量，上海渔业船舶检验局建立了专项执法监督抽查、随机抽查两种监管模式，分别对“三救”、通导设备、船用电线电缆、船用防污涂料、船舶防止污染设备进行了执法监督，抽检产品委托第三方检测机构测试，约谈了抽查中出现质量问题的1家无线电生产企业、1家救生筏生产企业、3家船用防污涂料生产企业，并作出停检整改的行政处罚决定，有效地规范了船用产品生产、经营企业及船东行为，提升了渔船船用产品安全质量状况，取得了显著的成效。

2013年、2015年上海渔业船舶检验局集中开展辖区内渔用气胀式救生筏专项执法监督抽查，抽查覆盖辖区内所有认可的4家救生筏生产企业，覆盖率达到100%，对4家企业的质量管理体系、生产工艺流程和售后服务等进行全方位的抽查，现场进行了充气、超压、气密等抽样试验，并委托国家渔业机械质量监督检验中心对封样救生筏进行抛投、高温、低温试验及胶布测试。同时，上海渔业船舶检验局根据检验检测结果采取有效措施，督促有关企业落实整改，尽早消除产品的安全隐患。

根据农业部渔业船舶检验局开展渔船救生、消防设备安全性能监督抽查的有关通知，上海渔业船舶检验局在崇明六滧港、横沙渔港和堡镇渔港集中开展本市渔船上已配备的“三救”设备、消防设备安全性能的监督抽查工作。对装船使用的气胀式救生筏进行实船现场抛投试验，对灭火器进行现场检查和称重试验，对救生衣进行现场封样由国家渔业机械质量监督检验中心做进一步安全性能检测。通过抽查，既摸清了装船产品质量状况，又大大增强了渔民、船东产品质量安全意识。

在做好辖区内6家柴油机生产企业型谱申报工作的同时，上海渔业船舶检验局按照《船用柴油机型谱和标识管理办法》的要求，加强柴油机的日常检验和型谱落实情况重点督查。重点对违规标注柴油机主机功率，渔船实际功率与证书记载内容不一致等现象进行专项整治。纠正柴油机制造企业不如实标定铭牌、不准确铅封供油机构，渔民擅自拆除柴油机调速器和喷油泵铅封、擅自调整柴油机关键配置、改装柴油机、更改功率标定值等现象；坚决打击“大机小标”等违规行为，做到发现一起、公布一起、查处一起，为渔用柴油机规范、有效管理营造良好氛围，确保涉及渔船主机功率相关政策的顺利实施。

三、辽宁省

从2005年开始，辽宁渔业船舶检验局为了保障辽宁省渔船船用产品的质量和农业部渔业船舶检验局对渔船船用产品质量专项治理的要求，每年在辽宁省范围内组织开展渔船船用产品质量检验监督抽查检测，查处制造、经销和使用假冒、伪劣和“三无”产品等违法行为，提高渔船船用产品质量和安全性能，维护渔民合法权益，保障渔民生命财产安全。并成立由局长和主管副局长组织和领导，验船师及大连市产品质量检测研究院组成的专项检查工作组，在辽宁省范围内生产厂家、船厂及经销企业，抽查检测包括救生类、材料类、设备类、电气类以及其他安全设备及配件共计21类产品，共计约200批次。

从2009年开始，根据农业部渔业船舶检验局对气胀式救生筏检修站的管理要求，为加强辽宁省气胀式救生筏检修站的监督管理工作，提高救生筏检修质量，保障渔民的生命安全，辽宁渔业船舶检验局组织开展全省渔业气胀式救生筏检修站的专项检查工作。组织成立省内相关验船师及外聘专家组成的专项检查工作组，采取巡查及突击检查方式，每年对每一个气胀式救生筏检修站进行抽检，每个检修站所承担的检修区域实船各抽检5只，现场进行实船抛投和检修站内膨胀检查。同时按照《渔业气胀救生筏检修站管理办法》《渔业气胀救生筏检修站认可条件》等规定，对气胀式救生筏检修站进行全面检查，强化企业安全服务意识，树立高度的责任感，严格要求筏站按照保持认可状态，健全规章制度、强化人员培训和提高救生筏检修质量。

为进一步贯彻落实财政部、农业部《关于调整国内渔业捕捞和养殖业油价补贴政策促进渔业持续健康发展的通知》精神，积极配合辽宁省海洋与渔业厅关于海洋捕捞渔船燃油补贴政策调整的一系列举措，加速推进全省渔业船舶更新改造，提升全省渔船装备水平，辽宁渔业船舶检验局组织汇编《辽宁省渔船船用产品企业名录》，收录获得渔船船用产品制造认可资质企业50家，名录企业宣传照片统一委托专业摄影机构进行现场采集，包括企业资质证书、企业门牌、办公厂房、重要生产检测设备、典型产品等，连同企业简介、产品规格参数后期交给印刷社编辑排版印刷。

辽宁渔业船舶检验局根据农业部渔业船舶检验局《关于做好远洋渔船无线电通信设备装船后的检验及其监督管理工作的通知》要求，积极号召省辖区内GMDSS岸上维修单位进行资质认可。全省有6家企业取得资质认可，2家企业具有境外设点资质。

四、江苏省

江苏是渔船船用产品生产和检验的大省，产品种类基本涵盖渔船的全部，历年来曾经受理过576家企业的产品检验，分类管理后仍有280家A类或B类企业（A类、B类各占一半）。产品检验量比较大，占全国近四分之一，最多的是2014年，达1108批次，计26.5万台（件），2017年有8万台（件）。江苏也是船用产品认可的大省，到2017年底，已有278家企业认可。

江苏渔业船舶检验局结合3·15消费者权益日活动，连续多年开展船用产品质量整治系列活动。重点抽查气胀式救生筏、救生衣、救生圈以及通信设备，每年召开救生设备质量专题工作会议，对存在管理和质量问题的企业进行整治，先后注销了7家企业的认可证书。事实证明效果明显，产品质量逐年提升，如救生衣的合格率从2005年的30%提升到2016年的96%。2011年协助农业部渔业船舶检验局召开全国渔船船用产品质量整治行动启动仪式暨渔船救生设备检验技术培训班。

江苏渔业船舶检验局配合农业部渔业船舶检验局有关产品检验规则、规程、指南、认可条件、管理办法和工作程序等的起草、修订、审核和培训宣贯工作，连续四年参加农业部渔业船舶检验局全国气胀式救生筏检修站监督抽查及评审，2016 年参加全国救生消防和通信设备监督抽查，2017 年参加全国示位标和航行灯具监督抽查，参加上海海洋大学全国内陆重点县（市）验船师长训班培训授课工作。

江苏渔业船舶检验局加强内部管理，设立专题工作台账（政治业务学习、重大活动、廉政安全等）、业务单位台账、工厂（型式）认可台账、产品检验管理台账、产品检验档案台账、收文台账、检验厂家汇总表、B 类厂监督抽查台账等。为方便企业整理认可资料，编写了《产品认可资料填报验船师须知》和《认可材料明细表》等，规范产品认可资料填报。

江苏渔业船舶检验局开展“为渔民群众办实事，让安全产品上渔船活动”，组织召开船用产品推介会，为标准化渔船建造企业和优质船用产品生产企业建立沟通的平台；设计开发“江苏省渔业船舶 GMDSS 设备检测管理系统”和“江苏省渔用气胀式救生筏检修管理系统”并上线使用。

江苏渔业船舶检验局充分发挥中国水产标准化技术委员会渔机分技委委员和中国渔船标准化技术委员会委员的作用，参与两个标委会标准的制修订工作，鼓励验船师发挥技术优势，逐步参加标准的起草工作，完成《气胀式救生筏存放筒》和《气胀式救生筏架》两个 SC 标准的起草工作，研究起草《气胀式救生筏存放技术条件》SC 标准，争取形成救生筏标准系列化。

五、山东省

山东省海洋与渔业厅和山东渔业船舶检验局把产品检验作为整个船检工作的重点和基础来抓，厅长和局长多次带领验船师深入检验工作第一线调查研究：到产品厂走访，听取企业领导对检验工作的意见和建议，掌握验船师的检验情况，与验船师共同探讨适合发展之路，制定了在确保严格依法检验的情况下，支持企业开发、推广新产品，产品检验可持续发展的战略。在工作中，充分调动和发挥验船师的工作积极性、能动性。为产品检验工作创造了良好的工作环境，使验船师放下包袱，全身心地投入工作。

建立技术过硬、作风扎实、爱岗敬业的验船师队伍。一方面将技术过硬、作风扎实、工作能力强，有事业心的验船师充实到产品检验工作。工作中做到既能帮助企业解决技术难题，又能正确处理、协调同企业之间检验与被检验的关系，保证了产品检验工作的顺利开展。另一方面，完善监督制约机制。每年通过走访和发函方式征求产品厂意见，及时听取企业声音，了解验船师工作质量和工作作风，使其得到不断改进。这些工作成效显著，不仅密切了与企业的关系，也起到了对验船师负责，防止产生吃、拿、卡、要等行业不正之风的作用。

坚决贯彻执行船用产品生产企业资质认可制度，提高企业资质认可率。对产品生产企业实施工厂资质认可制度，可以深化企业的管理，完善质量保证体系，加强对产品各个质量过程的控制，保证产品的质量；可以减少验船师的工作量，提高工作效率，降低验船师的责任风险，缓解验船师数量严重不足的矛盾；可以规范验船师的工作行为，杜绝产品检验工作的随意性。对产品生产企业实施工厂资质认可是产品检验的一项基础性工作，企业的现场考察，图纸资料、技术文件的审核汇总上报，工作量相当大，但企业经资质认可后，便于对企业的管理，可起到事半功倍之效。

突出重点，规范运作，做好柴油机及零部件的产品检验工作。山东省生产的柴油机及零部件在全国渔船市场占有率较高，加强对柴油机及主要零部件的管理，是山东渔业船舶检验局产品检验工作的重点。经过多年努力，柴油机生产企业对零部件的检验持证规定有了更高的认识，按照长期规划，遵照由易到难，循序渐进的原则，逐步将要求范围扩大到所有柴油机零部件。经过艰苦努力，山东渔业船舶检验局柴油机零部件的管理工作已步入正常的轨道，各企业柴油机的产品质量稳定可靠，主要零部件的装机持证率也有了显著的提高。

柴油机型谱与标识管理是农业部渔业船舶检验局落实渔船“双控”政策的重要举措。山东渔业船舶检验局结合柴油机型谱和标识管理工作的开展，全面规范柴油机生产企业的认可和管理工作。通过会议和培训等形式，积极宣贯《渔船用柴油机型谱与标识管理办法》实施方案和《渔船用柴油机型谱申报审核公布实施细则》。已对 11 家柴油机企业的所有申报柴油机型谱进行了审核，对审核认可的柴油机进行了初审和复审工作。

积极开展救生、消防、无线电通信设备等船用产品的督查活动。随着近年以来全国渔船船用产品质量检查活动的深入，结合山东省渔船专项整治活动的开展，积极开展渔船船用产品质量的专项整治活动。按照“三个”原则，暨“宣传教育与治理措施相结合”“普遍要求与重点督查相结合”“日常管理与专项治理相结合”，重点做好救生、消防、无线电通信、防污设备及柴油机的监督检查工作。

六、广东省

2006 年，广东渔业船舶检验局组织研发 6 人、10 人气胀式救生浮并申请获得农业部渔业船舶检验局产品型式认可证书，同时根据省海洋与渔业局领导指示，积极推进气胀式救生筏（浮）在渔船上配备，使全省配备救生筏（浮）数量实现跨越式发展，渔船配备的大中型救生筏（浮）达 10000 多只；2008 年对这些救生浮进行技术升级改造，后又结合广东省小型渔船的实际，为省内 25000 余艘小型渔船研发配备小型气胀式救生浮，这些集体救生设备在全省渔业安全生产中发挥了重要作用，据不完全统计，已成功救起 400 余名渔民。

从 2012 年由农业部渔业船舶检验局主办、广东渔业船舶检验局承办的“为渔民办实事、安全产品上渔船”船用产品质量整治现场活动以来，每年都在渔业安全生产质量宣传月的六月，由省海洋与渔业厅（局）主办、地市海洋与渔业局承办主题为“安全产品上渔船、渔船生产有保障”暨渔业安全生产宣传月船用产品质量整治现场活动。活动期间，全省各渔业船舶检验分局联合海事、工商、安监等部门，在辖区内开展船用产品专项治理行动。

2012 年 6 月，广东省对行政许可审批事项进行改革，原广东渔业船舶检验局负责的渔业船舶船用产品检验发证事项下放到地市一级渔业船舶检验机构完成。2014 年，广州和汕头渔业船舶检验分局的渔业船舶船用产品检验发证事项下放到区县一级渔业船舶检验机构完成。承担船用产品检验发证任务的渔业船舶检验机构包括全省 21 个地级市分局和顺德以及广州汕头二市的区级检验站，承担产品检验的验船师达 80 余名。

广东渔业船舶检验局每年举办一期船用产品检验业务培训班，内容包括救生筏检修站和 GMDSS 设备检测站的监督管理、产品验船师检验业务培训，按照农业部渔业船舶检验局管理规定每两年对筏站业务员进行检修业务轮训一次。

广东渔业船舶检验局狠抓渔船重要产品的质量管理，对涉及渔船安全的救生消防、航行信号、无线电通信、防污染设备和柴油机进行不定期检查，并在企业申报产品检验时加大抽检力度，在农业部渔业船舶检验局组织的全国船用产品质量监督抽查，未发现明显的安全隐患而需要召回的情况。同时，加强渔业筏站和 GMDSS 设备岸上维修单位监督管理工作，为广东省渔船检验“检管分离”试点保驾护航。广东省在 14 个沿海城市共认可了 17 家渔业筏站、14 家 GMDSS 设备岸上维修站，全省船用产品企业申报的型式（工厂）认可、筏站认可、检测机构认可和 GMDSS 设备岸上维修单位认可，以及认可后的进口产品检验工作由广东渔业船舶检验局负责，各市县机构负责辖区船用产品的日常检验和筏站、GMDSS 设备岸上维修站的日常监督管理，并实行每月一巡制度。全省机构负责监督管理的生产企业大约为 80 家，实施分类管理后，每年受理检验发证产品 8.5 万台（件）。2016 年 5 月，广东省渔业船舶检验局制定《广东省海洋与渔业局关于渔业气胀救生筏检修管理规定》，对业已装船的原使用 B 布制造的气胀救生筏（浮）规定使用满 10 年需报废处理，并明确要求渔业筏站对检修渔船救生筏做到“谁检修、谁安装、谁负责”。

广东渔业船舶检验局对重要产品实行信息化管理试点，从 2017 年 6 月起，对本省企业生产的救生筏、救生衣、救生圈和灭火器实行信息化试点管理，这些重要产品申报检验时，除了颁发船用产品证书外，还需申请电子标签或二维码合格证，验船师只需用安装了 APP 软件的手机扫一扫，即可判别产品的真伪。

七、河北省

自 2000 年《中华人民共和国渔业船舶法定检验规则》颁布之后，随着渔船检验管理要求逐步提高，相应规则规范逐步完善，产品检验工作实行认可管理后，河北渔业船舶检验局先后对 14 家渔船船用产品生产企业开展了二十余次型式/工厂认可的初审工作，并严格按照相应规则规范对其生产的船用产品进行检验发证。至 2005 年，每年的产品检验数量在 2000 ~ 3000 台（件）。2000 年保定风帆蓄电池厂成为第一个获得农业部渔业船舶检验局工厂认可的厂家。

2009 年起，河北渔业船舶检验局连续 3 年通过积极争取农业部支持，累计为河北省 2235 艘渔船配备了渔业气胀式救生筏。为了保证救生筏得到及时检修，处于随时可用状态，自 2010 年起积极推进沿海城市的救生筏站建设，克服全省码头救生筏分布分散等困难，积极与秦皇岛、唐山、沧州渔业主管部门沟通协调，先后完成 3 家渔用救生筏检修站建设，基本实现了渔船救生筏 100% 按要求配备、安装、摆放，大幅提高了渔船安全技术状况和自救互救能力，在海难事故中已有 248 名渔民通过渔船互救和救生筏自救获救。2015 年，河北渔业船舶检验局启动渔船用救生筏维修和配备补贴项目，制定补贴实施方案，对全省新救生筏配备和现有 2000 余个渔船救生筏维修进行补贴，提高了渔民救生筏配备和维修的积极性，减轻了渔民负担。

自2014年8月1日起施行《渔业船舶船用产品检验管理规定》以来，至2016年12月，河北省有经农业部渔业船舶检验局型式认可的船用产品生产企业有7家，涉及领域包含柴油机、起重设备、船用金属材料、蓄电池、无线电通信及航行设备、船用电机等。

八、重庆市

2005年以前，由于重庆渔业船舶检验局技术力量、软硬件条件等原因的限制，重庆市渔业船舶船用产品检验工作先后由广东渔业船舶检验局、湖北渔业船舶检验局实施。

2005年10月，农业部渔业船舶检验局将重庆康明斯发动机有限公司的船用产品检验业务移交给重庆渔业船舶检验局实施。

2006年3月，农业部渔业船舶检验局组织召开渝鄂船用产品检验工作交接会，重庆市辖区内渔业船舶船用产品检验业务全部移交重庆渔业船舶检验局承担。

为规范渔业船舶船用产品检验工作，2006年，重庆渔业船舶检验局先后制定《重庆渔业船舶检验局渔业船舶船用产品检验实施细则》《重庆渔业船舶船用产品检验程序》等规章制度。

九、安徽省

1998年，芜湖精工船用机械有限公司是安徽省第一家向安徽渔业船舶检验局提出产品检验申请的企业。该企业主要生产与柴油机配套的热交换器，是柴油机的零部件之一。由于当时安徽渔业船舶检验局不具备产品检验和发证的权限，经农业部渔业船舶检验局产品处协调，采取了与江苏渔业船舶检验局联合检验的方式开展检验工作。随后几年，申请产品检验厂家发展到5家，产品种类涵盖热交换器、空气冷却器、船用门窗和船用灯具等。为确保检验质量，本着对检验结果负责的原则，在最初的4年间，每次检验产品均由江苏渔业船舶检验局派出资深验船师到现场检验，安徽省渔业船舶检验局派员参加并学习，通过几年的检验实践，检验水平和能力得到了提升。之后几年，现场检验工作主要由安徽渔业船舶检验局派员执行，产品经检验合格后，将检验资料发往江苏渔业船舶检验局，由江苏渔业船舶检验局发证并统计。

2004年7月，安徽渔业船舶检验局通过了农业部渔业船舶检验局考核，取得渔船船用产品检验和发证资格，可直接受理产品检验申报并检验发证。截至2013年，受理的产品企业发展到12家，产品种类发展到10类（包含柴油机、空冷器、热交换器、活塞销、活塞环、船用泵、控制屏、重油加热器、制冷装置和舾装件等）。10年间，每年分别检验各类产品数量为：2004年检验空冷器、热交换器、船用泵和舾装件等1171台（件），2005年检验空冷器、热交换器、配电板和舾装件等484台（件），2006年检验空冷器、热交换器、轴系和舾装件等359台（件），2007年检验空冷器、热交换器和舾装件等410台（件），2008年检验空冷器、热交换器和舾装件等1789台（件），2009年检验空冷器、热交换器、船用泵和舾装件等4265台（件），2010年检验空冷器、热交换器、船用泵和舾装件等6827台（件），

2011 年检验空冷器、热交换器、船用泵、制冷装置和舾装件等 7026 台（件），2012 年检验柴油机、空冷器、热交换器、船用泵、控制屏、重油加热器和舾装件等 3904 台（件），2013 年检验柴油机、空冷器、热交换器、活塞销、活塞环、船用泵、控制屏、重油加热器和舾装件等 4771 台（件）。

2007 年，2 家企业（芜湖精工机械有限公司、基伊埃工业热交换器（芜湖）有限公司）获得农业部渔业船舶检验局产品型式（工厂）认可；2010 年之后，又有 3 家企业（芜湖新传机械有限公司、天长市平安船舶设备公司、铜陵精恒机械有限公司）获得农业部渔业船舶检验局产品型式（工厂）认可。该阶段，获得产品型式（工厂）认可的企业达 5 家。

2013 年起，随着安徽省行政审批制度改革，产品检验下放到各市级机构，安徽渔业船舶检验局的工作重点转移到监管和督查方面。特别是《渔业船舶船用产品检验管理规定》实施以来，安徽省顺应产品监督检验改革新形势和新要求，严格执行新的产品检验规定，加大产品企业认可力度，着力开展产品监督检验工作，认真做好渔船柴油机型谱审核，积极开展渔船船用产品质量专项整治行动等。

为保证产品生产企业的产品质量，安徽渔业船舶检验局加大渔船船用产品认可及日常管理工作力度，要求凡生产 A 类和 B 类产品的生产企业，必须经过工厂认可或型式认可，对 A 类产品尽量避免采用个别检验，而应采用认可后的制造检验和出厂检验方式。一是通过大力宣传，努力提高产品厂家对工厂认可或产品型式认可的认识，同时积极创造条件，支持、鼓励产品厂家申请认可；二是严格按照《渔业船舶船用产品检验规程》和《渔业船舶船用产品（型式/工厂）认可初审工作指南》等，对申报企业开展认可初审工作；三是对已经获得认可的企业开展定期和不定期检查，逐步提高企业的产品质量和管理水平。要求有产品企业的市级机构每年必须开展一次以上检查，尤其是要将 B 类产品生产企业作为重点检查对象，防止出现认可后缺乏监管导致产品质量下降的情形。安徽省受理的船用产品认可涵盖柴油机、锚链、船用泵、门窗、涂料、蓄电池等 6 类。经农业部渔业船舶检验局认可的企业数量达 14 家，其中型式认可 4 家，工厂认可 10 家。产品厂家集中在合肥、安庆、芜湖、马鞍山和滁州等 5 个市。

安徽省行政审批制度改革后，市级机构承担具体的检验工作。为保证产品检验质量，一是在起步阶段采取省、市联合检验方式加大检验力度，确保权限下放后检验质量不下降、产品质量有保障。二是通过举办专项知识培训、派员现场指导等方式提高市级机构验船人员的水平和能力。2016 年 4 月，从承担产品检验任务的 5 个市级机构中选派 5 名验船人员参加浙江渔业船舶检验局举办的产品验船师资格培训班，并经农业部渔业船舶检验局组织考试合格，取得产品检验资格。《渔业船舶船用产品检验管理规定》对船用产品实施分类管理以来，全省 A 类产品只有柴油机和船用泵（消防、舱底水），涉及 2 家柴油机企业和 1 家船用泵企业，其余 11 家企业主要生产 B 类和 C 类产品。据统计，从 2014 年以来，全省共检验柴油机 42 台（其中主机 24 台，辅机 18 台），船用泵 4 台。

2014 年初，《农业部关于印发〈渔船用柴油机型谱与标识管理办法〉的通知》下发后，安徽省高度重视，积极响应并认真贯彻落实。一是成立以安徽渔业船舶检验局主要负责人为组长的安徽省渔船用柴油机型谱审核工作小组，具体落实安徽渔业船舶检验局和有关市级机构人员承担型谱审核工作。二是制定《安徽省贯彻执行〈渔船用柴油机型谱与标识管理办法〉实施方案》，并下发到全省各市级船检机构。三是召开专门工作会议部署全省柴油机型谱审核工作。两年多来，安徽省先后受理安庆中船柴油机有限公司和芜湖玉柴联合动力有限公司的柴油机型谱申报。按照《安徽省贯彻执行〈渔船用柴油机型谱与标识管理办法〉实施方案》以及农业部渔业船舶检验局下发的有关型谱审核文件规定，分别组织对该两公司申报的柴油机型谱系列进行了初审，初审合格后上报农业部渔业船舶检验局型谱审核委员会，经复审后获得通过。截至2017年，农业部渔业船舶检验局三次公布安徽省渔船用柴油机型谱数量共20个，其中，安庆8个，芜湖12个。

安徽省认真贯彻落实渔船船用产品质量监管和整治工作，结合营运检验和日常安全检查，积极开展渔船船用产品质量专项整治行动。一是对渔船上的船用产品质量开展安全检查。各地船检机构结合渔船检验工作，组织对本地区渔船上的救生衣、救生圈、灭火器和信号灯等安全设备的配备、质量情况等开展检查。发现有不合格产品，责成船东立即或限期更换、整改，并督促落实。对新建造渔船各类产品的持证情况进行把关，核查船用产品证书并记录，确保船用产品持证上船。对不符合要求的，责令船东整改。二是对船用产品生产企业开展监督检查。要求各市级机构建立对船用产品生产企业的日常监督检查制度和产品质量监督抽查制度，并组织验船人员进行执法监督检查，重点检查生产企业的生产资质、场地和技术设备条件以及质量保障体系等。

2014年以来，安徽渔业船舶检验局每年组织两次督导检查行动，抽调基层验船人员对重点地区或渔区以及渔船建造企业的渔船安全状况进行集中检查。经检查发现的主要问题有：所配备的救生衣、救生圈、灭火器和信号灯等安全设施多数存在不能提供产品证书、检验标志模糊或缺失等情形；部分船厂使用非船用钢板。针对发现的安全隐患，检查人员立即向船东和船厂提出整改要求并督促落实。整治工作取得了一定的成效。

十、福建省

2000年，农业部渔业船舶检验局《渔船船用产品检验法定检验规则》出台后，福建省船用产品检验种类和数量明显增加，主要包括无线电通信、电力控制、制冷、螺旋桨、铸件、气胀救生筏等。2006年，福建省受理的船用产品检验企业共有23家，产品检验种类有19种，救生筏2600多只。2007年，经检验，福建渔业船舶检验局认可9种船用产品或企业、5家船用产品检测和维修机构，检验日常船用产品2287台（件）、铸件11吨、救生筏近4000只，首次开展船用产品检验工作质量自查工作。

2008年，福建渔业船舶检验局认可5家船用产品企业和产品、4家检测和维修机构，检验船用产品1927台（件）、铸件9.7吨、救生筏1955只。出台《关于进一步加强渔业船舶气胀救生筏配置和检修监督管理的通知》，要求各筏站在满足农业部渔业船舶检验局认可条件上，还须配备数字式照相机和计算机，对检修充气成型的救生筏、检修过程中遇到的重大问题，以及上船安装的救生筏情况进行拍照存档，以备查询。

2009 年，福建渔业船舶检验局认可产品制造企业或产品 4 家、4 家筏站，检验台数 8980、铸件 103 吨、救生筏近 4000 只；筹建福建省渔船渔机渔具协会。

2010 年，福建渔业船舶检验局认可产品制造企业或产品 2 家、3 家筏站，检验日常船用产品 9199 台（件）、铸件 95 吨、救生筏 4510 只。首次组织人员参加农业部渔业船舶检验局渔船渔机行业特殊工种督导员和考评人员考试遴选，5 人取得相应资格证书。

2011 年，福建渔业船舶检验局认可船用产品企业或产品 13 家、检测和维修机构 11 家，检验船用产品 7251 台（件）、铸件 128 吨、气胀救生筏近 5000 只。开展渔船船用产品专项整治工作，编辑印刷宣传手册、行动指南等材料一万多份；查获宁波某企业劣质配电控制设备及假冒船用产品证书，由农业部渔业船舶检验局通报全国，禁止其产品装船使用；参加农业部渔业船舶检验局举办的职业技能鉴定质量督导员资格认证培训，共 11 人获得资格证书。

2012 年，福建渔业船舶检验局认可船用产品企业或产品 6 家、检测和维修机构 6 家；检验船用产品 17803 台（件）、铸件约 155 吨、救生筏约 4700 只；印刷 5000 份救生筏规范安装和正确使用的宣传资料，指导渔民自行安装救生筏；实施《福建省渔业气胀救生筏检修站日常检查表》，规范对筏站检查工作；开展渔船船用产品专项整治工作，查处不合格的救生衣、救生圈等 400 多件。

2013 年，福建渔业船舶检验局认可船用产品企业 10 家、检测和维修机构 7 家，检验船用产品 2 万多台（件）、铸件 269 吨，检修救生筏近 2000 只。开展救生筏专项治理行动，发现 2 家筏站检修救生筏存在弄虚作假现象，对其采取责令停业整顿三个月的处罚，督促企业整改。协助农业部渔业船舶检验局制定《渔业船舶船用产品分类检验管理办法》和《渔船用柴油机型谱与标识管理办法》等管理制度；制定福建省渔船用产品廉政风险防控制度。2013 年 5 月 30 日，《福建日报》第二版刊登“渔船船用产品质量专项治理行动启动”报道宣传。

2014 年，福建渔业船舶检验局认可船用产品企业 4 家、检测和维修机构 6 家，检验船用产品 3.2 万件、铸件 156 吨、气胀救生筏近 4000 只。配合省远洋渔业协会，对部分远洋企业管理人员和船员，进行渔船安全救生、消防、GMDSS 等基本设备知识培训，提高业务水平。淘汰更新简易型救生筏 600 多只，简易型救生筏全部淘汰更新完毕。开展全省渔船船用产品质量监督整治行动，对上海某救生设备有限公司生产的可能存在产品质量问题的救生筏，进行专项检查试验，并向农业部渔业船舶检验局报告试验结果，召回救生筏 236 只。《中国渔船》刊物总编对救生筏召回情况进行专题采访。查处某经销商销售的 4 台船用柴油机涉嫌套牌功率造假行为。

2015 年，福建渔业船舶检验局认可船用产品企业 8 家、检测和维修机构 7 家，检验船用产品 11785 台（件）、救生筏近 5000 只。根据相关政策，在福州和厦门特区内，下放产品检验行政审批；制作船用产品检验工作流程和要点 PPT 教材，对承接下放产品行政审批的单位工作人员进行培训。在渔船柴油机型谱管理过渡期间，福建渔业船舶检验局共解决因柴油机问题影响发证渔船 110 艘；举办一期 40 人参加的《船用产品检验管理规定》宣贯和渔船 GMDSS 设备检验培训；开展渔船救消防和无线电通信设备监督抽查工作，对全省 19 家筏站进行抽查检查，情况正常。配合农业部渔业船舶检验局制定《渔业船舶缺陷船用产品召回管理规定》。

2016 年，福建渔业船舶检验局认可船用产品 5 家、检测和维修机构 7 家，检验渔船产品 2.4 万件、救生筏近 4000 只。编制“十三五”期间渔船检验管理工作发展规划，开展渔船船用产品质量专项治理行动。从 2012 年开始，连续开办 5 期船用产品检验知识培训班；连续 5 年派员参加农业部渔业船舶检验局组织的全国渔船船用产品专项治理行动，带队抽查检查沿海省份渔船救生、消防、无线电等产品设备。

第八章　渔业船舶检验信息化建设

第一节　渔船检验执法装备建设

2009 年，为增强检验工作的规范化、现代化，加强渔船检验监督管理，农业部渔业船舶检验局通过积极努力，争取到了自成立以来首次船检重大基础设施项目，40 套远洋渔船监督检验检测装备及时发送到沿海远洋检验机构，并对沿海 11 个省（市）船检机构的部分验船师进行设备使用和维护技能专项培训。

2012 年 8 月，为配合“海洋渔业船舶升级更新改造”工程，推动渔船检验检测装备建设，推进全国渔船标准化工作，提升我国渔船安全装备技术水平，根据渔船检验装备建设“十二五”规划，农业部渔业船舶检验局编制渔船检验装备建设实施方案。

2015 年，农业部渔业船舶检验局再次向农业部发展计划司、渔业渔政管理局等单位上报渔业船舶检验监督管理系统设备改造增配及“渔船检验监督管理系统”云平台建设项目、渔船集中检验监察平台建设项目、国家渔船船用产品质量监督检验试验室建设项目和远洋渔船境外检验点建设项目四个基础装备建设项目，力图通过一系列基础建设项目的实施改变目前渔船检验监督管理工作较为落后的执法监管现状。

2016 年 4 月 11 日，按照《关于配合做好直属单位设施装备现代化支撑保障问题调研工作的函》（农计（直属）〔2016〕7 号）要求，农业部渔业船舶检验局编制《农业部渔业船舶检验局设施装备现代化支撑条件研究报告》报送农业部发展计划司。报告中，按照《农业部关于加强政府投资项目储备编制三年滚动投资计划的通知》要求，组织拟定了拟纳入农业部储备的项目，并编制了三年滚动投资计划：一是渔业船舶检验监督管理系统设备改造增配及“智慧船检”系统云平台建设项目；二是渔业船舶集中检验监察平台建设项目；三是国家渔业船舶船用产品质量监督检验试验室建设项目；四是远洋渔业船舶境外检验点项目。

2016 年 6 月 3 日，农业部发展计划司直属单位建设处处长崔泽民、副处长严斌到农业部渔业船舶检验局实地调研，指导“十二五”基本建设项目申报工作。刘晴副局长、刘英杰副巡视员及体系建设与信息处、检验管理处和产品质量监督处负责人参加了研究论证。根据计划司领导的修改意见和要求，对上报的农业部渔业船舶检验局“十二五”基本建设规划重大工程项目做了调整。经重新审核确定的上报项目为：远洋渔船境外检验设备和安全防护装备采购项目及国家渔船船用产品质量监督检验检测中心试验室等 2 个重大建设项目，申请资金 7045. 8 万元。

第二节　船检业务的信息化发展

一直以来，农业部渔业船舶检验局重视和加强渔业船舶检验信息化建设，在不同的历史时期，围绕系统互联互通、信息共建共享、业务协作协同目标，制定一系列渔业船舶检验信息化建设规划，有力地推动渔船检验监管能力水平全面提升。

2000 年，农业部渔业船舶检验局组织人员对“渔船综合信息系统”进行全面的升级完善。2001 年起，为配合《渔业船舶法定检验规则（2000）》的贯彻执行，组织专门力量开始研发新的“全国渔业船舶检验监督管理系统”。2002 年 3 月 1 日，新的“中华人民共和国渔业船舶检验监督管理系统”正式启用。新开发的“渔业船舶检验监督管理系统”，由系统数据库端、客户端应用、WWW 查询及电子邮件通信四大部分组成。第一期功能主要包括：远洋渔业船舶检验监督管理、进口船舶检验管理、检验机构管理、验船师管理、统计报表、远洋检验 WWW 查询、国内渔业船舶检验监督管理、国内检验 WWW 查询，涵盖了《渔业船舶法定检验规则（2000）》有关检验与发证的全部要求。该系统首次实现渔业船舶检验证书、技术文件数据全部由计算机网络处理和传输，运用信息化方式明确全国渔业船舶检验机构的管理权限，规范渔业船舶检验管理工作、检验程序和验船师检验行为，提高检验与发证质量，逐步实现渔业船舶检验管理自动化，特别是对控制“三无”渔船的滋生将起到积极的推动作用。该系统通过电子邮件联网的方式实现远洋渔船网上监督检验管理，加强对各级检验机构的监督，保证了全国渔业船舶检验标准的统一。新的渔业船舶检验监督管理系统软件的开发，是渔船检验局进一步贯彻国家渔业船舶检验法律法规，加大渔业船舶检验监督管理力度的重要举措。

其后，系统于 2003 年和 2005 年先后增加了产品检验管理和检验计费子系统功能，几经改版升级，建成集远洋、国内渔业船舶及船用产品检验与管理为一体的全国渔业船舶检验监督管理系统，实现了渔业船舶和船用产品从申请到发证的全程计算机管理。

2006 年，农业部渔业船舶检验局正式启动开发全国渔政监督管理系统渔船检验子系统，正式在证书发放过程中实现了“三证合一”，达到内部流程中数据的共享和使用，提升监管部门对数据的利用，简化监管程序，提高行政执行效能。

2008 年，农业部渔业船舶检验局制定《渔业船舶检验信息化建设工作规划》，就当时渔船检验信息化建设工作提出新的、较为完备合理的构想，即建立全国渔业船舶检验监督管理综合业务处理平台，实现渔业船舶检验业务的网络化处理、动态预警、日常监管、信息公开及渔船管理环环相扣等功能，全面提升渔船质量及主管部门监督、决策、服务能力，为渔业现代化建设保驾护航，凭借中国渔政管理指挥系统建设渔船动态管理系统的有利契机，农业部渔业船舶检验局启动渔船检验监督管理系统（网络版）建设工作。该项目作为中国渔政管理指挥系统中渔船动态管理系统的组成部分，与渔船登记、渔船捕捞等环节紧密相扣，数据一体化传输且统一集中管理，共分为两期建设完成。

第一期的主要建设内容为开发国内海洋渔船检验和远洋渔船检验子系统（网络版），实现远洋和国内海洋渔业船舶检验发证，包括一部分计费、查询统计及验船师、机构管理等功能，并在渔业船舶检验证书中设计了渔船编码、二维码、主机功率等内容，用于防伪和自动识别。国内海洋渔船检验子系统于 2009 年底开发完成，2010 年 9 月正式上线，全国大约 300 个海洋检验机构使用该系统进行检验发证，用户接近 2000 人，每年使用该系统进行检验发证的海洋渔船近 20 万艘，同时通过该系统也可实现对渔船检验机构及验船师队伍的管理，功能几乎涵盖了船检局日常检验监督管理工作。

第二期的建设内容为船检业务子系统、检验机构与验船师管理子系统、船用产品检验子系统、渔船和产品计收费管理模块、渔船设计修造单位资质管理子系统等，所有系统都运行正常，并随着需求更改进行了迭代开发。其中，由于业务调整，渔船设计修造单位资质管理子系统重新开发，即现有渔业船舶建造管理系统，集渔业船舶建造单位技术条件评价、渔业船舶建造检验项目网上报验、海洋渔业船舶检验证书及技术文件填写等功能于一体。除此之外，为加强内陆渔船管理，落实中央“放管服”的统一要求，开发内陆“三证合一”系统；2013 年，因行政审批和检验工作需要，又单独研发单机版的渔船图纸及技术文件审查软件，用于远洋渔船图纸及技术审查工作。

为加快建设数字化渔船检验监察管理体系，实现渔船检验监察信息动态化管理及智能化采集与确认，农业部渔业船舶检验局启动以渔船电子身份标签、重要船用产品身份标签和移动检验终端应用为主的全国“数字船检”监察信息系统建设工作。在江苏现行数字渔船信息系统的基础上建立“数字船检”系统，搭建全国渔船安全检验监察数据中心、手持检验业务终端和渔船安全检验监察管理平台。2014 年 2 月 13 日，农业部渔业船舶检验局下发《关于举办“数字船检”信息系统操作培训班的通知》。4 月 9 日，在全国“数字船检”系统试点推广阶段，农业部渔业船舶检验局选取沿海省近 1600 艘海洋渔船进行试点测试，试点渔船相关管理数据主要来自中国渔政管理指挥系统的现有船舶基础数据、各省级渔船检验机构已建系统的现场检验监察数据和手持检验监察业务终端现场检验执法上传的数据。为确保与中国渔政管理指挥系统有关数据的一致性，特商请渔业局提供参与试点测试部分海洋渔船检验数据及渔船管理的基本数据。6 月 19 日，农业部渔业船舶检验局下发《关于加快推进“数字船检”系统建设工作的通知》。8 月，数字船检数据中心完成在江苏省渔船数据中心的部署，农业部渔业船舶检验局设立异地备份中心。12 月 5 日，农业部渔业船舶检验局在山东烟台举办“数字船检”监察信息系统第一期内容的测试及操作培训班。2015 年 12 月 18 日，“数字船检”信息监察系统完成验收。

2014 年 5 月 23 日，农业部渔业船舶检验局面向福建、浙江渔业船舶检验局开展远洋渔船检验子系统上线试点工作。6 月 4 日，开展试点培训。10 月 17 日，面向各有关单位包括沿海各省、自治区、直辖市渔业船舶检验局，以及有远洋渔船初次检验业务的内陆地区，下达《关于启用渔业船舶检验监督管理系统远洋渔船检验子系统的通知》。根据农业部中国渔政指挥系统上线工作总体要求，10 月 20 日起，农业部渔业船舶检验局正式启用渔业船舶检验监督管理系统（网络版）远洋渔船检验子系统。浙江、福建渔业船舶检验局受理的远洋渔船的营运检验、临时检验均需在新系统中完成申报、受理、检验数据填写、审核、发证环节操作。11 月 15 日，农业部渔业船舶检验局开展远洋渔船检验子系统操作培训工作。2015 年 5 月 1 日，农业部渔业船舶检验局全面启用远洋渔船检验子系统（农渔检（船）〔2015〕41 号）。

2015 年 6 月 1 日，农业部渔业船舶检验局完成中国渔政指挥系统产品检验管理子系统测试、试运行及上线工作，并与远洋渔船检验监督子系统一并对接农业部办公厅行政审批综合办公系统。

2015 年，按照《于康震副部长在全国渔船检验执法监督三大行动座谈会上的讲话》精神要求，农业部渔业船舶检验局着力强化全国渔船检验监督管理信息系统顶层设计，梳理整合渔船检验数据资源，在做好现有渔船检验管理系统的基础上，积极探索渔船检验信息化未来发展方向，以互联网 +、大数据、云计算、物联网等先进理念谋划渔船检验信息化建设布局。5 月 14 日，农业部渔业船舶检验局与农业部信息中心签订《农业部渔业船舶检验局信息系统建设研讨会备忘录》，就加强渔船检验信息化建设工作达成了初步共识。

同年 7 月，农业部渔业船舶检验局委托农业部信息中心组织专门编写组启动渔业船舶检验信息化建设总体设计方案编制工作，编写组积极协调江苏渔业船舶检验局、上海渔业船舶检验局局、中国水产科学研究院渔业工程研究所和局农业部渔业船舶检验局内各处室配合开展需求调研，并到江苏南通、云南昆明实地了解渔船检验和渔政管理信息化建设工作情况。按照渔船检验信息化建设的总体布局，农业部渔业船舶检验局尝试大力拓展互联网与渔船检验领域的广度与深度融合，以融合促创新，着力深化渔船检验监督管理机制改革创新，释放发展潜力和活力，通过结合云计算、大数据、物联网、移动互联等创新技术，构建新一代的渔船检验监管服务系统。该方案此后正式定名为“智慧船检”系统总体设计方案。9 月 8 日，农业部渔业船舶检验局组织召开“互联网 + 渔船检验”发展策略座谈会，李昌健局长提出要运用互联网等新兴技术推进渔船检验系统信息化建设工作。10 月 23 日，《渔业船舶检验监督管理信息系统总体设计方案——“智慧船检”总体技术方案》通过专家审查。

2016 年 3 月，农业部渔业船舶检验局“智慧船检”工程实施办公室正式成立，全面负责“智慧船检”系统建设各项工作。6 月，“智慧船检”系统建设项目正式获准批复实施，被列为农业部重大信息平台构建项目，也是部电子政务信息化建设示范性项目。项目建设投资总规模为 4623. 9 万元，按照“打基础、建标准；建应用、云迁移；工程收尾、优化完善”划分为 3 个阶段实施，总工期为 3. 5 年，实际建设工期为 2. 5 年，2018 年下半年完成工程建设，2019 年正式上线投入运行。“智慧船检”系统建设助力船检“四大体系”工作朝纵深推进，奏响船检信息化“四重”新声音。

“智慧船检”系统建设采取自上而下设计与自下而上发展深度融合的总体思路，以需求为导向，梳理整合渔船管理、检验数据资源，理清业务流程，建立功能齐全、分类科学、操作便捷、性能可靠、智能化的全国统一的动态监督管理系统。该系统既能满足渔船检验监督管理工作的需要，又将会提升公众服务水平，在系统建设的理念和功能上具有非常鲜明的亮点。

（1）再造业务流程，检验制度规范化。“智慧船检”按照新的业务需求、目标再造业务流程，强化业务衔接及各环节间的信息传递和逻辑校验，丰富和创新工作手段，拓宽信息采集渠道，构建更加“智慧化”的渔船检验监督管理体系。体现在：一是在法规标准发布方面，实现法规条目化管理、法规动态管理和精准查询，定制场景化操作指南和在线互动交流，拓展法规宣传渠道，可视化展现各地的法规执行情况；二是在图纸审查方面，实现图纸审查过程全记录，对图纸设计单位能力进行量化评估；三是在建造船舶检验方面，实现渔船建造标准化服务，实时掌握渔船建造过程，上报建造进度和企业自检情况，并实现对修造企业的质量节点控制，为验船师现场检验提供便捷化服务；四是在机构认可方面，动态掌握机构认可历程和量化标准；五是在验船师管理方面，建立验船师电子档案，全面评估验船师能力；六是在产品检验方面，构建船用产品质量安全追溯体系，提升监管能力；七是在营运检验方面，实时了解渔船维修情况和整改过程。

（2）运用电子标签，质量安全可追溯。“智慧船检”建设质量安全追溯体系主要功能是实现责任主体追溯（内部追溯），将船用产品在产品检验、装船、初次检验、检测维修、营运检验等过程的流向及行为信息记录在电子标签中，通过对电子标签扫描进行跟踪和记录，关注产品与不同责任主体的关联和信息串联。通过外部追溯机制找到问题产品直接责任主体和船舶，通过与企业内部质量监管系统对接来实现落实具体原因和责任人，从而构成完整的追溯链条。按照追溯对象的不同，船检信息化追溯体系包括船舶信息追溯和产品信息追溯两类。

（3）整合各类数据，决策分析更精准。“智慧船检”系统利用大数据在数据整合、融合、聚类、关联分析等方面的技术优势，打破数据分割和利益壁垒，通过提取辅助决策分析的核心关键要素和影响因子，结合长期积累的历史检验数据，寻求船位数据、渔船承保等数据重点构建起设计企业能力评估、建造企业能力评估、产品企业诚信评估、船东诚信评估、验船师能力评估、渔船综合安全指数评估、渔船装备水平发展评估等诸多模型，通过模型运算得出结论，辅助农业行政主管部门精准决策，采取措施。

（4）综合运用物联网，船检监管大飞跃。一方面，借助现在成熟的技术和设备（如北斗卫星、海事卫星、AIS、GMDSS 等），结合地理信息系统和船位数据，“智慧船检”系统可实现基于物联网的船检联动，开发船检数据区域分析、船检作业位置追踪、轨迹查询、远洋渔船境外检验点分析等专题图层，提升船检可视化监管能力。另一方面，在现场检验方面，以渔船身份标签、渔船主要产品身份标签为纽带，串联渔船身份信息，验船师通过 NFC（近距离无线通信技术）和二维码技术现场读取电子信息卡，快速、准确地确认渔船和主要船用产品的身份并记录在案，实现渔船检验现场监管信息的数字化管理，从源头上提升渔船检验监管水平。

第三节　开发渔船检验专业计算软件

2007 年起，农业部渔业船舶检验局委托中船重工船舶设计研究中心有限公司开发渔船计算机辅助检验系统。2010 年，“渔船计算机辅助检验系统（FVCAR ver. 1.0）”开发完成。

该软件是专门针对渔业船舶开发的一套计算软件，主要用于辅助各级渔业船舶检验机构对渔业船舶设计图纸进行审核。软件系统计算程序包含船体、轮机、电气 3 个专业。该版本系统包括 16 个模块：船体几何形体输入和邦戎曲线计算、静水力曲线计算、形状稳性力臂曲线计算、进水角曲线计算、浮态及稳性计算、肋骨型线插值、舱容曲线计算、极限重心高度曲线计算、最小干舷计算、螺旋桨强度校核、吨位计算、结构规范计算、轴系强度计算、轴系扭振计算、电力负荷估算、短路电流计算。

2014 年 1 月 14 日，为加强渔船检验及监督管理工作，提高渔船图纸审核能力水平与工作效率，农业部渔业船舶检验局与中国船级社签署了战略合作协议，中国船级社向农业部渔业船舶检验局许可使用其开发的 COMPASS 图纸审查校核软件系统。该系统由性能、船体、电气、轮机等 29 个计算模块组成，开展审核测试工作。

信息化建设过程中开发实现的主要系统与软件列于表 4-9。

表 4-9

名　　称	时　　间	备　　注
渔业船舶检验系统		
渔船检验信息系统（简称 FVRIS 系统）	1995 年	
全国渔业船舶检验监督管理系统	2001 年提出建设，2002 年 3 月 1 日正式启用	原渔船检验信息系统停用
全国渔政监督管理系统渔船检验子系统	2006 年	实现了“三证合一”
中国渔业船舶检验监督管理系统远洋渔船检验子系统	2014 年 5 月 23 日开始试点工作，2015 年 5 月 1 日正式启用	
数字船检监察信息系统	2014 年 12 月 5 日软件开发第一部分内容基本完成	
中国渔政指挥系统产品检验管理子系统	2015 年 6 月 1 日完成测试	与远洋渔船检验监督子系统一并对接农业部办公厅行政审批综合办公系统
“智慧船检”系统	2015 年 7 月	
辅助工具软件		
渔船计算机辅助检验系统（FVCAR ver. 1.0）	2007 年开始开发，2010 年完成	用于辅助各级渔业船舶检验机构对渔业船舶设计图纸进行审核
单机版的渔船图纸及技术文件审查软件	2013 年	用于远洋渔船图纸及技术审查工作
COMPASS 图纸审查校核软件系统	2014 年 1 月 14 日	中国船级社向农业部渔业船舶检验局许可使用该系统

第九章　渔船检验技术支撑发展

第一节　推进渔船标准化与检验工作融合

2003 年 10 月 29 日，农业部渔业船舶检验局印发通知（农渔检（质）函〔2003〕41 号），向各海区渔政渔港监督管理局下发拟定的《渔业船舶标准化管理规定（征求意见稿）》，并广泛征求意见。

2004 年 6 月 21 日，农业部渔业船舶检验局向农业部渔业局发函（农渔检（法）函〔2004〕36 号），就渔业局领导提出拟由渔业船舶检验局承担全国渔船标准化技术委员会工作的意见函复。农业部渔业船舶检验局认为有能力承担渔船标准归口管理和全国渔船标准化技术委员会秘书处组织管理工作，并集中力量制定我国渔船标准化管理规定，修订一批急需的渔船标准，同时组织专家通过调研提出我国渔船发展的船型系列型谱，为渔船标准化管理做好各项技术基础和准备工作。

2005 年，浙江渔业船舶检验局启动渔船船型标准化设计，成为首个专项开展渔船船型标准化工作的省级渔船检验部门。浙江渔业船舶检验局联合设计单位，通过广泛调研，不断优化，陆续开展了 23 个海洋船型和 13 个内河船型的研究与设计工作，其中 4 个系列 12 个标准船型刻录光盘，汇编《浙江省渔业船舶船型优化设计图集》，向行业各方免费发放。浙江省完成了 4 个拖虾渔船标准船型、4 个拖网渔船标准船型的优化设计，并通过专家评审。

浙江渔业船舶检验局从 2006 年初开始，委托渔业船舶检验机构与有关渔船设计单位联合开展渔业船舶船型标准化与优化设计工作。经过三年努力，完成远洋鱿鱼钓船、沿海水产运销船、灯光围网渔船、蟹笼渔船等 4 个作业类型 13 个标准船型的优化设计，部分船型已建造多艘渔船，其安全、经济、节能、环保、卫生的优越性在生产实践中得到了验证和肯定。为做好渔业船舶标准船型的推荐工作，使已研发的标准船型得到广泛的应用，浙江省海洋与渔业局印发《关于做好渔业船舶标准船型推荐工作的通知》（浙海渔（船）〔2008〕3 号），同时浙江渔业船舶检验局将各标准船型的技术数据与基本图纸资料等刻录入光盘，发给省内沿海各渔业主管局、渔业船舶检验机构、渔船建造企业、渔船设计单位。

上海市于 2008 年由政府立项启动“上海市标准化渔船”项目，成立“推进办”，联合行业重点科研院所和企业开展节能减排关键技术攻关，研发近海桁拖网和定制张网两种标准化船型，无偿提供给渔民使用。其中 SH821 型标准化渔船经示范应用，可节能 20% 以上，抗风浪能力达 8 级以上。以渔业合作社为平台，渔民为主体，政府资金扶持等政策为引导，大力推广标准化船型应用。首批 10 艘上海市标准化渔船正式投入生产，在航行速度、安全系数、优化渔船生产居住条件和节能增效等方面积累了丰富的资料。

2008 年 12 月，农业部渔业船舶检验局顺利完成《渔船船型研究与设计》节能项目，该项目是农业部 2008 年节能减排项目中唯一一个具体研究和设计船型的项目，旨在通过项目的开展，了解渔民对船型的需求，分析节能渔船船型的设计规律。经过反复研究与方案分析，最终设计出两种适合我国辽宁地区群众渔业推广使用的节能型玻璃钢渔船船型。

河北省于 2009 年起积极尝试推动玻璃钢渔船标准化工作，研发了 8 米、10 米和 12 米三型玻璃钢标准船型，但受制于海洋资源枯竭，资金扶持力度不足，传统渔民改造积极性不足等因素，未能大面积推广。山东渔业船舶检验局将渔船标准化分为渔船船型标准化、木质渔船玻璃钢化、大型渔船冷冻化、渔船网具标准化等 4 个部分，拟定《渔船标准化改造工程规划》。此外，山东、广东两地渔业船舶检验局组织对休闲渔船标准船型的审定工作，引导开发出安全、节能、环保的玻璃钢新船型。

内陆省市方面，重庆市 2007 年启动渔船船型标准化工作，是内陆水域最早启动渔船船型标准化工作的，组织设计了 16 种标准船型，适用于三峡库区等不同水域。

2011 年，农业部渔业船舶检验局深入开展渔船标准船型评价鉴定与推广工作。通过对各省上报的 46 个推荐船型进行专家评选，评选出 21 个“安全、节能、环保、经济、舒适”的推荐船型，并在相关报刊网站等新闻媒体上进行宣传推广，引导渔船工业发展方向、促进优质渔船船型发展、逐步限制和淘汰落后渔船船型，使从老旧高耗能渔船逐步向节能环保标准化现代渔船转变，全面提升我国渔船标准化水平和安全技术水平。在渔船船型标准化工作中，江苏启动海洋捕捞渔船标准化更新改造工程，江苏渔业船舶检验局会同国家渔业机械仪器研究所，对全省沿海地区渔船更新改造的需求情况进行调研，起草的《江苏省海洋捕捞渔船标准化改造工程可行性研究报告》通过专家评审，大力推动了江苏海洋捕捞渔船标准化更新试点工作。

山东渔业船舶检验局根据《山东省渔船标准化改造工程规划》和《山东省渔船标准化建设实施方案》的要求，组织完成山东首个标准化玻璃钢拖网渔船船型，并报废拆解 17 艘老旧木质渔船，积极争取补助马力指标，协调船东和船厂完成了 10 艘标准化玻璃钢渔船的建造，同时经过广泛的调研和论证评审，完成 4 个水产运销船船型的定型工作，实现了渔业捕捞辅助船船型标准化、规范化管理。

广西渔业船舶检验局制定《广西海洋渔船标准化船型推广工作实施方案》，审定并推荐适合南海海域生产、深受渔民欢迎的两个钢质拖网渔船船型和一个钢质灯光围网渔船船型。

辽宁渔业船舶检验局积极组织开展水丰库区小型渔船标准船型调研工作，研发安全性高、适用性强、经济型好、适应库区生产作业的标准船型，扭转库区渔船非标准船型和无图施工建造导致检验管理难度大的局面。

上海渔业船舶检验局以“技术支撑”服务为抓手，在总结近几年标准化渔船建造经验的基础上，着力进行设计方案优化，大力推进新一轮项目建设。

广东渔业船舶检验局充分发挥该省行业协会的作用，完成广东省第一个定型的标准化船型的评审工作。

河北、福建、海南等渔业船舶检验局则广泛调研，充分听取意见，推荐出适合当地作业生产的优良船型。

2012 年，按照《全国渔船标准化评选工作方案》和《渔船标准化船型评选办法（暂行）》，农业部渔业船舶检验局从安全性、环保性、经济性、节能性、先进性和实用性等 6 个方面（72 项船型评选指标）建立评选评价标准，基本体现了渔船“安全、环保、经济、节能、舒适”标准化要求。同时，组织专家和社会各界参与船型评选，对 63 个船型进行技术经济对比分析，评选出 22 个船型，并在《中国渔业报》《中国船舶报》等报纸以及农业部渔业船舶检验局政务网站上，面向社会公开投票，编制了评选网上投票软件，各地近 20 多个渔业网站进行了有效连接，为社会各界广泛参与评选活动提供了多种平台。评选活动历时 3 个月，投票网页点击率达到 3 万多人次，共收到有效选票 1.2 万张，最后选出了 10 个优选标准船型。

2012 年 5 月“中国国际船舶工业博览会”期间，为广泛宣传渔船标准化工作，让社会建立渔船标准化意识，农业部渔业船舶检验局设立“现代渔船装备技术专业展区”，这是农业部渔业船舶检验局第一次集中展示我国渔船装备技术研发与制造业的最新成果，搭建渔船装备技术交流平台、扩大合作领域，促进我国渔船装备的发展。其间，还举办了“中国现代渔船发展论坛”，并召开渔船安全评价报告和船型评选发布会，围绕渔船装备现代化新技术、新装备、新能源及新材料进行研讨，并对评选出来的前 10 个标准化船型的组织推荐、设计单位和建造企业进行了奖励，对其他在评选中获得提名的标准化船型进行通报表扬。农业部渔业船舶检验局结合农业部下达的“农村能源综合建设——渔船标准化船型评选与推广”和“农业生态环境保护——标准化船型示范推广”两个项目，组织设计单位做好标准化船型的优化修改以及相关方案论证。

2012 年，为落实牛盾副部长在 2011 年全国渔业船舶检验工作会议上关于“引导渔船发展方向、促进优质渔船船型发展、逐步限制和淘汰落后渔船船型”的重要讲话精神，各地渔船检验机构积极行动，认真总结我国渔船设计制造中的成功经验，优化和推广各地设计建造出的优良船型。江苏借助本省万船改造工程，优化设计了多种标准化渔船；广西制定海洋渔船标准化船型推广工作实施方案；上海总结优化近几年上海标准化渔船设计方案；山东完成了 10 艘标准化玻璃钢渔船的建造和 4 个水产运销船船型的定型工作；重庆遴选、优化、审定出 16 个内陆渔船船型，并推广应用 2000 多艘。这些工作为今后大力推进标准化船型，促进渔船装备改造工作开展探索了方法，积累了经验，打下了基础。

2013 年，为加快推进全国渔船标准化工作进程，积累和推广渔船标准化工作经验，农业部渔业船舶检验局重点在山东、重庆推进标准化试点工作。山东主要选择沿海养殖渔船、远洋渔船作为首要标准化对象，根据“线型相同、尺度相近、突出作业特点、发展前景良好、数量集中、主机功率略同”等 6 个原则推荐了养殖船 18 个船型，远洋渔船 9 个和国内捕捞船 2 个标准化船型，已经进入优化设计阶段。此外，山东还率先完成 24 米以下海洋渔船安全技术状况的评价工作，抽样采集近万艘各类海洋渔船，为地方政府摸清渔船安全状况家底、开展渔船标准化更新改造提供了决策依据和强有力的技术支持。2014 年 1 月，山东公布45个海水养殖船型，免费供渔民使用。重庆遴选出12个优化船型作为标准船型的母型船开展示范推广工作，三峡库区和长江、嘉陵江、乌江等支流渔船的95%完成标准化改造，12月，重庆出版包括主要设计图纸的12个优化船型图册。

在试点带动下，其他各省也积极探索本地渔船标准化新路子。北京联合渔船设计单位对辖区水库渔船进行实际测量和基础数据采集，优化开发出4种渔船船型。江苏在前两年设计研究的基础上精心确定了6个标准化船型，出台江苏省标准化渔船图纸使用规定，严格筛选标准化渔船建造企业，规范标准化渔船图纸使用及建造工作，加强标准化渔船建造监管，建造完工标准化渔船145艘，在建标准化渔船43艘，并编印了近200艘已建渔业船舶船型图册，提供给船厂、船东参考选用。广东编制了国内渔船“优选钢质（或玻璃钢质）标准船型在全省推广应用”项目方案，组织开展渔船集体救生设备救生示位标产品研发和应用推广工作，提高渔船遇险救助能力。

2013年11月25日，农业部渔业船舶检验局向各省、自治区、直辖市渔业船舶检验局下达《关于报送渔船船型标准化工作情况和下一步工作思路的通知》（农渔检（法）函〔2013〕250号），具体要求包括总结渔船船型标准化工作开展情况及经验，提出本省（市、区）下一步渔船船型标准化工作思路和目标，包含2014年的具体措施、目标，并请提出对全国渔船船型标准化工作的建议。任务下达后各单位积极主动、认真准备，依据自身特色发展，形成了各单位的工作思路。

浙江省渔业船舶船型标准化、规范化管理，在农业部渔业船舶检验局与省海洋与渔业局领导的关心指导下，自2005年开始，累计安排了300余万元专项资金，陆续开展23个海洋渔船标准船型和13个内河渔船标准船型的研究与优化设计工作。其中海洋标准船型包括远洋鱿钓船、沿海水产运销船、灯光围网渔船、蟹笼渔船、拖虾渔船、拖网渔船等六大系列；内河渔船标准船型包括太湖水域、千岛湖水域、钱塘江流域、紧水滩水库、瓯江流域青田段等五大水域。并编制了《浙江省渔业船舶船型优化设计图集》，部分船型建造了大量的渔船或被设计单位作为母型船采纳应用，其优越性在生产实践中得到了验证，受到渔民的喜爱。下一步的思路是做好渔船船型标准化、规范化管理，重在推广：率先做好内河渔船船型标准化推广工作；启动船型编号规范管理，建立渔船标准化船型的认定指标体系；充分发挥技术委员会作用，改进标准船型技术进步；加强政策引导，加速推进船型标准化管理。

陕西省地处内陆，受水面资源的限制，渔船和水产捕捞业较为落后，但是渔业船舶多年来均保有一定的数量，并随渔业的发展逐年增多。涉渔船舶广泛分散于全省各地的江河和水库、湖泊，大部分偏远水库内仅有1~2艘渔船，规范化管理工作难以到位，安全监管和应急救助工作难度较大。2012年，全省统计上报渔业船舶共2173艘，总吨位9726吨，其中机动渔业船舶1276艘，总功率32006千瓦。汉江沿岸的安康、汉中两市的渔船总数占全省的70%以上，汉江流域尚有近千艘船长在6米左右的家庭船舶，基本由群众自行制造，既是家庭的交通工具，又从事季节性捕鱼、运输，按照有关规定未纳入正式渔船管理。全省使用船舶从事渔业生产人员超过5万人，渔船生产水域近百万亩，使用渔船捕捞水产品约6万吨，渔船经济总产值超过7亿元，虽然经济总量不大，但关系众多群众利益。在进一步了解渔船状况、调查了解省内船舶修造企业情况的基础上，陕西省渔业船舶检验局形成下一步思路：一是适应性原则。坚持渔船船型标准化与全省社会经济发展和渔业发展的需求相适应；与安全、环保的需求相适应；兼顾与通航水域的通航设施、航道发展相适应。二是系列化原则。坚持渔船船型标准系列化，从渔民利益出发，满足不同的渔业生产需求。三是适用性、经济性和先进性相结合的原则。在确保功能、安全的基础上，兼顾经济性和先进技术的应用。四是循序渐进原则。坚持远近结合，突出重点，先易后难，整体推进，分步实施。五是引导与强制相结合原则。对今后省内新增、新建渔船船型标准化实施强制推进；积极引导现有渔船的标准化改造工作。

广东省渔船船型标准化工作情况如下：①设计、优选钢质拖网、刺网、灯光罩网等 3 种作业方式 10 个标准船型，在全省推广应用；②在广东省范围内组织开展海洋渔船调查，编制海洋渔船更新改造规划。在调研全省实际情况的基础上，提出了两个主攻项目，实施期限为 18 个月。主要内容包括三型流刺网渔船标准船型、开展海洋渔船调查及更新改造规划编制。

吉林渔业船舶检验局于 2014 年开展渔船船型标准化推广工作。坚持本着认真学习，领会精神；精心组织，打好基础；完善法规，依法推进三项原则推进工作。

上海市标准化渔船项目 2008 年正式启动，是国内第一批由政府立项科研攻关、统一规范设计、出资购买知识产权并无偿给渔民使用，由渔民自筹及政府补贴建设资金，并进行统一建造的标准化渔船。上海标准化渔船项目开展以来，有效推动上海市老旧渔船更新改造，实现“安全、经济、节能、环保”的总体目标，得到了各级政府及渔民兄弟的肯定与好评，为上海群众渔船安全能级的提高，平安渔业、和谐渔区的建设打下了坚实的基础。在总结已有情况的基础上，提出了工作重点与难点问题。提出了下一步工作思路计划：做好 2014 年标准化渔船的审批件建造工作；做好“十二五”标准化渔船更新改造相关要求的贯彻落实。

北京为规范传统的非机动捕捞渔船，提高渔船的安全技术水平，加强渔船安全工作。在农业部渔业船舶检验局的正确指导下，在市财政的支持下，启动了北京渔船船型标准化工作，取得了一定的工作成效，在对已有工作进行总结与难点分析的基础上，提出了下一步思路：建造试验船，测试标准化船型适用性；探索标准化船型试点及推广模式。

河北省为贯彻落实《国务院关于促进海洋渔业持续健康发展的若干意见》（国发〔2013〕11 号）的精神，按照《河北省人民政府关于促进海洋渔业可持续发展的实施意见》（冀政〔2013〕）的要求全面推进河北省海洋渔业现代化发展。积极推进标准化渔船研发和推广工作，以标准化船型开发和推广为契机全面推进河北省渔船现代化建设，引导和鼓励河北省海洋渔船逐步走上安全性能好、科技含量高、经济效益大、能源消耗低、环境污染少、对资源破坏较小的资源节约型的发展道路。

内蒙古渔业船舶检验局在总结已有工作的基础上，分析了存在的问题与难点，提出了渔船船型标准化工作情况和下一步工作思路：继续深入开展渔船船型标准化工作，在原有工作的基础上，加大对老旧渔船的监督管理，与渔政港监协调一致，结合以往渔业生产实际，努力确定标准船型，掌控更新渔船船型标准，全面推进渔船船型标准化进程。

福建渔业船舶检验局在总结已有工作的基础上，提出了下一步思路。基本思路如下：组织领导省海洋与渔业厅、省渔业船舶检验局、省渔业装备协会共同组成渔船标准化船型推广领导小组，省海洋与渔业厅领导任组长，负责组织实施具体的工作事项，小组的成员由各地市的海洋与渔业局、渔业船舶检验机构组成。工作步骤如下：①初步选型阶段由各地市的渔船检验机构通过调研，收集福建省不同作业类型的渔船分布数量，以及各地的船厂、设计单位提出要推荐的船型，从中选出受渔民喜欢的船型，上报领导小组进行筛选后，确定出三大类型的 6 种船型。②优化设计阶段对所确定的几种船型，由省海洋与渔业厅委托设计单位进一步进行优化设计或重新进行设计，使渔船的经济性与适渔性进一步提高，具有优良的性能。③试制与考核阶段对按优化设计的船舶图纸建造出的船舶，在使用一至二年后，由设计单位收集该船舶的使用性能、经济效益与现有的同类型的船舶进行比较，考核其性能以及是否需要进一步进行改进。④推广使用阶段对设计单位上报的考核结论，由领导小组组织专家进行论证，最终确定全省的标准化船型。

2013 年，受渔政指挥中心委托，农业部渔业船舶检验局组织开展 1000 吨级以下地方渔政船艇建造项目标准化设计方案研究，从 18 家设计单位的设计方案中优选出 5 家单位的设计方案，从安全性、功能性、适用性、适居性等各方面对各船型的详细设计方案提出改进意见和进一步优化建议，最终审定通过了 5 个 1000 吨级以下地方渔政船艇建造项目设计方案。

2015 年，以小型渔船船型标准化工作为抓手，开展标准化船型研究与推广工作。农业部渔业船舶检验局研究制定了标准化渔船选型研究工作方案，开展标准化渔船选型研究，指导全国渔船标准化船型评选工作，继续扩大内河小型渔船标准化工作试点，在湖北省完成 6 个内河船型的评选工作。开展了远洋渔船标准化船型收集、评选以及渔政船船型标准化工作，推进我国渔船标准化进程。

2016 年，农业部渔业船舶检验局制定《推进全国海洋渔船更新改造标准船型评选工作方案》并实施，研究提出渔船标准化船型选型评价方法，采集 1500 多艘渔船的实际数据，研究确定了标准化船型的主要参数选项范围，对开展渔船标准化选型工作具有重要指导意义。

农业部渔业船舶检验局积极推动开展“渔船标准船型评价方法”研究，积极推进我国海洋渔船减船转产和标准化渔船更新改造工作，对渔船技术发展具有重要影响。为了保障我国渔船更新改造政策的顺利实施，农业部渔业船舶检验局将“渔船标准船型评价方法”创设列为绩效创新项目。在 2015 年进行的渔船标准化船型研究基础上，按照“安全、环保、经济、节能、适居”的要求，制定了《推进全国海洋渔船更新改造标准船型评选工作方案》。2016 年 7 月 12 日，农业部办公厅发布关于印发《全国海洋渔船更新改造标准船型选定工作方案》的通知(农办渔〔2016〕49 号)。随后明确了《渔船标准船型评价方法》技术框架，按规定时间、按方案确定的规定动作逐项进行推进。在各地渔船检验机构的大力支持下，农业部渔业船舶检验局通过调研摸清了各地标准船型选型基本情况，研究确定主要参数选项范围，开展为期一个月的全国海洋渔船主要船型的数据采数，采集 1500 多艘渔船的实际数据，并进行分析、统计，完成了《海洋渔船标准船型选型及评价方法（征求意见稿)》，并用此方法对广东、上海、江苏等已选出的标准船型进行测算和再分析，以验证科学合理性。12 月初，该办法面向沿海各省级渔业行政主管部门征求意见，并于 12 月 23 日通过专家评审。办法编制过程中，农业部渔业船舶检验局坚持创新理念，面对我国渔船复杂状况，科学选择技术参数，分析建立反映渔船主要技术性能的参数关系，使方法符合我国目前渔船实际状况，对开展渔船标准化选型工作具有重要指导意义。

农业部渔业船舶检验局在远洋渔船标准化选型研究基础上，经征求渔业主管部门的意见，确定了以适合高纬度作业的大洋型超低温金枪鱼钓船为优化船型。在舟山召开由渔船研究、设计、试验、用户以及检验机构参加的方案论证会，对设计重点进行方案论证，按照先进性、适用性和创新性的要求，明确了设计任务，落实船模性能试验技术要求，同时提出渔船节能和清洁能源应用的技术要求。完成 59. 8 米超低温金金枪鱼延绳钓船（包括柴油机推进和柴电混合推进两种方式）的设计图纸，并经图纸审查批准。旨在突破传统模仿设计，提高自主设计创新能力，为指导全国标准船型优化设计积累经验。

第二节　船检技术研究与推广应用

一、船检技术研究与推广

2006 年，为充分利用和发挥全国渔业船舶检验系统及国内造船、海事、交通及院校的技术资源和专家的作用，农业部渔业船舶检验局组织召开第三届中国渔业船舶检验技术委员会第一次会议，选举周彤为主任委员，唐金龙为副主任委员。会议明确了技术委员会应承担起培养渔业船舶检验系统专家型人才的责任，并由此带动渔业船舶检验系统的技术进步，提高船检队伍履行法定职责的能力。

第三届中国渔业船舶检验技术委员会组织开展了一些船检技术研究课题。其中“渔业船舶无线电通信系统”研究委托了浙江渔业船舶检验局开展。在深入研究渔业船舶船位监控系统、陆用无线电通信系统、船用无线电通信系统的技术性能和特点的基础上，从保证渔业船舶安全和遇险救助的角度，提出了渔业船舶船位监控和陆用无线电通信设备是否可以替代渔业船舶用无线电通信设备的研究报告，提出了渔业无线电配备标准的建议。

“木质海洋渔业船舶载重线勘划”研究项目，委托辽宁渔业船舶检验局开展专题研究，课题就目前木质海洋渔业船舶在缺乏图纸和技术资料的状况下，给出核定干舷的方法；考虑木船材质特性，给出木质海洋渔业船舶科学、合理、可行的载重线勘划具体方法，使得勘划的载重线既具有永久性，又具有鲜明性。

2009 年，在第三届中国渔业船舶检验技术委员会第二次全体大会上，农业部渔业船舶检验局继续下达了“渔业船舶检验质量控制体系项目和船机桨匹配项目研究”“海洋渔船灯杆高度研究”“渔业船舶 AIS 研究”“渔船（海洋拖网渔船）节能评价体系研究”4 个研究课题。

船检新技术推广应用方面也有一些成果。2009 年，为加强渔船身份管理，提高管理对象的可辨识度，防范和治理渔业船舶船证不符、机证不符等现象，江苏、河北启动了渔业船舶检验标识粘贴工作。江苏的检验标识采用二维防伪条形码，船舶经检验合格后粘贴于主机和船板之上，一经撕毁即刻无效。北京采取为渔船加挂永久船名号牌的方法，将具有反光膜技术的船名牌免费发放给渔民。渔业船舶检验标识粘贴工作的实施对于加强渔船基础管理，强化渔船身份识别，特别是严厉打击私自更新改造、防止渔船套牌起到了作用。

2010 年，针对当前渔船安全生产中面临的新形势、新情况和新问题，农业部渔业船舶检验局结合现代渔业、船舶工业和国际船舶安全技术的发展，从科技创新、安全质量的角度，积极谋划渔船检验事业的科学发展，提出了以增强渔船法定检验执法能力、提高渔船检验工作质量和提升安全监管水平为目标，着手建立渔船检验技术支撑体系，形成了《渔船检验技术支撑体系建设研究（讨论稿)》。同时，启动渔船防碰撞系统（AIS)、船机桨匹配等专项课题的研究，强化技术法规和渔船技术研究工作，为进一步提高渔船安全性能提供技术支撑。

2012 年 3 月 19—21 日，在农业部渔业船舶检验局承办的中国工程院“中国海洋渔船装备技术发展座谈会”上，宋健、潘云鹤、陈明义、孙晓郁等领导以及唐启升、吴有生、金东寒院士，中国工程院、工业和信息化部、农业部、船舶科研院所及大专院校、渔船检验、设计企业、建造企业、渔船公司等单位的领导专家，对船检局专题向大会作的《海洋渔船安全技术状况报告》高度关注。专家对该报告给予了充分肯定，认为报告为中国工程院渔船战略课题研究提供了基础素材，做出了贡献。

2012 年 5 月，由农业部和江苏省人民政府共同主办，农业部渔业船舶检验局和江苏省海洋与渔业局、江苏渔业船舶检验局共同承办的中国渔船装备技术发展论坛在江苏南京举行。国家安全生产监督管理总局，工业和信息化部装备工业司，农业部财务司、科教司、渔业局、农产品质量安全监管局等有关单位也派员参加了论坛。全国渔船检验机构、船舶及海洋院校、科研院所、渔船设计建造企业的专家学者和渔业企业代表等共计 200 余人参加了论坛。农业部党组成员张玉香出席了论坛并讲话。

本次论坛以渔船装备新技术、新能源、新材料为主题。工业和信息化部装备工业司、中国船舶重工集团、香港特别行政区海事处、中国水产科学研究院、中海油气电集团、中国北车集团以及挪威船级社等专家就世界渔船科技发展、中国渔船发展战略、渔船装备发展、LNG 和电力推进技术在渔船上的应用以及船舶材料技术、渔船节能等做了专题报告。论坛是我国渔船领域的一次盛会，对于提高我国渔船装备技术水平，促进渔船现代化具有重要的意义。

2014 年，农业部渔业船舶检验局精心组织实施大型渔政船建造检验和北斗应用示范项目任务。发挥大型渔政船建造检验牵头职能，组织专家圆满完成渔政船图纸审查，及时协调船东方、检验机构、建造企业及监理研究检验工作实施中出现的问题，加强建造检验关键环节督导巡视，并就渔政船划归海警局后的载重线、检验发证等具体问题多次主动上门与海警局沟通衔接，得到了有关方面广泛好评。农业部渔业船舶检验局编制《北斗海洋渔业应用示范项目实施方案》，组织专家对《北斗海洋渔业应用示范项目初步设计》评审并报部批复，组织辽宁、山东、浙江及大连三省一市有关单位对项目实施进行集中研讨，并会同计划司、渔业局和总装航天设备总体研发中心对辽宁省项目资金使用范围和大连市调增项目资金事宜进行专题研究。农业部渔业船舶检验局还完成了与各示范省（市）建设单位分合同签订工作，下拨第一笔1380万元项目资金，指导督促项目建设单位按规定、按进度开展项目实施，截至2014年底辽宁省和山东省已完成项目招投标工作，浙江省和大连市招标工作正在有序开展。

2016年，农业部渔业船舶检验局承担并完成渔业局分配的小型渔船清洁能源应用试点工作技术方案研究工作，启动样船制造工作。组织开展国内首套金枪鱼大型围网成套设备技术评价推进工作、渔船安全预警报警系统研究、渔船主机排放影响因素调查研究工作，组织对全国采用LED新光源作为诱鱼光源产品的集中检测活动，完成了检测分析报告；组织开展多项新能源、新技术、新材料、新工艺在渔船上应用的研究和开发，有力推进渔船船型标准化管理和渔船装备水平提升。

2017年4—12月，为进一步完善技术法规体系，提升渔业船舶法定检验规则质量，农业部渔业船舶检验局开展对渔业船舶干舷修正的专题研究。鉴于山东省北海船舶技术咨询有限责任公司（审图中心（山东））领衔专家王宝莱长期参加农业部渔业船舶检验局组织的渔船技术法规研究，多次作为船体专业首席专家主持规则干舷部分的内容审查，对干舷修正有较深研究，委托该公司针对船长$L>20$m国内海洋渔船，农业部渔业船舶检验局按现行技术法规进行干舷计算时的复杂修正方法进行研究，提出简化干舷修正的初步方案，并与山东、江苏、浙江、福建、广东等省的主要渔船船型进行验证，形成了《干舷修正简化方案》。

二、推进渔船节能减排工作

渔船节能减排是渔业节能减排的重点，也是农业节能减排的大户。截至2004年，我国有机动渔船达50多万艘，海洋机动渔船约28万艘，其中40%以上是20年以上船龄的老旧渔船，每年消耗柴油800多万吨，我国海洋捕捞业已经成为名副其实的能源消耗大户。而且由于国际油价飙升，燃油消耗几乎占了捕捞成本的50%以上，严重制约了我国海洋捕捞渔业的发展。无论从国家发展战略上，还是从海洋捕捞业的自身发展上，渔船节能都已经成为当务之急。

为贯彻落实国务院关于《加强节能工作的决定》，加强对渔业船舶节能工作的指导，结合我国渔业生产力发展水平和渔船的实际情况，农业部渔业船舶检验局充分发挥中国渔船渔机行业协会的作用，加大了对渔船节能工作的指导：一是召开了两次全国渔船节能降耗技术交流会；二是为推广柴油机燃重油的技术，召开了柴油机燃重油模拟拖网工况台架试验鉴定会；三是为开发节能型渔船，召开了节能型冷海水玻璃钢金枪鱼延绳钓船技术研讨会和西非深水拖网渔船船型设计研讨会；四是积极向农业部渔业局提交了《关于我国渔船节能工作实施建议》。

为贯彻国家节能的号召，协会分别于2006年4月和9月在烟台和太原召开两次“全国渔船节能降耗技术交流会”。这两次会议有来自全国渔船设计、建造、使用、船用产品制造和渔船检验等相关部门的领导和专家参加，并就渔船渔机节能降耗新技术、新产品进行了专题介绍和交流。会议期间农业部渔业船舶检验局的领导不仅亲临指导，还做了主题报告，宣传渔船节能的意义和节能政策，对会议的成功给予大力的支持。会议向渔船使用部门提供渔船节能技术，向设计和生产部门提供节油信息。两次会议，不仅宣传了政府有关部门的节能政策，还为节能产品提供了广泛的交流、推广的平台，产生了良好的社会和经济效益。会后协会还利用协会的简报把会议上的节能论文汇编成册，印发全体会员，扩大了会议的影响。

渔船主机燃重油，在水产业还是一项新技术，如果这项技术开发成功，不仅可以节约能源，还可以大大降低渔船捕捞成本。为此，协会于2006年6月在淄博召开“柴油机燃重油模拟拖网工况台架试验鉴定会”。台架试验达到了试验大纲的要求，取得圆满的成功，为今后推广渔船主机燃用重油打下了坚实的基础，也为我国海洋渔船节能降耗提供了全新的途径。

玻璃钢冷海水金枪鱼延绳钓船是“十一五”期间国家重点推广的船型，符合我国捕捞渔业结构调整的方向。为了保证它的先进性、科学性，协会本着“经济、节能、可靠”的原则，分别于2006年2月、4月、7月多次召开技术研讨会，研究、落实该船型的有关技术审定等问题。经协会与专家共同研究，在船型设计和制冷技术采用了日本的先进技术，提高了渔船的科技含量，实现渔船节能降耗的目标。预计新船型总造价可控制在460万元以内，与国内同等长度的渔船相比造价和燃油消耗均可降低15%左右。协会还专门为此组织编写了玻璃钢渔船糊制工的培训教材，为推进我国玻璃钢渔船制造技术的发展贡献了力量。

西非远洋渔业是我国重要的远洋渔业项目之一，目前该海域生产的拖网渔船达300余艘，其中半数以上的船龄接近或超过20余年，设备老旧、耗油率高，已经进入渔船更新的高峰期。为了帮助我国西非基地发展，为西非基地推荐一种新的、节约型渔船。2006年2月，中国渔船渔机行业协会邀请农业部相关部门及有关企业的专家在大连召开“西非深水拖网渔船船型设计研讨会”，研究并提出了西非深水拖网渔船设计任务书，为这批渔船的更新做好了前期准备工作，同时也为争取减免税进口渔船设备做好了前期准备。

2009年，农业部渔业船舶检验局加强渔船渔机节能减排和渔船标准化研究，积极引导和推动渔船节能减排工作的开展。一方面，积极同有关科研院所合作，重点开展节能船型研究、渔船主机节能机型筛选、螺旋桨研究、齿轮箱选配等工作，加快了渔船节能降耗项目研究进度。同时，按照“安全、经济、环保、节能、适用”的要求，加大节能技术、政策的研究和宣传推广工作，就我国推广玻璃钢渔船提出规划草案。各地也积极开展标准化渔船设计及推广应用工作。如山东局将渔船标准化分为渔船船型标准化、木质渔船玻璃钢化、大型渔船冷冻化、渔船网具标准化等四个部分，拟定了《渔船标准化改造工程规划》；上海渔业船舶检验局积极推进了标准化海洋捕捞渔船的建造，首批10艘上海市标准化渔船正式投入生产，在航行速度、安全系数、优化渔船生产居住条件和节能增效等方面积累了丰富的资料；浙江局完成了4个拖虾渔船标准船型、4个拖网渔船标准船型的优化设计，并通过专家评审。

2011年10月，农业部渔业船舶检验局与中海石油气电集团在京签署了《战略合作框架协议》。双方在绿色能源推广应用、示范渔船设计选型、渔船规范与标准化建设、渔船检验和产品设备检验、新能源技术咨询等六大领域建立长期稳定的战略合作关系。牛盾副部长提出了“要为渔业提供高效优质清洁能源，逐步减少替代渔船上的柴油使用，降低渔船生产成本；在推广清洁能源的同时，提供配套完整的技术装备；要建立一套服务保障体系，为使用清洁能源的渔民提供充分的、无障碍的技术服务”的指示精神。根据部领导的要求，农业部渔业船舶检验局成立LNG（液化天然气）渔船发展战略实施领导小组和工作小组，共同研究制订中国沿海LNG渔船发展规划，推动LNG绿色能源上渔船。同时，广西水产畜牧兽医局与中海油气电集团贸易公司也就渔船应用LNG清洁能源达成意向并签署合作协议。在积极推动绿色能源上渔船工作中，天津渔业船舶检验局积极开展柴油-LNG混燃动力技术研发工作，组织台架试验、实船试验并邀请专家鉴证，为渔业船舶实现高效益的节能减排战略目标开辟新途径做了大量工作。

2013年，按照渔业局开展节能减排工作要求，组织各地积极开展节能减排实施工作。农业部渔业船舶检验局联合船舶及海洋工程设计研究院拟定了“LNG动力渔船检验办法”，推进清洁能源在渔船上的安全使用；山东省结合渔船数量多、性能差、能耗高、污染重的实际，确定了7种柴油机节能机型，已推广渔船节能环保渔机超过267台（套），并启动了天然气动力渔船推广工作。

第三节　推动渔船技术发展

2014年，按照“统筹规划、因地制宜、重点突出、分步实施”的思路，农业部渔业船舶检验局加快推进渔船标准化工作，会同部渔业渔政局发布《关于开展远洋渔船船型标准化工作的通知》，组织起草了《远洋渔船船型标准化工作方案》，明确了近期和中长期工作目标。接受辽宁、山东、浙江、福建4个省份推荐的30余个船型，并配合部渔业局开展船型分析，完成初步评选工作，推动加快远洋渔船专业化、标准化、现代化进程。充分发挥渔船标准引领推动作用。

农业部渔业船舶检验局组织成立全国渔船标委会玻璃钢渔船标准工作组，召开了工作组会议，落实9项玻璃钢渔船标准制修订工作任务，有效调动了各方参与标准体系建设的积极性。工作组探索开展小型渔船船型标准化工作，推动大连市政府拨款180万元专项支持船型研发；充分挖掘并深度整合玻璃钢行业产学研检资源，为玻璃钢企业搭建沟通平台，促进各方增进交流，取长补短，打破此前行业企业“自弹自唱”和“单打独斗”无序混乱发展局面，引导形成举行业之力，集行业智慧，共同谋划、共同发展、共同突破的良性健康发展格局；组织召开玻璃钢渔船产业技术发展联盟组建暨现场交流研讨会，审议通过《玻璃钢渔船产业技术发展联盟章程》，选举产生联盟理事会，确立了联盟的组织机构和职责以及联盟的宗旨，充分发挥行业自律作用，推动玻璃钢渔船产业发展步入良性发展轨道。

针对渔业船舶修造、设计单位资格认定行政审批事项的取消，农业部渔业船舶检验局通过加强开工前检查和图纸审查工作，强化落实设计修造单位安全主体责任，制订《渔业船舶生产企业生产条件基本要求》行业标准，指导行业协会组织开展造船企业技术能力评价试点工作，组织编制钢质渔船建造质量证明文书、玻璃钢渔船建造质量证明书及钢质渔船建造质检员培训教材，充实完善行业管理标准，推动建造过程质量管理由粗放型向精细化标准化转变，加强渔船设计修造企业质量技术能力提升引导和监管，在确保行政审批项目取消后续衔接监管落实到位的同时，推动渔船设计修造行业提质升级健康发展。

2016 年，农业部渔业船舶检验局研究编制了《我国渔船及装备技术发展中长期规划纲要》，提出“十三五”我国渔船及装备发展指导思想、发展目标和主要任务，列出发展重点方向，对渔船及装备技术发展发挥积极作用。还进行渔船排放污染防治相关政策技术研究，为渔业绿色发展献计献策。一是开展渔船废气排放污染大气状况调查与检测。《中华人民共和国大气污染防治法》颁布后，渔船排放大气污染问题不仅引起了社会上的关注，也对渔业的绿色发展提出了新的要求。根据《农业部办公厅关于做好 2016 年渔业节能减排项目实施工作的通知》要求，农业部渔业船舶检验局会同 3 个省级渔业船舶检验机构、2 个研究单位和 1 个检测单位开展了污染防治措施研究。其中，渔业船舶检验局承担了该项目的组织协调工作，先后制定了详细的项目实施方案，确定各参加单位的主要任务；召开实船检测现场会，统一检测要求；协调有关渔船检验机构，集中进行检验设备的使用培训、测试与维修。研究结果显示，我国渔船所用油品的质量存在问题，是造成大气污染重要因素之一，渔船在不同工况下的排放与污染程度相关。二是参与修订 1983 年发布的《船舶污染物排放标准》。继《中华人民共和国大气污染防治法》实施后，环境保护部 2016 年 7 月开始进行船舶水污染相关标准的修订工作，渔船排放对水域环境污染也被列入标准修订内容。受部渔业渔政管理局委托，农业部渔业船舶检验局具体承担此项工作，组织来自渔船检验、科研、生产企业及船东等单位的专家代表进行专题研讨。认真分析我国渔船实际情况，研究了我国技术法规与标准内容要求的差异性，根据不同渔船的排放特点，提出具体处理办法。经过研究认为，渔业船舶排放水污染应该纳入船舶标准体系加以限制和监管，但应设置过渡期，缓解渔港建设滞后带来的排放物收集困难。在环境保护部标准征求意见和预审会上，标委会意见均得到保留。

开展天然气（LNG）动力渔船发展战略规划的编制工作，促进渔船节能减排工作技术发展。为深入贯彻科学发展观，落实国务院《关于加强节能工作的决定》和《“十二五”节能减排综合性工作方案》、农业部《全国渔业发展第十二个五年规划》和《关于推进渔业节能减排工作的指导意见》，逐步推广应用 LNG 动力渔船技术，推进渔船节能减排和渔船装备现代化，促进渔民节本增效，农业部渔业船舶检验局研究起草《全国液化天然气（LNG）动力渔船发展战略规划（2012—2020 年）》，于 2012 年 6 月 27 日征求对全国液化天然气（LNG）动力渔船发展战略规划的意见，并于 28 日在北京召开 LNG 动力渔船装备商讨会议。12 月 28 日，完成了《全国液化天然气（LNG）动力渔船发展战略规划（2012—2020 年）》

的编制工作。

根据农业部办公厅《关于开展农业农村经济重大问题调研的通知》要求，为掌握海洋渔船技术安全管理的现状，研究推进我国海洋渔船技术安全管理工作的对策，在2011年全国海洋渔船安全技术状况评价工作的基础上，农业部渔业船舶检验局组织开展海洋渔船技术安全管理的调研工作。2012年，通过对山东、江苏、上海、广东相应省市的调研，总结得出我国海洋渔船技术安全状况和管理工作有所提升，但由于渔船基数大，起点低，装备落后，加上渔船检验的监管力量不足，致使渔船技术安全总体状态不容乐观，隐患仍然较多，航适能力较差，必须引起各界的高度重视，转变观念，创新方法，理顺渔船技术安全监管体制机制，建立健全渔船技术安全的法律法规，加强检验能力建设，推进我国渔船技术安全提升到新水平，为建设现代渔业和平安渔业提供安全保障。

2013年，农业部渔业船舶检验局承担的农业生态保护"渔船节能减排技术"项目完成研究，完成了编制渔船技术发展规划、优化完善渔船标准化船型、LNG在渔船上的应用研究。项目通过渔船技术发展规划前期研究、全国小型渔船船型标准化工作研究、新能源和新技术在渔船上应用基础研究，对我国今后发展先进渔船节能减排技术，淘汰落后的渔业船舶，促进我国渔船的现代化升级改造，使渔船技术性能得到很大提高，抗风险能力得到较大加强，渔船整体面貌得到根本性改观，渔民经济收入稳步提高，渔业资源得到进一步保护，渔船安全管理上一新的台阶，在社会效益、生态效益和经济效益等方面产生巨大的效果。2014年，农业部以渔船节能和养殖减排为重点，继续组织实施渔业节能减排项目，面向上述各单位制定了渔业节能减排项目任务分工表。通过项目实施，进一步普及渔业节能减排知识，提高全行业节能减排意识，推进木质渔船玻璃钢化进程和新型动力在渔船上的应用，试点推广标准化节能船型、机型和船用节能装置，完善推广循环水养殖模式，推进提升水产品加工综合利用水平，实现节油、节电、节水、减排，取得较好的社会、经济和生态效益。

根据农业部关于做好为农民办实事有关工作的通知要求，围绕平安渔业、现代渔业建设工作重点，结合渔船安全技术监督管理工作职责和工作实际，农业部渔业船舶检验局编印《渔船安全知识》手册5万册，免费发送给渔民。内容包括渔船安全技术要求、重要设备安装要求、重要安全设备有效期限、渔船检验程序等。让渔民充分了解渔船安全知识，保持渔船及其设备处于即刻可用状态，帮助渔民解决备检难的问题，把实事办到渔民心坎上。

第四节　中国渔船技术委员会

2013年，结合渔船技术委员会的换届工作，农业部渔业船舶检验局制定《中国渔船技术委员会组建方案》，修订《中国渔船技术委员会章程》，调整委员会的机构和职能设置，加强技术委员会对船检工作技术管理和技术决策的支撑作用。优化委员会的构成，强化渔船技术委员会在技术管理和技术决策方面的能力；在机构上确定在常委会下设置专业委员会和工作委员会，以各专业委员会和工作委员会作为工作单元，强化渔船技术委员在技术管理和决策工作中的可操作性。

2016 年 8 月 25 日，在广东省广州市召开了常务委员会第二次会议，技术委员会顾问、主任委员、副主任委员、常务委员会委员及各分委会主任、副主任委员等约 50 名代表参加会议。会上，回顾总结了中国渔船技术委员会工作，研究中国渔船技术委员会发展改革事宜，审议有关渔船检验法定检验规则，征求对《渔业船舶检验工作程序规定》的意见，并对技术委员会下一步工作进行部署。技术委员会秘书处向会议通报了部分组织人员调整情况，农业部渔业船舶检验局局长李昌健任技术委员会主任委员，农业部渔业渔政管理局副局长刘新中任技术委员会顾问，农业部渔业船舶检验局副局长钟小金、总工程师唐金龙任技术委员会副主任委员，唐金龙兼任技术委员会秘书长。

根据李昌健局长于2015 年 11 月 5 日在《关于中国渔船技术委员会工作情况的报告》上“组织架构过于复杂，定性及法律地位应进一步厘清，人员规模应“瘦身”的批示和《中国渔船技术委员会章程》，会议建议对技术委员会的职能定位、架构和人员组成进行调整，具体如下：

一、职能定位

中国渔船技术委员会定位为从事渔船及检验技术论证、技术咨询的咨询组织。其主要职责为：

研究分析国内外船舶检验管理工作及世界船舶新技术，提出我国渔船检验管理和技术发展建议，并对重大技术问题进行研究论证，为重大渔船海损事故提供技术鉴定意见；

对渔业船舶检验管理体制、机制问题以及改革提出建议；

跟踪国际海事公约，提出公约转化和应对建议，并对渔船检验法规体系提出修改建议，为渔船检验技术法规体系提出修改建议，为渔船检验技术法规的条款等效与免除提出审议建议；

提出并组织完成技术法规有关技术研究项目，参与或承担技术法规的修订工作，审议国家渔船检验技术法规草案和国际渔船检验提案、预案；

研究分析国内外渔船安全评价发展趋势，承担渔船检验技术法规执行情况与渔船技术状况评价工作；

承担农业部渔业船舶检验局交办的其他工作。

二、组织架构

建议对技术委员会组织结构进行调整，调整后的技术委员会保留顾问和常务委员会，设立检验管理、法规与安全评价两个工作委员会，设立船体、轮机、电气三个专业委员会。

检验管理工作委员会成员以船检机构的领导为主，职责重点在于研究分析国内外船舶检验管理工作，提出我国渔船检验管理发展建议，对渔业船舶检验管理体制、机制问题以及改革提出建议。检验管理工作委员会设在广东渔业船舶检验局。

法规与安全评价工作委员会成员以高校、研究所等技术支撑单位的专家为主，职责重点在于承担技术法规修订及执行情况评估工作，制定渔船安全评价中长期规划并承担渔船技术状况评价研究工作。法规与安全评价工作委员会设在大连海洋大学。

船体、轮机、电气三个专业委员会由船检机构、高校、设计单位、科研院所等单位的专家组成，在专业上要有科学性、全面性和权威性，分别在各自专业范围内承担技术法规草案审议、提出中国渔船技术发展建议、重大技术问题研究论证等主要职责。船体、轮机、电气专业委员会分别设在中国船舶重工集团公司第七零一研究所、大连海事大学和江苏渔业船舶检验局。

2017 年 4 月 26 日，中国渔船技术委员会电气专业委员会组织部分委员和行业专家，在江苏南通集中研讨远洋渔船无线电设备相关问题。参加研讨的有中国渔船技术委员会电气专业委员会部分委员、部分远洋渔业企业代表、部分沿海省市渔业船舶检验机构、中国船级社专家、部分无线电设备产品企业和部分行业专家。农业部渔业船舶检验局法规监督处、检验管理处派员参加，唐金龙总工程师参加研讨并做总结讲话。

参加研讨的专家围绕远洋渔船无线电设备配备当前存在的问题、45m 以下远洋渔船如何配备无线电设备、双套设备的正确理解、中高频无线电装置配备要求、GMDSS 维修能力要求等专题展开讨论。经行业专家讲解和深入讨论，就关于双套设备等问题达成共识。

第五节　中国渔船技术标准发展

一、全国渔船标准化技术委员会的成立及发展变革

2006 年 11 月，第三届全国渔船标准化技术委员会换届大会在杭州召开，标志着我国渔船标准化工作重新步入正常发展的轨道，迈入一个新的发展时期，标志着我国渔船标准化队伍建设完成了新老换届和承上启下的任务。会议通过技术委员会的章程，明确工作定位和工作重点。全国渔船标准化技术委员会应充分发挥专业和技术优势，为渔业船舶检验科学管理提供技术支撑。委员会秘书处设在农业部渔业船舶检验局资质管理处，有专职人员 3 人，还有来自全国各地的 27 位委员，形成相对稳定的工作机构、管理队伍和技术队伍。

由于多年工作停滞，制修标计划未得到实施，大量标准老龄化。2006 年，全体委员大会上秘书处组织了专项讨论，拿出新的标准体系建设草案，提出遗留计划项目的解决方案。经过近两年的努力，对渔船现行 141 项标准实施了清理修订，废止一些过时标准，修订一些技术落后标准。秘书处对遗留的标准计划项目继续监督实施。2007 年，全国渔船标准化技术委员会向国家标准化技术委员会申请专题科研项目计划，组织了由中国水产科学研究院、中国海洋大学、上海海洋大学、大连海洋大学、威海竹内玻璃纤维增强塑料船舶制造有限公司、中国温州渔业机械公司、宁波捷胜海洋开发公司、浙江海洋学院、山东渔业船舶检验局、上海渔业船舶检验局、浙江渔业船舶检验局、辽宁渔业船舶检验局等 15 个单位 40 多位专家参加的国家公益性标准科研项目“渔船标准体系建设研究”，经过两年的努力，完成了新渔业船舶标准体系研究项目。

全国渔船标准化技术委员会2006年度发布行业标准2项，2007年度发布行业标准1项，2009年度发布行业标准6项，2010年度发布国家标准1项（《渔业船舶系泊、航行、捕捞试验通则》）、行业标准3项。

2013年10月17日，第四届全国渔船标准化技术委员会换届大会在北京广西大厦召开，第四届全国渔船标准化技术委员会由29名委员组成，李杰人任主任委员，于秀娟、李传明任副主任委员，唐金龙任委员兼秘书长。会议总结了第三届全国渔船标准化技术委员会工作，表决通过了第三届工作报告；通过了修改后的新《全国渔船标准化技术委员章程》和《全国渔船标准化技术委员秘书处工作细则》；讨论了新一届委员会工作，包括工作报告、工作计划、渔船标准体系表、储备项目等。

2014年9月，在工作年会上审议通过了《全国渔船标准化技术委员会工作计划（2014—2020年）》，该计划于9月29日以全国渔船标准化技术委员会文件形式发布（TC157〔2014〕2号）。文件明确要求，要在全国渔船标准化技术委员下建立4个标准化工作组。翌年，电力推进渔船工作组、玻璃钢渔船工作组、清洁能源渔船工作组和渔船专用装备工作组相继成立。

为了更充分发挥渔船标准对产业发展的促进作用，加快玻璃钢渔船标准船型研发与推广示范，加速我国渔船玻璃钢产业化进程，推动渔船技术装备升级，提高渔船安全生产能力，全国渔船标准化技术委员会借鉴国外经验、把握发展机遇、顺应行业需求，在玻璃钢工作组基础上，于2014年10月19日在大连牵头成立了全国玻璃钢渔船产业技术发展联盟，联盟的核心任务是研发和推广玻璃钢渔船标准船型，确保研发船型具备“安全、环保、经济、节能、适居”特点，促进我国渔船玻璃钢产业化，由委员会秘书处制定联盟章程，具体指导联盟相关工作。

2015年，为加强中国渔船标委会组织机构建设，经国家标准化技术委员会批准及时调整了全国渔船标准化技术委员会的组成，初步确定下一个时期委员会的工作方向和思路，设立了渔船装备、清洁能源和电力推进、玻璃钢4个工作组和1个玻璃钢产业联盟，开展了LNG清洁能源、渔船电力推进系统和LED集鱼灯替代光源等新能源、新材料、新技术、新装备在渔船上的应用研究。

二、渔船标准体系的建立和完善

2003年，由于我国渔业逐步实行保护、合理利用渔业资源，控制捕捞强度的政策，渔船的发展出现了数量的负增长，作业范围由内陆水域扩大到远洋。造船材料由多种材质向着钢质、玻璃钢材料复合应用发展，多品种的混合捕捞向着有选择的捕捞发展，捕获物的保鲜追求及时加工、短期有效。由此，渔船的建造、维修和发展也走向此轨道。根据行业的发展，渔船现行标准体系中对新材料渔船规划不足，在2003年给予了修订。

2009年，全国渔船标准化技术委员会借鉴国内外标准体系建设的经验，围绕《中长期渔业科技发展规划》，立足5—10年的渔船发展的需求，以“国家标准化体系建设工程”为模式，对渔船标准体系表再次进行调整修订。一是对标准体系框架结构进行补充、创新性调整，将专业分类细化，增加基础管理、国际、国内以及地方相关标准信息；二是在现行标准的基础上增加政策导向性、有发展趋势、有市场影响、切合检验管理要求的技术标准以及采标信息。

2013 年，全国渔船标准化技术委员会进一步发挥渔船标准制定对渔船安全检验的支撑作用。搜集整理渔船标准储备项目 100 多项，完成 2014 年渔船标准项目申报准备工作，顺利完成委员会换届工作，加强了秘书处工作，有序开展渔船标准体系修改完善工作。并结合行政审批制度的改革，面对新形势，转变工作思路，积极探索在加强对渔船修造企业的能力提升和监管等方面工作，用标准的制定和执行替代传统的行政审批手段。

2014 年 10 月，农业部渔业船舶检验局组织编写《远洋渔船检验及船用产品认可行政审批项目审批标准规范》，对国内海洋渔业船舶检验证书及技术文件格式和内容进行了优化调整。11 月 6 日，面向沿海各省、自治区、直辖市渔业船舶检验局下达征求新版《国内海洋渔业船舶检验证书》及技术文件（征求意见稿）意见。12 月，农业部根据《中华人民共和国行政许可法》和有关法律法规规章的规定，以及《农业部行政审批服务标准化建设行动方案》《农业部行政审批服务标准化建设试点项目实施方案》安排要求，就现有渔业和渔船检验行政审批项目编制了《船网工具控制指标（更新改造）审批标准》等 18 项审批标准（农业部第 14 批行政审批服务标准）。

2015 年，全国渔船标准化技术委员会积极推进“四新”在渔船标准化工作中的应用，加强渔船技术标准制修订工作的监督和质量把关。审查通过了国家标准 1 项、行业标准 4 项，完成了 2016 年标准项目申报和评审，共有 9 项标准通过评审；积极推动渔船标准走向国际化的研究与跟踪。

2016 年，全国渔船标准化技术委员会清理现有标准，建立健全渔船标准体系。一是对强制性标准和推荐性标准进行了复审。按照国家标准化技术委员会“通过废止一批、转化一批、整合一批、修订一批”，实现“一个市场、一条底线、一个标准”的强制性标准的精简整合要求，通过对现有渔船标准进行梳理，将《浸水保温服》《海洋渔船稳性报告书》两项强制性标准转化为推荐性标准，通过在《渔船法定检验规则》中引用的方式实现标准的强制性作用；对 153 个现行及正在制定的渔船推荐性标准开展了复审，向国家标准化技术委员会提出了“继续有效 90 项，修订 55 项，协调 5 项，废止 3 项推荐性标准”的建议，为下一步编制标准体系奠定了基础。二是组织清洁能源、电力推进工作组及玻璃钢联盟开展各自技术领域的标准体系研究。开展“清洁能源渔船标准体系建设研究”项目，编制体系框图，列出储备标项目目录；开展“电力推进渔船标准体系建设研究”项目，结合产业发展需求，提出电力推进渔船标准体系的研究范围和构建思路，研究电力推进渔船技术标准体系框架和标准目录，提出体系规划建议、重点标准项目前期研究计划、实施推广建议；开展“玻璃钢渔船产业技术发展联盟标准体系”，按照国家深化标准化工作改革对推进团体标准要求，研究提出我国玻璃钢渔船产业技术发展联盟标准管理办法。三是委托中国船舶重工集团公司第七一四研究所开展了《渔船标准国际化重点项目研究》，明确了渔船领域标准国际化的重点方向，提出了 2 项拟由我国主导制定的渔船国际标准项目，完成了框架和推进思路及实施方案，并利用 ISO/TC8 会议等机会推进相关工作。

全国渔船标准化技术委员会加强组织协调，提高标准制修订质量。一是组织专家通过实地调研、技术研讨、立项论证、广泛征求意见的方式，完成了 2016 年的渔船标准制定项目，确保标准选项符合渔业产业的技术发展需求。加上 2016 年农业部下达的 8 项渔船行业标准制修订项目，2016 年制定的标准达 27 项，当年完成 7 项，并在 2016 年全国渔船标准化技术委员会的工作年会上通过了审定。申报 2017 年标准制修订指南项目 7 项，其中 3 项获得推荐立项。二是组织开展了多项新能源、新技术、新材料、新工艺在渔船上应用的研究和开发。如“渔船 LED 集鱼装置性能评价”“小型电推渔船开发应用效果分析”“聚乙烯渔船生产工艺研究”等，推进“四新”应用，引领渔船建造技术发展。

2017 年，全国渔船标准化技术委员会紧紧围绕渔业“调结构、转方式”的总体目标，充分考虑影响渔船安全、节能、环保的构件、产品制造和检测，并融入渔船信息化标准的建立，按照“统筹规划、合理布局、重点突出、以点带面”的要求，遵循“立足当前、面向长远，立足国内、面向世界、提升水平”的原则，对标准体系又进行了修订。

第六节　渔船检验技术支撑机构

一、技术支撑机构

渔船检验监督管理技术支撑体系建设是促进渔船检验工作改革与发展的一项基础性工作。农业部渔业船舶检验局审核了农业部渔业船舶检验局渔船安全研究中心、农业部渔业船舶检验局审图中心等技术支撑机构，批准上海海洋大学为渔船用柴油机型谱审核专家委员会秘书处挂靠单位。

2011 年 8 月，农业部渔业船舶检验局与大连海事大学、大连海洋大学等大专院校联合成立了渔船公约应对研究工作组，启动了对策研究工作，重点解决我国渔船的安全技术状况与公约实质性要求进行对比研究，提出渔船技术法规的修改意见，分析我国加入《国际渔船安全公约》的利弊，提出符合国家利益的可行性应对方案，为我国渔船与《国际渔船公约》要求接轨提供支撑。

2013 年，农业部渔业船舶检验局加强与海洋船舶科研院所在渔船安全技术发展的合作共建。与大连海洋大学共建成立了渔船安全研究中心，重点加强渔船安全评价研究、渔船安全管理研究和渔船装备安全技术研究；与中国水产科学研究院在渔业机械仪器研究所共建国家渔业船舶审图中心；组织认定了上海海洋大学等 4 所院校为检船师培训基地；与中国船级社签署了战略合作协议，启动了“国外渔业船舶船用产品检验监督管理体制机制研究”项目，为推动我国渔船安全管理和现代渔船装备技术快速发展，提升渔船安全管理水平，积极探索依托社会力量建立渔船检验技术支撑体系的有效路径。

2014 年，农业部渔业船舶检验局从引入社会化、专业化力量和市场化机制着手，整合利用现有行业力量和社会资源，构建布局科学、衔接协调的渔船检验及监督管理支撑保障格局，科学布局技术支撑体系建设，推动形成渔船检验执法监督工作合力，为各项工作开展提供了有效支撑。与中国船舶重工第701研究所合作共建渔船规范研究中心，结合国际公约和国际国内渔船技术发展开展技术法规研究，承担了《天然气燃料动力渔船检验指南》起草、《氨制冷安全技术标准》修订、国内渔船法规与国际稳性规则对远洋渔船完整稳性要求对比分析等多个项目；联合中国水产科学研究院渔业机械仪器研究所联合局审图中心（上海），聘请多位业内资深专家及专业人员开展图纸审查，并结合审图开展技术法规支撑研究，完成了6艘渔政船、海南4种船型渔船、上海2种船型渔船的图纸技术审查。依托大连海洋大学共建渔船安全研究中心，借助高效科研力量开展渔船安全评价、安全管理和装备安全技术研究，完成了山东2艘和河北1艘LNG-柴油双燃料渔船改造实验的安全评价，推动新能源、新材料、新技术上渔船。这些技术支撑机构发挥自身优势，从规则规范、图纸审查、安全评价等不同角度，为我国渔船安全管理和现代渔船装备技术快速发展提供了全方位的技术支撑。

二、制定《技术支撑机构管理办法》

随着技术支撑机构的逐渐增多，其管理问题提上议事日程。2016年，农业部渔业船舶检验局委托上海海洋大学制定《技术支撑机构管理办法》。7月12—16日，《技术支撑机构管理办法》课题组沙锋、王永鼎、乐家华、崔秀芳、初文华等前往山东、大连等地，对农业部渔船检验局在蓬莱中柏京鲁船业有限公司、山东省北海船舶技术咨询有限责任公司、大连海洋大学等单位所设立的技术支撑机构实地调研，并与各个机构负责人等就《技术支撑机构管理办法》进行座谈交流。2016年底，形成《技术支撑机构管理办法》征求意见稿。

第十章　港澳台地区的检验业务合作

2004 年 9 月 22—24 日，在农业部与国际海事组织（IMO）共同举办的北京“促进国际渔船安全公约 1993 年议定书实施讲习班”上，香港特别行政区海事处、澳门特别行政区港务局、农业部渔业局、农业部渔业船舶检验局在北京亮马河大厦就渔船管理中渔船检验、船员培训、海难救助及建立统一的区域性标准等问题进行了交流和讨论，并签署会议纪要。“三地”代表一致同意建立定期会议制度，每年一次；同意建立应急处理、联络机制；同意轮流举办渔船安全管理工作会议。

一、内地与香港渔船检验部门的交流

内地与香港在渔船检验方面的合作交流包括建立并完善香港渔船委托检验工作制度、强化技术法规和检验工作程序交流、就共同关心的国际公约进行讨论、不定期交换技术文件并相互支援技术法规建设、建立联络员制度等。2006 年 8 月，中华人民共和国渔业船舶检验局与香港特别行政区海事处在北京召开内地与香港渔船检验第一次定期会议，启动了定期会议机制。定期会议每年在内地或香港召开，到 2010 年共举办了 5 次。

2007 年 1 月 2 日，香港《商船（本地船只）（安全及检验）规例》生效，1 月 19 日，中华人民共和国渔业船舶检验局接受香港特别行政区海事处委托受理内地建造的香港流动渔船钢质渔船的所有定期检验，检验根据香港《商船（本地船只）（安全及检验）规例》及有关工作守则的要求进行，具体检验工作由广东渔业船舶检验局承担，承担检验任务的验船师须由中华人民共和国渔业船舶检验局按照香港特别行政区海事处处长签署的《就执行本地船只检验对政府当局的承认》要求提名方可从事委托检验。2007 年 6 月，广东受理了 2 艘持有香港牌照的钢质渔船的定期检验工作。

2008 年 1 月，农业部渔业船舶检验局与香港特别行政区海事处举行第三次定期会议，双方就自 2006 年 1 月建立定期会议机制以来，在渔业船舶检验政策法规、专业技术业务、香港渔船委托检验等方面开展了富有成效的交流。双方就继续推进香港渔船委托检验工作，进一步加强双方在技术法规、图纸审查、检验业务等方面的交流与合作交换了意见。

2008 年 1 月 2 日，香港方面将内地建造或首次在香港领牌及改装的香港钢质渔船正式委托国家渔业船舶检验局检验。3 月 28 日，广东渔业船舶检验局的验船师签署了 43 米香港钢质渔船“CHEUNG KAM WING”的委聘通知书，并在汕尾市红海湾万冲船舶修造有限公司开始对该船实施建造检验，全部检验项目检验合格后，于 2009 年 1 月 8 日签署了该船的“检验声明书”，完成了广东受理检验的第一艘新建造香港钢质渔船的检验工作。

2009 年 1 月，香港流动渔船木质渔船纳入委托检验范围。

2010 年，3 年委托期满后，双方委托检验合作继续，委托期限由原来的 3 年增加到 5 年。委托检验地区已由广东省扩大到浙江、福建两省。

2010 年至 2011 年上半年，内地共检验香港籍渔船 300 艘，其中浙江省检验建造渔船 4 艘，福建省检验建造渔船 1 艘，广东省检验 295 艘（新建钢船 25 艘，年度检验钢船 81 艘、木船 189 艘；2010 年 103 艘次，2011 年上半年 192 艘次），同比 2007 年至 2009 年 3 年验船总量增长 91. 1%。广东派出获提名验船师 960 多人次，开展检验的地点分布在惠州、汕尾、珠海、阳江、广州等市的船厂或码头，检验结果都得到了香港海事处的认可及签证。2010 年，中华人民共和国共提名验船师 55 名，其中浙江省 19 名、福建省 21 名、广东省 15 名。加上 2007 年提名的广东省 28 名验船师，共有提名验船师 83 名。

2011 年 1 月 18 日，香港召开本地船只咨询委员、本地船只检验工作小组第八次会议，应香港特别行政区海事处的邀请，广东渔业船舶检验局刘凯军副局长一行 3 人参加了此次工作会议。为总结交流香港籍渔船委托检验工作情况，深入探讨渔船检验管理机制，加强双方进一步合作，2011 年 9 月 27 日，国家渔业船舶检验局与香港特别行政区海事处在杭州召开内地与香港渔船检验第六次定期会议，双方就渔船管理、渔船检验合作、香港船舶检验机制和验船师管理与培训等进行了广泛的交流，并就未来合作有关事宜达成了共识。12 月组织人员赴港交流，来自 8 个沿海省、自治区共 27 名分管渔船检验工作的渔业行政主管领导、负责渔船检验工作的相关领导和有关验船师参加了交流。

为强化粤港渔船检验工作的交流和合作，2012 年 5 月 2—4 日，广东渔业船舶检验局和香港特别行政区海事处在广州举办内地与香港渔船安全评价和培训工作交流会。国家渔业船舶检验局、广东渔业船舶检验局、浙江渔业船舶检验局、香港特别行政区海事处以及大连海洋大学等单位的 20 多位代表参加了会议。会议就如何开展香港渔船船体状况评估计划进行了深入交流，审定了 2011 年内地与香港渔船检验培训交流报告，并达成一致共识。2012 年 9 月 6 日，就在广东建造未经渔业船舶检验局检验的香港籍渔船签发临时行证书有关事宜，召开了粤港渔船检验工作交流例会。

2013 年 3 月 22 日，2013 年第一次香港玻璃钢渔船现场检验交流会召开，会议回顾了 2012 年香港渔船委托检验工作情况，明确了香港玻璃钢渔船委托检验工作程序和要求，就香港玻璃钢渔船有关检验业务进行了现场检验示范。5 月 28 日，召开了第二次香港玻璃钢渔船现场检验交流会，会议明确了香港玻璃钢渔船有关检验要求，就香港玻璃钢渔船图纸审查和试板检验等进行了现场检验交流。11 月 20 日，召开了第三次香港玻璃钢渔船现场检验交流会，就玻璃钢渔船图纸审查工作进行了交流。

2013 年 6 月 18 日，农业部渔业船舶检验局召开了建立内地、香港、澳门三方渔船检验合作机制的请示名单确立会议。7 月，内地、香港、澳门举行第一次渔船检验管理合作会议。12 月 30 日，广东局与香港特别行政区海事处召开香港流动渔船安全监管交流会，就流动渔船航区、载员和携带危险品等的情况，以及加强对流动渔船的安全监管进行交流和探讨。

2014 年 10 月 29—31 日，农业部渔业船舶检验局与香港特别行政区海事处、澳门特别行政区海事及水务局就港澳流动渔船按照内地渔船同等安全标准、同等要求实施安全检验监管进行磋商一致，形成了《关于渔船检验管理合作会议纪要》。

2015 年 12 月 15 日，内地与香港、澳门第三次渔船检验管理合作会议在香港召开，三方围绕一年来对港澳流动渔船的管理和检验工作开展情况进行了座谈交流，针对出现的问题提出了改进措施。李昌健局长率团出席。

二、内地与澳门渔船检验部门的交流

澳门渔船数量较少，澳门回归以后，澳门渔民有来内地建造渔船，并向广东渔船检验机构申请公证检验的习惯，从 1996 年至 2006 年，仅澳门兆龙有限公司就在广东建造了二十多艘钢质拖网渔船，并向内地渔检申请公证检验。2006 年至 2009 年，由于渔业生产环境的影响，澳门无新船到内地建造。2010 年以后，有 6 艘澳门渔船在内地申请建造检验。

广东、澳门两地渔船检验部门长期保持着渔船检验业务上的沟通和联系，双方合作一直采取公证检验的模式。2010 年 1 月 20 日，应澳门特别行政区港务局的要求，农业部渔业船舶检验局与澳门特别行政区港务局在广州市举行渔船检验业务交流会。会上，双方就新建造渔业船舶的检验项目、检验标准、检验文件的签发以及渔船管理等基本情况进行交流，并根据目前澳门渔民船东在内地建造钢质渔船的实际情况，确立澳门渔船委托检验采取“一事一议”合作模式，具体检验工作由广东渔业船舶检验局承担。同时明确制定澳门渔船委托检验工作预案和程序，建立联络员制度。因澳门无本地检验规则，检验依据为内地检验规则。

2010 年 1 月 20 日，应澳门特别行政区港务局的要求，农业部渔业船舶检验局与澳门港务局在广州市举行渔船检验业务交流会。会上，双方就新建造渔业船舶的检验项目、检验标准、检验文件的签发以及渔船管理等基本情况进行交流，并根据目前澳门渔民船东在内地建造钢质渔船的实际情况，初步商定采取“一事一议”的方式进行检验业务的合作比较合适。

2011 年 11 月 11 日，广东省渔政总队与澳门特别行政区港务局在珠海市召开工作座谈会，双方就加强在海洋监察执法及渔船管理等方面的合作深入交换了意见，粤澳双方就粤澳跨境海洋工程联合监管、澳门本岛填海项目监管、澳门向海洋倾倒废弃物、陆源污染对澳门周边海洋环境影响、海洋污染事件和赤潮等自然灾害事件、建立粤澳渔船管理信息交流平台等议题进行了深入的讨论和协商。

2013 年 1 月 31 日，广东省渔政总队与澳门特别行政区港务局在珠海市召开渔船管理工作座谈会，会议就加强澳门流动渔船委托检验交流，渔船安全设备配备和 MMSI（船台识别码）管理，渔船船员培训、发证和渔船最低安全配员，渔船海事意外调查、通报及合作事项等进行了深入的交流，并达成一致共识。

三、内地与香港、澳门三方渔船检验管理合作会议

2013 年 7 月 24 日，农业部渔业船舶检验局与香港特别行政区海事处、澳门特别行政区

海事及水务局第一次渔船检验管理合作会议在银川召开，三方对近年来港澳流动渔船的检验合作进行了回顾，三方同意建立渔船检验管理合作机制开展更广泛领域的合作，应港澳方面的请求，农业部渔业船舶检验局同意指定内地相关检验机构，按香港现行程序规定及香港安全要求与内地有关标准承担香港玻璃钢渔船的检验任务，参照内地颁布或认可的法规、标准承担在内地建造澳门籍渔船的检验等。国家渔业船舶检验局局长李杰人、香港特别行政区海事处处长廖汉波、澳门特别行政区海事及水务局副局长黄锦辉出席会议，广东渔业船舶检验局副局长刘凯军与会。

2014 年 10 月 30 日，农业部渔业船舶检验局与香港特别行政区海事处、澳门特别行政区海事及水务局第二次渔船检验管理合作会议在澳门召开，三方认为渔船检验管理合作发展良好、造福渔民，愿在更广泛领域继续深化合作，农业部渔业船舶检验局同意继续受理香港籍、澳门籍渔船检验，期限为 5 年，三方同意凡是进入内地海域生产作业的港澳流动渔船纳入广东省渔船安全监管体系的原则，并对港澳流动渔船按照内地渔船同等标准、同等要求实施安全检验监管进行磋商，就港澳流动渔船管理原则、安全生产设备配备、最高乘员限额与航区核准、检验周期、分类管理、签发检验证明书或安全检查证明书、严禁装载汽油危险品及纳入检验管理过渡期达成共识，签署了《关于渔船检验管理合作会议纪要》。国家渔业船舶检验局局长李杰人、香港特别行政区海事处助理处长王世发、澳门特别行政区海事及水务局局长黄穗文出席会议，广东省海洋与渔业局副局长、广东渔业船舶检验局局长白桦与会。

2015 年 12 月 15 日，农业部渔业船舶检验局与香港特别行政区海事处、澳门特别行政区海事及水务局第三次渔船检验管理合作会议在香港召开，三方围绕一年来积极落实港澳流动渔船纳入广东省渔船安全生产监管体系的有关要求等港澳流动渔船的管理和检验工作开展情况进行了交流，重点商谈坚持以各方较高检验标准要求为准以避免港澳流动渔船重复检验，在过渡期内内地按照“新船新办法，老船老办法”的原则及有关要求对港澳流动渔船（赴西沙、南沙作业的除外）实施安全监管检查，并签发《港澳流动渔船安全检查证明书》，港澳流动渔船纳入广东省渔船安全生产监管体系的过渡期限延长至 2018 年 12 月 31 日等，以及明确建立工作小组协调工作机制、内地与澳门签署渔船检验管理合作框架协议等下一步合作交流计划。国家渔业船舶检验局局长李昌健、香港特别行政区海事处助理处长王世发、澳门特别行政区海事及水务局副局长曹赐德出席会议，广东省海洋与渔业局副局长、广东渔业船舶检验局局长白桦、浙江渔业船舶检验局副局长祝航与会。

2016 年 12 月 1 日，农业部渔业船舶检验局与香港特别行政区海事处、澳门特别行政区海事及水务局第四次渔船检验管理合作会议在江苏南京召开，三方对一年来的合作情况进行了回顾，围绕港澳流动渔船检验证书适航区域问题、港澳流动渔船“一船一检”便民措施等进行了交流。国家渔业船舶检验局总工程师唐金龙、香港特别行政区海事处助理处长何永康、澳门特别行政区海事及水务局副局长曹赐德出席会议，江苏省海洋与渔业局副巡视员赵钧、江苏渔业船舶检验局局长胡永生、广东渔业船舶检验局副局长王汉高与会。

2017 年 10 月 10 日，农业部渔业船舶检验局与香港特别行政区海事处、澳门特别行政区海事及水务局第五次渔船检验管理合作会议在澳门召开，三方对一年来的合作情况进行了回顾，主要对内地停征检验费后的港澳流动渔船检验收费、检验性质、澳门流动渔船坞检周期及香港流动渔船“一船一检”法规修订进展等问题进行了交流。农业部渔业船舶检验局副局长钟小金、香港特别行政区海事处助理处长何永康、澳门特别行政区海事及水务局局长黄穗文出席会议，广东渔业船舶检验局副局长王汉高与会。

四、赴台湾执行境外产品检验

2014 年，根据《中华人民共和国渔业船舶检验条例》，农业部渔业船舶检验局受理台湾庆富造船股份有限公司、台湾国际航电等企业的船用产品认可及产品检验的申请，对该公司船用产品进行现场检验，核验其在渔船上使用的安全性。

第十一章 国际交流

第一节 参加国际海事组织活动

一、参加修订《渔船和渔民安全规则》和《小型渔船设计、建造和设备自愿性指南》

《渔船和渔民安全规则》和《小型渔船设计、建造和设备自愿性指南》是国际劳工组织（ILO）联合国际海事组织（IMO）、国际粮农组织（FAO）研究拟订的关于渔船和渔民安全方面的使用规则，分别于1975年、1979年出台。1998年，ILO、IMO和FAO再次合作，开始对“规则”和“指南”进行修订。我国从1999年开始派员参加《渔船和渔民安全规则》和《小型渔船设计、建造和设备自愿性指南》的修订工作，准备了《渔船和渔民安全规则》B部分和《小型渔船设计、建造和设备自愿性指南》第4章的初始文本，并积极跟踪、了解《渔船和渔民安全规则》和《小型渔船设计、建造和设备自愿性指南》的修订情况，为《渔船和渔民安全规则》和《小型渔船设计、建造和设备自愿性指南》的修订做出了应有的努力。

1999年2月8—12日，国际海事组织（IMO）稳性、载重线和渔船安全分委会（SLF）第42次会议在伦敦召开。农业部渔业船舶检验局2人参加会议。大会决定成立通讯组，以继续完成修订《渔船和渔民安全规则》B部分和《小型渔船设计、建造和设备自愿性指南》，我国加入该通讯组并具体承担了机电部分这一章的修改工作，后于1999年9月向通讯组提交修改稿。

2000年9月11—15日，国际海事组织（IMO）稳性、载重线和渔船安全分委会（SLF）第43次会议在伦敦召开。农业部渔业船舶检验局2人参加会议。大会成立工作组和通讯组，继续讨论修订《渔船和渔民安全规则》B部分和《小型渔船设计、建造和设备自愿性指南》。

2001年9月17—21日，国际海事组织（IMO）稳性、载重线和渔船安全分委会（SLF）第44次会议召开。农业部渔业船舶检验局2人参加会议。大会成立《渔船和渔民安全规则》和《小型渔船设计、建造和设备自愿性指南》修订通讯组，我国继续参加通讯组。

2002年7月22—26日，国际海事组织（IMO）稳性、载重线和渔船安全分委会（SLF）第45次会议召开。农业部渔业船舶检验局3人参加了会议。大会批准成立《渔船和渔民安全规则》修订非正式起草组，起草组与大会同步进行。我国参加了《渔船和渔民安全规则》

修订起草组的工作。

2003 年 9 月 8—16 日，国际海事组织（IMO）稳性、载重线和渔船安全分委会（SLF）第 46 次会议召开。农业部渔业船舶检验局 2 人参加了会议。我国作为“《渔船和渔民安全规则》和《小型渔船设计、建造和设备自愿性指南》的修订”特别工作小组成员，承担了渔船安全的机电部分的修订工作，并对渔船安全的船体等其他技术方面的要求做了大量审核工作。

2004 年 9 月 13—17 日，国际海事组织（IMO）稳性、载重线和渔船安全分委会（SLF）第 47 次会议召开。农业部渔业船舶检验局 2 人参加会议。我国参加了《渔船和渔民安全规则》和《小型渔船设计、建造和设备自愿性指南》工作组，并就浸水保温服的配备问题在大会发言。本次工作组会议共有 19 个成员国、1 个联合国专门机构（粮农组织）、1 个政府间组织（欧盟）和 2 个非政府间组织的代表、观察员出席。工作组会议完成了《渔船和渔民安全规则》和《小型渔船设计、建造和设备自愿性指南》的最终修订工作。

二、参与《小型渔船安全建议》的起草

《小型渔船安全建议》是国际海事组织（IMO）起草的又一项渔船安全标准，该标准起草后，国际海事组织（IMO）关于渔船安全的标准已覆盖了所有尺度的渔船。2005 年 9 月 12—16 日，国际海事组织（IMO）稳性、载重线和渔船安全分委会（SLF）第 48 次会议召开，农业部渔业船舶检验局派 2 人参加。根据国际粮农组织（FAO）的提议，大会成立小型渔船安全标准起草组，我国参加起草组。在会议上，起草组初步审议了小型渔船安全标准的内容，并将各篇章的编写任务分配给闭会期间的小型渔船安全通讯组的各国成员。我国未承担具体篇章的编写任务，但参加了通讯组，可以随时沟通反映意见。

小型渔船安全通讯组先后于 2006 年 3 月、4 月召开两次会议，但我国未派代表参加。2006 年 7 月 19—21 日、24—28 日，小型渔船安全通讯组第三次会议和国际海事组织（IMO）稳性、载重线和渔船安全分委会（SLF）第 49 次会议分别召开。小型渔船安全通讯组第三次会议对通讯组起草的小型渔船安全标准进行详细审议并作了较多修改，针对争论较多的能否用手机代替无线电设备这一问题，我国代表介绍了我国技术法规中的要求，说明我国渔船必须配备无线电设备。随后，国际海事组织（IMO）稳性、载重线和渔船安全分委会（SLF）第 49 次会议上建立工作组，审议通讯组提交的小型渔船安全标准，决定继续建立通讯组，完成标准起草。农业部渔业船舶检验局派 2 人参加通讯组和大会工作组的会议。

2007 年 4 月 25—27 日、4 月 30 日—5 月 4 日，小型渔船安全通讯组会议和国际海事组织（IMO）稳性、载重线和渔船安全分委会（SLF）第 50 次会议分别召开。小型渔船安全通讯组完成了《小型渔船安全建议（草案)》，通讯组会议对草案进行讨论，做了 130 余处内容和文字修改，我国代表团提出的近 20 处修改建议得到会议采纳。随后，国际海事组织（IMO）稳性、载重线和渔船安全分委会（SLF）第 50 次会议上建立工作组，审议《小型渔船安全建议（草案)》，决定继续建立通讯组以完善《建议》。农业部渔业船舶检验局派 2 人参加通讯组和大会工作组的会议。

2008 年 7 月 7—11 日、14—18 日，小型渔船安全通讯组会议和国际海事组织（IMO）稳性、载重线和渔船安全分委会（SLF）第 51 次会议分别召开。通讯组会议和大会工作组会议继续讨论修改和审议《船长小于 12 米甲板渔船和非甲板渔船安全建议（草案）》（即原《小型渔船安全建议（草案）》）。并决定启动编写《实施〈渔船和渔民安全规则（B 部分）〉〈小型渔船设计、建造和设备自愿性指南〉和〈安全建议〉的指南》。农业部渔业船舶检验局派 2 人参加通讯组和大会工作组的会议。

2009 年 3 月 16—20 日，国际海事组织（IMO）船舶设计与设备分委会（DE）第 52 次会议在伦敦召开，大会成立了工作组，审议《安全建议》中关于设计、设备方面的内容。农业部渔业船舶检验局派员参加工作组。

2010 年 1 月 25—29 日，国际海事组织（IMO）稳性、载重线和渔船安全分委会（SLF）第 52 次会议上，再次成立工作组审议《船长小于 12 米甲板渔船和非甲板渔船安全建议》，并讨论修改《实施〈渔船和渔民安全规则（B 部分）〉〈小型渔船设计、建造和设备自愿性指南〉和〈安全建议〉的指南》。农业部渔业船舶检验局派员参加工作组。2011 年 1 月 10—14 日，在英国伦敦召开的国际海事组织（IMO）稳性、载重线和渔船安全分委会（SLF）第 53 次会议，在上一次会议的基础上，再次审议了上述实施指南的内容，分委会原则通过了上述实施指南，并提交国际海事组织（IMO）海上安全委员会第 89 届会议批准后颁布实施。

三、积极准备应对《国际渔船安全公约 1993 年议定书》生效

我国 24 米以上的渔船数目巨大，2004 年向国际海事组织（IMO）报送了渔船数目，令国际海事组织（IMO）感到吃惊，并认为《国际渔船安全公约 1993 年议定书》能否生效关键在于我国。2005 年 1 月 13 日，国际海事组织（IMO）秘书长 E. E. Mitropoulos 先生致函我驻英大使馆海事处，希望我国考虑尽早加入《国际渔船安全公约 1993 年议定书》，以推动该议定书早日生效。此外，在多次国际海事组织会议间，国际海事组织（IMO）都在不断提出希望我国尽早加入议定书。

为做好我国加入《国际渔船安全公约 1993 年议定书》的准备，农业部渔业船舶检验局不但在《渔业船舶法定检验规则》中引入议定书的要求，还组织了一些专题研究和讨论。为了了解国际海事组织（IMO）的工作程序，农业部渔业船舶检验局派法规技术监督处副处长郑松传同志于 2003 年 9 月到 2004 年 9 月到国际海事组织（IMO）学习工作一年。2005 年 9 月，在辽宁省丹东市召开 1993 年托雷莫里诺斯议定书专题座谈会，课题组成员，沿海各省渔业船舶检验局、有关远洋渔业公司代表 40 多人参加会议。2010 年 9 月 1—3 日，在北京举办《国际渔船安全公约 1993 年议定书》中日韩研讨会，三个国家渔船检验部门的代表立足于中日韩渔船的现状和特点，对议定书的修订进行深入研究和讨论。

我国渔船在一些方面与议定书的要求存在一定差距，因此我国在国际海事组织（IMO）的会议上极力维护国家利益。在 2008 年的国际海事组织（IMO）稳性、载重线和渔船安全分委会（SLF）第 51 次会议小型渔船安全工作组会议上，我国代表建议：把议定书的适用

范围，即适用于船长大于或等于24米的所有海洋渔船，修改为仅适用于船长大于或等于24米的非国内作业的海洋渔船。这一建议引起了工作组重视，并在将要发往各国的调查表上加入了这样一条：如果议定书的适用范围修改为仅适用于公海或其他国家海域作业的渔船，是否能加快你们国家批准议定书的议程？

2011年4月18日，农业部渔业船舶检验局决定派员参加国际海事组织（IMO）海上安全委员会（MSC）第89次会议。在2011年5月召开的海上安全委员会（MSC）第89次会议上，通过了旨在促进《国际渔船安全公约》生效的《实施公约的协议（草案）》，该协议草案设定的生效条件较低并缺乏普适性，我国代表在MSC89届会议上口头表达了该观点。

国际海事组织（IMO）海上安全委员会（MSC）第90次会议于2012年5月16日至25日在英国伦敦召开，交通运输部组团参会，农业部由渔业局和渔船检验局派员与会。会议涉及渔船安全的议题是第13项议题：讨论《国际渔船安全公约1993年议定书》生效实施条件以及审议稳性、载重线和渔船安全分委会（SFL）第54次会议报告。在此议题下我国提交了“关于对协议草案的修订建议及对公约技术条款修订的意见”的提案。

《国际渔船安全公约1993年议定书》于1993年通过，因技术原因一直未生效。我国是渔船大国，渔船总数约占世界的1/4，但我国的渔船安全技术状况与《国际渔船安全公约》的要求尚存较大差距，主要因素有：一是2011年渔船安全评价初步结果显示，有超过50%的渔船满足不了《国际渔船安全公约》的技术要求；二是渔船船员的英语水平存在障碍；三是渔船PSC检查准备不足。我国尚不具备加入《国际渔船安全公约》的技术条件，近年来国际海事组织（IMO）不断对我国施压，敦促我国加入该公约。国际海事组织（IMO）为促进《国际渔船安全公约》的尽早生效，拟采取协议的方式来推动《国际渔船安全公约》生效。农业部渔业船舶检验局赴英国参加国际海事组织（IMO）海上安全委员会（MSC）第90次会议，提交了“关于对协议草案的修订建议及对公约技术条款修订的意见”的提案。农业部渔业船舶检验局组织有关专家开展了“应对国际渔船安全公约生效的对策”的课题研究工作，填补了国内对于国际渔船安全公约研究的空白，对于我国政府应对公约生效提供了重要参考价值。

四、配合打击非法、不报告和不管制（IUU）捕捞行动

2000年10月9—11日，农业部渔业船舶检验局派员参加了由联合国粮农组织（FAO）和国际海事组织（IMO）在罗马联合召开的“关于非法、不报告和不管制（IUU）捕捞及相关事项第一次联合工作组会议（JWG）”。

2001年，我国已经签发检验证书的远洋渔船有1200多艘，作业渔船遍布世界各地，长期在境外作业的中国籍渔船有300多艘。为了配合国际打击非法、不报告和不管制（IUU）行动实施，避免我国渔船被他国滞留，我国首次将远洋渔业船舶检验证书样本通过国家外交照会形式通报国际海事组织和60多个国家和地区，确保了持有中华人民共和国渔业船舶检验证书的远洋渔业船舶在世界各国海域航行作业的合法性。

2007年7月16—18日，农业部渔业船舶检验局派员参加了由联合国粮农组织（FAO）

和国际海事组织（IMO）在罗马联合召开的“关于非法、不报告和不管制（IUU）捕捞及相关事项第二次联合工作组会议（JWG）”。

五、举办“促进国际渔船安全公约1993年议定书实施”讲习班

2004年9月21—24日，由我国农业部和国际海事组织（IMO）共同举办的“促进国际渔船安全公约1993年议定书实施讲习班”在北京召开，这是我国首次承办大型渔船检验国际性活动。举办讲习班旨在确定各国在考虑实施《国际渔船安全公约1993年议定书》时所遇到的任何困难，尽力寻找解决困难的办法，以便促进《国际渔船安全公约1993年议定书》的实施和最终生效。

来自东南亚地区的中国、马来西亚、韩国、日本、泰国、缅甸、印度尼西亚、菲律宾、越南以及俄罗斯等12个国家和地区负责渔船安全的代表共30人参加了讲习班。我国农业部渔业局、交通部海事局及农业部渔业船舶检验局的代表参加了讲习班。此外，农业部渔政指挥中心、有关院校及我国部分省、市渔业船舶检验机构和远洋渔业企业的代表近30人列席旁听。在讲习班的开幕式上，张合成局长阐述了我国积极应对公约要求的态度及我国加入公约存在的困难。国际海事组织（IMO）代表感谢我国政府承办了此次讲习班，并强调《国际渔船安全公约1993年议定书》对保障渔船、船员安全的重要性，呼吁各国政府积极推动《国际渔船安全公约1993年议定书》的生效进程。讲习班期间，国际海事组织（IMO）专家和国际粮农组织（FAO）专家进行专题讲座，讲授的内容主要包括海上渔业状况，渔业行业的重要性，渔船与商船的比较，渔业管理和渔船、渔民安全的关系及《国际渔船安全公约1993年议定书》的生效对渔业的好处，《国际渔船安全公约1993年议定书》发展历史等。讲习班成立技术工作组和法律工作组，就有关《国际渔船安全公约1993年议定书》的技术和法律问题进行讨论。

此次讲习班的成功举办，首先使国际海事组织（IMO）能够充分了解到东亚地区各方特别是我国对加入《国际渔船安全公约1993年议定书》的态度和实际困难，同时也使我国了解到与会各方对加入《国际渔船安全公约1993年议定书》的态度以及国际海事组织（IMO）对加入《国际渔船安全公约1993年议定书》的操作情况。其次使我国国内相关职能部门以及渔业企业能够充分了解到《国际渔船安全公约1993年议定书》的重要性以及我国渔船安全状态面临的严峻形势。再次，对提高我国在国际渔船界的知名度、积极参与国际渔船事务、促进我国渔船安全工作及密切我国与国际海事组织（IMO）及东南亚渔船检验机构的关系都大有好处。

第二节　与其他国家的交流

在2005年国际海事组织（IMO）稳性、载重线和渔船安全分委会（SLF）第48次会议期间，韩国代表与我国和日本代表交谈时提议，中日韩都是渔船大国，船型相近，可以建立

某种形式的定期会晤机制。后中华人民共和国渔业船舶检验局与大韩民国船舶安全技术局成功建立了定期渔船安全技术交流会机制。2006 年 7 月 5 日，应中华人民共和国渔业船舶检验局邀请，大韩民国船舶安全技术局理事长金性奎率团来访。双方召开了第一次中韩渔船安全技术交流会议，签署了《技术合作意向书》。此后，2007 年 11 月 26—30 日在韩国、2009 年10 月 26—30 日在中国、2010 年 4 月 26—30 日在韩国，双方又举办了三次定期安全技术交流会。在历次的交流会晤中，双方互相考察了对方国家的渔船检验机构、船舶修造企业、科研机构、渔港等地，开展了渔船检验技术及渔船安全管理方面的交流。

2011 年 4 月 25—28 日，中华人民共和国渔业船舶检验局与大韩民国船舶安全技术局在四川成都举行了第五届中韩渔船安全技术会议。双方就《国际渔船安全公约 1993 年议定书》立场观点，本国渔船检验机构的职能机制，船舶检验情况、渔船安全技术法规、渔船安全技术评价、渔船标准化以及玻璃钢渔船等方面的工作情况等进行了深入交流，形成了韩国渔船安全技术监督管理工作研究系列报告。中韩双方就各自的渔船检验情况、共同关心的国际渔船安全公约和今后的合作领域进行了广泛深入的沟通和交流，增进了中韩渔船界的相互了解，有利于双方渔船安全技术的相互借鉴。

2012 年 12 月 3—7 日，应大韩民国船舶安全技术局的邀请，由李杰人率团参加了第六届中韩渔船安全技术交流会。在交流会上，中韩双方就“休闲渔船安全管理以及休闲渔区管理”“渔船设计建造企业和船用产品企业的监督管理制度”“国际渔船安全公约生效的应对”三项议题进行了详尽的讨论，并交换了有关研究资料。在韩期间，我国代表团还考察了造船厂、船用柴油机制造厂、船用救生设备生产企业与船舶研究院。

第十二章　检验制服与检验收费

第一节　检验制服

渔业行政执法制服是渔政队伍外在形象的直接体现。1979 年 9 月 21 日，国家水产总局、商业部、全国供销合作总社联合下发《关于统一渔业船舶监督人员服装、帽徽和臂章的式样通知》，全国渔船检验人员开始统一着装。自统一制服以来，不同时期的渔政船检制服有着一些变化。在 1982 年、1986 年、1987 年、1995 年、2002 年、2008 年、2012 年，制服在样式、面料、制作工艺及供应品类等方面，都进行了一些改进。

农业部办公厅于 2012 年 9 月印发《农业部办公厅关于公布 2011 式渔业行政执法制服及服饰样式和定点生产资格企业名单的通知》（农办渔〔2012〕97 号），公布了 2011 式渔政制服样式、服饰样式及定点生产资格企业名单，并对新式渔政制服换装工作进行部署。2013 年 1 月 26 日，农业部渔船检验局发布关于转发《农业部办公厅关于公布 2011 式渔业行政执法制服及服饰样式和定点生产资格企业名单的通知》的通知（国渔检（财）〔2013〕15 号），对换装工作相关事宜给予强调。

2012 年 12 月 27 日，农业部渔业船舶检验局常务会议研究通过《农业部渔业船舶检验局制服及服饰着装规定》，并于 2013 年 1 月 30 日下发通知（农渔检（财）〔2013〕20 号）请各处室认真学习并遵照执行。

2017 式渔政制服的设计方案总体延用 2011 式制服样式、面料及制作工艺，同时为满足基层执法实际需要，按照“大稳定、小调整”的原则，丰富了制服供应品类，改进了部分面料和制作工艺。主要包括增加渔政执勤制服及服饰（含春秋、夏季、冬季三款执勤服，配套执勤帽、执勤鞋和执勤背包），改良内穿衬衣、制式衬衣和圆领 T 恤的制作面料，改进制式皮鞋和衣帽箱的制作材质和工艺。

第二节　检验收费

一、收费项目设立及管理情况

渔业船舶及船用产品检验收费主要包括远洋渔船检验费、船用产品检验费及审图费。1992 年，由国家发展和改革委员会（原国家计划委员会）和财政部设立。自收费项目设立以来，农业部渔业船舶检验局始终按照“依法征收、严格管理、取之于民、用之于民”的原则，为远洋渔业的发展做好渔船安全保障工作，为保障渔民生命财产安全、防止渔业船舶污染环境、促进渔业船舶节能减排、保障渔船安全和远洋渔业持续健康发展、维护国家海洋权益等发挥重要作用。

（一）严格依据国家规定标准收费

农业部渔业船舶检验局严格遵照《渔业船舶及船用产品检验计费标准》（计价格〔2000〕559号）、《国家发改委、财政部关于降低部分涉及农民负担收费标准的通知》（发改价格〔2003〕2352号）规定的标准计费，向申请人收取检验费，每年参加《收费许可证》年检，定期更换证书。根据《关于转发〈国家发展改革委财政部关于取消收费许可证制度加强事中事后监管的通知〉的通知》（农财项函〔2015〕4号），收费许可证制度取消后，农业部渔业船舶检验局加强收费台账管理，定期将上年度收费情况报送部财务司。

（二）严格收费公示制度

收费标准在行政审批大厅及局网站进行公开，接受监督。

（三）严格收费办事程序

制定《渔业船舶和船用产品检验费计收工作内部管理办法》（农渔检（财）〔2013〕100号），严格收费审核的内部工作程序。

（四）严格开具收费票据

检验费收取后，财务部门严格按照规定出具相关票据，确保及时、足额上缴国库。2010年前，农业部渔业船舶检验局使用《渔业船舶检验收费收据》，2010年后，使用《非税收入一般缴款书》《中央非税收入统一票据》。

二、收费政策沿革方式

（一）收费金额

农业部渔业船舶检验局2000年至2016年共计收取检验费2.81亿元，2016年较2000年增长434%（详见表4-10）。

2000—2016年渔业船舶检验收费情况统计表 表4-10

年份（年）	收费金额（万元）
2000	522
2001	969
2002	843
2003	800
2004	1000

续上表

年份（年）	收费金额（万元）
2005	1104
2006	1391
2007	1169
2008	1514
2009	1220
2010	1235
2011	1213
2012	1410
2013	4783
2014	3286
2015	2814
2016	2789
合计	28062

（二）收费内容

根据《渔业船舶及船用产品检验计费标准》，检验费主要包括渔船检验费（含进口、公证检验）、图纸审查费、设计单位及修造企业认可费、渔船用产品工厂认可和型式认可费、渔船用产品检验费、气胀救生筏检修站认可及检验费、船用产品检测机构认可费、全球海上遇险和安全系统设备维修站认可费。根据事权划分，农业部渔业船舶检验局主要收取远洋渔业船舶检验费、远洋渔业船舶图纸审查费、设计单位及修造企业认可费、渔船用产品工厂认可和型式认可费、气胀救生筏检修站认可费、船用产品检测机构认可费、全球海上遇险和安全系统设备维修站认可费及境外产品检验费。2013 年，国务院取消“渔业船舶设计、修造单位资格认定”行政审批，设计单位及修造企业认可费随之取消。

（三）收缴方式

渔业船舶和船用产品检验费收费属行政事业性收费。2010 年前，按照收支两条线管理方式，检验费由农业部渔业船舶检验局收取并存入基本户，定期全额上缴国库，国库按上缴金额全额返还至农业部渔业船舶检验局。2010 年，根据《农业部办公厅关于转发〈财政部关于确认农业部收入收缴管理制度改革有关事宜的通知〉的通知》（农办财〔2009〕81 号），确定“渔业船舶和船用产品检验费”实行集中汇款方式，即由农业部渔业船舶检验局收取或有关省市船检机构代收检验费后，按旬将应缴款项缴入财政部为农业部渔业船舶检验局开设的中央财政汇缴专户，农业部渔业船舶检验局开具《非税收入一般缴款书》。2016 年 12 月，根据《关于农业部非税收入收缴电子化管理有关事宜的通知》（财办库〔2016〕429 号），“渔业船舶和船用产品检验费”实施收缴电子化管理，使用财政部“非税收入管理系统”收缴，农业部渔业船舶检验局负责提供相关缴款码及开具票据。

三、收费项目的停征情况

2013 年 8 月 30 日，《关于印发渔政船检检验工作经费管理办法的请示》（农渔检（船）〔2013〕请字第 144 号），就有关检验工作经费达成协议，协议明确有关在渔政船建造工作中发生的与船检工作有相关的费用（检验工作中所发生的差旅费、交通费、补助和检验专业技术论证及协调会议费、专家费等）由船厂在专门经费中列支。为规范驻厂检验验船师在差旅费、补助、加班费及有关会议费等方面的报销支出，便于各检验组和船厂统一执行，农业部渔业船舶检验局在征求各检验组所在省渔业船舶检验机构意见的基础上，起草了《渔政船检验工作经费管理办法（暂行）》。

2014 年 4 月 15 日，农业部渔业船舶检验局根据我国渔船管理制度改革要求，发布关于废止《关于进一步规范和明确渔业船舶公证检验计费标准的通知》（国渔检〔2004〕4 号）的通告。其中，“申请远洋渔业项目的渔业船舶勘验”和“渔业船舶延期报废检验”2 个检验项目已经取消，检验计费标准随之取消。同时，该文件中尚在执行的“旧渔业船舶进口检验费”标准与《国家计委、财政部关于调整渔业船舶及船用产品检验费标准的通知》（计价格〔2000〕559 号）的具体条款无法明确对应，经研究，决定废止。

为贯彻落实党的十八届三中全会精神和国务院职能转变方案总体要求，促进检验检测行业改革发展，拟全面改革检验检测收费标准管理方式，赋予行业更多的自主定价权。2014 年 11 月 4 日，将草拟的《中央管理的检验检测收费标准管理试行办法（征求意见稿）》转给交通运输部、农业部、质检总局、食品药品监督管理总局、体育总局、测绘局财务司征求意见。

2015 年 6 月 19 日，农业部渔业船舶检验局发布《关于印发〈渔业船舶及船用产品检验项目资金管理办法（试行）〉的通知》（农渔检（财）〔2015〕116 号），进一步加大渔业船舶及船用产品检验项目检验费收缴及项目管理工作的监管力度，规范“农业检测检验检疫费用”项目资金使用。并于 8—10 月，在全国范围开展渔业船舶及船用产品检验费收缴及项目资金管理使用情况专项检查。9 月 22 日，刘晴副局长带队赴辽宁、山东两地，对与农业检测检验检疫费用相关的收费内容、标准、范围，以及收费票据管理与费用上缴等资金管理使用情况进行抽查和监督检查。

按照《财政部、国家发展改革委关于清理规范一批行政事业性收费有关政策的通知》（财税〔2017〕20 号）规定，2017 年 4 月 1 日起，渔业船舶和船用产品检验收费全面停征。据此，农业部渔业船舶检验局向各有关省、自治区、直辖市渔业船舶检验局下发《关于停征渔业船舶及船用产品检验收费有关事项的通知》（农渔检（财）〔2017〕45 号），要求各相关单位认真落实文件要求。承担远洋渔业船舶检验任务的单位应向农业部渔业船舶检验局办理财政票据缴销手续，承担国内渔业船舶检验任务的单位应向同级财政部门办理票据缴销手续。停征上述收费后，各单位应统筹做好本辖区渔业船舶检验工作经费财政保障的相关衔接工作，保证平稳过渡。现正在落实收费项目停征后的收入清缴工作。

第五篇
渔船检验 60 年成就

1957年11月1日，以山东省青岛市水产管理局签发“山东151”号渔船检验证书为标志，开启了我国渔船检验工作的新篇章。60年来，新中国渔船检验事业经历了三个阶段：1957年至1979年，探索发展阶段。这一阶段，以交通部将山东、河北两省渔船技术监督和检丈工作移交水产部门为起点，船检事业这艘大船处于“分段组装”时期。1979年至2003年，稳步发展阶段。这一阶段，以交通部、国家水产总局联合发出通知要求国内从事渔业生产和为渔业生产服务的各种船舶由水产部门船检机构执行监督检验为起点，船检事业这艘大船稳步成型，处于“船体合拢”时期。2003年至2017年，快速发展阶段。这一阶段，以《中华人民共和国渔业船舶检验条例》的颁布实施为起点，船检事业快速发展并走上法制化轨道，船检事业这艘大船，开始“扬帆远航”。

60年来，渔船检验事业历经几代船检人的艰苦奋斗，从无到有、从小到大、由弱变强，走过了一条不平凡的发展之路。渔船检验事业发展的60年正是我国渔业辉煌发展的60年。60年船检发展，见证了我国捕捞渔业的快速增长，见证了我国远洋渔业的起步与蓬勃发展，见证了渔业由以捕捞为主向以养殖为主的结构调整；60年船检发展，为保安全、防污染、护资源、促发展发挥了关键性和基础性作用，有力支撑了现代渔业和平安渔业建设。

第一章　渔船检验60年历史成就

第一节　检验法规体系日趋完备，制修订能力大幅提升

渔船检验是一项专业性技术监督工作，渔船检验技术法规是检验的依据，是事业可持续发展的法制保障，立法是基础。

一、从地方探索到零的突破

自1957年渔船检验工作移交水产部门负责后，在初期仍使用交通船检部门发布的船舶检验技术法规、规则及规范。由于渔船在技术上有别于商业交通船舶，渔船检验部门开始探索制定适应渔船技术特点的检验技术法规。最初由青岛市水产管理局制订了有关渔船检验的暂行规定10余项，大连区港务管理局制定了44kW机帆船，147kW、185kW、132kW渔轮系泊和航海试验规程等技术文件作为检验渔船的依据，直至1979年中华人民共和国船舶检验局渔业船舶分局正式成立之后，才得以组织全国力量编制国家渔船检验法规。1980年11月10日，经国家水产总局批准，颁发了第一部技术规定《渔业船舶监督检验细则》。

二、从国家立法带动地方法规建设

1986年的《中华人民共和国渔业法》明确了从事捕捞业的船舶必须经渔业船舶检验部门检验合格，方可下水作业的法律要求。此后，以《中华人民共和国渔业法》为依据，以1993年《海洋渔船安全规则》的出台为起点，全国系统性的渔船检验法规建设开始启动。1996年，农业部推动出台了《中华人民共和国渔业船舶监督管理规定》，有了总揽渔船检验工作的管理规章。到2000年，《中华人民共和国渔业法》再次修订，明确了渔业船舶检验具体管理办法由国务院规定，为渔船检验法规体系的建设提供了扎实的法律依据。农业部渔业船舶检验局配合相关单位，推动《中华人民共和国渔业船舶监督检验管理规定》修改并上升为国务院行政法规《中华人民共和国渔业船舶检验条例》（2003年颁布实施），这成为我国渔船检验事业和法规建设工作的一座里程碑。以《中华人民共和国渔业法》修订和条例的出台为契机，地方性渔船检验法规制度建设步伐也明显加快，《浙江省渔港渔业船舶管理条例》《辽宁省渔业船舶监督检验条例》等十多部渔船检验或管理相关条例相继出台。

三、从单一船舶技术法规到覆盖所有渔船技术安全

到1998年，基本形成了《海洋渔船安全规则》《渔船船用产品检验规则》《钢质海洋渔

船建造规范（1998）》《渔业船舶设计图纸审查规定》等覆盖较全面的渔业船舶检验法规体系。2017 年，按照国家渔业调结构转方式，大力推进休闲渔业的要求，开展了休闲渔船及渔业海上设施的法定检验规则的研究与编制工作。近年来，我国渔船检验技术法规、规则、规范的制修订工作步伐大大加快，覆盖更为全面，研究更加深入，专业性和权威性也得到了明显提升，逐步出台了覆盖远洋渔船、钢质海船、内河渔船、玻璃钢渔船等各类型渔业船舶的法定检验规则和建造规范 30 多部，形成了以《中华人民共和国渔业法》为母法，以《中华人民共和国渔业船舶检验条例》为主干，以各省（自治区、直辖市）地方性法规和规章及技术法规为支撑的具有中国特色的渔船检验法规建设体系，为我国渔船检验及其监督管理工作的顺利开展，奠定了坚实的法律基础。

第二节　检验队伍结构持续优化，体系建设卓有成效

体系队伍是事业发展的关键和基础。加快检验队伍体系建设，是渔船检验事业发展的战略要求。在各级政府和渔业主管部门的领导和支持下，各地始终把强化渔船检验人才培养工作摆在优先位置，不断优化队伍人才结构，统筹推进验船师人才队伍发展，全行业从几个检丈人员，发展到目前近 7000 名从业人员，检验机构基本覆盖全国。

一、建立健全机构管理制度，推进检验机构科学配置

1957 年广东、山东各地水产部门相继建立渔船管理站，配备检丈人员，直至 1979 年渔船分局第一次工作会议召开，批准大连、烟台、上海、福州和广州 5 个检验处成立，其后其他各省、区、市相继建立起渔船检验队伍。1990 年 6 月 11 日农业部设立渔业船舶检验局（1999 年 3 月 22 日，农业部渔业船舶检验局的对外名称更改为“中华人民共和国渔业船舶检验局”），在渔业船舶检验机构管理制度上不断完善，制定了检验机构认可与管理相关规定，对全国渔业船舶检验机构实行认可管理制度；明确了各机构人员配备标准；全国集中开展了渔船检验机构认可和业务核定工作，渔船检验工作体系建设管理工作全面规范铺开。渔业船舶检验机构在横向和纵向布局上都取得了较大进展，全国布局更为合理。60 年来渔业船舶检验机构数量不断增长，从无到有，从 1979 年的 6 个增长到 2016 年的 1115 个，其中，国家局 1 个，省级机构 29 个，省级直属分局机构 15 个，地市级检验机构 281 个，县级检验机构 789 个。

二、加强验船队伍管理，不断提升验船人员素质

验船师是渔业船舶检验工作的“血液”和“灵魂”。1983 年，当时的农牧渔业部印发《渔船验船人员工作职称暂行办法》，规定了渔船检验高级验船师、验船师、助理验船师和验船员的任职条件和签证权限。经过不断的探索实践，自 1998 年至 2014 年，农业部相继出台了《渔业船舶验船师资格考评管理规定》《渔业船舶验船师资格考评管理规定实施办法》

《远洋渔业船舶验船师任职管理规定》《渔业船舶验船师管理规定》《渔业船舶验船师资格考评管理办法》等管理办法和文件，对验船师职业资格等级、任职资格条件、套改办法、考评条件、考评程序、录用与考核、监督与管理、资格证书管理、培训等方面进行了规定。建立了“验船员、助理验船师、中级验船师和高级验船师”四级验船师资格等级体系，还建立了“船用产品检验资格、图纸审查资格和远洋渔业船舶检验资格”的资格辅助体系。随着验船师队伍建设管理不断规范，验船师等级结构不断优化，学历水平不断提升，专业配比更加合理，渔业船舶验船师队伍不断壮大。1979 年，渔船分局成立时，陆续配备了 5 名工作人员，1983 年渔船验船人员工作职称暂行办法实施后，1984 年 4 月共有 56 名同志被授予验船师工作职称。到 2016 年底，全国持有渔业船舶检验各级资格证书的人数为 7688 人。持证一线验船师 5598 人。其中，高级验船师 176 人，占比 3. 14%，中级验船师 803 人，占比 14. 34%，初级验船师 2382 人，占比 42. 56%，验船员 2237 人，占比 39. 96%；具有研究生及以上学历 147 人，占比 2. 63%，大学本科学历 2346 人，占比 41. 91%，大专学历 2507 人，占比 44. 78%，中专及以下学历 598 人，占比 10. 68%；船体专业 342 人，占比 6. 06%，轮机专业 292 人，占比 5. 17%，电气专业 108 人，占比 1. 91%，小型渔业船舶检验专业 3640 人，占比 64. 47%，渔业船舶检验管理专业 1264 人，占比 22. 39%。

三、验船师队伍培养力度加大，培养方式不断创新

1980 年，渔船分局在山东省水产学校举办了第一期渔船检验干部训练班，此后相继举办了渔船船体检验培训班、渔船检验系统大专《专业证书》班、渔船检验研究生课程进修班、远洋渔业船舶检验管理培训班、渔船检验机构领导培训班、图纸审查资格培训班、产品检验培训班、远洋验船师上岗资格培训班、验船员上岗资格培训班、内陆沿海验船人员专业基础长训班等渔业船舶检验技术培训班，这些培训班为渔业船舶检验系统培养了大量优秀的专业人才，大部分人都已成为机构的业务骨干和技术权威。同时，加大了渔业船舶检验人员岗位培训教材编写工作和验船人员资格考试题库建设工作，验船师培训和考核逐步走上正轨。2017 年，还探索制定了《渔业船舶验船师培训中长期规划》，建立规范高效的验船师培训制度，引进继续教育制度等。借助不断发展的信息技术，探索建立虚拟现实（VR）教学及考试平台、大型慕课（MOOC 在线继续教育）系统、手机学习终端“渔检通”APP 等，不断丰富培训方式，提高培训成效。

第三节　创新检验管理模式，渔船检验机制不断完善

60 年来，围绕渔船安全这个系统工程，渔船检验从渔船设计、修造、现场检验、日常运营等环节加强检验监督管理，从最初的简单试航检查，到渔船全寿命周期安全检验管理，切实起到渔业船舶安全管理首要环节的作用。

一、渔船检验制度建设不断发展

渔船检验部门建立并实施了渔船开工前检查制度、坞修渔船登记报检制度、渔船修造企业旬巡查旬报告制度等，针对不同种类的渔船制定了相应的系列渔船检验规程、渔船检验与发证程序和证书填写规定、系列渔船检验指南，形成了比较齐全的渔船检验制度体系。

二、渔船检验数量和检验质量稳步提高

随着各级渔业行政主管部门和渔船检验机构采取切实可行的措施，每年渔船检验的数量不断提高，从 1959 年机动渔船 2597 艘，到 2016 年末机动渔船 438962 艘，增长了近 169 倍。在强化检验质量方面，严密跟踪渔船建造的重要环节，建立船厂、船东、检验三方沟通协调工作制度；加强对船厂质量管理指导，严格按照审批的图纸施工建造，严格按照建造进度和节点申报检验；加强渔船安全技术状况事中事后监督管理；积极开展“渔船基本数据普查行动”“渔船安全风险隐患排查与整治行动”“渔船船用产品质量监督整治行动”三大行动，有效提升渔船安全技术状况、渔船船用产品质量和安全水平；开展渔船检验质量大检查活动，引入第三方专家团队为技术支撑，采取专家技术抽查和行政督导检查相结合的形式，对渔船安全技术状况进行检查。各地对检查中发现的问题，积极督促船厂、船东限期整改，对存在的问题举一反三，提高渔船安全技术状况。

三、远洋渔船检验制度不断完善

1999 年，农业部对远洋渔船检验实施统一组织集中管理，建立了远洋渔船检验与远洋项目紧密挂钩的有效管理制度、验船师统一派出与管理制度和远洋渔船检验通报制度、进口旧渔船的检验制度。同时建立境外检验点，并制定了渔业船舶检验指南和检验证书填写指南，落实船舶技术状况预检及自查制度，加强对远洋渔船船东安全技术状况自查能力指导。还将我国远洋渔船检验证书样本，照会国际海事组织和 60 多个国家和地区，确保持有中华人民共和国渔船检验证书的远洋渔船在世界各国海域航行作业的合法性，树立了中国渔船检验的国际形象，保障我国远洋渔船航行和作业安全。

四、建立健全渔业船舶检验监督管理网络

各地渔船检验机构根据渔船作业、停靠分散等管理特点，积极建立区县（自治县）或乡镇（街道办事处）或村（社）、船东几级安全生产责任制，铺设严密的检验监督管理网络，确保渔业船舶受检率和渔业船舶日常检验监管落到实处。将渔业船舶安全监管工作纳入地方政府安全目标考核内容并实行一票否决，同时实现渔业船舶受检率 100%、渔业船舶安全设备配备率 100% 的目标。

五、探索渔船检验管理制度改革

各地渔船检验机构积极扶持培育渔船检验社会化技术支撑力量，通过政府购买服务等多

种形式，探索“检管分离”改革模式，着重提升渔业船舶检验机构自身检验监管能力，提高渔船检验质量和效率，确保渔船技术状况安全；推动船检工作实现“两个转变”，即由重技术型向技术与管理并重的方式转变、由单独重渔船管理向渔船与渔船修造企业管理并重的方式转变；探索渔船设计图纸技术审查与行政审批相分离的机制创新。

第四节　强化船用产品安全质量监管

渔船船用产品检验工作是渔船检验的重要组成部分，确保质量合格的产品上船是渔船检验的重要职责。60年来，渔船船用产品从船厂现场生产的单件产品监管到专业化、国际化的产业企业监管，监管范围和力度不断加大。

一、船用产品监管种类和数量不断增加

1957年，青岛市水产局仅对船厂生产的若干渔船专用产品进行制造检验；1978年，首次受理了淄博渔轮柴油机厂（现淄博柴油机总公司）生产的8300C型441千瓦船用柴油机的检验申请；1980年4月1日，签发了渔船检验第一份船用产品证书。随着渔船技术的发展，渔船专用产品检验的品种不断增加，船用产品检验的种类已由20世纪70年代的柴油机、螺旋桨等几个品种，发展到目前的十大类137种。目前，全国共有29个省级渔业船舶检验局承担船用产品检验及监督管理工作职能，其中已有22个省级渔船检验局开展了产品检验及其监督管理工作。截至2016年12月31日，全国产品认可行政审批受理办结船用产品企业1174家、气胀式救生筏检修站95家（含境外2家）、全球海上遇险和安全系统（GMDSS）岸上维修单位62家（含境外3家），船用产品检测机构认可24家。全国船用产品每年受理检验在100万台（件）左右。

二、创新监管模式，完善监管制度

1984年下发的《关于开展渔船船用产品检验若干问题的通知》，对渔船检验部门产品检验范围检验认可程序以及检验收费标准、港口编号和检验机构代码等首次进行了规定。新世纪，农业部渔业船舶检验局相继编制发布《渔业船舶船用产品检验管理规定》，将船用产品按照不同特性和涉及渔船航行作业安全与防止水域污染环境重要程度，创造性地将船用产品分为A类、B类、C类，并采取不同监管方式进行监督管理；发布渔业船舶船用产品检验规程、船用产品（型式/工厂）认可初审工作指南、渔业船舶船用进口产品检验的暂行规定、船用产品检验标识和批量检验发证印章使用及其管理规定，以及《渔船用柴油机检验须知》等13项验船师须知；统一全国船用产品检验的技术依据，研究制定《渔船船用产品主要技术参数表》，统一认可证书技术参数内容，开展全国船用产品专项整治和质量抽查工作，全面规范船用产品检验监督管理工作。

三、深入开展假冒伪劣船用产品打击专项行动

针对长期存在的废旧和假冒伪劣船用产品现象，渔船检验部门开展渔船船用产品“打假”整治专项活动和产品质量监督抽查活动。2011 年，农业部在《全国农资打假专项治理行动实施方案》中首次将渔船船用产品列为农业九大重点监管产品之一，并首次在江苏省南通市举行了全国渔船船用产品质量专项整治集中行动现场会。自 2012 年起，每年在全国范围组织开展船用产品质量专项治理行动和船用产品质量监督抽查工作，联合海事、工商、安监等部门举行船用产品质量整治现场活动，对企业生产的救生筏、救生衣、救生圈、无线电示位标、滤油设备、信号设备、渔用无线电话机、静水压力释放器、消防设备等船用产品，实船配备和质量情况进行抽查。2016 年，共对 2.6 万艘渔船进行检查，抽查 20.7 万台（件）船用产品，查处假冒伪劣产品 1.93 万台（件），还重点对全国 94 家渔业气胀式救生筏检修站进行检查。对救生筏检修站、渔用无线电话机、救生衣、救生圈和无线电应急示位标等监督抽查工作中存在质量问题的生产企业给予暂停认可证书、暂停检验受理和停止检修业务等处罚。2016 年首次对涉事问题企业进行约谈问责。

四、创新开展渔船用柴油机型谱监管工作

农业部渔业船舶检验局成立渔船用柴油机型谱审核专家委员会和专家库，发布《渔船用柴油机型谱日常审核实施细则》《渔船用柴油机型谱审核专家委员会审核指南》，组织开展 12 次专家集中评审，共对全国 42 家和国外 3 家柴油机企业申报的 4207 个型谱进行评审。截至 2017 年 6 月，审定通过型号 1059 个，基本满足了现有渔船更新改造和更换主机需要。自 2015 年起，农业部渔业船舶管理局组织对国内纳入农业部型谱监管的柴油机企业贯彻落实《渔船用柴油机型谱与标识管理办法》情况进行了核查。对核查发现存在问题柴油机企业进行约谈问责和通报批评。同时，开展渔船用柴油机标识数字化管理，在“船用柴油机证书”上增加二维码、在船用柴油机机体上加挂专用产品电子标签和在船用柴油机机体上打印机号，实现柴油机在制造、出厂、销售、使用等环节做到型谱、机号、检验证书具有一致性和可追溯性。开展渔船用柴油机型谱与标识管理，加强和规范渔船用柴油机监管，有力保障了国家涉及渔船主机功率有关政策的有效实施。

第五节　渔船设计修造企业管理逐步规范

设计建造是渔船安全最重要环节，必须从源头控制。从 20 世纪 90 年代中期开始，渔船检验部门针对“沙滩船厂”大量出现，“三无”渔船大量产生，严重威胁渔民海上生产作业安全，对海洋渔业资源的养护和生态环境的保护造成新的压力，创新了渔船建造质量监管模式。

一、创新性开展渔船设计单位、修造企业资质认定

1993 年，农业部开始对渔船设计和修造单位实施资质认可管理制度，对其生产设施、

工艺装备、检测设备、技术文件、质量管理体系和人员素质等方面进行考核，以确定其是否具备安全生产条件，是否具备相应等级的设计和修造渔业船舶的能力，从源头上为实现国家捕捞渔船“双控”管理，促进我国渔船修造质量的提升与发展发挥了重要作用。通过认可管理，取得各级渔船设计资质的单位144个，取得渔船建造和修理资质的各类、各级企业1265家。

二、创新开展渔船设计修造企业能力评价标准建设

农业部渔业船舶检验局制定公布《渔船修造厂认可办法实施细则》《渔船修造工厂认可工作程序规定》，明确申请条件、考核标准、审批程序及认可证书使用与管理要求，对受理企业申请、材料审查、现场考核方法、材料上报、审批发证等工作环节进行规定，规范各个工作环节的任务、要求和时限。积极推进船舶焊工培训管理和质检人员的教训管理，严格整治违规企业和违规行为，促进了渔船修造市场有序发展。

三、积极开展低质量渔船专项治理工作

2005年，交通部、国防科工委、农业部和国家安全生产监督管理总局联合组织开展全国低质量船舶专项治理，进一步规范渔船修造企业的管理，促进了企业整合和技术升级。各地渔船检验部门在1200多家渔业船舶修造企业中重点排查了670家企业，有120家企业列入整改治理范围，有30个造船厂（点）被取缔，共排查各类渔业船舶127253艘。

四、适应改革要求，加强设计建造事后监管

2013年5月，国务院加大对企业“放管服”管理，取消了“渔业船舶设计修造单位资格认定管理”行政审批项目，渔船检验部门把工作重心从渔船设计单位资质管理上转到渔船设计质量监督上来，重点加强渔船设计单位设计图纸的审查，促进设计质量的提高，强化服务意识，创新服务手段和方式。农业部渔业船舶检验局举办渔业船舶修造企业技术管理人员《专业证书》班，为企业提升技术能力和发展空间夯实基础，编制发布《渔船标准船型评价方法(试行)》，推进我国海洋渔船标准化更新改造进程；下发《农业部办公厅关于加强渔业船舶建造开工管理的通知》，制订《渔船船舶建造开工技术条件与要求》行业标准，通过推进渔船建造技术条件评价，强化渔船修造开工前管理，引导企业提升技术水准，规范造船；编制“渔船建造管理系统”软件，搭建了沟通渔船检验机构与建造企业的技术信息平台；编制“钢质渔船质量证明书”，强化企业对建造质量提供书面证明和履行质量承诺。有些地方还通过评选“十佳船厂”等措施引导渔民选择大型骨干船厂造船，提高渔船建造安全质量。

第六节　加强信息网络建设，信息化监管能力明显增强

渔船检验信息化监管是提高渔船检验科学化、规范化、高效化的重要措施手段，是全面提升渔船检验工作管理水平的重要基础。各地渔船检验机构在渔业主管部门的支持下，围绕

渔业信息化建设要求，积极开发建设渔船检验业务信息化管理平台，探索渔船检验信息化未来发展方向，为提高检验智能化水平，制定开发“智慧船检”信息化系统，以互联网+等先进理念谋划渔船检验信息化建设布局，实现船检业务的统一、实时、动态的资源共享和高效管理，实现重要检验环节可控、可追溯。渔船检验业务管理由传统手工抄录管理、单机版管理等模式迈向信息化互联网+管理新模式，提升了船检工作信息化监管能力，推进渔船检验实现数字化、智慧化管理。

第七节　积极参与国际事务，国际交流与合作不断强化

为服务和保障我国远洋渔业发展，维护我国远洋渔业利益，彰显我负责任渔船大国的形象，从1980年12月开始，农业部渔业船舶检验局派员参加政府间国际海事组织（IMO）稳性、载重线和渔船安全分委会（SLF）第23次会议，参与有关渔船安全的国际交流活动，密切与周边国家渔船安全联系，积极参与国际渔船安全事务。一是在制定《1993年托雷莫利诺斯议定书》和《2012年开普敦协定》中提出诸多积极、合理提案，并主动公约的修订，积极维护我渔船权益；二是积极参与渔船地区性标准的研究与制订工作；三是积极参与国际渔船安全标准的研究工作，逐步树立了我国在国际海事界的重要地位；四是加强了与周边国家和地区船舶检验业务的交流与合作，促进地区间船舶安全管理、船舶技术的健康发展。中韩建立了定期互访交流机制，双方签署了合作意向书，在渔船检验制度、渔船检验技术、渔船检验领域进行专题研讨，在相互提供相关信息等方面进行合作。

第二章　渔船检验 60 年历史贡献

第一节　保障渔民生命财产安全，服务渔业安全生产

渔船检验是确保渔船安全的第一道关口，是平安渔业建设的重要组成部分。渔业捕捞自古以来就是高危行业，渔船安全是全体渔民的共同期盼。渔船不仅仅是渔民的生产作业工具，也是渔民的安家立业之本，承载着渔民对美好生活的向往。千百年来，平安是我国渔民辛勤劳作和追求美好生活的首要期盼。然而，由于渔业生产力发展水平和恶劣生产环境及自然灾害等原因，安全一直是渔业产业特别是海洋渔业面临的严峻考验。20 世纪 50 年代我国开展渔船检验工作后，渔船的安全从制度保障上就大大推进了一步。从渔船设计阶段的图纸审查、建造阶段的检验监督，到渔船生产阶段的营运检验和日常安全检查，渔船的安全状况大为改善。全体渔船验船师从初期的吨位检丈、简单试航检查，到现在的设计、建造、营运乃至报废全程实施检验监督，付出了艰辛的劳动。渔船法定检验基本覆盖了从小型渔船到大型渔船、从内河渔船到海洋渔船和远洋渔船、从木质渔船到钢质渔船和玻璃钢渔船等所有渔船类型。60 年来，船检人跑船厂、下渔港，进渔村、访渔户，上渔船、钻机舱，风里来、雨里去，顶风霜、冒酷暑，为保护广大渔民的生命财产安全，做出了重大的贡献。广大渔民在把安全寄托于“妈祖”的同时，逐步认识到验船师才是他们安全的“保护神”。

经过几代船检人的努力，全国每年检验船数从早期的几千艘发展到现在的 50 余万艘，检验船用产品约 85 万台（件），审查图纸达 1.8 万套。60 年来，通过实施法定检验、开展执法检查、督导整改、假冒伪劣船用产品整治等行动，排除了大量的渔船安全隐患，监督大批渔船配备了必需的装备，有效保障了全国上百万艘渔船和约两千万渔民的生命财产安全。据不完全统计，每年全国因发生渔船事故导致的死亡、失踪和重伤人数持续下降，从 1995 年的 1665 人降至 2016 年的 165 人，降低了 90%。一方面是渔业生产的大幅度增长，另一方面是死伤人数的大幅度减少，这其中，有船检工作做出的重要贡献。

渔船安全与渔业经济的发展质量休戚相关，渔船安稳了，渔业才能健康发展。1957 年，我国仅有渔船几千艘，60 年后的今天，全国渔船已经超过了一百万艘，不同船型、不同材质、不同作业方式和不同作业水域，渔船千差万别，安全监管难度很大。渔船检验牢牢把握保障服务渔业安全这个“初心和使命”，积淀 60 年发展的安全技术及经验，全面履行国家法律赋予的职责，对渔船的设计、建造、使用、报废的全过程严格检查把关，切实保障了百万渔船千万渔民的生命财产安全，保障了渔业安全生产和渔区的社会稳定。

第二节 促进渔船健康有序发展，保障渔业经济发展

渔船是重要的渔业生产资料，渔船装备发展体现了渔业生产方式的变革，支撑着渔业经济的稳步快速发展。强制性法定检验通过渔船安全技术法规、标准的制定和监督实施，规范渔船设计和建造管理，遏制非法造船，整治低质量渔船，打击假冒伪劣船用产品，落实国家相关政策，引领并促进了渔船装备和技术水平的升级换代。渔船装备技术水平的提高，使渔业生产能力和水平得到了大幅提升，保障了水产品的有效供给，为渔业经济稳步快速发展提供了有力支撑。

60 年来，船检机构紧密结合船检业务，在渔业主管部门的领导下，引领推动渔船技术进步和装备快速发展。通过努力，20 世纪 60 年代后实现了风帆渔船机动化、木质渔船钢质化的重大变革；进入 20 世纪 90 年代后，渔船设计、制造，以及动力、冷冻、通导设备和甲板捕捞机械等得到了快速发展，新的船型大量涌现，玻璃钢渔船崭露头角并逐步推广。进入 21 世纪，特别是近年来，船检机构支持培育渔船及装备技术研发，推动新技术、新能源、新材料、新装备在渔船中的推广应用，推进渔船标准化，促进渔船转型升级。尤其是引导设计建造先进远洋渔船方面取得突破，大型金枪鱼围网船、大型鱿鱼钓、大型秋刀鱼船、双甲板拖网船和超低温金枪鱼钓船等世界先进远洋渔船的自行建造和长期的安全航行作业，标志着我国先进远洋渔船严重依赖进口历史的结束。

渔船检验部门紧紧围绕各时期国家农业渔业中心工作，勇于担当、主动作为，从单一技术检验服务向引领渔船及装备设施绿色发展、促进渔船安全水平提升和监管能力提升转变，不断显现渔船检验为现代渔业建设保驾护航的作用。一是推进“船证不符”渔船清理整治工作。在渔业主管部门统一部署下，在全面摸清“船证不符”渔船底数的基础上，认真开展“船证不符”渔船整治核查工作，严格渔船图纸审查、建造关键节点把关，坚决杜绝产生新的“船证不符”渔船，规范渔船管理秩序，打击涉渔“三无”船舶。二是推进依船籍港实施营运检验。按照海洋渔船管控要求，积极落实依船籍港实施营运检验要求。梳理异地检验（特别是跨省检验渔船）情况，坚决落实依船籍港营运检验要求。在全国具备修船能力的地区，动员全部渔船回船籍港申报检验，实施现场检验；不具备修船能力的地区，积极做好与渔船拟修船地点渔船检验协商委托检验工作。三是加强港澳流动渔船检验管理。加强港澳流动渔船委托内地检验事宜的交流合作，贴心服务港澳流动渔民，传播爱国爱港爱澳思想“正能量”，不断壮大港澳地区爱国爱港爱澳力量。据不完全统计，自 2007 年以来，已检验港澳流动渔船 3200 余艘，获得港澳流动渔民的一致好评，为贯彻落实“一国两制”做出了积极贡献，实现了内地与港澳地区渔船检验管理工作的互助共赢。四是开展渔船标准化研究与更新改造，推进渔船装备现代化。各地渔船检验机构发挥专业优势，积极开展渔船标准船型选型工作，引导设计开发和建造先进的远洋渔船、小型渔船标准化船型及关键设备，积极推进“四新”在渔船标准化工作中应用，支持培育渔船技术联盟，提高各地渔船制造产业的技术创新和制造水平，加强渔船技术标准制修订工作的监督和质量把关，提升渔船技

术支撑体系建设，促进渔船制造业转型升级，推进渔船技术发展。五是积极参与推进内陆实施渔船“三证合一”管理。各地渔船检验机构按照农业部内陆渔船“三证合一”管理要求，建立健全全国内陆渔船检验、登记、捕捞许可三统一的管理数据库，积极推进内陆渔船证书“三证合一”改革，简化了办证程序。

60年来，渔船检验机构紧紧围绕不同时期的渔业中心工作，充分发挥建设平安渔业和推进渔业现代化的服务支撑作用。发挥渔船检验作为渔船管理第一道关口的把关作用，通过严格渔船营运检验和执法监督，全力做好依港管船、“船证不符”清理整治、涉渔“三无”船舶整治、北斗船位监控系统建设，以及内陆渔船证书“三证合一”改革等工作，有效支撑了平安渔业建设。发挥渔船检验法定检验监督特点，通过实施渔船建造开工前检查、渔船用柴油机型谱和标识管理，支撑国家捕捞渔船“双控”政策的实施，服务支撑了现代渔业的发展。

第三节　服务渔业“走出去”战略，护航远洋渔业

1985年，第一艘远洋渔船从马尾港出发，当时远洋渔船检验由各地执行检验，检验标准和证书签发都不一致，影响到我国远洋渔船的安全管理与国际形象。1999年起，农业部对远洋渔船检验实施统一组织集中管理，建立了远洋渔船检验与远洋项目紧密挂钩的有效管理制度，强化、规范了远洋渔船检验工作，建立了验船师统一派出与管理制度和远洋渔船检验通报制度，建立了进口旧渔船的检验制度，远洋渔船的检验系列制度基本形成。同时，将境外检验工作平台延伸到境外公海，建立了境外检验点；制定了渔业船舶检验指南和检验证书填写指南，公布新版《远洋渔业船舶检验报告》格式，制定《远洋渔船安全技术状况船东自查指导文件》，落实船舶技术状况预检及自查制度，加强对远洋渔船船东安全技术状况自查能力指导；将我国远洋渔船检验证书样本，照会国际海事组织和60多个国家和地区，确保了持有中华人民共和国渔船检验证书的远洋渔船在世界各国海域航行作业的合法性，树立了中国渔船检验的国际形象，维护了渔业企业的切身利益，保障了我国远洋渔船航行和作业安全。30多年来，随着远洋渔业的壮大发展，远洋渔船检验实现了检验船数显著增长、检验范围显著扩大与检验质量显著提升、监管工作显著加强的同步发展。境外远洋渔船现场检验地点遍及世界三大洋、五大洲的30多个国家（地区），境外检验点设立了8个。发挥远洋渔船、大型渔政船、资源调查船、特殊渔船检验“国家队”的领军作用，通过实施境外现场检验制度，2000余艘远洋渔船得以长期安全地在四大洋及30多个国家（地区）作业；通过严格把关，大型渔政船等得以安全驰骋祖国疆海，有力支撑了国家“走出去”战略实施和国家渔业权益维护。

远洋渔业是我国渔业的重要组成部分，发展远洋渔业是实施“走出去”和新时期“一带一路”倡议的重要举措。30多年来，远洋渔船从1985年的13艘发展到现在的2600多艘，作业区域从西非海域扩大到五大洋30多个国家和地区。远洋渔业产业规模位居世界前列，不仅有效发挥了两种资源两个市场的作用，还带动了当地渔区的经济发展，促进了对外

友好合作。远洋渔船检验通过参与国际政府间海事活动，加强国际相关公约的转化与实施，科学建立了覆盖远洋渔船作业区域的境外现场检验工作机制，签发了世界各国承认的国际渔船安全证书，既保障了远洋渔船的安全，又维护了远洋企业的合法权益，促进了远洋渔业的持续健康发展。

第三章　船检精神文化

回首60年的发展历程，渔船检验工作之所以能够为渔民、渔船、渔业立下汗马功劳，除有党和国家高度重视以外，还得益于不断解放思想创新理念，坚持国际要求与国内实际相结合，形成了中国特色的渔船检验制度；得益于注重法制建设，坚持继承与发展相结合，形成了较为完善的检验法律法规体系；得益于狠抓人才队伍建设，坚持政治素质与业务能力两手抓，建立了一支业务能力强、作风扎实，特别能吃苦、特别能战斗的船检执法队伍。60年来，几代船检人不忘渔船安全初心，牢记服务渔民使命，形成了“忠于职守、甘于奉献、勤于钻研、勇于担当”的船检精神和以“安全、环保，科学、法治，质量、创新，责任、服务”意识为核心内容的船检文化，开创了渔船检验事业。

第一节　渔船检验的文化

一、船检文化作风建设的发展历程和取得的主要成效

1. 发展历程

新中国的渔船检验事业起步于20世纪50年代。考察新中国渔船检验的历史沿革，船检文化作风建设可以划分为起步、成长和发展三个阶段。

（1）1957—1979年：起步阶段

这一阶段，以当时的交通部将山东、河北两省渔船技术监督和检验丈量工作移交水产部门为标志，揭开了我国渔船检验事业发展的新篇章。这一阶段的船检事业，以机构的初步设立和业务的试点展开为主要特点，其间经历了“文革”，船检事业无疑经受了冲击。

（2）1979—2003年：成长阶段

这一阶段，以1979年交通部、国家水产总局联合发出通知为标志，要求在国内从事渔业生产和为渔业生产服务的各种船舶，由国家水产总局及其下属各级船检机构执行监督检验。这一阶段的船检事业，以理顺关系和队伍的发展壮大以及业务的全面开展为主要特点，其间伴随着我国改革开放的历史进程，船检事业得到了迅速成长。

（3）2003年至今：发展阶段

这一阶段，以《中华人民共和国渔业船舶检验条例》的颁布实施为标志，渔船检验事业进入了又一崭新的历史发展时期。这一阶段的船检事业，以渔船检验法制建设取得历史性突破，机构和人员逐步规范管理，业务快速发展为主要特点，船检事业得到了快速并正在继续发展。

2. 取得的主要成效

伴随着我国渔船检验事业的发展，船检文化作风建设取得了一定的成效，主要表现为：

（1）作为船检文化作风建设的主体，船检队伍由小到大，人员素质逐步提高。

渔船检验事业起步时期，没有船检队伍人员的统计数据，但据零星史料，从1957年渔船检验业务由交通部移交水产部门后，至1963年，山东省仅培训了8名船检人员，类似的，福建省仅培训了7名船检人员。船检队伍发展到今天，截至2014年底，全国渔船检验机构总人数为11887人，持有验船师资格证书人数为6813人，持证在岗验船师5980人。其中，高级验船师113人，占持证在岗人数的1.89%；中级验船师717人，占持证在岗人数的11.99%；助理验船师2837人，占持证在岗人数的47.44%；验船员2313人，占持证在岗人数的38.68%。按学历分，大学本科及以上的2637人，占44.10%；大专学历2719人，占45.47%；中专及以下的624人，占10.43%。

（2）作为船检文化作风建设的组织载体，船检机构从无到有，机构管理逐步规范。

20世纪50年代末至60年代初，山东、广东、福建、辽宁、河北和天津六省（市）先后设立渔船管理站（检查站），行使渔船技术监督和检查丈量职能。农业部渔业船舶检验局成立后至1992年底，沿海省、自治区、直辖市设立了11个渔船检验处，并在重点海港设立了49个检验站。随着近60年船检事业的发展，2017年全国经业务核定的渔船检验机构已达1086个，其中省局29个，分局41个，单列市局3个，检验处245个，检验站768个。为了加强和规范机构管理，农业部渔业船舶检验局先后对全国机构实行了认可、达标和业务核定等管理制度和管理措施，逐步形成了目前机构纵向上接受农业部渔业船舶检验局指导、横向上隶属各自辖区渔业行政主管部门的条块结合的管理格局。

（3）作为船检文化作风建设的核心内容，法律法规体系逐步完善，并取得历史性突破。

法律法规是开展渔船检验工作的依据和准则，起步时期，除了借鉴执行交通部门的船检法规和技术规则，各省分散制定颁布了一些管理办法和规定。从1980年起，国家水产总局批准实施《渔业船舶监督检验细则》，各省水产管理部门公布试行的渔船检验规定同时废止。改革开放以后，渔船检验加快了法制建设的进程。根据2000年全国人大常委会新修订的《中华人民共和国渔业法》第26条，国务院于2003年颁布实施了《中华人民共和国渔业船舶检验条例》。条例颁布实施后，渔船检验法律法规体系框架基本建立，初步形成了以《中华人民共和国渔业法》，《中华人民共和国海上交通安全法》，《中华人民共和国渔业船舶检验条例》和各省、自治区、直辖市地方性法规为法律依据，以《中华人民共和国渔业船舶法定检验规则》等技术法规为主干，以规范性文件为支撑，以我国政府批准、接受、认可或加入的国际公约为组成部分的法律法规体系框架，为船检工作的全面有效实施奠定了扎实的法律基础。

（4）作为船检文化作风建设的基本内容，各类检验业务取得长足进展。

对比渔船检验起步阶段，在60年的时间长河中，通过采用截取几个时间点、选取几个省份的方式，以对比反映我国渔船检验前后发展的业务数据。1957年：山东省青岛市水产管理局共检验机动船舶 12 艘，其中制造检验 3 艘，丈量 3 艘，办理船舶产权登记 5 艘；检验渔帆船 115 艘，丈量 5 艘。1961 年：山东省青岛市水产管理局全年共检验各种机动渔船 304 艘次，非机动渔船 744 艘次。1964 年：福建省渔船管理总站共办理检验渔船 948 艘，其中机动渔船 102 艘、机动帆渔船 449 艘、木帆渔船 397 艘。2003 年：全国共检验渔业船舶 31. 0 万艘，检验船用产品 22. 7 万台件。2014 年：全国实际检验渔船约 52. 6 万艘，检验船用产品 85. 7 万台（件），认可船用产品制造企业 1024 家，审查渔业船舶图纸 18007 套。

（5）作为船检文化作风建设的精神价值追求，核心价值观逐步培育并初步形成。

在长期的渔船检验工作实践中，伴随着我国渔业经济的快速发展、渔业经济体制的巨大变革和船检机构的设立、队伍人员的壮大、法律法规体系的完善以及船检业务的全面展开，船检文化作风的精神追求和价值文化层面的建设也逐步体现，全体“船检人”结合日常检验业务，契合广大渔民面对海上恶劣生产作业环境，企盼平安、追求福祉的良好愿望，进渔村、下渔港，上渔船、钻机舱，洒汗水、付真情，用实际行动践行并阐释了船检文化作风的深刻内涵，并逐步培育和形成了以安全和环保为核心内容的船检价值观。

二、船检文化的主要内容和特点

1. 船检文化的主要内容

船检作为一种历史悠久的生产实践活动，最早可追溯到 3000 多年前的西周时期。周武王（公元前 1046 年）设立主管舟船的官吏，称为“舟牧”或“苍兕”，并建立“五覆五反”的检验制度。从唐朝创立市舶使制度到明朝建立船舶使用期限和船舶监造制度，再到清朝规定漕船建造额式和“九验之法”颁发《淮关量船条例》，我国的船舶检验在漫长的历史进程中不断前进，也创建了丰富的船检文化。但一般认为现代船检行业的发展，以 1760 年英国劳氏船级社的诞生为标志。正是世界第一家船检组织的诞生，为船检文化开启了新的纪元。地处东方的中华民族，为保障千万渔家人安康、保护一方净水，渔船检验事业几经风雨，历经 60 年岁月，也积淀着自己的船检文化，并逐步形成了以安全意识、环保意识、质量意识、责任意识和服务意识为核心内容的船检文化。

船检文化在其发展过程中形成了物质层、制度层和精神层三个层面。船检文化的物质层面以服务产品、视觉符号、传播载体和品牌标志为主题来扩大组织的冲击力与影响力，强化干部职工的自我认同和价值归属感；船检文化的制度层面主要以体制、机构和管理来塑造干部职工的行为，把制度内化于人们的信念与价值追求；船检文化的精神层面相当于航母的核动力中枢，规定着组织的核心价值目标、组织哲学、组织精神和组织道德。

从物质层面说，文化往往物化为某些特定符号，例如讲到美国文化，人们会想到好莱坞、麦当劳、自由女神等；讲到英国文化，人们会想到英语、白金汉宫、格林尼治天文台等。同样船检文化也依托于某些载体来呈现，国际船级社协会的十家主要船级社均有自己独特的文化符号，IMO 也有自己的 LOGO，农业部渔业船舶检验局作为代表我国政府执行渔业船舶法定检验工作的主管部门，同样有自己的局徽。此外，物质层面的船检文化还表现为提供的服务产品，如法定检验规则、规范，证书，船舶录、船用产品录，载重线标志，检验业务印章等。

从制度层面说，由行业的组织形态和管理形态构成船检的外显文化，是船检文化的中坚和桥梁，它有机地把船检物质文化和精神文化结合成一个整体。一个开放型现代船检组织，应该具备“完善的行业组织”“完善的规章制度”“严明的工作纪律”和“明确的奖惩标准和系统”等。国际海事组织（IMO）作为联合国负责海上航行安全和防止船舶造成海洋污染的专门机构，其组织机构即具有以上特征。我国现行船检行业体制，执行非军用船舶法定检验的政府主管部门有4个：一是交通运输部，负责民用船舶、移动平台、国际航运渔业辅助船舶，包括有关执法船与救助船（公务船舶）；二是农业部，负责除国际航运渔业辅助船舶外的所有渔业船舶，包括执法船（公务船舶）；三是国家安全生产监督管理局和国家海洋局，负责除移动平台外的海上设施；四是公安部，负责巡逻舰艇（公务船舶）。

从精神层面说，精神价值是组织或行业文化的核心和灵魂，是组织或行业赖以生存的精神支柱，是内聚力和向心力。一个组织或行业有没有形成自己特有的文化系统，最关键的就是看有没有形成自己的精神价值导向与坐标。船检文化在价值观上，要回答好以下问题：追求什么、发展什么、选择什么、扬弃什么、提倡什么、反对什么、弘扬什么、抑制什么、遵循什么；在哲学观上，要处理好与服务对象、与同行、与社会、与自然以及与员工的关系；在精神观上，要具有学习精神、创新精神、务实精神和合作精神。

2. 船检文化的特点

孔子说，智者乐水，仁者乐山。黑格尔认为，水是联系文化的纽带，山是阻隔文化的障碍。从本质上说，船检文化是现代海洋文化的子文化，是“船检人”生产生活方式的文化表达，是船检实践的观念体现。一般认为，世界船检文化具有国际性、公益性、公正性和创新性等特点，但具体到我国渔业船舶检验行业来说，根据六十年渔业船舶检验的经验，除了上述文化特点之外，渔业船舶检验文化的特点更多地体现为国际性、行政性和“三农”性。

（1）国际性

当今世界，海洋并非一国之海洋，船舶并非一国之船舶，标准并非一国之标准，船检也并非一国之船检，这些要素决定着船检文化的国际性。同时，捕鱼作为人类一个古老的产业，具有悠久的历史，随着航海技术和船舶科技的发展，我国从改革开放初期的1985年组织第一支赴西非的远洋渔船队，发展到今天，挂五星红旗的渔船早已遍布五大洲。船检国际性还表现在船检执行的是国际海事组织牵头各成员国制定的国际公约和议定书，这其中就包括《国际渔船安全公约》及其《1993年托雷莫利诺斯议定书》和《2012年开普敦协定》。

（2）行政性

船检文化的行政性指的是，在我国长期的渔船检验实践中，船检工作早已纳入我国渔业行政执法的范畴，是我国渔业行政执法的重要组成部分，在执行国际公约和我国渔业法律法规，在保障广大渔民生命财产安全，防止渔船污染海洋环境，推动渔船装备更新换代，促进现代渔业和渔区经济社会发展等方面发挥了积极的作用。由于渔船的特性和捕鱼行业的特点，世界上较少有渔船入级，这是渔船法定检验工作区别于其他船舶入级检验的一个重要特征，因而船检文化具有明显的行政性。

(3)“三农”性

国际社会对渔业有大型商业性渔业和生存性渔业之分。区别于欧美等发达国家，在一个历史时期内，我国渔业是并将长期是我国“三农”工作的一个重要组成部分，肩负带领渔民脱贫致富奔小康的历史重任。渔船的使用主体是渔民，渔民离不开渔村，渔民从事的行业是渔业，显然，船检作为服务渔民、渔村和渔业的行业，具有我国“三农”特性。我国是一个具有悠久农耕文化的国家，渔船检验工作的文化底蕴都离不开这片诞生的土地，这就是泥土味、鱼腥味，这就是“三农”性。

第二节　渔船检验的精神

一、渔船检验核心价值观的内涵

人类社会发展的历史表明，对一个民族、一个国家来说，最持久、最深层的力量是全社会共同认可的核心价值观。核心价值观，承载着一个民族、一个国家的精神追求，体现着一个社会评判是非曲直的价值标准。党的十八大以来，以习近平同志为核心的党中央高度重视核心价值观的培育，从三个层面概括提出了二十四个字的社会主义核心价值观，倡导：富强、民主、文明、和谐，倡导：自由、平等、公正、法治，倡导：爱国、敬业、诚信、友善。

船检行业核心价值观的提炼和培育，以社会主义核心价值观为基础，充分吸纳船检历史文化积淀，紧扣船检工作根本宗旨，立足我国“三农”事业，契合渔业和渔区经济社会发展，反映行业特色，反映“船检人”精神价值追求和全面发展进步诉求，促进船检事业全面发展。船检核心价值观为“安全、环保，科学、法治，质量、创新，责任、服务”。

“安全、环保”：就是要求“船检人”恪守安全、环保的工作宗旨。现代船舶检验制度的诞生，国际海事组织（IMO）的成立，世界各国船检工作的开展，均是围绕着这两个工作宗旨。安全、环保是所有“船检人”的事业追求，也是国际海事组织（IMO）的两大工作目标。国际海事组织（IMO）还提出“航运更安全，海洋更清洁”（Safer Shipping and Cleaner Oceans）的口号。

“科学、法治”：就是要求“船检人”秉承科学、法治的先进理念。船检行业的发展，基于并伴随着船舶科学与技术的进步而发展，作为“船检人”，需要秉承科学的理念、理性求真的精神，也需要秉承、牢固树立法治的理念，并将这种理念贯穿于船检工作的各个环节，贯穿于执行国际公约和船旗国法律法规的过程中。

“质量、创新”：就是要求“船检人”坚持质量第一、注重创新精神。质量是船检工作的生命线，船检寻求质量一百分，从规则规范的制定、建造图纸的审查，到检验发证和船检管理，哪个环节出现问题，都会给整个安全链埋下事故隐患。创新是船检赖以生存和发展的必要条件，是船检文化保持生命力的基础。

“责任、服务”：就是要求“船检人”具备担当精神、服务意识。面对服务对象，“船检人”要有强烈的责任心，有担当，对渔民负责、对事业负责、对历史负责，忠实执行法律，一丝不苟，勤勉敬业，完成法律赋予的神圣使命。要转变观念，寓管理于服务中，不断提高服务水平和服务质量。

二、践行核心价值观

1. “两个带着”

船检精神具有“两个带着”：一是带着对生命敬畏的内心信仰抓船检文化建设，二是带着对渔民的深情厚谊抓船检作风建设，用忠实履行法律法规赋予职责的坚定信念，坚决完成农业部党组交给的任务。

带着对生命敬畏的内心信仰抓船检文化建设，就是要充分认识到世间万物，人的生命是最为珍贵的这一浅显道理，要对生命心存敬畏，牢记船检工作的根本宗旨，保护人命安全和防止船舶污染水域。事实上，在我国漫长的渔业史中，在我国的传统渔区和广大渔民中，有着广泛和深厚的期盼平安的文化底蕴，例如在沿海深受渔民喜爱的“妈祖”文化等等。只有带着对生命敬畏的内心信仰，船检文化建设才能抓得长远，抓得深入。

带着对渔民的深情厚谊抓船检作风建设，就是要抓住保持同渔民的血肉联系这个核心问题。“意莫高于爱民，行莫厚于乐民。”心正心灵，则业勤业精。站在渔民的立场上考虑问题就能够感同身受。把自己摆进去感受，就能更好地了解老百姓满不满意、渔民拥不拥护。“些小吾曹州县吏，一枝一叶总关情”。只有带着对渔民的深情厚谊抓作风建设，才能抓出成效，抓出一片天地。

2. “四种作风”

一是强化团结进取的思想作风。践行共同的核心价值观，用共同的事业追求鼓舞人，用共同的精神价值引导人，强化文化价值认同，打牢“船检人”的思想作风，讲团结，讲进取，团结就是力量，团结推动进取，为干工作、拼事业奠定良好的思想基础。

二是强化开拓创新的工作作风。坚定理想信念，保持积极向上的精神状态，坚持开拓创新，切实转变工作作风，杜绝“慵懒散木推”，用开拓的态度、创新的精神推动船检事业的发展，树立新时期船检干部队伍新形象。

三是强化公道正派的服务作风。公道正派是选贤任能的根本，也是端正服务作风的关键所在。对己清正，对人公正，对内严格，对外平等。不因服务对象的不同而搞三六九等，严格依法检验，文明热情服务，不检“人情船”，不办“人情证”。

四是强化风清气正的行业作风。共产党人的根本宗旨是全心全意为人民服务，立党为公、执政为民。“天地有正气，杂然赋流行。”“船检人”要打造风清气正的行业作风，坚决反对腐败，廉洁从政，忠实履行好法律法规赋予的神圣职责。

第六篇

重 要 文 件

中华人民共和国渔业船舶检验条例

（中华人民共和国国务院令第383号，2003年6月11日公布，
2003年8月1日起施行）

第一章　总　　则

第一条　为了规范渔业船舶的检验，保证渔业船舶具备安全航行和作业的条件，保障渔业船舶和渔民生命财产的安全，防止污染环境，依照《中华人民共和国渔业法》，制定本条例。

第二条　在中华人民共和国登记和将要登记的渔业船舶（以下简称渔业船舶）的检验，适用本条例。从事国际航运的渔业辅助船舶除外。

第三条　国务院渔业行政主管部门主管全国渔业船舶检验及其监督管理工作。

中华人民共和国渔业船舶检验局（以下简称国家渔业船舶检验机构）行使渔业船舶检验及其监督管理职能。

地方渔业船舶检验机构依照本条例规定，负责有关的渔业船舶检验工作。

各级公安边防、质量监督和工商行政管理等部门，应当在各自的职责范围内对渔业船舶检验和监督管理工作予以协助。

第四条　国家对渔业船舶实行强制检验制度。强制检验分为初次检验、营运检验和临时检验。

第五条　渔业船舶检验，应当遵循安全第一、保证质量和方便渔民的原则。

第二章　初次检验

第六条　渔业船舶的初次检验，是指渔业船舶检验机构在渔业船舶投入营运前对其所实施的全面检验。

第七条　下列渔业船舶的所有者或者经营者应当申报初次检验：

（一）制造的渔业船舶；

（二）改造的渔业船舶（包括非渔业船舶改为渔业船舶、国内作业的渔业船舶改为远洋作业的渔业船舶）；

（三）进口的渔业船舶。

第八条　制造、改造的渔业船舶，其设计图纸、技术文件应当经渔业船舶检验机构审查批准，并在开工制造、改造前申报初次检验。渔业船舶检验机构应当自收到设计图纸、技术

文件之日起20个工作日内作出审查决定，并书面通知当事人。

设计、制造、改造渔业船舶的单位应当符合国家规定的条件，并遵守国家渔业船舶技术规则。

第九条 制造、改造的渔业船舶的初次检验，应当与渔业船舶的制造、改造同时进行。

用于制造、改造渔业船舶的有关航行、作业和人身财产安全以及防止污染环境的重要设备、部件和材料，在使用前应当经渔业船舶检验机构检验，检验合格的方可使用。

前款规定必须检验的重要设备、部件和材料的目录，由国务院渔业行政主管部门制定。

第十条 进口的渔业船舶，其设计图纸、技术文件应当经渔业船舶检验机构审查确认，并在投入营运前申报初次检验。进口旧渔业船舶，进口前还应当取得国家渔业船舶检验机构出具的旧渔业船舶技术评定证书。

第十一条 渔业船舶检验机构对检验合格的渔业船舶，应当自检验完毕之日起5个工作日内签发渔业船舶检验证书；经检验不合格的，应当书面通知当事人，并说明理由。

经检验合格的渔业船舶，任何单位和个人不得擅自改变其吨位、载重线、主机功率、人员定额和适航区域；不得擅自拆除其有关航行、作业和人身财产安全以及防止污染环境的重要设备、部件。确需改变或者拆除的，应当经原渔业船舶检验机构核准。

第十二条 进口的渔业船舶和远洋渔业船舶的初次检验，由国家渔业船舶检验机构统一组织实施。其他渔业船舶的初次检验，由船籍港渔业船舶检验机构负责实施；渔业船舶的制造地或者改造地与船籍港不一致的，初次检验由制造地或者改造地渔业船舶检验机构实施；该渔业船舶检验机构应当自检验完毕之日起5个工作日内，将检验报告、检验记录等技术资料移交船籍港渔业船舶检验机构。

第三章 营运检验

第十三条 渔业船舶的营运检验，是指渔业船舶检验机构对营运中的渔业船舶所实施的常规性检验。

第十四条 营运中的渔业船舶的所有者或者经营者应当按照国务院渔业行政主管部门规定的时间申报营运检验。

渔业船舶检验机构应当按照国务院渔业行政主管部门的规定，根据渔业船舶运行年限和安全要求对下列项目实施检验：

（一）渔业船舶的结构和机电设备；

（二）与渔业船舶安全有关的设备、部件；

（三）与防止污染环境有关的设备、部件；

（四）国务院渔业行政主管部门规定的其他检验项目。

第十五条 渔业船舶检验机构应当自申报营运检验的渔业船舶到达受检地之日起3个工作日内实施检验。经检验合格的，应当自检验完毕之日起5个工作日内在渔业船舶检验证书上签署意见或者签发渔业船舶检验证书；签发境外受检的远洋渔业船舶的检验证书，可以延长至15个工作日。经检验不合格的，应当书面通知当事人，并说明理由。

第十六条 渔业船舶经检验需要维修的，该船舶的所有者或者经营者应当选择符合国家规定条件的维修单位。维修渔业船舶应当遵守国家渔业船舶技术规则。

用于维修渔业船舶的有关航行、作业和人身财产安全以及防止污染环境的重要设备、部件和材料，在使用前应当经渔业船舶检验机构检验，检验合格的方可使用。

第十七条 营运中的渔业船舶需要更换有关航行、作业和人身财产安全以及防止污染环境的重要设备、部件和材料的，该船舶的所有者或者经营者应当遵守本条例第十六条第二款的规定。

第十八条 远洋渔业船舶的营运检验，由国家渔业船舶检验机构统一组织实施。其他渔业船舶的营运检验，由船籍港渔业船舶检验机构负责实施；因故不能回船籍港进行营运检验的渔业船舶，由船籍港渔业船舶检验机构委托船舶的营运地或者维修地渔业船舶检验机构实施检验；实施检验的渔业船舶检验机构应当自检验完毕之日起 5 个工作日内将检验报告、检验记录等技术资料移交船籍港渔业船舶检验机构。

第四章　临 时 检 验

第十九条 渔业船舶的临时检验，是指渔业船舶检验机构对营运中的渔业船舶出现特定情形时所实施的非常规性检验。

第二十条 有下列情形之一的渔业船舶，其所有者或者经营者应当申报临时检验：

（一）因检验证书失效而无法及时回船籍港的；

（二）因不符合水上交通安全或者环境保护法律、法规的有关要求被责令检验的；

（三）具有国务院渔业行政主管部门规定的其他特定情形的。

第二十一条 渔业船舶检验机构应当自申报临时检验的渔业船舶到达受检地之日起 2 个工作日内实施检验。经检验合格的，应当自检验完毕之日起 3 个工作日内在渔业船舶检验证书上签署意见或者签发渔业船舶检验证书；经检验不合格的，应当书面通知当事人，并说明理由。

第二十二条 渔业船舶临时检验的管辖权限划分，依照本条例第十八条关于营运检验管辖权限的规定执行。

第五章　监 督 管 理

第二十三条 有下列情形之一的渔业船舶，渔业船舶检验机构不得受理检验：

（一）设计图纸、技术文件未经渔业船舶检验机构审查批准或者确认的；

（二）违反本条例第八条第二款和第九条第二款规定制造、改造的；

（三）违反本条例第十六条、第十七条规定维修的；

（四）按照国家有关规定应当报废的。

第二十四条 地方渔业船舶检验机构应当在国家渔业船舶检验机构核定的范围内开展检验业务。

第二十五条 从事渔业船舶检验的人员应当经国家渔业船舶检验机构考核合格后，方可从事相应的渔业船舶检验工作。

第二十六条 渔业船舶检验机构及其检验人员应当严格遵守渔业船舶检验规则，实施现场检验，并对检验结论负责。

渔业船舶检验规则由国家渔业船舶检验机构制定，经国务院渔业行政主管部门批准后公布实施。

对具有新颖性的渔业船舶或者船用产品，国家尚未制定相应的检验规则的，可以适用国家渔业船舶检验机构认可的检验规则。

第二十七条 当事人对地方渔业船舶检验机构的检验结论有异议的，可以按照国务院渔业行政主管部门的规定申请复验。

第二十八条 渔业船舶的检验收费，按照国务院价格主管部门、财政部门规定的收费标准执行。

第二十九条 渔业船舶的检验证书、检验记录、检验报告的式样和检验业务印章，由国家渔业船舶检验机构统一规定。

第三十条 渔业船舶检验人员依法履行职能时，有权对渔业船舶的检验证书和技术状况进行检查，有关单位和个人应当给予配合。

重大渔业船舶海损事故的调查处理，应当有渔业船舶检验机构的检验人员参加。

第三十一条 有下列情形之一的渔业船舶，其所有者或者经营者应当在渔业船舶报废、改籍、改造之日前 7 个工作日内或者自渔业船舶灭失之日起 20 个工作日内，向渔业船舶检验机构申请注销其渔业船舶检验证书；逾期不申请的，渔业船舶检验证书自渔业船舶改籍、改造完毕之日起或者渔业船舶报废、灭失之日起失效，并由渔业船舶检验机构注销渔业船舶检验证书：

（一）按照国家有关规定报废的；

（二）中国籍改为外国籍的；

（三）渔业船舶改为非渔业船舶的；

（四）因沉没等原因灭失的。

第六章　法 律 责 任

第三十二条 违反本条例规定，渔业船舶未经检验、未取得渔业船舶检验证书擅自下水作业的，没收该渔业船舶。

按照规定应当报废的渔业船舶继续作业的，责令立即停止作业，收缴失效的渔业船舶检验证书，强制拆解应当报废的渔业船舶，并处 2000 元以上 5 万元以下的罚款；构成犯罪的，依法追究刑事责任。

第三十三条 违反本条例规定，渔业船舶应当申报营运检验或者临时检验而不申报的，责令立即停止作业，限期申报检验；逾期仍不申报检验的，处 1000 元以上 1 万元以下的罚款，并可以暂扣渔业船舶检验证书。

第三十四条 违反本条例规定，有下列行为之一的，责令立即改正，处 2000 元以上 2

万元以下的罚款；正在作业的，责令立即停止作业；拒不改正或者拒不停止作业的，强制拆除非法使用的重要设备、部件和材料或者暂扣渔业船舶检验证书；构成犯罪的，依法追究刑事责任：

（一）使用未经检验合格的有关航行、作业和人身财产安全以及防止污染环境的重要设备、部件和材料，制造、改造、维修渔业船舶的；

（二）擅自拆除渔业船舶上有关航行、作业和人身财产安全以及防止污染环境的重要设备、部件的；

（三）擅自改变渔业船舶的吨位、载重线、主机功率、人员定额和适航区域的。

第三十五条 渔业船舶检验机构的工作人员未经考核合格从事渔业船舶检验工作的，责令其立即停止检验工作，处1000元以上5000元以下的罚款。

第三十六条 违反本条例规定，有下列情形之一的，责令立即改正，对直接负责的主管人员和其他直接责任人员，依法给予降级、撤职、取消检验资格的处分；构成犯罪的，依法追究刑事责任；已签发的渔业船舶检验证书无效：

（一）未按照国务院渔业行政主管部门的有关规定实施检验的；

（二）所签发的渔业船舶检验证书或者检验记录、检验报告与渔业船舶实际情况不相符的；

（三）超越规定的权限进行渔业船舶检验的。

第三十七条 伪造、变造渔业船舶检验证书、检验记录和检验报告，或者私刻渔业船舶检验业务印章的，应当予以没收；构成犯罪的，依法追究刑事责任。

第三十八条 本条例规定的行政处罚，由县级以上人民政府渔业行政主管部门或者其所属的渔业行政执法机构依据职权决定。

前款规定的行政处罚决定机关及其工作人员利用职务上的便利收取他人财物、其他好处，或者不履行监督职责、发现违法行为不予查处，或者有其他玩忽职守、滥用职权、徇私舞弊行为，构成犯罪的，依法追究直接负责的主管人员和其他直接责任人员的刑事责任；尚不构成犯罪的，依法给予行政处分。

第七章　附　　则

第三十九条 外国籍渔业船舶，其船旗国委托中华人民共和国检验的，依照本条例的规定执行。

第四十条 本条例自2003年8月1日起施行。

农业部关于印发《中华人民共和国渔业船舶验船师资格考评管理规定》的通知

（1998年12月16日，农渔发〔1998〕11号）

各省、自治区、直辖市渔业厅（局）：

为了加强全国渔船检验人员的管理，提高渔船检验队伍的整体素质，确保渔业船舶检验质量，现将我部制定的《中华人民共和国渔业船舶验船师资格考评管理规定》印发给你们，请贯彻执行。

附件：中华人民共和国渔业船舶验船师资格考评管理规定

附件：

中华人民共和国渔业船舶验船师资格考评管理规定

第一章　总　　则

第一条　为加强对渔业船舶检验人员的管理，提高检验人员专业技术水平和科学理论知识，根据《中华人民共和国渔业船舶监督检验管理规定》，制定本规定。

第二条　本规定适用于中华人民共和国渔业船舶检验机构中担任渔业船舶、船用产品检验工作（包括为渔船检验服务的技术工作）的检验人员。

第三条　渔业船舶检验人员实行执业资格制度，即经培训、考试、考核合格，经评审取得相应等级的验船师资格证书后，方可从事渔船检验工作，并承担相应的责任。

第二章　组 织 机 构

第四条　农业部负责组建全国渔业船舶验船师资格考评领导小组（简称领导小组，下同），其成员由农业部人事劳动司、职业技能鉴定指导中心、渔船检验局主要领导组成。

在农业部职业技能鉴定指导中心指导下，设立农业部渔业船舶验船师资格考评委员会，其人员由农业部渔船检验局主要领导、有关处室负责人及有关单位技术负责人和有关专家组成。

在省、自治区、直辖市设立省渔业船舶验船师资格考评委员会（简称省考评委员会），应当报经领导小组审批，其成员由有关省、自治区、直辖市渔船检验局主要领导、有关技术处室主要负责人组成。

第五条 领导小组职责：

（一）负责指导、协调、解决渔业船舶验船师资格考评制度实施过程中的重大问题；

（二）负责审定渔业船舶验船师资格的考评规范（考核大纲）、培训教材和考试（考核）试题；

（三）组建和管理农业部渔业船舶验船师资格考评委员会；

（四）负责审批省考评委员会。

第六条 农业部渔业船舶验船师资格考评委员会职责：

（一）组织实施全国渔业船舶验船师的培训、考试、考核及评定管理工作；

（二）负责各级验船师执业资格考评规范（考核大纲）的拟定、培训教材的编写和二级以上验船师资格的考评工作；

（三）负责组织编写验船员及助理验船师执业资格的考试（考核）试题。

第七条 省考评委员会职责：

（一）组织实施验船员及助理验船师执业资格的考评工作；

（二）负责二级以上渔业船舶验船师资格的初审工作；

（三）根据农业部渔业船舶验船师资格考评委员会的统一部署，负责在辖区内对本规定的全面实施。

第三章 验船师执业资格等级

第八条 验船师执业资格分为下列六个等级：

（一）一级高级验船师；

（二）二级高级验船师；

（三）一级验船师；

（四）二级验船师；

（五）助理验船师；

（六）验船员。

第四章 验船师任职资格条件

第九条 验船师必须忠于职守，作风正派，严格依法办事。

第十条 验船员任职条件：

（一）本专业大专、中专毕业（包括相当的学历，下同），并经实习一年；

（二）已初步掌握船舶检验的各项规章、技术规范和检验规程等；

（三）按照对验船员资格的要求考试合格。

第十一条 助理验船师任职条件：

（一）本专业硕士研究生毕业；本专业大学本科毕业，并经实习一年；本专业大专毕业担任验船员工作二年以上；本专业中专毕业担任验船员工作四年以上；

（二）已基本掌握为履行本职工作所必须熟悉的各项规章、技术规范和检验规程，具有完成一般性技术检验工作的实际能力；

（三）按照对助理验船师资格要求考试合格；或经农业部渔业船舶验船师资格考评委员会培训合格。

第十二条 二级验船师任职条件：

（一）本专业博士研究生毕业；本专业硕士研究生毕业担任助理验船师工作二年以上；本专业大学本科毕业担任助理验船师工作四年以上；本专业大专毕业担任助理验船师工作四年以上；

（二）能够理论联系实际，运用本专业的技术理论和专业技术知识，正确理解并掌握为履行本职工作所必须熟悉的各项规章、技术规范和检验规程。具有独立完成本专业各种监督检验的实际工作能力；

（三）基本上能独立处理本专业检验中发现的技术问题，并具有处理一般海损、机损事故的能力；

（四）按照对二级验船师资格的要求考试合格，或经农业部渔业船舶验船师资格考评委员会培训合格。

第十三条 一级验船师任职条件：

（一）本专业博士研究生毕业担任二级验船师工作满一年；其他学历担任二级验船师工作满二年，工作成绩优良；

（二）能熟练运用本专业的科学理论和专业技术知识，正确理解并全面掌握为履行本职工作所必须熟悉的各项规章、技术规范和检验规程。具有独立完成本专业各种技术检验工作的能力和经验；

（三）能独立处理本专业检验中发现的各种技术问题和较复杂的海损、机损事故；

（四）能正确理解和运用有关的国际标准和公约，能用英文编写检验报告并填写证书；

（五）按照对一级验船师资格的要求考核合格；或经农业部渔业船舶验船师资格考评委员会培训合格。

第十四条 二级高级验船师任职条件：

（一）本专业博士研究生毕业担任一级验船师工作满一年；本专业硕士研究生及大学本科毕业生担任一级验船师工作满三年，有较丰富的检验经验；

（二）除具有一级验船师应有的理论知识和技术能力外，还有一定的组织领导能力，能够指导下级验船师的工作；

（三）有独立解决本专业重大技术问题的能力；

（四）能熟练掌握和应用英语；

（五）按照对二级高级验船师资格的要求考核合格。

第十五条 一级高级验船师任职条件：

（一）担任二级高级验船师工作满八年，在检验技术或规范科研等方面有丰富的经验；

（二）在工作中有显著的成绩和社会效益；具有能负责和组织检验重要工程项目和研究重大课题的能力；

（三）在组织研究新技术和新工艺、引进先进技术、解决本行业重大技术问题等方面有突出的贡献；

（四）了解本行业国内外的现状和发展趋势，发表有一定数量和质量的专业论文；

（五）按照对一级高级验船师资格的要求考核合格。

第十六条 在技术工作岗位上成绩显著、贡献突出的工程技术人员可不受本规定学历、资历的限制，由所在单位和省考评委员会推荐，经农业部渔业船舶验船师资格考评委员会审查同意，可越级参加执业资格考试（考核）和评审。

第十七条 验船员、助理验船师执业资格经省考评委员会考评通过的，报农业部渔船检验局核发相应等级的验船师资格证书。二级以上验船师资格由省考评委员会负责初审，报经农业部渔业船舶验船师资格考评委员会考评通过的，由农业部渔船检验局发给相应等级的验船师资格证书。

第五章 验船师资格证书管理

第十八条 二级高级验船师以下的验船师资格证书，有效期为六年，一、二级高级验船师资格证书的有效期为八年。

第十九条 验船师资格证书有效期满，尚未变动验船师执业资格等级，需延长有效期者，可由验船师所在单位将其工作业绩和意见报省考评委员会同意后，上报农业部渔业船舶验船师资格考评委员会审核批准。

第二十条 有下列情况之一者，农业部渔业船舶验船师资格考评委员会或省考评委员会，有权收回持证人员的验船师资格证书。省考评委员会收回验船师资格证书后，需上报农业部渔业船舶验船师资格考评委员会备案：

（一）调离渔船检验部门，不再担任验船师职务者。

（二）工作有严重失职，发生重大责任事故者。

（三）经农业部渔业船舶验船师资格考评委员会或省考评委员会考核不称职者。

第二十一条 验船师等级资格证书由农业部统一印制。

第六章 附　　则

第二十二条 本规定中所述的本专业系指：船舶设计与制造、船舶动力装置、船舶机械、船舶电气、捕捞、航海、轮机管理、渔业机械或其他与船检有关的专业。

第二十三条 本规定中所述相当学历，系指通过自学成才并经成人考试合格，证明已基本掌握相应的基础理论和专业技术知识。

第二十四条 本规定由农业部负责解释。

第二十五条 本规定自一九九九年一月一日起施行，原有的通知和办法一律作废。原验船师证件按农业部渔业船舶验船师资格考评委员会的规定进行套改换证，原证件使用截止时间为二〇〇〇年十二月三十一日。

人事部、交通部、农业部关于印发《注册验船师制度暂行规定》的通知

（2006年1月26日，国人部发〔2006〕8号）

各省、自治区、直辖市人事厅（局）、交通厅（局）、农业（渔业主管）厅（局），国务院各部委、各直属机构人事部门，中央管理的企业：

根据《中华人民共和国船舶和海上设施检验条例》和《中华人民共和国渔业船舶检验条例》的有关规定，我们制定了《注册验船师制度暂行规定》。现印发给你们，请遵照执行。

附件：注册验船师制度暂行规定

附件：

注册验船师制度暂行规定

第一章　总　　则

第一条　为了加强船舶检验专业技术人员管理，提高船舶检验专业技术人员素质，保证船舶检验质量，防止水域环境污染，根据《中华人民共和国船舶和海上设施检验条例》《中华人民共和国渔业船舶检验条例》和国家职业资格证书制度有关规定，制定本规定。

第二条　本规定适用于在经批准设立的船舶检验机构中从事船舶检验工作的专业技术人员。

船舶检验工作包括：船舶和海上设施（含船运货物集装箱）检验、渔业船舶检验，相关设计图纸、技术文件审查。

第三条　国家对从事船舶检验工作的专业技术人员，实行职业准入制度，纳入全国专业技术人员职业资格证书制度统一规划。

第四条　本规定所称注册验船师，是指经考试取得《中华人民共和国注册验船师资格证书》（以下均简称资格证书），并依法注册后从事船舶检验工作的专业技术人员。

第五条　人事部、交通部、农业部按职责分工共同负责注册验船师制度实施工作，并按职责分工对该制度的实施进行指导、监督和检查。

省级人民政府人事行政部门对本行政区域内注册验船师资格考试、注册进行监督、检查。

第二章　考　　试

第六条　注册验船师资格实行全国统一大纲、统一命题的考试制度，原则上每年举行一次。

第七条　注册验船师资格考试设船舶和海上设施、渔业船舶两个类别，每个类别分 4 个级别。专业技术人员可根据实际工作需要，报名参加相应类别、级别的考试。

第八条　交通部、农业部分别组织成立相应类别考试专家委员会，负责拟定考试科目、编写考试大纲、建立考试试题库，组织考试命题，并对相关类别考试提出合格标准的建议。

第九条　人事部分别会同交通部、农业部审定相应类别考试科目、考试大纲、考试试题，对考试工作进行检查、监督、指导和确定合格标准。

第十条　凡中华人民共和国公民，遵守国家法律、法规，恪守职业道德，身体健康，并符合相应考试报名条件的人员，均可申请参加相应类别、级别的考试。考试实施办法由人事部分别会同交通部、农业部另行制定。

第十一条　考试合格者，颁发人事部统一印制，人事部分别与交通部、农业部用印的相应类别、级别资格证书。该证书在全国范围内有效。

第十二条　凡以不正当手段取得注册验船师资格证书的，由发证机关收回资格证书，3 年内不得再次参加注册验船师资格考试。

第三章　注　　册

第十三条　注册验船师资格实行注册管理制度，取得资格证书的人员，必须经过注册，方可从事注册规定范围的船舶检验工作。

第十四条　交通部、农业部分别为相应类别注册验船师资格的注册审批机构。交通部直属的具有船舶检验管理职能的海事局为注册验船师（船舶和海上设施类）资格的注册审查机构；各省、自治区、直辖市渔业行政主管部门为注册验船师（渔业船舶类）资格的注册审查机构。

第十五条　取得资格证书并申请注册的人员，应受聘于一个具有船舶检验资质的检验机构，并通过聘用单位向相应类别注册审查机构提出注册申请。

第十六条　注册审查机构在收到申请人的申请材料后，对申请材料不齐全或者不符合法定形式的，应当当场或在 5 个工作日内，一次告知申请人需要补正的全部内容，逾期不告知的，自收到申请材料之日起即视为受理。

对受理或者不予受理的注册申请，均应出具加盖注册审查机构专用印章和注明日期的书面凭证。

第十七条　注册审查机构自受理之日起 20 个工作日内，按规定条件和程序完成申报材料的审查工作，并将申报材料和审查意见报相应注册审批机构审批。

注册审批机构自受理申报人员材料之日起 20 个工作日内作出批准决定。对作出不予批准决定的，应当书面说明理由，并告知申请人享有依法申请行政复议或提起行政诉讼的权利。在规定的期限内不能作出批准决定的，应将延长期限的理由告知申请人。

注册审批机构应自作出批准决定之日起 10 个工作日内，将批准决定送达经批准注册的申请人，并核发相应类别、级别《中华人民共和国注册验船师注册证》（以下简称《注册证》）。

第十八条 《注册证》每一注册有效期为 3 年。注册在有效期限内是注册验船师的执业凭证。

第十九条 申请注册人员应同时提交下列材料：

（一）《中华人民共和国注册验船师注册申请表》；

（二）相应类别、级别的《资格证书》；

（三）聘用单位对业务培训、工作经历和检验能力考核合格的证明；

（四）与聘用单位签订的劳动或聘用合同；

（五）注册审批机构规定的其他条件。

第二十条 初始注册者，可自取得《资格证书》之日起 1 年内提出注册申请。逾期未申请者，在申请初始注册时，须符合本规定继续教育要求。

第二十一条 注册有效期届满需继续执业的，应在届满前 30 个工作日内，按照本规定第十五条规定的程序申请延续注册。注册审批机构应当根据申请人的申请，在规定的时限内作出准予延续注册的决定；逾期未作出决定的，视为准予延续。

延续注册需要提交下列材料：

（一）延续注册的《中华人民共和国注册验船师注册申请表》；

（二）相应类别、级别的资格证书；

（三）与聘用单位签订的劳动或聘用合同；

（四）注册期内聘用单位考核合格和完成继续教育的证明材料。

第二十二条 在注册有效期内，注册验船师变更执业单位，应与原聘用单位解除劳动或聘用关系，并按本规定第十五条规定的程序办理变更注册手续。变更注册后，其注册证书在原注册有效期内继续有效。

变更注册需要提交下列材料：

（一）变更注册的《中华人民共和国注册验船师注册申请表》；

（二）相应类别、级别的《资格证书》；

（三）与新聘用单位签订的劳动或聘用合同；

（四）工作调动证明，或与原聘用单位解除劳动或聘用关系的相应证明，或退休证明。

第二十三条 注册验船师因丧失行为能力、死亡或被宣告失踪的，其注册证书失效。

第二十四条 注册验船师有下列情形之一的，应由注册验船师本人或聘用单位及时向相应注册审查机构提出申请，由相应注册审批机构审核批准后，办理注销手续，收回《注册证》。

（一）不具有完全民事行为能力的；

（二）申请注销注册的；

（三）聘用单位被吊销营业执照的；

（四）聘用单位被吊销船舶检验资质证书的；

（五）与聘用单位解除劳动或聘用关系的；

（六）注册有效期满且未延续注册的；

（七）同时受聘于2个及以上船舶检验机构的；

（八）被依法撤销注册的；

（九）受到刑事处罚的；

（十）应当注销注册的其他情形。

第二十五条 有下列情形之一的，不予注册：

（一）不具有完全民事行为能力的；

（二）刑事处罚尚未执行完毕的；

（三）因在船舶检验工作中有违法违纪行为受到刑事处罚，自刑事处罚执行完毕之日起至申请注册之日止不满2年的；

（四）法律、法规规定不予注册的其他情形。

第二十六条 注册申请人以不正当手段取得注册的，应予以撤销，并由注册审批机构依法给予行政处罚，当事人在3年内不得再次申请注册；构成犯罪的，依法追究刑事责任。

第二十七条 对被注销注册或不予注册的人员，在重新具备初始注册条件，并符合本规定继续教育要求的，可按本规定第十五条规定的程序申请注册。

第二十八条 注册审批机构应定期公布注册验船师注册有关情况。当事人对注销注册或不予注册有异议的，可依法申请行政复议或提起行政诉讼。

第二十九条 继续教育是注册验船师延续注册、重新申请注册和逾期初始注册的必备条件。在每个注册期内，注册验船师应按规定完成本专业的继续教育。

注册验船师继续教育，分必修课和选修课，必修课和选修课总学时不少于120学时。

第四章 执　　业

第三十条 注册验船师应在一个具有船舶检验资质的单位，进行船舶检验执业活动。

第三十一条 注册验船师的执业范围按照国家船舶检验相关法律、法规及规章进行。

第三十二条 在船舶检验工作中形成的检验报告，必须由注册验船师签字盖章后方可生效，并承担相关法律责任。

第三十三条 注册验船师从事相关检验活动，由其所在单位接受检验申请并统一收费。

因注册验船师检验质量事故或相关检验结果不符合国家有关法律、法规和标准造成的经济损失，接受检验申请单位和执行检验任务的注册验船师应依法承担相应责任。

第五章　权利和义务

第三十四条　注册验船师享有下列权利：

（一）使用注册验船师称谓；

（二）依据国家船舶检验相关法律、法规和规章，在规定范围内从事船舶检验活动，履行相应的岗位职责；

（三）接受继续教育；

（四）获得与执业责任相应的劳动报酬；

（五）对不符合规定的检验、发证行为提出异议，并向上级检验机构或注册审批机构报告；

（六）对侵犯本人权利的行为进行申诉。

第三十五条　注册验船师应当履行下列义务：

（一）遵守法律、法规和有关管理规定；

（二）执行检验法律、法规、规章和标准；

（三）保证检验工作质量，并承担相应责任；

（四）在本人检验活动中完成的相应文件上签字；

（五）不得准许他人以本人名义执业；

（六）接受继续教育，提高检验水准；

（七）保守在检验活动中知悉的国家秘密和他人的商业、技术秘密；

（八）完成船舶检验机构交给的相关工作。

第六章　附　　则

第三十六条　在本规定下发之日前，对长期从事船舶检验工作，已通过交通部、农业部组织的相应考试，取得相应适任证书、船舶专业技术资格证书，并符合考核认定条件的人员，可通过考试认定办法取得相应类别级别注册验船师资格证书。考试认定办法由人事部分别会同交通部、农业部另行制定。

第三十七条　取得相应类别、级别资格证书，并符合《工程技术人员职务试行条例》中工程师、助理工程师、工程技术员专业职务任职条件的人员，用人单位可根据工作需要择优聘任相应专业技术职务。其中，取得 A 级资格证书可聘任工程师职务；取得 B 级资格证书可聘任工程师或助理工程师职务；取得 C 级资格证书可聘任助理工程师职务；取得 D 级资格证书可聘任助理工程师或工程技术员职务。

第三十八条　符合考试报名条件的香港、澳门居民，可申请参加注册验船师资格考试。申请人在报名时应提交本人身份证明、国务院教育行政部门认可的相应专业学历或学位证书、从事检验经历的证明。台湾地区专业人员参加考试的办法另行规定。

外籍专业人员申请参加注册验船师资格考试、申请注册和执业等管理办法另行制定。

第三十九条　需注册验船师签字盖章的检验文件种类和办法，从事船舶检验工作的单位配备注册验船师数量，注册管理和继续教育等具体办法，均由交通部、农业部分别制定。

第四十条 在实施注册验船师制度过程中，相关行政主管部门及其相关机构因工作失误，使专业技术人员合法权益受到损害的，应依据《中华人民共和国国家赔偿法》给予相应赔偿，并可向有关责任人追偿。

第四十一条 相关行政主管部门或相关机构的工作人员，有不履行工作职责，监督不力，或者谋取私利等违纪违规行为，并造成不良影响或严重后果的，分别由其行政主管部门责令改正，对直接负责的主管人员和其他直接责任人员依法给予行政处分；构成犯罪的，依法追究刑事责任。

第四十二条 从事军用舰艇、公安船艇和体育运动船艇检验工作的人员按照国家有关规定执行。

第四十三条 本规定自 2006 年 3 月 1 日起施行。

中华人民共和国渔业船舶检验局关于发布《中华人民共和国渔业船舶检验机构认可与管理规定》的通知

（2000 年 1 月 10 日，中渔检（船）〔2000〕9 号）

各省、自治区、直辖市渔业船舶检验局（处）：

为进一步贯彻农业部农渔发〔2000〕1 号《关于加强渔业船舶监督检验工作的紧急通知》精神，加强全国渔业船舶检验机构的管理与规范化建设，提高渔船检验队伍的整体素质，提高检验质量，保让渔业船舶具备安全作业的技术条件，防止污染水域环境，保障渔民的生命财产安全。现发布《中华人民共和国渔业船舶检验机构认可与管理规定》，请遵照执行。

具体实施办法由主管机关另行通知。

附件：中华人民共和国渔业船舶检验机构认可与管理规定

附件：

中华人民共和国渔业船舶检验机构认可与管理规定

第一章　总　　则

第一条　为加强全国渔业船舶检验机构的管理，确保各级渔业船舶检验机构有效实施渔业船舶的监督检验工作，根据《中华人民共和国船舶和海上设施检验条例》及《中华人民共和国渔业船舶监督检验规定》和国际海事组织“代表主管机关执行法定检验的机构须经主管机关认可”的要求制定本规定。

第二条　中华人民共和国渔业船舶检验局是国家实施渔业船舶法定检验工作的主管机关（以下简称主管机关），代表国家行使渔业船舶检验和监督管理职能。

第三条　主管机关依据本规定对所有按规定程序批准设立的渔业船舶检验机实施认可和授权。

第二章　机 构 管 理

第四条　经农业部和省、自治区、直辖市人民政府批准，省、自治区、直辖市渔业主管部门设立的渔业船舶检验机构为主管机关的代表机构（以下简称代表机构），经各省、自治区、直辖市渔业行政主管部门和市、县人民政府批准设立的渔业船舶检验机构为主管机关的执行机构（以下简称执行机构）。

第五条 各检验机构须使用统一的机构名称、检验法规、规章制度、证书证件、业务印章。证书证件、业务印章由主管机关按规定统一制发。

对外需要使用中华人民共和国牌子的渔船检验机构，其对外名称须报请主管机关审批。其他渔船检验机构的对外名称，由代表机构按照主管机关的规定审批，报主管机关备案。

第六条 检验机构的主要负责人一般应具有《中华人民共和国渔业船舶验船师资格考评管理规定》中所规定的学历和专业。下一级检验机构主要负责人的任免，须征求上一级检验机构的意见。

第七条 主管机关对所有按规定程序批准设立的检验机构实行认可管理。经主管机关审查合格的检验机构，由主管机关颁发“中华人民共和国渔业船舶检验机构认可证书”（以下简称《认可证书》）。

未取得《认可证书》的检验机构不得从事渔业船舶检验工作。

第八条 《认可证书》有效期为四年。在此期间，主管机关或委托代表机构对已取得《认可证书》的检验机构进行年度审验。

第九条 取得《认可证书》的检验机构，应在《认可证书》有效期届满前六个月，按认可程序向主管机关申请换证审验。

第十条 检验机构有下列情况之一者，主管机关将吊销《认可证书》。

（一）拒不执行主管机关的有关规定的；

（二）未按主管机关规定进行检验、发证，造成重大检验责任事故，并为此造成重大经济损失或不良影响的；

（三）未经主管机关同意，擅自扩大检验范围的；

（四）当地渔业行政主管部门撤销机构的；

（五）对机构审验中存在的问题未在规定时间内改正的。

第三章 职责范围

第十一条 代表机构负责本辖区内主管机关授权或委托的渔业船舶检验及机构的管理工作；执行机构负责本辖区内主管机关授权或委托的渔业船舶检验工作。

第十二条 职责范围

（一）沿海代表机构

1. 负责本辖区渔业船舶检验机构设置的规划与审定；
2. 负责本辖区各检验机构检验工作业务范围的划分、协调、指导与监督管理；
3. 承担渔业船舶及船用产品监督检验和渔业船舶设计图纸审查工作；
4. 受理渔业船舶公证检验；
5. 承担主管机关委托的渔船设计单位、渔业船舶修造企业、救生筏检修站、船用产品生产企业认可工作的现场考核和日常监督检验管理；

6. 承担主管机关委托的渔船修造企业特殊工种的考试、考核工作；

7. 负责渔船修造质量保证体系的建立与管理；

8. 负责助理验船师、验船员的培训、考试（核）工作；

9. 负责与主管机关联网及辖区内检验机构的计算机网络管理并实行网上船舶检验监督工作；

10. 负责辖区内检验工作统计及汇总上报；

11. 承担主管机关委托的国际渔业船舶的监督检验或其他工作。

（二）内河代表机构

1. 负责本辖区渔业船舶检验机构设置的规划与审定；

2. 负责本辖区渔业船舶检验机构检验工作业务范围的划分、协调、指导与监督管理；

3. 承担主管机关授权的内河渔业船舶监督检验工作；

4. 承担主管机关委托的海洋渔业船舶、船用产品监督检验和渔业船舶设计图纸审查工作；

5. 受理渔业船舶公证检验；

6. 承担主管机关委托的渔船设计单位、渔业船舶修造企业、船用产品厂认可工作的现场考核和日常监督管理；

7. 负责助理验船师、验船员的培训及考试（核）的组织工作；

8. 负责与主管机关联网及辖区内检验机构的计算机网络管理并实行网上船舶检验监督工作；

9. 负责辖区内检验工作统计及汇总上报；

10. 承担主管机关委托的其他工作。

（三）使用中华人民共和国对外名称的沿海执行机构

1. 承担主管机关授权的渔业船舶监督检验工作；

2. 受理渔业船舶公证检验；

3. 受委托，参加国际渔业船舶监督检验；

4. 受委托，执行渔船设计单位、渔船修造厂、救生筏检修站日常监督管理；

5. 负责检验业务范围内的计算机网络管理并实行网上船舶检验监督工作；

6. 负责辖区内检验工作统计及汇总上报；

7. 承担上级业务主管部门委托的其他工作。

（四）沿海、内河的其他执行机构

1. 承担主管机关授权的小型渔业船舶监督检验工作；

2. 负责辖区内检验业务工作的统计上报；

3. 承担上级业务主管部门委托的其他工作。

第四章　认 可 标 准

第十三条　渔业船舶检验机构认可标准

（一）申请认可的渔业船舶检验机构，须满足下列基本要求：

1. 机构是按规定程序批准设立的；

2. 执行法定检验的人员应按《中华人民共和国渔业船舶验船师资格考评管理规定》取得与其承担的检验职责相适应的验船师执业资格；

3. 配备与主管机关授权的法定检验工作量相适应，其专业配套的船检人员。从事检验工作的专业技术人员原则上不得低于单位总人数的75%；

4. 内部机构设置符合主管机关规定，检验规章制度健全，检验程序规范、公开，监督制度完备；检验收费实行收支两条线；

5. 具备与受权承担检验工作量相适应的办公用房，检测仪器、交通工具、通信及计算机联网设备。办公设施齐全，工作环境整洁；

6. 建立了符合国家档案管理规定的档案管理制度 c 档案管理工作通过同级政府档案管理机构验收合格；

7. 检验工作所需要的法规、规则、规范、规程、须知、文件及有关培训教材等文件资料齐全，使用管理有序；

8. 建立了完整的计算机信息管理和发证系统，数据齐全，运行正常可靠，传递准确、及时；

9. 正确贯彻执行主管机关的各项规定。

（二）申请认可的渔业船舶检验机构，除满足本条（一）的规定外，尚应满足下列要求：

1. 沿海代表机构

（1）分管渔业船舶检验工作的领导应具有验船师及以上资格证书；

（2）船体、轮机、电气专业的验船人员配套，其中具有验船师及以上资格人员的比例不得低于70%；

（3）从事审图及签发甲种渔业船舶证书的验船人员，须具有验船师及以上资格；

（4）从事国际渔业船舶检验的验船人员应经主管机关授权；

（5）设有产品检验部门；

（6）档案管理规范，检验业务统计、汇总及时、准确，并有专人负责；

（7）渔业船舶检验业务实行计算机管理、发证，并与主管机关和执行机构实施联网管理。

2. 内河代表机构

（1）分管渔业船舶检验工作的领导须具有验船师及以上资格证书；

（2）船体、轮机、电气专业的验船人员配套，其中具有助理验船师及以上资格人员的比例不得低于60%；

（3）从事海洋渔业船舶检验和图纸审查的验船人员须具有验船师以上资格，并应通过主管机关资格审核；

（4）渔业船舶检验业务实行计算机管理；

（5）档案管理规范，检验业务统计、汇总及时、准确，并有专人负责。

3. 使用中华人民共和国对外名称的沿海执行机构

（1）分管渔业船舶检验工作的领导须具有验船师及以上资格证书；

（2）船体、轮机、电气专业的验船人员配套，其中具有助理验船师及以上资格人员的比例不得低于70%；

（3）参加国际渔业船舶检验工作的验船人员应经主管机关授权；

（4）签发甲种检验证书的验船人员，须具有验船师及以上资格；从事图纸审查的验船人员应通过代表机构资格审核；

（5）渔业船舶检验业务实行计算机管理、发证，并实行联网管理；

（6）档案管理规范，检验业务统计及时、准确，并有专人负责。

4. 沿海、内河的其他执行机构

（1）分管渔业船舶检验工作的领导须具有助理验船师及以上资格；

（2）船体、机电专业的验船人员配套，其中具有助理验船师及以上资格人员所占比例不得低于40%；

（3）签发检验证书的验船人员须具有助理验船师及以上资格；

（4）渔业船舶检验业务实行计算机管理；

（5）档案管理规范，检验业务统计及时、准确，并有专人负责。

第五章　附　　则

第十四条　名词解释

（一）渔业船舶检验机构：系指经批准设立的专门从事渔业船舶法定检验的组织。

（二）机构认可：系指主管机关依据本规定对渔业船舶检验机构从事渔业船舶检验的技术、设备、管理水平及检验人员专业技术水平执行法规标准、承担授权职责能力等方面的综合认定，证明该机构能够胜任检验和发证的职能。

第十五条　本规定由主管机关负责解释。

第十六条　本规定自发布之日起施行。

中华人民共和国渔业船舶检验局关于渔业船舶检验机构人员配备标准的意见

（2001 年 8 月 1 日，国渔检（船）〔2001〕87 号）

各省、直辖市、自治区渔业船舶检验局：

根据《中华人民共和国渔业船舶检验机构认可与管理规定》的要求，为保证验船质量，保证检验人员都能按规定做到登船检验，参照国际海事组织的有关规定和全国渔业船舶检验的实际情况、特提出如下渔业船舶检验机构验船人员配备的标准：

一、船长大于 24 米的渔业船舶，每 10000 ~ 15000 总吨配 1 名船体检验人员，每 11000 ~ 16000kW 配 1 名机电检验人员；

二、船长大于或等于 15 米并小于 24 米的渔业船舶，每 100 ~ 150 艘船配 1 名船检人员；

三、船长小于 15 米的渔业船舶，每 200 ~ 250 艘船配 1 名船检人员；

四、按照农业部“渔业船舶检验机构认可”的要求，一个船检机构至少要配备 3 ~ 4 名船检人员。

各地可依据船舶大小数量、船只分散程度、船舶建造数量、检验交通是否便利等情况选择确定船检人员配备数量。凡是没有达到配备标准，保证不了验船人员登船检验的，不予认可，并限期配齐。

中华人民共和国渔业船舶检验局

二〇〇一年八月一日

农业部关于印发《农业部远洋渔船检验管理办法》的通知

（1998 年 11 月 2 日，农渔发〔1998〕10 号）

沿海各省、自治区、直辖市渔业主管厅（局）、各远洋渔业企业：

为了加强对远洋渔船的检验工作，保证远洋渔船具备安全航行及作业的技术条件，保障渔船和船员的生命财产安全，促进远洋渔业健康发展，现将《农业部远洋渔船检验管理办法》印发给你们，请遵照执行。

附件：农业部远洋渔船检验管理办法

附件：

农业部远洋渔船检验管理办法

第一章 总 则

第一条 为了加强远洋渔船的监督检验工作，保证远洋渔船具备安全航行、作业的技术条件，保障远洋渔船及其从业人员生命财产的安全，防止渔船污染水域环境，根据《中华人民共和国渔业法》和《中华人民共和国渔业船舶监督检验管理规定》，制定本办法。

第二条 本办法适用于中国籍远洋渔船。

第三条 本办法由中华人民共和国农业部渔船检验局（下称农业部渔船检验局）组织实施。

第二章 监 督 检 验

第四条 远洋渔船的所有人、经营者或代理人按下列规定申报检验：

（一）建造或改造远洋渔船时，申报建造检验；

（二）引进外国或港、澳、台远洋渔船时，申报初次检验；

（三）营运中的远洋渔船，申报换证检验或年度检验。

第五条 有下列情况之一者，远洋渔船所有人、经营者或代理人须申报临时检验：

（一）发生影响船舶安全的海损或机损事故时；

（二）改变航区或变更作业方式时；

（三）涉及船舶安全的任何修理或改装时；

（四）检验证书失效时。

第六条 远洋渔船的吨位、载重线须经渔船检验机构核定。

第七条 远洋渔船经检验合格后，应取得下列远洋渔船检验证书。

（一）渔业船舶安全证书；

（二）国际吨位证书或渔业船舶吨位证书；

（三）国际防止油污证书或防止油污证书；

（四）渔业船舶渔捞和起重设备证书；

（五）渔业船舶载重线证书（需要时）；

（六）国际防止生活污水污染证书（需要时）；

（七）苏伊士运河专用吨位证书（需要时）。

第八条 远洋渔船航行、作业区域应与农业部远洋作业批准文件指定的航行、作业区域相符。

第三章　检 验 申 报

第九条 在我国境内执行建造、初次、换证检验的远洋渔船，其所有人、经营者或代理人应向农业部渔船检验局或其委托的渔船检验机构申报检验。

第十条 在我国境内执行年度检验的渔船，其所有人、经营者或代理人可直接向船籍港所在省渔船检验局申报检验。

第十一条 需要在境外执行监督检验的渔船，其所有人、经营者或代理人须在远洋渔船检验证书或签证有效期届满前三个月直接向农业部渔船检验局申报检验。

第十二条 远洋渔船所有人、经营者或代理人中报检验时，除填写远洋渔船检验申报书外，还须按下列要求提供有关文件。

建造检验须提交下列文件：

（一）农业部核发的准造证明；

（二）主要设计图纸及有关技术文件。

初次检验须提交下列文件：

（一）农业部核发的改装、引进远洋渔船批准文件；

（二）有效的原船舶检验证书及技术文件；

（三）主要设计图纸（包括重大改装项目）及有关技术文件。

换证检验或年度检验须提交有效的远洋渔船检验证书及技术文件。

第四章　检 验 管 理

第十三条 农业部渔船检验局委托沿海各省渔船检验局对申请远洋作业的现有渔业船舶进行勘验并出具勘验报告。同时抄报农业部渔船检验局。

第十四条 船舶所有人、经营者或代理人向农业部申请远洋作业批准文件须提交勘验报告。

第十五条 沿海省渔船检验局凭农业部渔船检验局书面委托实施远洋，渔船的监督检验。

第十六条 执行远洋渔船检验的机构，须指派农业部渔船检验局授权的验师执行现场检验。

第十七条 现场检验的验船师应及时编写远洋渔船检验技术文件，经农业部渔船检验局授权的主任验船师审核、签署意见后，将有关检验资料经计算机传至农业部渔船检验局。

第十八条 远洋渔船检验证书由农业部渔船检验局签发。

第十九条 远洋渔船所有人、经营者或代理人因特殊原因不能按时申报换证、年度检验时，可按第三章规定的检验申报受理权限申请展期，每次展期的期限不超过 3 个月，展期的次数应不多于 2 次。

第二十条 执行远洋渔船检验的渔船检验机构，须严格执行我国的法律、法规、规章和我国政府缔结的条约或加入的国际公约，以及农业部颁布的技术规范。

第二十一条 对拒不执行本办法的远洋渔船所有人、经营者或代理人，由有关机关依据有关法律、法规予以行政处罚，并暂停受理其再派远洋作业渔船的检验。

第二十二条 执行远洋渔船检验的渔船检验机构，不按本办法检验或擅自越权签发证书，情节严重的，农业部渔船检验局取消其远洋渔船检验资格。

第二十三条 执行远洋渔船检验的验船师应严格按照农业部有关规定进行检验。对滥用职权、徇私舞弊、玩忽职守的，农业部渔船检验局将撤销其远洋渔船检验资格，并建议其所在单位给予行政处分。情节严重，构成犯罪的，由司法机关依法追究刑事责任。

第五章 附 则

第二十四条 本办法由农业部负责解释。

第二十五条 本办法自发布之日起施行。

中华人民共和国农业部公告

（第 2587 号）

为规范远洋渔船检验，加强监督管理，保障远洋渔业船舶检验质量，根据《中华人民共和国渔业船舶检验条例》，我部组织制定了《远洋渔业船舶检验管理办法》，现予发布，自发布之日起执行。

农业部

2017 年 9 月 27 日

远洋渔业船舶检验管理办法

第一章　总　　则

第一条　为规范远洋渔业船舶的检验，加强监督管理，保障远洋渔业船舶检验质量，根据《中华人民共和国渔业船舶检验条例》，制定本办法。

第二条　远洋渔业船舶（从事国际航运的渔业辅助船舶除外）检验及其监督管理（以下简称“远洋渔船检验”）适用本办法。

第三条　远洋渔船的检验由农业部渔业船舶检验局（以下简称“农业部船检局”）负责统一组织实施。

第四条　省级渔业船舶检验机构或经农业部船检局核定远洋渔船检验业务的检验机构（以下简称“远洋渔船检验机构”）根据农业部船检局统一部署，具体实施远洋渔船检验工作。

省级渔业主管部门应当指导、支持本行政辖区内的远洋渔船检验工作。

第五条　远洋渔业企业应依法申报远洋渔船检验，对远洋渔船安全技术状况全面负责，履行远洋渔船安全生产主体责任。

第六条　实施远洋渔船检验应当符合农业部行政审批有关规定。

第二章　机构人员职责

第七条　农业部船检局负责制定远洋渔船检验管理制度和法定检验规则、规程等技术法规，规划设置远洋渔船境外检验工作点，为开展远洋渔船检验工作提供相应保障。

农业部船检局根据远洋渔船数量及其在境外维修、靠港、检验保障条件等情况设置境外检验工作点（现行境外检验工作点布局和管理机构及其工作职责见附件），并在境外开展远洋渔船检验工作。

第八条 远洋渔船检验机构受农业部船检局委派，承担远洋渔船的检验申报材料审核、船舶检验、检验遗留问题整改监管、检验数据填报等工作，负责境外检验工作点的建设及日常管理。

第九条 远洋渔船检验人员（以下简称“检验人员”）应具备相应的专业知识和检验技能，经农业部船检局考核合格后方能从事远洋渔船检验工作。

农业部船检局组织赴境外现场检验的检验团组，其检验人员组成、在境外工作时间、境外工作经费等，由执行检验任务的远洋渔船检验机构根据检验业务工作量和检验地点等因素拟定，并报农业部船检局审核。检验人员应当持因公护照出国（境），其出国（境）手续由农业部船检局统一组织办理。

第十条 远洋渔船检验证书由农业部船检局负责人或经负责人授权的人员负责签发。

远洋渔船检验完工报告由远洋渔船检验机构负责人或经负责人授权的人员负责签发。

船舶临时航行安全证书的签发和检验记录、检验报告等技术文件以及年度检验、期间检验、展期检验证书的签署，由检验人员负责。

第十一条 远洋渔业企业应当保证远洋渔船安全技术状况符合航行、作业条件，对提供的渔船安全技术状况声明书、自查报告以及检验遗留问题整改后的证明材料等的真实性负责，为检验人员开展检验工作提供必要的工作条件和安全保障。

第十二条 远洋渔船安全设备维修、检测等技术服务机构（以下简称“技术检测机构”）应对出具的检测数据和结论的真实性负责。

第三章 组织实施检验

第十三条 远洋渔船在境内的检验，由远洋渔船建造或维修所在地远洋渔船检验机构负责接收检验申报材料并进行初步审查。初步审查合格并经农业部审核后，由农业部船检局下达检验任务。

第十四条 远洋渔船在境外的检验，由农业部船检局指定的远洋渔船检验机构负责接收检验申报材料并进行初步审查。初步审查合格并经农业部审核后，农业部船检局组织检验团组赴境外实施现场检验。

第十五条 远洋渔船在境外的检验实行年度计划管理。远洋渔业企业应根据境外检验工作点设置情况，选择具备船舶维修和检验保障条件的地方申报检验。

农业部船检局根据远洋渔业企业申报检验情况和境外检验工作点设置情况，按照农业部外事计划管理要求，制定并发布远洋渔船境外检验年度计划。

第十六条 远洋渔船在境外的检验由境外检验工作点检验团组和临时检验工作点检验团组完成。

第十七条 远洋渔业企业应按照发布的远洋渔船境外检验计划安排渔船按时靠港接受检验，避免随意变更检验计划。除因自然灾害、渔船及船员发生事故或他国入渔政策发生重大改变等客观原因外，变更检验时间、地点的，应提前三个月提出变更申请。

检验团组因客观原因导致赴境外检验的时间或地点发生变化的，应提前通知有关远洋渔业企业。

第十八条 在境内完成的检验，远洋渔船检验机构应当按规定的程序和时限要求签发（署）检验证书和技术文件。在境外完成的检验，检验团组应当在回国后15个工作日内提交境外检验工作报告。

第四章 检验监督管理

第十九条 远洋渔船检验机构及其检验人员应依据渔业船舶法定检验规则、规程和指南等开展远洋渔船检验工作，实施现场检验。未经现场检验或检验不合格的，不得签发（署）检验证书。加强对远洋渔业企业执行有关渔船检验法规、制度的指导和培训。

第二十条 检验人员实施现场检验前，应详细了解申报检验的远洋渔船建造、维修及停泊地情况，查阅相关检验资料，提出检验要求，并按照年度检验计划协调远洋渔业企业或船舶修造企业安排检验相关事宜。

第二十一条 因客观原因或不可抗力导致检验人员无法前往实施现场检验时，农业部船检局可委托经认可的技术检验机构开展现场检验或承认远洋渔船营运、维修所在国（地区）政府检验机构签发的检验证书等方式实施检验。

前款规定的远洋渔船，由船籍港所在远洋渔船检验机构审查技术检验机构提交的报告或所在国（地区）政府检验机构签发的检验证书等材料，审查合格的，按照规定程序签发（署）检验证书。

第二十二条 船龄在5年以内的过洋性远洋渔船以及船龄在10年以内的大洋性远洋渔船的年度检验，采取审查船舶所有人提交的声明书方式实施检验。

前款规定的远洋渔船，由船籍港所在地远洋渔船检验机构审查船舶所有人提交的渔船安全技术状况声明书和自查报告以及技术检测机构出具的检测、检修报告和证明。审查合格的，按照规定程序签署检验证书。

第二十三条 农业部船检局对远洋渔船境外现场检验采取政府购买服务方式实施的，现场检验的监督管理要求由农业部船检局另行规定。

第二十四条 符合本办法第二十一条、第二十二条规定的检验方式和渔业船舶法定检验规则规定的展期检验情况时，检验人员通过确认规定的有关材料，按照规定程序签发（署）检验证书，检验人员对书面材料与技术法规的符合性审查情况负责。

虽符合第二十二条规定的检验方式，但有下列情形之一的，应当实施现场检验：

（一）自上次检验后，渔船发生过海损事故；

（二）自上次检验后，渔船擅自进行构造改造，或船舶性能和布置发生重大改变的；

（三）在近2年中，船舶所有人提交的渔船安全技术状况声明书和自查报告被查出存在弄虚作假情况的。

第二十五条 检验人员在检验中发现涉及船舶航行、作业的安全技术问题，应当书面告知远洋渔业企业并要求其立刻整改。

在现场检验结束前完成整改的，经检验人员确认后，方可签发（署）远洋渔船检验证书。在现场检验结束前不能完成整改的，检验人员应要求远洋渔业企业限期整改并出具检验遗留问题整改通知单，并可采取审查远洋渔业企业提供的证明材料等方式进行确认整改情况，确认完成整改的，方可签发（署）远洋渔船检验证书。

第二十六条 远洋渔船检验、发证及其监督管理应纳入全国渔船管理系统管理。检验证书的种类、样式及用纸由农业部船检局统一规定，并按照有关规定公布。

第二十七条 远洋渔船检验机构应遵守渔船检验技术档案管理规定，妥善保管有关检验档案资料。

第二十八条 远洋渔业企业、技术检测机构以及远洋渔船检验机构、技术检验机构及其人员违反本办法规定的，按照有关规定处理。

第五章 附 则

第二十九条 本办法自2017年9月27日起施行。

附件：

现行境外检验工作点布局和管理机构及其工作职责

<table>
<tr><th>序号</th><th>境外检验
工作点名称</th><th>建设管理机构</th><th>检 验 范 围</th><th>工 作 职 责</th></tr>
<tr><td>1</td><td>加蓬</td><td>辽宁渔业船舶
检验局</td><td>安哥拉、加蓬、喀麦隆、加纳、塞拉利昂、几内亚等西非中部海域的远洋渔船</td><td rowspan="8">1. 负责中国籍远洋渔船的法定检验；
2. 进口渔业船舶检验工作的组织实施；
3. 相应地区农业部渔业船舶检验局认可的气胀式救生筏检修站和GMDSS设备岸上维修单位的日常监管</td></tr>
<tr><td>2</td><td>斐济</td><td>上海渔业船舶
检验局</td><td>斐济、马绍尔、密克罗尼西亚等南太平洋海域的远洋渔船</td></tr>
<tr><td>3</td><td>拉斯帕尔马斯
（西班牙）</td><td>山东渔业船舶
检验局</td><td>拉斯帕尔马斯、毛里塔尼亚、塞内加尔、佛得角、几内亚比绍等西非北部海域的远洋渔船</td></tr>
<tr><td>4</td><td>秘鲁</td><td>浙江渔业船舶检验局</td><td>秘鲁、智利等海域的远洋渔船</td></tr>
<tr><td>5</td><td>印度尼西亚</td><td>福建渔业船舶检验局</td><td>印度尼西亚海域的远洋渔船</td></tr>
<tr><td>6</td><td>缅甸</td><td>江苏渔业船舶
检验局</td><td>缅甸、马来西亚、泰国等海域的远洋渔船</td></tr>
<tr><td>7</td><td>乌拉圭</td><td>山东渔业船舶
检验局</td><td>乌拉圭、苏里南等海域的远洋渔船</td></tr>
<tr><td>8</td><td>阿曼</td><td>河北渔业船舶
检验局</td><td>阿曼、阿联酋、也门、孟加拉等海域的远洋渔船</td></tr>
</table>

中华人民共和国渔业船舶检验局关于印发《全国渔船检验“四大体系”建设规划（2018—2022）》的通知

（国渔检（办）〔2017〕161号）

各省、自治区、直辖市渔业船舶检验局：

为贯彻落实《全国渔业发展第十三个五年规划》，明确下一个时期全国渔船检验工作目标与发展思路，提升检验监管水平，推动渔船装备技术升级，构建“体系健全、机制顺畅、检验高效、监管有力”的渔船检验工作新格局，充分发挥船检工作在保障渔船安全、水域环境安全、生态资源安全和发展现代渔业中的基础性作用，我局编制了《全国渔船检验“四大体系”建设规划（2018—2022）》（以下简称《规划》），经农业部领导批准，现印发给你们，请结合本地区、本单位实际，认真贯彻落实。

中华人民共和国渔业船舶检验局

2017年12月27日

全国渔船检验 “四大体系”
建设规划

（2018—2022）

2017 年 12 月

目　录

4. 建立法规执行评估制度，强化检验法规执行监督

（二）建设综合素质强专业水平高的检验监管工作体系

1. 推进监管制度改革，创新渔船检验监管体制机制
2. 加强事中事后监管，提升服务渔业中心工作能力
3. 加快推进建章立制，完善渔船监管机构队伍建设
4. 助力信息技术手段，提升渔船检验监管智能化水平

（三）建设布局合理配置科学的社会检验组织体系

1. 明确主体职责，积极培育社会化技术支撑机构
2. 依据开放原则，加强社会化技术支撑机构人员能力建设
3. 促进资源整合，推进社会化技术支撑机构管理制度建设
4. 构建规划布局，建立健全建设标准及运行管理机制

（四）建设勇于技术创新严于质量监管的渔船建造体系

1. 推进“四新" 转化吸收，引领渔船建造企业创新发展
2. 提升渔业船舶设计能力，构建图纸审查监督新机制
3. 推动实施“两个评价”，强化渔船质量主体责任
4. 整合资源整体联动，推进渔船修造业现代化水平

五、保障措施

（一）提高认识，加强组织领导

（二）明确职责，形成执法合力

（三）政策倾斜，加强资金支持

（四）加强宣传，监督规划落实

（五）推进“互联网 +”，实现船检信息化

当前，全国渔船检验工作面临新形势、新问题、新要求，以法律法规体系、检验监管工作体系、社会检验组织体系和渔船建造体系为4大支柱的渔船检验体系建设，将在未来5年时间里进入全面实施阶段。为明确全国渔船检验工作的目标与发展思路，细化重点任务与措施，完善法律法规，推进渔船检验体制机制改革，提升检验监管水平，推动渔船装备技术升级，构建“体系健全、机制顺畅、检验高效、监管有力”的渔船检验工作新格局，促进渔业转型升级、加快建设现代渔业强国，根据《国务院关于促进海洋渔业持续健康发展的若干意见》（国发〔2013〕11号）、《全国渔业发展第十三个五年规划》，制定《全国渔船检验“四大体系”建设规划（2018—2022）》。

一、发展成就

渔船检验系统自建立以来，紧紧围绕农业、渔业中心工作，服务渔业经济发展大局，不断完善工作机制和工作方法，提升检验监督管理能力，检验事业得到了长足发展。

（一）渔船安全得到有效保障。坚守保障渔民生命财产安全的初心，强化渔船质量安全的宗旨意识，推动检验监管工作有序开展。近年来，平均每年检验渔船达到50万艘次、船用产品80多万台件，审查渔船设计图纸约1.8万套，渔船总体安全状况得到改善，全国百万艘渔船和近二千万渔民生命财产安全得到了有效保障，渔业安全总体形势得到了有效维护。

（二）检验监管得到不断强化。创新检验监管机制，拓展检验工作范围，提升检验工作质量，检验工作全面覆盖远洋渔船、国内海洋渔船、内陆渔船、船用产品、渔船修造厂；开展新技术、新能源、新装备及休闲渔业设施的检验与安全管理；推行渔船建造企业和渔船船型标准化“两个评价”制度，严格渔船设计建造源头管理；开发“智慧船检”，推进渔船检验监管工作迈向“互联网+”的新模式。

（三）产业发展得到有力支撑。持续推进新能源、新技术、新装备、新材料上渔船，在全国渔船机动化、大型化、钢质化、标准化升级改造中发挥了引领作用。严把柴油机型谱审核发布关，加强对安全设备产品质量的抽查力度，全力推进渔船“双控”制度落实，确保燃油补贴等中央惠渔政策落实到位；积极参与“船证不符”和涉渔“三无”船舶清理整治工作，在促进渔业规范发展中发挥了关键作用。

（四）自身建设得到扎实推进。构建了部、省、市、县四级检验监管工作体系，初步完成了境外远洋渔船检验点布局。加强了检验机构和队伍建设，2016年底，全国检验机构达到1115个、从业人员7688名。加强渔船国际安全公约研究，积极履约和促进公约转化能力。建立完善各项检验制度，出台了覆盖远洋渔船、钢质海洋渔船、内河渔船、玻璃钢渔船等各类型渔业船舶的技术法规30多部，初步构建了具有中国特色的渔船检验法规体系。

二、形势与任务

（一）新机遇

当前，我国已进入全面建成小康社会的决胜期，农业与渔业现代化建设的关键时期，渔船检验工作面临着新的发展机遇和挑战。

1. 全面实施国家战略要求渔船检验更上新台阶。渔船是渔业重要的生产要素，也是发展海洋牧场、休闲垂钓等蓝色经济的平台，是渔业“走出去”的重要载体，更是我国海洋维权不可或缺的重要组成；我国“一带一路”战略、海洋强国战略、乡村振兴战略、制造强国战略的实施，要求坚持国家利益至上，以人民安全为宗旨，按照陆海统筹、城乡统筹的要求，加快实现渔船技术和装备现代化，更好地助力实施国家战略。

2. 贯彻落实新发展理念要求渔船检验把握新方向。创新、协调、绿色、开放、共享五大新发展理念，为渔船检验工作提供了新的发展空间，要求在坚持生态优先，绿色发展上谋求新突破，多措并举推动渔船装备节能减排，引领渔船建造导向，按照“安全、环保、经济、节能、适居”方针，规范渔船船型发展，促进渔船向“高安全、高效能和低排放”的现代渔船方向发展，实现对渔业资源和生态的有效养护。要求在实施创新驱动发展上谋求新突破，持续提高渔船技术和渔船装备的自主创新能力，发挥科技和信息化对渔船技术发展引领和支撑作用。

3. 国家治理体系现代化要求渔船检验构建新格局。国家治理体系和治理能力的现代化步伐加快前行，行政体制改革全面深化，“放管服”改革持续发力，公共安全体系逐步健全，要求渔船检验弘扬生命至上、安全第一的理念，进一步提升保障渔民渔船生命财产安全、维护渔业生态环境和水生生物安全的能力；加快转变职能，构建符合现代渔业发展形势要求的渔船检验新格局。

4. 推动渔业转型升级要求渔船检验担当新使命。推进渔业供给侧结构性改革，加快渔业转方式调结构已进入攻坚时期，休闲渔业、海洋牧场等新兴业态的蓬勃兴起，对渔船检验技术水平和检验监管能力提出了更高的要求，燃油补贴政策调整，为渔船装备创新发展、标准化渔船改造，以及绿色新能源的推广应用提供了政策支撑，要求渔船检验主动适应渔业供给侧结构性改革发展的要求，引领并推动渔船向高安全、高效能和低排放的方向发展。

（二）新挑战

当前，我国渔业发展的内外部环境正在发生深刻变化。世界各国渔业资源仍呈现衰退的趋势，可持续发展受到国际社会高度关注，国际渔业的活动机制发生了重大变化，涉外渔业安全形势仍十分严峻；我国渔业资源复苏缓慢，资源与环境的刚性约束加大，国家渔业安全责任重大、渔船安全管理任务艰巨，渔船检验面临着一些新的挑战，集中表现为难以适应新时代新形势发展的要求。

1. 法律法规体系建设滞后，难以适应依法治渔依法治船新要求。随着国家“放管服”改革的深入推进，渔船设计单位、修造企业资格行政审批取消，渔船船用产品认可制度面临改革，多数地区将检验业务下放，而现行的法律法规修订未同步跟进，渔船检验监管的部门规章长期缺位，相关法规不能满足检验事中事后监管的需求；大部分技术法规条款引自于国际海事技术规定，针对性不强，不能适应当前我国渔船专业化、大型化的发展趋势，个别条款的操作性不强等问题突出。

2. 检验监督管理能力不强，难以适应国家安全形势发展新要求。渔船检验现行体制导致渔船检验机构和人员对法定检验监管职责认识不清，“重技术轻管理、重审批轻监管”的问题长期存在；政府职能转变中提出的加强简化审批事项，强化事中事后监管的改革要求尚未落实到位，监督执法机制不健全。验船师培养与管理缺乏激励机制，工作动力不足；基层检验力量薄弱，高素质的验船师缺乏，渔船检验监管任务重与检验监管能力不足的矛盾十分突出，存在渔船检验人员履职不到位的现象，渔船检验质量安全管理存在较大隐患。

3. 社会检验支撑力量薄弱，难以适应现代渔船检验管理新要求。部分地区“船多人少”矛盾突出，渔船大型化、专业化、现代化发展导致对渔船检验技术要求提高。然而，验船师力量严重不足，渔船检验社会技术支撑力量尚处于萌芽阶段，渔船专业技术研究支撑体系尚未建立，渔船安全技术研发能力薄弱；专业检测机构布局不合理，市场发育不足，检测质量亟待提升；渔船技术法规和标准研发滞后，渔船检验及图纸审查社会技术人员培养和准入的机制缺失，人员素质能力参差不齐。

4. 渔船装备发展水平不高，难以适应建设现代渔业强国新要求。渔船修造企业质量安全主体责任意识不强，企业内部造船质量管理体系普遍未建立，作坊式、沙滩式造船仍然存在，造船工艺手段落后，质量水平低。修造船厂监管法律依据不足，检验监管手段薄弱。新能源、新技术、新装备、新材料难以在渔船上推广应用。渔船标准化程度低，政策扶持措施起步较晚。这种局面很难适应渔业装备现代化发展的要求，在很大程度上制约着现代化渔业强国目标的实现。

（三）新任务

适应渔业绿色发展、安全发展、融合发展、开放发展和规范发展的要求，在今后的5年时间里，全国渔船检验工作的主要任务是构建以法律法规体系为基础，以检验监管工作体系为统领，以社会检验组织体系为依托，以渔船建造体系为支撑的渔业船舶检验工作新格局。

1. 面向依法治国方略的全面实施，“重大改革于法有据”的要求，渔船检验应加快修订完善法律法规，强化检验执法监督，提高检验监管效能，亟需建设覆盖检验监管全领域的法律法规体系。

2. 面向新时期全国深化行政体制改革以及“放管服”的政府职能转变、加强渔业安全生产监督管理要求，渔船检验应迫切需要全面提升验船师队伍监管能力，丰富监管手段，亟需建设综合素质强专业水平高的检验监管工作体系。

3. 面向加快推进政府购买服务的改革导向，依法行政、环境保护、节能减排等渔船检验工作新要求，渔船检验应不断创新履职方式，亟需健全的社会检验组织体系。

4. 面向创新驱动发展战略，制造强国战略，渔船检验应引领和支撑现代渔船绿色安全可持续发展，推动提升渔船技术装备水平，亟需建设勇于技术创新、严于质量监管的渔船建造监管体系。

三、总体要求

（一）指导思想

全面贯彻党的十九大精神，以习近平新时代中国特色社会主义思想为指导，围绕农业、渔业中心工作，以保障渔船安全、水域环境安全、水生生物资源安全为宗旨，以深化渔船检验体制机制改革为动力，以完善法律法规、强化检验监督执法、培育社会支撑、规范造船质量控制为着力点，努力构建“体系健全、机制顺畅、检验高效、监管有力”的渔船检验工作新格局，不断提升渔船质量安全水平，促进现代渔业转型升级，为平安渔业建设做出新贡献。

（二）基本原则

1. 安全第一，确保质量。始终坚持以保障渔民渔船生命财产安全为渔船检验工作的出发点和落脚点，强化渔民、企业对渔船安全的主体责任意识，不断加强渔船安全检验监管，提高渔船安全技术整体水平。

2. 有法可依，有规可循。按照依法行政、全面深化改革以及重大改革需于法有据的要求，坚持做好法律法规和国家强制性标准的制修订，健全各项检验监管规章制度，使监督管理有法可依，现场检验有规可循。

3. 转变职能，提高效能。创新渔船检验体制机制，推动渔船检验机构转变职能，推进实施渔船检验监督管理与现场检验相分离的机制改革，强化检验机构和队伍建设，提高渔船检验的质量和检验监管效能。

4. 因地制宜，分类施策。根据不同地区、不同渔船、不同产品的检验管理特点，按照“抓大放小”的原则，对渔船实行分类分级检验，简化检验程序，创新检验监管机制，提高检验监管效率，为渔民提供更有效地服务。

（三）实施目标

适应渔业绿色发展、安全发展、融合发展、开放发展和规范发展的要求，推进“四大体系”建设，2018—2020 年为体系建设阶段，2021—2022 年为体系完善阶段；到 2022 年底，实现渔业船舶检验监督管理新格局的目标。

1. 检验法规更加完善。渔业船舶检验条例等重要法律法规制修订工作取得重大进展，法律法规体系进一步完善和健全；检验监管机构职责定位、权限任务明确；国内渔船及重要船用产品实行分级分类检验管理制度；休闲渔船及水上渔业设施纳入检验监管范围；行政处罚程序规范，事中、事后监督管理制度完备；渔民、渔业企业诚信体系和“黑白名单”制度得以建立，检验队伍严格依法验船，行政审批运行监督机制和廉政风险防控机制健全；普法工作取得进展，渔民法律意识增强，依法接受检验意识显著提高；船检、港监、渔政执法配合更加密切顺畅。

2. 检验监管执法有力。渔船及船用产品检验执法能力和服务水平显著提高，各级渔船检验机构切实转变工作职能，着力强化监督管理，队伍综合素质大幅提升；远洋渔船境外检验布局科学合理，低质量渔船、假冒伪劣船用产品专项治理不断深化；船检信息化检验监管能力显著增强，重要检验监管环节实现可追溯，构建渔船检验监督管理综合平台、渔船检验决策服务平台和渔船检验监督管理基础业务平台，实现物联网、移动互联、大数据等创新技术与船检信息化应用的技术融合。到2022年，全国渔船安全技术指数比2018年整体提高5个百分点。

3. 组织体系初步建成。注册验船师制度全面实施，社会化的现场检验力量得以培育；渔船及其检验的专业技术研发队伍不断扩大；技术检测机构布局合理，服务规范，市场机制作用充分发挥；重点地区大中型渔船和远洋渔船的现场检验与检验监管相分离的局面基本形成，现场检验质量和效率明显提升，渔船及船用产品质量稳步提高，渔船及检验技术支撑能力大幅增强，渔船检验社会组织体系基本建成。到2022年，沿海地区设立各级各类社会化检验技术机构50家，注册验船师数量达到400名以上。

4. 渔船及装备质量升级。渔船装备研发能力得到加强，新建装船通信导航、渔捞机械等装备初步实现国产化，绿色能源、智能装备、环保材料以及节能减排技术在渔船上得到应用，渔船玻璃钢化、标准化、智能化水平显著提升，防污染和资源保护重要设备的检验监管得到强化，小型渔船船型标准化普及率大幅提升；渔船建造质量控制体系普遍建立，造船质量监管更加严格；检验法规标准研究、图纸技术评审、检验技术研究等技术支撑机构逐步建立并发挥作用。

四、建设重点

（一）建设覆盖检验监管全领域的法律法规体系

1. 优化检验技术法规结构，重构检验法规体系框架

进一步优化渔船检验法规体系，梳理检验技术法规，完善监督管理法规，使其更好地满足渔业船舶检验及其监督管理工作的需要，服从并服务于检验及其监督管理的制度要求，体现渔业船舶分类管理指导原则和执法监督属性，体现渔业船舶检验及其监督管理的“鱼腥味”特征。进一步理顺规则、规范关系，厘清定位、层级和效力，优化技术法规结构，做到全面覆盖而不冗余，努力建设覆盖全面、层次分明、科学合理的渔业船舶检验法规体系框架。

2. 推进法规制修订的进程，建立法规定期清理机制

对照依法行政的要求，结合渔船检验及其监督管理工作实际，按照“突出重点、科学构架，问题导向、提高质量”的总体思路，着力推进渔船检验法规制修订进程。管理法规方面，积极推动《渔业法》和《渔业船舶检验条例》的修订，抓紧制定检验及其监督管理工作配套的部门规章和规范性文件；技术法规方面，遵循合法性、协调性、适用性和前瞻性

原则，参照国际公约要求，结合我国渔船现状，加快规则、规范、规程等技术法规的滚动修订步伐。建立渔业船舶检验法规定期清理机制，促进法规建设制度化、科学化和规范化。

3. 加强检验法规基础研究，建设检验法规支撑体系

管理法规，以问题为导向，以更好地规范执法行为、提高执法效能为原则，开展基础研究；技术法规，以船检工作中的技术热点为导向，按照渔船作业种类、类别，分专业、分专题开展基础研究。建立健全国际公约转化的研究机制。加强渔业船舶检验法规专业人才的培养，满足不同层次的船检法规人才需求，打造强有力的法规制修订支撑团队，夯实渔船检验法规建设基础，建立健全法规支撑体系。

4. 建立法规执行评估制度，强化检验法规执行监督

管理法规，要严格遵循依法行政原则，结合行政审批制度改革，贯彻“简政放权、放管结合、优化服务”精神；同时，积极配合国家立法机关或法制部门，开展执法检查。建立法规执行评估制度，开展检验法规执行情况的第三方社会专业评估工作。建立法规执行的管理措施，完善法规执行监督机制，加大监督力度。探索建立技术法规执行监督委员会，建立惩罚制度，对没有认真执行法规的单位和个人进行追责。

重大行动一：“铸舱行动”
1. 普法轮训：5 年内完成所有一线验船师（约 2000 人）的渔业、渔船安全和渔船检验法律法规轮训工作；每年完成新出台技术法规、规则、指南和相关标准的培训工作，提升法规学习、运用能力。 **2. 普法宣传：**每年休渔前一个月（4—5 月）组织开展普法宣传活动，提高渔民和企业的尊法、守法、护法意识。 **3. 执法检查：**开展全国检验法规执行情况督导检查，开展以《渔业船舶检验条例》为主、各项技术法规为辅的船检执法大检查，促进各地依法检验、转变职能、强化监督，提高登船检验率，促进各项法规执行，查找问题、完善法规，推动建立执法评估制度。 **4. 立法督导：**定期组织开展全国检验法规立法与建章立制的督导检查。围绕各地简政放权、转变职能，以及实施“检管分离"检验监管制度、渔业注册验船师制度等，研究并制修订相应的法规、规则、规范，完善渔船检验法规体系框架，促进地方配套法规体系的建立与完善。

（二）建设综合素质强专业水平高的检验监管工作体系

1. 推进监管制度改革，创新渔船检验监管体制机制

进一步明确渔船及船用产品检验监督管理职责，强化渔业行政执法主体地位，推进各级渔业船舶检验机构纳入渔业综合执法队伍。在条件成熟的地区，在远洋渔船、国内大中型渔船检验工作中，探索建立“检管分离”的检验监督管理机制，推动渔业注册验船师制度的实施，着力培育社会化技术支撑机构，通过政府购买服务等方式将现场检验工作交由社会化

技术检验机构承担，逐步构建适应新形势要求的检验监督管理体制架构。实施渔船分类分级检验制度，推进小船检验监管制度改革，逐步实行小船检验备案制度，加强小型渔船安全技术状况监督抽查和执法检查工作。

2. 加强事中事后监管，提升服务渔业中心工作能力

加强对渔船及船用产品检验质量的抽查，强化检验监督执法。严厉打击船用产品假冒伪劣行为，探索实施缺陷产品召回和船用产品目录清单制度。建立健全公平公正监管体制，实施“双随机、一公开”监督抽查机制，行政约谈、行政处罚、联合惩戒等执法机制逐步推广，加快构建事中事后监管体系。加强和完善对社会化专业支撑机构的管理，对其人员资质、机构运行保障、内部质量控制等方面严格要求，建立船东、渔业船舶修造企业、船用产品生产企业、社会化专业支撑机构等诚信评估系统，发挥守信激励、失信惩戒机制的作用。推进渔船检验纳入综合监管，提高政务服务效率；加强休闲渔船、水上涉渔平台和增养殖设施检验监督管理，配合做好渔船数量管控等渔业中心工作。

3. 加快推进建章立制，完善渔船监管机构队伍建设

构建完善的全国渔船检验系统，科学布局境内外检验机构（点）；修订完善检验监管机构业务核定与管理规定，完善检验监管机构“准入制度”。严格渔船检验监管机构的监督管理，建立“退出机制”；建立渔业船舶检验监管机构能力维持保障机制，明确同级渔业行政主管部门对维持机构检验监管能力的责任和义务。完善验船师管理体系，进一步修订完善验船师管理办法，健全检验监管人员评价体系，探索实行适任制和注册验船师并行制度，完善验船师考评工作机制。出台验船师培养规划，明确国家局和省局的职责和任务，建立统一规范的培训体系、教材体系和师资体系，以基层验船师培训和能力提升为重点开展分级、分类、分层次的精准培训，突出检验实操能力的提升。加大培训力度，探索在各省建立首席验船师制度，开展基层检验能力共建。加强船检监管队伍行风建设，定期组织全国行风督导检查活动。

4. 助力信息技术手段，提升渔船检验监管智能化水平

建立健全智慧化的渔船检验监管工作体系。通过信息化管理手段，加强对检验机构能力建设评估，加强对验船师检验监管工作抽查，定期清理不在岗验船师；丰富培训手段的信息化、多样化，利用大数据加强培训学习的针对性；积极推进“智慧船检”项目实施，以渔船身份证制度为纽带，完成船检各类监管对象的质量安全可追溯和物联网化的联动监管，规范检验监管工作各个环节。同时，依托大数据理念，建立智能化的检验监管统计平台，综合各类渔船监管分析模型，构建涵盖船东、船厂、船检各方的船检监管辅助决策平台，实现渔船检验监管工作决策科学化、监管智能化、服务高效化。通过不断的信息化技术积累，最终建立渔船整体安全技术评估和渔船装备技术水平提升引导机制，为我国渔船安全和装备技术发展指引方向。

重大行动二："铸舵行动"
1. 精英计划：坚持以高素质人才培养为主线，争取2022年底，全国培养30名首席验船师、300名高级验船师。通过审图、船舶建造工艺、规则规范和船检实践等系统培训，造就一支专业基础好、实践经验丰富、年富力强的验船师队伍，成为全国验船师中能够承担"传、帮、带"任务的领军人才和全国各地检验工作的技术权威。 **2. 师资计划**：每年完成50人次的师资培训，建立师资人才选拔、培训、淘汰机制，实行师资动态管理和资源共享机制；逐步建立一支理论知识扎实、实践经验丰富、结构合理、专兼职相结合的、规模在100人左右的师资队伍，为全国和各地验船师培训提供人力支持。 **3. 扬帆计划**：5年内对所有境外验船师进行1～2次轮训，并进行动态考核，使其熟练掌握远洋渔船检验法规、规则和指南，了解远洋渔船检验管理规定、遵守境外的外事纪律；培养150名具有远洋渔业船舶检验能力的验船师，2022年，远洋验船师培训规模达到500人次，逐步建设一支远洋渔船检验和渔船安全技术的权威人才队伍。 **4. 青年计划**：面向基层一线，以渔业船舶修造企业等为培训载体，以师傅带徒弟传授技艺的形式，完成200人的中期实践技能培训，培养一支职业操守好、实践能力强、业务素质高的青年验船师骨干力量。 **5. 倍增计划**：以检验管理人才为主，完成300人次综合培训，主要以行政法规、渔业相关法规、行政管理知识，以及领导能力提升为主进行综合能力提升培训，重点提高检验监督执法和检验管理能力。 **6. 创新计划**：创新培训方式，以建设完善"渔检通"验船师学习练测平台、模拟实船检验学习平台、制作视频教材等为主要手段，拓展验船师学习渠道，丰富验船师学习载体。组织开展知识竞赛、技能比武、擂台竞技等活动，丰富学习方式，增强验船师职业荣誉感。

（三）建设布局合理配置科学的社会检验组织体系

1. 明确主体职责，积极培育社会化技术支撑机构

制定社会化技术支撑机构管理办法，明确注册验船师事务所具体业务范围及职责，实施分级分类管理；明确审图机构接受法定检验监督机构委托，对图纸进行技术评审，并对审图质量负责；强化社会专业检测机构对渔业船舶检验事务的技术支撑作用，各相关研究中心和技术委员会承担的渔船检验技术性研究工作。遵循市场规律，引导社会化技术支撑机构合理布局，加快培育"管理科学、监管到位、支撑有效"的验船师事务所，鼓励相关船舶类院校、研究机构和退休验船师，组织建立一批相对稳定、管理规范、社会信誉良好，能够独立承担民事责任的社会专业检验检测机构。

2. 依据开放原则，加强社会化技术支撑机构人员能力建设

健全市场化、社会化的技术支撑机构人员管理体系，构建统一、开放的人员市场体系，

大力发展专业性、行业性技术支撑机构人员市场，建立失信失职惩戒机制。加快推进实施注册验船师（渔业船舶类）制度，严格注册验船师考试及注册，严把注册验船师准入关；完善注册验船师继续教育体系，提高注册验船师专业素质，充实高水平的渔业船舶检验社会人才“蓄水池”，为社会化检验技术支撑机构提供人才储备。加强对渔业船舶图纸审查人员的审图能力培训，着重强化实践技能审图能力建设，形成一支高水平的专业图纸审查队伍。

3. 促进资源整合，推进社会化技术支撑机构管理制度建设

建立完善的社会化技术检验支撑机构履行主体责任、政府依法监管和社会广泛参与的渔船检验社会化服务管理机制，综合运用“政府购买服务”和技术服务性收费等市场化手段，引导社会力量进入渔业船舶检验服务领域。制定社会化技术检验机构管理办法，强化对渔业船舶社会化、专业化检验机构的监管。修订注册验船师考试大纲，建立健全考务工作体系，加强考试题库建设，建立健全注册验船师注册管理和继续教育制度，强化对注册验船师的职业道德教育。规范渔业船舶图纸审查中心管理，探索建立社会专业检验机构健康发展的政策措施，逐步规范社会专业检验机构承担的渔业船舶检验工作行为。支持中介、协会等组织发挥桥梁纽带作用，促进资源整合、行业自律、专业服务和权益维护，为渔船检验事业发展注入新动力、增强新活力、拓展新空间。

4. 构建规划布局，建立健全建设标准及运行管理机制

坚持统筹规划与属地管理相结合、政府监管与市场运作相结合，在完善注册验船师制度及社会化检验技术支撑机构相关管理办法的基础上，按照“优胜劣汰、动态管理”的原则，强化对社会化技术支撑机构的监管。建立市场准入和退出机制，建立各社会化支撑机构的“终身管理”闭环控制制度，通过能力评估对支撑机构进行督导，对人员数量、人员能力水平与所承担的渔业船舶检验检测工作不匹配的机构实行“限期整改”，对整改后仍不满足要求的“降级"或“责令退出”。

重大行动三：“铸艏行动”
1. 考试计划：修订注册验船师考试大纲，建立健全考务体系，加强考试题库建设；面向社会人员启动渔业注册验船师考试工作；严格注册验船师考试及注册，严把注册验船师准入关；颁布相关的管理办法，开展验船师执业注册，使一批符合要求的渔业注册验船师上岗验船。 **2. 培育计划**：构建有利于社会检验机构，审图中心发展的第三方技术支撑机构，加强社会技术支撑机构规划布局，基本满足渔船检验事业发展需要；颁布注册验船师事务所管理办法，出台相关的扶持政策，在项目、资金等各方面，加大对各地培育注册验船师事务所支持力度；到2022年，争取培养50个符合渔船检验工作要求，可承接现场检验工作的专业化渔船检验机构。 **3. 管理计划**：在渔船检验法律法规中明确社会专业检验技术支撑机构的职责，颁布相关的管理办法和标准，加强对社会第三方检验机构、检测机构、科研和评估机构等相关单位的规范管理，加强对现场检验的监督执法，逐步规范社会检验技术支撑机构。

（四）建设勇于技术创新严于质量监管的渔船建造体系

1. 推进“四新”转化吸收，引领渔船建造企业创新发展

立足于我国渔业船舶及装备制造业现有基础，制定“新产品、新能源、新材料、新技术”等“四新”在渔业船舶修造中应用机制，推动行业产业转型升级。引导主力捕捞船型结构优化。推进节能设备技术研发，优化、推广玻璃钢建造工艺以及研发应用新能源动力等手段，促进全行业的技术提升和信息共享，逐步建立完善科技成果信息发布和共享平台。加强渔船设计建造质量监管和技术条件评价，引导推进渔业船舶修造市场科学布局和合理化分工。引导木质渔业船舶生产企业向以修理为主转型，推进“以钢代木”和小型渔业船舶玻璃钢化的发展，促进玻璃钢渔业船舶建造产业健康蓬勃发展，鼓励市场资源向技术条件好的企业转移。在大型渔业船舶、高技术渔业船舶以及标准化渔业船舶等领域扶植培育一批创新能力强、专业化制造及管理水平高的骨干建造先进企业。推进通信导航设备、渔捞机械研发升级，更新通信导航设备配备标准，研究渔捞机械质量标准，逐步实现通信导航设备和渔捞机械国产化。

2. 提升渔业船舶设计能力，构建图纸审查监督新机制

探索建立渔业船舶设计单位能力评价体系，强化设计单位人员能力建设和质量控制制度的落实，依靠设计能力进行产品划分和市场定位，营造以能力分享市场资源的有利氛围。促进渔业船舶设计行业创新机制建设，提高渔业船舶和重点配套设备的标准化设计能力，从设计上引领渔业船舶向“高安全、高效能、低排放”发展。结合图纸审查行政审批改革要求，研究建立渔业船舶设计图纸技术评价改革措施，制定技术评价单位能力标准和监督管理制度，明确图纸技术审查和依法审批工作规则，推动渔业船舶审图工作市场化、专业化和多级化发展。强化渔业船舶检验机构审图能力建设和培训，满足渔业船舶检验机构审图人才培养和提升审图监管能力的需求。建立渔业船舶设计图纸信息系统，完善渔业船舶设计图纸审查系统，开展渔业船舶审图质量检查，建立可追溯制度，严格把好渔业船舶图纸质量关。

3. 推动实施“两个评价”，强化渔船质量主体责任

打造具有中国特色的海洋渔船标准化船队，通过标准设计、标准建造，标准配备、标准管理的方式，从根本上改变“大机小标”、排放污染、船型杂乱等状况。大力推进渔船船型优化和标准化船型评选、推荐、示范、推广工作。在标准化船型基础上，通过开展渔船优化设计和标准化建造，推进我国渔船标准化、系列化、专业化发展，促进木质渔船和资源破坏严重作业船型退出捕捞市场。开展渔业船舶建造技术条件评价工作，建立评价结果动态目录。推进《渔业船舶建造质量证明书》制度的实施，记录渔业船舶出厂时技术状况，为落实建造质量责任制提供依据。探索建立实施渔业船舶建造质量诚信评价、考核和公开制度，打击非法违规造船。鼓励和培育渔业船舶修造专业化生产和社会化服务组织建设，作为渔业船舶修造企业能力补充。推进建造监理在渔业船舶上的应用，在远洋渔业船舶建造及海洋渔

业船舶标准化更新改造中争取率先引入建造监理。

4. 整合资源整体联动，推进渔船修造业现代化水平

加强渔业船舶标准组织和体系建设，推进我国渔业船舶标准国际化进程，为渔业船舶检验技术法规修订提供支持。全面落实渔业船舶标准化船型评价工作，建立全国渔业船舶标准化船型数据库，提高标准化船型的标准化配备和建造水平。促进渔船检验技术规则、建造规范、检验指南、检验流程、技术标准、检验数据等信息化，为渔业船舶设计修造提供有效技术支持。以行业组织为桥梁纽带，加强企业间业务技术交流，促进现代造船技术和先进质量管理技术的推广。通过引导组建各种形式的产业创新联盟，开展协同创新，加快成果转化。推进企业能力信誉评价制度，增强企业自律意识。加快行业公共服务平台建设，为行业统计和经济运行分析，建立行业监测预警机制服务。

重大行动四："铸锚行动"
加快实施"两个评价"（渔船建造单位技术条件评价和渔船标准船型评价），推动渔业船舶修造企业质量内控体系建设，倡导"工匠精神"，引领渔船修造企业创新发展，提高渔船装备及渔船建造质量。 **1. 优化设计**：推进标准船型评价，不断优化船型设计。 **2. 优质建造**：开展建造企业评优活动，定期评出一批优秀渔船建造企业，建立"白名单"制，实施优秀企业免检等制度，促进渔船优质建造。 **3. 优先发展**：优秀建造企业，建造优秀船型，推动企业和标准化渔船优先发展。 **4. 优秀产品**：力争在建造标准船型的基础上，筛选并优化形成一批优秀船用产品。

五、保障措施

（一）提高认识，加强组织领导

从贯彻"五大发展理念"构建社会主义和谐社会的战略高度，从中央简政放权，放管服改革的大势，从资源保护、环境保护、生态保护及建设平安渔业的现实需求，充分认识"四大体系"建设的重要意义。各级渔业行政主管部门要将渔业船舶检验体系建设作为推进渔业供给侧改革、加快转变渔业发展方式、推动现代渔业建设和保障渔民生命财产安全的重要内容，纳入渔业经济发展总体规划统筹推进，将渔船检验工作纳入渔业渔政工作的全局，要充分发挥渔船检验监督管理的保障与支撑作用，在渔船双控、渔具渔法管理、水生生物资源养护、水域生态环境保护等方面发挥渔船检验监督管理应有的作用。

（二）明确职责，形成执法合力

各级渔业行政主管部门要从机构建设、人员配备、经费保障等方面，确保渔船检验监督管理机构能正常开展工作，并与其承担的渔船检验监督管理任务相适应，尤其是在当前政府

机构改革和事业单位分类改革工作中，积极争取各方支持，把渔船检验体制改革融入渔业行政改革中，通过改革进一步明确和强化渔船检验监督管理职能。要打破部门界限，将船检人员纳入本部门干部整体培养计划一并考虑，加大干部培养交流力度。

（三）政策倾斜，加强资金支持

各级渔业行政主管部门要探索渔业船舶检验收费停征后的检验方式变化，为深化渔业船舶检验制度改革和促进渔业船舶检验体制机制改革创造良好的经济条件。积极争取相关财政资金对渔船检验工作的保障力度，做好充足的预算准备。搭建投资渠道，撬动社会资本积极参与检验组织体系建设，加大对检验业务较少的内陆地区支持力度。

（四）加强宣传，监督规划落实

组织动员各类媒体广泛宣传本规划的主要政策及改革方向，及时总结和宣传各地推进“四大体系”建设的典型经验和做法，尤其是“检管分离”改革试点地区工作推进情况，形成全行业关心、支持“四大体系”建设的舆论环境和良好氛围。各级渔业行政主管部门及渔业船舶检验机构要积极推进落实本规划，制定规划各项目标任务的分解落实方案，落实责任分工。同时，加强规划实施情况的监测、督导评估和跟踪指导检查，及时研究规划实施过程中的新情况和新问题。

（五）推进“互联网+”，实现船检信息化

“四大体系”规划涉及多个实施平台，加快实施“互联网+”行动，完善信息共享和统筹管理机制，深化互联网在渔船检验监督管理中的应用，通过建设以“智慧船检”为核心信息化手段，联结渔船修造监管、企业质量体系、法律法规执行监督、检验机构及验船师管理、社会化技术支撑机构及注册验船师管理等多个管理系统的网络服务平台建设，通过互联网及智能移动终端设备的形式，开发基于船检业务流程的检验技术交互式信息平台，提高“四大体系”的信息化服务和监管水平。

第七篇

1998—2017年全国渔船检验工作会议工作报告

1998年全国渔业船舶检验工作会议工作报告

（1998年4月23日）

同志们：

这次船检工作会议，以党的十五大和九届人大一次会议精神为指导，研究了全国渔业船检系统的工作思路和今年的工作。在于孔燕同志作的1997年船检工作总结讲话基础上，进行了三天的交流和讨论，许多省市作了较好的发言，介绍了很好的经验，提出了许多新的思路，对今后的工作都是很好的借鉴。农业部对这次会议很重视，齐景发副部长在百忙之中专程参加会议，并作了重要指示。有关省渔业主管厅局主管行政领导也亲自参加会议，充分体现了对我们船检工作的重视和支持。下面我结合各省市的工作汇报，对全国渔船检验工作的主要任务和今年的工作讲几点意见：

一、开展依法治船，保障安全生产

改革开放为渔业生产带来了机遇，我国水产品产量由1979年的430万吨，增加到1997年的3600万吨。渔业生产的主要工具渔业船舶也随之猛增，机动渔船由1979年的5万余艘，增加到1997年的45万余艘，使我国一跃成为世界第一渔业产量大国和渔船数量大国。但我们必须清醒的看到，在发展的背后，同时也给我们工作的开展带来很多困难和问题。

由于我们的法制和管理工作跟不上，渔业资源和生态环境不同程度地遭到破坏，一些地区渔船管理混乱，无证渔船、沙滩船厂的问题没有得到切实的解决。据初步统计，全国各类渔业船舶受检率仅有50%左右，一些地方渔船制造失控，一些个体业主利用质量低劣、废、旧、假冒船用材料造船，给渔民的财产安全和生命造成了极大危害。统计资料表明，1986年全国沉船160艘，死亡渔民384人，1994年沉船1440艘，死亡渔民936人，1996年仅海洋渔业船舶沉船2281艘，死亡失踪人员1192人。造成上述问题的原因，除重大自然灾害外，主要是对渔船管理不严，盲目造船，逃避检验的劣质渔船增多所致。由于没有强有力的法规制约，渔船检验部门无法对其管理。为了使渔船修造、捕捞生产进入有序的管理行列，渔船检验部门必须开展依法治船，才能保障渔业安全生产。

目前渔船监督检验工作急待解决的是进一步“立法”问题。现在我们渔船检验工作主要是依据《中华人民共和国渔业法》《中华人民共和国船舶和海上设施检验条例》《中华人民共和国渔业船舶监督检验管理规定》等法律法规进行检验。但由于历史的局限性，当初这些法律法规都没有明确渔船检验部门的行政执法和行政处罚主体地位，致使渔船检验工作难以依法进行，比如，由于没有处罚等强制性法规，致使大批渔船不申请检验照样下水生产，未经工厂认可的沙滩船厂照样造船。没有强制处罚规定，无证修造渔船的现象就没有办法治理。所以，要依法治船，必须法律法规先行，我们要下决心，为建立好一套渔船监督检验的法律法规而努力奋斗。为什么说奋斗，也就是说要实现这一目标不是一帆风顺，过去由于我们的认识不高，宣传不够、研究不细，特别是对上级有关领导的宣传，对渔民的宣传都很不够，致使渔船检验影响面很小，知名度也很低，未能引起社会各界的足够重视。因此，要通过我们的努力，让领导理解和支持，让广大渔民理解和支持，让各级立法部门理解和支持，我们的立法工作才能成功。抓好立法工作仅仅是个良好的开端，真正执法检验工作的难度仍不可低估。我们坚信，在国家有关部门、农业部和各级渔业行政领导的支持下，全国渔船检验执法干部坚定信心，扎实工作，用几年的时间，治理、整顿好我国渔船检验管理工作是完全可能的。只有做到了依法治船，才能保障渔业生产的安全。

二、加强全国渔船检验机构规范化建设

全国渔船检验工作在各级渔业主管部门行政领导的大力支持下，在渔政、渔港监督部门的密切配合下，经过全体渔船检验人员的共同努力，各地渔船检验机构的自身建设和检验业务工作都取得了较大的业绩。但应该看到，我们渔业船舶检验系统机构的设置不同于交通部船检系统，我们的机构管理体制是“条”“块”结合的管理模式，这就给我们的管理工作提出了一个较复杂的课题。因此，抓好行业的业务管理，发挥地方政府的行政领导作用，是做好渔船检验工作必不可少的两个积极性。如何把我们全国渔船检验机构管理好，实现规范化建设，我看应着重抓好如下几项工作。

一是加强部局对渔船检验行业的领导力度。加强部局对全国渔船检验行业的领导管理力度，是做好渔船检验工作的核心。船舶法定检验是有关国际公约和法规规定的船旗国的责任和义务，其检验的标准既要满足国际公约的要求，又要符合本国国情，渔船检验是渔船管理工作中的重要一环。农业部渔船检验局是国家法律法规授权的渔业船舶检验主管机关。为此，部局必须加强对全国各检验机构的业务领导。同时也要求全国各级检验机构必须认真执行部局所制定的各项规章、规范及检验规程，保证做到业务工作在全国各检验机构的政令畅通，真正担负起国家对渔船检验管理的职能。

二是加强全国各省级渔船检验机构对本省所设立的各级检验机构的领导和业务管理力度。首先我们必须明确，全国渔船检验机构设立体制和审批权限及审批程序。农业部渔船检验局是经国家批准设立的，是实施渔业船舶检验的主管机关。经农业部和省、自治区、直辖市人民政府批准，省、自治区、直辖市渔业主管部门设置的渔船检验机构是实施渔业船舶监督检验的执行机构。各省可以根据本省的渔船分布情况，在各沿海、内陆水域主要港口设立派出机构或分支执行机构。但机构的设立、审批和业务的授权必须按农业部的规定执行。这里我要阐明一点，即渔船检验机构不是按市、县（区）行政区域来设立的，任何市县地区未经批准，无权设立渔船检验机构，更不能执行法定检验。过去，由于这一规定不明确，造成一些地区港口机构重复设立，矛盾较多，希望各省主管部门要把好审批关。对于检验工作业务量不足，经费没有保障，人员水平较差的要结合资格认可予以整顿和调整。明确我们的

机构设置的规定和原则，也就明确了我们渔船检验业务的领导关系，就会解决好我们关系不顺的问题。今后，我们的渔船检验业务要实行分级管理的原则，即部局对国家负责，省局对部局负责，其余各级机构对省局负责的原则。为了做到政令畅通，责任明确，该谁管的事谁就管好，该谁办的事谁就办好；不能越级请示，不能越级批示，不能越级指示；各负其责，各尽其力。这就是我们全国渔船检验机构管理和领导的宗旨。为此，各省级船检机构要务必加强对所管辖机构的领导力度。

三是加强全国各级检验机构的规范化、正规化建设。渔船检验机构已经明确为执法部门，这就对我们提出了更高的要求，对验船师的执法水平和业务技术水平，对检验机构的组织建设与管理都提出了新的要求。要做好依法治船，必须有一支正规化、规范化、专业化的执法队伍。抓执法队伍建设，首先是各级检验机构必须开展正规化、规范化建设，有一支过硬的队伍才能做好依法治船，保障安全生产。为了加强各级渔船检验机构队伍的建设，参照国际公约的要求，部局将制定出“全国渔船检验机构认可标准及认可办法”，并实行资格认可制度。同时进行授权和委托执行各种法定检验工作，与此同时，要求各省级检验机构在抓好自身建设的基础上，必须下大力气抓好所管辖机构的规范化建设工作。

四是继续争取各级渔业主管部门的大力支持。渔船检验工作脱离渔业主管部门领导的支持是难以开展的，这是我们的体制所决定的。实践证明，凡是渔业主管部门大力支持的，渔船检验工作就做得好一些，反之，就不尽人意。这方面的工作，部局要做，各级渔船检验机构也要做。要积极宣传，主动汇报，取得各级领导的理解和支持，我们的工作就容易理顺，就能达到事半功倍的效果。在此，我再一次强调，各级渔船检验部门的领导，务必引起高度的重视，继续做好这方面的工作。

三、建立高素质的验船师队伍

随着改革开放的深入，特别是社会主义市场经济体制的逐步建立，我国的渔业经济得到了较快的发展。我们渔船检验队伍对确保渔业安全生产，防止渔船造成水域污染起到了非常重要的作用。但是还要看到，由于我们的一些验船师长期在验船第一线工作，没有时间，也没有机会进一步学习，缺乏必要的知识更新，造成我们队伍的业务素质潜在的退化，加上法制观念、职业道德淡化，在某种程度上影响到我们队伍的形象。渔船检验系统验船师整体资质的高低，是关系到渔船检验质量的好坏，关系到我们队伍的形象，关系到我们的前途的一件大事。因此，今年在这方面重点要做好如下两方面的工作。

首先是要强化对验船师队伍的建设。

我们渔船检验队伍是一支知识密集型的队伍，人员的基本文化素质是比较好的，队伍的总体形象也是比较好的，但是与同行业队伍在某些方面相比，也还存在着一定的差距。大家一定要保持清醒的头脑，要有紧迫感。我们的队伍中缺少适合渔船检验实际特点的一专多能、善于总结、善于研究、技术精湛的综合性人才，也缺少有影响、有造诣的专业带头人，因此，要对系统内部的验船师加强按专业或跨专业在岗培训，包括在岗的法制培训。对验船师要提倡一专多能。特别是对地市县渔船检验部门的验船师，他们大多是检验小型渔船，更应该坚持提倡一专多能，独当一面。希望各级渔船检验机构能够严把进人关，要引进必要的、有造诣有影响的专业人才，切实把我们的队伍建设好，提高渔船检验队伍的整体资质，提高渔船监督检验质量，改善队伍的整体形象。

二是做好验船师上岗证件的发放工作。

今年我们系统要做好验船师行政执法证、验船师工作证的发放工作，这两项工作对渔船监督检验工作很重要。因此，希望各单位务必引起高度重视，要有专人负责。为确保两证发放工作的顺利进行，部局对此要实行统一领导、分级管理、分级培训、统一发证的原则。各级渔船检验部门要按照统一的部署，有计划、有步骤地进行此项工作。

农业部即将出台新的渔船检验工作职称管理办法。新办法出台以后，按照新办法的规定，对已有工作职称的验船师，按照统一部署、统一标准进行严格的考核，考核合格的，更换新的证件。对考核不合格的，要进行在岗培训，考试合格后再更换新的证件；对考试不合格的，一律不予更换新证件。对没有验船师工作职称的，按照新的办法办理新证件。

今后，我局将建立验船师考核制度，按照统一的标准对验船师进行年度考核，对连续两次考核不合格的验船师，要撤销验船师资格，所在单位应对其限期调离岗位。要求各省局立即着手组织力量，做好此项工作。

四、扎扎实实抓好渔船检验业务工作

首先是抓好渔船法定检验工作。

我国的渔船检验工作在取得成绩和发展的同时，也面临许多困难，尤其是随着我国的经济体制改革，95%以上的渔船为个体和股份合作者所拥有。由于渔船检验法制不够健全，渔民的法制观念缺乏，部分行政领导重视不够，渔业经济效益下降等原因，渔船平均受检率有所下降；“三无”渔船数量增多，一批质量低劣、不合格的渔船，二十年以上老旧渔船，长年失修的破旧渔船投入海洋和内陆水域捕捞作业，给渔业生产和人命安全、水域的环境保护都造成了严重危害。为此我们要下决心，扎扎实实按照渔船检验规定执法检验，把好渔船技术质量关，真正把渔船受检率抓上去。各地要大力提倡乡村船检助理、协理员的经验，使渔船检验工作落实到村镇、港湾。今后，渔船检验工作要实行微机管理，各省要认真组织各地渔船检验机构有组织地对本辖区所管理的渔船进行摸底登记、录入计算机。

第二是抓好远洋渔船检验工作。

远洋渔船检验工作，自1989年两部文件分工由我部负责以来，已经先后有近千艘渔船持我局签发的远洋船舶证书赴世界各地海域生产作业。然而，我局目前的统计只有400多艘渔船，远远低于实际外派渔船的数量。有的远洋渔船性能及安全设备根本满足不了远洋安全要求，也在进行远洋作业。境外作业渔船长期不接受我们的监督检验，这些作业渔船中挂中国旗的到底还有多少渔船？其船体结构、机电设备以及安全设备等情况究竟如何？恐怕没有哪个同志可以说清楚。这些情况给境外作业渔船监督检验管理带来极大的难度，也给安全生产、造成海洋环境污染带来很大隐患。

国际公约规定，船舶检验的主管机关，应依据有关国际公约、规则以及国内法律法规的规定，定期地对船舶进行有效的监督检验，确保船舶、人命安全，保障海洋环境不受污染。因此，我局今年要进一步加强对远洋渔船的监督检验管理工作。

今后，凡是初次出国进行远洋生产的渔船，必须经过我局批准后，实施远洋渔船检验的渔船检验部门方可受理检验；远洋渔船检验报告，经过我局批准后，授权签发远洋渔船证书的验船师方可签字。对境外作业渔船，我局将统一组织实施监督检验。这项工作难度较大，待报农业部批准后我们再研究实施办法。

第三是抓好产品检验工作。

船用产品是决定渔船建造质量好坏的因素之一，没有高质量的产品就不会造出好的渔船。抓好产品检验关键要抓好两个环节。

一是要把好船用产品本身质量关，船用产品必须符合规则、规范的技术要求。绝不能让不适合船用或不合格的船用产品上船，更不能让假冒、伪劣的产品出厂。这就要求负责产品检验的同志，要切实负起责任。各省检验机构要建立监督检查制度。今后，部局将建立通报制度，对把关不严的要通报批评，造成严重损失的要追究其责任。对伪造船用产品证书的要立即调查处理，禁止其产品上船使用，并要通报全国。要加强对通讯导航、助渔、消防、救生设备的检验和管理，严防伪劣产品上船。要严格对救生筏站维修定点管理。通讯导航设备定点维修管理也要规范整顿。

二是抓好产品上船查证工作。几年来全国大部分省级检验机构对所管辖的主要船厂都能对上船产品认真查证，主要设备、原材料做到持证上船。但少数省和省辖机构没有认真做好此项工作，有的认为他们没有产品检验权，就不管这项工作。这种态度应尽快扭转。今后，产品上船查证检验工作要列入对各级检验机构标准化考核管理的一条标准。要求各级检验机构切实把产品检验及查证工作列入船舶检验重要环节之一。

第四是抓紧做好新船舶证书换证工作。

全国海洋、内陆水域渔业船舶使用全国统一船舶证书，这是我国渔业船舶管理同国际公约接轨的标志，是渔船管理走上法制化、正规化的重要标志。但也有个别地区至今没有开展此项工作。农业部就此早已明文规定，船舶证书必须全国统一印制，旧船勘证书截止到1999 年 6 月 30 日停止使用，明年下半年要组织全国换证的检查工作。

对小型渔船的监督检验，要简化检验程序，简化船舶检验证书的内容，以达到强化管理，方便渔民之目的。坚决杜绝验船不看船，给钱就发证的腐败现象。各船检机构要建立起验船师责任制，要责任明确，赏罚分明。对工作失职的验船师要追究责任，对工作认真负责、成绩卓著的要予以奖赏。

五、加强对修造船厂的管理

为保护和合理利用我国渔业资源，保护渔民财产和生命安全，国务院在 10 年时间内曾三次批转农业部文件，要求控制机动渔船增长数量，防止机动渔船盲目增长，防止破坏渔业资源。为此，国家对渔业船舶修造企业实施认可制度。

我局受农业部委托负责的渔船修造厂认可工作，现已开展了两年多了，有 876 家修造渔船企业领取了认可证书，使我国的渔船修造企业进入了有序的管理。但由于我们对无照修造船者没有处罚手段，“沙滩”船厂问题没有得到有效的解决，这个问题我们正在积极协调立法工作。同时要求各级检验机构必须按农业部要求，继续开展有效的监督管理工作，加强对无证造船监督管理力度。要积极协调当地工商部门，配合船检部门查处无证船厂，并及时通报情况。我局决心下大力气，抓好此项工作，使沙滩造船问题早日得到解决。同时也请各省针对各地的实际情况，对小型木质渔船的制造，研究出一套管理办法，做到既能管住、管好，又能满足地方的近海渔船更新、发展的需要，规范好各类造船企业的管理。

六、加强领导班子和精神文明建设

要把船检工作抓上去，关键在领导，各级船检机构必须有一个强有力的领导班子。当前渔船检验工作任务很重，困难很多，但只要领导班子过硬，扎扎实实工作，我们的事业就一定能做好。

必须坚持精神文明建设，领导干部要两手抓，两手都要硬，把精神文明建设同各项业务工作有机结合起来。条件适宜的地区，提倡军民共建、警民共建的办法，为船检中心任务和各项工作顺利完成创造良好的环境。

反腐倡廉工作必须做到警钟长鸣，不能有丝毫的松懈。要落实党的各项廉政建设有关规定，加强调查研究，认真解决群众来信来访。要通过建立和完善各种规章制度来防患于未然。

同志们，今年任务很重，对各级船检机构的工作都提出了更高的要求。我们要不折不扣地贯彻执行党中央、国务院的各项方针政策，要认真学习、贯彻齐景发副部长的讲话精神。通过艰苦细致、扎扎实实的工作，一定能使我们的队伍发展壮大，一定能使我们的事业稳步向前。

贯彻落实党的十五届三中全会、九届人大二次会议和全国农业工作会议精神

——1999年全国渔业船舶检验工作会议工作报告

（1999年4月14日）

同志们：

这次全国渔船检验工作会议是在全国农业工作会议之后召开的。这次会议的主要议题是贯彻落实党的十五届三中全会、九届人大二次会议和全国农业工作会议精神。会议的任务是：按照党的十五大提出的依法治国方针，总结改革开放二十年以来渔船检验工作经验，结合渔船检验工作的实际情况，着重研究当前存在的突出问题，统一思想认识，对1999年渔船检验工作做出部署。下面我就以上议题讲几点意见。

一、渔船检验事业二十年回顾

改革开放二十年是我国渔业发展史上成就辉煌的时期，也是我国渔船检验事业不断发展壮大的时期。二十年来，在党的改革开放政策的正确指引下，在各级领导的关怀和有关部门的大力支持以及广大渔船检验干部的共同努力下，渔船检验事业取得了有目共睹的成就。各级渔船检验机构为切实贯彻国家法律法规，保障渔业船舶及人命安全，防止船舶污染水域环境，促进渔业经济健康发展，作出了积极的贡献。主要表现在：

（一）渔船检验机构和队伍建设初具规模。1979年，经国务院两部协调，国家设立了独立的渔船检验机构，各省、市、自治区也相继设立了渔船执法检验机构。1989年，经国务院批准，农业部正式组建了“农业部渔船检验局”。渔船监督检验按照“统一领导，分级管理”的原则，实行“条”“块”结合的管理体制。1998年，国务院批复农业部的“三定”方案（国办发〔1998〕88号）中明确规定“农业部渔船检验局代表国家行使渔船检验和监督管理职能”。农业部渔船检验局是渔业船舶监督检验的主管机关；经农业部和省（自治区、直辖市）人民政府批准，由各省（自治区、直辖市）渔业行政主管部门设置的渔船检验机构是实施渔业船舶监督检验的执行机构，负责本辖区内的渔船检验机构管理及渔船检验业务工作。截至目前，在全国20个省（自治区、直辖市）已设有69个渔船检验局（处）和近300个市（县）渔船检验站，各类专业渔船检验人员共有2300多人。

（二）渔船检验法律法规建设逐步加强。二十年来，渔船检验的法律法规从无到有，逐步形成了较为完整的体系。国家先后颁布了《中华人民共和国渔业法》《中华人民共和国海

上交通安全法》《中华人民共和国船舶和海上设施检验条例》《中华人民共和国渔业船舶监督检验管理规定》等法律法规，为加强渔船监督检验工作奠定了法律基础。农业部渔船检验局成立以后，针对我国渔船数量多且分散，检验管理难度大的实际情况，从健全法规入手，依法制定了各种规章制度，相继颁布了各种规则、规范、规程以及验船师须知等指导性文件，使渔船检验工作基本上做到了有章可循，使渔业船舶法定检验工作走上了法制化轨道。

（三）渔船法定检验工作稳步发展。1982 年，全国渔船检验机构检验的各类海洋渔业船舶不足 2 万艘。1998 年，全国共检验各类渔业船舶约 25 万艘，检验各类船用产品约 10 万台（件），有力地保证了渔业船舶的建造质量和安全，有效地保障了渔船及人命财产的安全和防止渔船对水域环境造成污染。针对近几年来大量“沙滩”船厂粗制滥造渔业船舶问题，为使渔船设计、建造有序，根据农业部规定，各级渔船检验机构对渔业船舶修造企业和渔业船舶设计单位实施了资格认可制度，有效地提高了渔业船舶的设计及修造质量，同时也有效地遏制了沙滩船厂的蔓延。目前已经认可了渔船修造企业 1023 家，渔船设计单位 101 家。二十年来，我国渔船检验工作稳步发展，为保障渔船安全生产作出了应有的贡献，这是全国渔船检验系统广大干部以邓小平理论为指导思想，从我国渔船检验的实际出发，勇于改革，不断开拓的结果。回顾渔船检验改革与发展的历程，我们可以总结出以下几条基本经验和体会。

第一，渔船检验要坚持以港口为中心，服务于渔业生产第一线。我们面对的渔船 95% 以上是条件比较差的小型渔业船舶，且大多分布在偏远的渔村、小岛、沼泽湖泊及河沟海汊，交通极为不便，登船检验有时要跋山涉水过滩涂。因此，各级渔船检验机构都设在渔船相对集中的港口，以港口为依托，既方便了渔民，又密切了我们与渔民的关系。我们的验船师牢固树立“管理就是服务”的思想，以高度的责任感和事业心，为保障渔业船舶安全，防止渔业船舶污染水域环境而默默地奉献，使渔船检验事业在渔业改革与发展中得到了迅速的发展壮大。

第二，要紧紧依靠各级政府的支持和渔业三支执法队伍的配合。渔船检验离不开渔业。我国渔船检验的管理体制是采取“统一领导，条块结合，分级管理”的模式，各级渔船检验机构业务上受中央统一领导、行政上受地方领导，这种体制较好地发挥了中央和地方两个积极性。多年以来，各级渔船检验机构通过积极宣传，主动汇报工作，得到了地方政府和渔业行政主管部门的大力支持。大多数地方政府已经明确把渔船检验纳入行政执法职能管理，加大了渔船检验的执法力度，为我们做好渔船检验工作打下了坚实的基础。渔政、渔港监督、渔船检验三支渔业执法队伍密切配合，渔政部门实施海上检查渔船证件、发放渔业捕捞许可证，渔港监督部门进行船舶登记、港口签证管理，都要依据船舶检验证书，这就促使了渔船所有人必须要按期接受渔船检验。实践证明，凡是三支队伍配合好的地区，渔业船舶受检率就高，“三无”渔船就少，否则受检率就低，“三无”渔船就多。

第三，要完善渔船检验法律法规，坚持依法治船。渔船检验工作面对的是千家万户、法制观念淡薄的渔民，管理难度极大。特别是在市场经济的条件下，渔船检验工作任务就更加艰巨而复杂。因此，要结合我国国情和渔业生产的特点，完善渔船检验的法律法规体系，完善渔船检验规章制度。只有开展依法治船，依法管船，才能保障渔业船舶和渔民生命的安全，才能有效地完成国家赋予我们的职责。

第四，要强化渔船检验机构管理，提高验船师队伍的素质。二十年来，渔船检验机构从无到有，从小到大，基本形成了独立的渔船检验体系。加强对渔船检验机构的管理和验船师队伍建设，提高我们队伍的整体形象，提高业务水平，提高渔船检验执法水平，是渔船检验队伍不断发展壮大的根本保证。

二、当前面临的主要问题

改革开放以来，我国的渔业和渔船发生了巨大的变化，1998 年，水产品产量已达到 3800 万吨，跃升为世界第一渔业大国；同时，各类渔业船舶总量达到了 96.7 万艘，其中远洋渔船达到 1174 艘，成为世界第一渔船大国。我国渔业经济体制也发生了深刻的变化，95% 以上的渔船为个体和股份合作者所有，渔船安全管理难度越来越大。当前，各国对海洋和渔业权益斗争越来越激烈，对渔船安全管理越来越重视。在国际海事组织（IMO）稳性、载重线和渔船安全分委会第 42 次会议上，欧盟所有成员国代表宣布，自 1999 年 1 月 1 日起，欧盟内部将国际渔船安全公约 1993 年议定书作为地区标准实施，对在欧盟水域内作业或停靠其港口的其他国家或地区的渔船也作同样要求，并要求其所有成员国按议定书第九条的要求加入议定书；拉美十一国也同时宣布，按照 1993 议定书的要求制定地区性标准，并敦请其成员国按议定书的要求加入议定书；国际海事组织秘书长致函我驻英大使，希望我国尽快批准加入国际渔船安全公约。国际上渔船环保和渔船卫生标准都已开始执行，渔船安全管理认证也提到议事日程。

随着国际经济发展以及我国市场经济体制的逐步完善和依法治国方针的确立，渔船检验事业面临着一些急待解决的新情况、新问题，这些问题主要是：

（一）渔船检验法律法规有待进一步完善，执法力度急需加大。目前，渔船检验工作的主要依据是《中华人民共和国渔业法》《中华人民共和国海上交通安全法》《中华人民共和国船舶和海上设施检验条例》及《中华人民共和国渔业船舶监督检验规定》等。随着我国法制建设进程的加快，渔船检验的法律法规有待进一步完善，特别是由于法律责任不明确，处罚力度不够，从而造成执法困难。例如，对不申请检验行为的法律后果不明确、渔船检验机构的行政处罚权不确定、“沙滩”私自造船的管理法规不健全等。由于渔船检验法律、法规不健全，渔民的法制观念不强，加上部分地区渔业经济效益下降、领导重视不够等原因，致使渔船的实际受检数仅为 25 万艘左右，这是造成渔船渔民海难伤亡事故的重要原因之一。

（二）境外作业的渔船检验失控。自 1989 年经国务院协调，明确将远洋渔船检验工作交由我局负责以来，已有 1500 余艘渔船持国际渔船证书赴世界各地海域捕捞作业，为我国远洋渔业发展起到了促进作用。但由于长期在境外作业的远洋渔船大部分没有按国际法规规定申报检验，加上长期失修，一些渔船的技术状况不符合安全航行作业的技术条件，各种事故时有发生。为了应付所在国检查，有的搞假证书、花钱买通港口官员，严重损坏了我国的国际形象，同时境外渔船被扣现象也时有发生，引起了国际海事组织的关注，给我国渔船检验主管机关工作造成了被动局面。

（三）“沙滩”造船屡禁不止。近几年，无证渔船、“沙滩”造船等问题没有得到根本解决，一批多年失修的破旧渔船仍在作业，一些个体业主在利益的驱动下，使用质量低劣、废旧、假冒船用材料，更没有合格的图纸造船，给渔民的财产和生命安全造成了极大危害。

（四）渔船检验机构管理急待加强，验船师队伍素质急待提高。渔船检验机构是国家的渔船技术监督机构。国家授权农业部渔船检验局行使渔船检验和监督管理职能。多年来，由于渔船检验体制采用条、块结合的管理模式，业务领导的政令有时不畅，时常发生有令不行，有禁不止的情况，或者有利则行，无利则止，上有政策，下有对策的情况，使我们渔船检验机构没有形成全国统一的合力，阻碍了渔船检验事业的发展。

我们的验船师队伍总体素质是好的。多年来，我们涌现出一大批渔船检验方面的技术骨干，有的可以称得上是渔船检验方面的专家，对渔船检验事业的发展作出了卓越的贡献。但是，也还有相当一部分验船人员，不重视业务学习，也不参加培训，知识老化、技术水平一般，难以适应船检科技的发展。尤其是有的部门的一把手不重视队伍建设，进人不把关，培养怕花钱，没有回避制度，裙带关系严重。对船检工作没有长远打算，仅仅是勉强应付，队伍松松垮垮，管理混乱。有的验船人员法制观念逐渐淡化，忘记了严格检验，文明服务的宗旨，忘记了依法行政，文明执法的工作方针，不适当地使用自己手中的权力，给我们队伍造成了极坏的影响。对以上这些问题和困难，我们要有清醒的认识，在今后的工作中要积极采取相应的对策和有效的措施，认真加以解决。

三、1999年的工作思路和工作重点

1999是世纪之交之年，是跨世纪承前启后的一年，各行各业都将以新的业绩迎接新中国成立50周年和澳门的回归。根据当前形势及中央和农业部的工作部署，确定渔船检验工作的总体思路是高举邓小平理论的伟大旗帜，全面贯彻党的十五大确立的依法治国方针，以完善渔船检验法律法规为重点，强化渔船检验机构和验船师管理，理顺各级业务关系，提高验船人员素质，确保渔船监督检验质量，扎扎实实地把各项工作抓出成效，以全新的形象跨进二十一世纪。

针对渔船检验当前面临的困难和问题，今年要重点抓好以下几方面的工作：

（一）完善渔船检验法律法规，逐步做到有法可依，依法行政。渔船检验的法律法规建设是渔业法规体系建设的一个重要组成部分，为此，部渔船检验局将积极配合有关部门做好有关法律法规的修改和制定工作。一是配合《渔业法》的修改，依照法定程序，力争将《中华人民共和国渔业船舶监督检验管理规定》修改后上升为经国务院颁布的《中华人民共和国渔业船舶监督检验条例》，进一步明确渔船检验机构的执法地位。二是要加紧制定《中华人民共和国渔业船舶法定检验规则》。法定检验规则要与国际渔船安全公约1993年议定书接轨，力争今年年底以前颁布，自2000年1月1日起实施。三是要制定和完善渔船设计、修造企业的管理规定，从源头上扼制住渔船粗制滥造、盲目增长的势头。四是加紧制（修）

定《渔业船舶检验规程》《验船师须知》《内河渔船设计、建造及检验规定》等方面的技术规范，完善渔船检验技术法规体系。五是加快制定渔船船用产品检验管理规定及法定检验产品目录，加强船用产品检验法规建设，规范船用产品检验工作。力争用两年时间使渔业船舶检验工作达到有法可依、违法必究的目标。

（二）加强渔船检验机构的规范化建设和管理。为了加强我国渔业船舶检验、监督管理工作，国务院批准农业部设立渔业船舶检验局。在去年国务院机构改革中，已经明确了农业部渔业船舶检验局代表国家行使渔船检验和监督管理职能，最近又将对外名称“中华人民共和国船舶检验局渔业船舶分局”更名为“中华人民共和国渔业船舶检验局”，确立了农业部渔船检验局是我国渔船法定检验的主管机关。1996 年农业部 2 号令即《中华人民共和国渔业船舶监督检验管理规定》第四条规定：“经农业部和省、自治区、直辖市人民政府批准，省、自治区、直辖市渔业主管部门设置的渔船检验机构是实施渔业船舶监督检验的执行机构。”这又明确了部局和省局之间的“统一领导，分级管理”的基本原则。为了强化渔船检验机构的管理，部局将尽快制定《渔船检验机构管理规定》，并在全系统开展渔船检验机构执业资格审查工作，争取利用两年时间完成这项工作。各级渔船检验机构要加强对辖区内设立的检验机构的管理，并做好执业资格审查的准备工作，确保在 2000 年底前使全国渔业船舶检验机构达到规范化管理目标。在今年的地方机构改革中，各级渔船检验机构要坚决贯彻国务院的机构改革精神，突出“统一领导，分级管理”的原则，强化渔船检验机构代表国家行使渔船检验和监督管理的职能。统一领导，就是业务上必须执行统一的法规、规则、规范、指导性文件以及有关规定，不允许各自为政，各行其是。分级管理，就是在业务上实行部局管省局，省局管辖区的管理体制，渔船较多，管理跨度较大的省，可以采取省管市，市管县的分级管理模式，各省的具体管理方式，由各省渔船检验机构会同渔业行政主管部门商定，全国不作统一硬性规定。各级渔船检验机构要按照国办发〔1999〕25 号《国务院办公厅转发国家经贸委关于加强安全生产工作意见的通知》要求，“在机构改革和企业改组、改制过程中，对安全生产工作只能加强，不能削弱，要加强和稳定安全生产监督管理队伍，尤其要加强和稳定基层安全生产监督执法队伍，同时增加安全生产资金投入、加大技术进步力度”。要结合实际情况加强渔船检验机构规范化建设和管理，确立渔船检验机构的管理模式。各级机构要强化对下级的管理职能，要检查指导下级的工作，下级要对上级负责，相互配合，切实形成合力，树立良好的形象，真正把我们渔船检验机构建设成具有权威性的技术监督机构。健全对小型渔业船舶检验的管理机构。对目前非渔船检验机构检验的小船，要尽快纳入渔船检验的管理范畴，规范小船检验行为，严格执行小型渔船检验规定，使用统一的小船检验机构对外名称，统一的检验证书及检验印章。

（三）加强验船师队伍建设，提高验船师素质。渔船检验工作搞得好坏，关键是要有一支高素质的验船师队伍。验船师队伍素质的高低直接关系到各项法律法规的落实，直接关系到保障渔船和渔民生命安全的大事。联合国海洋法公约规定：“每艘船舶，在登记前及其后适当的间隔期间，受合格的船舶检验人的检查。”这一条中“合格”二字就是规定验船师的执业资格必须经过认可。农业部于去年颁布了《中华人民共和国渔业船舶验船师资格考评管理规定》，为了更好地贯彻执行规定，我们现在已经开始着手制定实施细则和开展培训准备工作，验船人员的培训教材统一使用交通部编写的船舶检验岗位培训教材，我们将着手编写考试复习大纲和考试题库，准备从下半年开始进行考核和发证工作，验船人员执业资格考评实行统一考试、统一发证、分级管理的办法，此项工作要求在2000年底以前结束。自2001年1月1日起，要求全国渔船验船师必须做到持证上岗，未取得验船师执业资格的人员，不得从事渔船检验工作。考虑到我们验船人员的实际情况，为了解决现有人员不具备规定学员问题，经农业部批准在大连举办了船检专业证书大专班。这样的学习班我们最多办三期。因此各省务必抓好无学历资格人员的培训工作，以免错过时机。各级验船部门的领导，要把对验船师的培养、考试发证、持证上岗工作作为一项大事来抓，落到实处。二是要做好渔业船舶检验执法证的发放工作。按照国家有关法规规定，执法人员必须经培训、考核合格后持证上岗。渔船检验执法培训由农业部渔船检验局和省渔船检验机构进行，培训教材统一使用交通部编写的水上行政执法人员岗位培训教材。此项工作也是今年下半年一项重要的工作。渔船检验队伍的建设是我们各项工作重中之重，各级渔船检验机构要提高认识，加大投入，提高我们渔船检验队伍执法水平和技术水平。各级渔船检验机构要把好进人关，不得从社会上录用不具备验船师执业资格的人员从事渔船检验工作，要执行回避制度，直系亲属不得在同一个部门工作，已有的要在改革中陆续调整。我们要从重庆綦江彩虹大桥垮塌案中吸取教训，要看到权利与责任的关系，要提高领导与验船师的责任心，确保人民生命和财产的安全。今后要严格执行国家规定的责任追究制度，提高渔船检验质量。

（四）坚持分类指导，采取有效措施，逐步提高渔船受检率。长期以来，我国渔船受检率一直偏低，1998年，全国共检验各类渔业船舶25万艘，其中海洋渔业船舶15万艘。这与1998年统计的全国现有各种渔业船舶96.7万艘相比仅占26%。为了尽快改变这种局面，1999年要采取综合措施，全系统、全方位进行治理，首先要借助有关媒体，对广大船东和渔民进行广泛的法制教育，增强法律观念，树立安全防范意识，提高其接受法定检验的自觉性。其次是采取分类指导的原则，突出重点，兼顾一般。要建立和落实全国渔船检验工作责任制，实行分级管理，各司其职，各负其责。要抓住国家费改税的时机，努力提高渔业船舶的受检率，力争1999年在现有的基础上再有所提高。同时要开展渔船检验的监督检查工作，逐步建立质量监督网络，强化质量监督职能，确保在提高受检率的同时提高检验质量。要配合国家实施渔船报废制度，尽快组织研究制定各类渔船的报废年限和报废技术标准，并按照有关规定将此落实到渔船检验工作中。各省要加强对渔船检验统计报表的管理，核准各省检验数量，作为考核各省工作业绩的基础，明年起要公布各省统计数字。要进一步加强远洋渔船监督检验工作。《农业部远洋渔船检验管理办法》已经颁布，部局为此也专门发了文件。今年要积极开展远洋渔船检验业务，尽快规范远洋渔船检验发证程序，理顺关系，全面贯彻远洋渔船管理办法，依靠法律法规来规范船舶所有人的行为，杜绝境外远洋渔船脱离监督检验的现象。为了保证我国国际渔船检验证书合法有效，准备从今年下半年开始启用新版国际渔船检验证书，此项工作将结合年度检验进行。为了保证渔船装载的安全，勘划渔船载重线的规定也将尽快出台，这项工作将按有关要求开展，希望各省要认真贯彻执行。

今年国家将投资建造14艘大中型渔政船。按照国务院要求：属于国家基础设施项目，要建立和落实工程质量领导责任制。参加设计、施工、监理单位的法人代表，要按各自的职责，对所承担项目的工程质量负领导责任。因工作失误导致重大工程质量事故的，除追究直接责任人的责任外，还要追究法人代表的领导责任。为了做好这项工作部局将专门做出部署。为此，要求各渔船检验机构的一把手亲自抓好这项工作，责任落实到人，选择技术好、责任心强的验船师执行检验任务。我局要加强对此项工作的领导和监督检查。我们应该看到这也是对我们渔船检验队伍思想、业务素质、工作作风的一次检验，我们一定要以完美的服务和一流的技术水平完成好此项工作。

（五）强化渔船设计和修造管理，积极整治“沙滩”船厂。多年来，由于执法手段不健全、对渔船设计单位和修造企业的管理跟不上等多种原因，无证设计、“沙滩”造船等问题一直没有得到根本解决。加之其他因素的影响，“三无”渔船大量存在，这不仅对渔业船舶安全航行和生产留下了重大隐患，同时也为渔业资源保护带来了巨大的压力。为此，今年我局将把对渔船设计和修造企业的监督管理作为重点，尽快颁布《中华人民共和国渔业船舶设计和修造管理规定》，逐步将渔船设计和修造纳入规范化管理轨道。各级渔船检验机构的领导，要切实负起责任，严格执行我们的各项规章制度，禁止审查无证单位设计的图纸，禁止检验无证修造企业修造的各类渔业船舶，禁止为无准造证的渔船签发检验证书。对此，我们将适时监督检查，对违反国家有关规定的渔船检验机构和验船师，要按照机构管理和验船师管理规定处理，并要通报批评，部局将吊销其所发证书。

（六）加强产品检验工作，把好上船产品质量关。产品检验是渔船检验的基础工作。近年来，随着渔船检验事业快速发展，产品检验工作取得了明显成效，但也存在着很大差距。1999年要调整产品检验工作思路，变被动为主动，加强监督检查工作，把产品检验工作再向前推进一步。主要工作一是要抓好产品检验法规建设工作，研究制定渔船产品检验管理规定；二是要加强产品检验的监督管理，严格执行产品检验的各项管理制度。重点抓好船用主机、通讯导航、救生、消防、锅炉、压力容器及船用防火材料等重要产品的检验管理。坚决打击假冒伪劣产品、假冒证书等违法行为。重要船用产品今后要通过国家认可的测试机构的测试和许可审查。三是验船师要把住上船产品查验证关，按规定须查证的不查证就是失职。我们要尽快制定验船师须知，其中第一条就是要求查验产品证书，这是关键的一项内容。在去年产品上船查证时，有的检验机构的同志说，我们不管产品检验，查证与我们无关，说这种话的人，我看不是一个合格的验船师。我们要尽快制定一个验船师管理规定，以规范我们验船师的工作行为。

（七）积极做好机构改革，加强执法队伍两个文明建设。根据国务院工作部署，今明两年要积极稳妥地推进地方政府机构改革。省级政府组成部门的设置应与国务院组成部门基本对口。我认为渔业三支执法队伍改革的指导思想是：建立统一的渔业执法队伍，积极争取纳入国家公务员序列，财政实行收支两条线管理。这样能进一步使我们渔政、渔港监督、渔船检验三支执法队伍形成合力。由于我国各省的情况不完全一样，目前很难做到用一个模式来规范我们的渔业执法队伍。就我们船检来讲，各省也有所不同。有的机构独立，有的港监、船检合署办公，有的渔政、港监、船检合署办公。这些机构设置各有利弊，但不管用什么方式，首先要看那里的渔船执法检验工作做得怎样，这是判断的唯一标准。各省渔船检验机构，不一定非要设独立的机构，可以根据各省的机构改革要求，选择适合本省的管理模式。但必须保证五个统一的要求。一是必须有全国规范统一的渔船检验机构名称和独立的牌子；二是必须使用全国统一规定的各级检验印章；三是必须执行全国统一的法律法规及技术规则；四是必须使用全国统一印制的检验证书；五是执法检验人员必须经国家考试合格持证上岗。今年是我们渔业船舶检验局建立二十周年，为了纪念和宣传我们渔船检验机构，进一步让国内外更多的人了解我们，我们准备出一本纪念画册，在北京召开一个纪念会议，希望大家能支助办好这件事情。

渔船检验机构作为法律授权的行政执法部门，在依法行政的同时，必须确立“检验就是服务”的思想。坚持文明执法、优质服务，坚持把业务建设同精神文明建设有机结合起来。通过实行军民共建、警民共建等多种有效形式，努力探索和不断推进渔船检验系统的精神文明建设。同时，要加强党风和廉政建设，防微杜渐，警钟长鸣，正确处理好检验和服务、权利和责任的关系。各级渔船检验机构，要坚持政务公开的原则，公开执法标准，公开执法程序，接受社会的监督，提高执法水平。对重点、难点问题，一把手要亲自组织处理，坚决消除利用职权“卡、要”，“不登船检验，给钱就发证”的腐败现象发生。坚决贯彻中央关于执法机关不得经商办企业的精神，各级渔船检验机构不得兴办任何经营性经济实体，领导干部也不得在经济实体中兼职，已经有经济实体的单位，要尽快脱钩，或者关停并转。

同志们，今年的工作任务很艰巨。让我们高举邓小平理论的伟大旗帜，以九届人大二次会议和全国政协九届二次和中央农村工作会议精神为指导，认清形势，统一思想，坚定信心，团结一致，努力奋斗，开创渔船检验工作新局面。以新的成绩迎接建国五十周年和新世纪的到来。

贯彻中央经济工作会议、九届人大三次会议、全国农业工作会议和中央、国务院加强安全生产，防范安全事故电视电话会议精神

——2000年全国渔业船舶检验工作会议工作报告

(2000年4月18日)

同志们：

这次全国渔船检验工作会议，主要任务是贯彻中央经济工作会议、九届人大三次会议、全国农业工作会议和中央、国务院加强安全生产，防范安全事故电视电话会议精神，总结去年渔船检验工作，部署今年渔船检验工作，表彰全国渔船检验机构文明单位和十佳验船师。农业部对这次会议非常重视，部领导还要到会并作重要讲话。下面就本次会议的中心议题讲几点意见。

一、过去五年主要工作

回顾过去的五年是历史上具有特殊意义的五年，我们渔船检验事业走过了20年的光辉历程。渔船检验的各项工作在改革开放政策的正确指引下，在各级渔业行政主管部门领导和各有关部门的大力支持下，各级渔船检验部门的广大干部职工，按照法律法规赋予的神圣职责，积极开拓，扎实工作，遵照“依法严格检验，热情文明服务”的宗旨，各项工作都取得了新的进展。

(一) 渔船检验立法工作取得重要成果

继续加强渔船法律法规的制定工作，首先是集中力量修订了1993年发布的“海洋渔船安全规则”，修订后的法规更名为“中华人民共和国渔业船舶法定检验规则”。这部修改后的部颁法规，不仅在内容上考虑到我国渔业的实际情况，而且要求与国际公约接轨。在保证渔船基本作业安全的前提下，对渔业船舶的要求尽可能降低，以促进我国渔业生产的发展。同时把产品检验规则纳入法定检验规则，以有利于加强船用产品检验工作。

新颁布的法定检验规则，广泛征求全国船舶检验机构、渔业捕捞企业、修造船企业、大专院校、科研院所的意见，经全国渔船检验技术委员会审查后，报农业部批准发布，将于2000年6月1日开始实施。这部新的法定检验规则共8篇约67万字，是我国渔船检验20年来最完善的一部技术法规。新法规的颁布实施对保证我国渔业船舶具备基本作业安全条件，防止污染水域环境将起到积极的促进作用，也必将有力地推动我国渔业船舶法定检验工作的

发展。国务院立法部门对渔船检验立法工作十分重视，已开始与有关部门进行调研工作，准备结合渔业法修改工作，同时考虑渔船检验立法问题。有关部门对渔船检验立法工作的认识逐渐提高，地方法规也在不断建立和完善。

（二）渔船法定检验、监督管理工作有所加强

去年全国共检验渔船 26.3 万艘，其中检验海洋渔船 13.4 万艘。检验总数比去年增加了 1.3 万艘，受检率提高了 5.2%。检验费总收入达到 5700 万元，比去年增加 1500 万元，提高了 35.7%。过去的五年，各级渔船检验机构按照主管机关的统一部署，积极与有关部门密切配合，采取了强有力的措施和新的工作方法、新的工作思路，促使我们的渔船检验的各项工作取得了明显的成效，有力地保障了渔船航行和作业的安全。

（三）机构建设进一步加强，人员素质不断提高

一年来，各省渔船检验机构普遍加强了机构管理和验船人员的培训工作。机构管理、机构设置正在逐步规范，机构名称正在逐步统一，验船人员素质不断提高。按照“五统一”原则，进一步规范了小船检验机构的设置，新设立了县级小船检验机构，有力地促进了小型渔船检验业务的发展。许多省渔船检验机构重点抓了验船人员参照公务员管理工作，进一步明确了渔船检验机构的性质，强化了渔船检验的执法职能。全国渔船检验机构按照“统一领导，分级管理”的原则，基本上能够做到有令则行，有禁则止。验船师持证上岗工作已经开始起步（执法证、验船师证），严格执法检验、热情文明服务的作风正在兴起。

（四）远洋渔船监督检验工作步入正规化

为了加强远洋渔船检验工作，农业部下发了农渔发〔1998〕10 号文件。自去年 1 月开始执行以来，共委托各省检验远洋渔船 250 多艘，受检渔船基本上达到了远洋作业渔船的安全标准，为国家渔业行政主管部门规范远洋渔船的管理起到了积极的促进作用。境外作业渔船的检验工作已经开始落实。为了做好与国际公约接轨的准备工作，按照新发布的渔业船舶法定检验规则的规定，制定了新版国际渔业船舶检验证书格式。新版证书首次采用了防伪技术和计算机全打的发证方式，大大提高了检验证书的质量，同时也提高了渔船检验机关的对外形象。

（五）产品检验工作力度在逐步加大

要做好渔船法定检验工作，必须要从船用主要设备和原材料抓起，没有产品检验工作做保证，船舶安全、质量就难以保证。一年来，各省狠抓了船用产品检验工作，许多渔船检验局都设立了产品检验处（科），配备了专职检验人员，有关船舶安全的主要设备、防火材料等检验管理工作正在逐步加强。检验业务由单纯的船用设备检验逐步扩大到原材料检验，同时也加强了工厂的认可管理工作。1999 年，全国各级渔船检验机构共完成了 63 家船用产品工厂认可和型式认可工作，共检验船用产品 16.4 万台（件），比 1998 年增加 64%，也是历

史上最多的一年。

（六）整治沙滩造船，加强渔船修造企业管理工作

为了保护渔业资源，国务院下达了控制渔船数量、马力双控指标，但一些地区渔民无视国家法规规定，未经许可继续使用伪劣材料利用沙滩造船，对渔民海上作业安全造成极大危害。去年，我局协助中央电视台搞了“焦点访谈”节目，引起国家有关部门和各省领导的高度重视，推进了清理沙滩造船的进程。去年全国共清理取缔沙滩船厂100多家。加大了渔船修造企业认可管理工作，已认可的渔船修造企业达到1047家，渔船修造质量得到有效控制。

二、今年的主要工作任务

今年是世纪交替之年，也是做好渔船检验工作的关键一年。在新的一年里，我们将继续高举邓小平理论伟大旗帜，全面贯彻党的十五大确定的依法治国，按照农业部的工作部署，全面贯彻落实中央、国务院加强安全生产，防范安全事故电视电话会议和农业部农渔发〔2000〕1号《关于加强渔业船舶监督检验工作的紧急通知》精神，以抓好机构认可管理和验船师队伍建设为中心，继续完善法律法规及各项规章制度，认真履行国家赋予我们的职责，积极推进“依法严格检验，热情文明服务”工作方针，积极配合我部做好渔业综合执法工作，加大执法力度，提高渔船检验质量和受检率，保证渔船检验的各项法规有效地贯彻执行。

（一）继续做好立法工作，依法检验、规范执法行为

建立健全渔船检验法律法规，做到依法检验，是符合我们党的十五大提出依法治国方略的具体措施。我们要把立法工作作为工作重点，抓紧做好，落到实处。今年重点要抓住修改《渔业法》时机，积极争取将部颁“渔业船舶监督检验管理规定”上升为“渔业船舶监督检验条例”。为渔船法定检验工作提供强有力的法律依据。

各省也要根据工作需要，积极争取地方政府、人大的支持，制定切实可行的地方性法规。但在立法前必须要与我们沟通好，保证地方性法规与国家有关法规一致。各级渔船检验部门为贯彻国家有关渔船检验方面的规定，而制定的地方性检验规定必须要与国家的规定一致。任何部门不得随意改变国家对渔船检验方面的规定，未经批准，不得擅自降低船舶设备的配备标准。

为了加强渔船检验法规的基础建设，进一步规范验船师的执法行为，使我们的工作有章可循。今年要继续加强规范性文件的制定，重点抓好制定内陆水域渔业船舶检验规定，修订渔业船舶建造检验规程和营运船舶检验规程，根据渔业船舶法定检验规则的规定，制定验船师须知等指导性文件，希望各渔船检验机构积极参与、支持这项基础建设工作。

（二）理顺机构管理体系，做好机构认可和业务授权工作，加强综合执法

省级地方政府机构改革已经开始，我们要抓住机遇，积极主动地理顺机构管理体系，规

范渔船检验机构建设，加大渔业综合执法力度。一是各级渔船检验部门要多做工作，争取各级编委、人事、财政等部门的理解和支持，进一步明确渔船检验机构的性质，强化执法职能；二是规范机构设置，特别是要统一县级渔船检验机构名称；三是根据综合执法的要求，渔政、渔监、船检三支执法队伍要相互配合，切实形成合力，统一执行检查和处罚。各省渔船检验机构要加强辖区机构建设和管理工作，确保验船人员的数量与素质，切不可随意减少现场验船师的数量，保证验船人员与所承担的工作相适应。对新增设的渔船检验机构，各级部门把好机构审批关，保证符合我们的机构认可管理规定。要加强机构认可的领导和协调工作，严格按机构认可标准抓好机构建设，按照认可的要求做好充分的准备，保证全部机构认可授权工作于2001年末结束。届时，未按规定取得机构认可资格和业务授权的渔船检验机构，我局将向全国发出公告，取消其检验发证的资格。

要坚决贯彻中央关于党政机关一律不准经商办企业的要求，任何渔船检验部门一律不得办企业，已经办企业的要尽快脱钩，这项工作中央下了很大决心，我们一定要解决好。

（三）抓好重点水域渔船检验监督管理工作

去年“11·24”大舜号特大海难事件后，国务院、农业部都发了紧急通知，要求各级主管部门抓好事故隐患较多的重点问题。最近，江总书记又做了重要指示，中央、国务院召开了电视电话会议。要求切实做好安全工作，我们渔船检验机构今年重点抓好以下几项检验工作。

1. 抓好北太平洋鱿鱼钓船检验管理

农业部对北太平洋鱿鱼钓船的安全和监督管理工作非常重视，早就有明确的监督管理规定，但由于各种原因，全国没有完全统一按照远洋渔船的监督检验规定执行检验。近几年来，由于北太平洋生产情况好，经济效益高，个别地区忽视国家对北太平洋鱿鱼钓船的宏观管理政策，擅自引进大量的老旧渔船，擅自改造船舶结构，擅自进入北太平洋进行鱿钓作业，给渔船安全生产带来严重的安全隐患。

新的中日渔业协定将于今年6月1日生效。日本要求按双方限定渔船数量在专署经济区内作业，并对入渔渔船吨位提出限制。如何强化渔船管理，适应渔业新秩序的课题摆在我们面前，为加强北太平洋鱿鱼钓船的监督管理，农业部进一步重申，将在该海域作业渔船按照远洋渔船检验的规定进行检验，经检验合格后签发远洋渔船检验证书，渔政管理部门凭有效的远洋渔船检验证书办理专项特许证。这项工作是农业部加强渔船监督管理的重大举措，也是我们对北太平洋鱿鱼钓船检验工作的一次专项整治，希望各地渔船检验部门的领导务必高度重视，统一标准、统一行动，必须在规定的时间内将所有从事北太平洋鱿鱼钓船持有的国内渔船检验证书换成远洋渔船检验证书，未按规定换发渔船检验证书的，原国内渔船检验证书自动失效。任何渔船检验机构，不得再向北太平洋作业渔船签发国内渔业船舶检验证书。一经发现要立即吊销其证书，并给予签发证书的检验机构和验船师通报批评，造成损失或严重后果者要依法追究其当事人的责任。希望各有关部门认真履行职责，贯彻好有关部门的文件精神。

2. 加强对渔业辅助船舶的监督检验

渔业辅助船是从事渔业生产补给和鱼货物运输的重要工具，也是海洋渔业生产的一个重要组成部分。这部分船舶应按照《国际海上人命安全公约》规定进行法定检验，各国港口管理机关对此类船舶检查非常严格，因此，船舶滞留问题时有发生。其主要原因是没有按照公约的规定检验发证，我们在即将颁布的法定检验规则中，已经增加了这方面的内容，按照有关规定制定了新的检验证书格式。希望各级渔船检验部门必须要严格管理、加强检验，按照国家和有关公约的规定签发船舶检验证书，这项工作要尽快完成。渔业辅助船安全认证工作已进入倒计时，要尽快将这项工作纳入议事日程。

3. 做好境外渔船检验工作，保证作业安全

我国长期在境外作业渔船约500多艘，由于检验管理工作跟不上，大部分渔船没有按期检验，有的证书已过期失效。这项工作从今年起统一由我局负责组织检验，各省渔船检验机构不得再受理境外渔船检验业务。农业部已经批准部局在西非设立渔船检验代表处，专门负责西非作业渔船的境外检验工作。适当时机方便渔业生产，加强境外渔船的检验工作。希望各省要积极配合做好这项工作。

要抓好进口渔船境外检验工作。今年2月，外经贸部批准将进口渔船境外检验工作移交我局负责检验，解决了多年进口船舶重复检验的矛盾。我们必须要做好这项工作，按照我局的统一工作安排，派出技术好、责任心强的验船师执行进口渔船检验任务，把好进口渔船的质量关。特别是要严格审查进口船舶的建造完工日期，严禁更改进口船舶船龄，确保所有进口渔船的船龄符合国家的规定，不超过20年。各级渔船检验部门要切实落实好这项工作，凡是进口渔船申请境内执行初次检验时，必须出具进口渔业船舶状况检验报告和我局签发的进口渔业船舶技术评定书，否则，任何渔船检验部门不得受理检验，也不得签发任何渔业船舶检验证书。

4. 切实加强小型渔船检验工作

我国小型渔船数量众多，生产季节性强，流动性大，分布广，客观上存在难管的现实。据不完全统计，在全国99.7万艘渔船中，60马力和总长12米以下的小船占80%左右。小型渔船又是渔业安全生产隐患的重点，翻船、死亡事故多发生在这些小型渔船当中。为此，要求各级检验机关要重视小船检验工作，要结合本省的具体情况和特点，制定小型渔船检验规定，要简化办证程序，统一简化小船证书。对一些边远渔业和特困户，检验收费仍可给予适当的减免，但必须由省统一规定。验船人员要深入渔区，现场办公。小型渔船登记检验，要尽量安排在休渔期，进行连片统一检验办证，逐步提高小型渔船管理水平，减少事故发生。

（四）积极做好验船师考评发证工作，提高验船人员素质

为加强验船师队伍建设，提高验船人员整体素质，农业部决定全国渔业船舶检验机构的验船人员自2001年1月1日起，必须持验船师执业资格证书、执法证上岗。这项工作时间

紧、任务重，要求各级渔船检验机构务必高度重视，抓紧抓好这项工作。首先抓好培训和考核工作，各地区考评委员会要负起责任，认真按规定开展工作。各级渔船检验机构必须要制定切实可行的验船师培训计划，对所有验船师进行岗位培训，保证渔船检验的各项法律法规能够正确贯彻到位。对新分配或新调入渔船检验机构工作的人员，必须要符合验船师资格标准。除特殊情况外，一般不应录用不具备验船师资格的人员，希望各级机构把好进人关，确保渔船检验队伍素质的整体提高。

为进一步规范验船师执法行为，我局将要制定“验船师守则”，保证验船师做到“依法严格检验、热情文明服务”。

（五）进一步加强船用产品检验工作

要保证船舶具备航行作业安全的条件，必须首先抓好产品检验工作，尤其是关系到船舶安全的主要船舶设备、通信导航、救生、消防、防污染设备等船用产品。这些产品保证不了质量，船舶安全也无从谈起。

为此，今年的产品检验工作，要认真贯彻全国质量工作会议精神，抓好主要船用产品生产企业的认可管理工作，对涉及渔船渔民安全和渔船马力指标控制的船用产品必须实行工厂认可、产品型式认可后再实施监督检验的制度。凡是不具备基本生产条件，不能保证船用产品符合船用产品安全标准的企业，一律不予认可，其产品也不得受理检验，也不准装船使用。要抓好船用防火材料，渔船主机配件生产企业认可及检验工作，从源头上把住安全质量关。要加强船用产品上船查证工作，验船师实施船舶检验的第一关就是检查是否持有渔船检验部门签发的有效船用产品证书，凡是没有船用产品证书的产品，一律不得装船使用，这是验船师的职责。查证工作是抓好产品检验工作的重要环节，要纳入机构管理考核的重点。

认真贯彻执行国家四部委《关于加强旧机电产品进口管理的通知》（国经贸机〔1997〕877 号）文件，为确保渔船安全和质量，不得受理用于新造渔业船舶的各种旧机电设备的检验业务。特殊情况要报请主管机关批准。

（六）继续整治“沙滩船厂”

整治“沙滩船厂”，堵住“三无”渔船源头，是我们渔船检验工作不可推卸的责任，这项工作由于法规不配套，进展中困难较大，但如果无人过问，任其发展下去，给国家渔业资源和渔船安全将造成极大危害。为此，我们必须在渔业行政主管机关统一领导下，积极参与这项工作。首先要做好宣传教育工作，把沙滩造船在萌芽中消除掉。对重点影响较大的要及时向渔业行政主管部门和主管机关报告。必要时，可借助新闻媒体曝光，揭露其危害性。第二是不准检验未经认可企业、沙滩船厂及无准造证所建造的渔船，一经发现要吊销所签发的证书并要通报批评。各省渔船检验机构要配合渔业行政主管部门，抓住船厂认可换证时机，积极做好渔船修造企业认可管理工作，一些布局不合理，造船质量低劣，又不接受整改意见的企业，不予认可。我国渔船修造企业实行认可管理工作已有五个年头，停止审批新增渔船修造能力，逐步整顿关闭一些质量低劣的企业，依法查处无证造船。各省要由专人负责抓好这项工作。

（七）积极做好内陆水域渔船检验工作

自我部开展内陆水域渔船检验工作以来，已有八个省成立了渔船检验机构，专门从事内陆水域渔业船舶检验工作。全国渔业统计内陆水域共有渔船 181654 艘，1999 年共检验各类渔船 86554 艘，受检率仅有 52%。内陆水域渔船事故较多，恶性翻船事故时有发生，机动渔船污染水域严重。造成事故的主要原因是渔船失修，带病冒险作业，缺少必要的救生、防污染设备等。为此，必须加强内陆水域渔船检验管理工作。一是特别要抓好内陆水域渔船检验机构设置与管理工作。目前还有几个渔船较多、淡水面积较大的内陆省没有设立渔船检验机构，主管机关无法认可授权，希望这几个省能够抓住地方机构改革时机，按规定设立好渔船检验机构，内陆水域面积较大、渔船较多的沿海省，也应尽快抓好内陆水域渔船管理。二是根据内陆水域渔船检验的实际情况开展法定检验工作。内陆渔船船小、分布面广，不能按海洋渔船监督检验办法进行检验，要制定一部切实可行的内陆水域渔船检验规定，管理好内陆水域的渔船。三是要积极做好内陆验船人员培训工作，提高内陆验船人员素质。

（八）加快渔船检验信息系统建

渔船检验机构分布全国各个地区，管理近百万艘各类渔业船舶，难度很大。要使全国渔船检验、监督管理工作真正做到统一的机构名称、检验法规、规章制度、证书证件、业务印章，就必须首先抓好渔业船舶监督检验管理信息系统的建设工作，这是一项庞大的基础建设工作。它不但可以有效地行使渔船检验和监督管理职能，也可以为国家渔业行政主管部门对渔业船舶管理，为实现燃油费改税等工作提供技术保障。

检验系统的开发、推广和应用，一是统一领导，部渔船检验局制定统一的系统建设规划，各省渔船检验机构要负责本辖区执行机构的网络建设与管理，按照分级管理的原则，在规定的期限内落实好；二是总结现有检验管理系统的成功经验，进一步修改完善，按照监督管理系统的总体目标，既符合实际又方便使用；三是各级领导要高度重视，一把手负责抓落实。力争用二年的时间实现全国联网目标。

为了加强对海洋渔船管理，农业部决定今年开展全国渔船普查工作。这项工作是我们做好渔船监督管理工作的基础，做好了会促进我们的渔船检验工作。这次普查同时要实现渔船统一渔船编号，渔政、渔港、船检统一使用。希望大家重视，认真按要求抓好这项工作。

要加强渔船检验统计工作，统计是一个长期性的工作，统计数字每年要对外公布一次。这项工作有的省做得很认真，有的省没有做好，今后要纳入机构管理、创建文明单位考核范畴。

（九）认真做好渔业综合执法，加大渔船检验执法力度

推行渔业综合执法，是我部在新的形势下加强渔业行政执法工作的一项重要举措，也是一种积极的探索。渔业综合执法，对解决长期以来渔业执法中存在的矛盾和问题，对健全渔业行政执法体制，提高渔业行政执法效率，确保渔业执法机关依法行政，以及改善渔业执法环境等方面，具有重大意义。

当前，推行渔业综合执法，首先，要实行统一执行检查和处罚。在推行渔业综合执法的同时，要注意巩固渔船检验专业执法队伍。渔业综合执法不是简单的机构合并。

渔业综合执法的目标，要相互配合，统一行动，为加强渔业管理这个大目标开展工作。因此，各级渔船检验机关，要充分认识到渔船检验作为渔业综合执法中的一支重要力量，支持搞好渔业综合执法，在渔业综合执法中发挥更大的作用。同时，要通过推行渔业综合执法，进一步加强渔船检验工作，强化渔船检验专业执法职能，提高渔船受检率，以确保广大渔民群众的生命财产安全，要从保安全、保稳定、促发展的高度，以对党、对人民、对历史负责的态度，努力做好渔船检验工作。

（十）深入开展创建文明单位和十佳验船师评选活动，加强党风和廉政建设

积极开展创建文明单位和十佳验船师评选活动，提高渔船检验队伍建设的总体水平，培养造就一支有理想、有道德、有文化、有纪律，为渔业生产服务的高素质队伍。渔船检验机构是一个技术执法部门，精神文明搞不好，就不能保证执法任务的落实，执法水平也难以提高。开展长期性的创建文明单位和十佳验船师评选活动，是两个文明建设有机结合的一个重要途径，也是落实党中央提出的坚持“两手抓，两手都要硬”的战略方针和《中共中央关于加强和改进思想政治工作的若干意见》，加强党的群众工作的新方式。把提高验船师队伍政治素质和业务素质作为一项重要工作来抓，要纳入渔船检验工作议事日程，逐步把我们的队伍建设成一支正规化、规范化、技术过硬的渔船检验执法队伍。

渔船检验机构作为法律授权的行政执法部门，在依法行政的同时，必须确立“检验就是服务”的思想。坚持文明执法、优质服务，坚持把业务建设同精神文明建设有机结合起来。要加强党风和廉政建设，做到防微杜渐，警钟长鸣，正确处理好检验和服务、权利和责任的关系。各级渔船检验机构，要坚持政务公开的原则，公开执法标准，规范、公开执法程序，接受社会的监督，提高执法水平。要尽快建立监督制度，各单位要设立举报电话，以保证渔船检验机构“依法严格检验、热情文明服务”宗旨能真正落到实处。要认真贯彻执行国家物价、财政部门新批准的检验收费标准。要统一收费票据，严格执行收支两条线管理工作。

同志们，今年是世纪之交的一年，是历史上具有重大意义和深远影响的一年，我们肩负的责任是光荣而艰巨的。让我们高举邓小平理论的伟大旗帜，在以江泽民同志为核心的党中央领导下，再接再厉，扎实工作，开拓创新，卓有成效地完成国家交给我们的任务，为海洋更清洁，为渔船更安全，为渔业可持续发展而努力奋斗，以新的成绩迎接新世纪的到来。

抓住机遇依法治船，为二十一世纪渔业船舶检验发展奠基立业

——2001年全国渔业船舶检验工作会议工作报告

（2001年4月18日）

同志们：

今年是进入新世纪的第一年，也是我国实施“十五”计划，向现代化建设第三步战略迈进的开局之年。进一步做好今年的渔业船舶检验工作，对于贯彻落实党的十五届五中全会、九届人大四次会议、中央农村工作会议以及全国农业工作会议和渔业专业会议精神，积极贯彻落实“依法严格检验，热情文明服务”的工作方针，保障渔业船舶和人民生命财产安全，促进渔业经济持续、快速发展，实施“十五”计划的良好开局，具有重要意义。这次会议的主要议题是：认真总结交流2000年渔船检验工作的实践经验，分析研究当前面临的新形势、新任务，全面部署今年和今后一个时期的船检工作，现就全国的船检工作讲几点意见。

一、2000年全国渔业船舶检验工作回顾

2000年的渔业船舶检验工作，在农业部党组的正确领导下，在各级渔业行政主管部门的支持下，围绕农业部的中心工作，以邓小平理论和党的十五届五中全会精神为指导，深入学习江泽民同志“三个代表”的重要思想，坚决贯彻中央农村工作会议、全国农业工作会议和渔业专业会议精神，认真履行国家赋予我局的职责，积极推进“依法严格检验，热情文明服务”工作方针，全面贯彻落实新《渔业法》和农业部《关于加强渔业船舶监督检验工作的紧急通知》（农渔发〔2000〕1号）文件精神，对保障渔业船舶和人民生命财产安全，防止渔船污染水域，促进渔业可持续发展发挥了积极作用。渔船检验法律法规建设得到加强，渔业船舶检验机构、验船师管理水平明显提高，进口渔船、进口产品和境外远洋渔业船舶检验管理取得重大突破，渔船受检率不断增加，检验业务水平和责任心明显提高，较好地完成了全年各项工作任务。

（一）渔船检验立法工作取得了重大成果

渔船检验立法工作是我局一项重要工作。渔船检验法制建设是渔业法制建设的一个重要组成部分。按照党的十五大提出的依法治国方略，我局去年加大了渔船检验法律法规的制定工作力度。新修订的《中华人民共和国渔业船舶法定检验规则》，已报请农业部批准发布，

并于2000年6月1日开始实施。为了使渔业船舶设计、建造、监督检验等相关单位能够正确理解和运用新规则，推动新规则的实施，我局于去年5月中旬在昆明召开了宣贯研讨会。这部法规不仅在内容上考虑到我国渔业船舶的实际情况，而且与国际公约接轨。在保证渔船基本作业安全的前提下，对渔业船舶的要求尽可能降低，以促进我国渔业生产的发展。同时把产品检验规则纳入法定检验规则，加强了船用产品检验工作。该法规的颁布实施，对保证我国渔业船舶具备基本作业安全条件，防止船舶污染水域环境将起到积极的作用，也必将有力地推进我国渔业船舶法定检验工作的开展。

从1994年起，我部开始组织《渔业法》修改工作，我局一直积极参与国家有关立法部门做好《渔业法》的修订工作，为《渔业法》的修改提出了许多好的意见和建议。去年10月31日，九届全国人大常委会第十八次会议审议通过了修改《渔业法》的决定。新《渔业法》的颁布实施，为二十一世纪我国渔业持续、健康、稳定发展提供了更强有力的法律保障，是我国渔业法制建设的一个重要成果。新《渔业法》第二十六条明确规定："制造、更新改造、购置、进口的从事捕捞作业的船舶必须经渔业船舶检验部门检验合格后，方可下水作业。具体管理办法由国务院规定"。这为下一步国务院制定《渔业船舶监督检验条例》提供了明确的法律依据。《渔业船舶监督检验条例》作为《渔业法》的配套法规，已经农业部批准立项，并成立了起草小组。目前，各项工作正在有计划地开展。

（二）全面实施渔业船舶检验机构认可管理工作

根据国际海事组织（IMO）A.789（19）决议，代表主管机关执行法定检验工作的机构须经主管机关认可和授权。根据农业部农渔发〔2000〕1号文件的规定，"执行法定检验的渔船检验机构必须经主管机关认可和授权，非渔业船舶检验机构不得从事渔业船舶法定检验业务"，我局印发了《中华人民共和国渔业船舶检验机构认可管理规定》（中渔检（船）〔2000〕9号），规范了机构管理，明确了各级检验机构业务范围及业务关系，加大了机构管理力度，全面实施渔业船舶检验机构认可和业务授权工作。截至目前，全国19个代表机构已有16个通过认可和业务授权，挂中华人民共和国牌子的49个执行机构，已有37个通过认可和业务授权。一年来，各省渔业行政主管部门结合政府机构改革，普遍加强了对渔船检验机构的管理，检验机构的领导和验船人员的素质有所提高，绝大多数省级机构纳入依照公务员管理，并按规定实行统一收费票据，统一收费标准，实行财务收支两条线管理。

（三）验船师培训与考核发证工作全面展开

根据联合国海洋法公约的规定，"每艘船舶在登记前及其后适当的间隔期间，须接受合格的船舶检验人员的检查"，我部发布了《中华人民共和国渔业船舶验船师资格考评管理规定》（农渔发〔1998〕11号），对渔业船舶验船师任职条件、考评办法等作出明确规定。为贯彻实施考评管理规定，我局颁发了验船师考评实施办法，有步骤、有计划地开展了验船人员的资格考评、培训、考核与发证工作。为了保证验船人员的专业技术水平，对不符合规定的在岗验船人员采取集中脱产培训的办法，对验船师进行脱产培训。两年来举办了船检专业大专学历培训班三期，共有120名在职人员参加了培训，各种短期培训班也在陆续进行。2000年在大连、烟台开办了两个大专班，来自13个省（市、区）的77名验船人员参加了为期一年的脱产学习。截至2000年底，全国已有2233名验船人员通过了验船师资格考核，取得了农业部颁发的验船师资格证书。其中取得高级验船师资格人员256名，验船师资格人员430名，助理验船师资格人员793名，验船员资格人员754名。通过验船师培训与考核工作，规范了验船人员的执法行为，提高了验船师工作水平和责任心，也为验船师依法执行检验和监督管理提供了有力的依据和办法。

（四）渔业船舶法定检验工作取得重大突破

过去的一年，渔船检验机构在各级渔业行政主管部门的支持下，按照主管机关的统一部署，积极与有关部门密切配合，采取了切实可行的措施和新的工作方法、新的工作思路，极大地促进渔船法定检验工作，取得了显著成效，有力地保障了渔业船舶安全生产。

去年全国共检验渔船30.1万艘，其中检验海洋渔船11.7万艘。检验总数比去年增加了3.8万艘，受检率提高了14.4%。进口船舶检验40多艘，境外远洋渔船检验80多艘。检验费总收入达到6935万元，比去年增加1235万元，提高了21.7%。

1. 解决了进口渔业船舶重复检验问题

为贯彻执行国家经济贸易委员会、对外贸易经济合作部、海关总署、国家进出口商品检验局联合发布的《关于加强旧机电产品管理的通知》（〔1997〕877号）文件精神，我局多次与交通部海事局、对外贸易经济合作部机电产品进出口司协商，对进口渔业船舶检验问题达成一致意见。并与对外贸易经济合作部机电产品进出口司联合下发了《关于旧渔业船舶进口检验有关规定的通知》（中渔检（船）〔2000〕17号）文件。明确规定凡是进口旧渔业船舶的船舶所有人，须向我局申请旧渔业船舶进口检验。据此，我局陆续派出、验船师赴境外执行具体检验任务。2000年共受理了40多艘渔业船舶的进口检验业务，既方便了远洋渔业生产企业，又解决了进口渔船多年存在的重复检验问题，更重要的是真正树立了我局的对外形象，加强了我部对进口旧渔船检验监督管理工作。

2. 加大重点水域渔船检验监督管理工作力度

1999年“11·24”大舜号特大海难事件发生后，国务院、农业部都发出了有关安全生产的紧急通知，我局根据农业部《关于加强渔业船舶监督检验工作的紧急通知》（农渔发〔2000〕1号）文件精神，加大了重点水域作业渔船检验和监督管理工作力度。重点对北太平洋、西南大西洋鱿鱼钓船的监督检验管理，并迅速下发了《关于进一步加强赴北太平洋作业的鱿鱼钓船检验的紧急通知》（国渔检（船）〔2000〕8号），对北太平洋鱿鱼钓船检验工作进行了专项整治，要求从2000年起，所有赴北太平洋从事鱿鱼钓生产船舶都要按照远洋渔船检验规定实施检验与管理。各地渔业行政主管部门和领导给予了支持和配合，我局领导多次亲临重点渔区，现场协调指导检验工作。为保证不误渔汛，多次派人深入渔区现场办公，现场发证。同有关省、市船检部门一起采取切实有效的措施，确保检验质量，强化服务创新，保证渔船按时起航，早日投入生产，从而使全国从事北太平洋鱿鱼钓作业的512艘大洋渔船的监督检验工作全部纳入了规范化管理轨道，为下一步工作打下良好的基础。

3. 加强境外渔船检验工作，保证境外渔船作业安全

我国长期在境外作业渔船约500多艘，其中挂中华人民共和国国旗的约300多艘。由于检验管理工作跟不上，大部分渔船没有按期申报检验。随着国际海洋法公约的贯彻落实，我国渔船被滞留的数量逐年增加，严重影响了我国远洋渔业正常发展。为了全面贯彻《联合国海洋法公约》规定的船旗国政府义务和责任，尽快解决境外渔船检验问题，我局组织了专门的调查小组进行了认真的调查、研究，根据境外渔业企业提出的要求，适时会同国家有关部门协商解决这些问题。并根据各入渔国的规定制定检验办法，既做好了境外作业渔船检验工作，又方便了远洋渔业生产。截至去年底，已经受理了80多艘境外远洋渔船换证检验业务，境外检验工作已经开始起步，取得了初步成效。

（五）产品检验工作得到进一步加强

产品检验工作是做好渔船检验工作的基础。要做好渔船检验必须要从船用主要设备、原材料抓起，没有产品检验工作质量的保证，船舶的安全、质量也将是空谈。为了贯彻农渔发〔2000〕1号文件，我局专门组织召开了全国渔船船用产品检验工作会议，总结近几年来渔船产品检验工作经验，提出了今后船用产品检验工作的任务和方向，加大了渔船船用产品检验的力度。对涉及渔船安全和环境保护的产品，明确提出必须进行工厂认可；同时把进口产品检验工作提到了议事日程。截至2000年底，我局共认可产生产企业240多家，认可检修救生筏站30余家，检验各种船用产品约15万台（件）。

（六）整治“沙滩”造船，加强渔船修造管理工作

较长一个时期，在我国沿海一些地方，未经批准，非法在沙滩上建造各种渔船，是我国“三无”渔船产生的主要渠道，由此造成我国海洋捕捞强度管理失控，严重破坏了我国渔业资源，三无渔船是安全重大隐患，由于三无渔船没有经过检验，海难事故时有发生，今年3月，渤海湾1条三无未经检验渔船翻沉，造成11人遇难。同时利用“三无”渔船走私、贩私、偷渡等违法犯罪现象也随之增加。为了解决这一问题，国务院早在1994年11月就专门召开了五部委会议，并对清理、取缔“三无”船舶发布了通告（国函〔1994〕111号）。根据文件规定，农业部印发了《中华人民共和国农业部渔船修造厂认可办法》（农渔检〔1994〕2号）。截至目前，全国已有1050余家企业通过了认可。通过对修造企业的管理，“沙滩”造船整治工作取得了初步成果，加大了渔船修造企业认可及监督管理的工作力度，渔船修造质量得到了有效控制。

（七）存在的主要问题

一是由于渔船检验体系不健全，对不依法申报检验的当事人缺乏处罚依据，再加上地

区、部门领导重视不够，致使一些地区渔船受检率过低到渔业生产和渔民生命财产安全。目前，全国渔船平均受检率仅为50%左右，特别是44.1kW以下的小型渔船尤为突出，这是翻船、沉船伤亡事故多发的主要原因之一。

二是由于渔业生产编整，大洋渔业发展速度较快，管理手段和措施滞后，加上一些企业和渔民受利益驱动，忽视海上安全，购买船龄20年的废旧船改作大洋性鱿鱼钓船，冒险去大洋作业，冒险跨航区作业，失火、机损事故时有发生，给渔船渔民安全造成极大危害。

三是少数船检机构，工作力度不够，对船检工作不重视，使个别地区船检工作迟迟没有新的起色。

二、2001年工作思路要点

2001年渔业船舶检验总体思路是：以邓小平理论为指导，认真贯彻学习江泽民“三个代表”的重要思想，以健全、完善渔船检验法律法规，强化渔船检验机构管理，加强基础建设，理顺检验业务，贯彻有关国际公约、规则及国家法律法规，认真贯彻执行《保护法》，加强渔船防污染设备监督检验，减少渔船对水污染，认真贯彻新《渔业法》，努力做好渔业船舶检验业务受检率，保证渔业船舶具备安全作业条件；继续加强渔业执法机构和队伍建设，努力造就一支高素质的船检队伍以机构认可和验船师培训考核为重点，增强法制观念，努力造就一支高素质的船检队伍；继续做好渔船修造企业和船用产品生产企业的质量工作，加大船用产品检验力度，严禁假冒伪劣和走私船用产品装船使用；继续贯彻“依法严格检验，热情文明服务”的工作方针，努力实现“让渔船更安全，让海洋更清洁”，为渔业的可持续发展做出新的贡献。

（一）做好宣传贯彻新渔船检验立法工作

新《渔业法》的颁布，标志我国进入了依法治渔、依法兴渔的新阶段。新《渔业法》确立了一个时期我国渔业发展和管理的方向和基本原则，是我国渔业持续、健康发展的法律基础，对我们建立健全渔船检验具有十分重要的意义。新《渔业法》第二十六条明确规定“制造、更新改造、购置、进口的从事捕捞作业的船舶必须经渔业船舶检验部门检验合格后，方可下水作业。具体管理办法由国务院规定”，确立了我们渔业船舶检验和检验证书的法律地位。为此已经报请农业部和国务院法制办批准，制定《渔业船舶监督例》，这是我们渔业船舶全体同志多年努力的结果。要把这项工作作为今年工作的重中之重来抓。《渔业船舶监督检验条例》涉及面很广，工作量很大，为切实做好渔业船舶检验条例的起草工作，我们专门成立了起草小组，负责起草《渔业船舶监督检验条例》工作。我们要上下齐努力，积极配合国家有关立法部门做好调查研究，争取国务院早日批准并颁布实施。这项工作是全国渔船检验工作头等大事，我们要齐心合力抓紧抓好。第二要编写好《渔业船舶法定检验规则》的补充规定，将规则中未包含的12m以下小船、内河渔业船舶、玻璃钢渔船钢丝网水泥渔船和各种竹、木筏等全部纳入进来，形成一部完整的法规，使今后所有渔业船舶的设计、建造、检验都有章可循。第三是要组织编写《渔业船舶检验规程》、有关验船师须知。

这是做好我们渔业船舶检验工作的前提，没有规范性文件，验船师就无法可依，工作就没有规矩，工作质量就无法提高。这项工作要保证年内出稿，希望大家要全力支持做好这项工作。

（二）做好机构认可和业务授权，强化机构管理

机构认可与业务授权，仅仅是我们强化机构管理，规范机构管理的第一步。我们的目标是要逐步按照国际海事组织（IMO）的规定来管理船舶检验机构，使我们的机构管理真正走上规范化、正规化的轨道，以崭新的面貌步入二十一世纪。为此，我们要加快机构认可的步伐，确保全部机构认可工作在2001年底之前结束。我局上半年要完成湖南、安徽、海南省和12个挂中华人民共和国牌子的机构认可工作。各渔业船舶检验局（处）要做好县级站的认可工作，按照统一部署、统一要求，规范县级检验机构的对外名称，统一证书证件及检验业务印章，统一机构代码，理顺各级检验业务关系。

由于全国县级机构改革滞后，为了保证要设立检验机构的县（市）能尽快设立机构开展检验工作，可以由县政府渔业行政主管部门报请省渔船检验机构批准成立县级检验机构。待县级人民政府机构改革时再纳入编制管理。至2001年12月1日止，全国渔船检验机构清理整顿工作要全部结束，并对外公布全国渔业船舶检验机构名称。非渔业船舶检验机构不得从事渔业船舶检验工作。

（三）依法加强渔业船舶检验人员队伍建设

新《渔业法》对渔业执法人员的行为做出了具体规定，这是在修改渔业法时新增加的内容，体现国家对执法人员行为的重视，体现了时代的要求。各级渔业船舶检验机构务必高度重视，加大队伍建设的力度，不断加强制度建设和廉政建设，坚持依法行政，公正严明，不断提高验船人员队伍的整体水平。按照江泽民总书记提出的“三个代表”的要求，在全系统中大力开展“北学山东、南学福建”“内强素质，外树形象”的教育活动，强化验船师培训，加强执法监督，规范渔船执法队伍行为，牢固树立渔业船舶验船师队伍形象。

去年我们已完成了80%验船师考试、考核套改，目前已经告一段落，验船师资格证书逐步统一发放。对可以取得验船师资格证书的验船人员，要进行短期培训。对没有学历、学历不够或非专业人员继续采取开办大专班的方式，进行在岗脱产培训。这项工作我们已经开展了几年，有了成功的经验。山东省今年自己办大专班，解决了很多问题，南方也可以采取同样的办法，加快全国验船师培训进度。

验船师执法培训班，我局2000年10月在北京办了第一期，取得了很好的效果，大家一致认为成效很大。今年我们计划下半年再抽出一定的时间，对还没有培训的科级以上干部进行一次比较系统的法制培训，以增强人员法制观念，提高执法水平。

对验船师监督管理，今年出台了一个验船师管理规定，对验船师的培训、考核等将作一系列规定，逐步规范验船师的执法行为。要组织专门的力量编制培训教材及考试题库，对于不具备规定学历的人员，要进行培训考试考核，以达到船检专业的大专水平。

关于验船人员纳入公务员管理问题，希望各级渔船检验机构要积极同有关部门协调，做渔船法定检验是政府的一项行政职能，国发〔1993〕78号文规定行使政府行政职能的事业单位，列入实施国家公务员制度管理。

（四）加大渔业船舶法监督管理力度，提高检验质量，提高渔业船舶检验受检率，使所有作业渔船具备安全航行作业条件

1. 做好清理整顿三无渔船工作，提高渔业船舶检验受检率

统计表明：我国有机动渔业船舶49.7万艘，受理检验的有27.4万艘，受检率只有55.1%，其中海洋机动渔业船舶30.07万艘，受理检验的仅仅有13.2万艘，受检率只有48.9%。存在大量的无证渔业船舶作业，而无证渔业船舶绝大多数是沙滩船厂建造的伪劣船舶，存在严重事故隐患。同时也扰乱了渔业捕捞秩序。

农业部为加强海洋捕捞管理，维护正常的海洋捕捞，确保国务院渔业船舶政策的落实，2000年对海洋渔船进了一次全面的普查。对三无和三证不齐的渔船进行清理整顿，全部工作要求在月底之前结束。我局按照农业部的统一工作部署，在北京召开了清理三无和三证不全渔船会议，对做好清理三无渔船做出具体部署，希望各有关部门认真贯彻执行。各渔业船舶检验机构按照我局发布的《关于做好清理整顿三无渔船工作的通知》（国渔检（船）〔2001〕23号）要求，有组织、有计划地实施，保证工作按时完成。

2. 全面实施远洋渔船检验工作，确保中国籍渔船按照我国法律法规规定向我局申报法定检验，切实履行国务院赋予我局的渔业船舶检验和监督管理职能

自我国发展远洋渔业以来，我局已经签发的远洋渔船检验证书1200多艘，作业渔船遍布世界各地，目前中国籍渔船长期在境外作业的有300多艘。但是长期以来，由于我们监督管理力度不够，造成远洋渔船境外检验严重失控，企业不按照我国的法律法规规定申报法定检验。有的企业甚至涂改、假冒我局的检验证书，被国外港口当局查扣，给我国造成很坏的影响。农业部为做好这项工作，2000年发布了《关于加强渔业船舶监督检验工作的紧急通知》（农渔发〔2000〕1号），要求所有远洋渔船必须按规定申报检验。这项工作2000年我们已经开始启动，受理80多艘渔船检验业务。今年我们要集中力量做好这项工作，对境外渔船进行一次全面彻底的清理整顿，各省局的一把手要亲自抓，要采取切实可行措施，做好企业的工作，宣传好、贯彻好我们的各项规定，确保这项工作在年底之前完成。为了推动这项工作，我局将定期发布信息。为了配合国际IUU（非法捕鱼，未经检验和许可）行动，我局已经将所有国际渔业船舶检验证书样本照会给50多个国家和地区，确保持有我局检验证书的渔船在世界各地有效。另外，近期还将通过国际互联网将国际渔业船舶检验证书样本发布出去。到今年年底之前，由于企业自身的原因没有按时申请检验。我局将公布证书失效，造成船舶被滞留的，由企业自己负责。

3. 做好北太平洋鱿鱼钓和国际鲜销渔船的检验工作

北太平洋鱿鱼钓船的检验工作，各地长期以来发展不平衡，2000年我们进行了专项整

治，将所有船舶都纳入了管理。但是，与我们的要求还有一定的差距，我们希望通过三年的整顿，将所有船舶都纳入规范的管理轨道，确保这部分船舶的作业安全。大洋渔业是一个高风险的产业，去年北太平洋鱿鱼钓业发生的事故不少，平安 8 号失踪，20 人至今下落不明，落水伤亡十几人。希望同志们从讲政治的高度和对渔民高度负责的态度，做到"如履薄冰，警钟长鸣"。特别是希望浙江省能够切实加大监督管理力度，认真贯彻农业部及我局有关北太平洋鱿鱼钓船检验规定，确保我们的计划落到实处。

目前，我局受理检验的国际鲜销渔船有 300 多艘，全部持有 96 版远洋渔业船舶检验证书。但是，这个证书版本不符合国际公约规定，日本方面为此多次提出质疑，希望按照国际海上人命安全公约（SOLAS 公约）的规定签发证书，否则将要滞留船舶。为切实保护船舶所有人的利益，我局已按规定制定了新版检验证书。从 4 月份开始，将逐步对所有 96 版证书换发成新版证书，希望各级渔业船舶检验部门，组织落实好这项工作，保证各项工作顺利进行。

4. 加强进口旧渔业船舶检验，牢固树立对外形象

赴境外执行渔业船舶检验是代表我国政府依法对我国渔业船舶实施监督检验，这是一项很重要又很严肃的事情。但是，有的地方接到我部渔业船舶检验局的委托以后，把这项工作当作一项待遇，安排与船舶检验无关的人员参加组团赴境外检验工作，造成团组庞大，干事的人寥寥无几，更有甚者持私人护照随旅行团一起组团，给我国赴境外执行法定检验任务造成不良影响。我在这里再一次重申，各渔业船舶检验局必须严格执行我局进口船舶检验的有关规定，未经我局委托，不得擅自组团赴境外执行远洋、进口渔业船舶检验任务。凡是擅自组团赴境外执行远洋、进口渔业船舶检验任务的，我局一律不予签发任何证书，由此造成的一切损失由派出单位自己负责。希望沿海各省局一定要顾全大局，认真做好这项工作。

（五）加大渔业船舶检验基础建设力度，增强管理的科学性，为渔业船舶检验的发展奠定稳固的基础

要做好渔业船舶监督检验工作，做好"十五"工作，必须认真做好基础性研究、建设工作。近期要重点做好以下几点工作：

1. 切实做好渔业船舶监督检验管理系统的建设

目前使用的检验管理系统，已经不能适应当前船检工作的发展需要。为了贯彻执行《渔业船舶法定检验规则》检验发证系统，需要对现在的系统进行全面再版或升级。我局已经组织专门的力量，研究开发管理软件，建立"中国渔业船舶监督检验管理系统"，对全国渔业船舶检验机构进行联网，按照各自的管理权限进行管理，沿海的渔业船舶检验机构全部采用计算机发证，提高检验与发证质量，通过联网来实现网上监督检验管理，以加强对各级检验机构的监督，保证全国渔业船舶检验标准的统一。该系统实施以后将使我们渔业船舶检验与发证工作迈上一个新台阶，与之配套的证书版本将同时启用。新版证书版式既考虑了我国渔业的实际情况又考虑了与国际接轨的问题，纸张全部使用统一印制的渔业船舶检验证书

专用防伪水印纸。

2. 做好图纸审查和验船师须知的编制工作

渔业船舶审图是开展检验工作的第一道关口，图纸审查质量的好坏，不仅直接关系到产品质量，而且也关系到我局的形象和声誉。随着一批批资深验船师的退休，不少渔业船舶检验局（处）已经出现审图人员匮乏，甚至处于勉强的应付状态。我局今年将在重新发布审图规定的同时，将组织编写审图须知，并陆续组织相关的培训，争取尽快扭转这种被动局面，使全体验船师的素质提高到一个新水平。

渔业船舶检验发证程序及管理，我们已有很多的文件作出规定，但是很不系统。加之有的渔业船舶检验部门对此不十分重视，验船师在具体检验过程中，随意性很大，给我们造成很坏的影响。我们今年力争组织力量来完善这一不足，研究制定渔业船舶检验发证程序，规范验船师行为。

3. 组织制定档案管理规定，确保渔业船舶检验档案完整，真实反映营运船舶的实际状况

关于船检档案管理问题，我们早在83年就做过明确的规定，机构达标和机构认可都有明确的要求。但是检查发现，各地执行情况差别很大，还有个别的验船部门没有建立档案。各渔业船舶检验部门对此务必高度重视，在机构改革中要严格按照国家档案管理规定进行管理，必须达到规定的标准。下半年，我局要专门组织力量研究制定档案管理规定，对船舶检验专业技术档案作出明确的规定。

（六）加强渔业船舶修造企业管理

继续加强对渔船修造企业和渔船设计单位的认可管理，整治“沙滩”造船，配合渔业行政主管部门做好渔船总量控制和修造质量管理。

1. 做好对船厂质量监督管理的法律法规地位的工作。积极争取将渔业船舶修造纳入国家生产许可证管理。为此，将进一步做好与国家质量技术监督局的协调和配合工作，共同就此问题向国务院有关领导做好汇报。并要按照许可证管理的有关要求，积极做好贯彻实施许可证的准备工作。并进一步加大对无证修造渔船企业的处罚力度。

2. 自1994年开展对船厂工厂认可工作以来，我局已对1110家船厂颁发了不同等级的“全国渔船修造企业工厂认可证书”。工厂认可工作的开展对加强渔船修造质量的监督管理，提高渔船修造质量起到了积极作用，但在开展此项工作中也存在一些亟待解决的问题，为此今年将召开一次全国沿海省渔业船舶修造企业认可座谈会。

3. 农业部已决定开展对500总吨及以上渔业船舶实施《国际安全管理规则》，并已下发了通知。实施对渔业船舶安全管理规则，时间紧，任务重，各级渔业船舶检验机构要积极配合做好500总吨及以上渔业船舶实施安全管理规则的准备工作。今年将组织编制《渔业船舶安全管理体系认证规范》以及编印有关认证证书，组织开展对认证审核员的培训工作以及开展对渔业船舶公司和船舶的认证审核等等。

（七）加强船用产品检验工作

认真贯彻《国务院关于开展严厉打击制售假冒伪劣商品的通知》（国办发〔2000〕32号），重点抓好关系到渔船渔民安全的重要产品设备。做好进口产品检验工作，禁止各种假冒、伪劣和走私及废旧机电设备装船使用，做好我国加入WTO后有关船用产品的监督检验工作。

产品检验工作是保证渔业船舶具备安全航行和作业条件的基础工作，所有的重要产品都要经过检验才能装船使用。杜绝伪劣产品上船，首先要求经过检验的产品符合法定检验规则和技术标准的要求，而一线验船师也承担着重要的责任，查验产品证书是验船师进行船舶检验时的第一项工作，无证产品一律不准上船。对产品上船的查证工作正在引起各局重视，但是还要加大力度，有些地方还没有把它落实到所有的验船师，没有形成制度，一些检验处和县站，尤其是县站，还没有列入工作日程，各渔船检验局要做出安排，部局将加强这方面的监督检查。

今年产品检验工作的另一个重点是抓好产品检验规程的编写，检验规程将作为农业部的水产行业标准予以发布，使得产品检验做到步调一致，有章可循。这项工作已经在春节前下达到有关检验局，各局的领导要亲自抓，给编写人员充分的时间，按时完成任务。

随着加入WTO日期的临近，以及改革开放步伐的加大，将会有越来越多的国外产品进入我国渔船市场，为了保护我国渔民的利益，涉外的产品检验工作将会越来越多，这个工作一定要有组织有计划地开展，我局已经制定了《进口产品检验管理办法》，即将发布实施。对境外产品或进口产品要实行统一检验、统一发证，组织和发证工作由部局负责。同时，我们也将在有条件的省选拔一些同志参加这项工作，今后凡涉及出境检验或国内进口产品的具体检验工作，部局将在这些同志中选派，代表我局执行检验任务。有关单位一定要选派政治素质高、业务能力强、产品检验工作经验丰富的同志参加这项工作，要在外国、外商面前树立我国渔船检验人员的良好形象。

同志们，我们要高举邓小平理论的伟大旗帜，按照江泽民总书记提出的“三个代表”的要求，认真贯彻党的十五届五中全会和九届人大四次会议精神，抓住机遇，扎实工作，开拓创新，努力开创新世纪渔业船舶检验工作新局面。

认真实践“三个代表” 努力开创渔船检验工作新局面

——2002年全国渔业船舶检验工作会议工作报告

（2002年4月）

同志们：

这次全国渔船检验工作会议主题是以江泽民同志“七一”讲话精神为指导，贯彻落实中央农村工作会议和全国农业工作会议精神，分析当前我国渔船检验工作情况，研究部署2002年渔船检验监督管理工作，统一思想，明确任务，狠抓落实。下面，我讲几点意见。

一、贯彻“三个代表”重要思想，从讲政治高度抓好渔船检验工作

去年，在农业部党组正确领导下，在有关主管部门的支持和广大渔船检验人员的共同努力下，我们积极推进依法检验，在保障渔船渔民安全、防止水域环境污染等方面，取得了新的成绩。渔船检验法律法规不断完善，船检机构管理逐步规范，船检人员素质、执法责任感和服务意识不断提高，渔船受检率比去年明显上升，渔船安全适航状态有了显著改善，因渔船不具备安全航行作业条件而发生的恶性事故明显减少，产品检验工作有计划拓展，无证造船和“沙滩”造船得到有效遏制，渔船检验工作取得了历史性进展。归纳起来主要表现在以下几个方面：

（一）渔船检验立法工作取得重大进展

立法工作是开展执法工作的前提和基础，为了加强渔船检验执法工作，必须加强渔船检验立法工作。去年我们着重抓了《渔业船舶检验监督管理条例》的起草工作，现在正准备上报国务院，有望于今年颁布实施。在技术法规方面，小型渔船检验规则、渔船和船用产品检验规程，验船师须知等正在审查定稿，初步定于今年8月1日起实施。这样从法律上说有了《渔业法》，从行政法规上说有了《渔业船舶检验监督管理条例》，从技术法规上说我们制定了法定检验规则、规范、规程和验船师须知，由此渔船检验的法律法规基本完成配套并将逐步完善。

（二）渔船检验机构认可和验船师队伍建设进一步加强

一是渔业船舶检验工作作为渔业执法工作的重要组成部分，近年来正逐步得到加强。经人事部批准，我局实行依照公务员制度管理，这对促进全国渔船检验系统的稳定与发展，促进各地渔船检验机构在机构改革中纳入公务员制度管理创造了良好的条件。

二是加大机构管理力度，强化业务管理职能。按照我部《关于加强渔业船舶监督检验工作的紧急通知》(农渔发〔2000〕1号）要求，按照分级管理、各负其责和统一法律法规、统一规章制度、统一对外名称、统一证书证件、统一业务印章的“五个统一”原则，全面开展渔业船舶检验机构认可与业务授权工作，理顺各级检验机构业务关系，使船检机构管理走上了规范化、正规化的轨道。在前年工作的基础上，去年我局加大了此项工作的力度，并取得了阶段性成果目前，全国20个代表机构大多数已基本完成辖区内的执行机构的初审工作。通过机构认可和初审的检验机构279个，其中代表机构16个，执行机构263个。已经我局批准并授权的检验机构55个，其余正在陆续上报审批。按照“五个统一”原则，加大了小船检验机构的建设力度。广东从事60马力以下渔船检验的机构53个，全部按照规定加挂了渔船检验机构的牌子；山东、福建、江苏、海南等省也相继成立检验机构或规范了小船检验机构名称。

三是加强船检队伍建设，提高验船师整体素质。去年开展了对全国验船人员的资格培训、考核与发证工作。截止到目前，全国已有2464名验船人员通过了验船师资格考核，取得了农业部颁发的验船师资格证书，占现有总人数的70%以上。其中取得高级验船师资格人员256名，中级验船师资格人员462名，初级验船师资格人员1746名。

为了解决在岗但不具备相应专业技术知识的人员资格问题，去年我局加大了工作力度，验船师培训取得了重大突破，组织了四川、重庆、黑龙江培训班，经考试有300多人取得了验船员资格证书，50人取得了助理验船师资格证书；举办了两期共76人在职人员参加的船检大专专业证书班。还举办了计算机软件培训班、全球海上遇险与安全系统（GMDSS）培训班等，对提高验船师队伍整体素质起到了重要作用，促进了船检工作的规范化、正规化。

（三）渔船法定检验及监督管理工作力度逐步加大

去年，按照我部的统一部署，并与有关部门密切配合，围绕渔船安全生产采取有力措施，推进了渔船检验工作的有效开展。

一是清理整顿“三无”和“三证不齐”渔船工作。按照农业部和渔业局的统一部署，我局把清理“三无”和“三证不齐”渔船工作作为去年的重点工作。三月份在北京召开了各省渔船检验局长会议，就如何做好清理整顿工作进行了研究与部署，并下发了文件进行安排。我局还专门组织了力量编制了清理“三无”渔船计算机软件，下发各级渔船检验机构。各省船检机构相继成立了工作领导小组，针对渔船普查中反映的检验死角进行陆上跟踪检查。利用休渔期间，深入渔港渔村进行现场办公，使渔船受检率有了明显提高。据不完全统计，全国渔船检验率普遍增长一至二成。同时，我局两次派人参加了由渔业局组织的赴海区清理整顿“三无”和“三证不齐”渔船调研和检查工作。

二是加强远洋渔船检验管理工作。北太平洋、西南大西洋鱿鱼和金枪鱼钓船的检验工作一直是我局安全管理工作的重点，继前年专项整治后，部分渔船仍存在安全隐患，新购入的老旧渔船更是问题复杂。本着既要不误渔汛，又要满足船舶安全航行作业条件的原则，局领导多次到现场协调指导检验工作，采取现场办公的办法，现场签发证书400多套，保证了渔船及时起航，得到了地方政府和渔民群众的好评。境外作业渔船检验进展较好，长期在境外作业渔船受检率已达到80%以上。现在北太平洋、大西洋、印度洋作业的1600多艘渔业船舶的技术状况已得到稳步提高。8月份，我局在丹东市召开了北太平鱿鱼钓船检验工作座谈会，总结交流了检验工作的经验，研究部署了今年的工作思路和重点，落实有关安全设备标准等具体检验要求。为提前准备好今年的检验工作实施方案，进一步推进北太鱿鱼钓船检验工作奠定了基础。

随着国际海洋法律制度的逐步完善，我国渔船因证书失效等原因被滞留的数量逐年增加，严重影响了我国远洋渔业正常发展。去年我们首先对境外渔船进行了全面彻底的清理整顿，并首次将所有国际渔业船舶检验证书样本照会50多个国家和地区，确保持有我局检验证书的渔船在世界各地畅通无阻，维护了企业的切身利益。

为了加大远洋渔船管理的工作力度，我局积极与渔业局协调、密切配合，使远洋渔船检验工作与项目管理紧密挂钩。农业部为此专门下发文件，要求所有远洋渔船必须接受我局检验，否则将不予确认远洋项目。这将促进远洋渔船检验工作上一个新的台阶，使一些长期在境外作业，但证书已失效多年的远洋渔船重新纳入正常的检验和管理轨道。

三是积极开展渔船船用产品打假整治专项活动。针对渔船船用产品长期存在的废旧和假冒伪劣现象，我局今年以贯彻《国务院关于严厉打击制售假冒伪劣商品违法犯罪活动联合行动的通知》和农业部、国家工商管理总局《农资市场“打假”整治联合执法行动工作方案》为重点，开展了渔业船舶船用产品“打假”整治专项活动。就船用产品特别是船用救生设备进行专项治理，江苏、山东、福建等相继开展专项检查，结合船检工作，对不合格产品严格禁止上船，并对已在使用的伪劣产品进行清理更换。江苏渔业船舶检验局会同地方工商、质检部门在东台销毁了一批低劣的救生设备材料。辽宁渔业船舶检验局与所在地工商局联合开展“打假”活动，有形式，有内容。此项工作在全国渔船船用产品生产单位引起很大反响，对维护渔船产品市场经济秩序，保障船舶及船员安全起到了重要作用。同时，进一步加强了对境外船用产品检验和认可工作，今年组织了赴日本、法国、英国、韩国等国家进行产品检验和认可工作。为加强进口产品及其生产商、经销商的检验和管理，制定了《渔业船舶船用进口产品检验暂行规定》，按着WTO规则要求，依法执行检验。

四是整治“沙滩”造船和渔船修造管理工作。为进一步完善渔业船舶修造行业的管理，我部向国家经贸委、国防科工委、国家质检总局提出了关于整顿渔业船舶修造行业存在法律依据不足等问题，积极争取将渔业船舶修造行业纳入《国家工业产品生产许可证管理条例》范围管理。经多次协调，由船舶行业主管部门国防科工委牵头起草文件，会签我部和交通部，向国家质检总局提出将渔船纳入工业产品生产许可证管理，近期有望获得通过。

五是抓了渔业船舶修造厂认可工作。渔船修造厂的认可工作是清理整顿“三无”渔船的源头工作，结合2001年度全国656家渔业船舶修造企业工厂认可换证工作的开展，对渔业船舶修造企业工厂认可工作实行规范化管理，加强了对渔业船舶修造企业的质量监督，为清理取缔“沙滩”造船作出了努力，受到各地普遍重视和肯定。对2001年度全国渔业船舶修造企业大量换发工厂认可证书工作作出了具体部署，下发了有关文件，加强对换证工作指导。经部批准，修订了新版工厂认可证书，贯彻了对渔业船舶修造企业年度审核的要求；按照市场经济的原则，修订了“钢质、木质、玻璃钢渔业船舶修造企业工厂认可现场事业要求”，取消了对企业“小而全”的要求，增加了对渔船修造企业从业人员资格和质量管理体系建设的要求；分三期对渔船检验系统132名工厂认可审核员进行了培训考核和发证，确认其工厂认可审核员资格；制定了“渔业船舶修造企业工厂认可工作程序”，进一步规范了各地工厂认可审核工作程序。编辑出版了“渔业船舶修造工厂认可现场考核审查指导”，以指导各地审核员开展工厂认可工作。编写了“玻璃钢渔船建造糊制工艺”教材，作为玻璃钢渔船建造企业期制工培训教材；修订了渔业船舶修造系统“焊工考试实施细则”，进一步规范各地焊工考试发证工作。同时，对浙江、广东等9省工厂认可换证审核工作有重点地进行监督抽查，及时发现和处理工厂认可工作中的问题，指导各地规范地开展工厂认可工作。

各地通过对渔业船舶修造企业工厂认可证书换证审查工作，加大了渔业船舶修造行业的整顿力度，取消了近10%的企业渔业船舶修造资格，有近30%的企业由于不符合造船资格而改为修船资格，同时加强了对工厂质量检验员、焊工、带班木工的培训考试发证工作的管理，对进一步提高渔业船舶修造质量起到了积极的作用。

（四）渔业船舶检验监督管理系统的开发工作

为了贯彻执行《渔业船舶法定检验规则》，对目前使用的检验发证的计算机管理系统进行了全面再版和升级。组织专门的力量，研究开发新的管理软件，建立一套先进的、完善的全国渔业船舶检验监督管理系统。这将对全国渔业船舶检验机构进行联网，按照各自的管理权限进行管理，规范渔船检验工作程序和验船师检验工作行为，提高检验与发证质量，逐步实现渔业船舶检验管理自动化，特别是对控制“三无”渔船的滋生将起到积极的推动作用。通过联网来实现网上监督检验管理，以加强对各级检验机构的监督，保证全国渔业船舶检验标准的统一。目前已经完成远洋渔业船舶检验监督管理、进口渔业船舶检验管理、国内渔业船舶监督管理、检验机构管理、验船师管理、渔业船舶检验统计报表管理等子系统的软件开发，并完成了测试和试用。新版软件于今年1月正式启用，与之配套的新版证书也将同时启用。

2001年渔船检验工作在取得较大进展的同时，也面临一些实际困难和问题。一是由于渔船检验法律法规不健全，对不依法申报检验的当事人缺乏处罚条款，再加上一些地区领导重视不够，致使一些地区渔船受检率过低的局面没有大的改变。二是渔船检验的执法地位虽已确定，但个别地方渔业行政主管部门在机构改革中对此认识不足，没有设立省级渔业船舶检验机构，削弱渔业船舶检验工作；个别地区县级检验机构，虽然按照我部渔业船舶检验工作“五个统一”原则的要求，加挂了渔业船舶检验机构的牌子，但是不具备开展检验工作的条件，至今不能够开展正常检验业务；还有个别地区出现非渔业船舶检验人员从事船检工作的现象。三是在“三无”和“三证不齐”渔船清理过程中，由于多种因素制约，检验工作进展不快。四是受国内捕捞生产大环境影响，对渔船修造企业的修造质量管理难度加大，渔船安全技术条件与检验技术要求之间仍存在差距。五是小型渔船的检验工作滞后，安全生产形势依然严峻。

二、今年的主要工作任务

2002年船检工作的总体思路是，以江泽民同志“七一”讲话和党的十五届六中全会精神为指导，认真实践“三个代表”重要思想，围绕渔业中心工作，以完善渔船检验法律法规建设为重点，规范渔船检验执法工作，逐步建立起以国际公约、规则和国家法律法规及技术规则为主的渔船检验法规体系；全面加强船检机构和验船师队伍建设，提高渔船检验工作质量和渔船受检率；继续做好渔船修造企业和船用产品生产企业的质量监督管理工作，加大船用产品检验力度；坚持“依法严格检验，热情文明服务”的工作方针，努力开创渔船检验工作新局面。

（一）继续做好渔船检验立法工作

建立健全渔船检验法律法规，使渔船检验有法可依。2002年我局将以《渔业船舶检验监督管理条例》的制定、实施为中心工作，积极配合国家有关立法部门，力争条例尽早颁布实施，并根据条例制定相关规定，保证渔船检验执法工作的系统性和完整性。一是积极做好渔船检验人员依照公务员制度管理转制工作，明确船检机构性质和验船人员身份。二是完成《渔业船舶法定检验规程》《渔船船用产品检验规程》和《验船师须知》编写工作。三是做好《小型渔业船舶法定检验规则》的颁布和实施工作，为内河和沿海12米以下各种小型渔船的检验提供法规依据。

（二）强化机构认可管理

在完成省和重点港口渔船检验机构认可和业务授权工作后，2002年工作重点放在指导各省进行县级机构的认可上，争取年底完成全部机构认可工作和业务授权工作。全国渔船检验机构认可结束后，将对外公布全国渔船检验机构对外名称。凡是未经我局认可授权的渔业船舶检验机构不得从事渔业船舶检验工作。加快内陆水域渔业船舶检验机构建设进程，对申请建立渔业船舶检验机构的地区，加强机构建设的指导、管理和检验人员的培训，使其有效发挥安全保障作用。工作重点是沿海岛屿及内陆大江、大湖、大型水库渔船检验机构设立，拓宽渔船检验工作在这些地区的覆盖率，提高渔船受检率。

（三）抓好验船师资格考核和培训工作

继续贯彻执行《中华人民共和国渔业船舶验船师资格考评管理规定》（农渔发〔1998〕11号）文件精神，进一步完善验船人员培训、考核、持证上岗制度。针对各地在机构改革中出现船检机构人员变动较大的新情况，严格执行未取得验船师资格人员不得验船，严格按照谁检验、谁签字、谁负责的规定，对不具备规定学历和专业的人员，我局将加大培训力度，使其达到一定专业水平。同时加强对已取得验船师资格人员的技术提高和执法短期培训工作，依靠完善的培训制度，保证渔船检验人员执法水平和专业技术水平稳步提高。2002

年将继续举办验船人员大专专业证书班。进一步加大对验船师的监督管理力度，从 2002 年开始启用验船师日志和验船师管理规定，逐步规范验船师的执法行为。按照新的管理规定，将对外公布验船师执法监督电话，加大监督检查力度，逐步规范检验工作程序，树立渔船检验队伍的良好形象。

（四）加强境外远洋渔船检验管理

按照远洋渔船管理的总体部署，切实将远洋渔船法定检验与项目紧密挂钩，改变长期对在国外作业渔船检验管理失控的局面，确保境外远洋渔船作业安全，最大限度地减少境外渔船因船舶状况欠佳、证书失效或安全设备配备不符合规定、不合格而被港口国警告、滞留问题的出现，以降低风险。对境外作业渔船进行专项整治，摸清境外渔船的确切数量、作业区域及船舶安全状况，要一年见成效，三年检验管理到位，将境外渔船检验工作纳入规范化管理轨道，减少船舶被滞留现象，杜绝翻船、火灾和重大机损恶性事件的发生。

（五）继续加强对渔船修造企业和渔船设计单位的认可管理，整治“沙滩”造船

严格控制船厂出租场地造船和“沙滩”造船，配合渔业行政主管部门做好渔船总量控制，实施渔船报废制度。加强修造质量管理，禁止使用废旧设备、材料造船，从 2002 年起新造船舶必须符合国家规范和规则规定标准，以确保新船建造质量和安全。严格造船企业认可管理工作，严格控制造船企业数量，严格审查造船企业资质，不得降低审查标准，不具备造船企业相应资质的不得降低标准发证。对出租场地造船，建造“三无”渔船，无图纸或无合格图纸造船，采用废旧材料、设备造船等行为的企业要严肃查处，并由工商部门吊销营业执照。

加强对设计部门的管理，今年要对设计部门实行全面整顿，为了加强对设计部门的管理，今年要着手修订新的设计单位认可标准。同时要对设计人员进行资格审查制度，制止“借证凑数”现象发生，以保证设计单位资质质量。抓好图纸审查工作和船型审查核批工作，这项工作是造船管理的基础工作，必须抓好，必须做到没有审查合格的图纸不得批准开工，不得检验发证。

（六）加快渔船检验监督管理信息系统建设

渔船检验机构分布在全国各地区，管理近百万艘渔业船舶，难度很大。要使全国渔船检验、监督管理工作实行机构名称、检验法规、规章制度、证书证件、业务印章五个统一，必须首先抓好渔船检验监督管理信息系统的建设工作，这是一项系统的基础建设工作，不但可以有效地保证渔船检验机构开展业务工作，同时也为国家渔业行政主管部门对渔业船舶管理提供依据。检验系统的开发、推广和应用是我国渔船检验系统一项长期的基础管理工作，希望各地切实抓紧抓好，争取早日实现全国统一联网管理。

（七）加强船用产品检验工作

做好船用产品检验工作，是保证渔船建造质量和航行作业安全的必备条件，尤其是关系到船舶安全的主要机械设备、通讯导航、救生消防和防污染设备等必须检验合格方可装船使用。要吸取大连渔轮厂“5·2”爆炸事故教训，切实加强渔船泡沫喷涂工程管理，企业要按规程作业施工，喷涂材料配方必须符合规定标准，船检部门要实施检验发证。不合格的企业不予认可，不合格的产品要铲除。同时要求各省船检机构要加强对认可企业的监督管理，不按规定施工的企业必须停产整顿，必要时可以上报取消认可资格。

严格禁止使用废旧设备、原材料造船，加强上船产品检验监督检查力度，提高船用产品受检率。加强受检产品的质量跟踪管理，按照谁检验谁负责的原则，增强产品检验人员责任感。

各省要组织力量打击假冒伪劣船用产品、打击走私活动，这项工作需要国家质量监督检验部门和工商行政主管部门的配合。

（八）积极做好内陆水域渔船检验工作

现在已有9个内陆省份设立了渔船检验机构，有几个省正在准备设置机构，内陆水域渔船检验工作正在逐步发展，积极做好内陆水域渔船检验工作，对保障内陆水域广大渔民群众的生命财产安全，同样具有重大意义。当前，做好内陆水域渔船检验工作，首先要从机构的规范设置抓起，既要考虑内陆地区的实际情况，也要坚持标准严要求；其次要加强内陆船检人员的培训工作，采取多种方式努力提高内陆地区船检人员的业务水平，去年我局在四川、重庆和黑龙江就举办了三期培训班，这对提高内陆船检人员的整体素质具有重要意义。另外，小型渔业船舶法定检验规则正在审定，预计今年8月将颁布实施，我们相信这将进一步推进内陆水域渔船检验工作的全面发展。

（九）加强渔船检验执法监督

依法行政是现代法治社会的一个基本要求，随着我国法制进程的不断发展，规范执法行为的要求将会越来越高。渔船检验作为渔业执法的一个重要组成部分，必须加强执法监督，这里面首先是要保证渔船检验的法律法规得到全面、正确的贯彻实施，要坚持法律面前人人平等，渔船的安全、防污染性能是否达到标准，技术法规说了算，要禁止检人情船，防止错检、漏检，当前我国已经成功加入WTO，这点尤其要引起重视；在贯彻实施渔船检验法律法规中，对验船师要高标准、严要求，要严格按照规定填写技术档案，努力提高船舶档案的管理水平，我局拟在适当时候开展执法检查。其次是要禁止向当事人吃、拿、卡、要，一经发现将严肃查处，今年我局将向社会公布执法监督电话。

（十）继续开展创建文明单位和十佳验船师评选活动，加强党风和廉政建设

开展创建文明单位和十佳验船师评选活动，是船检系统搞好两个文明建设的重要组成部分，今年我局将继续开展这项工作，努力提高船检队伍的整体素质，培养造就一支有理想、有道德、有文化、有纪律的高素质队伍。渔船检验机构作为法律授权的执法部门，在依法行政的同时，必须确立“检验就是服务”的思想，坚持文明执法、优质服务，坚持把业务建设同精神文明建设有机结合起来。要加强党风和廉政建设，做到防微杜渐，警钟长鸣，正确处理好检验与服务、权力与责任的关系。各级渔船检验机构要坚持政务公开，公开执法标准，公开执法程序，自觉接受社会监督，提高执法水平，努力夺取精神文明建设新成果。

同志们，今年将是我党历史上重要的一年，我们将迎来党的十六大的召开，做好今年的渔船检验工作，意义重大，任务艰巨，我们要牢记江总书记的指示：隐患险于明险，防范胜于救灾，责任重于泰山。让我们以昂扬的斗志，扎实的工作，优异的成绩，迎接党的十六大的胜利召开。

谢谢大家！

深入学习“三个代表”重要思想贯彻执行《渔业船舶检验条例》努力开创船检工作新局面

——2003年全国渔业船舶检验工作会议工作报告

（2003年7月）

同志们：

这是我们进入新世纪以来召开的第一次由省、市渔业船舶检验机构参加的全国渔业船舶检验工作会议。这次会议的主要任务是：深入学习“三个代表”重要思想，全面贯彻《中华人民共和国渔业船舶检验条例》，加强机构管理和队伍建设，依法做好新时期渔业船舶检验及其监督管理工作；总结1998年以来渔业船舶检验及其监督管理工作，表彰先进单位和先进个人；分析渔业船舶检验及其监督管理工作面临的新形势、新问题，研究部署今后一个时期渔业船舶检验及其监督管理的工作和任务。

一、过去五年工作的回顾

五年来，我们在农业部党组的正确领导下，全面审视和认真分析渔业船舶安全生产状况和渔业船舶检验及其监督管理工作所面临的问题，坚持“严格依法检验，热情文明服务”的工作方针，认真履行法律法规和国家赋予的职责，解放思想，开拓进取，与时俱进不断创新。在全体渔业船舶检验人员的努力下，我国渔业船舶检验事业得到了快速的发展。

（一）渔业船舶检验及其监督管理的法律法规建设取得新进展

认真贯彻依法治国方略，坚持依法治船方针，不断加强渔业船舶检验及其监督管理的法律法规建设。一是根据《渔业法》的授权，积极推动了《中华人民共和国渔业船舶检验条例》的制定，经过几年的努力，条例已于2003年6月11日国务院第11次常务会议通过，6月27日温家宝总理签署第383号国务院令予以公布，条例将于2003年8月1日起施行，这标志着我国渔业船舶检验及其监督管理的法律法规建设取得了历史性的进展。二是制定和完善了各种配套的技术法规和规范性文件，现已陆续颁布了《钢质海洋渔船建造规范》《渔业船舶法定检验规则2000》《渔业船舶法定检验规则2002（内河、玻璃钢、海洋木质及小型钢质渔业船舶法定检验技术规则）》《海洋渔业船舶法定检验规程》《渔业船舶船用产品检验规程》《渔业船舶图纸审查规定》《渔业船舶检验与发证程序和证书填写规定》《渔业船舶检验机构认可管理规定》《中华人民共和国渔业船舶验船师资格考评管理规定》《渔业船舶验船师管理规定》《渔业船舶检验档案管理暂行规定》等一系列规范渔业船舶检验及其监督管理工作和验船师检验行为的技术规章和规范性文件，总计250多万字。这套比较系统、规范、配套的行政法规与技术规章相结合的法律法规体系，不仅为我国渔业船舶检验及其监督管理工作提供了法律依据，同时也为我国渔业船舶的设计、建造、维修提供了技术保证，为检验人员依法行政、依法检验奠定了坚实的法律基础。

（二）渔业船舶检验机构管理与验船师队伍建设得到全面加强

随着渔业船舶检验及其监督管理工作的不断深化和发展，强化渔业船舶检验机构管理与验船师队伍建设已成为各级政府和渔业行政主管部门的共识。

1. 1998年国务院批准的农业部“三定”方案，明确了农业部渔业船舶检验局代表国家行使渔业船舶检验及其监督管理职能，1999年中央机构编制委员会办公室以中编（办）字〔1999〕20号文件批准农业部渔业船舶检验局的对外名称，由“中华人民共和国船舶检验局渔业船舶分局”更名为“中华人民共和国渔业船舶检验局”。同年，国务院办公厅以国办印函〔1999〕4号文件批准中华人民共和国渔业船舶检验局启用中央刊有国徽的印章。

2. 2002年经人事部批复，在农业部党组和人事劳动司的领导下，部局顺利完成了依照国家公务员制度管理的转制工作，农业部《关于印发农业部渔业船舶检验局职能配置内设机构和人员编制规定的通知》（农人发〔2002〕4号）进一步明确了部局的职能。这对促进全国渔业船舶检验及其监督管理工作的稳定与发展奠定了良好的基础，为各级渔业船舶检验机构的改革和定位提供了依据，也为地方渔业船舶检验系统在机构改革中争取纳入公务员制度管理创造了良好的条件。

3. 根据国际海事组织的有关规定，按照统一领导、分级管理统一法律法规、统一规章制度、统一对外名称、统一证书证件、统业务印章的原则，对各省（自治区、直辖市）的渔业船舶检验机构实施了机构认可和业务范围核定制度，保证了检验机构具备基本的检验条件和能力，促进了检验机构的规范化管理。目前，全国已有24个省（自治区、直辖市）的县级以上人民政府批准设立了480多个渔业船舶检验机构，其中通过主管机关认可和核定的机构达到了302个。通过全面推行渔业船舶检验机构认可和业务范围核定制度，进一步加强了渔业船舶检验机构和验船师队伍建设，提高了渔业船舶检验及其监督管理水平和人员素质。各级政府和渔业行政主管部门对渔业船舶检验及其监督管理工作的重视程度普遍增强，相当一部分渔业船舶检验机构长期存在的问题得到了有效解决。

4. 根据《联合国海洋法公约》的有关规定，我们始终把增强验船师队伍整体素质作为提高检验工作质量的重中之重来抓。1998年农业部发布了《中华人民共和国渔业船舶验船师资格考评管理规定》，自1999年开始，在全国渔业船舶检验系统中全面推行了验船师任职资格考核、考试和持证上岗制度。制订了验船师培训计划、培训教材、考试题库、考核标准及实施办法，有计划、有步骤地开展了验船人员的培训、考核、晋升与发证工作。自1998年以来，经农业部科教司批准，在有关大专院校举办了3期渔业船舶检验专业证书（大专）班；与中国政法大学联合举办了全国渔业船舶检验行政执法人员培训班；为重庆、四川、黑龙江、湖北、吉林、河南等内陆地区的验船人员举办了 4 期岗位培训班；在湖北、广东、浙江等地举办了渔业船舶锅炉压力容器检验、渔业船舶及船用产品检验计算机管理系统、远洋渔业船舶检验管理及渔业船舶检验人员上岗资格等培训班。目前，全国已有 2472 名验船人员取得了不同等级的验船师资格证书，其中高级验船师 214 名，验船师 419 名，助理验船师及验船员 1839 名。在 2472 名验船师中，具有远洋渔业船舶验船师资格的有 196 名，其中主任验船师 25 名，副主任验船师 20 名，验船师 151 名；境外产品检验验船师 36 名。各省渔业船舶检验机构加强了自身的职业教育和业务培训，设立了干部培训专项经费，采取了全员培训、在职读研、国外培训、学术研讨以及个人自学等多种形式对所属人员进行继续教育和业务深造。这些措施的实施大大提高了渔业船舶检验人员的整体素质，为渔业船舶检验工作打下了较好的组织基础。

（三）渔业船舶检验机制不断完善，检验质量和工作效率明显提高

1. 为加大对远洋渔业船舶检验及其监督管理的工作力度，我局与部渔业局积极配合，密切协作，使远洋渔业船舶检验工作与项目管理紧密挂钩。1998 年，农业部为此专门下发文件，要求所有远洋渔业船舶必须接受部渔业船舶检验局的检验，否则将不予确认远洋项目，从而使一些长期在境外作业、但证书已失效多年的远洋渔业船舶重新纳入正常的检验和管理轨道。

2. 1999 年“11·24”大舜号特大海难事故发生后，农业部发出了《关于加强渔业船舶监督检验工作的紧急通知》（农渔发〔2000〕1 号），我们重点落实农业部对北太平洋、西南大西洋鱿鱼钓船的监督检验规定，并迅速下发了《关于进一步加强赴北太平洋作业的鱿鱼钓船检验的紧急通知》，重点对购买老旧船舶改造成大洋作业的渔业船舶进行了严格限制，同时对部分渔业船舶在安全设备方面存在的问题要求其逐项整改并严格按标准配备。为保证不误渔汛，各级领导多次深入渔区，统一组织协调检验力量，现场办公，现场发证，保证作业船舶按时起航，早日投入生产，从而使全国从事北太平洋鱿鱼钓作业的 500 多艘渔业船舶的检验及其监督管理工作全部纳入了规范化轨道。

3. 由于远洋渔业作业环境比较恶劣，船员落水死亡事故时有发生，仅 2000 年北太平洋海域就发生落水死亡 8 人，针对这一严峻问题，我们进行了专项调研，并于 2001 年组织开发并强制要求北太平洋海域从事鱿鱼钓作业的船舶配备安全带，这项措施的实施，有效遏制了落水事件和死亡事故的再度发生。

4. 根据农业部《关于进一步加强内陆水域渔业船舶检验工作的通知》精神，推动了内陆水域渔业船舶检验机构的建设和检验人员上岗前的培训；加强了法律法规和规章制度的建设，特别是建立了小型渔业船舶检验法规体系；加大了对内陆水域渔业船舶检验工作的开展力度。目前，全国内陆水域又新增设了重庆、云南、陕西、贵州 4 个省级渔业船舶检验机构，有效地推动了西部地区渔业船舶检验工作的开展。

5. 在对现有远洋渔业船舶加强检验及其监督管理的同时，强化了对进口旧渔业船舶的检验。经与商务部（原外经贸部）、海关及交通部海事局共同协商，解决了进口渔业船舶由渔业船舶检验部门归口检验管理的问题，保证了进口旧渔业船舶的质量。

6. 建立了验船师统一派出制度和远洋渔业船舶检验通报制度，不仅整合了全国远洋验船师力量，同时也降低了检验成本，减轻了企业的负担，保证了远洋渔业船舶的受检率和检验质量。

7. 为解决我国远洋渔业船舶因证书失效被港口国滞留问题，我们一方面对境外作业的渔业船舶进行了全面彻底的清理整顿，一方面及时将远洋渔业船舶检验证书样本，通过国家外交照会形式通报国际海事组织和60多个国家和地区，确保了持有中华人民共和国渔业船舶检验证书的远洋渔业船舶在世界各国海域航行和作业的合法性，树立了中国渔检的形象，维护了渔业企业的切身利益。

8. 各级渔业船舶检验机构结合对“三无”和“三证不齐”渔业船舶的清理工作，认真清理死角，实行出海跟踪检查，努力提高渔业船舶的检验率。2002年全国20个省（区、市）检验机构共检验各类渔业船舶283344艘，受检率为82.3%（以应检船数计）。其中检验内陆省市渔业船舶98990艘，受检率为68.9%；检验沿海省市渔业船舶182777艘，受检率为73%；检验远洋渔业船舶1577艘，受检率为91.9%。

2002年全国渔业船舶检验费总收入为8552万元，创历史最高水平。

（四）渔业船舶船用产品检验范围和力度大幅提升

1. 各级渔业船舶检验机构认真贯彻北海渔业船舶船用产品工作会议精神，不断拓展和加大渔业船舶船用产品检验范围及检验力度，使检验业务由单纯的船用设备检验逐步扩大到原材料检验，将一批应该接受但尚未接受检验的船用产品纳入了规范管理，如船用钢板、船用锅炉压力容器等。

2. 加强了渔业船舶船用产品的认可和检验工作，4年来累计认可船用产品生产企业195家。据不完全统计，2002年全国检验渔业船舶船用产品近20万台件，比1998年增长了62.6%；检验并纳入管理的救生筏检修站达到了40多家，检修救生筏数量达8400多只。

3. 实现并加强了对进口船用产品的检验，要求所有进口产品必须持有部局签发的证书才能上船使用。自2001年以来，我们已对近20家国外企业进行了认可及产品检验，经全系统验船人员的密切配合，对进口船用产品基本实现了有效管理。

4. 严格执法，开展渔业船舶船用产品打假整治专项活动。坚持对船用柴油机严格实行工厂认可和型式认可制度，坚决查处因利益驱动不顾国家规定伪造柴油机检验证书的违法行为。

5. 全面贯彻国家“关于加强进口旧机电产品管理，打击走私国外工业垃圾”的政策和部局《关于对渔业船舶使用进口旧机电产品加强检验管理的通知》精神，严厉打击船用产品走私上船的违法行为。为了确保渔业船舶建造质量和人身安全，保护国家民族工业的发展，严格执行“所有国产或进口的旧船用产品一律不准用于建造新船舶”的规定，有效地制止了用旧设备、旧材料造新船的混乱势头，消除了可能由此给渔业船舶和从业人员生命财产安全带来的隐患。

（五）渔业船舶设计、建造、维修管理逐步规范

1. 制定了《渔业船舶修造企业认可工作程序规定》《渔业船舶建造修理企业认可现场考核审查要求》《渔业船舶修造企业认可现场考核审查指导》等规章和文件，规范了认可审核工作程序和审批要求；针对我国渔业船舶修造行业总体技术管理水平偏低、船厂数量多且规模小的特点，以及清理取缔沙滩造船、“三无渔船”的工作进程，对船厂的管理由“纳入管理、逐步规范”上升为“总量控制、严格标准、优胜劣汰”。几年来，各地渔业船舶检验部门在当地渔业行政管理部门的支持下，做了大量艰苦细致的工作，对渔业船舶设计和修造单位实施了资格认可管理制度，渔业船舶修造企业基本上都纳入了管理。在对渔业船舶修造企业的生产场地、生产设施、工艺装备、技术条件、内部质量管理体系和人员素质等方面进行严格审验和考核的基础上，确保其具备安全生产条件，从基础上保障了渔业船舶的修造质量。截至 2002 年底，经农业部认可的渔业船舶设计单位有 119 家，修造厂家 1144 家（其中建造企业 667 家）。

2. 渔业船舶修造企业认可规范化管理措施的实施，基本上达到了“总量控制、严格标准、优胜劣汰”的目的。为制止沙滩造船、违规修造渔业船舶，提升渔业船舶修造质量安全管理水平，加强了对认可企业的日常监督管理工作。各级渔业船舶检验机构在渔业行政主管部门和工商、公安、边防等部门的支持和配合下，对一批不顾修造质量、弄虚作假、违规超范围造船的企业进行了清理整顿，严肃查处了一批“沙滩造船”、无证造船的窝点和个人。有近 300 家渔业船舶修造企业被取消了资格，有近 30% 的企业因不符合造船资格而改为修船资格，有 20 余家渔业船舶修造企业因有违规行为被暂停修造资格。渔业船舶修造企业资格认可整顿工作收到了明显成效，基本遏制了非法造船愈演愈烈的势头。

（六）加强基础性建设，为提高渔业船舶检验及其监督管理水平提供有力支持和保障

1. 推动渔业船舶档案管理的规范和达标工作。根据全国渔业船舶检验及其监督管理工作的需要，部局专门组织有关省局领导和主管档案管理工作的同志对渔业船舶档案管理的有关问题进行了研讨，在此基础上制定了《渔业船舶档案管理暂行规定》，并于 2002 年颁布实施。全国各级渔业船舶检验机构按照规定相应制定了档案管理办法，积极开展档案管理达标建设工作。目前全国渔业船舶检验档案管理工作制度健全，档案设备及管理人员基本到位，工作已取得明显成效。有 4 个沿海省局档案管理工作已经达到省二级或一级标准，1 个省局达到了国家二级标准，正向一级标准努力；一些内陆省机构也在积极推动达标活动。

2. 全面推行使用渔业船舶检验监督管理系统，提高检验工作的效率和透明度。为贯彻《渔业船舶法定检验规则 2000》，对已经使用的计算机管理系统进行了全面改版和升级，2002 年 3 月 1 日在全国渔业船舶检验机构正式启用了新版“渔业船舶检验监督管理系统”。该系统包括了远洋渔业船舶监督管理、检验机构管理验船师管理、渔业船舶检验统计报表管理、产品检验管理等子系统的软件开发，不仅具有网上监督管理功能，而且实现了渔业船舶检验证书、技术文件数据全部由计算机网络处理和传输，提高了工作的效率和透明度。

部局渔业船舶检验网站已开通使用，将为全国渔业船舶检验和发布检验公告提供服务。

3. 为保障在西非作业的渔业船舶具备安全航行作业条件，方便企业申报船舶检验，经农业部批准，于2002年在加蓬设立了我国第一个远洋渔业船舶境外检验办事处，具体承办西非作业的远洋渔业船舶检验任务。加蓬检验办事处的设立，不仅大大方便了在西非作业的远洋渔业企业，同时也探索了境外远洋渔业船舶检验的新路子。

4. 加强了检验收费管理。一是完成了渔业船舶检验计费标准的修改。鉴于1992年版计费标准中许多检验项目缺少计费标准，并且计算和列项不够科学合理的问题，农业部向国家计委价格司提出了“关于调整渔业船舶及船用产品检验计费标准的函”，通过大量调研工作，在广泛征求意见的基础上，研究制定了新的《渔业船舶检验计费标准》，并经财政部和国家计委批准于2000年颁布实施。二是为规范渔业船舶检验收费行为，组织开发了渔业船舶检验收费计算机管理软件，实现了渔业船舶检验收费计算机管理的要求。三是全国实行了统一的检验收费票据，严格收支两条线管理，克服了个别检验机构乱收检验费和检验费用使用不当的现象。

（七）积极参与国际渔业船舶安全事务，不断提升我国渔业船舶检验机关的对外形象

1. 认真学习研究国际渔业船舶安全法规，积极参与国际渔业船舶安全事务，加强与有关国家和地区的交流和合作，提高了我国在国际渔业船舶安全事务中的地位，为推动《1977年托雷莫利诺斯国际渔船安全公约——1993年议定书》的生效履行了我们的义务并作出了积极的努力和贡献。

2. 为了做好与国际公约的接轨，按照新发布的渔业船舶法定检验规则的规定，制定了新版国际渔业船舶及船用产品检验证书格式。新版证书首次采用了防伪技术和计算机全打的发证方式，大大提高了检验证书的质量。

3. 2002年首次接待了斐济国家海事局的官员，加强了两国在渔业船舶检验方面的合作，不仅为在斐济及其附近海域作业的我国渔业船舶的安全和检验工作的开展创造了良好的环境，同时，我国渔业船舶检验机关和验船师的文明风范和良好素质也给斐济客人留下了深刻的印象。

经全体船检人员的努力，我们取得了令人鼓舞的成绩，但是，必须看到，渔业船舶检验及其监督管理工作还面临着一些困难和问题有待于我们去研究和解决。

一是《联合国海洋法公约》的生效和国际海洋新秩序的逐步形成，世界各沿海国均加大了对船舶的管理力度，国际社会越来越关注海上作业的渔业船舶和渔民的安全问题。联合国国际海事组织（IMO）秘书长就《1977年托雷莫利诺斯国际渔船安全公约——1993年议定书》的生效问题，多次致函各国政府，要求各渔业国家特别是拥有大型渔业船队的国家，切实采取行动，加入或者批准该议定书，以提高全球渔业船舶的安全管理水平。目前，已有9个国家加入或者批准了上述议定书，一旦该议定书生效，将对我国远洋渔业生产产生重大影响。目前我国远洋渔业船舶的技术装备水平还相对落后，因而将有可能导致部分船舶在有关国家港口被滞留，这将严重影响我们国家的国际形象和远洋渔业企业的经济效益。

二是渔业船舶安全形势仍不乐观。逃避和抗拒检验，使用旧设备、旧材料造船，“沙滩造船”和造“三无渔船”等违法行为屡见不鲜；每年仍有上百艘渔业船舶发生沉船事故，近千名渔工伤亡；不少渔业船舶船龄老化、设备陈旧，火灾、机损事故时有发生；船东素质不高，为了追求经济利益，无视船舶的技术性能，超航区违规作业；渔业经济组织形式变化巨大，一些企业在转制中经济实力和技术水平相对下降，重生产轻安全，往往为降低经济成本而降低安全标准。

三是有些领导对国际公约和渔业船舶检验及其监督管理的法律法规还不够熟悉，对船检工作、安全工作的重要性认识还不高，对渔业船舶实施强制检验的必要性认识不足，甚至还有人认为船检工作是增加渔民和渔业企业的负担，忘记了江泽民同志“安全责任重于泰山”的指示精神。

四是有些船检人员思想观念还比较陈旧、工作思路还不够明晰、业务素质还不很精湛、法律（责任）意识还相对淡漠，工作中缺乏原则性、系统性、预见性和创造性，在渔业船舶及船用产品检验中仍习惯于就事论事、满足于一般要求，降低检验标准、不登船实施现场检验、不严格审核或擅自签发证书的问题还不同程度地存在。

五是现有检验人员的数量与检验工作量的矛盾还比较突出，3000 多人的检验及监督管理队伍与近百万条新老大小不齐的渔业船舶在比例上显然失调，检验力量还嫌不足；有些省市还没有设立渔业船舶检验部门，不仅小型渔业船舶的检验工作相对滞后，还有相当数量的渔业船舶尚未纳入检验管理；有的地方渔业船舶检验经费没有纳入财政预算，造成了经费不足。

六是随着我国远洋渔业的发展和现代渔业船舶技术的提升，对验船师的政策法规（包括国际公约）和专业技术水平、特别是一专多能的要求越来越高，验船师的培训任务越来越重。渔业船舶报废的船龄适度延期，从维护渔民利益和社会稳定的大局出发是应该的，但也增大了验船师的责任压力（特别是《安全生产法》《渔业船舶检验条例》所明确的经济、行政和刑事责任）。

这些问题的存在，既有客观、客体原因，也有主观、主体原因。有些问题是过去积存的，有些问题则是随着形势的发展新出现的。有些问题只要我们下更大的气力、做更多的工作就可以解决，有些则还需要我们对国际公约和渔业船舶检验及其监督管理工作进行重新认识和理解，还需进一步争取行政主管部门的支持。应该说，在渔业船舶检验及其监督管理工作上我们还任重而道远。

二、今后五年的工作思路和主要任务

今后五年，渔业船舶检验及其监督管理工作的总体思路是：以邓小平理论和党的十六大精神为指导，深入学习、努力践行“三个代表”重要思想和“两个务必”要求，认真落实农业部党组的各项工作部署，以紧紧围绕保障渔业船舶和渔民生命财产安全、保护水域环境为中心任务，以全面提高渔业船舶及船用产品的检验率和检验质量为目标，以全面贯彻《中华人民共和国安全生产法》和《中华人民共和国渔业船舶检验条例》为主线，继续建立健全法律法规，强化依法行政意识，强化渔业船舶检验及其监督管理职能，坚持与时俱进，不断开拓创新，全面开创渔业船舶检验及其监督管理工作的新局面。主要抓好以下几项工作：

（一）继续推动渔业船舶检验及其监督管理工作的法制建设，确立全新的船检理念

1.《中华人民共和国渔业船舶检验条例》的颁布施行，是我国渔业船舶检验法制建设的一件大事，它标志着我国渔业船舶检验及其监督管理工作已经走上法制化的轨道，也说明了我国对国际通行的船舶法定检验制度，继 2000 年新修定的《渔业法》之后又一次以行政法规的形式予以了肯定。《条例》的颁布实施，为我国渔业船舶检验事业的发展提供了强大的动力，也为更好地保障广大渔民群众的生命财产安全，防止水域环境污染，推动渔区经济的持续快速健康发展提供了有力支持。我们一定要认真学习、深刻领会、大力宣传、坚决贯彻《中华人民共和国安全生产法》《中华人民共和国渔业船舶检验条例》等法律法规，牢固树立依法行政、带头守法、文明执法和执法为民的思想，培养和确立“渔业船舶检验人”的法制理念、责任意识和安全第一观念，不仅要使全体渔业船舶检验人员成为法律法规的践行者，同时，也要让我们的服务对象懂法、信法和守法，只有让他们和我们都成为制度内的人，把严格执法和遵纪守法变成自觉的、理性的行动，才可能确保法律法规的严格实施，才能全面推动我国渔业船舶检验事业的不断发展。

2. 要继续加强渔业船舶检验及其监督管理的法律法规建设，做好条例的配套工作。长期以来，渔业船舶检验的很多内容沿用的是交通部门的法规和习惯做法，这与渔业船舶的特性和渔业船舶检验及其监督管理工作发展的新形势显然已不相适应，我们必须根据我国渔业船舶检验及其监督管理工作的实际和新颁布的《中华人民共和国渔业船舶检验条例》以及我国接受的国际公约，对现行法律法规进行清理、修订和完善。近期要重点完成：制定《渔业船舶法定检验规则（渔业辅助船舶法定检验技术规则）》；制定《渔业船舶锅炉压力容器设计、制造、使用与检验管理规则》；制定《渔业船舶检验人员责任过错追究制度》；制定《渔业船舶设计建造、维修管理规定》；修订《渔业船舶检验机构认可管理规定》和《验船师管理规定》；制定《〈渔业船舶报废暂行规定〉实施办法》，同时做好文件的发布和实施工作。

3. 要积极参与国际渔业船舶安全事务，认真研究国际渔业船舶安全管理法规，特别是我国是 IMO 的 A 类理事国，并且已经加入 WTO，因此，我们必须熟悉和遵循国际标准和准则，并以此来规范我国渔业船舶检验及其监督管理工作，积极做好《国际渔船安全公约 93 议定书》生效前的各项准备工作，为此，我局今年拟派员去 IMO 工作，从而发挥我国作为渔船大国在国际渔船事务中应有的作用。

4. 要进一步提高对渔业船舶实施强制检验的认识。这是船旗国法律或政令以及所接受的国际公约、协定及规则规定的、由船旗国政府专职官员（验船师）代表国家具体实施的强制性的监督检验，它体现的是国家对船舶的强制管理权，是一种法律行为，也是政府对渔民生命财产安全和水域环境保护的一种责任，我们必须履行好这一职能。

5. 要确立全新的执法理念。一是依法治船不仅需要客体环境的逐步改善，更需要主体素质的不断增强，要做到文明执法，既需要法律法规具有公正性和严肃性，还需要执法主体具有坚实的法律知识、娴熟的业务技能以及良好的职业道德，唯有高素质的人才能保证政府的公信力和法律的实践性。二是必须依法作为，不能在执法中违法。我们不仅要熟练运用业务内的法律法规，还要熟知相关的法律法规；不仅要深知超越权限、违反程序是违法，还要清楚在法定权限内不作为也是违法。因此，要准确把握行政执法的权限，严格在法定的权限和程序内认真履行执法职能。三是要处理好法律所具有的惩处与保护的双重功能，要把严肃执法与维护市场主体的合法权益统一起来，两者不可偏废。四是要把握好行政处罚的环节，做好与司法部门的衔接，不可混淆行政权与司法权的界限。五是要对执法行为负责，执法中必须做到程序合法、责任分明、事实清楚、证据确凿、处罚恰当、手续完备。

（二）继续做好检验机构的规范化管理，全面提升检验人员的综合素质

1. 要依据《中华人民共和国渔业船舶检验条例》的规定，细化检验机构审验条款，保证各级渔业船舶检验机构达到国际海事组织和有关规定的标准，实现检验机构的规范化、正规化管理。

2. 要重点推动内陆水域渔业船舶检验机构的建设进程，加强指导，严格审核；没有通过主管机关认可的机构要积极争取地方政府的支持，搞好内部整顿，确保尽快通过认可。凡经认可的机构将统一向社会公布。

3. 要营造继续教育、终身教育的学习环境和氛围，建立包括长远规划（目标）、年度计划、培训大纲、培训教材、考试题库、考核标准和方法等系统的验船师培训机制，弘扬科学精神，加大培训力度，拓展培训领域，严格考核标准，争取在五年内使渔业船舶检验人员的综合素质有一个质的飞跃。

4. 要积极推动《验船师管理规定》和《验船师日志》的贯彻与实施。验船师不仅要熟知而且要严格遵循《验船师管理规定》，同时要认真填写《验船师日志》，使其不仅能准确反映验船师执行渔业船舶检验条例、规则、规范和国际有关公约的行为是否规范，而且要成为责任界定的可靠依据，是验船人员自我保护的重要证据。

5. 要加强渔业船舶检验信息的搜集和交流工作。一是要加强法律法规库、技术资料库、典型案例库的建设，搞好各种资料、特别是有关渔业船舶检验新技术、新规定以及海难、海损事故信息的搜集、储备和交流，提高渔业船舶检验及其监督管理工作的预测和决策能力。二是要加大电子政务网站的建设和管理力度，使之能全面反映渔业船舶检验及其监督管理工作的全部业务，并逐步完善网上检验申请、网上受理等业务处理功能，充分体现政府办公的透明度、实效性，提高工作的效率和质量。

6. 要加强境外检验机构的建设和管理。加蓬检验办事处是我们设立的第一个境外检验机构，它不仅是为降低检验成本，提高检验效率，为渔业企业和渔民群众提供最便利的服务，它还是我们国家渔业船舶检验机构的对外窗口，直接代表着国家的形象。因此，我们要继续努力，认真总结，加强管理，不断完善。

7. 要积极推动渔业船舶检验档案管理达标工作，2003 年沿海各省（自治区、直辖市）渔业船舶检验机构档案管理工作要全部达到省级以上标准；内陆机构要符合本地区档案管理工作规定的要求，并经本地区档案管理部门验收合格。

（三）依法强制检验，努力提高渔业船舶及船用产品的检验质量和受检率

1. 要加大对我国远洋渔业船舶的检验力度，必须使之具备安全航行、作业的条件，坚决遏制因技术条件不达标准而引发的恶性海难事故。

2. 要针对在我国专属经济区和西非海域作业的渔业船舶存在的严重安全隐患问题进行整治，严格按照《渔业船舶法定检验规则 2000》配备通导、消防、救生和信号设备。

3. 要坚持按照客观规律和科学规律办事，认真分析、及时研究解决渔业船舶检验及其监督管理工作中遇到的新情况新问题，不断改进工作方法，提高服务质量。要积极探索建立船东申报检验预先敦促制度，及时向船东发送预报，敦促船东及时申报检验。同时让渔业船舶所有人了解所拥有的渔业船舶的安全技术检验状况，最大限度地减少因证书失效造成港口滞留或停航待检问题的发生。

4. 要建立检验通报制度，对不符合安全标准、证书失效的渔业船舶进行通报，责令这些船舶停航接受处罚和检验。

5. 要坚决禁止使用旧设备、旧部件、旧材料建造新船的行为，严禁更改船龄、载重线、吨位和主机功率，对不符合标准和不按规定办事者，一律不予受理检验，并按规定处罚。

6. 要强化船用产品上船前的查证工作，提高船用产品检验质量，严堵假冒伪劣产品上船。

7. 要加强渔业船舶无损检测人员培训工作，严格资格审定和持证上岗制度。

8. 要注意跟踪世界船用新技术、新设备的发展动态，掌握检验标准，推动新设备的实验和使用。

9. 要加强对进口船用材料和设备的检验管理，积极引导国内船用设备生产企业研究开发和生产适用于大洋渔业的船用材料、设备。凡没有通过国家渔业船舶检验机构认可的重要材料、设备不予办理进口审核证。

10. 做好船用产品的检验发（换）证工作，为安全生产打下坚实的基础。

（四）继续抓好渔业船舶设计、建造、维修和船型管理工作

1. 要按照新制定的《渔业船舶设计、建造、维修管理规定》，抓好从事企业认可工作的审核员队伍建设，落实企业认可工作各项规范化管理措施，严禁不具备资格资质的单位从事渔业船舶设计、建造和维修业务。对经审查合格的单位以农业部公告形式进行公布。

2. 要加强对取得认可证书企业的监督管理，对出租场地造船或者建造所谓的商品渔业船舶等违规行为坚决进行查处。要继续配合有关部门清理整顿“三无”渔船，整治沙滩造船，提高船舶建造质量。

3. 要加强渔业船舶标准化工作，做好新型渔业船舶船型的分类编号，规范渔业船舶船型管理，切实提高我国渔业船舶的设计建造，特别是原创技术水平，推动我国渔业船舶的国产化、现代化建设。

4. 要配合渔业行政主管部门做好渔业船舶总量控制工作，实施渔业船舶报废制度。

5. 为落实“十五”规划和全面建设小康社会的目标，加快渔业经济结构的调整，使我国尽快建立起一支现代化的、具有国际先进水平的远洋渔业船队，我们要切实采取措施，努力提高我国远洋渔业船舶乃至国内各类渔业船舶的技术装备水平，各级渔业船舶检验部门要与地方政府、渔业主管部门、渔业船舶设计和建造单位紧密配合，加强对新型大洋性渔业船舶的研发工作，并对新造的大洋性渔业船舶实施全程监管，以确保其技术性能和安全标准，满足航行和作业要求。

（五）加强行政执法监督，完善行政执法机制，建立健全行政执法责任制

1. 要全面实施《渔业船舶检验行政审批程序及工作规范》，加强程序监督。推行检验职责、检验程序、检验审批、检验收费、行政处罚、行政执法的法定化。

2. 要严格执法主体的资格资质认可，凡未经认可的机构、未取得验船师资格的人员不得从事检验工作。

3. 要架构执法考评体系，突出执法效能评估，健全检验执法监督，严格实行行政执法责任制，强化渔业船舶检验人员的经济、行政、刑事和社会责任意识，将执法行为与执法者的年度考核奖惩紧密挂钩，实现执法权的规范运作。

4. 要正确处理综合执法与专业执法的关系。综合执法与专业执法是协作与分工的关系，综合执法是专业执法的有序衔接和力量整合，但它必须通过专业执法的具体落实来实现。人类社会发展的历史证明，社会分工不仅有其客观的规律，而且可以提高效率和效益，但是社会分工必须相互配合、密切协同才能实现力量和效能的倍增，因此，按照“同行认可价值体系”的规律，建立共同遵循的规则和协调机制，加大专业执法的力度，加强不同执法部门之间的密切协作，才能保证渔业执法的严肃性和公正性。

5. 根据国务院办公厅、国家安全生产管理监督局和农业部关于深化安全生产专项整治工作的部署，部局准备在今年秋冬之际通过执法大检查的形式，对全国渔业船舶检验机构执行法规规章以及渔业船舶安全技术状况进行一次全面的检查，并将检查情况向全国通报。今后，这类检查要形成制度，常抓不懈。

（六）加强党风廉政建设，深入开展创建文明单位和十佳验船师评选活动

加强党风廉政建设，深入开展创建文明单位和十佳验船师评选活动，是搞好政治文明和精神文明建设的重要途径，是加强党和人民群众血肉联系的有力保证。渔业船舶检验机构作为法律法规授权的行政执法部门，要把“创三优（优质服务、优良作风、优美环境）文明单位，做人民满意验船师”的活动贯穿于创建文明单位活动的始终，做到党政群团齐抓共管，干部职工齐创共建；要处理好检验与服务、权力与责任的关系，始终坚持全心全意为人民服务的宗旨，做到正确行使手中权力；要发扬党的优良传统和作风，增强党风廉政建设和

反腐败工作的政治责任感和使命感，各级验船人员特别是领导干部要按照“八个坚持，八个反对”的要求，做到清正廉洁，自觉地与各种腐败现象做坚决斗争；要加强验船师队伍管理，把《验船师日志》实施情况作为验船师考评的重要依据，坚决杜绝徇私舞弊、擅自降低检验标准的事情发生；要坚持政务公开原则，公开执法程序，规范执法标准，接受社会监督，提高执法水平，逐步把我们的队伍建设成一支政治合格、作风优良、技术过硬、纪律严明、结构合理的渔业船舶检验执法队伍，保证渔业船舶检验机构“严格依法检验，热情文明服务”的工作方针落到实处。

同志们!

渔业船舶检验及其监督管理工作任重而道远，我们肩负的责任重大而光荣。“新松恨不高千尺”，“战斗犹未有穷期”。我们定要紧密团结在以胡锦涛同志为总书记的党中央周围，深入学习、努力践行“三个代表”重要思想和“两个务必”要求，牢记江泽民同志“隐患险于明险，防范胜于救灾，责任重于泰山”的指示，以高昂的斗志，扎实的工作，优异的成绩，为渔业经济的发展和渔民的增收，在渔业船舶检验及其监督管理工作中做出我们的新贡献，努力开创渔业船舶检验及其管理工作新局面。

坚持依法行政，推进船检工作新发展

——2004年全国渔业船舶检验工作会议工作报告

（2004年4月15日）

同志们：

2003年12月26日召开的全国农业工作会议渔业专业会议对今年的工作做出了总体部署，中央领导同志和农业部领导对今年的农业和农村经济以及渔业工作提出了具体要求，这对我们做好渔业船舶检验及其监督管理工作具有非常重要的指导意义，大家要认真学习和领会。下面，我对2003年工作做一个简要的回顾，对2004年工作提几点意见。

一、2003年工作概况

2003年，我局在农业部党组的正确领导下，在部渔业局和有关司局的指导和支持下，深入学习贯彻“三个代表”重要思想，全面审视和认真分析渔业船舶安全生产状况和渔业船舶检验及其监督管理工作所面临的问题，以贯彻《中华人民共和国渔业船舶检验条例》为契机，以法规、机构和队伍建设为重点，以提高渔业船舶检验质量和检验率为目标，认真履行法律法规和国家所赋予的职能，较好地完成了预定的工作目标。主要做了以下几个方面的工作：

（一）法律法规建设

1. 积极推动了《中华人民共和国渔业船舶检验条例》的颁布施行和贯彻落实工作。借全国工作会议和条例新闻发布会的契机对条例进行了广泛的宣传。其间，请国务院法制办和国家安全生产监督管理局的领导就条例和安全生产法进行了专题讲座；下发了宣贯通知、宣传提纲和近12万册的条例单行本；局领导还分别参加了一些省的宣贯活动；与国务院法制办一起组织编写了条例释义。

2. 根据条例要求和工作的需要，2003年还修订、制定和起草了《海洋渔业船舶法定检验规程》《渔业船舶法定检验规则〈海洋渔业辅助船法定检验技术规则〉》《渔业船舶法定检验规则〈柴油机燃油管路防火、防止船舶生活污水污染及柴油机氮氧化物排放实验法定检验规则〉》《渔业船舶检验机构业务核定管理规定》《渔业船舶检验机构及验船人员工作过错责任追究办法》《渔业船舶设计制造维修管理规定》《渔业船舶设计图样及技术文件审查规定》《渔业船舶重点跟踪检验监督管理规定》等一系列与条例相配套的、规范渔业船舶检验及其监督管理工作和验船师检验行为的技术法规和规范性文件。

3. 根据范小建副部长在农业部贯彻行政许可法工作会议上的讲话精神，对渔业船舶检验及其监督管理的技术法规和规范性文件进行了清理，对确需保留的、涉及行政许可范畴的渔业船舶设计修造单位认可管理制度提出了拟报请国务院发布决定和制定农业部有关规章的具体意见。

（二）机构管理、验船师队伍建设

1. 根据国际海事组织和《中华人民共和国渔业船舶检验条例》的有关规定，对各省渔业船舶检验机构实施了业务核定管理，重点加强了对内陆省渔业船舶检验机构建设的指导力度，2003 年又有贵州、云南、河南三个省级船检机构得到省政府批准成立，有三个省级船检机构（云南、安徽、重庆）通过了我局机构业务核定，并启用“中华人民共和国云南（安徽、重庆）渔业船舶检验局”对外名称，并已开展工作。截至 2003 年底，全国已有 431 家机构通过业务核定，逐步走上了规范化管理的轨道。

2. 在全面推行验船师任职资格考核、考试和持证上岗制度的基础上，进一步完善了验船师培训计划，修订和规范了培训教材、考试题库、考核标准及实施办法，有计划、有步骤地开展了验船人员的培训、考核与发证工作。2003 年在河北、广西、广东、浙江、山东、云南、上海等省市举办了 8 期培训班，其中岗位培训班 7 期，共 593 人；大专学历培训班 1 期，44 人。在烟台举办了一期以渔业船舶检验条例、安全生产法、国际公约、检验规则、检验与发证程序和证书填写规定为主要内容的渔业船舶检验机构业务主管领导培训班，有 16 个省、自治区、直辖市渔业船舶检验机构的 87 位主管领导参加了培训，经过考试，有 77 位同志取得了相应的验船师资格证书。

3. 组织编写了验船师培训初级教材和辅助教材的考试题库。现初级教材已下发到各级船检机构，考试题库也已在全系统征订。

（三）渔业船舶检验及其监督管理

1. 为全面贯彻农业部《渔业船舶报废暂行规定》，制定了渔业船舶延期报废检验工作程序和实施办法以及船舶强制报废的相关措施，成立了渔业船舶延期报废专家评定组，使渔业船舶报废检验工作得以有序进行。

2. 认真落实农业部《远洋渔业管理规定》，使远洋渔业船舶检验和远洋渔业项目管理紧密挂钩。借助远洋渔业船舶检验管理系统，对远洋渔业船舶进行了彻底梳理，将沿海 11 个省（区、市）远洋渔业船舶实行了“划片管理，专人负责”，并进一步规范了在申请远洋渔业项目这一环节上的检验管理工作。

3. 在“非典”时期建立渔船检验“快速审批通道”，坚守岗位，全时值班，在严格审查的同时，简化手续，特事特办，保证了具备航行条件的北太平洋鱿鱼钓船的按时出航。

4. 为提高境外远洋渔船检验率，方便企业和渔民，建立了验船师统一派出制度和远洋渔业船舶检验通报制度；加强了驻外机构的建设和管理；对不申请检验或证书失效的渔业船舶实施了跟踪检验及监督管理。这些措施的实施，降低了检验成本，减轻了企业的负担，提高了远洋渔业船舶的受检率和检验质量。

另外，与香港海事处就委托检验问题初步达成了意向性协议。

（四）渔业船舶船用产品检验

1. 不断拓展和加大渔业船舶船用产品检验范围及检验力度，使检验业务由单纯的船用设备检验逐步扩大到原材料检验，将一批应该接受但尚未接受检验的船用产品纳入了规范管理，如船用钢板、船用锅炉与受压容器等。

2. 为保障渔民生命安全和堵住伪劣救生圈的源头，下发了《停止使用聚苯乙烯泡沫塑料救生圈的通知》，要求必须更换所有使用聚苯乙烯材料的救生圈，否则不得受理检验。

3. 开展渔业船舶船用产品打假整治专项活动，对一家擅自涂改产品认可证书的通信仪器厂家和一家虚标柴油机功率的企业分别做出了处理。

4. 实现并加强了对进口船用产品的检验，要求所有进口产品必须持有部局签发的证书才能上船使用。2003 年组织安排了对日、韩等国的 8 家企业的产品进行认可检验，颁发了认可证书。

（五）渔业船舶修造企业及设计单位管理

1. 按照国务院《关于取消第二批行政审批项目和改变一批行政审批项目管理方式的决定》的精神要求，取消了对渔业船舶修理企业资质等级的认可，保留了对渔业船舶修理企业的资质认可，并以农业部部文下发了《关于取消渔业船舶修理企业资质等级认可适用问题的批复》。

2. 为进一步规范渔业船舶设计制造维修活动，使之符合国家规定的条件，制定并下发了《渔业船舶设计制造维修管理规定（试行）》。并按新的管理要求，启动了自 2002 年 10 月暂停的渔业船舶修造企业资质认可工作。

3. 加强了对获得认可证书的渔业船舶修造企业的日常监督管理工作。一是制定了年审要求，下发了《关于渔业船舶制造维修资质认可年审工作有关问题的通知》，要求各省开展对获证企业的年审工作，对年审合格的企业在认可证书加盖了年审专用章。二是对辽宁大连、山东日照、浙江台州的 12 家修造船厂违规造船做出了暂扣认可证书 6 个月的处罚。三是参与了广东省全面清理取缔非法修造船厂的工作，并对符合条件的企业进行了认可管理。四是对温岭地区违规造船问题进行了调查，并做出了相应的处理。

4. 对截至 2002 年底获得渔业船舶制造维修资质认可证书的企业，以农业部第 243 号公告形式进行了公告。

5. 为保证玻璃钢渔船的建造质量和安全施工，组织了第三期玻璃钢修造企业质检员、糊制工带班人员培训班，福建渔业船舶检验机构以及福建、浙江、广东部分玻璃钢修造企业的技术人员共 79 人参加了培训并通过了考试。

6. 在渔业船舶设计单位认可管理方面，完成了 88 家设计单位的渔业船舶设计资格的审查与换发证书工作。

（六）渔业船舶检验收费管理

1. 全国实行了统一检验收费票据，严格收支两条线管理，克服和纠正了个别检验机构乱收检验费和检验费使用不当的现象。

2. 根据《中华人民共和国渔业船舶检验条例》等法规规定，经财政部批准，明确了渔业船舶检验机构依法进行行政处罚取得的罚没款全部作为中央财政收入的管理办法。这一管理办法的实施将会进一步规范和加强渔业船舶检验及其监督管理工作。

（七）工作中存在的问题

一是检验力量与检验工作的矛盾比较突出。3000 多名持证验船师（包括兼职人员）与几十万艘新老大小不齐的渔业船舶在比例上显然失调，检验力量严重不足；有些省市还没有设立渔业船舶检验机构，不仅小型渔业船舶的检验工作相对滞后，还有相当数量的渔业船舶尚未纳入检验管理；有些机构检验经费不足，严重制约了工作的开展和人员的培训。

二是在船舶及产品检验中，还不同程度地存在着不能严格按照检验条例和检验规则实施检验的问题，不仅存在着不严格审核就签发检验证书的现象，还存在着用个别检验替代日常监督检验的现象，这些问题严重违背了检验条例和检验规则的基本要求，验船师的专业素质和责任意识亟待提升。

三是执法难度大，对逃避和抗拒检验，使用旧设备、旧材料造船，“沙滩造船”和造“三无”渔船等违法行为缺乏约束和处罚的力度；国家“双控”指标的控制成效还远不理想。

四是我国部分远洋渔船安全状况与国际标准仍有差距。随着《联合国海洋法公约》的生效和国际海洋新秩序的逐步形成，世界各沿海国均加大了对船舶的管理力度，国际社会越来越关注海上作业的渔业船舶和渔民的安全问题。国际海事组织（IMO）秘书长就《1977年托雷莫利诺斯国际渔船安全公约 1993 年议定书》的生效问题，多次致函各国政府，要求各渔业国家特别是拥有大型渔业船队的国家，切实采取行动，加入或者批准该议定书，以提高全球渔业船舶的安全管理水平。最近东南亚指南标准、欧盟标准和拉美标准也相继出台，在一定程度上加快了 1993 年托雷莫利诺斯议定书生效的进程。目前，已有 9 个国家加入或者批准了该议定书。因此，我国部分远洋渔业船舶的安全设备配备及维修问题必须抓紧解决。

五是休闲渔业作为渔业经济结构调整的一个亮点，呈现了很强的发展势头，并形成了新的产业和经济增长点，但目前对休闲渔船的检验及其监督管理尚缺乏标准和规则。

二、2004 年工作思路和工作要点

2004 年渔业船舶检验及其监督管理工作的总体思路是：以邓小平理论和“三个代表”重要思想为指导，全面贯彻十六大和十六届三中全会精神，树立全面、协调、可持续的发展观，以农业部党组的各项工作部署以及保障渔业船舶和渔民生命财产安全、保护水域环境为中心任务，继续加强法律法规建设，强化渔业船舶检验及其监督管理职能，坚持依法行政，积极推进船检工作新发展。主要抓好以下几项工作：

（一）加强法制建设、提高依法行政水平

1. 根据行政许可法的要求，按照法规立项计划，研究制定与《条例》相配套的技术法规和规章。

（1）待渔业船舶设计修造单位资质认可项目纳入行政许可后，应对《渔业船舶设计制造维修管理规定》做进一步的修订，由农业部报请国务院发布决定。

（2）修订完善《渔业船舶标准化管理规定》，争取以部令形式发布。

（3）进一步修订完善《渔业船舶法定检验规则〈海洋渔业辅助船法定检验技术规则〉》和《渔业船舶法定检验规则〈海洋渔船法定检验技术规则〉》，争取以部公告形式发布。

（4）研究制定《渔业船舶检验行政处罚管理规定》。

2. 深入学习贯彻行政许可法和渔业船舶检验条例，深化对渔业船舶检验及其监督管理工作属性的认识，强化法定检验和依法行政意识。制定并实施《行政审批程序及工作规范》，加强程序监督，推行检验职责、检验程序、检验审批、检验收费、行政处罚、行政执法的法定化；验船人员必须对执法行为负责，不仅要严格在法定的权限和程序内认真履行执法职能，而且在执法中必须做到程序合法、责任分明、事实清楚、证据确凿、处罚恰当、手续完备；进一步加强“收支两条线”管理，提高船检工作的效率和透明度。

3. 科学架构执法考评体系，确保其对执法人的监督和保护的双重功能。一是要确定执法岗位，分解执法职能，严格执法程序，细化执法标准，使责任和程序法定化，保证监督的有效性。二是考评体系要解决靠“当老好人”得分的问题，使之既要能准确地反映执法中存在的问题，也要能保护好严格履行职能的干部。三是通过推行渔业船舶检验机构及验船人员工作过错责任追究制度，健全检验执法监督，严格实行行政执法责任制，强化渔业船舶检验机构和验船人员的责任意识，将执法行为与执法者的年度考核奖惩紧密挂钩，实现执法权的规范运作。

4. 积极推进渔业综合执法，加强与渔政、渔监执法的通力合作及与其它执法部门之间的沟通与配合，规范渔业船舶检验及其监督管理的各个环节，加大对“三无”和“三证不齐”渔船、特别是非法造船的查处，确保农业部《关于2003—2010年全国海洋捕捞渔船控制制度实施意见》的落实。

5. 积极参与国际渔船安全事务，做好有关工作。

（1）按规定时间完成IMO渔船安全规则B部分和指南中消防部分以及渔船和渔民安全规则8A部分修改意见。

（2）对24m（特别是45m）以上的国际渔船进行全面摸底，加强对IMO即将开始的技术合作项目的研究，积极争取IMO的技术援助。

（3）加强对国际公约和各地区标准（东南亚标准、欧盟标准和拉美标准）的研究，以积极的态度考虑IMO秘书长的呼吁，对渔业船舶、特别是远洋渔业船舶安全技术装备的水平和状况，给予足够的关注和重视，做好远洋渔船在安全、航行设备方面与1993年托雷莫利诺斯议定书的对比调研，做好加入议定书的论证工作，努力使我国远洋渔船的装备技术水

平能尽快地有一个较大的改观，以推进我国加入 1993 年托雷莫利诺斯议定书的进程。

（4）积极参与国际海事组织的例行会议及有关国际渔船安全规则的制、修订工作；根据国际公约、规则和指南，结合我国渔业船舶的实际，联合有关院校，为在国际海事组织相关会议上提出一些高质量的提案做积极的准备，以发挥我国在国际渔船安全事务中的积极作用。

6. 加大调研工作的力度，不断研究新问题，解决新矛盾。

（二）继续做好检验机构的规范化管理，全面提升验船人员的综合素质

1. 根据渔业船舶检验条例的规定，依据《渔业船舶检验机构业务核定管理规定》制定《渔业船舶检验机构质量管理体系标准与工作指南》，在适当的时候，组织一期检验机构业务核定与管理工作培训班。

2. 继续加强机构业务核定与管理，特别是要加强对内陆检验机构及新成立机构的业务指导和监督管理工作。凡未经业务核定的机构，必须在 2004 年 6 月 30 日前完成核定；对未建立机构的内陆省市，督促尽快建立，落实现有渔船检验任务；会同部渔业局研究制定新版内河渔业船舶证书，该证书包括检验和登记内容，先将渔船检验与登记证书合二为一，适时与部渔业局共同推动内陆渔业船舶证书“三证合一”工作。

3. 加强渔业船舶检验信息的搜集和交流工作。要加强法律法规库、技术资料库、典型案例库的建设，搞好各种资料以及有关渔业船舶检验新技术、新规定以及海难、海损事故信息的搜集、储备和交流，提高渔业船舶检验及其监督管理工作的预测和决策能力。

4. 部局要继续加强“中国渔业船舶检验信息网”建设，完善《渔业船舶检验监督管理系统》；各省渔业船舶检验机构要积极推动计算机网站建设，加强政务信息网络报送工作，逐步完善网上检验申请、受理等业务处理功能，使之能全面反映渔业船舶检验及其监督管理工作的全部业务，做到全国船检系统信息资源共享。另外，部局还要积极研究现有计算机管理系统与部渔政指挥系统对接的问题，争取形成既符合船检业务的要求，又能满足部渔业局对渔船管理需要的管理系统，并争取将这一系统的升级与改造纳入部渔业局的计划中统筹安排，达到船检信息可供不同管理部门共享的目的。

5. 本着实事求是、降低成本、提高效率的原则，进一步加强境外检验机构的建设和管理。

6. 推动渔业船舶检验档案管理水平的提升。沿海省（区、市）局的档案管理工作要全部达到省二级以上标准；沿海市、县和内陆机构要符合当地档案管理规定的要求，并经本地区档案管理部门验收合格；将远洋渔业船舶重点跟踪检验制度（黑名单制度）纳入远洋渔业船舶检验档案管理。逐步实现利用计算机对船舶检验档案实施管理的目标。

7. 做好法律法规的配备工作，凡涉及船检工作的法律法规、规则、规程及验船师须知，必须做到沿海渔业船舶检验机构的验船人员人手一套，内陆机构每个单位至少两套，并将此要求纳入机构管理范畴。

8. 继续举办验船人员上岗资格培训班、检验机构业务领导培训班和渔业船舶检验大专

班；发行验船师资格考试题库，组织验船师资格晋升考试；举办第一期渔业船舶检验管理研究生课程班；针对目前远洋渔业船舶检验工作的实际情况，计划举办一期远洋渔业船舶验船师资格培训班。

9. 积极推进《验船师管理规定》和《验船师日志》的贯彻实施。验船师不仅要熟知而且要严格遵循《验船师管理规定》，同时要认真填写《验船师日志》，使其不仅能准确反映验船师执行渔业船舶检验条例、规则、规范和国际公约的行为是否规范，而且要成为责任界定的可靠依据。

（三）全面贯彻落实条例和国家“双控”政策，努力提高渔业船舶及船用产品的检验质量和受检率

1. 改进工作方法，提高工作质量。一是深入验船第一线，加强现场指导和管理。二是积极推行船东申报检验预先敦促制度，及时向船东发送预报，敦促船东及时申报检验。同时让船舶所有人了解船舶的安全技术状况，最大限度地减少因证书失效造成港口滞留和停航待检问题的发生。

2. 在做好日常检验工作的同时，研究制定长期在境外近海作业的国际渔业船舶检验的具体措施；会同部渔业局研究开发远洋渔业船舶管理系统，切实落实远洋项目与船舶安全管理挂钩的措施；实施远洋渔业船舶重点跟踪检验制度（黑名单制度)，对外公布长期不按时申报检验的远洋渔业船舶名单；着手建立远洋渔业船舶检验申办员制度，举办远洋渔业船舶申办员培训班，考试合格者颁发申办员证书；针对北太平洋鱿鱼钓船检验工作的实际情况，进一步加强重点区域鱿鱼钓船检验工作的监督指导，严格执行北太平洋鱿鱼钓船检验的各项规定，保障北太平洋鱿鱼钓船顺利纳入远洋渔业项目管理。

3. 加强对渔业船舶船用主机功率的管理，切实解决捕捞渔船主机标定功率与实际功率不符的问题，保证国家对捕捞渔船船用主机功率实行总量控制政策的有效落实。一是成立柴油机专业技术小组，研究解决柴油机产品检验中出现的一些政策性和技术性问题，规范柴油机功率的管理。二是对柴油机虚改功率问题进行逐厂审查，规范和公布允许用作捕捞渔船船用主机的柴油机型号。三是对柴油机检验发证后，逐台公布其主要技术参数及产品编号、证书编号、主要配件型号编号，从产品检验方面杜绝功率作假的可能。四是产品检验、图纸审查、船舶检验要密切配合，形成整体合力，规范柴油机检验管理的各个环节。

4. 继续开展船用产品打假专项活动，对使用旧设备、旧部件、旧材料建造新船的行为，擅自更改载重线、吨位、主机功率以及船舶结构和用途的行为，一律不予受理检验，并按规定进行处罚。

5. 认真做好锅炉与受压容器的检验管理和 GMDSS 设备岸上维修单位的布点、审查以及认可管理。

6. 加强渔业船舶无损检测人员培训工作，严格资格审定和持证上岗制度。

7. 做好对船用自动识别系统的实验及试用准备工作，配合部渔业局做好南沙渔船监测系统建设的工作。

（四）继续抓好渔业船舶设计制造维修和船型管理工作

1. 渔业船舶设计单位和修造企业认可管理工作是渔业船舶安全管理工作的一项基础性工作，是政府管理公共事物的职能所在，因此要依法做好该项工作。一是要依据《行政许可法》和有关法律法规及国际公约的规定，争取将该项目纳入国务院关于应保留的行政许可项目范畴。二是要加强与国防科工委的协调，保证将"国务院渔业行政主管部门负责渔业船舶生产许可证的颁发和管理"的条款在《中华人民共和国船舶生产许可证管理条例》中予以明确。

2. 做好对2004年新申请或升级的、以及将到期换证的渔业船舶设计单位和修造企业的认可工作，按照标准严格审定换发不同等级证书，加强对获证企业的年度监督检查，完成年审工作。

3. 加大对违规船厂的查处力度，进一步巩固营口、象山地区渔船修造企业清理整顿的成果。2004年重点抓好广东省清理沙滩造船后拟纳入管理的船厂的认可和监督管理工作；抓好浙江温岭地区渔业船舶修造市场的清理整顿工作；关注山东日照地区违规船厂整改情况；进一步抓好海南三亚地区渔业船舶修造企业认可工作。

4. 加大对渔业船舶修造企业特殊工种、质检员培训的管理力度，做好证书格式、教材、考试命题的统一工作。根据《渔业船舶法定检验规则》对焊工、无损检测人员考试发证的要求，研究成立渔业船舶焊工、无损检测人员管理委员会，进一步抓好焊工和无损检测人员培训考试发证工作。

5. 做好承接"渔业船舶标准化委员会"的工作，为提升我国渔业船舶管理水平做出应有的努力和贡献。部渔业局正在考虑恢复"渔业船舶标准化委员会"工作事宜，并拟将该委员会设在部渔业船舶检验局。我局将着手研究如何启动该委员会的工作。多年来，没有专门机构和人员针对我国渔业生产和养护渔业资源的需要，研究出既节能又节材，并适宜不同海域、不同捕捞对象的渔业专用船舶。渔业船舶长期处于粗放型的管理，多以船东或渔民的个人意愿造船，且一直徘徊在低层次、低水平上。一方面渔民不了解应该建造哪种船舶既经济，又符合渔业管理的需要，另一方面政府在审批造船时，该批不该批，没有依据。随着我国渔业经济和管理的发展需要，船检部门有责任和义务依靠我们的专业技术优势对不同的海区、作业海域，不同的捕捞对象，不同的企业和个人研究拟定出符合我国渔业生产和养护渔业资源需要的船型加以推广，以逐步达到淘汰老旧船舶，推行符合现代渔业生产和管理要求的船型，形成一整套符合我国国情并为渔民和企业所接受的船型型谱，达到国家所要求的控制捕捞强度，养护渔业资源的目的。

（五）对《渔业船舶检验条例》执行情况开展执法检查

我部即将部署和开展对《渔业船舶检验条例》执行情况的执法检查。这次检查的重点：一是检查各级渔业船舶检验机构宣传、贯彻、学习条例的情况，把对条例的宣贯活动进一步引向深入，让渔业船舶的管理人和管理相对人都能成为条例的实践者和维护人。二是对渔业船舶检验规章制度情况进行检查，查处超范围检验，违反规定受理检验业务和未登船实施检验的行为。三是对渔业船舶安全设备的配备以及检验质量进行检查，对无证或证书失效渔业船舶进行清理整顿，对无资质、超资质造船和擅自更换、拆除船用救生、消防、信号、通信导航、防污染等其他重要设备，以及擅自改变渔业船舶吨位、载重线、主机功率、人员定额、适航区域的行为进行查处。

（六）加强渔业船舶检验机构文明窗口建设

渔业船舶检验机构作为法律法规授权的行政执法部门，要忠实践行“三个代表”重要思想和“两个务必”要求，把“依法行政，执政为民，做人民满意验船师”的活动贯穿于渔业船舶检验及其监督管理工作的始终。要处理好检验与服务、权力与责任的关系，始终坚持全心全意为人民服务的宗旨，做到正确行使手中权力，坚决杜绝徇私舞弊、擅自降低检验标准的事情发生；要发扬党的优良传统和作风，增强党风廉政建设和反腐败工作的政治责任感和使命感，各级验船人员特别是领导干部要严格执行中央纪委提出的四个纪律、八项要求，做到清正廉洁，自觉地与各种腐败现象做坚决的斗争；要认真学习、准确理解和把握《行政许可法》，坚持政务公开原则，公开执法程序，规范执法标准，接受社会监督，提高执法水平，努力把我们的队伍建设成一支政治合格、作风优良、技术过硬、纪律严明、结构合理的渔业船舶检验执法队伍，保证渔业船舶检验机构“严格依法检验，热情文明服务”的工作方针落到实处。

同志们，在过去的一年中，各省（区、市）渔业行政主管厅局和各级渔业船舶检验机构及有关单位对我局的工作给予了有力的支持，我代表部局全体同志向大家表示诚挚的谢意。在过去的几年里，渔业船舶检验及其监督管理工作在全系统同志的共同努力下取得了很大的成就，但我们还面临着很多的困难和问题，俗话说，“逆水行舟用力撑，一篙松劲退千寻”，因此，我们不能有丝毫的懈怠和麻痹。我们要在以胡锦涛同志为总书记的党中央领导下，高举邓小平理论和“三个代表”重要思想伟大旗帜，全面贯彻落实“两会”精神，牢固树立和认真落实科学的发展观，同心同德，扎实工作，继往开来，乘势而上，为渔业船舶安全生产和渔业经济的发展做出我们更大的贡献。

谢谢大家！

以科学发展观为指导，
坚持依法行政，全面提高渔业船舶检验水平

——2005年全国渔业船舶检验工作会议工作报告

（2005年6月21日）

同志们：

今年全国渔业船舶检验工作会议的主题是，以科学发展观为指导，坚持依法行政，切实转变作风，服务渔民群众，全面提高渔业船舶安全水平；这次会议的主要任务是，贯彻落实党中央、国务院和农业部关于农业、渔业发展的工作部署，系统回顾总结过去一个时期渔业船舶检验及其监督管理工作，科学分析当前面临的形势和存在的问题，研究部署今后一个阶段的工作安排。

这次会议得到部领导、渔业局和部各司局、各单位的高度重视。牛盾副部长出席会议并发表重要讲话，部办公厅、人事劳动司、政策法规司、发展计划司、市场信息司、部信息中心的领导和有关同志，以及部属各兄弟渔业单位的领导同志出席会议。部渔业局李健华同志就提高渔业船舶安全水平做了专题报告。各级领导对这次会议的重视，体现了对渔船检验工作的关怀，是对全国渔船检验工作者的鼓励和鞭策。全体代表一定要深刻领会牛盾副部长的重要讲话和李键华同志的专题报告精神，把握会议目标要求，认真研究落实措施。下面，结合学习贯彻牛盾副部长的重要讲话和李键华同志的专题报告精神，我讲几点意见。

一、我国渔船检验工作已经走向法制化轨道

改革开放以来，在农业部党组的正确领导下，在部渔业局等有关司局和各级渔业行政主管部门的指导和支持下，在全体渔业船舶检验干部职工的辛勤工作和努力下，我国渔业船舶检验工作法律框架基本建成、工作体系初步建立、验船师队伍初具规模、检验业务基本适应我国渔船管理特点。据统计，2004年全国共检验渔业船舶322949艘，其中：机动渔业船舶268135艘，非机动渔业船舶54814艘。境内船用产品共检验了1484种型号，约计27万台（件），包括了船用材料、轮机设备、舫装设备、电气设备、通信导航设备、救生设备、消防设备、信号设备和防污染设备等九大产品系列；境外船用产品共检验103种型号，约计800台（件）；认可境内船用产品企业250个，境外企业11个。认可渔业船舶设计单位100个；认可渔业船舶修造企业1145个。2004年全国共审查批准渔业船舶设计图纸271套，新建渔业船舶8118艘，修理渔业船舶53160艘。

（一）渔业船舶检验法律框架基本形成。一是根据 2000 年新修订的《中华人民共和国渔业法》第 26 条的授权，积极推动《中华人民共和国渔业船舶检验条例》的制定。条例已于 2003 年 8 月 1 日起施行。二是完善了各类技术法规。截至目前，已先后颁布了《钢质海洋渔船建造规范》《渔业船舶法定检验规则 2000》《渔业船舶法定检验规则 2002（内河、玻璃钢、海洋木质及小型钢质渔业船舶法定检验技术规则)》《海洋渔业船舶法定检验规程》《渔业船舶船用产品检验规程》《渔业船舶图纸审查规定》《渔业船舶检验与发证程序和证书填写规定》等一系列技术法规，约计 300 万字。三是不少省市制定了有关渔业船舶检验的地方性法规和规章。至此，我国初步形成了以《中华人民共和国渔业法》为母法，以《中华人民共和国渔业船舶检验条例》为主干，以各省（自治区、直辖市）地方性法规和规章及技术法规为支撑的渔业船舶检验法律法规体系，为我国渔业船舶检验及其监督管理工作的顺利开展，奠定了坚实的法律基础。四是成功组织了《渔业船舶检验条例》执法检查。按照部渔业局的统一部署，结合全国人大《渔业法》执法检查，各级人大、政府部门对《渔业船舶检验条例》给予了高度关注，促进了渔船检验工作立法和执法工作。

（二）初步建立了检验工作体系。截至 2004 年，全国共有检验机构 685 个。其中：公务员机构 14 个，依照公务员制度管理的机构 175 个，全额拨款事业单位 274 个，差额拨款事业单位 116 个，自收自支事业单位 106 个。省级机构 22 个，省直属分局 37 个，计划单列市机构 3 个，地市级机构 175 个，县级机构 446 个。全国共发放各级验船师证书 4121 人，其中：高级验船师 270 人，中级验船师 782 人，初级验船师 3069 人。通过强化检验机构的规范化管理和验船师队伍建设，为我国渔业船舶检验及其监督管理工作提供了坚实的组织保障。

（三）渔业船舶检验业务有序推进。根据《渔业法》和《渔业船舶检验条例》等法律法规的规定，渔船检验机构履行渔船设计单位资格认定、渔船设计图纸审批、渔船修造企业资格认定、检验机构业务核定、渔船检验人员资格认定、渔船检验和船用产品检验七个过程的职责，近年来各项工作均有长足进步。

1. 集中统一的远洋渔业船舶的检验制度基本形成。从 1999 年起，我局将原来由沿海 11 个省市分散管理的远洋渔业船舶检验改为集中管理，统一受理和组织实施。截至 2004 年底，在我局远洋渔业船舶检验监督管理系统中在册的远洋渔业船舶有 1756 艘；2004 年共检验远洋渔业船舶 1545 艘，占远洋渔业船舶总数的 88%；2004 年共派出境外检验组 30 次，境外检验远洋渔业船舶 462 艘。我局按照部渔业局将北太平洋鱿钓渔船纳入远洋渔业管理的总体部署，会同浙江渔业船舶检验局，全力以赴将检验工作落实到位，保证了北太鱿钓船纳入远洋船管理工作得以顺利进行，确保 295 艘浙江北太鱿钓船及时、安全出航。此外，加强了对远洋船的动态管理，2004 年两次发布重点跟踪远洋渔业船舶公告，涉及船数 70 艘，其中已达到强制报废船龄但未办理注销手续的 14 艘；证书过期失效、失去监控、未办理注销手续的 56 艘。2004 年，依据《渔业船舶检验条例》的规定，暂停了国际鲜销渔船的检验发证，并会同部渔业局把国际鲜销船依法移交给海事局部门管理。进行了钢丝网水泥渔船的专题调研。在广泛听取各方面意见，认真分析钢丝网水泥渔船的优、劣势的基础上，提出对现有钢丝网水泥渔船不搞一刀切，对老龄船引导淘汰，对低龄船分期分批进行改造的工作安排。

2. 规范渔业船舶安全设备的检验和配备。一是在继续加强境内渔业船舶船用产品的检验工作的同时，积极依法开展对境外船用产品的检验。二是针对长期存在的使用废旧和假冒伪劣船用产品现象，开展了渔业船舶船用产品“打假”整治专项活动。三是一些地方政府高度关注渔船安全设备配备。广东、北京、浙江宁波等省市的政府对渔船安全设备的配备进行了政府补贴，对保障船舶及船员安全起到了重要的导向作用。

3. 建立并实施图纸审查及设计单位、修造企业管理制度。一是对远洋渔业船舶、进口渔业船舶、全国统一建造的渔业执法船及500总吨以上的渔业船舶图纸实施审查。二是对渔业船舶设计和修造单位实施了资格认定管理制度，对上述单位的生产设施、工艺装备、技术条件、内部质量管理体系和人员素质等方面进行考核，以确定其是否具备安全生产条件，是否具备相应等级的设计和修造渔业船舶的能力，从而保障渔业船舶质量。

（四）积极参与了国际渔船安全管理事务。随着《联合国海洋法公约》的生效实施，新的国际海洋管理制度逐步形成，世界各国大都通过加强立法等措施，进一步加强对悬挂本国国旗船舶的管理力度，国际社会也越来越关注海上（水上）渔船和渔民的安全。据国际海事组织提供的数据，全球每年因各种原因导致死亡或者失踪的渔民达24000余人，中国作为发展中国家，拥有庞大的渔船队和众多的渔民，有责任也有义务高度关注并积极参与国际渔船安全管理事务。从1980年开始，我局就开始定期参加国际海事组织有关渔船安全方面的各种会议，在制定《国际渔船安全公约1993年议定书》《作业于东亚和东南亚地区船长等于或大于24米但小于45米渔船安全指南》《渔民和渔船安全规则》以及《小型渔船设计、建造和设备自愿性指南》过程中，发挥了重要的作用。2004年9月，经部领导批准，我局成功承办了国际海事组织在北京组织召开的“促进国际渔船安全公约1993年议定书生效实施讲习班”，来自东南亚地区和俄罗斯等12个国家和地区的30名代表参加讲习班，讲习班取得圆满成功，得到了与会各方代表和国际海事组织及联合国粮农组织专家的高度赞赏。

总之，渔业船舶检验及其监督管理工作起步于上个世纪的50年代，伴随着渔业的快速发展，机构和人员从无到有、从弱到强，走过了一个艰苦的历程。目前的法律框架、工作体系、人员队伍为我国渔业船舶检验事业的发展打下了良好的基础。

二、准确把握渔船检验工作面临的挑战

当前渔业船舶检验及其监督管理工作，总的说形势是好的。但是，随着《行政许可法》等法律的出台，对依法行政的要求越来越高；贯彻落实科学发展观，坚持以人为本，国际社会、国内各界关注海上（水上）渔民安全的呼声越来越高；在全面建设小康社会的进程中，对我们正确处理好推进渔区经济发展与做好安全管理工作的关系，提高执政能力的要求越来越高。因此，客观审视当前渔业船舶检验及其监督管理工作面临的形势，准确找出存在的主要问题，科学分析存在问题的成因，将有利于我们把工作做到有的放矢，更好地完成法律法规赋予我们的职责。

当前渔业船舶检验及其监督管理工作中存在的主要问题表现在：一是渔业船舶受检率

低，渔业生产存在严重安全隐患。据统计，2004 年全国共有渔业船舶 95.76 万艘，其中机动渔业船舶 50.96 万艘。2004 年，实检渔业船舶 32.29 万艘，占渔业船舶总数的 33.72%；实检机动渔业船舶 26.81 万艘，占机动渔业船舶总数的 52.61%。二是渔业船舶主机功率“大机小标”现象长期存在，影响了渔民生命财产安全，影响了国家“双控”政策的实施。中越北部湾海洋划界以后，我国本可以有 2400 艘左右的渔船到越方一侧水域作业。但由于登记的渔船功率比实际渔船功率要小将近一倍，按渔船实际功率核定只能有一半左右的船赴越方作业。三是无资质造船现象没有得到有效遏制，“沙滩造船”长期存在。由此，不少渔业船舶“先天不足”，“带病作业”。四是渔业船舶标准化生产和管理水平较低，检验技术及支撑力量薄弱，船型五花八门，管理水平处于粗放型。五是现有渔业船舶装备状况与法律法规要求差距较大，难以实施依法检验。六是各级渔业船舶检验机构事权交叉问题突出。这些问题的存在，既有客观方面的原因，也有我们主观努力不够的原因；既有伴随着我国渔业经济体制变革过程中长期存在积累下来的各种矛盾，也有新形势下逐渐显现出来的新的困难。

结合今年开展保持共产党员先进性教育活动，我局通过多种形式向有关各方征求了意见，有关单位特别是地方各船检机构诚恳地对我局提出了很多意见和建议，这些意见和建议归纳起来主要是：

（一）希望我局在指导全国工作上面树立全国一盘棋的思想，形成上下一条心。在工作安排上，各省局希望我局淡化具体事，抓大放小，减少办理具体审批事项。各省都提出要利用和整合专业技术力量资源。大家提出这些问题的原因，一是远洋渔船的检验事权划分不清，责任不清导致的工作效率低下，远洋企业反映强烈。我局就此问题已征集到远洋企业的 79 条意见。二是现有的法规和技术规范可操作性和实用性差，一些基层验船机构和验船师左右为难。制定法规和技术规范是各省办不了的事，需要国家局统一组织力量来办理，但是目前国家局只有 35 个编制，各省局没有足够的专业力量可以抽调，水产高校和科研单位船舶技术专业被裁撤，在这种情况下，建立符合中国国情的渔业船舶法律法规体系面临着极大的挑战。三是我国渔业船舶检验与国际接轨速度慢。我国渔船占世界渔船总量的 24%，是名副其实的渔船大国。由于我国参与国际渔船事务的机会少，条件不足，致使我们尚未开展和各渔业国家的双边交流，和国际海事组织的接触也刚刚开始，对国际渔船公约的有关规定、信息和发达国家管理体制尚不了解，我国渔业船舶的安全状况和国际安全规定尚有一定的差距。

（二）希望我局着眼于全国渔业船舶检验的战略定位和发展走向进行研究。有些省的同志突出感到，一些地方有关主管部门不认同渔业船舶检验部门的行政许可职能，不认同行政执法职能，不认同渔业船舶检验的监督管理职能，不认同渔业船舶检验部门对渔船制造的行业管理职能。各地同志们担心，渔业船舶检验在新一轮事业单位的改革中被削弱，或者变成类似中国船级社一样的中介组织。同志们的担忧是有道理的。产生这些担忧的主要原因，一是检验部门对自身的定位和发展研究不够，特别是我局对全国检验体系建设重大战略问题研究不足，理不出足够的可借鉴的依据，没有说服相关主管部门。二是对渔船不同于交通船舶的特征缺乏科学的分析和研究，往往简单地把渔船和交通船舶相类比。渔船有“资源、三农和技术”三大特征。“资源特征”是指渔船的总量和生产能力直接关系到水生生物资源的可持续利用、国家控制渔船的数量增长和生产能力。渔船设计单位、修造企业、经销单位、检验部门和渔船船东必须在国家的控制制度下行事，凸现渔船生产过程由政府监管的特殊作用。“三农特征”是指渔船的农业、农民和农村的属性。渔船个体小，数量大，停泊分散，没有固定港口。船主和船东均为农民，经营主体为千家万户。生产效益依赖于自然资源和气候条件，管理上渔船不可能像交通船舶一样，依靠个人申报和中介机构检验，也不可能像交通船舶一样收取费用，而是依靠县、乡、村党委政府逐村逐户宣传贯彻国家的法律法规，必须由政府负责检验和管理。渔船的“技术特征”是指不同于交通船舶，除保障其正常航线安全的性能外，还要有捕捞技术设备要求、高海况条件下的作业安全性能要求、水产品保鲜储仓和食用安全技术要求。这些都凸现了特殊技术要求。三是对渔业内部传统的渔政、港监、船检三大职能和机构的研究尚待整合、创新、发展。四是需要对已经改革多年的交通海事系统的经验和问题进行系统的研究和借鉴。海事系统改革后，加强了政府强制检验体系的建设，强化了涉及船舶各要素的统一管理，强化了技术支撑体系的扶持等等。

（三）希望我局积极向部渔业局和地方渔业主管部门领导反映，建议地方主管部门加强对渔业船舶检验工作的领导。个别省局的主要负责同志反映，渔业主管部门的工作报告很少提及渔业船舶检验工作，现有的发展规划中没有提及渔业船舶检验工作，渔业船舶检验部门的技术装备、基础设施、办公条件，尚未列入中央政府、地方政府的投资财政支持计划。出现上述意见的主要原因，一是检验部门对自身的发展研究不够，个别地方满足于“收点费、发点钱、出趟国”，系统管理和公共管理研究滞后，向主管部门提不出足够的可借鉴的建议。二是不少省级机构设在外地，从地域上造成领导关注的机会少。三是渔业船舶检验工作自 1979 年从交通部门分离出来只有 26 年时间，加上检验业务尤其极强的专业性与渔业的相关专业交叉不多，在客观上造成了渔业船舶检验工作没有纳入以产品生产资源保护为中心任务的渔业工作重点领域。

三、坚持依法行政，认真转变作风，切实方便渔民

根据中央关于农业和农村经济的各项政策，结合渔业船舶检验及其监督管理工作的实际，当前和今后一个时期，渔业船舶检验及其监督管理工作的指导思想是：以邓小平理论和“三个代表”重要思想为指导，认真贯彻落实《中华人民共和国渔业法》和《中华人民共和国渔业船舶检验条例》，贯彻落实科学发展观，坚持依法行政，认真转变作风，切实方便渔民。基本思路是：

一要坚持“安全第一、保证质量、方便渔民、养护资源和保护环境”五项原则。五项原则是渔业船舶检验工作必须遵循的基本准则，我们必须把安全第一贯穿在整个船检工作的始终，把保证船舶质量、特别要强调保证检验质量贯穿在整个船检工作的始终，把转变工作作风，方便、高效、优质服务渔民贯穿整个船检工作的始终，把养护渔业资源、保护水域环境贯穿整个船检工作的始终。

二要坚持树立和强化大局意识，即紧紧围绕中心工作，紧密配合全国渔业工作的总体部

署，服从和服务于渔业战略结构的调整，全力支持和支撑渔业及其渔船渔机行业发展。首先是服从和服务于渔业工作大局。其次要明确发展定位。我局提出四项定位原则：一是要以公务员的标准来要求，各项工作的质量和效率要以国家公务员的水平来衡量；二是要以事业单位的心态来定位，服从和服务于部渔业局的领导；三是要以执法者的身份来开展工作，认真履行好国家法律法规赋予我们的职责，充分发挥渔业船舶检验在渔业船舶安全管理工作中的作用；四是要把技术和管理能力同步提高。

三要坚持严格把关、完善规范、健全体系、强化服务。要以对渔民群众生命财产安全高度负责的态度严格把关，在渔业船舶检验业务的每一个环节中把好关，在图纸审查、设计单位和修造企业资格认定、船舶检验和产品检验中严格把关。要进一步完善规范，既要贯彻全国统一原则，又要坚持实事求是，针对不同地区的实际情况，采取分类指导。要加强体系建设，逐步健全工作体系。要强化对企业、船东的服务意识，把服务渔民群众落到实处。

就当前大家关注的重要问题，我局有关处进行了认真调查研究，向会议提供了十个讨论文件，请大家在会上和会后认真讨论，提出意见，下一步我局将全面组织调研论证，并向部渔业局、有关司局和部领导汇报，逐项研究解决。全国渔船检验机构当前和今后一段时间应当重点抓好以下几个方面的工作：

（一）突出强化规范的适应性，继续加强法规建设。一是在技术法规的修订过程中，要注意研究适用性，既要考虑科学性，也要注意可操作性。二是要在充分调查研究的基础上，做好立法规划，特别是要做好技术法规的修订规划。技术法规的修订很重要，工作量也很大，要充分发挥全系统的聪明才智，调动全系统的力量来做好这项工作。我局将进一步加强对全国法规建设的指导，也希望各地在工作过程中多和我们沟通，共同抓好渔业船舶检验法规建设。三是加强调查研究。2005 年我局确定了 13 个专题，由各地主持研究。希望各省市重视调查研究工作，在全系统大兴调查研究之风。要培育加强理论研究的氛围，特别是要加强对船检事业发展中重大问题的调查研究，要善于从宏观和战略的高度来研究思考和规划，促进船检事业和渔船渔机行业的发展。例如，关于船用设备的配备与渔民负担的关系问题。长期以来，一些同志把船用设备的配备与渔民的负担挂起钩，这是认识上的一个严重误区，需要我们认真研究。

（二）以纳入公务员管理为重点，加强体系建设。一是要在全系统积极推动依照公务员制度管理。各级渔业船舶检验机构要认真组织学习好公务员法，主动积极向各级渔业行政主管部门、机构编制部门和各级人民政府做好汇报，争取纳入依照公务员制度管理。当前要重点解决 116 个差额拨款的事业机构、106 个自收自支机构的性质问题。根据《渔业船舶检验条例》规定，如果这些机构仍然是自收自支性质，在新一轮机构业务资质审核时将受到影响。二是要积极研究推行建立注册验船师制度。经我部与交通部和人事部多次协商研究，目前《注册验船师制度暂行规定》已经初步成型，我部将继续配合交通部和人事部，积极推动在我国建立注册验船师制度。各级渔业船舶检验机构，要充分研究建立注册验船师制度的意义和作用，投入到制度建设的过程中。三是要继续加强机构业务建设。当前主要是指导十个空白省区加快机构业务建设步伐，逐步做好内陆地区的机构业务审核工作。

（三）突出技术支持系统建设，完善各项基础工作。第一，研究完善渔业船舶检验技术支撑系统。我局认为，我国渔船检验部门必须建立五类技术支撑系统。一是技术法规研究系统，加强对检验规则、规范和规程等的研究，要逐步使我们制定出的技术法规既切合我国实际，又向国际公约的标准靠拢。二是试验检测系统，充分利用先进科学技术，采用先进的技术装备，为检验工作的顺利进行提供试验数据支持。三是验船师培训系统，各地要加强对验船人员的培训，千方百计地提高验船师队伍的整体综合素质。四是专家和后备人才系统，重点建立审图、船体、轮机、电气、消防、通导与信号、救生、防污染、渔捞设备、冷藏保鲜等10个专家学科组，以及国际规则提案和渔船事故鉴定专家委员会。聘任专家直接介入技术审查工作，指导高等学校和科研单位的渔船渔机学科建设和人才培养工作，把教学科研和实际结合起来。第二，要启动对渔船检验基础设施建设规划调研，争取将渔船检验重要安全设备的检测试验、审图技术中心、验船师模拟培训设施以及现场检验技术装备纳入同级地方财政部门的预算，我局近期将组织力量开展对渔船检验执法基础设施规划的调查研究。第三，研究完善渔船检验基础数据系统，保证渔船检验基础数据、渔船档案、证书报批等各项工作尽早实现科学和信息化。第四，建立我国渔船检验的业务报表制度。今年我局开始试行了业务报表制度，试图通过业务报表科学及时反映各项工作的进展情况，用科学的数据分析评价各项工作，用量化的数据评价各地区的工作，通过对数据的分析向社会发布渔船检验情况综合报告，接受社会监督。希望各地积极配合实施。第五，要加强对检验费收取的监管，严格贯彻“收支两条线”要求。

（四）启动远洋渔业船舶检验制度改革的调查研究。我局已成立了远洋渔业船舶检验制度改革和完善工作小组。这里我想强调五点，一是大家要充分认识改革的紧迫性和必要性。部渔业局已多次提要求，各地检验机构强烈呼吁，远洋企业也提了不少意见。远洋渔业船舶检验的改革和完善势在必行。二是要将改革、完善和补充结合起来，处理好改革与稳定的关系。改革要抓紧，能改的要立即改，要研究和完善工作中的不切实际的问题，兼顾改革与现行机制，不能因为要改革而停止或延误工作，要有切实可行的措施才能进行有效改革。三是改革的目标要定位在切实解决方便远洋企业、渔民；充分发挥地方检验机构在远洋渔业船舶检验管理中的职能作用，实现责、权、利一致；修改和完善规则、规范和规程，使其具有科学性、实用性和可操作性；解决当前基层检验机构和企业反映最强烈、最关心、最需要我们解决的热点、难点问题。四是改革不能理想化。改革是船检工作长期的任务，随着研究工作的深入，我们会有更深刻的认识。要脚踏实地研究问题、分析问题，实事求是地解决问题。五是各地要宣传、研究和认真执行《国际渔船安全公约》，特别是远洋企业要认真落实公约的要求，防止渔船因安全因素被港口国滞留。

（五）尽快解决主机功率大机小标问题。对捕捞渔业船舶主机功率管理进行深入调研，提出渔业船舶主机功率管理的具体措施和办法。产品检验、图纸审查、船舶检验要密切配合，形成整体合力，规范柴油机检验管理的各个环节。密切配合渔业行政主管部门积极探索科学有效的渔船管理制度。

（六）抓好渔业船舶修造质量整治工作。对渔业船舶修造企业实施资格认定管理，是国家赋予渔业主管部门的一项重要职能。最近，我部与交通部、国防科学技术工业委员会、国家安全生产监督管理总局决定在全国范围内开展低质量船舶专项治理活动，并于4月13日下发了《全国低质量船舶专项治理活动方案》。据了解，不少省市已经采取切实措施，全面贯彻落实方案。但也有少数地方至今尚无工作方案，希望进一步强化措施。

（七）全面规划和实施渔船渔机行业管理。渔船制造业、渔业机械、渔船船用产品和绳网工具制造业是渔业的重要组成部分，为渔船的技术进步和渔业现代化承担着重要的职能。我国渔船渔机行业在国际竞争中具有明显的优势。据统计，2004年我国渔船出口61艘、出口额1159万美元，绳网工具和垂钓具出口额45488万美元。这些年来，由于政府机构调整，渔船渔机行业管理工作研究得不够，工作基础差，法律制度尚待建立。当前的主要任务，一是认真研究制定渔船渔机行业发展的中长期规划。特别是当前要结合国家“十一五”渔业发展的总体规划的制定，提出行业发展规划目标，并认真组织实施。二是各级渔船检验机构配合开展行业管理工作。重点是认真执行国家渔业发展和结构调整的方针政策，组织企业落实渔船压减的工作目标。三是培育和发挥行业协会的桥梁和纽带作用，为渔船制造企业提供政策信息服务。今年11月10日第十届中国国际渔业博览会将在广州举办，我局已商定渔船渔机行业组团参展，这是渔船渔机协会第一次组织企业集中参展，对展示我国渔船渔机行业发展成就，宣传和扩大我国渔船渔机产品在国际上的影响，推动产品市场国际化，促进渔船渔机行业的发展都具有重要意义。请各渔业行政主管部门和渔业船舶检验机构积极动员本省企业，踊跃报名，集中展出，把这次展览会办好。

（八）加强渔船检验系统监督机制建设。一是建立和完善行政责任追究制度、验船人员过错追究制度等，为船舶检验工作的公开、公平、公正提供制度上的保障。二是船检系统要认真执行农业部“关于渔业行政执法的六条禁令”，文明执法。对达不到岗位要求或者滥用职权、玩忽职守、徇私舞弊的验船人员，要依法及时处理，必要时应当清理出渔业船舶检验队伍。

同志们，在全面建设小康社会的历史进程中，渔业船舶检验工作者面临的任务光荣而伟大，任重而道远。安全工作只有始点没有终点，丝毫也不能放松。让我们再接再厉，为推动渔区经济的持续快速健康发展，为建设富裕、文明、进步的渔区社会而共同努力奋斗！

谢谢大家！

求真务实开拓创新，
进一步提高我国渔业船舶检验的质量和水平

——2006年全国渔业船舶检验工作会议工作报告

（2006年3月16日）

同志们：

这次全国渔业船舶检验工作会议的主要任务是，深入学习贯彻党的十六届五中全会、中央经济工作会议、中央农村工作会议和渔业专业会议精神，深刻认识建设社会主义新农村的重大意义和历史任务，回顾总结“十五”渔业船舶检验工作，研究“十一五”总体思路和主要任务，部署2006年渔业船舶检验工作，求真务实，开拓创新，进一步提高渔业船舶检验的质量和水平，促进我国渔业船舶检验事业和渔船渔机行业的发展。

一、“十五”渔业船舶检验工作回顾

“十五”是渔业船舶检验工作取得较大进展的五年。过去的五年，我们紧紧围绕部党组的中心工作，坚持“严格依法检验，热情文明服务”的工作方针，认真履行职责，渔业船舶检验法规不断完善，渔业船舶检验机构管理逐步规范，渔业船舶检验人员素质不断提高、执法责任意识和服务意识明显增强，渔业船舶检验质量和水平逐年提升，在保证渔业船舶具备安全航行作业条件和保障渔民生命财产安全，防止水域环境污染，促进渔业持续稳定健康发展等方面发挥了积极作用。

在已经开展检验业务工作的24个省（区、市）中，全年共受检渔业船舶约30万艘，产品工厂认可和型式认可400多家，已获得渔业船舶设计、修造认可的单位分别稳定在110多家和1200多家。

（一）初步建立了渔业船舶检验法规体系

几年来，我们认真贯彻依法治国方略，坚持依法检船方针，根据《渔业法》的授权，积极推动了《渔业船舶检验条例》的制定与颁布实施，渔业船舶检验工作步入了法制化的轨道。我们制定和完善了《渔业船舶法定检验规则》等各种配套的技术法规和规章，并开始着手起草了渔业船舶检验立法规划，各省也相继出台了渔业船舶检验地方性法规。

（二）逐步健全渔业船舶检验机构与队伍体系

根据《渔业船舶检验条例》的规定，在原有船检机构认可的基础上，逐步规范渔业船舶检验机构业务范围核定，加强了对渔业船舶检验机构和验船人员队伍管理的研究，积极推进船检机构建设；全面推行验船人员持证上岗及任职资格等制度，着力提高验船人员的业务技术能力。我们与人事部、交通部共同推进《注册验船师制度暂行规定》的制定与实施。注册验船师制度的建立，对规范验船人员的管理，提高验船人员队伍素质，以及在农业系统积极推进职业资格制度方面均起到了积极的促进作用。

（三）不断探索改革完善远洋渔业船舶检验工作机制

为促进渔区经济发展和社会稳定，规范远洋渔业船舶检验工作，切切实实方便企业和渔民，我们在原有的远洋渔业船舶检验管理制度基础上，不断地进行着改革创新。一方面强化管理。按照“统一法律法规、统一规章制度、统一对外名称、统一证书证件、统一业务印章”的“五统一”要求，统一受理和组织实施远洋渔业船舶检验，统一签发远洋渔业船舶检验证书；并初步建立了远洋验船师统一派出、检验预报、检验通报、重点跟踪等制度；理顺了国际鲜销船、进口旧渔业船舶的管理关系，并在已运行五年的远洋渔业船舶检验制度的基础上，着手新一轮的改革与探索。另一方面，服务于远洋渔业生产，把检验管理关口前移。一是在非洲加蓬设立了境外第一个检验办事处，在秘鲁设立了短期检验点。二是在加蓬、斐济和拉斯帕尔马斯认可了 3 个救生筏检修站，打开了方便远洋企业的路子。三是采取现场办公的方式，多次到远洋渔船重点地区集中办理渔业船舶检验证书等事宜，基本上实现了远洋渔船全部纳入检验管理的目标。第三，强化基础性工作。逐步建立和完善渔业船舶检验及其监督管理信息系统，加强统一协调和监督管理，实现了渔业船舶和船用产品从申请到发证的全程计算机管理，规范了渔业船舶检验工作程序和验船师检验工作行为，提高了检验与发证质量。

（四）加大渔业船舶船用产品检验监管力度

船用产品质量关系到船舶安全。几年来，强化了产品检验监管的力度。一是把好船用产品上船必检关。自 2001 年至 2005 年底，累计认可船用产品生产企业 400 多家，船用产品检验范围包括船用材料、轮机设备、舾装设备、电气设备、通信导航设备、救生设备、消防设备、信号设备、防污染设备等十大类产品，全国渔船船用产品检验数量以每年 10% 以上的速度递增。二是积极开展了对境外船用产品的认可检验工作，加强了对进口船用产品的监督管理。自 2001 年颁布《进口产品检验管理暂行办法》以来，累计认可了 50 多个企业的产品，每年在境内受理进口船用产品检验 3000 余台（件）。三是组织协调各省，认真开展调查研究，启动了船用主机功率检验管理的研究课题。四是配合有关单位在全国开展了渔业船舶船用产品“打假”等专项治理活动。

（五）逐步规范渔业船舶设计、修造管理

多年来，我们不断坚持和完善渔业船舶设计、修造企业认可制度，进一步规范了渔船设计、修造市场和企业行为，对提高渔船修造质量和安全性能起到了重要的基础作用。各渔船检验机构通过采取加强审核员培训、完善认可管理措施、全面提高服务意识、组织特殊工种

培训、加强日常监督管理和整治违规修造渔船等一系列有效措施，使渔船设计、修造企业的守法意识和管理水平明显提高，质量管理体系作用明显增强，违法违规造船情况得到了一定的控制。在去年开展的全国低质量船舶专项治理活动中，各地渔船检验机构认真贯彻四部委的工作部署和我部《关于贯彻全国低质量船舶专项治理活动方案的通知》要求，在各省专项治理领导小组的组织和各省渔业行政主管部门的统一领导下，通过广泛的动员和宣传，制定详细的治理计划，认真摸底排查等工作，清理出存在违法、违规造船行为的企业127家，查出未经检验和存在较大安全隐患的渔业船舶9163艘，取得了较为明显的治理效果。

（六）在国际海事组织中的作用明显增强

随着我国渔业船舶检验工作的深入开展，我局进一步加强了与国际海事组织的联系，积极参与国际渔船安全事务。一是积极参与地区性渔船安全标准的研究；二是积极参与国际渔船安全规则以及小型渔船自愿性标准的研究，逐步扩大了我国在国际渔船安全事务中的影响；三是成功组织了国际海事组织在我国举办的“促进国际渔船安全公约1993年议定书生效实施讲习班”，得到了国际海事组织和来自12个国家和地区代表的好评。

（七）实施政务公开，开展行政审批综合办公，强化检验收费管理

根据《行政许可法》的要求，实施政务公开，增强了渔业船舶检验工作透明度和公开性。一是建立中国渔业船舶检验信息网，搭建了与各省渔业船舶检验机构政务信息沟通的平台，通过信息网广泛宣传国家渔船检验法律法规；与各地交流经验、探讨问题；实施政务公开，为渔民提供办事指南。二是初步建立起行政审批集中统一管理制度。对全国船检系统的行政审批项目进行系统的分析研究，汲取各省行政审批的成功经验，结合我局行政审批专业性强、技术要求高的特点，按照政务公开、保证质量、便捷高效、相互制约的原则，建立了“统一受理、分别审查、统一报签、统一发送”的“三统一分”的管理制度。三是严格执行“收支两条线”管理，按财政部和国家计委批准的渔业船舶及船用产品检验计费标准收费，加强和规范了检验收费财务管理工作，努力节约支出，严肃财经纪律，提高资金使用效益。

（八）开展调查研究，做好各项专项工作

没有调查就没有发言权，及时调查情况、发现问题、研究问题和解决问题是我们船检工作必须坚持的工作方法。一是开展渔业船舶检验重大战略问题研究，在各省渔业船舶局的大力帮助下，对包括渔业船舶检验及其监督管理的法规体系、管理体制、运行机制、机构建设、发展规划、技术进步等重大问题进行调查研究，初步形成全国渔业船舶系统想干事、能干事、干好事的良好氛围。二是积极做好渔业船舶报废制度修订等专项工作，并加强渔业船舶标准化研究工作。

同志们，这些成绩的取得来之不易，是部党组正确领导、地方各级渔业行政主管部门大力支持的结果，也是广大船东、渔民密切配合的结果，更是全国渔业船舶检验干部职工艰苦努力、开拓进取的结果。在此，我代表部局领导班子，向全体与会代表，向全国渔业船舶检验系统的干部职工致以衷心的感谢和诚挚的问候！

二、渔业船舶检验工作存在的主要问题

同志们，回顾五年历程，渔业船舶检验工作取得了可喜的成绩，但也要清醒地认识到工作中还有一些不容回避的矛盾和问题：渔业船舶受检率低；渔业船舶法定检验规则等技术法规需要进一步研究与完善；验船人员业务水平有待进一步提高；远洋渔业船舶检验管理需要进一步改革和完善等。我是船检战线上的一个新兵，深感责任重大，希望在大家的支持和帮助下，共同研究解决这些问题。下面我主要讲两个方面问题。

第一方面，亟需建立符合国情的渔业船舶检验技术法规。

渔业船舶检验技术法规是验船人员执行检验任务的依据。目前，渔业船舶技术法规存在着适应性和可操作性等具体问题，如何科学制定渔业船舶检验技术法规并及时修订，使其既符合我国渔船数量众多、船型多样、作业方式多种、地区差异大的实际情况，又能满足国际公约的要求，与国际接轨，与建设现代化渔业接轨，这是摆在我们面前的一大难题；如何解决好渔民安全生产意识淡薄、渔船设备老化、渔船通信手段等设备配备落后、不按法规配备救生等设备与保证渔船具备安全航行条件和保障渔船具备安全航行条件及渔民生命财产安全的矛盾，解决好渔船管理滞后等问题，都需要我们船检部门认真研究和解决。

第二方面，亟需加强渔业船舶检验机构和队伍建设。

船检机构和验船人员队伍建设是做好船检工作的基础，渔业船舶法定检验制度起步较晚，船检机构和队伍建设还有待加强。一是检验机构还不健全。目前，还有 7 个省（区）没有正式组建船检机构，还有相当数量的市、县没有成立船检机构，检验工作还存在空白区，严重影响全国渔业船舶受检率的提高。二是检验力量与工作量矛盾突出。全国共有 600 多个船检机构、6000 多名验船人员，却有 95 万艘渔业船舶，比例上严重失调，检验力量明显不足。三是船检人员业务技术能力薄弱。渔业船舶检验队伍是渔业管理三支执法队伍之一，目前存在着各专业技术带头人较少，一专多能的复合型人才不多，各省基层船检机构人员配备专业结构不合理，培训经费严重不足等问题，既影响了船检队伍的建设，也影响了渔业执法人员的形象。

同志们，我们只有正视这些问题，思考这些问题，才能找到解决问题的办法，才能做好我们的本职工作，才能切实发挥渔业船舶检验在渔业安全生产中保驾护航的作用，才能在建设社会主义新农村的伟大历史进程中做出应有的贡献。为此，我们要加强调查研究，找准解决问题的突破口，也希望各省同志结合本省实际，认真研究这些问题，提出建议，使船检工作切实起到把好渔业船舶安全生产第一关的重要作用。

三、求真务实，认真谋划船检事业的发展，重点落实 2006 年渔业船舶检验工作

“十一五”是我国农业和农村经济发展的历史转折时期，是建设现代渔业和社会主义新渔区的重要机遇期，也是船检事业发展的关键时期。准确分析当前渔业船舶检验工作面临的形势，确定渔业船舶检验工作的基本思路和主要任务，对促进全国船检工作再上新台阶至关

重要。

（一）着眼全局，面向未来，准确把握渔业船舶检验工作面临的形势和任务

“十一五”时期，我们面临着巨大的挑战和机遇。党的十六届五中全会通过的《中共中央关于制定国民经济和社会发展第十一个五年规划的建议》，明确了今后5年我国经济社会发展的奋斗目标和行动纲领，提出了建设社会主义新农村的重大历史任务，为做好当前和今后一个时期的“三农”工作指明了方向。农业部杜青林部长强调，农业部作为国务院主管农业和农村经济发展的职能部门，要认真学习贯彻中央领导同志关于建设社会主义新农村的讲话精神，全面落实科学发展观，认真履行职责，努力开拓创新，全力推进现代农业和社会主义新农村建设。国家重视和支持“三农”的各项政策为解决渔业发展等问题提供了有力的政策支撑，船检工作是渔业工作的重要组成部分，这些支农惠农政策也必将惠及船检。我国是渔业大国，更是渔船大国，推动渔船技术进步，建设现代远洋渔业船队，推进平安渔业，构建渔区和谐社会，是我们的光荣使命。我们必须清醒地认识，抓住机遇，切实增强做好新时期渔业船舶检验工作的责任感和紧迫感，科学谋划“十一五”船检工作。

“十一五”渔业船舶检验工作的基本思路是：以邓小平理论和“三个代表”重要思想为指导，认真贯彻党的十六大和十六届三中、四中、五中全会精神，全面落实科学发展观，坚持改革和创新管理机制，坚持把解决涉及渔船航行安全和渔民群众生命财产安全的问题放在突出的位置，坚持“严格依法检验，热情文明服务”的工作方针，全面加强渔业船舶检验机构建设，人员队伍建设；全面提高履行法定职责的业务能力；全面构建上下协调、分工明确、职责到位的和谐工作体系。渔业船舶检验工作的总体要求是：紧紧围绕农业部党组的中心工作，按照全国渔业工作的总体部署，认真贯彻落实《中华人民共和国渔业法》和《中华人民共和国渔业船舶检验条例》，全面提高渔业船舶检验质量和水平。渔业船舶检验工作目标是：建设一个“公正、科学、高效、服务、廉洁”的船检机构；培养一支能力强、业务精、素质高、作风硬、执法严的船检队伍；促进渔船科技进步，提高渔船标准化水平；保障渔船安全和渔民生命财产安全，促进社会主义新渔区和谐社会的建立。渔业船舶检验工作的主要任务是：认真履行职责，不断完善渔业船舶检验法规，逐步规范渔业船舶检验机构管理，不断提高渔业船舶检验人员素质，增强执法责任意识和服务意识，逐年提高渔业船舶检验质量和水平。各省船检局要围绕我局提出的“十一五”期间渔业船舶检验工作的基本思路、总体要求、工作目标、主要任务，结合本地区工作实际，明确本局工作重点，突破难点、立足当前、放眼长远，实事求是地确定本省的行动计划。譬如，省级船检机构应在“十一五”期间把人员队伍建设放在突出的位置，抓紧抓实，构建起具有应对各种检验任务和解决各种技术难题的、符合渔船技术进步要求的、业务能力强的人才库，重点培养一专多能的复合型人才；基层船检机构应在现有人力资源的基础上，进一步抓好培训工作，确保船机电专业人才配套、不断增强业务能力，以适应本地区渔业船舶检验事业发展的需要。

（二）立足本职，真抓实干，努力做好 2006 年渔业船舶检验工作

根据农业部“十一五”时期，紧紧围绕“粮食增产、农业增效、农民增收”的三增目标，以实施“转变、拓展、提升”三大战略为重要举措，启动实施”社会主义新农村建设示范行动、粮食综合生产能力增强行动、优势农产品产业带促进行动、农业科技提升行动、畜牧业水产业增长方式转变行动、农业部产业化和农产品加工推进行动、农产品质量安全绿色行动、生态家园富民行动、禽流感等重大动物疫病防控行动”九大行动的总体部署，实现渔业增效、渔民增收和可持续发展的目标，2006 年渔业船舶检验工作应密切配合渔业工作的总体部署，重点抓好以下几个方面的工作。

1. 狠抓渔业船舶检验法规体系建设，加大对配套规则、规范、制度修订和完善的力度

以求真务实的态度，综合分析国内和国际渔业船舶现状及发展趋势，充分考虑渔业船舶安全与渔业经济发展的关系，认真研究各类渔业船舶的作业特点，积极探索渔业船舶分类、分级管理的可行性，不断健全和完善《渔业船舶检验条例》的配套法规，及时修订和完善渔业船舶法定检验规则等技术法规。一是研究确定《渔业船舶检验立法规划》，构建渔业船舶检验系统法律法规的科学框架，从管理法规和技术法规、渔业船舶分类管理等多角度进一步完善法规体系。二是及时修订技术法规。研究修订《船用产品检验规则》《渔业船舶设计、修造单位资格认定监督管理规定》《渔业船舶检验人员工作过错责任追究办法》等规定。三是继续深入开展加入《国际渔船安全公约 1993 议定书》的可行性研究，制定我国加入《1993 议定书》的计划和步骤。四是深入研究小型渔业船舶检验管理制度和小型渔业船舶安全标准。结合我国实际情况，为渔业船舶检验分类管理提供法规支撑。

2. 强化渔业船舶检验机构工作体系建设，重点推动尚未建立渔业船舶检验机构的省建立工作体系

渔业船舶检验机构建设是开展渔业船舶检验工作的基础，还未建立起机构的省正在积极筹备，希望 7 个尚未建立机构的省向上级主管部门和编委汇报，争取本省渔业行政主管部门的大力支持，借鉴各省成立机构的先进经验，尽快建立船检机构。同时各省级渔业船舶检验局要抓紧本省内市、县级机构（重点是内陆水域）建设。今年我们将修订《中华人民共和国渔业船舶检验机构认可与管理规定》，科学制定各级检验机构取得认可的条件，明确职能，合理划分各级检验机构的业务范围，研究检验机构业务印章管理规定，并加强机构的监督管理工作。

3. 强化验船人员队伍建设和人才培养，增强履行法定职责的能力

目前渔业船舶验船人员正面临着前所未有的历史发展机遇，加强渔业船舶检验队伍建设和人才培养，是渔业船舶检验事业健康可持续发展的关键。一是制定科学合理的验船师队伍培训规划，争取培养出一批一专多能的高素质验船人员。我们将制定业务知识培训（继续教育）计划，继续进行远洋验船师业务培训、上岗资格业务培训、学历教育等培训工作，并加强验船师师资队伍培训。要充分依托各省检验技术力量和技术人才，培养一支业务精通、技术精湛、一专多能的验船人员队伍。各省也要重点培养一批船检技术带头人，为高层

次复合型人才的脱颖而出创造条件，还要尽快组织不具备上岗资格的验船人员的培训，严格执行农业部的有关规定，无证人员不得从事渔业船舶检验工作。二是稳步推进注册验船师制度的实施。《注册验船师制度暂行规定》已由人事部、交通部和农业部联合颁布，并于今年3月1日起施行，这对规范渔业船舶验船人员行为，加快培养适应社会主义市场经济需要的高素质人才，客观公正地评价专业技术人员，充分发挥和调动专业技术人员积极性，促进专业技术人员合理配置具有重要的历史意义，标志着验船师队伍建设迈上了新台阶。做好注册验船师制度的实施和领导工作是部局今年的主要工作之一。我们将研究制定《注册验船师资格考核实施办法》等规定，组织注册验船师资格考前培训，尽快使现有在职的验船人员通过考核认定过渡到注册验船师队伍。三是加强科技委的建设，培养专家型人才。充分利用和发挥全国渔业船舶检验系统及国内造船、海事、交通及院校的技术资源和专家的作用，组建全国渔业船舶检验科学技术委员会，加强渔业船舶检验系统专家型人才的培养，并通过他们来带动渔业船舶检验系统的技术进步，提高船检队伍履行法定职责的能力。

4. 加强调查研究，改革和完善渔业船舶检验管理制度

当前和今后一个时期，既要做好远洋渔业船舶检验管理工作，又要加强国内渔业船舶检验管理调研工作；既要重视检验，又要强化管理。在远洋渔船检验方面，应进一步研究落实好改革和完善远洋渔船检验制度的工作。要在前一阶段改革和完善远洋渔船检验工作调研的基础上，重点做好以下几项工作：一是稳步推进改革和完善远洋渔业船舶检验管理工作，尽快出台《远洋渔业船舶检验管理办法》。二是推动远洋渔业船舶境外协检员试点工作，适时启动远洋渔业船舶境外协检员工作机制。三是加强境外检验管理工作研究，争取在远洋渔业船舶相对集中的国家或地区，增设一至两个境外检验办事处，同时进一步加强现有境外办事处的检验及其监督工作。四是配合新修订的《渔业船舶报废管理规定》做好远洋渔业船舶报废管理的相关工作。五是制定和完善境外检验人员差旅费管理办法等财务管理制度，加强渔业船舶检验收费的监督，严格执行“收支两条线”制度和《财政违法行为处罚处分条例》等财政法规及财务规章制度。在国内渔业船舶检验方面，应加大对国内渔业船舶检验管理现状的调研工作，重点抓好以下几方面的工作：一是沿海各省应强化海洋渔船的检验管理工作，确保渔船检验质量。通过渔船检验工作，摸清本省渔业船舶技术状况及安全水平，把握检验工作的规律性，摸清难点、热点问题，提出符合本地区渔业船舶检验工作实际情况的政策性建议和办法。同时，应加大省际工作的交流力度，相互促进，共同提高。二是各省应加强对内陆渔业船舶检验管理的研究，提出切实可行的符合我国国情和本地实际的分类检验办法，创新符合内陆渔业船舶的检验制度，拟定符合实际需要的技术法规，全面提高内陆渔业船舶检验率，力争逐步将内陆渔业船舶纳入检验管理，逐步提高检验质量。三是部局将在各省研究的基础上，研究提出国内渔业船舶检验管理办法，创新管理制度，推动渔业船舶检验管理工作迈上一个新台阶，逐步达到提高渔业船舶检验质量和受检率的目的。

5. 把好船用产品持证上船检查关，全面做好船用产品检验及其监督管理工作

船用产品检验工作是渔业船舶检验工作的重要组成部分，没有合格的船用产品就没有合格的渔业船舶。一是建立健全配套的规章和管理制度。按照立法程序的要求，做好《渔业

船舶船用产品必检目录表》《境外气胀式救生筏检修站认可后监督管理办法》《重要船用产品认可专家论证管理规定》等规章制度的制定工作，用制度来规范工作。二是进一步做好船用产品监督管理工作。第一，今年部局将组织开展对装船柴油机和救生设备的专项检查工作，提高船用产品持证率。第二，要在产品检验和船舶检验环节、特别是在新建渔船环节有效解决柴油机主机功率检验管理问题，进一步完善“全国海洋捕捞渔船主机功率检验管理工作方案”，争取获得阶段性成果。第三，要加大对认可后船用产品的监督管理力度。第四，对于新开发的重要船用产品的认可，将组织召开专家技术论证会，综合考虑专家的论证意见后才能签发船用产品认可证书，完善行政许可的技术环节。三是着力提高产品检验的技术水平。要针对救生设备检验技术问题和通讯导航设备检验中的技术问题做专题研究，进一步提高产品检验的技术水平。四是进一步抓好境外产品检验的管理工作。境外产品检验工作取得了一定的成绩，但也存在诸多困难和问题，我们将公布已认可并仍然有效的境外产品目录，以方便渔民和广大用户使用，并加大对未认可境外产品的检验管理力度。

6. 依法加强渔业船舶设计、修造单位资格认定和渔船标准化工作

渔业船舶设计、修造单位资格认定工作是加强渔业船舶检验和安全管理的第一道关口，加强这个环节的监管工作，对保证渔业船舶建造质量，为船东提供合格产品具有决定性作用。一是《渔业船舶设计建造修理单位资格认定管理规定》近期将出台，各省要配合我局做好宣传贯彻工作，并对从事认可工作的审核员进行培训，使其能够掌握规定的要求和标准，没有进行培训的人员将不得继续从事资格认定工作。二是积极探索和推动渔业船舶修造企业特殊工种培训考核及发证工作的新方式。各省要做好相关工作的调查研究，在充分借鉴相关单位的管理办法的基础上，共同研究渔船建造特殊工种的培训、考核、发证的措施和办法，统一编写培训教材，使这项工作能初步实现规范化和制度化。三是加强沿海小型和内陆渔业船舶修造企业监督管理的对策研究，实现监管方式的转变。小型企业制造工艺和设备简单，各地的差异性也比较大，难以统一实施认可管理，请各省就这个问题进行调查研究，提出建议，探索以加强监管来代替认可的可行性。四是启动渔业船舶建造质量证明书的研究制定工作。部分省已经有了比较好的基础，我局将集中各地的工作实际，做好统一格式、统一管理的基础工作。五是积极配合国务院有关部门推动《中华人民共和国船舶生产许可管理条例》的出台。各省要高度重视这一间断了近 20 年的许可工作，积极做好准备，在船舶制造主管部门的领导下，把渔业船舶修造单位的监管工作落到实处。六是加强渔业船舶标准化工作，恢复组建第三届渔业船舶标准化技术委员会，研究制定渔业船舶标准化中长期发展规划，确立我国渔业船舶技术标准的整体架构，提出今后两年渔业船舶标准制计划，推进渔船科技进步。各级渔业船舶检验机构要从建立节约型社会的要求出发，密切关注渔业船舶节能的相关技术工作，积极推动相关产品的开发和使用，为渔民办好事办实事。

7. 继续深入开展低质量渔业船舶的专项治理工作

根据去年专项治理工作的进展情况，为确保治理工作取得实效，经四部委研究，将专项治理工作延长到今年底。为了落实这项工作，3 月 1 日，四部委又召开了全国水上交通安全专项整治工作交流电视电话会议，范小建副部长在会上做了重要指示。我们要坚决贯彻部领

导的讲话精神，充分认识低质量渔业船舶治理工作的长期性和艰巨性，克服困难，抓住“四部委”专项整治活动的有利时机，在巩固前期治理工作成果的基础上，对已经清理的修造企业和低质量渔业船舶进行整顿和附加检验。继续扎实地推进专项治理工作的深入开展。专项治理工作应与渔业船舶修造企业的日常监督管理和渔业船舶检验工作有机地结合起来，一要对无经营执照的“沙滩造船”厂（点）和非法、违规造船情况进行再摸底，发现问题及时查处，巩固成果，防止反弹。二要把低质量渔业船舶的治理重点放在主机功率在60马力以上的未检或检验证书失效的渔业船舶，提高受检率。对内陆和主机功率小于60马力的海洋机动渔业船舶要加强安全监督和检验，努力提高检验质量和受检率，特别要强化安全设备配备的监督。三要对部分省在第一阶段治理工作中确定的“高危”和特种作业渔业船舶严加监管，有关省渔业行政主管部门要落实安全生产责任制，对本省高危渔业船舶和特种作业渔业船舶提出处理和整顿意见，渔业船舶检验机构应认真执行渔业船舶检验有关规定，对严重违反渔业船舶安全航行、作业规定的，不予签发检验证书，并及时上报渔业行政主管部门，以便加强监管力度。

8. 加强交流与沟通，全面提升我国在参与国际海事组织渔业船舶安全事务等外事管理工作的水平

外事管理工作以规范管理、务求时效为重点，全面提升服务质量和规范化水平。一是加大参与国际海事组织渔船安全事务的力度。在参加稳性、载重线和渔船安全分委会会议的基础上，力争创造参加其它各专业委员会会议的机会，拓展与国际海事组织联系的渠道，提升我国在参与国际海事界渔船安全事务方面的能力。同时，加大对具有参与国际事务能力的业务人才培养力度。在全国范围内逐步形成熟悉掌握和参与国际海事组织事务、反映我国意见、维护我国船东权益的专门人才，逐步提高我国在国际渔船检验管理中的地位与作用。二是本着方便企业、适当集中的原则，统筹规划、合理安排全年的境外检验计划。细化完善境外检验人员的选用、管理、派遣制度，建立一支思想合格、业务过硬、纪律严明的境外验船师队伍。三是加强与有关国家和地区的交流，加强在渔业船舶检验方面的合作关系，推动渔业船舶渔机技术和贸易的交流。考察有关国家的渔业船舶检验管理体制，了解其法律法规、特别是详细的技术规则和某些特殊规定，以最大限度地维护我远洋渔业企业合法权益，完善我国渔业船舶检验管理体制和法律法规。积极推动并争取完成内地、香港和澳门渔业船舶检验管理部门定期联络机制的建立。

9. 加强政务公开和行政审批综合办公等基础性工作，并提高对全国渔船渔机行业管理工作的指导水平

一是强化政务信息报送工作，办好《中国渔检》。在各省船检局的大力支持和配合下，船检政务信息工作取得了新进展，政务信息报送制度逐步完善，信息员队伍素质不断提高，政务信息数量和质量都有较大提高；《中国渔检》创办以来，在沟通各方信息、推动渔船技术进步和建设水上安全文化等方面发挥了积极的作用。以上两项具体工作请各省局予以高度重视，共同努力做好政务信息报送工作和《中国渔检》投稿工作。《中国渔检》已成立了新一届编委会，在这次会议中还要专题研究讨论。希望大家继续关注、支持这个刊物，共同办

好《中国渔检》。二是按照农业部办公厅行政审批综合办公的统一部署，全面启动行政审批综合办公工作。我们要结合船检工作实际，在工作中不断完善渔业船舶检验行政审批综合办公规章制度，组织开发渔业船舶检验行政审批管理信息系统，树立我局依法办事形象，提高服务质量和水平。三是加强对渔船渔机行业工作的指导。渔船渔机是重要的生产资料，在渔业生产和渔业经济发展中具有重要的战略地位和不可替代的作用，渔业现代化战略目标的实现必须以渔业机械化为基础。各级渔业行政主管部门和渔业船舶检验机构应重视和关心渔船渔机生产企业的发展，尊重市场经济发展规律，以规范秩序、提高质量、保障安全、服务渔业，促进渔业生产力发展为目标，加强对渔船渔机企业的分类指导。目前广东、山东等省已建立了行业协会，希望其他省也能积极创造条件建立本地区的渔船渔机行业协会，为企业之间的交流搭建平台，引导企业以战略性、前瞻性、全局性和世界性的眼光，整合生产资源，提高企业技术创新能力，建立服务于渔业产业的多行业、多种经济组织形式、产品结构优化、市场协调发展的渔业制造业新格局。

同志们，根据以上部局工作的总体安排，借此次开会的机会，提两点希望：一是希望各省渔业行政主管部门的领导、海区局和相关单位的领导，继续关心和支持我们船检工作，在基础设施建设、执法手段等方面给予一定的支持和安排，在工作方面，给予更多的指导和建议。二是希望在座的各位船检局局长和分管船检工作的副局长，作为本省船检工作的统领机关的主要领导，不仅要能够看到过去所取得的成绩，还要能够正确分析存在的问题和困难，更要积极主动向渔业行政主管部门的领导多汇报、多请示，以争取更大的支持与帮助。

同志们，2006 年是“十一五”规划的第一年，我们要方向明、决心大，开好局、起好步。让我们在农业部党组和各省人民政府渔业行政主管部门的正确领导下，全面落实科学发展观，进一步解放思想、开拓创新、求真务实、扎实工作，努力推动渔区经济的持续快速健康发展，为建设生产发展、生活宽裕、乡风文明、村容整洁、管理民主的社会主义新渔区做出新的贡献！

谢谢大家！

科学创新规范管理　全面提升履行渔业船舶检验工作的能力

——2007 年全国渔业船舶检验工作会议工作报告

（2007 年 6 月 26 日）

同志们：

这次全国渔业船舶检验工作座谈会的主要任务是，贯彻落实全国渔业专业会议精神和“十一五”全国渔业发展规划的各项任务，进一步明确当前和今后一个时期渔业船舶检验工作的思路和重点，分解落实 2007—2010 年全国渔业船舶检验事业发展目标，通过科学创新，规范管理，全面提升履行渔业船舶检验工作的能力，促进渔业船舶检验工作又好又快发展。下面我讲三个问题。

一、2006 年船检工作回顾

2006 年是“十一五”开局之年，是全系统对渔业船舶检验工作进行新探索、取得新成绩的一年。在农业部党组的正确领导下，在部渔业局等有关司局和各级渔业行政主管部门的关心和支持下，在全体渔业船舶检验干部职工的辛勤工作和努力下，紧紧围绕部党组的中心工作，按照渔业工作的总体要求，在加强调查研究、夯实基础、创新工作机制规范内部管理的基础上，圆满完成了 2006 年全国渔业船舶检验工作会议上确定的各项任务。

（一）渔业船舶检验法规建设方面，取得新进展

1. 法规体系建设。一是完成了《渔业船舶检验立法规划》制定工作。制定《渔业船舶检验立法规划》是落实科学发展观和依法行政的具体体现，是整个渔船检验事业的重中之重。立法规划从管理法规和技术法规两个方面理清思路，进一步完善了渔业船舶检验法规体系建设。二是进一步开展加入国际渔船安全公约《93 议定书》的可行性研究。召开了《93 议定书》研讨会，邀请部渔业局和国际合作司的领导参加，推动了此项工作的进程。

2. 开展小型渔业船舶检验管理制度专题研究。制定符合中国国情的小型渔船检验管理制度是全面提升我国渔业船舶检验的履职能力，促进渔业可持续健康发展，推动渔区社会和谐进步的科学创新。在各省渔业船舶检验局的支持配合下，调研小组在 10 个省份进行的专题调研取得了丰硕的成果，形成调研课题报告，为科学制定小型渔船检验管理制度提供了依据。在此基础上形成了《改革完善小型渔业船舶检验管理制度的意见（征求意见稿）》。

3. 积极组织修订和完善《渔业船舶检验条例》配套技术法规、规章和管理规定。一是

启动《玻璃钢海洋渔业船舶建造修理规范》研究制定工作。对现行的玻璃钢渔船规范进行修订，以适应玻璃钢渔船的建造、修理和安全管理需要。二是完成了《船用产品法定检验规则》和《船用产品法定检验项目（送审稿)》的编写和审查。三是积极推进渔船设计、修造企业管理的法规建设工作。随着全国船舶生产企业管理职责权限的明晰，我局积极参与了《船舶生产企业生产条件基本要求及评价方法》船舶行业标准的制订工作，为下一步实现由认可到许可制度的转变创造了有利条件。四是制定发布了《渔船用柴油机型谱检验管理规定》，开展了渔船用柴油机型谱核定试点工作。

（二）全国检验机构工作体系建设方面，重点扶持了内陆检验工作体系建设

一是加快渔业船舶检验机构管理规章制度的制修订工作。对《中华人民共和国渔业船舶检验机构认可与管理规定（2000)》和《渔业船舶检验机构业务核定管理规定》进行了修改、编制。二是积极推进内陆省、市、县渔业船舶检验机构建设，尽快消除渔业船舶检验机构“空白点”，对有条件的地区努力完成构建省、市、县三级渔业船舶检验机构体系。完成了对河南、山西两省的机构业务核定工作，并对福建、海南、广西、云南、重庆、贵州六省2006年新成立的市、县一级共62家机构进行了业务核定，有力地推动了市、县一级渔业船舶检验机构建设。三是积极开展对已到认可期机构的复核换证工作。四是研究编制渔业船舶检验机构管理系统总体方案。

（三）验船师队伍建设方面，加大了人才培养力度

一是积极推进注册验船师制度建立和实施、完善注册验船师制度配套管理规定。根据关于建立注册验船师制度实施工作座谈会上提出的实施意见，我局负责组织建立农业部注册验船师资格考试专家委员会（现有74名专家候选人)。研究起草了渔业船舶《注册验船师资格考试实施办法》，该办法将在近期由人事部、交通部、农业部联合发布。二是全面谋划全国验船师队伍建设蓝图，提升验船师队伍整体水平。起草了《全国渔业船舶检验验船师队伍建设规划》，科学合理地提出了培训措施和培训计划；组织修订编写《渔业行政执法人员岗位培训系列教材》、验船师审图培训教材及产品检验培训教材；制定了《验船人员上岗资格考试发证管理办法》，继续开展验船人员上岗资格培训考试工作和验船师学历教育、研究生课程班教育。

（四）国际渔船管理事务方面，加强了与周边国家在渔船检验管理方面的交流和合作

一是加大参与国际海事组织渔船安全事务的力度。在参加稳性、载重线和渔船安全分委会会议的基础上，组团参加小型渔船安全标准通讯组会议，拓宽了与国际海事组织联系渠道。二是加强与有关国家和地区的交流，推动渔船检验双边合作关系。与韩国船舶检查技术协会进行了技术交流，达成两国之间的渔船安全技术合作意向书；组织了渔船检验系统人员赴美国进行渔业船舶检验管理和立法培训。

（五）远洋渔船监督检验管理方面，科学规划了境外检验工作点的设置

一是进一步加强远洋渔船检验管理工作的研究。召开了全国远洋渔业船舶检验管理工作研讨会，组织对《远洋渔业船舶检验管理办法》做进一步研究修订，提出远洋渔船检验计划管理、分类管理及其监督管理的基本构想，建立了加强远洋渔船检验管理工作研究的长效机制。二是规划并启动境外检验点设置工作。我局对在境外远洋渔船相对集中的地区设立短期检验工作点进行了科学的论证和规划，在继续保留加蓬检验工作点的同时，提出在境外远洋渔船相对集中的地区即斐济、秘鲁、塞内加尔及印尼等 4 个国家设立短期驻外检验工作点。牛盾副部长、范小建副部长对此高度重视，并分别对我局拟设立境外检验点的请示作出重要批示。现在已正式启动了斐济、塞内加尔两个检验点的工作。三是做好远洋渔船检验日常管理工作。按照“强化管理，落实责任”的要求，在远洋渔船检验证书审核环节上严格把关，同时继续做好远洋渔船检验数据管理工作，拟定远洋渔船检验计划。

（六）渔业船舶产品检验工作方面，开展了事权划分调研

在积极协调全国渔业船舶产品检验工作，夯实日常产品检验工作基础的同时，开展了检验事权划分调研，完成了《加强船用产品检验监督管理工作把好船舶安全的第一道关口》的调研报告。

（七）渔业船舶设计单位和修造企业资格认定管理方面，严格认可标准和程序

按照全国低质量船舶专项治理工作要求及农业部行政审批综合办公程序和时限要求，面对全国有近一半的修造设计单位认可到期换证的形势，我们及时调整工作方法，以对各省现场考核情况的跟踪和核查作为重点，针对个别地区去年发生的无证造船事件，重点加强无证和违规建造检查。同时为了加强企业特殊工种培训和考核发证工作，组织编制了渔业船舶焊工统一培训教材和考试题库，为指导全国焊工培训工作，为渔业船舶修造企业培训做好服务。

（八）低质量船舶专项治理活动方面，继续深入扩大治理成果

自“四部委”低质量船舶专项治理工作深入开展以来，各省渔业船舶检验部门认真贯彻“四部委”的工作部署，根据省专项治理领导小组的统一安排，抓住机遇，以促进渔船安全，提高检验率为重点，密切配合相关部门，积极推进各项工作的开展，在对渔船修造企业和不符合安全航行作业条件的渔船进行认真排查的基础上，全面深化治理工作。根据“四部委”对大部分省（市）督查和验收所掌握的情况，到 2006 年底，全国渔船检验系统在专项治理工作中，排查渔业船舶修造厂点 500 多家，重点检查渔业船舶近 15 万艘，提出重点治理企业 120 多家，列入治理范围的渔船超过 3 万艘，已完成治理 13000 多艘，清理并实行临时检验的渔船近万艘，有 1000 多艘渔业船舶实施了报废处理或收回证书处理。通过

专项治理活动的开展，渔船检验率和安全技术状况有了明显提高，违规造船和非法造船情况得到有效遏制，对规范渔船管理起到良好的促进作用。

（九）渔船标准化和渔船技术提升方面，加快了船标委和船检技术委员会的恢复组建工作

一是认真履行渔船标准化工作的职能。渔船标准化工作是渔船制造、管理和检验工作的重要基础。全国渔船标准化技术委员会的工作职能明确以后，在部渔业局、市场司和国家标准化技术管理委员会的支持下，积极推进并实现了渔船标委会的恢复和新一届标准化技术委员会的组建工作，为下一步工作的开展取得了合法地位，也标志渔船标准化工作经过调整重新迈入新的发展时期。二是加强船检技术委员会的建设。充分利用和发挥全国渔业船舶检验系统及国内造船、海事、交通及院校的技术资源和专家的作用，组织召开了第三届中国渔业船舶检验技术委员会第一次会议。会议通过了技术委员会的章程，明确了工作定位和工作重点。委员会应充分发挥专业和技术优势，为渔业船舶检验科学管理提供技术支撑。

（十）关于我国渔船节能工作

为贯彻落实国务院关于《加强节能工作的决定》，加强对渔业船舶节能工作的指导，结合我国渔业生产力发展水平和渔船的实际情况，我局充分发挥中国渔船渔机行业协会的作用，加大了对渔船节能工作的指导，一是召开了两次全国渔船节能降耗技术交流会。二是为推广柴油机燃重油的技术，召开了柴油机燃重油模拟拖网工况台架试验鉴定会。三是为开发节能型渔船，召开了节能型冷海水玻璃钢金枪鱼延绳钓船技术研讨会和西非深水拖网渔船船型设计研讨会。四是积极向部渔业局提交了《关于我国渔船节能工作实施建议》。

同志们，这些工作任务的完成来之不易。这是部党组和各级渔业主管部门正确领导的结果，是各省市渔业船舶检验机构通力合作、全面支持的结果，是全系统广大干部职工团结奋斗、努力工作的结果。在此我代表国家渔业船舶检验局向全系统广大干部职工表示衷心的感谢！

二、当前面临的形势和存在的突出问题

在取得一定成绩的同时，我们必须清醒地认识到船检工作中仍面临着诸多矛盾和困难，也面临着新的形势和任务：

一是渔业船舶检验事业发展面临着较好的政治社会环境。党的十六大提出了以人为本的科学发展观，党的十六届五中、六中全会提出了建设社会主义新农村和构建和谐社会的战略部署，中央提出了工业反哺农业、城市支持农村的“两个趋向”判断，全党和社会各界高度重视“三农”工作。渔业船舶检验事业的发展要置身于大农业、大渔业的发展格局中来考虑，紧紧抓住建设社会主义新农村和推进现代渔业建设的历史发展机遇。

二是渔业船舶检验事业发展面临着较好的渔业发展时期。“十五”期间，渔业经济较快

发展，渔业经济结构进一步优化，渔业体系建设逐步完善，渔业重大管理措施得到加强渔业依法管理水平逐步提高。渔业经济的较快发展、渔区和谐社会的建设以及构建“平安渔业”的提出，为渔业船舶检验事业的发展，提供了一个较好的发展时期。特别是范小建副部长在今年的全国农业工作会议渔业专业会上的讲话中提出要“加强渔业船舶检验工作，重点做好新建渔船、远洋渔船和老旧渔船的检验工作，改革和完善小型渔船检验办法，确保渔船检验质量”，为渔业船舶检验工作提出了明确要求。

三是渔业船舶检验事业发展面临着较好的国际社会环境。一个时期以来，国际社会关注海上（水上）人命安全和海洋（水域）环境保护的呼声越来越强烈，统计数据表明，每年全球捕捞业死亡（失踪）的人数达24000多人，国际海事组织（IMO）在继《1993年托雷莫利诺斯议定书》《2005年渔民和渔船安全规则》和《2005年小型渔船设计、建造和设备自愿性指南》的研究和制定之后，近年又开始了针对船长12米以下的《小型渔船安全标准》的制定工作。国际社会高度重视渔船和渔民安全工作，为渔业船舶检验事业的发展提供了一个较好的国际社会环境。

目前，渔业船舶检验工作中存在的突出矛盾和问题主要是：

一是渔业船舶检验法规体系还不尽完善。随着我国社会主义法制建设进程的加快，依法行政的要求越来越高，需要对现行渔业船舶检验法规体系进行全面梳理，抓紧制定渔业船舶检验条例的配套法规；对大量技术法规，如何予以科学构架、有序修订，使其既考虑到当前我国渔业船舶的普遍技术状况和水平，又符合国际先进渔业船舶的发展方向，这是一个重大的课题。

二是法定检验工作量与现有检验力量之间的矛盾还比较突出。一方面，我国拥有近百万艘渔业船舶，检验工作量十分繁重，另一方面，现有验船人员数量明显不足，验船人员整体素质有待提高，有些地方机构建设不健全，特别是内陆省份的检验机构建设明显滞后。

三是渔业船舶受检率还不高，渔业船舶安全事故时有发生。

要更好地保障广大渔民群众的生命财产安全，防止渔业船舶污染水域，构建“平安渔业”，为渔业可持续发展做贡献，依然任重而道远。我们必须准确把握发展的新形势、新问题，准确把握又好又快发展的新要求、新特征，坚定信心、振奋精神，奋发有为、不可懈怠松劲，扎实工作面、不可心浮气躁，努力开创船检工作新局面。

三、以提高渔业船舶检验率和检验质量为主线，分解落实全国渔业船舶检验事业发展目标

今年初，农业部党组下发了《关于在部属单位司局级领导干部中开展任期制试点工作的通知》，我局是首批试点单位。按照全面提高渔业船舶检验质量和水平的总体要求，以及《全国渔业发展第十一个五年规划》提出的海洋捕捞机动渔船检验率在“十一五”期末达到75%等各项指标要求，我局研究制定了2007—2010年全国渔业船舶检验事业发展目标。该

目标将是全系统今后一个时期的工作任务，希望各省市渔业船舶检验局按照这一总目标认真分解、明确任务，加快渔业船舶检验工作步伐，全面提升履行渔业船舶检验工作的能力。下面我对这个总目标的分解和完成进行说明。

（一）2007—2010 年检验工作总体目标

坚持以科学发展观统领全局工作，坚持“强化一个基础，抓好一个体系，做好两个保障，促进两个提高”，即强化渔业船舶检验法规建设这个基础，抓好机构管理和验船师队伍建设这个工作体系，做好重要船用产品法定检验和渔业船舶设计单位及修造企业认可管理工作这两个保障，努力促进远洋渔船和海洋捕捞机动渔船受检率的提高，促进检验工作质量和水平的提高，实现渔业船舶检验事业的跨越式发展。

（二）目标分解

1. 法规建设目标要求

法规建设以实施《渔业船舶检验立法规划》为目标，全面贯彻落实科学发展观，按照科学构架，突出重点；立足当前，逐步完善；立改结合，稳步推进的总体思路，逐步建立起较为完善、符合国情、行之有效的法律法规体系。

渔业船舶技术法规体系贯彻分类管理、分级负责的原则，按照作业区域分成海洋和内河两大类，国际渔船法定检验规则将单独研究制定；国内渔业船舶按照分类管理的原则，以船长划分不同的档次，分为 24m 以上、24 ~ 12m 及 12m 以下三个档次。12m 以下的小型渔业船舶法定检验规定，贯彻国家统一制定，保证安全和防止污染水域环境的基本要求，地方配套相应的检验办法。

2. 检验机构管理和验船师队伍建设目标要求

（1）完善和规范各级检验机构的业务核定工作，根据各省机构业务工作的开展实际，明确各省级机构的职责与任务，科学合理界定划分各级检验机构的事权。积极推进内陆省、市、县检验机构的建设，在现有 26 个省级机构的基础上，于“十一五”期间，推动甘肃、青海、宁夏和新疆 4 个省级机构的设立和市、县机构的设立，使全国市县检验机构达到 800 个，研究制定《渔业船舶检验机构业务核定管理规定》《全国渔船检验机构认可工作评定程序》和渔业船舶检验机构管理系统总体方案，努力使机构建设趋向科学化、规范化和程序化的道路发展。

（2）全面推进注册验船师制度的实施。一是研究制定对现有人员向注册验船师资格的考试过渡办法，争取用两年时间完成现有人员的考核过渡工作，同时研究制定注册验船师注册管理办法及继续教育实施办法。二是成立农业部渔业船舶注册验船师资格考试专家委员会，研究编制注册验船师资格考试大纲、考试培训教材。

（3）加大对验船师的教育培训力度，一是加强验船师师资队伍建设，在全国建成 100 人左右的师资队伍，沿海省要确保有 3 ~ 5 名师资人员、内陆省要确保有 2 ~ 3 名师资人员。二是通过多种形式、多渠道培养30名高层次、专家型船舶检验技术带头人。三是加强和完善验船师管理和培训工作，建立培训考试制度，在现有验船人员中再培养100名远洋验船师，同时进一步完善和加强主任（副主任）验船师任职管理。四是继续开展学历教育和学历提升教育，培养120名渔业船舶检验专业大专班学员，研究生班培养50人。

要实现上述目标，在完善机构体系建设方面，一是希望各省依照机构业务核定的要求，结合地方实际，合理规划本省机构设置，强化组织协调工作，科学划分检验的事权关系，确保渔业船舶监管到位。二是希望各省市努力争取各级政府和有关部门的支持，把基层机构建设列为渔业船舶检验事业发展的重要考核目标；不断加大各级政府对渔业船舶检验事业的重视程度，争取对渔船检验机构基础设施建设资金的支持，不断提高全国渔船检验机构的工作条件和装备水平。

在加强验船师队伍建设方面，我们将全面推进注册验船师制度的实施，制定注册验船师资格考试办法、注册验船师管理办法及继续教育实施办法，完成对现有验船人员的考核过渡工作，多渠道多形式地开展验船师业务培训和继续教育工作，千方百计提高现有验船人员的综合素质，抓好队伍建设。希望各省市要根据渔业船舶检验工作开展的需要，抓紧完成对现有验船人员的考核过渡工作。培养既有教学能力又有实践经验的“双师型”师资队伍，为验船师教育培训提供基础支撑。在学历教育和在职培训方面，我们将举办3期渔业船舶检验大专《专业证书》学历班，举办2期渔业船舶检验研究生课程班，希望各省市要制定合理的验船人员培训计划，安排落实好培训配套经费，积极参加培训。

同时在教育和培训方面，一是将建立以高等院校为基础的教育培训中心，以开展学历教育和学历提升教育为主；二是以各省渔业船舶检验机构为依托，在部分省建立以注册验船师继续教育为主的培训点；三是建立远程网络教育。希望各省市按照以上目标，向省市渔业主管部门领导汇报，积极争取培训点工作的顺利开展。

3. 船用产品检验监督管理目标要求

（1）装船使用的重要船用产品，取得我局型式认可或工厂认可的产品占受理检验产品的比例在2005年35%的基础上，到2010年争取达到55%。

（2）通过加强对船用产品检验验船师的业务培训和监督管理，努力提高船用产品检验工作质量。

这个目标的实现，一是希望已建立渔业船舶检验机构的省积极开展产品检验工作。如辖区内有产品检验业务时，对已取得产品检验业务授权的省级渔业船舶检验机构在3年内应能承担产品检验工作；同时该机构应有2名以上验船师经过产品检验业务培训。二是希望全体验船人员在实施船舶检验过程中，要坚持检查船用产品的持证情况。

4. 设计单位、修造企业认可监督管理目标要求

（1）加强对违规建造渔船的监督管理，推行企业渔船建造“开工证”制度，严格治理企业违规和违法修造行为。

(2)“十一五”期末全面完成1200家渔业船舶修造企业的许可换证工作。

(3)全面推进渔船标准化工作，促进渔船技术进步，初步改变渔船标准工作滞后的局面，努力完成渔船标准制订项目15项，完成渔船标准修订项目40项。

为实现以上目标，一是要加大对《船舶生产企业生产条件基本要求及评价方法》的宣贯力度，使审核人员能够准确把握和执行标准不走样。二是根据国务院将出台的《中华人民共和国船舶生产许可管理条例》，全面推进修造企业许可制度的实施。《许可条例》颁布后，将对已经认可的企业全部按新标准进行许可换证。要完善渔船修造质量监控体系，推行渔船建造“开工证”制度，加强对企业渔船建造开工前检查，对无船网工具指标造船要严格把关，不得开工、更不得受理检验。三是要提高对标准化工作的认识，深入开展渔船标准化工作重大问题研究，积极争取和拓展渔船标准化投入，努力建立渔船标准化技术支撑体系，充分发挥企业在渔船标准制、修订和应用中的主体作用，促进科学技术成果有效及时转化为技术标准，提高渔船标准化生产水平。四是加强对渔船渔机渔具行业发展的指导，各省也应在渔业行政主管部门的支持下，加快行业协会的建设，以推进现代渔业建设为目标，按照《全国渔业发展第十一个五年规划》的总体要求，结合本地渔船渔机渔具产业发展的客观实际，认真研究促进行业和产品发展的有关对策，充分发挥好渔船渔机渔具行业协会的组织和带动作用，为规范市场秩序，促进渔业装备制造水平的提升服务。五是要积极参与渔船节能工作，认真研究分析渔船节能降耗的相关技术和措施，推广渔船节能技术和产品，总结渔船节能工作经验，为实现渔船节能目标做出我们应有的贡献。

5. 远洋渔船检验监督管理目标要求

到2010年，远洋渔船受检率要保持在90%～95%的范围，列入远洋渔业项目的远洋渔船受检率要争取达到100%。同时要进一步提高远洋渔船检验工作质量。

为完成远洋渔船检验管理目标，一是我局将进一步加强远洋渔船检验工作的计划管理、分类管理、监督管理的研究及推动工作。通过计划管理改变船检部门“被动检验”的局面，变被动管理为主动管理，变无序为有序，充分调动和发挥船籍港检验机构的积极性和主动性。通过分类管理，使“过洋性与大洋性”“季节性和专业性”以及“以国内为基地当年往返”的远洋渔船检验管理工作更加符合目前远洋渔船管理的实际情况。通过监督管理，加强远洋渔船检验管理有关要求的有效落实，最终达到进一步提高远洋渔船检验工作质量和管理水平的目的。二是重点抓好进一步提高远洋渔船检验工作质量。要通过落实远洋渔船检验计划管理工作的要求，通过加强对境外检验工作管理，通过加强对老旧渔业船舶的检验管理工作，重点推进提高远洋渔船检验工作质量。三是积极稳妥推进在境外设立临时检验工作点工作。要进一步做好秘鲁、印度尼西亚检验点的可行性研究，在其工作方案成熟及工作经费落实后，稳步推动这两个检验点的工作。同时要及时总结检验工作点的设置及工作情况，继续研究和论证在境外再增设短期检验工作点的可行性。四是在加强远洋渔船检验工作的监督管理方面，我局将建立远洋渔船检验管理工作的监督体系，对实施检验的机构、验船师和管理相对人（企业或船东）在远洋渔业船舶检验工作中的行为进行评估，检查机构和验船师履行法定职责以及企业（或船东）承担法定义务的情况，并予以记录，根据记录情况，采取措施，纠正验船师和企业（或船东）在检验工作中的行为偏差，达到规范行为、加强监督、促进管理的目的。

6. 小型渔业船舶和其他渔业船舶的检验监督管理目标要求

（1）根据《全国渔业发展第十一个五年规划》，2010 年全国海洋捕捞机动渔船受检率要达到 75%。

（2）在认真实施完成《小型渔业船舶检验管理制度研究课题》的基础上，首先以将小型渔业船舶纳入检验管理为目标，同时贯彻分类指导原则，提出改革完善小型渔业船舶检验管理制度的意见。

希望各级渔业船舶检验机构要加强法制宣传教育、加强执法监督检查，贯彻教育与惩处相结合的原则，努力形成渔政、渔港监督和渔业船舶检验部门的工作合力，提高渔船受检率。在创新建立的小型渔业船舶检验管理制度基础上，各省要合理设置检验机构、加强验船师队伍建设；要加强对国内海洋机动渔船分类检验管理的研究，重点突破小型机动渔船的检验管理问题。

7. 检验检测设备建设目标要求

力争在“十一五”期间，在省级检验机构、内陆部分检验机构及重点渔港渔业船舶检验机构中开展渔业船舶检验检测设备的配备工作。我局将积极向部计划司、渔业局汇报，在其支持与帮助下，加强渔业船舶监督检验检测设备的建设，在 2010 年前努力完成对全国重点渔业地区的渔业船舶检验机构检验检测设备的配备工作，逐步建立一支布局合理，监督检验手段完备、业务素质扎实、依法执行检验业务的渔业船舶检验队伍。希望各渔业船舶检验机构也要向财政部门、渔业行政主管部门积极争取，获得支持。

2007—2010 年全国渔业船舶检验事业发展总体目标的完成关键在于各级渔业船舶检验机构的支持和配合。我局将在进一步摸清各地海洋机动渔船检验工作情况下将任务目标逐一分解到各省市渔业船舶检验机构。2007 年时间已过半，下半年各省市检验机构要在抓好任务目标分解落实的同时，贯彻好我部领导对渔业船舶检验工作提出的具体要求，即重点做好以下工作：一是要抓好新造渔船的检验监督管理工作，把“双控制度”落到实处，逐步全面推行“开工证”制度，杜绝无船网工具审批指标造船现象的发生。二是上下联动共同做好远洋渔船检验工作，强化计划管理、分类管理和监督管理；注意解决好多年来积存的境外检验工作中存在的实际问题，切实提高检验质量。三是以部里发布《关于加强老旧渔船管理的通知》为契机，首先应明确船东是保证老旧渔船安全生产的第一责任人，强化其对老旧渔船维修保养的责任；其次应加强对船厂就限制使用船龄的渔船出具《渔业船舶技术状况检查报告》和《船舶维修方案》工作的指导，规范船厂行为，提升其管理水平；再次应明确一线验船师的职责，突出监管重点。四是有条件的省市要针对本辖区小型渔船的特点，可先行制定小型渔船检验管理办法（试行），报部局备案，在起草制定过程中要加强与部局的沟通协调，为进一步完善小型渔船检验管理制度，出台相关指导意见提供参考与借鉴。相关问题我局还印发了征求意见稿，将进一步听取各方意见。

同志们，实施“十一五”渔业发展规划、推进现代渔业建设对渔业船舶检验工作提出了新的任务和要求。抓好今年目标任务的完成，意义重大。我们要进一步增强责任感和使命感，全面落实科学发展观，求真务实，真抓实干，努力开创渔业船舶检验工作的新局面。

切实加强船检基础建设
促进船检事业又好又快发展

——2008年全国渔业船舶检验工作会议工作报告

（2008年4月8日）

同志们：

这次全国船检工作会议的主要任务是：学习贯彻党的十七大精神，贯彻落实全国农业工作会议、全国渔政工作会议精神，全面落实科学发展观。总结近几年船检工作，分析当前面临的形势和任务，研究部署2008年船检工作。首先，我向刚刚受到表彰的检验标兵单位和优秀验船师表示最热烈的祝贺！你们是全系统700多个机构的典型代表，你们是全系统5000多名验船师的先进代表。这些成绩的取得，是你们规范管理、文明执法、爱岗敬业、团结拼搏的结果，是各级主管部门的领导和相关部门的支持与帮助的结果，希望你们以此为新的起点，继续发扬良好的工作作风，在今后的工作中取得更大的成绩！

这次会议在山东济南召开，山东省海洋与渔业厅和山东渔业船舶检验局对这次会议非常重视，为开好会议做了充分的准备。部渔业局的领导、黄洛海渔政渔港监督管理局的领导和各省渔业行政主管部门的领导在百忙之中，出席今天的会议，是对我们船检工作的支持，是对船检工作者的鼓励，也是对渔船安全工作的期望。在此，向各位领导到会指导表示衷心的感谢！

下面我讲几点意见。

一、贯彻落实科学发展观，船检事业取得新进展

在农业部党组的正确领导下，在部渔业局等有关司局和各级渔业行政主管部门的指导和支持下，在全体渔业船舶检验干部职工的辛勤工作和努力下，我们认真贯彻落实科学发展观，紧密结合渔船发展和检验工作实际，坚持以人为本，狠抓基础工作，勇于开拓创新，渔业船舶检验的各项工作都取得了显著的成绩。以2003年《渔业船舶检验条例》颁布实施为契机，渔业船舶法规建设不断完善，机构逐步加强并不断健全，持证上岗、任职资格和注册验船师制度稳步实施，渔船检验队伍整体素质明显提高，检验率不断提高，检验质量和水平逐步提升。目前全国受检渔船已超过40万艘，比2000年增长25%以上，船用重要产品检验力度进一步强化，渔业船舶设计和修造单位认可管理工作走上规范化轨道。在去年底召开的全国渔政工作会议上，部领导对我们渔业船舶检验工作给予了很高的评价，这既是对我们工作的肯定，也是对我们工作的鼓励。回顾近年来的工作，主要得益于以下两个方面。

（一）各级重视，多方努力，切实加强渔业船舶检验基础工作

几年来，各级船检机构重视基础建设，坚持科学发展，以法规建设为抓手，建立了一系列行之有效的监督管理制度；坚持人才兴检，加强业务培训和机构建设，基层检验机构逐步健全。验船人员素质明显提高，战斗力明显增强。

1. 积极推进渔业船舶检验法律法规体系建设。按照科学发展观全面协调可持续发展的要求，法规建设力度不断加大。一是科学构架渔业船舶法规建设框架体系。根据我国法律体系和渔业船舶检验的特点，研究制定了《渔业船舶检验立法规划》，明确了渔业船舶检验立法划分为管理规定和技术法规两大体系，为全国渔业船舶检验法规建设工作朝着科学化和系统化发展迈出了新的一步，也为法规建设的制度化、规范化奠定了基础，使法规建设迈上了一个新的台阶。二是地方法规制度建设步伐加快。近年来，辽宁、河北、天津、山东、江苏、浙江、福建、广西、吉林、湖北等省都相继制定了各自的渔业船舶检验或管理条例，辽宁、福建、广东、河北、江苏等省结合本省实际，制定了船用产品检验、休闲渔业管理等办法或规定，地方法规的相继出台为推动《条例》的实施起到了积极的促进和支撑作用，并有力地推动了各地船检工作的开展，提高了各省渔业船舶检验率。辽宁全省渔船从大到小、从机动到非机动，从捕捞渔船到养殖渔船，从海洋渔船到内河渔船，全部纳入了管理。三是着手修订和完善渔船检验技术法规和规定。不断加强船检法规建设，研究制定《玻璃纤维增强塑料建造与修理规范》《渔业船舶船用产品法定检验规则》《沿海小型渔业船舶法定检验规则》《内河小型渔业船舶法定检脸规则》和《渔业气胀式救生筏检修站管理办法》等技术法规和规定，逐步完善船检法规建设体系。

2. 建立健全渔业船舶检验机构，科学合理核定业务范围。近几年，以强化渔业船舶检验机构的规范化管理为目标，以建立健全各省渔业船舶检验机构为手段，充分利用现有渔政机构和人员，科学规划，合理配置人力物力资源，渔船检验机构管理从粗放型管理向分类细化型管理方式转变。截至 2007 年 12 月底，全国已经业务核定的机构共计 709 个，其中省级机构 29 个，比 2004 年的 22 个增加了 7 个。沿海各省船检局都很重视本省机构的建设和纳入公务员管理。如有的省船检局利用各种机会向有关市县分管领导和渔业行政主管部门宣传渔业船舶检验工作的重要性和成立渔业船舶检验机构的必要性，并协助市县渔业行政主管部门找政府相关部门做工作，强调渔业安全生产的责任，得到了各级政府的大力支持，取得了非常好的效果。有的省船检局对基层渔船检验机构提出的问题和困难，主动做好指导和协调工作，帮助基层渔船检验机构理顺机构体制，将全省绝大多数渔船检验机构由过去的经费自筹或差额拨款转变为全额拨款事业单位，部分单位纳入了参照公务员管理的范畴。同样，内陆各省机构建设也取得了长足的进步，按照渔船管理的要求，积极推动省内机构建设、逐步消除机构空白点，承担起对辖区内渔船的检验和监督管理工作。

3. 稳步推进注册验船师制度，培养行业专业技术人才。农业部领导曾强调：“渔业安全生产的前提在渔船安全，渔船安全的关键在渔船检验质量，渔船检验质量的关键又在渔船检验人员的专业技能和队伍整体素质”。几年来，我们按照部领导的指示精神，非常重视验船

师队伍素质的提高，采取了切实可行的措施。一是逐步推进注册验船师制度的实施。《注册验船师制度暂行规定》于2006年3月1日颁布实施以来，不仅对加强船舶检验行业管理具有重要的意义和作用，并且为农业行业职业资格制度打下了良好的基础，对农业专业技术人才队伍建设进行了有益的探索，是我国农业行业职业资格制度建设取得明显进展的重要里程碑。最近我们又出台了《注册验船师资格考试实施办法》，希望各省按照规定和办法的要求认真学习，抓紧贯彻，稳步推进。二是强化验船师业务培训和继续教育。几年来，我们在举办大专班等继续教育中给予内陆省和沿海省的内陆机构的验船人员一些扶持，鼓励并支持各省的同志参加继续教育，上海、江苏等省积极支持验船人员参加继续教育，并在经费上给予一定的支持。福建省也非常重视验船师业务素质的提高，举办多期持证上岗培训班和各类专业技术培训班，使全省验船人员业务知识及时更新，重务能力有较大提高。另外，有些省在培训中也摸索了一些好的做法，如山东省针对各地区以及规范、规程实施中的热点和难点问题，制订切实可行的培训、研讨计划；广东在培训验船人员时，专门安排到现场对渔船进行检验和登记的实操课程，提高了验船师的业务技能和行政执法能力。截至2007年12月底，全国共有持证验船师5100人，其中高级验船师270人，中级验船师878人，初级验船师3952人。

（二）开拓创新，突出重点，努力提高渔业船舶检验工作质量和水平

按照农业部领导在2007年全国农业工作会议渔业专业会议上的讲话中提出要“加强渔业船舶检验工作。重点做好新建渔船、远洋渔船和老旧渔船的检验工作，改革和完善小型渔船检验办法”的工作要求，认真分析小型船、老旧船、远洋船、新建船四种船的检验管理现状，以方便服务对象为目的，认真研究科学管理思路，对四种船做到件件有进展，事事抓落实。

1. 小型渔业船舶检验管理制度有创新。小型渔业船舶在管理上是一个老大难问题，数量大，受检率偏低，安全存在着一定的隐患，在建设“平安渔业”中占据着举足轻重的地位。在深入调研，多方听取意见的基础上，我们把如何科学、便捷、高效地管理小型渔业船舶，如何建立完善的小型渔业船舶检验管理制度，如何逐步提高小型渔业船舶检验质量和检验率，如何切实为渔民谋利益作为我们工作的重点和突破点。根据“统一领导、分类管理、分级负责”的原则，出台了《加强小型渔业船舶检验管理的意见》，改革创新了小型渔业船舶检验管理制度，明确了今后一个时期加强小型渔业船舶检验管理的指导思想和发展目标，提出了加强小型渔业船舶检验管理的具体措施，迈出了小型渔业船舶检验管理制度改革的第一步。各省根据小型渔业船舶检验管理的实际情况，对检验管理模式进行了有益的探索。如河北船检局转变工作作风，对小型渔业船舶进行年度检验时，将粮检、验船、签字、收费等环节一次性完成，既简化了工作程序，提高了工作效率，又方便了渔民。目前。我局正在研究制定小型渔业船舶检验制度及技术法规，各省船检机构也很重视此项工作，已经出台或正在研究本省小型渔业船舶检验管理的配套性规定。

2. 老旧渔业船舶检验管理有新突破。老旧渔业船舶检验管理一直是我们工作的重点和难点；我们印发了《关于加强老旧渔业都舶检验管理的通知》，贯彻落实《农业部关于加强老旧渔业船舶管理的通知》精神，强调各省要制定符合本地区实际的国内老旧渔船检验管理办法。重点突出了船东作为老旧渔业船舶安全生产的第一责任人，有义务、有责任增加对老旧渔业船舶安全隐患防治的投入；突出了船舶修造单位作为老旧渔业船舶质量安全的基本保障作用，从源头上保障老旧渔业船舶的质量和生产安全；突出了船检机构作为老旧渔业船舶安全第一关的技术监督职能。这项工作的开展，不仅使船东、船厂和验船师对老旧渔船管理的认识有了一定程度的转变，而且使各级渔业行政主管部门对船检机构在老旧渔船管理工作中的作用也有了更深的认识，收到了良好的效果。

3. 远洋渔船检验管理有进步。远洋渔船检验管理自 1999 年以来，经历了“纳入管理”和“规范管理”两个阶段，8 年来，一步一个台阶，为促进我国远洋渔业的发展发挥了重要作用。一是树立科学管理理念，明确工作目标，制定落实措施。初步确立了重实际、抓实事、看实效的科学管理理念。明确了到 2010 年，列入远洋项目的远洋渔船检验率要争取达到 100% 的目标。采取了以加强管理为基础，以建立长效机制为支撑，以突破难点为重点的一系列强化监督的落实措施。二是加强远洋渔船检验计划性，强化收支两条线管理。远洋渔船检验计划执行以来，促进企业及早做出安排，使各省级检验机构能够把握全局，合理安排本省全年的远洋渔船检验工作，避免了检验不及时、不到位的现象，同时进一步落实了国家收支两条线管理政策。三是实施分类管理，探索“统揽不包揽”的新思路。开展了浙江籍北太平洋鱿钓渔船及渔业辅助船的检验发证试点工作；根据我局的试点方案，浙江船检局针对北太鱿鱼钓船重新制定了检验与发证程序，顺利完成了今年的工作任务。这次试点工作的开展，明显缩短了从检验到发证的时间，进一步降低了行政成本，提高了工作效率，得到了渔船修造企业和远洋企业的一致好评，也为拓宽远洋渔船检验管理进行了有益的探索。四是改进创新境外检验，探索在境外远洋渔船相对集中的地区设立短期检验工作点。本着以人为本、方便企业的原则，目前，我局已分别在加蓬、斐济和塞内加尔设立了 3 个短期驻外检验点，同时得到了辽宁、上海和浙江等省市船检局的大力支持。3 个检验点的设立，提高了远洋渔船检验的数量和质量，方便了远洋企业，减少了企业的运营成本，而且也加强了与国外同行的交流，得到了驻外使馆的高度评价，得到了远洋企业的普遍认同和满意。

4. 渔船检验质量有提高。船用产品检验和设计修造单位管理是保证渔船检验质量十分重要的环节。以人为本。切实提高船用重要产品检验质量。按照农业部关于 2007 年为农(渔) 民办理十六件实事的要求，贯彻实施“平安渔业”项目，对取得我局认可的 8 家渔用气胀式救生筏制造企业生产的渔用气胀式救生筏进行了一次集中质量专项检查，促进了渔用气胀式救生筏质量的提高，强化了气胀式救生筏质量的安全监管和筏站管理。积极推进在境外设立气胀式救生筏检修站，并陆续对加蓬、斐济、拉斯帕尔玛斯气胀式救生筏检修站进行了认可，为远洋企业提供了便捷高质的服务。以《渔船用柴油机型谱管理规定》为切入点，加强渔船用柴油机型谱检验管理工作。对重要的渔船用通导和救生等设备，各省也加大了产品检验的力度，有效地促进了全国产品检验工作规范化开展，切实把好重要船用产品质量关。把好源头，提高新建渔业船舶建造质量。在四部委联合开展的近一年半的全国低质量船舶专项治理活动中，各省渔业船舶检验机构认真贯彻我部的工作部署，密切配合有关部门，积极开展治理工作，取得了显著的治理效果。共排查各类渔业船舶 127253 艘，对不符合条件的渔船按规定进行了分类处理。专项治理活动有效遏制了非法、违规造船现象，提高了新建渔业船舶的质量和现有渔船安全设备配备率，渔业船舶修造企业的技术水平和质量意识得到加强，渔民的安全意识和渔船检验率得到稳步提升。加强渔船标准化工作，努力探索渔船节能措施和途径。为促进渔船检验技术进步和标准化工作，恢复了中国渔业船舶检验技术委员会和全国渔船标准化技术委员会工作。渔业船舶标准体系研究得到进一步完善和发展，渔船标准化项目研究和制、修订工作重新起步，渔船标准化在智舶标准化工作中所处的地位得以维护，渔船标准化对促进渔船技术进步的作用得以显现。十七大和中央经济工作会议都非常重视节能工作，渔船渔机渔具行业协会和部分省的渔船检验机构认真贯彻国务院加强节能减排工作的决定，进行了积极的探索和有益的尝试，初步提出了适应渔船节能实际的措施和办法，这些措施和办法都将为我国渔船节能工作的深入开展发挥引导和示范作用，从而有效地促进渔业经济的可持续发展。

在看到全国渔业船舶检验工作成绩的同时，我们也应清醒地认识到，目前船检工作中还存在着一些突出的问题和矛盾：渔业船舶检验基础建设薄弱，渔船检验机构建设有待加强，验船师的专业素质和业务能力有待提高，渔业船舶检验法规体系还不尽完善，渔业船舶检验质量和水平还有待提高，渔船检验在建设平安渔业中保驾护航的作用还发挥得不够，等等。为了更好地解决这些问题，需要我们认真分析目前的形势，把握船检事业发展的机遇。

二、坚持实事求是，准确把握船检工作形势和机遇

党的十七大提出了一系列新的理论、重大战略和指导方针。从建设中国特色社会主义总体布局出发，对新时期“三农”工作做出了重大部署，进一步明确了“三农”工作的重要地位、总体要求、目标道路和工作任务，对指导全国船检工作意义重大。全国农业工作会设渔业专业会议对做好全国渔业工作进行了周密部署，要求我们必须立足中国国情，坚持科学发展，切实转变渔业发展方式，着力提高渔业现代化水平，实现传统渔业自现代渔业的转变，走中国特色渔业现代化道路。去年的全国渔政工作会对做好船检工作提出了更高的具体的要求，我们要认真分析，准确把握面临的形势和机遇。

按照建设现代渔业的要求，需要做到“四个坚持”、关注“三大安全”。即要坚持科学发展，坚持统筹兼顾，坚持因地制宜，坚持以人为本；要关注渔业生态安全、水产品质量安全和渔业生产安全。这对我们船检工作提出了新的挑战：一是国内外船舶技术进步与发展对船检工作提出了更高的要求。时代在进步，科技在发展。近几年，我国造船业得到了爆发式地惊人增长，如何改变渔业船舶技术和设备相对落后的状况，如何通过我们的检验和管理促进渔船的技术进步与发展，是我们面临的重要课题。二是环境的恶化和能源的紧缺对船检工作提出了更高的要求。目前，我国较多的渔业船舶都缺少环保意识和节能措施，国际海事组织的技术法规对环境污染有明确的规定，如何与国际接轨，发挥渔业大国的作用，就要求我

们的渔业船舶在航行和捕捞作业中减少对水域环境的污染，从而促进渔业可持续发展。三是平安渔业对提高渔业船舶检验质量提出了更高的要求。渔船捕捞是一项高风险的作业方式。为了对渔民负责，对船东负责，对企业负责，切实保障渔民群众的生命财产安全，我们要提高渔业船舶检验质量，严格把关，保证渔业船舶具备安全航行和作业条件，在构建“平安渔业”中发挥重要作用。

针对目前船检工作面临的形势和挑战，我们首先要认真思考，深入研究，找准定位，把握机遇，开拓创新。要统筹船检事业的发展与现代渔业发展的关系，要统筹船检技术进步与船舶技术进步的关系，要统筹中国渔检与国内外船检的关系。即要在现代农业、现代渔业的发展中，在船舶行业的发展中，在国际海事组织船舶安全技术标准新的要求与发展中，从科技创新、节能环保、安全质量角度去谋划船检的发展。其次，我们要树立正确的政绩观，要树立全国船检一盘棋的思想，共同谋划船检事业的发展。我们的船检工作要让部领导和各级渔业船舶检验机构满意，要让服务对象（船东渔民、建造设计生产企业）满意；同样，各省渔业船舶检验工作要让主管厅局满意，要让本省各级渔业船舶检验机构满意，要让服务对象满意。归根到底，是要让渔业企业、渔船设计修造企业和广大的渔民群众满意。

三、强化基础建设，促进船检事业又好又快发展

2008 年中央 1 号文件强调要突出加强农业基础建设，农业部 1 号文件也强调要切实加强农业基础建设，加强农业安全生产，进一步落实和研究加强远洋渔业扶持政策，提高远洋渔业装备水平。国家这些好政策，对我们发展船检事业，既是机遇，也是挑战，既是责任，也是任务，既是压力，也是动力。

今年渔业船舶检验工作的指导思想是：全面贯彻党的十七大精神，深入贯彻落实科学发展观，认真贯彻落实全国农业工作会议、全国渔政工作会议精神，突出加强全国船检基础建设，努力提高执法能力，全面履行渔业船舶检验及其监督管理职能，促进船检事业又好又快发展，为建设平安渔业保驾护航，为建设现代渔业做出贡献。

新的一年，我们将按照 2007—2010 年渔业船舶检验事业发展总体目标的要求，充分利用好政策，把党和国家对渔民的关怀落到实处，认真履行渔业船舶检验及其监督管理职能，为现代渔业建设提供坚强的人才支撑、技术支撑。2008 年工作要点已印发给大家，请大家下午认真讨论，下面我强调几项工作。

（一）继续推进船检机构和船检队伍建设

牛盾副部长在全国农业工作会议渔业专业会议和全国渔政工作会议两次会议上对机构和执法队伍建设都提出了明确要求，“各省（区、市）渔业行政主管部门的主要领导要高度重视，加大工作力度。积极争取政府以及相关部门的支持，按照中组部、人事部对事业单位参照公务员法管理工作的精神，大力推进渔政队伍参照公务员法管理工作。”我们要按照部领导的要求，在各省渔业行政主管部门的带领下，积极争取各相关部门的支持，大力推进船检机构建设和参照公务员法管理。规范执法行为，加大培训力度，不断加强船检队伍建设。提

高船检队伍依法行政水平，管理创新水平，争取把我们的队伍培养成一支专业素质高、业务能力强、工作作风好的船检队伍。

（二）进一步健全和完善渔业船舶检验法规体系

我们要了解和追踪国际海事组织技术法规的制修订进展情况和发展趋势，研究有关船舶公约的规定和有关国际渔船入渔国的检验管理规定，继续加强与国际海事组织、有关国家和地区的交流与合作，借助国际技术法规指导和提升我国技术法规建设，注重对93议定书可行性的研究，按照与国际接轨的要求，加大推进的力度。抓紧出台《渔业船舶技术法规管理办法》和《远洋渔业船舶境外检验若干规定》等办法和规定，继续深化小型渔业船舶检验制度改革，深入贯彻小型渔业船舶检验制度改革的指导性意见，强化渔业船舶检验制度建设，研究和解决小型渔业船舶检验制度改革中出现的困难和问题。各省渔业船舶检验机构也要加强对船检配套技术法规的学习、交流和研究。尽快出台符合本省实际情况的渔业船舶检验规定和政策性文件，并要坚持依法行政。杜绝有法不依，有章不循的现象。

（三）切实加强渔船检验基础设施建设

各省要高度重视基础设施建设，更新淘汰有安全隐患的老旧渔船和装备，加大对渔船救生设备与通信设备有效配备和技术状况的检查力度，加大检验检测设备配备的数量和范围，并不断改办公条件环境。如何提高船检基础设施建设是加快渔业现代化设的一项基础工作，如何用现代技术装备武装渔政执法队伍是我们必须解决的问题。广东全省各级检验机构把检验硬件设备和办公设备的建设纳入了各级财政预算；浙江船检局在省政府和省海洋与渔业局的大力支持下，计划在“十一五”期间，通过财政拨款和机构自筹的方式，更新、添置部分专用检验车辆、船艇和检验仪器及取证设备，并着手筹建“浙江省渔业船舶船用产品检测中心”。希望各省渔业行政主管部门能够统筹考虑，尤其对新成立的机构能给予一定的财政支持和政策扶持。

（四）强化渔船节能减排和渔船标准化工作

温家宝总理在今年的政府工作报告中强调要大力抓好节能降耗、保护环境，并从八个方面提出具体要求。为了实现到“十一五”期末，生态环境恶化趋势基本遏制的战略目标，我们一定要认真学习，深刻领会，增强信念。部渔业局对节能工作十分重视，今已安排政策研究、节能统计、产品筛选和宣传启动专项资金，并计划在今年适当时机召开节能工作会议。渔业船舶检验机构作为渔船技术监督和行政执法的重要力量，一定要把渔船节能减排工列入重要议程，按照安全发展、节约发展、清洁发展的总体要求，充分发挥渔船检验机构在渔船节能减排工作中的作用。今年我局承担的节能任务包括渔船节能技术政策研究、渔船标准化船型开发、节能型柴油机选型和渔船渔机渔具行业协会承担的节能产品信选任务。高质量地完成这些工作离不开各省渔业行政主管部门的支持和各级渔船检验机构的密切配合，特别是参加今年渔船节能项目的5个省，在开展工作过程中要注意与我局的项目进行衔接，促进工作取得整体效果。

同志们，安全责任重于秦山。希望受到表彰的单位和验船师能够戒骄戒躁，继续努力，勇于创新，充分发挥榜样的模范带头作用；希望各省船检机构和验船师能够以渔民群众的利益为重，相互学习，相互借鉴，切实为渔民群众解决实际问题，切实把政府对渔民群众的关怀落到实处。让我们携起手来，抓住机遇，准确定位，立足本职，求真务实，开拓创新，转变观念，服务渔民，为船检事业又好又快发展做出更大的贡献！

谢谢大家！

贯彻落实全国农业工作会议和渔业专业会议精神

——2009年全国渔业船舶检验工作会议工作报告

（2009年5月14日）

同志们：

这次会议的主题是，全面学习实践科学发展观，渔船检验质量是生命线，提高质量是最好的发展；这次会议的主要任务是，学习贯彻落实全国农业工作会议和渔业专业会议精神，总结、回顾中国渔船检验机构成立30年来所取得的成绩和经验，研究部署今后段时期渔船检验工作，深入研究中国渔船技术与管理之未来，共谋中国渔船技术与管理发展之大计。

一、渔船检验三十年工作回顾

中国的渔船检验事业，在改革开放中走过了30年的光辉历程。改革开放30年是中国渔业快速发展的30年，也是中国渔船检验事业快速发展壮大的30年，30年岁月如歌，30年风雨兼程，30年开拓创新，取得了一个又一个令人瞩目的成就，积淀了丰厚的渔船检验文化底蕴，建立了具有中国特色的渔船检验管理体系。截至2008年底，全国共有渔船检验机构771个，其中省属机构29个，市、县属机构741个；全国持有验船师资格证书的验船人员5100多人。

（一）渔船检验体系建设不断完善。1979年6月6日，国家成立渔船检验机构，对外名称使用“中华人民共和国船舶检验局渔船分局”，标志着我国渔船检验工作正式开始。各省、自治区、直辖市相继建立起渔船检验队伍，为渔船检验工作的开展奠定了组织基础。1990年6月11日，经国家人事部批准，农业部设立渔业船舶检验局。1995年11月21日，农业部渔业船舶检验局对外名称改为“中华人民共和国农业部渔船检验局”。1999年3月22日，农业部渔业船舶检验局的对外名称更改为“中华人民共和国渔业船舶检验局”。

伴随着中国渔业体制改革的发展，渔船检验机构改革不断深化和发展，渔船检验机构作为各级渔业执法队伍重要组成部分，已成为渔业工作重点之一。近几年来，我们以强化渔船检验机构的规范化建设与管理为目标，一是以建立健全完善各级渔船检验机构为手段，充分利用现有渔政机构和人员，科学规划，合理配置资源，渔船检验机构管理已从粗放型管理向分类细化型管理方式转变。二是加强了验船师队伍建设，完善了验船师分类管理，强化了验船师持证上岗和资格考试工作。三是稳步推进注册验船师制度，培养、造就行业专业技术人才。注册验船师制度作为农业部第一个职业资格制度，不仅对加强渔船检验行业管理具有重要的意义和作用，而且为建立农业行业职业资格制度打下了良好的基础，对农业专业技术人才队伍建设进行了有益的探索，是我国农业行业职业资格制度建设取得明显进展的重要里程碑。

（二）建立健全了渔船检验法规体系。渔船检验技术法规是渔船检验的依据，是渔船检验事业可持续发展的法制保障。三十年来，我国的渔船检验技术法规从无到有，现在已经初步形成了比较完善的渔船检验法规体系。一是根据2000年新修订的《渔业法》第26条的授权，国务院发布了《渔业船舶检验条例》，标志着中国渔船检验法律法规建设的新阶段，开创了渔船检验及其监督管理工作的新时代。二是先后颁布了《渔业船舶法定检验规则》《钢质海洋渔船建造规范》《玻璃纤维增强塑料渔业船舶建造规范》《海洋渔业船舶法定检验规程》《渔业船舶船用产品检验规程》《渔业船舶检验与发证程序和证书填写规定》等30多部技术法规和指导性文件。三是地方性法规逐步完善，辽宁、河北、山东、江苏、浙江、广西、湖北等地相继颁布了地方性管理法规。

目前，中国的渔船检验法规建设体系已形成了以《中华人民共和国渔业法》为母法，以《中华人民共和国渔业船舶检验条例》为主干，以各省（自治区、直辖市）地方性法规和规章及技术法规为支撑的渔船检验法律法规框架，为我国渔船检验及其监督管理工作的顺利开展，奠定了坚实的法律基础。

（三）渔船检验机制不断完善，检验业务有序推进。渔船安全是一个由很多环节组成的系统工程，船舶设计、船舶修造、船舶检验、船舶使用与维护保养和监督管理“五要素”是确保船舶具备安全航行作业条件，保障渔民生命财产安全，防止污染水域环境不可缺少的重要手段。渔船法定检验是国家对渔业船舶实施管理的第一环节，对保障广大渔民群众生命财产安全和防止环境污染，发挥着重要作用。同时，渔船检验工作，对渔业船舶总量控制、实施渔业可持续发展战略、促进渔区经济发展和社会稳定、规范渔业船舶设计和修造市场、提升我国渔业船舶建造技术以及建设一支现代远洋渔业船队、积极发展我国远洋渔业等等，具有重要的意义。

一是渔船检验数量逐年提高。渔船检验受检率作为渔船检验工作的一项重要指标，直接关系到渔船的安全与渔区的稳定。多年来，各级渔业行政主管部门和渔船检验机构采取切实可行的措施，从实际情况出发，从方便渔民入手，强化和完善了渔船检验管理制度，提高了检验数量，提高了受检率，提高了检验质量。2008年，全国渔船检验总数为599368艘，比改革开放初期增长了近12倍。

二是远洋渔船检验制度不断完善。远洋渔船检验管理是我局的一项重要职能，自1999年起，我局对远洋渔船检验实施统一组织集中管理以来，取得了明显成效。建立了远洋渔船检验与远洋项目紧密挂钩的有效管理制度，强化、规范了远洋渔船检验工作；建立了验船师统一派出与管理制度和远洋渔船检验通报制度；建立了进口旧渔船的检验制度。远洋渔船的检验制度基本形成，同时，将我国远洋渔船检验证书样本，照会国际海事组织和60多个国家和地区，确保了持有中华人民共和国渔船检验证书的远洋渔船在世界各国海域航行作业的合法性，树立了中国渔检的形象，维护了渔业企业的切身利益。加强了境外远洋渔船检验监督管理，解决并缓解了远洋渔船管理中存在的突出矛盾，为我国远洋渔业的健康发展发挥了应有的作用。2008 年，共检验远洋渔船 1195 艘，其中境内检验 606 艘，境外检验 589 艘。

（四）渔船船用产品监管力度不断加大，产品检验质量不断提升。渔船船用产品检验工作是渔船检验的重要组成部分。规范渔船重要设备的检验是产品检验工作的重点。多年来，各级渔船检验部门加强了对主要船用产品生产企业的认可管理工作，实行工厂认可、产品型式认可后再实施监督检验的制度。加强了进口船用产品的检验工作。针对长期存在的废旧和假冒伪劣船用产品现象，开展了渔船船用产品“打假”整治专项活动和产品质量监督抽查活动。同时全面贯彻国家“关于加强进口旧机电产品管理，打击走私国外工业垃圾”的政策和国家渔船检验机构《关于对渔业船舶使用进口旧机电产品加强检验管理的通知》精神，严厉打击船用产品走私上船的违法行为，严格执行“所有国产或进口的旧船用产品一律不准用于建造新船”的规定。要求没有船用产品证书的产品，一律不能装船使用，从源头上把住安全质量关。截止 2008 年底，已取得船用产品企业认可的单位 343 个。其中：境外企业 11 家，气胀式救生筏检修企业 65 家，船用产品检测机构 9 家，GMDSS 设备维修企业 12 家；船用产品检验 24 万件（台），其中境外产品 586 件（台）。

（五）渔船设计、修造企业管理工作逐步规范。渔船设计单位、修造企业资质认定是渔船安全管理的重要工作，对规范渔船设计、修造市场，提升我国渔船安全质量和技术水平以及贯彻国家对捕捞渔船实施船网工具指标控制政策的落实发挥了重要作用。农业部对渔船设计和修造单位实施了资质认可管理制度，对其生产设施、工艺装备、检测设备、技术文件、质量管理体系和人员素质等方面进行考核，以确定其是否具备安全生产条件，是否具备相应等级的设计和修造渔业船舶的能力，从源头上保障渔业船舶质量。2005 年，四部委联合组织的全国低质量船舶专项治理，进一步规范了渔船修造企业的管理，促进了企业整合和技术升级。截至 2008 年底，已经农业部认可的渔船设计单位有 102 家；修造船厂 1305 家，其中建造企业 792 家，修理企业 519 家。

（六）大力推进信息化建设，建立了渔船检验监督管理系统。渔船检验信息化是渔业经济信息化的重要基础，也是促进渔业和渔村和谐发展的重要手段。渔船检验监督管理系统对建立科学、规范、高效的统一协调和监督管理体系，全面提升渔船检验工作的管理水平发挥了极其重要的作用。该系统充分体现了“统一领导、分类管理、分级负责”的指导思想，贯彻依法行政和科学发展观的理念，将渔业政策、法规、检验及管理规定、检验发证程序以及可操作性要求贯穿到系统的各项功能中，不仅推进了我国渔船检验管理的信息化进程，而且规范了渔船检验管理工作，为全面实施渔业船舶管理信息化打下了坚实的基础。运用这套管理系统，我们开创了远洋渔船检验管理工作的新局面，对提高远洋渔船检验与发证效率，提高远洋渔船检验管理水平，提高远洋渔船检验质量，规范和完善检验与发证程序，以及对加强统一协调和监督管理，全面提升远洋渔业船舶管理、检验工作管理水平起到了积极作用。

按照政务公开的有关规定，建立了中国渔船检验信息网，构建了渔船检验政务信息沟通的平台。按照行政许可的有关规定，建立起行政审批集中统一管理制度。在对全国船检系统的行政审批项目进行系统的分析研究的基础上，汲取各省行政审批的成功经验，结合我局行政审批专业性强、技术要求高的特点，按照政务公开、保证质量、便捷高效、相互制约的原则，建立了“统一受理、分别审查、统一报签、统一发送”的“三统一分”的管理制度。

（七）强化了国际交流与合作，提升了在国际渔船安全管理事务中的地位。我国是国际海事组织A类理事国，在国际船舶安全事务管理中有着举足轻重的地位。改革开放以后，伴随着渔船检验事业的发展，逐步加强了与国际海事组织的密切联系，积极参与国际渔船安全事务。一是在制定《1993年托雷莫利诺斯议定书》中提出诸多积极、合理提案，并被采纳；二是积极参与渔船地区性标准的研究与制订工作；三是积极参与国际渔船安全标准的研究工作，逐步树立了我国在国际海事界的重要地位；四是加强了与周边国家和地区的船舶检验业务的交流与合作，促进地区间的船舶安全管理、船舶技术的健康发展。中韩建立了定期互访交流机制。双方签署了一项合作意向书，在渔船检验制度、渔船检验技术、渔船检验领域进行专题研讨，相互提供相关信息等方面进行合作。内地与香港特别行政区海事处建立了定期会晤机制。双方就共同关注的问题和合作意向达成一致意见，双方将共同推进对包括《1993议定书》在内的有关国际公约的研究，进一步规范香港渔船委托内地检验业务，促进双方有关政策法规的有效落实，加强在国际间特别是东亚地区技术交流中的相互协调和支持。

（八）改革和创新了小型渔船检验管理制度。小型渔业船舶占渔业船舶总数的近90%，船型结构和技术状况差别很大，安全隐患十分突出。小型渔业船舶船东绝大多数是经济基础较差、文化水平较低的传统渔民，是关系渔区社会和谐稳定的重要因素，在渔船检验管理的整体工作格局中，占有十分重要的地位。为加强渔船检验管理，保障渔民生命财产安全，保护渔业资源和水域环境，构建平安渔业，促进渔业经济可持续发展，我们按照统一领导、分类管理、分级负责的原则提出了加强小型渔船检验管理意见。小型渔船检验管理指导性意见是落实科学发展观的重要体现，是次历史性的突破和改革与创新，出台的难度虽然很大，但它所产生的意义和发挥的作用将更大。指导性意见主要有以下几个方面的内容：一是改革和创新了小型渔船检验制度，小型渔业船舶采用现场检验与审查船舶所有人“船舶安全技术状况声明书”相结合的检验管理模式；二是科学制定了小型渔船检验技术法规，建立了小船技术法规采用国家立法为主，地方配套的原则；三是改革完善了小型木质渔业船舶设计和修造企业资质认可管理办法；四是改革完善了小型渔业船舶船用产品的检验规定。

（九）强化了渔船检验技术支撑体系建设。为加强渔船检验业务建设，提高渔船检验质量和水平，创新渔业船舶设计、修造和检验技术，推广渔业船舶先进技术，培养渔业船舶优秀技术人才，构建平安渔业，促进渔业经济可持续发展，我们成立了中国渔业船舶检验技术委员会。技术委员会作为渔船检验技术咨询、技术论证的学术组织，根据渔船行业发展需要，提出渔船和船用产品技术工作的方针政策和技术措施的建议；审议渔船检验规则、修造规范、检验规程等草案；提出技术法规应用与等效措施意见；审议国际海事组织（IMO）会议有关渔船技术、渔船检验的提案、预案；承担渔船设计、建造方案的技术论证和重大海损事故的鉴定工作；承担渔船检验重大技术问题研究、技术论证与技术评估、科研项目的研究工作；承担渔船检验法规建设、国际公约、外国技术法规与技术要求的研究与交流任务。

（十）渔船标准化组织建设得到恢复和加强，对促进渔船标准化工作发挥积极作用。改革开放以来，渔船标准化事业伴随着我国渔船的发展进程，经历了不同的发展时期，渔船标准在引领我国渔船建造技术发展，促进渔船安全、管理水平的提高发挥了重要作用。渔船修造企业所有制改革及市场变化，使渔船的标准体系及标准化管理机制对渔船管理和技术进步的指导作用更为重要。2006年经国家标准化管理委员会批准，渔船标准化工作纳入渔船检验归口管理以来，我局在加强标准化组织建设的基础上，继续坚持服务、科学、法制的指导思想，围绕推广新技术、促进修造质量、充实检验法规等工作，积极开展渔船标准制、修订工作，重点加强渔船标准体系和发展战略研究。渔船标准化与渔船检验工作的紧密结合，初步显现出强化渔船标准指导作用的社会效果。

回顾30年渔船检验工作走过的历程，我们有几点深刻的体会：一是要把渔船检验事业的发展置身于我国渔业经济和渔区社会的健康和谐发展之中。渔船检验事业是服务于渔业、服务于渔村、服务于渔民的事业，只有坚持服务渔业，服务渔民，渔业发展了、渔区繁荣了、渔民富裕了，渔船检验事业才能健康发展。二是要把渔船检验事业的发展置身于国家船舶工业发展和渔船技术进步之中。渔船检验事业不但与“三农”紧密相关，而且与国家船舶工业的振兴和渔船技术进步紧密相关，科学技术是第一生产力，只有不断推进船舶科技进步，渔船检验事业才能健康发展。三是要始终坚持“安全第一，保证质量，方便渔民”的原则。渔船检验的根本宗旨是保证船舶具备安全生产条件，保障人命安全，防止污染水域环境。检验质量是生命线，只有不断加强渔船检验体制与机制建设，不断提升队伍整体素质，才是最好的发展，才是科学的发展，才能高质量的发展，才能不断提高检验工作的质量，才能推进渔船检验事业的健康发展。

二、当前面临的形势和任务

实践科学发展观，以人为本，构建和谐社会是我们当前的首要任务。构建和谐渔村，构建平安渔业对渔船检验管理提出了新的更高的要求。虽然我们在渔船检验法规建设、渔船检验管理、渔船设计、修造单位管理和机构验船师队伍建设等方面取得了一定成绩，但我们也还要清醒地认识到渔船检验事业面临着许多新形势、新情况和新问题，渔船检验工作如何适应新形势，探索新思路，求得新成效是摆在广大渔船检验管理者面前的一项既艰巨又紧迫的重大任务。

（一）渔船检验事业发展战略研究步伐与事业发展不相适应。中国的渔船检验事业经过了改革开放30年的快速发展，走出了一条具有中国特色的渔船检验发展道路。目前，年实检渔船数近60万艘，检验数量逐年增加。应该说，我国的渔船检验事业已进入了一个新的发展阶段。但是，量变并没有带来质的变化，检验质量和水平并没有因此而得到大的提高，渔船检验的发展与科学发展观的要求还有相当大的差距，与国际、国内的同行相比也有相当大的差距。需要我们站在新的历史起点上，用科学发展观的观点，用科学发展的理念，端正我们的指导思想，进一步理清发展思路，加强发展战略研究，进一步明确发展方向和目标任务。

（二）渔船检验机制建设亟待加强。随着我国社会主义法制建设进程的加快，依法行政的要求越来越高，而且渔业和渔船管理出现了许多新特点。但是，渔船检验机制与当前渔船技术发展和渔船检验的实际状况不相适应；技术法规还存在与当前我国渔业船舶的普遍技术状况不适应问题；检验管理制度、程序不完善或缺失的问题依然很突出；验船人员依法行政观念淡漠或缺失现象严重。要求渔船检验法制建设要紧跟时代步伐，做出新的调整和规范，完善配套法规、管理制度与程序，为渔业检验事业的发展创造更好的法制环境。

（三）渔船检验基础建设与监督管理能力存在薄弱环节。渔船检验机构作为渔业执法队伍之一，基础建设比较薄弱。一是基础设施条件和工作装备十分匮乏，缺少必要的管理手段和有效的技术支撑。二是现有验船人员与近百万艘渔船相比，比例严重失调，检验力量严重不足，检验工作量与现有检验力量之间的矛盾尤为突出。三是渔业船舶受检率和检验质量还不高，渔业船舶安全事故时有发生。全国近百万艘渔船，纳入检验管理的仅有 60 万艘，尚有 40% 的渔船没有接受法定检验，大量作业渔船存在一定的安全隐患。四是验船师队伍建设有待进一步加强。目前渔船检验部门干部的专业结构不尽合理，专业人才培养不够，缺少有造诣的专业技术带头人，干部能力、工作作风有待加强和提高，部门之间相互沟通协调不够。干部队伍建设的落后是制约我们事业发展的一大因素。

三、展望未来，振奋精神，开创渔船检验事业新局面

我国的渔船检验事业已进入了一个新的发展阶段。在经济全球化的时代背景下，国际社会高度重视渔船和渔民安全工作，为渔船检验事业的发展提供了一个较好的国际社会环境。要坚持以邓小平理论和“三个代表”重要思想为指导，坚持科学发展观和正确的政绩观，按照农业部党组的工作部署，坚持以科学发展观指导渔船检验工作，要强化渔船检验技术法规与检验机制基础建设，强化渔船检验体系建设，做好重要产品检验和渔船设计单位及修造企业认可管理工作，促进渔船检验受检率的提高，促进检验质量和水平的提高，进一步强化渔船检验工作的有效管理和行为规范，进一步促进渔船检验事业又好又快发展。

（一）强化渔船检验发展战略研究，提高渔船检验技术支撑能力。面对当前渔船检验事业发展的新形势，结合现代渔业的发展、船舶行业的发展、国际船舶安全技术的发展，从科技创新、安全质量等角度，谋划渔船检验事业的发展。开展对渔船检验发展方向性问题研究，着手研究渔船检验工作中长期发展规划，开展技术支撑体系研究，以建立渔船检验技术中心为目标，提高渔船检验技术支撑能力。

（二）着力抓好渔船检验技术法规与机制建设，着力提高渔船检验质量与受检率。随着我国社会主义法制建设进程的加快，依法行政的要求越来越高，需要对现行渔船检验法规、检验制度和程序进行全面、系统的梳理。按照“统一领导，分类管理，分级负责”的原则，在进一步建立和完善技术法规体系的基础上，统筹船检事业发展与现代渔业发展的关系，统筹船检技术进步与船舶技术进步的关系，统筹中国渔检与国内外船检的关系，科学地制订与完善技术法规，科学地制定出符合中国实际的保证安全、防止污染的基本检验项目及技术要求，科学地制定与完善检验机制，规范渔船检验程序，提高渔船检验质量，提高受检率。

（三）积极稳步推进体系建设。渔船检验机构要推行参照公务员管理，造就一支高素质的验船师队伍。目前，全国 771 个检验机构中纳入公务员管理的有 105 个，约占 13.62%；参照公务员管理的有 225 个，约占 29.18%；事业单位 44 个，约占 57.2%。渔船检验机构和队伍的现状，难以履行渔船检验及其监督管理职能。各地要积极配合渔政机构共同做好工作，一是要争取将渔船检验机构全部纳入或参照公务员管理，使船检机构和队伍能够更好地履行好国家法律赋予的职责，提高依法行政能力。二是要进一步强化验船师培训体系建设，建立和完善各项管理制度，建立多层次的培训制度，培养一支业务精通、一专多能的验船人员队伍。三是稳步推进注册验船师制度的实施，充分利用相关行业技术资源，加强渔船检验系统专家型人才的培训，建立干部双向交流挂职锻炼制度，努力培养一支既懂专业又懂管理的复合型干部队伍。四是要强化依法行政的观念转变，加强法律法规的宣传与培训，提升验船师依法行政、按程序执法的意识，树立渔船检验系统的整体形象。

（四）健全和完善渔船检验工作体制，建立科学的质量管理体系。我国渔船检验及其监督管理是一个条块结合、分级负责的体制，系统内部没有形成有效的管理机制。要在现代农业、现代渔业的发展中，在船舶行业发展中，在国际海事组织船舶安全技术标准新的要求与发展中，从科技创新、节能环保、安全质量等角度去谋划渔船检验事业的发展，逐步建立一套行之有效的管理体系，建立有效的内部技术管理质量控制体系，建立有效的应急技术响应体系，使得渔船检验的管理逐步达到国际公认的质量标准，保证技术法规的有效遵守与执行控制，保证所有的管理与检验工作都在有效的质量控制之下。

（五）加强渔船检验工作的基础建设。加快开展渔船检验执法基础设施规划的调查研究，强化基础建设与建设项目储备。加快渔船检验信息化建设，建立与完善渔船检验监督管理综合业务网络处理平台，尽快将渔船检验管理工作纳入中国渔政管理指挥系统中运行，做到全国渔船管理工作环环相扣，逐步完善渔船检验支撑体系建设。

（六）进一步完善远洋渔船检验管理制度。一是继续强化远洋渔船检验计划管理和推进远洋渔船境外检验管理工作，重点落实未检验远洋渔船的相关检验工作。要解决境外检验工作中因客观条件制约所产生的问题和矛盾，制定具体规定或指导要求；总结、归纳在境外检验管理中被证明行之有效的方法、措施和经验，形成管理规定，加以制度化；完善对验船师执行境外检验的监督管理。二是进一步完善远洋渔船检验情况通报制度，重点对全年度的检验情况、未检渔船情况及验船师境外检验执行情况进行通报，使远洋渔船检验管理工作公开、透明。三是加强引导远洋渔业企业在远洋渔船安全管理方面的质量保障体系建设。要在检验规定和要求中突出体现船东义务和责任，督促和引导企业建立或完善船舶安全管理制度，使企业的船舶安全管理工作落实在行动上和措施上。

（七）大力推进设计单位及修造企业资质认可管理工作，加大标准化工作的研究。对渔业船舶设计单位、修造企业实施认可监督管理，是对渔业船舶实施全程化监督、确保渔业船舶质量的重要环节，我们要在积极推进《船舶管理条例》出台的基础上，以已经发布实施的《船舶生产企业生产条件基本要求及评价方法》和即将出台的《船舶修理企业生产条件基本要求及评价方法》为法律依据。继续深入开展渔业船舶修造单位的资质管理，努力促进渔业船舶修造企业通过技术和资金的投入来提高生产能力和水平。推进企业特殊工种和重要技术岗位人员培训，完善渔船修造质量监控体系，加强对违规建造渔船的监督管理，严厉打击企业违规和违法修造行为。深入开展渔船标准化工作重大问题研究，积极争取和拓展渔船标准化投入，充分发挥企业在标准化工作中的主体作用，努力建立渔船标准化技术支撑体系，促进科学技术成果有效及时转化为技术标准。

（八）继续抓好船用产品检验管理工作。做好船用产品检验监督管理工作，是《渔业船舶检验条例》赋予渔船检验机构的重要职责。要做好渔船法定检验工作，必须要从船用主要设备和原材料抓起，没有产品检验工作做保证，船舶安全、质量就难以保证。要遵循“先认可，后检验”的原则，进一步规范船用产品生产企业工厂认可和型式认可工作，要通过加强对船用产品检验验船师的业务培训和监督管理，指导全国渔业船舶船用产品检验业务，全面完成船用产品受理检验发证任务，进一步推动装船使用的重要船用产品的国产化，大力提高产品的检验率，切实提高船用产品检验工作质量水平。

（九）积极参与国际渔船事务，加强国际交流与合作。在做好国内渔船检验及其监督管理工作的同时，要积极参与国际渔船安全事务，加强与国际海事组织（IMO）的沟通与合作，开展与有关国家和地区在渔船检验方面的交流与合作，继续推动加快我国加入《1993年托雷莫利诺斯议定书》的进程，在充分做好可行性研究的前提下，根据国际形势和国家外交政策，适时建议我国加入《1993 年托雷莫利诺斯议定书》。

（十）充分发挥技术委员会、标准化委员会及行业协会的支撑作用。一是强化技术委员会对渔船检验技术法规建设的技术支撑作用，充分发挥专业技术优势，开展专项研究。二是加强渔船标准化工作队伍建设和能力培养，加强渔船标准宣传和人才培养，为渔船标准战略的实施做好基础工作。促进渔船标准与现有法规的衔接，发挥标准化在管理工作中的作用。三是充分发挥渔船渔机行业协会的作用，充分发挥渔船技术发展与渔船检验的纽带和桥梁作用。

同志们，我国社会主义新农村建设已经进入了一个新的历史时期，给我们渔船检验工作带来了新的机遇、新的挑战，我们要抓住机遇、迎接挑战，发扬成绩，克服困难，再接再厉，为建设社会主义新农村、构建平安渔业，实现渔船检验事业的又好又快发展做出新的贡献。

谢谢大家！

贯彻党的十七大和十七届三中、四中全会精神，深入贯彻落实科学发展观

——2010年全国渔业船舶检验工作会议工作报告

（2010年3月30日）

同志们：

这次全国渔业船舶检验工作会议的主要任务是，进一步贯彻党的十七大和十七届三中、四中全会精神，深入贯彻落实科学发展观，按照全国农业工作会议和渔业工作会议部署，总结交流2009年的渔业船舶检验工作，研究分析当前面临的形势和任务，安排部署2010年渔业船舶检验重点工作。

下面我讲几点意见。

一、2009年渔业船舶检验工作回顾

2009年在农业部党组的正确领导下，在部渔业局和有关司局的关心支持下，渔业船舶检验系统广大干部职工按照科学发展观的要求，围绕中心任务，认真履行职责，为实现船检事业的发展目标努力拼搏、开拓创新，取得了积极成效。去年牛盾副部长在全国渔业船舶检验工作会上，高度评价了船检工作的地位和作用，对船检工作30年来所取得的成绩给予了充分肯定。同时，针对船检工作发展中的问题，提出了希望和要求。这对我们做好船检工作是极大的鼓舞和鞭策，进一步树立了我们做好船检工作的信心。

会后，各级渔业船舶检验机构结合当地工作实际，认真贯彻落实全国渔业船舶检验工作会议和牛盾副部长的讲话精神，全面谋划船检事业的科学发展，进一步明确了船检工作的目标和任务，确立了把渔船检验事业的发展置身于我国渔业经济和渔区社会和谐发展之中，把渔船检验事业的发展置身于国家船舶工业发展和渔船技术进步之中，始终遵循“安全第一，保证质量，方便渔民”的原则，全面提升渔船检验质量和水平的总体工作思路。以安全为核心，质量为根本，更加注重基础建设、队伍建设和规范管理，不断提高渔业船舶检验质量，实现渔业船舶检验事业的可持续发展。

（一）强化安全宗旨，为渔船安全生产提供保障

2009年是国务院确定的“安全生产年”，按照渔业安全生产“三项行动”和“三项建设”的要求，结合渔业船舶检验工作实际，我们着力加强了渔船安全技术支撑建设，扎实开展了船舶安全技术状况大检查，把渔业船舶安全生产工作作为落实科学发展观的具体行动切实抓实抓好，进一步促进了渔船安全技术状况的改善，进一步强化了渔船检验监督管理职

责，进一步理清了渔船安全技术状况存在的薄弱环节，为全国渔业安全生产形势总体稳定做出了积极的贡献。

一是加强研究，提供支撑。针对当前渔船安全生产中面临的新形势、新情况和新问题，结合现代渔业、船舶工业和国际船舶安全技术的发展，从科技创新、安全质量的角度，积极谋划渔船检验事业的科学发展，提出了以增强渔船法定检验执法能力、提高渔船检验工作质量和提升安全监管水平为目标，着手建立渔船检验技术支撑体系，形成了《渔船检验技术支撑体系建设研究（讨论稿）》。同时，启动了渔船防碰撞系统（AIS）、船机桨匹配等专项课题的研究，强化技术法规和渔船技术研究工作，为进一步提高渔船安全性能提供技术支撑。

二是明确重点，周密部署。为贯彻落实国务院安委会及农业部安全生产委员会要求，下发了《关于贯彻落实农业部2009年渔业安全生产活动工作方案的通知》和《关于开展渔船安全技术状况隐患排查治理和督促检查活动的通知》。各级渔业船舶检验机构切实加强组织领导，强化督查和治理措施，层层落实责任，把隐患排查治理作为渔业安全生产工作和推动渔业安全生产“三项行动”的重要任务，充分利用渔船伏休期间集中检验的有利时机，认真部署落实本辖区内渔船安全技术状况及重要安全设备隐患排查治理和督促检查工作，重点对渔船通导、救生、消防、信号等安全设备的配备和技术状况进行监督检查，做到深入现场，认真逐项检查，不走过场，不留死角，不留后患，确保检查质量。

三是严格督查，成效明显。为确保渔船安全技术状况隐患排查治理和督促检查取得实效，根据农业部安全生产委员会办公室的要求，及时开展了加强海洋渔船检验工作专项检查、渔船安全技术状况隐患排查治理和督促检查以及渔业船舶技术状况等3个专项大检查活动。派出4个督查小组深入10个省（区、市）所属的渔港、码头及船舶修造企业，通过听取安全检查情况汇报、与验船师和渔民座谈交流、检查档案资料、登船检查等形式，全面了解和掌握各地基本情况。通过检查，各级船检机构能够认真部署落实本辖区内渔船安全技术及重要安全设备隐患排查治理工作，广泛宣传，扎实工作，加强重点部位、关键环节的检查，督促工作落实，取得了阶段性成果。

（二）抓好技术法规建设，为船检事业可持续发展提供保障

渔业船舶检验工作是一项技术性强的管理工作。船舶检验技术法规能否与时俱进、切合实际，决定着船检工作能否可持续发展。

一是加强了对技术法规编写工作的指导。针对现行法定检验规则中存在的部分条款与实际情况不相符等问题，我局对沿海11个省（区、市）执行《渔业船舶法定检验规则》的情况进行深入调研，充分了解渔船现实状况，广泛征求对现行规则的意见和修改建议，并对国际渔船检验规则进行了修订。制定了《渔业船舶技术法规编写基本要求》，进一步提高了技术法规的编写质量。

二是加大了对规范小型渔业船舶检验工作的宣贯力度。2008年我局颁布了《内河小型渔业船舶法定检验规则》和《沿海小型渔业船舶法定检验规则》，为把小型渔业船舶检验管

理制度改革不断引向深入，使一线验船师更好地理解和掌握新规则，用好新规则，分别对沿海、内河小型渔业船舶法定检验规则进行了全面宣贯。

三是加强分类指导，进一步健全和完善小型渔业船舶检验配套规则。为健全地方小型渔业船舶检验管理配套规则，使小型渔业船舶检验规则更具操作性，出台了《黄渤海小型渔业船舶检验办法》。这是由山东、辽宁、河北和天津联合制定的第一个区域性检验办法，是对规则、规范中小型渔船有关规定的有益补充，对推动其他地方小型渔业船舶检验制度改革具有重要意义。

（三）抓好船检机构和队伍建设工作，为新时期船检事业发展提供保障

根据《“十一五”期间渔业船舶验船师队伍建设规划》的总体安排，我局进一步加强机构建设，全面开展验船师培训工作，努力造就一支秉公执法、勤政廉洁、熟悉法规、精通业务的高素质验船师队伍。

一是科学理顺检验业务。根据新形势下渔业船舶检验事业的发展和实际检验工作的需要，通过调研和广泛征求各级船检机构意见，对《中华人民共和国渔业船舶检验机构认可与管理规定》进行修改。完成了《渔业船舶检验机构业务核定与管理规定（征求意见稿）》。积极开展北太鱿钓渔船及辅助渔船检验业务委托的试点工作，受到了广大渔业企业和船东的赞同。

二是积极推进机构认可工作。截至2009年底，已完成了云南、内蒙古、安徽、四川、辽宁和福建等11个省（区、市）所属的市、县级机构共75家新机构的建立，开展了黑龙江、重庆、内蒙古共28家机构的复核换证，有力推动了省、市、县三级船检机构的建设，为开展船检工作打下了坚实的基础。

三是积极推进全国渔业船舶检验机构纳入或参照《公务员法》管理工作。经过各级船检机构的不断努力，此项工作已取得了一定的成效。目前已核定认可的机构806个，其中：公务员管理的机构97个，占总数的12.03%；参照公务员管理的机构286个，占总数的35.48%；事业单位管理的423个，占总数的52.48%。参照公务员管理的比例较2008年提高了6个百分点。针对目前个别省级机构还未解决纳入或参照《公务员法》管理的问题，我局下发了《关于加快推进全国渔业船舶检验机构纳入或参照公务员法管理的通知》，进一步推动了各地纳入或参公管理工作。

四是加大检验业务学习交流和培训工作。去年，我局派出有11个省（区、市）共29人参加的赴法国和德国进行渔船节能技术和验船师职业资格管理方面的培训。加大了检验人员上岗前资格培训考试工作力度，举办了6期验船人员上岗资格培训班，培训了811人。举办了首批船用产品检验资格培训班，培训了54人。指导各省开展检验技术和实际操作业务培训班20期，参加培训1227人。各省结合当地实际，创新培训方法，如江苏局以渔业船舶检验管理与发证、渔业船舶检验管理系统操作、渔业船舶检验技术要点等为主要培训内容，着力提高市县机构验船人员检验业务水平；浙江局抓住全省强权扩县的机遇，进一步理顺事权划分，积极做好县级机构建设和人员培训工作，着力提升检验人员的业务素质与能力。

五是开展渔业船舶检验监督管理系统（网络版）第一期项目建设工作。各省渔业船舶检验机构积极配合，在系统开发、测试中做了大量的工作。目前软件已基本满足交付使用的各项要求并通过初步验收，船检监督管理系统的完成是推进渔业信息化建设和规范管理的一大进步，得到了部渔业局的充分肯定。

（四）抓好重点渔船的检验管理工作

各地渔业船舶检验机构通过抓安全管理促进了各项检验业务的开展，将老旧渔船、休闲渔船、笼捕渔船、超量装载汽油出海生产渔船、养殖船及连家船等高风险性渔船列为“重点跟踪船舶”。加强了对老旧渔船的维修、改造及检验管理，加大了对笼捕渔船和鱿钓渔船的整顿力度，加强了对连家船的安全设备有效配备工作。同时，各地还分别从简化审批程序、规范审批流程、规范检验工作程序、抓好检验重点环节、明确验船师职责等方面入手，进一步增强了依法行政和服务渔民的能力。

2009 年我局继续加强对远洋渔船的检验管理。一是深入推进远洋渔船检验管理机制创新，建立了在申请远洋渔船境外检验的企业中开展船舶技术状况预检及自查制度。二是加强与部渔业局协调，进一步规范远洋渔船证书办理程序，完善管理制度，基本解决了多年来远洋渔船管理上存在交叉和相互矛盾的问题。三是继续加大对重点地区远洋渔船的监督检查力度。加强了对浙江等重点省份的北太鱿钓渔船检验的监督检查；组织山东、浙江两省船检局就新建专业鱿钓渔船船型推广和管理进行了专题研讨，重点研究了以缅甸渔业项目为代表的过洋性远洋渔船存在的双重检验管理问题。四是重点关注国家大型公务船建设项目工作的实施，多次赴建造现场对“南锋”号渔业资源与环境科学调查船和 2500 吨级载机渔政船的建造检验工作情况进行督查。参与南极磷虾探捕项目的实施，重点研究赴南极磷虾探捕项目渔船的检验要求和落实境外检验工作安排。五是认真落实远洋渔船检验计划管理，加强境外检验管理。2009 年我局共办理 31 个出国检验团组，境外检验船数 669 艘次，比 2008 年增加了 13.6%，占全年远洋渔船检验工作量的 56.8%。检验工作方便了企业，节省了开支，得到了企业的认同和支持以及驻外使馆的肯定，取得了良好的社会效益。

我局在香港流动渔船的委托检验工作中，通过每年的定期会议制度，进一步规范了香港渔船委托内地检验业务，促进了双方有关政策法规的有效落实，加强了地区间技术交流与合作。2009 年广东船检局完成了 106 艘次香港流动渔船的委托检验，通过委托定期检验的示范、制定香港钢质和木质渔船委托检验工作指南、委托检验宣传和粤港渔船检验交流等工作，不仅使两地验船师在渔业船舶检验各个环节进行了充分的技术交流，也使香港渔民了解了申请检验的程序和检验收费标准，体验了检验项目及检验要求，感受到了内地验船师的检验质量和水平，此项工作得到了委托方香港海事处的高度评价。

在具体检验工作中我局还积极搭建沟通交流平台。在福建省组织了沿海小型渔业船舶检验现场交流会，在山东省组织举办了“南锋”号渔业资源与环境科学调查船检验现场交流会，采取省际配合协作、以老带新和解决实际问题的方式，加深了验船师对检验规则、规范和规程的理解，提高了解决检验业务实际问题的能力。

（五）强化重要船用产品检验管理工作，进一步提升产品检验质量

一年来，各级渔业船舶检验机构高度重视产品检验工作，进一步提升了产品检验质量。

一是为规范渔船用柴油机检验管理工作，统一全国柴油机型谱审核工作，更好地指导验船师实施渔船用柴油机型谱审核，颁布了《渔船用柴油机型谱审核须知》，并进行了集中宣贯。印发了《关于加强渔船用柴油机型谱审核检验管理工作的通知》，对各省柴油机型谱审核验证工作进行了安排部署。

二是为进一步加强对渔业船舶船用产品认可工作的管理，下发了《关于加强渔业船舶船用产品认可工作的有关问题的通知》，指导各省落实全国船用产品检验认可率每年提高5个百分点分解考核目标的要求，已连续三年公布了各省船用产品检验认可率。2009年全国共完成船用设备类产品检验50万台件；受理检验的企业共622家，取得认可资格的有326家，认可率达到了52%，实现了2009年达到50%以上的目标。

三是在2007年、2008年连续两年对Y型、YJ型气胀式救生筏监督抽查后，2009年对全国6家A型气胀式救生筏、4家静水压力释放器生产企业进行了集中质量抽查，召开了质量分析会，印发了《关于加强渔船用气胀式救生筏检验管理有关问题的通知》，进一步规范了全国渔船用气胀式救生筏检验管理工作。

（六）加强监管，严格标准，打击违规造船

渔业船舶设计单位和修造企业资质认定是渔业船舶安全管理的一项基础性工作，对规范渔业船舶设计修造市场，提升我国渔业船舶安全质量和技术水平以及有效落实船网工具指标控制政策具有重要意义。2009年，我局在全国推行渔船建造企业新的认可标准，为提高企业的规范化管理发挥了积极作用，同时加强了渔船设计和修造企业认可标准的制定工作，为下一步工作打下了良好基础。去年全国取得渔业船舶修造企业资质认可的企业1289家，其中建造类企业796个，修理类企业493个。

各地渔业船舶检验机构依照严格审批、逐步提高准入标准和条件的原则，创新工作方式，健全工作机制，全力推进修造企业专项整治，加强对渔船修造企业的监督管理，严把渔船修造企业资质审批关。如辽宁局开展了3次违规造船专项检查活动，对没有审批手续的船厂责令其停工；江苏局召开船厂工作会，进一步明确了船厂是渔船修造质量的责任主体；浙江局开展了为期45天的自查和抽查相结合的修造专项整治活动，对其中5家违规船厂提出整改要求，对2家船厂做出暂停资质处理；广东局着力构建严打机制，建立健全了质检员协检制度和省、市、县三级巡查机制，对29家非法修造厂进行了清理，对违规建造的21艘渔业船舶进行了查处，并将有关处理情况及时向当地政府做了报告。

（七）加快渔船节能减排和标准化研究，为实现渔船技术进步和现代化的发展目标服务

渔船节能减排是渔业节能减排的重点，也是农业节能减排的大户，部渔业局领导对此项工作十分重视。按照部渔业局的要求，一年来，我局加强渔船渔机节能减排和渔船标准化研究，积极引导和推动渔船节能减排工作的开展。一方面，积极同有关科研院所合作，重点开展了节能船型研究、渔船主机节能机型筛选、螺旋桨研究、齿轮箱选配等工作，加快了渔船节能降耗项目研究进度。同时，按照“安全、经济、环保、节能、适用”的要求，加大节能技术、政策的研究和宣传推广工作，就我国推广玻璃钢渔船提出规划草案。各地也积极开展标准化渔船设计及推广应用工作。如山东局将渔船标准化分为渔船船型标准化、木质渔船玻璃钢化、大型渔船冷冻化、渔船网具标准化等四个部分，拟定了《渔船标准化改造工程规划》；上海渔业船舶检验局积极推进了标准化海洋捕捞渔船的建造，首批 10 艘上海市标准化渔船正式投入生产，在航行速度、安全系数、优化渔船生产居住条件和节能增效等方面积累了丰富的资料；浙江局完成了 4 个拖虾渔船标准船型、4 个拖网渔船标准船型的优化设计，并通过专家评审。

特别是在部渔业局和有关单位的支持下，我局充分发挥中国渔船渔机渔具行业协会的作用，积极落实农机具购置补贴政策，继 2009 年将水产养殖机械纳入农机补贴后，又将养殖网箱、织网机等产品纳入 2010 年农机推广目录，船用机械的农机补贴工作也在积极地规划研究。

回顾一年来的工作，渔业船舶检验事业取得了长足发展，这些成绩是在我们积极应对国际金融危机等诸多不利因素下取得的，这是农业部党组和各级渔业行政主管部门正确领导的结果，是各级渔业船舶检验机构努力奋斗的结果，是全系统干部职工辛勤工作的结果。在此我代表部局向全系统广大干部职工表示衷心的感谢！

通过近几年的努力，船检的规模（机构、人员）上了一个新的台阶，有更多的渔业船舶纳入了检验管理，渔船检验率也稳中有升。但是，随着渔业船舶安全监管形势的发展和检验要求的不断提高，我们检验队伍和技术力量与检验工作量之间的不匹配状况，还将长期制约船检工作的发展，我们的渔船检验质量和水平还有较大的提升空间，我们的发展还很不平衡，与国际和国内同行相比还有一定的差距。我们的技术法规和技术标准的制修订工作相对滞后，特别是渔船检验高层次人才队伍建设方面还没有取得令人满意的成绩，提高验船师队伍整体素质的任务还相当繁重和艰巨，这些都需要我们坚持不懈地加以研究和解决。

二、全力做好 2010 年渔业船舶检验工作

2010 年是实施“十一五”规划和 2007—2010 年全国渔业船舶检验事业发展目标的最后一年，也是应对国际金融危机、谋划“十二五”发展的关键之年，我们必须继续坚持以科学发展观统领工作，围绕农业部“两个千方百计”“两个努力确保”的工作目标，以安全为核心，紧紧抓住检验质量这一船检工作的生命线，牢牢把握队伍建设这个船检工作的根本，转变作风，狠抓落实，力争圆满完成“十一五”的各项发展目标和任务。具体要做好以下几方面的工作：

（一）积极争取主管部门的支持，努力推进船检事业发展

当前，各地都在开展“十二五”渔业规划的研究、编制工作。各级渔业船舶检验机构

要抓住编写“十二五”规划的有利时机，积极取得渔业行政主管部门的大力支持，将船舶检验融入渔业安全的范畴当中进行谋划，以获得政策、法规体系建设以及执法保障项目等方面的关注和支持，为船检事业又好又快发展提供保障。

目前，806 个渔业船舶检验机构中有大多数机构的定性和经费问题还没有完全解决，与依法行政的要求还有较大差距，还难以适应渔船检验事业发展的要求。我们要进一步加大工作力度，加快推进全国船检机构纳入或参公管理工作。

（二）加快推进法规建设进程，进一步夯实工作基础

今年，我局要抓紧制定一批新法规，及时修改一批现行法规。重点将完成《国际渔船法定检验规则》《国内渔船法定检验规则》《船用产品法定检验规则》《沿海及内陆小型渔船法定检验规程》和《2011—2015 渔业船舶检验立法规划》的制修订和颁布工作。加强对地方配套法规建设的指导，督促各地按照规则要求建立地方配套检验办法，争取各地在 2010 年底完成配套检验办法。各级渔船检验机构要结合当地实际抓紧制定渔船检验的具体办法和检验技术要求。

（三）全面启动注册验船师考试认定工作，保证注册验船师制度的顺利实施

2010 年，我局将全面启动注册验船师考试认定工作，重点是完善配套措施，制定考核办法和注册管理办法，力争向注册验船师平稳过渡。一要完成考试大纲、考试复习指南审定印发工作。二要做好考试题库研究编写工作，确保考试题库编写科学合理。三要完成第一次考试认定工作。

各级渔业船舶检验机构要高度重视注册验船师考试认定工作。第一，按照《注册验船师（渔业船舶类）资格考试认定办法》的要求，积极主动与渔业行政主管部门沟通汇报，做好注册验船师制度宣贯工作，做好在岗转制验船师资格的材料审查、上报和考试认定工作。第二，重点做好在岗转制验船师培训工作，制定切合实际的验船师培训计划，全面推动验船师培训工作的开展。第三，确保培训工作资金到位，力争将培训工作纳入正常的经费预算，确保现在岗验船师顺利通过考试认定，取得相应级别任职资格，确保船检工作不受影响。

（四）继续开展船舶技术状况大检查，为“平安渔业”建设提供有力保障

各级渔船检验机构要继续认真贯彻落实《国务院办公厅关于加强渔业安全生产工作的通知》精神和农业部安全生产委员会工作要求，围绕“平安渔业”示范县创建活动，加强对高危渔船、重点跟踪渔船及老旧渔船等的分类研究和管理，全面掌握渔船现状，全面提升渔船检验质量。以全面掌握渔船技术状况及研究提高渔船安全技术状况水平为主线，以规范渔船检验管理，有效促进渔船检验质量提高和船舶技术状况改善为主要目标，按照“统一领导、分片实施”的原则和“自查与交叉检查相结合”的方法深入开展渔船检验工作质量大检查活动，从渔船及其重要船用产品的检验工作程序、检验工作质量、检验监督管理及船舶修造企业的监督管理等方面着手，对渔船的检验工作情况进行一次全面的检查。各级渔业船舶检验机构要充分认识开展大检查活动的重要性和紧迫性，把大检查活动作为当前做好渔船检验管理工作的重要任务来抓实、抓好、抓出成效。

各级渔业船舶检验机构要加强对现场检验工作的指导和监管力度，进一步完善工作流程和工作制度，明确各岗位职责，杜绝执法尺度不一致的现象，做到每道程序、每个环节都客观、公正和依法办事；严格执行法定检验规则和检验管理的有关要求，加大对各项工作的落实力度。组织验船师积极参加各种形式的交流学习活动，不断提高验船师履行法定检验职责的能力和水平。

同时，我们还要做好远洋渔船技术状况和基本情况的调查、研究和分析，为逐步建立远洋渔船检验风险控制机制和为远洋渔船装备水平发展提供技术支撑打好基础。要对国内船长大于 24 米的海洋捕捞渔船技术状况和基本情况进行调研，形成质量分析报告。要把内河连家船数量、技术状况调查清楚，做到数据准、情况明，为渔民安居工程服好务。

今年，我局将结合南海所“南锋”号渔业资源与环境科考船和南海区渔政局 2500 吨载机渔政船的首航活动，组织沿海各地的远洋验船师就两艘大型公务船建造及检验工作进行总结和现场交流，进行实船观摩、学习和业务研讨，从船检部门的角度分析、总结经验，查找这两艘船舶在建造和检验工作中存在的问题和不足，为渔业行政主管部门今后的决策提供技术支撑和参考依据。我局还将重点在远洋渔船境外检验工作中推进船舶技术状况的预检及自查，请各级渔业船舶检验机构积极配合做好宣贯及具体的落实工作，帮助远洋渔业企业建立船舶质量管理体系。

（五）进一步做好重要船用产品检验管理工作

船用产品检验是保障渔船和渔民生命财产安全的基础，我们要认识到提高船用产品受检率和检验质量是做好渔船检验工作的重要指标。着力提高重要船用产品检验质量，保障渔业船舶航行和作业安全。

一要做好产品生产企业认可工作。目前，有些地区船用产品认可率还较低，一些船用产品长期处于个别检验状态，既不利于产品检验质量的提高，又影响了上船船用产品质量的稳定，同时也增加了验船师的责任和工作量。今年，各省渔业船舶检验机构要加强对船用产品检验工作的领导，确保重要船用产品必须完成认可工作后才能开展日常检验，确保产品认可率 2010 年达到 5% 的目标。

二要配合做好渔业安全监管信息化工作。重点做好船位监控系统、渔船自动识别系统、渔船新型对讲机等安全设备的检验工作，同时要加大对船位监控和自动识别系统等设备标准的研究，确保渔船安全和管理信息设备的质量。

三要对船用产品检验类别、型号进行认真梳理，根据船用产品行业现状和检验力量实际，抓好重点产品检验。要组织专家对全国渔船用柴油机型谱进行审定，发布全国渔船用柴油机型谱表，要共同把好柴油机出厂检验关，规范船用柴油机检验管理，特别是主机功率检验管理工作。

（六）严格设计修造企业的考核工作，把好船舶修造质量关

今年，我局将重点加强渔业船舶修造企业的认可现场考核工作。一是严肃认可管理制度，促进企业技术能力和质量意识的提升。二是通过严格的现场考核工作，衡量我们现有审核人员的业务能力和现场考核真实水平，找出差距，促进提高。三是结合实际找出我们在认可管理工作中存在的问题，对今后相关法规、标准和管理工作的完善提供科学依据。各省级渔业船舶检验机构既要做好本地区修造企业的材料审查和现场考核工作，还要抽出人员参加其他地区的企业考核工作，保证现场考核工作的覆盖面。

近期，无“船网工具指标”建造渔船现象时有发生，有些地区可能没有完全反映出来，但不等于没有。对这类事情的处理，我局的态度是决不能姑息，要按国家法律规定履行好职责，一旦发现问题要及时向渔业行政主管部门报告，同时坚决不予受理检验。

（七）着力推进渔业船舶节能减排和标准化工作，促进渔船现代化建设

哥本哈根世界气候大会后，世界目光集中在我国碳排放行动上。作为一个渔船大国，我国现有渔船相对老旧，能耗高，渔船废气排放、废油和废水处理回收设施配套不足的问题还普遍存在，渔船节能减排的任务相当艰巨。我们要树立环保意识，各级渔船检验机构应主动配合好渔业行政主管部门开展节能减排的相关工作，发挥好船检部门应有的作用。要把握船舶技术发展方向，积极参与渔船标准制修订工作，进一步推动船型优化工作，逐步在全国范围内推动开展专业化船型研发和设计工作，为渔船技术进步发挥应有的作用，促进渔船现代化建设。

我部农机化司对部渔业局提出加大渔机购置补贴的建议非常支持，而提出可行的渔机购置补贴目录是关键所在，我局将积极配合部渔业局，认真研究渔业船舶节能减排措施，跟踪分析节能产品应用情况，提出工作思路，积极做好补贴目录的推荐工作。中国渔船渔机渔具行业协会和各省渔机行业协会也要做好节能减排和渔机具补贴的政策研究工作，帮助企业做好申报前的准备工作，推动节能高效的产品纳入农机补贴目录中。

（八）加强自身建设，切实提高服务渔业的能力

面对新形势、新任务和新要求，各级渔业船舶检验机构要切实加强自身建设，增强全局意识和责任意识，树立良好的政风行风，不断提高科学判断形势的能力、把握发展规律的能力、解决突出问题的能力、突发事件应急处置能力和政策措施执行落实能力，进步增强服务“三农”、服务“渔业”的能力，准确掌握一线情况、基本数据、基础材料，深入调研，集思广益，探讨对策，努力找准开拓创新的切入点和突破口。

一是进一步加强船检队伍作风建设。牢固树立服务渔业服务渔民的理念，转变工作作风，抓好各项工作的落实和监督，提高工作的执行力。我局将结合渔业文明执法窗口创建活动和船检先进单位评选活动的开展，努力构建一支与现代渔业建设相适应的船检队伍。

二是加大对现有人员的教育培训力度。鉴于目前各地人员交流轮岗不断变化和船检干部

队伍的新发展，必须做到交流干部和业务培训两手抓，使船检工作更加符合时代发展进步的需要，保持船检队伍的相对稳定，保证船检工作的正常开展。要深入推进惩治和预防腐败体系建设，严格遵守廉政纪律和工作纪律，树立良好的船检形象。

三是进一步做好信息宣传工作。充分利用船检网络，及时反映工作动态和重点、热点、难点问题，把紧扣各时期中心任务作为信息宣传工作的着力点。目前各级船检机构领导都非常重视信息宣传工作，信息报送数量呈逐年上升，希望继续加强对信息宣传工作的领导，努力为信息员创造条件，进一步提高信息宣传工作质量。今年我局将出台《渔业船舶检验信息宣传管理办法》，加大信宣传工作的指导力度。

四是进一步做好渔业船舶检验监督管理系统（网络版）的建设工作。按照农业部办公厅《关于加快渔船检验数据库建设推进海洋渔船动态管理系统应用的通知》要求，加快国内海洋渔船检验数据清理及整合工作，进一步推进渔船动态管理各部门间的相互衔接。希望沿海各渔业船舶检验机构加强组织，积极配合，加大数据清理与系统推广力度，力争在今年上半年完成国内海洋渔船检验数据整合导入和系统启用工作。

五是加强对渔业船舶检验收费改革政策的研究，结合渔船检验工作实际情况，落实好支渔惠渔政策。加大对渔船监督检验检测装备的使用管理，防止出现闲置和浪费现象。

最后我想谈谈建立质量管理体系方面的工作。为了进一步加强渔船检验机构的内部管理，规范检验工作程序，提高船检质量，提升管理水平和可持续发展能力，我们将引入国际上质量管理的先进理念，在沿海省级渔船检验机构逐步建立和实施渔船法定检验质量管理体系。今年将在具备一定基础条件的个别省进行试点。

同志们，2010 年渔业船舶检验工作任务艰巨而繁重，我们渔业船舶检验系统的全体同志要识大局、谋发展、促和谐，坚决贯彻落实全国农业工作会议和全国渔业工作会议精神，把部党组的决策部署落到实处。振奋精神，齐心协力，迎难而上，扎实工作，切实增强机遇意识、忧患意识，提升船检系统的凝聚力、战斗力和服务“三农”、服务渔业的能力，为我国渔船检验事业的可持续发展和渔业安全生产做出新的更大的贡献！

加强学习打基础，科学谋划促发展

——2011年全国渔业船舶检验工作会议工作报告

（2011年4月12日）

尊敬的牛部长、各位领导、各位代表、同志们：

刚才，牛盾副部长做了重要讲话，牛盾副部长在讲话中回顾了“十一五”渔船检验事业的主要成就，深入分析了渔船检验事业面临的新形势，明确了“十二五”时期渔船检验事业的发展思路与方向，提出了贯彻落实党的十七届五中全会精神，提升渔船装备水平、推动现代渔业建设的要求，赵兴武局长对船检工作发表了热情洋溢的讲话，我们要认真学习、深刻领会、全面贯彻落实。下面根据会议安排工作，作渔船检验工作报告。

一、2010年渔船检验主要工作回顾

2010年在农业部党组的正确领导下，在有关部门的关心下，在部内有关司局的指导下，在各级渔业主管部门的支持下，全国渔船检验系统广大干部职工认真履职，共同努力，紧抓“十二五”规划期，认真谋划渔船检验重点工作思路，全面推进渔船监督检验工作，取得了好的成效。

（一）围绕平安渔业建设，全面开展渔船检验质量大检查

按照国务院办公厅及农业部办公厅关于渔业安全生产的总体要求，围绕平安渔业建设，全国渔业行政主管部门及其渔船检验机构结合渔船及船用产品监督检验工作，开展检验质量安全大检查。一是对老旧渔船等适航状况差的船舶，从抓检验工作程序、检验工作质量及船舶修造企业的监督管理入手，通过自查、交叉检查与重点督查，营造良好的渔业安全生产氛围。各地根据实际，落实检验监督管理负责制，广大验船师入渔区、上渔船、进鱼舱、钻机舱，扎实开展大检查活动。山东、江苏、福建、河北、广东等地通过渔船安全黑名单制度、检验防伪标识、渔船拍照存档等措施创新了技术安全监督管理方式，有效提升渔船检验工作管理水平；浙江、辽宁、广西、上海、天津等地针对渔船老旧、碰撞事故高发的现状，制定整改措施，逐船提出整改意见，巩固安全隐患排查和检查工作成效。二是在全国开展渔船海上通信设备质量抽检活动，抓好渔船安全设备检验质量关，推动渔船船用产品质量监督上台阶，促进船用产品抽检检测制度形成。江苏在抓好渔用救生筏配备工作的同时，以3·15消费者权益保护日为契机，对全省渔船用救生设备等产品实施质量突击抽查，净化了渔船用产品市场环境，提高了渔船用产品的质量；海南严把安全设备上船检验关，对政府补助配备的“北斗海洋渔业船载终端”和救生筏进行了全面摸底

排查，确保渔船设备安全有效。

（二）集思广益探索新思路，科学谋划新时期船检发展

为认真谋划新时期船检工作，我局紧紧抓住“十二五”规划期，广泛开展调研工作，积极听取意见和建议，集思广益，进一步理清工作思路。一是组织召开“十二五”渔船检验装备建设规划编制座谈会，与全国船检系统的专家共同商讨船检发展思路。编制了“十二五”渔船检验装备建设规划，拟定了国家区域性渔船监督检验中心和分中心以及国家级和重点区域渔船用产品检测中心的建设内容，初步规划了渔船监督检验体系布局和船用产品检验检测体系布局。在渔业局、财务司和计划司的大力支持下，渔船检验装备基础规划已经列入国家渔政渔港基础设施建设规划中，目前正向有关部门协调积极争取。二是召开了部分沿海渔船检验局长座谈会，认真分析船检工作当前面临的新形势和新问题，特别是现代渔业建设和船舶工业发展对船检工作提出的新要求，对“十二五”期间渔船检验发展思路进行了探讨。三是联合9所国内知名船舶、海洋院校以及部分渔船科研、设计、装备制造单位在北京举办了“渔船安全与节能工程研讨会”。此次研讨会为全面客观评价我国渔船安全技术状况，深入研究我国渔船节能技术，推进渔船装备现代化建设从理论上做了有益的探索。四是积极开展渔机具产品纳入国家农机补贴推广目录工作。在渔业局和财务司的直接指导下，充分发挥中国渔船渔机渔具行业协会的作用，多次组织专家学习研究农机补贴政策，分析论证渔机具产品纳入农机补贴的重点和方向，并在广泛调研的基础上，提出了建议纳入补贴目录的一揽子方案。在我们的共同努力下，此项工作已取得较大进展。2010年底农业部在过去水产养殖机械纳入补贴的基础上，新增了“渔业捕捞机械”“水产品初加工机械”及“渔船用油污水分离设备”共计9个品目，列入了《农业部2011年农机购置补贴机具种类初定范围》，指导各省在农机购置补贴中落实惠渔政策，让渔民得实惠、企业得效益、政府得民心。五是组织系统专家研究制定了标准渔船船型评价推广工作方案，充分论证开展船型评价推广工作的可行性、可操作性，为船型标准化工作奠定扎实的理论基础。同时各省也积极谋划船检事业发展，浙江编制了“十二五”船检事业发展规划，并将渔船检验装备建设纳入了省海洋与渔业执法装备和渔业安全生产基础设施建设规划之中，为提升全省渔船检验能力和渔船装备水平打下了良好的基础。

（三）加强队伍建设，提升履职能力和服务水平

加强全国船检系统队伍建设，提高队伍技术监督的能力和公共服务的水平，是部领导对船检队伍建设工作提出的要求。一年来，全国各地采取各种措施加强队伍建设，2010年共培训了337名船检人员，提高了技术监督管理水平。

一是我局与山东局、辽宁局联合在山东省举办了一期上岗资格培训班。此次培训突出了渔船检验技术监督和行政管理特点，既有理论基础、检验实操，又有现代船舶工业、船舶检验技术，并首次采用计算机无纸化考试，为以后大规模上岗资格培训探索了有益经验。沿海部分省市检验机构和我局同志取得了验船师上岗资格。二是与交通运输部船级社合作在上海举办渔船检验管理高级研讨班。通过部委间联合开展培训的形式，相互借鉴交流，达到促进验船师培训和检验管理工作相互促进、相互提高的目的。三是抓住“中国渔政 310”载机渔政船、“南锋”号资源调查船新建检验以及亚洲最大的“维多利亚”号进口检验的机会，适时组织中高级验船师进行现场交流，提高检验技术，提高了船舶检验技术监督的能力。

广东采取直接从船舶修造企业和设计单位中招聘中高级专业技术人才的方式，引进高端船检专业人才。广州市实行请进来、走出去的国内技术交流模式，选派骨干验船师上派挂职、下驻基层检验站交流学习，有效提升验船师综合素质。山东、辽宁等省十分重视验船师培训机构建设，建立了专门的培训基地和教学实习基地。江苏积极组织初级验船人员上岗资格和检验业务培训，有效地缓解了市县机构验船技术人员配备不足的矛盾，实现了全省检验人员持证上岗。内陆船检机构则通过互帮互学，达到了相互促进、共同提高的目的。

（四）推进法规建设，突出强化规范的适应性

按照国务院清理规章规范性文件工作要求，针对非法造船和渔船建造质量低的严峻形势，农业部及时修订了《渔船修造厂认可办法》（该修订办法已由 2010 年第 11 号部令公布实施），办法强调渔船修造企业要按照国家标准要求，不断提高渔船修造能力和技术水平，明确了渔船修造企业的权利和义务，强化了法律责任，加大了监管处罚力度。同时对渔船检验适用的国内法以及多部国际公约、议定书进行了梳理，进一步清晰了国内法国际法中涉及渔船检验的法定职责。江苏、上海积极推动人大立法，分别出台了渔港渔船管理条例和办法。江苏省人大通过的条例中首次规定了加大扶持渔船改造升级的内容，并明确提出了渔船和安全生产装备财政补贴的具体要求，为江苏省“万船改造”计划提供了法律保障，也为全国提供了宝贵经验。重庆、广西、江西、甘肃创新小型渔船检验管理制度，相继出台小型渔船检验办法等地方性规章文件，渔船安全技术保障水平不断提高。

（五）加强渔船标准化工作，努力探索渔船节能措施

2005 年全国渔船标准化技术委员会恢复工作以来，渔船标准体系建设得到进一步完善和发展，渔船渔机标准项目研究和制订工作重新起步，渔船标准化在船舶标准化和渔业标准化建设工作中所处的地位得以确立。在渔船船型标准化工作中，上海按照抓规范、抓质量、抓进度、抓评估的“四个抓”的工作要求，大力推进渔船船型标准化项目建设。2010 年已完成 16 艘标准化渔船的建造任务，在全国渔船船型标准化工作中起到了示范和引领作用。山东把实施渔船标准化改造作为 2010 年的重点突破性工作之一，制订了《山东省渔船标准化改造工程规划》，致力于淘汰老旧渔船及高能耗木质渔船，推广节能型玻璃钢渔船，已建造出了 2 艘标准化玻璃钢渔船，渔船标准化改造工程取得了实质性进展。浙江对北太鱿钓渔船等 6 大系列 23 个主要船型进行优化设计，公布了标准化船型并向渔民、企业推广应用。为完成浙江渔业节能减排任务，浙江省开展了海洋渔船节能技术宣传培训活动，向渔民发放《海洋渔船节能技术宣传手册》，受到渔民群众的欢迎。广西局与渔轮厂联合研发推广了适合南沙生产的双甲板单拖渔船，解决了开发南沙的渔船船型和方式难题，企业造船出口也首次取得了订单。重庆针对三峡库区渔船安全现状，积极研发标准船型，并经市政府专题会议决定，对将按照渔船标准船型建造改造的给予30%～40%的补贴列入农机补贴项目。

在渔业节能减排方面，近几年来水科院渔机所通过对捕捞、养殖、加工等产业的能耗进行研究，开展了大规模的翔实调查，科学论证出我国海洋捕捞渔船的耗能占渔业总能耗的66%的结论，如果再加上渔业运输船和未纳入管理渔船，渔船能耗保守估计也要占渔业总能耗的80%。这项研究为今后我国渔业节能减排工作明确了方向、确定了重点，也说明了渔船装备改造及检验管理的重要。

（六）深化渔船设计修造单位资质管理工作，严把渔船安全生产源头

2010年对渔船修造船厂和设计单位加强了技术监督和服务，开展了渔船修造企业特殊工种培训和资质清理工作，严格了资质审批。尤其“11·15”上海特大火灾事故发生后，电焊工无证作业、防火材料不达标等问题引起了国务院高度重视，我局及时下发了加强渔船修造及安全监管的紧急通知，并于2011年元旦前派出6个检查组分赴全国10个重点省市，开展渔船修造企业技术监督和检查，落实国务院火灾隐患大排查、大整改要求，严防渔船修造企业重特大火灾事故的发生，确保了“两节”“两会”期间渔船修造企业安全生产。中国渔船渔机渔具行业协会举办首期中级渔业船舶电焊工技术培训班，对焊工技能进行考核发证，启动了职业资格鉴定工作。山东建立了修造船企业管理预警、检查和举报制度，广东推行造船厂质检员协检制度，江苏严格船舶设计图纸审查，辽宁加强资质现场考核，河北、广西、海南则对无资质、超资质和违规修造渔船的企业进行专项检查，安徽联合省国防科技工业办公室共同下发了《关于加强船舶企业设计和修造渔船规范管理的通知》，明确了技术监管职责。在渔船修造企业资质管理工作中，各地创新工作方法，有效提高了渔船修造质量，推动了修造船企业的技术进步。

（七）推进远洋渔船检验管理创新，完善检验工作机制

在实施远洋渔船检验计划管理的基础上，各省积极配合我局组织实施远洋渔船检验工作，探索建立政府服务境外延伸平台，全年派出41个境外检验团组，开展集中检验，做到企业渔民、政府部门多方满意，切实增强了境外检验点支撑作用，完善了远洋渔船检验管理工作机制，不断提高远洋渔船检验工作质量。一是组织开展远洋渔船船舶技术状况预检及自查活动，推动企业建立健全质量管理体系，切实落实远洋渔船安全生产的主体责任。二是检验服务进企业，年初把检验计划发送给远洋企业，使企业更清楚地掌握所属船舶所在检验计划情况，合理安排检修。三是以建立检验质量保障机制、检验结果可追溯制度为重点，强化远洋渔船现场检验监督管理，使检验与服务贯穿于船舶生产作业全过程。四是对朝鲜东海岸

作业及北太鱿鱼钓船渔船检验的试点改革工作，统筹协调、以省为主、监督服务。去年，广东、山东分别完成了历时多年的“中国渔政 310”船、“南峰”号资源调查船、大型拖网渔船检验任务，既锻炼了检验队伍增长了才干，又为维护国家海洋权益和拓展资源空间作出了贡献。

另外，2010 年我局加强了机关党政建设。借此机会，我向大家简要通报我局党员领导干部民主生活会的情况。为开好此次党员领导干部民主生活会，部领导和机关党委、人事部门以及我局领导班子每个成员都非常重视，会议开的有成效。特别是这次向有关单位征求到 117 条书面意见和建议，包括各省渔业行政主管部门及其船检机构都非常真诚地提出了很多宝贵的意见和建议，总体上是建议多、意见少，表扬多、批评少，而且都是从事业大局和长远发展出发提出来的，这次大家积极与会就是对我们事业的关心和支持，这些都对我局领导班子的关心和信任，也是对我局领导班子的鼓励和鞭策，在此我代表我局领导班子向大家表示衷心的感谢。为此我局认真研究了整改措施，共同抓好落实：

一是针对加强宏观战略研究、加强对各省工作的指导，具体检验审批可多委托的建议：我局提出要进一步明确国家局的工作定位，认真梳理各项工作，切实把工作重点转变到抓宏观、抓调查研究上来，加强对船检事业发展战略和方向性问题的研究，加强船检事业发展思路和规划研究，改革完善行政审批工作，具体检验审核发证尽量委托，重心下移，把精力放在组织规划、技术规范、协调指导和监督落实上。

二是针对少开会、多解决问题的建议：我局提出了要建立机关内部管理制度，精简会议和文件，强调多调研，少开会，提高会议质量，提高文件质量，增强针对性和实效性。领导干部要以身作则带头转变工作作风，要走出去、多交流，向有关部门多学习、多沟通、多汇报，争取支持；要接地气、下基层，多听取意见，多总结经验，多为基层着想，多为基层服务。通过学习，促进思想转变和作风转变，增强服务意识，为行业发展搭建平台，形成协调沟通的联动机制。

三是针对要发挥牵头、引领作用的建议：我局提出了立足本职岗位、服务船检事业的创先争优主题，进一步增强领导班子的凝聚力、战斗力，局班子、各处室和全局同志都要谋划本职工作，做到有目标，有原则、有措施、有成效，要加强学习、建设制度、提高效率、团结协作，全局的目标是建立学习型党组织、制度型机关、和谐型集体，力争当好船检队伍的排头兵，为系统的创先争优活动做好表率。

回顾 2010 年工作，成绩的取得首先得益于部党组的高度重视和正确领导，得益于各部门各单位的支持与帮助，也得益于各级渔业行政主管部门的大力支持，更离不开全国渔船检验战线同志们的扎实、辛勤工作。在此，我代表农业部船检局，对大家表示衷心的感谢和诚挚的敬意！

二、2011 年渔船检验重点工作

2011 年是渔船检验系统的学习提高年，是“十二五”船检事业发展的起步年，是解放思想，科学谋划、强化基础的重要之年，也是应对当前船检新问题、新要求、新挑战的关键之年。抓住机遇，迎接挑战，需要全系统认真贯彻全国农业工作会议、渔业工作会议精神，贯彻牛盾副部长讲话精神，不断解放思想，以科学发展为主题，以转变发展方式为主线，认真落实工业化和农业现代化同步推进对渔船检验工作提出的战略要求，通过强化学习建立制度，科学谋划促发展，为“十二五”工作开好局、起好步，通过深入开展创先争优活动推进渔船检验事业新发展。2011 年重点做好以下工作：

（一）科学编制“十二五”渔船检验工作规划

任何事业的健康、长远发展都离不开科学的规划。我国渔船检验工作起步晚，长期在摸着石头过河，经过 30 年努力，通过传帮带、历经艰苦，已经有了很大进步，这种奋斗精神值得我们学习。但是渔船检验行业规划、政策研究、国外渔船装备及检验研究几乎是空白点，在当前工业化进程不断深入的背景下，渔船检验与现代船舶工业、现代检验技术的差距越来越大，我国渔船装备与国际渔船装备技术标准差距相当大。尽管，渔船检验基础设施装备规划已经初步纳入国家现代渔业基础设施建设规划之中，但这仅仅是刚刚开始，还需要大家共同努力推进。在当前各级政府不断强化规划基础管理作用的大背景下，国家、地方对我们的工作是否重视、是否支持，首先就要看这个行业有没有规划以及是不是可行。因此科学编制“十二五”渔船检验工作规划已刻不容缓，它对于事业发展、作用提升至关重要。编制好“十二五”规划，要明确发展方向，选好发展路径，要按照科学发展观要求，着力解决在体制机制、队伍建设、监督手段、信息化水平、科学管理等方面存在的问题。要准确把握“十二五”时期国内外发展形势，充分考虑工业化、农业现代化同步发展的难得机遇，合理确定战略定位、发展思路、任务部署。在今年举办的全国渔船大县（市）船检领导干部培训班上我局初步拟定的事关渔船检验事业发展的九个课题，需要共同开展调研、谋划。各地要将制定“十二五”渔船装备技术监督的规划作为今年的一项重要工作任务认真研究部署，要努力将渔船装备检验规划融入现代渔业建设、现代海洋工程装备建设规划中，结合国家“十二五”渔业发展的总体规划，认真组织实施。

（二）推动渔船及船用产品检验率和检验质量双提升

渔船检验质量是渔船检验事业的命脉。在以技术为本的渔船检验工作中如果不能保证检验质量，则无法为渔船提供安全保障。但是多、小、老、旧渔船，家庭作坊小船厂和数目众多、质量难保、未经检验上船的船用产品一直是渔船安全的隐患。解决这些问题需要我们找准切入点，不断突破工作中的瓶颈。

一是严把渔船设计修造准入关。要抓好新修订《渔船修造厂认可办法》的实施监管，将办法的各项要求落到实处。要按照建设法治政府的要求，管理重心要下移，企业安全生产监管要属地管理，进一步完善资质认可审批制度，强化省局“受理申请、现场考核、合议审核、报送存档”等审批管理职能。各省审核要严格按照《船舶生产企业生产条件基本要求及评价方法》《船舶修理企业生产条件基本要求及评价方法》等标准对企业进行现场考核，不得擅自降低认可标准；要建立资质认可合议审核制度，集体审议现场考核审查报告，提出合议审核意见，要严格执行收费管理办法，加强对企业的监督与服务。今年我局将在全国开展检验督查工作，切实加强审批事后监督工作，提升认可管理水平与能力，从源头上抓好渔船安全，带动渔船修造产业技术水平和综合素质逐步提高。

今年农业部印发了《“十二五”控制海洋捕捞强度的通知》，各级检验机构要严格按照通知要求，加强监管，对无“船网工具指标”造船的，一旦发现要及时向渔业行政主管部门报告，坚决不予受理检验。做好渔船技术监督指导，防止出现监管缺位。

二是完善重点产品监督抽查制度。今年国家六部委下发了《2011 年全国农资打假和监管工作要点》，农业部联合九部委对农资打假专项治理活动进行了总体部署，并首次在全国统一开展渔船船用产品质量的专项整治行动，农资打假范围在以往的 8 个品种的基础上增加到 9 个品种，将船用产品纳入集中打假重点监管项目。各省要按照《关于开展 2011 年全国渔船船用产品质量专项治理行动的通知》要求，成立专项治理小组，按照宣传发动摸底调查、监督抽查、质量分析、总结提高四个阶段，深入推进 2011 年全国渔船船用产品质量整治行动，有条件的省要在渔船船用产品生产、销售和使用集中地区进行质量安全普查，列出监管和整治重点，建立产品企业管理档案。禁止“三无”产品、禁止旧设备、禁止旧材料和禁止翻新设备与材料上渔船；规范渔船船用产品市场秩序和企业行为，加强对重要船用产品持证上船的检查，切实维护渔民权益。

三是加强质量检验和诚信检验。渔船检验数据要真实可靠，要船证相符，各级检验机构要努力确保渔船检验结果与渔船实际情况的一致性，杜绝法定检验证书与实船不符情况，发现问题要及时向行政主管部门反映，并研究提出解决办法。要通过企业和船东预检及自查制度，落实企业和船东的第一安全责任人要求，对涉及船舶安全的设备一定要加强监管，做到实事求是检验，对检验过程中发现的技术问题，要及时提出合情合理的整改措施，做好服务工作。

（三）扎实开展渔船安全技术状况评价

当前渔船安全问题已上升为政府的重要工作，渔船质量安全状况是渔业安全生产的重中之重，各级政府、各行各业都紧抓安全工作不放松。高风险的渔船作业已经引起了各方的关注，渔船安全得到前所未有的重视，在 2010 年中国工程院第 109 场工程科技论坛上，来自国内 9 所知名船舶、海洋院校的专家指出，中国渔船作为安全产业，其装备、设备技术状态落后日本、韩国及欧美渔业发达国家水平三四十年，落后中国现代船舶水平三十年，急需提升渔船装备水平，加快渔船现代化建设，需要对全国渔船安全技术状况进行一次全面摸底，掌握我国渔船技术状况与国际上的差距。全国渔船安全技术状况评价工作是一项长期的工作，今年是这项工作的启动年，也是试点探索年。前期我们对全国渔船安全技术状况评价体系进行了多次讨论，考虑到我们检验力量有限，目前设定的评价标准和数据采集指标还只是规范安全评价参数的一部分，还不能全部按照规则要求的项目进行采集，未来几年我们将不断完善评价体系。年初我局通过开展“十省百县万船”试点调查活动，为全面开展评价工作摸索经验，下一步将完善全国渔船安全技术状况评价体系，根据体系要求对参与渔船评价工作的验船师进行培训，使验船师清楚明白评价工作。今年沿海各省要集中力量在休渔期间结合日常检验工作全面开展数据采集和评价，首先对国际公约要求的沿海 24m 以上钢质渔船进行抽样评价，按照评价采集表要求，统一填写，完成采集数据填写和上报工作。要根据全国渔船评价工作总体方案，制定详细的具体工作方案，确保在休渔期间完成本省抽样采集工作，还要保证采集数据的准确性。我们要共同努力奋斗，争取早日发布我国首部全国渔船安全技术状况白皮书，指导全国渔船检验和更新改造，为法律法规修改和政策制定奠定基础。

另外要结合安全评价工作，联合大连海事大学及有关海洋大学等知名院校，成立专门的公约研究小组，加强对渔船安全公约等国际公约的研究，应对国际渔船安全公约、国际渔业劳工公约对渔船安全技术的挑战。

（四）积极推动渔船标准化建设工作

渔船装备标准化是渔业经济和渔船发展的重要技术基础，是规范市场经济秩序、提升渔船设计修造质量的重要技术手段。上世纪八十年代国家研发了 8154 渔船船型，此后基本没有推出全国性或区域性适用的标准化渔船船型。因此现阶段渔船新造改造基本处于无序状态，而广大渔民群众迫切需要更安全、更节能、生产效益更好的渔船。2011 年我们要加快渔船标准化工作步伐，重点从以下两方面来推动。一是开展渔船标准船型评价选型与推广工作。要按照“安全、环保、节能、经济”的原则，重点具有区域特点的主力生产船型，筛选出既符合国家产业政策，又深受广大渔民欢迎的优良船型，并向社会发布，以此推动标准化渔船工作，推动渔业节能减排工作，加快现代渔业建设目标的实现。同时要学习研究农机补贴政策，争取国家的对渔船标准船型补贴政策，引导渔船向标准化、安全化、环保节能化方向发展。二是加强渔船图纸审查工作，建立技术支持平台，引导渔船工业发展方向。渔船图纸审查工作是连接设计单位、造船企业和船东用户的纽带。过去我们长期通过一把尺子、一个计算器去审图，在船舶设计建造科技飞速发展的今天，很难跟上步伐。国家已经批准投资建设我局审图室，要组织力量开发渔船审图软件等渔船审图装备的建设。以审图室、中国渔船检验技术委员会、中国渔船标准化委员会为基础，联合船舶科研院所、设计单位、修造企业和重点船用产品企业，推动渔船标准船型研发、审定、建造、评价、推广的搭建平台，积极推进渔船标准化船型工作，促进渔船装备现代化建设。

（五）加强检验机构和队伍建设工作

人才不仅是强国的根本，更是一个单位、一项事业发展的根本，验船师队伍建设是船检事业发展的源泉。渔船检验人员是农业农村人才的重要组成部分，是渔业方针政策贯彻落实的重要执行者，是船检法律法规的忠实执行者，在平安渔业、现代渔业建设中赋有重要职责。他们的素质水平直接关系到渔船法定检验工作的质量。验船师是渔船管理第一关，工作压力大，也是各种矛盾的聚焦点，这就需要我们更多的关心、培训和培养。

一是进一步加强检验机构建设。现在地方有些同志对渔船法定检验工作定位与社会公共管理、公共服务属性出现了模糊倾向，习惯把我们和船级社的性质进行类比。船级社面对的是大型商用船舶，实行的是行政企业双重管理，2000多人检验3000多条船，检验收费达到20多个亿。渔船不同于商船，渔船具有很强的“三农”特征，渔船检验具有很强的公共服务属性，不能靠收费来维持机构的运转，这是农业、渔业的现实，我们必须要有国家财政支持才能保证检验的公正性，体现农业服务的公益性。近几年船检机构纳入公务员管理取得了很大进展，但存在各地进展不平衡、市县级进度较慢等问题，各地要进一步加大力度，积极推进机构认可工作，争取将渔船检验机构全部纳入公务员管理，使船检机构和队伍能够更好地履行好国家法律赋予的职责，提高依法行政能力，保质保量完成各项工作。同时要加强对检验机构认可与管理、业务核定与管理的研究，积极探索分类认可与管理的路子。

二是实施验船师能力提升工程。要围绕中央《国家中长期人才发展规划纲要》，以及全国农业农村人才工作会议精神，按照部领导关于加强渔船检验人才队伍建设，提高渔船检验部门依法行政管理能力和技术监督执法能力的要求，制定好培训计划和培训方案，加大全国验船人员分层次、分类别培训的力度，有针对性地进行培训、考核。要在全国渔船大县（市）船检领导干部培训班的基础上，继续深入推进今年千名验船师人员培训计划，并在此基础上按照国家现代农业人才支撑计划要求研究我国验船师培训“十二五”计划。要继续实施走出去培训计划，去年到瑞典的培训总结材料已编写，将尽快印发各地参阅。今年要组织好到英国学习培训，学习国际上最先进的船舶检验及管理知识。要加强对注册验船师制度的全面研究，正确处理国家法定验船师与注册验船师关系，在有条件时提高渔船检验入门门槛。在培训内容上要各有侧重，高级验船师要在国际公约、行政法规及造船工业前沿技术方面进行培训；中级验船师要侧重对渔业船舶法定检验技术规则、规范及验船师须知的掌握和检验技能的提高；初级验船师则要注重检验基本要领的培训，教学要与实习实践、参观学习相结合。要继续实行计算机无纸化考试，山东局目前正在进行考试题库编辑和考试软件的测试工作，今后所有考核都要直接从题库中抽取试题进行计算机考试，全面提高验船师能力和水平。

三是渔船检验系统要逐步推行渔船检验质量管理体系建设。要引入国际上质量管理的先进理念，构建以信息化手段为支撑，以流程节点控制为核心的质量管理基础架构平台。加强渔船检验机构的内部管理，规范检验工作程序，提高船检质量，提升管理水平和可持续发展能力。

（六）加快推进船检信息体系建设

渔船船检系统历来有埋头苦干的工作精神，但我们向上级汇报不够，与其他部门沟通不多，宣传力度不大，宣传手段不全，使得目前的船检工作还未引起社会足够的重视。我们要凝聚全系统、全行业智慧和力量，统筹推进渔船检验信息化建设，发挥信息体系在政务公开、服务决策、引领发展、信息宣传中的作用。

一是各级检验机构要将信息宣传纳入工作计划，要与我局形成信息互动，要以我局船检政务办公网、渔船检验信息、《中国渔船》杂志、渔船检验统计年报为平台，充分发挥系统内外新闻媒体作用，着力提高舆论引导、舆情分析和突发事件应急宣传的能力。今年要改造“中国渔船检验信息网”，要通过网站实现办公自动化，推行网上办公，网上公布修造船企业、船用产品检验认证结果，以网络信息化推动检验规范化、办公自动化、机关制度化建设。

《中国渔检》1987年创刊，在发行28期之后停刊了2年。去年经过广范征求意见，多次开会讨论，听取各方专家的建议，最后大家一致认为这是我们大家共同的刊物，应尽快复刊，并更名为《中国渔船》。办刊目的重点是宣传渔业和渔船检验工作，展示渔船装备产业发展成就，交流渔业渔民渔船文化。这本杂志免费发送各有关部门领导、各级渔业行政主管部门、渔船检验机构、重点渔业企业、大型渔船用产品厂和主要渔船设计建造企业。希望大家关注与支持，围绕中心工作做好选题策划，亮点重点及时宣传报送，推广传播渔船和船检文化，以信息宣传来加强沟通和交流，来凝聚各方资源，做好行业服务，推动船检事业发展。

二是要加强船检业务统计年报工作。统计工作是基础性工作，是确保数据准确的源头。各级检验机构要按照船检业务统计系统要求，推进统计工作规范化、制度化建设。在统计基础上，我局将编印渔船检验年度报告，记录渔船检验重大事件，统计报告全国工作成效。

（七）以创先争优活动为载体，打造先进船检文化

事业的发展建立在良好的文化氛围基础之上，植根于独特的文化土壤之中。优秀的、先进的行业文化对促进事业发展起着强大的推动作用。打造先进、和谐的渔船船检文化，就是要以渔船检验及渔船装备行业的文化传统为基础，以培育渔船检验核心价值观为重点，在全行业弘扬验船师钻机舱、爬鱼舱，吃苦耐劳的精神，树立验船师科学公正检验的严谨态度；强化验船师协调船厂、船东和渔民渔船检验要求的沟通能力；努力形成行业健康向上的精神风貌，进一步提高验船师职业道德情操，增强船检系统广大干部的使命感、责任感和归属感。今年要以创先争优活动为载体，推动全系统加强学习和工作调研，推动系统通过建立健全各项规章制度，实施规范管理。要研究渔船检验技术监督工作的评比表彰，推动指导基层检验机构和验船师的创先争优活动，在过去文明执法窗口单位、十佳验船师评选的基础上，以比学习、比技术、比服务、比业绩为核心，建设技术、质量、诚信、服务的渔船检验文化核心价值观，组织全国高级验船师制定金质船检机构、金牌验船师考评标准和办法，推动船检系统的创先争优活动，推动船检文化建设。通过学习先进、交流文化提高广大干部的业务素质和技术能力，促进工作水平提高。

同志们，做好2011年的渔船检验工作任务艰巨，挑战性强。我们要坚决贯彻落实全国农业工作会议和全国渔业工作会议精神，把部党组的决策部署落到实处，坚定信心，迎难而上，开创渔船检验工作新局面。

谢谢大家！

务实创新　引领发展　全力推进渔船检验工作上新台阶

——2012 年全国渔业船舶检验工作会议工作报告

（2012 年 4 月 24 日）

同志们：

今天我们在唐山召开全国渔船检验工作会议，是要学习“公而忘私，患难与共，百折不挠，勇往直前”的抗震精神，学习中国北车“接轨世界，牵引未来”的使命感和责任感。这次会议的主要任务是，深入贯彻落实全国农业工作会议和全国渔业会议精神，总结 2011 年全国渔船检验工作，部署下一阶段重点任务，以务实创新的精神，引领行业发展。

2011 年，在农业部党组的正确领导下，在牛盾副部长的直接领导下，在部有关司局的支持帮助下，渔船检验系统的同志们进一步解放思想，统一认识，理清思路，明确定位，积极创新工作方式，努力推动行业发展，圆满完成各项任务，实现“十二五”良好开局。2011 年全国渔检系统共检验渔船约 59 万艘；产品工厂认可和型式认可 205 家，产品检验 60 万台件；已获得渔业船舶设计资质认可的单位 123 家，获得修造资质认可的单位 1107 家，为保障渔民渔船生命财产安全、促进现代渔业快速发展发挥了积极作用。借此机会，向全系统广大干部职工付出的辛勤劳动表示感谢。

今年是“十二五”时期承上启下的重要一年，我们要按照农业部提出的“十二五”时期“五大体系”建设目标任务，在去年良好开局的基础上，进一步明确并做好以下八个方面的重点工作。

一、理清思路，着眼发展，科学规划渔船检验工作

2011 年，我们开展渔船检验事业“十二五”规划编制工作。一年来，各编写组深入实际，广泛调研，反复研讨。初步形成了《全国渔船检验事业发展第十二个五年规划》总体规划（初稿）和“十二五”渔船检验管理规划（初稿）、渔船设计修造企业管理规划（草案）、机构体系建设和验船师队伍建设规划工作思路、船用产品检验发展规划（初稿）、渔船检验装备规划（报送稿）等五个专业规划，形成了“1 + 5”的规划格局，将于近期向各省征求意见。规划在全面总结“十一五”时期船检事业取得的成绩和存在的问题的基础上，结合工作实际，加强了与《全国渔业发展第十二个五年规划》《船舶工业“十二五”发展规划》的衔接；明确了“十五”渔船检验事业发展目标任务，以及各领域的基本思路和措施。去年，浙江、山东、内蒙古等省、区也进行了船检规划研究编制，积极推动将渔船检验事业

列入地方渔业或农业发展规划之中。

今年我们要进一步做好“十二五”渔船检验工作规划编制工作。规划编制要紧扣渔船发展实际，提高规划的指导性和可操作性，要突出渔船检验职能转变，准确把握“十二五”的渔业现代化、渔船装备现代化发展的时代大势，提高规划的战略性与前瞻性。各级检验机构要高度重视，积极为规划编写建言献策，结合本地区的实际情况，深入开展调研，提出好的意见和建议。各级渔业行政主管部门和船检机构要积极争取政府支持，争取把本地区渔船检验发展规划纳入渔业发展规划、纳入本地区发展战略中。

二、排查隐患，保障安全，深入开展渔船检验质量大检查

2011 年，组织开展了全国渔船检验工作质量大检查活动。利用 3 个月时间派出 10 个工作组赴 13 个省（区、市）的 25 个渔船相对集中的重点地区，开展实地安全检查和调研工作。辽宁、浙江、山东、黑龙江等 10 个省迅速制定工作方案，进行周密部署；辽宁、浙江、福建、重庆等成立了以局领导为组长的交叉检查组；广东通过“封港查船”行动，扎扎实实开展大检查；重庆还同时启动了“重庆渔民生命之光”工程，免费为全市 6300 余艘渔船安装了防碰撞灯光信号设备，积极应对三峡库区蓄水后渔船安全生产面临的严峻形势；江西针对鄱阳湖出现的历史罕见旱情，渔船受损严重这一情况，迅速行动，摸清灾情，加强汇报协调，落实渔船修复救灾资金 1000 万元，并结合渔船年度检验工作，严把修复质量关。大检查期间，全国共出动船检人员 17395 人次检查渔船 43648 艘次，查获并整改存在安全隐患渔船 9617 艘次，避免了渔船“带病”作业生产。

安全生产是一项长期而艰巨的任务。2012 年 2 月 14 日，国务院发出了《关于继续深入扎实开展“安全生产年”活动的通知》要求切实把各项责任落实到位，全力以赴做好安全生产各项工作。为此，我们今年将继续加强渔船检验质量安全大检查工作的部署、执行和总结，重点做好检验机构及验船师建设、企业安全生产主体责任落实、重要安全设备隐患排查治理和各地整改措施落实情况以及渔船船用产品质量专项治理行动落实情况的检查。我局将于近期印发大检查工作通知，各级检验机构要高度重视，4 月至 6 月在各辖区内开展自查，接下来在伏季休渔期、长江禁渔期集中开展交叉检查。

三、完善机制，加强管理，促进渔船检验质量提升

渔船建造质量是渔船安全的第一道关。按照“重心下移、属地监管、事后督导、奖惩结合”的原则，自 2011 年 7 月 1 日起，由各省（区、市）渔船检验机构负责渔船修造企业资质认可的实质审查工作。截至年底，全国已经按新办法办理资质认可企业 104 家。改革后的资质认可制度突出了属地管理、事前监管和事后督导，强化了各省、区、市渔船检验机构审核职能。河北、广东、福建、广西等地积极落实改革方案，加强领导，成立评审组，对企业进行现场考核，并建立资质认可合议制度及时对考核审查报告进行集体审议。浙江组织开展渔船修造企业规范化管理课题调研和修造企业基本情况调查，细化、量化修造企业认可考核的条件与要求，同时强化县级机构的监管职能，落实监督管理责任与重点环节。山东严格

落实新建船开工批准制度、日常巡回检查制度，并建立坞修登记制度。广东制定渔船修造企业“一月一巡”巡查制度，督促渔船修造厂建立健全船舶修造台账，要求基层执法队伍对辖区内的渔船修造企业修造渔船实施全覆盖、全方位、全过程的巡查监控。辽宁、江苏等省强化质检员业务和电焊工培训。安徽制定了《安徽省15米及以下内河钢质渔船生产企业生产条件基本要求》。改革后的认可制度对各级检验机构在工作效率上提出了更高要求，使整个资质许可周期比以前明显缩短，从而使企业大大受益，有效地促进了我国渔船修造业健康有序发展。今年，将结合渔船检验工作质量大检查，对修造船厂、设计单位进行检查，还将进一步完善制度，改革网上审批系统，实现“阳光”审批。

在远洋渔船检验监督管理工作方面，一是通过制定2011年度远洋渔船检验工作计划，进一步完善执行境外检验验船师的推荐与选派机制。全年共派出境外验船师66名，其中9名是2010年新批准的境外验船师。二是充分发挥境外检验点作用。我局和辽宁、上海分别及时召集各远洋渔业企业座谈，布置塞内加尔、加蓬、斐济检验点工作，细化检验任务，明确检验要求。3个检验点共检验289艘渔船，约占境外检验渔船总数的40%。浙江完成了秘鲁检验点的调研工作，拟于今年启动该检验点。三是进步督促企业做好船舶技术状况预检及自查工作。浙江、福建、辽宁等省及时召开远洋渔船检验工作会、座谈会，认真布置船舶技术状况预检及自查工作，并重点对在境外检验的企业提出安全要求和培训。四是加强验船师现场检验管理，强化监督措施。全年共收回境外验船师工作情况反馈表94份，满意率达95.7%。五是进一步研究远洋渔船检验行政审批网上办公改革方案，规范审批。2011年共完成远洋渔船检验1243艘。今年，在继续落实船舶技术状况预检及自查制度的基础上，重点推进在南美地区设立短期临时检验点的工作。同时，加快网上行政审批办公系统的建设，减少远洋渔船检验发证程序，提高工作效率，体现审批的公正、公开。

提高法定检验的质量是常规工作也是基础性工作，做好检验，是服务渔民、履行职责的基本要求。山东省人民政府今年出台了《关于加强渔船管理保障渔业安全生产的意见》，明确了渔船各种证书上的数据均要以渔船检验数据及渔船实际情况为准。这个文件赋予船检工作更大的责任，体现了渔船检验的本质特征即实事求是的检验，真实的检验。各级检验机构要加强渔船船证一致性检验，杜绝新受理检验渔船法定检验证明书与实船不符情形，对检验中发现的达不到规范标准要求的，要及时下达整改意见，提出合情合理的整改措施，做好技术监督和服务工作。

四、联合打假，产品整治，构建渔船产品监管长效机制

为贯彻落实农业部、最高人民法院等九部门全国农资打假电视电话会议精神，认真落实《2011年全国农资打假专项治理行动实施方案》，2011年3月15日，农业部在江苏南通启东渔港，举行了全国渔船船用产品质量整治行动启动仪式，在全国正式开展“3·15上渔船”活动。9月15日，农业部、浙江省人民政府在浙江省象山县举办了“放心农资下乡，安全产品上船”活动，展示优质放心产品，销毁劣质船用产品。

自活动开展以来，各地渔业行政主管部门和渔船检验机构对渔船船用产品专项治理工作

高度重视，精心组织，围绕当地渔民关心的渔船船用产品，突出重点，积极开展专项整治工作。辽宁省重点抽查船用钢板、桐油、船用电缆、灭火器、救生设备、渔用对讲机和防油污设备。山东省重点监管船用产品生产重点区域，把好船用产品准入关、检验关和上船持证关。江苏省对辖区内经认可的救生衣、救生圈、液压马达生产企业及渔船集中地的渔船船用产品销售点进行突击抽查、随机抽样、封样并集中送检。上海市对辖区内 57 家渔船用产品生产企业进行质量抽查，其中重点抽查了 6 家救生筏生产企业。浙江省对辖区内救生设备生产厂进行突击抽查，加强对渔业救生筏检修站的监督管理，并对实船配备的救生设备进行随机抽查。福建省重点对渔船的救生安全、航行信号、消防等设备进行检查。广东省重点检查救生设备消防设备、航行设备、信号设备、船用材料。海南、安徽、河北、陕西、内蒙古等省（区、市）重点对渔船船用救生设备进行检查，查处劣质产品，依法维护渔民权益。

同时，我局委托国家渔业机械仪器质量监督检验中心着重对渔船船用救生产品（救生衣、救生圈）进行了抽检。抽查结果令人担忧。一是渔船正在使用的救生设备质量问题严重。从渔船上抽取的工作救生衣样品合格率为 0，救生圈的合格率仅为 37. 04%。二是大量未经渔检认可的救生设备上船使用。在渔船上抽取的 135 件（只）救生设备中，只有 15 件救生衣、2 只救生圈为渔检认可的企业生产，其余 118 件（只）救生设备均为非法上船产品，占总样品的 87. 4%。三是各地救生设备经销点销售的救生设备大部分未经渔检认可，并且质量低下，经销点抽查的救生衣、救生圈样品合格率分别为 0 和 80. 0%。假冒伪劣船用产品依然泛滥，形势非常严峻。

今年，将尽快完善专项治理方案，下发通知，各省要用一到两年的时间彻底摸清十大类渔船船用产品持证情况和假冒伪劣程度。今后还将持续开展全国渔船船用产品质量专项治理行动，全面摸清真实的产品上船情况，深化治理工作，加大宣传力度和抽查力度，加大打假力度，规范渔船船用产品程序，禁止假冒伪劣和“三无”产品上船使用。

五、应对公约，万船试点，开展渔船安全技术状况评价

2011 年我局启动了渔船安全技术状况评价试点工作，重点对国际公约管控的 24m 以上钢质海洋渔船进行了抽样评价，制定了评价工作实施方案和评价体系，编制了采集评价软件，并开展了试验性调查工作。全国沿海 10 个省市渔船检验局、60 多个渔船安全评价检验检测采集点，近千名验船师结合休渔期渔船营运检验进行渔船数据采集，共采集 24m 以上钢质海洋渔船 5768 艘，远洋渔船 213 艘，分别占相应船类总数的 18% 和 13. 4%。在数据采集过程中，各地区精心领导，总结出了许多好的经验和做法。上海渔业船舶检验局采取听取汇报、审查表格数据、实地复核和交流反馈等方式进行，突出加强阶段性抽查；辽宁局对一半以上船舶进行了照片收集，翔实掌握渔船数据；山东局通过“海上山东”网站、“山东渔业海事网”和渔船修造厂等平台，广泛宣传评价工作的重要性和必要性；福建局向渔民大力宣传评价工作对渔船安全生产的促进作用，多方动员船厂及渔船设计单位的人员齐心协力完成数据采集；广西局克服验船师人手少的困难，召集各渔业公司负责人进行宣传发动，由渔业公司组织船东有序集中地进行申报检验；浙江局面对近 2000 条渔船采集任务，通过

"二次培训"，让所有验船师都能熟练掌握采集工作。

根据采集、评价结果，今年将首次发布《全国海洋渔船安全技术状况报告》，为政府制定渔船管理政策、渔船发展规划提供重要依据，为渔船标准化改造提供技术支撑。但是，全国渔船安全技术评价是一项长期、复杂、艰巨的技术性工作，2011 年是启动年，也是试点探索年。作为试点，2011 年的评价标准和数据采集指标仅限于 4 大类 27 项，还没有完全覆盖《国际渔船安全公约》技术法规的相关要求，尚未考虑《国际防止污染公约》《国际渔业劳工公约》等其他国际公约。同时，在评价指标的研究设计上，侧重于验船师的目测主观判断，通过技术手段检测的指标过少，导致在采集和评价数据时可能存在一定程度的误差。今年要加强评价科研投入，研究制定评价工作计划，对体系进行全面总结，修改完善评价指标，建立新型评价体系，将"万船大调查"活动融入农业部"百乡万户调查"活动中，让广大领导干部和船检人员在上渔船调查过程中，发现问题、寻找答案，年底时将完成评价体系正式稿。2013 年，将继续对我国沿海渔船和远洋渔船全面开展安全技术评价。渔船安全技术评价（船体部分）作为基本技术工作，香港海事处通过去年两地技术交流，今年也将对香港渔船进行安全评价，这也充分安全评价工作的重要性。各省要加强对 24m 以下海洋渔船安全评价研究探索，要在全国评价体系基础上制定本地区的评价方法，切实掌握本地区渔船总体安全技术状况，为本地区渔船发展提供技术支撑。

六、标准规范，绿色能源，积极推动渔船节能减排

一是开展渔船标准船型评价鉴定与推广工作。我们制定了评选办法和实施方案，通过专家评选，对各省上报的 46 个推荐船型评出了 22 个"安全、节能、环保、经济、舒适"的船型，并在《渔业报》《中国船舶报》《中国海洋报》以及我局政务网站上面向社会公开投票，最后选出了 10 个优选标准船型。江苏局起草了江苏省海洋渔船标准化改造可行性研究报告；广西局制定了广西海洋渔船标准化船型推广工作实施方案；上海渔业船舶检验局总结优化近几年上海标准化渔船设计方案；山东局完成了 10 艘标准化玻璃钢渔船的建造和 4 个水产运销船船型定型工作；广东局充分发挥省行业协会的作用，完成了广东省第一个定型的标准化船型的评审工作；河北、福建、海南等省则广泛调研，充分听取意见，推荐出适合当地作业生产的优良船型，有力推动了地方渔船标准化更新改造工作。

今年我局将支持各地与评选出来的 10 型渔船的设计单位加强合作，开展优化设计推广试点工作，按照"安全、环保、经济节能、适居"的原则，进一步优化船型。但是，这次船型评选标准是初级标准，与船舶工业的标准还有一段距离，我们必须与工业化发展理念相接轨，规划未来较长一个时期的渔船标准化发展方向。在 5 月份"中国国际船舶工业博览会"期间，我们将召开渔船安全评价报告和船型评选发布会，同时举办"中国现代渔船发展论坛"，围绕渔船装备现代化新技术、新装备、新能源及新材料进行讨论。还将召开第三届全国渔船检验技术委员会会议，与中国渔船标准化委员会合署，成立新一届委员会，按照安全评价、船型标准化、节能减排、技术法规、行业管理等 5 个分委员会等开展工作。另外要组建国家和地方审图技术队伍，培养审图人才。今年我局的审图室建设硬件装备已经到

位，正在进行审图软件的编制工作。各省船检局也要积极筹建审图中心，共同搭建渔船检验技术支持平台。

二是积极推动绿色能源上渔船。2011 年 10 月，我局与中海油气电集团签署了《战略合作框架协议》。按照部领导提出的新型能源上渔船体系建设项目要求，我局成立了 LNG（液化天然气）渔船发展战略实施领导小组和工作小组，调研起草了中国沿海 LNG 渔船发展规划，力推 LNG 绿色能源上渔船。同时，广西水产畜牧兽医局与中海油气电集团贸易公司也就渔船应用 LNG 清洁能源，积极开展调研规划工作。天津局积极开展柴油 LNG 混燃动力技术研发工作，组织台架试验、实船试验并邀请专家鉴证，为渔船实现高效益的节能减排战略目标开辟新途径做了大量工作。

渔船检验技术法规建设工作是今年新增的重点工作。要与船舶科研、企业组成渔船技术科研战略联盟，通过技术攻关，加强调研，今年要完善论证 LNG 动力渔船规划；与北车签订战略合作协议，开展电力推进渔船检验指南研究，与中船重工研究所和渔机所等单位开展合作，修订钢质海洋渔船建造规范。在“十二五”期间，要重点在推动新能源、新材料、新技术、新装备上渔船上下功夫。

七、加强培训，壮大队伍，稳步推进渔船检验监督体系建设

2011 年，按照农业部《农村实用人才和农业科技人才队伍建设中长期规划（2010—2020 年）》和“十二五”渔船检验队伍建设的目标，我们制定了 2011 千名验船师培训计划。培训工作以提升验船师队伍整体水平为核心，聘请相关高等院校、政府部门、大型企业、专业机构的资深专家进行专题讲授，并组织安排到渔船制造企业、船用产品企业、船政博物馆、中国船级社等单位实地考察，取得了实实在在的效果。全年共组织渔船大市县领导、远洋验船师、船用产品检验技术、上岗资格培训等各类培训班 16 期，全年共培训验船师 1711 人次，覆盖了全国 29 个建立检验机构的省（区、市）。在山东局的大力支持下，组织编写了验船师上岗资格考试题库并进行了考试软件的研发工作，并在去年的验船师上岗资格考试中投入使用，使上岗验船师考试实现了无纸化，提高了培训考核工作效率，提升了培训工作的规范性与科学性。

事业发展，关键在人。加强检验队伍、机构建设仍是今年的重要任务。一是积极推进机构业务核定，加强人员与检验业务匹配关系研究。今年全国事业单位都面临改革研究。我们要在加强机构核定的基础上，开展验船师人数与其检验业务相匹配关系研究，为全国渔船检验改革战略研究打基础。这涉及各级渔船检验机构的人事管理制度与编办的机构设置工作标准。要提出检验工作关键节点，继而提出匹配的标准，推动检验工作的节点落实，推动检验责任逐层落实。二是加强验船师培训工作和开展渔业验船师培训基地认定工作。各地船检部门要结合当地业务工作需要，创新培训方式，探索中高级验船师培训新模式，要加大对中高级验船师在船舶新科技、新能源方面的培训力度。我局将对近几年来培训的讲课材料进行完善整理，汇编成培训使用参考资料之一，同时组织编写海洋和内河初、中级验船师培训教材及渔船检验档案管理指南。2011 年我们完成了《中华人民共和国渔业船舶验船师培训基地

资质认定管理办法》，今年，计划在全国范围内开展渔船验船师培训基地认定工作，为全国各地开展验船师队伍建设提供培训基地保障。

八、创先争优，办好实事，加强船检文化建设

船检文化的核心精神就是科学、求实、创新。部领导在今年全国渔政工作会议上提出，今年是渔政队伍建设年。船检作为渔政队伍的组成部分，要加强渔船技术监督职能，为现代渔业又好又快发展，促进渔区和谐社会建设，促进渔船产业发展做出积极贡献。

一是继续推进船检信息体系建设。今年要进一步做好“一网站、一信息、一杂志、一报告”信息化建设。去年共发行了 3 期 18320 份《中国渔船》杂志，凝聚了众多领导和验船师的心血，在全系统起到了文化引领作用。目前，除《广西渔监船检》杂志和《浙江渔船检验信息》外，各省专设的渔船检验杂志和信息还比较少，验船师向《中国渔船》投稿的也比较少。今年我局的自动化办公系统（OA 系统）已经开通试运行，要通过这个系统把行政审批工作规范起来，通过改进网站，编印信息，加强信息员队伍建设和培训，加大信息宣传力度，强化新闻宣传，通过上下联动，突出工作重点，强化舆论引导，增强宣传实效，扩大船检的社会影响力。

二是积极开展全国渔业金质船检机构、金牌验船师创建评选活动，塑造船检核心价值体系。今年是金牌创建活动的第一年，要通过创建活动，打造船检先进文化，树立船检良好形象。创建金牌，关键在于“创”，要在工作实践中“创”，要在创先争优活动中体现。各地要通过创建活动，评选出一大批杰出验船师代表树立模范典型。

三是努力完成好农业部为农民办实事工作。2012 年 3 月 13 日，农业部常务会议审议通过了《农业部 2012 年为农民办实事工作方案》。“万本渔船杂志上渔船”活动被列入了 2012 年农业部为农民办理的 31 件实事，这是全国船检系统关心渔民群众，开创和谐船检工作新局面的重要举措。为将“万本杂志上渔船”活动落到实处，各检验机构要利用万船大调查和上船检验之机，及时将杂志分发到各渔船渔民手中，同时要结合日常检验工作，开展宣传、讲解工作，一定要把好事办好，实事办实。

同志们，船检工作使命光荣，新的一年任务繁重，但我们责无旁贷，我们必须以高度的政治责任感和历史使命感，以更加坚定的信念、更加昂扬的精神状态、更加求真务实的工作态度，扎实做好各项工作，让我们以新的水平、新的力度、新的作为、新的形象，在新的起点上实现更大跨越，迎接党的十八大胜利召开！

谢谢大家！

2013年全国渔业船舶检验工作会议工作报告

（2013年5月11日）

同志们：

刚才，牛盾副部长作了重要讲话。牛部长在讲话中对渔船检验工作及其监督管理近年来所取得的成绩给予了充分肯定，并从理论的高度和广阔的视角，对新时期渔船检验及其监督管理工作提出了更新更高的要求，我们一定要认真学习、深刻领会，全面抓好贯彻落实。

农业部渔业局赵兴武局长在讲话中，从认真贯彻国发〔2013〕11号文件，继续强化“双控”管理、提高渔船安全装备水平、提高渔船管理水平、完善渔船检验监督管理制度、加强队伍建设等方面提出了很明确、很具体的工作要求，我们一定要在工作中全面加以落实。下面，我根据会议安排，作渔船检验工作报告。

一、2012年渔船检验重点工作开展情况

2012年，在部党组和牛部长的坚强领导下，在农业部有关司局的支持下，渔业船舶检验工作取得了新的成效，在提高渔船技术安全水平，保障渔民生命财产安全，保护水域生态环境，促进渔业持续健康发展发挥了积极作用。

（一）尽职履责，努力实现渔船检验数量和质量的同步提升

结合平安渔业建设工作，全国渔船检验系统在努力开展好渔船检验日常监督检验工作，提高渔船检验率的同时，着力采取有效措施提升检验质量。全国渔船检验系统已连续三年开展了渔船检验质量大检查活动，做到了“三结合、三促进”，即督查与检验相结合，以督查促进检验；治理与整改相结合，以治理促进整改；管理与服务相结合，以服务促进管理。各地大检查活动重点检查了安全生产责任制落实、渔船安全技术状况隐患排查治理及重要渔船船用产品质量专项治理行动开展等情况。各地也结合实际情况，结合渔船检验工作，进一步强化提高渔船安全技术水平工作。如广东结合安全事故处理，开展了专题性的渔船安全专项整治行动，突出开展远洋渔业船舶的分类治理；江苏梳理了渔业船舶检验工作程序中需要重点把握的关键环节；浙江宁波重点规范了初次检验程序；安徽对损坏严重的渔船下达禁止生产通知书；贵州加大对低质量渔船的整治力度；广西建立造船企业定期巡查制度。各地通过大检查活动的开展，检验工作程序、船舶图纸审查、建造检验、营运检验等各个检验环节的质量水平得到了明显提升，渔船技术安全状况得以改善。针对国家和有关地方政府实施渔船更新改造计划，新建渔船数量增加的情况，各地渔船检验机构克服工作量集中、人员不足的困难，有效组织力量，迎难而上，认真履职，辛勤工作，认真做好渔船检验的各项工作。

2012 年共完成检验渔业船舶 56.4 万艘，其中新建渔业船舶 20430 艘；共完成远洋渔船检验 1186 艘，其中新建造渔船 252 艘。

（二）加大力度，深入推进船用产品质量专项治理行动

2012 年，全国渔船检验队伍继续深化开展渔船船用产品质量专项治理行动，总结分析近两年全国渔船船用产品质量专项治理行动的成效和存在的问题。部船检局及时向沿海各省（区、市）人民政府办公厅通报了全国渔船救生设备抽查情况，共有八个省的副省长做了批示，一个省政府办公厅下发督办函，要求有关单位认真研究“情况通报”，切实整治此等不能容忍的乱象。各地按照统一部署，在做好救生衣、救生圈、救生筏等重点产品抽查的基础上，还结合当地实际情况，开展了不同形式的船用产品质量治理行动。辽宁重点抽查了渔用对讲机等 6 种船用设备，山东建立了船用产品企业、船厂管理档案，江苏重点抽查了液压马达和船用阀门，浙江联合质量技术监督部门对全省船用防污漆生产企业和流通领域的防污漆进行了突击检查，福建对救生消防和航行信号设备进行重点检查，上海和广东分别采取了“堵源头、抓尽头、重疏导”和“五个坚决”的有效做法。据不完全统计，各地共检查船用产品生产企业 227 家，经销商 121 家，渔船修造企业 240 家；检查渔船 22264 艘；检查救生筏检修站 63 家；检查各类船用产品 33120 台（件、套）；查处假冒伪劣船用产品 6985 台（件、套）；配合公安等部门依法查处了 3 起伪造证书案件；对两起共 2454 只存在质量隐患的救生筏进行了召回；依法注销了 2 家救生设备企业和 2 家救生筏检修站的认可证书，暂停受理 1 家救生设备企业的检验申请，责令 3 家救生筏检修站限期进行整改。经过两年来渔船船用产品质量的专项治理行动，渔船船用产品假冒伪劣泛滥的势头得到了初步遏制，渔船船用产品的质量和安全水平得到了有效提升。

（三）创新方法，推进渔船安全技术状况评价试点工作

为全面、客观对我国海洋渔船目前的安全技术状况做出评价，进一步提高渔船安全管理的科学性、针对性和可操作性，部船检局组织全国各地检验机构以及船舶海洋科研院所大专院校，近 500 名验船师及科研院所的专家组成 60 多个渔船安全评价数据采集小分队，对 768 艘国内钢质海洋渔船和 213 艘远洋钢质渔船进行了安全技术状况抽样评价及分析研究，制定了《全国海洋渔船安全技术评价体系》，组织全国渔船专家，按照国际渔船安全公约要求对抽样的海洋渔船安全状况进行全面分析评价和评审，形成并发布了《海洋渔船安全技术状况报告》。牛盾副部长对我们报送的有关情况报告作了重要批示，我们还将该报告发送给了各沿海省（区、市）人民政府办公厅。这项工作是渔船安全管理的重要基础工作，为准确把握渔船安全技术状况、强化管理措施、改进渔船管理制度、制定渔船发展战略政策提供科学的参考依据，为推进渔船标准化改造进程提供有力的技术支撑。江苏采取具体措施，启动了万艘海洋捕捞渔船更新改造工程；山东正在研究本省渔船安全评价工作，为山东开展渔船装备更新改造提供支撑。

（四）努力探索，积极推动渔船船型标准化工作

为落实牛盾副部长在2011年全国渔业船舶检验工作会议上关于“引导渔船发展方向、促进优质渔船船型发展、逐步限制和淘汰落后渔船船型”的重要讲话精神，各地渔船检验机构积极行动，认真总结我国渔船设计制造中的成功经验，优化和推广各地设计建造出的优良船型。江苏借助本省万船改造工程，优化设计了多种标准化渔船；广西制定了海洋渔船标准化船型推广工作实施方案；上海总结优化了近几年上海标准化渔船设计方案；山东完成了10艘标准化玻璃钢渔船的建造和4个水产运销船船型的定型工作；重庆遴选、优化、审定出16个内陆渔船船型，并推广应用2000多艘。部船检局组织了全国渔船标准化船型的评选工作，从安全性、环保性、经济性、节能性、先进性和实用性等6个方面建立了评选评价标准，组织专家和社会各界参与船型评选，对63个船型进行技术经济对比分析，评选出了22个船型，最后选出了10个优选标准船型，又重点对评选出的重点船型优化修改方案进行研究，包括优化修改方向、明确关键技术、经济成本分析等方面的研究。这些工作为今后大力推进标准化船型，促进渔船装备改造工作开展探索了方法，积累了经验，打下了基础。

（五）以人为本，努力开展渔船检验队伍建设工作

2012年部船检局根据验船师培训需求和农业部千名验船师培训计划，继续推进验船师培训和考试制度，着重在提高验船师技术监督管理能力、检验工作质量和保证检验工作方面下功夫，全年共培训1049人次，组织举办了6期初级验船师上岗资格培训班、2期验船师图纸及技术文件审查资质培训班、1期高级验船师研讨班、1期领导干部培训班，同时创新培训方式，举办了1期青年验船师百天实践培训，达到了良好效果。各地也因地制宜开展形式多样的各类针对性学习培训，全国共培训5082人次。其中广东编制了《广东省渔业船舶验船师队伍教育培训三年工作规划》，提出了“力争在规划期内使全省中级验船师、高级验船师、渔业船舶图纸审查验船师人数增长1倍以上，验船师检验能力有较大幅度提升”的目标，以全面优化验船师队伍结构，提高检验质量；江苏开展“一人研究，大家共享”技术交流培训活动，依据《江苏省渔业船舶验船师业务考核办法（试行）》对全省验船师进行年度工作考核，大力提升验船师检验业务水平；上海积极拓宽学习培训渠道，营造“比学赶帮超”的良好学习氛围；浙江宁波坚持走出去和请进来相结合，采取“跟班作业、以老带新、岗位轮换”等形式，帮助新同志尽快适应新岗位，尽快把书本知识转化为工作实践。各地在加强验船师队伍业务能力培训的同时，还注重加强思想作风方面的培养，如浙江对渔船检验系统及相关部门廉政案例进行了收集，印制《验船师廉政警示教育手册》，做到人手一册，使验船师始终拉紧廉政这根弦；海南开展“庸懒散贪”等问题专项整治工作，提高验船师的工作积极性和责任感。福建、山东、重庆、江西等地针对检验管理工作情况，着重在验船师持证上岗，能力建设和实操检验方面开展了培训，并在队伍培训上也都取得了明显成效。

（六）源头管理，提升渔船设计修造企业的能力

2012 年取得渔业船舶设计、修造资质认可的企业分别为 114 家和 1265 家，通过加强资质认可管理，加强规范渔业船舶修造市场和质量，以从源头上强化保障渔船质量。结合劳动技能培训考核工作，江苏、福建、广东组织开展渔船修造厂焊工培训及考试，有效促进了修造厂工人技能的提高；山东和重庆分别出台了小型渔船修造企业认可标准和认可管理办法，以强化遏制沙滩、窝点、码头等违规修造渔船行为的措施；江苏通过举办渔船修造企业质检员培训班，提高了质检员的质量意识和业务水平；浙江建立省、市、县三级渔船检验人员参加的联合考核机制，通过考核促进渔船修造企业软硬件条件和修造能力的提升；广东、广西建立巡查报告制度，强化渔船修造企业的日常监管；海南、江西等地则从宣传入手，明确申报检验程序和工作要求。

同志们，一年的好成绩来之不易，这是部党组和牛盾副部长高度重视和正确领导的结果，是有关部门大力支持的结果，是渔船检验系统全体干部职工团结奋斗的结果。在此，我代表农业部渔业船舶检验局向各位领导和同志们表示衷心的感谢！

二、把握机遇认清形势，推进渔船检验工作科学发展

党的十八大报告把三农工作、生态文明建设和建设海洋强国摆在了更加重要的位置，《国务院关于促进海洋渔业持续健康发展的若干意见》明确提出了海洋渔业发展的新目标、新要求。这些政策，都为渔船检验工作的发展提供了新的机遇，也对渔船检验工作提出了更新更高的要求。2012 年 10 月，国际海事组织（IMO）在南非国际渔船安全外交大会上，审议通过了《国际渔船安全公约 2012 年协定》，进一步推进国际公约生效，也将对渔船技术安全提出更高要求。同时，随着政府行政体制改革的不断深入，对渔船检验依法行政的要求也越来越高。最近，中央编办在“中央国家机关所属事业单位分类指导目录”中将“渔业船舶检验监督管理”定位为“承担行政职能事业单位”，进一步明确了渔船检验机构的行政职能和改革方向。

面对新形势，我们在充分肯定渔船检验工作所取得的成绩的同时，也要认真分析总结一些发展中所面临的矛盾和存在的问题，研究制定对策，提出解决措施，并落实到今后的工作中。

一是渔船检验工作理念和工作模式与现代渔业建设、平安渔业建设、服务三农的要求不相适应。渔船小旧多杂破、安全技术状况差的现状，渔业资源管理和渔船安全管理的行业管理需求，渔船技术更新和发展的新形势，对渔船检验工作提出了更高的要求，必须改变重检验发证、轻监管服务的工作理念和模式，在配合渔船管控、保障船舶运行安全、促进提升渔船装备升级改造等方面发挥更大作用。

二是现行渔船检验管理目标与渔船检验工作实际不相适应。一方面与国家行政管理体制改革中对国家法定检验的职责要求不相适应，另一方面与渔船安全技术实际状况不相适应，需要我们结合渔船检验工作的实际，进一步完善修订渔船检验技术法规指标体系。

三是渔船检验的体制建设与机构管理体制改革的要求不相适应。作为履行国家法定职责的队伍，机构上存在公务员及参照公务员管理、全额预算管理和差额预算管理事业单位等多种体制，特别是部分内陆基层地区，机构、人员、经费无保障，需要努力加以解决。

四是渔船检验体系队伍的数量质量与渔船检验工作的需求不相适应。渔船检验系统队伍数量特别是业务性人员数量满足不了渔船检验工作的需要，业务骨干人才更为短缺，部分存在着面临断层的现象。同时，尚没有建立起与渔船检验工作及渔船质量安全监管需要相适应的技术支撑机制和体系。如何在现行的管理体制下，建立与之相适应的渔船检验机构业务人才培养和技术支撑体系建设机制，是渔船检验体系队伍建设的重大挑战，需要系统谋划改善。

针对渔船检验工作所面临的新机遇、新形势、新要求，我们必须进一步树立责任意识，把全面切实履行职责作为推进渔船检验事业发展的有效着力点；进一步树立服务意识，把服务渔业发展、服务渔民作为渔船检验事业的根本出发点；进一步树立创新意识，把优化工作机制作为渔船检验事业的发展突破点。今后一段时期内，要按照牛盾副部长的重要讲话精神，重点把握好以下五个方面。

第一，要全面强化履责能力，把提高渔船的技术安全管理水平作为首要任务。渔船检验工作是渔业安全生产管理的重要组成部分，我们要牢固树立服务、服从渔业管理大局的需要，积极拓展和创新工作方法，强化自身履责能力，把提高渔船现场检验质量与加强后期监管措施相结合，把加强国家法定检验监督与提高船东及生产企业安全管理能力相结合，把渔船技术安全监管与为渔民提供技术安全服务相结合，丰富和强化监管措施，为实现渔船安全生产形势根本好转目标发挥更大的作用。

第二，要以创新改革的思路，完善建立适应新形势下的渔船检验工作制度。要从社会经济发展、行政管理体制改革、渔业生产和管理转型等大背景出发，系统、整体、协调推动渔船检验制度和技术法规体系的创新和完善。要注重做好顶层设计，要注重与渔船检验的实际相结合，完善建立适应新形势新要求的渔船检验管理和工作机制。

第三，要发挥优势主动作为，支撑做好行业相关管理工作。要紧密配合行业管理的重点工作，强化和发挥渔船技术管理的优势和特点，围绕平安渔业建设、渔船双控管理、服务远洋渔业发展、渔业船舶更新改造及老旧渔船报废、船型标准化及渔船节能减排等工作，提供有效的支撑配合工作。

第四，要下大气力花细工夫，推进渔船检验体系的能力建设工作。要创新适应新形势下的人才队伍培训方式，建立统筹组织、分级实施、统一考核的业务人才培训工作机制，加大培训力度特别是对青年及骨干验船师的培训力度；要适应改革发展的形势，积极探索依托社会力量和人才建立渔船检验技术支撑体系的有效路径，提高检验技术能力，强化依法行政手段。

第五，要抓好渔船检验系统作风建设，强化服务三农的意识和措施。要加强行风建设，进一步优化和完善行政审批工作，推进文明窗口建设。要进一步强化树立服务意识，通过改革渔船检验工作制度，加强宣传教育培训，为渔民为企业提供切实有效的服务，提升从业劳动者的安全意识和能力。

围绕以上五个方面，2013 年渔船检验工作要重点做好以下几个方面工作：

（一）深入谋划和编制全国渔船检验事业中长期发展规划

谋划制定渔船检验中长期发展规划是加快渔船检验全面发展的需要，也是全系统发展的重大决策性工作。我们要根据《全国农业和农村经济发展第十二个五年规划》《全国渔业发展第十二个五年规划》和《船舶工业中长期发展规划》要求，将渔船检验发展寓于全国农业、渔业发展之中。要以创新的思路，从社会经济发展、行政管理体制改革、渔业生产和管理转型等大背景出发，从全局性、战略性、前瞻性的高度进行总体规划和统筹安排，全系统要在充分调研、形成共识的基础上，合理确定战略定位、发展思路，确定体制机制、法规建设、队伍建设、技术支撑体系建设、服务行业管理和发展等方面的目标和重点任务、工作措施，编制好《全国渔船检验事业中长期（2013—2020）发展规划》，促进渔船检验事业科学发展。这项工作我局将会在广泛调研的基础上，集全系统之智慧，全力组织做好。

（二）抓质量保安全，坚决把好渔船检验关

要继续加强提高渔船检验质量工作。严格规范图纸审查环节，组织骨干力量，确保图纸审查质量，严格要求按图纸施工；强化船厂的开工前检查，加强建造过程重点环节的检查及重要船用产品持证上船的检查，坚决杜绝存在安全隐患的产品上船和渔船下水，严把渔船安全第一关。各地要结合换证检验和运营检验工作，开展渔船安全状况调查工作，对安全状况较差的渔船类型，开展专题性的重点检验核查。对国家启动的渔船更新改造项目的一大批远洋渔船、南海骨干渔船及国内捕捞船的建造检验工作，要认真组织力量，确保按照高标准、严要求做好检验工作，使这些渔船成为渔船质量安全的标杆船、放心船。同时，2013 年还有 12 艘 3000 吨级、13 艘 1000 吨级大型渔政船集中开工建造，渔政船建造技术要求高、建造地分布广、船厂所在地渔船检验力量不平衡，为做好这些船舶的检验工作，部船检局在今年 3 月初印发了《大型渔政船建造检验工作方案》，按照统一组织、统一标准、统一实施的原则开展检验工作。参加渔政船检验的机构和人员要把做好大型渔政船的建造检验工作作为重要任务来完成，把大型渔政船的建造检验作为对检验队伍能力的一次检阅，同时，要充分利用大型渔政船的建造，培养历练一批渔船检验的技术中坚力量。

（三）深入推进船用产品质量专项治理行动

各地要在总结前两年专项治理行动经验的基础上，加强组织工作，创新监督检查方式，丰富监督检查内涵，着力在做实、做细、做到位上下功夫，着力在扩大整治力度和效果上下功夫，要使生产者、经销者、使用者都切实感受到船用产品整治的重要性、必要性和整治效果。各地要按照农业部办公厅 4 月份刚刚印发的《关于开展 2013 年全国渔船船用产品质量专项治理行动的通知》的统一部署，加强专项治理行动的领导，组织渔船检验机构和相关部门及技术支撑机构，强化属地管理原则，结合本地实际情况，制定整治方案，确定重点抽

查和监管的产品，开展救生衣、救生圈、救生筏检修站和其他重点产品的质量监督抽查，争取工商、公安、工信和质检等部门的支持，共同对生产、经销和船舶修造企业的生产资质状况以及船上使用的产品质量状况进行执法检查，查处假冒伪劣产品，对重大产品质量案件要集中力量查出成效。

（四）启动和统筹推进渔船检验制度创新和建设

要结合渔船检验工作实际，研究和梳理当前渔船检验工作制度和技术法规执行中存在的问题，系统性、整体性、协调性推动渔船检验制度和技术法规体系的创新和完善。一是研究确定渔船检验技术法规制修订计划，今年重点修订《钢质海洋渔船建造规范》《国际渔业船舶法定检验规则》，制定渔业船舶修造企业能力标准等。二是根据渔船特点及管理、检验工作需要，进一步推进渔船分级别检验工作，细化渔船分级检验办法及实施细则。三是针对渔船船用产品检验工作实际，实行船用产品检验分类管理，确定分类目录，制定、完善船用产品认可实施细则及标准。四是根据国家行政审批项目调整要求，研究制定渔船修造企业质量监管工作机制，最大限度减少行政审批调整后出现的监管空白。五是要创新完善远洋渔船检验管理措施，强化对远洋企业的服务，强化船东企业在渔船安全管理中的责任和义务，探索开展企业协检、预检制度试点。这些工作任务重、责任大、技术要求高，需要全系统建言献策，以确保制度和法规的严肃性、规范性、可行性和可操作性。

（五）大力开展渔船检验队伍建设及培训工作

一是要加强渔船检验机构业务核定管理工作，研究提出检验机构能力分类建设标准，探索以能力核定机构业务范围的方式，进一步推进内陆渔船检验机构的建设。针对业务发展不平衡状况，组织开展不同地区渔船检验机构的“结对发展”工作，促进各机构的交流合作和业务能力的共同提高。二是加大队伍培训特别是青年及骨干验船师培训的力度。部船检局今年要研究制定《验船师队伍五年培训计划》，建立统筹组织、分级实施、统一考核的业务人才培训工作机制。今年还要继续完善扩大全国验船师培训基地建设和认定工作，加强师资培训及教材、试题库的统一编制工作，在全国选聘一批师资队伍，确保各地培训工作需要。今年还将针对部分基层渔船检验人员专业技术基础不适应渔船检验工作需要的情况，准备在大连海洋大学举办渔船检验专业基础专训班，计划用几年时间，将全国渔船检验系统一线队伍中不具备渔船检验相关专业背景的检验人员全部轮训一遍。这项工作需要各地拿出决心，制定好人员学习安排计划，积极参加培训。同时，各地要针对自身队伍培养需要，制定队伍培训计划，组织好上岗培训和初级验船师的培训工作，部船检局将在师资调配、教材、考试等方面给予配合和适当经费补助。

（六）努力发挥专业优势，服务行业管理中心工作

在大力做好抓质量、保安全工作的同时，还要在渔船装备现代化、渔船发展等方面下大力配合行业管理工作。一是各地渔船检验机构要结合船舶装备更新改造工作，积极支持节能减排新技术在渔船上的应用，根据本地渔船船型分布情况、船型特点和渔民对船型的需求，开展渔船标准化船型确定及船型优化工作，并因地制宜地采取各种有效措施推进标准船型的普及工作。今年部船检局将制定渔业船舶应用新技术建造改造的检验审批管理办法，开展渔船技术发展规划研究和海洋渔船装备升级更新方案研究，推动船舶装备升级改造和节能减排工作，确保渔业船舶应用新技术装备建造改造的安全可靠。今年部船检局还将选择部分地区开展沿海中小型渔船和内陆渔船的标准化船型确定和优化工作，并试点开展推广应用。二是要结合渔船“双控”管理制度落实工作，进一步加强渔船检验审批程序的落实和对船厂的监管，全面落实渔船检验数据进入渔船动态管理系统并强化管理，制止非法建造渔船。三是要组织力量修订《渔船用柴油机型谱检验管理规定》，以加强渔船用柴油机功率标定的规范性和检验管理的可操作性，各级渔船检验机构在渔船检验中要严格按照批准的渔船功率指标核查检验，加强柴油机生产企业对额定功率标定的检验工作。同时，要紧密配合渔业主管部门开展老旧渔船报废、拆解工作。要继续组织力量，进一步深入开展应对国际渔船安全公约生效相关研究工作。

（七）探索推进渔船检验技术支撑体系的建设工作

一是要改革和完善技术委员会的职责和结构，加强技术委员会在技术咨询决策和技术工作组织实施方面的能力。二是要探索创新符合渔船检验工作实际的检验检测技术以及渔船安全评价中心等支撑机构建设、运行和管理机制。三是要建立国家渔业船舶图纸审查机构，各地也要探索推进建立相对独立运行的审图机构，探索有效的管理运行机制。四是要进一步扩大和完善远洋渔船境外检验点的建设工作，建立国家间渔船检验机构合作关系，推进船用产品检验的国内外相关检验机构协作检验制度。五是继续推进渔船检验工作信息化工作，推进渔船检验各项业务软件建设和上线应用，加强信息采集和维护工作，建立检验服务信息发布平台，提高工作效率和服务能力。

（八）努力加强系统作风建设

渔船检验工作事关人民群众生命财产安全的切身利益，不断加强和改进渔船检验系统干部队伍的思想作风、工作作风建设，建立一支作风优良的干部队伍，是开创渔船检验工作新局面、实现渔船检验事业新发展的必然要求。全系统要自觉深入实际、深入基层、深入群众倾听意见和反映，及时发现和解决工作推进中的新情况和新问题，把强化工作作风细化落实到每一项工作中，落实到每一个服务对象身上。今年部船检局在作风建设方面将开展以下几方面工作：一是在全系统组织开展“安全产品和安全知识上渔船”为渔民办事的活动，具体活动方案和要求已经印发，各地要因地制宜将活动安排部署好，组织落实好，让渔民真正掌握到安全知识，用到安全产品。二是将在部船检局机关内组织开展“树新风、强作风、抓实干、促发展”主题活动，以促进强化工作作风。三是组织部船检局机关同志全面开展“船检工作基层调研活动”，通过入站、进村、上船头，深入了解基层检验人员工作和渔民的需求，了解基层渔船检验工作实际情况，以促进转变工作作风，同时，调研的成果也将应用到中长期规划编制和渔船检验制度改革等工作中，这项工作也需要各地积极参与和配合，确保调研工作取得实质性成效。

同志们，2013 年渔船检验工作任务艰巨而繁重，我们渔船检验系统的全体同志要振奋精神，扎实工作，切实增强做好新形势下渔船检验工作的责任感、使命感和自豪感，进一步提升渔船检验系统的凝聚力、战斗力和服务“三农”、服务渔业的能力，为我国渔船检验事业的科学发展和渔业安全生产做出新的更大的贡献！

2014 年全国渔业船舶检验工作会议工作报告

（2014 年 3 月 28 日）

同志们：

这次会议的主要任务是，贯彻落实全国农业工作会议、全国渔业渔政工作会议以及全国渔业安全生产电视电话会议精神，回顾总结 2013 年全国渔船检验工作，部署 2014 年工作，结合政府职能转变，探讨研究深化船检机制改革重点举措。以改革创新精神，真抓实干，强化监管，切实履责，全面推进渔船检验工作科学发展。

为召开这次会议，我局专门向牛盾副部长进行了汇报。牛盾副部长对做好渔船检验工作作出了指示，并要求抓好各项工作措施的落实工作。部渔业局也高度重视和支持渔船检验工作，崔利峰副局长专程参加会议并讲话，充分肯定和强调了船检工作在渔业行业管理中的重要作用，指出渔船检验工作以保障渔业安全生产为中心，建立健全渔船检验管理制度，切实强化检验手段，以改革创新为动力，推进渔船检验队伍建设，为全国平安渔业建设和渔船管理等方面提供支撑保障，我们一定要在工作中全面加以落实。

一、2013 年渔业船舶检验重点工作回顾

2013 年，在农业部党组的正确领导下，在部内有关司局的指导下，在各级渔业主管部门的支持下，全国渔船检验系统紧紧围绕农业中心工作，共同努力，认真履责，全面推进渔船监督检验工作，取得了好的成效。

（一）认真负责，全面加强渔船检验执法监督工作

一是全力开展渔业船舶检验工作。为贯彻落实好《农业部关于贯彻落实〈国务院关于促进海洋渔业持续健康发展的若干意见〉的实施意见》，针对近年来渔船更新改造数量加大、远洋渔船更新建造数量激增的情况，我局下发了《关于做好渔业船舶技术安全检查治理工作的通知》和《关于加强渔船修造开工前检查工作的通知》等文件，进一步加强规范图纸审查、开工前检查等环节要求，进一步明确了检验重点要求。各级检验机构结合工作实际，采取有效措施，认真履行职责，在渔船监督检验工作中，严把图纸审查、建造检验、营运检验等各个检验环节，采取各种措施，努力提升检验质量，坚决杜绝存在安全隐患的渔船下水。2013 年，全国共检验渔业船舶 57.3 万艘，其中新建造国内渔船初次检验 1.77 万艘，开展远洋渔船建造初次检验 713 艘，完成检验 499 艘。全国共完成船用产品检验 103 万台件，监督抽查重点安全产品 29 万台件，有效地保障了渔船质量安全。

二是深入推进船用产品质量专项治理。按照农业部对船用产品质量治理的统一集中部

署，各地积极行动，全国共开展产品质量专项治理行动执法检查 1864 次，参加执法检查人员 5347 人，检查渔船 56672 艘，检查船用产品生产（经销）企业 783 家，检查船用产品 289839 台（件），查处（销毁、没收、召回）假冒伪劣船用产品 109804 台（件）。针对渔船救生产品质量问题严重情况，各地还重点组织开展了对救生衣、救生圈和救生筏检修站的监督抽查工作，并针对抽查结果进行溯源和处理。浙江省针对省内相关企业救生筏存在的安全质量问题，开展了由生产企业召回质量隐患产品工作，责令该企业对其销往全国 8 省区的 1235 只救生筏实施了召回处理，取得良好效果。

三是突出强化重点领域安全监管。为做好 25 艘大型渔政船建造检验工作，组织辽宁、山东、河北、天津、上海、福建、广东、重庆等承担检验任务的省市，克服大型船舶检验力量不足、工作经费缺乏等困难，以高度的大局意识和服务意识，抽调精干力量，针对大型渔政船检验特点，统一制定检验工作方案和检验大纲，统一检验工作标准，集中开展图纸审查，有效组织和开展渔政船建造检验工作。按照我部关于涉氨制冷渔船专项治理工作部署，各地对使用氨制冷渔船进行了拉网式的安全检验监管，提高其安全管理和技术状况水平。各地还针对渔船作业和安全状况的特点，结合船检工作实际，制定加强重点领域的相关管理规定，开展专项的渔船安全治理工作。如浙江制定了提高国内渔业船舶建造质量的指导意见、沿海小型乡镇涉渔船舶安全适航基本条件等办法规定；山东省制定了《山东省渔船设计与修造管理暂行规定》；广东省对赴西沙、南沙海域生产渔船进行“地毯式”安全隐患检查，严格整改要求，并开展了 24 米及以上老旧渔船油路电路改造工作。

（二）创新思路，进一步健全完善船检技术法规体系

一是组织修订定远洋渔船等法定检验规则。结合应对国际渔船安全公约生效的要求，组织修订了《远洋渔船法定检验规则》。规则涵盖了最新国际海事公约中对渔船安全及环保要求，将重点解决渔船建造企业、远洋企业关注的渔船质量安全及境外检验的衔接问题。法规建立了船舶制修造企业、技术检测单位等围绕船舶质量应出具检查、检测、试验报告的制度，以及远洋企业对船舶进行安全自我检查并进行安全状况声明的制度；规则切实落实了远洋企业对渔船安全全面负责的责任，建造企业、检测机构技术把关责任，渔船检验监督部门依法监管责任，改革形成渔船检验监督新模式。

二是建立了船用产品检验分类管理制度。针对渔船用产品种类多、数量大的问题，对渔船用产品法定检验种类进行了科学分类，制订并发布了《渔业船舶船用产品检验管理规定》，对 137 项法定检验的船用产品，进一步细分为 A 类 51 项、B 类 48 项、C 类 38 项，分别实行不同的监督检验方式，明确细化了检验执法部门监管责任和企业强化质量管理责任，强化行政责任追究和监管责任落实。这一规定是强化今后船用产品检验工作的重要指导性工作制度。

三是开展渔船分级检验验船师指南制定工作。针对不同航区要求的渔船技术安全特点及检验监督目标相匹配的问题，结合加强对一线渔船检验工作实际的规范性、操作性具体指导，开展组织渔船验船师工作指南。对渔船法定检验项目进行梳理，按照与渔船技术安全的相关性和不同安全管理要求，实行“科学分类、差异化监管”。在有关省市船检机构的大力支持下，有重点、分步骤地组织编制相关检验工作指南，其中 12 米以下国内渔船、24 米以上国内海洋渔船检验工作指南和船用产品认可操作指南均进入了征求意见阶段。

（三）多措并举，努力促进船检体系健康发展

一是积极开展“结对发展”，促进地区机构间协调发展。全国 27 省级机构（沿海 10 个机构与内陆 17 个机构），积极开展全国渔业船舶检验机构“结对发展”活动，促进沿海、内陆省机构之间工作优势互补、双向互动、彼此促进、资源共享。结对发展的省级机构之间通过开展工作经验交流、现场考察、培训人员、帮助开展检验工作等形式多样的活动，有效地带动了内陆地区船检机构检验能力的提升，北京、甘肃、河南、陕西、山西、湖南在山东、浙江、广西、重庆、辽宁的协助下，正式开展了船用产品检验、船舶图纸及技术文件审查和建造检验工作，上海、江苏、河北、福建、浙江、广东分别为青海、四川、吉林、安徽、云南、贵州等培养了一批基层检验人员，促进了各地检验机构监督管理工作和检验业务工作均衡协调发展。

二是强化基层培训，提高船检人员依法行政能力。针对初级验船师培训的特点，探索了以验船师基础培训和资格考试相结合的培训模式，各省积极开展初任培训工作，共有 9 个沿海省、4 个内陆省相继开展了初级验船师和上岗资格培训工作，共培训人员 1549 人，有效缓解各地检验人员缺乏的问题。为提高基层船检人员的业务基础能力，我局还组织了全国骨干县（市）验船人员基础专业长训班，计划用三年左右时间，为全渔业骨干县市培养一至两名骨干业务人员，目前已有全国 25 省 100 多个县的船检人员参加了这一培训。同时，各地积极开展多项检验技能培训，如浙江组织 200 余人（次）参加船用配电电气检验、救生设备检验等培训；辽宁抓住省内木质渔船数量众多的特点，举办全省木质渔船检验交流培训班，讲解木质渔船的图纸审核、规范应用、检验方法、检验要点，提高检验人员执法能力。

（四）服务为先，努力提升对行业的服务支撑能力

一是努力提升服务渔业行业管理能力。渔船柴油机型谱的确定，是困扰渔船功率控制监管工作多年的难题，按照渔业局工作要求，在大量调研和认真研究的基础上，研究提出了渔船用柴油机型谱和标识管理科学有效的方案，较好地解决了技术指标的不确定性和管理上的可操作性之间的矛盾，实现了行政监管措施和技术监管措施的有效对接，为加强渔船柴油机功率管控工作打下了基础，还配合部渔业局完成报废拆解渔船的境外拆解证明管理制度的制定和实施工作，结合提高和优化渔船技术安全水平的工作，积极推进渔船船型标准化试点工作，如山东在优选了 18 个养殖船、9 个远洋渔船和 2 个国内捕捞船船型的基础上，进行标准化船型优化设计和推广，还完成了 24 米以下海洋渔船安全技术状况的评价工作，为开展渔船标准化更新改造提供了决策依据和强有力的技术支持；重庆遴选出 12 个优化船型作为标准船型的母型船开展示范推广工作；北京对辖区水库渔船进行了实际测量和基础数据采集，优化开发出 4 种渔船船型；江苏进一步筛选确定了 6 个标准化船型，并出台了江苏省标

准化渔船图纸使用规定，加强标准化渔船建造监管，已建造完工标准化渔船 145 艘，在建标准化渔船 43 艘，并编印了近 200 艘已建渔业船舶船型图册，提供给船厂、船东参考选用；广东组织开展了渔船集体救生设备救生示位标产品研发和应用推广工作，提高渔船遇险救助能力。

二是努力提升服务生产企业的能力。规范和完善了行政审批程序和标准，建立了远洋渔船境外检验服务信息发布平台；增设了一批境外检验点，使境外检验点覆盖了近 80% 的境外检验工作。这些措施提高了对船东企业的服务能力，受到了普遍欢迎。各级船检机构在船厂修造资质许可取消后，加大了事后的监管、指导和培训服务工作，通过加强服务促进安全监管工作。浙江、江苏、福建通过编写渔船建造企业质检员培训教材，举办质检员、特殊技术工人现场培训班等，加强对质检员培训，提高其质量意识和业务水平；山东建立了修造企业生产条件评价制度、“旬巡查旬报告”制度、违规修造渔船黄红牌警示制度；广西采取“一月两巡查”措施，遏制和严肃查处违规造船行为，维护渔船修造秩序；福建开展了“十佳渔业船舶修造企业”活动，促进了企业自觉提高渔船建造管理和技术水平。各地还通过组织和依托行业协会积极开展渔船建造企业特殊工种人员培训，提高企业渔船建造技术能力。

三是努力提升服务渔民的能力。2013 年我局组织全国船检系统开展了为渔民办实事活动，我部和广东省人民政府联合举办了“为渔民群众办实事、让安全产品上渔船”大型现场活动，辽宁、上海、江苏、山东、广东和内蒙古等省（区、市）也相继在渔港码头举办了现场活动。活动展示上百种优质产品，依法销毁查处一大批假冒伪劣产品，演习了渔船安全救生、消防设备，向渔民群众赠送上万件救生衣和救生圈。一年来，各级渔船检验机构还为渔民举办了各类渔船安全产品知识和操作技能培训班 167 期，培训渔民 29900 人次，我局以及辽宁、山东、江苏、福建、广东等省组织编印和发放了渔船安全知识手册、渔民培训教材、宣传材料等十万余册，取得较好的效果。

一年来，通过全系统共同努力，船检工作为保障渔民渔船生命财产安全、促进现代渔业快速发展发挥了积极作用。这些成绩的取得首先得益于部党组的高度重视和正确领导，得益于各部门各单位的支持与帮助，也得益于各级渔业行政主管部门的大力支持，更离不开全国渔船检验战线同志们的扎实、辛勤工作。在此，我代表农业部渔业船舶检验局，向无私奉献、辛勤工作在船检战线上的干部职工致以崇高的敬意！向关心支持船检工作的渔业部门领导表示衷心的感谢！

二、2014 年渔船检验重点工作

2014 年是全面贯彻落实党的十八届三中全会精神、全面深化改革的第一年。适应当前深化改革、转变职能、强化监管的新要求，对渔船检验部门既是良好的发展机遇，也提出了新的课题和挑战。渔船检验部门要统一思想、凝聚共识，进一步增强机遇意识，乘势而上，推动渔船检验改革发展；进一步增强创新意识，切实把改革创新贯穿于渔船检验管理各项工作；进一步增强大局意识，自觉服从和服务国家渔业行业管理发展大局。2014 年全国渔业船舶检验工作总体思路是：以党的十八大和十八届三中全会精神为指导，围绕农业中心工作，以改革创新的精神，以服务和保障渔业安全生产为目标，突出抓安全监管，突出抓制度创新，突出抓队伍作风能力建设，促进渔船检验事业科学发展。今年我局的工作要点已经印发，请各地结合实际抓好落实。这里我着重强调五个方面的工作。

（一）抓好“三大行动”，促进渔船检验执法监督

开展“渔船基本数据普查行动”“渔船重要安全隐患整治行动”以及“船用产品质量监督执法整治行动”等三大行动，目标是要通过集中锁定当前渔船安全监管的突出问题，采取有效措施重点突破，以解决突出问题为导向，带动面上监管能力和水平的提升，促进全面履行渔船检验法定职责、促进渔船检验安全执法监管，在保障渔业安全生产和渔民生命财产安全方面发挥骨干作用，保障全国渔船安全状况有效提升，为现代渔业安全体系建设发挥支撑作用。

要用 2 年左右时间，在全国范围内，针对我国渔业船舶的基本数据、渔船安全技术状况以及船用产品质量状况等方面存在的问题进行核查与整治。全面摸清全国应检渔船基本情况并核查渔船重要基础数据，建设“数字化”全国渔船检验监察系统，为提高渔船检验工作履责能力，防范“套牌”等非法渔船提供基础支撑；开展船长 12 米以上渔船重要安全隐患的排查工作，并加大隐患整治工作力度，促进渔船改造更新，有效提升渔船安全状况；对渔船重要船用产品的质量及配备情况进行检查、整治，对重要船用产品企业的质量保障能力及产品质量状况进行检查和抽检，并与有关部门协作加强对船用产品生产和流通环节的执法监督和整治工作，打击和遏制生产和销售假冒伪劣产品的违法行为。

各省要高度重视，充分认识开展三大行动的重要性、紧迫性，要本着对渔民和渔船安全高度负责的精神，全力以赴开展好这项工作。会前我局已经将“三大行动”工作方案印发各省征求意见，这次会议还将安排时间进行讨论，会后将正式印发执行。各省要按照总体工作部署，结合本辖区渔船具体情况，进一步细化、强化要求，加强与各部门的协调合作，扎实开展“三大行动”，特别是要对排查出的隐患及问题，重在跟踪落实整改，坚决做到不走过场。要通过排查和整改措施的落实，增强船舶所有人和企业的安全责任意识，规范其作为安全责任主体的行为，促进其开展自查自纠，不折不扣落实整改要求。同时要加强总结经验，宣传引导，进一步强化巩固行动成果。

（二）加大船检法规制定修订工作力度，推进船检制度创新

党的十八届三中全会作出了全面深化改革的决定，我们船检工作也要创新思维，创新工作思路，要牢牢把握深化改革这条主线，以事关渔船检验发展的战略性、前瞻性问题为重点，加强船检法规政策研究，探索要以渔船检验管理制度和技术法规的制定和修订为切入点，推进渔船检验的机制创新。一是要着手研究和推进启动《渔业船舶检验条例》修订工作，研究拟定《渔业船舶检验管理办法》、修订完善相关管理制度，重点要强化渔船监督检验和行政执法职责，规范渔船检验及监管程序，加强渔船检验事中和事后监管，加强对生产经营主体的管理，推进社会化力量的进入和运行监管。二是要抓紧抓实渔船检验技术法规制修订等基础工作。船检法定检验规则的修订，要根据渔船技术安全特点及渔船安全监管和检验工作实际，科学界定渔船法定检验项目，明确船检监督机构及生产经营主体的责任。渔船分类检验工作指南的制定，要注重对不同类别的渔船法定检验项目进行梳理，按照与渔船技术安全的相关性和不同安全管理要求，进行“科学分类、差异化监管”，并规范和细化指导船检具体实践工作。各地要积极配合部局开展相关工作，采取多种方式，积极听取船东、企业对渔船检验法规修改的意见，将意见及时上报部局，确保新修订法规的政策性、科学性、规范性和可行性。

（三）积极推进渔船检验技术支撑体系的布局和建设

渔船法定检验工作任务重、责任大、技术要求高、涉及面广，必须以引入社会化、专业化力量为支撑，加强船检监管工作的能力。今年我局将改革中国渔船技术委员会的职责和工作机制，强化技术委员会在技术论证、决策、评价方面的支撑能力和作用。依托船舶专业科研教学机构加强渔船安全研究中心、渔船规范研究中心等建设工作，建立全国性渔业船舶审图中心，探索和加强推进渔船建造质量检测和船用产品检测机构的核定和运行监管工作。各省也要根据工作实际，针对辖区渔船设计、建造、产品制造情况，针对渔船技术审图、质量安全检测等环节，积极开展渔船审图技术支持、渔船建造质量检测机构的核定和运行监管工作。有条件的省市还要探索推进渔船集中检验点建设试点工作。

（四）努力促进企业安全生产管理能力提升

各地要结合行政审批制度改革，转变工作思路，积极探索促进渔船修造企业、设计企业质量管理和技术能力提升机制以及监管机制。要按照国务院对取消行政审批事项的要求，应加强对渔船设计、建造企业安全质量的事中事后监管。要探索通过依托行业协会等社会力量建立渔船建造设计企业的资质能力评价机制，试行企业“白名单”制度等，促进企业行业自律。针对渔船修造企业质量检查的薄弱环节，继续推进渔船修造企业质量检查员和特殊工种人员的培训工作，提高企业自检质量和水平。对渔船设计建造企业的监管要以提高渔船技术安全和促进新技术应用为重点，组织制定渔船建造企业条件等行业标准，探索用标准的制定和贯彻执行替代传统的行政审批手段，促进渔船技术进步和安全水平提高。各地要继续做好渔船船型标准化工作，要对主要作业类型渔船骨干船型进行优化和推介。要在企业预检自查制度试点取得成效的基础上，全面推进远洋渔船自查制度，促进企业强化安全生产管理能力。

（五）加强督导，努力打造渔船检验过硬执法队伍

韩部长在全国农业工作会议上强调，农业系统要以“为民务实清廉”为标准，发扬“钉钉子”精神，进一步转变作风，深入基层服务农民，把中央关于推进农村改革发展的各项决策部署抓到位，抓出成效。今年我们要在继续促进船检机构能力建设优势互补和均衡发展、加强检验队伍业务能力培训工作的基础上，重点开展渔业船舶检验机构行风和廉政建设，认真贯彻落实中央“八项规定”和反对“四风”的要求，加强行业纪律监督，注重预防，要建立全国渔业船舶检验工作督导督察工作制度，强化依法行政的能力和效果，规范提升各级检验机构工作和管理水平。我局今年还要针对海洋渔船建造检验质量组织开展省际联合检查督导工作。各地也积极研究建立本地区渔船检验工作督导督察制度，开展渔船检验检查督导活动。全国各级渔船检验机构要把切实改进执法队伍的工作作风，规范执法，强化船检队伍服务渔民、依法行政观念和廉政意识教育，作为队伍建设的重要工作内容，努力形成行业健康向上的精神风貌，要更加主动履行职责，努力打造一支素质过硬的执法队伍，助推渔船安全发展。

同志们，2014 年任务已经明确，站在新的历史起点上，让我们团结一致，奋发有为，抓住机遇，创新发展，努力推动渔船检验工作取得新突破！

发扬成绩创新进取　扎实做好渔业船舶检验监督管理工作

——2015年全国渔业船舶检验工作会议工作报告

（2015年12月3日）

本次会议是在全国上下深入学习贯彻党的十八届五中全会精神的关键时期召开的一次渔业船舶检验工作的重要会议，是在“十二五”最后一年的最后一个月、“十三五”即将到来的特殊时期召开的一次重要的会议，主题是创新，目标任务是统一认识、统一思想，增强信心、增强责任感，明确目标、部署工作。会议的各项议程，特别是于康震副部长和赵兴武局长的重要讲话，都是围绕这一主题和目标任务展开的。

下面，我就结合贯彻落实于康震副部长和赵兴武局长的重要讲话精神，从三个方面做工作报告。

一、回顾过去，“十二五”渔船检验工作成效显著

“十二五”是全国渔船检验系统改革、探索、奋进的五年。五年来，在农业部党组的领导下，在各级渔业行政主管部门和相关单位的关心支持下，全国渔船检验系统立足国家海洋强国战略，围绕渔业现代化、平安渔业建设，努力适应深化行政管理体制改革要求，积极探索创新，不断开创渔船检验事业发展新局面，为渔船平安、渔业发展、渔民增收起到了重要的基础支撑作用。主要体现在：

（一）渔业船舶法定检验富有成效。2011—2014年，全国共检验渔船247.7万艘（次），其中新建造渔船8万余艘，远洋渔船6280艘次；审查图纸3.8万套；检验渔船船用产品425.9万台（件）。在全国范围内组织开展的“渔船基本数据普查行动”“渔船安全风险隐患排查与整治行动”及“渔船船用产品质量监督整治行动”，共普查渔船56.5万艘，排查整改安全风险隐患渔船4.59万艘，查处假冒伪劣船用产品10.98万台（件）。各地渔业主管部门高度重视渔船检验工作，将其纳入渔业管理总体工作进行部署落实。浙江结合省委省政府“一打三整治”活动，开展了渔船执法监督的“五大行动”；广东围绕加强渔船安全生产监管专门制定了老旧渔船分类检验管理要求；广西全面清理了海洋渔船数据，使数据更加真实；舟山创新了检验工作机制，保证了占全国五分之一的远洋渔船法定检验监管任务圆满完成。在于康震副部长今年7月重要讲话的鼓舞下，各地加大了工作力度，有效防范了渔船安全事故，为平安渔业建设打下了坚实的基础。

（二）渔船检验队伍体系建设全面加强。2011—2015年中央财政累计投资3600多万元，

用于全面开展验船师培训工作。国家局制定实施了“全国骨干县（市）验船人员基础专业长训班千人培训计划”，在全国范围内建立了6个验船师培训基地，举办各类培训班51期，培训人员4331人。改革完善了培训上岗考核制度和验船师评选机制，全国验船师持证人数由2010年的5358人增加到2015年的7131人，增长了33%，其中高级验船师295人，中级验船师1126人，验船师履职能力明显增强。机构建设持续加强，检验机构数量由2010年的893个增加到2015年的1094个，增长了22.5%，公务员和参照公务员管理机构比例达50%。通过组织全国省级船检机构之间开展“结对帮扶”活动，推动沿海、内陆省机构之间工作资源共享，实现了优势互补、相互促进、协同发展。在加强船检系统自身体系队伍建设的同时，充分发挥高校、科研院所等社会资源的技术优势，科学布局渔船检验技术支撑体系，先后建立起了渔船安全研究中心、渔船规范研究中心、渔业船舶审图中心，为我国渔船检验事业发展和现代渔船装备技术发展提供了强有力的支撑。

（三）渔船检验监督管理工作不断强化。中央财政预算渔船检验监管工作经费大幅增加，部局“十二五”期间项目资金规模达到了1.8亿元。监管方式不断探索创新，针对不同类别渔船及船用产品安全管理要求，探索“差异化监管”方式，实行渔船分级检验，船用产品分类检验，科学界定和落实设计修造单位、渔业企业、产品企业各方责任，构建了“权责对应、多元治理”的监管格局。联合国家质检总局、地方有关部门建立了部门联动协作机制，在全国范围内连续五年开展渔船船用产品质量专项整治行动，将救生筏（艇）、救生衣、救生圈等“三救”重点产品纳入农资打假范围，探索通过召回方式处罚违规行为，有效遏制了渔船船用产品假冒伪劣泛滥的势头。着力加强渔船检验信息化建设，围绕系统互联互通、信息共建共享、业务协作协同目标，部局制定了全国渔业船舶检验信息化建设规划，江苏、河北、广东、上海、福建、四川、重庆等地积极开展渔船安全监管信息化“先行先试”，推动平台有机整合和监管信息共享，以信息技术手段提升监管能力水平取得了新突破。

（四）渔船检验法规建设有序推进。围绕《渔业法》《渔业船舶检验条例》法律法规授权职责，着力完善了检验技术法规，初步构建了衔接国际海事公约、符合我国渔船管理实际、体现渔船法定检验特点、覆盖各级各类渔船和船用产品的技术监督法规体系。全面梳理了渔业船舶检验监督管理有关的法律法规及规范性文件，对渔业检验技术法规、业务管理文件进行了针对性清理。制修订并颁布了《远洋渔船法定检验规则2015》《钢质海洋渔船建造规范2015版》，出台了《渔业船舶船用产品检验管理规定》，发布了渔船分类检验工作指南。辽宁、山东、浙江、广东等地结合当地实际出台了渔船管理条例或办法，上海、甘肃、重庆、吉林先后颁布了渔船检验工作规定。各地还按照放管结合、优化服务的思路，科学应对渔船设计修造企业资质审批取消后续监管难题，山东省制定了《渔船设计与修造管理规定》，舟山市出台了《渔业船舶建造企业生产条件基本评价要求》，这些都为依法依规有序地开展渔船检验和质量监管工作提供了有力支撑。

（五）服务渔业中心工作卓有成效。近年来，我们上下一心，积极呼吁有关部门重视并实施国家渔船更新改造重大项目，组织研究并发布全国海洋渔船安全技术状况评价报告，促进了我国海洋渔船装备现代化进程，为国家海洋强国战略和生态文明建设提供支撑。配合部渔业渔政局制定出台了《渔船用柴油机型谱与标识管理办法》，加强了对柴油机型谱的审定、检查和监管，对全国31家柴油机企业申报的1003个型号柴油机型谱进行了评审，审核通过发布了692个型号，为破解“大机小标”“小机大标”柴油机管理难题、推进渔船“双控”管理制度的落实奠定了基础。建设境外延伸服务平台，远洋渔船境外检验点基本实现主要停靠港口国全覆盖，有效服务于我国远洋渔业“走出去”战略实施。组织开展了大型渔政船和海南南海批量渔船建造检验，实施了北斗海洋渔业应用示范项目。发挥渔船标准引领推动作用，开展了远洋渔船船型评价推广，启动LNG绿色能源上渔船试点，推动建立全国玻璃钢渔船产业技术发展联盟和研发实体平台。各地区高度重视渔船标准化船型推广应用，江苏通过标准化更新改造，用3年多的时间实现了海洋捕捞渔船的“小改大、木改钢”，大连则出台了推进小型玻璃钢渔船试点应用实施意见，重庆市启动渔业船舶安全生产标准化示范船建设。这些工作的开展，为引领渔船更新改造、促进渔船装备产业升级趟出了路子、积累了经验。

（六）对外交流合作不断深化拓展。积极参与国际渔船安全事务，加强与国际海事组织（IMO）海上安全委员会的工作协作，推动树立我在国际海事界的重要地位。科学应对《国际渔船安全公约2012年协定》生效，维护我国海洋渔船发展权益，努力树立负责任渔船大国形象，积极组织开展对策研究、争取有利生效条件，避免发达国家将其标准强加给我国渔船。同时，我们还加强了与周边国家和地区交流与合作，与韩国就共同应对国际渔船安全公约生效、渔船检验监督管理制度及渔船检验技术，开展了定期交流；与日本国土交通省海事局开展了渔船检验工作会谈；建立了与香港、澳门特别行政区渔船检验三方合作交流机制。通过国家及地区间渔船交流合作，推动了船舶安全管理、船舶技术的健康发展。

回顾“十二五”以来的各项工作，成绩的取得首先得益于农业部党组和部领导的高度重视和正确领导，得益于各级渔业主管部门的大力支持，也得益于各部门各单位的支持与帮助，更离不开全国渔船检验战线同志们扎实、辛勤的工作。在此，我代表农业部渔业船舶检验局，向大家表示衷心的感谢和崇高的敬意！

二、牢固树立三种意识，增强做好船检工作的紧迫感、责任感和使命感

刚才，于康震副部长对船检工作的职能定位、面临的形势机遇和外部挑战，进行了全面系统的分析，为我们做好“十三五”的工作指明了方向，增强了信心。作为船检部门，作为船检人，我们必须清醒地认识到，面对国家深化行政体制改革的新趋势，面对错综复杂的渔业安全管理新形势，面对依法行政、环境保护、节能减排等渔船检验监管新要求，全国渔船检验事业发展既面临着发展机遇，同时也由于新旧矛盾叠加、改革压力增大，面临着许多新困难新问题，突出表现为三个“不相适应”：一是验船师队伍规模与检验任务量不相适应。目前，全国持证验船师7100多人，但真正在一线工作的验船师仅2000余人，相比100多万艘渔船的检验任务，“船多人少”的矛盾十分突出。同时，验船师队伍职业荣誉感不强，专业人才流失严重，“青黄不接”的断层现象在一些地区普遍存在。另外，一些省市将

检验业务层层下放给不具备检验能力的县级机构，渔船检验监管缺位现象严重。二是队伍业务素质与检验工作的专业性要求不相适应。渔船设计建造技术、检验检测技术、现代信息技术加速更新发展，新技术新装备新工艺不断涌现，船检队伍在专业结构、素质能力、检验手段各个方面，都难以适应新形势下依法履职的工作要求，甚至出现个别验船师不敢签字、不敢担责的现象。三是传统思想观念与新的形势要求不相适应。船检机构长期按照“检管合一”模式开展工作，随着市场机制和行政改革的深化，面对国家安全监管要求持续提高的新常态，面对配合“双控”管理、油补政策调整、清理“三无渔船”等工作的新需要，面对渔船设计修造资质审批、远洋渔船检验有关中介服务相继取消的新情况，面对加强核查问责不作为、整肃懒政怠政的新制度，过去的思想观念、思维方式、管理模式和工作方法，都已很难满足深化改革和事业发展的要求。

当前，适应新形势、推动新发展，需要我们全体船检人按照于康震副部长重要讲话要求，牢固树立创新意识、责任意识和全局意识，进一步增强做好船检工作的紧迫感、责任感和使命感。

一要牢固树立创新意识。创新是推动事业发展的原动力。十八届五中全会再次对全面深化改革做出了新的部署，提出了创新、协调、绿色、开放、共享的发展理念。“抓创新就是抓发展，谋创新就是谋未来。”思路决定出路，不创新就只能原地踏步，不思变就只能被边缘化，不改革就不可能有新发展。新的形势下，船检事业发展困难矛盾交织，其中既有客观原因，也有主观上习惯沿用过去工作模式、思维定式和传统意识的问题。破解发展难题，要求我们船检部门，特别是在座的各位船检局局长要正确研判形势，准确地把握机遇，及时地抓住机遇，用创新的意识和思路勇敢地去迎接挑战，解放思想、更新观念，破除思维定式和工作惯性的羁绊，善于跳出船检看船检，推进工作思路创新与方法创新，做到在应对新常态上有新思路，在解决老问题上有新办法，在推动事业发展上有新突破。

具体来讲，要创新理念思路，加强对全国渔船检验重大战略问题的研究。要从宏观和战略的高度，着眼于全国渔船检验的战略定位和发展走向，借鉴吸收国外渔船和国内交通船舶检验改革的有益经验，探索推动渔船检验体制机制创新的有效途径。要创新工作机制，加强验船师制度改革研究，下大力气培植渔船检验技术支撑体系，充分调动社会资源，加强渔船专业检测机构培育和管理，提升全社会参与渔船质量检验和管理的能力。要创新制度设计，从习惯于事前审批转向事中事后监管，从习惯于行政手段转到更加重视运用标准、运用市场机制引导行业发展，不断提高渔船检验监管服务能力水平。要创新方法手段，发挥现代信息技术的引领提升作用，将渔船检验监督管理与互联网进行深度融合，积极推进物联网、云计算、大数据等现代信息技术在现代渔船检验及监管中的应用。

二要牢固树立责任意识。国家对渔业船舶实行强制检验制度，这是法律和行政法规赋予船检部门的神圣职责和崇高使命。作为一名船检人，责任意识首先应当体现在忠实执行法律上，体现在对船检事业的热爱和对无私奉献精神的追求上，体现在对国家负责、对人民负责、对事业负责、对历史负责和不辱使命上。今年6月“东方之星”沉船事件，再次提醒我们在渔船安全问题上不能存有丝毫侥幸心理，必须确保到位检、检到位，确保安全监管措施和主体责任落到实处，确保渔船质量符合安全要求。

当前，各行各业“追责”的压力很大，船检人在渔业安全和渔船管理中承担着很重要的责任，同时也面临着担责的风险。不少验船师压力很大，不大愿意签字或者说能不签就不签。这个问题应辩证看待，一方面，我们强调要完善依法行政、合理担责的渔船检验法制环境，验船师不能也不应该承担无限责任。另一方面，验船师作为国家公职人员，能不能依法依规按要求履行自己应尽的职责，这是对我们这支队伍的品行、作风和职业操守的检验。你有责任心了，检到位了，你心里就有底了，就敢签字敢担责了。事实上，目前，无论你在哪个岗位，如若责任心不强都将面临追责。前不久，媒体发布了国务院要求坚决整肃懒政怠政等不作为行为的消息，一批不同级别的领导干部受到了责任追究。权力就意味着责任，在其位就要谋其政，司其职就要担其责。各级渔船检验部门一定要把使命装在心中，把责任扛在肩上，以对渔民群众生命财产安全高度负责的态度，依法依规做好检验监督管理工作。

三要牢固树立全局意识。“不谋全局者，不足以谋一域。”着眼全局、团结协作是一项事业、一个行业发展的重要前提和基础。船检部门工作在渔船安全工作的第一线，服务在渔船检验的最前沿，地位重要、作用关键。我们必须紧紧围绕现代化渔业强国战略，自觉服从和服务于全国渔业工作的总体部署，服从和服务于渔业主管部门的领导，扎实做好渔船检验监管和推进渔业现代化的各项工作，更好地发挥渔船检验支持保障渔业工作大局的作用。

从船检系统内部看，共同的事业让我们登上了同一条船，我们必须齐心协力才能共同迎接风浪挑战，开创事业发展新的局面。全国渔船检验系统1000多个机构，既有省（区、市）局，也有分局、市处、县站。这些机构，从单位性质上看，既有直接按公务员管理的，也有参照公务员法管理的，还有按其他事业单位性质管理的；从机构设置形式上看，既有单独设置的，也有“二合一”的、“三合一”的；从经费来源上看，既有全额拨款的，也有差额拨款的，还有少数自收自支的；除此以外，我们还有不少技术支撑单位、合作单位。所有这些单位，在整个船检工作体系中都各自担当着不同而又重要的角色。客观地说，层级不同、地区不同、性质不同、人员不同，决定了面临的具体情况不同，看待思考问题的角度也会有所差异，这些特殊性我们能够理解。但我们也不能过分强调本位，更不能遇事互相推诿。各行其是，一盘散沙，就很难实现共同目标，也绝不可能有好的发展。当前我们正处于机构改革职能定位的关键时期，各级船检机构应立足长远、着眼全局，树立“一盘棋”思想，自觉服从上级部门指导，从有利于巩固发展共同事业，有利于全国渔船检验工作大局出发，加强上下左右联动和协调配合，共同打造出一支领导有力、协同到位、配合主动的渔船检验“联合舰队”。一艘大船，要有人“掌舵”，也要有人“轮机”，还要有人“护航”。一支舰队要有母舰、护卫舰、驱逐舰才能形成战斗力。在工作推进上，要围绕于康震副部长提出的“四大体系”建设的目标任务，统筹把能力、队伍、条件提升上去，实现推进渔船“高安全、高效益、低排放”发展的目标，科学分工、服从指挥、抓好落实；在事业发展上，要自觉把渔船检验放在国家现代农业，特别是现代渔业工作大局中思考谋划，凝聚共识，主动作为，围绕改革、定位、依法履职等要求，主动争取主管部门支持，共同推动我们的“联合舰队”乘风破浪、驶向未来。

三、振奋精神，扎实做好2016年渔船检验监督管理工作

2016年是全面贯彻落实党的十八届五中全会精神、组织实施“十三五”规划的开局之年。全国渔船检验监督管理工作要按照于康震副部长提出的总体思路，围绕建设“四大体系”的目标要求，着重抓好以下七个方面的工作：

（一）完善渔船检验监管方式，提高法定检验履职效能。按照“应检必检”要求，着力提升渔船检验质量和受检率，确保应检渔船依法依规检验到位。一是严把渔船设计建造源头。加强审图中心建设和管理，全面落实《渔业船舶图纸审查管理工作指南》，规范开展图纸审查，确保渔船设计符合法规规则要求；严格落实船厂开工前检查措施，加强建造重点环节核查，确保新建船舶与图纸相符；抓好重要船用产品持证上船关，特别是对远洋渔船无线电通信、救生、消防设备的配备，要进行重点检查，坚决做好违规问题整改。二是细化完善检验制度措施。针对新修订发布的《远洋渔船检验规则》《钢质海洋渔船建造规范》及验船师指南，细化配套实施措施，确保技术法规有效落实执行。组织开展全国渔船检验执法监督检查，对法规执行情况进行督查和效果评估。完善远洋渔船检验管理制度，严格境外检验计划管理，提高检验组织实施效率；加强境外检验点建设管理，提高境外检验工作支撑保障能力。适应内陆渔船“三证合一”改革要求，优化检验流程，保证检验质量，做好改革过渡衔接。三是强化现代化监管手段应用，探索推进渔船集中检验点建设，不断提高实地登船检验率。针对近两年渔船基本数据普查发现的“船证不符”，各地要积极配合渔业主管部门开展专项治理，在检验过程中严格把关，对存在“船证不符”的，未整改完毕一律不得签字发证。

（二）建立船用产品召回制度，着力加强船用产品检验监管。一是制定发布《渔业船舶缺陷船用产品召回管理规定》，完善产品检验执法监管工作手段，通过推进缺陷船用产品召回规范化常态化，提高船检部门对重要船用产品特别是渔船救生、消防和通信导航等设备假冒伪劣行为的打击力度。二是深化船用产品质量专项治理和监督抽查，加大产品认可检验力度，规范渔船船用产品市场秩序和企业行为，禁止“三无”产品、旧设备、旧材料、翻新设备及翻新材料上渔船。三是进一步做好渔船用柴油机型谱审核发布工作，针对柴油机生产环节贯彻落实《渔船用柴油机型谱与标识管理办法》情况进行抽样核查验证，引导督促柴油机企业提升质量技术水平。各地要从图纸审查、安装检验各个环节严格把好柴油机上船关，严厉查处机证不符、随意更换柴油机或私自调整柴油机功率关键配置等违法违规行为，禁止未通过型谱审核、型式认可和产品检验的柴油机上渔船，有效预防出现新的“船证不符”。

（三）以《渔业法》修订为契机，强化检验监督法律法规建设。一是按照健全覆盖检验监管全领域的法律法规体系目标，突出检验监督职能定位和法规监督执行，组织开展渔船检验法律法规体系框架研究，完善法规制度顶层设计。二是积极主动参与《渔业法》修订，

进一步夯实渔业船舶检验工作的法律基础，力争以法律形式明确各级渔船检验监督管理机构的行政执法地位。根据当前渔船检验工作面临的新形势新要求，适时启动《渔业船舶检验条例》的修订工作。三是研究制定与《渔业船舶检验条例》配套的部门规章，明确渔船检验工作执法程序。同时，抓紧推进远洋渔船检验管理、缺陷船用产品召回等制度的制定，争取年内以农业部文件印发，以进一步强化渔船检验监督管理。四是制定船用产品法定检验规则、12 米以上国内海洋渔船及内河渔船检验规则、渔业气胀救生筏检修站认可与管理办法，颁布远洋渔船、24 米以上国内海洋渔船验船师指南，不断完善技术法规体系。各地要积极参与和配合《渔业法》等各项法律法规制修订工作，同时，结合当地实际加大渔船检验地方性法规制修订力度。

（四）创新验船师管理工作机制，推动机构队伍和支撑体系建设。一是创新完善机构业务核定管理工作机制。按照“统一领导，分级负责，分类管理”的原则，制定机构业务核定管理规定和检验督察办法，完善机构核定和监督管理，加强检验工作督导，提升渔船检验监督管理效能。二是改革验船师管理制度体系，完善验船师考评工作机制，探索研究推进注册验船师制度。制定队伍建设培训规划，按照“统分结合”的原则，明确各级渔船检验机构队伍建设职责，建立入职培训、能力提升、检验实务三类培训制度，分级分类开展培训工作。各地要结合本地区检验监督工作需要和队伍现状，制定并实施年度验船师队伍建设和培训计划，在突出检验实操能力提升的同时，强化法律制度、检验法规标准、工作程序、船检文化、职业道德的培训。三是加大技术支撑体系培育力度，充分发挥三大中心、验船师培训基地等单位支撑检验监管工作能力；加强对检验审批中介服务的监管，规范第三方检验检测单位管理，特别是强化对船舶无损检测及救生消防设备、通信导航设备、防污染设备检测单位的监管。四是积极推动检验监督管理体制机制改革试点工作，鼓励有条件的地区按照“检管分离”原则，开展创新检验监管方式、发挥社会资源作用等的实践探索。

（五）推进“互联网 + 渔船检验”，构建“智慧船检”监管信息平台。以实现网络互联互通、信息共建共享、业务协作协同为目标，按照“互联网 +”的理念，统一规划、统一平台、统一标准，制定全国渔船检验监管信息系统建设实施方案，积极争取资源、创造条件启动“智慧船检”信息系统建设，构建国家和省两级渔船检验监督管理业务数据中心，推进检验监管规范化、智能化。各地要按照“智慧船检”信息系统建设统一规划，结合当地实际研究建立本地区信息化检验监督管理平台，以技术进步促进渔船检验监管能力提升。当前，应加快梳理检验监管业务流程，明确业务需求，制订数据标准，加强对渔船数据资源的开发利用，强化统计分析和服务功能，为实现现有各子系统的信息共享和业务协同打下基础。要加强“互联网 +”技术在渔船检验监管上的开发应用，推进渔船管理身份证制度的建立和实施，推广应用渔船检验现场移动执法终端，逐步实现渔船设计建造和船用产品质量全程可追溯。同时，立足渔政指挥信息系统总体架构，加快“数字船检”与渔政指挥系统的对接融合，打造功能齐全、分类科学、操作便捷、性能可靠的全国统一的动态监督管理系统，更好服务渔船管理和现代渔业全局。

（六）着眼现代渔业建设，加快渔船装备技术现代化进程。一是抓住渔业燃油补贴政策调整契机，结合标准化海洋渔船更新改造工程，大力推进渔船船型标准化工作。组织搜集国内外船舶技术经济性评价方法和评价指标，分类制定渔船标准船型综合评判方法。针对各地远洋渔船标准化推荐船型，按照作业方式和作业区域分类梳理，建立远洋渔船主流船型参数数据库。各地要结合实际加快地方小型渔船标准化工作，推动地方政府出台标准船型扶持政策。二是实施渔船设计修造企业质量提升工程，探索引入质量声明制度、“黑名单”通告制度，强化修造企业报检信息化管理，督促企业建立完善现代质量管理体系，提升设计建造质量控制能力水平。三是依托渔船标准委员会各工作组，推进“渔船清洁能源应用示范工程”，推动玻璃钢渔船产业技术联盟引领发挥加速产业化发展作用，加快标准成果转化应用。充分发挥技术委员会在技术法规建设、渔船海事技术论证、提升渔船技术管理水平上的支撑作用。四是结合《中华人民共和国大气污染防治法》生效实施，研究应对渔业船舶气体排放控制要求，环渤海、长江口和珠江口地区有关渔船检验机构要提前考虑和谋划。

这里还要强调一下财政项目资金使用有关问题，对于我局安排给各省的农业检测检验检疫项目经费，各单位要严格按照财政项目资金使用管理要求，加强和规范项目资金的管理和使用范围，提高项目资金使用效益。要加强对沉淀、结转资金的跟踪分析，采取有效措施，盘活存量资金，尽快按原用途安排使用，加快消化结转资金。要认真贯彻中央八项规定，加强资金使用，厉行勤俭节约，强化监管问责，不得套取、挤占和挪用项目资金。

最后，结合贯彻落实于康震副部长重要讲话要求，我再强调一下加强和改进渔船检验系统思想作风、工作作风建设问题，渔船检验系统要紧紧围绕贯彻中央全面从严治党、强化党风廉政建设“两个责任”要求，坚决执行勤政廉政各项规定，扎牢预防腐败制度“笼子”，不断提高廉洁自律意识；要带着对渔民群众的深厚感情开展工作，严格依法依规开展渔船检验，坚持不懈纠正“四风”、驰而不息正风肃纪，以良好的精神状态、良好的工作作风，创造优异的工作业绩，树立新时期渔船检验系统的良好形象。

同志们，做好渔船检验监督管理工作任务艰巨、使命光荣。全国渔船检验系统要以党的十八届五中全会精神为指导，振奋精神、坚定信心，迎难而上、开拓进取，适应新常态，实现新跨越，开创新局面，为推动事业科学发展、支撑现代渔业建设做出新的贡献！

转变观念、统一认识、推动创新　扎实做好渔业船舶检验监督管理工作

——2016年全国渔业船舶检验工作会议工作报告

（2016年12月8日）

同志们：

日前，于康震副部长在听取我们这次座谈会筹备情况汇报后，对船检工作作出了重要批示。于部长指出：船检是现代渔业的一个重要方面，是推动渔业转型升级的有力抓手。船检工作要适应渔业绿色发展、安全发展、可持续发展和规范发展的要求，担当尽责、科学公正、改革创新，为现代渔业建设保驾护航、再立新功。于部长的批示既充分肯定了渔业船舶检验工作对发展现代渔业的重要性，又指明了未来渔船检验的发展目标、努力方向、开拓路径和工作要求；既对我们有鼓励，更对我们有鞭策。我们要认真学习、深刻领会、切实贯彻、全面落实。今年，渔业系统召开了一系列会议，这些会议都对渔业船舶检验工作提出了新要求。在刚刚结束的全国渔政工作座谈会上，于康震副部长强调指出，中国渔政是由渔政执法、船检执法和港监执法共同构成的，渔政、船检、港监三支队伍要密切配合，形成合力。今天，我们在这里召开全国渔业船舶检验监督管理工作座谈会，就是要转变观念、统一认识、推动创新，为全面构建适应现代渔业发展的渔业船舶检验工作新格局奠定思想基础。

本次会议的主要任务是，深入贯彻落实党的十八大，十八届三中、四中、五中、六中全会精神，紧紧围绕农业部农业农村经济工作总体部署和加快推进渔业转方式调结构要求，按照全国渔政工作座谈会确定的严格、规范、公正、文明执法的总要求，分析当前渔业船舶检验监督管理工作面临的新形势，以及渔业转方式调结构对渔船检验工作的新要求，通过创新思维理论培训，进一步解放思想，探讨渔船检验监督管理机制创新的路径，研究加强渔船检验“四大体系”建设的具体措施建议，部署安排明年渔业船舶检验监督管理重点工作。

刚才，福建等6省市的负责同志围绕船检履职尽责、体制机制建设和改革试点情况，以及远洋渔船、休闲渔船检验管理和推进渔船标准化等方面工作，做了专题发言。这几个省在这些方面的工作有特色，大家可以交流讨论、相互借鉴、相互启发。刘晴同志对我局拟以农业部文件发布的《关于加强和改进渔业船舶检验监督管理工作的意见》的起草情况和主要内容做了说明，钟小金同志对“十三五”“四大体系”建设规划草稿做了说明和解读，下午同志们还要围绕这些内容进行讨论。下面，我讲三方面意见。

一、2016 年渔业船舶检验监督管理重点工作开展情况

今年，全系统认真贯彻 2015 年全国渔船检验工作会议精神，创新工作机制和工作方法，主动适应全面深化改革要求，服务渔业经济发展大局，积极推进职能转变，夯实监管基础。一年来，在做好渔船检验常规工作的基础上着力抓了以下重点工作：

（一）以质量安全监管为重点，不断完善检验监管方式

一是集中开展了全国检验监管督查。经部领导批准，国家局组织有关省市技术人员，对渔船安全状况、涉渔“三无”船舶、休闲渔船以及各地检验管理、法规执行情况开展了第一次全国性督导检查。各地高度重视，密切配合，使督导检查取得了很好的成效。我们基本摸清了当前渔船检验在服务大局、执法监督、队伍素质、体制机制、财务管理等方面的主要问题，在深入分析问题成因的基础上，提出了解决问题的政策措施建议。我们报送的一批专题报告，得到了部领导和渔业行政主管部门的充分肯定，部领导还主持召开了部渔业系统各单位负责人会议，进行专门研究。我们相信，这次督导检查，无论是对促进船检更好地融入现代渔业发展中心工作，还是对促进渔业船舶管理体制机制建设以及对促进渔船检验新格局的全面构建，都已经并将继续发挥重要作用。

二是加大了船用产品质量监督抽查力度。国家局在全国范围内组织开展了气胀式救生筏、手提式灭火器和无线电应急示位标等产品质量安全专项排查整治。全国共检查了 2.6 万艘渔船，抽查了救生、消防以及通导设备等船用产品 20.7 万台件（只），查处假冒伪劣产品 1.93 万台（件），要求更换设备 1.9 万台（件）。广东召开了专项整治现场会，上海对防污漆和船用电缆开展了专项质量检查，浙江拨付专项资金委托第三方检测机构对辖区内生产的救生和通导设备开展了重点监督抽查。针对检查中发现的问题，国家局召开专门会议，对存在产品质量安全问题的涉事企业进行了约谈，提出了整改要求和处理意见。这是我国渔船检验工作开展多年以来第一次对船用产品生产企业进行整改约谈，是对违规企业处罚形式的一种创新，以后我们还要加大这方面的监管和处罚力度。通过这次监督抽查，企业的产品质量安全主体责任得到有效落实，促进了船用产品质量提升。

三是不断强化对渔船设计修造单位的监管措施。国家取消设计、修造单位资质认定后，各地不断探索后续监管措施，从源头上加强对渔业船舶修造质量管理和渔船图纸审查管理。于康震副部长高度重视恢复对渔船建造企业的行政审批管理工作，部办公厅和国家局邀请国务院审改办有关领导已联合开展多次专题调研。当然，我们不能也不愿是取消前的原样恢复，而是改革创新的恢复。在行政审批恢复前，国家局拟以农业部文件形式，明确渔船建造开工条件检查有关要求。安徽、广西等地严格按照标准，核查企业生产条件和能力。福建开展了十佳企业评选活动，扶持助推渔船修造企业提高建造质量。山东开展了远洋渔船、远洋渔船关键设备和休闲海钓船研发与制造基地创建工作，出台了修造管理规定和标准，提高渔船制造质量水平。国家局在总结上海审图中心运行经验的基础上，设立了山东渔业船舶审图中心，广东也探索建立了省审图中心，对渔船设计建造源头进行严格把关，规范了图纸审查

技术支撑工作的开展，提高了图纸评审质量。

（二）以重点领域管控为抓手，不断提高检验监管水平

一是严格重点渔船的检验管理。辽宁、浙江、广东、广西、上海等省市按照国家统一部署，选派优秀验船人员驻场开展海南批量渔船建造检验和海警船换证检验工作，对建造中的质量问题进行持续跟踪，协调落实问题整改，保证了海南渔船全部顺利完成检验交船和海警船按期换证，得到了中央军委、国防部和中国海警局的充分肯定，为维护我国南海主权和海洋维权执法能力建设提供了基础保障，做出了贡献。

二是加强流动港澳渔船的检验管理。组织开展了内地与香港、澳门地区的第四次检验合作交流，签订了澳门籍流动渔船检验合作协议；广东、浙江、广西、福建等省市严格检验标准，圆满完成了港澳流动渔船的检验工作，广东还初步建成了“港澳流动渔船检验管理系统”。规范和完善了流动渔船安全监管检查工作，有力保障了港澳渔船航行生产安全和港澳渔民切实利益，为确保 2018 年 12 月 31 日前流动渔船全部纳入全国渔船安全监管奠定了基础。

三是强化远洋渔船检验管理。充分发挥远洋渔业协会优势、调动企业参与积极性，科学制定了远洋渔船境外检验计划，提前安排部署境外检验任务，实现了检验“零延误”；沿海各省市严把远洋渔船建造检验质量关，积极选派优秀验船师开展境外检验工作。上海、浙江等省加强了境外检验点建设，扶持建立检修检测服务机构，福建等省推行建造监理制，着力支持服务远洋渔船安全发展，为我国建立一支强大的远洋捕捞船队提供坚实保障。

四是积极推进渔船船型标准化管理。为保障我国渔船更新改造政策顺利实施，国家局研究提出了渔船标准化船型选型评价方法，并积极引导各省市开展渔船标准化工作。安徽提炼出了几十套标准化图纸，全面覆盖区域渔船特点；福建扶持完善船舶制造产业链，积极引导老旧渔船更新改造；河北编制了渔船标准化技术要求，启动了小型渔船玻璃钢化工作；辽宁积极申请财政补贴，成功推进了标准化玻璃钢养殖渔船示范推广；山东实施了海洋捕捞渔船标准化技术要求，研究设计了内陆湖区标准化钢质渔船；上海总结标准化渔船改造经验，发布了桁杆拖网渔船技术要求地方标准；重庆继续筹资推动渔船标准化工作，完成了 211 艘标准化渔船建造工作，为促进我国渔船装备现代化发展奠定了坚实的技术基础。

（三）以加强监管顶层设计为突破，不断创新监督管理机制

一是开展了渔船检验四大体系建设研究，全面规划渔业船舶检验新蓝图。为落实于康震副部长在去年全国船检工作会议上提出的“十三五”期间要加强法规体系、工作体系、组织体系和建造体系建设的指示，国家局对加强“四大体系”建设进行了深入的研究，为全面构建适于现代渔业发展要求的渔业船舶检验新格局进行顶层设计，绘制蓝图。刚才小金同志对“规划”草拟稿已做了通报说明。这项工作非常重要，既是落实于部长指示、批示的要求，更是我们未来几年工作的目标、重点、原则和措施安排，涉及我们在座的每个人的未来。我们绝不是“规划规划墙上挂挂”，我们一定要照此去实施的。所以请大家要认真思

考，充分讨论，积极建言献策。这一年里，各地也积极结合辖区渔船安全状况，制定了相关地方检验法规，广东、江苏、上海、黑龙江制定了地方沿海、内河小型渔业船舶检验办法，辽宁还研究制定了休闲渔船检验管理暂行办法，健全了地方小型渔船检验法规。

二是积极推进了检验工作机制改革试点。按照渔船检验监督管理“检管分离”改革思路，报请部领导批准，重点推进了山东、浙江、广东等地改革试点，强化检验监管工作要求。山东开展了图纸技术评审与审批分离、在大型渔船建造检验中引入监理制试点；浙江舟山设立集中检验点，有效缩短了检验周期；广东开发了“检管分离”改革试点信息化管理系统，加强对地方检验机构机制改革的指导；海南探索建立了“社会检测、市县审批、省局监管”的检验机制。各地在检验改革工作中不断探索，为开展注册验船师制度和“简政放权、检管分离”等改革积累了经验。

三是推进了检验监管信息化建设。国家局在广泛征求各地意见基础上，研究制定了“智慧船检”系统建设实施方案，提出了系统建设的三年计划，得到了农业部批准（项目建设4600多万元）。浙江启用了渔船综合监管与服务应用平台，通过手机APP实现了海洋渔船综合管理；江苏、广东探索实施了救生设备二维码管理，丰富了船用产品检验监督管理手段，推进了渔船身份识别系统建设，有效防止“船证不符”渔船产生。江西建设了执法信息化系统，实现了执法、监督、服务的信息化。检验管理信息化手段不断完善，促进了渔船及船用产品检验监管能力和水平的提升，强化了检验执法手段。

一年来，我们的辛苦工作得到了各级领导重视和认可，今年在农业部开展的全国农业先进集体和先进个人评选表彰工作中，辽宁、上海渔业船舶检验局获得2016年全国农业先进集体，国家局黄新胜同志获得了全国农业先进个人。在国家局举办的实操比武竞赛中，江苏、浙江、山东的同志取得了好成绩。在此，我代表国家局向获得农业部表彰的单位和个人表示祝贺，向辛勤工作在检验一线的全体渔船检验系统干部职工致以亲切的问候！

二、关于对转变观念统一认识推动创新的几个问题的认识

于康震副部长对船检工作的批示，是中央五大发展理念在渔业船舶检验工作上的具体要求，是部党组新时期现代渔业发展方针的具体体现，是经过深思熟虑做出的，是给我们船检工作提出的行动指南。然而，我们在今年的督导检查和平常的工作接触中了解到，在我们的队伍中，一些人对船检是否是现代渔业的重要组成部分存疑，一些人对船检是否要积极参与到发展现代渔业的中心工作中去退缩不前，一些人对是否要适应新形势新要求改革创新没有明确的认识，一些人一方面想把住检验的权力另一方面却不想有责任的担当，一些人认为改革实施注册验船师制度会散了队伍，一些人担心扩大检验范围只有责任没有利益，等等。这些担心和模糊认识的存在，在当前国家着力推进“四个全面”的关键时期，在经济、社会、技术快速发展变化的转型期，是可以理解的。但是作为一支渔船检验的联合舰队，我们必须要有一个统一的航向，我们应该朝着一致的方向谋求更好的发展。面对新形势、新要求，面对工作中多年积累矛盾与问题，我们是克服困难、乘势而上，还是等待观望、伺机而动，这些都需要我们做出抉择，为渔船检验联合舰队选择一个正确的航向。下面，我就几个大家重

点关注的问题谈谈看法，与大家一起交流。

（一）关于转变观念问题。于康震副部长指出，船检是现代渔业的一个重要方面，是推动渔业转型升级的有力抓手。新时期的渔业船舶检验必须以三大目标为宗旨，技术安全、环境友好、资源利优。为此，我们必须转变观念。

第一，要转变与渔业"转方式调结构"要求联系不紧的观念。当前，我国正处在"推进农业供给侧结构性改革，加快转变农业发展方式"的关键时期。今年初，韩部长在全国渔业渔政工作会议上对渔业加快转方式调结构进行了全面部署，要求运用先进的管理理念和手段推进依法治渔，用市场的办法、改革的措施、法律的手段，破解长期制约渔业发展的难题。船检机构如何围绕渔业"提质增效、减量增收、绿色发展、富裕渔民"的发展目标，促进渔业转型升级呢？我认为，一要认识到船检是捕捞业转型升级的重要支撑。船检首先是渔船管理的关键环节，牵住了这个"牛鼻子"，控制捕捞强度就有了抓手。建造什么样的船就会有什么样的作业方式、组织形式和生产效率，渔船的转型升级将直接带来渔业的转型升级。二要认识到船检是渔业实现绿色发展的重要推手。船检机构既是渔船质量检验、捕捞强度管控和防污染设备的监督者，也应是新技术、新装备、新能源、新材料的引领者，因此，要在推进渔船更新改造，实现高安全、高效益、低排放"两高一低"的发展目标方面，在提升渔船标准化及装备的现代化水平等方面发挥应有的作用。三要认识到船检应在休闲渔业发展上有所作为。休闲渔业是渔业转方式调结构和现代渔业发展的重要内容。在前不久召开的全国休闲渔业现场会上，于康震副部长强调发展休闲渔业有利于渔业突破资源与环境的约束、加快渔业转变发展方式。为此，要求"船检机构要加强休闲渔船船型设计、安全设施配备、检验把关等方面的工作"。我们要积极落实农业部关于加快推动休闲渔业发展的总体部署，按照于部长的指示要求，将休闲渔船及装备、设施纳入检验管理范畴，以勇于担当的精神抓紧开展工作。

第二，要转变船检工作只对技术安全负责的观念。船舶检验是为保障船舶技术安全而生的，确保渔业船舶技术安全是渔业船舶检验的首要目标，但同时这也是最低目标。科学技术的迅猛发展，经济的全球化，在推动人们生活水平和生活质量快速提高的同时也带来了对生态环境的破坏和资源的快速枯竭。中央提出创新、协调、绿色、开放、共享的发展理念必须体现到我们工作生活的方方面面。为贯彻中央的要求，农业部党组提出了"提质增效、减量增收、绿色发展、富裕渔民"的现代渔业发展的指导思想。韩长赋部长在今年的全国渔业渔政会议上指出，当前渔业的问题不是量的问题，而是品种质量问题，是渔业资源的问题，是生态环境的问题，要重点做好资源保护和减量增收两方面的工作。渔业船舶检验作为现代渔业发展的重要方面，作为渔业发展转型升级的有力抓手，必须适应渔业绿色发展、安全发展、可持续发展的要求，也必然要贯彻这一指导思想。为此，我们必须转变观念，将渔船检验的目标宗旨由确保技术安全调整为保障技术安全、环境友好和资源利优。这既是中央和农业部党组的要求，更是现代渔业的发展和人类本身发展的要求，我们必须清楚地认识到这一点。关于"减量增收"我们要有正确的理解。概括地说，"减"就是减少资源消耗、要素投入和结构过剩的产出。具体到渔船管理来说，要减少捕捞渔船数量，缓解资源压力，降低渔获总量。“增”就是要在“减”的同时确保渔民收入稳定增加。增收是减量的目标和要求，也是减量必要的结果。“减量增收”需要船检工作努力做好几方面工作：一要尽职尽责发挥船检重要的执法环节作用，遏制渔船“一哄而上”，配合渔业主管部门做好渔船数量压减和管控；二要严格执法，加强建造检验管理，防止低质量造船，努力实现渔船发展高安全、高效益、低排放“两高一低”的目标；三要增强渔船检验的“鱼腥味”，要强化对有利于渔业资源永续利用的渔业捕捞设备、设施的检验。

第三，要转变与开展涉渔“三无”船舶整治不相关的观念。涉渔“三无”船舶问题，已是党和国家最高领导人关注的问题。在一系列的捕捞安全事故、非法捕捞事件、违规进入敏感水域捕捞引发的涉外事件中，绝大部分是“三无”渔船。最新调查显示，全国涉渔“三无”船舶几乎达全国合法捕捞船总数的三分之一。大量的“三无”船舶，已成为破坏渔业资源、扰乱渔业秩序、损害国家和守法渔民利益的害群之马。整治涉渔“三无”船舶势在必行。但我们在调研时发现，各地在船检系统要不要参与“三无”渔船整治、如何参与“三无”渔船整治等问题上有不同看法，一些同志认为“三无”船不是合法渔船，船检系统就不用管，整治“三无”渔船也不是船检系统的职责，自然也不用参与。这样的认识是片面的，也是不正确的。事实上，我们的初次检验是对渔船“出生”把关。如果我们严格执法，对建造企业严加监管，对非法“生育”的渔船不给“准生证”，“三无”渔船就会减少。我们的营运检验是对渔船“健康”把关。如果我们严格执法，对进行过改造的渔船、对更换过主机的渔船不给“健康合格证”，“船证不符”的渔船就会大大减少，渔业资源就能得到保护。我们无论在船舶交易后的检验还是在监督旧船的拆解，在建造开工前船网工具指标的核查还是在通过信息技术在船检工作中的应用，都可以对“三无”渔船的整治有所作为。前不久，于康震副部长召开会议专题研究涉渔“三无”船舶治理问题，明确要求船检机构要参与“三无”船舶的整治工作。可以说，这已经是我们船检机构的使命所系、职责所在。因此，我们一定要转变观念，主动参与、积极配合，在整治“三无”渔船的工作中，做出我们船检系统应有的贡献。

（二）关于统一认识问题。于康震副部长批示指出，船检工作要规范发展，要做到担当尽责、科学公正。《条例》赋予我们的检验是法定检验。然而，什么是法定检验，法定检验机构是否具有执法性质，当前我们法定检验的地位如何，对这些问题的看法直接影响着我们的工作能否规范发展，我们的工作队伍能否做到担当尽责、科学公正。对此，我们必须统一认识。

第一，关于对法定检验的认识问题。我们常说，渔业船舶检验是法定检验。但到底什么是法定检验？我们应有统一的认识。当前弄清这个问题意义很重大，因为在一些人看来，渔船检验是法定检验，检验的范围、程序、内容、工作机构、组织等等，一切都不能变了，谁变了谁就破坏了法律或法规，谁也就成了违法者。我认为，这种认识是片面的，不正确的，必须加以纠正。

为弄清这个问题，我们不妨一起来学习一下《中华人民共和国渔业船舶检验条例》（以下简称《条例》）。《条例》第四条规定，国家对渔业船舶实行强制检验制度。在包盛清、部风涛主编的《条例释义》中有这样一条解释："渔业船舶法定检验：指渔业船舶检验机构依据我国的法律、法规、规章及政府批准、接受、承认或加入的有关国际公约、议定书、规则等，对渔业船舶及其有关航行、作业和人身安全以及防止污染环境的重要设备、部件和材料实施的强制性检查。"这就是"法定检验"的原始出处。删去一大串状语、定语后，简单地说，渔业船舶法定检验就是指渔业船舶检验机构依据法律或行政法规对渔业船舶及重要船用产品实施的强制性检查。需要指出的是，这里对渔业船舶检验机构的性质并未说明是政府的还是非政府的，也就是说渔业船舶检验机构可以是政府机构，也可以是非政府组织（市场主体），还可以是政府机构监督管理下与非政府组织的联合体（共同完成）。关于"渔业船舶"，《条例》第二条规定，中华人民共和国登记或将要登记的渔业船舶（以下简称渔业船舶）。《条例释义》中的表述：一是，渔业船舶，根据《渔港水域交通安全管理条例》第4条第4款的规定，渔业船舶是指从事渔业生产的船舶以及属于水产系统为渔业生产服务的船舶，包括……。二是，渔业辅助船舶，由农业部渔业船舶法定检验规则规定……。依据上述释义，也就是说，检验的范围是可以扩大的，只要我们修订《规则》。

综上，我们应全面准确地认识渔业船舶的法定检验：既要认识到法定检验是依照相关法律法规对渔业船舶及重要船用产品进行的强制检验，也要认识到实施检验的主体和强制检验的客体都是可以有条件地调整的。

第二，关于政府船检机构的执法性质和地位的认识问题。在渔业船舶法定检验的内涵中有一个重要概念就是"强制"。我理解"强制"应包括管与被管双方。从管理相对人来说，"强制"，只要是渔业船舶，船东（渔民）就必须依法申请检验；从管理人来说，"强制"，只要有申请，渔业船舶检验机构就必须给予检验。那么，对于该申请检验而船东又不主动申请的渔业船舶是否需要实施强制检验呢？又如何实施强制检验呢？我认为，政府渔业船舶检验机构不仅要对申请检验的渔船进行检验，也要采取措施对未申请检验的渔船进行"强制"检验。《条例》第三条规定，国家局行使渔业船舶检验及其监督管理职能，地方检验机构"负责"检验工作，并根据分工"实施"检验。在《条例释义》中有这样的表述：中华人民共和国渔业船舶检验局是代表中华人民共和国行使渔业船舶检验及其监督管理职能的执法机构。《条例》第30条规定"渔业船舶检验人员依法履职时，有权对渔业船舶检验证书和技术状况进行检查。综上我认为，政府船检机构对渔业船舶进行强制检验本身就是执法行为，具有执法性质和地位，是渔业执法的重要组成部分。至于处罚，《条例》中已有明确规定，即涉及行政处罚的由县级人民政府渔业行政主管部门或者其所属的渔业行政执法机构依据职权决定，即，船检机构无处罚权。

第三，关于船检机构职能"弱化"的认识问题。我到局里工作以来，听到了各方面对船检工作的议论。总体上认为船检工作技术性强、自成体系。一年多来，在与大家的交流中也陆续听到来自系统内的不同声音。一方面，大家反映船检工作不受重视，验船师没地位，职责任务不断弱化；另一方面，一些人认为，船检部门只要验好船，别的事都与我们无关，也不要去管了。与此同时，在本次行政审批制度改革过程中，一些省将船检职能"一刀切"地下放到市县，而市县渔业部门既无船检机构又无船检专业人才。这一做法既违反了《条例》关于船检机构需经国家局核定的规定，更加剧了渔船无人检验带来的安全隐患风险。我感到，长此下去，船检工作被“边缘化”被“弱化”将是必然的结果。同志们既然不愿付出，何来领导重视；既然不想作为，何来有为有位。船检工作要在发展现代渔业大局中发挥更加重要的作用，必须要有所作为。为此，船检机构应积极主动地配合渔业行政主管部门的工作，要紧紧围绕现代渔业发展目标，在主管部门的领导下，将船检工作纳入渔业中心工作去谋划，在落实渔业油补政策、清理“三无”渔船、落实船网工具指标等重大工作部署上尽职尽责。要按照渔政工作会议上部长的要求，进一步加强与港监、渔政机构的协调配合。在合作工作中加强宣传，提高我们的显示度。当然，解决这一问题的根本途径是通过“四大体系”建设，全面构建渔业船舶检验新格局。

关于职能下放，我这里再谈一点看法。近两年来，一些省级渔船检验机构将大中型渔船检验业务“一刀切”地下放至市级或县级检验机构，导致基层检验业务激增。这样的“硬着陆”，必然直接影响到渔船检验工作质量，基层检验机构普遍反映“接不住”。我认为，如此放权是一种不负责任的态度。对此，各省渔船检验机构要引起高度重视，决不能一放了之。各省级机构在检验权限下放前，要充分考虑基层实际承受能力，条件不成熟的，不能轻易下放。需要下放的，要放得有效、“管”得到位。目前，职能已下放到市县的省份，要加强对市县工作的指导，加快船检机构的设置和人才队伍建设，避免因检验不到而出现的渔船安全事件的发生。

（三）关于推动创新问题。于部长要求船检工作要适应渔业绿色发展、安全发展、可持续发展和规范发展的要求，担当尽责、科学公正、改革创新，为现代渔业建设保驾护航、再立新功。推动创新是解决目前船检工作诸多问题的根本出路。

第一，关于与行政审批制度改革相关的制度创新。简政放权是政府的一场自我革命，特别是行政审批制度改革进行到今天，会更多地触及深层次的矛盾、触动部门利益的“奶酪”。我部今年出台了《深化农业行政审批制度改革的意见》，要求积极推进简政放权、规范审批行为。部领导对渔船检验审批制度改革十分关心，办公厅专门派人到天津、山东、上海、海南等地进行了调研，专门听取意见。我也陪同蒋建平主任到山东做了专题调研（今天下午蒋主任还要在这里召开座谈会）。当前简政放权仍在向纵深发展，我部也在加快推进行政审批制度改革。对此，希望大家把握两点。一要加强研究，不断探索创新监管模式。我们既要按照中央和农业部的有关要求，以积极的心态配合审改工作，也要以负责任的态度评估其对船检工作可能造成的影响；同时，更要加强检验监管制度的顶层设计，减少改革对检验工作带来的影响；通过开工条件标准的制定实施等办法，不断创新检验监管方式，改变过于依赖审批的管理方式，加强事中事后检验监管，探索实行“双随机、一公开”及清单制等新的监管方模式。二要实事求是，努力推动将渔船修造企业纳入监管的行政审批制度的改革创新。目前，渔业安全生产形势仍然严峻，政府对渔业安全管理要求越来越高，渔船检验监督安全管理责任必须落到实处。“渔船设计、修造单位资格认定”审批取消后，国家对渔船建造企业的质量监管失去了抓手，给渔船监管造成很大的困难，既不利于从源头上斩断“三无”渔船滋生的土壤，也无法保证建造高质量的渔船。为此，国家局正在积极配合部办公厅做好向国家审改办的汇报工作，通过整合、归并相关事项，创新纳入审批的内容和做法，努力争取将对修造企业的监管纳入行政审批事项。对此，各级船检机构要密切配合，形成合力，共同推进。

第二，关于“检管分离”的工作机制创新。关于对“检管分离”的问题，不同的人有不同的理解，由此产生了不同的看法。我们所指的“检管分离”是把检验和检验监督管理分开，这样可以将技术性强的检验业务交由第三方专业检验机构（组织体系）实施，体制内的政府船检机构重点负责检验监督管理，具体承担对专业检验机构出具的检验报告进行符合性确认，并据此签发（署）渔船安全证书，当然，监督管理包括对实船检验和对检验质量的抽查。这样既提高了渔船检验质量，又强化了检验机构的监管职责。我的考虑如下：一是“检管分离”是行政体制改革大势所趋。长期以来，渔船检验采用的是“检管合一”的管理机制，这种机制在保障渔业安全生产和防止渔船污染等方面发挥了重要作用。但同时也带来了一个问题，即检验人员既负责签发检验证书、又负责检验监督工作，这就造成了“裁判员”和“运动员”都是一人的局面，从而违背了执法公正的原则，也不利于互相监督。随着行政体制改革的逐步深入，要求政府部门政事分开、政企分开，让市场发挥配置资源的基础性作用，政府船检机构发挥对市场主体的监督管理作用。因此，今年以来，我们批准了山东、浙江、广东等地的改革试点，其主要目的就是加强探索，为下一步改革积累经验。二是“检管分离”是船检面对现实的必然选择。长期以来，船检一直受“船多人少”问题的困扰，尤其在渔船数量多的地区矛盾更加尖锐。目前，全国一半以上的检验机构按照公务员或参照公务员法管理，机构人员数量受编制限制，出现了专业人才引进难，在编人才留不住的现象。在今年全国督查中我们发现，一些地方验船师不按规则进行检验、检验流于形式的情况较为普遍，导致渔船质量安全管理存在较大隐患。从长远发展看，由体制内的验船师执行检验项目的技术评审和检验工作，已经越来越无法适应形势发展的需要，不符合新时期我国依法治国、简政放权的新要求，现行的渔船检验工作机制改革已势在必行。三是“检管分离”要因地制宜、分类施策。去年以来，浙江、山东、广东等省在当地渔业行政主管部门的支持下，从政策、资金等方面做好了改革试点的有关准备工作，国家局正式批复了他们在省内部分地区、部分检验事项中实施“检管分离”的改革试点。其改革试点内容，主要围绕如何“分离”进行探索。我们力图通过改革试点，明确政府渔船检验机构的检验监管职能，制定第三方专业检验机构、检验人员能力条件管理办法，建立第三方专业检验机构管理制度，开展第三方专业检验机构收费标准制定的研究，加强对渔船及船用产品检验质量的抽查认证，强化检验监督执法，探索构建市场经济条件下符合渔船检验监管实际，职责清晰、支撑有力、运转有效的检验监督工作体系和组织体系。

实行“检管分离”改革最重要的任务是加快组织体系建设规划的实施，以此推进实施注册验船师制度创新。其中，关键是收费制度和标准的改革创新，核心是注册验船师队伍的培育和监管创新，包括现有验船师与注册验船师的转换制度创新。当然，无论是“检管分离”的机制创新还是注册验船师制度创新，都需要周密部署、积极探索，因地制宜、分类施策，试点先行、稳步推进。

第三，关于检验及其监督管理的“互联网+”技术创新。要积极利用“互联网+”推动创新船检工作。对农业、渔业部门而言，重点是认识好信息化与农业现代化的关系。信息化技术的飞速发展给农业、渔业发展创造了新的发展机遇，也对渔船发展与管理方式带来深刻影响。突出表现为：一是大数据技术。目前的政府预测和决策中已从传统的经验驱动转变为大数据应用驱动，大数据在决策科学化上发挥着重要的不可替代的作用。我国是世界渔船大国，渔船规模庞大，渔船管理大数据建设的“沃土”是存在的，但目前渔船管理数据记录、特别是数据挖掘等方面还很不充分，数据开发利用潜力巨大。二是“互联网+”技术。核心是实现在线和互联互通，也就是说可以将渔船管理的各个环节在线化，涉及渔船管理的各个单位、人员连接起来，实现信息的共建共享，业务的协作协同。三是物联网技术。就是要把“人-机-船”连接起来，可以通过物联网实现对渔船的动态监管。

目前，国家局“智慧船检”正在建设中，这是信息技术用于渔船检验工作的一次实践。今后的渔船检验监督管理要实现决策科学化，监管智能化，服务高效化。“智慧船检”建设不仅仅是满足检验发证，而是通过对船检监管业务全流程的梳理，重新建立一套“智慧化”的渔船检验监督管理体系，实现检验监管机制的规范化；不仅是登船爬舱，而是借助先进的信息化手段，以渔船身份证制度为纽带，实现船检各类监管对象的质量安全可追溯和物联网化的联动监管；不仅仅是统计数据，而是依托大数据理念，综合各类渔船监管分析模型，构建涵盖船东、船厂、船检各方的船检监管辅助决策平台；不仅仅是满足于当下的检验监管工作，而是要通过不断的信息化技术积累，建立渔船整体安全技术评估和渔船装备技术水平提升引导机制，为我国渔船安全和装备技术发展指引方向。

三、努力开创2017年渔船检验监督管理工作新局面

2017年是全面贯彻落实党的十八届六中全会精神、组织实施“十三五”规划的重要一年。全国渔船检验监督管理工作要按照“转变观念、统一认识、推动创新”的总体思路，围绕渔业转方式调结构、渔业船舶检验行政审批“放管服”改革、全面启动建设“四大体系”的目标要求，认真履职，要着重抓好以下几方面工作：

（一）启动全国休闲渔船检验管理试点工作

于康震副部长在休闲渔船工作会议上明确提出：“我部组织开展休闲渔船管理试点工作的时机已成熟”，“十三五”期间要加快休闲渔船管理制度建设，同时强调船检机构要加强休闲渔船检验管理。

按照部领导的要求，2017年，我们将在前期调研的基础上，深入研究休闲渔船及装备的内涵与外延，以及将其纳入渔船检验监督管理需要解决的主要问题，组织开展对其进行检验监管技术法规的编制工作，在有条件的地区适时推进休闲渔船标准化和检验试点工作。辽宁、天津、山东、浙江、广东等已经开展休闲渔船检验管理工作的地区，要积极总结经验，将已有经验逐步规范化和制度化，为国家制定相关检验规则和标准奠定基础。同时，要进一步加强休闲渔船及装备建造、营运的检验监管，切实保障休闲渔业的安全稳定发展。

（二）推动渔船检验行政审批改革

要按照“简政放权、放管结合、优化服务”的改革方针，积极推动渔船检验行政审批改革：一是对现有产品检验许可制度，要探索新的监管模式，如重要产品清单制、黑名单制等。探索将图纸审批改为渔船检验发证工作中的一个具体检验工作环节，通过审核图纸技术评审报告的方式进行管理。二是要进一步开展调查研究，形成既符合行政审批制度改革要求，又有利于监管修造企业的改革方案，努力争取将对修造企业的监管纳入行政审批事项。三是对已下放检验审批权限省市的渔船检验工作要进行跟踪研究，及时采取措施解决工作中出现的问题。同时，要加强对检验审批权限下放工作的指导，审慎稳妥地核定基层检验机构的设置，确保所核定的检验机构有人员、有条件、有能力。

（三）积极推进渔船检验四大体系建设

建立健全渔船检验法规体系、工作体系、组织体系和渔船建造体系，是全面构建适应现代渔业发展要求的渔业船舶检验新格局的重大举措，是未来渔业船舶检验的事业美好蓝图。明年我们将在继续完善建设规划的基础上全力推进组织实施。在法规体系建设方面：启动《渔业船舶检验条例》的修订工作，推动出台《渔业船舶检验工作程序规定》《渔业船舶缺陷船用产品召回管理办法》两部部门规章，研究制定《农业部远洋渔船检验管理办法》，出台相关渔船建造规范，指导各省制定船长小于12米小型渔船检验管理办法。在工作体系建设方面：制发《农业部关于加强和改进渔业船舶检验监督管理工作的意见》；修订《渔业船舶检验机构认可与管理规定》，制定严格的检验机构业务核定标准，强化检验机构业务核定和督导工作；完善验船师考评工作机制，积极推进将验船师考评管理纳入农业部专业技术职务任职资格评审工作体系；制定与新形势相适应的验船师培养规划，明确国家局和省局的培训职责和任务，建立统一规范的教材和师资体系，实施以入职和能力提升为重点的分级、分类、分层次精准培训，突出实操能力提升；开展渔业船舶检验知识竞赛活动，倡导愿干事、敢作为的职业准则；加快推进“智慧船检”系统建设，做好船检信息化建设顶层设计和统筹协调。在组织体系建设方面：加快推进实施注册验船师（渔业船舶类）制度，建立注册验船师考试、注册、管理、培训、评价考核体系，力争在改革试点地区实行注册验船师考试和注册；探索建立注册验船师事务所，规范第三方专业检验机构的技术能力和人员条件要求，研究制定市场化检验收费制度及标准；出台《渔船检验业务支撑机构管理办法》，进一步加强技术支撑机构的建设和管理力度，充分发挥船标委、技术委员会、远洋协会和渔船渔机渔具行业协会的支持保障作用。在渔船建造体系建设方面：要积极争取恢复“渔业船舶修造单位资格认定”行政审批事项，加强渔船设计、建造质量监管，探索建立渔船设计单位质量评价及黑名单制度。配合渔业减船转产和渔船标准化更新改造重点工作，指导全国海洋渔船标准化船型选型，总结完善标准船型评价方法，建立全国海洋渔船标准化船型数据库。积极推进渔船各项标准制修订，推动玻璃钢渔船产业技术联盟发挥引领产业发展作用，加快标准成果转化应用。

（四）努力提高渔船及船用产品检验质量和效率

远洋渔船检验要重点抓通信导航设备的配备及有效性整治，防污染设施设备的检查，严格安全技术状况自查管理，合理布局境外检验点建设。要大力开展国内海洋渔船质量安全督查活动，在重点渔区推进渔船集中检验点建设。船用产品监管要推进实施缺陷产品召回制度，创新产品质量专项治理和抽查工作，对于抽查出问题的企业，要及时进行约谈和通报；要研究提出船用产品行政审批事项改革和后续监管方案。

最后，我想谈谈开展“渔船检验60年”纪念活动的问题。明年是渔船检验工作开展60周年，我们将借此机会，组织相关专家开展渔船检验高峰论坛，总结渔船检验60年来的工作成就，展望发展的未来。各地也要借此机会，多宣传渔船检验工作，争取最大限度地获得渔业行政主管部门、社会各界的认可与支持。

同志们，当前各地正在努力学习贯彻党的十八届六中全会精神，明年我们又将迎来党的十九大召开。全国渔船检验机构要认真学习六中全会制定的“准则”和“条例”，自觉加入全面从严治党的新的伟大工程中去，强化党风政风建设。要不断转变观念、坚定信心，迎难而上、开拓创新，以优异的成绩迎接党的十九大的胜利召开。

谢谢大家！

创新引领与时俱进　全面构建新时代渔船检验工作新格局

——2017 年全国渔业船舶检验工作会议工作报告

（2017 年 11 月 30 日）

尊敬的康震部长，同志们：

大家上午好！

在渔船检验事业发展 60 周年之际，今天，我们在改革开放的前沿城市深圳召开会议。这是在党的十九大胜利闭幕不久、经农业部批准召开的一次渔业船舶检验工作的重要会议。于康震副部长高度重视，专门出席会议并将作重要讲话。农业部相关司局、有关部属单位和有关部门的领导，以及有关省渔业主管部门的负责同志也莅临会议指导。对此，我代表农业部渔业船舶检验局对各位领导和全体与会代表的到来，表示热烈的欢迎和衷心的感谢！

这次会议的主题是：创新引领，与时俱进，全面构建新时代渔船检验工作新格局。会议的任务是：全面贯彻党的十九大精神，按照新发展理念要求，系统总结渔船检验六十年发展历程，深入分析新时代渔船检验工作面临的新形势，创新船检体制机制，探索推进船检改革，推动渔船及装备技术进步，促进渔船检验监管能力提升和渔船安全水平提升，努力构建“体系健全、机制顺畅、检验高效、监管有力”的渔船检验工作新格局。

一会儿，于部长将就贯彻党的十九大精神，努力开创渔船检验事业新局面作重要讲话。我们要认真学习，深刻领会，坚决贯彻落实。下面，我讲四点意见。

一、60 年船检工作回顾及取得的成绩

60 年前的 1957 年 11 月 1 日，以山东省青岛市水产管理局对“山东 151”号渔船实施检验为标志，开启了我国渔船检验工作的新篇章。60 年来的渔船检验事业大体经历了三个阶段：第一阶段是 1957 年至 1979 年的探索发展阶段。以交通部移交渔船技术监督工作给水产部门为起点，渔船检验事业这艘大船开始“下水试航”。第二阶段是 1979 年至 2003 年的稳步发展阶段。以交通部、国家水产总局决定在国家水产总局设立渔船检验分局为起点，渔船检验事业这艘大船开始“正式航行”。第三阶段是 2003 年至今的快速发展阶段。以《中华人民共和国渔业船舶检验条例》的颁布实施为起点，渔船检验事业走上法制化快速发展轨道，开始“扬帆远航”。

60 年来，伴随着我国渔业的发展，几代船检人艰苦奋斗，渔船检验紧紧围绕渔业中心工作，不断创新工作机制，主动适应改革要求，服务渔业经济发展大局，积极推进职能转

变，夯实检验监管基础，法律法规体系基本建立，检验监管制度不断完善，工作机制和工作体系逐步健全，切实发挥了船检工作在保障渔民生命财产安全、防止环境污染、落实捕捞渔船“双控”制度的基础性作用，支撑了现代渔业的发展。

一是有效保障了渔船和渔民的安全。渔业捕捞自古以来就是高危行业，渔船安全是全体渔民的共同期盼。上世纪50年代我国开展渔船检验工作后，渔船的安全从听天由命走上了制度保障的轨道。通过几代船检人的努力，全国年检验船数从早期的几千艘发展到现在的50余万艘、检验船用产品约85万台（件），审查图纸达1.8万套。60年来，通过实施法定检验、开展执法检查、督导整改、假冒伪劣船用产品整治等行动，排除了大量的渔船安全隐患，监督大批渔船配备了必需的装备，有效保障了全国上百万艘渔船和约两千万渔民的生命财产安全。据不完全统计，每年全国因发生渔船事故导致的死亡、失踪和重伤人数持续下降，从1995年的1665人降至2016年的165人，降低了90%。一方面是渔业生产的大幅度增长，另一方面是死伤人数的大幅度减少，这其中，有船检工作做出的重要贡献。

二是引领推动了渔船及装备的技术进步。60年来，船检机构紧密结合船检业务，在渔业主管部门的领导下，引领推动渔船技术进步和装备快速发展。通过努力，上世纪60年代后实现了风帆渔船机动化、木质渔船钢质化的重大变革；进入90年代后，渔船设计、制造，以及动力、冷冻、通导设备和甲板捕捞机械等得到了快速发展，新的船型大量涌现，玻璃钢渔船崭露头角并逐步推广。进入21世纪，特别是近年来，船检机构支持培育渔船及装备技术研发，推动新技术、新能源、新材料、新装备在渔船中的推广应用，推进渔船标准化，促进渔船转型升级。尤其是引导设计建造先进远洋渔船方面取得突破，大型金枪鱼围网船、大型鱿鱼钓、大型秋刀鱼船、双甲板拖网船和超低温金枪鱼钓船等世界先进远洋渔船的自行建造和长期的安全航行作业，标志着我国先进远洋渔船严重依赖进口历史的结束。

三是服务支撑了现代渔业的发展。60年来，渔船检验机构紧紧围绕不同时期的渔业中心工作，充分发挥建设平安渔业和推进渔业现代化的服务支撑作用。发挥渔船检验作为渔船管理第一道关口的把关作用，通过严格渔船营运检验和执法监督，全力做好依港管船、“船证不符”清理整治、涉渔“三无”船舶整治、北斗船位监控系统建设，以及内陆渔船证书“三证合一”改革等工作，有效支撑了平安渔业建设。发挥渔船检验法定检验监督特点，通过实施渔船建造开工前检查、渔船用柴油机型谱和标识管理，支撑国家捕捞渔船“双控”政策的实施。发挥远洋渔船、大型渔政船、资源调查船、特殊渔船检验“国家队”的领军作用，通过实施境外现场检验制度，2000余艘远洋渔船得以长期安全地在四大洋及30多个国家（地区）作业；通过严格把关，大型渔政船等得以安全驰骋祖国疆海，有力支撑了国家“走出去”战略实施和我渔业权益维护。

四是基本建立了渔船检验法律法规体系。60年来，渔船检验法律法规的制定走过了从基本拿来，到探索制定再到独立制定的不平凡道路。2003年《渔业船舶检验条例》的颁布实施，是我国渔船检验法制建设的一座里程碑，从此，我国渔船检验事业走上了法制化的轨道。经过多年来的制订修订完善，农业部及部船检局共颁布了各类渔船和船用产品的法定检验规则、建造规范、检验规程以及指南等30多部，覆盖各类材质、各种船长的远洋、国内海洋、内河渔船。与此同时，一批地方性渔船检验法规或规章相也相继颁布。目前，基本形成了以《渔业法》《渔业船舶检验条例》等法律法规和各省（市、区）地方性法规为法律法规依据，以《渔业船舶法定检验规则》等技术法规和我国签署或加入的国际公约为标准，以规范性文件为支撑的检验法律法规体系。渔船检验工作实现了有法可依的良好局面。

五是建设了初具规模的船检执法队伍。以1957年山东、河北等地相继建立渔船管理站，配备检丈人员为起点，在1979年经国务院批准统一着装和1990年农业部设立渔业船舶检验局的大力推动下，特别是2003年渔船检验条例颁布实施后，渔船检验体系得到不断健全，队伍不断壮大发展。检验机构数量从1979年的6个增长到2016年的1115个。其中，国家局1个，省级机构29个，省级直属分支机构15个，地市级检验机构281个，县级检验机构789个。检验人员从几十人发展到2016年的7688人。其中，持证的一线验船师5598人。与此同时，农业部出台了一系列验船师资格考评管理规定，建立了“验船员、助理验船师、中级验船师和高级验船师”四级验船师资格等级体系和“船用产品检验资格、图纸审查资格和远洋渔业船舶检验资格”制度。相继举办了大专《专业证书》班、研究生课程进修班、专业基础长训班等，基本实现了队伍的专业化。在持证人员中，研究生及以上学历147人，大学本科学历2346人，大专学历2507人，中专及以下学历598人。最近，于康震副部长的批示对船检队伍建设给予了充分肯定，他指出，“培养造就一支‘三农’工作队伍是十九大的新要求，船检队伍是一支重要的‘三农’队伍”。这支素质高、能力强的验船师队伍，为船检事业的发展提供了组织保障。

六是不断拓展了渔船检验监管的工作领域。伴随着渔业的发展和渔船及装备技术的进步，渔船检验业务和监管领域逐步拓展、不断丰富，有力推动了船检事业的发展。60年来，渔船检验工作目标从单纯的保安全，发展到现在的保安全、防污染、保生态并重；检验内容从初期的简单吨位检丈、试航检查，逐步拓展到今天的设计、建造、营运直至报废全程监督把关；检验船型从最初的近海小型船，逐步扩大到海洋、内河及远洋渔船；检验渔船材质从最初的水泥、木质拓展到现在的钢质、玻璃钢；检验的重要船用产品，从柴油机、螺旋桨等几个品种，拓展到目前的包括消防、救生和通导等十大类100多种产品，将救生、通导等产品的检修检测单位纳入认可管理。

60年后的今天，我们站在中国特色社会主义新时代的时间点，以历史的视角、全球的眼光，审视船检事业走过的历程，应为船检人所取得的成绩感到自豪，也应为全体船检人付出的艰辛努力点赞！

回望60年的发展历程，渔船检验工作在不懈探索和实践中积累了宝贵经验，也为继续推进渔船检验事业改革创新发展提供了重要启示：一是必须始终坚持树立农业渔业大局意识，强化渔业渔船渔民安全责任担当。习近平总书记强调“必须牢固树立高度自觉的大局意识，自觉从大局看问题，把工作放到大局中去思考、定位、摆布”。渔船是渔民的家，是渔民的命根子，只有把渔船检验事业的发展置身于我国渔业经济和渔区社会的健康和谐发展之中，服从和服务于渔业发展大局，服务于渔村渔民，把渔船渔民安全放在心上，在渔船安全管理全链条各环节上勇于担负起第一关口的重任，渔船检验事业才能健康顺利发展。二是必须始终坚持在推进渔船现代化进程中发展渔船检验事业。我国的渔船长期老小破旧，数量众多，装备落后，制约着渔业经济发展，不利于渔船安全。只有通过推进渔船现代化发展，才能更好地保障渔民生命财产安全；只有通过渔船升级改造，顺应渔船技术的发展要求，加快渔船大型化、舒适化、标准化发展步伐，改善渔船生产生活条件，才能使渔船航行更安全，作业更经济，环境更舒适，渔船检验工作才能顺利推进。三是必须始终坚持“安全第一，保证质量，方便渔民”的原则。渔船检验的宗旨是保证船舶具备安全航行和作业的条件，保障渔民生命安全，防止污染水域环境，养护渔业生态资源。检验质量是生命线，只有不断加强渔船检验体制与机制建设，完善法律法规，创新渔船检验手段，加强体系建设，不断提升队伍整体素质，才是最好的发展、科学的发展和高质量的发展，也才能更好方便渔民，推进渔船检验事业稳步发展。四是必须始终坚持“洋为中用”、创新发展的观念。现代船舶检验发端于欧洲，检验规则起源于欧洲，发展于国际海事组织。我渔船检验起步较晚，既需要实行“拿来主义”对检验制度规则加以借鉴，又需要与中国渔船实际相结合大胆创新；既要注重借鉴商船、交通船检验的成功经验，又要不断地创新性地加大对渔获物的捕捞、储运、加工机械、装备的检验力度。只有这样才能推动渔船检验的快速稳步发展，这是60年来的一条重要经验。

安全守护六十载，继往开来谱新篇。在此，我要向60年来在船检战线上奋力拼搏、默默奉献的全体渔船检验干部职工，并通过你们向你们的家属表示衷心的感谢和崇高的敬意！

回望60年历程，船检事业硕果累累；总结2017年，除全面完成各项检验任务外，一系列创新性的工作也取得很大进展：一是“检管分离”改革迈出了实际操作的第一步。今年成功在秘鲁、厄瓜多尔等地试点开展了政府购买远洋渔船境外现场检验服务；经报部领导同意由我局批复开展的山东、浙江和广东等地的“检管分离”改革试点取得了阶段性进展，为深化改革积累了经验。二是体系与队伍建设取得了创新突破。注册验船师列入了国家职业资格目录并经国家公布，注册验船师的注册、执业、监督、继续教育等一系列办法的编制有序进行，注册验船师制度实施加快推进。今年我们组织开展了全国范围内的救生筏检修技能大比武，联合全国总工会举办了“平安护航”杯渔业船舶检验知识竞赛，创新了培训方式，探索建立了虚拟现实教学及考试平台、“渔检通”APP等。三是狠抓了技术法规建设。按照国家大力推进休闲渔业要求，集中精力开展了休闲渔船检验规则的编制工作；经农业部批准颁布了船长12m以上海洋和内河渔船两部规则并进行了宣贯；颁发了2015远洋渔船规则、2015钢质海洋渔船建造规范和玻璃钢渔船建造规范的修改通报；制发了《远洋渔船检验管理办法》《渔业船舶检验技术法规管理办法》等规范性文件，进一步夯实了渔船检验法规基础。四是“三个检查”顺利开展。今年按照事中事后监管要求和“双随机、一公开”原则，开展了全国海洋渔船安全技术状况检查、全国渔船船用产品质量专项抽查和海洋渔船审图质量检查等三项活动，首次就远洋渔船“脱检”违规行为进行集中约谈，发挥了渔船检验监督执法在保障渔业安全方面的作用。五是“两个评价”取得初步成效。辽宁、福建已率先公布第一批渔业船舶建造单位技术条件评价实施办法和评价结果，福建还公布了第一批标准船型目录，各地“两个评价”推进工作取得积极进展。六是“放管服”改革要求进一步落实。按照农业部统一部署，船检系统承担起了渔业船舶制式电台执照审批取消后的事中事后监管工作，开展了船用产品行政审批改革的研究，制修订了船用产品管理规定等相关制度。此外，“智慧船检”系统建设正在稳步推进，进展顺利，实现“检验高效、监管到位、决策科学”的目标已为期不远。

同志们，在系统总结新中国60年渔船检验工作成绩的同时，还应该清醒看到，我们的工作还存在许多不足，也面临一系列困难和挑战。主要是：船检体系还不够健全；船检体制机制还不能很好适应船检事业的发展要求；验船师队伍建设和人才素质还需要大力加强和进一步提高；检验装备和条件急需改善；船检执法地位不清、能力不强；适应新时代船检事业发展需要的法律法规体系需要抓紧修订完善等等。对此，我们必须高度重视，深入研究并切实加以解决。

在这里，我还想谈谈关于渔船和船用产品检验费停征的问题。渔船和船用产品检验费停征是中央贯彻“放管服”精神的要求，减轻企业负担，进一步释放生产力发展推动社会进步的重大举措，必须坚决贯彻执行。尽管一些单位一时还难以适应，但我们必须认识到，这对进一步夯实渔船检验的法定检验基础是一个重要机遇。渔船安全、水域环境安全和渔业资源安全，都属公共安全范畴，也正因为如此，渔船检验才被确定为强制性法定检验。停征检验收费意味着渔船检验全部纳入各级国家财政预算，进一步体现其法定检验特性。因此，各级船检机构要紧紧抓住这一机遇，及时向渔业行政主管部门和财政部门进行沟通汇报，争取理解和支持，彻底改变一些基层单位长期以来依靠收费维持工作运转的状况。这方面国家局已经做出示范，经我们做出的财政预算增量已通过了财政部门的审查，今年10月已下达了第一笔经费。我们希望这一情况能起到很好的示范作用。

二、全面构建新时代渔船检验工作新格局

当前，我国已经踏上新时代的历史新征程，渔业正在迈向建设现代化渔业强国的新航程。经过60年的发展，渔船检验事业发展也进入了新时代。渔船检验工作的新时代，将是检验工作为渔业安全生产和经济发展提供更强有力保障的时代；将是检验执法更加有力，社会化检验发展壮大，渔船及装备创新发展，检验监管能力大幅提升的时代。为此，在未来的五年，我们要全面贯彻落实党的十九大精神，围绕农业、渔业中心工作，全面构建“体系健全、机制顺畅、检验高效、监管有力”的新时代渔船检验工作新格局，为保障渔船安全、水域环境安全、生态资源安全，建设平安渔业，推进渔业现代化提供强劲支撑。

（一）检验体系健全，检验队伍壮大。检验机构按照《渔业船舶检验条例》进行科学合理设置，以及依据公务员系列或参照公务员法管理普遍达到，职责权限、执法主体地位进一步明确；检验力量配备与检验任务相匹配，机构业务核定和管理更加规范。按照“提质”“保稳”要求，体制内验船人员的业务能力培训制度全面建立，业务素质显著提升；职业吸引力不断增强，专业人才留得住。同时，按照“培育”“增量”要求，积极推动注册验船师制度全面实施，一批注册验船师事务所得到培育，社会化验船师队伍初具规模，渔船检验“船多人少”矛盾明显缓解。通过努力，机构健全、队伍壮大、能力提升，懂渔船、爱渔

业、爱渔民，监督管理和现场检验均衡发展工作体系和组织体系基本形成。

（二）检验改革稳步推进，检验机制顺畅。破解集现场检验与检验监管于一身的“检管分离”改革在重点地区稳步推开，通过购买服务方式实施现场检验的改革工作在重点地区得到推广；全国渔船检验“统一领导，分级管理”的工作机制初步构建；以国家船检局为统领，省级船检局为骨干，地、市检验处及各级船检派出机构为基础，相关科研院校为检验技术支撑的工作体系得到健全强化。通过努力，组织领导有力、运转顺畅高效的工作格局基本形成。

（三）检验实施高效，检验质量提升。《渔业船舶检验条例》等重要法律法规制修订取得重大进展，技术法规体系构架更加科学完备，检验要求更加符合渔船特点，为提高检验效率和质量打下坚实制度基础；检验信息化取得突破性进展，“智慧船检”系统全面建成并投入使用，检验过程实现可追溯，检验效率和质量得到跨跃式提升；渔船检验与重大惠渔政策紧密结合，船东依法申报检验的积极性主动性大幅提高；渔船在接收检验前的自检维修制度基本建立，渔船一次性通过法定检验的合格率大大提升；境外远洋渔船检验点布局更加科学合理、组织保障更加有力，按计划实施境外检验基本实现；检验质量的监督抽查及其责任追究制度得到建立，检验不及时、检验不到位等现象基本杜绝。通过努力，法规科学、手段先进、措施有力的效能格局基本形成。

（四）检验监管有力，检验执法强化。渔船检验与其他相关渔船监督措施的衔接紧密，合力更加明显；渔船及重要船用产品“双随机、一公开”质量监督抽查得以全面实施，低质量渔船、假冒伪劣船用产品专项治理不断深化；渔船设计、修造单位资格认定行政审批取消后的事中事后监督得到强化，渔船设计、修造单位“黑白名单”制度和渔船船用产品清单管理制度得以建立；渔船及重要船用产品分级分类检验管理制度逐步实施。涉渔“三无”船舶整治、渔船双控、渔具渔法、依港管船等重大渔船监管执法工作的支撑保障作用充分发挥；违反渔业船舶检验条例，以及渔船“脱检”等违法违规行为得到依法查处。通过努力，多措并举、合力监管、执法到位的监管格局基本形成。

三、推动新时代渔船检验工作新格局新发展

未来五年是全面建成渔船检验工作新格局的关键时期。我们要以实施《全国渔船检验“四大体系”建设规划（2018—2022）》为抓手，重点抓好法律法规制修订、体制机制改革创新、提升验船师素质、社会检验支撑机构建设、推进渔船装备创新发展等十条工作措施（简称船检十条）。

（一）修订完善法律法规体系，筑牢依法检船法制基础。实施加强法律法规建设的“铸舱行动”，加快推进《渔业船舶检验条例》的修订和条例配套规章的制定与出台，优化和重构现行渔船检验法律法规体系框架。贯彻“检管分离”改革思路和分类分级管理要求，全面开展检验技术法规修订工作。建立健全国际公约转化的研究机制，研究国际渔船安全公约协定生效后的应对措施。加强检验法规专业人才的培养，建立法规建设专家库。完善法规执行监督机制，探索建立技术法规执行监督制度，开展检验法规执行情况评估。所谓“铸舱

行动”，我认为，如果把渔船检验的工作当成一艘大船，法律法规就是“舱”，没有舱一切无从谈起，所以加强法律法规建设是“四大体系”中开展的“四大行动”的首要行动——“铸舱行动”。

（二）稳妥实施“检管分离”改革，提升重点地区的检验履职能力。充分发挥市场配置资源的决定性作用，逐步实现现场检验与审批发证相分离、现场检验与事后监督相分离，进一步强化“管”的法定职责，突出渔船及船用产品检验监督管理的执法主体地位。坚持因地制宜、分类施策，分地区、分阶段推进。在条件成熟的地区，对远洋渔船、国内大中型渔船，采取政府购买服务等方式将现场检验工作交由社会专业技术检验机构承担，逐步构建“渔船检验监督管理（法定检验机构）” + “渔船检验技术性服务（社会专业技术检验机构）”的检验监督管理体制架构。推进小船检验监管制度改革，加强小型渔船安全技术状况监督抽查。

（三）加快推进实施注册验船师制度，壮大社会组织支撑力量。加快推进注册验船师制度实施，严格注册验船师考试及注册，严把注册验船师准入关。建立健全考务工作体系，完善考试大纲及考试题库建设；建立注册验船师继续教育体系，强化对注册验船师的职业道德教育和专业素质、实操能力培养。加强注册验船师及技术支撑机构管理，建立准入和退出机制，开展执业质量督查，强化对技术支撑机构的监管。实施“铸艏行动”，培育更多高素质的现场验船师服务渔船安全检验工作。加强社会专业技术支撑机构规划布局，积极培育社会化检验支撑机构，形成社会广泛参与、政府监管到位、检验专业高效的渔船检验社会化服务机制。

（四）强化检验监管队伍建设，提升整体素质水平。加强渔检监管队伍建设，修订完善验船师管理办法，开展检验监管人员评价，完善验船师考评机制，建立登记、定期考核、资格年审、退出淘汰等机制。制定与新形势相适应的验船师培养计划，建立统一规范的培训体系、教材体系和师资体系，明确国家局和省局的培训职责和任务；加大培训力度，开展分级、分类、分层次的精准培训，突出检验实操能力的提升。实施以验船师“倍增计划”等为主要内容的“铸舵行动”，强化体制内的检验监管执法人员对检验工作的监管把关作用。探索在各省建立首席验船师制度，开展基层检验能力共建。加强船检监管队伍行风建设，定期组织全国行风督导检查活动。

（五）推进渔船分类检验管理，提升渔船检验管理科学化水平。研究建立渔船安全指数，适时发布全国渔船安全状况报告；科学划分渔船分级分类，研究制定渔船分类检验办法，实施规范化、专业化、差异化管理的检验措施。逐步推进实施小船检验备案制度。继续推进实施渔船用产品分类检验制度，突出重要安全产品的检验，突出重要安全环保试验项目，突出企业的质量体系的监管，简化产品发证程序。建立渔船图纸审查分类分级管理制度，开展渔船设计单位黑名单管理，定期进行图纸审查质量抽查，强化审查质量管理。

（六）加强信息化建设，提升渔船检验监管智能化水平。加快“智慧船检”项目建设实施，推进各地信息系统融合升级。开展手持便捷式检验执法信息采集装备配备，全面实施检验信息高效实时采集、上传和互联互通、交换。实施智能化检验监管，实施船用产品生产企业、渔船建造企业等监管对象的质量安全可追溯信息联网联动。加强大数据分析与应用，引导提升渔船整体安全技术评估和渔船装备技术水平，开展渔船安全指数和渔船排放指数实时分析，实现渔船检验监管工作决策科学化，监管智能化，服务高效化。

（七）强化船检执法监督，提升渔船安全保障水平。强化检验事中事后监管工作机制，加强对渔船及船用产品检验质量的监督抽查，严厉打击船用产品假冒伪劣行为，增强监督执法检查的针对性、实效性和权威性。创新监督执法方式，建立健全“双随机、一公开”渔船及船用产品质量监督抽查机制，开展船东、渔船修造企业、船用产品生产企业、社会化专业支撑机构等诚信评估，逐步推广行政约谈、行政处罚、联合惩戒等执法方式。探索建立渔船用产品清单制度，实现清单动态公开化，实施不合格产品质量整改制度。

（八）加大创新引领力度，提升渔船装备现代化水平。促进渔船设计行业创新机制建设，鼓励对新技术、新工艺引进消化吸收再创新，提高渔船和重点配套设备的标准化设计能力，强化标准化的引领作用。以海洋渔船标准化更新改造政策实施为驱动，提出渔船标准化发展技术方案和路线图，规范标准船型建造检验。推进内河渔船标准化船型推广。推进“以钢代木”和小型渔船玻璃钢化的发展。鼓励市场资源向技术条件好的企业转移，鼓励中小型修造兼作的企业向专业化维修企业发展。

（九）强化建造单位的监管，提升渔船修造质量。推行渔船修造质量安全责任清单制度，提升渔船安全水平。开展“铸锚行动”，强化对修造企业监管，监督企业质量安全责任落实，构建全方位建造质量安全监督体系，确保修造企业真正严把整船质量关。开展渔船建造技术条件评价，建立评价结果动态目录。建立健全以技术标准和管理标准为核心的渔船修造质量安全责任体系。继续推进渔船建造质量证明书制度，强化渔船修造质量安全过程管控。探索开展渔船设计单位能力评价，促进渔船设计技术创新。研究渔船设计图纸技术评价改革措施，制定技术评价单位能力标准和监督管理制度，推动渔船审图工作市场化、专业化和多级化发展。

（十）坚持“两高一低”理念，提升渔业转型升级绿色发展的支撑能力。坚持渔船“高安全、高效益、低排放”的发展目标，加强防污染设备生产、安装和运营等环节的检验监管，最大限度减少捕捞渔船对环境造成的破坏；配合开展渔船主机功率管控与核查，落实国家“双控”制度。严格渔业捕捞设备、设施的检验监管，促进海洋渔业持续健康发展。开展休闲渔业、休闲渔船、海上垂钓平台以及增值养殖设施检验监管研究，拓展服务广度。积极参与涉渔“三无”船舶整治工作，支持渔港振兴，依港管船政策，配合做好渔船数量压减和管控等渔业中心工作。强化远洋渔船的检验，支撑国家“走出去”战略的实施。

四、努力做好2018年渔船检验工作

同志们，2018年是全面贯彻落实党的十九大精神、决胜全面建成小康社会的关键一年，也是未来五年全面构建新时代渔船检验工作新格局的开局之年。为此，2018年重点要抓好以下几方面工作：

（一）推动《渔业船舶检验条例》修订，加快法制建设

开展《渔业船舶检验条例》颁布实施15周年普法宣传系列活动，全面总结梳理条例实施以来取得的成绩和存在的问题，并以此为契机，积极推动条例进入修订程序。按照“放管服”改革要求，继续推进船用产品监管制度改革，研究船用产品清单制管理和船东企业“黑白名单”制度的试行实施意见。结合检验机制改革创新和渔业发展新业态要求，加快相关技术法规同步跟进制修订，颁布休闲渔船检验规则，启动海洋渔业装备（平台）检验规则、极地渔船建造指南以及相关检验制度指南等技术法规制修订工作。积极参与国际交流合作，加强国际公约研究与转化。

（二）严格渔船及船用产品检验监管，强化船检执法

继续开展渔船建造企业技术条件评价工作，研究渔船设计建造单位质量信誉评价工作，做好开工前检查，做好渔船建造企业规范建造、标准建造的引导，加快推进《渔船建造、维修质量内控制度建设指南》的实施。开展覆盖远洋渔船、国内重点渔船的渔船安全技术状况监督检查，重点检查安全、通信导航设备和油污水处理装置等。继续开展船用产品质量专项治理和监督抽查，对涉及渔船安全和防污染等重要设备的抽查形成常态化、制度化。强化企业产品质量安全主体责任，落实对产品质量不合格企业的约谈问责。开展全国专业检测检修中介机构规划布局研究，引导和指导检测机构科学设立。做好渔船用柴油机型谱审核与核查工作，严把渔船主机功率关。

（三）加强机构管理和队伍建设，依法规范管理

加强检验机构业务核定管理，开展机构业务执行专项督导，约谈和暂停不符合业务核定要求的机构。加强船检队伍行风政风建设，开展检验行业系统督察，落实依法检船和《渔船检验执法人员廉洁自律“八不准”》的执行情况，规范检验行为。强化验船师培训体系建设，开展检验实践操作技能培训，优化整合全国培训师资力量，将一批有条件的渔船修造、设计、船用产品企业纳入验船人员教学实习基地。

（四）完善“检管分离”改革试点，稳妥推进实施

在总结远洋渔船检验和山东、浙江、广东、海南等地试点改革经验的基础上，完善渔船检验的“检管分离”改革制度，开展对“检管分离”保障措施和社会化检验机构建设的研究，出台“检管分离”改革的相关配套制度，加快推进社会化检验组织建设，规范“检管分离”工作开展。适当扩大远洋渔船境外检验现场检验购买服务的地区和船数规模，制定渔船检验政府购买服务价目表，引入市场竞争机制，规范“检管分离”政府购买服务工作。

（五）加快推进注册验船师制度实施，健全社会组织

做好注册验船师资格注册管理的职责划分，制定并发布渔船注册验船师管理制度和注册验船师事务所管理制度，建设注册验船师及社会化检验机构监督管理信息化系统。加快体制内检验人员的资格认定工作，推进注册验船师考试报名、考试及考务管理系统开发，发布《注册验船师（渔业船舶类）考试大纲》，组织开展注册验船师（渔船类）考试。培育社会化检验机构，引导有资质单位成立注册验船师事务所等社会检验机构，解决注册验船师挂靠问题。

（六）加快推进渔船技术进步及装备发展，打造美丽渔船

利用实施海洋渔船标准化更新改造政策的契机，全力推进渔船船型标准化工作；立足已公布标准船型，开展标准船型的优化与装备更新设计，促进老旧渔船技术升级，打造技术先进的美丽样板渔船。充分利用政府转移支付资金，引入渔船建造质量监理机制，引导渔船建造企业规范建造、标准建造，坚决遏制低质量渔船的建造。开展渔船标准化体系研究和绿色渔船、智能渔船技术标准研究，加强绿色能源在渔船上的试验应用和渔船标准化工作。

此外，继续加快渔船检验信息化建设，建好“智慧船检”。要优化再造图纸审查、渔船检验、产品检验等政务流程，推进“智渔通”移动应用建设进程，丰富面向渔企、船东的服务方式和服务内容，实现现场检验执法的高效化和质量全程可追溯；建立健全监管对象名录库和执法检查人员库，实现执法方案随机配置和执法过程全程留痕，提升渔船及船用产品的事中事后监管能力。

同志们，中国特色社会主义新时代的号角已经吹响，让我们在党的十九大精神指引下，紧密团结在以习近平同志为核心的党中央周围，不忘初心，牢记使命，齐心协力，开拓创新，为构建新时代渔船检验工作新格局，为建设渔业现代化强国做出船检人应有的贡献！

谢谢大家！

农业部渔业船舶检验局大事记

（1957—2018）

1957年

5月27日　中华人民共和国交通部向山东省交通厅、河北省交通厅、天津港务局、青岛港务局、秦皇岛港务局发出《关于山东、河北两省渔船技术监督和检查丈量等工作暂移交各该省水产部门接管的通知》，确定暂在山东、河北两省试行，将渔船的检查丈量和技术监督等工作，由交通部门移交水产部门办理。

7月10日　水产部以《关于接办渔船渔具事项的函》分别致河北、山东两省水产局，要求两部门即与当地交通厅联系，着手接管渔船检验业务。

8月13日　山东省水产局下发《关于接办沿海渔帆船登记检丈工作的函》，要求各地有关水产部门向当地交通航运部门办理接管工作。

10月30日　青岛港务管理局、青岛市水产管理局《关于渔船技术监督和登记检丈工作交接的联合通知》，决定自1957年11月1日起，水产系统的船舶（如渔船、辅助工作船、运渔船等）的技术监督和登记检丈工作由青岛市水产管理局接办。

11月1日　青岛市水产管理局正式接办渔船检查、丈量和登记工作。青岛市水产管理局在渔政科设（船舶检验）建制，并启用青岛市水产管理局船舶检验专章，办理船舶检验业务。

12月13日　河北省水产局、河北省交通厅、天津市水产局发出《关于交接渔船登记、检查、丈量等工作的联合通知》，河北省渔船的技术监督和检查、丈量等工作，由交通部门暂移交水产部门接管。

1958年

5月15日　烟台水产局与烟台港务局正式办理烟台港渔轮检丈登记工作交接手续，接办烟台港渔轮检验、丈量、登记事宜。

8月22日　广州港港务监督将广东省水产厅所属生产渔轮（包括南海水产公司及西南沙水产资源调查队）的检验、登记、海事处理、船员考试及管理工作移交水产厅接管负责。广东省水产厅开始筹建广东省水产厅渔船监督，开展执行对广东国营渔轮的建造和营运检验，签发船舶检验证书以及渔轮监督管理工作。

10月21日　《第一次全国验船工作会议总结》中明确："水产部门的海河渔船，可由其自行监督检验，但有些港口，水产部门有困难时，验船部门仍应进行检验。"

1959年

6月26日　广东省木帆渔船检验丈量简则（草案）公布施行。

8月8日　广东省水产厅《有关渔船管理工作的几点通知》，指出："各渔船管理站的公章已由省厅统一发下，各地应根据粤渔渔字第34号通知迅速把站建立起来，以便利工作的正常开展。个别县市已有自行雕刻的公章一概作废，使用省厅统一规格公章。"

8月20日　广东省渔船管理暂行办法及说明公布施行。

1959 年底　广东省水产厅渔船监督建立，下设广州、湛江、白马井渔轮监督站，开始启用渔船监督和各渔轮监督站公章。

1960 年

广东省水产厅渔船监督制定广东省木质渔船检验标准。

1960 年底，广东省水产厅广州渔轮监督站建立。

1961 年

1961 年初　广东省水产厅湛江、白马井渔轮监督站建立。

1962 年

7 月 1 日　荣成县水产局接办所在港渔轮的技术监督和检丈工作。

1962 年　广东省水产厅在北海市、合浦、钦州、东兴县建立渔船监督管理站。

1962 年　黄骅县渔船检查站建立。

1963 年

5 月 2 日　广东省水产厅渔船监督公布《船舶检验规则暂行办法（草案）》。

5 月 20 日　福建省省长办公会议决议：全省水产系统所有渔业船舶统一划归水产行政部门管理，成立渔船安全监督管理机构。

7 月 1 日　山东省渔船管理站在济南成立，在省水产厅内与渔政处合署办公，下设青岛、烟台、羊口、石岛 4 个港口站，名称为 × × 港机动渔船管理站。

1963 年 9 月　山东省水产厅制定《山东省海洋机动渔船管理暂行办法（草案）》《山东省机动渔船检验规则（草案）》。

1963 年 11 月—1964 年 6 月　山东省水产厅派 8 人到中华人民共和国船舶检验局上海办事处学习船舶检验。

10 月 28 日　福建省水产局渔业船舶管理总站成立获得批复。

1964 年

1 月　山东省水产厅颁布《山东省非机动渔船管理暂行办法（草案）》。

4 月 1 日　福建省水产局渔业船舶管理总站成立。

6 月 28 日　福建省〔64〕省编字第 607 号文批复同意在沿海三沙、黄岐、福州、平潭、崇武、厦门、东山和驻浙江办事处等 8 个渔港设立渔业船舶管理站。

8 月 21 日　天津市汉沽区水产局经天津市水产局批准建立汉沽区渔船检丈站。

1965 年

1 月　白马井渔轮监督站检验国营南海公司派往越南负责援越培训捕捞技术渔轮 2 艘，

首次担负出国渔船检验任务。

2 月 26 日　秦皇岛市水产局、河北省海洋水产公司成立秦皇岛市水产局渔船检验站，设在水产局内，作为水产局领导下的一个单位。

8 月 25 日　辽宁省渔业船舶管理站在大连市上海路 57 号正式对外办公。

10 月 6 日　山东省渔船管理站由济南迁烟台，与烟台港机动渔船管理站合署办公。

12 月　山东省水产厅制定《山东省渔船管理暂行办法（草案）》和《山东省渔船检验规则（草案）》及渔船检验费规定、渔船报废规定等文件。

1969 年

11 月　福建省渔业船舶管理总站和福州站大批人员下放（仅留下革命领导小组成员及个别同志留守，处理福州地区船舶）。

11 月　经辽宁省农业局决定，辽宁省革命委员会批准将辽宁省渔业船舶管理站与辽宁省海洋渔业指挥部合并，对外名称为辽宁省海洋渔业指挥部生产组、船管小组。

1970 年

12 月 1 日　山东省农业局撤销青岛、石岛、烟台、羊口 4 个港口的机动渔船管理站，保留当时设在烟台的山东省渔船管理站。

1971 年

7 月　山东省农业局颁发《山东省渔船管理规则（试行草案）》《山东省渔船检验规则（试行草案）》。

11 月　山东省渔船管理站举办各县（市）渔船管理人员培训班，学习一个月。

1972 年

2 月　广东省水产局恢复渔船监督及下属 3 个站。由副局长白云鹏兼任监督长，海洋处副处长张正兼任副监督长，下设广州、湛江、白马井渔轮监督站。

6 月 25 日　江苏省机动渔船管理站在南京建立。

9 月 29 日　福建省水产局渔业船舶管理总站改为福建省渔业船舶管理站，重新修订《福建省渔业机帆船检验规则试行草案》。

12 月　辽宁省海洋渔业指挥部革命委员会船舶管理组成立，对外名称为辽宁省渔业船舶管理站。

1973 年

8 月 2 日　江苏省革命委员会农业局下发《江苏省机动渔船管理规则（试行草案）》《江苏省机动渔船检验规则（试行草案）》。

6月14日　浙江省水产局向省革委会提交关于建立浙江省渔船管理机构的报告。

6月17日　天津市革命委员会主任办公会议第二十六次会议纪要精神，同意成立天津市渔船检查站。

12月26日　浙江省革命委员会批复省水产局的报告，同意建立浙江省渔船管理机构。

1974年

1月1日　天津市渔船检查站正式办公，地址暂设在塘沽区渔船闸。

4月5日　天津市革命委员会农委颁发天津市渔船管理等三个规则、一个规定的通知。

1974年　河北省渔船检验管理站建立。

1976年

7月13日　广西区编委下文成立广西壮族自治区渔船管理站，下设北海、合浦、钦州、东兴渔船管理站。

10月4日　浙江省水产局颁布《浙江省渔业船舶检验规则（试行)》，共十条。

1977年

11月12日　上海市渔船管理站建立。

1978年

1月1日　天津市革委农委批准，天津市渔船检查站改为天津市渔船管理站。

1978年　广西壮族自治区渔船管理站制订《广西区木质渔船检验标准》。

1978年　河北省成立渔政处。

1979年

6月6日　交通部、国家水产总局发出《关于水产部门船检机构对外名称和印章等问题的联合通知》，规定：国家水产总局的船检机构对外使用“中华人民共和国船舶检验局渔业船舶分局”的名义，下属各省、市、自治区水产部门的船检机构对外使用“中华人民共和国船舶检验局渔业船舶分局××检验处”的名义。各检验处是渔船分局在各省、市、自治区的执行机构，可在船只集中的主要港口设置检验站，作为检验处的派出机构，对渔业船舶实行监督检验和发证。各检验处受渔船分局和各省、市、自治区水产局的双重领导，业务上归渔船分局。

渔船分局成立后，陆续配备了5名工作人员，在国家水产总局渔政局与安全处合署办公。

9月21日　国家水产总局、商业部、全国供销合作总社联合下发《关于统一渔业船舶监督人员服装、帽徽和臂章的式样通知》，全国渔船检验人员统一了着装。

10 月 7—13 日　中华人民共和国船舶检验局渔船分局第一次工作会议在浙江省金华市召开。参加会议的有沿海省、市、自治区船管站（渔监）负责船检和渔港监督的同志，部分渔轮修造厂和船用产品厂的技术负责人共 42 人。交通部船舶检验局派员到会指导。会议根据大连、烟台、上海、福州、广州 5 个检验处的筹建进度，认为已能承担检验任务，决定向这 5 个检验处颁发业务印章；会议讨论了 1980 年船检工作的主要任务；讨论修改《渔业船舶监督检验规则执行细则》《渔业船舶检验计费办法》；研究了渔船检验试行“收支挂钩、全额分成、比例包干、三年不变”的财政管理办法等问题。

11 月 1 日　国家水产总局印发《中华人民共和国船舶检验局渔船分局第一次工作会议纪要》。

12 月　据不完全统计，全国检验海洋渔业船舶 6754 艘（缺上海处、广州处数据）。

1980 年

1 月 1 日　《渔业船舶检验计费办法》经国家水产总局批准施行。

2 月 27 日　中华人民共和国船舶检验局、国家水产总局渔政局联合发出《关于渔业船舶等检验工作由水产部门的船检机构受理的通知》，规定了交通船检机构和渔船检验机构应交接的船舶及船用产品检验范围。

3 月 28 日　国家水产总局渔政局、中华人民共和国船舶检验局渔船分局发出《关于申请渔业许可证必须具有船舶检验等项证书的通知》，规定从事渔业生产的渔船领取渔业许可证时，必须持有渔船检验部门签发的船舶检验证书和渔港监督部门签发的主要船员证书及航行签证簿。

4 月 4 日　烟台检验处对 1978 年受理检验的首家船用产品制造厂——淄博渔轮柴油机厂的 8300C 型 44. 1kW 船用柴油机签发产品证书，产品编号为 800114，证书编号为 0-0001。这是渔船检验部门签发的第一张船用产品证书。

5 月 7 日　中华人民共和国船舶检验局渔船分局公布《渔业船舶证书及技术文件的暂行规定》，决定自 1980 年起对符合要求的渔业船舶签发统一的证书证件。

5 月 19 日—6 月 28 日　渔船分局在山东省水产学校举办了国家水产总局第一期渔船检验干部训练班，全国各渔船检验处、站长 25 人参加培训。

8 月 1 日　中华人民共和国船舶检验局渔船分局颁发沿海 10 个渔船检验处行政印章。

11 月 5 日　中华人民共和国船舶检验局渔船分局转发中华人民共和国船舶检验局制定的《船舶检验技术干部技术职称实施细则》，要求各地遵照试行。

11 月 10 日　经国家水产总局批准，中华人民共和国船舶检验局渔船分局颁发《渔业船舶监督检验细则》同时公布“渔船检验部门应审查的渔业船舶设计图纸及文件目录”和“渔业船舶建造检验项目表”“营运渔业船舶检验项目表”。该细则自 1980 年 12 月 1 日起试行。

12 月 8—12 日　中华人民共和国船舶检验局渔船分局派代表参加政府间海事协商组织稳性、载重线和渔船安全分委会（SLF）第 23 次会议，开始参与有关渔船安全的国际交流活动。

12月　据不完全统计，全国检验海洋渔业船舶8387艘（缺天津处、广州处数据）。

1981年

3月3—5日　国家水产总局渔政局在北京举行渔船检验、渔港监督处处长会议，参加会议的有沿海省、自治区、直辖市渔船检验、渔港监督处长及广西壮族自治区渔政处处长、广东省渔港监督科科长等12人。会议决定由渔船分局组织编写钢船建造规范的渔船特殊要求部分。渔船分局委托烟台检验处组织编写《海洋渔业木质船舶检验质量标准》（木质海洋渔业船舶规范代用本）。

6月20日　中华人民共和国船舶检验局渔船分局、国家水产总局渔政渔港监督局发布《沿海小型渔业船舶登记管理暂行办法》，制定《小型渔业船舶登记表》《小型渔业船舶签证申请表》《小型渔业船舶技术要求》《小型渔业船舶安全设备最低配置定额》。

6月20日　由中华人民共和国船舶检验局渔船分局组织的渔用气胀救生筏研讨会在陕西咸阳西北橡胶厂召开，西北橡胶厂，七〇四所，船检局天津、广州办事处，东台玻璃钢厂，上海渔业公司，渔船分局上海、烟台、广州检验处等9个单位13人参加会议。会议决定成立研制小组研制一种新型救生筏，调整技术指标、降低造价，减轻渔业公司配筏负担，西北橡胶厂姚堑奎副总工任组长、广州渔船检验处黄树钺任副组长；决定广州渔船检验处负责对我国南、北、中地区渔船船员的身高、体重以及各海区的气温进行调查核实。8月初根据调查结果，决定按体重70kg/人、每乘员占0.080m^3的主浮胎浮力、0.30m^2筏底面积的指标研制渔用救生筏。9月初西北橡胶厂完成4个样筏；9月下旬在舟山进行样筏鉴定并完成抛投等18项试验；12月在咸阳完成高、低温试验。以上20项试验全部满足设计指标，渔船分局批准西北橡胶厂试生产型号为Y-QJF-10、Y-QJF-15的渔船用气胀救生筏，广州渔船检验处负责监督检验。12月7日，广州处签发首份产品证书，证书编号为〔81〕01、〔81〕02。1992年11月上述两型号救生筏取得渔船分局船用产品型式认可。

7月4日　中华人民共和国船舶检验局渔船分局颁发《木质渔船监督检验暂行规定》，1982年7月1日起施行。

12月　据不完全统计，全国检验海洋渔业船舶7869艘（缺天津处、北海处数据）。

1982年

5月4日　第五届全国人民代表大会常务委员会第二十三次会议通过《关于国务院部委机关改革实施方案的决议》，决定撤销国家农业委员会，将农业部、农垦部、国家水产总局合并，设立农牧渔业部，任命林乎加为部长。农牧渔业部设水产总局、渔政渔港监督管理局，设水产分党组。部党组成员孟宪德（副部级）任水产分党组书记。

5月　农牧渔业部渔政渔港监督管理局设立渔船检验处，编制9人，对外执行渔船分局的职责，由渔政渔港监督管理局分管船检工作的局领导签发文件。

9月27日　国务院任命左贞镠为农牧渔业部渔政渔港监督管理局局长、李万禄为副局长。

11 月 30 日　国务院任命张卓民为农牧渔业部渔政渔港监督管理局副局长、朱祖武为顾问。

12 月 1 日　中华人民共和国船舶检验局渔船分局公布《营运钢质海洋渔船检验规程》，自 1983 年 1 月 1 日起试行。

12 月　据统计，全国检验海洋渔业船舶 2.01 万艘次、船用产品 1288 台件。

1983 年

3 月 29 日—4 月 3 日　农牧渔业部渔政渔港监督管理局在广西壮族自治区南宁市召开渔船检验工作座谈会。参加会议的有沿海省、自治区、直辖市渔船检验处处长等有关同志。会议强调 1983 年的渔船检验工作要完善法规，执行统一规章，加强技术培训，提高检验率。

4 月 29 日　农牧渔业部批转《1983 年渔船检验工作座谈会会议纪要》。

5 月 21 日　农牧渔业部发出《关于实行〈渔船验船人员工作职称暂行办法〉的通知》，规定了渔船检验高级验船师、验船师、助理验船师、验船员的任职条件和签证权限。

10 月 31 日　农牧渔业部发布《海洋捕捞渔船管理暂行办法》。“为了加强对海洋捕捞渔船的管理，严格控制捕捞强度，有效地保护近海渔业资源，维护渔港、渔场秩序，保障安全生产，制定本办法”。办法第 9 条规定：“所有渔业船舶，必须备有渔政、渔港监督、渔船检验及公安部门颁发的渔业许可证、渔船检验证、职务船员考试合格证，以及船舶户口簿和出海船民证、临时出海船民证，方可出海作业。”第 10 条规定：“对未经批准、私自建造、购买、引进及更新的捕捞渔船，渔政部门不发给渔业许可证，船检部门不予检验……。”该办法自公布之日起执行。

12 月　据统计，全国检验海洋渔业船舶 1.18 万艘次、船用产品 0.6 万台件。

1984 年

1 月 16—20 日　交通部和农牧渔业部渔政渔港监督管理局各派一人组团参加国际海事组织（IMO）稳性、载重线及渔船安全分委会（SLF）第 29 次会议。我国代表向大会提交了两份关于渔船在起网时渔具所引起外力对船舶稳性影响的研究报告。

2 月 20 日　渔船船体检验培训班在大连水产学院开学，来自秦皇岛、烟台、天津、杭州、北海检验处 25 名同志参加了学习。

4 月 5—11 日　1984 年全国渔船检验工作座谈会在山东省烟台市召开。会议交流了各地渔船检验与档案管理方面的经验，讨论了 1984 年渔船检验的工作安排，提出了积极开展渔船用产品检验的要求，明确了产品检验分工和程序。交通部船舶检验局派代表到会指导。

4 月 10 日　中华人民共和国船舶检验局渔船分局授予王传典等 56 名同志验船师工作职称。这是渔船检验部门评出的第一批验船师。

4 月 27 日　中华人民共和国船舶检验局渔船分局发出《关于水产系统设置气胀式救生筏检修站有关问题的通知》。该通知规定水产系统的救生筏检修站应向渔船分局申请认可，由渔船分局颁发认可证书；已经认可的筏站的日常检验工作由所在地的渔船检验处、站承担。

4 月 28 日　中华人民共和国船舶检验局渔船分局发出《关于开展渔船船用产品检验若干问题的通知》，规定了渔船检验部门的产品检验范围及渔船专用设备检验收费标准等事项。

8 月 12 日　经与西北橡胶厂协商，该厂针对渔船分局各检验处（站）的有关验船师、沿海渔业公司和黄海造船厂的气胀救生筏检修人员的培训班开学，学习内容为气胀式救生筏的结构与构造、救生筏的检查与修理、检修救生筏的常用设备、橡胶材料的基本知识等。

8 月 20 日　农牧渔业部、财政部发出《关于实施〈渔业船舶检验收费办法〉的通知》。该通知指出："过去，各地执行的渔业船舶的检验收费标准不尽一致，而且收取的费用在使用管理上也不够明确。为了统一渔业船舶及其船用产品检验的收费规定，加强对检验收费的使用管理，保证'专款专用'，促进水产系统渔船检验事业的发展"，发布《渔业船舶检验收费办法》，要求各地遵照执行。

9 月 4 日　中华人民共和国船舶检验局、中华人民共和国渔政渔港监督管理局发出《关于渔业船舶参加商业性运输的检验问题的通知》，规定了渔业船舶参加商业性运输的检验管理办法。

11 月 7 日　农牧渔业部任命宋之问为渔政渔港监督管理局副局长。

11 月 11 日　中华人民共和国船舶检验局渔船分局发出《关于对湛江渔业公司气胀救生筏检修站认可的函》，给予湛江渔业公司气胀救生筏检修站认可，签发编号为 ZCY84001 的《气胀救生筏检修站认可证书》。这是渔船检验机构认可的第一个筏站。

11 月 20 日　中华人民共和国船舶检验局渔船分局发出《关于重申渔政船等船舶变更用途应按规定检验发证的通知》。

12 月 12 日　中华人民共和国船舶检验局渔船分局颁布《钢质海洋渔船建造规范》，自 1985 年 1 月 1 日起实施。

该规范获得 1985 年农牧渔业部科学技术进步二等奖。

12 月　据统计，全国检验海洋渔业船舶 2.95 万艘次、船用产品 1.3 万台件。

1985 年

3 月 10 日　我国第一支由 12 艘生产渔轮和 1 艘冷藏运输船组成的远洋渔业船队，从福州市马尾港起航，前往西非海域开展合作捕鱼。

4 月 28 日—5 月 4 日　1985 年渔船检验工作座谈和产品检验交流会在河北省秦皇岛市召开。来自沿海 10 个渔船检验处船舶检验和产品检验的负责同志 40 人与会。

4 月　中华人民共和国船舶检验局渔船分局发布《关于国内航行机动渔业船舶证书及技术文件填写的暂行规定》（验船师须知〔85〕CJ001）。

5 月 22 日　农牧渔业部发出《关于加强对进口旧渔业船舶的技术监督管理的通知》。规定获准进口旧船的单位，应及时向所在省、自治区、直辖市的渔船检验处报告。旧船到达我国港口后，应向渔船检验处申请初次检验。

8 月 5 日　中华人民共和国船舶检验局渔船分局发出《关于渔业船舶及船用产品检验发证与技术档案管理的规定》。该规定明确了船舶检验、产品检验应存档的主要资料，技术档案保管期限，检验证书审批、签发的权限，船检印章的使用规定等项内容。

11 月 1 日　中华人民共和国船舶检验局渔船分局发出《关于启用新的渔业船舶证书及技术文件的通知》，经渔船分局组织修改的新的船舶证书及技术文件正式启用。

12 月　首次出版《渔业船舶船用产品录》。据统计，全国检验海洋渔业船舶 3.59 万艘次、船用产品 9.6 万台件。

1986 年

1 月 20 日　第六届全国人民代表大会常务委员会第十四次会议通过《中华人民共和国渔业法》。《中华人民共和国渔业法》共 6 章 35 条，其中第 18 条规定："制造、更新改造、购置、进口的从事捕捞业的船舶经渔业船舶检验部门检验合格，方可下水作业，具体管理办法由国务院渔业行政主管部门制定。"

2 月 1 日　农牧渔业部发出《关于加强小型渔业船舶监督检验的通知》，针对船长 12 米以下的小型机动渔业船舶、非机动营运渔船的监督检验做出相应规定。

4 月 11—15 日　中华人民共和国船舶检验局渔船分局在天津市召开了第一次全国渔业系统气胀式救生筏检修站经验交流会。会上就筏站持证人数、证书及淡水制作、静水压力释放器的检修等工作做出了安排。会后，渔船分局发出《关于对气胀救生筏检修站有关问题的通知》，对交流会上研究的问题做出明确规定。

5 月 7—12 日　1986 年渔船检验工作会议和焊工考试经验交流会在辽宁省丹东市召开。农牧渔业部渔政渔港监督管理局宋之问副局长出席并做主题讲话。沿海各渔船检验处 55 人与会。6 月 7 日，农牧渔业部批转《一九八六年渔船检验工作会议纪要》。

6 月 2—6 日　由我国交通部组团、农牧渔业部渔政渔港监督管理局派两人参加，出席了国际海事组织（IMO）稳性、载重线及渔船安全分委会（SLF）第 31 次会议。我国代表提交了一份"用 IMO 气象衡准对若干渔船稳性的计算"的报告。

6 月 23 日—7 月 30 日　渔船分局会同沿海 10 个渔船检验处，分南北两个组对沿海各省、自治区、直辖市的渔船检验质量进行了检查，7 月 30 日，两组在杭州市对这次检查情况进行汇总。

8 月 23 日　农牧渔业部任命卓友瞻为渔政渔港监督管理局局长。

11 月 6 日　中华人民共和国船舶检验局渔船分局公布《小型渔业船舶检验证书簿》，适用于船长 12 米及以下的机动渔业船舶，或船长大于 12 米小于 15 米且在Ⅲ类航区航行、作业的机动渔业船舶，以及非机动渔业船舶。8 月，渔船分局下发《小型渔业船舶检验证书簿填写规定》（验船师须知）供有关验船师学习、使用。

12 月　据统计，全国检验海洋渔业船舶 4.49 万艘次、产品 13.5 万台件。

1987 年

4 月 15 日　农牧渔业部渔政渔港监督管理局致函交通部外事司："我国船长 24 米及 24 米以上的生产渔船，1985 年统计数字为 3220 艘、462583 总吨，在向国际海事组织提供数字时，请以此为准。"

7 月 24 日　农牧渔业部、财政部发出《关于对外开放港口渔船检验和渔港监督人员服装供应办法的通知》，规定了着装范围、制服式样、面料及颜色、标志、供应标准等，新办法自 1987 年 10 月 1 日起执行。

9 月　中华人民共和国船舶检验局渔船分局发布《关于船用产品检验的若干规定》（验船须知〔87〕YC001）。

9 月　《渔船检验》试刊号出版。《渔船检验》定位为："广大船检人员和用船单位、船厂和船用产品生产厂科技人员的园地。"

10 月 31 日　中华人民共和国船舶检验局渔船分局公布《木质海洋渔船建造及检验规定》，自 1988 年 7 月 1 日起试行。

11 月 12 日　中华人民共和国船舶检验局渔船分局公布《营运钢质海洋渔船检验规程（1987）》，自 1988 年 5 月 1 日起实施。

11 月 29 日　第一次全国内河渔船安全管理工作座谈会在湖南省岳阳市召开，这标志着内河渔船检验工作开始起步。

12 月　1987 年渔船分局与农业部水产局教育部门在大连水产学院开办二年制船检大专班，专门为渔船检验部门培养检验人员。国家安排招生、分配计划，对分配大学生有困难得偏远地区采取定向招生的办法。1987 年招生 30 人。

12 月　据统计，全国检验渔业船舶 7.38 万艘次、船用产品 16.5 万台件。

1988 年

1 月 11 日　农牧渔业部渔政渔港监督管理局批复江西省渔政局有关渔监、船检机构对外名称的请示渔监和船检机构对外工作名称用"江西省渔船渔港监督管理处"，并据此刻制业务印章。

2 月 21 日　农牧渔业部渔政渔港监督管理局批复湖北省水产局有关渔监、船检机构对外名称的请示，同意渔监与船检机构合并设置，机构对外名称用"湖北省渔船渔港监督管理处"，并据此刻制业务印章。

4 月 9 日　第七届全国人民代表大会第一次会议决定农牧渔业部改名为农业部。农业部下设水产局、渔政渔港监督管理局（中华人民共和国渔政渔港监督管理局），撤销水产分党组。

5 月 19 日　中华人民共和国船舶检验局公布《小型钢质海洋渔船建造规范》，1988 年 9 月 1 日起施行。

7 月 4—8 日　国际海事组织（IMO）稳性、载重线及渔船安全分委会（SLF）第 33 次会议在伦敦召开，渔船分局派1人出席会议。会议成立了渔船公约议定书起草小组，起草小组会议讨论和修改渔船公约时，对第七章救生设备和第九章通讯设备分歧较大，中国、日本、韩国提出将船长下限由24米提高到45米，其他国家赞成保持24米。起草小组建议把上述问题连同有关国家提案转交救生和通讯设备分委会讨论。

7月26日　农牧渔业部渔政渔港监督管理局致函交通部外事局："根据国际海事组织要各国报送渔船数量的要求，我国船长为24米及以上的生产渔船，1987年底统计数字为4384艘。请将此船数报送国际海事组织。"

8月10日　农牧渔业部渔政渔港监督管理局公布《焊工考试实施细则》，自公布之日起实施。

10月20日　农牧渔业部渔政渔港监督管理局批复安徽省《关于成立安徽省渔船渔港监督管理处的请示报告》，同意渔监与船检机构其对外名称用"安徽省渔船渔港监督管理处"，并据此刻制业务印章。

12月16—20日　1988年渔船检验工作座谈会在广东省广州市召开，各渔船检验处负责检验工作的处长等同志参加。

12月　印发新版《船用产品录》。

12月　据统计，全国检验渔业船舶4.84万艘次、船用产品14.3万台件。

1989年

2月25日　国务院机构编制委员会批复农业部"三定"方案，农业部据此发出关于部内机构设置的通知。内称渔船检验局（对外称中华人民共和国船舶检验局渔船分局）为新增设的事业单位，承担一定的行政职能。

5月27日　农业部发出《关于渔业船舶防污染检验收费规定的通知》。该通知指出：根据防止船舶污染海洋的有关规定，渔业船舶检验机构应开展渔业船舶防止污染检验业务。由于原《渔业船舶检验计费规定》中没有此项收费标准，经国家物价局同意，上述收费规定自1989年10月1日起执行。

7月3日　国务院发布《中华人民共和国渔港水域交通安全管理条例》，自1989年7月1日实施。条例第四条规定："渔业船舶是指从事渔业生产的船舶以及属于水产系统为渔业生产服务的船舶，包括捕捞船、养殖船、水产运销船、冷藏加工船、油船、供应船、渔业指导船、科研调查船、教学实习船、渔港工程船、拖轮、交通船、驳船、渔政船和渔监船。"第十三条规定："渔业船舶必须经船舶检验部门检验合格，取得船舶技术证书，并领取渔政渔港监督管理机关签发的渔业船舶航行签证簿后，方可从事渔业生产。"

8月7日　农业部、交通部联合发出《关于水上安全管理分工问题的通知》，理顺了两部之间的业务交叉，明确各部门的职责分工。"凡在国内（包括内陆水域和海洋）航行、作业的渔业船舶，其船舶登记、检验、船员考试等安全监督管理工作由渔港监督、渔船检验部门负责。""远洋渔业船舶的监督检验，属于渔业捕捞船舶、渔政船、渔业指导船、科研调查船、实习船由农业部渔船检验局负责，……"。

9月9日　农业部渔业船舶检验局批准湖北省渔业船舶检验机构使用“湖北省渔船检验处”对外名称。

9月25日　农业部发出《关于做好远洋渔船检验发证工作的通知》。该通知明确：我部渔船检验局从一九八九年十月一日起正式受理远洋渔船的检验业务，所有农业部、交通部两部分工规定的远洋渔船必须向农业部渔船检验局申请检验。责成渔船检验局统一组织所属渔船检验部门搞好远洋渔船的检验业务。

10月13—16日　中华人民共和国船舶检验局渔船分局在福州市马尾召开了第二次全国渔业系统气胀式救生筏检修站工作会议，全国15个海洋渔业公司、2个渔轮厂的渔业气胀式救生筏检修站，沿海各渔船检验处及有关渔船检验站派员参加会议。会上统一了渔业气胀救生筏检修站各项规章制度，并对下一步工作做了安排。

12月25日　农业部渔业船舶检验局公布《玻璃纤维增强塑料海洋渔船建造规范》，自1990年3月1日起试行。

12月　据统计，全国检验渔业船舶9.14万艘次、船用产品12.69万台件。

1990年

2月5日　中华人民共和国船舶检验局渔船分局通知各地渔船检验处：海南单独建省后，海南检验处已基本筹建就绪，自1990年1月1日起正式开展渔业船舶检验业务。

2月19—23日　国际海事组织（IMO）稳性、载重线及渔船安全分委会（SLF）第34次会议在伦敦召开，交通部有关人员和农业部渔业船舶检验局代表共同组团参加了会议。本次会议涉及渔船的有完整稳性中关于渔船稳性衡准的问题、渔捞外力对渔船稳性的影响、制定渔船公约议定书的有关提案。

3月5—8日　应农业部渔业船舶检验局广州检验处邀请，首席验船主任黄铭淇先生率领香港海事处代表团访问了广州检验处，双方就渔船检验技术以及内地为香港船东建造渔船的检验问题进行了友好商谈。农业部渔业船舶检验局孟广达高级验船师列席。这次商谈是我国与香港当局第一次就渔船检验业务进行接触。6月20日双方正式签署《中国农业部渔船检验局广州检验处与香港海事处商谈渔船检验技术纪要》。

4月11日　农业部批复广东省水产局《关于与香港海事处商谈渔船检验问题的情况报告》：“请你们按照双方商定的‘纪要’组织落实，为香港在广东省建造钢质渔船搞好检验工作。”“这个‘纪要’原则上也适用于内地其它省、自治区、直辖市为香港建造钢质渔船的检验工作。”

6月4日　农业部颁布《小型木质渔船工厂认可办法》。该办法规定，凡未取得“小型木质渔船工厂认可证书”的企业或单位不得修造木质渔船。同时公布《修造木质渔船企业或单位的生产条件考核要求》《修造小型木质渔船技术工人合格证书的发证规定》和《小型木质渔船工厂认可申请书》格式。

6月11日　农业部发出《关于成立农业部渔业船舶检验局的通知》：经人事部（人中编函〔1990〕18号文）批准，农业部成立渔业船舶检验局（简称“渔船检验局”），对外称

“中华人民共和国船舶检验局渔业船舶检验分局”，为新增设的部属正局级事业单位，由渔政渔港监督管理局归口领导；原渔业信息中心划归船检局领导，船检局设规范科研处、船舶检验处、产品检验处、综合财务处、渔业信息中心5个处级机构，核定编制43人。

6月15日　农业部渔业船舶检验局批准黑龙江省渔船检验机构使用“黑龙江省渔船检验处”对外名称。

10月15—19日　“制定1997年国际渔船安全公约议定书”工作组在西班牙托雷莫里诺斯召开了一次会间工作会议，农业部渔业船舶检验局和交通部代表参加了会议。会议讨论了议定书的法律地位、引进检验发证协调系统（HSSC）、引进议定书任选附则的可能性、议定书生效条件、公约第十章（航行设备）问题、工作计划和时间安排等问题。

10月30日　农业部渔业船舶检验局、渔政渔港监督管理局批准湖南省渔船检验机构使用“湖南省渔船检验处”“湖南省渔船渔港监督管理处”对外名称。

10月7日—11月2日　农业部渔业船舶检验局组织两个小组分别对沿海11个省、自治区、直辖市海洋渔业船舶的安全设备配备情况进行了检查。检查小组形成《全国渔船安全设备检查情况汇报》。

11月24日　农业部党组决定：卓友瞻兼任渔业船舶检验局局长，贺寿仑任副局长。

11月30日　农业部渔业船舶检验局召开第一次全局会议，宣布局长、副局长任命和各处人员组成名单。

12月19日　农业部渔业船舶检验局任命规范科研处、船舶检验处、综合财务处处长和产品检验处副处长。

12月　据统计，全国检验海洋渔业船舶10.83万艘次、船用产品14.9万台件。

1991年

1月28日—2月1日　农业部渔业船舶检验局在湖北省武汉市召开全国渔船检验工作会议。参加会议的有沿海11个省、自治区、直辖市渔船检验处的负责同志、沿海47个渔船检验站站长，以及湖北、湖南、安徽、黑龙江、吉林等内陆省主管渔船检验的负责同志。贺寿仑副局长作了主题讲话，主要内容为渔船检验工作的形势和问题、“八五”期间渔船检验工作的指导方针和奋斗目标、渔船检验工作的管理体制、远洋渔船的检验、内陆水域渔船检验、产品检验、一九九一年的工作重点等。2月21日农业部印发《全国渔船检验工作会议纪要》。

2月4—8日　国际海事组织（IMO）稳性、载重线及渔船安全分委会（SLF）第35次会议在伦敦召开，农业部渔业船舶检验局派员参加了制定渔船安全公约议定书工作组的议程。会议对1990年10月新草拟的议定书条款进行了评议，并对其他分委会有关渔船公约议定书附则的修改建议进行讨论，同时制定一个完成议定书及其附则修改工作的计划。

2月19日　农业部渔业船舶检验局转发船舶检验局《关于〈中国船舶检验史〉史料收集具体办法的通知》，要求各渔船检验处，确定负责此项工作的领导和联络员，并做好本省、自治区、直辖市渔船检验方面的史料收集工作。此后，农业部渔业船舶检验局聘请已离休的王兆年同志承担《中国船舶检验史》中渔船检验部分的编写工作。

5月10日　农业部渔业船舶检验局发出《关于远洋渔船检验发证有关问题的通知》。

5月15日　农业部渔业船舶检验局发出《关于公布渔船检验局首批主任验船师的通知》，任命张振升等12人为渔船检验局首批主任验船师。

6月15日　农业部渔业船舶检验局批准安徽省渔船检验机构使用“安徽省渔船检验处”对外名称。

11月3—7日　农业部渔业船舶检验局在浙江省淳安县召开全国远洋渔船检验工作座谈会，沿海11个省、自治区、直辖市渔船检验处的业务处长、主任验船师及现场验船师36人参加了会议。座谈会总结了两年来各地开展远洋渔船检验工作的情况，分析了当前远洋渔船检验中需要解决的主要问题，提出进一步加强小型非钢质远洋渔船的检验工作。1992年2月12日，农业部办公厅印发该座谈会会议纪要。

11月18日　农业部渔业船舶检验局发出《关于加强渔业船舶技术档案管理的通知》。该通知对1985年渔船分局《关于渔业船舶及船用产品检验发证与技术档案管理的规定》进行了修改、补充。

11月21日　农业部渔业船舶检验局发出《关于对内地船厂建造渔船实施检验的暂行规定》，就渔船检验问题规定：“承造沿海渔船的内地船厂向渔船船籍港所在地的省（市、区）的渔船检验处申请建造检验，……船籍港所在地的省渔检处会同船厂所在地的省渔检处联合实施检验。”遇有其他问题由“农业部渔船检验局统一协调”。

12月　农业部渔业船舶检验局发布《内陆水域渔业船舶检验规定（试行）》，包括《送审图纸目录》《安全设备、信号设备配备定额》《稳性和载重线》3个附件。

农业部渔业船舶检验局发布《〈小型钢质海洋渔船建造检验指南〉指导性文件》（〔91〕ZJ002）。

据统计，全国检验海洋渔业船舶9.19万艘次、船用产品11.37万台件。

1992年

3月4日　农业部渔业船舶检验局批准，同意湖北省渔船检验处加挂“中华人民共和国船舶检验局渔船分局武汉检验处”牌子。

3月24日　农业部通报：“根据农业部安全委员会第三次委员会议精神，经逐级推荐、评审，……”决定增补7个全国农业系统安全生产管理先进单位和7位全国农业系统安全生产管理先进工作者，其中包括渔船分局烟台检验处等4个单位和张振升等4位验船师。

5月9—13日　1992年全国渔船检验工作会议在上海市青浦县召开，沿海各省、自治区、直辖市渔船检验处主管船检工作的处长、负责产品检验和经济开发工作的同志出席了会议。会议总结交流了一年来各地的检验工作的经验；讨论了渔船船用产品检验工作现状和发展方向；研究了渔船检验系统在新形势下搞活经济，兴办经济实体的问题。贺寿仑副局长主持了会议，并做了会议总结。

5月17日　农业部渔业船舶检验局公布《渔船检验科技档案分类细则》，自1992年8

月1日起施行。

5月26日　农业部渔业船舶检验局、渔政渔港监督管理局发出《关于加强旧渔轮买卖监督管理的通知》。针对旧渔轮买卖中存在私自涂改船舶证书，使渔民经济上蒙受重大损失，给渔业生产的安全造成严重隐患等情况，对旧渔轮买卖过程中的检验、登记，以及各种证书的回收、发放做出规定。

6月1—5日　国际海事组织“国际渔船安全公约议定书工作组会议”在冰岛雷克雅未克召开，农业部渔业船舶检验局派员参加会议。会议讨论并修改渔船安全公约议定书及其附则的最终条款；审议为接受国际渔船安全公约而召开的1993年外交大会的程序、规划和时间表等。

6月22日　农业部渔业船舶检验局发布《渔船检验技术人员工作职称和验船工作证管理办法》，规定了从事渔船检验和产品检验的工程技术人员授予验船工作职称，以及工作职称的审批、工作证发放的管理办法。

7月4—7日　农业部渔业船舶检验局在上海市川沙县召开农业部渔船检验局技术委员会成立大会，会议宣布农业部渔船检验局技术委员会成立并讨论了委员会章程，选举贺寿仑为主任委员、钱洪昌为副主任委员。会议审议了《海洋渔船安全规则》。

8月31日—9月4日　应农业部渔船检验局技术委员会主任委员贺寿仑邀请，由徐杰先生率领的香港海事处和渔农处技术专家一行三人访问农业部渔业船舶检验局。

10月12日　经考核和审查，农业部渔业船舶检验局批准武汉检验处自即日起独立承担渔船检验业务工作。

10月11—16日　为协调东亚国家对《1977年国际渔船安全公约议定书》的意见以及制定小型渔船亚洲地区导则，日本国运输省组织在东京、气仙沼、仙台召开会议。日本、中国、韩国、泰国、菲律宾、印度尼西亚和国际海事组织的代表与会。农业部渔业船舶检验局会同交通部有关人员参加会议。

10月15日　国家物价局、财政部联合发文，公布《渔业船舶检验及船用产品检验收费办法》《渔业船舶检验计费规定》《船用产品检验计费规定》，自1992年11月1日起执行。

10月23—26日　1992年内陆渔船检验工作会议在四川省成都市召开，出席会议的有内陆地区部分省、自治区和沿海省、市及计划单列市渔船检验部门的负责人，会议研究了内陆水域渔业船舶监督检验工作。12月3日，根据会议精神，农业部渔业船舶检验局发出《关于加强内陆水域渔业船舶监督检验的通知》，强调进一步建立、健全渔船检验机构，完善管理体制；逐步完善渔船检验法规、充实检验手段；充实和培训检验人员，实行持证上岗制度；建立渔业船舶档案，加强检验工作管理；加强跨省区作业渔业船舶的管理。

11月　《小型钢质海洋渔船建造规范》获1992年农业部科学技术进步三等奖。

12月　据统计，全国检验渔业船舶8.88万艘次、船用产品14.4万台件。

1993年

1月11日　农业部渔业船舶检验局批准四川省渔船检验机构的对外工作名称为“四川

渔船检验处”。

2月14日　国务院发布实施《中华人民共和国船舶和海上设施检验条例》（国务院109号令）。其中第三十条规定：“除从事国际航行的渔业辅助船舶依照本条例进行检验外，其他渔业船舶的检验，由国务院渔业主管部门另行规定。”

2月16日　农业部渔业船舶检验局公布《钢质海洋渔船建造检验规程》，自1993年7月1日起实施。

3月22日—4月2日　国际海事组织在西班牙托雷莫利诺斯召开了渔船安全大会，我国交通部、农业部和外交部组成以胡景禄为代表、贺寿仑为副代表的7人代表团与会。大会通过《1977年托雷莫里诺斯国际渔船安全公约1993年托雷莫里诺斯议定书》。

6月19日　农业部颁布《海洋渔船安全规则》，自1993年10月1日起施行。

7月3日　农业部渔业船舶检验局发出《关于开展渔船检验处、站达标活动的通知》，决定在全国渔船检验系统开展达标活动，并公布《渔船检验处、站达标考核标准》。

8月18日　农业部发出《关于渔船设计单位实行渔船设计资格认可证书制度的通知》，规定：“自1993年9月1日起，凡从事渔船设计的单位，必须按照《农业部渔业船舶设计单位资格认可管理暂行办法》申请资格审查，经审查合格并取得《渔船设计资格认可证书》后方可承担相应的渔船设计任务。”

10月　农业部渔业船舶检验局编印《内陆水域渔业船舶检验资料汇编》，汇编包括了农业部渔业船舶检验局和交通部船检局有关内陆水域船舶检验的有关规定计20篇，供从事内陆水域渔业船舶检验人员参考。

12月　据统计，全国检验渔业船舶10.77万艘次、船用产品20万台件。

1994年

1月13日　农业部发出《关于颁发一九九三年农业部科学技术进步奖、全国农牧渔业丰收奖的通知》。其中，农业部渔业船舶检验局《木质海洋渔船建造及检验规定》获三等奖。

2月23日　中华人民共和国渔政渔港监督管理局、农业部渔业船舶检验局联合下发《关于加强渔船主机功率核定管理等有关问题的通知》。

4月6—8日　1994年全国渔船检验工作会议在浙江省杭州市召开，贺寿仑副局长作了《加强自身建设　搞好文明服务　争取渔船检验事业的新发展》的主题讲话。

5月3日　经广西自治区编委批准和农业部渔业船舶检验局同意，广西渔船检验机构的对外名称由原“中华人民共和国船舶检验局渔船分局北海检验处”改为“中华人民共和国广西渔船检验局”。

8月16日　农业部党组决定：郑国标任农业部渔业船舶检验局副局长。

10月16日　国务院以国函〔1994〕111号批复农业部、公安部、交通部、国家工商行政管理局、海关总署《关于清理、取缔“三无”船舶的通告》。

11月28日　农业部颁发《中华人民共和国农业部渔船修造厂认可办法》，决定对修造渔船的工厂实行资格审查、认可、发证，即“工厂认可”制度。

12月7日　农业部渔业船舶检验局发出《关于加强渔船船用产品上船前查验产品证书工作的通知》，分别规定了适用44.1kW及以上渔业船舶和44.1kW以下渔业船舶必须查验渔检证书的产品项目。

12月15日　农业部渔业船舶检验局批准江西省渔船检验机构使用“江西渔船检验处”对外工作名称。

12月　据统计，全国检验渔业船舶11.06万艘次、船用产品10.2万台件。

1995年

2月28日　农业部渔业船舶检验局公布《中华人民共和国农业部渔船修造厂认可办法实施细则》。

3月22日　农业部渔业船舶检验局颁布《玻璃纤维增强塑料渔船建造规范》，于1995年5月1日起施行。1989年试行的《玻璃纤维增强塑料海洋渔船建造规范》即行废止。

3月　农业部渔业局、渔船检验局《内陆水域渔船检验与渔港监督基础培训教材》出版。该教材填补了我国内陆地区没有渔船检验渔港监督专用培训教材的空白。

9月16—19日　农业部渔业船舶检验局在新疆乌鲁木齐召开全国内陆水域渔船检验工作会议，会议由贺寿仑副局长主持。卓友瞻局长在会上做了《总结经验，提高认识，开创内陆水域船检工作新局面》的讲话，会议对内陆水域渔船检验任务、机构设置、法制建设等问题进行了研究和部署。全国19个省、自治区、直辖市渔业行政主管部门及其渔业船舶检验机构的负责人参加了会议。

11月21日　农业部发出《关于渔船检验机构使用对外名称的通知》。通知决定：农业部渔船检验局对外名称使用“中华人民共和国农业部渔船检验局”，各省、自治区、直辖市渔船检验机构的对外名称也相应为“中华人民共和国××（省、自治区、直辖市名）渔船检验局”，其原有机构性质、任务及隶属关系不变。

同日，农业部发出《关于进一步加强内陆水域渔船检验工作的通知》，要求各地充分认识渔船检验工作的重要地位和作用；合理设置船检机构，进一步落实编制、经费；进一步完善地方法规建设；抓好船检队伍建设，建立正常的船检人员培训、考核、晋升制度；明确检验范围，努力提高船舶受检率；适当投入，促进内陆水域船检事业发展。

12月　渔业船舶检验系统第一部基础培训教材自1990年筹划，至1995年编印完成。该教材由《渔船检验概论》《渔船船体及船体设备检验》《渔船轮机检验》《渔船电气设备检验》4个分册组成。

12月　据不完全统计，全国检验海洋渔业船舶4.79万艘次（缺浙江省数据），船用产品11.3万台件。

1996年

1月12日　农业部部长刘江签署《中华人民共和国渔业船舶监督检验管理规定》（农业

部令第2号）。该管理规定包括总则、渔业船舶检验、检验管理、罚则、附则等5章。

2月23日　根据《中华人民共和国农业部渔船修造厂认可办法实施细则》的规定，农业部渔业船舶检验局制定的该细则附件四《玻璃钢渔船厂认可证现场考核审查要求》、附件五《钢丝网水泥渔船厂认可证现场考核审查要求》公布实施。

4月15—18日　1996年全国渔业船舶检验工作会议在北京市召开，卓友瞻局长在会上做了《总结经验，开拓进取，努力开创“九五”渔船检验工作新局面》的讲话，贺寿仑副局长做了工作会议总结。沿海省、自治区、直辖市各渔船分局检验处、站和内陆省渔船检验处负责人参加了会议。

4月16日　农业部、财政部下发《关于下发〈沿海和内陆边境水域渔业执法人员制服供应办法〉、〈内陆水域渔业执法人员制服供应办法〉的通知》，“将现行的渔政检查、渔港监督和渔船检验人员执法制服统一为一种制式，并分别佩戴不同标志加以区别”，原1987年的相应规定废止。

4月24日　农业部渔业船舶检验局通报表彰张仲棋等58名“1995年全国渔船检验系统先进工作者”。

7月10日　农业部发出《关于计划单列市渔船检验机构对外名称的通知》，决定大连、厦门、宁波3个计划单列市渔船检验机构的对外名称分别为：中华人民共和国辽宁大连渔船检验局；中华人民共和国福建厦门渔船检验局；中华人民共和国浙江宁波渔船检验局。

9月2日　农业部渔业船舶检验局颁布《渔业船舶设计图纸审查规定（暂行）》，自发布之日起施行。同时公布钢质渔船、玻璃钢渔船、木质渔船送审图纸目录。

9月2—6日　国际海事组织（IMO）稳性、载重线和渔船安全分委会（SLF）第40次会议在伦敦召开。农业部渔业船舶检验局派员参加了有关渔船安全规则及自愿性指南修订议题。会议敦请各成员国就地区标准向大会提交资料，以便对渔船安全规则进行修订。

9月11日　农业部渔业局、渔船检验局发出《关于加强27.5~39.5MHz渔船用无线电话机管理的通知》，该通知规定了“近海渔业安全救助通信网”渔船用无线电话机的功能及技术指标，从1997年1月1日起，新增和更新的该频段设备必须符合要求。

10月21日　农业部渔业船舶检验局发出《关于启用新的远洋渔船证书及技术文件的通知》，规定了1995年版远洋渔船证书和技术文件的格式、式样。

12月　据统计，全国各渔业船舶检验局共检验海洋渔业船舶4.58万艘次，沿海县站检验小型渔业船舶10.12万艘次，船用产品13.4万台件。

1997年

2月3—6日　“东亚和东南亚地区渔船作业安全会议”在日本东京召开，中国、印度尼西亚、日本、马来西亚、菲律宾、韩国、泰国等7个国家的代表参加了会议，会议通过了《作业于东亚和东南亚地区渔船安全会议声明》及其附录《作业于东亚和东南亚地区船长等于或大于24米但小于45米渔船安全指南》。农业部渔业船舶检验局副局长贺寿仑出席了会议。

4 月 15—18 日　1997 年全国渔船检验工作会议在重庆召开。贺寿仑副局长做了工作报告，总结了 1996 年的工作，对 1997 年工作做了部署。江苏、福建、湖北、吉林、辽宁、在、上海等局代表做了重点发言，郑国标副局长做了总结讲话。来自全国 20 个省、自治区、直辖市和 3 个计划单列市渔船检验机构的负责同志等 40 多人参加了会议。

4 月 8 日　农业部渔业船舶检验局公布《渔船船用产品检验规则》，自发布之日起实施。

4 月 23 日　农业部党组决定：包盛清任农业部渔业船舶检验局局长。

5 月 14 日　农业部渔业船舶检验局发布《船用产品检验工作程序》（验船师须知〔97〕YC005）

5 月 20 日　农业部渔业船舶检验局发出《关于小型渔业船舶检验机构对外工作名称问题的通知》。通知规范了从事小型渔业船舶检验的市、县机构的对外工作名称：地（市）一级为“××（省、市名称）渔船检验局××（地、市名称）渔船检验处”，县（市、区）一级为，“××（省、市名称）渔船检验局××（县、市、区名称）渔船检验站”。同时规定，这些机构的对外工作名称由省渔船检验局审批，印章由省渔船检验局统一制作，报农业部渔船检验局备案。

6 月 27 日　农业部渔业船舶检验局发出《关于内蒙古渔船检验机构对外名称的批复》，自治区渔船检验机构的对外名称使用“内蒙古渔船检验处”。

7 月 11 日　农业部渔业船舶检验局发布《关于签发 1996 年版产品证书和检验报告的有关规定》（验船师须知〔97〕YC003），同时决定自 1997 年 8 月 1 日起启用 1996 年版产品证书和技术文件。

10 月 16 日　农业部党组决定：杨鹤松任农业部渔业船舶检验局总工程师（副局级）。

12 月　1997 年农业部渔业船舶检验局与交通部船检局在武汉联合举办一期船舶检验大专班，学制一年，全国渔船检验系统 7 人参加了学习。

12 月　据统计，全国共检验海洋渔业船舶 5.54 万艘次、小型渔业船舶 8.05 万艘次，船用产品 8.3 万台件。

1998 年

1 月 1 日　1997 年版国内海洋和内陆渔业船舶检验证书及技术文件正式启用。

同日，《渔船综合信息系统》（［FVRIS］DL3.0 版）启用。

4 月 14 日　农业部渔业船舶检验局颁布《钢质海洋渔船建造规范（1998）》，自 1999 年 1 月 1 日起施行。原《钢质海洋渔船建造规范（1985）》、《小型钢质海洋渔船建造规范（1988）》即行废止。

同日，农业部党组决定：于孔燕任农业部渔业船舶检验局副局长。

4 月 21—24 日　1998 全国渔业船舶检验工作会议在辽宁省大连市召开。农业部齐景发副部长出席会议并作重要讲话。渔业船舶检验局包盛清局长在大会上总结了 1997 年全国渔船检验工作，部署 1998 年全国渔船检验工作，提出依法治船，保障安全生产；加强全国渔船检验机构规范化建设；建设高素质的验船队伍；扎扎实实抓好渔船检验业务工作；加强对修造船厂的管理和加强领导班子和精神文明建设等。来自19个省、自治区、直辖市渔业行政主管部门领导和渔业船舶检验机构的负责同志37人参加会议。

6月11日　财政部发出《关于统一全国渔船检验收费收据的通知》，规定了农业部渔船检验局和地方渔船检验局对渔船检验、产品检验收取检验费时所用收据的式样。7月27日农业部渔业船舶检验局转发了上述文件。

6月25日　国务院办公厅印发《农业部职能配置、内设机构和人员编制规定》。其中规定：农业部渔业局（中华人民共和国渔政渔港监督管理局）"代表国家行使渔船检验和渔政、渔港监督管理权"；农业部渔业船舶检验局"代表国家行使渔船检验和监督管理职能"。

7月15日　根据国家海事组织海上环境保护委员会MEPC.47(31)通过的MARPOL73/75附则Ⅰ第26条要求,农业部渔业船舶检验局公布我国渔船《国际防止油污证书附件》(〔95〕YJ-15-3、〔95〕YJ-15-3A)和《渔船检验报告(防止油污)》(〔95〕YJ-15-13、〔95〕YJ-15-13A)4种技术文件式样,并正式启用。

7月29日　农业部党组决定：魏宝振任农业部渔业船舶检验局副局长。

8月4日　农业部渔业船舶检验局委托大连水产学院举办一期渔船检验系统大专《专业证书》班，招收全国渔船检验机构中从事渔船、渔船船用产品检验工作的在职人员，秋季开学，全脱产学习一年，开设14门课程，860学时。

11月2日　农业部印发《远洋渔船检验管理办法》。

11月3日　农业部渔业船舶检验局发布《渔船用柴油机检验须知》等13项验船师须知。

12月4日　农业部渔业船舶检验局发出《关于贯彻〈农业部远洋渔船检验管理办法〉有关事项的通知》，对远洋渔船检验的管理提出具体要求。属于建造、初次、换证检验的在国内的远洋渔船，省局凭农业部渔业船舶检验局的委托书实施检验；境外远洋渔船由农业部渔业船舶检验局负责检验人员的派出和费用结算；同时公布了《远洋渔船检验申请书》《远洋渔船勘验报告》《远洋渔船检验委托通知书》《远洋渔船检验完工报告》等证件式样。

12月16日　农业部印发《中华人民共和国渔业船舶验船师资格考评管理规定》。

12月　据统计，全国共检验海洋渔业船舶14.27万艘次，内陆渔业船舶10.26万艘次，船用产品8.94万台件。

1998年　《中国渔检》创刊。

1999年

1月26日、27日　农业部渔业船舶检验局在北京召开了远洋渔船检验座谈会，来自辽宁、山东、江苏、上海、福建、广东渔船检验局的代表就贯彻《农业部远洋渔船检验管理办法》，规范远洋渔船检验的工作程序、明确远洋渔船消防、救生、通信设备暂行配备的最低标准，检验报告及技术文件的计算机联网传输和证书签发等问题进行了讨论。

1月29日　农业部发出《关于切实加强海洋渔船管理的紧急通知》，要求各地渔政、渔港监督、渔船检验机构密切配合，会同工商、公安等有关部门对"三无""三证不齐"渔船和“沙滩船厂”进行集中清理，并强调各地要严格执行渔船审批制度，严格按程序审批海洋捕捞渔船；造船企业或用船单位须持渔船批准文件等依次向渔船检验、渔港监督、渔政机关申请办理交易、登记和捕捞许可证；有关渔政、渔港监督、渔船检验机构必须各司其职，严格把关。

2月8—12日　国际海事组织（IMO）稳性、载重线和渔船安全分委会（SLF）第42次会议在伦敦召开。大会共讨论了18项议题，其中包括：修订《渔船和渔民安全规则》B部分和《小型渔船设计、建造和设备自愿性指南》、稳性手册及装载文件样本、船上稳性管理指南、议定书和地区性标准等。农业部渔业船舶检验局3人参加了会议。

3月18日　农业部人事劳动司批复：同意渔船检验局撤销服务中心，设立质量监督处。

4月7日　农业部渔业局发出《关于新造渔政船检验问题的通知》，决定海区4艘1000吨级渔政船由农业部渔船检验局组织检验，省级10艘500吨级渔政船及其船用产品由有关省级渔船检验机构负责检验。

4月14日　农业部通知：根据中央机构编制委员会办公室《关于农业部部分事业单位更名的批复》，农业部渔船检验局的对外名称由中华人民共和国船舶检验局渔业船舶检验分局更名为中华人民共和国渔业船舶检验局。

4月14—16日　1999年全国渔船检验工作会议在浙江省舟山市召开。包盛清局长做了主题报告，回顾了二十年来的渔船检验事业，分析了当前面临的问题，部署了1999年的工作重点。于孔燕、魏宝振副局长分别主持了会议。21个省、自治区、直辖市渔业行政主管部门和渔船检验机构负责人出席会议。

5月12日　国务院办公厅通知：同意颁发“中华人民共和国渔业船舶检验局”印章一枚，其规格为直径4.2厘米，中央刊国徽，国徽外刊机关名称，自左而右环形。新印章颁发后即可启用（国办印函〔1999〕4号）。

5月27日　农业部渔业船舶检验局发出《关于更改我局对外名称并启用新印章的通知》，从即日起启用“中华人民共和国渔业船舶检验局”印章，已经考核通过并已颁发检验业务印章的渔船检验机构可继续在机构名称中冠“中华人民共和国”字样，业务印章将统一更换。

9月1日　农业部渔业船舶检验局发出《关于启用中华人民共和国渔业船舶检验局局徽及英文名称的通知》。局徽由五角星、锚、锤子、麦穗、ZY五部分组成，英文名称为：Register of Fishing Vessel of the People's Republic of China，英文缩写为：CFR。

9月6日　农业部渔业船舶检验局发布《渔业气胀救生筏检修站管理办法》。管理办法共25条，对渔业气胀救生筏检修站的筹建、认可、日常检验等工作做出了规定。

9月16日　农业部党组决定：徐杰林、沈建荣任农业部渔业船舶检验局副局长。

9月23日，农业部渔业船舶检验局发出《关于新造500吨级渔政船建造检验工作有关事项的通知》。同时决定抽调辽宁、山东、浙江、福建、广东、广西检验局的6位验船师参加审图工作。

10月14日　农业部市场与经济信息司以《关于渔船用锅炉压力容器实施安全检查管理

的批复》致农业部渔业船舶检验局："根据国家质量技术监督局锅炉发〔1999〕207 号文复函，同意将渔船用锅炉压力容器类设备纳入国家安全监察管理范围，在国家质量技术监督局的归口管理下，由你局代表国家对渔船用锅炉压力容器行使安全监察管理职能。"

10 月 20—30 日　为贯彻农业部《关于做好〈中华人民共和国农业部行政执法证〉申领和发放工作的通知》精神，做好渔船检验人员执法培训和持证上岗工作，农业部渔业船舶检验局在北京中国政法大学，举办了全国渔船检验执法人员培训班，学习法律基础知识、农业行政执法基本知识、水上安全监督行政执法基本知识、渔船检验法律、法规等法律知识。

11 月 2 日　农业部渔业船舶检验局印发《关于 1000 吨级渔政船检验工作的实施意见》。决定成立驻武昌造船厂检验组，负责 1000 吨级渔政船的检验工作，组长为王宝棻、黄钢全、副组长为殷新余，组员来自辽宁、天津、江苏、浙江、湖北检验局及农业部渔业船舶检验局检验处；农业部渔船检验局总工程师为总验船师；驻厂检验组组长负责现场技术问题处理和检验组成员的工作安排；湖北局的验船师应保证这批渔政船检验工作优先安排。

11 月 10 日　农业部渔业船舶检验局授予包升清、沈建荣、杨鹤松、唐金龙远洋渔船检验证书签字权。

12 月 17 日　农业部渔业船舶检验局在北京紧急组织召开了"全国渔船检验安全工作会议"，来自全国渔船检验局（处）、渔业公司和渔船修造企业的 52 位领导和专家参加了会议，会议由包盛清局长主持。会议传达学习了《国务院关于加强安全生产有关问题的紧急通知》《吴邦国副总理在全国安全生产工作紧急电视电话会议上的讲话》等文件，结合"11·24"特大海难事故教训，就如何加强全国渔业船舶检验工作，保证渔业船舶具备安全作业的技术条件，防止渔业船舶污染水域环境，保障渔民生命财产安全，遏制渔船重大特大事故发生等问题进行了交流研究。

12 月　据统计，全国检验渔业船舶 26.26 万艘次、船用产品 17.5 万台件。

2000 年

1 月 4 日　农业部渔业船舶检验局就 1999 年 12 月 17 日紧急召开的"全国渔船检验安全工作会议"及其议题一事，向齐景发副部长并部党组呈上《关于加强渔船检验工作有关问题的报告》。

1 月 11 日　万宝瑞副部长批示："'11·24'特大海难事故的教训值得重视，要结合渔业船舶检验工作认真研究，保障渔民生命财产安全。渔船检验工作专业性强，在全国已形成体系，要按照'三定'方案切实履行职能，进一步发挥作用。"

1 月 12 日　农业部发出《关于加强渔业船舶监督检验工作的紧急通知》："最近一个时期，海洋渔船因失火或天气恶劣失去动力而翻沉的恶性事故屡有发生，……引发这些恶性事故的原因很多，其中重要一条就是渔船安全性能不合格，这就暴露出渔船检验工作存在严重问题。"为加强渔业船舶监督检验工作，要求各级渔船检验机关认真学习贯彻《国务院关于加强安全生产有关问题的紧急通知》精神；严格要求渔船按规定配齐通信、导航、救生、消防等安全设备；严禁船龄 20 年以上的钢质渔船和 15 年以上的木质渔船从事远洋渔业；从事大洋性和跨洋性作业的渔船，必须符合现行海洋渔船安全规则的规定；强化渔船设计单位和修造企业认可管理，整治沙滩造船；切实加强船用产品检验工作，未经渔船检验机构检验的产品不得装船使用。

1月14日　陈耀邦部长批示："请齐景发同志并刘坚同志会同政法、渔业、船检等司局研究如何在实行渔业综合执法中做好渔船检验工作，保证渔业安全。"

1月20日　为贯彻农业部《关于加强渔业船舶监督检验工作的紧急通知》精神，农业部渔业船舶检验局发出《关于进一步加强赴北太平洋作业的鱿鱼钓船检验的紧急通知》，对赴北太平洋作业的鱿鱼钓船的检验办法、设备配备、证书发放等工作环节做出明确规定。

同日，农业部渔业船舶检验局发布《中华人民共和国渔业船舶检验机构认可与管理规定》，决定对全国渔业船舶检验机构实行认可管理制度，加强规范化建设。

1月26日　农业部渔业船舶检验局印发《中华人民共和国渔业船舶验船师资格考评管理规定实施办法（暂行）》，对申报验船师资格人员考核评审的领导机构、评审机构、组织领导与分工、考核与培训、证书管理，以及对已具有专业技术职称人员的套改办法等做了规定。1月31日，成立农业部渔船检验局验船师资格考评委员会，领导全国的考评工作。2月1日，经农业部渔船检验局验船师资格考评委员会批准，成立华北、华中、华南、东北、山东、福建、上海、浙江、江苏九个地区和省验船师资格考评委员会，负责本地区的验船师资格考评。

2月15日　农业部渔业船舶检验局、对外贸易经济合作部机电产品进出口司联合发出《关于旧渔船进口检验有关规定的通知》。

3月24日　农业部渔业船舶检验局发出《关于旧渔业船舶进口检验有关问题的通知》。同时，规定了检验方式，公布了《旧渔业船舶进口检验申请表》《进口渔业船舶状况检验报告》样本。

4月1日　2000年版国际渔业船舶检验证书和技术文件开始启用，95版证书及技术文件自2001年12月31日起自行废止。

4月5日　农业部渔业船舶检验局颁布《中华人民共和国渔业船舶法定检验规则（2000）》，自2000年6月1日起生效，原《海洋渔船安全规则》同时废止。

4月12日　农业部渔业船舶检验局公布全国渔业船舶检验机构文明单位、优秀工作者和十佳验船师名单。根据《关于开展渔业船舶检验机构文明单位和十佳验船师评选工作的通知》精神，评选出山东渔船检验局等20个单位为全国渔业船舶检验机构文明单位、刘克宽等23人为1999年优秀工作者、李新华等10人为十佳验船师。

同日，农业部渔业船舶检验局给予山东、辽宁、广东、广西渔业船舶检验局机构资质认可。

4月13日　农业部渔业船舶检验局发出《关于对渔船使用进口旧机电产品加强检验管理的通知》，要求各地渔船检验局严格把关，凡列入目录的旧机电产品，一律不准装船使用；凡未持有合法手续的旧船用产品，不得受理检验；所有旧船用产品不准用于建造新船。

4月18—20日　2000年全国渔船检验工作会议在山东省烟台市召开，各省、自治区、直辖市渔船检验局（处）长、沿海各重点港口检验处（站）长参加会议。会议邀请国务院法制办、交通部海事局、农业部有关司局、海区渔政局和各地渔业行政主管部门领导出席。万宝瑞副部长就农业、农村、渔业形势以及渔船检验工作要求做了重要讲话。包盛清局长就1999年渔船检验工作总结和2000年工作安排做了主题报告。

4月28日　农业部渔业船舶检验局给予河北渔业船舶检验局机构资质认可。

6月2日　农业部渔业船舶检验局转发国家计委、财政部《关于调整渔业船舶及船用产品检验费标准的通知》（计价格〔2000〕559号），该检验计费标准自2000年7月1日起执行。

6月28日　第二届中华人民共和国渔业船舶检验局技术委员会成立。包盛清任技术委员会主任委员；杨鹤松、王宝棻、黄钢全、薛锦源任副主任委员。经技术委员会讨论，通过了《中华人民共和国渔业船舶检验局技术委员会章程》。1999年12月12—21日技术委员会成员在北京召开了《渔业船舶法定检验规则（送审稿）》审查会。

6月30日　农业部渔业船舶检验局给予江苏、上海、福建渔业船舶检验局机构资质认可。

8月21日　农业部渔业船舶检验局批准吉林省渔船检验处”的对外名称更改为“中华人民共和国吉林渔业船舶检验局”，“黑龙江省渔船检验处”的对外名称更改为“中华人民共和国黑龙江渔业船舶检验局”，“行政级别和隶属关系按照你省编委的规定不变，其业务印章由我局统一制发。”

同日，农业部渔业船舶检验局给予吉林、黑龙江渔业船舶检验局机构资质认可。

农业部渔业船舶检验局批复同意江西渔政管理局渔船检验处承担江新造船厂建造的河北、广西两艘500吨级渔政船的检验任务。

8月22日　农业部渔业船舶检验局分别委托烟台大学水产学院、大连水产学院各举办一期全国渔业船舶检验专业大专《专业证书》班，招收全国渔业船舶检验机构中从事渔业船舶检验工作的在职人员。

10月13日　农业部渔业船舶检验局批准将“内蒙古自治区渔船检验处”的对外名称更改为“中华人民共和国内蒙古渔业船舶检验局”。

10月30日　第九届全国人民代表大会常务委员会第十八次会议通过《关于修改〈中华人民共和国渔业法〉的决定》。修改过的《中华人民共和国渔业法》第二十四条“具备下列条件的，方可发给捕捞许可证：（一）有渔业船舶检验证书；……”；第二十六条“制造、更新改造、购置、进口的从事捕捞作业的船舶必须经渔业船舶检验部门检验合格后，方可下水作业。具体管理办法由国务院规定”。

11月7—9日　全国渔船船用产品检验工作会议在广西壮族自治区北海市召开，各省汇报了1995年以来产品检验的经验、当前存在的问题、对今后工作的建议；讨论了《关于加强渔船船用产品检验工作的若干意见》稿；落实《渔船船用产品检验规程》编写任务。来自20个省负责产品检验的同志40人参加了会议，会议由包盛清局长主持。

11月15—28日　农业部渔业船舶检验局与国家质量技术监督局锅炉压力容器安全监察

局在北京联合举办“渔船用锅炉压力容器验船师培训班”，来自全国12个省的26名验船师参加了学习。

12月5日　农业部渔业船舶检验局给予江西渔船检验处，浙江、天津渔船检验局机构资质认可。

12月29日　1999年11月至2000年6月，受农业部渔业船舶检验局派遣，在王宝棻同志任组长主持驻武昌造船厂1000吨级渔政船检验组工作期间，“业绩突出，为渔船检验事业做出了有益的贡献”，中华人民共和国渔业船舶检验局建议山东渔船检验局给予王宝棻同志嘉奖。

12月　据统计，全国检验渔业船舶30.1万艘次、船用产品15万台件。

2001年

1月10日　农业部渔业船舶检验局颁布《远洋渔业船舶验船师任职管理规定》，规定远洋渔业船舶检验工作实行主任验船师负责制，明确了验船师、副主任验船师、主任验船师的任职条件、职责范围等项内容。

1月21日　农业部发出《关于清理整顿三无和三证不齐渔船的通知》，按照“纳入管理，区别对待”，“缺什么补什么”的原则，“凡2000年全国海洋渔船普查登记在册的从事海洋捕捞作业‘三无’和‘三证不齐’渔船，经检验合格并登记后一律纳入管理”。凡2000年未登记在册，以及虽登记在册，但经检验不合格的“一律不得再从事海洋捕捞作业”，“各级主管机关不得发给渔船检验、登记证书和渔业捕捞许可证”。

3月2日　农业部发出《关于对渔业船舶实施〈国际渔船安全管理规则〉的通知》：“我部决定按SOLAS74/94公约要求对500总吨以上渔业船舶公司实施《国际渔船安全管理规则》”，“农业部渔业船舶检验局（中华人民共和国渔业船检验局）作为主管机关认可的机构负责渔业船舶《安全管理证书》的发证”，“……渔业船舶检验局制定……《渔业船舶安全管理体系认证规范》……”。

3月20日、21日　农业部渔业船舶检验局在山东省烟台市举办第一期渔船修造厂工厂认可审核员培训班。来自黑龙江、吉林、辽宁、河北、天津、山东、江苏渔船检验机构的53名验船师参加了培训。

4月1日　即日起取得农业部渔业船舶检验局检验机构认可的挂中华人民共和国牌子的检验机构，启用新业务印章和检验签证章。

4月18—20日　2001年全国渔船检验工作会议在福建省福州市召开，包盛清局长在会议上做了《抓住机遇 依法验船 为二十一世纪渔业船舶检验发展奠基立业》的讲话。会议邀请国务院法制办、中央编委办公室、交通部海事局、农业部有关司局领导出席。各省、自治区、直辖市渔船检验局（处）负责人参加了会议。

4月29日　农业部渔业船舶检验局公布全国远洋渔业船舶主任、副主任验船师，远洋渔业船舶验船师任职资格人员名单，其中主任验船师25名、副主任验船师20名、验船师151名。

5月1日　2001年版国内渔业船舶检验证书和技术文件开始启用。96版证书和技术文件自2003年1月1日起自行废止。

5月11日　农业部渔业船舶检验局发布《全球海上遇险和安全系统（GMDSS）岸上维修单位认可规定》，规定了为渔业船舶安装、维修GMDSS系统及相关设备的单位取得认可的条件。

6月4日　农业部渔业船舶检验局发布《关于渔业船舶用进口产品检验的暂行规定》，对渔船用进口设备检验的组织、检验方式等做出规定。

6月8日　中华人民共和国人事部复函农业部，同意农业部渔业船舶检验局依照公务员制度管理。

6月11日　农业部渔业船舶检验局发出《关于竹排和塑料浮筏不纳入渔船检验的通知》："由于……竹排和塑料浮筏目前尚没有相配套的检验标准，为此暂不纳入此次清理'三无'渔船的渔业船舶检验范畴。"

6月15日　农业部发出《关于进一步加强渔业安全生产工作的紧急通知》，致各地渔业主管厅（局）、新疆生产建设兵团水利局、各海区渔政局，针对2001年5月3日由中国水产（集团）总公司大连渔轮公司正在建造的"辽渔一号"船发生10人死亡、直接损失100万元的"一起近年来船舶行业罕见的特大伤亡事故"，提出"对渔船建造审批、检验发证、登记、进出港签证等与渔船安全紧密相关的环节严格把关，……加强对渔船安全救生、消防和通讯等设施的检查"等项要求。

6月16日　农业部渔业船舶检验局发出《关于进口旧渔业船舶有关问题的通知》："根据农业部有关通知精神，自4月10日起已暂停办理二手鱿鱼钓船的进口审批工作"，该通知对已批准进口的旧渔业船舶的检验工作做出具体安排。

6月22日　农业部颁布《渔业船舶建造修理工厂认可证书》式样。

8月1日　农业部渔业船舶检验局印发《关于渔业船舶检验机构人员配备标准的意见》，提出各渔船检验机构按检验船舶的数量、总吨位、总功率等因素配备检验人员的标准。

同日，农业部渔业船舶检验局颁布《渔业船舶修造工厂认可工作程序规定》，并公布钢质渔业船舶建造（含大修）工厂、钢质渔业船舶中、小修理工厂、木质渔业船舶建造（含大修）工厂、木质渔业船舶修理工厂、玻璃钢渔业船舶修造工厂现场考核审查要求，以及《渔业船舶建造修理工厂认可申请书》式样。

8月7日　农业部渔业船舶检验局发布《渔业船舶泡沫塑料绝热层施工单位认可管理办法》，决定对从事泡沫塑料现场喷涂（灌注）的单位实行认可制度，并提出了施工单位应具备的基本条件、认可程序、技术标准等项要求。

8月16—18日　农业部渔业船舶检验局在辽宁省丹东市召开了北太平洋鱿鱼钓船检验工作座谈会，会议由包盛清局长主持。农业部渔业局，辽宁、山东、浙江省渔业主管部门、渔船检验机构的领导同志参加了座谈会。会后印发了包括：牢固树立高度的安全责任感；加大消防、救生等安全设备配备及防污染设备的监督检查力度；做好明年检验工作实施方案，提高检验质量；抓好远洋渔业船舶修造企业管理；以"四防"为中心，做好必修必检项目的审查把关工作；做好相对集中地区的鱿钓船检验工作；明确验船师职责、规范验船师行为，做到奖罚分明等内容的座谈会纪要。

9 月 17—21 日　国际海事组织（IMO）稳性、载重线和渔船安全分委会（SLF）第 44 次会议在伦敦召开。农业部渔业船舶检验局 3 人参加了会议。大会成立“《渔船和渔民安全规则》和《小型渔船设计、建造和设备的自愿性指南》修订通讯组”。我国作为通讯组成员，承担《渔船和渔民安全规则》和《小型渔船设计、建造和设备的自愿性指南》中机电部分的修订任务，并按照有关要求按时提交了修订提案。大会就分舱和破损稳性、1996 年载重线公约技术条款修订和渔船安全规则和自愿性指南修订议题设立特别工作组。

12 月 30 日　农业部渔业船舶检验局发布《渔业气胀救生筏检修站认可条件》，规定了渔业气胀救生筏检修站，在机构和人员、检修场地、辅助用房、检修设备和工具、筏站管理等方面必须具备的条件。同时规定了《气胀救生筏检修证明》格式。

12 月　据统计，全国检验渔业船舶 31. 13 万艘次、船用产品 18 万台件。

2002 年

1 月 7—11 日　根据农业部《农业部渔业船舶检验局农业部渔政指挥中心推行国家公务员制度实施意见》和《渔业船舶检验局和渔政指挥中心推行公务员制度工作安排》，农业部渔业船舶检验局和渔政指挥中心全体职工参加了部人事劳动司组织的推行国家公务员管理制度的转制培训、考试。

1 月 30 日　农业部发出《关于统一渔业执法制服标志的通知》：“为规范执法行为，推进渔业统一综合执法，经国务院批准，决定统一渔政、渔港监督和渔船检验人员的渔业执法制服标志”，“新标志从 2002 年 5 月 1 日起使用”。

农业部渔业船舶检验局发出《关于在沿海省、自治区、直辖市渔业船舶检验机构试行〈验船师工作日志〉的通知》，同时发布《验船师工作日志》式样和《验船师工作日志填写规定》。

农业部渔业船舶检验局印发《渔业船舶验船师管理规定》。规定附有《验船师违规扣分记录卡》《验船师年度考核表》及《验船师资格审验章印模》。

2 月 9 日　农业部印发《农业部渔业船舶检验局职能配置、内设机构和人员编制规定》，规定渔业船舶检验局承担 7 项主要职能；内设办公室、财务处、法规技术处、船舶检验处、质量监督处、产品检验处；是依照国家公务员制度管理的农业部直属事业单位，规格为正局级，人员编制 30 人。

3 月 1 日　“中华人民共和国渔业船舶检验监督管理系统”正式启用，所有渔业船舶检验证书及技术文件的管理和打印一律使用该系统，原“渔船综合信息系统”（FVRIS）停止使用。

3 月 11 日　根据“500 总吨渔政船 DL-26 柴油机曲轴曲臂差问题”专家组审查意见，农业部渔业船舶检验局做出裁定。该裁定包括曲轴曲臂差超差的原因、责任裁定、关于 500 总吨渔政船主机调整方案的批复意见 3 项内容。

3 月 13 日　农业部渔业船舶检验局批准同意将“湖南渔船检验处”“江西渔船检验处”的对外名称更改为“中华人民共和国湖南渔业船舶检验局”“中华人民共和国江西渔业船舶检验局”。

3 月 15 日　第四期全国渔业船舶检验大专《专业证书》班在上海水产大学开班，来自 17 个省、自治区直辖市的 47 名学员入学。

4 月 10—12 日　2002 年全国渔业船舶检验工作会议在海南省海口市召开。渔业船舶检验局包盛清局长在大会上做了《认真实践“三个代表”努力开创渔船检验工作新局面》的工作报告。来自国务院法制办、交通部海事局、公安部边防局、国防科学技术工业委员会民品司、国家质量监督检验检疫总局监督司、国家安全生产监督管理局等单位的领导和全国 28 个省、自治区、直辖市、各计划单列市渔业行政主管部门的领导、各省级渔业船舶检验机构的负责人共计 75 人参加会议。

5 月 20 日　农业部、国家安全生产监督管理局联合印发《渔业船舶报废暂行规定》。

6 月 10 日　农业部渔业船舶检验局致函我国驻加蓬大使馆商务参赞处，商请在加蓬设立远洋渔船检验办事处，负责我国西非远洋渔船检验工作。

7 月 3 日　农业部党组决定：王朝华任农业部渔业船舶检验局副局长。

7 月 22 日—8 月 1 日　应农业部邀请，斐济国家海洋安全局副局长 Simione Seci Waqa 先生、官员 Viliame Kauwale 先生以及斐济汉通渔业公司经理 Ning Xin Hu 先生来我国进行访问，访问期间代表团到天津、辽宁、山东参观，了解我国渔业船舶检验工作情况。

7 月 22—26 日　国际海事组织（IMO）稳性、载重线和渔船安全委员会（SLF）第 45 次会议在伦敦召开。农业部渔业船舶检验局 3 人参加会议。大会批准成立三个工作组和一个非正式起草组，即分舱破损稳性工作组、1996 年载重线公约工作组和完整稳性规则修订工作组及渔船和渔民安全规则修订非正式起草组，工作组和起草组与大会同步进行。农业部渔业船舶检验局代表参加了渔船和渔民安全规则修订起草组的工作。

8 月 12 日　农业部渔业船舶检验局批复辽宁局《关于派我局验船师赴加蓬西非办事处开展渔船检验工作的请示》，同意辽宁局派两位验船师“赴我局加蓬检验办事处开展渔船检验工作，工作时间为期一年”。9 月 21 日，两位验船师启程前往加蓬工作。10 月 3 日，办事处正式开业。

8 月 16 日　农业部渔业船舶检验局发布《渔业船舶检验与发证程序和证书填写规定》，自 2002 年 12 月 1 日起实施。

9 月 2 日　农业部渔业船舶检验局颁布《中华人民共和国渔业船舶法定检验规则（内河、玻璃钢、海洋木质及小型钢制渔业船舶法定检验技术规则)》，自 2002 年 12 月 1 日起生效。

9 月 25 日　农业部发出《关于开展海洋小型渔业船舶证书换发工作的通知》。决定对海洋小型渔业船舶的《渔业船舶检验证书》《渔业船舶登记证书》和《渔业捕捞许可证》进行简化合并，并换发新版证书。并决定于 2002 年 10 月 1 日起，在浙江、广东两省进行换发试点。

10 月 16 日　农业部渔业船舶检验局就浙江象山地区渔民反映 6200Z 型柴油机曲轴断裂问题，在宁波市组织专家分析会。来自中国船级社、中船总公司七一一研究所、中国水产淄博柴油机厂、舟山盈海远洋渔业公司、农业部渔业船舶检验局、山东渔业船舶检验局、浙江渔业船舶检验局的七位专家，对曲轴断裂事故的发生提出专家组意见。

11 月 13 日　农业部渔业船舶检验局对该柴油机曲轴断裂问题做出裁定：潍坊柴油机厂生产的 6200Z 型柴油机曲轴断裂事故与柴油机本身质量无关；造成该机曲轴断裂的主要原因是由于曲轴长期承受过大的交变弯曲应力造成疲劳破坏所致；造成该机曲轴断裂的主要责任是该机安装使用不当。

11 月 5—8 日　农业部渔业船舶检验局在云南省昆明市举办“全国远洋渔业船舶检验管理培训班”，宣讲远洋渔船检验的基本要求、安全设备配备和技术要求、检验发证与办证程序等。沿海省、自治区、直辖市渔船检验局，有关远洋渔业公司主管领导 130 人参加了培训。

11 月 6 日　农业部渔业船舶检验局印发《渔业船舶检验档案管理暂行规定》。同时发布《渔业船舶检验档案目录》《渔业船舶检验档案管理制度》。

12 月 25 日　农业部渔业船舶检验局发出《关于启用 2001 年版产品证书的通知》，决定于 2003 年 1 月 1 日起启用 2001 年版产品检验证书。同时印发 2001 版产品检验证书及技术文件样本和《关于签发 2001 年版产品证书及技术文件的有关规定》。

12 月 30 日　农业部渔业船舶检验局颁布《渔业船舶船用产品检验规程（试行)》，规定了检验各种船用产品时适用的标准、检验试验项目等。

12 月 31 日　农业部党组决定：李小芬任农业部渔业船舶检验局巡视员。

12 月　据统计，全国检验渔业船舶 28. 2 万艘次、船用产品 21. 9 万台件。

2003 年

1 月 1 日　“渔业船舶产品检验监督管理系统”软件正式启用。

1 月 10 日　农业部发布《中华人民共和国农业部公告》第 243 号，根据《关于颁布〈中华人民共和国农业部渔船修造厂认可办法〉的通知》的规定，公布已经取得认可的渔船修造厂的单位名称、认可证书号和准予修造范围。同时规定：“自本公告发布之日起，对未经认可和未取得《渔业船舶建造修理工厂认可证书》的修造船企业或个人，修造的渔业船舶，渔业船舶检验机构不得受理检验……。”至公告发布之日全国已有 1464 家渔船修造厂取得认可。

1 月 23 日　农业部渔业船舶检验局决定，对在 1 月 10 日结业的第四期全国渔船检验大专《专业证书》班（上海水产大学）评选出的黄清、李立斌、董越海、田晓丰 4 位优秀学员给予通报表扬。

2 月 26 日—3 月 2 日　农业部渔业船舶检验局在山东省烟台市举办全国渔业船舶检验机构主管或分管检验工作领导培训班，进行渔业船舶检验知识的学习。

3 月 7 日　农业部渔业船舶检验局印发《全国渔业船舶检验机构文明单位 十佳验船师

评选办法（暂行）》。

3月10日　农业部渔业船舶检验局颁布《渔业船舶设计图样及技术文件审定规定》，自2003年6月1日起实施。同时公布《渔业船舶设计图样及技术文件审查申请表》《送审图纸目录》《图纸审查意见书》《渔业船舶设计图纸批准函》式样。

4月8日　农业部渔业船舶检验局发布《海洋渔业船舶法定检验规程》，自2003年6月1日起施行。原《钢质海洋渔船建造检验规程（1992）》《营运钢质海洋渔船检验规程（1987）》同时废止。

4月14日　农业部渔业船舶检验局颁布《中华人民共和国渔业船舶法定检验规则（柴油机燃油管路防火、防止船舶生活污水污染及柴油机氮氧化物排放试验法定检验技术规则）》，自2003年7月1日起生效。

4月25日　农业部办公厅发出《关于全面开展海洋小型渔业船舶证书换发工作的通知》要求将海洋小型渔业船舶的《渔业船舶检验证书》《渔业船舶登记证书》和《渔业捕捞许可证》进行简化合并。同时指出“换发新版小型渔业船舶证书工作是我部2003年为广大农民办理的11件实事之一。”决定在浙江、广东、海南3省已经试点的基础上，自2003年5月8日起，在沿海11个省（市、区）全面铺开。该通知明确了证书换发办法和程序。

6月11日　农业部发出《关于实施〈渔业船舶报废暂行规定〉有关问题的通知》，规定了渔业船舶报废的执行程序，延期报废的审批程序，过渡期的设定和条件，报废渔业船舶的买卖、更新和处理等具体要求；公布了《渔业船舶报废通知书》《渔业船舶提前报废通知书》《渔业船舶延期报废审批表》《渔业船舶报废拆解、销毁或处理意见书》格式。

6月20日　农业部渔业船舶检验局根据农业部《关于实施〈渔业船舶报废暂行规定〉有关问题的通知》，印发《渔业船舶延期报废检验管理办法》，规定了渔业船舶延期报废的申请、检验、专家评审、证书换发的程序，公布了《渔业船舶延期报废检验通知书》《渔业船舶延期报废综合评价意见书》格式，以及远洋渔业船舶延期报废评审专家组名单。

6月27日　国务院总理温家宝签署中华人民共和国国务院令第383号：“《中华人民共和国渔业船舶检验条例》已经2003年6月11日国务院第11次常务会议通过，现予公布，自2003年8月1日起施行。”

6月30日　农业部渔业船舶检验局通知，将在上海水产大学举办第五期全国渔业船舶检验大专《专业证书》班，招收“具备高中（含中专、职高）文化程度，从事船检工作一年以上的在编人员”，2003年9月开学。本次证书班有39人入学。

7月9日　农业部发出《关于宣传贯彻〈中华人民共和国渔业船舶检验条例〉的通知》，致各省、自治区、直辖市及计划单列市、新疆生产建设兵团渔业主管厅（局），各海区渔政渔港监督管理局。为确保《中华人民共和国渔业船舶检验条例》的全面贯彻实施，要求各地提高认识，深入开展《中华人民共和国渔业船舶检验条例》学习、宣传活动；加强领导，全面推进渔业船舶检验和监督管理工作；强化管理，加强渔业船舶检验队伍建设。

7月11日　农业部渔业船舶检验局决定授予山东渔业船舶检验局等21个渔业船舶检验机构“全国渔业船舶检验机构文明单位”荣誉称号，授予童信国等10名验船师“全国渔业船舶检验机构十佳验船师”荣誉称号，授予陈军民等21名同志“全国渔业船舶检验机构先进工作者”荣誉称号。

7月17日　农业部渔业船舶检验局发出《关于船用柴油机氮氧化物排放及柴油机燃油管路产品检验问题的通知》。该通知要求：“额定功率大于等于130kW将用于国际渔业船舶的柴油机，应符合《73/78防污公约》的废气排放标准，我局将对此类柴油机进行前期发证检验工作。”同时，明确“将用于国际渔业船舶输出功率大于等于130kW的柴油机应符合加装燃油管套管的规定”。

7月23日　农业部渔业船舶检验局颁布《中华人民共和国渔业船舶设计制造维修管理规定（试行）》，包括总则，渔业船舶设计，渔业船舶船型管理，渔业船舶制造、维修，申请、审核与发证，监督管理，附则等7章45条；其中渔业船舶船型管理暂不实施。

7月29日　2003年全国渔业船舶检验工作会议在北京召开。包盛清局长在大会上做了《深入学习“三个代表”重要思想　贯彻执行〈渔业船舶检验条例〉努力开创船检工作新局面》的工作报告，会上对已评选出的全国21个先进单位和31个先进个人进行了表彰。来自全国27个省、自治区、直辖市、计划单列市渔业行政主管部门的领导，各地渔业船舶检验局、分局、处、站的代表共计130人参加了会议。

7月30日　农业部、国务院法制办公室在北京会议中心联合召开《中华人民共和国渔业船舶检验条例》新闻发布会。全国人大农业与农村委员会、国家发展和改革委员会、国家安全生产监督管理局、国家海洋局、国家质量监督检验检疫总局、商务部机电产品进出口司、国家无线电委员会办公室、交通部海事局、国家工商行政管理总局、交通部国际合作司、公安部边防管理局、中国船级社等单位领导出席了发布会。会议由农业部新闻发言人马有祥主任主持，农业部范小建副部长、国务院法制办张穹副主任作了重要讲话。农业部渔业船舶检验局包盛清局长在新闻发布会上，对出台《中华人民共和国渔业船舶检验条例》的立法依据、立法过程以及条例对渔业船舶安全管理的重大意义进行简要介绍，并回答了记者提问。人民日报、中央电视台、新华社等18家媒体记者出席发布会。

8月21日　农业部渔业船舶检验局给予重庆市渔船检验机构资质认可，批准使用“中华人民共和国重庆渔业船舶检验局”对外名称。

9月8—16日　国际海事组织（IMO）稳性、载重线和渔船安全委员会（SLF）第46次会议在伦敦召开。农业部渔业船舶检验局2人参加会议。会议议程主要包括SOLAS公约中第Ⅱ-1章A、B和B-1部分的审议工作、SOLAS第Ⅱ-1章的协调后的解释文本、渔船安全规则和自愿性指南的修订、关于完整稳性规则的审议、近海供应船指南（OSV）的审议等。农业部渔业船舶检验局作为“《渔船和渔民安全规则》和《小型渔船设计、建造和设备的自愿性指南》的修订”特别工作小组成员，承担了渔船安全的机电部分的修订工作，并对渔船安全的船体等其他技术方面的要求做了大量审核工作。

9月25日　农业部渔业船舶检验局印发《中华人民共和国渔业船舶检验局驻加蓬办事处管理办法》，公布了验船师调配、工作管理、财务管理等27条规定。

10月14日　《渔业行政执法人员岗位培训系列教材　渔业船舶检验（初级验船人员船

体、轮机、电气部分)》编写完成，正式出版。

与上述教材配套的《验船人员资格考试题库》同时出版。

10 月 28 日　农业部发出《关于将北太平洋鱿鱼钓船纳入远洋渔业管理有关问题的通知》决定自 2004 年 1 月 1 日起将北太平洋鱿鱼钓船纳入远洋渔业管理。

同日，农业部副部长齐景发在渔业船舶检验局 9 月 1 日呈报的《关于我局派员赴美国、阿根廷、乌拉圭执行检验任务的请示》上批示："包盛清同志：我这次出国考察途经西班牙，见到吴湘锋同志，感到目前我国在外远洋渔船作业困难很多，经营上有一定困难。望在检验过程中考虑这些实际因素。"

11 月 14 日　农业部渔业船舶检验局印发《北太平洋鱿钓船检验工作协调会会议纪要》。11 月 9 日农业部渔业船舶检验局在浙江省舟山市就北太平洋鱿钓船检验工作召开了协调会，会议由包盛清局长主持，沈建荣副局长、浙江省海洋与渔业局刘向东副局长、舟山市海洋与渔业局龚进交副局长，以及农业部渔业船舶检验局船舶检验处、浙江渔业船舶检验局、舟山渔业船舶检验处的有关同志参加。

11 月 26 日　农业部党组决定：信德利任农业部渔业船舶检验局副局长。

11 月 28 日　农业部渔业船舶检验局给予安徽省渔船检验机构资质认可，批准使用"中华人民共和国安徽渔业船舶检验局"对外名称。

12 月 5 日　农业部渔业船舶检验局印发《渔业船舶重点跟踪检验监督管理规定》，决定对未经检验、证书失效、发生重大事故未及时修复仍继续航行作业、以及其他严重违规的船舶，将予以对外公布，并实施重点跟踪。

12 月　据统计，全国检验渔业船舶 31.0 万艘次、船用产品 22.7 万台件。

2004 年

2 月 26 日　农业部渔业船舶检验局给予云南省渔船检验机构资质认可，批准使用"中华人民共和国云南渔业船舶检验局"对外名称。

4 月 15—16 日　2004 全国渔业船舶检验工作会议在广东省珠海市召开。农业部渔业局、监察局和三个海区渔政局领导出席会议。受包盛清局长委托，农业部渔业船舶检验局王朝华副局长在大会上做了《坚持依法行政，推进船检工作新发展》的报告，大会还对如何进一步提高社会对检验条例认知度，提高企业、船东申报船舶检验的自觉性和如何加强队伍建设，提升队伍素质与技能等议题进行了研讨。来自 17 个省、自治区、直辖市和 3 个计划单列市渔业行政主管部门的领导，26 个省、自治区、直辖市渔业船舶检验机构的负责人共计 81 人出席了会议。

4 月 23 日　首届渔业船舶检验研究生课程进修班正式开班，来自全国 6 个省及农业部渔业船舶检验局的 24 名中、高级验船师参加学习。该班由上海水产大学举办，上海市教委批准，开设 13 门课程、22 学分，修满 22 学分后可参加全国硕士学位课程学习。

4 月 28 日　农业部发布《关于开展渔业船舶检验条例执法检查的通告》，"决定在全国（重点是沿海地区）组织开展《条例》贯彻落实情况的执法检查"。该通告公布了检查重点、查处原则、组织实施、行动时间以及举报电话等。

5 月 12 日　农业部副部长齐景发在渔业船舶检验局 4 月 13 日呈报的《关于中水远洋渔业有限责任公司西非远洋渔船检验有关问题的请示》上批示："船检局能够从实际出发，既注意保证渔船安全，又方便企业，这种作风应该发扬。"

6 月 23 日　农业部党组决定：张合成任农业部渔业船舶检验局局长。

7 月 8 日　第五期全国渔业船舶检验大专《专业证书》班在上海水产大学毕业，来自重庆、四川、云南、贵州、陕西、广东、福建等 16 个省的 39 名验船人员，经一年的学习，顺利完成学业。

9 月 3 日　农业部渔业船舶检验局在北京召开"沪渔 917 渔船事故成因专家论证会"，农业部渔业船舶检验局、中国船级社上海规范所、同济大学新材料研究所、珠海深龙船厂、广东渔船检验局、上海玻璃钢研究所等单位派出 7 位正式代表。此前，7 月 29—8 月 9 日专家组曾赴斐济对沪渔 917 玻璃钢金枪鱼延绳钓渔船事故成因及沪渔 916 渔船存在问题进行了调查和勘验。

9 月 13—17 日　国际海事组织（IMO）稳性、载重线和渔船安全委员会（SLF）第 47 次会议在伦敦召开。农业部渔业船舶检验局 2 人参加了会议。会议议程包括修订《国际海上人命安全公约》第Ⅱ-1 章、修订《渔船和渔民安全规则》和《小型渔船设计、建造与设备自愿性指南》、选举国际海事组织（IMO）稳性、载重线和渔船安全委员会（SLF）第 48 次会议主席等 13 项议程。会议成立 3 个工作组，工作组采取与大会同步进行的方式工作，农业部渔业船舶检验局代表参加了《渔船和渔民安全规则》和《小型渔船设计、建造与设备自愿性指南》工作组。

9 月 21—24 日　由我国农业部和国际海事组织（IMO）共同举办的"促进国际渔船安全公约 1993 年议定书实施讲习班"在北京召开，来自中国、马来西亚、韩国、日本、泰国、缅甸、印度尼西亚、菲律宾、越南以及俄罗斯等 12 个国家和地区负责渔船安全的政府官员和国际海事组织（IMO）组织代表 30 人参加了会议。我国农业部渔业局、渔船检验局和交通部海事局派出 5 位代表与会。

9 月 22—24 日　香港特别行政区海事处、澳门特别行政区港务局、农业部渔业局、农业部渔业船舶检验局在北京亮马河大厦就渔船管理中渔船检验、船员培训、海难救助及建立统一的区域性标准等问题进行了交流和讨论，并签署会议纪要。"三地"代表一致同意建立定期会议制度，每年一次；同意建立应急处理、联络机制；同意轮流举办渔船安全管理工作会议。

10 月 26 日　农业部渔业船舶检验局发出《关于渔业船舶泡沫塑料绝热层喷涂施工点单位纳入渔业船舶设计、修造单位资格认定范围管理的通知》，决定对此项工作做适当调整，将其纳入"渔业船舶设计、修造单位资格认定"管理范围。

12 月 21 日　交通部海事局、农业部渔业局、农业部渔船检验局签署《关于理顺从事国际鲜销水产品冷藏运输船管理关系的意见》，同意"自 2005 年 7 月 1 日起，农业部渔业局、渔业船舶检验局停止签发鲜销船的渔业船舶登记证书、检验证书，各级渔政渔港监督、渔业船舶检验机构停止受理鲜销船的登记检验申请"；"自 2005 年 2 月 1 日起，中国船级社、海事局、海事系统各相关船舶登记机关开始受理鲜销船的船舶检验、船舶登记申请，并按规定实施检验并核发相应证书”；“渔政渔港监督、渔业船舶检验机构对鲜销船的日常监督管理至2005年6月30日止”。

12月15日　农业部渔业船舶检验局给予贵州省渔船检验机构资质认可，批准使用“中华人民共和国贵州渔业船舶检验局”对外名称。

12月30日　农业部渔业船舶检验局批复江苏渔船检验局《关于报批〈江苏海洋渔业养殖船舶检验技术要求〉的请示》：“经研究，同意你局对原稿作修改后，发布试行”。

12月　据统计，全国检验渔业船舶32.29万艘次、船用产品27.7万台件。

2005年

1月13日　国际海事组织（IMO）秘书长E. E. Mitropoulos先生致函我驻英大使馆海事处，希望我国考虑尽早加入《国际渔船安全公约1993年议定书》，以推动该议定书早日生效。

1月26日　按照交通部海事局、农业部渔业局、农业部渔船检验局签署的《关于理顺从事国际鲜销水产品冷藏运输船管理关系的意见》，农业部渔业船舶检验局向交通部海事局移交第一批149艘鲜销船名单。

3月9日　移交第二批8艘鲜销船名单。鲜销船名单移交工作完成。

3月10—16日　受中华人民共和国渔政渔港监督管理局委托，农业部渔业船舶检验局组织“事故渔船技术鉴定工作组”分别赴浙江温岭和辽宁大连，对“2·23”渔事纠纷事故渔船进行了技术勘验。工作组专家分别签署《浙岭渔22502受损情况技术鉴定报告》《辽大甘渔8337受损情况技术鉴定报告》《辽大甘渔8338受损情况技术鉴定报告》，为有关主管机关处理该海上事故提供技术支持。

3月15日　农业部渔业船舶检验局公布晋升中级渔业船舶验船师资格考试合格人员名单。2004年12月9日全国18个省、自治区、直辖市具备条件的验船人员，在上海参加了晋升中级验船师资格考试，其中243人考试合格，获得相应的《中华人民共和国渔业船舶验船师资格证书》。

3月27日、28日　“全国渔业船舶检验形势分析座谈会”在重庆市召开。信德利、王朝华副局长分别主持会议，张合成局长做了主题发言和会议总结。沿海各渔船检验局和部分内陆省渔船检验局负责人参加了会议。

4月4日　农业部渔业船舶检验局印发《农业部渔业船舶检验局工作规则》。

6月15日　农业部渔业船舶检验局就浙江省“天业”号远洋渔船船龄、船长及其检验工作中存在的问题，向部渔业局呈交紧急报告（《关于妥善解决“天业”轮有关问题的函》），报告了该船状况、对该船进口及转手情况的调查和专家组勘验情况，提出处理该船问题的建议。

同日，农业部渔业船舶检验局批复河北、天津渔业船舶检验局《关于报批〈河北省、天津市休闲渔船检验技术要求〉的请示》，同意河北、天津两局对该项技术要求进行修改后发布施行。

6 月 21—23 日　2005 年全国渔业船舶检验工作会议在广东省珠海市召开。农业部办公厅、人事劳动司、政策法规司、市场与经济信息司、发展计划司、信息中心和三个海区渔政局负责同志与会。农业部副部长牛盾出席了会议并做了重要讲话。张合成局长在大会上做了《以科学发展为指导，坚持依法行政，全面提高渔业船舶检验水平》的工作报告。大会还对建立注册验船师制度、远洋渔船检验管理办法以及海洋捕捞渔船主机功率“大机小标”整治等议题进行了研讨。来自 31 个省、自治区、直辖市渔业行政主管部门及渔业船舶检验机构、渔船修造企业的代表 160 多人参加了会议。

8 月 2 日　农业部渔业船舶检验局发出《关于请做好渔业船舶检验监督管理系统升级工作的通知》，要求各地于 8 月 31 日前完成国内渔业船舶检验子系统升级工作，9 月 1 日起所有渔业船舶检验机构全部启用升级后的“渔业船舶检验监督管理系统”（V2. 0 版）。为使升级工作顺利进行，7 月 4 日，农业部渔业船舶检验局在上海举办了“渔业船舶检验监督管理系统（升级版）”专题培训班，全国各渔业船舶检验机构 110 人参加了培训。

9 月 12—16 日　国际海事组织（IMO）在伦敦召开了稳性、载重线和渔船安全分委会（SLF）第 48 次会议，农业部渔业船舶检验局 2 人参加了会议。会议主要内容有协调《国际海上人命安全公约》第Ⅱ-1 章解释性注释的进展、修订《完整稳性规则》、小型渔船安全、选举 SLF49 次会议主席等 21 项议程。会议就修订《完整稳性规则》、小型渔船安全等会议议程成立了 3 个工作组、2 个起草组。农业部渔业船舶检验局报名参加了小型渔船安全起草组。

9 月 27 日、28 日　为做好我国加入《国际渔船安全公约 1993 年托雷莫里诺斯议定书》的准备工作，农业部渔业船舶检验局在辽宁省丹东市召开“《1993 年托雷莫里诺斯议定书》专题座谈会”，“加入议定书课题组”成员、沿海渔船检验局、有关远洋渔业公司代表 40 多人参加会议，王朝华副局长做了《提高认识，认真研究，积极推动我国加入〈1993 年托雷莫里诺斯议定书〉》讲话。

10 月 24 日　农业部副部长牛盾在农业部渔业船舶检验局《关于低质量渔业船舶专项治理工作阶段性情况报告》上批示：“专项治理是一项很重要的工作，船检局在领导小组的安排下，做了大量工作。针对我部渔船检验存在的问题，在下一步的工作中，继续深入研究，抓住重点，配合其他部委，共同努力，做好渔船安全监督管理工作，促进渔业安全生产水平的不断提高。”

10 月 25 日　农业部渔业船舶检验局发布《〈渔业船舶法定检验规则〉（2002）修改通报第 2 号》，对《渔业船舶法定检验规则（2002）》第七篇 5. 4. 2 条进行修改。

农业部渔业船舶检验局发布《〈渔业船舶法定检验规则〉（2000）修改通报第 3 号》，对《渔业船舶法定检验规则（2000）》第四篇 4. 2. 1 条进行修改。

11 月 3 日　农业部党组决定：周彤任农业部渔业船舶检验局局长，试用期一年。

11 月 26 日—12 月 16 日　由副局长王朝华带队的农业部渔船检验安全技术管理培训团一行 15 人，赴澳大利亚进行培训。在澳期间，培训团先后与澳大利亚国家海事安全委员会、联邦交通安全管理局、联邦海事安全管理局等政府管理机构进行了交流，听取了有关院校、船舶设计公司的专家对有关船舶安全及渔业资源政策研究的讲座。

12 月 13—23 日 农业部渔业船舶检验局在上海水产大学举办第一期远洋渔船验船师上岗资格培训班，来自全国 14 个省的 85 名验船师参加培训，其中 72 人考试通过，获得远洋验船师上岗资格。

此前，为搞好远洋验船师培训，农业部渔业船舶检验局和上海水产大学海洋学院共同编写了《远洋验船师船检业务知识培训讲义》。

12 月 21 日　农业部发布《农业部行政审批综合办公室办事指南》（第五批）（农业部公告第 588 号）。其中，将渔业船舶修造单位资格认定、渔业船舶设计单位资格认定、渔业船舶船用产品型式认可、渔业船舶船用产品工厂（部件、材料）认可、渔业船舶船用产品检测机构认可、渔业气胀救生筏检修站认可、渔业船舶 GMDSS 设备岸上维修单位资格认可、渔业船舶设计图纸审查、远洋渔业船舶检验、渔业船舶船用产品检验等 10 项列为行政审批项目。

12 月 29 日　农业部渔业船舶检验局给予北京市渔船检验机构资质认可，批准使用“中华人民共和国北京渔业船舶检验局”对外名称。

农业部渔业船舶检验局给予陕西省渔船检验机构资质认可，批准使用“中华人民共和国陕西渔业船舶检验局”对外名称。

12 月 30 日　农业部渔业船舶检验局批复江苏渔船检验局《关于〈江苏海洋渔业养殖船舶检验技术要求〉的请示》。同意对原稿作适当修改后，发布试行。同时要求：“对船舶稳性要给予高度关注，严格禁止人、货混装或甲板上装载货物。”“要加强对消防、救生等各类安全设备的检验，确保各种设备配备标准、技术性能满足要求，并保证即刻可用。”

12 月　据统计，全国检验渔业船舶 30.12 万艘次、船用产品 35.4 万台件。

2006 年

1 月 6 日　农业部副部长牛盾在渔船检验局《关于制定〈注册验船师制度暂行规定〉工作情况的报告》上批示：“建立渔船注册验船师制度对于加强检验人员管理，提高队伍的业务素质、规范船检行为十分重要，是关系到我船检事业长远发展的基础性工作。请在人劳司、渔业局的指导下，配合相关部委，注意借鉴国际通则，做好本项制度的制定、宣传和实施工作，不断提高船检队伍专业化水平。”

1 月 23 日　农业部渔业船舶检验局公布通过全国第二次晋升中级验船师资格考试，获得中级验船师资格的人员名单。2005 年 12 月 12 日来自全国 18 个省、自治区、直辖市的 146 人在上海水产大学参加了考试，87 人考试合格。

1 月 26 日　人事部、交通部、农业部联合印发《注册验船师制度暂行规定》，决定“国家对从事船舶检验工作的专业技术人员，实行职业准入制度，纳入全国专业技术人员执业资格证书制度统一规划”，自 2006 年 3 月 1 日起实施。

2 月 5 日　农业部渔业船舶检验局给予海南渔业船舶检验局检验机构资质认可。至此，全国沿海省、自治区、直辖市渔业船舶检验机构全部取得资质认可。

2月8日　农业部渔业船舶检验局发出《关于启动行政审批综合办公的紧急通知》：为做好《中华人民共和国农业部公告》第588号规定渔业船舶检验局承担的10项行政许可审批工作，决定由渔业船舶检验局法规技术监督处统一受理这些行政许可项目的申请，并公布该受理单位的通信地址、联系电话、传真和邮箱地址，公布“行政审批工作人员文明用语和禁止用语”和行政审批受理通知书、行政审批不予受理通知书、行政审批材料接收单、行政审批办理通知书、行政审批办结通知书、行政审批延期审批通知书、行政审批延期报告书、行政审批材料（不予）接收通知书等文件格式。

3月2日　农业部渔业船舶检验局委托上海水产大学举办的首届渔业船舶检验研究生课程班经过两年的学习，顺利结业。

3月4—15日　以农业部渔业船舶检验局李小芬巡视员为团长的“赴英国、挪威渔业船舶检验及其监督管理考察团”一行7人，对英国、挪威以及联合国国际海事组织进行了考察。考察团拜访了国际海事组织，访问了英国海事与海岸防卫总署，考察了有关船用产品企业 Mcmurdo 公司，听取了英国皇家全国救生艇协会的情况介绍；访问了挪威船级社，听取了挪威工业联合会的情况介绍等。考察团此行了解了英国和挪威关于渔船检验方面的先进经验和成果做法，以及国际海事组织的基本情况。

3月16日、17日　2006年全国渔业船舶检验工作会议在福建省漳州市召开。渔业局陈毅德副局长出席会议并做了讲话。周彤局长做了《求真务实，开拓创新，进一步提高我国渔业船舶检验的质量和水平》的工作报告。王朝华副局长就低质量船舶专项治理工作做了讲话。大会对《远洋渔船管理办法》《渔船检验立法规划》以及《注册验船师制度》等议题进行了专题研讨。来自31个省、自治区、直辖市渔业行政主管部门及渔业船舶检验机构的代表110多人参加会议。

5月9日　农业部办公厅印发《关于农业部渔业船舶检验局主要职责内设机构和人员编制的批复》，对农业部渔业船舶检验局主要职责内设机构和人员编制进行调整：主要职责调整为8项；内设机构调整为7个，即办公室、财务处、法规处、体系建设处、资质管理处、船舶检验处、产品检验处；人员编制调整为35名。

5月25日　农业部渔业船舶检验局发出《关于开展小型渔船检验管理制度专题调研的通知》。此次专题调研活动，旨在进一步了解掌握小型渔船的种类、数量、材质、建造、修理维护、检验标准、监督管理等方面的第一手资料，为研究、制定小型渔船检验管理制度提供技术支撑。该通知同时公布专题研究实施方案和调研提纲，决定成立以王朝华副局长为组长的9人“小型渔船检验制度研究课题组”。

6月14日　《中国渔业报》刊登农业部副部长尹成杰《实施注册验船师制度　加快农业专业技术人才队伍建设》的署名文章。农业部渔业船舶检验局转发上述文章至各地渔业船舶检验局。

7月5日　应农业部渔业船舶检验局邀请，韩国船舶检查技术协会理事长金性奎率团来访，双方就各自的基本情况、共同关心的问题和今后的合作领域等进行了广泛交流。双方签署了《中华人民共和国渔业船舶检验局和大韩民国船舶检查技术协会之间的渔船安全技术合作意向书》。

同日，农业部渔业船舶检验局回复香港特别行政区海事处《委托中国渔业船舶检验局审批图则及检验香港船东拥有并拟在香港领牌的钢壳渔船》的传真，"同意接受该项委托，并决定由广东渔业船舶检验局具体负责该批渔船的图纸审查及实施检验。"

7 月 19—21 日、24—28 日　国际海事组织（IMO）在伦敦总部分别召开了小型渔船安全通讯组会议和稳性、载重线和渔船安全分委会（SLF）第 49 次会议。农业部渔业船舶检验局 2 人参加了会议。本次会议共有 21 项议程，主要有：协调《国际海上人命安全公约》第Ⅱ-1 章解释性注释的进展、客船安全、《完整稳性规则》的修订、小型渔船安全、其他 IMO 文件中破舱稳性的协调、选举 2007 年会议主席等。农业部渔业船舶检验局报名参加了小型渔船安全通讯组。

7 月 31 日　农业部渔业船舶检验局决定委托上海渔业船舶检验局，承担驻斐济短期检验工作点的筹建及日常管理工作。

8 月 10 日　农业部渔业船舶检验局印发《验船师资格考试管理办法》。

8 月 23 日　农业部渔业船舶检验局与香港特区政府海事处在北京召开内地与香港渔船检验第一次定期会议。渔船检验局周彤局长、王朝华副局长、唐金龙处长和香港特区政府海事处谭百乐处长、李启良助理处长、李国辉总经理参加了会议。与会双方就共同关注的问题和今后的合作意向进行了广泛地讨论，并达成共识。周彤局长和谭百乐处长签署了《会议纪要》。

8 月 29 日　中华人民共和国人事部致函农业部，批准农业部渔业船舶检验局参照《中华人民共和国公务员法》管理。

9 月 7 日　农业部渔业船舶检验局颁布《渔船用柴油机型谱检验管理规定》，规范渔船用柴油机型谱的核定工作。

9 月 15 日　第六期全国渔业船舶检验大专《专业证书》班在上海水产大学开班，来自 18 个省、自治区直辖市的 41 名学员入学。

10 月 27 日—11 月 16 日　以农业部渔业船舶检验局沈建荣副局长为团长的赴美国渔业船舶检验管理和立法培训团一行 19 人，在美国进行培训学习。培训团先后听取了关于美国港口和船舶安全管理体系及新技术讲座；美国国家海洋保护和管理系统讲解及立法情况介绍；美国对渔船的安全检查与监督管理方法及法规适用的说明等。通过培训，赴美人员对美国的渔业船舶检验制度和渔船管理等有了比较系统的了解。

11 月 27 日　第三届中国渔业船舶检验技术委员会第一次会议在杭州召开，会议由王朝华副局长主持，周彤局长做了《扎实工作、开拓创新，进一步提高渔业船舶技术与检验管理水平》的专题报告。会议修改了技术委员会章程，选举产生了第三届技术委员会组成人员，选举周彤任主任委员、唐金龙、毛文忠、李新华任副主任委员。会议原则通过了《渔业船舶检验立法规划》，拟定了技术委员会下一步的工作计划。

12 月 14 日　农业部任免通知：周彤任农业部渔业船舶检验局局长试用一年期满，经考核，同意其按期转正。

农业部渔业船舶检验局给予山西省渔船检验机构资质认可，批准使用“中华人民共和国山西渔业船舶检验局”对外名称。

农业部渔业船舶检验局给予河南省渔船检验机构资质认可，批准使用“中华人民共和国河南渔业船舶检验局”对外名称。

12 月　根据农业部渔业船舶检验局设立境外检验点的总体安排，驻塞内加尔短期驻外工作点正式启动。此前，农业部渔业船舶检验局批准了《塞内加尔短期检验工作点设置及实施方案》和《中华人民共和国渔业船舶检验局塞内加尔短期检验工作点管理暂行办法》《中华人民共和国渔业船舶检验局塞内加尔短期检验工作点协检员工作规则》。

12 月　据统计，全国检验渔业船舶 45.53 万艘次、船用产品 32.0 万台件。

2007 年

1 月 11 日　中华人民共和国渔业船舶检验局驻斐济短期检验工作点正式启动，检验点设在斐济首都苏瓦，计划在境外的工作时间为每年 12 月至次年 3 月。2007 年的工作从 1 月 30 日开始。

1 月 19 日　农业部渔业船舶检验局与香港特区海事处在香港召开内地与香港渔业船舶检验第二次定期会议，周彤局长与谭百乐处长分别率两地代表参加会议。会上，香港海事处介绍了于 2007 年 1 月 2 日生效的香港《商船（本地船只）（安全及其检验）规例》；介绍了香港领牌渔船技术及检验标准（钢质、木质及玻璃钢纤维渔船检验安排等）；介绍了对香港本地船只推行有关《73/78 防污公约附则Ⅵ》的要求；双方还就香港领牌渔船委托内地检验安排、技术合作细则和共同关注的问题进行了广泛、深入的讨论。

2 月 2 日　农业部总经济师薛亮在渔业船舶检验局《关于调整浙江及赴北太平洋作业鱿钓渔船及渔业辅助船检验发证程序的请示》上批示：“委托省后的全部责任仍是我部船舶检验局的，需明确调整后的新程序各个环节的责任，不能简单地说‘其他程序不变’。同时要明确如何加强监督。”

2 月 7 日　农业部渔业船舶检验局印发《2007 年远洋渔业船舶检验工作计划》，包括境内检验计划、境外检验及人员派遣计划、未报计划但检验有效的船舶、重点跟踪船舶四部分内容。首次实施远洋渔船的计划检验。

3 月 8 日　农业部渔业船舶检验局发出《关于开展北太平洋鱿鱼钓船检验试点工作的通知》，决定自 2007 年 3 月 20 日起至 2008 年 3 月 19 日止，在浙江省对当年往返北太平洋水域的浙江籍鱿鱼钓船的监督检验发证工作进行试点，将空白船舶检验证书纸和证书签发人手迹印章交付浙江渔业船舶检验局，由浙江局代行签发船舶检验证书。

3 月 13 日　根据《远洋渔业船舶验船师任职管理规定》，农业部渔业船舶检验局决定聘任聂开利等 128 名同志为境外渔业船舶检验验船师、聂开利等 24 名同志为境外船用产品检验验船师。

3 月 22 日、23 日　第三届中国渔业船舶检验技术委员会在武汉市召开专题工作会，专题讨论《小型渔业船舶检验管理专题研究报告（修改稿）》。技术委员会主任、副主任委员以及各分委会主任、副主任委员出席。会议提出了技术委员会2007年的7项重点工作，以及船体、轮机、电气三个专业分技术委员会2007年工作计划。会议形成《第三届中国渔业船舶检验技术委员会专题工作会议纪要》。

4月30日　农业部发出《关于加强老旧渔业船舶管理的通知》。原《渔业船舶报废暂行规定》停止执行。

4月30日—5月4日　国际海事组织（IMO）在伦敦召开了稳性、载重线和渔船安全分委会（SLF）第50次会议。会议成立了分舱与破舱稳性、完整稳性、小型渔船安全3个工作组以及特种用途船规则起草组，农业部渔业船舶检验局2人参加了小型渔船安全工作组。

此前，根据SLF49次会议决定成立的小型渔船安全通讯组完成了《小型渔船安全建议（草案）》，4月25—27日通讯组在伦敦召开了工作会议，对上述草案进行讨论，做了130余处内容和文字修改，我国代表团提出的近20处修改建议得到会议采纳。

5月23日　为做好2500总吨在建渔政船的建造检验，农业部渔业船舶检验局决定组织全国渔船检验系统的技术力量共同完成该船的建造检验任务，设立专项工作领导小组负责此项工作的指导和协调，设立顾问组、审图组和检验组承担审图和现场检验工作。

6月7日　农业部渔业船舶检验局印发《渔业船舶检验立法规划》。该立法规划包括法规建设取得的成就；法规建设存在的主要问题；立法规划的总体思想和目标；法规建设要遵循的原则和要注意把握好的几个关系；规划的主要内容和时间进度安排；实施立法规划的保障措施等6项内容。

6月26日　2007年全国渔业船舶检验工作座谈会在苏州市召开。来自各省、自治区、直辖市、计划单列市渔业船舶检验机构的负责人参加了会议。农业部渔业局副局长陈毅德、东海渔政局局长李富荣出席会议并讲话。会上周彤局长作了《科学创新、规范管理、全面提升渔业船舶检验工作的能力》的报告。会议对2007—2010年全国渔业船舶检验事业发展目标、改革完善小型渔业船舶检验管理的建议、渔业船舶验船师队伍建设规划、远洋渔业船舶境外检验特别规定、老旧渔船检验管理等议题进行了讨论。

7月6日　人事部、交通部、农业部联合印发《注册验船师资格考试实施办法》，针对注册验船师资格考试问题，规定了成立资格考试办公室、考试专家委员会、报考A、B、C、D级验船师的条件、考试科目等项要求。

7月13日　浙江局在舟山市召开了“2007年浙江省北太平洋鱿鱼钓船检验发证试点工作总结会”。农业部渔业船舶检验局周彤局长出席了会议。会议由浙江渔业船舶检验局陈军民局长主持，与会代表就2007年北太平洋鱿鱼钓船发证试点工作的开展、检验发证、检验收费情况及检验工作中存在的问题进行了总结，提出了进一步加强检验发证工作的意见和建议。截至7月10日，2007年浙江省北太平洋鱿鱼钓船法定检验178艘，其中换证检验78艘、临时检验28艘、年度检验36艘、期间检验36艘，同时开展公证检验55艘。

7月16—18日　农业部渔业船舶检验局派员参加了由联合国粮农组织（FAO）和国际海事组织（IMO）在罗马联合召开的“关于非法、不报告和不管制（IUU）捕捞及相关事项第二次联合工作组会议（JWG）”。会议完成了IUU第一次JWG会议及背景概要回顾、港口国措施、渔船综合全球记录、《1993年托雷莫里诺斯议定书》和《1995年国际渔船船员培训、发证和值班标准公约》及船舶垃圾等14项议程。

7月　《小型渔船检验管理专题研究报告》编写完成。自2006年5月起，各地渔船检验局按照农业部渔业船舶检验局调研提纲的要求，分别对本地小型渔船情况进行了调查，并形成各地的《小型渔船检验管理情况报告》。同时，课题组又分期分批赴黑龙江、山东等11省市进行调研，数次召集论证会、研讨会，多方征求意见，历时一年，最终形成专题研究课题组的专题研究报告。

8月3日　农业部渔业船舶检验局在上海召开“2500吨载机渔政船审图和检验工作动员协调会”。周彤局长在会上强调：在检验工作中要认真履行职责，坚持严格检验，确保安全；在工作质量上要准确把握技术先进性，确保性能优良；在工作质量上要认真组织、密切配合，全面完成渔政船建造的各项检验任务。

8月7日　农业部渔业船舶检验局批复《关于拟实施〈大连市小型木质养殖船建造检验规定〉的请示》，原则同意《大连市小型木质养殖船建造检验规定》经修改后，以中华人民共和国辽宁大连渔业船舶检验局的名义发布施行。

8月　《渔业船舶检验人员岗位培训教材　船舶图样及技术文件审查》编写完成。该教材包含了海洋渔业船舶图样和技术文件审查时必须掌握的基本知识，对审查目的、意义、审查程序、审图要领、技巧和注意事项做了较为详细的介绍。

9月17日　农业部渔业船舶检验局印发《“十一五”期间渔业船舶验船师队伍建设规划》。

9月17—19日　农业部渔业船舶检验局在湖北省武汉市召开老旧渔业船舶检验管理工作座谈会，学习贯彻农业部《关于加强老旧渔业船舶管理的通知》，研讨加强老旧远洋渔业船舶检验管理工作等有关问题。座谈会由信德利副局长主持，43个远洋渔业企业以及渔船修造企业负责人参加。

9月29日　农业部渔业船舶检验局发出《关于加强老旧渔业船舶检验管理的通知》。对在渔业船舶检验工作中如何贯彻执行农业部《关于加强老旧渔业船舶管理的通知》提出具体要求和措施；同时，公布《渔业船舶技术状况检查项目书（钢质渔业船舶）》《渔业船舶技术状况检查项目书（玻璃钢渔业船舶）》《渔业船舶检验不合格通知单》《渔业船舶检验不再受理通知书》等技术文件。

9月23日—10月13日　由副局长沈建荣带队的农业部渔船质量安全监督管理培训团一行18人，赴挪威进行培训。培训团在挪威期间，听取了挪威海事局、挪威船级社关于挪威渔业船舶质量安全监督管理情况的介绍，并与挪威行政管理和技术人员进行了座谈、交流。

11月1日、2日　农业部渔业船舶检验局在贵州省贵阳市召开全国渔业气胀式救生筏检验管理工作会议。有关省、自治区、直辖市分管产品检验的领导、救生筏制造、检修单位、备品属具制造厂代表参加了会议。会议对修订的《救生筏检修站管理办法》《检修站认可条件》《检修人员管理和培训办法》3个稿件进行了讨论。

11 月 6—12 日　农业部渔业船舶检验局在上海水产大学举办第一次验船师船舶图纸审查资格培训、考试。培训对象主要为从事或将要从事船长大于 24 米海洋渔船图纸及技术文件审查的验船师。

11 月 8 日　农业部决定，对在全国渔政工作做出突出成绩的 99 个单位授予“全国渔政工作先进单位”称号，198 名同志授予“全国渔政工作先进个人”称号。受表彰的单位和个人中其中包括内蒙古自治区渔业船舶检验站等 5 个渔船检验部门、高秋杰等 7 名验船师。

11 月 20 日　农业部渔业船舶检验局印发《关于加强小型渔业船舶检验管理的意见》，致各省、自治区、直辖市渔业船舶检验局，要求按照“统一领导、分类管理、分级负责”的原则，改革、创新小型渔业船舶检验管理制度；加强小型渔业船舶检验保障体系建设，进一步加强检验管理工作的领导。

11 月 26 日　农业部渔业船舶检验局批复《关于报批〈江苏省内河小型渔船检验办法〉的请示》，同意试行《江苏省内河小型渔船检验办法》。

11 月 26—30 日　应韩国船舶安全技术公团邀请，以周彤局长为团长的中国渔船检验代表团一行四人赴韩进行交流访问。访问期间双方签署了《渔船技术交流合作协定书》，约定双方对渔船检验制度及检验技术相互交流与合作；对共同关心领域可以开展相互技术合作和人员交流；共同为关心领域的研究事业而努力，并就与此相关的具体内容相互协商决定。

12 月 3 日　农业部渔业船舶检验局给予新疆维吾尔自治区渔船检验机构资质认可，批准使用“中华人民共和国新疆渔业船舶检验局”对外名称。

农业部渔业船舶检验局给予青海省渔船检验机构资质认可，批准使用“中华人民共和国青海渔业船舶检验局”对外名称。

12 月　据统计，全国检验渔业船舶 52.5 万艘、船用产品 24.8 万台件。

2008 年

1 月 9 日　农业部渔业船舶检验局批复，同意浙江渔船检验局对《浙江省内河渔业船舶检验管理暂行规定》原稿做出适当修改后发布试行。

1 月 16—18 日　内地与香港海事处在哈尔滨召开第三次定期会议，农业部渔业船舶检验局周彤局长、王朝华副局长、唐金龙处长，广东渔业船舶检验局白桦政委、陈一平副局长、王慧丰处长，香港海事处谭百乐处长、李启民助理处长、本地船舶安全部苏平治总经理等出席会议。双方一致表示将继续互通信息、密切合作，共同做好香港渔船委托检验工作，促进渔船安全和海洋环境保护。

1 月 17 日　农业部渔业船舶检验局给予甘肃省渔船检验机构资质认可，批准使用“中华人民共和国甘肃渔业船舶检验局”对外名称。

1 月 26 日—2 月 1 日、3 月 17—21 日　农业部渔业船舶检验局在山东召开专题会议，研究南海水产研究所的海洋渔业资源与环境科学调查船和南海区渔政局 2500 吨级载机渔政船设计图纸审查工作安排。6 月 23 日，南海所调查船图纸获得批准；8 月 22 日，2500 吨级载机渔政船图纸获得批准。

3月14日　农业部渔业船舶检验局决定，在河北、辽宁省对当年往返北太平洋水域的河北、辽宁籍鱿鱼钓船的监督检验发证工作进行试点，将空白船舶检验证书纸和证书签发人手迹印章交付河北、辽宁渔业船舶检验局，由河北、辽宁局分别代行签发船舶检验证书，期限一年。

同日，决定继续在浙江省开展北太平洋鱿鱼钓船检验试点工作。

3月25日　农业部渔业船舶检验局对在2003—2007年渔业船舶检验工作中做出突出成绩的单位和个人进行表彰，授予辽宁大连渔业船舶检验局等31个单位全国渔业船舶检验系统“检验标兵单位”称号，授予王志远等38位验船师全国渔业船舶检验系统“优秀验船师”称号。

4月8日　2008年全国渔业船舶检验工作会议在山东省济南市召开。农业部渔业局陈毅德副局长出席了会议并讲话。周彤局长在会上做了《切实加强船检基础建设，促进渔业船舶检验事业又好又快发展》的主题报告。黄渤海区渔政局牛玉山局长及部分省、自治区、直辖市、计划单列市渔业行政主管部门的领导应邀出席会议。会议形成《2008年全国渔业船舶检验工作会议要点》。会上对评选出的全国“检验标兵单位”和“优秀验船师”进行了表彰。

6月17日　农业部渔业船舶检验局印发《渔业船舶检验局会议制度及规则》《渔业船舶检验局公文办理办法》《渔业船舶检验局聘用人员管理暂行规定》《渔业船舶检验局车辆与驾驶员管理规定》《渔业船舶检验局固定资产管理办法》5项局内制度。

同日，农业部渔业船舶检验局在广州市就南海区渔政局2500吨级载机渔政船船用产品持证问题组织召开了协调会。会议由信德利副局长主持，南海区渔政局杨朝雷副局长、广东执法总队白桦政委等12人参加了会议。会议通过了《2500吨级载机渔政船船用产品持证有关问题协调会会议纪要》。

7月29日　农业部渔业船舶检验局颁布《玻璃纤维增强塑料渔业船舶建造规范(2008)》，自2008年10月1日起生效。

8月14日　农业部渔业船舶检验局按照实施验船师审图上岗资格制度的要求，公布经考试审核，具备海洋渔业船舶图纸审查资格的219人名单，其中船体专业95人、轮机专业77人、电气专业47人。

10月28—30日　农业部渔业船舶检验局在广东省湛江市组织了“2500吨级载机渔政船检验现场交流会”。这次交流会是农业部渔业船舶检验局组织的第一次示范检验。沿海8个省（市、区）渔业船舶检验机构的24名验船师参加了交流会，农业部渔业船舶检验局信德利副局长、广东渔业执法总队白桦政委出席并主持会议。

11月　《渔业船舶检验人员岗位培训教材　船舶图样及技术文件审查（内河渔业船舶）》出版印刷。该教材是在海洋渔业船舶审图教材的基础上编写的，教材附有案例：某型渔政船主要图纸和技术文件、渔船检验部门的审图意见及设计单位的答辩函等，可供验船师学习及日后工作时参考。

12月2日　农业部渔业船舶检验局颁布《渔业船舶法定检验规则（船长大于或等于5m

但小于12m内河渔业船舶法定检验技术规则)》，自2009年3月1日起施行。

同日，农业部渔业船舶检验局发出《关于对渔船安装燃煤锅炉实施检验的批复》，答复浙江渔业船舶检验局的有关请示。要求：锅炉制造应符合《渔业船舶建造规范（1998）》；大气排放应符合《锅炉大气污染物排放标准》（GB 13271—2001）国家标准；煤渣等废弃物排放应符合《渔业船舶法定检验规则修改通报（2008）》；应特别注意燃煤舱的布置与防火等。

12月16—20日　农业部渔业船舶检验局在河南省郑州市举办第一期“内河渔业船舶检验验船师船舶图纸审查资格”培训班，并进行考试，5个沿海省和14个内陆省的94人参加。

12月23—26日　农业部渔业船舶检验局顺利完成“渔船船型研究与设计”节能项目，该项目是农业部2008年节能减排项目中唯一一个具体研究和设计船型的项目，设计出两种适合我国辽宁地区群众渔业推广的节能型玻璃钢渔船船型。

12月　据统计，全国检验渔业船舶59.94万艘、船用产品24.7万台件。

2009年

1月13日、14日　第三届中国渔业船舶检验技术委员会第二次全体会议在珠海召开，来自全国渔业船舶检验系统、渔业船舶设计、修造、使用单位以及高校和科研机构的50多名委员和专家参加会议。大会增补了20名第三届中国渔业船舶检验技术委员会委员并颁发了聘书，公布了优秀渔业船舶检验技术论文获奖名单，并邀请中国船级社的专家就国际海事组织近期国际海事法规动态进行专题讲座。会议还就技术委员会第一次大会确定的渔业船舶技术专题研究情况进行交流。

1月16日　农业部渔业船舶检验局出台《关于加强内陆水域渔业船舶检验管理工作的通知》，从切实增强渔业船舶检验工作的责任感和风险意识、加强宣传、强化安全生产主体责任、严格依法实施检验、完善检验管理、健全检验机制等6个方面，形成履行渔船检验指导工作职责的基本工作思路。

1月21日　农业部渔业船舶检验局颁布《渔业船舶法定检验规则（船长大于或等于7m但小于12m沿海渔业船舶法定检验技术规则)》，自2009年4月1日起施行。

1月　农业部渔业船舶检验局参加远洋渔船检验检测装备项目实施工作，并参与农业部渔业局统一组织的渔船检验基础设施建设规划（2009—2015）船检部分的编制工作。

3月9日　农业部渔业船舶检验局颁布《渔船用柴油机型谱审核须知》，明确了渔船用柴油机型谱审核的要求，统一了型谱审核工作的程序、标准、内容和方法。同时，为进一步规范型谱审核工作，2009年10月29日农业部渔业船舶检验局再次下发《关于渔船用柴油机型谱审核中有关问题的通知》。

3月16—20日　国际海事组织（IMO）船舶设计与设备分委会（DE）第52次会议在伦敦召开。农业部渔业船舶检验局派代表参加了会议。会议成立了救生设备、北极有冰覆盖水域船舶操作指南、渔船安全建议三个工作组及报警和指示器规则修订、货油舱涂层两个起草组。农业部渔业船舶检验局代表参加了全会及所有工作组和起草组的工作。

3 月 24—26 日　农业部渔业船舶检验局在重庆市召开《渔业船舶法定检验规则（船长大于或等于 5m 但小于 12m 内河渔业船舶法定检验技术规则)》宣贯会。

3 月 31 日　农业部渔业船舶检验局在宁波市召开北太鱿鱼钓船无线电通信设备配备研讨会，与会专家对北太鱿鱼钓船配备海事卫星 MINI-C 站和 AIS 船载终端能否替代甚高频 DSC 和中高频 DSC 达成共识。

3 月　农业部渔业船舶检验局在福建漳州组织举办沿海小型渔业船舶检验现场交流会，组织基层验船师相互切磋、交流、学习。

4 月 13 日　农业部渔业船舶检验局下发《关于开展海洋渔船灯杆高度等专题研究的通知》，决定开展海洋渔船灯杆高度、渔业船舶自动识别系统（AIS）等专题研究工作。

同日，全国注册验船师（渔业船舶类）资格考试（认定）办公室成立。办公室设在农业部人事劳动司。办公室主任、副主任分别由农业部人事劳动司、人力资源社会保障部专业技术人员管理司、农业部渔业船舶检验局主管领导担任。成员为人力资源社会保障部专业技术人员管理司、农业部人事劳动司、渔业局、渔业船舶检验局、人力资源开发中心分管负责同志和相关负责人。

4 月 14—16 日　农业部渔业船舶检验局与香港特别行政区政府海事处在香港举行第四次定期会议，周彤局长和谭百乐处长分别率两地代表参加会议。会议就下一步香港渔船委托检验、1993 年托雷莫利诺斯议定书研究、双方的进一步合作交流展开了积极的商讨，并形成共识。周彤局长和谭百乐处长签署了会议纪要。

4 月 15 日　全国注册验船师（渔业船舶类）资格考试专家委员会成立。委员会主任、副主任委员分别由周彤局长、李小芬巡视员担任，委员为各有关省（区、市）渔业船舶检验机构、大专院校、渔船设计修造单位专家，专家委员会工作机构设在农业部渔业船舶检验局体系建设处，主要负责注册验船师（渔业船舶类）资格考试大纲、考试题库编写工作，负责继续教育培训教材大纲编写工作，负责研究提出注册验船师资格各级别考试合格建议。

4 月　农业部渔业船舶检验局启动沿海小型渔业船舶和内河渔业船舶检验规程编写工作。

4—9 月　农业部渔业船舶检验局组织开展海洋渔船检验工作专项检查、开展渔船安全技术状况隐患排查治理和督促检查、渔业船舶技术状况大检查等 3 个专项大检查。

5 月 14 日　全国渔业船舶检验工作会议在辽宁召开，农业部渔业船舶检验局举办了以“让渔船更安全，让海洋更清洁”为主题的中国渔船技术暨渔船检验 30 周年专题研讨。牛盾副部长出席会议并作了重要讲话。

5 月 25—27 日　农业部渔业船舶检验局在昆明市召开《渔业船舶法定检验规则（船长大于或等于 7m 但小于 12m 沿海渔业船舶法定检验技术规则)》宣贯会。来自全国沿海 11 个省（市、区）的 230 余名验船师参加了宣贯会。香港特别行政区政府海事处李启良助理处长、何伟杰高级验船师参加会议。

6 月 10 日　农业部渔业船舶检验局公布 2008 年度全国船用产品受检认可率达到了

48.2%，完成了45%的年度考核任务目标。为加强渔业船舶船用产品认可工作，努力实现2010年全国受检船用产品认可率达到55%的工作目标，农业部渔业船舶检验局从2007年起定期对全国受检船用产品认可率情况进行通报。

6月　根据《中华人民共和国渔业船舶检验条例》和《渔业船舶法定检验规则（2000）》有关规定，农业部渔业船舶检验局对取得认可资格的A型气胀式救生筏和静水压力释放装置进行了集中质量抽检。9月9日召集有关企业和渔业船舶检验部门对抽检情况进行了通报。会后，对上海游龙橡胶制品公司等七家在抽检中发现问题的企业进行通报处理。12月9日农业部渔业船舶检验局下发《关于进一步加强渔船用气胀式救生筏检验管理工作的通知》。

6月　农业部渔业船舶检验局在山东乳山组织举办“南锋”号渔业资源与环境科学调查船检验现场交流会。

6月　农业部渔业船舶检验局在湖南长沙召开远洋渔船检验管理工作交流座谈会，研究落实和启动船舶技术状况预检及自查工作。

7月7日　农业部渔业船舶检验局发布《技术法规编写基本要求》。

7月　农业部渔业船舶检验局与农业部渔业局协商，就规范远洋渔船船网工具 控制指标、渔船检验、登记和远洋渔业项目办理程序方面达成一致，并以农业部办公厅文件下发了《关于进一步规范远洋渔船证书和远洋渔业项目办理程序有关事项的通知》，优化调整远洋渔船证书办理流程。

9月1日　农业部渔业船舶检验局下发《关于开展渔船（海洋拖网渔船）节能评价体系专题研究的通知》，委托上海海洋大学工程学院开展渔船（海洋拖网渔船）节能评价体系专题研究。

9月10日　农业部渔业船舶检验局颁布《黄渤海小型渔业船舶检验办法》，自2009年12月1日起施行。这是我国首部区域性渔业船舶检验办法。

9月28日　中国渔业船舶检验技术委员会在上海召开《渔业船舶自动识别系统（AIS）研究》项目评审会。专家组认为该项目研究达到国内领先水平，一致同意本项目通过评审。

10月12日、13日　中国渔业船舶检验技术委员会船体专业分委会邀请部分省市渔业船舶检验机构的验船师、金枪鱼围网船船东、设计建造单位、中国船级社上海规范研究所和审图中心、708研究所等单位的代表和专家在上海召开“大型金枪鱼围网船审图专题研讨会”。

10月15日、16日　农业部渔业船舶检验局在天津市召开渔业船舶自动识别系统B类船载设备技术标准评审会。该标准的出台为规范我国渔业船舶自动识别系统（AIS）B类船载设备的技术要求和功能要求提供依据。

10月23日、24日　中国渔业船舶检验技术委员会在武汉市召开全国渔业船舶载重线专题讲座及技术研讨会。中国渔业船舶检验技术委员会船体委员、有关省级检验机构及重点地市级检验机构从事船体专业检验工作的验船师以及部分渔业船舶设计单位船体专业的设计人员参加了研讨会。

10月26—30日　中韩第五次交流会在北京举行。会议就定期交流时间、人员交流、近期交流议题、下次会议交流重点达成备忘录。会后，韩国代表团赴上海考察船用产品生产厂，到浙江参观舟山沈家门渔港，并考察基层渔船检验机构，与一线验船师进行交流和探讨。

11 月 17 日　人力资源社会保障部、农业部联合颁布《注册验船师（渔业船舶类）资格考试认定办法》。两部委下发了《关于印发注册验船师（渔业船舶类）资格考试认定办法的通知》。按照该办法要求，人力资源社会保障部、农业部共同负责注册验船师（渔业船舶检类）资格考试认定工作，具体负责注册验船师（渔业船舶类）资格考试认定管理工作；各省、自治区、直辖市渔业行政主管部门负责注册验船师（渔业船舶类）资格考试认定工作的监督、检查等相关工作。

11 月　农业部渔业船舶检验局在福州召开双国籍渔船检验管理工作会议，进一步研究了解决上述渔船双重检验及双重收费等多年来企业反响强烈的问题。

11 月　农业部渔业船舶检验局举办全国第一期验船师渔业船舶船用产品检验资格培训考试。来自全国 26 个省的 52 名渔业船舶船用产品验船师参加了培训。

12 月 11 日　中国渔业船舶检验技术委员会在成都召开渔业船舶自动识别系统专题讲座暨研讨会。沿海各省级检验机构及重点地市级检验机构从事电气专业检验工作的验船师以及部分渔业船舶用 AIS 终端设备生产企业代表参加了研讨会。

12 月 15 日　渔业船舶检验监督管理系统（网络版）通过初步验收。农业部渔政管理指挥系统建设验收专家组及相关单位有关领导和太极肯思捷信息系统咨询有限公司以及亿阳信通股份有限公司相关工作人员参加了初步验收工作。

12 月 22 日　农业部渔业船舶检验局对山东渔业船舶检验局上报的《关于对山东省 2009 年新增北太平洋鱿鱼钓船船型限制的请示》以《关于山东省 2009 年新建北太平洋鱿钓渔船船型问题的答复意见》进行批复，形成北太平洋鱿钓渔船标准船型管理工作基本意见，加强了对渔船船型标准化管理工作。

12 月　农业部渔业船舶检验局参与我国首次南极磷虾探捕项目的实施，派员参加项目实施协调会和两次船员培训及备航会议，严把船舶检验质量关，确保了赴南极海域作业渔船的航行作业安全及南极磷虾探捕项目的成功。

2010 年

1 月 5 日　中华人民共和国香港特别行政区政府海事处处长谭百乐先生签署“就执行本地船只检验对政府当局的承认”文本［含附录Ⅰ-（RFV）检验工作范畴（适用于中华人民共和国渔业船舶检验局）、附录Ⅱ-（RA）获提名验船师的资历要求］。根据香港法例第 548 章《商船（本地船只）条例》第 7A 条规定，承认中华人民共和国渔业船舶检验局包括其指定省局“〔获承认当局〕”安排获提名验船师为施行该条例的规定而对本地船只进行的检验工作，由 2010 年 1 月 19 日起生效，为期五年。

1 月 20 日　农业部渔业船舶检验局与澳门港务局在广州市举行渔船检验业务交流会，双方就新建造渔业船舶的检验项目、检验标准、检验文件的签发以及渔船管理等基本情况进行交流，并根据澳门渔民船东在内地建造钢质渔船的实际情况，初步商定采取“一事一议”的方式进行检验业务的合作。

1月25—29日　国际海事组织（IMO）稳性、载重线和渔船安全分委会（SLF）第52次会议上，再次成立工作组审议了《船长小于12米甲板渔船和非甲板渔船安全建议》，并讨论修改了《实施〈渔船和渔民安全规则（B部分）〉、〈小型渔船设计、建造和设备自愿性指南〉和〈安全建议〉的指南》。农业部渔业船舶检验局派员参加了工作组。

4月26—30日　中韩双方举办三次定期安全技术交流会，在历次的交流会晤中，双方互相考察了对方国家的渔船检验机构、船舶修造企业、科研机构、渔港等地，开展了渔船检验技术及渔船安全管理方面的交流。

5月1日　《广西壮族自治区沿海小型渔业船舶检验办法》实施。

9月1—3日　在北京举办《国际渔船安全公约1993年议定书》中日韩研讨会，三个国家的渔船检验部门的代表对议定书的修订进行深入研究和讨论。

10月30日—11月19日　农业部渔业船舶检验局组织渔业船舶防污染技术管理培训团一行11人，赴瑞典培训。本次培训主要内容是了解瑞典公共管理部门运作机制，瑞典农业、渔业基本情况和政策，船舶检验工作情况，有关防污染方面的法律法规等。

11月18日　为确保渔船生产和渔民生命财产安全，并使“601”专案尽快得到妥善处理，针对“601”专案涉案渔船处理问题，农业部渔业船舶检验局、渔政指挥中心、渔业船舶检验局和专案组成员单位有关同志进行了专题研究。会议认为，这批涉案渔船存在较大安全隐患，必须逐船进行整改并经检验合格后，方能办理相关手续。

11月26日　农业部令第11号修订《渔船修造厂认可办法》。

2010年　农业部渔业船舶检验局对渔用对讲机开展了质量专项检查，抽查合格率为75%。

2010年　专家组首批完成了对江苏省三家柴油机企业和上海市两家柴油机企业的渔船用柴油机型谱复核。

2010年　农业部渔业船舶检验局向农业部渔业局建议，争取将渔船用柴油机、渔船安全、通讯导航、防污染和捕捞设备纳入农机局补贴范围。

2010年　“渔船计算机辅助检验系统（FVCAR ver. 1.0）”开发完成，该软件是专门针对渔业船舶开发的一套计算软件，主要用于辅助各级渔船检验机构对渔业船舶设计图纸进行审核。

2011年

1月10—14日　我国交通运输部组团参会，中国船级社、交通运输部海事局、农业部渔业局、农业部渔业船舶检验局、大连海洋大学和上海船舶研究设计院及我驻英使馆海事处派员参加国际海事组织（IMO）稳性、载重线和渔船安全分委会（SLF）第53次会议。会议期间，成立了完整稳性工作组、分舱破损稳性工作组和渔船安全工作组。农业部渔业局、渔业船舶检验局和大连海洋大学与会人员参加了分委会全体会议和渔船安全工作组，就推动

《1993年托雷莫利诺斯议定书》尽早生效和小型渔船安全等涉及渔业的问题进行了艰苦激烈的讨论。经过各方努力，分委会讨论制订了《促进〈议定书〉尽快生效的协议（草案文本)》和《促进〈议定书〉尽快生效的大会决议（草案文本)》，将提交给将于2011年5月召开的IMO海上安全委员会第89届会议选择决定和批准通过，会议同时就免除条款等相关议题和技术条款的修订取得了初步的成果。

2月16日　农业部渔业船舶检验局制定《2011年度远洋渔船检验工作计划》。

3月2日　农业部渔业船舶检验局“十省百县万船”调查活动正式启动。

3月15日　2011年全国渔船船用产品质量整治行动启动。

3月18日　“3·15”上渔船专项整治保安全，全国渔船救生设备检验技术培训班在江苏南通举办。

3月25日　中国渔业互保协会三届九次常务理事通讯会议通报了换届工作筹备组关于《中国渔业互保协会章程》修改工作的情况，会议认为，根据渔业互助保险事业和协会的发展情况，依据民政部的相关规定对现行章程进行相应修改、补充和完善十分必要，通过修改后的《中国渔业互保协会章程（草案)》和《〈中国渔业互保协会章程（草案)〉的修改说明》。

3月28日　农业部渔业船舶检验局举办市县船检主管部门领导或船检机构负责人培训班。

4月7日　农业部渔业船舶检验局修订《渔船检验监督管理专项资金项目管理办法》。

4月12日、13日　全国渔船检验工作会议在重庆召开，农业部副部长牛盾出席会议并作重要讲话。农业部渔业局赵兴武局长、产业政策与法规司李生巡视员、市场与经济信息司李昌健副司长、财务司冀名峰副司长、渔政指挥中心居礼副主任、中国水产科学研究院崔国辉副院长等领导出席了会议。

4月18—22日　由农业部渔船检验局主办、福建渔船检验局承办的“2011年全国第一期验船师上岗资格培训班”在厦门海洋职业技术学院举办。来自国家局、福建、江苏、浙江、广东等省的138名验船人员，参加了此次培训和考试。

4月25—28日　农业部渔业船舶检验局与韩国渔船安全技术监督局在四川成都举行了中韩第五届渔船安全技术会议。

4月26日、27日　为了使内河验船师更好地执行《渔业船舶法定检验规则（船长大于或等于5m但小于12m内河渔业船舶法定检验技术规则)》，提高内河验船师检验水平，农业部渔业船舶检验局在成都举办内河小船法定检验规则培训班。

5月8—14日　为贯彻落实牛盾副部长在全国渔业船舶检验工作会议上提出的“十二五”期间渔船检验工作“五大”体系建设的要求，根据2011年千名验船师培训计划，农业部渔业船舶检验局在浙江省举办远洋验船师培训。

5月11—20日　国际海事组织（IMO）海上安全委员会（MSC）第89次会议。不支持国际海事组织（IMO）稳性、载重线和渔船安全分委会（SLF）第53次会议提出的议定书生效条件，坚持议定书原来确定的生效条件。

6 月 10 日　农业部渔业船舶检验局同意阳东县东平永安造船厂等三家企业筹建气胀救生筏检修站。

6 月 14 日　为进一步贯彻落实《农业部关于印发〈2011 年全国农资打假专项治理行动实施方案〉的通知》和《关于开展 2011 年全国渔船船用产品质量专项治理行动的通知》精神，推动专项治理工作的有效开展，提高专项治理工作质量，确保专项治理行动圆满完成，农业部渔业船舶检验局成立由柳正局长领导的全国渔船船用产品质量专项治理行动工作领导小组。

6 月 21—24 日　为了使内陆地区验船师更好地执行《渔业船舶法定检验规则（船长大于或等于 5m 但小于 12m 内河渔业船舶法定检验技术规则）》，提高内陆地区验船师检验水平，农业部渔业船舶检验局在烟台举办内陆地区小型渔船检验规则培训班，由山东渔业船舶检验局和内蒙古自治区渔业船舶检验局承办。

8 月 3 日　2011 年全国渔船检验质量大检查正式启动。

8 月　农业部渔业船舶检验局与大连海事大学、大连海洋大学等大专院校联合成立渔船公约应对研究工作组，启动了对策研究工作。重点解决我国渔船的安全技术状况与公约实质性要求进行对比研究，提出渔船技术法规的修改意见，分析我国加入《国际渔船安全公约》的利弊，提出符合国家利益的可行性应对方案，为我国渔船与《国际渔船安全公约》要求接轨提供支撑。

9 月 15 日　为扎实推进 2011 年全国渔船船用产品质量整治行动，作为 2011 年全国渔船船用产品质量整治行动之“3・15 上渔船”系列活动，农业部渔业船舶检验局在浙江省宁波市举办“放心农资下乡安全产品上船”活动。

9 月 27 日、28 日　农业部渔业船舶检验局与香港特别行政区政府海事处在浙江省杭州市举行第六次定期会议。浙江渔业船舶检验局、广东渔业船舶检验局、福建渔业船舶检验局派员出席会议。双方就渔船管理、渔船检验合作、香港船舶检验机制和验船师管理与培训等进行了广泛的交流。双方就未来合作有关事宜达成共识。

10 月 19 日　根据《农业部办公厅关于印发 2012 年财政项目指南的通知》，农业部渔业船舶检验局按照“农村能源综合建设项目指南”要求，完成《节能渔船标准船型评选与推广项目实施方案》。

11 月 29 日　农业部渔业船舶检验局为进一步加强全国渔业船舶船用产品检验工作，指导今后一段时期全国船用产品检验工作，在上海召开规划和指导意见研讨会。

12 月 5—9 日　结合国家“863”远洋渔船重点建设项目，我国第一艘自行设计的大型金枪鱼围网船的建造工作，农业部渔业船舶检验局在辽宁省大连市举办远洋验船师培训。

12 月 11 日　为落实与中海油气电集团签署的战略合作框架协议，加深在渔船上应用 LNG 的认识，农业部渔业船舶检验局在深圳举办 LNG 培训班。

12 月 13 日、14 日　农业部渔业船舶检验局在香港进行渔船检验工作交流。

据统计，全年共受检渔业船舶约 68 万艘；产品工厂认可和型式认可 205 家，产品检验 60 万台件；已获得渔业船舶设计、修造认可的单位分别稳定在 114 家和 1242 家。

2012 年

1 月 6 日　农业部渔业船舶检验局下发《关于印发全国渔业船舶安全技术状况评价工作方案的通知》。

2 月 13 日　农业部渔业船舶检验局同意在现有“浙江省渔业船舶船用齿轮箱检测中心”的基础上，经考核认证，成立“国家渔业船用齿轮箱检测中心”。

2 月 14 日　农业部渔业船舶检验局制定《2012 年度远洋渔船检验工作计划》。

2 月 27 日　按照《农业部办公厅关于开展农业部门网络与信息安全检查的通知》，农业部渔业船舶检验局进行网络信息安全自查。

3 月 1 日、2 日　农业部渔业船舶检验局在沈阳组织召开了全国渔船安全技术状况报告编写座谈会，对前一阶段全国渔船安全技术评价工作进行阶段性总结，对全国渔船安全技术状况报告（初稿）进行了研讨。

3 月 13 日　农业部常务会议审议通过了《农业部 2012 年为农民办实事工作方案》，将《中国渔船》“万本杂志上渔船”活动列入了 2012 年农业部为农民办理的 31 件实事，作为农业部为农民办实事送书送信息送广告的一项重要内容，这是关心渔民，开创和谐船检工作新局面的重要举措。

3 月 15 日　农业部渔业船舶检验局网上办公系统的邮件、通知公告、会议安排、领导日程安排、规章制度等功能模块开发完成，系统正式试用。

3 月 19—21 日　在农业部渔业船舶检验局承办的中国工程院“中国海洋渔船装备技术发展座谈会”上，宋健、潘云鹤、陈明义、孙晓郁等领导同志以及唐启升、吴有生、金东寒院士，中国工程院、工信部、农业部、船舶科研院所及大专院校、渔船检验、设计、制造、渔船公司等单位的领导专家，对农业部渔业船舶检验局专题向大会作的《海洋渔船安全技术状况报告》高度关注。专家对该报告给予了充分肯定，认为报告为中国工程院渔船战略课题研究提供了基础素材，做出了贡献。

3 月 21 日　农业部渔业船舶检验局在北京召开了《全国海洋渔船安全技术状况报告》审查会。中国科协副主席唐启升院士、政协委员吴有生院士、政协委员金东寒院士以及中国工程院、中国水产科学研究院、中国船舶重工集团公司、渔船检验机构、船舶设计院、船舶制造和渔船公司等单位的领导、专家共计 30 余人出席了会议。

4 月 12 日　农业部渔业船舶检验局正式启动了全国渔船安全技术状况评价工作。

4 月 24 日　农业部渔业船舶检验局的《海洋渔船安全技术状况报告》中的相关数据被中国工程院上报国务院的《关于呈报把海洋渔业提升为战略产业和加快推进渔业装备升级改造更新的建议的报告》中引用，为海洋渔船装备发展得到国务院领导批示发挥了重要作用。

4 月 24 日　农业部渔业船舶检验局在河北唐山召开全国渔业船舶检验工作会议。柳正局长发表重要讲话，深入贯彻落实全国农业工作会议和全国渔业会议精神，总结交流 2011 年渔业船舶检验工作，研究部署 2012 年渔业船舶检验重点工作。

4 月 27 日　农业部渔业船舶检验局完成《渔船安全技术动态评价基础设施建设项目可行性研究报告》。

5 月 23 日　农业部渔业船舶检验局全国渔业船舶安全技术状况评价试点工作的开展引起社会各界媒体的高度关注，中央政府门户网站对此项工作予以了报道。以“报告显示我国海洋渔船呈现‘五多五少’的特点”为题，报道了我国海洋渔船呈现出“五多五少”的特点。以“张玉香依靠科技进步积极推进我渔船装备现代化”为题，报道了要实现我国渔船装备现代化，必须依靠科技进步，积极推进渔船装备现状根本转变。

5 月 23—25 日　农业部渔业船舶检验局与中国渔船渔机渔具行业协会组织大型展团参加 2012“中国国际船舶工业博览会”，设立“中国现代渔船技术装备专业展区”并举办“中国现代渔船发展高峰论坛”。

6 月 6 日　农业部渔业船舶检验局同意体系处项目“赴法国开展验船师培训”和产品处项目“赴美国开展渔船船用产品监管培训”，2013 年度出国（境）培训。

6 月 11 日　农业部渔业船舶检验局向沿海各省、自治区、直辖市人民政府办公厅印发全国海洋渔船安全技术状况报告的函。

6 月 29 日　农业部渔业船舶检验局在广西举行一次大规模的《中国渔船》杂志免费送上万船的活动启动及发放仪式。

7 月 3 日　农业部渔业船舶检验局在大连召开全国渔船安全评价体系及规划研讨会。与会专家与课题组人员对全国渔船安全评价指标体系进行了深入细致的讨论，对指标权重设定、渔船抽样比例、评价结果使用、采集工作思路等方面给出了指导性意见和建议，对《全国渔船安全评价中长期规划》的框架、内容、体例进行了讨论。根据会议专家意见，再次对评价指标项目进行修改完善，加紧制定全国渔船安全技术评价工作中长期研究和实施规划。

7 月 4 日　农业部渔业船舶检验局对《关于征求对广东省拟取消和调整行政审批事项意见的函》进行了认真研究，对远洋渔船与进口船用产品检验发证、渔业船舶修造企业特殊工种人员资质认定两项行政做出审批工作。

8 月 2 日　为配合“海洋渔业船舶升级更新改造”工程，推动渔船检验检测装备建设，推进全国渔船标准化工作，提升我国渔船安全装备技术水平，根据渔船检验装备建设“十二五”规划，农业部渔业船舶检验局编制了渔船检验装备建设实施方案。

8 月 15 日　农业部渔业船舶检验局召开座谈会，讨论研究分类改革意见，贯彻中共中央、国务院《关于分类推进事业单位改革的指导意见》的有关精神，按照农业部人事劳动司事业单位分类改革调研的要求，切实做好改革的研究和准备工作。

8 月 22 日—9 月 30 日　农业部渔业船舶检验局验船师李冰和陈碎鹏两位同志执行秘鲁建点任务，完成租赁办公地点、购买办公设备检验设备等检验工作点基本建设，检验工作点规章制度建设，检验了在秘鲁的舟山市宏润远洋渔业有限公司等 13 家远洋渔业企业所属 74 艘远洋渔船检验工作。

9 月 2 日、3 日　为配合做好 2012 年海洋渔船更新改造项目，农业部渔业船舶检验局在上海组织召开“全国渔船更新改造技术研讨会”。

9月10日　李杰人局长主持召开2012年第十次局常务会议，研究调整农业部渔业船舶检验局行政审批许可签发人和签发形式。

9月19日　李杰人局长、钟小金副局长率农业部渔业船舶检验局有关人员到南海区渔政局交流工作，吴壮局长等局领导及南海区渔政局有关部门人员参加了交流座谈。

11月4日、5日　农业部渔业船舶检验局在大连召开了全国渔业船舶安全技术状况白皮书编写工作研讨会。

11月21日　农业部渔业船舶检验局组织有关专家对《渔船安全技术状况评价体系（第一版)》进行了专家评审验收。专家认为首次开展我国海洋渔船安全技术评价体系研究设计，对了解掌握我国渔船安全技术状况和提高我国渔船安全技术水平具有重要意义。

11月21日　农业部渔业船舶检验局组织有关专家在大连对项目组承担的“应对《国际渔船安全公约》生效的对策研究”研究项目进行了评审验收，外交部条法司、交通部国际合作司以及农业部渔业局有关领导参加了评审会。

11月28日、29日　农业部渔业船舶检验局召开全国渔船船用产品检验工作研讨会暨渔用气胀式救生筏检修站监督抽查。

12月3—7日　李杰人局长等5人前往韩国参加中韩第六次渔船安全技术会议。

12月5日　农业部渔业船舶检验局在浙江宁波举行了一次大规模的《中国渔船》杂志免费送上万船的活动启动及发放仪式。

12月24日　农业部渔业船舶检验局对国务院审改办转发国务院法制办、发改委关于农业部保留的行政许可项目有关修改建议进行了认真研究，同意将引用的法规名称修改为《中华人民共和国渔业船舶检验条例》等意见。

12月27日　农业部渔业船舶检验局下发关于首次全国渔用气胀式救生筏检修站监督抽查活动有关情况的通报。

12月28日　为贯彻落实国务院《关于加强节能工作的决定》，按照农业部《全国渔业发展第十二个五年规划》的部署，逐步推广应用LNG动力渔船，推进渔船节能减排和渔船装备现代化，实现渔民节本增效，农业部渔业船舶检验局组织编制了《全国液化天然气（LNG）动力渔船发展战略规划（2012—2020年)》。

12月27日　农业部渔业船舶检验局常务会议研究通过《制服及服饰着装规定》。

2013年

1月7日　李杰人局长主持局常务会议，通过上海海洋大学等4个单位验船师培训基地资质认定申请，体系处牵头成立专题小组研究“三证合一”。

1月18日　李杰人局长签发关于进一步明确省级及以下渔业船舶检验机构产品检验事权的通知。

1月24日　李杰人局长主持局常务会议审议通过了全国渔业船舶检验系统评优结果，确定47个“优质船检机构”，66名“优秀验船师”和21名先进工作者。

2 月 4 日　农业部渔业船舶检验局常务会议研究成立大型渔政船建造检验工作领导小组及“办公室”等有关工作事宜，审议通过《农业部渔业船舶检验局工作规则》。

2 月 6 日　农业部渔业船舶检验局制定为渔民办实事活动方案，将开展安全产品和安全知识上渔船活动。

2 月 25 日　为了防止进口船用产品检验工作影响大型渔政船的整体建造检验进度和质量，确保建造检验工作顺利进行，拟在摸清在建大型渔政船使用进口船用产品情况的基础上，研究制定在建大型渔政船进口船用产品检验工作方案，农业部渔业船舶检验局发函各省局，要求提供在建大型渔政船拟使用进口船用产品情况。

3 月 7 日　为了加强渔船用柴油机检验的监督管理，规范和推进渔船用柴油机型谱的核定工作，农业部渔业船舶检验局决定组织力量开展渔船用柴油机型谱管理方案制订工作。

4 月 3 日　为探索建立渔船船用产品检验分类管理制度，推进渔船用柴油机型谱管理工作，农业部渔业船舶检验局在烟台召开渔船船用产品检验分类管理和渔船用柴油机型谱管理工作研讨会。

4 月 8 日　农业部渔业船舶检验局对《建议取消和下放的行政审批事项表（农业部）》进行认真研究，建议保留“渔业船舶设计、修造单位资格认定”项目，下放调整“远洋渔业船舶检验和渔业船舶船用产品认可”项目部分小项内容审批权限。

4 月 17 日　经农业部渔业船舶检验局认真研究，同意将“渔业船舶设计、修造单位资格认定”作为第一批取消的行政审批项目。

4 月 27 日　农业部渔业船舶检验局印制《2011—2012 远洋渔船境外检验工作报告选编》。

5 月 20 日　李杰人局长主持局常务会议原则通过 2013 年度局绩效计划任务书、局绩效管理指标体系及局内处室绩效管理指标体系。由办公室会同各处室根据审议意见作进一步修改完善后报部绩效办。

5 月 20 日　为贯彻落实 2013 年全国农资打假专项治理行动电视电话会议精神，农业部渔业船舶检验局按照《农业部办公厅关于开展 2013 年全国渔船船用产品质量专项治理行动的通知》的统一部署和安排，发布关于开展 2013 年渔船救生设备质量监督抽查的通知。

5 月 22 日　在国家加大远洋渔业政策扶持力度的新形势下，远洋渔业企业在建造远洋渔业捕捞船的同时，提出了为自捕渔获物运回而建造远洋渔业辅助船的需求。根据《中华人民共和国渔业船舶检验条例》和农业部、交通部两部分工文件，为服务远洋渔业发展大局，进一步明确远洋渔业辅助船的检验管理要求，农业部渔业船舶检验局发文，请各有关渔业船舶检验局报送远洋渔船建造检验情况。

5 月 24 日　为贯彻《国务院关于取消和下放一批行政审批项目等事项的决定》，认真做好取消渔业船舶设计、修造单位资格认定行政许可事项后的落实和衔接工作，切实加强后续监管，从源头上确保渔业船舶修造质量，农业部渔业船舶检验局发布《关于加强渔业船舶修造开工前检查的通知》。

6 月 4 日　为适应当前进口船用产品检验监管工作实际，规范进口船用产品检验监管工作，进一步提高进口产品检验工作质量和效率，农业部渔业船舶检验局决定对2001年颁布实施的《关于渔业船舶船用进口产品检验的暂行规定》进行修订，钟小金副局长签发关于征求渔业船舶进口船用产品检验监管意见的函。

6月9日　农业部渔业船舶检验局在黑龙江召开全国渔业船舶检验财务管理会议暨渔船检验工作座谈会。

6月9日　李杰人局长主持局常务会议，原则审议通过《渔业船舶应用新技术新装备建造改造检验管理办法（暂行)》。

6月14日　农业部渔业船舶检验局印发关于做好渔业船舶技术安全检查治理工作的通知。

6月19日　农业部渔业船舶检验局在黑龙江召开全国渔业船舶检验系统财务培训暨工作会。

6月23—25日　农业部渔业船舶检验局在上海组织有关专家召开了大型渔政船检验大纲编制研讨会，对《国家重点项目大型渔政船检验大纲（讨论稿)》提出了具体修改意见。

6月28日　农业部渔业船舶检验局在广东省汕头市海门渔港举办“为渔民群众办实事、让安全产品上渔船”的现场活动。

6月6日—7月2日　农业部渔业船舶检验局开展对日本东和电机制作所等14家企业船用产品认可及检验工作。结合此次认可及检验工作，为加强中日两国船舶检验机构交流与合作，探索与日本船检机构建立检验合作工作机制，提高境外产品检验工作实效性和可操作性，5位同志组成的检验团组执行了检验与会谈任务。

7月18日　远洋渔业船舶检验、渔业船舶船用产品认可和渔业船舶船用产品境外检验等3项行政许可纳入农业部行政审批综合办公大厅。

7月30日　为进一步加强国家重点建设项目大型渔政船建造检验管理，使检验工作更加规范化、标准化和科学化，确保大型渔政船建造检验质量，农业部渔业船舶检验局组织编写了《国家重点项目大型渔政船检验大纲》，印发《国家重点项目大型渔政船检验大纲》。

8月2日　李杰人局长主持局常务会议，原则通过用三年的时间开展对基层骨干县（市）千名验船师培训的计划安排。

8月5日　农业部渔业船舶检验局常务会议研究通过《渔业船舶及船用产品检验费计收工作内部管理办法》。

9月9日　李杰人局长签发关于印发《渔业船舶试用新技术新装备检验管理办法（暂行）的通知》。

9月9—16日　农业部渔业船舶检验局在浙江舟山和山东龙口两地进行远洋渔船检验发证子系统软件培训、测试并试点上线。

9月16日　农业部渔业船舶检验局印发关于委托省级渔业船舶检验局代收船用产品认可费的通知。

10月11日　李杰人局长主持局常务会议，通过《渔业船舶船用产品检验管理办法》；同意对自动识别搜救应答器进行型式认可，检验标准按国际标准执行，同意受理远洋渔业辅助船的检验。

11 月 4 日　农业部渔业船舶检验局在江苏南通组织召开了远洋渔船检验管理工作座谈会，对《远洋渔业船舶境外检验工作点管理办法（讨论稿）》进行了研究讨论。

12 月 19 日、20 日　农业部渔业船舶检验局在四川省成都市召开渔业船舶船用产品检验监督管理工作研讨会。

12 月 19 日、20 日　农业部渔业船舶检验局派员参加“中洋 26”渔船技术鉴定，出具“中洋 26”船稳性复核工作报告。

12 月 26 日　农业部渔业船舶检验局常务会议审议通过《渔业船舶船用产品检验管理规定》；研究确定远洋渔船检验证书签字形式。

12 月 30 日　农业部渔业船舶检验局印发《远洋渔船境外检验工作点管理办法》的通知。

据统计，在已经开展检验业务工作的 29 个省（区、市）中，产品检验 80 万台件，监督抽查重点安全产品 29 万台件；完成海洋渔船检验 20 万艘。

2014 年

1 月 2 日　为加强渔业船舶船用产品检验及其监督管理，保证渔业船舶船用产品检验及其监督管理工作的有效实施，农业部渔业船舶检验局印发《渔业船舶船用产品检验管理规定》。

1 月 20 日　农业部关于印发《渔船用柴油机型谱与标识管理办法》。

2 月 24 日　农业部渔业船舶检验局通过《渔业船舶法定检验规则（2000）》中有关氨制冷系统的补充要求，以通函方式印发执行。

3 月 11 日　根据《关于共建农业部渔业船舶检验局审图中心（上海）的函》（农渔检（法）函〔2014〕41 号）与中国水产科学研究院在渔业机械仪器研究所共建审图中心（上海），主要职责为承担渔业船舶设计图纸审查任务和技术法规研究工作。

3 月 28 日　为切实发挥渔船检验工作在保障渔业安全生产和渔民生命财产安全方面的骨干作用，促进渔业船舶法定检验工作有效、有序开展，针对当前渔船安全监管突出问题，农业部渔业船舶检验局决定在全国范围内开展“渔船基本数据普查行动”“渔船重要安全隐患整治行动”以及“船用产品质量监督执法整治行动”。为推进“三大行动”工作有序开展，在江苏南京集中研讨“三大行动”工作部署。

4 月 4 日　农业部渔业船舶检验局印发关于试用渔业船舶图纸审查监督管理系统的通知。

4 月 15 日　农业部渔业船舶检验局印发废止《关于进一步规范和明确渔业船舶公证检验计费标准的通知》的通告。

4 月 24 日　李杰人局长主持召开局常务会议，审议通过《农业部渔业船舶检验局固定资产管理办法》和《农业部渔业船舶检验局国有资产管理办法》；原则通过《农业部渔业船舶检验局公务接待管理规定》由办公室根据会议意见修改后执行；原则同意委托中国渔业报编辑出版《中国渔船》杂志方案，由办公室与中国渔业报社协商形成协议；审议通过《农业部渔业船舶检验局督办工作规定（试行）》。

4 月 25 日　农业部渔业船舶检验局向农业部递交关于审批《全国重点管控渔船安全检验监察信息系统建设项目可行性研究报告》的请示。请示指出根据农业部中央预算内投资的总体思路，为进一步加强渔船检验管理部门对整个渔船安全检验环节的监察能力，提高对渔船身份识别及重要船用产品的监管能力，实现渔船现场监管信息的数字化及智能化采集与确认，从源头上保证渔船检验监察信息的准确性与实时性，更好地履行渔船检验及监督管理职责，农业部渔业船舶检验局拟建设全国重点管控渔船安全检验监察信息系统。

5 月 1 日　审图中心（上海）正式挂牌成立。

5 月 22 日　农业部渔业船舶检验局原则同意浙江渔业船舶检验局在浙江奉化开展渔船营运检验定点检验试点工作。

6 月 5 日　农业部渔业船舶检验局下发关于规范船用产品认可行政审批期限管理的通知。

6 月 13 日　农业部渔业船舶检验局报送渔业船舶设计修造企业资格认定行政审批取消落实措施情况的函，按照农业部行政审批办的要求，《国务院关于取消和下放一批行政审批项目等事项的决定》下发以后，渔业船舶检验局立即下发文件停止了渔业船舶设计、修造企业资质审批工作，并及时通过报纸和网络向社会进行公布，切实防止了变相审批、委托审批等情况发生。

6 月 19 日　农业部渔业船舶检验局下发关于加快推进“数字船检”系统建设工作的通知。

7 月 4 日　按照《关于梳理政风行风突出问题提出专项整治建议的函》要求，渔业船舶检验局立足船检行业、船检系统实际，对船检政风行风突出问题进行了一次梳理，报送船检局专项整治工作方案的函。通过服务基层、服务渔民，进一步加强船检工作法规制度和行风建设，下大决心改进工作作风，切实解决群众反映的强烈问题，推动船检系统政风行风得到进一步的转变。

8 月 13 日　农业部渔业船舶检验局组织召开全国渔船检验执法监督三大行动工作会议，对农业部关于 2014 年全国渔船基本数据普查、渔船安全风险隐患排查与整治、渔船船用产品质量监督整治三大行动工作进行全面推进部署。全国 29 个省（区、市）渔船检验部门负责人参加了会议。

8 月 20 日　农业部渔业船舶检验局下发关于对上海存宏船舶救生设备有限公司生产的气胀救生筏检修情况进行排查的紧急通知；关于要求上海存宏船舶救生设备有限公司对存在质量问题气胀救生筏进行召回的通知。

8 月 28 日　农业部渔业船舶检验局召开渔业船舶船用产品检验监督管理工作研讨会。钟小金副局长总结两年来的全国船用产品检验监督管理工作，学习和贯彻落实新出台的各项船用产品检验监督管理制度，推进渔船船用产品质量监督整治行动，研究下一步船用产品法定检验监督的工作思路和重点任务。

9月9日　李杰人局长主持召开局常务会议，审议通过《关于进一步做好远洋渔船境外检验管理工作的通知》。

9月22日　农业部渔业船舶检验局根据《农业部关于在全国农业系统第二批教育实践活动中进一步深化专项整治改进政风行风的通知》的部署和安排，以“三救”设备（救生筏、救生圈、救生衣）生产、经销企业为重点，开展了重要船用产品监督抽查和质量专项治理行动，严厉打击假冒伪劣行为。

9月　为进一步贯彻落实安全生产法，加强远洋渔船企业安全管理标准体系建设，强化远洋渔业企业安全主体责任，农业部渔业船舶检验局组织有关人员在上海对远洋渔船企业安全管理标准体系建设工作进行了研究。

10月29—31日　农业部渔业船舶检验局与香港特别行政区政府海事处、澳门特别行政区政府海事及水务局就港澳流动渔船按照内地渔船同等安全标准、同等要求实施安全检验监管进行磋商一致，形成了《关于渔船检验管理合作会议纪要》。

11月13日　农业部渔业船舶检验局组织有关省渔业船舶检验局及渔船用柴油机型谱审核专家委员会部分专家在上海集中研究渔船用柴油机型谱审核有关工作。

11月17日　农业部渔业船舶检验局下达关于启用渔业船舶检验监督管理系统远洋渔船检验子系统的通知。

12月1日　李杰人局长主持召开局常务会议，审议通过《渔业船舶检验督查工作实施办法（审批稿)》；审议通过渔船用柴油机型谱第一批发布名单。

12月18日　中国渔业互保协会挂靠到农业部渔业船舶检验局。

12月26日　中国远洋渔业协会挂靠到农业部渔业船舶检验局。

截至12月31日，全国共完成渔业船舶检验702444艘，新建渔业船舶21819艘，255项船用产品认可审批，开展751项柴油机型谱审核，完成39家新建渔业船舶检验机构业务核定，组织开展了14期验船师1200人次培训。

2015年

1月26日　农业部渔业船舶检验局在北京组织开展了2014年度全国渔业船舶验船师资格高评委会议，通过初评、推荐、评审、公示等环节，发文公布69名高级验船师，207名中级验船师。

2月11日　农业部渔业船舶检验局在烟台举办“北斗海洋渔业应用示范工程项目”监督管理培训班。项目领导小组成员单位及项目建设单位、终端设备中标单位代表参加了研讨和培训。

3月3日　农业部渔业船舶检验局发布《渔业船舶检验指南（第4册）船长小于12m国内海洋渔业船舶2015》。

3月6日　农业部渔业船舶检验局编印机关工作制度汇编，收集整理了全局内综合办公、人事党务、财务管理的各项制度。

3月15日　第四、五期海洋骨干县（市）验船师基础专业培训班在大连海洋大学开班，

12 月 25 日结业。79 名验船人员参加了培训，有 40 人考试取得验船员资格。

3 月 16 日　第八至第十一期共 4 期内陆骨干县（市）验船师基础专业培训班在上海海洋大学开班，11 月 25 日结业。131 名验船人员参加了培训，58 人考试取得验船员资格。

3 月 19 日　于康震副部长代表农业部党组宣布李昌健任农业部渔业船舶检验局局长，并对船检工作作出重要指示。

3 月 23 日　中华人民共和国香港特别行政区政府海事处处长黄伟纶先生签署“就执行本地船只检验对政府当局的承认”文本［含附录Ⅰ-（RFV）检验工作范畴（适用于中华人民共和国渔业船舶检验局）、附录Ⅱ-（RA）获提名验船师的资历要求］。根据香港法例第 548 章《商船（本地船只）条例》第 7A 条规定，承认中华人民共和国渔业船舶检验局指定省局等检验机构“〔获承认当局〕”安排获提名验船师为施行该条例的规定而对本地船只进行的检验工作，由 2015 年 1 月 19 日起生效，为期五年。

3 月 23—25 日　远洋验船师检验业务（防污染）培训班在福州举办。

3 月 24 日　由农业部渔业船舶检验局支持、上海海洋大学组织实施的第一期全国渔业船舶修造企业技术管理人员专业证书班正式开班，来自全国五省区的 42 名学员参加学习。

3 月 25 日　农业部渔业船舶检验局发布《2014 全国渔业船舶检验业务统计工作报告》。

3 月 31 日　农业部公告第 2245 号发布，修订了国内海洋和远洋渔业船舶检验有关证书及其检验记录样式。

3 月 10 日　渔业船舶建造检验实践培训班在山东蓬莱中柏京鲁船业有限公司举办，6 月 7 日结业，来自全国 9 省区的 15 名学员参加学习。

3 月 12 日　由农业部渔业船舶检验局党总支及工会于春节期间共同组织举办的“我爱我家”主题摄影比赛完美落幕。共收到 32 名干部职工拍摄的 63 幅作品，作品主题鲜明、风格多样，表现了美丽家乡独特的秀美风貌，抒发了干部职工对美好生活的追求。

3 月 13 日　农业部渔业船舶检验局印发《关于施行〈钢质海洋渔船建造规范（2015）〉的通知》，《钢质海洋渔船建造规范（2015）》自 2015 年 7 月 1 日起实施。

3 月 13 日　农业部渔业船舶检验局印发《关于施行〈渔业船舶图纸审查管理工作指南〉的通知》，《渔业船舶图纸审查管理工作指南》自发布之日 60 个工作日后生效。

4 月 21—29 日　农业部渔业船舶检验局组织 3 个调研组赴辽宁、山东、浙江、江苏、广东，就老旧渔船报废淘汰退出制度及出口渔船监管措施开展调研。钟小金副局长带队调研。

4 月 21—25 日　农业部渔业船舶检验局在河南郑州组织举办第 1 期验船师上岗资格培训班。

5 月 1 日　农业部渔业船舶检验局全面启动中国渔政指挥系统远洋渔船检验监督管理子系统。

5 月 5 日　“创新学习形式，推进干部队伍建设”——农业部渔业船舶检验局举办首期“港湾讲堂”活动。

5 月 7 日　农业部渔业船舶检验局印发《渔业船舶船用产品（型式/工厂）认可初审工

作指南》。

5 月 14 日　农业部渔业船舶检验局与农业部信息中心签订《农业部渔业船舶检验局信息系统建设研讨会备忘录》，就加强渔船检验信息化建设工作达成了初步意见。

5 月 15 日　农业部人事劳动司崔鹏伟副巡视员宣布部党组任命刘晴同志为农业部渔业船舶检验局副局长的决定。

5 月 26 日、27 日　李昌健局长与福建渔业船舶检验局叶建平局长一道，带领年轻干部到局领导基层联系点——福建省宁德市霞浦县三沙镇三澳村，实地调查并听取渔民和基层干部对渔业船舶检验工作的意见。

5 月 28 日　农业部渔业船舶检验局向渔业渔政管理局报送《关于报送老旧渔船报废淘汰退出制度及出口渔船监管措施调研报告的函》，完成渔业局委托的老旧渔船报废淘汰退出制度研究工作。

5 月 31 日　渔船检验长训班微信公众号开通，及时宣传培训工作情况，建立信息反馈通道。

6 月 1 日　农业部渔业船舶检验局完成中国渔政指挥系统产品检验管理子系统测试、试运行及上线工作，并与远洋渔船检验监督子系统一并对接农业部办公厅行政审批综合办公系统。

6 月 5 日　李昌健局长赴浙江就渔船检验机制改革有关事宜进行调研。浙江省海洋与渔业局局长彭佳学，副局长陈远景、童加朝及省船检局相关同志参加调研。

6 月 10 日　“创新学习动员形式，推进干部队伍建设”——农业部渔业船舶检验局举办第 2 期“港湾讲堂”活动。

6 月 12 日　1000 吨级大型公务船检验工作总结座谈会在重庆召开。李昌健局长、南海区海警局（筹）郭锦富副局长、重庆市农委吴纯副主任以及上海、重庆渔船检验局有关领导等出席会议，并实船察看了船舶建造检验工作情况。

6 月 16 日　农业部渔业船舶检验局第 5 次局常务会议审议通过了《渔业船舶检验程序规定（暂定)》编制工作方案，启动规定起草工作。

6 月 17 日　农业部渔业船舶检验局向于康震副部长和部渔业渔政管理局报送《关于全国渔船检验执法监督三大行动开展情况的报告》，汇报“三大行动”开展情况，剖析存在的问题，提出下一步工作意见。

6 月 19 日　农业部渔业船舶检验局发布《关于印发〈渔业船舶及船用产品检验项目资金管理办法（试行)〉的通知》，进一步加大了渔业船舶及船用产品检验项目检验费收缴及项目管理工作的监管力度，规范了“农业检测检验检疫费用”项目资金使用。

6 月 20 日　农业部财务司宋昱副巡视员一行三人到农业部渔业船舶检验局调研，了解渔船检验监督管理中期财政规划的需求和编制情况，并进行了座谈。钟小金副局长参加座谈，并就农业部渔业船舶检验局近期工作开展情况及中期财政规划需求和编制情况做了详细汇报。

6 月 24 日　农业部渔业船舶检验局印发《关于继续深入开展全国渔船检验执法监督三

大行动的通知》，对继续深入开展全国渔船检验执法监督三大行动提出有关要求。

6月24—28日　农业部渔业船舶检验局在安徽合肥组织举办第2期验船师上岗资格培训班。

6月25日　农业部渔业船舶检验局完成《钢质海洋渔船建造规范（2015）》和《渔业船舶图纸审查管理工作指南》出版发行。

7月1日　《钢质海洋渔船建造规范（2015）》生效。

7月8日　农业部渔业船舶检验局印发《关于公布实施〈渔业船舶法定检验规则（远洋2015）〉的通告》《渔业船舶法定检验规则（远洋2015）》自2015年12月1日起施行。

7月14日　农业部渔业船舶检验局印发《关于印发处室职能与编制调整的通知》《关于印发农业部渔业船舶检验局（中华人民共和国渔业船舶检验局）内设机构职能的通知》，完成处室职能调整。

7月17日　全国渔船检验执法监督三大行动座谈会在大连召开。于康震副部长出席会议并作重要讲话，李昌健局长主持会议并做三大行动进展情况报告。渔业渔政管理局副巡视员刘新中、农业部渔业船舶检验局张锋、钟小金副局长出席会议。

7月20日　农业部办公厅印发《农业部办公厅关于进一步加强渔船用柴油机型谱与标识管理工作的通知》。

7月21日、22日　渔业船舶验船师培训工作集中研究座谈会在江苏南通召开。

7月28日　为推动我国渔业船舶缺陷船用产品召回制度的建立，农业部渔业船舶检验局组织专家就《渔业船舶缺陷船用产品召回管理规定》的制定及相关工作进行集中研讨。

7月31日　“拥军固长城，共圆强国梦”——农业部渔业船舶检验局开展三严三实教育“八一进军营”活动。

8月4日　农业部渔业船舶检验局召开干部任用调整及职能转移调整工作大会，宣布并部署干部任用调整和处室职能调整工作。

8月6日　农业部渔业船舶检验局完成《创新工作机制，加强制度建设课题研究报告》《创新思维方式，加强文化作风建设课题研究报告》《创新学习方式，加强干部队伍建设课题研究报告》并上报韩长赋部长。韩部长批示：“船检局开展干部、制度、作风三项专题研究，这是一项重要的基础工作，很有意义，相信在今后开创工作新局面中会产生重要的作用。希望船检局坚持业务建设和队伍建设两手抓，两手硬，推动事业发展上台阶、上水平”。

8月10日　农业部渔业船舶检验局完成干部提拔及交流轮岗工作，全体干部按照新职责新岗位开始工作。

9月1日、2日　“立足新常态，谋划新举措，开创新局面”——农业部渔业船舶检验局举办理论中心组学习（扩大）会议。

9月8日　农业部渔业船舶检验局组织召开“互联网＋渔船检验”发展策略座谈会，李昌健局长提出要运用互联网等新兴技术推进渔船检验系统信息化建设。

9月11日　“以案明纪抓预防，严以律己守规矩”——农业部渔业船舶检验局举办第

3 期“港湾讲堂”暨专题组织生活会。

9 月 14 日　农业部政务网站刊登我国首部远洋渔船《渔业船舶法定检验规则》生效实施的新闻。

9 月 17 日　农业部渔业船舶检验局印发《关于开展 2015 年渔船用柴油机型谱与标识核查工作的通知》，并组织河北等 5 省市检验机构对辖区内渔船用柴油机制造企业贯彻落实《渔船柴油机型谱与标识管理办法》进行督查。

9 月 19 日　农业部渔业船舶检验局印发《关于渔业船舶试航有关问题的批复》，明确了参加航行试验人员安全的要求和签发《渔业船舶试航证书》的要求。

9 月 21 日　农业部渔业渔政管理局与农业部渔业船舶检验局就适应渔船安全监管新常态、合力推动渔业转型升级提质增效进行工作交流座谈，共商今后一段时期加快推动现代渔业发展大计。两局领导班子和处室负责人参加了交流座谈。

9 月 21 日　农业部渔业船舶检验局印发《关于开展海洋渔业船舶“船证不符”情况摸底调查的通知》。

9 月 22 日　刘晴副局长带队赴辽宁、山东两地，对与农业检测检验检疫费用相关的收费内容、标准、范围，以及收费票据管理与费用上缴等资金管理使用情况进行抽查和监督检查。

9 月 22 日　农业部渔业船舶检验局在广西南宁市集中研讨《渔业船舶检验工作程序规定（讨论稿)》，农业部产业政策与法规司立法协调处和渔业渔政管理局政策法规处派员出席。

9 月 22 日　农业部渔业船舶检验局完成《〈关于推进内陆渔船规范化管理有关情况的报告〉意见》，提出对内陆渔船“三证合一”管理工作的意见，从业务管理和信息化建设角度，提出今后一段时期做好这项工作所可能面临的问题及工作意见。

9 月 23—26 日　农业部渔业船舶检验局在广西南宁举办《渔业船舶法定检验规则（远洋渔船 2015)》暨《钢质海洋渔船建造规范（2015)》宣贯培训。农业部渔业渔政管理局崔利锋副局长出席并讲话，李昌健局长做动员讲话，钟小金副局长主持宣贯培训。参加培训人员达 120 余人。

9 月 28 日　农业部渔业船舶检验局向海南渔业船舶检验局发函，暂缓对其 14 个检验机构进行业务调整，并指导其开展机构建设工作。

9 月 28 日　农业部渔业船舶检验局启动渔业船舶检验法规体系课题研究，规范研究中心、审图中心（上海）及法规处分别承担相关篇章的研究与起草工作。

10 月 8—11 日　全国渔船检验综合业务培训班在郑州举办，张锋副局长、河南省农业厅张惠民副厅长出席培训班。

10 月 15 日、16 日　远洋验船师检验业务（船体）培训班在上海举办。

10 月 20 日　全国渔业船舶检验系统财务工作会暨培训班在浙江舟山市举办。刘晴副局长参加会议并讲话。

10 月 22—24 日　农业部渔业船舶检验局在山东省烟台市举办《渔业船舶法定检验规则

(远洋渔船 2015)》和《钢质海洋渔船建造规范(2015)》宣贯培训。

10 月 23 日　渔业船舶检验监督管理信息系统总体设计方案—“智慧船检”总体技术方案通过专家审查。

10 月 27—29 日　农业部渔业船舶检验局在杭州举办《渔业船舶法定检验规则(远洋渔船 2015)》和《钢质海洋渔船建造规范(2015)》宣贯培训。

10 月 28 日　农业部渔业船舶检验局在杭州组织开展海洋渔业船舶“船证不符”问题集中研究,农业部渔业渔政管理局刘新中副巡视员、农业部渔业船舶检验局钟小金副局长、浙江海洋与渔业局孙晓明总工参加研讨。

10 月 30 日　农业部渔业船舶检验局印发《关于做好远洋渔船无线电通信设备装船后的检验及其监督管理工作的通知》,从 2015 年 12 月 1 日开始,远洋渔船检验时执行《渔业船舶无线电通信设备检测证明》新要求。

10 月 30 日　“严以用权,强化担当”——农业部渔业船舶检验局举办第 4 期港湾讲堂暨“三严三实”专题交流会。

11 月 1 日　全国沿海省(区、市)渔业船舶检验局局长培训班在湖南长沙举办。农业部渔业船舶检验局以及 18 个省局相关领导以及大连海洋大学和上海海洋大学相关专家参会。

11 月 12 日　农业部公告第 2319 号发布,进一步修订远洋渔业船舶部分检验证书及其检验记录样式。

11 月 16 日　2015 年度全国渔业船舶验船师资格高评委会议在浙江宁波召开,完成对 476 名验船人员的中、高级验船师资格评审工作。此次会议共评审通过 82 名验船人员获得高级验船师资格,263 名验船人员获得中级验船师资格。

11 月 17 日　全国远洋渔船检验管理工作座谈会在成都召开。会议交流总结 2014—2015 年沿海各省(市、区)远洋渔船检验、境外检验点建设等情况,研讨了《远洋渔船检验管理办法(讨论稿)》。钟小金副局长参加会议并作总结讲话。

11 月 23 日　全国渔业船舶船用产品质量监督工作研讨会在黑龙江省哈尔滨市召开,会议交流总结了 2015 年各省(区、市)渔业船舶船用产品质量监督工作情况,专项通报了 2015 年渔船救生、消防设备监督抽查结果以及渔船用柴油机型谱和标识监督管理情况。张锋副局长参加研讨并作总结讲话。

11 月 24 日　农业部渔业船舶检验局和总装备部航天装备总体研究发展中心签署了《中国第二代卫星导航系统重大专项项目合同变更补充协议》。

11 月 24—29 日　农业部渔业船舶检验局在福建厦门组织举办第 3 期验船师上岗资格培训班。

11 月 26 日　渔船检验事业发展教学片 1.0 版完成。

12 月 1 日　《渔业船舶法定检验规则(远洋渔船 2015)》正式施行。

12 月 1 日　“中国渔船检验”微信公众号发布创刊词。

12 月 3 日、4 日　全国渔船检验工作会议在上海市召开,于康震副部长出席并作重要讲话。

12 月 3 日　农业部渔业船舶检验局对在实施全国渔船检验执法监督“三大行动”、远洋渔船检验以及大型渔政船建造检验等重大工作中作出突出贡献的辽宁渔业船舶检验局等 12 个单位和王国富等 30 名人员进行通报表扬。

12 月 8 日　第十二期内陆骨干县（市）验船师基础专业长训班在上海海洋大学开班。

12 月 14—16 日　《渔业船舶检验指南（内河渔业船舶）》宣贯培训在南京举办。

12 月 15 日　内地与香港、澳门第三次渔船检验管理合作会议在香港召开，三方围绕一年来对港澳流动渔船的管理和检验工作开展情况进行了座谈交流，针对出现的问题提出了改进措施。李昌健局长率团出席。

12 月 16 日　于康震副部长在农业部渔业船舶检验局报送的《关于建立实施渔业船舶缺陷船用产品召回制度的报告》上批示：船用设备是渔业安全生产的重要保障，救生设备还往往是挽救生命的“最后一根稻草”，事关重大。船检局勇于创新，知难而进，工作取得重要进展，值得充分肯定。望再接再厉，乘势而为，把事做成，为现代渔业建设保驾护航，成为渔民的“保护神”。

12 月 17 日　农业部渔业船舶检验局与北京宝锐亿韬科技发展有限公司签署渔船检验监督管理系统升级改造合同，全面开展信息系统升级工作。

12 月 17 日　农业部办公厅印发《农业部办公厅关于加强渔业船用救生筏监督管理的通知》。

12 月 18 日　“数字船检”信息监察系统完成验收。

12 月 22 日　农业部渔业船舶检验局新版政务网站正式上线。

12 月 22 日　首期验船师审图实际操作能力建设班在农业部渔业船舶检验局审图中心（上海）举办，来自辽宁绥中、丹东和部局共 5 名学员参加了首期学习。

12 月 22 日　全国渔船标准化技术委员会工作会议在上海召开，完成了委员调整工作，组建了新的渔船标准化技术委员会，并成立了渔船专用装备、清洁能源和电力推进渔船标准化工作组。

12 月 22 日　《“十三五”期间我国渔业船舶验船师队伍建设规划报告》正式征求各方意见。

12 月 25 日　农业部渔业船舶检验局完成海洋、内陆验船师培训教材编制项目初步审查工作。

12 月 28 日　2015 年全国渔船检验业务统计工作会议在西安召开。会议要求要结合“十三五”时期渔船检验工作重点，抓住渔船检验信息化建设有利契机，进一步完善统计工作标准规范，让船检统计工作更好地服务于“现代渔业”建设。

12 月 28 日　农业部渔业船舶检验局发布《渔业船舶检验指南（第 3 册）12m≤船长＜24m 国内海洋渔业船舶 2015》及《渔业船舶检验指南（第 5 册）内河渔业船舶 2015》。

12 月 29 日　农业部渔业船舶检验局印发《关于公布 151 件现行有效渔业船舶检验技术法规和管理文件的通知》，公布 151 件现行有效渔业船舶检验技术法规和管理文件目录（截至 2015 年 11 月 30 日）。

12 月 29 日　农业部渔业船舶检验局完成已出版的《中国船舶检验史（1977—1998）》渔业船舶部分的内容补充和《中国船舶检验史（1999—2010）》渔业船舶部分及渔业船舶检验大事记的编写工作。

据统计，全国各级检验机构共检验完成近 70 万艘渔业船舶、80 多万台件船用产品，审理 1 万多套渔船图纸。

2016 年

1 月 8 日　农业部财务司宋昱副巡视员率预算处、财务会计处有关负责人到农业部渔业船舶检验局调研了解工作经费情况以及存在的困难，调研组充分肯定了农业部渔业船舶检验局在资金使用及财务管理方面所做的工作。

1 月 10 日　为期一年的首期“全国渔业船舶修造企业技术管理人员专业证书班（船舶工程技术专业）”在上海海洋大学圆满结束，来自全国 5 省（区）的 42 名学员考核合格，取得了结业证书。

1 月 11 日　农业部渔业船舶检验局举办 2016 年第 1 期港湾讲堂，局内 5 位同志分别结合参加任职培训、境外检验调研和信息系统规划研究收获成果，进行交流分享，全体干部职工参加了会议。

1 月 11—25 日　受农业部渔业船舶检验局委托，中国远洋渔业协会对我国在法属波利尼西亚附近海域作业的远洋渔船开展了协检，中国远洋渔业协会选派了 3 名技术人员前往法属波利尼西亚检验了 19 艘远洋渔船。

1 月 13 日　农业部渔业船舶检验局 2015 年政府采购信息工作统计分析报告完成。

1 月 18 日　农业部渔业船舶检验局 2015 年度固定资产投资报表和 2015 年部门决算完成。

1 月 19 日　第十二期全国内陆骨干县（市）验船师基础专业长训班结业典礼在上海海洋大学举行。刘晴副局长出席典礼。

1 月 20 日　农业部渔业船舶检验局 2015 年农业检测检验检疫费用项目总结报告完成。

1 月 20 日　刘晴副局长在江苏南通参加了《渔船用产品检验监督管理信息化建设需求方案》集中研究和讨论。

1 月 22 日　农业部渔业船舶检验局召开老干部迎新春座谈会，李昌健局长代表全体同志向老同志们致以真挚的节日问候，并通报了 2015 年工作情况及 2016 年的工作思路。

1 月 26 日　农业部渔业船舶检验局举行理论中心组学习（扩大）会议，学习近期中央有关文件、会议精神及韩长赋部长、于康震副部长重要讲话精神，贯彻新理念新要求，进一步提高领导班子和党员干部的理论素养、决策水平和推动创新发展能力。

1 月 27 日　《农业部渔业船舶检验局经费管理办法（试行）》制定实施。

1 月 28 日　《渔业船舶检验工作程序规定》第二次集中研讨在北京举行。李昌健局长出席并讲话。农业部产业政策与法规司冯汉坤副处长、渔业渔政管理局张成副处长应邀到会指导。

2 月 2 日　农业部渔业船舶检验局举办 2016 年第 2 期港湾讲堂，本次讲堂以“弘扬传统文化，爱我中华”为主题，大家一起分享中国传统文化，还播放了局内干部职工录制的新年视频集锦。

2 月 16 日　农业部渔业船舶检验局印发《关于明确各类渔业船舶适用现行检验规则规范的通知》，明确了各类渔业船舶适用的现行检验规则规范，指导各地在实际检验工作中正确适用规则规范。

2 月 23 日　农业部渔业船舶检验局印发《关于 2015 年全国渔业气胀救生筏检修站监督抽查情况的通报》，对农业部渔业船舶检验局认可的 85 家筏站中 27 家抽查情况进行了通报，并提出了整改要求。

2 月 25 日　农业部国际交流服务中心季文远副主任率签证处到访农业部渔业船舶检验局，就远洋渔船境外检验团组出国手续办理事项进行交流座谈。座谈会就如何提高出国手续办理效率、优化出国手续办理程序、建立中国远洋渔业协会协助办理机制等问题进行了研究探讨。

2 月 25 日　海南批量渔船建造工程基本完成，农业部渔业船舶检验局组织各检查组及验船师就海南批量渔船提出的建造质量整改意见共计 82 条，全部在各船厂得到整改落实，海南批量渔船检验及质量检查工作得到于康震副部长肯定性批示。

3 月 1 日　农业部渔业船舶检验局财务预算执行管理信息系统项目研发结束，测试后试上线运行。

3 月 3 日　李杰人同志离任审计意见整改落实报告完成。

3 月 3—10 日　农业部渔业船舶检验局工会委员会在全局范围内开展了“一张纸献爱心行动、救助贫困患病儿童行动”活动。工会委员会通过“爱心屋”收集的旧报纸、书刊等废旧纸制品共计约 140 公斤，所得废旧纸制品由中华慈善总会统一售卖，所得款项将定向用于救治贫困地区患病儿童。

3 月 4 日　《农业部渔业船舶检验局国有资产清查工作方案》完成。

3 月 5 日　农业部渔业船舶检验局在福州集中研讨《中华人民共和国渔业船舶检验条例》修订，来自 14 个省（市）分管船检工作的领导和技术支撑机构的同志围绕条例修订的必要性和可行性以及如何修改进行了研讨。

3 月 13 日　农业部渔业船舶检验局向于康震副部长及部渔业渔政管理局报送《关于启动〈渔业船舶检验条例〉修订工作的请示》，汇报了开展“条例”修订前期工作情况，提出了下一步工作意见。

3 月 14 日　受部党组和人事劳动司委托，农业部渔业船舶检验局召开全体干部大会，宣布了部党组关于唐金龙同志为农业部渔业船舶检验局总工程师的任命决定。

3 月 14 日　“智慧船检”工程实施办公室正式设立。

3 月 15 日　农业部渔业船舶检验局与中国海警局后勤装备部签署了《关于中国海警机构整合过渡期间（2016 年底前）原渔政船法定检验工作的协商备忘录》，就 41 艘原渔政船转为海警舰船的法定检验有关事项达成一致，并明确 2016 年以后渔业船舶检验机构不再对该批船舶进行检验。

3 月 15 日　固定资产投资项目竣工财务决算摸底调查报告完成。

3 月 15 日　农业部渔业船舶检验局党总支副书记、副局长钟小金同志受局领导班子委托在农业部人事劳动司召开的部系统 2016 年人事劳动工作会议上发言，汇报了农业部渔业船舶检验局 2015 年在干部人事工作中的主要做法和取得的成绩。

3 月 16 日　由农业部渔业船舶检验局组织的大型金枪鱼围网捕捞装备技术推进工作会在浙江省宁波市举办。该套设备的研制成功，改变了我国大型金枪鱼围网捕捞装备完全依赖进口的局面，填补了国内空白。

3 月 18 日　全国渔船标准化技术委员会组织全国玻璃钢渔船产业技术发展联盟相关专家在上海对中船重工 714 研究所承担的“国内外玻璃钢渔船标准对比研究”课题进行专家评审。

3 月 21 日　农业部渔业船舶检验局在上海组织有关专家完成了各地上报的远洋渔船标准化推荐船型的初审工作。

3 月 23 日　农业部渔业船舶检验局组织召开“智慧船检”系统建设工作协调会。会议邀请部渔业渔政管理局渔情监测与市场加工处领导，中国水产科学研究院渔政管理指挥系统运维组负责人参加。与会人员听取工作汇报并就有关内容展开讨论，对“智慧船检”系统建设有关问题达成共识。

3 月 23 日　农业部渔业船舶检验局印发《关于开展 2016 年全国渔船船用产品质量专项治理行动的通知》，通知要求各地要严厉打击渔船船用产品假冒伪劣行为，提高渔船船用产品质量和安全性能，保障渔民用上安全船用产品。

3 月 23 日　农业部渔业船舶检验局召开 2016 年第二次理论中心组学习（扩大）会议，局领导及全体处级干部参与了此次交流学习。会议强调，全体党员干部要深入贯彻廉洁自律准则和党纪处分条例，全面从严治党，忠诚履行职责，把纪律挺在前面，持之以恒落实中央八项规定和纠正“四风”，努力构建作风建设新常态。

3 月 23 日　农业部渔业船舶检验局在上海市组织召开了渔船船型标准化技术研讨会，初步明确了标准船型的基本定义、主要形式、技术路线和选型程序等内容，提出了在选型过程中应考虑海洋渔船地域特点、作业种类、区域和渔民用船习惯的差异性等因素。同时，还研究了标准船型统一命名等问题。

3 月 24 日　农业部渔业船舶检验局与澳门海事及水务局在广州召开澳门籍流动渔船检验管理合作协议草案研讨会，经双方友好协商，共同拟订了《关于澳门籍流动渔船的检验工作合作协议》，就检验依据、检验程序、检验的执行及收费等方面达成了共识。

3 月 28 日　农业部渔业船舶检验局向农业部渔业渔政局报送《关于再次报送〈国内海洋渔业船舶“船证不符”问题摸底调查情况的报告〉的函》，对 2015 年开展的海洋渔船“船证不符”问题调查情况进行了汇总分析，核查出全国数据库中“船证不符”渔业船舶共 71580 艘，地方数据库中“船证不符”捕捞渔船共 15852 艘。

4 月 1 日　于康震副部长对农业部渔业船舶检验局《关于进一步加强远洋渔船检验工作

的请示》作出批示，要求“请渔业局、中国远洋渔业协会阅研。希同心协力，积极推动落实有关建议”。

4 月 1 日　农业部渔业船舶检验局结合项目代表性、项目规模等因素，选取了 7 个重点项目，采取了处室自评与考核小组集中评定相结合的方式开展了财政项目支出绩效评价试点工作。

4 月 6—10 日　全国渔业船舶检验入职培训班在海南省海口市举办。来自全国 25 个省（区、市）渔业船舶检验机构的 85 名验船人员参加了此次培训，共有 78 人参加了考试，其中 69 名培训学员通过考试。

4 月 8 日　“智慧船检”系统建设组织机构成立。项目建设领导组织机构包括项目建设领导小组、项目管理工作小组和“智慧船检”工程实施办公室。领导小组由李昌健局长任组长，有关领导任成员，负责项目建设重大事项决策及内外资源协调工作；项目管理工作小组在领导小组领导下开展工作，组织、管理项目实施，筹划落实阶段性重点工作及专项任务；“智慧船检”工程实施办公室负责该项目的日常工作，贯彻落实领导小组和工作小组的各项决策部署，调度汇总和及时通报系统建设工作进展情况。

4 月 8 日　“智慧船检”系统建设初步完成了《“智慧船检”系统建设实施工作方案》和《“智慧船检”系统建设实施技术方案》的编制工作，制定了系统建设三年工作计划。完成总集成商和监理商有关招标文件的准备工作，在启动总集成商招标的同时，同步开展项目监理的选定工作。

4 月 11 日　根据“智慧船检”系统建设工作进度计划安排，唐金龙总工程师召集有关专家，召开了《“智慧船检”系统总集成项目招标文件》集中评审会。

4 月 12 日　农业部渔业船舶检验局召开全局干部大会，传达学习，农业部党员干部警示教育大会精神，并对全局党员干部做出要求。

4 月 12 日　由农业部渔业船舶检验局支持、上海海洋大学举办，为期一年的“全国渔业船舶修造企业技术管理人员专业证书班（船舶工程技术专业）”正式开班。

4 月 15 日—6 月 13 日　农业部渔业船舶检验局举办了第 1 期海洋验船师专业基础培训班，来自 9 省的 36 名验船人员参加了培训，21 人参加考试，其中 20 人取得验船员资格。

4 月 20 日　为了积极应对绿色和平组织对我国远洋渔船吨位真实性的质疑，农业部渔业船舶检验局明确我国签发的渔船吨位证书合法，并复函中国水产有限公司，明确中国水产有限公司在几内亚比绍、几内亚海域生产的 38 艘远洋渔船可继续持有渔船吨位证书。

4 月 21—25 日　农业部渔业船舶检验局在海南海口组织举办了第 1 期全国渔业船舶检验入职培训班，来自 25 个省的 85 名验船人员参加培训，78 人参考试，69 人通过验船员资格考试。

4 月 26 日　农业部渔业船舶检验局印发《关于公布 2016 年第二批渔船用柴油机型谱的通知》，公布了经渔船用柴油机型谱审核专家委员会和农业部渔业船舶检验局局长办公会审定通过的 95 个型号柴油机型谱。

4 月 28 日　农业部渔业船舶检验局召开“两学一做”学习教育动员部署会，进一步传达学习习近平总书记关于“两学一做”学习教育重要指示和韩长赋部长在部“两学一做”学习教育动员部署会上的重要讲话精神，全面动员部署“两学一做”学习教育工作。

5月5日　《中华人民共和国渔业船舶检验条例》修订集中研讨在福州举行。来自14个省（市）分管船检工作的领导和技术支撑机构的同志围绕条例修订的必要性和可行性以及如何修改进行了研讨。总工程师唐金龙出席研讨会。

5月6日　审图中心（山东）正式挂牌成立。

5月9—12日　刘晴副局长一行赴浙江调研指导渔船检验改革试点工作。调研组充分肯定了浙江在渔船检验改革试点探索方面所做的工作，并对下一步渔船检验改革试点工作提出具体要求。

5月11日　2016年渔业船舶建造检验实践培训班在山东省开班。来自沿海9个省（自治区、直辖市）渔业船舶检验机构的15名验船师参加此次为期2个月的驻厂实践培训。钟小金副局长出席开班座谈会并做动员讲话。

5月13日　农业部渔业船舶检验局团支部在天津开展了“践行两学一做，热爱渔船检验，争当合格团员”主题活动。13名近两年新入职的青年同志和团支部委员赴天津港中心渔港、北塘渔港，访渔港，登渔船，学习渔船检验知识；学习重要讲话，分享读书经验，践行“两学一做”。

5月16日　为深化落实党风廉政建设“两个责任”，切实加强渔船检验系统政风行风建设，铸就一支作风优良、清正廉洁的渔船检验执法队伍，根据农业部《渔业行政执法“六条禁令”》，农业部渔业船舶检验局研究制定《渔船检验执法人员廉洁自律“八不准”》正式印发。

5月17日—6月16日　农业部渔业船舶检验局举办第1期内陆验船师专业基础培训班，来自23个省的43名验船人员参加了培训，31人参加考试，30人取得验船员资格。

5月19日　《农业部渔业船舶检验局项目合同管理办法》制定实施。

5月23日　农业部渔业船舶检验局印发《农业部办公厅关于征求渔业船舶缺陷船用产品召回管理规定（征求意见稿）意见的函》。

5月23日　农业部办公厅下发《关于〈“智慧船检”系统总体设计方案〉技术审核意见》，指出“智慧船检”项目符合《农业部办公厅关于进一步规范电子政务信息系统建设的通知》有关各项建设要求，原则同意项目总体设计方案。

5月24日　农业部渔业船舶检验局印发《远洋渔船境外检验团组办理工作流程》，明确了由中国远洋渔业协会协助农业部渔业船舶检验局办理境外检验团组护照、签证等手续，并理顺了有关办事程序。

5月24日　农业部渔业船舶检验局与澳门海事及水务局在广州召开《关于澳门籍流动渔船的检验工作合作协议》草案研讨会。总工程师唐金龙、澳门海事及水务局副局长曹赐德出席会议。

5月24—28日　农业部渔业船舶检验局在舟山举办远洋验船师能力提升培训班，来自全国13个省（区、市）渔业船舶检验机构的验船人员和柴油机厂家代表共110余人参加了此次培训。本次培训分为“柴油机氮氧化物排放检验”与“无线电通信设备装船后检验”两个专题。

6 月 5 日　《2015 全国渔业船舶检验业务统计工作年报》发布。

6 月 8 日　农业部渔业船舶检验局在山东省济南市举办了船用产品检验能力提升培训班，对境外产品检验工作程序和要求，外事纪律及礼仪进行了培训。

6 月 13 日　刘晴副局长就渔船缺陷产品召回工作到上海进行实地调研。

6 月 14 日　农业部渔业船舶检验局向于康震副部长报送《关于签署〈关于澳门籍流动渔船的检验工作合作协议〉的请示》。农业部渔业船舶检验局公布经清理现行有效的 153 件渔业船舶检验技术法规及管理文件，印发《渔业船舶检验技术法规和管理文件汇编》。

6 月 14 日　农业部渔业船舶检验局批复山东、浙江改革试点实施方案。

6 月 19—25 日　农业部渔业船舶检验局在浙江舟山组织举办了 1 期远洋验船师上岗资格培训班，35 名验船人员参加了培训。

6 月 21 日　农业部渔业船舶检验局 2016 年第三期港湾讲堂顺利举行，五位同志分别就近期学习培训和实践锻炼情况作专题演讲。全局党员干部及中国渔船渔机渔具行业协会有关人员参加。

6 月 22—25 日　农业部渔业船舶检验局在山东济南举办全国船用产品检验能力提升培训班，刘晴副局长和山东渔业船舶检验局张建东局长出席培训开班仪式并讲话。

6 月 27 日　《农业部财务司关于反馈 2017—2019 年农业部重大信息平台构建及运维专项经费支持申报意见的通知》对农业部渔业船舶检验局“智慧船检”系统建设项目经费进行批复，批复金额为 4623.9 万元，该项目为农业部渔业船舶检验局历史上最大的信息化建设项目。

6 月 29 日　为进一步贯彻落实部党组专项巡视整改的具体措施，深入开展“两学一做”学习教育活动，农业部渔业船舶检验局召开 2016 年第三次理论中心组学习（扩大）会议，会议由局党总支书记、局长李昌健主持，全局党员干部及中国渔船渔机渔具行业协会有关人员参加。这也是纪念党的 95 周年华诞的重要活动。

6 月 30 日　《农业部渔业船舶检验局内部控制规程》完成。

6—12 月　“渔业船舶船用产品检验监督系统”通过公开招标，委托中国水产科学院渔业工程研究所进行升级完善，并组织完成了软件测试、培训、验收工作，该系统将于 2017 年 1 月正式启用。

7 月 4—10 日　农业部渔业船舶检验局在内蒙古举办了第 2 期全国渔业船舶检验入职培训班，69 人参加培训并考试，其中 67 人考试通过。

7 月 5 日　2017—2019 年支出规划及 2017 年部门“一上”预算完成。

7 月 5 日　农业部渔业船舶检验局召开“智慧船检”系统建设领导小组扩大会议，部办公厅、渔业渔政管理局和信息中心有关领导出席会议。会议听取了系统建设准备工作情况汇报，审议并原则同意启动“智慧船检”系统总集成、监理项目政府采购工作。这标志着“智慧船检”项目建设工作正式启动。

7月5日　李昌健局长组织召开局常务（扩大）会议，听取“智慧船检”实施办公室汇报智慧船检系统建设工作情况并审议通过了《“智慧船检”系统总集成项目招标文件》和《“智慧船检”系统建设项目（监理）竞争性磋商文件》。

7月8日　农业部渔业船舶检验局批复广东改革试点实施方案。

7月8日　农业部渔业船舶检验局发布《关于调整缅甸远洋渔业项目渔船检验监管方式的通知》，决定调整缅甸项目远洋渔船的检验监管方式，由原法定检验调整为核查安全技术证明文件。这既能化解验船师“依法检验”履职风险，又能满足远洋渔业管理要求，同时还节省了三公经费、为企业节省了检验费。

7月12日　共青团农业部渔业船舶检验局支部在局内举行了2016年迎新活动。2016年新入职公务员及局内11名青年干部同志参加了活动，分管共青团工作的刘晴副局长出席。李昌健局长、刘晴副局长与全体青年干部同志合影留念。

7月12日　农业部办公厅下发《关于印发全国海洋渔船更新改造标准船型选定工作方案的通知》，第一次在全国开展了海洋渔船标准船型的统一选定工作。

7月13日　由农业部渔业船舶检验局组织、审图中心（上海）承办的渔业船舶审图能力建设实践班在上海渔业机械仪器研究所启动。来自五省市渔业船舶检验机构的十名学员参加此次为期三个月的审图能力建设实践操作学习。钟小金副局长参加了开班活动并作了动员讲话。

7月14日—8月2日　农业部渔业船舶检验局组织开展的2016年全国渔船救生消防和无线电通信设备监督抽查工作圆满完成，本年度的渔船救生消防和无线电通信设备监督抽查，是农业部渔业船舶检验局为贯彻落实2016年全国农资打假专项治理电视电话会议精神的专项行动，旨在进一步提升渔船安全技术状况，保障渔民航行、作业安全，推进“平安渔业”建设。

7月25日　农业部渔业船舶检验局举办“两学一做”学习教育主题党课，在前一阶段党员干部集中学习、自学党章的基础上，局总支副书记、副局长张锋及三个支部书记唐金龙、何新勇、陶新同志，以“认真学习党章 争做合格党员”为主题集中讲党课，全体党员干部及中国渔船渔机渔具行业协会党员同志参加党课学习。

7月26日　农业部渔业船舶检验局与香港海事处在广州进行2016年香港流动渔船检验管理第一次工作小组商谈。会议强调，双方应以“一船一地一检”为原则，采取流动渔船检验互认有效措施，防止出现“一船两检”问题，切实做到便民、利民，进一步加强流动渔船委托检验及安全监管，推动内地与港澳流动渔船检验管理合作迈上新台阶。

7月26日　农业部渔业船舶检验局派员参加交通运输部门组织的《中国船舶检验史》编审会议，并按编委会要求进度完成相关工作。

7月28日　农业部办公厅发布行政处罚事项目录，其中有四条为涉渔船检验船处罚。

8月2日　农业部渔业船舶检验局组织开展的全国首次创新性采取第三方技术检查形式进行的，渔业船舶建造检验质量抽查检查组在浙江宁波开展检查，此次检查从7月中旬一直持续到8月中旬。

8 月 4 日　“智慧船检”系统完成总集成与监理政采工作。北京中软国际信息技术有限公司中标总集成项目，北京北咨信息工程咨询有限公司成为“智慧船检”系统建设项目（监理）成交供应商。

8 月 10 日　浙江渔业船舶检验局褚祺局长一行四人到农业部渔业船舶检验局交流渔船检验信息化建设工作。唐金龙总工程师出席会议。局“智慧船检”工程实施办公室、“智慧船检”系统建设总集成商和监理商代表参加了交流座谈会。

8 月 22 日　农业部渔业船舶检验局召开渔业船舶检验督查技术工作汇报暨动员大会。为进一步规范全国渔业船舶检验监督工作，树立渔业船舶检验监督执法良好形象，提升渔业船舶检验监督管理能力和水平，推进“十三五”时期渔业船舶检验创新发展以及 2016 年各项重点工作落实，农业部渔业船舶检验局决定在全国开展渔业船舶检验工作督导检查。

8 月 22—25 日　渔业船舶修造质量管理软件应用培训班在浙江温州成功举办。来自 18 个省（市）渔业船舶检验机构的 68 名验船师参加了培训学习。

8 月 25 日　第四届中国渔船技术委员会常务委员会第二次会议在广州召开。会议通报了技术委员会人事变动情况，还原则审议通过了《船长大于等于 12m 内河渔业船舶法定检验规则》和《船长大于等于 12m 海洋渔业船舶法定检验规则》，征求了对《渔业船舶检验工作程序规定》的意见，讨论了技术委员会的机构改革和创新发展思路，并研究部署了下一步工作。

8 月 25 日、26 日　农业部渔业船舶检验局张锋副局长一行赴山东调研指导渔船用柴油机型谱核查工作，调研组入渔港、登渔船，对渔船柴油机功率标定情况和救生筏检修站管理情况进行核查，并赴潍坊重机股份有限公司和淄柴机器有限公司与企业管理人员和一线验船师进行座谈，听取对柴油机型谱管理方面的意见和建议。

8 月 26 日　农业部渔业船舶检验局在珠海与澳门海事及水务局签订澳门籍流动渔船检验管理合作协议，协议明确了对澳门籍流动渔船检验合作的范围、检验依据、检验程序及检验的执行、证书样式、费用、保密等要求。

8—9 月　农业部渔业船舶检验局开展了涉渔“三无”船舶情况的调查研究，形成了《关于涉渔“三无”船舶情况的调研报告》，报告得到了于康震副部长的重视，召集渔业系统有关单位专题研究该涉渔“三无”船舶的清理问题。

8—9 月　农业部渔业船舶检验局组织中国船舶重工集团公司第七零一研究所开展了全国新建海洋渔业船舶技术安全状况抽查，派出 3 组“船、机、电”专业技术人员，对沿海除天津市、上海市以外的 9 个省份、13 个港口共 36 艘渔业船舶进行了检查。抽查工作主要针对已完成初次检验的渔业船舶技术安全状况开展，包括对实船及其档案的核查。抽查结果显示，沿海 9 个省份渔船技术安全状况总体良好，合格率从 80.0% 到 91.0% 不等。

8—11 月　农业部渔业船舶检验局委托山东渔业船舶检验局开展了我国在境外远洋渔船安全设备状况调查摸底，指派 2 名具有境外检验资质的高级验船师组成调查小组，先后随 3 个境外远洋渔船检验工作团组，历时近 3 个月（斐济：8 月 4 日至 9 月 3 日；加纳：9 月 18 日至 10 月 8 日；秘鲁：10 月 19 日至 11 月 13 日），赴 3 国多个地方的渔港码头、船舶锚地、修船厂实船调查了境外渔船126艘。调查主要针对渔船救生、消防、无线电设备装船后的安全技术状况开展，为下一步开展远洋渔船安全设备装船后安全技术状况整治奠定了基础。

9月3日　全国渔业船舶检验监管工作督导检查第五组在辽宁检查调研时强调，渔船检验人要“内练真功敢担当，外树形象严执法”。

9月18日　农业部渔业船舶检验局举办“两学一做”学习教育主题党课，在前一阶段党员干部集中学习、自学《中国共产党廉洁自律准则》《中国共产党纪律处分条例》等党内法规的基础上，局党总支纪检并三个支部纪检委员以“学两部法规 强纪律修养 做合格党员”为主题集中讲党课，局全体干部职工参加了党课学习。

9月19日　农业部渔业船舶检验局组织召开了《“智慧船检”系统建设实施方案》专家评审会，对该实施方案和《“智慧船检”工程管理系列办法》进行了专家评审。

9月21日、22日　农业部渔业船舶检验局22名干部职工参加了农业部职工羽毛球比赛，荣获部职工羽毛球比赛农业部机关团体第三名。

9月23日　农业部渔业船舶检验局党总支组织全体党员干部赴北京市反腐倡廉警示教育基地参观学习，开展“学习党内法规、加强廉洁自律”主题党日活动。

9月28日　农业部办公厅与渔业船舶检验局组成调研组，赴山东开展渔业、渔船检验行政审批制度改革和渔船检验机制改革等有关情况调研，李昌健局长陪同农业部办公厅蒋建平副主任一行调研。

9月30日　《农业部渔业船舶检验局渔业行政执法制服服饰配（换）发管理办法》发布。

10月10日　第三期渔业船舶审图能力实践班在中国水产科学研究院渔业机械仪器研究所开班。

10月11日　《“智慧船检”工程管理办法》印发。

10月11—15日　“智慧船检”工程实施调研组一行6人赴上海、浙江两地开展渔船检验信息化建设专题调研工作。

10月11日—12月9日　农业部渔业船舶检验局举办第2期海洋验船师专业基础培训班，33名验船人员参加了培训，18人参加考试，全部取得验船员资格。

10月16日　农业部渔业船舶检验局三个党支部联合开展主题党日活动，在总支书记李昌健的带领下，前往中国人民革命军事博物馆参观了“英雄史诗 不朽丰碑——纪念中国工农红军长征胜利80周年主题展览”。旨在纪念长征胜利80周年，深入推进“两学一做”学习教育。

10月17日　农业部渔业船舶检验局完成渔业船舶及船用产品检验费收缴及检验项目资金管理专题报告。

10月17日　农业部渔业船舶检验局共青团进行了选举换届，新一届团支部将继续继承优良传统，传承红旗精神，引领全局团员青年立足本职工作，积极探索，不畏艰险，大胆创新，无私奉献，为船检事业贡献自己的力量。

10 月 18 日—11 月 17 日　农业部渔业船舶检验局举办了第 2 期内陆验船师专业基础培训班，40 名验船人员参加了培训，31 人参加考试，全部取得验船员资格。

10 月 20—22 日　农业部渔业船舶检验局在北京举办《船用产品检验监督管理系统》操作培训班。来自 21 个省（区、市）渔业船舶检验机构的 35 名验船师参加了本次培训。

10 月 23 日　农业部渔业船舶检验局预算执行管理信息系统项目通过验收，来自国家机关事务管理局机关服务局、中国水产科学研究院、部信息中心、中软国际信息技术有限公司的专家对项目进行了审查验收。

10 月 25 日　张锋副局长带领法规监督处和产品质量监督处相关人员，就推动渔业船舶缺陷船用产品召回制度的建立和相关管理办法的制定，向部产业政策与法规司、渔业渔政管理局进行了专题汇报。

10 月 26 日　农业部渔业船舶检验局向于康震副部长报送《关于休闲渔船专题调研报告》，得到于康震副部长的肯定批示。

10 月 26—28 日　农业部渔业船舶检验局举办全国渔业船舶检验系统财务培训班。

10 月 27 日　农业部渔业船舶检验局组织召开“智慧船检”基础平台及大数据服务平台招标文件、系统标准规范建设项目竞争性磋商文件专家评审会，两个文件通过评审，招标工作启动。

10 月 27 日　农业部渔业船舶检验局在陕西省西安市举办了全国渔船检验系统财务培训班。来自 25 个省（区、市）渔业船舶检验机构的近 60 名分管财务工作的局领导和财务负责人参加了本次培训。

10 月 28 日　农业部财务司拨付农业部渔业船舶检验局医疗费补助经费 10 万元，用于离退休人员等医疗费相关支出。

10 月 28 日　农业部在福建厦门举办了中国休闲渔业高峰论坛，李昌健局长参加论坛并作了题为“经济发展新常态与休闲渔船及装备的管理和检验”的发言。

11 月 3 日　农业部办公厅发布《关于建立远洋渔业船员境外考试机制的通知》，决定结合远洋渔船境外检验机制，逐步建立完善远洋渔业船员境外考试（考核）机制。

11 月 3 日　农业部渔业船舶检验局召开 2016 年第四次理论中心组学习（扩大）会议，会议要求各支部支部书记要带头学，全面履行领导责任，将学习贯彻全会精神纳入“两学一做”学习教育，认真组织好“三会一课”，与中央专项巡视整改结合，与贯彻党内其他法规结合，与落实“一岗双责”结合起来，切实提高学习效果。要着重学习领会和执行《中国共产党廉洁自律准则》和《中国共产党纪律处分条例》，全面加强支部党建设工作，加强和规范支部党内政治生活，用好组织生活这个经常性手段，解决支部党内政治生活中存在的突出矛盾和问题。

11 月 7 日　农业部渔业船舶检验局印发《关于组织集中研讨 2016 年渔船船用产品监督抽查和柴油机型谱与标识督导检查问题的通知》。

11 月 8 日　农业部渔业船舶检验局进一步调研和完善推进实施注册验船师（渔业船舶类）制度工作，完善并细化实施工作方案，完成《关于加快实施注册验船师（渔业船舶类）

制度的请示》报部人事司。

11 月 9 日　农业部渔业船舶检验局在上海召开了船用产品监督抽查和柴油机型谱核查总结分析会，通报了监督抽查和核查工作情况，组织专家对工作中发现的问题进行了研究分析并对存在问题的企业，进行了约谈问责，提出整改要求。

11 月 10 日　应韩方邀请，农业部渔业船舶检验局委托大连海洋大学渔船安全研究中心派员参加韩国船舶安全技术管理局（KST）举办的“第一届中小型船舶安全论坛”并做主旨发言。

11 月 14 日　农业部渔业船舶检验局印发《关于明确船用产品认可有关事项的通知》，对认可证书补办、换发工作程序，再次认可办理要求及首次应用渔船的装备检验要求进行了明确。

11 月 15 日　全国渔业船舶检验业务统计工作会议在福建福州市召开。会议总结了 2015 年度统计工作情况，对 2016 年度渔业船舶检验业务统计工作进行了统一部署，重点就新制定的《渔业船舶检验业务统计报表制度》及其中的“统计指标解释”部分进行了研究讨论。

11 月 16—18 日　全国渔业船舶检验实操技能比武培训班在浙江省舟山市举办，培训首次以渔船检验实操技能比武的形式开展，沿海地区参训人员由各省局按船、机、电专业负责选送，参训人员为中级验船师，参加实操比武；内陆地区参训人员为助理验船师及以上资格，参加观摩学习。

11 月 22 日　“智慧船检”系统标准规范建设项目竞争性磋商。工业和信息化部电子工业标准化研究院成为成交供应商。

11 月 23 日　农业部渔业船舶检验局组织召开预算执行管理信息系统项目评审验收会，该系统由北京用友政务软件有限公司开发完成，自 3 月上线试运行以来，已基本实现预算指标管理、资金审批管理、预算执行管理、预算执行分析等四大功能，并完成各项测试。经专家们评议，该系统实现了预定功能，符合项目验收要求，同意该项目通过评审验收。

11 月 24 日　“智慧船检”基础平台及大数据服务平台开标评标。北京中软国际信息技术有限公司中标。

11 月 28 日　农业部渔业船舶检验局举办 2016 年第四期港湾讲堂，本次讲堂邀请了办公厅刘兆光处长为大家讲解公文写作的要点规范，并由法规处全体同志围绕渔船检验法律法规和船型标准化等知识做了专题讲座。

11 月 29 日　农业部渔业船舶检验局印发《关于开展示范渔业气胀救生筏检修站创建活动的通知》，通过开展创建“标准化筏站”活动，从而进一步规范筏站管理，增加筏站为民服务理念，促进筏站建设的全面提升。

12 月 1 日　第四次内地与香港、澳门三方渔船检验管理交流合作在南京举行，农业部渔业船舶检验局唐金龙总工程师、香港特别行政区政府海事处何永康助理处长和澳门特别行政区政府海事及水务局曹赐德副局长出席会议。会议认为港澳流动渔船在内地水域作业，应当满足内地渔船安全监管要求，并根据便民原则，实行“一船一检”制度。同时应加强工作组层面的交流，及时解决检验工作中遇到的具体业务问题。

12 月 5 日　农业部渔业船舶检验局召开事业单位内部控制基础性评价工作领导小组扩

大会议，刘晴副局长，内部控制基础性评价工作领导小组成员（各处室负责人）及各处室财务联系人参加了会议。

12 月 5 日　共青团农业部渔业船舶检验局支部举办第一期“青年说”系列活动，活动主题为“头脑风暴”四大体系建设。局内青年干部作为我国渔船检验事业未来的栋梁，在活动中积极讨论、踊跃发言，畅谈对“十三五”渔船检验监督管理“四大体系”建设的看法和认识，活动现场气氛热烈。

12 月 8 日、9 日　全国渔业船舶检验监督管理工作座谈会在福建省福州市召开。会议总结了 2016 年渔船检验工作取得的成绩，分析了当前面临的形势，并对 2017 年渔船检验监督管理工作的总体思路和工作目标进行了研究谋划。会议还就渔船检验行政审批改革、加强和改进渔业船舶检验监督管理工作意见以及“十三五”“四大体系”建设规划等进行了专题座谈和分组讨论。农业部办公厅副主任蒋建平、长江流域渔政监督管理办公室副巡视员董金和等出席座谈会，李昌健作工作报告，张锋副局长主持会议，钟小金副局长作“十三五”四大体系建设规划编制情况通报，刘晴副局长作“加强和改进渔船检验管理工作的意见”起草情况通报。

12 月 9 日　2017—2019 年支出规划及 2017 年部门“二上”预算完成。

12 月 10—14 日　“智慧船检”工程实施调研组到福建和广东开展调研。

12 月初　中央国家机关团工委对 2013—2015 年度中央国家机关优秀共青团员、优秀共青团干和五四红旗团委（支部）进行了表彰。农业部渔业船舶检验局团支部被评为“中央国家机关五四红旗团支部”。

12 月 12 日　农业部渔业船舶检验局在北京组织部信息中心、中国船级社、山东渔业船舶检验局、上海渔业船舶检验局、中软国际信息技术有限公司以及局“智慧船检”办公室等方面的专家，对中国水产科学研究院渔业工程研究所承建完成的渔业船舶船用产品监督系统升级完善项目进行了评审验收。

12 月 12—14 日　农业部渔业船舶检验局在烟台举办了《渔业船舶检验指南》（第 3 册）宣贯培训，来自全国 10 个省（区、市）及部分内陆省渔业船舶检验局的 75 名基层验船师参加了培训。

12 月 15 日　“渔业船舶修造综合服务平台”启动试点。

12 月 15 日　按财政部、农业部关于非税收入收缴电子化管理要求，农业部渔业船舶检验局办理了中央财政汇缴专户撤户手续，及时通知缴款人变更缴款方式。

12 月 15 日　根据农业部财务司有关部署要求，农业部渔业船舶检验局顺利完成了内部控制基础性评价工作。

12 月 15 日　中共农业部渔业船舶检验局总支举办学习贯彻十八届六中全会精神报告会，邀请中共中央《求是》杂志社黄苇町研究员为全体党员干部做辅导报告，农业部机关党委张游处长出席了此次报告会。报告会由局总支书记、局长李昌健同志主持。

12 月 19 日　安徽渔业船舶检验局完成了《内陆渔船“三证合一”之渔船检验改革研究报告》。

12月20日　2016年度全国渔船标准化技术委员会工作会议在江西省南昌市召开。会议总结了2016年度全国渔船标准化技术委员会的工作，通报了部分委员的调整情况，分析了当前渔船标准化工作存在的主要问题，并对2017年的渔船标准化重点工作进行了部署。会上还邀请了中国船舶重工集团第七一四研究所的专家介绍了国际船舶标准的开展情况，审查通过了《钢质渔业船舶建造质量证明书编写要求》等7项标准。

12月21日　农业部渔业船舶检验局印发《2016年柴油机型谱核查和船用产品质量监督专项抽查情况的通报》，对型谱核查和抽查工作过程和结果进行了通报，对存在问题企业提出了处理意见。

12月21日　《渔船及装备发展“十三五”规划（纲要）》起草完成。

12月23日　《船舶水污染物排放标准》修订稿通过审查。

12月23日　创新项目“渔船标准船型评价方法”通过评审。

12月27日　农业部财务司追加2016年退休人员增资经费5.83万元，在职人员增资经费9.24万元。

12月28日　农业部渔业船舶检验局下发《关于印发〈渔业船舶等效免除管理办法（暂行）〉的通知》，对渔船检验技术法规的等效免除管理工作做出了规定。

12月30日　农业部渔业船舶检验局印发《关于发布〈钢质海洋渔船建造规范（2015）2016年修改通报〉的通知》和《关于发布〈渔业船舶法定检验规则（远洋渔船2015）2016年修改通报〉的通知》。

12月30日　农业部渔业船舶检验局印发《关于气胀救生筏检修站筹建工作要求的通知》，明确国家局和省局分别负责境外和辖区内筏站筹建监管工作，对筹建工作程序和要求进行了明确。

12月30日　《渔业船舶检验业务统计报表制度》发布。

12月30日　农业部渔业船舶检验局公布新版《远洋渔业船舶法定检验报告》格式，自2017年7月1日起使用，旧版远洋渔业船舶检验报告文本样式同时废止。

12月30日　农业部渔业船舶检验局共完成15省（自治区、直辖市）（江苏、河南、山东、上海、陕西、河南、广西、辽宁、浙江、甘肃、云南、安徽、吉林、河北、内蒙古）21个渔业船舶检验机构检验业务范围核定以及131个渔业船舶检验机构业务调整与复核工作。

截至2016年12月底，全国共检验渔船约50万艘，完成415项船用产品认可审批，检验渔船用产品148.9万台件。

2017年

1月1日　农业部渔业船舶检验局正式启用财政部新的“非税收入管理系统”，渔业船舶和船用产品检验费实施收缴电子化管理。

1月5日　《农业部办公厅关于加强渔业船舶建造开工管理的通知》印发。

1月13日　农业部渔业船舶检验局召开中共农业部渔业船舶检验局总支部委员会委员

选举大会，选举产生新一届委员会委员。

1 月 13 日　农业部渔业船舶检验局召开新一届中共农业部渔业船舶检验局总支部第一次委员会议，选举产生李昌健为局总支书记，张锋、钟小金为副书记，并对委员进行分工。

1 月 13 日　新一届中共农业部渔业船舶检验局总支部举行新春羽毛球友谊赛。

1 月 22 日　农业部渔业船舶检验局举办 2017 年第 1 期港湾讲堂，以“十里港湾话渔俗，四海渔舟迎春晓”为主题，进一步加强全体干部服务渔业、保障渔船安全的意识。

1 月 23 日　农业部渔业船舶检验局向全国检验机构印发 2017 年渔业船舶检验工作要点。

2 月 7 日　农业部渔业船舶检验局公布 2017 年第一批渔船用柴油机型谱表。

2 月 7 日　《农业部办公厅关于印发〈渔船标准船型评价方法（试行）〉的通知》印发。

2 月 8—17 日　农业部渔业船舶检验局开展 2016 年预算执行情况及绩效审计。

2 月 10 日　农业部党组成员、驻部纪检组组长宋建朝一行来农业部渔业船舶检验局调研渔业船舶检验工作。

2 月 10 日　“智慧船检”工程实施办公室赴中国船级社调研动态法规库建设情况。

2 月 14 日　共青团农业部渔业船舶检验局支部组织开展 2017 年第 2 期港湾讲堂暨“青年学”活动，聚焦业务知识，培养中坚力量。

2 月 16 日　农业部渔业船舶检验局召开 2017 年第一次理论中心组学习（扩大）会，学习了中纪委七次全会精神等相关内容。

2 月 28 日　农业部渔业船舶检验局组织中国渔船技术委员会部分委员和有关专家集中审议了《渔业船舶检验指南（远洋渔业船舶）》《渔业船舶检验指南（船长≥24m 海洋渔业船舶）》送审稿。

3 月 1—3 日　农业部渔业船舶检验局在浙江省台州举行渔业船舶检验改革试点有关工作的集中研究会。

3 月 6 日　农业部渔业船舶检验局完成关于远洋渔船在境外检验的工作经费不纳入“三公”经费统计范围的请示。

3 月 6 日　农业部渔业船舶检验局印发《关于〈渔业船舶法定检验规则 2008 年修改通报〉有关条款解释的通知》。

3 月 7 日　农业部渔业船舶检验局召开党风廉政建设集体谈话会，推动“主体责任”和“一岗双责”落实。

3 月 7 日　农业部渔业船舶检验局完成政府购买服务工作开展情况总结。

3 月 13—17 日　农业部渔业船舶检验局组织中国渔船技术委员会各专业委员会审查《钢质海洋渔船建造规范（船长 12～24m）》和玻璃钢规范修改通报。

3 月 16 日　在农业部召开的党组中心组（扩大）学习会上，农业部渔业船舶检验局被评为“2016 年度农业部绩效管理优秀单位”。

3 月 28 日　农业部渔业船舶检验局组织召开“智慧船检”系统建设信息类产品政府采

购需求专家评审会，专家同意采购需求提交中央国家机关政府采购中心开展政府采购工作。

3 月 28 日　农业部渔业船舶检验局印发《关于开展 2017 全国渔船船用产品质量专项整治行动的通知》，继续开展渔船船用产品质量安全整治，严厉打击假冒伪劣产品和未经检验的不合格产品上渔船，保障渔民用上安全船用产品。

3 月 29 日　根据《财政部和国家发展改革委关于清理规范一批行政事业性收费有关政策的通知》，自 4 月 1 日起渔业船舶及船用产品检验收费暂停征收。农业部渔业船舶检验局发布《关于做好渔业船舶及船用产品检验收费停征后有关后续工作的通知》。

3 月 29 日　农业部渔业船舶检验局组织开展休闲渔船及装备检验技术法规集中研究。

3 月 31 日　农业部渔业船舶检验局举办 2017 年第 3 期港湾讲堂，主题是“新时期中国渔业使命和任务”，邀请农业部渔业渔政管理局局长张显良来局授课。

4 月 5 日—6 月 30 日　农业部渔业船舶检验局局党总支在四个支部范围内开展了廉政格言警句作品征集和评选活动，共征集到参评作品 91 幅，评出 17 幅优秀作品，进一步营造了“风清气正、崇尚廉洁”的浓厚氛围。

4 月 6 日　农业部渔业船舶检验局向于康震副部长呈报《关于在山东开展休闲渔船及渔业装备检验监管试点工作的请示》。

4 月 7 日　“智慧船检”工程实施办公室向管理工作小组汇报大数据服务平台建设进度情况，并展示部分设计原型。

4 月 10 日　农业部渔业船舶检验局党总支召开总支委员会会议，传达学习中共中央办公厅《关于推进“两学一做”学习教育常态化制度化的意见》精神，部署落实推进“两学一做”学习教育常态化制度化工作。

4 月 10—13 日　农业部渔业船舶检验局协助支持宁夏农牧厅渔业渔政管理局在宁夏银川举办宁夏区渔业船舶检验人员上岗资格培训班，55 人参加培训，49 人参加验船员上岗资格考试。

4 月 17 日　李昌健局长带队赴中国船级社总部进行调研交流。

4 月 19 日　农业部渔业船舶检验局正式批复同意在山东省开展休闲渔船及海洋渔业装备检验管理试点工作。

4 月 20 日　农业部渔业船舶检验局印发《关于开展 2017 全国渔船船用产品生产企业监督检查工作的通知》，结合当前渔船船用产品监管工作实际，对经农业部渔业船舶检验局认可的部分渔业气胀式救生筏、船用号灯、应急无线电示位标、油污水处理装置、柴油机生产企业及其产品和 2016 年度涉事产品生产企业开展监督检查。

4 月 21 日　农业部渔业船舶检验局召开 2017 年第二次理论中心组学习（扩大）会，集中学习了《习近平总书记关于人才工作论述摘编》等相关内容。

4 月 21 日　农业部渔业船舶检验局党总支在国家奥林匹森林公园举办了“起锚扬帆、悦心强体”党员干部健步走活动。

4 月 27 日　农业部渔业船舶检验局完成停征渔业船舶及船用产品检验收费后所带来的项目资金缺口测算。

5 月 4 日　农业部渔业船舶检验局团支部举办“五四青年节”羽毛球友谊赛，加强青年交流、团结、协作的团队精神，倡导健康向上的生活方式。

5 月 6 日　农业部渔业船舶检验局团支部联合党总支组织局内全体团员党员同志利用周末时间，前往蟒山国家森林公园，以发扬“五四”精神为主题开展主题党团活动。

5 月 8 日　农业部渔业船舶检验局在浙江省台州市举行了全国首次渔业气胀式救生筏检修技能现场比武活动，由全国推选出的荣成平安救生筏检修站等 8 家渔业气胀式救生筏检修站进行了现场比武。

5 月 8—15 日　2017 年度第一期渔船检验规则规范指南培训班在上海海洋大学举办，35 人参加。

5 月 10—26 日　海洋验船师专业基础与检验实践培训班在大连举行，42 人参加，考试 32 人，合格 24 人。

5 月 10 日　农业部渔业船舶检验局联合全国总工会农林水利气象工作委员会共同发文《农业部渔业船舶检验局中国农林水利气象工会全国委员会关于联合举办渔业船舶检验知识竞赛的通知》，拉开了全国渔业船舶检验知识竞赛序幕。

5 月 16 日　渔业船舶建造开工条件检查培训班在绍兴举办。

5 月 17 日　农业部渔业船舶检验局公布 2017 年第二批渔船用柴油机型谱表。

5 月 17 日　农业部渔业船舶检验局完成《渔业船舶检验法律法规体系建设规划（送审稿）》。

5 月 17 日、18 日　农业部渔业船舶检验局在大连海洋大学组织召开“渔船安全综合评估指数模型”研讨会。

5 月 19 日　农业部渔业船舶检验局举办 2017 年第 4 期港湾讲堂，关爱职工身体健康，提高养生防病意识。

5 月 21—27 日　2017 年度第二期渔船检验规则规范指南培训班在上海海洋大学举办，48 人参加。

5 月 22 日　农业部渔业船舶检验局印发《关于开展中国渔船检验 60 周年论文征集活动的通知》，部署并号召各省积极参与论文征集工作。

5 月 24 日　农业部渔业船舶检验局组织召开基础平台及大数据服务平台软件开发项目需求设计评审会，需求设计顺利通过专家评审。

5 月 24 日　农业部渔业船舶检验局向于康震副部长呈报了关于港澳流动渔船检验管理问题的专题报告。

5 月 26 日　农业部渔业船舶检验局在广东惠州组织了 2017 年香港流动渔船检验管理第一次工作交流会，与香港海事局围绕在内地停征渔业船舶法定检验行政事业性收费后，香港流动渔船在内地受检的收费、现有香港法律在落实流动渔船“一船一检”上存在的障碍等问题，进行了讨论，交换了意见。

5 月 27 日　首次全国海洋渔船设计图纸审查质量检查活动启动。

5 月 31 日　农业部渔业船舶检验局举办第 5 期港湾讲堂，本次讲堂由刘晴副局长和郑松传处长分别以《加强党性锻炼提升领导能力》和《渔业船舶检验条例专题讲座》为主题作报告，大兴学习研究之风，助推船检事业发展。

6月2日　农业部渔业船舶检验局公布12名退休验船师获得特许远洋验船师资格，高效配合了在远洋渔业船舶检验工作的改革试点。

6月2—10日　2017年度内陆专业基础班在上海海洋大学举办，46人参加，30人参加考试，13人合格。

6月3日　农业部渔业船舶检验局发布《渔业船舶法定检验规则（远洋渔船2015）》的2017年1号修改通报。

6月5日　农业部渔业船舶检验局召开局领导班子专题民主生活会，认真对照韩长赋部长列举的在我部干部中可能存在的“四不”现象的种种表现，查找问题，分析原因，提出改进措施。

6月5日　农业部渔业船舶检验局就南极磷虾船“龙发”轮改造适用法规等问题作出回复。

6月6日　农业部渔业船舶检验局出台职工公费医疗及职工子女统筹医疗管理办法。

6月7日　农业部渔业船舶检验局完成2017年扶贫开发行动方案。

6月9日　农业部渔业船舶检验局公布了91人的渔业船舶验船师师资库。本次师资库征集，共收集到13省及8科研院校，共计147份申报材料。

6月12日　农业部人事劳动司发布《关于调整注册验船师（渔业船舶类）资格考试（认定）办公室组成人员的通知》确定资格考试办公室组成人员。农业部渔业船舶检验局向部人事劳动司上报了《关于调整注册验船师（渔业船舶类）资格考试（认定）办公室组成人员的请示》，并代拟了调整资格办公室的相关函件。

6月13日　农业部渔业船舶检验局根据无线电专题研究成果，对当前远洋渔船无线电设备配备疑难问题做了进一步明确，下发了关于远洋渔船检验规则有关无线电设备配备问题的通知。

6月14日　农业部渔业船舶检验局党总支组织召开“两学一做”学习教育常态化制度化和主题警示教育月活动动员部署会。

6月14日　中央国家机关政府采购中心发布《农业部渔业船舶检验局“智慧船检”系统建设采购项目采购公告》。

6月19日　农业部渔业船舶检验局举办了《船用产品质量监督能力提升暨产品验船师资格培训班》，对相关人员进行了船用产品监督抽查内容、境外船用产品认可检验工作程序等内容的培训。

6月20日　渔业船舶检验知识练习测试平台“渔检通”手机APP正式上线。该平台创新了学习方式，提高了学习效果，得到验船师们的高度肯定。

6月21日　农业部渔业船舶检验局组织召开《“智慧船检”系统综合业务及“智渔通”服务平台开发项目招标文件》专家评审会，专家组同意该招标文件通过评审，建议尽快开展后续工作。

6 月 22 日　农业部渔业船舶检验局党总支召开党员学习廖俊波同志先进事迹交流座谈会。

6 月 24 日　农业部渔业船舶检验局发文批复海南省开展“分类分级，引入社会化检验检测机构”改革试点工作。

6 月 26 日　农业部渔业船舶检验局完成答复十二届全国人大五次会议第 6422 号提案《关于进一步简化远洋渔船检验手续，支持远洋渔业健康发展的建议》。

6 月 29 日　农业部渔业船舶检验局组织青年干部赴河北省乐亭县开展以“学业务知识、爱船检事业、做优秀团”为主题的“当一日验船师”接地气活动。

6 月 30 日　为贯彻落实农业部 2017 年为农民办实事工作要求，切实完成好“安全上渔船”给农民送政策法规、送安全知识、送书报、送信息的实事，农业部渔业船舶检验局为渔民办实事活动在河北省乐亭县中心渔港举行。

6 月 30 日　农业部渔业船舶检验局党总支开展“缅怀革命先烈重温入党誓词”主题党日活动，组织全体党员干部来到河北省乐亭县李大钊纪念馆，追思和缅怀革命先烈李大钊同志。

7 月 1 日　“渔业船舶建造管理系统”全国正式启用。

7 月 4 日　农业部渔业船舶检验局公布经审核通过的 157 名验船师取得境外远洋验船师资格，开展了境外远洋验船师申报工作。

7 月 4 日　我国第一艘 3000 吨级远洋渔业资源调查船“淞航号”图纸审查完毕。

7 月 5 日　农业部渔业船舶检验局正式印发《渔业船舶验船员入职上岗考试大纲》。

7 月 7 日　中央国家机关政府采购中心发布《农业部渔业船舶检验局智慧船检系统建设采购项目中标公告》，北京辉蓝保盈科技发展有限公司为“智慧船检”系统建设采购项目第一包中标人，北京简实信息科技有限公司为“智慧船检”系统建设采购项目第二包中标人。

7 月 10 日　“智慧船检”工程实施办公室赴中国远洋协会沟通渔船船位数据对接工作，落实远洋渔船船位获取。

7 月 11 日　农业部渔业船舶检验局印发《关于公布 2017 年度全国示范渔业气胀式救生筏检修站名单的通知》，公布了 9 家 2017 年度全国示范渔业气胀式救生筏检修站。

7 月 17 日　“智慧船检”工程实施办公室赴中融印务公司调研渔船船用产品电子标签使用情况。

7 月 21 日　农业部渔业船舶检验局举办第 6 期港湾讲堂，总支书记李昌健同志以《铸牢党员干部的担当之魂》为主题、总支副书记钟小金同志以《用“五心”提高政治站位，促进作风持续好转》为主题讲党课。

7 月 24 日　农业部渔业船舶检验局委托中招国际招标公司开展“智慧船检”系统综合业务及“智渔通”服务平台开发项目开标评标工作，确认中国水产科学研究院渔业工程研究所、航天信息股份有限公司分别为“智慧船检”系统综合业务平台 1 包、2 包中标单位，启迪国信科技发展公司为“智渔通”服务平台中标单位。

7 月 27 日、28 日　农业部渔业船舶检验局在新疆乌鲁木齐召开了第四届中国渔船技术委员会第三次（扩大）会议，聚焦研究中国渔船技术委员会改革创新发展、加快推进渔船技术创新。

8 月 3 日　农业部渔业船舶检验局公布 2017 年第三批渔船用柴油机型谱表。

8 月 4 日　农业部渔业船舶检验局举办 2017 年第 7 期港湾讲堂，主题为“持续加强干部队伍建设着力提升干部素养能力”，吴昊洲等 4 名干部为大家分享了近期参加培训学习的心得体会，新提拔转任处级领导职务的郑松传等 5 名干部结合工作实际进行了述职。

8 月 4 日　全国水产技术推广总站胡红浪副站长带队到农业部渔业船舶检验局开展信息化建设工作交流，了解“智慧船检”系统建设开展情况。

8 月 16 日、17 日　农业部渔业船舶检验局派员参加技术委员会轮机专业委员会“2017 年绿色船舶技术创新发展论坛”。

8 月 22 日　农业部渔业船舶检验局完成 2016 年度全国中、高级验船师资格评审工作和局内验船师资格评审工作，经全国渔船技术委员会会议评审，公布 36 人通过高级验船师资格评审，69 人通过中级验船师资格审定。

8 月 22—25 日　农业部渔业船舶检验局在内蒙古呼和浩特举办全国渔业船舶验船师师资能力培训班，验船师培训师资库的部分骨干人员、验船师培训基地和审图中心有关负责人等 40 余人参加培训。

8 月 23 日　农业部渔业船舶检验局组织召开“智慧船检”系统采购项目中标供应商座谈会，总集成、监理、标准规范、基础平台及大数据服务平台、基础软硬件中标单位、综合业务平台、“智渔通”服务平台供应商共 9 家承建单位全部参加，研究部署系统下一步建设工作，并对各承建商提出具体工作要求。

8 月 25 日　农业部渔业船舶检验局局党总支副书记、副局长张锋一行 3 人，代表局党总支，赴湖北省恩施州来凤县大河镇白果树村为 35 名贫困小学生送上书包、文具等“开学大礼包”，并为学校捐赠儿童读物 200 余册。

8 月 31 日　农业部渔业船舶检验局正式批复广西局《关于广西内陆渔政趸船建造检验有关问题的请示》，同意广西局将内陆渔政趸船纳入渔业船舶检验监管。

9 月 4—22 日　由农业部渔业船舶检验局与渔业渔政局，渔业互保协会、远洋渔业协会联合而成的渔业联队，在农业部职工篮球比赛中男女联队双双取得第三名的好成绩。

9 月 11—13 日　唐金龙总工程师和“智慧船检”实施办参加了农业部政务信息资源整合共享工作专题培训班。

9 月 15 日　农业部渔业船舶检验局举办 2017 年第 8 期“港湾讲堂”，陈龙、杜广东、黄新胜、彭晓华、何新勇等五名同志分别以渔船船体检验、渔船轮机检验、渔船电气检验、渔业相关国际海事公约及远洋渔船检验和发证等内容为主题授课，加强干部业务学习，提高干部能力素养。

9 月 20—22 日　“智慧船检”工程实施办公室、总集成商、“智渔通”平台承建商共赴上海开展“智慧船检”海洋渔船船位集成调研工作。

9 月 20—23 日　农业部渔业船舶检验局在山东荣成举办全国渔业船舶检验人才队伍与

体系建设培训班，各省、自治区、直辖市渔业船舶检验局主要负责人，渔业船舶检验“检管分离”培训基地相关负责人等45 人参加培训。

9 月 24 日　农业部渔业船舶检验局在辽宁省大连市对全国船用产品质量监督抽查和救生筏检修技能比武工作进行集中总结研讨，包括 2017 年船用产品监督抽查工作结果分析、监督抽查涉事企业整改落实情况和 2017 年全国渔业气胀式救生筏检修技能比武工作总结等。

9 月 26 日　农业部渔业船舶检验局在大连市组织专家组对大连渔港监督局承接的“北斗海洋渔业应用示范项目”进行评审验收。

9 月 27 日　“智慧船检”工程实施办公室赴大连海洋大学，参加《渔船安全综合指数模型》评审会。

10 月 10—12 日　钟小金副局长带队赴澳门参加第五次内地与港澳三方渔船检验交流。

10 月 16—19 日　2017 年度第三期渔船检验规则规范指南培训班在上海海洋大学举办，48 人参加。

10 月 17 日　“智慧船检”工程实施办公室向农业部政务信息资源整合共享专项工作二组上报了农业部渔业船舶检验局共享的 96 条结构化信息资源。

10 月 18 日　中国共产党第十九次全国代表大会在人民大会堂隆重召开，农业部渔业船舶检验局组织全体党员集体收看了习近平总书记在大会上作的《决胜全面建成小康社会夺取新时代中国特色社会主义伟大胜利》报告，并组织开展了集中研讨。

10 月 20 日　为贯彻落实国务院关于行政审批“放管服”的要求，农业部渔业船舶检验局成立专项课题组，向交通部海事局、地方渔业船舶检验局、产品生产企业和技术支撑单位等广泛调研，在此基础上形成了《渔业船舶船用产品清单管理规定（报批稿)》，并积极向农业部行政审批办公室专题汇报了船用产品检验制度改革工作情况，就有关问题进行了充分沟通并得到了肯定。

10 月 25 日　农业部渔业船舶检验局召开全体干部大会，部人事劳动司胡永万巡视员宣布了部党组任命孙有恒同志为农业部渔业船舶检验局巡视员的决定。

10 月 26 日　农业部渔业船舶检验局公布 2017 年第四批渔船用柴油机型谱表。

10 月 27 日　农业部渔业船舶检验局发布《关于开展渔业船舶检验监督“检管分离”改革试点工作督导检查的通知》，要求 11 月上中旬组织开展对各改革试点地区推进改革试点工作情况进行督导检查。

10 月 30 日—11 月 3 日　2017 年度渔船检验基础知识宣讲培训班在北京举办，45 人参加。

10 月 31 日—11 月 1 日　农业部渔业船舶检验局在北京举行了“平安护航”杯渔业船舶检验知识竞赛海洋组半决赛和内河组决赛。内河组安徽、贵州、内蒙古代表队分获前三名，海洋组辽宁、山东、江苏、上海、浙江和广东代表队进入最后总决赛。

11 月 2 日　经于康震副部长同意，农业部渔业船舶检验局全面开展纪念渔船检验 60 周年活动，制作纪念画册、专题片光盘、笔记本和 U 盘等纪念品，向各级船检机构及相关单位发放。

11 月 2 日　“平安护航”杯渔业船舶检验知识竞赛总决赛，在中国农业电影电视中心 1 号演播厅正式开赛，农业部于康震副部长和全国总工会赵世洪书记莅临比赛现场，作重要讲话，并为获奖代表队颁奖。经过激烈角逐，最终江苏代表队荣获第一名，上海和浙江代表队获第二名，广东、山东和辽宁代表队位列第三名。

11 月 2 日　“渔船检验虚拟仿真 VR 系统”在“平安护航”杯渔业船舶检验知识竞赛总决赛中首次引入，成效显著。

11 月 6 日　农业部渔业船舶检验局印发了《关于 2017 年全国渔船船用产品质量监督抽查情况的通报》，对船用产品监督抽查工作结果和处理意见进行了通报。

11 月 6—10 日　2017 年度第四期渔船检验规则规范指南培训班在上海海洋大学举办，50 人参加。

11 月 7—9 日　农业部渔业船舶检验局在山西太原开展国内海洋渔船、内河渔船两部规则的宣贯培训。

11 月 8 日　“智慧船检”工程实施办公室参加农业部非结构化政务信息资源和基础类信息资源目录编制培训。

11 月 10 日　农业部渔业船舶检验局派员参加 2017 年度全国渔业发展情况会商。

11 月 15 日　农业部渔业船舶检验局印发《关于开展对新增渔船用油污水处理装置质量监督抽查的通知》，对今年开展全国渔船船用产品生产企业监督检查工作后新增认可或新生产的渔船用油污水处理装置生产企业产品质量进行检查封样检测以及质量巡查。

11 月 15 日　由农业部渔业船舶检验局组织实施的“北斗海洋渔业应用示范项目”顺利通过了中国卫星导航系统管理办公室和农业部渔业渔政管理局联合组织的任务验收。

11 月 15 日　农业部渔业船舶检验局在北京组织召开了渔船检验监管“检管分离”改革试点工作集中研究，总结交流了试点地区渔船检验监管“检管分离”改革试点工作情况，并对《注册验船师（渔业船舶类）事务所业务核定与管理办法》制定工作进行了集中研究。

11 月 15—17 日　“智慧船检”工程实施办公室邀请部分省市优秀年轻验船师对动态法规库建设工作进行集中研究。

11 月 15—22 日　2017 年度第五期渔船检验规则规范指南培训班在上海海洋大学举办，35 人参加。

11 月 16 日　农业部渔业船舶检验局委托农业部人力资源开发中心开展注册验船师（渔业船舶类）资格考试考务管理制度建设工作，加快推进注册验船师制度实施。

11 月 16 日　农业部渔业船舶检验局办理法人证书、组织机构代码和税务登记证三证合一。

11 月 16 日　农业部渔业船舶检验局印发《渔业船舶检验技术法规管理办法》。

11 月 17—21 日　农业部渔业船舶检验局组织中国渔船技术委员会检验管理工作委员会审查《远洋渔业船舶境外检验监督管理实施办法》。

11 月 17 日　第四届全国渔船标准化技术委员会 2017 年年会在西安召开，《渔业船舶标准体系》征求意见。

11 月 20 日　农业部渔业船舶检验局完成 2017 年 1—10 月内部控制建设工作总结及

《渔业船舶社会化检验运行机制（经费保障）研究》课题报告。

11 月 20—23 日　农业部渔业船舶检验局实施办与承建单位中软国际测试人员赴上海海洋大学开展了基础业务平台、大数据服务平台第一轮用户测试工作。

11 月 22 日　农业部渔业船舶检验局发布《关于授予包盛清等十人“全国渔船检验 60 年突出贡献验船师”荣誉称号的通报》。为配合渔船检验 60 年纪念活动，组织开展了渔船检验 60 年突出贡献验船师的评选工作。

11 月 23 日　农业部渔业船舶检验局组织召开“智慧船检”综合业务平台及“智渔通”服务平台软件开发项目需求设计评审会，顺利通过专家评审。

11 月 24 日　农业部渔业船舶检验局党总支举办十九大精神辅导报告会暨第 9 次“港湾讲堂”，国家行政学院张国玉教授以《习近平新时代中国特色社会主义思想——十九大报告精神总体解读》为主题作辅导报告。

11 月 27 日“智慧船检”系统建设采购项目顺利通过初步验收。

11 月 27 日　农业部渔业船舶检验局完成渔船安全知识手册（内陆版）的审定、印刷和发放工作。

11 月 28 日　农业部渔业船舶检验局组织召开“智慧船检”标准规范专家评审会，完成项目初验工作。

11 月 30 日　农业部渔业船舶检验局邀请香港海事处、澳门海事及水务局代表参加全国渔业船舶检验工作会议。

11 月 30 日—12 月 1 日　2017 年全国渔业船舶检验工作会议在广东省深圳市召开，会议的主要任务是全面贯彻党的十九大精神，以习近平新时代中国特色社会主义思想为指导，全面总结渔船检验 60 年发展历程，按照新时代新发展理念要求，深入分析新时代船检面临的新形势，科学把握渔船检验工作的新目标新任务，探索推进船检改革，引领渔船及装备设施绿色发展，促进渔船检验监管能力提升和渔船安全水平提升，部署安排 2018 年渔船检验重点工作。于康震副部长出席会议并以《深入学习贯彻党的十九大精神努力开创渔业船舶检验事业新局面》为题作重要讲话。

12 月 4—9 日　2017 年度新任远洋验船师上岗资格培训班在山东烟台举办，41 人参加培训，39 人参加考试，33 人合格。

12 月 6—9 日　根据农业部党组关于认真学习贯彻党的十九大精神有关通知要求，农业部渔业船舶检验局局党总支书记李昌健局长到福建调研渔船检验服务乡村振兴战略建设美丽渔村工作。

12 月 11 日　农业部渔业船舶检验局组织专家对干舷修正研究成果进行审查。

12 月 12 日　农业部渔业船舶检验局完成 2017 年扶贫开发及援疆援藏工作总结和 2018 年工作计划。

12 月 13 日、14 日　农业部渔业船舶检验局组织审查海洋休闲渔船检验规则。

12 月 14 日　农业部渔业船舶检验局在浙江宁波市组织专家集中对新增认可渔船油污水处理装置监督抽查结果和渔业气胀式救生筏检修培训教材进行研讨和审定，同时对《渔业船舶船用产品清单管理规定》项目进行验收。

12 月 18 日　农业部渔业船舶检验局与国家安全生产监督管理总局通信信息中心签署《“智慧船检”系统安全等级保护测评服务合同》，与农业部信息中心签署《“智慧船检”系统安全等级保护测评配套服务合同》。

12 月 18 日　农业部渔业船舶检验局发布《关于调整全国注册验船师（渔业船舶类）资格考试专家委员会委员的通知》，李昌健任资格考试专家委员会主任委员，刘晴、唐金龙任副主任委员，孙继光等 27 位专家学者任委员。

12 月 18 日　各沿海地区陆续公布渔船建造单位技术条件评价结果和海洋渔船标准船型评价结果，“两个评价”工作取得实质性进展。

12 月 19 日　农业部渔业船舶检验局党总支召开全体党员干部专题学习大会，学习习近平总书记关于“纠正‘四风’不能止步，作风建设永远在路上”的重要指示和《部党组关于进一步贯彻落实中央八项规定精神加强作风建设的实施办法》，对坚持不懈反对“四风”及落实中央八项规定提出具体要求。

12 月 20 日　“智慧船检”工程实施办公室向农业部政务信息资源整合共享专项工作二组上报了农业部渔业船舶检验局共享的 5 条非结构化信息资源。

12 月 20 日　“智慧船检”系统总集成项目顺利通过 2017 年度阶段验收。

12 月 21 日　农业部渔业船舶检验局在大连审议了《注册验船师（渔业船舶类）注册管理办法》《注册验船师（渔业船舶类）执业管理办法》《注册验船师（渔业船舶类）监督管理办法》《注册验船师（渔业船舶类）工作过错责任追究办法》《注册验船师（渔业船舶类）继续教育管理办法》在内的 5 个注册验船师管理办法和《注册验船师（渔业船舶类）事务所业务核定与管理办法》。

12 月 25 日　“智慧船检”基础平台及大数据服务平台软件开发项目在北京通过阶段性验收。来自国家电子政务理事会、农业部渔业渔政管理局、信息中心、交通运输部海事局、中国船级社数码易知公司的信息化专家及部分省市船检业务专家组成专家组，对该项目进行了科学而严格的评审。

12 月 26 日　农业部渔业船舶检验局组织召开了“智慧船检”系统建设管理工作小组会议，研究部署系统大数据服务平台建设及评估模型完善等有关工作。

12 月 27 日　经农业部于康震副部长批准，农业部渔业船舶检验局正式发布了《全国渔船检验“四大体系”建设规划》。规划由《渔业船舶检验监管工作体系建设规划》《渔业船舶检验组织体系建设规划》《渔业船舶检验法律法规体系建设规划》和《渔业船舶修造监管体系规划》构成。

12 月 28 日　农业部渔业船舶检验局与国家信息中心软件评测中心签署《“智慧船检”系统建设评测合同》，由其承担“智慧船检”各子系统评测工作。

截至 2017 年 12 月底，全国共检验渔船约 50 万艘，完成 394 项船用产品认可批准，检验渔船用产品 80 万台件，远洋渔船图纸审查批准 89 套。

2018 年

1 月 2 日　农业部渔业船舶检验局印发《关于渔业船舶及船用产品检验计费中有关差旅费问题的说明》，明确了验船师开展船舶检验必需的差旅费、交通费以及通信联络费用。

1 月 2 日　农业部渔业船舶检验局发布《钢质海洋渔船建造规范（2015）》2017 年修改通报，自 2018 年 3 月 1 日起施行。

1 月 8 日　农业部渔业船舶检验局发布《渔业船舶法定检验规则（远洋渔船 2015）》2017 年 2 号修改通报。

1 月 22—24 日　农业部渔业船舶检验局召开新增船用产品监督抽查问题处理会议。

1 月 25 日　农业部渔业船舶检验局复函广东渔业船舶检验局《关于对赴境外执行远洋检验任务有关事宜》。

1 月 30 日　《年度先进表彰暂行办法》发布。

2 月 2 日　农业部办公厅印发《2018 年度远洋渔船境外检验和远洋渔业船员境外考试考核工作计划的通知》。

2 月 22 日　农业部渔业船舶检验局召开 2017 年党员领导干部民主生活会，明确了有关材料报送的要求。

2 月 26 日　农业部渔业船舶检验局委派上海渔业船舶检验局赴斐济进行“隆兴 609”等 172 艘远洋渔船的境外检验工作。

2 月 27 日　2018 年第一批渔船用柴油机型谱公布。

3 月 1 日　农业部渔业船舶检验局总支部委员会召开党小组会议，学习贯彻党的十九届三中全会精神，签订 2018 年度党风廉政建设责任书。

3 月 6 日　农业部渔业船舶检验局通报 2017 年新增船用油污水处理装置质量监督抽查情况。

3 月 8—10 日　农业部渔业船舶检验局召开 2018 年船用产品质量监督重点工作研讨会。

3 月 12 日　农业部渔业船舶检验局委派江苏渔业船舶检验局赴马来西亚、泰国进行“粤霞渔 90023”等 42 艘远洋渔船的境外检验工作。

3 月 14 日　福建渔业船舶检验局《关于开展岁末年初海洋渔船安全技术状况监督检查整治情况的报告》。

3 月 16 日　农业部渔业船舶检验局委派辽宁渔业船舶检验局赴塞内加尔、几内亚比绍进行“福远渔 118”等 50 艘远洋渔船的境外检验工作。

3 月 16 日　农业部渔业船舶检验局开展对河南卫辉市车船有限公司相关船用产品进行全面质量排查。

3 月 19 日　农业部渔业船舶检验局委派浙江渔业船舶检验局赴秘鲁、苏里南进行“昌泰 809”等 153 艘远洋渔船的境外检验工作。

3 月 21 日　农业部渔业船舶检验局印发《关于调整 2018 年度远洋渔船境外检验工作计划中部分团组承担单位的通知》。

3 月 21 日　农业部渔业船舶检验局征求《钢质内河渔船建造规范（征求意见稿）》意见。

3 月 26 日　农业部渔业船舶检验局印发《渔业船舶检验指南（远洋渔业船舶）》及《渔业船舶检验指南（船长大于或等于 24m 海洋渔业船舶）》的通知，该指南对检验项目进行了科学分类和差异化分级管理，为验船人员开展实际检验工作提供重要依据。

3 月 27 日　农业部渔业船舶检验局印发《关于开展 2017 年度渔业船舶及船用产品检验项目自查工作的通知》。

4 月 1—3 日　农业部渔业船舶检验局召开《渔业气胀式救生筏检修站建设标准》宣教片评审会。

4 月 2 日　渔业协会发布远洋渔船境外现场检验服务经费标准的研究报告；印发《远洋渔船境外检验点全球布局和建设方案》，为依据不断强化远洋渔船境外检验点的建设，充分利用境外检验点，持续提高远洋渔船检验的质量和效率。

4 月 2 日　农业部渔业船舶检验局委派河北渔业船舶检验局赴密克罗尼西亚进行“华南渔 711”等 25 艘远洋渔船和山东渔业船舶检验局赴莫桑比亚、毛里求斯进行“洋铭 8001”等 60 艘远洋渔船的境外检验工作。

4 月 3 日　农业部渔业船舶检验局公布 2018 年第一季度全国海洋渔业船舶标准船型评价结果，广东、辽宁 2 省已公布海洋渔业船舶标准船型评价结果共计 66 型。

4 月 3 日　农业部渔业船舶检验局公布 2018 年第一季度全国渔业船舶建造单位技术条件评价名单，海南、辽宁、福建、广东等 4 省公布渔业船舶建造单位技术条件评价结果共计 69 家。

4 月 20 日　交通运输部正式履行渔业船舶检验和监督管理职责。

4 月 20 日　中华人民共和国海事局授权中国船级社依照有关法律法规和规则、规范、规程等要求，对中国籍远洋渔业船舶和中国籍渔业船舶船用产品实施法定检验和发证工作。2018 年 4 月 20 日及以后的相关检验和发证工作，将由中国船级社办理。

4 月 20 日　中国船级社下发《关于开展远洋渔业船舶检验的通知》，明确对中国籍远洋渔业船舶实施法定检验和发证的程序和机构。

5 月 3 日　农业部渔业船舶检验局印发《关于移交远洋渔业船舶及船用产品检验档案的通知》，5 月 31 日前向中国船级社完成所有已归档的远洋渔业船舶检验、设计图纸审查和船用产品认可档案的移交。

5 月 4 日　农业部渔业船舶检验局发布了《关于移交远洋渔船检验证书签证专用章及北太平洋鱿鱼钓鱼船检验证书签发人用章的通知》，7 月 31 日前完成上述签证专用章至中国船级社渔业船舶检验中心。

附 录

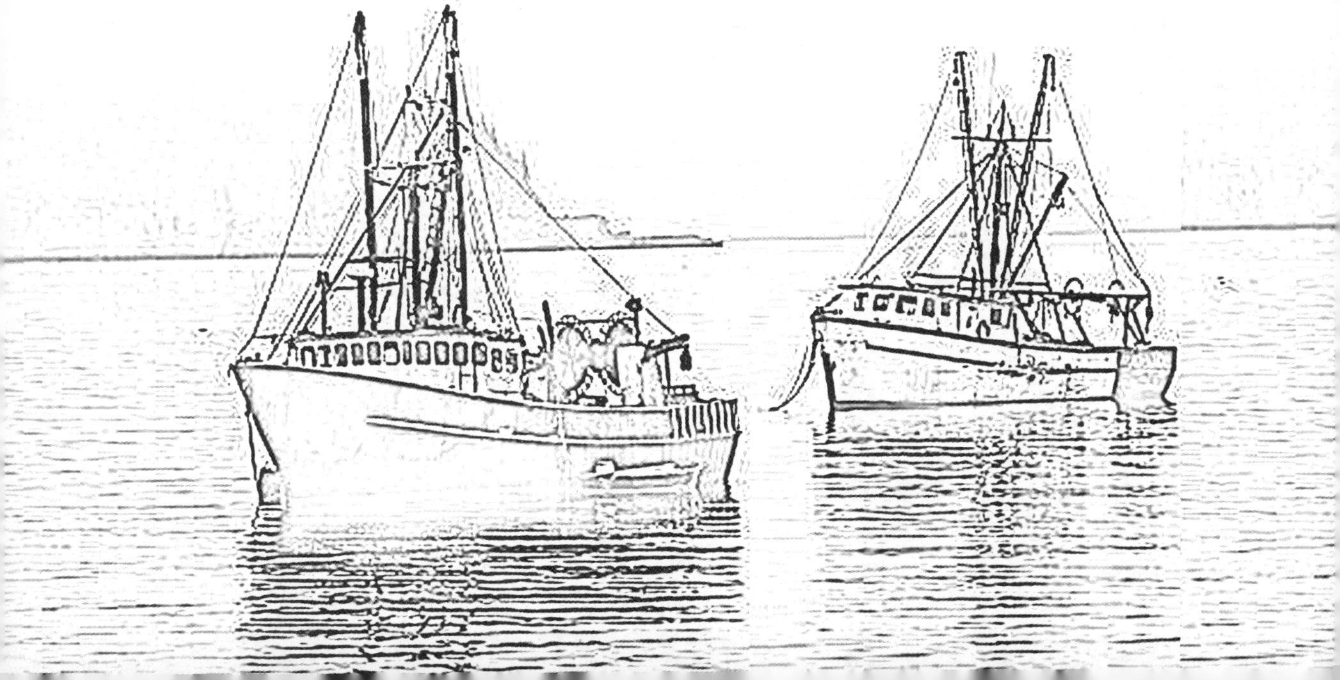

附录一　中华人民共和国渔业船舶检验局局徽及英文名称

一、中华人民共和国渔业船舶检验局局徽

说明：中华人民共和国渔业船舶检验局局徽的内容由五角星、锚、锤子、麦穗、ZY 五个部分组成，寓意中华人民共和国渔业船舶检验局在中华人民共和国农业部领导下，代表国家行使渔船检验和监督管理职能。

五角星：代表中华人民共和国，红色镶金边；

麦穗：表示“中华人民共和国渔业船舶检验局”隶属于中华人民共和国农业部领导，金黄色；

锚：代表渔业船舶，金黄色；

锤子：代表船舶检验，金黄色；

ZY：代表“中国渔检”，靛蓝色。ZY 是“中渔”汉语拼音第一个字母。

二、对外名称

中文：中华人民共和国渔业船舶检验局

英文：Register of Fishing Vessel of the People's Republic of China，英文缩写：CFR。

附录二　各种证书样本及检验标识

一、证书样本

中　华　人　民　共　和　国

THE PEOPLE'S REPUBLIC OF CHINA

■(2000)YZ-5-1

副　本

国际渔船安全证书

（本证书由设备记录予以补充）

INTERNATIONAL FISHING VESSEL SAFETY CERTIFICATE

(This Certificate shall be supplemented by a Record of Equipment)

编号
No. 3302000Y15045

经中华人民共和国政府授权，中华人民共和国渔业船舶检验局根据《渔业船舶法定检验规则》的规定签发。

Issued under the provisions of the Code for Statutory Surveys of Fishing Vessels, under the authority of the Government of the People's Republic of China by the Register of Fishing Vessel of the People's Republic of China.

船　名 Name of Vessel	金海788 JIN HAI 788	船 籍 港 Port of registry	舟山 ZHOUSHAN
船舶呼号/识别码 Distinctive number or letters	412420622	船　长 Length(m)	44.98
检验登记号 Vessel number	000000015478	总 吨 位 Gross tonnage	543
渔船编码 Vessel code	3309002015040002	主机总功率 Total power of M.E	800.00

安放龙骨日期或船舶处于类似建造阶段的日期　2014年09月15日

Date on which keel was laid or vessel was at a similar stage　Sep 15 , 2014 .

交船日期或重大改建的建造完工日期　2015年04月09日

Date of delivery or completion of major conversion　Apr 09 , 2015 .

兹证明：

THIS IS TO CERTIFY:

1.本船已按规则有关的规定进行了检验。

That the vessel has been surveyed in accordance with the requirements of relate Code.

2.检验查明：

•That the survey showed that:

2.1上述规定的船体、机械和设备的状况在所有方面均合格，符合适用要求。

The condition of the hull,machinery and equipment,as defined in the above Regulation was in all respects satisfactory and that the vessel complies with the applicable requirements.

2.2船舶每一种营运状态中的最大容许吃水已载入认可的稳性报告书内，认可日期：　2015年04月07日

The maximum permissible operating draught associated with each operating condition for the vessel is contained in the approved stability book dated　Apr 07 , 2015

3.该船准予航行作业区域：　A1+A2+A3 海域。

The vessel is permitted to sail and fish in area　A1+A2+A3 Seas.

4. ~~已签发~~ / 未签发 免除证书。

An exemption certificate has/has not/been issued.

本证书有效期限至　2019年04月08日　止，但在此期间须按照上述规定进行换证检验签证。

This Certificate is valid until　Apr 08 , 2019　subject to endorsement for renewal survey in accordance with the above-mentioned provisions.

下次检验日期　2017年04月08日

Date of next survey　Apr 08 , 2017

（印章：中华人民共和国渔业船舶检验局）

发证地点　北京

Issued at　Bei Jing

发证日期　2015年05月06日

Issued on　May 06 , 2015

签字 Signature　(Zhong Xiaojin)

中华人民共和国渔业船舶检验局

Register of Fishing Vessel of the People's Republic of China

1/4

(2001)YZC-002

中华人民共和国渔业船舶检验局

REGISTER OF FISHING VESSEL OF THE PEOPLE'S REPUBLIC OF CHINA

副本
COPY

船用产品型式认可证书

CERTIFICATE OF TYPE APPROVAL FOR MARINE PRODUCT

编号
No. C00001500174

企业名称: 广州永鸿消防设备有限公司
Manufacturer

地址: 韶关市翁源县翁城镇翁城工业园
Address

根据《渔业船舶法定检验规则》的有关规定，我局验船师对该企业下述产品的图纸和技术文件进行了审查，并对产品样品进行了型式试验，其结果符合我局船用产品型式认可条件的要求，特发此证。

According to the relevant regulations of Rules of Statutory Survey of Fishing Vessel, the surveyor to this Register has examined the drawings and technical documents of the blown-mentioned product, and carried out the type test The drawings and test results both have been found to conform to the Rules of this Register. The Certificate is hereby issued.

产品明细

Particulars

船用推车式二氧化碳灭火器

主要技术参数 产品型号	MTT24
灭火剂重量(kg)	24
有效喷射时间(s)	≥20
有效喷射距离(m)	≥4
筒体工作压力(MPa)	15
灭火级别	70B、C
使用温度范围(℃)	-10～+55

图纸及技术文件批准号：粤图审字第2014121号

在本证书有效期内，上述产品除应按规定接受检验外，该企业还应接受我局年度复查和签证。

This Certificate is valid subject to the annual review arranged by the manufacture for corresponding endorsement in addition to inspection to the products in accordance with the Regulations, in addition of inspection by this Register during this period.

本证书有效期: 自 2015年04月13日 至 2019年04月12日
This Cert. Is valid from Apr 13, 2015 until Apr 12, 2019

发证地点、时间: 北京 2015年04月13日
Place and date of issue: Beijing Apr 13, 2015

中华人民共和国渔业船舶检验局 Z Y

二、检验标识和批量检验发证印章式样和规格

（一）钢印式检验标识

图案：“铁锚”加字母“ZY”。

规格：ϕ5mm、ϕ10mm、ϕ15mm三种。

（二）粘贴式防伪检验标识

规格：15mm×15mm、20mm×20mm两种。

（三）悬挂式防伪检验标识

规格：15mm×15mm、20mm×20mm两种。

（四）批量检验发证印章

本产品经××渔业船舶检验局检验合格 This product has been inspected by The……

规格：35mm×70mm。

例如：中文：本产品经山东渔业船舶检验局检验合格。

英文：This product has been surveyed and proved to bequalified by Register of Fishing Vessels of Shandong Province,P.R.China.

附录三　历届领导情况

1978 年 5 月，国家水产总局渔政局设安全处，负责渔船检验、渔港渔船安全工作。朱祖武为渔政局局长，武凤林为安全处处长。

1982 年 5 月，农牧渔业部渔政渔港监督管理局下设渔船检验处，对外执行渔船分局的职责。第一任农牧渔业部渔政渔港监督管理局局长为左贞缪。

1986 年 8 月，农牧渔业部任命卓友瞻为渔政渔港监督管理局局长。

1990 年 11 月 24 日，时任渔政渔港监督管理局局长的卓友瞻兼任渔业船舶检验局局长。

1997 年 4 月 23 日，包盛清任农业部渔业船舶检验局局长。

2004 年 6 月 23 日，张合成任农业部渔业船舶检验局局长。

2005 年 11 月 3 日，周彤任农业部渔业船舶检验局局长。

2010 年 5 月 14 日，柳正任农业部渔业船舶检验局局长。

2012 年 7 月 16 日，李杰人任农业部渔业船舶检验局局长。

2015 年 2 月 12 日农业部党组决定：李昌健任农业部渔业船舶检验局局长。

附录四　全国渔船检验机构构架

全国渔船检验机构构架见附图 4-1、附图 4-2。

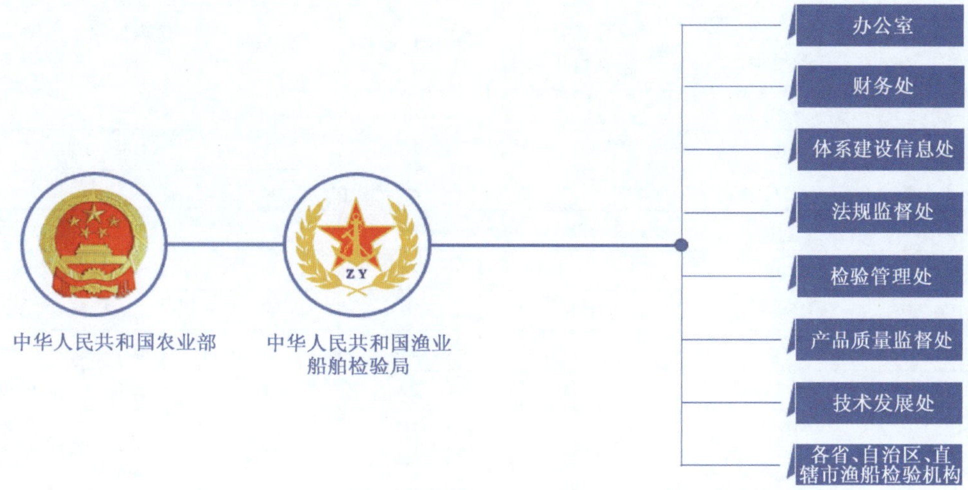

附图 4-1　全国渔业船舶检验机构构架图（一）

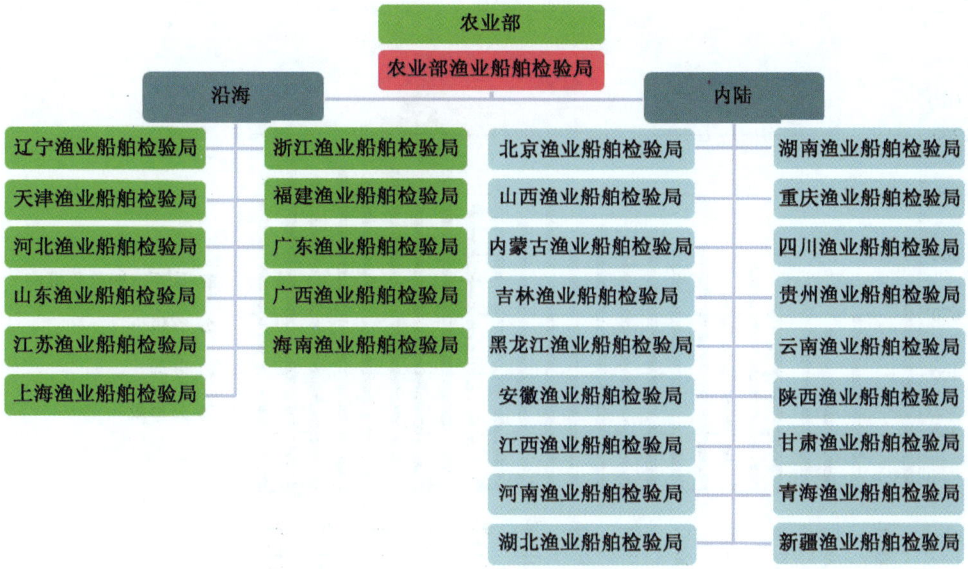

附图 4-2　全国渔业船舶检验机构构架图（二）

附录五　历年渔船检验机构数量统计

历年渔船检验机构数量统计见附表 5-1 和附图 5-1。

历年渔船检验机构数量统计　　附表 5-1

年份（年）	渔船检验机构数量（单位：个）					
	认可渔船检验机构数	已成立尚未认可机构数	省级机构数	分局	市级检验机构	县级检验机构
2005	656					
2006	601		26	14	169	392
2007	709		29	38	175	467
2008	770	128	29	39	189	513
2009	845		29	39		
2010	893	188	29	39	166	659
2011	905		29	39	168	669
2012	983		29	41	224	689
2013	1033		29	41	233	739
2014	1086		29	41	248	768
2015	1094		29	17	273	775
2016	1115		29	15	281	790
2017	1123		29	14	287	793

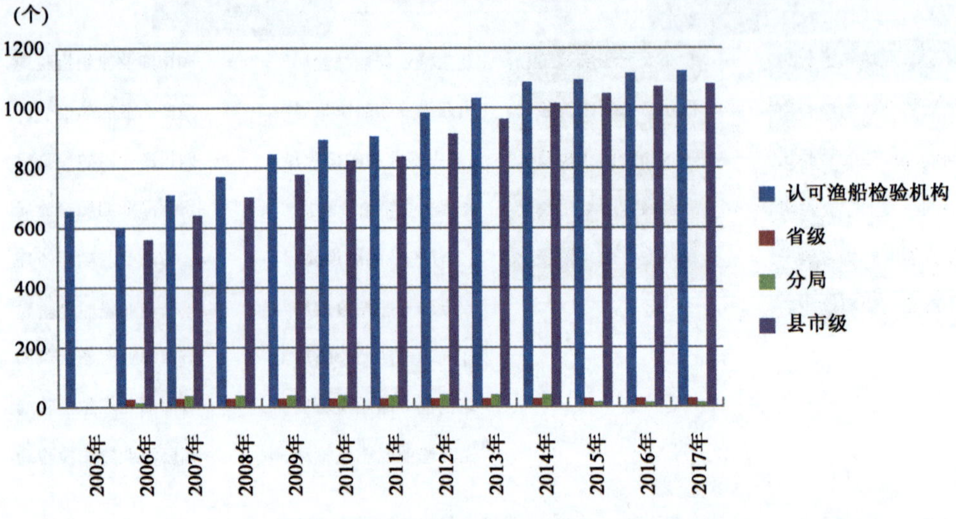

附图 5-1　历年渔船检验机构数量统计

附录六　历年验船人员数量统计

历年验船人员数量统计见附表 6-1 和附图 6-1。

历年验船人员数量统计　　附表 6-1

年份（年）	验船人员数量（单位：人）			
	职工人数	验船师持证人数	远洋验船师人数	图纸审查验船师人数
2005	6934	3222		
2006	6498	5628		
2007	9458	4683		
2008	10577	4929		
2009				
2010	11177	5358	228	360
2011	11510	5627	270	360
2012	11637	5732	309	440
2013	11789	5392	309	440
2014	11887	6813	330	440
2015	12218	6646	330	440
2016		7688（一线 5598）		
2017		7653（一线 5280）		

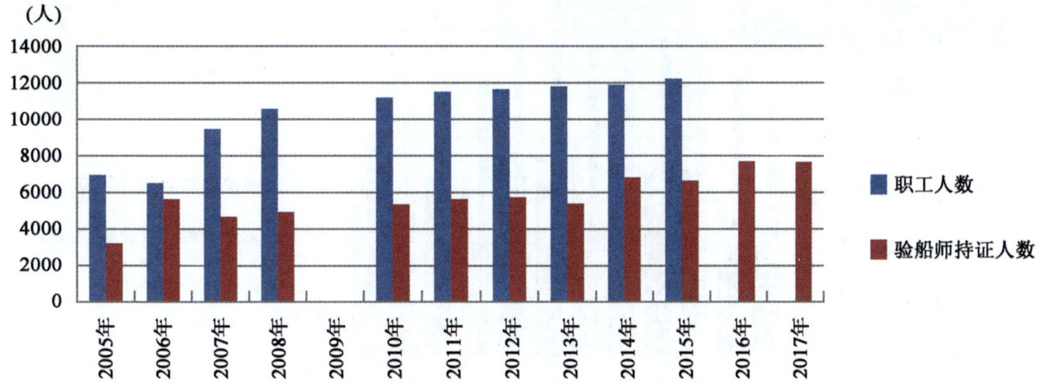

附图 6-1　历年验船人员数量统计

附录七　历年渔业船舶检验量统计

历年渔业船舶检验量统计见附表 7-1 和附图 7-1。

历年渔业船舶检验量统计　　附表 7-1

渔业船舶检验数量						
年份（年）	实检渔业船舶总数（艘）	其中		实检渔业船舶总吨位	实检渔业船舶总功率（千瓦）	受检率（%）
		远洋和海洋渔业船舶（艘）	内河渔业船舶（艘）			
2004	316047					
2005	301226			4878642. 81	12202058. 88	
2006	455283	232457	222826	7090886		
2007	524907	241039	283868	7423956	16741736. 69	79. 48
2008	599368	257610	341758	8074632	18261949. 29	88. 75
2009	587976	253573	334403	7944620	18472110. 64	88. 81
2010	587909	230126	357783	8103782	17962192. 6	90. 05
2011	589473	225175	364298	8258280	18554355. 45	91. 06
2012	563602	201124	362478	8393853	18405371. 25	91. 66
2013	573134	204988	368146	8914236	19130666. 03	92. 48
2014	526295	183904	342391	7793194	1661287. 83	89. 04
2015	497264	171395	325869	8952579	18242559. 98	84. 61
2016	454707	152589	302118	8571650	17025177. 77	
2017	417013	142877	274136	9036594	17142452. 34	

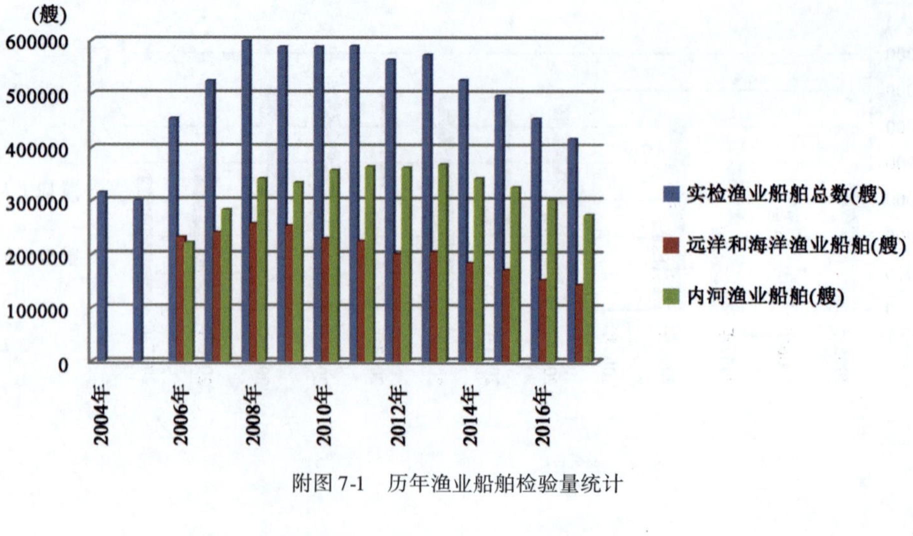

附图 7-1　历年渔业船舶检验量统计

附录八　历年渔业船舶船用产品检验情况

历年渔业船舶船用产品检验情况见附表 8-1 和附图 8-1、附图 8-2。

历年渔业船舶船用产品检验情况　　附表 8-1

年份（年）	船用产品认可企业（家）	船用设备类产品检验数（台、件、个、套）
2004		
2005	179	338695
2006		
2007	259	248018
2008	268	247515
2009		
2010	347	687872
2011	279	551236
2012	459	754289
2013	1040	2095757
2014	1204	857352
2015	1064	391058
2016	742	533653
2017	942	834223

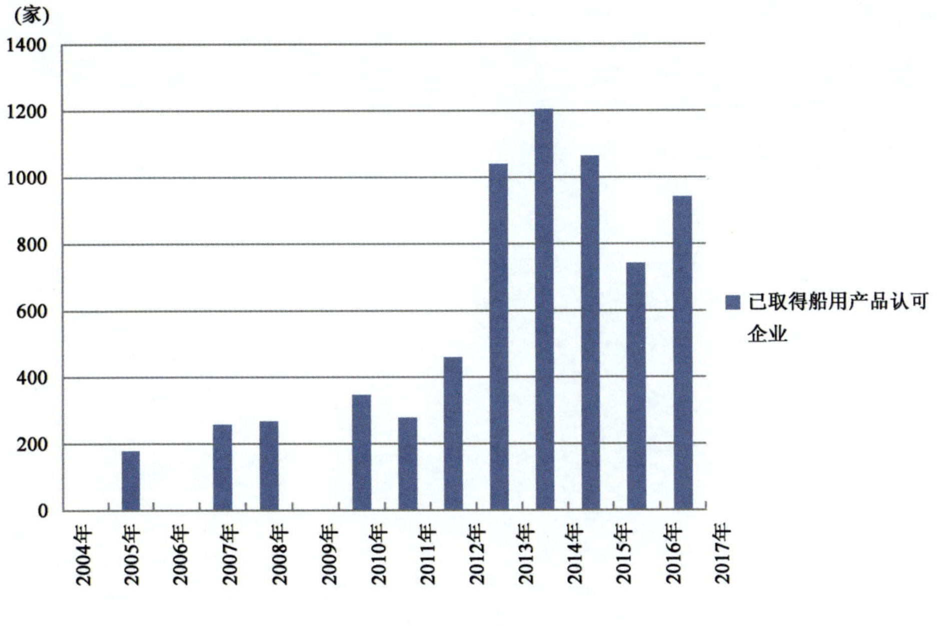

附图 8-1　历年船用产品认可企业

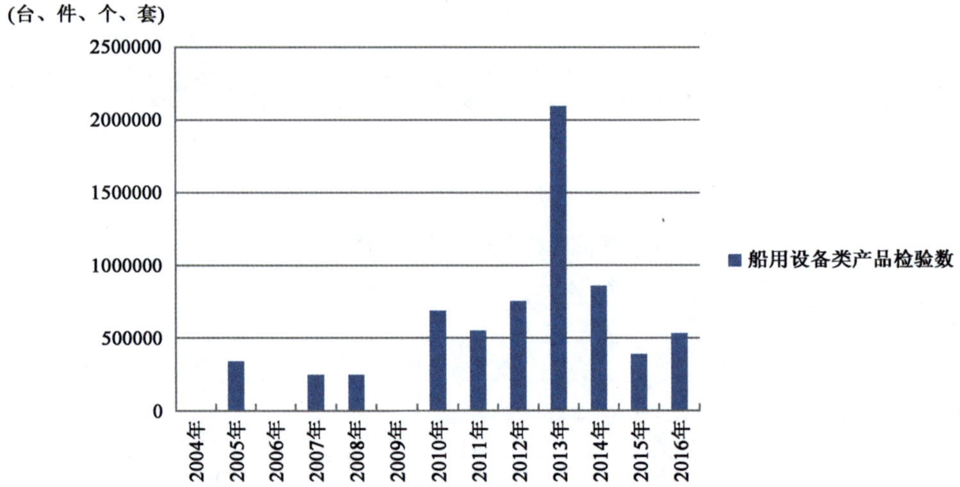

附图 8-2　历年船用产品检验数

附录九　历年渔业船舶图纸审查情况

历年渔业船舶图纸审查情况见附表 9-1 和附图 9-1。

历年渔业船舶图纸审查情况　　附表 9-1

年份（年）	远洋渔业船舶（套）	国内海洋渔业船舶（套）	内河渔业船舶（套）	合　计
2005				382
2006				562
2007				3596
2008	5	874	2812	3691
2009				2888
2010	25	1333	1396	2754
2011	33	2026	1546	3605
2012	118	1731	1113	2962
2013	118	2307	11378	13803
2014	108	3669	14230	18007
2015	114	2895	12755	15764
2016	66	2349	9284	11699
2017	96	2785	7442	10323

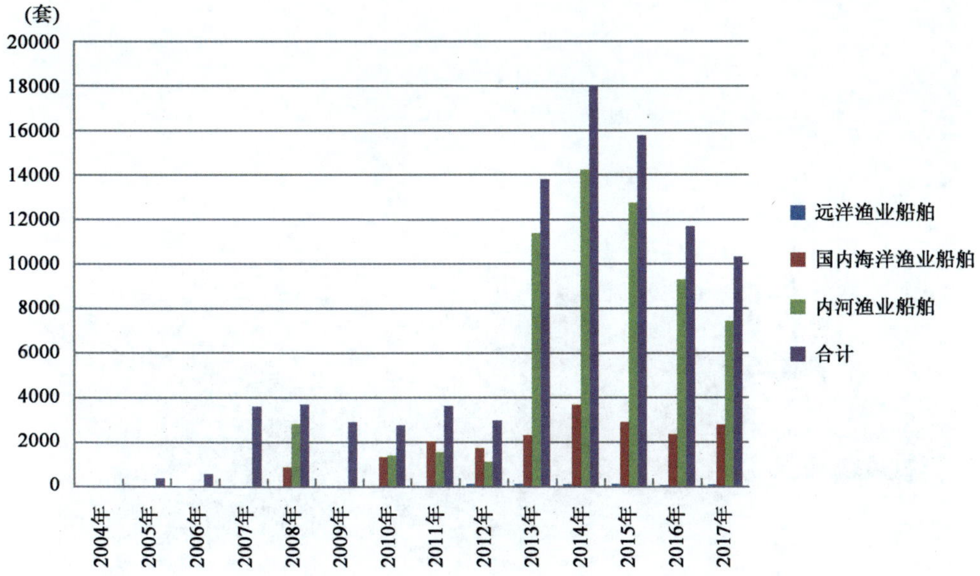

附图 9-1　历年渔业船舶图纸审查情况

附录十　不同时期渔船检验机构检验的渔船

汕头市前江湾的捕渔船（20 世纪 50 年代）

山东 55 总吨钢质拖网渔船（1968 年）

浙江 76 总吨木质对网、双拖渔船（1977 年）

机帆渔船，山东 26 吨木质流、钓鱼船（1983 年）

拖网加工渔船“开顺”号（1992 年）

8309 型 56 米“临祥 1”号超低温金枪鱼钓船（2001 年）

SWD819 型 34 米钢质拖网渔船（2007 年）

DY841 型 41.98 米钢质单拖网渔船（2010 年）

QS8043 型 43. 6 米钢质灯光围捕渔船

HC858 型 33 米钢质远洋围网渔船

73 米远洋鱿鱼钓船

45.7 米冷冻拖网鱿鱼钓船

HC852 型金枪鱼钓船

桁拖网捕虾船

HC837F3 型 230 总吨冷冻拖网渔船

“金汇 58” 号渔船（2016 年）

国内最长的玻璃钢渔船（2017 年）

后　记

60 载风雨兼程，60 载春华秋实。中国渔船检验事业历经几代渔检人的艰苦奋斗，随着我国渔业的辉煌发展，从无到有、从小到大、由弱变强，艰辛与荣耀一路同行，忠诚与奉献初心未改。重温历史、激励前行，今天我们以历史的视角、发展的眼光，从一张张黑白照片、一页页发黄文稿，追述以往不易的历史，进行系统的梳理、总结和审视，可以更自觉主动地把握中国渔船检验事业发展的机遇和进程，对指导当前渔船检验监督管理工作、构建中国特色渔船检验工作新格局，无疑具有重要的指导作用和现实意义。

60 年来的渔船检验事业大体经历了三个阶段：第一阶段是 1957 年至 1979 年的探索发展阶段。以交通部移交渔船技术监督工作给水产部门为起点，渔船检验事业这艘大船开始“下水试航”。第二阶段是 1979 年至 2003 年的稳步发展阶段。以交通部、国家水产总局决定在国家水产总局设立渔船检验分局为起点，渔船检验事业这艘大船开始“正式航行”。第三阶段是 2003 年至今的快速发展阶段。以《中华人民共和国渔业船舶检验条例》的颁布实施为起点，渔船检验事业走上法制化快速发展轨道，开始“扬帆远航”。

60 年来，伴随着我国渔业的发展，几代船检人艰苦奋斗，渔船检验紧紧围绕保障渔民生命财产安全，保护渔业资源和水域生态环境以及防止环境污染，支撑现代渔业和平安渔业建设等中心工作，不断创新工作机制，主动适应改革要求，服务渔业经济发展大局，积极推进职能转变，夯实检验监管基础，法律法规体系基本建立，检验监管制度不断完善，工作机制和工作体系逐步健全，切实发挥了船检工作在保障渔民生命财产安全、防止环境污染、落实捕捞渔船“双控”制度的基础性作用，支撑了现代渔业的发展。

编纂资料来源于原农业部渔业船舶检验局档案资料、中国船舶检验史中渔船检验部分、王兆年先生收集的 1992 年前的资料、杨鹤松巡视员收集的 2003 年前的资料、各省工作总结、各支撑单位提供资料，以及老验船师、渔船专家、渔船修造企业、出版社等提供的素材与建议。编纂过程中，我们结合社会、渔业、渔船发展大背景，描述这一时期渔业船舶检验的机制体制，突出各阶段的指导思想、工作思路、工作过程、工作成就。通过渔船检验机构、渔船检验队伍建设和人员培训、渔船检验法规体系的建立、渔船检验现场检验工作、渔船船用产品检验、渔船检验信息化建设、渔船检验技术发展支撑、国际交流和港澳交流、制服变迁、检验收费等十个方面，来描述 60 年的风雨历程。史料的选取突出重大事件、重要节点以及创新与改革，力求讲清楚事件的前因后果，体现渔检人的精气神 。对时间跨两个阶段的事件，按事件主体部分在哪个阶段进行划归。

2018 年 4 月 14 日，农业部渔业船舶检验局在上海召开中国渔船检验发展 60 周年编纂工作会议，孙有恒巡视员出席；会议讨论了书的题目、总体框架、大纲、编写思路，正式启动了该书的编纂工作。编纂组首先按年份进行史料的分类整理，完成大事记，然后根据提纲，分年份、分模块进行撰写。2018 年 8 月 31 日，编纂组在上海召开进度汇报及推进会，大家交流了编纂进度以及编撰过程中存在的问题，讨论了问题解决方法、下一步工作安排及时间节点等议题。接下来的时间，继续对照档案查缺补漏，理出工作脉络体系，争取比前一阶段写出不同与提高。其间，编纂组多次集中讨论、沟通、研讨，并于 2019 年 3 月初完成第一稿。3 月 6 日，在中国船级社，编纂组向李昌健局长、钟小金副局长汇报了编纂情况，两位领导提出了中肯的建议与意见。3 至 10 月送有关专家审核把关，按要求修改完善，完成第二稿。2019 年 10 月 22 日，组织专家对本书进行了审定，李昌健局长出席了审定会。本书编写过程中，黄新胜负责工作总协调及有关综述撰写，郭音负责机构及人才队伍、船用产品质量监督检查、产品专项整治及产品检验改革，杨丽负责渔船标准委员会及渔船技术、渔船标准化，魏琨负责渔船检验信息化，杨鹤松负责2000 年之前有关内容回忆整理编写，史本建负责产品检验，倪军、刘勇负责远洋渔船境外检验，王南山负责港澳流动渔船检验，张祝利、吴姗姗负责产品检验抽查，郑建丽负责审图及法规编写，隋江华负责大连海洋大学安全中心及海洋验船师培训，沙锋、易倩负责上海海洋大学验船师培训。第一、二、三篇由陈光统稿撰写，第四篇第一、二、七章由沈伟统稿撰写，第三、四章由吕超统稿撰写，其余篇章由崔秀芳统稿撰写。金华标、常勇参与了大事记的撰写及文稿的修改工作，崔秀芳负责编写思路的梳理及编撰框架的搭建，并负责所有章节的最后统稿撰写工作。感谢许耀亮、王安平、张可昕、荆柯、徐占鹏提出的建议以及提供的照片，感谢闫大伟老师，以及李志刚、王宏宇、陈刚、石福孝、李培培、李思念等研究生在资料整理、研讨会会务方面所做出的努力。从正式编纂至今，历时两年半，力求全面、系统、翔实、客观的记述渔业船舶检验事业六十年发展过程。感谢李昌健局长始终关心此书的编纂工作，并为此书作序；向所有关心和支持编纂工作的领导、专家致以深深的谢意！

这是一支艰苦奋斗的队伍，一群执着前行的渔检人，六十年沧桑岁月奋力前进，紧跟时代步伐不断创新的渔检人。虽然机构改革了，体系建制没有了，但渔检的精神还在，渔检的精神不散，在编写的过程中，资料收集的过程中，随时有诉求、随时有应答，知道什么就提供什么，想到什么就及时反馈什么。大家有一个共同的要求，“你那本书写成了，能送我一本吗?”。令人感叹的渔检情怀啊！看看照片中登渔船下机舱的汗水、那执着的眼神，这些都体现了渔检人对渔检事业的热爱，对渔检事业的执着追求，精益求精的工匠精神，这些优秀品质才是真正可以传承的东西。六十年辉煌历史积淀了不可或缺的宝贵财富，渔检精神的传承，在船舶检验大格局下会更具生机与活力！

沧桑的六十年、艰苦奋斗的六十年、砥砺奋进的六十年，无论社会环境、渔业及渔船情况如何发展变化，都会勇立潮头、勇于创新、主动作为的六十年。无论什么艰难困苦、无论在什么环境、什么岗位，这种执着前行、创新中求发展的优秀品质都会熠熠发光，这是一种力量，这就是船检精神。在机构改革的大潮中，我们还可以团结一心，还能克服困难完成这么一本历史深远的著作，这就是对船检精神最好的诠释与注脚。

上海海洋大学编者

2020 年 4 月 21 日